# 1 MONTH OF
# FREE
# READING

at

## www.ForgottenBooks.com

By purchasing this book you are
eligible for one month membership to
ForgottenBooks.com, giving you
unlimited access to our entire
collection of over 1,000,000 titles via
our web site and mobile apps.

To claim your free month visit:

www.forgottenbooks.com/free1040772

ISBN 978-0-364-59463-6
PIBN 11040772

Druck der königlichen Hofbuchdruckerei von J. Röbl.

# Regierungs-Blatt

## für das

## Königreich Bayern.

## № 1.

München, Dinstag den 7. Januar 1851.

### Inhalt:

**Bekanntmachung,**

die Administration der bayerischen Hypotheken- und Wechselbank betreffend.

Nachdem von dem Directorium der bayerischen Hypotheken- und Wechselbank gemäß §. 29 Ziff. 8 der revidirten Bank-Statuten die Oberbeamten der Bankanstalt,

aus welchen die Bankadministration nach der neuen Einrichtung zu bestehen hat, sowie der dirigirende Oberbeamte und dessen Stellvertreter mit der Bestimmung ernannt worden sind, daß die also ernannten Mitglieder der Bankadministration die in dieser Eigenschaft ihnen zukommenden Funktionen mit dem 1. Januar 1851 zu übernehmen haben, und hiernach von diesem Zeitpunkte

1*

anfangend die allerhöchst genehmigte neue Einrichtung der Bankverwaltung in volle Wirksamkeit treten wird: so wird dieses, unter Bezugnahme auf die unter'm 17. Januar d. Js. (Regierungsblatt 1850 No. 6 S. 94 bis 95) wegen der interimistischen Verwaltung der bayerischen Hypotheken- und Wechselbank erlassenen Bekanntmachung, mit Beifügung des nachstehenden Verzeichnisses der von dem Bankdirectorium zur Führung der Geschäfte der Bankadministration, als des vollziehenden Verwaltungsorganes, bestellten Oberbeamten der Bank hierdurch zur öffentlichen Kenntniß gebracht.

München, den 31. December 1850.

Der königliche Commissär bei der bayerischen Hypotheken- und Wechselbank.

D. G. v. Bezold, Ministerialrath.

### Verzeichniß

der von dem Directorium der bayerischen Hypotheken- und Wechselbank ernannten Bank-Administratoren:

1) Eduard Brattler, vollziehender Dirigent der Bankadministration;

2) Johann Baptist Ströll, unter Beibehaltung seiner Eigenschaft als Rechts-Consulent der Bank, zugleich Stellvertreter des Dirigenten;

3) Joseph Kastner, mit Beibehaltung seiner Eigenschaft als Bankcassier;

4) Georg Gottschall,

5) Cajetan Hailer und

6) Theodor Seudtner.

### Dienstes-Nachrichten.

Seine Majestät der König haben Sich allergnädigst bewogen gefunden, unter'm 23. December v. Js. dem Steuer-Liquidations-Commissär Sebastian Schmid in provisorischer Eigenschaft die bei der Regierung von Schwaben und Neuburg, Kammer der Finanzen, erledigte Stelle eines Rechnungscommissärs zu verleihen;

unter'm 24. December v. Js. den zeitlich quiescirten Landrichter Johann Nepomuk von Ott zu Illertissen wegen nachgewiesener dauernder Dienstesunfähigkeit unter dem Ausdrucke der allerhuldvollsten Anerkennung seiner langjährigen treu und eifrig geleisteten Dienste nunmehr für immer in dem Ruhestand zu belassen;

unter'm 25. December v. Js. den bisher als Hofmusikintendanz-Secretär functionirenden k. Hofmusiker, Theodor Moralt, vom 1. Januar l. Js. anfangend, zum wirklichen Secretär und Cassier der k. Hofmusikintendanz zu ernennen;

unter'm 27. December v. Js. den bisherigen Ministerialsecretär im k. Staatsministerium des Innern, Dr. Johann Baptist Stautner zum geheimen Secretär im gedachten Staatsministerium, und

den dermaligen Regierungssecretär II. ... bei der Regierung von Unterfranken und Aschaffenburg, Kammer des Innern, Eduard Schlereth, zum Ministerialsecretär in eben demselben Staatsministerium zu befördern, dann

unter'm 28. December v. Js. den Forstcommissär I. Classe der General-Bergwerks- und Salinen-Administration, Carl Sorg, zum Forstmeister auf das erledigte Forstamt Reichenhall, und

den Revierförster Max Mayer zu Burgberg zum Forstmeister auf das erledigte Forstamt Immenstadt zu befördern;

unter'm gleichen Tage auf die erledigte I. Landgerichtsassessorstelle zu Haag den I. Assessor des Landgerichts Rain, Felix Pfaffenzeller, seiner Bitte gemäß zu versetzen;

als I. Assessor des Landgerichts Rain den II. Landgerichtsassessor zu Rosenheim, Dr. August Leopold von Rüdt, vorrücken zu lassen;

den Actuar des Landgerichts Rosenheim, Johann Baptist Großhauser, zum II. Assessor daselbst, und

den vormaligen Patrimonialgerichtshalter von Hofstegnenberg, Georg Fischer aus Dachau, dermal zu Bruck, zum Actuar des Landgerichts Rosenheim zu ernennen;

zum I. Assessor des Landgerichts Alzenau in Unterfranken den II. Assessor des Landgerichts Mellerichstadt, Johann Baptist Kießner, vorrücken zu lassen, und

die Stelle eines II. Assessors des Landgerichts Mellerichstadt dem geprüften Rechtspraktikanten Anton Kopp von Kleinwallstadt, dermal zu Volkach, zu verleihen.

## Pfarreien- und Beneficien-Verleihungen; Präsentations-Bestätigungen.

Seine Majestät der König haben die nachgenannten katholischen Pfarreien und Beneficien allergnädigst zu übertragen geruht, und zwar:

unter'm 17. December v. Js. die Pfarrei Hüting, Landgerichts Neuburg a/D., dem Priester Thomas Schoder, Frühmeß- und Cooperatur-Beneficiat zu Heideck, Landgerichts Hilpoltstein, und

das Lueger'sche Frühmeß-Beneficium zu Neuötting, Landgerichts Altötting, dem Priester Joh. Bapt. Eichinger, Frühmesser zu Altersbach, Landgerichts Wilshofen, ferner

unter'm 20. December v. Js. die Pfarrei Einsfeld, Landgerichts Monheim, dem Priester Leonhard Harrer, Pfarrer zu Rohrbach, des genannten Landgerichts, und

das Florianische Beneficium zu Wasserburg, Landgerichts gleichen Namens, dem

Priester Jacob Wilhelm, Cooperator zu Aubing, Landgerichts München, endlich unter'm 21. December v. Js. die Pfarrei Frankenried, Landgerichts Kaufbeuern, dem Priester Ignaz Beß, Pfarrer zu Lamerdingen, Landgerichts Buchloe.

Seine Majestät der König haben unter'm 20. December l. Js. allergnädigst zu genehmigen geruht, daß das Krankenhaus-Beneficium zu Ingolstadt von dem hochwürdigen Herrn Bischofe von Eichstädt dem seitherigen Provisor desselben, Priester Joseph Schneider, und

daß das Spital-Beneficium zu Wasserburg von dem hochwürdigsten Herrn Erzbischofe von München-Freysing dem Priester Jacob Wilhelm, Cooperator zu Aubing, Landgerichts München, verliehen werde.

Seine Majestät der König haben Sich vermöge allerhöchster Entschließung vom 20. December v. Js. allergnädigst bewogen gefunden, die erledigte protestantische Pfarrei Ehringen-Wallerstein, Dekanats Nördlingen, dem bisherigen Pfarrer zu Neußwarts und zugleich II. Pfarrer zu Tann, Dekanats Rothhausen, Christian Friedrich Wilhelm Langenfaß, und

die erledigte protestantische Pfarrstelle zu Dambach, Dekanats Wassertrüdingen, dem bisherigen Pfarrabjunct und Subrector der Lateinschule zu Schwabach, Dekanats gleichen Namens, Wilhelm Kohl, zu verleihen.

### Landwehr des Königreichs.

Seine Majestät der König haben unter'm 20. December v. Js. dem Major im Landwehr-Regiment München, Carl Ritter von Dallarmi die nachgesuchte Entlassung aus dem Landwehrdienste gegen die gesetzliche Reluitionsleistung zu ertheilen, dann ferner

unter'm 30. December v. Js. den Herrn Fürsten Leopold Maria Fugger-Babenhausen, seinem Ansuchen entsprechend, von der Stelle eines Majors und Commandanten des Landwehr-Bataillons Babenhausen zu entheben geruht.

### Magistrat der Stadt Regensburg.

Der zum dritten rechtskundigen Magistratsrathe zu Regensburg gewählte geprüfte Rechtspraktikant und dermalige Magistratssecretär, Joachim Fux zu Regensburg, wurde in jener Eigenschaft bestätigt.

### Königlich bayerisches Consulat auf der Insel Malta.

Seine Majestät der König ha-

— — —

bei Sich allergnädigst bewogen gefunden, auf der Insel Milos ein besonderes bayerisches Consulat zu bestellen und den dortigen Kaufmann Ludwig von der Pforten zum k. Consul in Milos zu ernennen.

---

### Ordens-Verleihungen.

Seine Majestät der König hat Sich allergnädigst bewogen gefunden, unter'm 12. December v. Js. dem praktischen Arzt, Hofrath Dr. Reisinger zu Augsburg, dem praktischen Arzt Dr. Friedrich Heinrich Wilhelm Ilgen zu Dürkheim und dem praktischen Arzt Dr. Georg Leonhard Schmidt zu Dachsbach, das Ritterkreuz des königlichen Verdienstordens vom heiligen Michael;

unter'm 17. December v. Js. dem charakterisirten Major Friedrich Fronmüller, in Rücksicht auf seine unter Einrechnung von 6 Feldzugsjahren durch 50 Jahre diensteifrig und pflichtgetreu geleisteten Dienste das Ehrenkreuz des königlichen bayerischen Ludwigs-Ordens,

unter'm 15. December v. Js. dem k. Zollverwalter Gottfried Spies zu Landau in huldvollster Anerkennung seines rühmlichen Verhaltens während des Aufruhrs in der Pfalz, die goldene Civilverdienst-Medaille, dann

unter'm 18. December v. Js. dem Schullehrer Johann Georg Krug zu Mühlbach, in Rücksicht auf seine durch fünfzig Jahre mit Treue und Eifer geleisteten Dienste, so wie

unter'm 21. December v. Js. dem Pfarrer Johann Baptist Appel zu Burgbreitbach, in Rücksicht auf seine während fünfzig Jahren ununterbrochen treu und eifrig geleisteten Dienste die Ehrenmünze des königl. bayerischen Ludwigsordens zu verleihen.

### Königlich Allerhöchste Bewilligung zur Annahme einer fremden Decoration.

Seine Majestät der König haben unter'm 17. December v. Js. dem Lycealprofessor Dr. Schneidawind zu Aschaffenburg die allergnädigste Bewilligung zu ertheilen geruht, das demselben in Würdigung seiner literarischen Verdienste von Seiner Hoheit dem Herzoge von Braunschweig verliehene Ritterkreuz des Ordens Heinrich des Löwen annehmen und tragen zu dürfen.

---

### Titel-Verleihungen.

Seine Majestät der König haben Sich allergnädigst bewogen gefunden,

unter'm 23. December v. Js. dem Vorstande und Cassier der Filialbank zu Würzburg, August Manz, in Anerkennung seiner
ausgezeichneten Dienstleistungen den Titel
eines zweiten Banquiers der k. Bank, ferner
unter'm 24. December v. Js. dem Ober-
wundarzte im Krankenhause zu Bamberg,
praktischen Arzt Dr. Funk, in wohlgefälliger Anerkennung seiner bisherigen Leistungen, als praktischer Arzt, den Titel und
Rang eines königlichen Hofrathes tax- und
stempelfrei zu verleihen.

## Großjährigkeits-Erklärungen.

Seine Majestät der König ha-
ben unter'm 17. December v. Js. die Maria
Magdalena Herrmann von Schweinfurt,
und

unter'm 20. December v. Js. den Philipp August Freiherrn von Künsberg von
Fronberg, und zwar Beide auf allerunterthänigste Bitte, für großjährig zu erklären
geruht.

## Gewerbsprivilegien-Verleihungen.

Seine Majestät der König ha-

ben unter'm 10. November v. Js. dem J.
B. Moinier von Paris drei gesonderte
Gewerbsprivilegien auf die von ihm erfundenen Methoden:
1) bei Fabrication aller Gattungen Seife,
2) bei Behandlung der Fettkörper und
   Stearine,
3) beim Schmelzen des rohen unausgelas-
   senen Talges
auf Anwendung welcher Methoden derselbe
in Frankreich 15jährige, vom 24. September 1849, beziehungsweise 7. Juni 1850
an laufende Patente erhalten hat, für den
Zeitraum von fünf Jahren zu ertheilen geruht.

## Gewerbsprivilegiums-Verlängerung.

Seine Majestät der König haben unter'm 3. October v. Js. das dem
Küchenmann Johann Georg Ließ am 30.
August 1847 verliehene Gewerbsprivilegium
auf Ausführung und Anwendung des von
ihm erfundenen Ofens zur leichtern, mit ge-
ringerem Holzverbrauch verbundenen Läute-
rung des Peches für den Zeitraum von einem Jahre, vom 3. October v. Js. anfangend, zu verlängern geruht.

# Regierungs-Blatt

### für　　　　　　　das

## Königreich　　　　Bayern.

## № 2.

München, Mittwoch den 8. Januar 1851.

**Inhalt:**

**Königlich Allerhöchste Verordnung,**
die Vergütung für die Vorspannleistung beim
Schubfuhrwerke betr.

## Maximilian II.

von Gottes Gnaden König von Bayern,
Pfalzgraf bei Rhein,
Herzog von Bayern, Franken und in
Schwaben ꝛc. ꝛc.

Wir haben Uns aus Veranlassung der vielfachen Klagen über die Ungenügendheit der dermaligen Vergütung für die Vorspannleistung beim Schubfuhrwerke bewogen gefunden, die hierüber bestehenden Normen einer Revision unterstellen zu lassen und verordnen hiemit, was folgt:

### I.

Die Vergütung für die Vorspannleistung beim Transport von Bettlern, Vag-

ganten, Polizei-Arrestanten, Untersuchungs-
Gefangenen und Sträflingen beträgt in Unserem Königreiche diesseits des Rheins

1) für einen einspännigen Wagen 30 Kreuzer per Meile,

2) für einen zweispännigen Wagen 48 Kreuzer per Meile.

## II.

Unsere Staatsministerien des Innern
und der Finanzen sind mit dem Vollzuge
gegenwärtiger, die allgemeine Instruction
über die Criminalkosten der Stadt- und
Landgerichte vom 24. November 1809 ab-
ändernden Anordnung beauftragt.

München, den 5. Januar 1851.

### Max.

Dr. v. Aschenbrenner.   v. Zwehl.

Auf Königlich Allerhöchsten Befehl:
der General-Secretär,
Ministerialrath Epplen.

---

### Dienstes-Nachrichten.

---

Seine Majestät der König ha-
ben Sich allergnädigst bewogen gefunden,
unter'm 29. December v. Js. die erledigte
Buchhalters- und Revisorsstelle bei der Ei-
senbahnbau-Commission dem functionirenden
Buchhalter dieser Commission, Carl Theodor Eckart, in provisorischer Eigenschaft
zu übertragen;

unter'm 31. December v. Js. den Rechnungscommissär der Regierungs-Finanzkammer von Unterfranken und Aschaffenburg,
Christoph Beyer, auf Ansuchen auf das
erledigte Rentamt Karlstadt zu befördern;

an dessen Stelle zum Finanzrechnungs-
Commissär der Regierung von Unterfranken
und Aschaffenburg den functionirenden Finanzrechnungs-Revisor bei gedachter Regierung, Peter Paul Schauber, provisorisch
zu ernennen, dann

auf die zu Kronach erledigte Advokatenstelle den Advokaten Martin Barlet zu
Eschenbach auf sein allerunterthänigstes Ansuchen zu versetzen;

unter'm 2. Januar l. Js. den Landrichter
Anton Wohlwend zu Mühldorf in An-
wendung des §. 19. der IX. Verfassungs-
Beilage in zeitlichen Ruhestand zu versetzen,

als Landrichter von Mühldorf den bisherigen Landrichter von Miesbach, Alois
Schmid, zu berufen, und

zum Landrichter von Miesbach den I.
Polizeicommissär zu München, Carl Bollweg, zu ernennen;

unter'm 3. Januar l. Js. den Rentbeamten Ferdinand Bachauer in Deggendorf unter Anerkennung seiner langjährigen
Dienstesleistung in den definitiven Ruhestand zu versetzen;

an dessen Stelle zum Rentbeamten in
Deggendorf den Finanzrechnungs-Commissär
der Regierung von Niederbayern, Maximilian Grafen von Hundt, auf Ansuchen
zu befördern, und

zum Finanzrechnungs-Commissär der
Regierung von Niederbayern den functionirenden Finanzrechnungs-Revisor der Regierung von Oberbayern, Norbert Bietz-
dimpfl, provisorisch zu ernennen, endlich
dem allerunterthänigsten Gesuche der
Postofficialen Bernhard von Gropper zu
Augsburg und Georg Mielach zu Nürnberg um Vertauschung ihrer Dienstesstellen
die Genehmigung zu ertheilen, und demzufolge den Officialen von Gropper vom
Oberpostamte Augsburg zu jenem in Nürnberg sowie den Officialen Mielach vom
Oberpostamte Nürnberg zu jenem in Augsburg in ihrer gegenwärtigen Diensteseigenschaft zu versetzen.

## Pfarreien- und Beneficien-Verleihungen.

Seine Majestät der König ha-
ben die nachgenannten katholischen Pfarreien
und Beneficien allergnädigst zu übertragen geruht, und zwar:

unter'm 26. December v. Js. die Pfarrei Hollenbach, Landgerichts Neuburg a/D.,
dem Priester Anton Thorwart, Pfarrer
zu Obergriesbach, Landgerichts Aichach;

die Pfarrei Großaitingen, Landgerichts
Schwabmünchen, dem Priester Johann Georg Roblbühler, Pfarrer zu Untermeil-
tingen, des genannten Landgerichts, und

das Frühmeß-Beneficium zu Wertingen, Landgerichts gleichen Namens, dem
Priester Alois Schurr, Caplan zu Wo-
stendorf, des genannten Landgerichts, dann

unter'm 29. December v. Js. die Pfarrei Argeth, Landgerichts Wolfratshausen,
dem Priester Johann Georg Schnell, Cu-
rat- und Schul-Expositus zu Hallbergmoos,
Landgerichts Freysing.

## Collegiatstift zur alten Capelle in Re-
gensburg.

Seine Majestät der König ha-
ben Sich vermöge allerhöchster Entschließung
vom 25. December v. Js. allergnädigst bewogen gefunden, die von dem Capitel des
Collegiatstiftes zur alten Capelle in Regensburg vollzogene Wahl des seitherigen Pfarrers zu Sienheim, Landgerichts Kelheim,
Priester Michael Kellner auf das durch
den Tod des Canonicus Andreas Seitz
und durch das sofort stattfindende Vorrücken
der übrigen jüngeren Canoniker in Erledigung gekommene sechste (Stingelheim'sche)
Canonicat bei dem besagten Capitel zu genehmigen.

## Titel-Verleihungen.

Seine Majestät der König haben Sich bewogen gefunden, unter'm 2. December v. Js. dem Bürger und Hausbesitzer Nicolaus Scherpf zu München den Titel eines Hof-Leder- und Leinwand-Lackir-Fabrikanten, dann

unter'm 18. December v. Js. dem Optiker August Wertheimer dahier den Titel als Hofoptiker allergnädigst zu verleihen.

## Königlich Allerhöchste Genehmigung zu einer Namensveränderung.

Seine Majestät der König haben unter'm 31. December v. Js. allergnädigst zu gestatten geruht, daß Jacob Alspach zu Lemberg auf allerunterthänigstes Ansuchen den Geschlechtsnamen „Mosberger" annehmen und führen dürfe.

## Einziehung eines Gewerbsprivilegiums.

Vom k. Landgericht Altötting wurde die Einziehung der dem vormaligen Lebzelter Joseph Schäffer von Landsberg unter'm 6. Juni und 7. September 1847 verliehenen und unter'm 6. August und 25. October 1847 ausgeschriebenen, in der Zwischenzeit auf den Lebzeltergesellen J. M. Dunst eigenthümlich übergegangenen fünfjährigen Gewerbsprivilegien,

a) auf ein eigenthümliches Verfahren bei Bereitung von Meth und Lebkuchen,

b) auf Anwendung eines besondern Verfahrens bei Anfertigung von Wachs- und Talgkerzen mit intensiverem Lichte und längerer Brenndauer

wegen Mangels der Neuheit und Eigenthümlichkeit beschlossen, und dieser Beschluß im Recursweg von der k. Regierung, Kammer des Innern, von Oberbayern bestätiget.

## Erlöschung eines Gewerbsprivilegiums.

Das dem Seifensieder Jacob Moritz von Bergzabern unter'm 6. Juli 1847 verliehene und unter'm 25. October 1847 ausgeschriebene zehnjährige Gewerbsprivilegium auf das von ihm erfundene verbesserte Verfahren bei Verfertigung der Talgseife aus nordamerikanischem Harze wurde wegen nicht gelieferten Nachweises der Ausführung dieser Erfindung in Bayern auf Grund des §. 30. Ziff. 4. der allerhöchsten Verordnung vom 10. Februar 1842, die Gewerbsprivilegien betr., als erloschen erklärt.

# Regierungs-Blatt

## für das

## Königreich Bayern.

## № 3.

München, Freitag den 17. Januar 1851.

**Inhalt:**

**Königlich Allerhöchste Verordnung,**

die Einführung von Paßkarten betr.

## Maximilian II.

von Gottes Gnaden König von Bayern,
Pfalzgraf bei Rhein,
Herzog von Bayern, Franken und in
Schwaben ꝛc. ꝛc.

Die Regierungen von Bayern, Preußen, Sachsen, Hannover, Mecklenburg-Schwerin, Sachsen-Weimar, Sachsen-Altenburg, Sachsen-Coburg-Gotha, Braunschweig, Reuß älterer und jüngerer Linie, Schaumburg-Lippe, Bremen und Hamburg von dem Wunsche geleitet, ihren Angehörigen die bei der Anlegung von Eisenbahnen in ihren Staaten rücksichtlich der Beförderung des Verkehrs beabsichtigten Vortheile auch durch eine er-

3

leichterte zugleich aber die im Interesse der
öffentlichen Sicherheit erforderliche Garan-
tie gewährende Handhabung der Paß- und
Fremden-Polizei zu Theil werden zu lassen,
haben im Monate October v. Js. bevollmächtigte Commissäre nach Dresden abge-
ordnet, durch welche bezüglich der Einführung von Paßkarten in den resp. Staaten
unterm 21. gl. Mts. eine Uebereinkunft ab-
geschlossen wurde, welcher Wir Unsere
allerhöchste Genehmigung zu ertheilen geruht haben.

Nachdem nunmehr die bezüglichen Ra-
tifications-Erklärungen sämmtlicher genannter Regierungen vorliegen, überdieß auch und
in gleicher Weise die Regierungen von Sachsen-Meiningen, Anhalt-Dessau und Köthen,
sowie von Anhalt-Bernburg sich dem erwähnten Vertrage angeschlossen haben, so
finden Wir Uns bewogen, nachstehende
auf diesen Vertrag gegründete Bestimmungen zur öffentlichen Kenntniß zu bringen, und
verordnen zugleich, was folgt:

### Art. I.

Die Angehörigen der Eingangs erwähnten contrahirenden Staaten sind, soweit nicht
in den nachfolgenden Artikeln II. und IV.
Beschränkungen festgesetzt sind, befugt, sich
zu ihren Reisen, sei es auf den Eisenbahnen, mit der Post oder sonst innerhalb der

der erwähnten Uebereinkunft beigetretenen
oder derselben künftig noch beitretenden Staaten statt der gewöhnlichen in den resp. Staaten vorgeschriebenen Pässe künftighin der
Paßkarten zu bedienen.

### Art. II.

Paßkarten dürfen nur solchen Personen ertheilt werden, welche

1) der Polizeibehörde als vollkommen zu-
verlässig und sicher bekannt, auch
2) völlig selbstständig sind, und
3) im Bezirke der ausstellenden Behörde
(Art. VI.) ihren Wohnsitz haben.

In Beziehung auf die Bedingungen
unter 2 und 3 können ausnahmsweise Paßkarten ertheilt werden:

a) Studirenden mit Zustimmung der betreffenden Universitätsbehörde am Uni-
versitätsorte,
b) Militärpersonen mit Genehmigung ihrer Militär-Vorgesetzten an ihrem jedesmaligen Aufenthaltsorte,
c) Unselbstständigen Familiengliedern auf
den Antrag des Familienhauptes (Va-
ters oder Vormundes); jedoch nur,
wenn sie das 18. Lebensjahr überschritten haben,
d) Handlungsdienern auf den besonderen
Antrag ihrer Principale am Wohnorte
der letzteren.

## Art. III.

Ehegatten und Kinder, welche mit ihren Ehegatten und Eltern, sowie Dienstboten, welche mit ihren Herrschaften reisen, werden durch die Paßkarten der letzteren legitimirt.

## Art. IV.

Die Paßkarten bleiben allen denjenigen versagt, welche:

1) nach den bestehenden Gesetzen auch bei Reisen im Inlande paßpflichtig sind, jedenfalls den Handwerksgesellen und Gewerbegehülfen,

2) den Dienstboten und Gewerbesuchenden aller Art,

3) denen, welche ein Gewerbe im Umherziehen betreiben.

## Art. V.

Die Paßkarten sind nur auf die Dauer eines Kalenderjahres gültig.

In der äußern Form wird die möglichste Uebereinstimmung zwischen allen dem Paßkartenvereine angehörigen Regierungen beobachtet, und für jedes Kalenderjahr zwischen denselben eine gleiche Farbe verabredet, in welcher die Paßkarten überall gleichmäßig ausgefertigt werden.

## Art. VI.

Die Ausstellung von Paßkarten in Unserem Königreiche steht zu:

1) Unserem Staatsministerium des königlichen Hauses und des Aeußern bezüglich aller Inländer ohne Ausnahme;

2) Unseren Kreisregierungen, Kammern des Innern, bezüglich der in dem betreffenden Regierungsbezirke Wohnenden;

3) Unseren mit den Paßgeschäften gesetzlich beauftragten Districtspolizeibehörden bezüglich derjenigen Personen, welche in dem betreffenden Polizeibezirke ihren Wohnsitz haben.

Die von den Districtspolizeibehörden ausgestellten Paßkarten erfordern nicht die bestätigende Gegenzeichnung der vorgesetzten Regierung, Kammer des Innern. Die von den zuständigen Behörden ausgestellten Paßkarten werden in den Gebietstheilen der dem Paßkartenvereine angehörigen Staaten gleichmäßig respectirt.

## Art. VII.

Eine Visirung der Paßkarten findet nicht statt.

### Art. VIII.

Die vereinbarten Paßkarten enthalten

auf der ersten Seite:

1) das Wappenschild des betreffenden Staates,

2) das Kalenderjahr, auf welches die Paßkarte lautet,

3) den Namen, Stand und Wohnort des Inhabers,

4) die Fertigung der ausstellenden Behörde mit Namensunterschrift und beigedrucktem Siegel,

5) die Nummer des gesondert zu führenden Paßkarten-Journales;

auf der zweiten Seite:

6) das in seinen 4 Rubriken sorgfältig auszufüllende Signalement des Inhabers,

7) dessen eigenhändige Namens-Unterschrift;

auf dem Rande endlich:

8) die Hinweisung auf die in dem betreffenden Staate gegen Fälschung oder Mißbrauch der Pässe und Paßkarten zu verhängenden Strafbestimmungen.

### Art. IX.

Jeder Mißbrauch der Paßkarten, wohin insbesondere außer der Fälschung derselben die Führung einer auf eine dritte Person lautenden Karte, die wissentliche Ueberlassung der letzteren Seitens des Inhabers an einen Andern zum Gebrauche als polizeiliches Legitimationsmittel oder die fälschliche Bezeichnung von Personen als Familienglieder oder Dienstboten (Art. III.) zu rechnen ist, unterliegt, insoferne nicht nach Beschaffenheit des Falles strafrechtliche Beahndung einzutreten hat, einer Polizei-Arreststrafe bis zu 14 Tagen oder einer polizeilichen Geldbuße bis zu 50 fl.

### Art. X.

Jeder Angehörige eines der contrahirenden Staaten, welcher außerhalb desselben reiset, ohne einen Paß (Wanderbuch) oder eine Paßkarte zu führen, hat zu gewärtigen, daß gegen ihn nach den wegen der nicht legitimirten Fremden bestehenden Vorschriften verfahren, insbesondere, daß er von der Weiterreise bis zu geführter Legitimation ausgeschlossen wird.

### Art. XI.

Mit Inbegriff des gesetzlichen Stempels wird die Taxe für jede auszustellende Paßkarte auf 24 kr. festgesetzt.

Art. XII.

Gegenwärtige Verordnung, welche Wir als einen ergänzenden Bestandtheil Unserer allgemeinen Verordnung vom 17. Januar 1837, das Paßwesen betreffend, (Regierungs-Blatt v. J. 1837 S. 65 ff.) angesehen wissen wollen, tritt acht Tage nach deren Veröffentlichung in Unserem Regierungs-Blatte in Wirksamkeit.

Unsere Staatsministerien des k. Hauses und des Aeußern, dann des Innern sind mit dem Vollzuge beauftragt.

Gegeben München, den 14. Januar 1851.

**Max.**

v. Zwehl.    Frhr. v. Pelkhoven, Staatsrath.

Auf Königlich Allerhöchsten Befehl:
der General-Secretär,
Ministerialrath
Rappel.

---

**Bekanntmachung,**

die wesentlichen Ergebnisse der Cultus- und Unterrichtsstiftungs-Rechnungen der den k. Kreisregierungen diesseits der Rheins unmittelbar untergeordneten Städte für das Jahr 18⁴⁸/₄₉ betr.

Staatsministerium des Innern für Kirchen- und Schulangelegenheiten.

Die wesentlichen Ergebnisse der Cultus- und Unterrichtsstiftungs-Rechnungen der den k. Kreisregierungen diesseits des Rheins unmittelbar untergeordneten Städte für das
(Siehe Beilagen)

Verwaltungsjahr 18⁴⁸/₄₉ werden in den nachstehenden Uebersichten zur öffentlichen Kenntniß gebracht.

München, den 16. December 1850.

**Auf Seiner Königlichen Majestät Allerhöchsten Befehl.**

Dr. v. Ringelmann.

Durch den Minister
der Generalsecretär,
Ministerialrath Hänlein.

      

Bekanntmachung,
die Verloosung der 4procentigen Grundrenten-Ablösungs-Schuldbriefe betreffend.

Seine Majestät der König haben allergnädigst zu genehmigen geruht, daß mit der Verloosung der 4procentigen Grundrenten-Ablösungs-Schuldbriefe begonnen und hiemit auch in der Folge nach gesetzlicher Vorschrift fortgefahren werden solle.

In Folge dessen wird am Samstag den 25. dieses Monats Vormittags 9 Uhr, die Summe von

## 300,000 fl.

nach dem beigefügten, gleichfalls allerhöchst genehmigten Verloosungsplane in Gegenwart einer Abordnung der k. Polizei-Direction im königlichen Odeons-Gebäude Saal Nro. 1. über zwei Stiegen links von der unterfertigten Commission öffentlich verloost und sonach das Resultat zur allgemeinen Kenntniß gebracht werden.

Die verloosten Schuldbriefe werden vom 1. Mai 1851 beginnend außer Verzinsung gesetzt; — mit der Rückzahlung derselben dagegen wird sogleich nach der k. Verloosung begonnen und es werden dabei die Zinsen in vollen Monatsraten, nämlich jederzeit bis zum Schlusse des Monats, in welchem die Zahlung erfolgt, jedoch in keinem Falle über den 30. April 1851 hinaus, vergütet.

München, den 14. Januar 1851.

Königlich bayer. Staatsschuldentilgungs-Commission.

v. Sutner.

Brennemann, Secretär.

Verloosungs-Plan
der 4procentigen Grundrenten-Ablösungs-Schuldbriefe.

Gemäß Art. 33. des Gesetzes vom 4. Juni 1848 über die Aufhebung der standes- und gutsherrlichen Gerichtsbarkeit, dann die Aufhebung, Firirung und Ablösung von Grundlasten hat die baare Einlösung der Grundrenten-Ablösungs-Schuldbriefe aus den hiezu gesetzlich bestimmten Mitteln im Wege der Verloosung zu geschehen.

Zum Vollzuge dieser gesetzlichen Bestimmungen wird in Folge allerhöchster Genehmigung über die Art der Verloosung dieser Schuldbriefe Nachstehendes bekannt gemacht.

## I.

Die 4procentigen Grundrenten-Ablösungs-Schuldbriefe bestehen gemäß Ausschreibung vom 7. April 1849 (Regierungs-Blatt pag. 300 bis 306).

aus Stücken zu 1000 fl.
„    „    „  500 „
„    „    „  100 „
„    „    „   25 „

und sind auf den Inhaber (au porteur) lautend oder auf Namen gestellt.

Jeder Schuldbrief ist mit einer roth geschriebenen, nach Capitalsbeträgen zu 1000 fl. — fortlaufenden Serien- oder Hauptkataster-Nummer und mit einer schwarz geschriebenen nach der Stückzahl der emittirten Obligationen fortlaufenden Cassekataster-Nummer versehen.

Jede rothgeschriebene Hauptkataster-Nummer entspricht daher einem Capitalsbetrage von 1000 fl. — und umfaßt sohin einen Schuldbrief zu 1000 fl. zwei zu 500 fl., zehn zu 100 fl. und vierzig zu 25 fl.

## II.

Bei den Verloosungen dieser Schuldbriefe wird demnach

1) ohne Ausscheidung der Papiere au porteur oder auf Namen, und ohne Ausscheidung der verschiedenen Unterabtheilungen oder der Zinstermine die mit rother Dinte bezeichnete Nummer des Hauptkatasters zum Grunde gelegt, jedoch

2) die ganze emittirte Masse in gleiche Hauptserien zu 1000 Nummern im Betrage zu einer Million Gulden

eingetheilt, sofort die Verloosung nach diesen Hauptserien und in jeder gezogenen Hauptserie nach den Endnummern von 1 bis 100 einschlüssig in Vollzug gesetzt.

Diesem zu Folge werden

3) bei jeder Verloosung die Hauptserien, welche an der betreffenden Verloosung theilnehmen, bekannt gegeben, sodann nach vorausgegangener öffentlicher Vorweisung so viele mit römischen Ziffern geschriebene Nummern als die Gesammtmasse Hauptserien enthält in das eine Glücksrad, die mit arabischen Ziffern geschriebenen Nummern von 1 bis 100 einschlüssig dagegen in ein zweites Glücksrad eingelegt und auf jeden Zug eine Hauptserie und eine arabische Nummer gehoben.

Sämmtliche auf diese letzterwähnte arabische Nummer sich endigenden Schuldbriefe in der gezogenen Hauptserie sind hienach zur Heimzahlung bestimmt; — wird daher z. B. auf den ersten Zug die Hauptserie Ziff. IX., welche die Schuldbriefe vom Hauptkataster-Nummer 8001 bis 9000 einschlüssig umfaßt und die arabische Nummer 45 aus den betreffenden Glücksrädern gehoben, so sind die rothgeschriebenen Hauptkataster-Nummern 8045. 8145. 8245. 8345. u. s. f. bis

8945. Einschlüssig zur Heimzahlung bestimmt.

4) Es werden so viele Hauptserien gezogen, als nach dem **Maximum** der **Heimzahlung** (à 10,000 fl. auf einen Zug) treffen.

5) Nach jedem Zuge wird sowohl die gezogene mit **römischen Ziffern** bezeichnete Hauptserien-Nummer, als auch die gezogene **arabisch** geschriebene Endnummer wieder in das betreffende Glücksrad eingelegt.

6) Wenn bei einem nachfolgenden Zuge bei einer und derselben Hauptserie eine bereits gezogene arabisch geschriebene Endnummer wiederhole herausgehoben wird, so hat die **nachstfolgende höhere Nummer** an deren Stelle zu treten, was bei der Ausschreibung der gezogenen Nummern besonders bemerkt werden wird.

7) Das Resultat der Verloosung wird jedesmal mit vollständiger Bezeichnung der durch das Loos zur Heimzahlung bestimmten Schuldbriefe öffentlich bekannt gemacht werden.

München, den 14. Januar 1851.

**Königlich bayer. Staatsschuldentilgungs-Commission.**

v. Sutner.

Brennemann, Secretär.

**Bekanntmachung,**

die Bildung eines neuen Forstreviers zu Salzwoog im Forstamte Pirmasens betr.

Seine Majestät der König haben unter'm 1. Januar l. Js. die Bildung eines neuen Forstreviers zu Salzwoog im Forstamte Pirmasens aus Bestandtheilen der zu ausgedehnten Reviere Ruppertsweiler und Lembergerglashütte und einem Theile des Reviers Erfweiler zu genehmigen geruht.

**Dienstes-Nachrichten.**

Seine Majestät der König haben Sich allergnädigst bewogen gefunden, unter'm 29. December v. Js. auf die eröffnete Stelle eines Assessors der Regierung von Unterfranken und Aschaffenburg, Kammer des Innern, den zeitlich quiescirten Landrichter Joseph Leinfelder von Schrobenhausen zu berufen;

unter'm 4. Januar l. Js. der k. Gerichts- und Polizeibehörde Oettingen einen zweiten Assessor beizugeben,

zu dieser Stelle den zum zweiten Assessor des Landgerichts Höchstädt ernannten Dr. Johann Adolph Hugo Döberlein seiner Bitte gemäß zu berufen, und

die Stelle eines zweiten Assessors des

Landgerichts Höchstädt dem geprüften Rechtspraktikanten Heinrich Sorg von Illertissen
zu verleihen;

unter'm 5. Januar l. Js. der Regierung von Oberbayern einen Medicinal-Asses-
sor mit dem Range eines Regierungs-Asses-
sors beizugeben und zu dieser Stelle den
Assessor des vormaligen Medicinal-Comités,
Dr. Carl Wibmer, zu ernennen;

zum ersten Polizeicommissär bei der
Polizeidirection München den zweiten Com-
missär, Christian Martin, und zum zweiten
Commissär den dritten Commissär derselben
Polizeidirection, Joseph Seydel, vorrücken
zu lassen, endlich zum dritten Polizeicom-
missär in München den dermaligen ersten
Assessor des Landgerichts Werdenfels, Eduard
Widerer zu ernennen, ferner

unter demselben Tage auf die erledigte
Hauptzollamts-Verwalterstelle zu Freilassing
den dortigen Hauptzollamts-Controleur, Anton Fuchs, zu befördern, sodann zum Hauptzollamts-Controleur in Freilassing den bisherigen Grenzobercontroleur Alois Ritter v.
Peter zu Salzburghofen zu ernennen;

unter'm 6. Januar l. Js. den Hauptzollamts-Controleur Heinrich Kornmaul
in Memmingen auf den Grund des §. 22
lit. C. der IX. Beilage zur Verfassungs-
Urkunde in den Ruhestand treten zu lassen
und auf dessen Stelle den Hauptzollamts-
Controleur Anton Uhl in Mittenwald zu

versetzen, sodann auf die sich hienach erledigende Hauptzollamts-Controleurstelle in
Mittenwald den Grenzobercontroleur Wilhelm Nagelschmidt zu Weiler zu berufen, ferner

auf die zu Göllheim in Erledigung
gekommene Friedensrichterstelle den Bezirks-
gerichts-Assessor Carl Alwens zu Kaiserslautern auf sein alleruntertthänigstes Ansuchen zu befördern, und den Friedensrichter
Wilhelm Ryhiner-Friederich zu Frankenthal nach §. 19 der Beilage IX. zur
Verfassungs-Urkunde in den Ruhestand zu
versetzen;

in die erledigte I. Landgerichtsassessorstelle zu Weismain den dortigen II. Assessor, Max Joseph Wagner, vorrücken zu
lassen;

die Stelle eines II. Assessors des Landgerichts Weismain dem Appellationsgerichts-
Accessisten Franz Conrad Joseph Schneider in Bamberg zu verleihen;

zum I. Assessor des Landgerichts Kempten den II. Assessor des Landgerichts Lindau, Ferdinand Berchtold, vorrücken zu
lassen, und

die Stelle eines II. Assessors zu Lindau dem Kreis- und Stadtgerichts-Accessisten zu Passau, Lorenz Küffner aus Schwindegg, zu verleihen;

unter'm 8. Januar l. Js. den Assessor
der Regierung von Oberfranken, Kammer

4

des Innern, Johann Wilhelm Friedrich-Schegn, zum Rathe dieser Kreisstelle, und

den Secretär II. Classe Maximilian Franz Blumröder zum Assessor der Regierung von Oberfranken, Kammer des Innern, zu befördern;

den II. Landgerichts-Assessor zu Immenstadt, Joseph Rau, seiner Bitte gemäß auf Grund der nachgewiesenen Functionsunfähigkeit gemäß §. 22. lit. D. der IX. Verfassungs-Beilage für die Dauer eines Jahres in den zeitlichen Ruhestand treten zu lassen;

zum II. Assessor des Landgerichts Immenstadt den Landgerichtsactuar Carl Waldhörr von Sonthofen zu berufen, dann

zum Landgerichtsactuar zu Sonthofen den Appellationsgerichts - Accessisten Max Bedall aus Waldsassen, dermal zu München, zu ernennen;

unter'm 10. Januar l. Js. den Rath bei der Regierung von Mittelfranken, Kammer des Innern, Wilhelm von Branca, in gleicher Eigenschaft zur Regierung von Unterfranken und Aschaffenburg, Kammer des Innern, zu versetzen und den Landrichter von Kissingen, Ernst Christian Freiherrn von Lerchenfeld, zum Rathe bei der Regierung von Mittelfranken, Kammer des Innern, zu ernennen, endlich

unter'm 11. Januar l. J. dem Landgerichte Söggingen einen Actuar beizugeben

und diese Stelle dem geprüften Rechtspraktikanten Eduard Erlseck aus Redwitz, dermal zu München, zu verleihen.

## Pfarreien- und Beneficien-Verleihungen; Präsentations-Bestätigungen.

Seine Majestät der König haben die nachgenannten katholischen Pfarreien und Beneficien allergnädigst zu übertragen geruht, und zwar:

unter'm 31. December v. Js. die Pfarrei Poikam, Landgerichts Kelheim, dem Priester Georg Rauscheder, Cooperator-Expositus zu Wendelskirchen, Landgerichts Dingolfing;

die Pfarrei Chamerau, Landgerichts Kötzting, dem Priester Georg Daschner, Cooperator-Expositus zu Marmstein, Landgerichts Roding;

das Beneficium in Mötzing, Landgerichts Stadtamhof, dem Priester Anton Ehlich, Commorant in Lobsing, Landgerichts Riedenburg, und

das Spital-Beneficium zu Neunburg v|W., Landgerichts gleichen Namens, dem Priester Anton Müllner, Pfarrer zu Weiding, Landgerichts Oberviechtach, dann

unter'm 4. Januar l. Js. die Pfarrei Haßloch, Landcommissariats Neustadt, dem Priester Fried. Ries, Pfarrer zu Oberndorf, Landcommissariats Kirchheimbolanden, und

unter'm 5. Januar l. Js. die Pfarrei
Schwabmünchen, Landgerichts gleichen Namens, dem Priester Cyprian Mayr, Pfarrcurat zu Buttenwiesen, Landgerichts Wertingen.

Seine Majestät der König ha-
ben unter'm 1. Januar l. Js. die Aufstellung des Priesters Jacob Sellmayr in
Aufhausen, Landgerichts Stadtamhof, als
Vorstand des Instituts der Merianer dortselbst zu genehmigen, und denselben zugleich
zum Pfarrer in Aufhausen zu ernennen geruht.

Seine Majestät der König ha-
ben Sich allergnädigst bewogen gefunden,
unter'm 29. December v. Js. den seitherigen Pfarrer zu Kühbach, Landgerichts
Aichach, Priester Hr. Ignaz Senestrey,
dessen Bitte entsprechend, von dem Antritte
der ihm zugedachten Pfarrei Wildsteig, Landgerichts Schongau zu entheben, und die
hiedurch aufs Neue sich eröffnende Pfarrei
Wildsteig dem Priester Anton Wolf, Cu-
ratbeneficial zu Ergertshausen, Landgerichts
Wolfratshausen zu übertragen, ferner
unter'm 1. Januar l. Js. den seitherigen Cooperator-Expositus zu Bernried, Landgerichts Bogen, Priester Franz Xaver Kron-
ner, auf sein Ansuchen von dem Antritte
der ihm zugedachten katholischen Pfarrei
Päckerseuch, Landgerichts Neustadt an der
Waldnaab, zu entheben, und diese Pfarrei

dem Priester Wolfgang Stöberl, zur
Zeit Cooperator in Seebarn, Landgerichts
Neunburg vorm Wald, zu übertragen.

Seine Majestät der König ha-
ben Sich vermöge allerhöchster Entschließung
vom 5. Januar l. Js. allergnädigst bewogen gefunden, die erledigte protestantische II.
Pfarrstelle zu Weidenberg, Dekanats Bayreuth, dem bisherigen Pfarrer zu Weingartsgereuth, Dekanats Bamberg, Franz Ludwig Krieg, zu verleihen.

Seine Majestät der König ha-
ben unter'm 5. Januar l. Js. der von der
Vormundschaft des minderjährigen Herrn
Fürsten Carl Friedrich von Oettingen-
Wallerstein für den bisherigen Pfarrer
zu Unterringingen, Dekanats Ebermergen,
Carl Wilhelm Edwin Pöschel, ausgestellten Präsentation auf die protestantische Pfarrstelle in Löpsingen, Dekanats Nördlingen,
die landesherrliche Bestätigung zu ertheilen geruht.

## Landwehr des Königreichs.

Seine Majestät der König ha-
ben Sich unter'm 5. Januar l. Js. bewogen gefunden, den Hauptmann im Landwehr-
Bataillon Pappenheim, Eduard Michael
Düll, zum Major und Commandanten
des genannten Bataillons zu ernennen.

4*

## Ordens-Verleihungen.

Seine Majestät der König haben unter dem 1. Januar l. Js. Sich allergnädigst bewogen gefunden, nachstehende Ordens-Verleihungen vorzunehmen, und zwar:

A Allerhöchsteigenhändig:

I. das Ritterkreuz des Verdienst-Ordens der bayerischen Krone: dem Hofmarschallamts-Verweser Otto Freiherrn von Lerchenfeld-Aham;

II. das Ritterkreuz des Verdienst-Ordens vom heiligen Michael: dem Secretär des Königs Franz Pfistermeister; dem Hofsecretär Franz Xav. Schönwerth; dem Hofrathe Dr. Wilhelm Dönniges;

B. Zugestellt oder zugesendet wurden:

I. Vom Verdienst-Orden der bayerischen Krone:

1. das Commenthurkreuz: dem k. Gesandten rc. Ferdinand Freiherrn v. Verger in Carlsruhe; dem Präsidenten der k. Regierung von Unterfranken und Aschaffenburg, Friedrich Freiherrn von Zu-Rhein in Würzburg;

2. das Ritterkreuz: dem Präsidenten der k. Regierung der Oberpfalz und von Regensburg, Carl Freiherrn v. Künsberg in Regensburg; dem Ministerialrathe im k. Staatsministerium des Aeußern, Dr. Sebastian von Daxenberger;

dem Legationsrathe rc. Ludwig von Wich von der Reuth bei der k. Gesandtschaft in Wien, ferner dem Oberappellationsgerichts-Director Georg Freiherrn von Tautphöus dahier; dem Oberappellationsgerichts-Director Johann Bapt. von Volk dahier; dem Appellationsgerichts-Director Dr. Franz Xaver von Wening in Passau; dem Inspector der k. Erzgießerei Ferdinand von Miller; dem Ministerialrathe im Finanzministerium und Kronanwalte rc. Dr. Michael von Gartner; sodann dem Generalmajor, Brigadier der 4ten Infanterie-Division rc. Grafen von Guiot Du Ponteil; dem Generalmajor, Brigadier der 2ten Cavalerie-Division, Carl v. Hallbronner; dem charakter. Generalmajor, Stadtcommandanten Freiherrn von Harold in München; dem charakter. Generalmajor, Commandanten der Stadt Passau und der Veste Oberhaus, Friedrich Freiherrn von Magerl in Passau; dem charakter. Generalmajor, Premier-Lieutenant der Leibgarde der Hartschiere rc., Xaver Freiherrn v. Magerl in München;

II. Vom Verdienst-Orden des heiligen Michael:

1. Commenthurkreuz:

dem Staatsrathe Maximilian Freiherrn v. Pelkhoven;

dem k. Bevollmächtigten ꝛc. Generalmajor Jos. Ritter v. Xylander in Frankfurt;

dem Appellationsgerichts-Präsidenten Heinr. Arnold Frhrn. von der Beck in Freysing;

dem Appellationsgerichts-Präsidenten Simon v. Haller in Eichstädt;

dem Hofrathe ꝛc. Gotth. H. v. Schubert dahier;

dem Oberpostmeister Anton von Gravenstein in Regensburg;

dem Oberpostmeister Franz Anton Grafen von Taufkirchen in Augsburg, und

dem Generalmajor und Brigadier ꝛc. der 1ten Cavalerie-Division Friedrich von Flotow in Augsburg;

2. das Ritterkreuz:

dem Ministerialrathe und Generalsecretär im Staatsministerium des K. Hauses und des Aeußern, Dr. Joseph Rappel;

dem geheimen Secretär ꝛc. Johann Baptist Schuller, ferner

dem Appellationsgerichts-Director CarlChrist. Freiherrn v. Waldenfels in Amberg;

dem Appellationsgerichts-Director Ernst von Will in Neuburg;

dem Appellationsgerichts-Director Dr. Fr. Anton Heigel in Passau;

dem Oberappellationsgerichts-Rathe Joseph Körner dahier;

dem Oberappellationsgerichts-Rathe Ferdinand Schwertfelner dahier;

dem Oberappellationsgerichts-Rathe Dr. Ferd. Theod. Hopf dahier;

dem Appellationsgerichts-Rathe Jul. G. Knoll in Amberg;

dem Stadtgerichts-Director Carl Grafen von Guiot Du Ponteil in Augsburg;

dem Staats-Procurator Ludwig Schmitt in Zweybrücken;

dem Ministerialrathe im Staatsministerium des Innern, Friedr. H. Grafen v. Hundt dahier;

dem Regierungsrathe Fr. v. Muffel dahier;

dem Regierungsrathe Math. Gsellhofer in Landshut;

dem Regierungsrathe Max Gutschneider in Bayreuth;

dem Medicinalrathe Joh. Dav. Christ. von Bezold in Ansbach;

dem Regierungsrathe Nik. Koch in Würzburg;

dem Polizei-Director Aug. Loth. Graf von Reigersberg dahier;

dem geheimen Secretär im Staatsministerium des Innern, Joh. Bapt. Eberth dahier;

dem Landrichter Simon Taucher in Passau;

dem Landrichter Carl v. Pigenot in Cham;

dem Landrichter Heinrich Wibel in Neustadt a)A.;

dem Landrichter Paul Rummel in Kempten;
dem Land-Commissär Chr. Chelius in
Homburg;
dem Polizei-Commissär Bernh. Cloßmann
in Kaisheim;
dem Landgerichts-Arzt Dr. Roman Eireiner in Vilshofen;
dem Ministerial-Rathe im Staatsministerium
des Innern für Kirchen- und Schulangelegenheiten Aug. Friedr. Hänlein dahier;
dem Oberkirchen- und Schulrathe Jacob
Wißling dahier;
dem Domdechant und Lyceal-Rector Dr.
A. Gengler in Bamberg;
dem Domcapitular und Kreisscholarch Georg
Jos. Götz in Würzburg;
dem Oberconsistorial-Rath Dr. Christ. Friedr.
Böckh dahier;
dem geistlichen Rath und Pfarrer Joseph
Reichthalhammer in Teisendorf;
dem Dekan und Pfarrer Dr. Carl August
Burger dahier;
dem Pfarrer Johannes Schiller in Ig-
gelheim;
dem Professor Dr. Eugen Schneider dahier;
dem Professor Dr. Andreas Wagner dahier;
dem Professor Dr. Carl Emil Schafhäutl
dahier;
dem Professor Dr. Valentin Leiblein in
Würzburg;

dem Professor Dr. Fried. Nägelsbach in
Erlangen;
dem Lyceal-Professor Dr. Franz Schneidawind in Aschaffenburg;
dem Gymnasial-Rector Sebastian Mutzl
zu Eichstädt;
dem Gymnasial-Rector Dr. Joh. Christ.
Held in Bayreuth;
dem Schullehrer-Seminar-Inspector Johann
Hummel in Würzburg;
dem Inspector der Glasmalerei-Anstalt und
Architektur-Maler Max. Em. Ainmüller dahier;
dem Bildhauer Halbig dahier;
dem Finanzdirector Dr. Peregrin Schwindl
in Landshut;
dem Generallotto-Administrator Trautner
dahier;
dem Salinen-Rathe Christ. Schmitz dahier;
dem Salinen-Forstrathe Baron Räsfeldt
dahier;
dem Regierungsrathe Max Frey in Speyer;
dem Regierungsrathe Baron Grießen-
beck dahier;
dem Oberaufschlagsbeamten Freiherrn von
Stengel dahier;
dem Kreiscassier Ambros Frisch in Landshut;
dem Rentbeamten Keyl in Rothenburg;
dem Rentbeamten M. Grünberger in
Dachau;
dem Rentbeamten M. Jos. Eckart in Lohr;

dem Forstmeister L. Kröber in Zweybrücken;
dem Salzbeamten Mich. Ziegler in Bamberg;

dem Obersten des 4. Chevaulegers-Regiments König, Friedr. Wilh. Freiherrn v. Wöldendorf und Waradein in Augsburg;

dem Obersten des 2. Infanterie-Regiments Kronprinz, Carl Krazeisen in München;

dem Obersten des 1. Infanterie-Regiments König, Bernhard von Heß in München;

dem Obersten des Genie-Regimentes, Leopold Freiherrn von Reichlin-Meldegg in Ingolstadt;

dem Obersten im General-Quartiermeister-Stabe, Joseph Naus dahier;

dem Oberstlieutenant im General-Quartiermeister-Stabe und Referenten im Kriegsministerium Friedrich Passavant dahier;

dem Oberstlieutenant des 3. Jäger-Bataillons Georg Hertel in Aschaffenburg;

dem charakt. Oberstlieutenant Andreas Eckl von der Commandantschaft München;

dem charakt. Major Ludwig von Besserer von der Gendarmerie-Compagnie von Oberfranken;

dem charakt. Major Fr. Xav. Grafen von Joner;

dem Generalsecretär des Kriegsministeriums, Michael von Gönner;

dem Hauptkriegs-Cassier Ludwig Schwalb von der Hauptkriegs-Casse;

dem Oberaubitor Franz von Schultes vom Generalauditoriate dahier,

dem Obersthofmarschall-Stabscassier Julius Hofmann dahier.

Seine Majestät der König haben Sich vermöge allerhöchster Entschließung vom 30. December v. Js. allergnädigst bewogen gefunden, dem Dompropst, Priester Thomas David Popp zu Eichstädt, in Rücksicht auf seine während einer fünfzigjährigen priesterlichen Amtsthätigkeit gesammelten Verdienste um Kirche und Staat das Ehrenkreuz des königlich bayerischen Ludwigs-Ordens zu verleihen.

———————

### Titel-Verleihung.

Seine Majestät der König haben dem Buchdruckereibesitzer Heinrich Rösl dahier durch allerhöchste Entschließung vom 21. December v. Js. den Titel als Hofbuchdrucker allergnädigst zu verleihen geruht.

———————

### Gewerbsprivilegien-Verleihungen.

Seine Majestät der König haben den Nachgenannten Gewerbsprivilegien allergnädigst zu ertheilen geruht, und zwar: unter'm 13. September v. Js. dem Schuhmachergesellen Franz Xaver Stich von München, auf Fabrikation der von ihm erfundenen, angeblich Schuhe und Stiefel wasserdicht machenden, das Leder weich und elastisch erhaltenden Schmiere für den Zeitraum von einem Jahre;

unter'm 6. November v. Js. dem Bäckermeister Xaver Zettler von München auf das von ihm erfundene Verfahren bei Erzeugung von Preßhefe für den Zeitraum von fünf Jahren;

unter'm 12. November v. Js. dem Hofchocoladefabrikanten-Sohn Carl Mayrhofer, auf Ausführung seiner Erfindung einer verbesserten Chocoladefabrikation durch ein eigenthümliches Verfahren beim Rösten der Cacao-Bohnen auf einer hiezu eigens construirten Maschine für den Zeitraum von zehn Jahren;

unter'm 4. December v. J. dem Hafnergesellen J. J. Held aus Ansbach, z. Z. iu München, auf Ausführung der von ihm erfundenen verbesserten Construction von Zimmeröfen und gleichfalls von ihm erfundenen blauen Glasur für den Zeitraum von fünf Jahren, und

dem Webergesellen Wilhelm Bittermann aus Kupfenberg, z. Z. Geschäftsführer in der Steinhauser'schen Schlauchfabrik in München, auf Ausführung des von dem verstorbenen Webermeister Franz Steinhaufer erfundenen und von Wilhelm Bittermann verbesserten Verfahrens bei Fabrikation von Schläuchen, Feuereimern und Gurten aus italienischem Hanf und ohne Naht, für den Zeitraum von 4 Jahren.

————————

## Erlöschung eines Gewerbsprivilegiums.

————————

Das dem Melber Joseph Hochgesang unter'm 23. Juni 1840 verliehene und unterm 31. Juli 1840 ausgeschriebene, in der Zwischenzeit auf den Bäckergesellen Moritz Friedrich eigenthümlich übergegangene 15jährige Privilegium auf das von Ersterem erfundene Verfahren bei Erzeugung des feinen holländischen Zwiebackes und englischen Tafelbrodes, wurde auf den Grund der Bestimmung in Abschnitt IV. Tit. 3 §. 55 Nr. 4 der Vollzugs-Instruction zum Gewerbsgesetz als erloschen erklärt.

# Regierungs-Blatt

## für das

## Königreich Bayern.

## № 4.

München, Samstag den 18. Januar 1851.

---

**Inhalt:**

---

### Bekanntmachung,
die Uniform der Actuare der k. Polizeidirection München betr.

Seine Majestät der König haben allergnädigst geruht, den Actuaren der Polizeidirection München das Tragen einer Epaulette mit Franzen von Silberfäden ohne Bouillon gleich dem für die k. Polizei-Commissäre gegebenen Muster mit dem Bedeuten zu gestatten, daß hinsichtlich der Stickerei des Kragens die Vorschriften der k. Verordnung vom 12. Mai 1807 Ziff. IV. (Regierungsblatt v. J. 1807 Seite 816) unverändert fortbestehen.

## Dienstes-Nachrichten.

## Ordens-Verleihungen.

Seine Majeſtät der König ha-
ben Sich allergnädigſt bewogen gefunden,
unter'm 6. Januar l. Js. die bei dem Appellationsgerichte von Niederbayern erledigte
Kanzliſtenſtelle dem Kreis- und Stadtge-
richtsſchreiber Alois Lorenzi zu Landshut,
entſprechend ſeiner allerunterthänigſten Bitte,
dann die hiedurch ſich eröffnende Schreiber-
ſtelle bei dem Kreis- und Stadtgerichte
Landshut, dem Diurniſten des Kreis- und
Stadtgerichts Ansbach, Johann Georg
Beyhl, in proviſoriſcher Eigenſchaft zu
verleihen, und

unter'm 8. Januar l. Js. den Revierförſter zu Mittenwald, im Forſtamte Partenkirchen, Auguſt von Krempelhuber,
zum Forſtcommiſſär I. Claſſe bei der Ge-
neralbergwerks- und Salinenadminiſtration
zu befördern;

unter'm 11. Januar l. Js. die erledigte Hauptzollamts-Verwalterſtelle in Roſenheim dem dortigen Hauptzollamts-Con-
tropleur, Anton Lechner, zu übertragen;

unter'm 14. Januar l. Js. den Salzbeamten Joſeph Märkel zu Schweinfurt
in temporären Ruheſtand zu verſetzen, und
zugleich die hiedurch erledigte Salzoberfac-
torie zu Schweinfurt in eine Factorie umzuwandeln.

Seine Majeſtät der König ha-
ben unter dem 1. Januar l. Js. noch weiters den Nachgenannten das Ritterkreuz
des Verdienſt-Ordens vom heiligen
Michael allergnädigſt zuſtellen zu laſſen
geruht, was nachträglich zur Ausſchreibung
im dießjährigen Regierungsblatt. Nro. 3.
Seite 47—54 und mit dem Bemerken veröffentlicht wird, daß ſich dieſelben auf Seite
53 nach der 3. Zeile einreihen, nämlich:
dem Oberzollrath Ludwig Zwierlein in
    München;
dem Regierungs- und Kreisbaurath Mathias
    Bernaß in Landshut;
dem Poſtmeiſter Wenzeslaus Böttinger
    in Lindau;
dem Rector der Kreislandwirthſchafts- und
    Gewerbsſchule Dr. Philipp Horn in
    Würzburg;
dem Rector der polytechniſchen Schule zu
    München, Dr. Heinrich Alexander;
dem Eiſenbahn-Official und Landwehr-Oberſt
    Friedrich v. Welſch in Bamberg;
dem Glashüttenbeſitzer Benedict von Po-
    ſchinger zu Oberzwieſelau;
dem Großhändler Joh. Chriſt. Merk in
    Nürnberg;
dem Spiegelfabrikanten Heinrich Fiſcher
    in Erlangen, und

dem Tabakfabrikanten Joseph Anton Bolongaro-Crevenna in Würzburg;
dann ferner
dem Landrichter Joseph Seidenbusch in
Mellrichstadt,
welcher am Schlusse der Seite 50 zu stehen kommen sollte.

## Titel - Verleihung.

Seine Majestät der König ha-
ben Sich vermöge allerhöchster Entschließung vom 16. Januar l. Js. allergnädigst
bewogen gefunden, dem Inspector des Schul-
lehrer-Seminars zu Bamberg, Priester Ignaz Heunisch, in huldvoller Anerkennung
seiner verdienstlichen Leistungen im Schulwe-
sen den Titel und Rang eines geistlichen
Rathes tax- und stempelfrei zu verleihen.

## Bekanntmachung,

die von den Facultäten der k. Julius-Marimilians-Universität zu Würzburg für das Studienjahr 1849/50 gestellten Preisfragen betr.

Das Ergebniß der an der königlichen
Julius-Marimilians-Universität zu Würzburg für das Studienjahr 1849/50 aufgestellten Preisfragen wird nachstehend zur
allgemeinen Kenntniß gebracht:

Die von der theologischen Facultät gestellte Aufgabe:

„Quellenmäßige Darstellung des Verhältnisses des Bischofes zu dem Presbyterium in der vornicänischen Periode,"

hatte eine Bearbeitung zur Folge; in derselben ist zwar die Allseitigkeit der Frage
nicht aufgefaßt und behandelt worden, indessen sind in ihrem historisch-kritischen Theile
solche Beweise von Scharfsinn und Com-
bination, von kritischem Takte und vielsei-
tiger Belesenheit niedergelegt, daß das Ela-
borat als preiswürdig anerkannt worden.

Der Verfasser ist der Alumnus des
bischöflichen Clerikal-Seminars Johann
Martin Büchs aus Niederlauer.

Zur Lösung der von der Juristenfacultät gestellten Aufgabe:

„Die juristische Persönlichkeit der katholischen Domcapitel in Deutschland,
ihre Stellung, Rechte und Obliegenheiten sowohl überhaupt, als insbesondere im Verhältnisse zu ihren Gliedern
und Angehörigen, den Kirchenoberen,
Synoden, der Diöcesanregierung und
dem Staate, geschichtlich zu entwickeln,
und nach den bestehenden Rechten darzustellen,"

waren drei Bearbeitungen eingegangen.

Zwei derselben, von denen die eine insbesondere hinsichtlich des Hauptpunktes und
in sprachlicher Beziehung einige Vorzüge
vor der andern hat, wurden als preiswürdig
erkannt, indem beide Elaborate das Thema

im Ganzen mit großer Vollständigkeit erschöpft, Scharfsinn und Gründlichkeit in Darstellung des positiven Rechtes, wie in dessen historischer Begründung, dann Geschick der Anordnung an den Tag gelegt und hiebei erfprießliche Resultate für fernere Bearbeitung des Gegenstandes hervorgebracht haben.

Die erste dieser Bearbeitungen hat den Rechtscandidaten,

Georg Anton Huller von Ebern,

die zweite den Cand. jur.,

Gottfried Schmitt von Hofheim,

zum Verfasser.

Eine dritte Lösung der Frage hatte der Rechtscandidat,

Gustav Gehring von Oettingen,

versucht, der wegen bewiesenen Fleißes einer öffentlichen Belobung für würdig erachtet wurde.

Ueber das von der medicinischen Facultät aufgestellte Thema:

„Kritische Zusammenstellung, Sichtung und Beleuchtung der Lehre von dem Auswurfe (Sputa) und der für die Erkenntniß der Krankheiten der Respi-rationsorgane und deren Behandlung daraus gewonnenen Resultate verbunden mit möglichst eigenen · Beobachtungen und Untersuchungen,"

wurde eine Abhandlung eingereicht. Hat diese auch den praktischen semiotischen Theil der Aufgabe nicht erschöpft, so hat doch die von dem Verfasser hiebei bethätigte Auffassungsweise, welche bei erweiterter Durchführung der Aufgabe durchaus genügende Resultate und der praktischen Anschauung förderliche Anhaltspunkte darbieten würde, besondere Anerkennung sich erworben. Zugleich ist des Fleißes, mit dem die neuere Literatur benützt, sowie der Ausdauer, mit welcher mikroskopische und chemische Untersuchungen angestellt wurden, insbesondere des bewiesenen Strebens nach Selbstständigkeit und empirischem Wissen so rühmlich zu gedenken, daß die Bearbeitung für preiswürdig erkannt wurde.

Der Verfasser ist der Cand. med. Anton Biermer von Bamberg.

Die Fragen der staatswirthschaftlichen und philosophischen Facultät hatten keine Bearbeiter gefunden.

---

**Berichtigung.**

Im Regierungsblatte No. 3. vom 17. Jänner l. J. Seite 48 Zeile 22, ist bei dem Generalmajor. ꝛc. Freiherrn von Harold die Bezeichnung „charakterisirt" zu streichen.

# Regierungs-Blatt

## für                                das

## Königreich                        Bayern.

## № 5.

München, Samstag den 25. Januar 1851.

**Inhalt:**

**Königlich Allerhöchste Entschließung,**
die Landwehr-Freicorps betr.

### Maximilian II.

von Gottes Gnaden König von Bayern,
Pfalzgraf bei Rhein,
Herzog von Bayern, Franken und in
Schwaben ꝛc. ꝛc.

Nachdem die Gründe weggefallen sind, durch welche Wir Uns in den jüngst verflossenen Jahren bewogen fanden, die Errichtung von Landwehr-Freicorps Allerhöchst zu genehmigen, und demgemäß diese Freicorps in der Mehrzahl sich bereits freiwillig wieder aufgelöst haben, so wollen Wir nunmehr auch bezüglich der übrigen gegenwärtig noch bestehenden Freicorps durch Zurücknahme Unserer zu ihrem Fortbestande erforderlichen Allerhöchsten Genehmigung die Auflösung verfügen, hiervon jedoch vorerst die in Oberbayern bestehenden Gebirgsschützen-Compagnien einschließlich des

6

Freicorps zu Berchtesgaden noch ausneh-
men. Hiebei verordnen Wir, daß die ärarialischen Waffenstücke, in deren Besitze sich
die zufolge Unserer gegenwärtigen Verfügung oder bereits früher aufgelösten Landwehr-Freicorps noch befinden, sowie die denselben verliehen gewesenen Fahnen an die
betreffenden Landwehr-Kreis-Commandos ab-
geliefert, und von diesen Kreis-Commandos
die Waffen an die Militärbehörden zurück-
gestellt, die Fahnen aber in den Zeughäu-
sern der Landwehr des Kreishauptortes hinterlegt werden. Eben so sind die Landwehr-
Kreis-Commandos beauftragt, für die beschädigten oder zu Verlust gegangenen ärarialischen Waffenstücke die gesetzliche Ersatz-
Pflicht geltend zu machen.

Uebrigens geben Wir hiebei allen Landwehr-Freicorps, welche zum Schutze des
Gesetzes und zur Aufrechthaltung der Ordnung für König und Vaterland die Waffen ergriffen und für die gute Sache ersprießliche Dienste geleistet haben, Unser
besonderes landesväterliches Wohlwollen und
Unsere Allerhöchste Zufriedenheit gerne
zu erkennen.

München, den 22. Januar 1851.

**Max.**

v. Zwehl.

Auf Königlich Allerhöchsten Befehl:
der General-Secretär,
Ministerialrath Epplen.

**Bekanntmachung,**

die Bestellung von Militär-Einstandscapitalien
durch Hinterlegung von Staatsobligationen betr.

Staatsministerium der Justiz, des Innern
und der Finanzen, dann Kriegsministerium.

Nachdem der Antrag des Landtages,
„es sei die Staatsregierung zu er-
„mächtigen, die Bestellung der Ein-
„standscapitalien für die Folge durch
„die Hinterlegung bayerischer Staats-
„obligationen jeder Art, soferne sie
„im Zinsfuße nicht unter 3½ Pro-
„cent, zuzulassen"

in dem allerhöchsten Landtagsabschiede vom
25. Juli v. Js. Abschnitt I. §. 31. die
allerhöchste Genehmigung erhalten hat, so
werden zum Vollzuge dieser Verfügung folgende Weisungen ertheilt:

1) Zur Annahme als Einstandscapitalien
sind alle Nominal- und au porteur-
Obligationen geeignet, welche mit 3½,
4 oder 5 Procent verzinslich, und noch
mit allen nicht bereits verfallenen Zinscoupons versehen sind.

Nur die Obligationen des ersten
Subscriptions-Anlehens zu 20, 35 und
50 fl. sind, weil es auf ihnen an
Raum zur Vinculirung fehlt, von der
Annahme ausgeschlossen.

2) Eine und dieselbe Staatsobligation

kann nicht zu dem einen Theile als Einstandscapital bestimmt und zu dem andern Theile als Eigenthum des Einstellers vorbehalten werden. — Zur Annahme nicht geeignet ist daher beispielsweise eine Staatsobligation von 1000 fl., wenn das Einstandscapital nur 500 fl. beträgt.

3) Da das Einstandscapital nach §. 55 Abs. 4 des Heer-Ergänzungs-Gesetzes dem Militär-Aerar zugleich als Caution zu dienen hat, so muß darauf gehalten werden, daß die dasselbe repräsentirenden Staatsobligationen nach ihrem jeweiligen Course wenigstens den Cautionsbetrag von 150 resp. 300 fl. erreichen. Ueberdieß hat sich der Einsteller in dem Einstandsvertrage verbindlich zu machen, im Falle der Cours der Staatsobligationen so sehr fallen sollte, daß der Werth von 150 fl. resp. 300 fl. nicht mehr erreicht würde, auf erste Anforderung und ohne irgend einen Einwand oder Aufschub während der ganzen Dauer der Einstandszeit das Fehlende entweder baar oder durch neue Obligationen zu ergänzen.

4) Wenn das Einstandscapital in Staatsobligationen gestellt werden soll, so haben die den Einstandsvertrag verbriefenden Gerichtsbehörden oder Notäre die Einsteher vorher zu belehren, daß solche Obligationen bei den Staatsschuldentilgungscassen weder in Haupt- noch Nebensache irgend eine Begünstigung genießen, daß sie daher nicht sofort in den Besitz des baaren Geldes ihrer Capitalien gelangen, sondern nur die Obligationen zur freien und ungehinderten Disposition ausgehändigt erhalten, und folglich, wenn sie die Obligationen in Baargeld umwenden, und dazu nicht die Ziehung der Nummern bei der Verloosung abwarten wollen, damit gleich andern Obligationeinhabern und resp. Staatsgläubigern, lediglich an die Veräußerung der Obligationen zum jeweiligen Tags-Course hingewiesen sind, womit zumal bei geringzinsigen resp. 3½ und 4procentigen Papieren fast immer ein größerer oder geringerer Verlust am Capitale verbunden ist.

5) Der Einstandsvertrag muß die genaue Bezeichnung der das Einstandscapital repräsentirenden Staats-Obligationen und die Zahl der ihnen beigefügten Zinscoupons enthalten. Eben so muß darin angegeben seyn, ob der Einsteher den Betrag des ersten fällig werdenden Zinscoupons ganz zu beziehen hat, oder ob dem Einsteller die bis zum Tage des Einstandsvertrages treffende Zinsrate herauszubezahlen ist.

6) Nominal-Obligationen werden von den Conscriptionsbehörden nur dann angenommen, wenn sie bereits durch die Staatsschuldentilgungscasse auf den Einsteher umgeschrieben sind. Bei den au porteur-Obligationen dagegen haben die Conscriptionsbehörden sogleich bei deren Empfang die Vinculirung vorzunehmen. Diese besteht in einer amtlichen Vormerkung auf der Rückseite der Obligation des Inhalts, daß gegenwärtige Schuldurkunde als Einstandscapital und Caution des Soldaten N. zu dienen habe, und dem Verkehr entzogen sei.

7) Eine Notification dieser Vinculirung an die k. Staatsschuldentilgungsanstalt ist nicht erforderlich.

8) Die Conscriptionsbehörden haben statt der Depositenscheine die der Einstandszeit entsprechende Anzahl von Zinscoupons der Militärbehörde des Einstehers zur Verwahrung, Erhebung für Haftungen oder zur jährlichen Abgabe an die Einsteher zuzusenden.

9) Hat der Einsteher seine Dienstzeit vollendet und liegt ihm dem Militärärar gegenüber keine Haftung ob, so werden die au porteur lautenden Staatsobligationen durch die Conscriptions-Behörden wieder devinculirt. Dieses

geschieht durch die amtliche Vormerkung auf der Obligation, daß vorstehende Beschränkung aufhöre, und die Obligation nunmehr wieder in die Classe der au porteur-Obligationen gehöre.

10) Werden Staatsobligationen während der Deponirung in Folge einer Verloosung gekündigt, so sind die Capitalbeträge zu erheben, und bei der k. Bank in Nürnberg von Neuem als Einstandscapital zu deponiren.

11) Es ist zwar zunächst Sache des Einstehers, dessen Obligationen durch die Verloosung zur Heimzahlung bestimmt wurden, wegen Erhebung des Capitals bei den Conscriptionsbehörden die erforderlichen Schritte zu thun; damit ihm jedoch im Falle der Unterlassung kein allzubedeutender Zinsenverlust erwachse, haben die Militärbehörden auf der Rückseite der Zinscoupons, sobald sie erhoben, oder dem Einsteher zur Erhebung übergeben werden, den Namen des Einstehers und des Regiments zu bezeichnen, weil alsdann ein wegen Verloosung nicht mehr zahlbarer, aber irrthümlich doch vergüteter Coupon an den Geldempfänger (Einsteher) wieder zurückgehen kann, und dieser alsdann aus dem Grunde der Unzahl-

barkeit die Capitalkündigung durch Verloosung zu entnehmen vermag.

München, den 19. Januar 1851.

Auf Seiner Königlichen Majestät allerhöchsten Befehl.

v. Kleinschrod. Dr. v. Aschenbrenner. v. Lüder. v. Zwehl ......

Durch den Minister der General-Secretär, Ministerialrath Epplen.

## Bekanntmachung,
die 3½ procentigen Obligationen für Gerichtsbarkeitsentschädigungs-Kapitalien betr.

Durch höchstes Rescript des königlichen Staatsministeriums der Finanzen vom 10. December v. Js. wurde genehmigt, daß die 3½ procentigen Obligationen ohne Coupons, welche bei Abtretung lehenbarer oder im Fideicommiß-Verbande gestandener Gerichtsbarkeiten zur Berichtigung der Entschädigungs-Capitalien ausgestellt wurden, auf Ansuchen der Betheiligten, in Gemäßheit des Gesetzes vom 28. December 1831 Art. 15 Abs. 2 in 3½ procentige Nominal-Obligationen mit Coupons umgeschrieben werden, um den Obligationsbesitzern die Theilnahme an den periodischen Verloosungen der 3½ procen-

tigen Mobilisirungs-Obligationen dieser Schuldgattung möglich zu machen.

Die k. Schuldentilgungs-Specialcassen sind angewiesen worden, die Besitzer solcher Gerichtsbarkeitsentschädigungs-Obligationen von den nähern Bestimmungen hinsichtlich dieser Umschreibung in Kenntniß zu setzen.

München, den 20. Januar 1851.

Königlich bayer. Staatsschuldentilgungs-Commission.

v. Suener.

Brennemann, Secretär.

## Bekanntmachung,
die Aufstellung von Rechnungsgehilfen bei den k. Kreisregierungen, Kammern des Innern, diesseits des Rheins betr.

Seine Majestät der König haben vermöge Allerhöchster Entschließung vom 16. Januar 1851 zu verfügen geruht, was folgt:

### I.

Dem Rechnungscommissariate der Kammer des Innern jeder Kreisregierung diesseits des Rheins wird ein mit pragmatischen Rechten angestellter Rechnungsgehilfe beigegeben, welcher von Allerhöchstdenselben ernannt wird.

## II.

Der Dienst der Rechnungsgehilfen ist ganz derselbe, wie jener der Rechnungscommissäre. Es finden alle desfallsigen Normen auf diese Gehilfen volle Anwendung, und sie haben dieselben Vorbedingungen der Anstellung zu erfüllen.

Sie tragen die Uniform der Rechnungscommissäre, welchen sie sich im Range nachordnen, jedoch mit einfacher Lisère ohne die Eckverzierung am Kragen.

Sofort wurden zu Rechnungsgehilfen der Kreisregierungen, Kammern des Innern, in provisorischer Eigenschaft allergnädigst ernannt:

bei der Regierung von Oberbayern, der Revisor Xaver Obel zu München;

bei der Regierung von Niederbayern, der Revisor Vitus Wolf zu Landshut;

bei der Regierung der Oberpfalz und von Regensburg, der Revisor Joh. Georg Schwaiger zu Regensburg;

bei der Regierung von Oberfranken, der Revisor Kaspar Michael Martin zu Baireuth;

bei der Regierung von Mittelfranken, der vormalige Patrimonialbeamte von Sugenheim, Heinrich Mayer;

bei der Regierung von Unterfranken und Aschaffenburg, der Revisor Georg Lorenz Mayer zu Würzburg;

bei der Regierung von Schwaben und

Neuburg, der vormalige Patrimonialrichter von Grünbach, nun Revisor bei der Regierung von Oberbayern, Anton Banska zu München.

## Dienstes-Nachrichten.

Seine Majestät der König haben Sich allergnädigst bewogen gefunden, unter'm 14. Januar l. Js. den Revierförster von Unkenthal, Philipp Friedl, zum Forstmeister in Marquardstein zu befördern und an dessen Stelle zum Revierförster in Unkenthal den Forstamtsactuar u Tegernsee, Adolph Nero, provisorisch zu ernennen;

unter'm 15. Januar l. J. auf die erledigte I. Revisionsbeamtenstelle des Hauptzollamts Bamberg den I. Revisionsbeamten Friedrich Frankl in Regensburg zu versetzen, ferner

auf die sich hienach erledigende I. Revisionsbeamtenstelle des Hauptzollamts Regensburg den dortigen II. Revisionsbeamten, Anton von Velasco, vorrücken zu lassen, und

auf die II. Revisionsbeamtenstelle des Hauptzollamtes Regensburg den dermaligen Revisionsbeamten Joseph Paur in Mittenwald zu versetzen;

unter'm 16. Januar l. Js. den Se-

cretär I. Classe bei der Regierung von
Schwaben und Neuburg, Friedrich Mat-
son, zum Assessor der Kammer des Innern
dieser Kreisregierung zu befördern und auf
die hiedurch sich eröffnende Regierungssecre-
tärstelle I. Classe zu Augsburg den dermaligen Landcommissariats-Actuar zu Pirmasens, Carl Schmitt, zu berufen, sodann
den Secretär II. Classe bei der Regierung
von Niederbayern, Joseph Knitl, zum
Assessor der Kammer des Innern bei derselben Kreisregierung zu befördern;

unter'm 18. Januar l. J. zum Grenzobercontroleur in Oberaudorf, Hauptzollamts-
bezirks Rosenheim, den Rathsaccessisten der
Generalzolladministration, Dr. jur. Jacob
Miller, in provisorischer Eigenschaft zu
ernennen, dann

dem Landgerichte Eggenfelden in Niederbayern einen Actuar extra statum bis
auf weitere allerhöchste Verfügung beizugeben und zu dieser Stelle den Accessisten
bei der Regierung von Niederbayern, Paul
Tettenhammer aus Weihmärting, zu ernennen, endlich

unter'm 20. Januar l. J. dem Landgerichte Viechtach einen Actuar beizugeben
und zu dieser Stelle den geprüften Rechtspraktikanten Carl Stabler zu München
zu ernennen.

## Pfarreien-Verleihungen; Präsentations-Bestätigungen.

Seine Majestät der König ha-
ben die nachstehenden Pfarreien allergnädigst zu übertragen geruht, und zwar:

unter'm 10. Januar l. Js. die Pfarrei Merzalben, Landcommissariats Pirmasens, dem Priester Dr. Conrad Bertram,
Pfarrer zu Feilbingert, Landcommissariats
Kirchheimbolanden, und

die Pfarrei Unterbechingen, Landgerichts
Lauingen, dem Priester Franz Joseph Fink,
Frühmeßbeneficiat zu Edelstetten, Landge-
richts Roggenburg.

Seine Majestät der König ha-
ben unter'm 16. Januar l. Js. den Priester, Franz Xaver Peißl, Stadtpfarrer
und Districtsschulinspector zu Friedberg,
Landgerichts gleichen Namens, auf sein Ansuchen von dem Antritte der ihm zugedachten katholischen Pfarrei Rohrenfels, Landgerichts Neuburg a/D., zu entheben, und
diese hiedurch auf's Neue sich eröffnende
Pfarrei dem Priester Wendelin Roth, Pfarrer zu Missen, Landgerichts Immenstadt, zu
übertragen geruht.

Seine Majestät der König ha-
ben unter'm 10. Januar l. J. allergnädigst
zu genehmigen geruht, daß die durch freie
Resignation des Priesters Georg Oechler

in Erledigung kommende katholische Pfarrei Aßng, Landgerichts Aibling, von dem hochwürdigsten Herrn Erzbischofe von München-Freysing dem Priester Joh. Nepomuk Langlechner, Curatpriester zu Tattenhausen, Landgerichts Aibling, ferner

unter'm 12. Januar l. J., daß die katholische Pfarrei Pilsting, Landgerichts Landau, von dem hochwürdigen Herrn Bischofe von Regensburg dem Priester Joh. Mich. Müllner, Pfarrer zu Kirchenroth, Landgerichts Wörth, und

die katholische Pfarrei Adlkofen, Landgerichts Landshut, von demselben Herrn Bischofe dem Priester Anton Schill, Pfarrer zu Altendorf, Landgerichts Nabburg, endlich

unter'm 15. Januar l. Js., daß die katholische Pfarrei Elsenfeld, Landgerichts Obernburg, von dem hochwürdigen Herrn Bischofe von Würzburg dem Priester Adam Joseph Waltenmaier, Pfarrer zu Stadtprozelten, Landgerichts Klingenberg,

die katholische Pfarrei Frankenwinheim, Landgerichts Gerolzhofen, von demselben Herrn Bischofe dem Priester Franz Xaver Bäß, Frühmeß-Beneficiat zu Heidingsfeld, Landgerichts Würzburg l/M., und

daß das Frühmeß-Beneficium zu Au am Inn, Landgerichts Haag, von dem hochwürdigsten Herrn Erzbischofe von München-Freysing dem Priester, Thomas Sebald, gewesenen Pfarrvikar zu Schlehdorf, Landgerichts Weilheim, verliehen werde.

## Königlich Allerhöchste Bewilligung zur Annahme fremder Decorationen.

Seine Majestät der König haben unter'm 16. Januar l. Js. dem Regierungsrathe Wilhelm von Buchner die allergnädigste Bewilligung zu ertheilen geruht, das Ritterkreuz des k. k. österreichischen Leopold-Ordens, ferner

dem k. Eisenbahnbetriebs-Ingenieur Johann Thenn, das Ritterkreuz des eben genannten Ordens, dann

unter'm 12. Januar l. J. dem Friedrich Horn zu Markt Weisendorf, die von Seiner Heiligkeit dem Papste erhaltene Medaille annehmen und tragen zu dürfen.

### Berichtigung.

Der zum II. Assessor in Lindau unter'm 6. Januar l. Js. ernannte Kreis- und Stadtgerichts-Accessist heißt nicht „Küffner" — sondern „Kufner." (Regierungsbl. 1851 Nro. 3. S. 42.)

# Regierungs-Blatt

für         das

## Königreich Bayern.

### № 6.

München, Mittwoch den 29. Januar 1851.

## Bekanntmachung,

die erste Verloosung der 4procentigen Grundrentenablösungs-Schuldbriefe betr.:

Gemäß der Bekanntmachung vom 14. l. Mts. (Regierungsblatt pag. 35—39) ist heute die erste Verloosung der 4procentigen Grundrentenablösungs-Schuldbriefe behufs der baaren Rückzahlung vorgenommen worden, woran die der Gesammtmasse der bisher emittirten Schuldbriefe entsprechende Zahl von 43 Hauptserien Theil zu nehmen hatte und wobei folgende 30 Hauptserien und Endnummern gezogen worden sind:

| Haupt-Serie | End-Nummer |
|---|---|
| XXVIII | 49 = 27,049. |
| XXXV | 77 = 34,077. |
| XXX | 53 = 29,053. |
| XIV | 67 = 13,067. |
| XXX | 62 = 29,062. |

7

| Haupt-Serie | End-Nummer | |
|---|---|---|
| XI | 66 | = 10,066 |
| XXIV | 92 | = 23,092. |
| XXXVII | 21 | = 36,021. |
| XI | 56 | = 10,056. |
| XXXVI | 25 | = 35,025. |
| XLIII | 45 | = 42,045. |
| XIX | 35 | = 18,035. |
| XXIX | 30 | = 28,030. |
| XXV | 85 | = 24,085. |
| XLII | 17 | = 41,017. |
| XL | 44 | = 39,044. |
| XII | 07 | = 11,007. |
| VII | 41 | = 6,041. |
| XXXIV | 69 | = 33,069. |
| XXIX | 19 | = 28,019. |
| XXXIII | 99 | = 32,099. |
| XXIII | 57 | = 22,057. |
| XXIV | 78 | = 23,078. |
| XXIII | 91 | = 22,091. |
| XXXI | 59 | = 30,059. |
| III | 97 | = 2,097. |
| XXXV | 83 | = 34,083. |
| XIV | 08 | = 13,008. |
| XXVI | 78 | = 25,078. |
| XII | 06 | = 11,006. |

Nach den Bestimmungen des mittelst eingangserwähnter Bekanntmachung veröffentlichten Verloosungsplanes sind auf den Grund der vorstehenden Ergebnisse sämmtliche Grundrentenablösungs - Schuldbriefe, welche die in dem beigefügten Verzeichnisse

enthaltenen rothgeschriebenen Serien- oder Haupt-Kataster-Nummern tragen, zur Heimzahlung bestimmt.

Mit der Rückzahlung dieser Schuldbriefe wird sogleich begonnen und es werden dabei die Zinsen in vollen Monatsraten, nämlich jederzeit bis zum Schlusse des Monats, in welchem die Zahlung erfolgt, jedoch in keinem Falle über den 30. April d. Js. hinaus vergütet, da nach der Bekanntmachung vom 14. l. Mts. vom 1. Mai 1851 an die Verzinsung der gezogenen Ablösungs-Schuldbriefe aufhört.

Im Uebrigen wird hinsichtlich des Vollzuges der Heimzahlung Nachstehendes verfügt:

I.

Die Zahlung der verloosten Capitalien nebst Zinsraten findet in der Regel nur bei der k. Grundrenten-Ablösungscasse München statt.

II.

Ausnahmsweise kann auf den Wunsch der Betheiligten die Anweisung der Zahlung auch bei einem außerhalb München liegenden k. Rentamte in den sieben Regierungsbezirken diesseits des Rheins geschehen; es ist jedoch in diesem Falle zur Sicherheit des Gläubigers, sowie der Grundrentencasse unerläßlich, daß die betreffenden

Schuldbriefe vorher (ohne Abquittirung
des Capitals und der Zinsen, dagegen belegt mit dem allenfalls erforderlichen Legiti-
mations-Nachweise) bei dem gewählten Rentamte gegen Haftschein des letzteren übergeben und von diesem der k. Grundrentencasse
vorgelegt werden, woselbst sodann, wenn
kein Anstand obwaltet, die Zahlungsanweisung bei dem von dem Gläubiger bezeichneten Rentamte (sowohl für das Capital,
als die Zinsen bis zum letzten des laufenden Monats) verfügt und der Betheiligte
hievon durch das k. Rentamt in Kenntniß
gesetzt werden wird.

### III.

Jedem Schuldbriefe müssen die sämmtlichen noch nicht verfallenen Zinscoupons,
nebst der dabei befindlichen Coupons-Anwei-
sung (Talon) beigefügt werden.

### IV.

Die Vergütung

1) der Capitalien auf Schuldbriefe, welche
wegen obwaltender Verhältnisse bei
den Gerichten deponirt sind, findet
insoferne nicht deren Freigebung erfolgt, an die gerichtlichen Deposital-
behörden gegen Abquittirung von
Seite dieser letztern statt;

2) jene der Capitalien auf Schuldbriefe,
welche bei Administrativ- und resp.
Finanzbehörden aus irgend einer Veranlassung hinterlegt sind, kann nur
auf beigebrachte Ermächtigung und Bestimmung der vorgesetzten Stelle erfolgen.

3) Lauten die gezogenen Schuldbriefe auf
Lehen, Fideicommiße, Landgüter, Fa-
milien- oder andere Gemeinschaften,
ohne gerichtlich oder administrativ deponirt zu sein, so wird die Baarzahlung nur dann geleistet werden, wenn
der Producent durch Zeugniß der Le-
hen-Fideicommiß- oder Gerichtsbehörden nachweiset, daß er zur Empfang-
nahme und Abquittirung berechtiget ist,
und der Verabfolgung kein Hinderniß
entgegensteht.

4) Bei Schuldbriefen, welche auf Pfarreien, kirchliche Pfründen und Stiftungen lauten, ist es unumgänglich nothwendig, daß behufs der Bezahlung
vorerst die Bestätigung der einschlägigen geistlichen oder weltlichen Curatelbehörde darüber beigebracht wird, a n
w e n dieselbe rechtsgiltig geleistet werden kann.

5) Die Bezahlung der sonst einer Dispositionsbeschränkung unterliegenden Schuldbriefe erfolgt erst nach
unbedingter legaler Beseitigung jener

7 *

Vinculirungen durch die betheiligten Gläubiger.

Von selbst versteht sich übrigens hiebei, daß, im Falle durch vorstehende Vermittlungen, Devinculirungen u. s. w. Zögerungen in der Baarzahlung der verloosten Schuldbriefe herbeigeführt werden sollten, deßhalb die Zinsensistirung vom 1. Mai 1851 an nicht aufgehoben werde, sondern der Hinderungs-Ursache ungeachtet mit dem genannten Tage einzutreten habe, daher von den Gläubigern für die rechtzeitige Beseitigung allenfallsiger Zahlungshindernisse Sorge zu tragen ist.

München, den 25. Januar 1851.


Königlich bayer. Staatsschuldentilgungs-Commission.

v. Sutner.


Brennemann, Secretär.

# Verzeichniß

der in Gemäßheit der ersten Verloosung zur Heimzahlung bestimmten 4 prozentigen Grundrentenablösungs-Schuldbriefe nach der Nummernfolge geordnet.

## Rothgeschriebene Serien- oder Hauptkataster-Nummern:

|       |       |       |       |       |       |       |       |       |       |
|-------|-------|-------|-------|-------|-------|-------|-------|-------|-------|
|       | 10556 | 13008 | 22057 | 23578 | 27049 | 29053 | 32099 | 34577 | 39044 |
| 2197  | 10566 | 13067 | 22091 | 23592 | 27149 | 29062 | 32199 | 34583 | 39144 |
|       | 10656 | 13108 | 22157 | 23678 | 27249 | 29153 | 32299 | 34677 | 39244 |
|       | 10666 | 13167 | 22191 | 23692 | 27349 | 29162 | 32399 | 34683 | 39344 |
| 2497  | 10756 | 13208 | 22257 | 23778 | 27449 | 29253 | 32499 | 34777 | 39444 |
| 2597  | 10766 | 13267 | 22291 | 23792 | 27549 | 29262 | 32599 | 34783 | 39544 |
| 2697  | 10856 | 13308 | 22357 | 23878 | 27649 | 29353 | 32699 | 34877 | 39644 |
| 2797  | 10866 | 13367 | 22391 | 23892 | 27749 | 29362 | 32799 | 34883 | 39744 |
| 2897  | 10956 | 13408 | 22457 | 23978 | 27849 | 29453 | 32899 | 34977 | 39844 |
|       | 10966 | 13467 | 22491 | 23992 | 27949 | 29462 | 32999 | 34983 | 39944 |
| 6041  | 11006 | 13508 | 22557 | 24085 | 28019 | 29553 | 33069 | 35025 | 41017 |
| 6141  | 11007 | 13567 | 22591 | 24185 | 28030 | 29562 | 33169 | 35125 | 41117 |
|       | 11106 | 13608 | 22657 | 24285 | 28119 | 29653 | 33269 | 35225 | 41217 |
|       | 11107 | 13667 | 22691 | 24385 | 28130 | 29662 | 33369 | 35325 | 41317 |
| 6411  | 11206 | 13708 | 22757 | 24485 | 28219 | 29753 | 33469 | 35425 | 41417 |
|       | 11207 | 13767 | 22791 | 24585 | 28230 | 29762 | 33569 | 35525 | 41517 |
|       | 11306 | 13808 | 22857 | 24685 | 28319 | 29853 | 33669 | 35625 | 41617 |
| 3741  | 11307 | 13867 | 22891 | 24785 | 28330 | 29862 | 33769 | 35725 | 41717 |
| 6841  | 11406 | 13908 | 22957 | 24885 | 28419 | 29953 | 33869 | 35825 | 41817 |
| 5941  | 11407 | 13967 | 22991 | 24985 | 28430 | 29962 | 33969 | 35925 | 41917 |
|       | 11506 | 18035 | 23078 | 25078 | 28519 | 30059 | 34077 | 36021 | 42045 |
| 0066  | 11507 | 18135 | 23092 | 25178 | 28530 | 30159 | 34083 | 36121 | 42145 |
| 0156  | 11606 | 18235 | 23178 | 25278 | 28619 | 30259 | 34177 | 36221 | 42245 |
| 0166  | 11607 | 18335 | 23192 | 25378 | 28630 | 30359 | 34183 | 36321 | 42345 |
|       | 11706 | 18435 | 23278 | 25478 | 28719 | 30459 | 34277 | 36421 | 42445 |
| 0266  | 11707 | 18535 | 23292 | 25578 | 28730 | 30559 | 34283 | 36521 | 42545 |
| 0356  | 11806 | 18635 | 23378 | 25678 | 28819 | 30659 | 34377 | 36621 | 42645 |
| 10366 | 11807 | 18735 | 23392 | 25778 | 28830 | 30759 | 34383 | 36721 | 42745 |
|       | 11906 | 18835 | 23478 | 25878 | 28919 | 30859 | 34477 | 36821 | 42845 |
|       | 11907 | 18935 | 23492 | 25978 | 28930 | 30959 | 34483 | 36921 | 42945 |

und in, Januar 1851.

Brennemann, Secret.

### Dienstes-Nachrichten.

Seine Majeſtät der König haben Sich allergnädigſt bewogen gefunden, unter'm 20. Januar l. Js. den Oberingenieur bei der oberſten Baubehörde, Carl Hummel, zum Oberbaurathe extra statum zu befördern;

den Hauptſalzamts-Caſſier Berg zu Orb auf den Grund des §. 22. lit. B. und C. der IX. Verfaſſungs-Beilage unter Anerkennung ſeiner treuen Dienſte in den Ruheſtand zu verſetzen, und

die hiedurch erledigte Stelle eines Hauptſalzamts-Caſſiers zu Orb dem Caſſier des Berg- und Hüttenamtes Bergen, Robert Sailer, ſeinem Anſuchen gemäß zu verleihen;

unter'm 21. Januar l. Js. auf die Stelle eines Landgerichtsarztes zu Rothenbuch den praktiſchen Arzt Dr. Johann Adam Kamm zu Volkach in proviſoriſcher Eigenſchaft zu ernennen, und

unter'm 23. Januar l. Js. die bei dem Wechſelgerichte II. Inſtanz zu Bamberg in Erledigung gekommene Vorſtandsſtelle dem II. Appellationsgerichts-Director, Georg Wilhelm Carl Ludwig Greiner, zu übertragen.

### Pfarreien- und Beneficien-Verleihungen.

Seine Majeſtät der König haben die nachgenannten katholiſchen Pfarreien und Beneficien allergnädigſt zu übertragen geruht, und zwar:

unter'm 21. Januar l. Js. die Pfarrei Mamming, Landgerichts Dingolfing, dem Prieſter Bonaventura Bösl, Pfarrer zu Hornbach, Landgerichts Rottenburg;

das Curat-Beneficium Wielenbach, Landgerichts Weilheim, dem Prieſter Wilhelm Feiſtle, Pfarr-Vikar zu Rieden an der Kötz, Landgerichts Untergünzburg;

unter'm 22. Januar l. Js. die Pfarrei Irſching, Landgerichts Ingolſtadt, dem Prieſter Philipp Aumiller, Pfarrer zu Griesbach, Landgerichts Tirſchenreuth, und

die Pfarrei Buttenheim, Landgerichts Bamberg I., dem Prieſter Joſeph Lamprecht, Pfarrer und Diſtrictsſchul-Inſpector zu Steinberg, Landgerichts Kronach.

Seine Majeſtät der König haben die nachgenannten proteſtantiſchen Pfarrſtellen allergnädigſt zu verleihen geruht, und zwar:

unter'm 10. Januar l. Js. die Pfarrſtelle zu Oberlauringen, Dekanats Rügheim, dem Pfarramtscandidaten Johann David Chriſtian Stiegler aus Lichtenberg, und

die Pfarrſtelle zu Biedesheim, Dekanats Kirchheimbolanden, dem bisherigen Pfarrer zu Bellheim, Dekanats Germersheim, Johann Welſch, dann

unter'm 13. Januar l. Js. die Pfarr-

stelle zu Niederkirchen, Dekanats Kaisers=
lautern, dem bisherigen Studienlehrer an
der lateinischen Schule zu Germersheim,
Pfarramts=Candidaten Ludwig Heller;

unter'm 15. Januar l. Js. die Pfarr=
stelle zu Höttingen, Dekanats Weißenburg,
dem bisherigen Pfarrer zu Fürnheim, De=
kanats Oettingen, Johann Georg Vogel,
und

unter'm 22. Januar l. J. die Pfarr=
stelle zu Unterrobach, Dekanats Seibelsdorf,
dem Pfarramts=Candidaten Georg Jacob
Friedrich Stahl aus Oettingen.

Seine Majestät der König ha=
ben unter'm 16. Januar l. Js. den pro=
testantischen Pfarrer zu Oggersheim, Deka=
nats Speyer, Heinrich Friedrich Baum,
von dem Antritte der ihm übertragenen Pfarr=
stelle zu Eisenberg, Dekanats Kirchheimbo=
landen, zu entheben geruht.

## Magistrat der Stadt Passau.

Der zum II. rechtskundigen Magistrats=
rathe zu Passau gewählte geprüfte Rechts=
praktikant und bisherige Kreis= und Stadt=
gerichtsaccessist Johann Wein zu München
wurde in jener Eigenschaft bestätiget.

## Protestantische Kirchenverwaltung der Stadt Hof.

Unter'm 22. Januar l. Js. ist der Bäcker=
meister Erhard Krug von Hof als Ersatz=
mann für den verstorbenen Kaufmann Ernst
Jördens von dort in die protestantische
Kirchenverwaltung von Hof einberufen und
als solcher höchsten Orts bestätiget worden.

## Ordens=Verleihungen.

Seine Majestät der König ha=
ben Sich allergnädigst bewogen gefunden,
unter'm 19. Januar l. Js. dem Obersten
August Freiherrn v. Frays das Commen=
thurkreuz des k. Verdienstordens vom hei=
ligen Michael, dann

unter'm 13. Januar l. Js. dem Gen=
darmen zu Pferd Anton Schalber, in Rück=
sicht auf seine mit Einrechnung von 7 Feld=
zugsjahren bereits am 15. Jänner vor. Js.
durch fünfzig Jahre ehrenvoll zurückgelegte
Dienstzeit die Ehrenmünze des königlich bay=
erischen Ludwigsordens zu verleihen.

## Auszug aus der Adelsmatrikel des Königreichs.

Der Adelsmatrikel des Königreichs wur=
den einverleibt:

unter'm 20. August 1847 der k. Hof=
rath und Professor der Botanik 2c., Dr. Carl
Friedrich Philipp v. Martius, als Ritter
des Verdienstordens der bayerischen Krone,

für seine Person bei der Ritterclasse Lit. M. fol. 7. act. num. 8572;

unter'm 22. September 1847 der k. Kämmerer und Appellationsgerichtsrath ꝛc., Joseph Heinrich Peter Otto Philipp von Habermann in Bamberg sammt Abkömmlingen bei der Adelsclasse Lit. H. fol. 2. act. num. 9805;

unter'm 1. October 1847 der k. Rechnungskommissär bei der Generalverwaltung der k. Posten und Eisenbahnen, Carl Friedrich von Saint George, sammt Abkömmlingen bei der Adelsclasse Lit. S. fol. 149. act. num. 10,074;

unter'm 20. März 1849 der Privatier Friedrich von Heider zu München sammt Abkömmlingen bei der Adelsclasse Lit. H. fol. 108. act. num. 8915;

unter'm 22. März 1849 der General-Verwaltungsdirector, Ministerialrath Paul von Habel, Ritter des Verdienstordens der bayerischen Krone für seine Person bei der Ritterclasse Lit. H. fol. 40. act. num. 2207;

unter'm 12. April 1849 der Cadet im 2. Chevaulegersregiment (Taxis), Ludwig Heinrich Wilhelm Freiherr von Bettendorff sammt Abkömmlingen bei der Freiherrnclasse Lit. B. fol. 49. act. num. 2893;

unter'm 9. October 1849 die General-Majorswittwe Maria Eva von Krohne mit ihrem Sohne, dem k. Kreis und Stadt-

gerichtsrathe zu Ansbach, Gustav v. Krohne, und dessen Abkömmlingen bei der Adelsclasse Lit. K. fol. 69. act. num. 3046 und 6004;

unter'm 31. October 1849 der k. Appellationsgerichtsaccessist Theodor v. Huber-Liebenau zu Augsburg sammt Abkömmlingen bei der Adelsclasse Lit. H. fol. 109. act. num. 4727;

unter'm nämlichen Tage der k. Oberappellationsgerichtsdirektor Christian Johann Michael von Seyfert, Ritter des Verdienstordens der bayerischen Krone, für seine Person bei der Ritterclasse Lit. S. fol. 62. act. num. 7606;

unter'm 16. Jänner 1850 der Gutsbesitzer Gidron von Camuzi von Frankenthal sammt Abkömmlingen bei der Adelsclasse Lit. C. fol. 18. act. num. 412;

unter'm 18. November 1850 der k. Appellationsgerichtspräsident Joseph v. Allweyer zu Amberg sammt Abkömmlingen und seinem Bruder, dem Vorstande der Centralrenten-Verwaltung des Fürstenthums Schwarzenberg, Christoph von Allweyer, bei der Adelsclasse Lit. A. fol. 29. act. num. 7592;

unter demselben Tage der Privatier Franz August Freiherr von Geisweiler sammt Abkömmlingen bei der Freiherrnclasse Lit. C. fol. 3. act. num. 8912.

# Regierungs-Blatt

## für das

## Königreich Bayern.

### № 7.

München, Donnerstag den 30. Januar 1851.

---

---

### Bekanntmachung,

die Verloosung der zu 3½ Procent verzinslichen Mobilisirungs-Obligationen betr.

---

Seine Majestät der König haben zur Fortsetzung der vorschriftsmäßigen Heimzahlung der älteren Staatsschuld die wiederholte Vornahme einer Verloosung der zu 3½ Procent verzinslichen und beziehungsweise auf 4 Procent arrosirten Mobilisirungs-Obligationen mit Coupons anzuordnen geruht.

In Gemäßheit dieser Allerhöchsten Anordnung wird daher

Samstag den 8. Februar l. Js. früh 9 Uhr im königlichen Odeonsgebäude dahier, (Saal Nro. 1. im ersten Stockwerke) die vierte Verloosung der auf den Inhaber (au porteur) lautenden Mobilisirungs-Obligationen zu 3½ Procent und die zweite Verloosung der auf Namen ausgestellten Mobilisirungs-Obligationen der Privaten zu 3½ Procent mit Coupons in vorschriftsmäßiger Weise stattfinden.

Unter Bezugnahme auf die bei der vorjährigen Verloosung erlassene Ausschreibung (Regierungsblatt von 1850 Seite 441—444) wird in vorstehendem Betreffe daher Nachstehendes bekannt gemacht:

1) Beide Verloosungen erfolgen nach dem unterm 8. August 1842 (Regierungsblatt Seite 893—897) bekannt gegebenen Verloosungsplane, jedoch für jede Schuldgattung in gesonderten Ziehungen.

2) Es werden zu diesem Behufe:

a) für die Obligationen auf den Inhaber (mit Weglassung der in den bisherigen Verloosungen gezogenen 8 Zahlen) die noch verbleibenden 92 Zahlen, — sodann

b) bei den auf Namen lautenden Obligationen (mit Weglassung der in der ersten Verloosung gehobenen 2 Zahlen) die noch übrigen 98 Zahlen in das Rad gelegt, und für jede der vorbezeichneten Schuldgattungen zwei Zahlen gezogen.

Die hienach zum Zuge kommenden vier Zahlen umfassen einen Gesammtcapitalsbetrag von einer Million Gulden, und es sind hierunter auch die zu obigen Schuldgattungen gehörigen, von 3½ auf 4 Procent arrosirten Obligationen begriffen.

3) Die verloosten Obligationen werden vom 1. Mai l. J. anfangend außer Verzinsung gesetzt; mit der baaren Rückzahlung derselben wird dagegen bei den betreffenden Schuldentilgungscassen sogleich nach der Verloosung begonnen, und es werden hiebei die Zinsen jedesmal in vollen Monatsraten, nämlich bis zum Schlusse des Monats, in welchem die Zahlung erfolgt, jedoch in keinem Falle über den 30. April hinaus, vergütet.

4) Das Ergebniß der Verloosung wird unverzüglich bekannt gemacht werden.

München, den 28. Januar 1851.

Königlich bayer. Staatsschuldentilgungs-Commission.

v. Sutner.

Brennemann, Secretär.

### Dienstes-Nachrichten.

Seine Majestät der König ha-

ben allergnädigst geruht, unter'm 27. Januar l. Js. den Unterlieutenant im k. Infanterie-Leib-Regimente Ludwig Freiherrn von Gise auf sein allerunterthänigstes Ansuchen in die Zahl Allerhöchstihrer Kammerjunker aufzunehmen.

Seine Majestät der König haben Sich allergnädigst bewogen gefunden, unter'm 26. Januar l. Js. dem Gesuche der Postofficialen Wilhelm Bruckmayer zu Nürnberg und Joseph Schindler zu Ansbach um Vertauschung ihrer Dienstesstellen die Genehmigung zu ertheilen, und demzufolge den Officialen Bruckmayer vom Oberpostamte Nürnberg zum Postamte Ansbach, sowie den Officialen Schindler vom Postamte Ansbach zum Oberpostamte Nürnberg zu versetzen, ferner

auf die zu Eschenbach erledigte Advocatenstelle den Advocaten Johann Friedrich Sand zu München, und auf die hiedurch eröffnete Advocatenstelle in München den Advocaten Ludwig Zimmermann in Wemding, beide auf ihr allerunterthänigstes Ansuchen, zu versetzen, dann

unter'm 27. Januar l. Js. dem Landgerichte Trostberg einen Actuar extra statum beizugeben und zu dieser Stelle den geprüften Rechtspraktikanten Heinrich Royalers in Mellrichstadt zu ernennen.

## Pfarrei-Verleihung.

Seine Majestät der König haben unter'm 25. Januar l. Js. die katholische Pfarrei Geinsheim, Landcommissariats Neustadt, dem Priester Stephan Lorenz Pfarrer und Districtsschul-Inspector zu Pirmsens, gleichnamigen Landcommissariats, zu übertragen geruht.

## Medicinalcomité an der k. Universität Würzburg.

Seine Majestät der König haben Sich allergnädigst bewogen gefunden, unter'm 26. Januar l. Js. den ordentlichen Professor der Geburtshilfe an der medicinischen Facultät zu Würzburg, Med. Dr. Friedrich Scanzoni, die an dem Medicinalcomité der Universität Würzburg erledigte Stelle eines ordentlichen Beisitzers für das Fach der Geburtshilfe allergnädigst zu verleihen.

## Ordens-Verleihung.

Seine Majestät der König haben unter'm 21. Januar l. Js. dem Regierungsrath bei der königlichen Regierung von Schwaben und Neuburg, Joseph von

Kolb, das Ritterkreuz des k. Verdienstor=
dens vom heiligen Michael zu verleihen ge=
ruht.

### Königlich Allerhöchste Bewilligung zur Annahme einer fremden Decoration.

Seine Majestät der König ha=
ben Sich allergnädigst bewogen gefunden,
dem k. Regierungs=Assessor Dr. Bucher
zu Würzburg die allerhöchste Erlaubniß zur
Annahme und Tragung des demselben von
Seiner des Kaisers von Oesterreich Maje=
stät verliehenen Ritterkreuzes des k. k. öster=
reichischen eisernen Kronordens zu ertheilen.

### Titel=Verleihung.

Seine Majestät der König ha=
ben unter'm 14. Januar l. Js. dem bürger=
lichen Juwelier Gottfried Merk dahier den
Titel eines Hofjuweliers allergnädigst zu ver=
leihen geruht.

### Großjährigkeits=Erklärung.

Seine Majestät der König ha=
ben Sich unter'm 24. Januar l. Js. aller=
gnädigst bewogen gefunden, die beiden Brü=
der Johann Adolph und Julius von Aue'r
zu München auf deren allerunterthänigste
Bitte für großjährig zu erklären.

### Gewerbsprivilegien=Verleihungen.

Seine Majestät der König ha=
ben den Nachgenannten Gewerbsprivilegien
allergnädigst zu ertheilen geruht, und zwar:
unter'm 31. October v. Js. dem Ban=
quier Bernard Badel von Paris ein Ge=
werbsprivilegium auf Ausführung des von
Poisat & Knab erfundenen, in Frank=
reich vom 9. März 1849 an auf 15 Jahre
patentirten Verfahrens bei Destillirung fester
Körper, für den Zeitraum von 5 Jahren, und
unter'm 12. November v. Js. dem pen=
sionirten Rechnungsassistenten Joseph Wer=
ner von hier ein Gewerbsprivilegium auf
Bereitung der von ihm erfundenen Univer=
salessenzen, welche mit Wasser verdünnt als
Liqueure genossen werden können, für den
Zeitraum von zehn Jahren.

### Verlängerung eines Gewerbsprivilegiums.

Seine Majestät der König ha=
ben unter'm 15. November v. Js. das dem
Vorstande der Erziehungsanstalt für krüp=
pelhafte Kinder in München, Joseph Mayr,
unter'm 26. September 1847 verliehene drei=
jährige Gewerbsprivilegium auf Bereitung
und Anwendung der von ihm erfundenen
eigenthümlichen Steinmasse zum Ausdrücken
und Herstellen von Figuren in Lebensgröße
und Ornamenten aller Art, für den Zeitraum
von weiteren drei Jahren, vom 26. Sep=
tember v. Js. an, zu verlängern geruht.

# Regierungs-Blatt

für      das

## Königreich      Bayern.

### № 8.

München, Montag den 10. Februar 1851.

---

---

### Bekanntmachung,

die Einführung von Paßkarten betr.

**Staatsministerium des Königlichen Hauses und des Aeußern, dann des Innern.**

Nachdem unter'm 3. Januar l. Js. die Regierung von Schwarzburg-Rudolstadt der Paßkarten-Uebereinkunft vom 21. October v. J. nachträglich beigetreten ist, kömmt dieselbe den in der Allerhöchsten Verordnung vom 14. Januar l. Js., die Einführung von Paßkarten betreffend, (Regierungsblatt Nro. 3 Seite 25 und ff.) namentlich aufgeführten Regierungen beizuzählen.

München, den 3. Februar 1851.

**Auf Seiner Königlichen Majestät Allerhöchsten Befehl.**

von der Pfordten.    v. Zwehl.

Durch die Minister
der Generalsecretär,
Ministerialrath Rappel.

9

**Bekanntmachung,**

die IV. und beziehungsweise II. Verloosung der 3½procentigen Staats-Obligationen au porteur und auf Namen mit Coupons betr.

In Gemäßheit der Bekanntmachung vom 28. v. Mts. (Regierungs-Blatt pag. 97—100) hat heute die vierte Verloosung der zu 3½ Procent verzinslichen Staats-Obligationen auf den Inhaber (au porteur) und die zweite Verloosung der zu 3½ Procent verzinslichen Staatsobligationen der Privaten, auf Namen lautend, zum Zwecke der baaren Rückzahlung stattgefunden, wobei nachstehende Zahlen gezogen worden sind, und zwar bei der

**IV. Verloosung der auf den Inhaber (au porteur) lautenden 3½ procentigen Staatsobligationen mit Coupons**

## 45. 90.

und bei der

**II. Verloosung der auf Namen ausgestellten 3½procentigen Staats-Obligationen mit Coupons**

## 48. 93.

Nach den Bestimmungen des Verloosungsplanes demnach sind alle Obligationen der bezeichneten Schuldgattungen mit Einschluß der hiezu gehörigen von 3½ auf 4 Procent arrosirten Schuldurkunden zur Heimzahlung geeignet, deren Commissionskataster-

Nummer (roth geschrieben) mit einer der gezogenen Zahlen endet z. B.

**die Obligationen auf den Inhaber (au porteur)**

Nro. 45. 145. 245. 345. 445. 545. 645. u. s. w.

Nro. 90. 190. 290. 390. 490. 590. 690. u. s. w.

**Die Obligationen auf Namen**

Nro. 48. 148. 248. 348. 448. 548. 648. u. s. w.

Nro. 93. 193. 293. 393. 493. 593. 693. u. s. w.

Mit der Rückzahlung der verloosten Obligationen wird sogleich begonnen, und es werden hiebei die Zinsen in vollen Monatsraten, nämlich stets bis zum Schluße desjenigen Monats, in welchem die Zahlung geschieht, jedoch in keinem Falle über den letzten April d. Js. hinaus, vergütet, indem nach der eingangserwähnten Bekanntmachung vom 1. Mai 1851 an die Verzinsung der gezogenen Schuldurkunden aufhört.

Hinsichtlich des Vollzuges der Heimzahlung der verloosten Capitalien nebst Zinsraten wird übrigens Nachstehendes bemerkt:

**I. Die Obligationen auf den Inhaber (au porteur) betreffend:**

a) Bei der königlichen Staatsschuldentilgungs-Hauptcasse in München kann auf Wunsch der Betheiligten die Zahlung aller Obligationen der königlichen Specialcaſſen Augsburg, Würzburg, Regensburg und Würzburg erfolgen.

b) Die königliche Specialcaſſe München bezahlt nur diejenigen Obligationen, welche von dieſer Caſſe ſelbſt ausgeſtellt worden ſind;

c) die oben sub. lit. a. genannten königlichen Specialcaſſen zahlen für einander gegenſeitig und auch für die königliche Specialcaſſe München die au porteur-Obligationen, jedoch inſoferne es ſich um größere Beträge ſolcher Obligationen handelt, welche nicht von einer dieſer Caſſen ſelbſt ausgeſtellt ſind, nur auf vierzehn Tage vorher gemachte Anmeldung.

II, Bezüglich der auf Namen lautenden Obligationen findet die Zahlung in der Regel nur bei denjenigen königlichen Staatsſchuldentilgungs-Specialcaſſen ſtatt, welche ſolche ausgeſtellt haben.

Ausnahmsweiſe kann aber auf den Wunſch der Betheiligten die Anweiſung der Zahlung auch bei einer andern Staatsſchuldentilgungscaſſe geſchehen; es iſt jedoch in dieſem Falle zur Sicherheit der Gläubiger, wie der k. Staatsſchuldentilgungs-Anſtalt unerläßlich, daß die betreffenden Nominalobligationen vorher (ohne Abquittirung des Capitals und der Zinſen, dagegen belegt mit dem allenfalls erfordert

lichen Legitimationsnachweiſe) den k. Specialcaſſen, welche ſolche ausgeſtellt haben, vorgelegt werden, woſelbſt alsdann, wenn kein Anſtand obwaltet, die Zahlungs-Anweiſung auf die von den Gläubigern bezeichnete Caſſe (ſowohl für das Capital als die Zinſen bis zum Letzten des jedesmal laufenden Monats, jedoch nicht über den 30. April hinaus) beigefügt und die Rückgabe vollzogen wird.

Schließlich wird noch bemerkt, daß die Bezahlung der einer Dispoſitions-Beſchränkung unterliegenden Schuldbriefe erſt nach unbedingter und legaler Beſeitigung jener Vinculirungen durch die betheiligten Gläubiger erfolgen könne, wobei es ſich übrigens von ſelbſt verſteht, daß die etwa hiedurch herbeigeführten Verzögerungen in der Baarzahlung der verlooſten Obligationen die Zinſenſiſtirung vom 1. Mai 1851 an nicht zu hindern vermögen.

München, den 8. Februar 1851.

Königlich bayer. Staatsſchuldentilgungs-Commiſſion.

v. Sutner.

Brennemann, Secretär.

## Sitzung

des königlichen Staatsraths-Ausſchuſſes.

In der Sitzung des k. Staatsraths-

9*

Ausschusses vom 22. Januar l. Js. wurden entschieden

die Recurse:

1) des Veit Bierlein und Consorten zu Birkenfeld, Landgerichts Neustadt a|A. in Mittelfranken, gegen den Guts- und Schäferei-Besitzer Mich. Geißdorfer auf dem Weiherhofe daselbst, wegen Ablösung der Schafhut;

2) der Gemeinde Lauterbach, Landgerichts Donauwörth im Regierungsbezirke von Schwaben und Neuburg, in Sachen gegen Jos. Erath zu Ehingen und Consorten wegen Ausübung eines Weiderechts, nun Wiedereinsetzung in den vorigen Stand betreffend;

3) der Haardhofbesitzer Johann Schäfer und Leonhard Deuter von Röckingen gegen die Gemeinde Röckingen, Landgerichts Wassertrüdingen in Mittelfranken, wegen Ablösung von Weiderechten;

4) der Gemeindeglieder von Neusitz, Landgerichts Rothenburg in Mittelfranken, in Sachen gegen die Stadtschäferei-Genossenschaft zu Rothenburg, wegen Ablösung der Schafweide;

5) des Georg Michael Groß und Consorten zu Alterberg in der Streitsache mit Martin Groß und Consorten zu Seidenzell, Landgerichts Feuchtwangen

in Mittelfranken, wegen Ausübung des Schafweiderechtes;

6) des Theaterunternehmers Friedrich Engelken zu Würzburg in der polizeilichen Untersuchung wider ihn, wegen rechtswidriger Veröffentlichung der Oper „Martha" von Flotow.

- An das k. Staatsministerium des Innern wurde abgegeben,

der Recurs:

7) des Freiherrn v. Münster zu Lisberg, Landgerichts Bamberg II. in Oberfranken, wegen Eingreifens der Polizei in sein angebliches Recht, das auf dem Begräbnißplatz der Juden zu Lisberg stehende Holz fällen zu dürfen.

An das k. Staatsministerium des Handels und der öffentlichen Arbeiten wurde abgegeben,

der Recurs:

8) des Schrammenmüllers Franz Groß, im Landcommissariate Kusel in der Pfalz, in Sachen gegen das k. Aerar, wegen nicht wieder hergestellten Fahrweges durch den Glonfluß.

---

### Dienstes-Nachrichten.

Seine Majestät der König haben Sich allergnädigst bewogen gefunden, unter'm 25. Januar l. Js. den Rentbeamten Christian Erhard Höpfl zu Hof auf

Ansuchen auf ein Jahr in den temporären Ruhestand treten zu lassen;

unter'm 26. Januar l. Js. den Revierförster Heinrich Dolles zu Effelter, Forstamts Steinwiesen, auf Ansuchen auf das erledigte Revier Neustädtlein zu versehen, dann

an dessen Stelle zum Revierförster in Effelter den Forstwart Carl Rattinger zu Unterschrenz provisorisch zu ernennen, ferner auf das erledigte Forstrevier Burgberg im Forstamte Immenstadt den Forstamtsactuar und Functionär im Ministerial-Forsteinrichtungs-Bureau, Philipp Goßmayer, provisorisch zu ernennen, und

auf das im Forstamte Kronach erledigte Revier Rothenkirchen den Forstamts-Actuar zu Bayreuth, Philipp Jäcklein, zum provisorischen Revierförster zu ernennen;

unter'm 28. Januar l. Js. auf die bei dem Appellationsgerichte der Pfalz erledigte Rathsstelle den Bezirksrichter Philipp Jacob Serini in Zweybrücken zu befördern;

unter'm 29. Januar l. Js. die bei dem Bezirksgerichte zu Kaiserslautern erledigte Richterstelle dem Friedensrichter Anton Pendele u Blißkastel und die bei dem Bezirksgerichte zu Zweybrücken in Erledigung gekommene Richterstelle dem Friedensrichter Daniel Mehner von Kirchheimbolanden, beiden auf ihre allerunterthänigste Bitte, zu verleihen; . . . . . . . .

unter'm 30. Januar l. Js. die bei dem Appellationsgerichte von Niederbayern erledigte Rathsstelle dem zweiten Director des Kreis- und Stadtgerichts Regensburg, Friedrich August Ludwig Steinhäuser zu verleihen, und

den Postofficialen Franz Göpping zu Würzburg, seiner Bitte entsprechend, auf den Grund des §. 22. lit. D. der IX. Verfassungsbeilage wegen nachgewiesener physischer Functionsunfähigkeit auf den Zeitraum eines Jahres in den temporären Ruhestand zu versetzen;

unter'm 31. Januar l. Js. den bei Allerhöchstihrer Person angestellten Bibliothekar, Hofrath Dr. Wilhelm Döniges auf die durch den Ruhestand des Legations-Secretärs bei der k. Gesandtschaft in Frankfurt a|M., Maximilian Freiherrn von Günderode, erledigte Stelle, und zwar mit dem Titel und Range eines königlichen Legationsrathes, zu ernennen, dann

den außerordentlichen Professor Dr. Carl Fraas zum ordentlichen Professor der Landwirthschaft und der damit verbundenen Wissenschaften an der staatswirthschaftlichen Facultät der Universität München, vom 1. Februar l. Js. anfangend, zu befördern, und

den Professor an der hiesigen polytechnischen Schule und Ehrenprofessor Dr. Cajetan Georg Kaiser zum ordentlichen Professor der Technologie an der staatswirthschaftlichen Facultät der Hochschule München, unter Belassung desselben in seiner Stellung an der bezeichneten polytechnischen Schule, vom 1. Februar l. Js. anfangend zu ernennen;

unter'm 1. Februar l. Js. den Diensttausch der beiden Kreis- und Stadtgerichtsräthe, Rudolph Freiherrn von S p i e g e l zu Erlangen und Anton Ludwig Christian B e c k zu Ansbach, auf gemeinschaftliches allerunterthänigstes Ansuchen zu genehmigen, sofort den Rath Freiherrn von S p i e g e l nach Ansbach, und den Rath B e c k nach Erlangen zu versetzen;

die in Zweybrücken erledigte Advokatenstelle dem Rechtscandidaten Eugen L ö w von Berghausen zu verleihen, und

die am Wechselgerichte I. Instanz in Aschaffenburg erledigte Rathsstelle dem Kreis- und Stadtgerichtsrathe Carl B l a t z zu übertragen, ferner

den Stadtgerichtsarzt Dr. Johann Jacob B r a u n zu Fürth auf Grund des §. 19. der IX. Verfassungsbeilage in Quiescenz zu versetzen, und

auf das hiedurch sich erledigende Stadtgerichtsphysicat Fürth den dermaligen Landgerichtsarzt Dr. Max Candidus Wolfring von Pleinfeld zu berufen;

unter'm 2. Februar l. Js. den Postofficialen Carl W e b e r zu München, seiner allerunterthänigsten Bitte entsprechend, auf den Grund des §. 22. lit. B. der IX. Bei-

lage zur Verfassungs-Urkunde in den definitiven Ruhestand zu versetzen;

unter'm 3. Februar l. J. den Landrichter Sigmund K i e k a s t zu Aibling auf Grund des §. 19. der IX. Verfassungsbeilage für immer in den Ruhestand treten zu lassen;

zum Landrichter von Aibling den Landrichter Carl Freiherrn von P o i ß l zu Tegernsee zu berufen;

die eröffnete Landrichterstelle in Tegernsee dem I. Assessor des Landgerichts Trostberg, Otto von H ö r m a n n, zu verleihen;

dem Landgerichte Weiler einen Actuar extra statum bis auf weitere allerhöchste Verfügung beizugeben und zu dieser Stelle den vormaligen Patrimonialgerichtshalter von Baar, Ludwig Wilhelm F i s c h e r in Rain, zu ernennen;

den Actuar des Landgerichts Kötzting, Peter Paul H i r s c h b o l d, seiner Bitte stattgebend, auf Grund nachgewiesener Functonsunfähigkeit gemäß §. 22. lit. D. der IX. Verfassungs-Beilage für die Dauer eines Jahres in den zeitlichen Ruhestand treten zu lassen und zum Actuar des Landgerichts Kötzting den Appellationsgerichts-Accessisten Kilian Y b e r l e aus Langenfeld zu ernennen, endlich

den Landrichter Joseph G ü g g e n b i ß l e r von Grafenau, seiner Bitte entsprechend, auf Grund nachgewiesener Functionsunfähigkeit gemäß §. 22. lit. D. der IX. Verfasstungs-Beilage für die Dauer eines Jahres in den zeitlichen Ruhestand treten zu lassen und zum Landrichter von Grafenau den I. Assessor des Landgerichts Grafenau, Joseph Wolf, zu befördern.

## Pfarreien- und Beneficien-Verleihungen; Präsentations-Bestätigungen.

Seine Majestät der König haben die nachgenannten katholischen Pfarreien und Beneficien allergnädigst zu übertragen geruht, und zwar:

unter'm 30. Januar l. Js. die Pfarrei Weyarn, Landgerichts Miesbach, dem Priester Peter Vogl, Pfarrer zu Langenpettenbach, Landgerichts Dachau;

die Pfarrei Weng bei St. Wolfgang, Landgerichts Griesbach, dem Priester Jacob Häuslmayr, Cooperator zu Kirchham, Landgerichts Rotthalmünster;

die Pfarrei Dannstadt, Landcommissariats Speyer, dem Priester Conrad Völker, Pfarrer und Districts-Schulinspector zu Kirchheim, Landcommissariats Kirchheimbolanden;

unter'm 1. Februar l. Js. das Curat-Beneficium zu Ehenfeld, Landgerichts Vilseck, dem Priester Anton Huber, Commorant zu Regenpeilstein, Landgerichts Roding, und

unter'm 3. Februar l. Js. die Pfarrei Wilshofen, Landgerichts Burglengenfeld, dem Priester Maximilian Pesserl, Pfarrer zu Walbeck, Landgerichts Kemnath.

Seine Majestät der König haben Sich unter'm 3. Februar l. Js. allergnädigst bewogen gefunden, behufs der Verwirklichung des von den Priestern, Joseph Daxenberger, Pfarrer zu Jesewang, Landgerichts Bruck, und Peter Marzer, Beneficiat der hl. Kreuzmesse zu Rammersdorf, Landgerichts München, beabsichtigten Pfründetausches dem Letzteren die katholische Pfarrei Jesewang zu übertragen.

Seine Majestät der König haben unter'm 27. Januar l. Js. allergnädigst zu genehmigen geruht, daß die katholische Pfarrei Wegfurt, Landgerichts Bischofsheim, von dem hochwürdigen Herrn Bischofe von Würzburg dem seitherigen Vicar derselben, Priester Anton Wehner;

unter'm 29. Januar l. Js. das Ried-ler-Berghofer'sche Beneficium an der Stadtpfarrkirche zu St. Peter in München von dem hochwürdigsten Herrn Erzbischofe von München-Freysing dem freiresignirten Pfarrer von Grafing, Landgerichts Ebersberg, Priester Franz Xaver Otto, zur Zeit in München, und

unter'm 1. Februar l. J. daß die katholische Pfarrei Veitstadt, Landgerichts Bam-

berg II., von dem hochwürdigsten Herrn
Erzbischofe von Bamberg, dem Priester,
Michael Leicht, Pfarrer zu Kirchschletten,
Landgerichts Scheßlitz, verliehen werde.

Seine Majestät der König ha-
ben Sich unter'm 30. Januar l. Js. allergnädigst bewogen gefunden, die erledigte
protestantische Pfarrstelle zu Ebertsheim, Dekanats Frankenthal, dem bisherigen Pfarrer
zu St. Lamprecht, Dekanats Neustadt a/H.,
Ludwig Ritter, zu verleihen.

### Ordens-Verleihungen.

Seine Majestät der König ha-
ben allergnädigst geruht, unter'm 4. November v. Js. dem k. k. österreichischen Ar-
tillerieobersten Zwiedinek in huldvollster
Anerkennung seines verdienstlichen Wirkens
bei der Artillerie-Ausrüstungs-Direction der
Bundesfestung Ulm das Ritterkreuz des
k. Verdienstordens der bayerischen Krone;

unter'm 22. Januar l. Js. dem Obersten Wolfgang von Ott im 8. Infanterie-
Regiment Seckendorff in Rücksicht auf seine
unter Einrechnung von 7 Feldzugsjahren
durch fünfzig Jahre ehrenvoll geleisteten
Dienste das Ehrenkreuz des königlich bayerischen Ludwigsordens, und

unter'm 17. Januar l. Js. dem Post-
conducteur Conrad Erhard in Rücksicht
auf die von ihm zurückgelegte 50jährige
tadellose Militär- und Civildienstleistung die
Ehrenmünze des königlich bayerischen Ludwigsordens zu verleihen.

### Königlich Allerhöchste Bewilligung zur Annahme fremder Decorationen.

Seine Majestät der König ha-
ben unter'm 29. Januar l. Js. allergnädigst zu gestatten geruht, daß der k. Revierförster Simon Schmidschneider zu Ruppertsweiler, Forstamtsbezirks Pirmasens, das
ihm von Seiner Majestät dem Könige von
Griechenland verliehene silberne Ritterkreuz
des Erlöser-Ordens, dann;

daß der k. Landrichter Hermann Bonn
zu Hofheim das demselben von Seiner Hoheit
dem Herzoge Ernst von Sachsen-Coburg-
Gotha verliehene — dem herzoglich Sachsen-Ernestinischen Hausorden affilirte Verdienstkreuz annehmen und tragen dürfe.

### Einziehung eines Gewerbsprivilegiums.

Vom Stadtmagistrate München wurde
die Einziehung des dem Leonhard Scheit-
ler unter'm 10. Mai 1850 verliehenen und
unter'm 25. Juni ejusd. ausgeschriebenen
einjährigen Gewerbsprivilegiums auf Construction und Anwendung der von ihm erfundenen Bettfedernreinigungs-Maschine wegen Mangels der Neuheit und Eigenthümlichkeit beschlossen.

# Regierungs-Blatt

## für das

## Königreich Bayern.

## № 9.

München, Donnerstag den 13. Februar 1851.

Inhalt:

**Königlich Allerhöchste Verordnung,**

die Bildung einer General-Direction der k. Verkehrsanstalten als Section des Staatsministeriums des Handels und der öffentlichen Arbeiten betr.

## Maximilian II.

von Gottes Gnaden König von Bayern,
Pfalzgraf bei Rhein,
Herzog von Bayern, Franken und in
Schwaben 2c. 2c.

Von der Absicht geleitet, Unseren Verkehrsanstalten den möglichsten Grad von Ausbildung zu geben, den nöthigen Einklang in der Verwaltung und zugleich einen vereinfachten, raschen Geschäftsgang herbeizuführen, finden Wir Uns bewogen, zu verfügen, was folgt:

**I.**

Für die Leitung des Betriebs und der Verwaltung der Posten, der Staatseisenbahnen, der Donaudampfschifffahrt, der Te=

10

legraphen und des Ludwig-Donau-Main-
Canales, so weit bei letzterem der Staat
betheiliget ist, wird eine General-Direction der k. Verkehrsanstalten gebildet, welche mit Unserm Staatsministerium des Handels und der öffentlichen Arbeiten in unmittelbarer Verbindung steht
und eine Section dieses Staatsministeriums
bildet.

## II.

Diese Section hat zu bestehen aus einem Vorstand, welcher in Ansehung der unmittelbaren Geschäftsführung zugleich Ministerialrath ist, einer noch festzusetzenden
Anzahl von Räthen und Assessoren, dann
dem erforderlichen Cassa-, Rechnungs-, Regi-
stratur- und Kanzlei-Personal.

Insoweit Wir nicht anders bestimmen,
wird das gesammte dermalige Personal der
Generalverwaltung der Posten und Eisenbahnen, sowie der Vorstand des Telegraphenamtes, vorerst ohne alle Veränderung
der dienstlichen Stellung und der Bezüge,
für den Dienst der General-Direction der
Verkehrsanstalten verwendet.

## III.

Wegen weiterer, den jetzigen Verhältnissen entsprechender Organisation sowohl
der Centralstelle, als der untergeordneten Verwaltungsbehörden behalten Wit Uns Ent-

schließung vor. Bis dahin bleiben die dermalen bestehenden Bestimmungen in Kraft.

## IV.

Der Wirkungskreis und der Geschäftsgang der General-Direction der Verkehrsanstalten als Centralstelle ist der bisherige für
die Generalverwaltung der Posten und Eisenbahnen.

Gleichzeitig hat jedoch die General-
Direction als Ministerial-Section die auf
die Verkehrsanstalten bezüglichen, dem Res-
sort des Staatsministeriums vorbehaltenen
Gegenstände, ausnahmlich der Recurse, nach
der für die übrigen Ministerial-Referate bestehenden Vorschrift zu behandeln.

Eine Berichterstattung Seitens der General-Direction findet hiernach nicht statt,
und die Ministerial-Verfügungen ergehen
unmittelbar an die äußeren Bezirksbehör-
den in der gewöhnlichen Form unter der
Unterschrift des Staatsministers, beziehungsweise des Ministerial-Directors.

In der Competenz der untergeordneten
Behörden hat schon jetzt jede mit den allgemeinen Verwaltungs-Normen vereinbarliche Erweiterung einzutreten.

## V.

In Ansehung des Etats-, Cassa- und Rechnungswesens der verschiedenen Verkehrsan-

stalten ist auch ferner genaue Ausscheidung
zu beobachten.

## VI.

Gegenwärtige Verordnung hat mit
dem 1. März 1851 in Wirkung zu treten.

Unser Staatsministerium des Handels
und der öffentlichen Arbeiten ist mit dem
Vollzuge beauftragt.

München, den 6. Februar 1851.

### Max.

von der Pfordten.

Auf Königlich Allerhöchsten Befehl:
der General-Secretär,
Ministerialrath Wolfanger.

### Verleihung der Würde eines lebensläng-
### lichen Reichsrathes der Krone Bayern.

Seine Majestät der König ha-
ben unter'm 9. Februar l. Js. allergnädigst
geruht, den k. General der Cavalerie, Com-
mandirenden des I. Armeecorps, Herrn Fürsten
Carl Theodor von Thurn und Taxis, zum
lebenslänglichen Reichsrathe der Krone
Bayern zu ernennen.

### Dienstes-Nachrichten.

Seine Majestät der König ha-

ben Sich allergnädigst bewogen gefunden,
unter'm 3. Februar l. Js. den Forstamtsactuar und Functionär am Forstbureau
der Regierung von Oberbayern, Otto von
Gimmi, zum Revierförster in Mittenwald
provisorisch zu ernennen, dann

den Officialen beim Oberpostamte Nürnberg Gustav von Kramer, seiner allerunterthänigsten Bitte entsprechend, zum Oberpostamte München zu versetzen, und zum
Officialen III. Classe beim Oberpostamte
Nürnberg den practicirenden Unterlieutenant Alois Grafen von Benzel-Sternau zu Nürnberg in provisorischer Eigenschaft zu ernennen;

unter'm 4. Februar l. Js. den Director der k. Steuercataster-Commission, Johann Nepomuk Grünberger, unter Bezeigung der allerhöchsten Zufriedenheit mit seinen vieljährigen treuen und ersprießlichen
Diensten auf den Grund des Edictes vom
26. Mai 1818 §. 22 litt. C. in den Ruhestand treten zu lassen und zur Oberleitung
der Steuercataster-Commission aus besonderem Vertrauen und nach seinem eigenen
Ermessen den Staatsrath im außerordentlichen Dienste, Friedrich von Heres, mit
Beibehaltung seines Titels und Ranges zu
berufen, dann

die bei der Generalbergwerks- und Salinenadministration erledigte Rechnungscommissärstelle III. Classe dem Officianten des

Bergamtes Steben, Joseph Stabl, provisorisch zu verleihen;

unter'm 5. Februar l. Js. dem protestantischen Consistorium in Bayreuth einen ausschließend für den Dienst dieses Collegiums bestimmten weltlichen Rath beizugeben, sofort

den Regierungsrath bei der k. Regierung von Oberfranken, Kammer des Innern, Carl Freiherrn von Dobeneck, vom 15. Februar l. Js. anfangend, von der ihm bisher in widerruflicher Eigenschaft übertragenen Function eines weltlichen Rathes bei dem gedachten Consistorium, unter Anerkennung der von ihm in diesem Berufe geleisteten für Staat und Kirche ersprießlichen Dienste zu entbinden, und

den bisherigen Kreis- und Stadtgerichtsrath Joh. Caspar Körber in München zum weltlichen Rath bei jenem Consistorium, gleichfalls vom 15. Februar l. J. anfangend, zu ernennen.

## Königlich Allerhöchste Zufriedenheits-Bezeigung.

Der verstorbene katholische Stadtpfarrer Raimund Sales zu Ellingen hat in seinem Testamente vom 6. Mai 1849 fast

sein ganzes Vermögen ausschließend nur für fromme Zwecke bestimmt, indem er

1) dem Knaben-Seminar zu Eichstädt ein Capital von 6000 fl. und seine sämmtlichen theologischen Bücher,

2) dem Emeritenfond daselbst gleichfalls ein Capital von 6000 fl., ferner

3) der dortigen k. Studien-Anstalt seine Werke aus der classischen Literatur, und endlich

4) der St. Georgi-Pfarrkirchen-Stiftung zu Ellingen außer mehreren zum gottesdienstlichen Gebrauche nützlichen Utensilien ein Capital von 1000 fl. zu dem Zwecke vermacht hat, damit die eine Hälfte der Zinsrente dieses Capitales zur Abhaltung einer Jahrtags-Messe I. Classe in der Pfarrkirche zu Ellingen für ihn und seine Freundschaft verwendet, die andere Hälfte der Zinsen aber unter die Armen, welche diesem Jahrtags-Gottesdienste beiwohnen, vertheilt werden möchte.

Seine Majestät der König haben von diesen von dem frommen und edlen Wohlthätigkeitssinne des Pfarrers Raimund Sales zeugenden Vermächtnissen Kenntniß zu nehmen und allergnädigst zu befehlen geruht, daß dieselben unter dem Ausdrucke des allerhöchsten Wohlgefallens durch das Regierungs-Blatt öffentlich bekannt gemacht werden.

# Regierungs-Blatt

## für      das
## Königreich      Bayern.

### № 10.

München, Montag den 21. Februar 1851.

**Bekanntmachung,**
die Auflösung der Gerichts- und Polizeibehörde
Banz betreffend.

**Staatsministerium der Justiz und Staatsministerium des Innern.**

Seine Majestät der König ha-

ben allerhöchst zu beschließen geruht, daß das bisher als k. Gerichts- und Polizeibehörde fortbestandene Herrschaftsgericht Banz, im Regierungsbezirke Oberfranken, aufgelöst, und sein Bezirk demjenigen des k. Landgerichts Lichtenfels einverleibt werde.

Diese allerhöchste Verfügung hat mit

11

dem 16. März l. Js. in Wirksamkeit zu treten.

München, den 11. Februar 1851.

Auf Seiner Königlichen Majestät
Allerhöchsten Befehl.

v. Kleinschrod.     v. Zwehl.

Durch den Minister
der Generalsecretär,
Ministerialrath Epplen.

---

## Dienstes = Nachrichten.

---

Seine Majestät der König haben Sich allergnädigst bewogen gefunden, unter'm 5. Februar l. Js. den Forstamtsactuar und Functionär im Regierungsforstbureau zu Speyer, Valentin Grief, zum Revierförster auf das neugebildete Revier Salzwoog, Forstamts Pirmasens, und den Forstamtsactuar zu Rosenheim, Michael v. Ditterich, zum Revierförster in Bayersried, Forstamts Ottobeuern, und zwar beide provisorisch, zu ernennen;

unter'm 6. Februar l. Js. der Staatsschuldentilgungscommission einen Regierungsassessor extra statum beizugeben und als solchen den Rathsaccessisten vorgenannter Commission, Dr. Moriz Jungermann, provisorisch zu ernennen;

den Officianten und Bergamtsschreiber des Hauptsalz= und Bergamtes Orb, Mi-

chael Maier, zum Cassier des Berg= und Hüttenamtes Bergen zu befördern;

zum Officianten und Bergamtsschreiber des Hauptsalz= und Bergamtes Orb den Materialverwaltungsgehilfen des Hauptsalzamtes Traunstein, Adolph Hendrich, provisorisch zu ernennen, dann

dem Accessisten der Regierung der Pfalz, Kammer des Innern, Aegid Deuerling aus Stadtsteinach, die Stelle eines Actuars des Landcommissariats Kaiserslautern in provisorischer Eigenschaft zu verleihen;

unter'm 7. Februar l. Js. den ersten Revisionsbeamten beim Hauptzollamte München, Wolfgang Weig, seinem allerunterthänigsten Ansuchen entsprechend, auf den Grund des §. 22. lit. D. der IX. Verfassungsbeilage wegen physischer Gebrechlichkeit auf die Dauer eines Jahres in den Ruhestand zu versetzen;

an dessen Stelle als ersten Revisionsbeamten an genanntem Hauptzollamte den bisherigen zweiten Revisionsbeamten ebendaselbst, Joseph Reschreiter, und zum zweiten Revisionsbeamten den bisherigen dritten Revisionsbeamten daselbst, Jacob Schaller, zu ernennen, ferner

die erledigte Grenzobercontroleurstelle zu Weiler dem bisherigen berittenen Grenzoberaufseher Joseph Breitschaft in Waldmünchen in provisorischer Eigenschaft zu verleihen, dann den bisherigen Grenzobercontroleur in Kröppen, Hauptzollamts Zweybrücken, Friedrich Freundt, seinem allerunterthänigsten Ansuchen entsprechend, auf die erledigte Grenzobercontroleurstelle zu Salzburghofen, Hauptzollamts Freilassing, zu versetzen, und zum Grenzobercontroleur in Kröppen den Hauptzollamtsassistenten Erhard Bauer zu Neuburg a/Rh. zu ernennen;

unter'm 8. Februar l. Js. den bisherigen Zollrechnungscommissär Ludwig Doblinger zum dritten Assessor im Collegium der Generalzolladministration zu befördern, und

auf die am Bezirksgerichte zu Frankenthal in Erledigung gekommene Staatsprocurator-Substitutenstelle den Staatsprocurator-Substituten am Bezirksgerichte zu Landau, Johann Wernz, auf sein allerunterthänigstes Ansuchen zu versetzen;

unter'm 10. Februar l. Js. die erledigte Rentbeamtenstelle bei dem St. Anna Damenstifte zu Würzburg dem dermaligen Spitalverwalter, Franz Klett zu Arnstein, zu verleihen;

den dritten technischen Assessor am Wechsel- und Mercantilgerichte I. Instanz zu Regensburg, Christian Friedrich Braunold, auf den Grund nachgewiesener Functionsunfähigkeit in den Ruhestand zu versetzen;

die hiedurch erledigte dritte technische Wechsel- und Mercantilgerichtsassessorstelle dem bisherigen vierten technischen Assessor daselbst, Georg Heinrich Brauser, zu übertragen;

die Vorrückung des bisherigen ersten Suppleanten, Georg Heintke, in die vierte technische Assessorstelle, und des bisherigen zweiten Suppleanten, Johann Mathias Wolf, in die erste Suppleantenstelle zu gestatten, und

zum zweiten Suppleanten am genannten Gerichte den Großhändler Hermann Gottlieb Roscher zu Regensburg zu ernennen; ferner

auf die erledigte Forstei Röttenbach, im Forstamte Hilpolstein, den Forstwart zu Wernberg, Balthasar Brenner, zum provisorischen Forsteiförster zu ernennen;

den Revierförster zu Breitenthal, im Forstamte Günzburg, Johann Kreittner, auf Ansuchen auf den Grund des §. 22. lit C. der IX. Beilage zur Verfassungs-Urkunde, unter Bezeigung der allerhöchsten Zufriedenheit mit seinen mehr als 30jährigen, namentlich im Culturfache vom besten Erfolge begleiteten Dienstleistungen, in den Ruhestand zu versetzen; dann

an dessen Stelle zum Revierförster in Breitenthal den Forstamtsactuar zu Biburg, Theodor Schenk, provisorisch zu ernennen;

unter'm 11. Februar l. Js. die eröffnete Landrichterstelle in Friedberg dem Landrichter Cäsar Widder von Wörth, seiner Bitte gemäß, zu verleihen;

den II. Landgerichts-Assessor zu Mitterfels, Ludwig Bauer, seinem Ansuchen entsprechend, in gleicher Eigenschaft zum Landgericht Trostberg zu versetzen, und

die hieburch erledigte Stelle eines II. Assessors am Landgerichte Mitterfels dem geprüften Rechtspraktikanten Johann Nepomuk Mössmang aus Seg, dermalen am Landgerichte Au, zu verleihen, ferner

zu der bei dem Kreis- und Stadtgerichte München in Erledigung gekommenen Rathsstelle den Assessor dieses Gerichtes, Friedrich Weichsler, zu befördern, und die hieburch erledigte Assessorstelle an dem gedachten Gerichte dem Landgerichtsactuar Ludwig Paur zu Berchtesgaden zu verleihen;

unter'm 12. Februar l. Js. den bisherigen Generalverwalter der Posten und Eisenbahnen, Carl v. Göb, unter Bezeigung der allerhöchsten Zufriedenheit mit seiner langjährigen, treuen und ersprießlichen Dienstleistung vom 1. März l. Js. an in den Ruhestand treten zu lassen, und demselben zugleich als besonderes Zeichen der Anerkennung den Titel eines k. geheimen Rathes tax- und siegelfrei zu verleihen, dann

den Ministerialrath im Staatsministerium des Handels und der öffentlichen Arbeiten, Ludwig Freiherrn von Brück, zum Vorstande der mit dem 1. März l. Js.

ins Leben tretenden Generaldirection der k. Verkehrsanstalten zu ernennen;

unter'm 13. Februar l. Js. dem Bezirksgerichte Frankenthal einen Assessor außer dem Status beizugeben, und hiezu den functionirenden Staatsprocurator - Substituten Johann Baptist Müller daselbst zu ernennen;

die erledigte Stelle eines Landgerichtsarztes zu Waldsassen in provisorischer Eigenschaft dem bisherigen praktischen Arzte zu Iphofen, Landgerichts Markt Bibart, Dr. Michael Braun, zu verleihen;

zum ersten Assessor des Landgerichts Werdenfels in Oberbayern den zweiten Assessor des Landgerichts Weilheim, Ludwig Mayr, vorrücken zu lassen;

als zweiten Assessor des Landgerichts Weilheim den Actuar des Landgerichts Bohenstrauß, Friedrich Boxler, seiner Bitte gemäß zu berufen, und

die Stelle eines Actuars bei dem Landgerichte Bohenstrauß dem geprüften Rechtspraktikanten Michael Mischler aus Stadtamhof, dermal zu Neumarkt in Oberbayern, zu verleihen, endlich

unter'm 16. Februar l. Js. die in Wemding erledigte Advocatenstelle dem geprüften Rechtspraktikanten und Advocaten-Concipienten Joseph Weiß, dermal in München, zu übertragen, und

die erledigte Revisionsbeamtenstelle beim

Hauptzollamte Mittenwald dem bisherigen
Assistenten beim Zollrechnungscommissariate,
Lorenz Jacob Bogner, in provisorischer
Eigenschaft zu verleihen.

## Pfarreien-Verleihungen; Präsentations-Bestätigungen.

Seine Majestät der König ha-
ben unter'm 11. Februar l. Js. die katholische Pfarrei Unterneukirchen, Landgerichts
Altötting, dem Priester Joseph Wagner,
Pfarrer und Districtsschul-Inspector zu
Griesbach, Landgerichts gleichen Namens,
und

unter'm 15. Februar l. Js. die katholische Pfarrei Arnstein, Landgerichts gleichen Namens, dem Priester Georg Michael
Schwab, Pfarrer zu Sulzthal, Landgerichts Euerdorf, zu übertragen geruht.

Seine Majestät der König ha-
ben unter'm 4. Februar l. Js. allergnädigst
zu genehmigen geruht, daß die katholische
Pfarrei Hendungen, Landgerichts Mellrichstadt, von dem hochwürdigen Herrn Bischofe
von Würzburg dem Priester Vitus Simon,
Caplan zu Kirchheim, Landgerichts Würzburg l.JM., und

unter'm 10. Februar l. Js., daß das
Curat-Beneficium an der Maria-Verkündi-

gungskirche zu Mindelheim, Landgerichts
gleichen Namens, von dem hochwürdigen
Herrn Bischofe von Augsburg jure devoluto dem seitherigen Vicar desselben, Priester Wilhelm Groß, verliehen werde.

## Landwehr des Königreichs.

Seine Majestät der König ha-
ben vermöge allerhöchsten Patentes vom 8.
Februar l. J. den k. Landrichter und Stadt-
Commissär zu Amberg, Anton v. Nagel,
zum Major und Commandanten des Landwehr-Bataillons Amberg allergnädigst zu
ernennen geruht.

## Königliche Akademie der Wissenschaften.

Seine Majestät der König ha-
ben Sich vermöge allerhöchster Entschließung
vom 10. Februar l. Js. allergnädigst bewogen gefunden, die Stelle des Vorstandes
der Akademie der Wissenschaften dem Universitäts-Professor und ordentlichen Mitglied
dieser Akademie, Hofrath Dr. Friedrich von
Thiersch, nach Ablauf der gegenwärtigen
Amtsperiode auf weitere drei Jahre zu verleihen, und demselben die Function des
Generalconservators der wissenschaftlichen
Sammlungen des Staates auf die gleiche
Zeitdauer zu übertragen.

Medicinalcomité an der k. Universität
München.

Seine Majestät der König ha-
ben unter'm 15. Februar l. Js. die bei dem
Medicinalcomité an der Universität München erledigte Stelle eines dritten Suppleanten dem Professor der Anatomie und
Privatdocenten an derselben Hochschule,
Med. Dr. Carl Thiersch, allergnädigst zu
übertragen geruht.

Katholische Kirchenverwaltung zu Augsburg.

Unter dem 21. Februar l. Js. ist der
Privatier Ignaz Welzhofer von Augsburg an die Stelle des verstorbenen Privatiers Franz Xaver Haug, und der Kaufmann und Gemeindebevollmächtigte Johann
Lorenz Frauendorfer an die Stelle des
verlebten Privatiers Alexander König in
die Verwaltung des katholischen Kirchen-
Vermögens in Augsburg einberufen, und
als Mitglied derselben höchsten Ortes bestätiget worden.

Ordens-Verleihungen.

Seine Majestät der König ha-
ben Sich allergnädigst bewogen gefunden,

unter'm 5. Februar l. Js. dem Hofrathe
Dr. Jacob Schilling zu Bamberg das
Ritterkreuz des königlichen Verdienstordens
vom heiligen Michael, und

unter'm 30. Januar l. Js. dem Sergeanten Jacob Leykauf der Garnisons-
Compagnie Königshofen in Rücksicht auf
seine fünfzigjährige ehrenvolle Dienstzeit,
welche derselbe einschließlich sechs Feldzugsjahren am 8. Februar l. Js. vollendet hat,
die Ehrenmünze des königlich bayerischen
Ludwigsordens zu verleihen.

Königlich Allerhöchste Bewilligung zur
Annahme fremder Decorationen.

Seine Majestät der König ha-
ben den Nachgenannten die Erlaubniß allergnädigst zu ertheilen geruht, die erhaltenen
fremden Ordens-Decorationen annehmen und
tragen zu dürfen und zwar:

unter'm 9. Februar l. J. dem Regierungsrathe Gutschneider, zu dem Ritterkreuz
des k. k. österreichischen Leopoldordens;

unter'm 10. Februar l. Js. dem Re-
gierungs-Präsidenten Freiherrn v. Welden
zu dem Commenthurkreuze des eben gedachten Ordens, und

unter'm 13. Februar l. Js. dem k.
Kämmerer und Generalmajor à la suite Grafen Ludwig Tascher de la Pagerie zu
dem von dem Präsidenten der französi-

schen Republik erhaltenen Commandeurkreuz
der Ehrenlegion.

### Titel = Verleihung.

Seine Majestät der König ha-
ben Sich vermöge allerhöchster Entschließung vom 15. Februar l. Js. allergnädigst
bewogen gefunden, in wohlgefälliger Anerkennung des verdienstlichen Wirkens auf
dem Gebiete der Jugenderziehung und der
Seelsorge, dem Inspector des weiblichen
Erziehungsinstitutes und Beichtvater der
englischen Fräulein zu Nymphenburg, Priester Dr. Benedikt Prand, den Titel und
Rang eines geistlichen Rathes tax- und
stempelfrei zu ertheilen.

### Großjährigkeits = Erklärungen.

Seine Majestät der König ha-
ben unter'm 13. Februar l. Js. die Margaretha Reißmann von Goßmannsdorf,
und

unter'm 17. Februar l. Js. den Heinrich Rebhan in München, und zwar beide
auf allerunterthänigste Bitte, für großjährig
zu erklären geruht.

### Gewerbsprivilegien = Verleihungen.

Seine Majestät der König ha-

ben den NachgenanntenGewerbsprivilegien allergnädigst zu ertheilen geruht, und zwar:

unter'm 3. October v. Js. dem Teichelfabrikanten Anton Benegger, auf Fabrikation gepreßter irdener, zu Wasserleitungen tauglicher Röhren, für den Zeitraum
von fünf Jahren;

unter'm 24. October v. Js. dem Eisenhändler Sigmund Burger von hier,
auf Ausführung der von ihm erfundenen
eigenthümlich construirten Kugelpreßmaschine
für den Zeitraum von fünf Jahren;

unter'm 3. December l. Js. dem Sil-
berarbeiter Gustav Daumann von Attl,
Landgerichts Wasserburg, auf Ausführung des von ihm erfundenen Verfahrens
goldplattirten Draht und aus diesem Ketten herzustellen, für den Zeitraum von drei
Jahren;

unter'm 4. December v. J. dem Realienlehrer Andreas Hermann von Biebrich, auf Ausführung der von ihm erfundenen Verbesserungen an Lampen, für den
Zeitraum von fünf Jahren;

unter'm 12. December v. Js. dem
Teichelfabrikanten Anton Benegger, auf
Fabrikation gepreßter irdener, nach den ver-
schiedenen Verwendungszwecken eigens con-
struirter Röhren, für den Zeitraum von fünf
Jahren.

unter'm 15. December v. Js. dem Matthäus Thaller von Echsheim, Landgerichts

Rain, auf Ausführung des von ihm erfundenen Verfahrens bei Anfertigung von Schuhen
und Stiefeln, welche angeblich der Kälte,
Nässe und Wärme widerstehen, für den Zeitraum von fünf Jahren;

unter'm 27. December v. Js. dem
Drechslermeister Joseph Wagner von
Rottenburg, z. Z. in Pfaffenhofen, auf Anfertigung der von ihm erfundenen eigenthümlich construirten Spinnräder, für den Zeitraum von fünf Jahren, und

unter'm 11. Januar l. Js. dem Großhändler und Mehlfabrikanten Christian August Erich zu München, auf Ausführung
und Anwendung der von ihm erfundenen
verbesserten Construction einer Gries-Sortir-
und Reinigungsmaschine für den Zeitraum
von fünf Jahren.

### Gewerbsprivilegien-Verlängerungen.

Seine Majestät der König ha-
ben unterm 13. December v. Js. das dem
Gottfried Hochleitner unter'm 30. December 1847 verliehene, in der Zwischenzeit auf Engelbert Hochleitner eigenthümlich übergegangene Gewerbsprivilegium auf
das von Ersterem erfundene Verfahren bei
Anfertigung von Bindfaden, Stricken, Gurten, Seilen, Brenngeschirren und Band-
waaren, ferner bei Bereitung einer die Fric-
tionen bei verschiedenen Metallen vermin-
dernden und eine leichtere Achsenumdrehung mit
geringerer Reibung hervorbringenden Wa-
gen- und Maschinenschmiere für den Zeitraum von weiteren zwei Jahren, dann

unter'm 5. Januar l. Js. das dem
Moriz Wolf am 11. Januar 1844 verliehene, und von diesem an Emanuel Neu-
häuser von Hainsfahrt käuflich übergegangene Gewerbsprivilegium auf Anwendung
eines verbesserten Verfahrens bei der Essig-
bereitung für den Zeitraum von zwei Jahren zu verlängern geruht.

### Einziehung eines Gewerbsprivilegiums.

Von dem Stadtmagistrate München
wurde die Einziehung des dem vormaligen
Schuhmachermeister Vitus Müller unter'm 4. Juni 1850 verliehenen und unter'm
22. August 1850 ausgeschriebenen einjährigen Gewerbsprivilegiums auf den Grund
der Bestimmung in §. 30. Nro. 8. der
allerhöchsten Verordnung vom 10. Februar
1842 beschlossen, und dieser Beschluß im
Recurswege durch die k. Regierung von
Oberbayern, Kammer des Innern, bestätiget.

# Regierungs-Blatt

## für das

## Königreich Bayern.

## № 11.

München, Mittwoch den 5. März 1851.

**Königlich Allerhöchste Verordnung,**
die Besoldungs- und Rangverhältnisse, dann die
Amtskleidung der Staatsanwälte betreffend.

## Maximilian II.

von Gottes Gnaden König von Bayern,
Pfalzgraf bei Rhein,
Herzog von Bayern, Franken und in
Schwaben ꝛc. ꝛc.

Wir haben beschlossen, in Ausführung
der Artikel 55 und 76 des Gesetzes vom
25. Juli 1850, die Gerichtsverfassung betreffend, die staatsanwaltschaftlichen Stellen
nunmehr zu besetzen, und verordnen deßhalb
nach Vernehmung Unseres Staatsraths
bezüglich der Besoldungs- und Rangverhältnisse, dann der Amtskleidung der Staatsanwälte, was folgt:

I.

Die Staatsanwälte sind Verwaltungs-

12

beamte. Auf dieselben finden die allgemeinen Vorschriften über die Verhältnisse der nicht mit dem Richteramte bekleideten Staatsdiener Anwendung.

Den aus dem Richteramte zu der Staatsanwaltschaft übertretenden Staatsdienern bleiben jedoch die von ihnen zur Zeit des Uebertrittes erworbenen Rechte bezüglich der Besoldungs- und Pensionsverhältnisse vorbehalten.

## II.

Der Generalstaatsanwalt am Oberlandes- (gegenwärtig Oberappellations-) Gerichte erhält eine jährliche Besoldung von viertausend Gulden.

Derselbe hat gleichen Rang mit dem ersten Director dieses Gerichtshofes.

Der Vortritt unter beiden bestimmt sich nach dem Dienstalter.

## III.

Für jeden der Oberstaatsanwälte an den Kreis- (zur Zeit Appellations-) Gerichten werden dreitausend Gulden als jährliche Besoldung bestimmt.

Der Oberstaatsanwalt hat den Rang der Kreis- (jetzt Appellationsgerichts-) Directoren und der Vortritt bestimmt sich nach dem Dienstalter.

## IV.

Die an den Bezirks- (zur Zeit Kreis- und Stadt-) Gerichten zu bestellenden Staatsanwälte theilen sich in drei Classen mit einer jährlichen Besoldung von je 1400, 1600 und 1800 Gulden.

Dieselben haben den Rang nach den Directoren und vor den Räthen der Bezirks- (jetzt Kreis- und Stadt-) Gerichte.

## V.

Insoweit die Anstellung von Stellvertretern der Staatsanwälte (zweite, dritte u. s. w. Staatsanwälte) bei einzelnen Gerichten sich noch vor der Einführung der neuen Civilprozeßordnung als erforderlich darstellt, erhalten diese Stellvertreter zur jährlichen Besoldung:

1) am Oberlandes- (gegenwärtig Oberappellations-) Gerichte 2500 Gulden;

2) an den Kreis- (gegenwärtig Appellations-) Gerichten nach drei Classen je 1400, 1600 und 1800 Gulden;

3) an den Bezirks- (gegenwärtig Kreis- und Stadt-) Gerichten nach drei Classen je 800, 1000 und 1200 Gulden.

Die Stellvertreter der Staatsanwälte haben am obersten Gerichtshofe den Rang der dermaligen Oberappellationsgerichtsräthe, und an den übrigen Gerichten den Rang der Assessoren des Gerichtes; bei welchem sie angestellt sind, insoferne nicht Einzelnen derselben der Rang der Räthe besonders verliehen wird.

## VI.

Nach vollständiger erstmaliger Besetzung der staatsanwaltschaftlichen Stellen werden Wir die Reihenfolge in den einzelnen Classen mit Rücksichtnahme auf die frühere Diensteseigenschaft jedes Einzelnen festsetzen.

An dieselben reihen sich die später ernannten Staatsanwälte nach dem Tage des Anstellungsdecretes in der einzelnen Rangclasse.

## VII.

Die Staatsanwälte tragen die für die Directoren der betreffenden Gerichte vorgeschriebene Amtskleidung.

Die Stellvertreter der Staatsanwälte tragen die nämliche Amtskleidung, wie diejenigen richterlichen Beamten, welchen sie im Range gleich gestellt sind.

Die Stickerei ist jedoch nicht auf schwarzem Sammt, sondern auf Tuch von der Farbe des Rockes anzubringen.

München, den 27. Februar 1851.

**Max.**

v. Kleinschrod.

Auf Seiner Majestät des Königs Allerhöchsten Befehl: der Generalsecretär, Ministerialrath von Haas.

## Ministerial-Erklärung,

die Uebereinkunft mit Oesterreich über die kostenfreie Behandlung der im diplomatischen Wege nachgesuchten Trau-, Todes- und Taufscheine betreffend.

Die königl. bayer. und die kaiserl. königl. österreichische Regierung haben sich zur Erleichterung des gegenseitigen Geschäftsverkehrs ihrer Staatsangehörigen darüber vereinigt, die bisher für die im diplomatischen Wege nachgesuchte Ausfertigung von Tauf-, Trau- und Todesscheinen beobachtete Gebührenbefreiung durch die gegenwärtige förmliche Uebereinkunft zu regeln, wornach die einschlägigen geistlichen und weltlichen Behörden der beiden Staaten angewiesen werden sollen, von nun an sämmtliche Tauf-, Trau- und Todesscheine, welche gegenseitig von einer Behörde im Wege der bezüglichen Gesandtschaft werden nachgesucht werden, frei vom Stempel und jeder andern Gebühr aus-, zuzufertigen, ohne jedoch daß dadurch für die Parteien die Berechtigung erwachse, von diesen der ausländischen Behörde stempelfrei erfolgten Urkunden im stempelpflichtigen Inlande Gebrauch zu machen. — Zu Urkunde dessen ist diese königlich bayerische Ministerialerklärung ausgestellt worden, welche gegen eine entsprechende Erklärung des kaiser-

12*

lich köni..lich österreichischen Ministeriums ausgewechselt werden wird.

München, den 18. Februar 1851.

Königl. Bayer. Staatsministerium des kgl. Hauses und des Aeußern.

(L.S.) Frhr. v. Pelkhoven, Staatsrath.

Rappel.

### Bekanntmachung,
die Einführung der Paßkarten betreffend.

Staatsministerium des Königlichen Hauses und des Aeußern, dann des Innern.

Nachdem unter'm 9. Jänner l. Js. die Regierung von Schwarzburg-Sonders-hausen, unter'm 3. Februar l. Js. die Regierung des Churfürstenthums Hessen, dann unter'm 5. Februar l. Js. die freie Stadt Lübeck dem Paßkartenvertrage vom 21. October v. Js. beigetreten sind, kommen dieselben den in der Allerhöchsten Verordnung vom 14. Jänner l. Js., die Einführung von Paß-karten betreffend, (Regierungsblatt No. 3. Seite 25 u. ff., siehe auch Regierungsblatt No. 8 vom 10. Februar l. Js. Seite 105) na-mentlich aufgeführten Regierungen beizuzählen.

München, den 28. Februar 1851.

**Auf Seiner Königlichen Majestät Allerhöchsten Befehl.**

v. d. Pfordten.          v. Zwehl.

Durch die Minister der Generalsecretär,

Ministerialrath Rappel.

### Dienstes-Nachrichten.

Seine Majestät der König ha-ben Sich allergnädigst bewogen gefunden, unter'm 19. Januar l. Js. den zum Ober-sten und Commandanten des Infanterie-Leib-regiments ernannten bisherigen k. Hoftheater-Intendanten, August Freiherrn v. Frays, unter Zufriedenheitsbezeigung mit seinen Lei-stungen vom 1. Februar l. Js. an dieser Stelle zu entheben, und den bisherigen k. württembergischen Legationsrath, Dr. Franz Dingelstedt, vom letztgenannten Tage an zum k. Hoftheaterintendanz-Verweser zu ernennen;

unter'm 24. Februar l. Js. die eröff-nete Landrichterstelle zu Eschenbach, im ober-pfälzisch-regensburgischen Regierungsbezirke, dem I. Assessor des Landgerichts Hilpoltstein, Sebastian Aufleger, zu verleihen,

den zum I. Assessor des Landgerichts Alzenau ernannten Assessor, Johann Baptist Kiesner, von dem Antritte dieser Stelle zu entbinden und als II. Assessor zu Mell-richstadt zu belassen, dagegen zum I. Asses-sor des Landgerichts Alzenau den II. Asses-sor zu Gerolzhofen, Dominikus Becker, vorrücken zu lassen, und den ernannten II. Assessor des Landgerichts Mellrichstadt, An-ton Kopp, als II. Assessor zum Landge-richte Gerolzhofen zu berufen,

den II. Assessor des Landgerichts Neu-markt in Oberbayern, Joseph August Frei-

herrn von Osterberg, seiner Bitte stattgebend, auf Grund nachgewiesener Functionsunfähigkeit gemäß §. 22. lit. D. der IX.
Verfassungsbeilage für die Dauer eines Jahres in den zeitlichen Ruhestand treten zu
lassen, sofort zum II. Assessor des Landgerichts Neumarkt den Actuar des Landgerichts Regen, Wolfgang Bayer, seiner
Bitte gemäß zu versetzen;

die hiedurch eröffnete Stelle eines Actuars bei dem Landgerichte Regen dem geprüften Rechtspraktikanten Friedrich Stadler aus München zu verleihen;

den Adjuncten an der zoologischen
Sammlung des Staates, Dr. Johann Rudolph Roth, unter Belassung desselben in
seiner dermaligen Stellung, zum außerordentlichen Professor an der philosophischen
Facultät der k. Universität München zu ernennen, und

den Postofficialen Johann Kögler
zu Hof, seiner allerunterthänigsten Bitte
entsprechend, mit dem 1. März l. Js. in
gleicher Diensteigenschaft zum Oberpostamte
Würzburg zu versetzen, ferner

unter'm 28. Februar l. Js. den Professor der II. Gymnasialclasse zu Eichstädt,
Priester Vitus Schauer, auf dem Grunde
nachgewiesener temporärer Dienstunfähigkeit, unter Anwendung des §. 22. lit. D.
der IX. Verfassungsbeilage, auf ein Jahr
in den Ruhestand treten zu lassen, und zur
Wiederbesetzung der hiedurch erledigt werdenden Lehrstelle der II. Gymnasialclasse dem
Professor der I. Gymnasialclasse, Johann
Georg Fischer, die Vorrückung zu gestatten, sodann die hiedurch sich eröffnende
Lehrstelle der I. Gymnasialclasse dem Studienlehrer der IV. Classe an der Lateinschule
zu Eichstädt, Priester Franz Xaver Brigl,
zu übertragen, endlich

unter'm 2. März l. Js. zum Oberstaatsanwalte am Appellationsgerichte von
Oberbayern den bisherigen II. Director daselbst, Dr. Johann Joseph von Kiliani,
sodann zum zweiten Staatsanwalte mit dem
Range eines Appellationsgerichtsrathes den
Appellationsgerichts-Assessor am genannten
Gerichtshofe, Joseph Then, ferner zum
Oberstaatsanwalte am Appellationsgerichte
von Niederbayern den bisherigen II. Director daselbst, Dr. Franz Anton Heigl,
und zum zweiten Staatsanwalte am gedachten Gerichtshofe den Appellationsgerichtsassessor Andreas Sedlmayr mit
dem Range eines Appellationsgerichtsrathes
zu ernennen, dann

die dritte statusmäßige Rathsstelle bei
dem Staatsministerium der Justiz wieder zu
besetzen, und zu derselben den Oberappellationsgerichtsrath Ludwig Neumayr zu befördern.

## Pfarreien-Berleihungen; Präsentations-Bestätigungen.

Seine Majestät der König haben die nachgenannten katholischen Pfarreien allergnädigst zu verleihen geruht, und zwar:

unter'm 17. Februar l. Js. die Pfarrei Neukirchen bei Schwandorf, Landgerichts Burglengenfeld, dem Priester Paul Stabler, Cooperator zu Thölling, Landgerichts Ingolstadt;

unter'm 24. Februar l. Js. die Pfarrei Niederstaufen, Landgerichts Weiler, dem Priester Fidel Roth, Pfarrer zu Weißensberg, Landgerichts Lindau;

unter'm 27. Februar l. Js. die Pfarrei Huttenwang, Landgerichts Obergünzburg, dem Priester Maximilian Heller, Pfarrer zu Obermeitingen, Landgerichts Landsberg, und

unter'm 28. Februar l. Js. die Pfarr-Curatie Homburg, Landgerichts Markt Heidenfeld, dem Priester Valentin Kehrer, Pfarrer zu Hoffstetten, Landgerichts Gemünden.

Seine Majestät der König haben unter'm 24. Februar l. Js. die erledigte protestantische Pfarrstelle zu Auerbruch, Dekanats Leutershausen, dem bisherigen Pfarrer zu Mangersreuth, Dekanats Culmbach, Daniel Löw, und

die erledigte protestantische Pfarrstelle zu Oberampfrach, Dekanats Feuchtwangen, dem bisherigen Pfarrer zu Gailnau, Dekanats Insingen, Carl Wilhelm Drechsel, dann

unter'm 27. Februar l. Js. die erledigte protestantische Pfarrstelle zu Gleußen, Dekanats Michelau, dem bisherigen Pfarrer zu Willmars, Dekanats Nochhausen, Johann Adam Schmidt, und

unter'm 28. Februar l. Js. die erledigte protestantische Pfarrstelle zu Kirchheimbolanden, Dekanats Kirchheimbolanden, dem bisherigen zweiten Pfarrer daselbst, Capitelsenior Heinrich Julius Theodor Dörzapf, zu verleihen geruht.

Seine Majestät der König haben Sich vermöge allerhöchster Entschließung vom 27. Februar l. Js. allergnädigst bewogen gefunden, der von dem Freiherrn Friedrich Wilhelm von Wöllwarth-Lauterburg, als Kirchenpatron, für den bisherigen Pfarrer zu Schwebheim, Dekanats Schweinfurt, Friedrich Carl Thomas, ausgestellten Präsentation auf die zur Zeit combinirten protestantischen Pfarreien Ermershausen und Birkenfeld, Dekanats Rügheim, die landesherrliche Bestätigung zu ertheilen.

**Landwehr des Königreichs.**

Seine Majestät der König haben unter'm 25. Februar l. Js. allergnädigst geruht, den früheren Landwehr-Hauptmann Joseph Hergl in Dachau zum Major und Commandanten des Landwehr-Bataillons Dachau zu ernennen.

**Königliches Hof- und Collegiatstift zum heiligen Cajetan.**

Seine Majestät der König haben allergnädigst geruht, unter'm 24. Februar l. Js. den Custos und Vorstand der St. Michaelshofkirche, Priester Dr. Johann Nepomuk Ströhl, in Anbetracht seines seitherigen guten Wirkens zum Canonicus ad honores bei dem Collegiatstift an der St. Cajetanshofkirche tax- und siegelfrei zu ernennen, ferner

dem bisherigen Chorvicar des Collegiatstifts an der St. Cajetanshofkirche, Joseph Angermaier, die sechste Canonicatsstelle am gedachten Stifte zu verleihen, und zugleich zu bestimmen, daß der bisherige Inhaber des Hofbeneficiums zur hl. Maria und Magdalena, Priester Franz Schönwerth, unter Vorrückung der übrigen Vicare, als sechster Chorvicar eintrete.

**Magistrat der Stadt Erlangen.**

Die Entlassung des bisherigen bürgerlichen Magistratsrathes Johann Caspar Höfler zu Erlangen von dieser Function und die Einberufung des an seine Stelle tretenden Ersatzmannes, des Gastwirths David Hartmann, in der Eigenschaft eines bürgerlichen Magistratsrathes der Stadt Erlangen wurde genehmigt.

**Reformirte Kirchenverwaltung zu Nürnberg.**

Unter dem 25. Februar l. Js. ist der Fabrikbesitzer Albert Reger von Nürnberg als Ersatzmann für den verstorbenen Posamentirer Georg Hahn jun. in die reformirte Kirchenverwaltung zu Nürnberg einberufen, und als Mitglied dieser Verwaltung höchsten Ortes bestätigt worden.

**Ordens-Verleihung.**

Seine Majestät der König haben Sich vermöge allerhöchster Entschließung vom 22. Januar l. Js. allergnädigst bewogen gefunden, dem protestantischen Pfarrer Pflüger zu Kairlindach in Rücksicht auf seine durch fünfzig Jahre mit Eifer, Treue und Anhänglichkeit geleisteten Dienste die Ehrenmünze des königlich bayerischen Ludwigsordens zu verleihen.

## Königlich Allerhöchste Genehmigung zur Annahme einer fremden Decoration.

Seine Majestät der König haben unter'm 26. Februar l. Js. allergnädigst geruht, dem k. Regierungspräsidenten Freiherrn von Zu Rhein die allerhöchste Erlaubniß zur Annahme und Tragung des demselben von des Kaisers von Oesterreich Majestät verliehenen Commandeurkreuzes des k. k. österreichischen Leopoldordens zu ertheilen.

## Großjährigkeits-Erklärungen.

Seine Majestät der König haben Sich allergnädigst bewogen gefunden, unterm 6. Februar l. Js. den Carl Albrecht Joseph Freiherrn von Seckendorff zu München und dessen Schwester Flora Freiin von Seckendorff, verehelichte von Lüneschloß allda, ferner den Georg Loibl von Mühldorf, und zwar sämmtlich auf allerunterthänigstes Ansuchen, dann

unter'm 27. Februar l. Js. den Ca-

jetan Guggemos von Kleinhausen, entsprechend der von dessen Mutter Victoria Guggemos gestellten allerunterthänigsten Bitte, für großjährig zu erklären.

## Gewerbsprivilegien-Verleihungen.

Seine Majestät der König haben den Nachgenannten Gewerbsprivilegien allergnädigst zu ertheilen geruht, und zwar:

unter'm 12. Januar l. Js. dem Schuhmachermeister Johann Tretter von Erbendorf, auf Ausführung des von ihm erfundenen eigenthümlichen, mittels Maschinen bewirkten Verfahrens bei Anfertigung des Schuhmacher-Näh- und Steppdrahtes, für den Zeitraum von fünf Jahren;

unter'm 18. Januar l. Js. dem Adam Ogden aus Huttersfield in England, auf Ausführung der von ihm in Verbindung mit John Sykes gemachten Erfindungen im Maschinenbau zum Reinigen wollener, baumwollener und ähnlicher faseriger Substanzen von Kletten, Schaben und andern fremdartigen Schmutzstoffen, für den Zeitraum von zehn Jahren, und

unter'm 3. Februar l. Js. dem Büchsenmacher Joseph Moser von Bayreuth, auf Ausführung des von ihm erfundenen Gewehres mit Stechschloß und gedecktem Hahn, für den Zeitraum von einem Jahr.

# Regierungs-Blatt

## für das Königreich Bayern.

## № 12.

München, Montag den 10. März 1851.

**Inhalt:**

**Königlich Allerhöchste Verordnung,**
die Benützung und Unterhaltung der Staatsgebäude betr.

## Maximilian II.

von Gottes Gnaden König von Bayern,
Pfalzgraf bei Rhein,
Herzog von Bayern, Franken und in
Schwaben ꝛc. ꝛc.

Wir haben Uns bewogen gefunden,
die in der Instruction über die administrative Behandlung des Bauwesens vom 13.
August 1819 enthaltenen Bestimmungen
wegen Benützung und Unterhaltung der
Staatsgebäude einer Revision zu unterstellen, und verordnen, was folgt:

### Titel I.

Von den Pflichten der Nutznießer der Staatsgebäude im Allgemeinen.

### §. 1.

Der Nutznießer hat die Wohnung wie

13

ein sorgfältiger Hausvater in stets reinlichem Zustande zu erhalten und ordnungsgemäß zu gebrauchen.

Jeder Mißbrauch der dem Nutznießer überwiesenen Räume, z. B.

a) das Aufbewahren gefährlicher, leicht entzündbarer oder explosibeler Stoffe in Zimmern und auf Speichern,

b) das Aufbewahren von Asche, namentlich Torfasche, in anderen Räumen als in Kellern oder feuerfesten Gewölben,

c) das Legen und Spalten von Holz auf Dachböden und in anderen für solchen Zweck nicht bestimmten und eingerichteten Räumen,

d) das Aufspeichern von Getreid, Feld- und Gartenfrüchten in Gemächern, welche hierzu nicht bestimmt und eingerichtet sind,

e) das Waschen und Aufhängen der Wäsche in Zimmern und Küchen, wenn letztere nicht im Erdgeschoße sich befinden und für solchen Zweck besonders eingerichtet sind, gleichwie in Küchen zu ebener Erde über Kellern, wenn besondere Waschgelegenheiten vorhanden sind,

f) die Verwendung von Kammern zu Ställen für Geflügel oder andere die Fußböden und dergleichen verunreinigende Thiere,

g) das Aufstellen von Blumentöpfen ohne Untersätze auf die Gesimsbretter oder die Fußböden,

h) das Pflanzen von Gesträuch und Bäumen längs dem Mauerwerk, das Anhäufen von Erde, Schutt oder Dünger daselbst,

ist untersagt.

### §. 2.

Keinem Bewohner eines Staatsgebäudes ist es ohne besondere Erlaubniß gestattet, andere Individuen, welche nicht seinem Familien- oder dem besonderen Dienstverbande angehören, in die ihm überwiesene Wohnung aufzunehmen. Insbesondere ist auch dem Bewohner nicht erlaubt, Wohnungstheile oder Nebengebäude, z. B. Stallungen, Scheunen, Speicher, Keller u. dgl., gegen eine ihm zufließende Rente in Aftermiethe zu geben.

Ist der Bewohner eines Staatsgebäudes in einem solchen Falle ein Staatsdiener, der auf den Genuß einer Dienstwohnung in Folge besonderer Normative oder besonderer Decrete Anspruch hat, so ist der ihm hiernach entbehrliche Theil seiner Wohnung dem Aerar als heimfällig zu erklären und für ararialische Zwecke zu vermiethen.

Ist einem Bewohner, der sich ähnliche Uebergriffe erlaubt, lediglich als Ausfluß der allerhöchsten Gnade eine zinsfreie Wohnung bewilliget worden, so ist derselbe seiner Wohnung verlustig zu erklären.

§. 3.

Sarenz verboten bleibt jede eigenmächtig von dem Bewohner an dem Gebäuden
und Zugehörungen derselben vorzunehmende
Veränderung, z. B.

a) die Umänderung eines großen Zim-
mers in zwei kleinere mittelst Einziehung einer neuen Wand oder eines Ver-
schlages mit Brettern, ferner die Her-
ausnahme einer Scheidemauer oder
Wand, um zwei Zimmer in eines umzuwandeln;

b) alle Veränderungen in den Küchen
und Gewölben an Thüren, an Fen-
sterstöcken und Fenstergittern, dann an
Kaminen; Ofenversetzungen und Ofen-
austauschungen;

c) Balken, Säulen, Schwellen, Pfähle
und Riegel auszuschneiden; Mauer-
werke durchzuschlagen und neue Oeff-
nungen nach Willkür einzubrechen, welcher Grund oder Vorwand immer dazu vorhanden seyn mag.

Tritt ein solcher Fall ein, und ist durch
die einschlägige k. Baubehörde hergestellt,
daß der Bewohner eigenmächtig verfahren
ist, so verfällt derselbe in die Bezahlung der
Kosten der Herstellung und verliert jeden
Eigenthumsanspruch auf das Hergestellte.

Erscheint die eigenmächtige Veränderung aber ganz unzweckmäßig, oder wohl
gar dem Gebäude nachtheilig, so ist der

Veranlasser verbunden, auf seine Kosten den
vorigen Stand wieder herzustellen. Außerdem haftet derselbe für allen aus seiner Ei-
genmächtigkeit hervorgegangenen Schaden.

§. 4.

Die Wendung der Baufälle aller Art,
welche aus unterlassener rechtzeitiger, oder
unzureichend vorgenommener Wendung der
kleinen Baufälle, wie solche im Titel III.
gegenwärtiger Verordnung angegeben sind,
aus nicht rechtzeitig und nicht gehörig vollzogenen Räumungen und Reinigungen, aus
Mangel an Aufsicht, aus Fahrlässigkeit, aus
gewaltsamen Beschädigungen des Nutznießers oder seiner Angehörigen, oder aus
Mißbrauch in der Benützung überhaupt,
hervorgegangen sind, fällt dem Nutznießer
zur Last.

§. 5.

Werden durch zufällige Elementarein-
wirkungen, als durch Blitz, Hagel, Sturm,
Hochgewässer, Wolkenbrüche, Feuer, oder
durch fremde Gewaltthat, oder Kriegsereig-
nisse u. dgl., Staatsgebäude bedeutend be-
schädigt, so ist es Pflicht der Bewohner,
sogleich bei der einschlägigen königlichen
Baubehörde Anzeige zu erstatten, damit in
der Zeit, wo die erlittenen Beschädigungen
noch mit Verläßigkeit beurtheilt werden können, die technische Besichtigung vorgenom-

13*

men, auf der Stelle Anstalt zur Abhilfe
gemacht, und dabei untersucht werde, ob in
dem einen oder dem anderen Falle der Bewohner oder seine Angehörigen durch Fahrlässigkeit keine Schuld auf sich geladen haben.

Trägt der Bewohner keine Schuld, so
fallen die auf solche Weise entstandenen großen als auch kleinen Baufälle dem Baufond zur Last, vorbehaltlich des Rückgriffes
gegen einen verpflichteten Dritten.

In den Fällen dagegen, wo zur Abwendung der Gefahr augenblickliche Vorkehrungen erforderlich sind, z. B. die Unterstützung eines den Einsturz drohenden
Gebäudes oder Gebäudetheiles, unverschieb-
liche Ausbesserungen wahrgenommener Gebrechen an Kaminen, Feuerläufen und Feuer-
anlagen aller Art, die Reparatur einzelner
Stellen an Dächern, wenn eine Verzögerung den Einsturz der Decken u. dgl. wegen eindringender Nässe zur Folge haben
würde u. dgl., liegt dem Bewohner ob, das
zur Abwendung der Gefahr Erforderliche
sogleich selbst zu veranlassen, gleichzeitig aber
der k. Bauinspection hiervon Kenntniß zu
geben, welche für den Ersatz der passirli-
chen Auslagen zu sorgen hat.

### §. 6.

Wenn äußere Fensterläden an Staatsgebäuden sich befinden und die Fenster durch
Sturm, Hagelschlag, oder fremde Gewalt-

that beschädiget werden, so hat der Bewohner die Herstellungskosten selbst zu bestreiten, weil ihm die Mittel an die Hand gegeben sind, sich gegen Schaden zu sichern.

Findet sich aber bei der Untersuchung,
oder kann mit Verläßigkeit nachgewiesen
werden, daß dem Bewohner keine Vernach-
läßigung zur Last liegt, so werden jene durch
unverschuldete widrige Ereignisse veranlaßten
Baukosten von dem Aerar getragen und
das Beschädigte wird auf Staatskosten hergestellt.

### Titel II.

Von der Reinigung und von den kleinen Baufällen, deren Wendung den Nutznießern der
Staatsgebäude obliegt.

### §. 7.

Dem Nutznießer liegt die Reinigung
aller ihm zur Nutznießung überwiesenen
Räume ob, mit Einschluß der Beseitigung
und des Abführens des Unrathes, insbesondere

a) der Zimmer, Küchen, Kammern, Gänge,
Keller, Speicher und deren Bestandtheile, d. i. der Fußböden, Wände, Decken, Thüren, Fenster, Läden, Treppen,
Gebälke, Wassergüsse nebst Abfallröhren, u. dgl.;

b) der Räume der Wirthschaftsgebäude
aller Art und ihrer Bestandtheile;

c) der Freitreppen, Freimauern, Höfe, Pflaster, Wege u. dgl.;

d) der Cisternen und Schwindgruben.

Wenn ein Staatsgebäude von mehreren Bewohnern (Parteien) benützt wird, oder wenn dasselbe Amtslocalitäten und Amtswohnungen enthält, so ist in das bei der Ueberweisung aufzunehmende Protocoll, mit Rücksichtnahme auf die Bestimmungen der §§. 86 und 87 gegenwärtiger Verordnung, auch bezüglich der Obliegenheit der Reinigung die geeignete Ausscheidung aufzunehmen.

Zu Reinigungsarbeiten, welche wegen Elementarereignissen, oder wegen auf Kosten des Baufondes vorgenommenen Baufällwendungen erforderlich sind, oder welche nur mit Anwendung künstlicher Vorrichtungen, z. B. mittelst Gerüsten, Flaschenzügen u. dgl. vollzogen werden können, ist der Nutznießer nicht verpflichtet.

§. 8.

Das Ausweißen oder Tünchen aller dem Nutznießer überwiesenen Räume hat durch denselben wenigstens alle zwei Jahre zu geschehen, jene Fälle ausgenommen,

a) wo eine stärkere Abnützung die Erneuerung des Anstriches in einem kürzeren Zeitraume, z. B. in bewohnten Zimmern, Küchen u. dgl., und

b) wo eine geringere Abnützung die Er-

neuerung des Anstriches nach einem längeren Zeitraume entbehrlich macht, z. B. in weniger benützten Zimmern, in Dachräumen, Kellern, Ställen, Holzlegen u. dgl.

Im ersten Falle ist die k. Baubehörde ermächtiget, den Nutznießer zum regelmäßigen Vollzuge zu veranlassen, im zweiten ist sie befugt, ihn davon zu entbinden.

Das Weißen sämmtlicher Räume, selbst der farbig getünchten oder tapezirten, hat bei dem Wechsel der Nutznießer zu geschehen, wenn es von der k. Baubehörde als nothwendig erachtet wird.

Das vollständige Abschiefern der Decken und Wände und das hierdurch nothwendige frische Aufziehen mit feinem Mörtel zur Erlangung ebener Flächen gehört nicht mehr zur Verpflichtung des Bewohners.

Die bei dem Ausweißen oder Tünchen vorkommenden kleinen Putzausbesserungen und das Abschiefern einzelner Stellen der Decken und Wände gehören zu den Obliegenheiten des Nutznießers.

§. 9.

Dem Nutznießer liegt ob: das Ausputzen und Verstreichen der Zimmer-, Koch-, Brat- und Backöfen, der Rauchröhren und Feuerläufe, die Reparatur der Bratröhren und Waschkessel, sowie die hierdurch veranlaßte Ausbesserung des Mauerwerkes,

Mauerputzes und Anstriches, dann die Befestigung locker gewordener Thürchen, Feuer-
röste, Herdplatten, Rauchröhren, sowie überhaupt die Befestigung aller Theile der Feuerungen aller Art.

Das Umsetzen der Oefen und die Erneuerung einzelner Theile derselben, sowie
der Feuerungen aller Art, z. B. die Anschaffung und Verwendung neuer Kacheln,
neuer Trommeln, neuer Bratröhren, neuer
eiserner Herdplatten und Wasserkessel, neuer
Stücke von Rauchröhren und der steinernen
und eisernen Bekleidungen, neuer Bänder
und Kloben, gehört nicht zu den Pflichten
des Nutznießers. Deßgleichen kann ihm die
Herstellung des hiedurch veranlaßten Mauerputzes und Anstriches nicht angesonnen werden.

### §. 10.

Die Befestigung locker gewordener
Steine der Pflaster der Backöfen, Herde,
der Böden in Küchen, Kellern und Vor-
plätzen, dann das Verstreichen der Fugen,
sowie das Befestigen einzelner, locker gewordener Pflastersteine in Hofräumen liegt
dem Nutznießer ob.

Die theilweise oder gänzliche Erneuerung oder Umlegung der Plattenböden und
Pflasterböden fällt dem Baufond zur Last.

Wird von der k. Baubehörde die gänzliche Umlegung eines Pflasters als noth-

wendig erachtet, so ist der Nutznießer von
allen Kosten befreit.

### §. 11.

Dem Nutznießer liegt ob:

a) das Befestigen locker gewordener Fensterstöcke und das Verstreichen der Fugen;

b) das Befestigen locker gewordener Fensterrahmen und Fenstersprossen, sowie das
Verkitten der Fugen;

c) das Befestigen locker gewordener Fenster-
beschläge, als Winkelbänder, Schein-
haken, Kegel, Vorreiber, Spreiz-
stangen, Schlußstangen u. dgl., dann
die Ausbesserung und Wiederbefestigung
schadhaft gewordener, aber nicht die
Anschaffung neuer Beschlägtheile;

d) die Anschaffung zu Verlust gegangener
Beschläge und das Anschlagen derselben;

e) das Befestigen und Verkitten oder Ver-
bleien lockerer und die Auswechselung
zerbrochener Fenstergläser;

f) das Befestigen der Fensterbretter und
das Verstreichen der Fugen.

Sind aber die in dem gegenwärtigen
§. 11 bezeichneten Reparaturen eine Folge
mangelhafter Construction; so trägt die dießfälligen Kosten der Baufond.

Die Reparatur und das Anpassen des
alten Beschläges an neue Rahmen und Stöcke
fällt dem Baufond zur Last.

**§. 12.**

Zur Befestigung locker gewordener Fußböden, dann zur Befestigung und Ausbesserung der Ausspänungen, auch wenn hierzu neue Späne erforderlich sind, ist der Nutznießer verpflichtet, es sei denn, daß diese Baufälle durch die Beschaffenheit des Baumateriales, z. B. durch Verwendung nicht gehörig ausgetrockneten Holzes, kurze Nägel, schadhafte oder nicht gehörig befestigte Unterlaghölzer u. dgl., verursacht worden sind; in diesen Fällen hat die Baufallwendung der Baufond zu bestreiten.

**§. 13.**

Die Befestigung locker gewordener Theile der Wandvertäfelungen, der Theile unter sich und an die Wand, ist Sache des Nutznießers. Die Erneuerung einzelner Theile und die damit verbundene Befestigung anstoßender Theile liegt dem Baufond ob. Die bei der bloßen Befestigung erforderliche Ausbesserung des Verputzes und Anstriches trifft den Bewohner, bei der Erneuerung aber, gleichwie auch dann, wenn derlei Baufallwendungen aus mangelhafter Construction hervorgegangen sind, den Baufond.

**§. 14.**

Die Befestigung locker gewordener Thore und Thüren, sowie des Futters und der Verkleidung, mit Inbegriff der zum entspre-

chenden Schluß erforderlichen Vorkehrungen, dann die Unterhaltung der Ausspänungen und Aufleistungen ist Sache des Nutznießers, es sei denn, daß derlei Baufällen eine der im oben stehenden §. 12 erwähnten Ursachen zu Grunde liegt, oder daß einzelne Theile erneuert werden müssen, z. B. Füllungen, Friese, Verkleidungsstücke u. dgl., wo dann die Wendung des Baufalles dem Baufond obliegt.

**§. 15.**

Die Befestigung der Läden, das Richten derselben behufs eines entsprechenden Schlusses und deren Ausbesserung ist Sache des Nutznießers, wenn nicht neue Theile, z. B. neue Leisten, neue Fütterungen u. dgl., erforderlich sind, und wenn die Beschädigung nicht durch Elementarereignisse, oder durch eine der im oben stehenden §. 12 erwähnten Ursachen entstanden ist. In diesen Fällen treffen die Kosten den Baufond.

**§. 16.**

Die Befestigung locker gewordener Theile der Stiegen und Stiegengeländer unter sich, dann ihre Verbindung mit Boden, Wand und Decke, wo dieselbe mangelhaft geworden ist, die Festigung der Metallverbindungen, das Verkitten und Verstreichen der Fugen u. dgl. überhaupt jede derartige Ausbesserung liegt dem Nutznießer ob.

Wenn aber zur Reparatur neue Theile, z. B. neue Tritte, Fußbretter, Zargen- oder Wangenstücke u. dgl. erforderlich sind, oder wenn der Baufall aus einer der im oben stehenden §. 12 erwähnten Ursachen hervorgegangen ist, so hat die Kosten der Baufond zu tragen.

### §. 17.

Die Befestigung, das Auspußen und die Ausbesserung der Schlösser, auch wenn einzelne Theile erneuert werden müssen, die Anschaffung der zu Verlust gegangenen Schlüssel und die Abänderung der Schlösser als Folge derselben, dann die Befestigung und Ausbesserung der Beschläge an Thoren, Thüren und Läden, ist Sache des Nußnießers.

Dagegen trifft die Anschaffung und Verwendung neuer Schlösser, Kloben, Bänder, Riegel u. dgl. an Thoren, Thüren und Läden den Baufond, wenn diese Gegenstände keiner Reparatur mehr fähig sind, oder wenn der Nußnießer das Bedürfniß der neuen Anschaffung durch Vorlage der unbrauchbar gewordenen Gegenstände nachweisen kann.

Die Reparatur der Schlösser, Bänder u. dgl. bei Wiederverwendung an neuen Thoren, Thüren, Läden u. dgl. trifft den Baufond.

### §. 18.

Die Erhaltung der Oelfarbanstriche und das Firnissen der Gegenstände aller Art im Innern der Gebäude, mit Ausnahme der Fensterstöcke, Fensterrahmen und Fensterbretter, liegt dem Bewohner in so weit ob, als es sich um Ergänzung einzelner von Farbe entblößter Stellen handelt.

Wird der Anstrich von ganzen Gegenständen erneuert, z. B. eines Thorflügels, eines Thürflügels, einer Thürbekleidung, einer Wandvertäfelung, eines Gemaches u. dgl., so geschieht es auf Kosten des Baufonds. Entstehen bei der Wendung kleiner Baufälle Beschädigungen des Oelanstriches, so hat dieselben der Bewohner wieder herstellen zu lassen.

Alle übrigen Oelfarbanstriche, welche im gegenwärtigen §. 18 nicht bezeichnet sind, insbesondere an dem Aeußeren der Gebäude, liegen dem Baufond ausschließlich ob.

### §. 19.

Die Erhaltung und Erneuerung der im Innern der Gebäude bestehenden Leimfarbanstriche ist ausschließlich Sache der Nußnießer.

### §. 20.

Das Einsetzen und Hinwegnehmen der Winterfenster und Vorthüren liegt dem Nußnießer ob.

Die Reparaturen dieser Gegenstände werden nach den bezüglich der Fenster und Thüren durch gegenwärtige Verordnung ertheilten Bestimmungen beurtheilt und vollzogen.

§. 21.

In Ansehung der Unterhaltung jener Einfriedigungen, welche nach lit. b. §. 92 Tit. IX. gegenwärtiger Verordnung Gegenstand des Hausinventars sind, liegt dem Nußnießer ob:

a) die Befestigung lockerer und die Ausbesserung schadhafter Bretter, Planken, Stacketen und Stückel an Zäunen; dann die Ergänzung fehlender oder morscher, oder nicht mehr zu befestigender Bretter, Planken, Stacketen und Stückel, wenn deren Anzahl nicht den zwanzigsten Theil und darüber der ganzen Anzahl beträgt;

b) die Befestigung der übrigen Theile an Bretter-, Planken-, Stacketen- und Stückel-Zäunen, z. B. der Säulen, Pfosten, Schwellen, Riegel u. dgl.;

c) die Unterhaltung der Hecken und die Einfassungen der Höfe und Grundstücke mit Stangen.

Die Unterhaltung der Thore und Thüren nebst Beschlägen der genannten Einfriedigungen richtet sich nach den in den vorstehenden §§. über diese Gegenstände ertheilten Bestimmungen.

Alle übrigen Reparaturen der genannten Einfriedigungen, dann des Gemäuers derselben, sowie der Hof- und Garten-Mauern treffen den Baufond. Dieser darf aber nicht zur Erhaltung von Einfriedigungen, bei welchen die Baupflicht von Seite des Staatsärars nicht besteht, oder bei welchen die Nothwendigkeit durch die betreffende k. Regierung oder k. Centralstelle nicht anerkannt ist, in Anspruch genommen werden.

§. 22.

Die Bestimmungen der vorausgehenden Paragraphe dieses Titels finden volle Anwendung auf die Stallungen, Scheunen und Wirthschaftsgebäude überhaupt, jedoch mit der auf Seite des Nußnießers weiter ausgedehnten Unterhaltungspflicht bezüglich:

a) der Raufen, Krippen, Tröge, Wasserbehälter, Brückungen, Dielenbelege, Pflaster, Kanäle, Rinnen, Stände und Holzwände in den Stallungen aller Art;

b) der Viertelwände, Thore, Thüren und Dreschtennen von Holz,

bei welchen Gegenständen die Unterhaltung dem Nußnießer auch in dem Falle obliegt, daß hierzu einzelne neue Theile erforderlich sind, z. B. Brückhölzer in den Ständen, Steine und Holzwürfel zu den Pflastern der Ställe und Stallrinnen, Bretter an den Viertel- und Abtheilungswänden, Dielen der hölzernen Dreschtennen, einzelne Bestandtheile der Thüren und Thore.

Die Anschaffung neuer Pfosten, Büge, Schwellen und Pfetten trifft den Baufond.

Die vollständige Erhaltung des Lehmschlages der Dreschtennen ist Sache des Nutznießers.

## §. 23.

Bei Brunnen liegt dem Nutznießer ob: die Befestigung locker gewordener Theile des Brunnenmantels, die Befestigung und Verdichtung des Auslaufrohres, die Befestigung des Pumpenschwengels, das Verdichten der Fugen der hölzernen Brunnentröge und die Ausbesserung der Zieheimer.

Alle übrigen Baufallwendungen an laufenden Brunnen, Ziehbrunnen, Springbrunnen, Cisternen, Wasserleitungen, Quellenfassungen und Wasserstuben hat der Baufond ganz oder in Gemeinschaft mit den übrigen hierzu verpflichteten Wassergenossen zu tragen.

## §. 24.

In Ansehung der zur Staatsrealität gehörigen und in dem Häusinventar vorgetragenen Baugegenstände der Gärten wird Folgendes vorgeschrieben:

a) Die Erhaltung der Geländer und Gitterwerke, welche nicht zu den Einfriedigungen des §. 21 gehören, der Spiel- und Kegelbahnen, der Ruhebänke u. dgl. gehört zu der Verpflichtung der Nutznießer im ganzen Umfange.

b) Die Baufälle an Gartenhäusern, Gewächshäusern, Brunnen, Wasserbehältern, Wasserleitungen, Cisternen u. dgl. werden nach den Bestimmungen der vorstehenden Paragraphen beurtheilt und gewendet.

c) Wenn Gärten oder derlei Anlagen an den Nutznießer besonders in Pacht gegeben werden, so bleibt die Festsetzung der Unterhaltungspflicht des Staatsärars und des Nutznießers den besonderen Bestimmungen des Pachtvertrages vorbehalten, bei dessen Errichtung die Mitwirkung der einschlägigen k. Baubehörde bezüglich der Baugegenstände einzutreten hat.

## Titel III.

### Von den großen Baufällen.

Zu den großen Baufällen, welche in allen Staatsgebäuden auf Staatskosten ohne Inanspruchnahme der Nutznießer gewendet werden, sind, außer den in Titel II. gegenwärtiger Verordnung bei der Aufzählung der kleinen Baufälle bereits genannten, folgende zu zählen:

## §. 25.

Die Erhaltung der Grundmauern, so wie der Umfassungsmauern, Scheidemauern, Feuermauern, Schlöte, Schlotmäntel, und zwar im Mauerwerk, Bewurf und Verputz, letztere Arbeit in so weit, als sie nicht nach gegenwärtiger Verordnung zu den Obliegenheiten des Bewohners gehört.

### §. 26.

Die Unterhaltung der Decken, Gewölbe und Pfeiler.

### §. 27.

Die Unterhaltung der Wassergüsse, dann der dazu gehörigen Abfallröhren und Bodenrinnen.

### §. 28.

Die Unterhaltung der Aborte, Abtrittschläuche und deren Gruben, dann der Versitzgruben, Senkgruben und Dungstätten.

### §. 29.

Das Umdecken und die Ausbesserung der Dachungen, das Einspeisen der Gräthe, Firste und Dachlichter.

Die Unterhaltung der Dachfenster wird nach den Bestimmungen der §§. 11, 15 und 18 gegenwärtiger Verordnung beurtheilt und behandelt.

### §. 30.

Alle Ausbesserungen der Dachstühle, Dachrinnen, Abfallröhren und Bodenrinnen.

### §. 31.

Die Errichtung und Erhaltung der Blitzableiter.

### §. 32.

Die Unterhaltung der Freitreppen, sowie der Bodenbelege aller Art in offenen dem Einflusse der Witterung Preis gegebenen Gängen, Gallerien u. dgl., dann der Stein- und Holzpflaster der Höfe, Wege, Straßen u. dgl.

### §. 33.

Die Unterhaltung der gepflasterten Gräben, Canäle, Durchlässe, Stege, Brücken, Schutzmauern und Uferbeschlächte.

### §. 34.

Die Anschaffung und Unterhaltung von Feuerlöschmaschinen und Feuerlöschrequisiten.

### §. 35.

Die Erhaltung ehemaliger Befestigungswerke, z. B. der Ringmauern, Gewölbe, Thore und Thüren mit allem Zugehör, der Gräben, Wälle, Pflaster u. dgl.

### §. 36.

Alle Baufälle

a) der dem öffentlichen Unterricht gewidmeten Staatsgebäude mit Ausnahme der Wohnungen des Lehr- und Dienstpersonales;

b) der Amtslocalitäten nebst Zugehörungen;

c) der Straf- und Correctionsanstalten
mit Ausnahme der Beamtenwohnun-
gen;

d) der Frohnfesten mit Einschluß der An-
schaffung und Unterhaltung der Kobel
(Blenden) und mit Ausnahme der
Wohnung des Gerichtsdieners;

e) aller jener Theile der Staatsgebäude,
welche dem Bewohner nicht zur eigenen
(vergl. §. 85) und den Bewohnern
nicht zur gemeinschaftlichen (vergl. §. 86)
Benützung überwiesen worden sind.

### Titel IV.

Von den Gegenständen, welche sich nicht zur
Aufnahme in die Bauetats eignen.

Dahin gehören:

### §. 37.

Die Ausbesserung der Orgeln, Glocken,
Glocken- und Zugseile, Haus- und Thurm-
Uhren, die Ausbesserung der Kirchenstühle
und der Lampen in den Kirchen, dann das
Aufrichten der Altäre, soweit dieses orga-
nisirten Kirchen zur Last fällt.

### §. 38.

Die Kosten für Anschaffung und Auf-
richtung von Altären und Verzierung der
Straßen und öffentlichen Plätze mit Bäumen, Gesträuchen und Gras bei Feierlich-
keiten und Processionen.

### §. 39.

Sämmtliche Lagerstätten, Drahtgitter,
dann Vorrichtungen zum Schließen der Gefangenen, und Fournituren in den Frohnfesten und Zuchthäusern.

### §. 40.

Actenschränke, Kassen, Wandbehälter,
Fensterantritte, äußere und innere Vorhänge
(Rouletten, Storre, Marquisen, pente-à-
l'airs) und Meublen aller Art.

### §. 41.

Die Anschaffung, Erhaltung, das Fül-
len und Entleeren der auf den Dachböden
zur Feuersicherheit befindlichen Wasserbren-
ten und Wasserkufen.

### §. 42.

Die Brandassekuranzbeiträge, Kamin-
fegerlöhne, Wasserzinse und Kosten für Was-
serbeifuhr, die Löhnungen der Nachtwächter
und Thürmer, sowie alle jene Gebäudeauf-
sichtskosten, welche mehr wegen der polizeilichen Sicherheit der Gebäude, als wegen
des baulichen Unterhaltes bestritten werden.

### §. 43.

Das Verstopfen der Kellerfenster im
Winter; das Legen und Hinwegnehmen der
Winterböden, gleichwie deren Anschaffung
und Unterhaltung; dann das Einsetzen und

Hinwegnahmen der Winterfenster und Vorthüren.

### §. 44.

Das Einbinden der Brunnen und Brunnenleitungen mit Stroh und Mist zur Winterszeit und die Entfernung des Schußmaterials.

### §. 45.

Die Reinigung der Fenster, Gänge, Stiegen, Speicherräume, der Oefen mit Ingehörungen und der Feuerläufe aller Art; dann die Reinigung der Dächer, Dachrinnen, Dachkehlen und der Höfe von Regen, Schnee, Eis, Gras und Unrath; die Räumung und Reinigung der Kanäle, Kloaken, Abtritte und Dungstätten; die Räumung und das Abeisen der Bäche und zwar in allen Fällen mit Einschluß der Kosten, welche die Beseitigung und das Abführen des Unrathes erfordern.

Wenn derlei Arbeiten durch eine dem Baufond obliegende Baufallwendung veranlaßt werden, so eignet sich die Verrechnung der betreffenden Kosten auf den Baufond.

### §. 46.

Die Kosten für die Bestreuung der Gehwege im Winter und für das Begießen der Straßen im Sommer, dann für die

Reinigung der Wege und Straßen von Schnee, Eis und Unrath.

### §. 47.

Die Kosten auf Abschätzung von Gebäuden und auf Herstellung der Pläne bei Staatsrealitäten-Veräußerungen.

### §. 48.

Die Beleuchtungskosten aller Art, es sei denn, daß sie bei Bauführungen erforderlich werden, in welchem Falle die Verrechnung auf den Baufond zu geschehen hat.

### §. 49.

Die Kosten für Zufuhr des Eises in die Keller.

### §. 50.

Die Herstellung und Unterhaltung der Einfriedigungen und Bauten aller Art bei abgelegenen Grundstücken, welche nach Titel IX. §. 92 lit. b. nicht Gegenstand des Hausinventars sind.

### Titel V.

Von den Gegenständen, welche bedingnißweise und von den Gegenständen, welche unter keiner Bedingung auf Staatskosten angeschafft und unterhalten werden dürfen.

A. Zu den Gegenständen, welche beding-

weise auf Staatskosten angeschafft
und erhalten werden dürfen, gehören:

### §. 51.

Winterthüren und Winterfenster, wenn
climatische Verhältnisse, Lage, oder Bestimmung der Gebäude und Rücksichten auf
Holzersparung einen dichteren Verschluß
nothwendig machen.

In allen Fällen ist die Anschaffung
und nach Maßgabe gegenwärtiger Verordnung auch die Unterhaltung auf Staatskosten statthaft, jedoch nur dann, wenn die
Genehmigung der k. Kreisregierung oder k.
Centralstelle auf Grund des nachgewiesenen
Bedürfnisses erfolgt ist.

### §. 52.

Flügel- oder Doppelthüren, wenn sie
in Staatsgebäuden schon bestehen, oder wenn
sie bei Neubauten und solchen gleichkommenden Veränderungen durch das Verhältniß der Räume bedingt werden.

### §. 53.

Wandvertäfelungen in den Zimmern,
wenn sie bei sehr dünnen Wänden zum
Schutze gegen Kälte und bei nassen Mauern
zur Abhaltung der Feuchtigkeit Bedürfniß
sind.

In diesen Fällen eignen sich die Kosten für Herstellung gleichwie für Unterhal-

rung, in schärferer Beziehung nach Maßgabe der Bestimmungen des Titel M. gegenwärtiger Verordnung, auf den Baufond.

### §. 54.

Das Tünchen der Wandflächen in den
Lehrsälen, Schulzimmern, in Irren- und
Krankenhäusern, sowie in Wohnungs-, Waa-
Geschäfts- und allen ähnlichen Localitäten
bei einem Neubau, oder einer Wendung
hieher gehöriger großer Baufälle, wo dann
mit dem letzten Weißaustrag eine nicht vollständig weiße Farbe, sondern ein etwas
lichter Farbenton durch Beimischung irgend
eines wohlfeilen Farbmateriales zu geben,
dann dieser Wandflächenanstrich mit einem
dunklen Farbenstriche von der weißen Decke
zu trennen ist.

### §. 55.

Innere Fensterläden, wenn sie aus Rücksichten auf Sicherheit erforderlich sind, oder
wenn äußere Fensterläden wegen ästhetischen,
oder constructiven Verhältnissen nicht wohl
angebracht werden können.

### §. 56.

Lager- oder Ganterhölzer für Weins-
und Bierfässer, Obstlagerstellen u. dgl. in
den Kellern, wenn derlei Einrichtungen zur
trockenen Aufbewahrung von Vorräthen
wegen eindringender Nässe und Unzuläng-

keit der Höherlegung des ganzen Kellerbo-
dens erforderlich sind; ferner Bauver-
bauvorschläge aller Art, wenn eine solche
Abtheilung wegen des Mitgenusses eines
zweiten Bewohners wesentlich nothwendig
wird.

In den beiden vorgenannten Ausnahmsfällen liegt dem Baufond die Anschaffung,
wie auch nach Maßgabe der Bestimmungen des Titel II. gegenwärtiger Verordnung,
die Unterhaltung ob.

§. 57.

Hühnerställen, Hühnerhäuser, Enten-
Gänse und Schweinställe bei Staatsgebäuden, welche mit Oekonomien verbunden sind und bei jenen Staatsgebäuden,
deren Bewohner wegen zu großer Entfernung vom Markte auf das Halten der genannten Thiere angewiesen sind, aber immer nur dann, wenn die Genehmigung der
betreffenden k. Kreisregierung oder k. Centralstelle auf den Grund des nachgewiesenen
Bedürfnisses vorliegt.

Die Reparaturen obiger Stallungen
werden nach den Bestimmungen des §. 22
gegenwärtiger Verordnung beurtheilt und
behandelt.

§. 58.

Glocken und Glockenzüge und zwar:
ad 1. Glocken und Glockenzüge in den

Thoren und Thüren der Hofeinfrieb-
ungen;

b) die Hausglocke nebst Glockenzug, wenn
das ganze Gebäude nur an Einen Nutznießer überwiesen ist;

c) die Hausglocken mit Glockenzügen, wenn
das Gebäude mehrere abgeschlossene
Wohnungen enthält;

d) die etwa in Amtslocalitäten erforderlichen Glocken und Glockenzüge.

In den Fällen a, b und c eignen sich
die Anschaffungs- und Unterhaltungskosten
letztere nach Maßgabe der Bestimmungen
des Titel II. gegenwärtiger Verordnung,
auf den Baufond, im Falle d auf die Amts-
regie.

§. 59.

Hausthürzüge an solchen Gebäuden
wo die örtlichen Verhältnisse oder der Zweck
des Gebäudes den beständigen Verschluß
der Hausthüre nothwendig machen.

§. 60.

Beleuchtungsanstalten und zwar:
a) Gasröhrenleitungen und deren Einrichtung;

b) auswendige Laternen, welche als Folge
öffentlicher Beleuchtungsanstalten nicht
vermieden werden können;

c) Laternen, welche zur Beleuchtung der
Geschäftslocalitäten erforderlich sind.

§. 61.

Brunnen mit laufendem Wasser, Zieh-
oder Pumpbrunnen in dem Innern der Gebäude, wenn dieselben da, wo es die Umstände gestatten, in dem Erdgeschoße eingerichtet werden können.

Nur wo die Bestimmung des Gebäudes es erfordert, dürfen auch die oberen
Stockwerke hierzu verwendet werden, z. B.
in Heilbädern u. dgl.

B. Zu den Gegenständen, welche unter keiner Bedingung auf Staatskosten angeschafft und unterhalten werden dürfen, gehören:

§. 62.

Das Malen und Tapezieren der
Räume.

§. 63.

Küchenkästen, Schränke, Anrichten,
Schüsselbretter, Fleischklötze, Fleischhängen,
Fleischgrände, Badstuben, Ofenbänke u. dgl.

§. 64.

Gartenfrühbeete, Holländerkästen, Treib-
häuser, Einsetzen, Blumenbretter und Stel-
lagen aller Art, Mistbettbecken, Strohrahmen,
Gänge- und Rabatten-Einfassungen, Spalier-
wände, Gitterwerke, Spiel- und Kegelbahnen,
Ruhebänke, Bienenstöcke u. dgl.

§. 65.

Taubenhäuser oder Taubenschläge, Fisch-
kästen, oder Fischbehälter, Stoß- und Futter-
tröge, Futterkästen, Haberkästen.

§. 66.

Badeinrichtungen, welche in den oberen
Stockwerken niemals und im Erdgeschoße
nur auf Kosten der Bewohner und unter
Anwendung aller jener Vorrichtungen, welche
der einschlägigen k. Baubehörde für die
Sicherung der angrenzenden Räumlichkeiten
und des Gebäudes überhaupt gegen die Ein-
wirkung der Feuchtigkeit als nothwendig erscheinen, eingerichtet werden dürfen.

Ausgenommen hievon sind die Heilbäder des Staates.

Titel VI.

Von der Aufsicht auf die Staatsgebäude.

§. 67.

Die Oberaufsicht über die Staatsgebäude liegt den k. Bauinspectionen ob.

§. 68.

Um vorzubeugen, daß kleine Baufälle
nicht so lange verschoben werden, bis sie die
Eigenschaft großer Baufälle annehmen und
so der Staatscasse zur Last fallen, wird der
k. Baubehörde zur Pflicht gemacht, gleich-

—————

zeitig läßt jeder Schluß der Verfassung des
Landbaunnterhaltungsfonds alljährlich stattfindenden Aufnahme der großen Baufälle
und der hiermit nothwendig verbundenen Untersuchung sämmtlicher Stadtsgebäude, alle einzelnen Baufälle mit Inbegriff der Räumungen
und Reinigungen vollständig und genau aufzunehmen.

Der k. Baubeamte oder dessen ver-
pflichtete Stellvertreter, welcher befragliche
Handlung vornimmt, hat sogleich an dem
Orte selbst, wo sich das Staatsgebäude befindet, dem Nutznießer ein amtlich gefer-
tigtes Verzeichniß der demselben obliegenden
Leistungen mit Beifügung einer Frist für die
Erfüllung derselben und mit Hinweglassung
der Berechnung der Kosten für die befraglichen Leistungen gegen Empfangsbescheini-
gung zuzustellen.

Diese Frist ist von der Etatsaufnahme
bis zur definitiven Uebernahme der großen
Baufallwendungen zu bestimmen, dringende
Fälle ausgenommen, welche einen kürzeren
Zeitraum erheischen.

Ist der vollziehende k. Baubeamte nicht
der Vorstand der k. Bauinspection selbst,
sondern ein k. Baucondukteur oder ver-
pflichteter Stellvertreter; so ist der Ausfertigung des erwähnten Verzeichnisses die Formel
„aus Auftrag" beizufügen.

Nach seiner Rückkunft hat der k. Baubeamte das Verfügte dem Vorstande der

Baubehörde anzuzeigen und zu den Acten
zu bringen.

Kann die schriftliche Aufforderung an
dem Orte selbst nicht geschehen, so hat
dieselbe von dem Amtssitze aus zu erfolgen.

§. 69.

Wenn der Nutznießer des Staatsgebäudes etwaige Einwendungen gegen die ihm
von dem k. Baubeamten, oder dessen Stellvertreter, oder von der k. Baubehörde angesonnene Baupflicht, oder gegen das Vor-
handenseyn des von denselben angenommenen
Baufalles nicht innerhalb vierzehn Tagen,
vom Tage des von ihm bestätigten Em-
pfanges der an ihn ergangenen schriftlichen
Aufforderung gerechnet, oder, falls zur Baufallwendung ein kürzerer Zeitraum vorge-
zeichnet wurde, vor dem Auslaufe desselben
bei der k. Regierung, Kammer des Innern,
schriftlich anzeigt, so gilt die Unterlassung
als stillschweigend erfolgte Anerkennung des
Baufalles.

§. 70.

Ist der Nutznießer der an ihn ergangenen
Aufforderung innerhalb der gegebenen Frist
nicht nachgekommen, so liegt dem k. Baubeamten oder dessen verpflichteten Stellvertreter ob, bei der nächsten Besichtigung des
Gebäudes die betreffenden Arbeiten zu ver-
anschlagen, zu veraccordiren und sogleich zur

15

Ausführung anzuordnen. Hierzu bedarf es keiner weiteren Ermächtigung von Seite des Vorgesetzten, jedoch hat der k. Baubeamte oder dessen Stellvertreter, unmittelbar hernach, bei der k. Bauinspection die Vorlage des Kostenverzeichnisses an die k. Kreisregierung, Kammer des Innern, zu veranlassen.

Dieselbe hat ohne Verzug die erforderlichen Vorschüsse bei dem baurechnungsführenden Amte anzuweisen und den erlaufenden Kostenbetrag mittelst Abzuges an dem Gehalte des Staatsdieners oder Bewohners zu erholen. Es darf jedoch der Betrag, welcher an dem Gehalte zur Ausübung des Retentionsrechtes zurückbehalten wird, niebie im §. 73 des Gesetzes vom 10. November 1887 (Gesetzblatt Seite 84 und 85), als im Wege der Hilfsvollstreckung angreifbar bezeichnete Rate, übersteigen.

Gegen solche Nutznießer, welche aus Staatskassen keine firen Gehalte beziehen, ist mit gerichtlicher Klage vorzuschreiten.

Wenn die Einschreitung gegen Nutznießer von Staatsgebäuden geschieht, welche zur Verwaltung der k. Regierung, Kammer der Finanzen, oder der k. Centralstellen gehören, so hat die k. Kreisregierung, Kammer des Innern, die Mitwirkung jener Stellen in Anspruch zu nehmen.

### §. 71.

Der von dem k. Baubeamten mit dem betreffenden Handwerksleuten abgeschlossene Accord ist zur Kenntniß des Nutznießers des Staatsgebäudes zu bringen. Sollte von demselben entweder gegen die angesonnene Baupflicht oder gegen das Vorhandensein des angenommenen Baufalles nach dem Sinne des §. 68 gegenwärtiger Verordnung, Einwand erhoben worden seyn, so ist im erstern Falle gleichwohl die Bauwendung vorzunehmen zu lassen; im zweiten Falle hat aber die Wendung bis zur erfolgten Entscheidung ausgesetzt zu bleiben.

### §. 72.

Der k. Baubeamte oder dessen Stellvertreter hat bei der jedesmaligen Untersuchung des Staatsgebäudes nicht nur auf die Erfüllung der Obliegenheiten des Nutznießers, sondern auch auf die Beseitigung aller Uebelstände, welche dem Staatsgebäude und den dazu gehörigen Staatsrealitäten Nachtheil bringen, wessen Namens sie auch seyn mögen, hinzuwirken, sowie auch dafür Sorge zu tragen, daß die Arbeiten, deren Kosten unter den sogenannten ständigen Bauausgaben erscheinen, rechtzeitig und entsprechend vollzogen werden.

Die Nutznießer der Staatsgebäude aber sind gehalten, die Bauarbeiten selbst zu übermachen, etwaige Gebrechen der k. Bauinspection zur Abstellung anzuzeigen und den rechtzeitigen Vollzug auf keine Weise zu hemmen.

§. 73.

Die technischen Mitglieder der k. Kreis-regierungen und der k. Centralstellen haben bei ihren Geschäftsreisen den Vollzug der vorstehenden Bestimmungen zu überwachen.

Den Mitgliedern der obersten Bau-behörde liegt ob, ihre desfallsigen Wahr-nehmungen in dem Protocolle der bei dem Schlusse der Kreisbereisung zu pflegenden Berathung niederzulegen und bezüglich der zu dem Wirkungskreise der Centralstellen ge-hörigen Gebäude das Erforderliche auf dem Dienstwege zu veranlassen.

§. 74.

In Ansehung aller den k. Staatsministern und den k. Regierungspräsidenten zur Be-wahrung überwiesenen Staatsgebäude wird Folgendes vorgeschrieben:

a) Der zur Inspicirung des Bauwesens in den Regierungsbezirk abgeordnete k. Ministerialcommissär hat unter Zu-ziehung des k. Regierungsbaurathes und des einschlägigen k. Baubeamten das in Frage stehende Staatsgebäude genau zu untersuchen.

b) Wenn bei dieser Untersuchung sich Bau-gebrechen zeigen, so sollen diese in einen Kostenanschlag gebracht, hierin jene

Baufälle, welche auf Staatskosten ge-mindert werden, von jenen, welche dem Bewohner zur Last fallen, wobei auf die Bestimmungen der §§. 4, 5, 6, 69, 70 und 71 die vorschriftsmäßige Rücksicht und Beziehung zu nehmen ist, auf das genaueste ausgeschieden und hiernach der Bewohner durch den k. Ministerialcommissär zur Wendung derselben aufgefordert werden.

c) Der einschlägige k. Baubeamte hat obigen Kostenanschlag vor Ankunft des k. Ministerialcommissärs vorzubereiten.

d) Die Wendung jener Baufälle, deren Kosten nach gegenwärtiger Verordnung den Baufond treffen, ist durch den k. Ministerialcommissär nach vorausgegan-gener Feststellung und Gegenzeichnung des Kostenanschlages zur unverzüglichen Ausführung anzuordnen.

e) Sind in dem Kostenanschlage Gegen-stände enthalten, welche die Geneh-migung des k. Staatsministeriums be-dingen, so ist deßfalls von dem k. Mi-nisterialcommissär der geeignete Vor-behalt einzulegen.

f) Damit die den Baufond treffenden Baufallwendungen rechtzeitig vollzogen und von dem mit der nächstjährigen Kreis-bereisung beauftragten k. Ministerial-commissär geprüft werden können, hat die k. Kreisregierung der k. Baubehörde bei denf die Zahlung leiſtenden Amte einen dem feſtgeſtellten Betrage gleichkommenden Vorſchuß auf Rechnung des Landbauunterhaltungsetats zu eröffnen.

g) In gleicher Weiſe hat der k. Miniſterialcommiſſär das Geleiſtete auf den Grund des im vorhergegangenen Jahre feſtgeſtellten Koſtenanſchlages zu unterſuchen, ſämmtliche Ausgabsbelege feſtzuſtellen und zu unterzeichnen.

In Zukunft darf keine Bauausgabe, welche dieſer Eigenſchaft entbehrt, definitiv eingewieſen werden.

h) Wenn die kleinen Baufälle für das laufende Jahr noch nicht vorſchriftsmäßig gewendet ſeyn ſollten, ſo hat der k. Miniſterialcommiſſär das Geeignete hierzu u veranlaſſen.

i) Im Falle eine Einigung der Meinungen bei dem befraglichen Geſchäft nicht zu Stande gebracht werden kann, ſind die verſchiedenen Meinungen in das Berathungsprotocoll über die Ergebniſſe der vollzogenen Inſpicirung des Kreiſes niederzulegen und in ſolcher Weiſe zur Entſcheidung des k. Staatsminiſteriums zu bringen.

## Titel VII.

Von der Vornahme der Baufallſchätzungen und Baufallwendungen bei Veränderungen in der Perſon der Nutznießer der Staatsgebäude.

### §. 75.

Wird in Folge einer Verſetzung, Quiescirung, Reſignation, eines Todesfalles oder einer anderen Urſache ein Staatsgebäude von dem bisherigen Nutznießer oder Inwohner verlaſſen, ſo hat die k. Regierung, Kammer des Innern oder der Finanzen, oder die k. Centralſtelle, in deren Verwaltungskreis das in Frage ſtehende Staatsgebäude gehört, unverzüglich die einſchlägige k. Baubehörde zur Vornahme der Baufallſchätzung aufzufordern.

### §. 76.

Die k. Baubehörde hat ſogleich ſelbſt, oder bei zu befürchtenden Differenzen unter Mitwirkung der hiezu einzuladenden einſchlägigen Polizeibehörde eine Unterſuchung und Baufallſchätzung in dem zu verlaſſenden Gebäude vorzunehmen. Zu dieſer Verhandlung ſind beizuziehen:

a) der abgehende Nutznießer oder ein Bevollmächtigter deſſelben, bei Todesfällen die Erben des Nutznießers oder deren in geſetzlicher Form zu beſtimmende Vertreter;

b) die etwa von den vorstehenden Betheiligten in ihrem Interesse und auf ihre Kosten gewählten Sachverständigen;

c) im Falle bereits erfolgter Ernennung, der etwa am Orte anwesende Nachfolger des bisherigen Nutznießers oder der Stellvertreter des ersteren.

Sollten auf geschehene und gehörig nachgewiesene Einladung der abgehende Nutznießer, oder ein Bevollmächtigter oder Vertreter desselben auf den festgesetzten Tag der Baufallschätzung nicht beiwohnen, so gilt das Nichterscheinen als stillschweigend erfolgte Anerkennung der Baufallschätzung.

Im Falle der Nutznießer oder dessen Erben keinen Vertreter aufstellen, so ist dafür ein Mitglied der Gemeindeverwaltung beizuziehen.

### §. 77.

Die Einschätzung hat sich hauptsächlich zu erstrecken auf die Constatirung :

a) des Zustandes, in welchem der Abtretende das Gebäude getroffen hat, und zwar unter Zugrundlegung des nach Titel IX gegenwärtiger Verordnung aufgestellten Hausinventars;

b) des Zustandes, in welchem derselbe das Gebäude übergibt;

c) der hiernach zu ermittelnden Größe seiner Haftung, wobei die auf Kosten des vorigen Nutznießers vorzunehmenden Reinigungen, Räumungen und zu wendenden kleinen Baufälle speciell aufgezählt werden müssen.

### §. 78.

Ist auf diese Weise die Verbindlichkeit des Nutznießers genau festgestellt, so hat der k. Baubeamte sogleich die Kosten der zu wendenden kleinen Baufälle mit Inbegriff der etwa erforderlichen, in der Verpflichtung des bisherigen Nutznießers liegenden anderen Arbeiten, welche sie auch seyn mögen, genau zu berechnen, hierüber mit den betreffenden Handwerksleuten einen Accord abzuschließen und die Ausführung unmittelbar sogleich anzuordnen.

### §. 79.

Ueber die ganze Verhandlung ist ein Protocoll zu errichten, in welches auch die etwaigen Erinnerungen des abtretenden oder des antretenden Nutznießers, oder deren Stellvertreter aufgenommen werden müssen. Dieses Protocoll ist der k. Regierung, Kammer des Innern, zur Prüfung und Feststellung der Baufallschuld vorzulegen. Bei Staatsgebäuden, welche zu dem Wirkungskreise der k. Regierung, Kammer der Finanzen, oder einer k. Centralstelle gehören, hat die Entscheidung unter Mitwirkung jener k. Stellen zu geschehen. Der Vollzug der

Arbeiten darf aber nicht bis zur erfolgten Entscheidung verschoben werden.

### §. 80.

Die festgesetzte Summe der Bauschuld ist dem einschlägigen k. Rentamte zur Erhebung von dem schuldigen Theile einzuweisen, welches auch zur vorschriftsmäßigen Zahlung zu ermächtigen ist, wenn der Bauschilling von dem bisherigen Nutznießer oder dessen Erben nicht sogleich erhoben werden kann, sondern erst im Wege des Zwanges oder auf andere Art bei der Gerichts- oder Verlassenschaftsbehörde flüssig gemacht werden muß.

Durch diese Verfügung und auf den Grund der hierauf von dem k. Baubeamten zu contrasignirenden Handwerksconti ist in der rentamtlichen Baurechnung bei dem betreffenden Bauobjecte die Einnahme der Baufallschuld und deren Verwendung speciell, jedoch intra latus, nachzuweisen.

Diese Vorschrift findet bei den Gebäuden der centralisirten Stellen analoge Anwendung.

Nach erfolgter Feststellung der Baufallschuld findet ein nachträglicher Anspruch an die Betheiligten nicht statt, weil die Accordsbeträge so bestimmt gefaßt werden können und sollen, daß sie der künftigen effectiven Ausgabe gleichstehen.

### §. 81.

Steht die Wendung der kleinen Baufälle mit unverschieblichen Reparaturen, deren Kosten aus dem Baufond zu decken sind, in solcher Verbindung, daß beide unabhängig von einander nicht vollzogen werden können, so hat der k. Baubeamte die Ausführung der befraglichen Reparaturen gleichzeitig mit der Wendung der kleinen Baufälle, und zwar auf den Grund eines Kostenanschlages und Accordes anzuordnen.

Auch in dem Falle, daß der k. Bauinspection für derlei Reparaturen keine Deckungsmittel zur Verfügung stehen, darf der Vollzug des Angeordneten nicht verzögert werden; dieselbe hat aber unverzüglich der k. Regierung, Kammer des Innern, den Kostenanschlag nebst Accord behufs der Zahlungsanweisung vorzulegen und das von dem k. Baubeamten beobachtete Verfahren nachzuweisen.

### §. 82.

Wenn die Kosten der in dem vorstehenden §. 81 bezeichneten großen Baufälle auf den Landbauunterhaltungsetat des laufenden Etatsjahres nicht übernommen werden können, so ist der k. Baubehörde bei dem baurechnungsführenden k. Amte ein Vorschußcredit auf Rechnung des Landbauunterhaltungsetats für das nächstkünftige

Staatsjahr zu eröffnen, oder diese Credit-
eröffnung bei der k. Regierung, Kammer
der Finanzen, oder derjenigen k. Centralstelle zu veranlassen, zu deren Verwaltung
das Staatsgebäude gehört.

Um Vorgriffen auf das nächstkünftige
Etatsjahr so viel wie möglich vorzubeugen,
haben die k. Kreisregierungen und die k.
Centralstellen bei der Aufstellung des Land-
baumunterhaltungsetats den Kreisbaureserve-
fond, dann die Specialreservefonds der k.
Bauinspectionen mit Rücksichtnahme auf
derlei Fälle zu bemessen.

### Titel VIII.

Von der Ueberweisung der Staatsgebäude an
die Nutznießer.

### §. 83.

Die Ueberweisung ist der Act, durch
welchen das k. Staatsärar als Eigenthümer
der Realität mittelst der k. Baubehörde, in
deren Amtsbezirke die Staatsrealität liegt,
und welche zur Vornahme dieses Acts einen
k. Baubeamten oder verpflichteten Stellvertreter abzuordnen hat, zu dem Uebernehmer
in das entsprechende Rechtsverhältniß tritt,
als dessen specielle Punctation die Bestimmungen gegenwärtiger Verordnung zu gelten
haben, welche für beide Theile hierdurch
gleich bindende Kraft erhalten.

Es ist deßhalb dem antretenden Nutznießer ein Exemplar derselben zur Bemes-
sung seines Benehmens bei der Ueberweisung der betreffenden Staatsrealität auszu-
händigen, und, daß dieses geschehen, in dem
von dem k. Baubeamten, oder dessen Stellvertreter, zu führenden, dem antretenden
Nutznießer zur Anerkennung und Unterzeich-
nung vorzulegenden Ueberweisungsprotocolle
besonders zu bemerken.

### §. 84.

Der antretende Nutznießer hat sich von
dem Umfange und von der Beschaffenheit
des ihm zu überweisenden Staatseigenthumes durch eigene Anschauung Kenntniß
zu verschaffen. Der k. Baubeamte hat daher mit demselben alle Bestandtheile der
Staatsrealität in Augenschein zu nehmen,
um den wirklichen Bestand mit dem nach
Titel IX. gegenwärtiger Verordnung ver-
faßten Hausinventar zu vergleichen.

Ergeben sich bei der Vornahme dieses
Augenscheines Abweichungen des Inventars
von dem wirklichen Bestande der Staatsrealität, so ist ersteres durch den k. Baubeamten mit Rücksichtnahme auf etwa bereits beschlossene, oder angeordnete, oder in
Ausführung begriffene Baufallwendungen,
nach Anleitung des §. 93 Titel IX. gegenwärtiger Verordnung zu berichtigen, und,
wie geschehen, in dem Ueberweisungsprotocolle zu bemerken.

**§. 85.**

Bei Amtsgebäuden müssen die dem Bewohner, als solchem, zum Wohnungsgenusse zu überweisenden Bestandtheile der Staatsrealität in dem Ueberweisungsprotocolle besonders aufgezählt und von den Geschäftslocalitäten getrennt erscheinen.

Zu letzteren sind jene Bestandtheile der Staatsrealität zu rechnen, welche Amts- und Privatzwecken des Bewohners zugleich dienen, z. B. gemeinschaftliche Höfe, Gänge, Treppen u. dgl.

**§. 86.**

Wenn ein Staatsgebäude für mehrere Nutznießer (Parteien) bestimmt ist, so müssen in dem Ueberweisungsprotocolle die Wohnungs- und sonstigen Bestandtheile der Staatsrealität, welche dem antretenden Nutznießer zum ausschließlichen Gebrauche zugedacht sind, von jenen getrennt erscheinen, welche der gemeinschaftlichen Benützung mit den übrigen Nutznießern unterliegen, z. B. Vorplätze, Gänge, Stiegen und Stiegenräume, Keller, Speicher, Holzlegen, Waschküchen u. dgl.

Im ersten Falle hat der antretende Nutznießer den bezüglichen Bestimmungen gegenwärtiger Verordnung allein, im zweiten Falle in Gemeinschaft mit den betheiligten Nutznießern nachzukommen.

Zu dieser Verhandlung sind die übrigen Nutznießer des Staatsgebäudes bezüglich der gemeinschaftlichen Localitäten beizuziehen, ihre etwaigen Erinnerungen entgegen zu nehmen und Differenzen, wo möglich, auszugleichen. In dem Falle der Nichtvereinbarung ist die höhere Entscheidung zu erwirken.

**§. 87.**

In thunlichen Fällen soll der k. Baubeamte die Ueberweisung des Staatsgebäudes an den antretenden Nutznießer mit der Baufallschätzung behufs der Geschäftsvereinfachung in Verbindung bringen, ohne daß jedoch die Vornahme der Baufallschätzung, welche nach Titel VII. §. 75 und §. 76 gegenwärtiger Verordnung jedesmal sogleich nach erfolgter Veränderung in der Person des bisherigen Nutznießers vollzogen werden muß, irgend wie verzögert werden darf.

In allen Fällen aber muß die Ueberweisung des Staatsgebäudes bis zum Schlusse der Amtsextradition erfolgen.

**§. 88.**

Werden von dem Bewohner bezüglich des Bauzustandes Einwendungen vorgebracht, so soll der k. Baubeamte billige die Grenzen der allgemeinen und gegenwärtigen Bauvorschriften, dann die amtliche Zuständigkeit der k. Baubehörde nicht überschreitende Anforderungen sogleich zu befrie-

digen und in solcher Weise eine Ausgleichung
zu Stande zu bringen suchen, damit das
Staatsgebäude in einem Zustande überwiesen werden kann, welcher dem Bewohner
zu einer gegründeten Beschwerde keinen Anlaß gibt und die Uebernahme einer Haftung
möglich macht.

Hat die k. Baubehörde zur Befriedigung solcher Anforderungen keine Mittel, so
ist die Verhandlung der k. Regierung, Kammer des Innern, mit geeignetem Antrage
vorzulegen.

### §. 89.

Wenn der antretende Nutznießer Vor-
behalte in das Protocoll legt, welche dem
k. Baubeamten unbillig zu seyn scheinen,
oder die Grenzen der allgemeinen und der
gegenwärtigen Vorschriften überschreiten, so
sind die Verhandlungen der k. Regierung,
Kammer des Innern, vorzulegen, welche
dann auch solche Baufallwendungen, die
zwar zu den kleinen Baufällen gehören,
aber in den auf die Baufallschätzung bezüglichen Verhandlungen noch nicht erscheinen, auf den Baufond anzuweisen befugt ist.

Sind derlei kleine Baufälle bei der
Vornahme der Baufallschätzung aus Fahrlässigkeit unberücksichtiget geblieben, so haftet dafür der k. Baubeamte, welcher die
Baufallschätzung vollzogen hat.

### §. '90·

Die Amtsextradicationscommissäre haben
auf die Erfüllung gegenwärtiger Verordnung
ein vorzügliches Augenmerk zu richten und
in den Amtsextradicationsverhandlungen im
Allgemeinen niederzulegen, was von der k.
Baubehörde hinsichtlich der Baufallschätzung
und der Ueberweisung geschehen ist. Sie
haben zu wachen, daß bei der Ausscheidung
der Geschäfts-, von den Wohnungslocalitäten
die Erfordernisse des Dienstes gewahrt
werden.

Finden Amtsvisitationscommissäre im
Allgemeinen eine Vernachlässigung der kleinen
Baufälle, so haben sie hierüber Anzeige zu
erstatten, welche der k. Regierung, Kammer
des Innern, zur weiteren Erwägung und
Verfügung mitzutheilen ist.

### §. 91.

Bei Wohnungsveränderungen der Prä-
sidialgebäude sind ohne allen Verzug der
jeweilige Zustand der Präsidialwohnung und
die etwa vorhandenen Baugebrechen, und
zwar durch den k. Regierungsbaurath unter
Zuziehung des einschlägigen k. Baubeamten,
übrigens nach näherer Anleitung gegenwärtiger Verordnung, auf das genaueste zu
constatiren, das über den Befund aufgenommene Protocoll aber ist durch den zur
Stellvertretung des k. Regierungspräsidenten

16

in Abwesenheits‐ oder Verhinderungsfällen berufenen k. Regierungsdirector schleunigst dem k. Staatsministerium des Handels und der öffentlichen Arbeiten zur weiteren Verfügung vorzulegen.

Diese Bestimmungen finden auf die von den k. Staatsministern und den Vorständen der Centralstellen bewohnten Staatsgebäude analoge Anwendung.

### Titel IX.
#### Von dem Hausinventar.
##### §. 92.

Das Hausinventar soll enthalten:

a) die Angabe des Ortes, d. i. der Stadt, des Marktes, Dorfes u. s. w., in welchem das Staatseigenthum liegt;

b) mit Beziehung auf den unter lit. d. vorgeschriebenen Situationsplan, die Aufzählung der sämmtlichen Bestandtheile des Staatseigenthums, d. i. das Wohngebäude mit der Hausnummer, dann die dazu gehörigen nicht unter eigenen Nummern erscheinenden Wirthschaftsgebäude, als Scheune, Stallungen, Waschhaus, Holzlege, Backofen u. dgl.; ferner Brunnen, Wasserleitungen, Einfriedigungen, Freimauern, Höfe und Gründe u. dgl., letztere, wenn sie mit dem Gebäude wirklich ver‐

bunden sind, oder doch zu demselben dergestalt gerechnet werden, daß sie mit ihm benützt oder veräußert werden können;

c) die Beschreibung der Grenzen des Staatseigenthumes mit Bezeichnung der das Staatseigenthum unmittelbar berührenden, zu demselben nicht gehörigen Gebäude, Mauern, Höfe, Einfriedigungen, Wege, Gründe u. dgl., mit Hinweisung auf

d) den Situationsplan, welcher die in lit. b. genannten Bestandtheile der Staatsrealität vollständig, die angrenzenden in lit. c. erwähnten Liegenschaften aber nur in so weit darzustellen hat, als es zur Deutlichkeit der Grenzbeschreibung erforderlich ist; die Höfe, Gärten und Gründe müssen mit den Steuercatasternummern bezeichnet seyn;

e) die genaue Verzeichnung der Servitute, womit das dem Staate angehörige Eigenthum belastet oder wozu es berechtigt ist, z. B. bei Gebäuden: die Holzberechtigungen, die Communeigenschaft der Mauern, das Hammerstreichsrecht, vergönnte Fenster u. dgl.; bei den betreffenden Gründen: das Durchgangsrecht, der Wasserlauf u. dgl.;

f) bei jeder Servitutsberechtigung, oder

Servitutslast: die Angabe der factischen
und rechtlichen Gründe, worauf sie
beruhen, und wodurch sie nachgewiesen
werden können;

g) das Alter der Gebäude; wo die Be-
helfe es nicht gestatten, die Angabe des
muthmaßlichen Alters nach Maßgabe
des Baustiles, z. B. bei alten
Schlössern;

h) den Titel des Staatseigenthumes, ob
das Gebäude ursprünglich von der k.
Regierung erbaut, oder ob und von
wem es erkauft wurde, und um welchen Preis, oder ob es durch einen
andern Titel, z. B. Säcularisation,
Mediatisirung u. dgl., in das Staatseigenthum übergegangen ist;

i) die Aufschlüsse über die Baupflicht
und ob dieselbe streitig oder unstreitig ist;

k) den Werthsanschlag oder den letzterho-
benen Schätzungswerth;

l) das Brandversicherungscapital, und zwar
unter Angabe, ob nur die verbrenn-
baren Theile des Gebäudes oder das
ganze Gebäude versichert ist;

m) die speciellen Beschreibungen der einzelnen Gebäude unter Hinweisung auf
die beizufügenden Grundrisse, Durch-
schnitte und Abbildungen des Aeußeren
(Façaden). Als Beispiel folgt nachstehend die Anleitung zur Beschreibung
eines Wohngebäudes,

## A.

### Beschreibung des Aeußeren.

Baustil, Anzahl der Stockwerke,
Sockel, ob von gehauenen Steinen mit
Hintermauerung von Bruch- oder Back-
steinen, oder ganz von Bruch- oder Back-
steinen mit Bewurf, Verputz und An-
strich; Umfassungsmauern, gleiche Angabe;
Fensterbekleidungen, ob von Hausteinen mit
Gliedern; oder gemauert nebst Beschläg
und Anstrich; Gurtgesimse, ob von gehauenen Steinen, oder gemauert und verputzt nebst Anstrich; Erker, plastische Bilder
Statuen, Wappen, Wandmalereien u. dgl.;
Dachgesims, ob von Holz oder gehauenen
Steinen, oder gemauert und verputzt, nebst
Anstrich; Dachrinnen und Abfallröhren, ob von
Holz oder Metall mit Anstrich und den dazu
gehörigen Bodenrinnen; Dach, ob Giebel-
oder Walmdach; Art der Eindeckung, ob
mit Hohlziegeln, Breitziegeln, Schiefer-
steinen, Eisenblech u. dgl.; Eindeckung der
Firste, Gräthe und Seigen, welchen Win-
den ausgesetzt; Verdichtungsmittel der Ein-
deckung gegen Stürme, Schnee und Regen;
etwaige kleine Thürme, deren Baumaterial,
Form u. dgl.; Blitzableiter, wie geleitet,
Anzahl der Einsaugspitzen.

## B.

### Beschreibung des Innern.

a) Keller und unterirdische Gewölbe, deren Baumaterial, Verputz, Pflaster, Rasten, Fenster, mit Einschluß der Rahmen, Beschläge und Einglasung, Kellerthüren und Treppen.

b) Erster Stock (Erdgeschoß): Vorplatz mit Haupteingang, Freitreppe, Hausthüre und Oberlicht, deren Beschläge und Anstrich; Steinpflaster oder Bodenbeleg von Holz.

Die Zimmern nach Nummern, oder wo diese fehlen, der Reihe nach; dann die übrigen unheizbaren Kammern und Räume.

In jedem Zimmer sind zu beschreiben: die Thüren und die Fenster mit Beschlägen und Anstrich; der Fußboden; die Decke und Wände mit Anstrich; die Oefen mit ihren Zugehören; die inneren und äußeren Läden, deren Anstrich und Beschläge; die Küche nebst Kocheinrichtungen; die Heitzräume, deren Thüren mit Beschlägen, sowie alle niet- und nagelfesten Gegenstände.

c) Zweiter Stock: die Treppe, ihr Aus- und Antritt, das Material derselben, der Vorplatz mit dessen Fenstern und deren Beschlägen; die Läden, das Bodenbeleg. Hierauf die Zimmer, wie im ersten Stock.

d) So für alle Stockwerke.

e) Dachraum: die Treppe; das Bodenbeleg; die Thüre und Geländer der Treppenöffnung; der Dachstuhl, die Bodenfenster und Läden, deren Beschläge und Eindeckung; die Schutzbretter.

f) Die Kamine, ihre Bauart und Eindeckung.

g) Die Thurmuhren.

h) Die Glocken.

i) Die Winterfenster, Winterthüren und Winterböden.

k) Die Anzahl der Schlüssel und in wessen Händen sie sich befinden.

### §. 93.

Das Hausinventar muß durch die nachzutragenden künftigen Veränderungen stets in Evidenz erhalten werden.

Die Veränderungen sind aber nicht in das Hausinventar selbst einzuzeichnen, sondern in besondere Beilagen zu bringen.

### §. 94.

Bei allen schriftlichen und bildlichen

Darstellungen des Hausinventars ist die zu 14 Duodecimalzoll vorgeschriebene Höhe des Papierformates einzuhalten. (Regierungsblatt 1812, Seite 195).

### §. 95.

Rücksichten auf die verfügbaren technischen Kräfte des Staatsbaudienstes bedingen die allmählige Aufstellung der Hausinventarien, welche von der k. Baubehörde unter Mitwirkung des k. Rentamtes oder des die Baurechnung führenden k. Amtes in den nachstehenden Fällen zu verfassen sind:

a) wenn neuerbaute Staatsgebäude und
b) wenn vom Staate für Staatszwecke erworbene Gebäude an den Nutznießer überwiesen werden;
c) wenn in der Person des Nutznießers eines Staatsgebäudes in Folge einer Versetzung, Quiescirung, Resignation, eines Todesfalles oder einer anderen Ursache eine Veränderung vorgeht;
d) wenn wesentliche Umgestaltungen und Veränderungen eines Staatsgebäudes vorgenommen werden.

### §. 96.

Kann das Hausinventar, für dessen Genauigkeit die k. Baubehörde einzustehen hat, von den hiermit beauftragten k. Baubeamten allein, ohne nachtheilige Rückwirkung auf den ordentlichen Baudienst, nicht hergestellt werden, so ist die k. Baubehörde zu ermächtigen, demselben einen Gehilfen für befraglichen Zweck beizugeben, und die Gebühren des letzteren, so wie die bezüglichen Ausgaben für Schreib- und Zeichnungsmaterialien aus den Mitteln des Landbau-Unterhaltungs-Etats zu decken.

### Titel X.

Von der Anwendung der vorstehenden Vorschriften.

### §. 97.

Die Gebäude, auf welche die vorstehenden Vorschriften, unbeschadet wohlerworbener Rechte, Anwendung finden, sind folgende:

a) die sämmtlichen Staatsgebäude, welche zum Wirkungskreise der k. Staatsministerien des k. Hauses und des Aeußern, der Justiz, des Innern, des Innern für Kirchen- und Schulangelegenheiten, der Finanzen, und des Handels und der öffentlichen Arbeiten gehören;
b) alle von den Mitgliedern der Geistlichkeit benützten Staatsgebäude;
c) die von Pfarrern, Vicarien, Beneficiaten und exponirten Geistlichen bewohnten Gebäude, bei welchen das Staats-

årar die Baulaſt als Folge der Sä-
culariſation trägt;

d) die Gebäude des Cultus und Unterrichts, bej welchen dem Staate die
Bauverbindlichkeit aus einem Privat-
rechtstitel ausſchließlich, ohne Concurrenz Dritter obliegt;

e) die Gebäude des Hofes, welche der
König nach dem Geſetze vom 1. Juli
1834, die Feſtſetzung einer perma-
nenten Civilliſte betreffend, vorüberge-
hend zu einem anderen Staatszwecke
überläßt, und auf die Dauer dieſer
Benützung auch die Unterhaltungsko-
ſten derſelben in gleichem Maße auf
die Staatscaſſe überweiſt, dann alle k.
Schlöſſer außerhalb München und die
Gebäude der Hofcultus-Stiftungs-Ad-
miniſtration;

f) die dem Staate gehörigen Heilbäder,
und die Gebäude der Staatsökonomien,
als: Oeconomiehöfe, Schäfereien, Schä-
ferwohnungen, Ziegelbrennereien, Ham-
merwerke, Glashütten, Säg-, Mahl-,
Walk- und Kunſtmühlen u. dgl. dann
die an Private, Gemeinden und Stiftungen vermietheten Staatsgebäude,
und die von dem Staate für Staatszwecke von Privaten, Gemeinden und
Stiftungen gemietheten Gebäude, vorbehaltlich jedoch

1) der Beſtimmungen bereits in Kraft

beſtehender Pacht- und Miethverträge,

2) der bei Abſchließung künftiger Pacht-
und Miethverträge, nach Maßgabe
der obwaltenden beſonderen Verhältniſſe, auf die eine oder andere Seite
der Vertragenden etwa weiter aus-
zudehnenden oder einzuſchränkenden
Unterhaltungspflicht;

g) die Staatsgebäude des Ludwigcanales;

### §. 98.

Die Nutznießer jener Pfarr- und Be-
neficiatgebäude, welche an das Staatsärar
einen Baucanon bezahlen, ſind, unbeſchadet
wohl erworbener Rechte, gehalten, alle Räumungen und Reinigungen, mit Inbegriff
des Weißens, dann des Auspußens und
Schwärzens der Oefen, ſowie die aus Mangel an Aufſicht, aus Fahrläſſigkeit, durch
gewaltſame Beſchädigungen und aus Mißbrauch in der Benützung überhaupt ent-
ſtehenden Koſten, namentlich jene für Nach-
ſchaffung verlorner Schlüſſel und zerbrochener Fenſterſcheiben, zu beſtreiten.

### §. 99.

Von der Wendung der kleinen Baufälle iſt das nachſtehende in Staatsgebäuden wohnende Dienſtperſonal befreit und
zwar:

a) die k. Forſtamtsactuare, die Forſt- und

Jagdgehilfen, welchen keine besondere Wohnung überwiesen ist;

b) das niedere Dienstpersonal der k. Ge-neral-Bergwerks- und Salinen-Admi-nistration;

c) das der k. Generalzolladministration unterstellte niedere Dienstpersonal der Zollerhebungs-, Controls- und Aufsichts-Stationen dann die Zollamtsdiener;

d) das casernirte Dienstpersonal der Ge-neralverwaltung der k. Posten und Ei-senbahnen;

e) die Schulgehilfen;

f) die Gerichtsdieners- und Eisenmeisters-Gehilfen;

g) die Gendarmen;

h) die Wegmacher auf den Staatsstraßen und

i) die Aufseher der Magazine des Lands, dann Straßen-, Brücken- und Was-serbaues des Staates, wenn die Auf-sicht nicht von einem Werk- oder Weg-meister geschieht.

Diesem Personal liegt jedoch die Er-haltung der demselben überwiesenen Räume in reinlichem Zustande ob, es haftet für die Wendung der aus Vernachlässigung, Miß-brauch u. dgl. hervorgegangenen Beschädi-gungen nach Vorschrift Titel I. §. 4 und hat jederzeit der einschlägigen k. Baube-hörde behufs der rechtzeitigen Wendung der Baufälle Anzeige zu erstatten.

## Titel XI.

Von der Entscheidung in streitigen Fällen.

### §. 100.

In allen Fällen, in welchen nach An-leitung gegenwärtiger Vorschriften die Bau-fälle durch die k. Bauinspection erhoben und festgestellt, oder durch Administrativbehörden über das Verschulden des eingetretenen Baufalles, über die Entschädigungspflicht und das Entschädigungsquantum Aussprüche erlassen werden, hängt die Rechtswirksam-keit solcher Aussprüche davon ab, ob sich der Nutznießer des Gebäudes solchen frei-willig unterwirft, oder nicht. Im letzteren Falle entscheiden die ordentlichen Gerichte.

München, den 28. Februar 1851.

M a x.

v. d. Pfordten.

Auf Königlich Allerhöchsten Befehl:

der General-Secretär,

Ministerialrath Wolfanger.

### Dienstes-Nachrichten.

Seine Majestät der König haben Sich allergnädigst bewogen gefunden, unter'm 1. März l. Js. den Bezirksingenieur Benno Daffner in Neunburg vor'm Wald, unter Anwendung der Bestimmung des §. 19. der IX. Verfassungsbeilage, vom 16. März l. Js. an in temporäre Quiescenz treten zu lassen;

unter'm 2. März l. Js. die Landgerichtsactuarstelle in Berchtesgaden dem Accessisten des Kreis- und Stadtgerichts München, Ignaz v. Barth, dann

die Landrichterstelle zu Wörth dem ersten Landgerichtsassessor zu Hemau, Eduard Schwarz zu verleihen;

den Registrator der Regierung von Schwaben und Neuburg, Kammer des Innern, Johann Mastold, in Anwendung des §. 2. der IX. Verfassungsbeilage des Dienstes zu entlassen;

zum Registrator der Regierung von Schwaben und Neuburg, Kammer des Innern, den Officianten des Stadtcommissariats Nürnberg, Conrad Auffhammer, zu berufen, und

zum Officianten des Stadtcommissariats Nürnberg den dortigen Polizei-Accessisten, Friedrich Rang, zu ernennen;

den zwischen den Assessoren der Landgerichte Kitzingen und Greding abgeschlossenen Dienstestausch zu genehmigen, und demnach den Assessor Johann Paul Zitzmann an das Landgericht Greding, und den Assessor Adam Hahn an das Landgericht Kitzingen zu versetzen, ferner

das Stellentauschgesuch der beiden Kreis- und Stadtgerichtsschreiber Beyhl und Hubel zu genehmigen, und den Johann Georg Beyhl in gleicher provisorischer Eigenschaft an das Kreis- und Stadtgericht Ansbach, dann den David Hubel zum Kreis- und Stadtgerichte Landshut zu versetzen.

---

### Pfarreien- und Beneficien-Verleihungen.

Seine Majestät der König haben unter'm 1. März l. Js. das Curatbeneficium Kelheimwinzer, Landgerichts Kelheim, dem Priester Philipp Metzger, Pfarrvicar zu Poikam, des genannten Landgerichts, und

die katholische Pfarrei Wollomoos, Landgerichts Aichach, dem Priester Bernardin Sellis, Pfarrer zu Obermarchenbach, Landgerichts Moosburg, dann

unter'm 2. März l. Js. die katholische Pfarrei Obermaiselstein, Landgerichts Immenstadt, dem Priester Johann Georg Ried, Caplan zu Bernbach, Landgerichts Oberdorf, zu übertragen geruht.

# Regierungs-Blatt

## für das

## Königreich Bayern.

## № 13.

München, Donnerstag den 13. März 1851.

## Bekanntmachung,

die Purification der Gerichtsbezirke oberhalb der Donau und im Ries, Regierungsbezirkes Schwaben und Neuburg, betreffend.

### Staatsministerien der Justiz und des Innern.

Seine Majestät der König haben allergnädigst zu genehmigen geruht, daß die sämmtliche Gerichtsbarkeit und Polizei

A. des k. Landgerichts Monheim in dem Bezirke der k. Gerichts- und Polizeibehörde Pappenheim zu Bieswang, Büttelbronn, Dietfurth und Langenaltheim an die k. Gerichts- und Polizeibehörde Pappenheim,

B. der k. Gerichts- und Polizeibehörde

17

Pappenheim in dem k. Landgerichte Monheim zu Rehau, an das k. Landgericht Monheim;

C. der k. Gerichts = und Polizeibehörde Bissingen,

1) in dem k. Landgerichte Donauwörth zu Hüttenbach, auf dem Reudecker=, Faul= und Abtsholzerhofe, an das k. Landgericht Donauwörth;

2) in dem k. Landgerichte Nördlingen zu Aufhausen an das k. Landgericht Nördlingen;

3) in dem k. Landgerichte Höchstädt zu Oberliezheim an das k. Landgericht Höchstädt;

D. der k. Gerichts = und Polizeibehörde Harburg in dem k. Landgerichte Wemding zu Rohnheim, an das k. Landgericht Wemding;

E. der k. Gerichts = und Polizeibehörde Oettingen,

1) in dem k. Landgerichte Wemding zu Amerbach, Fünfstetten und Rußbühl an das k. Landgericht Wemding;

2) in dem k. Landgerichte Nördlingen, zu Grosselfingen, Kleinnördlingen, Nähermemmingen, Pfäfflingen, Reimlingen und Belzheim, an das k. Landgericht Nördlingen;

3) in dem k. Landgerichte Monheim zu Flößheim, an das k. Landgericht Monheim;

4) in dem k. Landgerichte Wallerstein zu Dürrenzimmern, Ehringen, Maihingen und Baldingen, an das k. Landgericht Wallerstein;

5) in dem Bezirke der k. Gerichts= und Polizeibehörde Harburg zu Alerheim, Großensorheim, Kleinsorheim, Heroldingen und Möttingen, an die k. Gerichts= und Polizeibehörde Harburg;

6) in dem Bezirke der k. Gerichts= und Polizeibehörde Bissingen zu Niederaltheim, an die k. Gerichts= und Polizeibehörde Bissingen;

7) in dem k. Landgerichte Heidenheim zu Steinhart, an das k. Landgericht Heidenheim;

F. des k. Landgerichts Wallerstein,

1) in dem k. Landgerichte Nördlingen zu Ederheim, Grosselfingen, Hahlheim, Nähermemmingen, Schmähingen und Reimlingen, an das k. Landgericht Nördlingen;

2) in dem Bezirke der k. Gerichts= und Polizeibehörde Oettingen zu Enßlingen, Bühlingen und Schopfflohe, an die k. Gerichts= und Polizeibehörde Oettingen;

G. des k. Landgerichts Donauwörth,

1) in dem Bezirke der k. Gerichts- und
Polizeibehörde Bissingen zu
Brachstadt, an die k. Gerichts-
und Polizeibehörde Bissingen;

2) in dem Bezirke der k. Gerichts- und
Polizeibehörde Harburg zu Ebermergen, Mauren und Brünn-
see-Marbach, an die k. Gerichts-
und Polizeibehörde Harburg;

H. des k. Landgerichts Nördlingen,

1) in dem Bezirke der k. Gerichts- und
Polizeibehörde Bissingen zu Ho-
henaltheim, Niederaltheim,
Oppertshofen, Ober- und Un-
ter-Ringingen und Stillnau,
an die k. Gerichts- und Polizeibehörde Bissingen;

2) in dem Bezirke der k. Gerichts- und
Polizeibehörde Harburg zu Allerheim, Appetshofen, Balgheim, Groß- und Kleinsorheim,
Merzingen, Möttingen, Ru-
delstetten, Schrattenhofen,
Wörnitzheim und Ziswingen,
an die k. Gerichts- und Polizeibehörde Harburg;

3) in dem Bezirke der k. Gerichts- und
Polizeibehörde Oettingen zu Oettingen, Bählingen und Rau-
stetten, Schopfloch und Utz-

wingen, an die k. Gerichts- und
Polizeibehörde Oettingen;

4) in dem k. Landgerichte Wallerstein zu Baldingen, Dürrenzimmern, Ehringen, Forheim,
Fessenheim, Hirnheim, Ma-
hingen, Niederoffingen und
Wengenhausen, an das k. Landgericht Wallerstein;

I. des k. Landgerichts Wemding in dem
Bezirke der k. Gerichts- und Polizeibehörde Harburg zu Allerheim,
Bühl und Heroldingen, an die
k. Gerichts- und Polizeibehörde Harburg;

K. des k. Landgerichts Heidenheim in
dem Bezirke der k. Gerichts- und Polizeibehörde Oettingen zu Hains-
farth und Mögesheim an die k.
Gerichts- und Polizeibehörde Oettingen,

übertragen werde.

München, den 6. März 1851.

Auf Seiner Königlichen Majestät
Allerhöchsten Befehl.

v. Kleinschrod.      v. Zwehl.

Durch den Minister
der Generalsecretär,
Ministerialrath Eppler.

17*

**Bekanntmachung,**
die bisherige k. Erziehungsanstalt für Töchter
aus höheren Ständen betr.

Seine Majestät der König ha-
ben Allerhöchst zu bestimmen geruht, daß die
in München unter der bisherigen Benennung
„Königliches Erziehungs-Institut für Töchter aus höheren Ständen" bestehende Er-
ziehungs-Anstalt künftig den Namen „Ma-
ximilian-Stift" führen solle, für welches die Aufnahmsbedingungen durch eine
vorzunehmende Revision der Satzungen der
Anstalt werden festgesetzt werden.

München, den 7. März 1851.

**Auf Seiner Königlichen Majestät
allerhöchsten Befehl.**

**Dr. v. Ringelmann.**

Durch den Minister
der General-Secretär,
Ministerialrath Hänlein.

---

**Bekanntmachung,**
das Testament des zu Rülzheim verstorbenen
Gutsbesitzers Franz Xaver Braun betr.

**Staatsministerium des Innern und des
Innern für Kirchen- und Schulangelegenheiten.**

Der am 27. October v. J. zu Rülzheim in der Pfalz verstorbene Gutsbesitzer
Franz Xaver Braun hat durch letztwillige

Verfügung seiner Heimathsgemeinde Rülzheim, k. Landcommissariats Germersheim,
fein sämmtliches Vermögen, im Werthsan-
schlage zu 60,000 fl., mit der Bestimmung
vermacht, daß der ganze Nachlaß zur Gründung eines Armenhauses und Hospitales in
dieserGemeinde zum Vortheile armer und kran-
ker Gemeindeangehörigen verwendet werde,
und daß zu diesem Armenhause vorzugsweise die zum Nachlasse gehörigen, in der
genannten Gemeinde befindlichen Gebäulich-
keiten bestimmt seyn sollen.

Hiemit hat der Testator die folgenden
Bestimmungen verbunden:

1) Jeder Dienstbote, männlichen und weiblichen Geschlechts, welcher in der Gemeinde Rülzheim 25 Jahre ununterbrochen bei einem und demselben Dienst-
herrn treu und fleißig gedient hat, soll
alljährlich am Neujahrstage 25 fl.
erhalten.

2) Alljährlich sollen zwei arme, brave und
tugendhafte Brautpaare von Rülzheim,
ein jedes Paar mit 100 fl. bei ihrer
Verehelichung ausgesteuert werden.

3) Ferner sind 200 fl. des Jahres bestimmt zu einem Stipendium für einen
zum Studium geeigneten jungen Menschen aus derselben Gemeinde, welcher
dieses Stipendium jedesmal bis zum
zurückgelegten 24. Lebensjahre genießen soll.

4) Ein weiteres Stipendium von 100 fl.
des Jahres ist angewiesen für zwei
junge Leute von Rülzheim, je zu 50 fl.
zum Besuche einer Gewerbschule.

5) Für die im gestifteten Armenhause er-
zogenen und nach empfangenem heiligen Abendmahle austretenden Kinder
sollen, und zwar für die Knaben, die
Kosten der Erlernung eines Handwer-
kes, für die Mädchen aber die Kosten
des Unterrichts in weiblichen Arbeiten
von dem Armenhause getragen werden.

Seine Majestät der König ha-
ben dieser wohlthätigen Stiftung die allerhöchste landesherrliche Bestätigung zu ertheilen und dabei allergnädigst zu befehlen
geruht, daß dieselbe unter dem Ausdrucke
der allerhöchsten, wohlgefälligen Anerkennung des von dem Stifter hiedurch bewährten wohlthätigen Sinnes durch das Regierungsblatt zur allgemeinen Kenntniß gebracht
werde.

München, den 7. März 1851.

Auf Seiner Königlichen Majestät
Allerhöchsten Befehl.

Dr. v. Ringelmann. v. Zwehl.

Durch den Minister
der General-Secretär,
Ministerialrath Epplen.

Bekanntmachung,

das freiherrlich v. Thünefeld'sche Familien-Fidei-
commiß betr.

Im Namen Seiner Majestät des Königs
von Bayern.

Der k., wirkliche geheime Rath und
Commenthur des St. Georg-Ordens, Clemens Wenzeslaus Freiherr von Thünefeld
hat als Stifter und Besitzer des freiherrlich von Thünefeld'schen Familien-Fideicom-
misses den §. 17. der im Regierungsblatte
vom Jahre 1842 St. 20 Seite 639 bis
652 bekannt gemachten Bestätigungsurkunde
vom 7. Mai 1842 in folgender Weise abgeändert:

§. 17.

„Für den Fall, daß bei einem ein-
„tretenden Successions-Anfalle kein
„aus einer ebenbürtigen Ehe hervor-
„gegangener, zur katholischen Religion
„sich bekennender Descendent des Fidei-
„commiß-Stifters am Leben sich befin-
„den sollte, so geht das Fideicommiß
„in den Besitz desjenigen unqualificir-
„ten Descendenten über, welcher nach
„der in §. 13 bis 15 incl. bestimmten
„Successions-Ordnung der zunächst Be-
„rufene ist, und vererbt sich nach eben
„jener Successions-Ordnung unter den
„Unqualificirten so lange fort, bis bei
„einem neuen Successions-An-
„falle wieder ein freiherrlich von

„Thünefeld'scher Nachkomme vorhan-
„den ist, der die in §. 16. vorgeschrie-
„benen Qualitäten in sich vereiniget.

„Dieser Nachkomme soll dann zur
„Succession berufen seyn, so daß er
„bei der eintretenden neuen Successions-
„Eröffnung mit seiner Linie die un-
„qualificirte ausschließt.".

Gegen diese Abänderung ist von Seite
des unterfertigten Gerichtshofes nichts zu
erinnern, und wird hiermit dieselbe auf
ausdrückliches Verlangen des genannten Freiherrn von Thünefeld durch das Regierungs-
Blatt bekannt gemacht.

Freysing, am 14. Februar 1851.

Königl. Appellationsgericht von Oberbayern.

(L. S.)      Frhr. v. d. Becke.

Eckert, Secr.

## Dienstes - Nachrichten.

Seine Majestät der König ha-
ben allergnädigst geruht, unter'm 6. März
l. Js. den Unterlieutenant im k. 1. Artillerie-Regimente Prinz Luitpold, Friedrich
Freiherrn von Frays, auf sein allerunterthänigstes Ansuchen in die Zahl Allerhöchstihrer Kammerjunker aufzunehmen.

Seine Majestät der König ha-
ben Sich allergnädigst bewogen gefunden,
unter'm 7. März l. Js. den Appellationsgerichtsrath Franz Wittmann in Bamberg nach zurückgelegten 40 Dienstesjahren
nach §. 22. lit. B. der Beilage IX. zur
Verfassungsurkunde unter Belassung seines
Gesammtgehaltes, seines Titels und Functionszeichens, und unter Anerkennung seiner
mit Treue und Eifer geleisteten Dienste auf
seine allerunterthänigste Bitte definitiv zu
quiesciren, und statt desselben dem Appellationsgerichte von Oberfranken einen Assessor beizugeben, sofort als solchen den Appellationsgerichts-Assessor Oscar Freiherrn
von Seefried in Freysing auf seine allerunterthänigste Bitte nach Bamberg zu versetzen, ferner

die eröffnete Landrichterstelle zu Kissingen dem Vorstande der Gerichts- und
Polizeibehörde Pappenheim, Philipp Helm,
zu verleihen, und

die Stelle des Vorstandes der Ge-
richts- und Polizeibehörde Pappenheim dem
quiescirten Vorstand der aufgelösten Ge-
richts- und Polizeibehörde Remlingen, Carl
Christian Müller, zu übertragen, dann

unter'm 8. März l. Js., zum General-Staatsanwalt am Oberappellationsgerichte
den Director an demselben, Johann Baptist von Volk, und

zum Director am Oberappellationsgerichte den Justizministerialrath Franz Xaver
von Molitor auf sein allerunterthänigstes Ansuchen zu ernennen, weiters

auf das erledigte Landgerichtsphysicat Eltmann den bisherigen Landgerichtsarzt zu Kastl, Dr. Lorenz Härtl, seiner Bitte entsprechend, zu versehen;

den Landgerichtsarzt Dr. Johann Andreas Laubeis zu Werneck, seiner Bitte entsprechend, auf Grund des §. 22. lit. B., C. und D. der IX. Verfassungsbeilage, unter wohlgefälliger Anerkennung seiner langjährigen treu geleisteten Dienste, in den Ruhestand treten zu lassen;

auf das Landgerichtsphysicat Werneck, seiner Bitte willfahrend, den bisherigen Landgerichtsarzt zu Alzenau, Dr. Philipp Hindernacht, zu versehen;

den Appellationsgerichtsaccessisten Peter Kittel von Aschaffenburg zum zweiten Actuar des Landgerichts Lichtenfels zu ernennen, und

dem Landrichter Joseph Hauser von Neunburg v/W. den nachgesuchten definitiven Ruhestand auf Grund des §. 22. lit. B. und C. der IX. Verfassungsbeilage unter allergnädigster Anerkennung seiner erprießlichen, mit Eifer und Ausdauer geleisteten Dienste zu bewilligen, sofort

als Landrichter von Neunburg v/W. den Landrichter von Erbendorf, Georg Angeret, zu berufen.

## Pfarreien- und Beneficien-Verleihungen; Präsentations-Bestätigungen.

Seine Majestät der König haben die nachgenannten katholischen Pfarreien und Beneficien allergnädigst zu übertragen geruht, und zwar:

unter'm 4. März l. Js. die Pfarrei Elbach, Landgerichts Miesbach, dem Priester Wolfgang Kammermayer, Cooperator-Expositus zu Törwang, Landgerichts Rosenheim, und

das Schulbeneficium Grünwald, Landgerichts München, dem Priester Gabriel Pirngruber, seitherigen Pfarrvicar zu Marzoll, Landgerichts Reichenhall;

unter'm 5. März l. Js. das zweite Caplanei-Beneficium zu Lauingen dem Priester Joseph Steinmayr, Pfarrvicar zu Rennertshofen, Landgerichts Monheim, dann

unter'm 6. März l. Js. die Pfarrei Waldeck, Landgerichts Kemnath, dem Priester Joseph Mohr, Cooperator zu Gaindorf, Landgerichts Vilsbiburg, und

die Pfarrei Pemmering, Landgerichts Haag, dem Priester Johann Noichl, Cooperator-Expositus zu Rommelberg, Landgerichts Wasserburg;

Seine Majestät der König haben unter'm 6. März laufenden Jahres den seitherigen Stadtpfarrer zu Lindau, Landgerichts gleichen Namens, Priester Jo-

seph Georg Dreer, seiner Bitte willfahrend, von dem Antritte der ihm zugedachten Pfarrei Obereschenbach, Landgerichts
Heilsbronn, zu entheben, und die hiedurch
aufs Neue sich eröffnende Pfarrei Obereschenbach dem Priester Johann Baptist Eichen-
thaler, Pfarrer und Districts-Schulinspector zu Stopfenheim, Gerichts- und Polizeibehörde Ellingen, zu übertragen geruht.

———

Seine Majestät der König ha-
ben unter'm 2. März l. Js. allergnädigst
zu genehmigen geruht, daß die katholische
Pfarrei Kirchenroth, Landgerichts Wörth,
von dem hochwürdigen Herrn Bischofe von
Regensburg, dem Priester Johann Baptist
Arnhofer, Cooperator-Expositus zu Ire-
sing, Landgerichts Abensberg, dann

daß das erste Caplanei-Beneficium zu
Lauingen, von dem hochwürdigen Herrn
Bischofe von Augsburg ex jure devoluto
dem seitherigen Vicar desselben, Priester
Joseph Wiedenmann, verliehen werde.

———

### Ordens-Verleihungen.

Seine Majestät der König haben unter'm 26. Februar l. Js. dem k.
Revierförster Heinrich Kühlwein zu Feucht
in Rücksicht auf seine mit Fleiß und ehren-
haftem Betragen durch fünfzig Jahre geleisteten Dienste, dann

———

unter'm 1. März l. Js. dem k. Hofmusiker Carl Schönchen in Rücksicht auf
seine fünfzigjährige treue und eifrige Dienstesleistung die Ehrenmünze des königlich
bayerischen Ludwigsordens allergnädigst zu
verleihen geruht.

———

### Titel-Verleihung.

Seine Majestät der König ha-
ben Sich allergnädigst bewogen gefunden,
unter'm 2. März l. Js. dem Oberappellationsgerichts-Secretär Bernard Joseph Söllner bei Vollendung des 40. Dienstjahres
in allerhuldvollster Anerkennung der von
ihm während dieser langen Dienstdauer mit
Treue und thätigstem Eifer geleisteten Dienste
den Titel und Rang eines königlichen wirklichen
Rathes tax- und stempelfrei zu verleihen.

———

### Königlich Allerhöchste Genehmigung zu einer Namensveränderung.

Seine Majestät der König ha-
ben unter'm 8. März l. Js. allergnädigst
zu genehmigen geruht, daß Joseph Friedrich Ibscher von Eichstädt, unbeschadet
der Rechte Dritter, den Familien-Namen
„Härtlein" führe, und daß die Ausfertigung tax- und stempelfrei erfolge.

# Regierungs-Blatt

## für das
## Königreich Bayern.

## № 14.

München, Montag den 17. März 1851.

### Bekanntmachung,
die Verloosung des 1. Subscriptions-Anlehens á 5 pCt. zur Rückzahlung betr.

Nachdem Seine Majestät der König allergnädigst zu genehmigen geruht haben, daß behufs der Rückzahlung des 1. Subscriptions-Anlehens á 5 pCt. von sieben Millionen Gulden mit der hiefür gesetzlich gebotenen Verloosung nach dem beigefügten Plane begonnen werden soll, so wird hiemit bekannt gemacht, daß die 1. Verloosung für dieses Anlehen

Samstag den 22. März d. Js.

Vormittags 9 Uhr

in Gegenwart eines Commissärs der k. Polizeidirection, im k. Odeonsgebäude, Saal Nro. 1. im ersten Stocke links, von der unterfertigten Stelle vollzogen werden wird.

Bei dieser 1. Verloosung werden nach

18

den Abschnitten II. und III. des hiefür festgestellten Planes 14 Zahlen gezogen, wodurch ein Capitalbetrag von 980,000 fl.
zur Rückzahlung gelangt.

Das Weitere wird mit dem Ergebnisse
der Verloosung bekannt gemacht werden.

München, den 13. März 1851.

Königlich bayer. Staatsschuldentilgungs-
Commission.

v. Gutner.

Brennemann, Secretär.

### Verloosungs-Plan
für das 1. Subscriptions-Anlehen à 5 pCt.
zur Rückzahlung.

Das in Folge des Gesetzes vom 12.
Mai 1848 aufgenommene I. Subscriptions-
Anlehen von sieben Millionen Gulden
à 5 pCt. ist, soweit solches nicht schon durch
die bei Staatsgefäll-Ablösungen gestattete
Annahme der bezüglichen Schuldscheine zur
Einlösung gelangt, nach der Bestimmung
des Art. IV. jenes Gesetzes in den Jahren
1850/51 und 1851/52 im Wege der Verloosung zu tilgen.

Zum Vollzuge dieses Gesetzes wird
nun nach erfolgter allerhöchster Genehmigung der Verloosungsplan für die Rückzahlung des erwähnten Anlehens in Folgen-
dem bekannt gemacht.

### I.

Nach den Bekanntmachungen vom 20.
Mai und 24. Juli 1848. (Regierungsblatt
S. 601 und 745) besteht das zu verloosende
Subscriptions-Anlehen à 5 pCt. in au por-
teur-Schuldscheinen à 20, 35 fl. und 50 fl.
(in Wechselformat) dann in Nominalobligationen à 100 fl. (in halben Bogen).

Alle diese Schuldurkunden sind von
der unterfertigten Stelle am 1. October
1848 auf die k. Staatsschuldentilgungs-
Hauptcassa München ausgestellt worden, und
ohne Unterschied der au porteur-Scheine
und Nominal-Obligationen mit nach Serien
fortlaufenden Serien- oder Hauptkataster-
Nummern versehen, welche roth gedruckt
oder geschrieben sind und bei der Verloosung zum Anhalte dienen.

Jede Serie des fraglichen Anlehens
umfaßt einen Capitalbetrag von 700 fl.,
wonach also von den Schuldurkunden

- à 20 fl. — 35 Stücke
- à 35 fl. — 20 „
- à 50 fl. — 14 „
- à 100 fl. — 7 „

eine Serie bilden und hiernach auch nur
mit einer Serie oder Hauptkataster-Nummer versehen sind, deren Gesammtzahl 10,000
beträgt.

### II.

Behufs der Verloosung der Schuld-

urkunden gedachten Anlehens werden in das
Rad hundert Zahlen, von 1 anfangend, mit
arabischen Ziffern geschrieben und zwar in
folgender Form: 01. 02. 03. 04. 05. 06.
07. 08. 09. 10. 11 bis 00 (oder 100)
eingelegt.

### III.

Jede gezogene Zahl gilt für alle Schuldurkunden des bezeichneten Anlehens, deren
Serien- oder Hauptkataster-Nummern (**roth**) mit der gezogenen Zahl endet, z. B. wenn die Zahlen 07, 56, und
00 gezogen werden, für alle Schuldscheine
und Obligationen mit den roth bezeichneten
Serien- oder Hauptkataster-Nummern

07, 107, 207, 307 ꝛc. ꝛc.
56, 156, 256, 356 ꝛc. ꝛc.
100, 200, 300, 400 ꝛc. ꝛc.

Die auf diese Weise in der Verloosung herausgekommenen Schuldurkunden
werden nebst den treffenden Zinsraten baar
zurückbezahlt.

### IV.

Das Ergebniß jeder Verloosung wird
durch das Regierungsblatt bekannt gemacht
und dabei jedesmal der Zeitpunkt veröffentlicht, von welchem an die verloosten Schuldurkunden außer Verzinsung treten.

### V.

Die Zahlung der verloosten au por-
teur-Schuldscheine (in Wechselformat)
erfolgt (ohne Bescheinigung) an die
Vorzeiger gegen Abgabe der Obligationen bei allen k. Staatsschuldentilgungs-
Specialcassen und bei der k. Staatsschul-
dentilgungs-Hauptcassa dahier mit den treffenden Zinsraten, deren Betrag für jede
Scheingattung, sowie für jeden noch laufenden Verzinsungsmonat mit dem Verloo-
sungsergebnisse bekannt gemacht wird, wonach die Gläubiger ihre Gesammtgebühr
für jeden Schuldschein der zahlenden Casse
gegenüber bemessen können.

### VI

Die verloosten Nominal-Obligationen
à 100 fl. — können nur bei der k. Staats-
schuldentilgungs-Hauptcassa dahier und auf
förmliche Bescheinigung über Haupt- und
Nebensache bezahlt werden, wobei die Aechtheit der von den Gläubigern beigefügten
Unterschriften amtlich bestätigt seyn muß.

Sollte jedoch die baare Zahlung von
Nominalobligationen bei einer von dem
Gläubiger zu bezeichnenden k.
Staatsschuldentilgungs-Specialcasse außer
München erhoben werden wollen, so ist die
k. Staatsschuldentilgungs-Hauptcasse angewiesen, in solchen Fällen, statt der Baarschaft eine auf die benannte Specialcasse lautende Vorschußquittung zu verabfolgen, deren Betrag aber eintretenden Fal-

les von dem Betheiligten immer ohne Verzug zu erheben iſt.

München, am 13. März 1851.

Königlich bayer. Staatsſchuldentilgungs-
Commiſſion.

v. Sutner.

Brennemann, Secretär.

---

### Dienſtes - Nachrichten.

Seine Majeſtät der König ha-
ben allergnädigſt geruht, unter'm 13. März
l. Js. den k. Kammerjunker und Hauptmann, dann Flügeladjutanten Seiner Majeſtät des Königs Ludwig, Franz v. Gmainer, auf ſein allerunterthänigſtes Anſuchen
zu Allerhöchſtihren Kämmerer zu befördern.

---

Seine Majeſtät der König ha-
ben Sich allergnädigſt bewogen gefunden,
unter'm 8. März l. Js. den Oberpoſtrath
Max Daniel von Tauſch in den definitiven Ruheſtand zu verſetzen und an deſſen
Stelle zum Rathe der General-Direction
der k. Verkehrsanſtalten den bisherigen
Fiscal-Aſſeſſor der Eiſenbahnbau-Commiſſion,
Hermann Fiſcher, zu befördern, dann
an des Letzteren Stelle den Regierungs-
Aſſeſſor und Fiscal-Adjuncten bei der Regierung von Unterfranken und Aſchaffen-

burg, Kammer der Finanzen, Friedrich von
der Pfordten zu Würzburg, zum Fiscal-
Aſſeſſor bei der k. Eiſenbahnbau-Commiſſion
zu berufen;

unter'm 9. März l. Js. den I. Revi-
ſionsbeamten des Hauptzollamtes Lindau,
Martin Schiedrich, auf die erledigte Haupt-
zollamts-Controleurſtelle in Roſenheim zu
befördern;

auf die am Wechſelappellationsgerichte
zu Aſchaffenburg erledigte Stelle eines zweiten techniſchen Aſſeſſors den bisherigen dritten Aſſeſſor an dieſem Gerichtshofe, Franz
Anton Reitz, und auf die dritte techniſche
Aſſeſſorſtelle den bisherigen vierten Aſſeſſor,
Franz Joſeph Scheppler, vorrücken zu
laſſen;

zum vierten techniſchen Aſſeſſor am genannten Gerichtshofe den bisherigen erſten
Suppleanten daſelbſt, Carl Krebs, und
zum erſten Suppleanten des Wechſelappel-
lationsgerichts den bisherigen zweiten techniſchen Aſſeſſor am Wechſelgerichte erſter
Inſtanz zu Aſchaffenburg, Johann Baptiſt
Scheurer, zu ernennen;

den Kaufmann Franz Jäger zu Aſchaffenburg, ſeiner allerunterthänigſten Bitte
entſprechend, von der Function eines erſten
techniſchen Aſſeſſors am Wechſelgerichte
I. Inſtanz zu entheben;

die Vorrückung des bisherigen dritten
techniſchen Aſſeſſors, Johann Anton Jung,

und des bisherigen vierten Assessors, Martin Fleischmann, in die erledigte erste und beziehungsweise zweite technische Assessorstelle am zuletzt genannten Gerichte zu gestatten;

die Stellen des dritten und vierten technischen Assessors dem dortigen ersten und zweiten Suppleanten, Valentin Braun und Martin Steigerwald, zu übertragen, dann

zum ersten Suppleanten am nämlichen Gerichte den Fabrikanten Moriz Wetter von Aschaffenburg, und zum zweiten Suppleanten den Kaufmann Augustin Gentil von da zu ernennen;

unter'm 10. Märn l. Js. die bei dem Appellationsgerichte von Oberfranken erledigte Kanzlistenstelle dem Schreiber des Kreis- und Stadtgerichts Bamberg, Franz Anton Fürst, zu verleihen;

auf die hiedurch eröffnete Schreiberstelle bei dem Kreis- und Stadtgerichte Bamberg, den Stadtgerichtsschreiber Benedict Ellner zu Bayreuth in seiner provisorischen Eigenschaft, entsprechend dessen allerunterthänigster Bitte, zu versetzen, und

zum Schreiber am Kreis- und Stadtgerichte Bayreuth in provisorischer Eigenschaft den Diurnisten des Kreis- und Stadtgerichts Bamberg, Adam Friedrich Kropf, zu ernennen, endlich

unter'm 12. Märn l. Js. den Civiladjuncten Friedrich Christian Ernst Trö-

ger zu Münchberg in Oberfranken in den Ruhestand treten zu lassen;

den Landgerichtsarzt Dr. Wilhelm Volkhart zu Miltenberg in Unterfranken auf Grund des §. 19. der IX. Verfassungsbeilage für immer der Dienstesleistung zu entlassen, und

zum Landgerichtsarzt in Miltenberg den dermaligen Polizei- Wund- und Armenarzt Dr. Georg Adam Müller zu Würzburg zu ernennen.

## Pfarreien-Verleihungen.

Seine Majestät der König haben die nachgenannten katholischen Pfarreien allergnädigst zu übertragen geruht, und zwar:

unter'm 8. Märn l. Js. die Pfarrei Rennertshofen, Landgerichts Monheim, dem Priester Conrad Lindenbaur, Pfarrer zu Hörzhausen, Landgerichts Schrobenhausen;

die Pfarrei Belzheim, Landgerichts Nördlingen, dem Priester Conrad Buhr, Curatbeneficiat zum hl. Johann in Immenstadt, Landgerichts gleichen Namens;

die Pfarrei Lamerdingen, Landgerichts Buchloe, dem Priester Alois Ertle, Pfarrer zu Ronsberg, Landgerichts Obergünzburg, und

die Pfarrei Hopfenohe, Landgerichts Auerbach, dem Priester Johann Reuß, Präfect in dem von Auffees'schen Studien-

seminar und Religionslehrer an der lateinischen Schule in Bamberg, dann

unter'm 10. März l. Js. die Pfarrei
Rohrbach, Landgerichts Monheim, dem
Priester Peter Ulrich, Beneficiat zu Hei-
beck, Landgerichts Hilpoltstein.

Seine Majestät der König ha-
ben unter'm 8. März l. Js. die erledigte
protestantische Pfarrstelle zu Raths-
kirchen, Dekanats Lauterecken, dem Pfarramtscandidaten Johann Michael Hollen-
steiner von Wassermungenau in Mittelfranken zu
verleihen geruht.

### Königliches Hofbeneficium zur hl. Maria und Magdalena in München.

Nachträglich zur Ausschreibung des
ehevorigen Inhabers des Hofbeneficiums zur
hl. Maria und Magdalena, Priesters Franz
Schönwerth, als Chorvicar des Collegiatstifts an der St. Cajetanshofkirche im
diesjährigen Regierungsblatt No. 11 Seite
157 wird hiemit bemerkt, daß demselben
durch allerhöchste Entschließung vom 17.
December 1849 obgenanntes Beneficium
übertragen worden sei.

### Königlich Allerhöchste Genehmigung zu einer Namensveränderung.

Seine Majestät der König ha-
ben unter'm 6. März l. Js. allergnädigst

zu genehmigen geruht, daß Georg Ludwig
Memmert zu Fürth, unbeschadet der Rechte
Dritter, den Familiennamen „Winkler"
führe und daß die Ausfertigung hierüber
tax- und stempelfrei erfolge.

### Gewerbsprivilegien-Verleihungen.

Seine Majestät der König ha-
ben den Nachgenannten Gewerbsprivilegien
allergnädigst zu ertheilen geruht, und zwar:

unter'm 8. Januar l. Js. dem Etienne
François Genissieu, Geschäftsführer der
Berg- und Hüttenwerksgesellschaft der Loire
und Ardèche zu Lyon auf Einführung der von
Gebrüder Verpilleux erfundenen Construction von Dampfschleppschiffen, für den Zeitraum von 4½ Jahren;

unter'm 3. Februar l. Js. dem Seilermeister Joseph Huber von Rosenheim
auf Ausführung und Anwendung der von
ihm erfundenen Hanfreibmaschine, für den
Zeitraum von fünf Jahren, und

unter'm 7. Februar l. Js. dem Me-
chanikus Heinrich Jung von Kandel auf
Ausführung der von ihm erfundenen Vor-
richtung zum leichteren Aufmachen und
Schließen der Thüren und Thore, für den
Zeitraum von drei Jahren.

### Verlängerung eines Gewerbsprivilegiums.

Seine Majestät der König ha-
ben unter'm 30. December v. Js. das dem

vormaligen Sattlermeister Thaddäus Mair dahier verliehene Gewerbsprivilegium auf Anwendung des von ihm erfundenen verbesserten Verfahrens bei Verfertigung von Sattlerarbeiten, welche mit Seide, Zwirn, Spagat oder Riemen genäht werden, dann bei Zubereitung des sogenannten Algunleders für den Zeitraum von zwei Jahren zu verlängern geruht.

### Bekanntmachung,

die Vertheilung der allgemeinen Stipendien pro 18⁵⁰/₅₁ betreffend.

Seine Majestät der König haben aus dem durch den Landtagsabschied vom Jahre 1831 begründeten allgemeinen Stipendienfonde für das Jahr 18⁵⁰/₅₁ Nachbenannten ein Stipendium von je 100 fl. allergnädigst zu bewilligen und beziehungsweise wieder zu verleihen geruht:

### I. Universität München.

a. Candidaten der Theologie:

1. Sterler, Eduard, von Josephsburg bei Berg am Laim, Landgerichts München,
2. Zirngiebl, Anton, von Rothenbuch, Landgerichts Schongau,
3. Denk, Johann, von Kötzting;

b. Candidaten der Rechtswissenschaft:

4. Weinhart, Ignaz, aus Kempten,
5. Küster, Friedrich, aus Puschendorf;

c. Candidat der Medicin:

6. Gumberger, Otto, aus Immenstadt;

d. Candidaten der Philosophie:

7. Vogel, Julius, von Zweybrücken,
8. Britzelmaier, Joseph, von Augsburg,
9. Graßberger, Lorenz, aus Hartpenning bei Holzkirchen,
10. Nußbaum, Johann Nepomuk, aus München,
11. Hoffmann, Carl Theodor, aus Landshut,
12. Braml, Johann Baptist, aus Bärenried, Landgerichts Bogen,
13. Mayer, Constantin, von München;

e. Candidat der Technik:

14. Statzner, Ludwig, aus Schleißheim;

f. in der Vorbereitungspraxis befindliche Rechtscandidaten:

15. Leibl, Carl, von München,
16. Schatz, Johann Baptist, aus Bamberg,
17. Frey, Philipp, aus München,
18. Giehrl, Rudolph, aus Nürnberg,
19. Schwarz, August, von Kaiserslautern.

### II. Universität Würzburg.

a. Candidat der Theologie:

1. Gebhard, Anton, von Hammelburg,

b. Candidaten der Rechte:

2. Weippert, Heinrich, von Rieneck,

3. Schmitt, Julius, von Klingenberg,
4. Schmitt, Wilhelm, aus Würzburg;

   c. Candidat der Medicin:

5. Wirsing, Michael, von Zell;

   d. Candidaten der Philosophie:

6. Pfülff, Johann, aus Würzburg,
7. Krug, August, aus Amorbach;

   e. in biennio an der Universität
   befindliche Mediciner:

8. Wolf, Carl, von Münchberg;

f. in die Vorbereitungspraxis über-
getretene Rechtscandidaten:

9. Wehner, Joseph, von Klingenberg,
10. Pöhlmann, Carl, von Rüdenhausen,
11. Raab, Max, von Arnstein,
12. Huller, Anton, aus Ebern.

   III. Universität Erlangen.

   a. Candidaten der Theologie:

1. Elöter, Christian, aus Bayreuth,
2. Schmitt, Ferdinand, aus Neudroffenfeld;

   b. Rechtscandidaten:

3. Braungart, Rudolph, von Obbach,
4. Schöner, Wilhelm, von Gunzenhausen,
5. Schöner, Christian, aus Hof;

   c. Candidat der Medicin:

6. Laudenbach, Friedrich, aus Schweinfurt;

d. Candidaten der Philosophie und
   Philologie:

7. Buchheit, Johann Carl, aus Bayreuth,
8. Unkauf, Georg Erhard, aus Ober-
konnersreuth,
9. Hoffmann, Georg, aus Redwitz;

   e. in biennio an der Universität
   befindliche Mediciner:

10. Brand, Ernst, aus Feuchtwangen;
f. in der Vorbereitungspraxis befindliche Rechtscandidaten:

11. Kretzer, Georg, aus Ansbach,
12. Pausch, Hermann, aus Creussen,
13. Striedinger, Friedrich, aus Schwabach,
14. Wirth, Carl, aus Arzberg.

   IV. Für polytechnische Ausbildung.

a. dem Ingenieur-Eleven an der
   polytechnischen Schule:

1. Bischoff, Ludwig, aus Nymphenburg, von 125 fl.;

b. den polytechnischen Schülern:

2. Deittel, Aquilin, von Königshofen,
3. Wirthshofer, Rupert, aus Emer-
ting,
4. Wolfert, Ferdinand, von München,
5. Rügemer, Alois, aus Würzburg,
6. Wölkl, Anton, aus Neustadt a]D.;
   von je 75 fl.

# Regierungs-Blatt

## für das
## Königreich Bayern.

### № 15.

München, Mittwoch den 26. März 1851.

**Inhalt:**

**Bekanntmachung,**

die Einführung der Paßkarten betr.

Staatsministerium des Königlichen Hauses und des Aeußern, dann des Innern.

Unter Bezugnahme auf die allerhöchste Verordnung vom 14. Jänner l. Js., die Einführung von Paßkarten betreffend, (Regierungsblatt 1851 No. 3. Seite 25 u. ff.) wird hiemit bekannt gegeben, daß unter'm 12. Februar l. Js. auch die herzoglich naß-

sauische Regierung dem Paßkartenvertrage vom 21. October v. Js. nachträglich beigetreten ist.

München, den 19. März 1851.

Auf Seiner Königlichen Majestät Allerhöchsten Befehl

v. d. Pfordten.     v. Zwehl.

Durch die Minister
der Generalsecretär,
Ministerialrath Kappel.

19

**Bekanntmachung,**
die Verloosung des I. Subscriptions-Anlehens
à 5 pCt. betr.

Zufolge der Bekanntmachung vom
13. d. Mts. (Regierungsblatt S. 241) ist
heute die I. Verloosung an dem I. Subscriptions-Anlehen à 5 pCt. vorgenommen
worden, wobei folgende Zahlen gezogen worden sind:

Nro. 38. 53. 20. 88. 21. 28. 92
„ 46. 75. 90. 37. 73. 50. 98.

Es werden demnach gemäß dem mit
obiger Bekanntmachung veröffentlichten Verloosungsplane alle Schuldscheine und Obligationen des I. Subscriptions-Anlehens
à 5 pCt., deren Serien- oder Hauptcatasters-
Nummern (**roth**) mit einer der gezogenen

Zahlen enden, baar heimbezahlt, in welcher
Hinsicht Folgendes bemerkt wird:

**I.**

Die zur Rückzahlung gelangenden Capitalien treten am 1. Juli 1851 aus der
Verzinsung.

**II.**

Die Zahlung der verloosten Schuldscheine au porteur (in Wechselformat) und
der Nominal-Obligationen beginnt gegen
deren Abgabe sogleich, und zwar nach den
Bestimmungen des Verloosungsplanes, wobei die Zinsraten jedesmal bis zum Ende des Erhebungs-Monats — jedoch nicht weiter als
bis Ende Juni d. Js. — vergütet werden.

Die Gläubiger haben demnach an Capitalien und Zinsraten zu empfangen:

| Für die Scheine und Obligationen. | In den Monaten | | | | | | |
|---|---|---|---|---|---|---|---|
| | März. | | April. | | Mai. | | Juni. |
| | fl. | kr. | fl. | kr. | fl. | kr. | fl. | kr. |
| à 20 fl. | 20 | 30 | 20 | 35 | 20 | 40 | 20 | 45 |
| à 35 fl. | 35 | 53 | 36 | 1 | 36 | 10 | 36 | 19 |
| à 50 fl. | 51 | 15 | 51 | 28 | 51 | 40 | 51 | 53 |
| à 100 fl. | 102 | 30 | 102 | 55 | 103 | 20 | 103 | 45 |

**III.**

Die Bezahlung von Nominalobligationen, welche einer Dispositionsbeschrän-

kung unterliegen, kann erst nach unbedingter und legaler Beseitigung solcher Bin-
culirungen durch die betheiligten

Gläubiger erfolgen, und die hiedurch etwa
entstehende Verzögerung in der Zahlung das
Aufhören der Verzinsung am 1. Juli 1851
nicht hindern;

München, am 22. März 1851.

Königlich bayer. Staatsschuldentilgungs-
Commission.

v. Sutner.

Brennemann, Secretär.

Verleihung der Würde eines erblichen
Reichsrathes der Krone Bayern.

Seine Majestät der König ha-
ben Sich allergnädigst bewogen gefunden,
vermöge Allerhöchsten offenen Decrets vom
16. März l. Js. den Herrn Grafen Otto
von Quadt-Wykradt-Jsny zum erblichen Reichsrathe der Krone Bayern zu ernennen.

Dienstes-Nachrichten.

Seine Majestät der König ha-
ben Sich allergnädigst bewogen gefunden,
unter'm 2. März l. Js. den Buchhalter
III. Classe bei der Specialcasse München,
Wilhelm Kendl, zum Buchhalter II. Classe
bei der Specialcasse Regensburg zu befördern; und

den Buchhalter II. Classe bei der
Staatsschuldentilgungs-Hauptcasse, Johann
Nepomuk Kleeberger, in gleicher Eigenschaft als Buchhalter II. Classe zur Specialcasse München zu versetzen, dann

den Officianten I. Classe bei der Staatsschuldentilgungs-Hauptcasse, Joseph Win-
terle, zum Buchhalter III. Classe bei derselben Casse zu befördern, weiter

der Specialcasse Regensburg wegen
Geschäftsvermehrung einen Buchhalter III.
Classe beizugeben und als solchen den Of-
ficianten I. Classe bei der vorgenannten Casse,
Georg Mänich, zu befördern;

unter'm 6. März l. Js. dem Filan-
Assessor bei der Regierung von Unterfranken und Aschaffenburg, Ferdinand Wuth-
rer, auf Ansuchen das erledigte Rentamt
Uffenheim zu verleihen und an dessen Stelle
zum Finanz-Assessor bei gedachter Regierung
den Rechnungscommissär bei der Staatsschuldentilgungs-Commission, Eduard Pentsch,
zu befördern;

unter'm 8. März l. Js. den I. Assessor des Landgerichts Parsberg, Joseph
Koßmayr, zum Landrichter von Erbendorf zu befördern, dann

den Förstmeister Joseph Reigel zu
Kelheim nach §. 19. der IX. Beilage zur
Verfassungsurkunde in den Ruhestand zu
versetzen;

unter'm 12. März l. Js. den Ober-

19*

beamten Carl Moriz Hartmann in Gößweinstein auf] Ansuchen auf das erledigte
Rentamt Hof zu versetzen;

an dessen Stelle zum Rentbeamten in
Gößweinstein den Finanzrechnungs-Commis-
sär von Oberfranken, Christoph Nicolaus
Reichl, zu befördern;

den Finanzraths-Accessisten der Regierung von Oberfranken, Adam Albrecht,
zum Finanzrechnungs-Commissär daselbst
provisorisch zu ernennen, und

den bisherigen Hauptzollamts-Verwal-
ter Ferdinand Kramer in Bamberg, seiner allerunterthänigsten Bitte entsprechend,
auf die erledigte Hauptzollamts-Verwalterstelle in München zu versetzen;

unter'm 13. März l. Js. die erledigte
Grenzobercontroleurstelle zu Berchtesgaden,
im Hauptzollamtsbezirke Reichenhall, dem
berittenen Oberaufseher Adolph Freiherrn
von Schirnding zu Pfronten in provisorischer Eigenschaft zu verleihen;

unter'm 14. März l. Js. den Archi-
var im Staatsministerium der Justiz, Peter Leers, wegen zurückgelegten siebenzig
Lebens- und vierzig Dienstjahren nach §. 22.
lit. B. und C. der Beilage IX, zur Verfassungsurkunde mit Belassung seines Gesammtgehalts, seines Titels und Functionszeichens, und mit Anerkennung seiner zwei-
undfünfzigjährigen treuen und eifrigen Dienstleistung auf sein allerunterthänigstes Ansu-

chen in den Ruhestand zu versetzen, und
den geheimen Secretär im gedachten Staatsministerium, Gustav Stieber, zum Archi-
var daselbst zu ernennen, ferner

unter'm 14. März l. Js. zum ersten
Assessor des Landgerichts Grafenau den
zweiten Assessor des Landgerichts Viechtach,
Franz Wagner, vorrücken zu lassen, so-
fort den zweiten Assessor des Landgerichts
Vilsbiburg, Franz Sales Leutermann,
in gleicher Eigenschaft an das Landgericht
Viechtach zu versetzen, dann als zweiten
Assessor des Landgerichts Vilsbiburg den
Actuar des Landgerichts Vilshofen, Franz
Xaver Greil, seiner Bitte gemäß, zu be-
rufen und den vormaligen Patrimonialrich-
ter von Marienkirchen, Ignaz Auer, zum
Assessor extra statum des Landgerichts
Vilshofen zu ernennen, dann

dem bisherigen Ingenieur der Stadt
Augsburg, Anton Schreyer, die Stelle
eines Bezirkkingenieurs und Vorstandes der
Bauinspection Neunburg v.JW. in provisorischer Eigenschaft zu verleihen;

unter'm 16. März l. Js. auf die erledigte Stelle eines dritten Revisionsbeamten beim Hauptzollamte München den Re-
benzollamts-Controleur und fungirenden Assistenten des Hauptzollamts München, Joseph Miggl, zu befördern;

unter'm 18. März l. Js. auf die zu
Dinkelsbühl erledigte Advokatenstelle den

Advokaten Franz Joseph Reuschel zu Hilders, im Regierungsbezirke von Unterfranken und Aschaffenburg, seiner alleruntertänigsten Bitte entsprechend, zu versehen, endlich

unter'm 20. März l. Js. den Oberappellationsgerichtsrath Georg Friedrich Schauer auf sein alleruntertänigstes Ansuchen zum Oberstaatsanwalte bei dem Appellationsgerichte der Oberpfalz und von Regensburg, und den Appellationsgerichts-Assessor Carl Bacher in Amberg zum zweiten Staatsanwalte bei demselben Appellationsgerichte zu ernennen, dann

auf die bei der Regierungs-Finanzkammer von Unterfranken erledigte Assessorund Fiscaladjunctenstelle den Fiscalraths-Accessisten bei der Regierungs-Finanzkammer der Oberpfalz und von Regensburg, Carl Engerer, in provisorischer Eigenschaft zu ernennen;

die erledigte Zahlmeisterstelle bei der Pensions-Amortisationscasse in München dem temporär quiescirten I. Buchhalter der Staatsschuldentilgungsspecialcasse in Nürnberg, Joseph Ries, zu verleihen;

den I. Landgerichtsassessor zu Mallersdorf, Michael Baumer, in Anwendung des §. 19. der IX. Verfassungs-Beilage in den zeitlichen Ruhestand treten zu lassen;

als I. Assessor des Landgerichts Mallersdorf den I. Assessor des Landgerichts Osterhofen, Anton Danzer, zu berufen;

zum I. Assessor des Landgerichts Osterhofen den dortigen II. Assessor, Carl Desch, vorrücken zu lassen;

den II. Assessor des Landgerichts Hengersberg, Georg Bösl, in gleicher Eigenschaft an das Landgericht Osterhofen zu versetzen, und

zum II. Assessor des Landgerichts Hengersberg den Appellationsgerichts-Accessisten Anton Körber aus Passau zu ernennen.

Pfarreien-Verleihungen; Präsentations-Bestätigungen.

Seine Majestät der König haben die nachgenannten katholischen Pfarreien und Beneficien allergnädigst zu übertragen geruht, und zwar:

unter'm 16. März l. Js. die Pfarrei Unteretzbach, Landgerichts Bischofsheim, dem Priester Johann Barthelme, Caplan zu Kronungen, Landgerichts Werneck, und

die Pfarrei Griesbach, Landgerichts gleichen Namens, dem Priester Joseph Gulinas, Cooperator-Expositus zu Tittling, Landgerichts Passau I.;

unter'm 17. März l. Js. das Frühmeßbeneficium zu Grafenrheinfeld, Landgerichts Schweinfurt, dem Priester Balthasar Wolpert, Pfarrer zu Oberndorf, Landgerichts Orb, und

das Spitalbeneficium zum heil. Geist
in Immenstadt, Landgerichts, gleichen Namens, dem Priester Joseph Anton Kla-
dinus, Caplan zu Staufen, des genannten Landgerichts, dann

unter'm 21. März l. Is. die Pfarrei
Pocking, Landgerichts Rotthalmünster, dem
Priester Joseph Attenberger, Pfarrer und
Districts-Schulinspector, zu Lalling, Landge-
richts Hengersberg,

Seine Majestät der König ha-
ben unter'm 16. März l. Is. allergnädigst
zu genehmigen geruht, daß das Schwalb'-
sche Spitalbeneficium zu Mittenwald, Landgerichts Werdenfels, von dem hochwürdigsten Herrn Erzbischofe von München-Freysing dem Priester Anton Staudinger,
Cooperator zu Petting, Landgerichts Laufen,
dann

unter'm 21. März l. Is., daß das
Barbier-Weiß'sche Beneficium bei der Me-
tropolitan-Pfarrkirche zu U. L. Frau dahier,
von demselben hochwürdigsten Herrn Erzbischofe dem Riedler'schen Beneficiaten an
der genannten Kirche, Priester Ignaz Schöff-
mann verliehen werde.

Seine Majestät der König ha-
ben Sich, vermöge allerhöchster Entschließung vom 12. März l. Is., allergnädigst
bewogen gefunden, die erledigte protestantische Pfarrstelle zu Freckenfeld, Dekanats
Germersheim, dem Pfarramts-Candidaten
Philipp Theodor Culmann zu verleihen.

Seine Majestät der König ha-
ben Sich unter'm 21. März l. Is. allergnädigst bewogen gefunden, der von der
freiherrlichen Familie von und zu der Tann,
als Kirchenpatronat, für den bisherigen III.
protestantischen Pfarrer zu Tann und zugleich
Pfarrer in Habel, Johann Philipp Friedrich
Sonnenkalb, ausgestellten Präsentation
auf die II. protestantische Pfarrstelle in Tann
und auf die damit verbundene protestantische
Pfarrei Neusewarts, Dekanats Rothhausen,
die landesfürstliche Bestätigung zu ertheilen.

### Katholische Kirchenverwaltung St. Gan-
### golph in Bamberg.

Unter dem 14. März l. Is. ist der
Bierbrauer Caspar Rückel von Bamberg
als Ersatzmann für den wegen physischer
Gebrechlichkeit von den Functionen eines
Kirchenverwaltungs-Mitgliedes enthobenen
Seifensiedermeister Thomas Schlimbach
in die katholische Kirchenverwaltung St.
Gangolph einberufen und als Mitglied der-
selben höchsten Orts bestätigt worden.

### Ordens-Verleihungen.

Seine Majestät der König ha-

ben allergnädigst geruht, unter'm 10. März
l. Js. dem charakterisirten Generalmajor
und Festungs-Commandanten, Ludwig von
Madroux zu Rosenberg das Ritterkreuz
des königlichen Verdienstordens der bayerischen Krone,

unter'm 19. März l. Js. dem Conservator der mathematisch-physikalischen Sammlungen des Staates, Dr. Georg Simon
Ohm dahier, in Anerkennung seiner seitherigen ebenso eifrigen als besonders nützlichen Dienstleistungen das Ritterkreuz des
königlichen Verdienstordens vom heiligen
Michael, dann

unter'm 19. März l. Js. dem Bombardier Joseph Kühn im 1. Artillerie-Regimente Prinz Luitpold, in Rücksicht auf seine
unter Einrechnung von 6 Feldzugsjahren
durch 59 Jahre, ehrenvoll geleisteten Dienste
die Ehrenmünze des königlichen Ludwigsordens zu verleihen.

---

Königlich Allerhöchste Bewilligung zur
Annahme einer fremden Decoration.

Seine Majestät der König ha-
ben Sich vermöge allerhöchster Entschließung
vom 1. März l. Js. bewogen gefunden,
dem Staatsminister des k. Hauses und des
Aeußern ꝛc., Ludwig von der Pfordten,
die Bewilligung zur Annahme und Tra-

gung des ihm von Seiner k. Hoheit dem
Kurfürsten von Hessen verliehenen Großkreuzes des goldenen Löwenordens allergnädigst zu ertheilen.

---

## Titel-Verleihung.

Seine Majestät der König ha-
ben durch allerhöchstes Signat vom 1. März
l. Js. dem Georg Sauerle dahier den
Titel eines Hof-Instrumentenmachers allergnädigst zu verleihen geruht.

---

## Gewerbsprivilegien-Verleihungen.

Seine Majestät der König ha-
ben den Nachgenannten Gewerbsprivilegien
allergnädigst zu ertheilen geruht, und zwar:

unter'm 7. Februar l. Js. den Me-
chanikern Michael Alcan und Ludwig Lo-
carelli von Paris, auf Ausführung der
von Ihnen erfundenen Verbesserungen in der
Fabrikation der Feilen, für den Zeitraum
von fünf Jahren, und

unter'm 12. Februar l. Js. dem Bunt-
papierfabrikanten Adam Zettel von Würzburg, auf Ausführung der von ihm erfundenen eigenthümlichen Construction der Gui-
tarren, wodurch angeblich die Akkorde aller
24 Tonarten leicht gegriffen werden können,
für den Zeitraum von drei Jahren.

### Einziehung von Gewerbsprivilegien.

Von dem Stadtmagistrate der Haupt-
und Residenzstadt München wurde die Einziehung des dem Buchbindergesellen Heinrich Hutmacher von hier unter'm 23.
Mai 1850 verliehenen und unter'm 25.
Juli 1850 ausgeschriebenen fünfjährigen
Gewerbsprivilegiums auf Anwendung des
von ihm erfundenen, den Bücherwurm töd-
tenden Buchbinderkleisters und einer eigenthümlichen Art, die Bücherschnitte marmo-
rirt darzustellen, dann

die Einziehung des dem vormaligen
Schneidermeister Joseph Bär von Tölz unter'm 22. Januar 1848 verliehenen und unter'm
18. Juli desselben Jahres ausgeschriebenen
fünfjährigen Gewerbsprivilegiums auf Anwendung des von ihm erfundenen verbesserten Verfahrens bei Reinigung der Bettfedern, Matratzen, Kleidungsstücke ꝛc., mittels eines eigenthümlich construirten Apparates wegen Mangels der Neuheit und Eigenthümlichkeit beschlossen, und letzterer Beschluß auch im Recursweg von der k. Regierung von Oberbayern, Kammer des Innern, bestätigt.

### Gewerbsprivilegien-Erlöschungen.

Die nachstehenden Gewerbsprivilegien
wurden, wegen nicht gelieferten Nachweises
der Ausführung der bezüglichen Erfindungen in Bayern auf Grund des §. 30. Ziff.
4. der allerhöchsten Verordnung vom 10.
Februar 1842, die Gewerbsprivilegien betreffend, als erloschen erklärt, nämlich:

das dem Ingenieur Eduard Beck-
mann-Olofson aus Mannheim unter'm
9. April 1848 verliehene und unter'm 12.
August 1848 ausgeschriebene fünfjährige
Gewerbsprivilegium auf Bereitung des
Leuchtgases aus Hopfenabfall mittelst Anwendung sowohl der gewöhnlichen Apparate,
als auch des von ihm erfundenen eigenthümlich construirten Apparates;

das dem Fabrikbesitzer Piepenstock
et Comp. unter'm 12. November 1849
verliehene und unter'm 28. December 1849
ausgeschriebene vierjährige Gewerbsprivilegium auf Einführung ihrer Erfindung eines eigenthümlichen Verfahrens bei Anfertigung von aus Eisen und Stahl combinirten Achsen zu Eisenbahnwagen, und

das dem Schullehrer Eberhard See-
lig von Kitzingen unter'm 13. Juni 1848
verliehene und unter'm 18. August 1848
ausgeschriebene fünfjährige Gewerbsprivilegium auf Ausführung einer von ihm erfundenen Kupferdruckschwärz-Mahl- und
Reibmühle.

# Regierungs-Blatt

## für das

## Königreich Bayern.

## № 16.

München, Samstag den 29. März 1851.

**Inhalt:**

**Abschied**

für den Landrath der Pfalz über dessen Verhandlungen für die Jahre $18^{49}/_{50}$ und $18^{50}/_{51}$ vom 26. November bis 9. December 1850.

### Maximilian II.

von Gottes Gnaden König von Bayern,
Pfalzgraf bei Rhein,
Herzog von Bayern, Franken und in
Schwaben ꝛc. ꝛc.

Wir haben Uns über die von dem Landrathe der Pfalz in den Sitzungen vom 26. November bis 9. December v. Js. gepflogenen Verhandlungen Vortrag erstatten lassen und ertheilen hierauf nach Vernehmung Unseres Staatsrathes folgende Entschließung.

### I.

Abrechnung über die Kreisanstalten und über die Kreisfonds für die Jahre $18^{47}/_{48}$ und $18^{48}/_{49}$.

**A. Rechnung über die Kreishilfskasse.**

Die Rechnung der Kreishilfskasse und zwar:

20

a) für das Jahr 18⁴⁷/₄₈

| | fl. | kr. | pf. |
|---|---|---|---|
| mit einer Einnahme von | 13,401 | 40 | 1 |
| mit einer Ausgabe von | 7,256 | 24 | — |
| u. einem Einnahms-Ueberschusse von | 6,145 | 16 | 1 |
| dann einem Vermö-genstande von | 31,111 | 46 | — |

b) für das Jahr 18⁴⁸/₄₉

| | | | |
|---|---|---|---|
| mit einer Einnahme von | 13,568 | 34 | 1 |
| mit einer Ausgabe von | 5,256 | 12 | |
| dann einem Ein-nahms-Ueber-schusse von | 8,312 | 22 | 1 |
| und einem Vermö-genstande von | 31,844 | 3 | 2 |

ist vor dem Landrathe als richtig anerkannt worden.

Das Rechnungsergebniß der letzteren ist daher in die Rechnung des Jahrs 18⁴⁹/₅₀ überzutragen.

**B.**

**Rechnung über die übrigen Kreis-Anstalten.**

Die Rechnungen der übrigen Kreis-Anstalten sind mit nachstehenden Ergebnissen als richtig anerkannt worden:

I. Die Rechnung über die allgemeine Armen- und Irrenanstalt zu Frankenthal.

a) für das Jahr 18⁴⁷/₄₈

| | fl. | kr. | pf. |
|---|---|---|---|
| mit einer Einnahme von | 54,374 | 46 | — |
| mit einer Ausgabe von | 53,708 | 27 | — |
| u. einem Einnahms-Ueberschusse von | 666 | 19 | |

b) für das Jahr 18⁴⁸/₄₉

| | | | |
|---|---|---|---|
| mit einer Einnahme von | 54,605 | 52 | — |
| mit einer Ausgabe von | 50,352 | 53 | — |
| u. einem Einnahms-Ueberschusse von | 4,252 | 59 | — |

II. Die Rechnung des Landgestüts zu Zweibrücken:

a) für das Jahr 18⁴⁷/₄₈

| | | | |
|---|---|---|---|
| mit einer Einnahme von | 47,609 | 31 | 1 |
| mit einer Ausgabe von | 45,353 | 5 | |
| u. einem Einnahms-Ueberschusse von | 2,056 | 28 | 1 |

b) für das Jahr 18⁴⁸/₄₉

| | | | |
|---|---|---|---|
| mit einer Einnahme von | 14,563 | 42 | |

mit einer Ausgabe fl. kr. pf.
von 28,461 5 1
u. einem Einnahms-
Ueberschusse von 6,602 38 1

III. Die Rechnung über die besonderen
Fonds für Gemeindezwecke:
a) für das Jahr 1847/48
mit einer Einnahme
von 33,818 54 —
mit einer Ausgabe
von 15,285 59 3
u. einem Einnahms-
Ueberschusse von 18,532 54 1
b) für das Jahr 1848/49
mit einer Einnahme
von 39,070 45 —
mit einer Ausgabe
von 27,892 25 —
und mit einem Ein-
nahms-Ueberschuß
von 11,178 20 —
Diese Rechnungs-Ergebnisse sind sonach
in die nächste Rechnung überzutragen.

C.
Rechnungen über die Kreisfonds.
Die Rechnungen über die Kreisfonds
und zwar:
I. Die Rechnung über die Kreisfonds
für nothwendige Zwecke:

a) für das Jahr 1847/48
mit einer Einnahme fl. kr. pf.
von 581,730 56 —
mit einer Ausgabe
von 558,204 22 2
u. einem Einnahms-
Ueberschusse von 23,526 33 2
b) für das Jahr 1848/49
mit einer Einnahme
von 568,136 9 2
mit einer Ausgabe
von 553,242 18 —
u. einem Einnahms-
Ueberschusse von 14,893 51 2
II. Die Rechnung über die Kreisfonds
für facultative Zwecke:
a) für das Jahr 1847/48
mit einer Einnahme
von 21,417 59 1
mit einer Ausgabe
von 12,914 52 —
u. einem Einnahms-
Ueberschusse von 8,503 7 1
b) für das Jahr 1848/49
mit einer Einnahme
von 22,857 18 1
mit einer Ausgabe
von 10,945 — —
u. einem Einnahms-
Ueberschusse von 11,912 18 1

sind von dem Landrathe als richtig anerkannt worden, und daher in die nächste
Rechnung überzutragen.

Auf die bei Prüfung dieser Rechnungen geäußerten Wünsche und Bemerkungen
erwiedern Wir, was folgt:

1) Auf die nach dem Gutachten der
Sachverständigen von dem Landrathe beantragte Verbesserung der dem Landgestüte gehörenden sogenannten Altenmooswiesen soll
nach Maßgabe der verfügbaren Mittel der
Anstalt entsprechende Rücksicht genommen
werden.

Bezüglich der Frage, ob für diesen
Zweck die begutachtete Summe von 800 fl.
des Jahres verwendbar, dann ob die Ver-
bringung des Düngers aus dem Gestüte
zu Zweibrücken nach dem Eichelscheiderhofe
durch Gestütspferde thunlich sein werde,
sind nähere Erhebungen nothwendig geworden, über deren Ergebniß Wir dem Berichte Unserer Kreisregierung entgegen-
sehen.

2) Dem Antrage des Landrathes wegen Vornahme der nöthigen Reparaturen
an den Gebäuden des Eichelscheiderhofes
ertheilen Wir in der Voraussetzung Unsere Genehmigung, daß die in runder
Summe von 4,800 fl. veranschlagten Kosten aus der von dem Landrathe bezeichneten
Mehreinnahme der Kreisfonds gedeckt zu
werden vermögen, worüber Unsere Kreis-

Regierung vorerst besonderen gutachtlichen
Bericht zu erstatten hat.

3) Die Nothwendigkeit des Ankaufes
einiger vollkommen tüchtiger Beschälhengste
für das Landgestüt in Zweibrücken ist all-
seitig anerkannt, und nachdem der Anstalt
die hiezu erforderlichen Geldmittel nunmehr
verfügbar gestellt sind, so unterliegt die Verwirklichung dieses Ankaufs durch den Ge-
stütsdirector unter der beantragten Zuziehung eines hiefür geeigneten weiteren Sachverständigen an und für sich keinem Bedenken.

Da jedoch nach Anzeige Unserer Regierung der Pfalz die bei dem Remonti-
rungsgeschäfte neuerlich gemachten Wahrneh-
mungen eine wiederholte Prüfung des An-
kaufs-Projectes erfordern, so beauftragen
Wir die genannte Kreisregierung, die Ergebnisse der deßfalls zu treffenden Einleitungen Unserem Staatsministerium des Handels und der öffentlichen Arbeiten mit wohl-
bemessenem Gutachten förderlichst vorzulegen.

4) Da der Gesammtaufwand für Schul-
lehrer-Seminarien, folglich auch der Bau-
Aufwand für dieselben, nach Art. I. lit. D.
des Gesetzes vom 17. November 1837.,
die Ausscheidung der Kreislasten von den
Staatslasten betreffend, den Kreisfonden zugewiesen war, so muß die wiederholte Re-
clamation des Landraths auf Ersatzleistung
der aus Kreisfonds der Pfalz auf das

Schullehrerseminar zu Kaiserslautern verbun= | personal der Anstalt verwendet, der Rest mit
dem Bauskosten als gänzlich unbegründet | 1,450 fl. 32 kr. aber ist der Schulrechnung
definitiv zurückgewiesen werden, zumal die | pro 18⁴⁹/₅₀ überwiesen, resp. daselbst in Ein=
Bestimmung des Art. 2 lit. B. des erwähn= | nahme gestellt worden.
ten Gesetzes, auf welche der Landrath seine |    Die rechnungsmäßigen Nachweise der
Reclamation stützt, nur von Staatsgebäuden | fraglichen Ausgaben befinden sich übrigens
handelt, das Gebäude des Schullehrerseminars | bei der betreffenden Rechnung, worüber Un=
zu Kaiserslautern aber schon ursprünglich zum | sere Regierung der Pfalz dem Landrathe
Kreiseigenthum erworben worden ist. | auf Befragen die erforderliche Aufklärung
   5) Die Verrechnung der dem verstor= | ertheilt haben würde.
benen Zeichnungslehrer Kellerhoven zu |    8) Wenn der Landrath mißbilligend
Speyer bewilligt gewesenen Alimentation | erinnert, daß die Ausgabeposition von 10,000 fl.
auf Kreisfonds erscheint bei dem Mangel | aus Kreisfonds für nothwendige Zwecke theil=
einer deßfalls den Centralfonds obliegenden | weise zu Neubauten von Bezirkswegen ver=
Verbindlichkeit gerechtfertiget. | wendet worden sei, so hat er übersehen, daß
   6) Bezüglich der beanstandeten Alimenta= | diese Position stets für Neubauten und grö=
tionen von Rheindammwärtern verweisen Wir | ßere außerordentliche Reparaturen, nament=
abermals auf die in den früheren Landrathsab= | lich für Durchlässe, Stützmauern und an=
schieden vom 8. Juli 1839, 1. September 1840 | dere Kunstarbeiten, wofür die gewöhnlichen
und 4. März 1849 ertheilten Entschließungen. | Unterhaltungsfonds nicht zureichen, verwen=
   7) Die Erübrigungen, welche sich in | det worden ist, während die Position von
dem Etat der Kreislandwirthschafts= und | 6000 fl. aus dem Kreisfacultativfonde aus=
Gewerbsschule zu Kaiserslautern pro 18⁴⁸/₄₉ | schließlich zu Beiträgen für die gewöhnliche
im Gesammtbetrage zu 2,443 fl. 27 kr. haupt= | Unterhaltung der Bezirksstraßen bestimmt war.
sächlich dadurch ergeben haben, daß die Er= |    9) Die von dem Landrathe angeregte
richtung der Handelsabtheilung erst später | Rückvergütung des mit 425 fl. 34 kr. aus
zu Stande kam, sind nur theilweise, nemlich | Kreisfonds geleisteten Vorschusses für Truppen=
mit einer Summe von 992 fl. 55 kr. zur Be= | verpflegungskosten hat bereits stattgefunden,
streitung der Ausgaben von 642 fl. 55 kr., welche | und wird in der Rechnung pro 18⁴⁹/₅₀ in
der damalige Rector der Anstalt für diese | Einnahme erscheinen.
letztere vorschußweise gemacht hat, dann zu |    10) Die von dem Landrathe im Jahr
Remunerationen für das Lehrers= und Dienst= | 1848 beantragte Verwendung des allgemeinen

Reservefondes, dann der Specialreserve, für Industrie zu Aufschaffungen für die Gewerbsschulen zu Speyer, Landau und Zweibrücken haben Wir in dem Landrathsabschiede vom 4. März 1849 Ziff. V. No. 15. nur insoferne genehmiget, als diese Reserven nach Erfüllung ihrer eigentlichen Zweckbestimmung Erübrigungen darbieten würden. Demgemäß sind aus den Erübrigungen der vorerwähnten Specialreserve 300 fl. für die Errichtung der mechanischen Werkstätte an der Gewerbschule zu Zweibrücken und 150 fl. zur Anlegung einer technologischen Sammlung an der Gewerbschule zu Speyer, bei nachgewiesenem dringenden Bedarfe, auf Antrag der betreffenden Rectorate angewiesen worden.

Ein von dem Rectorate der Gewerbschule zu Landau erst neuerlich gestellter ähnlicher Antrag wird nach Maßgabe der verfügbaren Mittel die entsprechende Berücksichtigung finden.

11) Wenn Unsere Regierung der Pfalz von dem in dem Landrathsabschiede vom 4. März 1849 Ziff. III. lit. A. §. 6. für die Herstellung der Straßen von Albisheim nach Harxheim und von Waldfischbach nach Rodalben, ohne eine Ausscheidung zwischen beiden Straßen bewilligten Credite von 2200 fl. den größeren Betrag für die erstere Straßenstrecke verwendet hat, so geschah dieses in der Erwägung, daß die creditirte Summe, nachdem für die Straße von Waldfischbach

nach Rodalben allein 7000 fl. erfordert werden, für die Vollendung beider Straßen nicht zugereicht hätte.

## II.

**Steuerprincipale für die Jahre 1849/50 und 1850/51.**

Für jedes der beiden Jahre 1849/50 und 1850/51 berechnet sich die Steuerprincipalsumme vorbehaltlich allenfallsiger Ab- und Zugänge auf

799,552 fl.,

wonach ein Steuerprocent in runder Summe

7995 fl.

beträgt.

## III.

**Bestimmung der Kreisausgaben.**

### A. Für das Jahr 1849/50.

#### Cap. I.

Bedarf des Landraths . . — fl. — kr., nachdem während des Jahres 1849/50 eine Versammlung des Landraths nicht stattgefunden hat.

#### Cap. II.

**Erziehung und Bildung.**

| | fl. | kr. | pf. |
|---|---|---|---|
| §. 1. Deutsche Schulen | 57,442 | 31 | — |
| §. 2. Isolirte Lateinschulen | 34,355 | 88 | — |
| §. 3. Schwimmschulen | 275 | — | — |
| §. 4. Stipendien für Studirende an Uni- | | | |

verstädten und Gymnasien ... **fl. kr. pf.** 2,600 — —

§. 5. Freiplätze

a) für Zöglinge in dem Centraltaubstummeninstitute ... 250 — —

b) für Zöglinge in dem Centralblindeninstitute ... 125 — —

§. 6. Beiträge zur Erhaltung älter Denkwürdigkeiten ... 300 — —

Summe des Cap. II. 95,548 9 —

### Cap. III.
#### Industrie und Cultur.

§. 1. Landwirthschafts- und Gewerbschulen

a) Beiträge zur Bestreitung der Personal- und Realexigenz

**fl. kr. pf.**

aa) der Kreislandwirthschafts- u. Gewerbschule zu Kaiserslautern ... 6,705 — —

bb) der Gewerbschulen zu Speyer, Landau und Zweibrücken ... 4,773 — —

b) Remunerationen für den gewerblichen Unterricht in den isolirten Lateinschulen ... **fl. kr. pf.** 1,000 — —

c) Diäten und Reisekosten der Prüfungscommissäre ... 300 — —

d) Reservefond für die Landwirthschafts- und Gewerbschulen ... 3,000 — —

§. 2. Stipendien für Zöglinge an den polytechnischen Schulen und für arme Schüler an den verschiedenen Gewerbschulen ... 400 — —

§. 3. Gestütanstalt in Zweibrücken ... 13,000 — —

§. 4. Prämien für das Landgestüt ... 1,500 — —

§. 5. Beitrag zur Erhaltung der Obstbaumzucht in der Pfalz ... 300 — —

§. 6. Unterstützungen, und zwar:

a) zur Beförderung der Seidenzucht ... 250 — —

b) für Ackerbauschulen ... 3 — —

len, Verbefferung
der Viehzucht, des
Wein= u. Flachs=
baues       1,500 — —

c) für Industrie über=
haupt       500 — —

Summa des Cap. III. 36,320 — —

### Cap. IV.
#### Gesundheit.

§. 1. Ausgaben auf Her=
stellung und Erhal=
tung der Irrenan=
stalt       30,000 — —

§. 2. Unterstützungen
an dürftige Hebam=
menschülerinnen       300 — —

Summa des Cap. IV. 30,300 — —

### Cap. V.
#### Wohlthätigkeit.

§. 1. Kreisarmenhaus
in Frankenthal       53,551 47

§. 2. Unterstützungen
der Armen außer=
halb des Kreisar=
menhaufes       4,000

§. 3. Kosten der verlasse=
nen Kinder, welche
Privaten zur Pflege
anvertraut sind       20,000

Summa des Cap. V. 77,551 47

### Cap. VI.
#### Sicherheit.

Belohnungen für er=
legte Raubthiere       fl.   kr.   pf.     150 — —

Summa des Cap. VI. 150 — —

### VII.
#### Districtsstraßen= und Wasserbau.

§. 1. Beiträge zur Her=
stellung und Unter=
haltung der Districts=
Straßen oder Be=
zirkswege       26,000 — —

§. 2. Kosten der Rhein=
dammbauten       5,000 — —

Summa des Cap. VII. 31,000 — —

### Cap. VIII.

Nichtwerthe an direc=
ten Staatsauflagen       4,200 — —

Summa des Cap. VIII. 4,200 — —

### Cap. IX.

Ersatz an die Staats=
Casse nach Art. XII.
des Ausscheidungs=
Gesetzes vom 23.
Mai 1846 und nach
dem Finanzgesetze für
die Jahre 1849/51

der VI. Finanzpe-
riode 100,000 — —

Summa des Cap. IX. 100,000 — —

### Cap. X.

Allgemeiner Reserve-
fond 38,716 26 —

Summa des Cap. X. 38,716 26 —

### Zusammenstellung.

| Cap. | fl. | kr. | pf. |
|---|---|---|---|
| I. | — | — | — |
| „ II. | 95,548 | 9 | — |
| „ III. | 36,320 | — | — |
| „ IV. | 30,300 | — | — |
| „ V. | 77,551 | 47 | — |
| „ VI. | 150 | — | — |
| „ VII. | 31,000 | — | — |
| „ VIII. | 4,200 | — | — |
| „ IX. | 100,000 | — | — |
| „ X. | 38,716 | 26 | — |

Summa der Kreisla-
sten pro 18⁴⁹/₅₀ 413,786 22 —

### B.

### Für das Jahr 18⁵⁰/₅₁.

### Cap. I.

Bedarf des Landraths.

§. 1. Diäten und Reise-
kosten der Landräthe 1,340 — —

§. 2. Regiekosten der
Versammlung 550 — —

Summa des Cap. I. 1,890 — —

### Cap. II.

Erziehung und Bildung.

§. 1. Deutsche Schulen 86,499 33 —

§. 2. Isolirte Latein-
schulen 34,355 38 —

§. 3. Schwimmschulen 275 — —

§. 4. Stipendien für
Studirende an Uni-
versitäten und Gym-
nasien 2,600 — —

§. 5. Freiplätze und
zwar:

a) für Zöglinge in
dem Central-
Taubstummen-
Institute 250 — —

b) für Zöglinge in
dem Central-
Blinden-Insti-
tute 125 — —

§. 6. Beiträge zur Er-
haltung alter Denk-
würdigkeiten 500 — —

Summa des Cap. II. 124,605 11 —

### Cap. III.

Industrie und Cultur.

§. 1. Landwirthschafts-
und Gewerbschulen

| | fl. | kr. | pf. |
|---|---|---|---|
| a) Beiträge zur Bestreitung der Personal- und Realexigenz | | | |
| aa) der Kreislandwirthschafts- u. Gewerbschule zu Kaiserslautern | 9,795 | — | — |
| bb) der Gewerbschulen zu Speyer, Landau u. Zweibrücken | 4,775 | — | — |
| b) Remunerationen für den gewerblichen Unterricht an den isolirten Lateinschulen | 1,000 | — | — |
| c) Diäten und Reisekosten der Prüfungs-Commissäre | 300 | — | — |
| d) Reservefond für die Landwirthschafts- und Gewerbschulen | 3,000 | — | — |
| §. 2. Stipendien für Zöglinge an den polytechnischen Schulen und für arme Schüler an den verschiedenen Gewerbschulen | 400 | — | — |

| | fl. | kr. | pf. |
|---|---|---|---|
| §. 3. Gestütanstalt in Zweibrücken | 13,000 | — | — |
| §. 4. Prämien für das Landgestüt | 1,500 | — | — |
| §. 5. Beitrag zur Erhaltung der Obstbaumschule in Speyer | 300 | — | — |
| §. 6. Unterstützungen, und zwar: | | | |
| a) zur Beförderung der Seidenzucht | 250 | — | — |
| b) für Ackerbauschulen, Verbesserung der Viehzucht, des Wein- u. Flachsbaues | 1,500 | — | — |
| c) für Industrie überhaupt | 500 | — | — |
| Summa des Cap. III. | 36,320 | — | — |

## Cap. IV.

### Gesundheit.

| | fl. | kr. | pf. |
|---|---|---|---|
| §. 1. Ausgaben auf Herstellung und Erhaltung der Irrenanstalt | 30,000 | — | — |
| §. 2. Unterstützungen an dürftige Hebammenschülerinnen | 300 | — | — |
| Summa des Cap. IV. | 30,300 | — | — |

## Cap. V.

### Wohlthätigkeit.

| | fl. | kr. | pf. |
|---|---|---|---|
| §. 1. Kreisarmenhaus in Frankenthal | 53,551 | 47 | — |
| §. 2. Unterstützungen der Armen außerhalb des Kreis-Armenhauses | 4,000 | — | — |
| §. 3. Kosten der verlassenen Kinder, welche Privaten zur Pflege anvertraut sind | 20,000 | — | — |
| Summa des Cap. V. | 77,551 | 47 | — |

## Cap. VI.

### Sicherheit.

| | | | |
|---|---|---|---|
| Belohnungen für erlegte Raubthiere | 150 | — | — |
| Summa des Cap. VI. | 150 | — | — |

## Cap. VII.

### Districtsstraßen- und Wasserbau.

| | | | |
|---|---|---|---|
| §. 1. Beiträge zur Herstellung und Erhaltung der Districtsstraßen oder Bezirkswege | 48,270 | — | — |
| §. 2. Kosten der Rheindammbauten | 5,000 | — | — |
| Summa des Cap. VII. | 53,270 | — | — |

## Cap. VIII.

| | fl. | kr. | pf. |
|---|---|---|---|
| Nichtwerthe an diverten Staatsauflagen | 4,200 | — | — |
| Summa des Cap. VIII. | 4,200 | — | — |

## Cap. IX.

| | | | |
|---|---|---|---|
| Ersatz an die Staats-Casse nach Art. XII. des Ausscheidungsgesetzes vom 23. Mai 1846 und nach dem Finanzgesetze für die Jahre 18$^{49}$/$_{51}$ der VI. Finanzperiode | 100,000 | — | — |
| Summa des Cap. IX. | 100,000 | — | — |

## Cap. X.

| | | | |
|---|---|---|---|
| Allgemeiner Reservefond | 1,769 | 24 | — |
| Summa des Cap. X. | 1,769 | 24 | — |

### Zusammenstellung.

| Cap. | | | |
|---|---|---|---|
| I. | 1,890 | — | — |
| „ II. | 124,605 | 11 | — |
| „ III. | 36,320 | — | — |
| „ IV. | 30,300 | — | — |
| „ V. | 77,551 | 47 | — |
| „ VI. | 150 | — | — |
| „ VII. | 53,270 | — | — |
| „ VIII. | 4,200 | — | — |

21*

|           | fl.     | kr. | pf. |
|-----------|---------|-----|-----|
| „ IX.     | 100,000 | —   | —   |
| „ X.      | 1,769   | 24  | —   |

Summa der Kreisla-
sten pro 18⁵⁰/₅₁   430,056   22   —

### IV.

### Bestimmung der Deckungsmittel.

#### A. Für das Jahr 18⁴⁹/₅₀.

§. 1. Fundations- und Dotations-Beiträge der Gemeinden und Stiftungen, u. zwar:

a) für die isolirten Latein-Schulen, incl. der Inscriptionsgelder   14,723   42

b) für die Landwirthschafts- und Gewerbschule in Kaiserslautern   1,800   —   —

c) Inscriptionsgelder dieser Schule   245   —   —

§. 2. die aus der Staatscasse nach dem Budget zu entrichtende besondere Dotation für die deutschen und isolirten Lateinschulen:

a) zur Deckung der

Congrua in ihrem bisherigen Maßstabe   2,200   —   —

b) zur Anordnung außerordentlicher Schulvisitationen   1,000   —   —

c) zur Unterstützung dienstunfähig gewordener Lehrer   1,000   —   —

d) zur Erhöhung der Congrua auf 250 und 200 fl.   4,794   40   —

§. 3. Zuschüsse der Staatscasse für Industrie und Cultur und zwar:

a) für das Landgestüt in Zweibrücken   6,000   —   —

b) für Ackerbauschulen, Verbesserung der Viehzucht, des Wein- und Flachsbaues   1,500   —   —

§. 4. Zuflüsse aus sonstigen Quellen:

a) Polizeistrafen für Findel- und verlassene Kinder   9,500   —   —

b) Pachtertrag der

| Rheindammgräsereien | fl. | kr. | pf. |
|---|---|---|---|
| | 3,253 | — | — |
| §.5. Kreisumlagen nach Abzug der Verwaltungskosten, so hin im Nettobetrage zu 46 pCt. | 367,770 | — | — |
| Summa der Deckungsmittel pro $18^{49}/_{50}$ | 413,786 | 22 | — |

B. Für das Jahr $18^{50}/_{51}$.

1) Die für das Jahr $18^{49}/_{50}$ bestimmten Deckungsmittel im Gesammtbetrage von 413,786 22

2) Kreisumlage von 2 pCt. zur Unterhaltung der Bezirksstraßen 16,270 — —

Summa der Deckungsmittel pro $18^{50}/_{51}$ 430,056 22 —

### V.

Auf die bezüglich der Häusersteuer zu Germersheim, dann bei Prüfung des Voranschlages der Kreis-Einnahmen und Ausgaben erfolgten Aeußerungen und Anträge des Landrathes ertheilen Wir nachstehende Entschließungen:

1) Nachdem nunmehr auch der Landrath sich für Vornahme einer örtlichen Revision der Häusersteuer in der Stadt Germersheim ausgesprochen hat, so werden Wir durch Unser Staatsministerium der Finanzen die zu deren Vollzuge erforderlichen Anordnungen treffen lassen.

2) Die Auslassung des Betrages von 25 fl. in dem Etat der lateinischen Schule zu Kusel beruht nur auf einem Versehen. Derselbe wurde daher nachträglich eingestellt, und hienach die Einnahms-Position §. 1 lit. A. von 14,698 fl. 42 kr. auf 14,723 fl. 42 kr. erhöht.

3) Das Gesetz vom 23. Mai 1846, die Ausscheidung der Kreislasten von den Staatslasten betreffend, weist die Deckung des Bedarfs der isolirten Lateinschulen, soweit die Gemeinden nicht dazu verbunden sind, der Kreis-Schuldotation zu. Es kann deßhalb dem Antrage des Landraths, die isolirten Lateinschulen zu Frankenthal und Kaiserslautern für Staatsanstalten zu erklären, und ihren Bedarf aus Centralfonds zu decken, nicht stattgegeben werden.

Der Wunsch des Landraths, den Lehrern an den isolirten Lateinschulen der Pfalz die Vortheile der Allerhöchsten Verordnung vom 28. September 1845 zukommen zu lassen, konnte bisher nur bezüglich der Lehrer an den vorgenannten Lateinschulen zu Frankenthal und Kaiserslautern Gewährung finden, weil diese Schulen schon längerhin als ein Kreisbedürfniß erkannt sind, und ihre Dotation aus Kreisfonds schöpfen, während jede Etatsmehrung bei den übrigen isolirten Lateinschulen den Gemeinden zur Last fällt.

Uebrigens bleibt es dem Landrathe unbenommen, die Aufnahme noch ein oder der andern isolirten Lateinschule der Pfalz, wenn solche durch ein mehr als bloß gemeindliches Bedürfniß hervorgerufen erscheint, in die Zahl der Kreisanstalten zu beantragen, so wie der Landrath auch unbehindert ist, die für gemeindliche Lateinschulen bisher bewilligten Zuschüsse zu dem Zwecke zu erhöhen, daß den verdienteren Lehrern Gehaltszulagen gewährt werden können.

4) Bezüglich der früherhin beantragten Errichtung von Landwirthschafts- und Gewerbschulen zu Dürkheim und Neustadt beauftragen Wir Unsere Regierung der Pfalz, alsbald erschöpfenden gutachtlichen Bericht zu erstatten, wobei Wir dieselbe auf Ziff. V. No. 8 des Landrathsabschiedes vom 2. April 1848 verweisen.

Nachdem indessen die Errichtung dieser Anstalten im laufenden Rechnungsjahre voraussichtlich nicht mehr wird ausgeführt werden können, so haben Wir den dafür bestimmten Betrag von 3,000 fl. vorbehaltlich Unserer Genehmigung, über die Verwendungsweise, als Specialetatsreserve für die Landwirthschafts- und Gewerbschulen

der Pfalz in das Ausgabebudget (Cap. III. §. 1. lit. d.) eingestellt.

5) Die Regelung der Dienst- und Gehaltsverhältnisse der Lehrer König und Dick bei der Kreislandwirthschafts- und Gewerbschule zu Kaiserslautern wird gegenwärtig beschäftigt.

Dagegen beruht die Annahme, daß dem vormaligen Lehrer Wahl daselbst auf Grund pragmatischer Ansprüche eine Pension verliehen worden sei, auf irrigen Voraussetzungen. Dem genannten Lehrer ist bei dem Nichtbestehen solcher Ansprüche lediglich ein seinen Verhältnissen angemessener, zur Uebernahme auf Centralfonds jedoch in keiner Weise geeigneter Unterhaltsbeitrag angewiesen worden.

6) Die Errichtung der Handelsabtheilung bei der Kreislandwirthschafts- und Gewerbschule zu Kaiserslautern ist nach Beseitigung der ebenfalls eingetretenen Hindernisse nunmehr erfolgt.

7) Dem Antrage des Landrathes, die Intercalarfrüchte erledigter Schuldienste, soweit diese nicht für Verwesungskosten nöthig sind, zur Begründung einer Pensionsanstalt für Schullehrer einzuziehen, kann ohne Zustimmung der betreffenden Gemeinden, welchen die Unterhaltung ihres Schullehrerpersonals zunächst obliegt, nicht stattgegeben werden. Uebrigens hat auch der aus Centralfonds pro $18^{49}/_{50}$ und $18^{50}/_{51}$ dem pfälzi-

schen Kreisfonde zufließende Zuschuß von 1000 fl. zur Unterstützung dienstunfähig gewordener Schullehrer weniger den Zweck, eine Unterstützungsanstalt für dieselbe erst zu begründen, als vielmehr der jetzt schon bestehenden Noth solcher Schullehrer abzuhelfen.

Die Frage über die Zweckmäßigkeit der Begründung besonderer Schullehrerpensions-anstalten in den Kreisen hängt überhaupt von der Stellung der Schullehrer zu den Gemeinden ab, welche einer neuen Regelung entgegen steht. Es scheint daher räthlich, diese Frage vorerst noch offen zu lassen, und dieselbe einer künftigen Landrathsversammlung zur nochmaligen Erwägung vorzubehalten, weßhalb denn auch der von dem Landrathe der Pfalz weiter gestellte Antrag, eine dem Kreisfonde zurückgeflossene Summe von 3000 fl. zur Begründung einer solchen Anstalt zu bestimmen, vorerst auf sich zu beruhen habe.

8) Die Uebernahme der Alsenz- und Stumpfwaldstraße, dann der Straßen von Neustadt nach Schwegenheim, von Kaiserslautern nach dem Eisenbahnhofe und von Blieskastel nach Neuhäusel in die Classe der Staatsstraßen ist vor Allem; und abgesehen von der jedenfalls vorzubehaltenden nähern Prüfung der einzelnen Anträge, durch die vorgängige Bewilligung der hiezu erforderlichen beträchtlichen Budgetmittel bedingt.

9) Die beantragte Vollendung der Staatsstraße von Dürkheim nach Grünstadt und der Glanstraße haben Wir durch die Straßenneubauetats für die Jahre 18⁴⁹/₅₁, dem Wunsche des Landrathes entsprechend, bereits genehmigt, und für die chausséemäßige Erhebung der noch ungebauten Straßenstrecke auf der Staatsstraße von Kandel nach Rheinzabern wird in den bezüglichen Etats für die Jahre 18⁵¹/₅₅ Sorge getragen werden.

10) Wir genehmigen nach dem Antrage des Landrathes, daß die Straßen von Walsheim über Eßingen, Offenbach und Herxheim nach Erlenbach, sodann von Landstuhl nach Altenglan in die Classe der Bezirksstraßen aufgenommen werden.

11) Wir beauftragen Unsere Kreisregierung, die Anstände, welche der Landrath gegen die Größe der für Gehaltserhöhung des Schullehrerpersonals verlangten Summe erhoben hat, einer wiederholten genauen Prüfung zu unterziehen, damit für die Folge die diesfälligen Postulate an den Kreisfond nach Thunlichkeit ermäßigt werden können. Wie Uns die Erleichterung derselben angelegen ist, haben Wir übrigens durch Zuwendung eines Zuschusses aus der allgemeinen Schuldotation zur Erhöhung des Congrua-einkommens der Schullehrer pro 18⁴⁹/₅₁ bethätigt.

Hiebei bemerken Wir, daß es nicht in der Absicht liegen könne, bloß aus Ersparnißmaximen die an einem Orte bestehenden Confessionsschulen zu confundiren, und daß es überhaupt bedauert werden müffe, daß der Landrath für feine Behauptung des Beftandes einer unnöthigen Ueberzahl von Schulen in der Pfalz keine einzige That-fache angeführt hat.

Zur Ueberzeugung von dem Gegentheile, fowie von der verhältnißmäßig gefchehenen Vertheilung der Kreisfondszufchüffe an die Gemeinden wird Unfere Kreisregierung dem Landrathe bei feiner nächften Verfammlung die erforderlichen Mittheilungen und Auf-flärungen geben.

Was den Antrag betrifft, das gefetz-liche Schulgeld durch Gemeindeumlagen zu furrogiren, fo muß den Gemeinden die Ini-tiative hiezu überlaffen werden.

12) Die befondern Verhältniffe [von Ludwigshafen, welche die Uebernahme der Koften des dortigen neuen Schulhaufes auf Kreisfonds rechtfertigten, vermögen den fonft immer feftgehaltenen Grundfatz, daß den Ge-meinden nur Unterftützungen zum Baue von Schulhäufern zu verabreichen find, nicht um-zuftoßen und wird Unfere Kreisregierung denfelben ftets aufrecht erhalten.

13) Wir genehmigen, daß für Her-ftellung einer Irrenanftalt zu Klingenmünfter außer den unter Cap. IV. der Voranfchläge der Kreislaften angefetzten Summen von je 30,000 fl. noch folgende Beträge verwendet werden :

a) der Mehrbetrag der Kreisfonds über die unter Cap. I. — X. jener Vor-anfchläge aufgeführten Kreisausgaben, welchen Mehrbetrag Wir in die Vor-anfchläge als allgemeinen Refervefonds haben einftellen laffen;

b) die Ueberfchüffe der Kreisfonds vom Jahre 1848/49 für nothwendige Zwecke mit 14,893 fl. 51 kr. 2 bl. und für facultative Zwecke mit 11,912 fl. 18 kr. 1 bl. unter den Vorausfetzungen des Art. XIII. des Ausfcheidungsgefetzes vom 23. Mai 1846 (Regierungsblatt S. 53.);

c) der den Kreisfonds aus Centralfonds geleiftete Erfatz von 1,779 fl. 20 kr. für einige früherhin aus Kreisfonds beftrittene Brückenbauten auf Staats-ftraßen;

d) die den Kreisfonds ebenfalls aus Cen-tralfonds zu Theil gewordene Vergü-tung von 593 fl. für beftrittene Um-zugsgebühren von Profefforen;

e) der früherhin aus Kreisfonds für fa-cultative Zwecke angefammelte Betrag von 9,000 fl. für den nun aufgege-benen Bau einer Brücke über die Nahé bei Ebernburg.

Wegen Ueberweifung der für das Jahr 1848/49 zu viel erhobenen 8⅙ Procent Kreis-beifchläge an die Kreisfonds werden Wir bei dem dermalen verfammelten Landtage die entfprechende Gefetzesvorlage bewirken laffen.

Unsere Regierung der Pfalz hat übrigens dem Wunsche des Landraths entsprechend die Gesammtzahl der vorhandenen Irren bereits aufnehmen lassen, und wird hierüber dem Landrathe bei seiner nächsten Versammlung Mittheilung machen.

Ueber die Ausführung des Baues sehen Wir einem erschöpfenden Bericht und der Vorlage wohl erwogener unter Einvernehmen der vorgeschlagenen Mitglieder des Landrathes herzustellender Baupläne und Kostenvoranschläge entgegen.

Wir haben vor, bei Unserer hierauf erfolgenden Beschlußfassung dem Wunsche des Landrathes, daß der Bau nicht an einen Unternehmer vergeben werden möchte, die geeignete Würdigung zuzuwenden.

14) Wegen der von dem Landrathe beanstandeten Position für Remuneration der Thierärzte werden Wir besondere Entschließung ergehen lassen.

15) Bezüglich der von dem Landrathe der Pfalz bei seiner Versammlung für das Jahr 18⁴⁸/₄₉ aufgestellten Forderungen an die Centralfonds wegen Rückersatz früherer Ausgaben aus Kreisfonds ist die in dem Landrathsabschiede vom 4. März 1849 zugesicherte Prüfung eingeleitet und größtentheils vollendet worden. Wenn hiebei die erhobenen Reclamationen begründet erkannt wurden, hat der Ersatz aus Centralfonds an die Kreisfonds bereits stattgefunden.

Dasselbe wird auch bezüglich derjenigen Reclamationen geschehen, deren Prüfung zur Zeit noch nicht beendigt ist.

16) Den Antrag des Landraths, daß zu den Kosten der Verbindung der Mittelgasse in Bergzabern mit der Bezirksstraße nach Candel ein weiterer Beitrag aus dem besondern Fonde für Gemeindezwecke bewilligt werden möchte, hat Unsere Regierung der Pfalz competenzmäßig zu bescheiden.

## VI.
### Wünsche und Anträge.

Auf die in dem besonderen Protokolle vorgetragenen Wünsche und Aeußerungen des Landrathes erwiedern Wir, was folgt:

1) Aus Anlaß der Bitte um Entschädigung für Einquartierung, Fourage und Vorspannsleistung an inländische Truppen in den letztverflossenen Jahren sind noch weitere Ermittlungen für nothwendig erachtet worden, nach deren Vollendung und Prüfung beßfallsige Entschließung erfolgen wird.

2) Wegen Herstellung einer Eisenbahn von Neustadt nach Weißenburg sind die einleitenden Verhandlungen bereits angeordnet.

Erst nach Vorlage des Ergebnisses derselben, sowie nach Beendigung der noch in der Schwebe befindlichen Unterhandlungen mit der französischen Regierung wird eine Entscheidung darüber möglich, ob und welche Betheiligung der Staatscasse bei dieser Eisenbahn eintreten könne.

3) Die auf die Errichtung einer Zwangs-beschäftigungsanstalt für die Pfalz bezüglichen vorbereitenden Arbeiten sind ihrer Beendigung nahe. Sobald die deßfalsigen Baupläne und Kostenanschläge Unserem Staatsministerium des Handels und der öffentlichen Arbeiten in Vorlage kommen, wird dieser für die öffentliche Sicherheit und Sittlichkeit einflußreiche Gegenstand mit thunlichster Beschleunigung seiner Erledigung zugeführt werden.

4) Die Frage über den Fortbestand besonderer Steuercontrol-Aemter in der Pfalz ist neuerdings Gegenstand umfassender Würdigung gewesen. Von den vielseitig darüber eingeholten Gutachten hat sich eine zunehmende Mehrheit entschieden für die Zweckmäßigkeit der Uebertragung der den Controlämtern zugewiesenen Geschäfte an die Rentämter erklärt. Von den Besorgnissen, welche dagegen geäußert worden waren, ist in den Bezirken, wo diese Vereinigung nun seit Jahren stattfindet, keine eingetroffen, und es hat dabei weder der eigentliche Rentamtsdienst, noch jener der Steuercontrole irgend einen Abbruch erlitten.

Unter solchen Umständen, und im Hinblicke auf die seit Einführung der Steuergesetze vom 15. August 1828. wesentlich veränderten Verhältnisse müssen Wir Bedenken tragen, die unter dem 3. November 1846 deßhalb getroffenen Anordnungen zurückzunehmen. Wir haben vielmehr Grund zu erwarten, daß Unsere Rentämter in der Pfalz auch in dieser Beziehung das Vertrauen ihrer Amtsangehörigen um so gewisser sich erwerben werden, je sorgfältiger Wir bei Besetzung dieser wichtigen äußern Organe des Finanzdienstes verfahren wissen wollen.

5) Die Frist für die Reclamationen gegen das Grundsteuer-Kataster wird für den Bezirk des Landcommissariats Homburg erst im nächsten Jahre ablaufen, weßhalb auch erst alsdann die erhobenen Reclamationen geprüft und beschieden werden können.

Die wenigen Reclamationen aus dem Landcommissariatsbezirke Kirchheimbolanden dagegen sollen wo möglich noch im Laufe dieses Jahres ihre Erledigung finden.

6) Unsere Regierung der Pfalz hat der in mehrfacher Hinsicht höchst bedenklichen Ueberhandnahme von Ueberversicherungen an Immobilien in der Brandassekuranz-Anstalt schon seither besondere Aufmerksamkeit zugewendet, und wird sowohl bei der gemäß Art. 30. der pfälzischen Brandversicherungs-Ordnung gegenwärtig vorzunehmenden Revision sämmtlicher Immobiliar-Brandversicherungen der Pfalz, wozu die erforderlichen Einrichtungen bereits getroffen

sind, als auch außerdem nicht verfehlen, dem angeregten Uebelstande mit aller Entschiedenheit entgegen zu treten, wozu Wir dieselbe hiemit ausdrücklich angewiesen haben wollen.

Die Rechnung der Immobiliar-Brand-Versicherungs-Anstalt der Pfalz wird zwar gemäß Art. 32 der Brandversicherungsordnung ohnehin alljährlich durch das Amtsblatt der Pfalz veröffentlicht; dieselbe ist daher der Einsichtnahme des Landrathes nicht entzogen.

Die Nothwendigkeit einer angemessenen Controle der Mobiliar-Brandversicherungen ist im Hinblicke auf die mit der Ausdehnung der Mobiliar-Brandversicherungen erfahrungsgemäß allenthalben verbundene Ueberhandnahme der Brände anerkannt, und Unser Staatsministerium des Handels und der öffentlichen Arbeiten mit der Vorbereitung der bezüglichen Maßregeln bereits seit längerer Zeit beschäftiget.

Die übrigen in dem besonderen Protocolle vorgelegten Aeußerungen, Wünsche und Anträge beurkunden eine Einmischung in Gegenstände, welche sich zum Wirkungskreise des Landrathes nicht eignen.

Mit dieser unlieben Wahrnehmung verbinden Wir die Erwartung, daß künftig bei den Berathungen die gesetzlichen Vorschriften genau werden beobachtet, und daß in Ansehung der an Uns zu bringenden Anträge und Wünsche die gesetzlichen Gränzen sorgfältig werden eingehalten werden.

Im Uebrigen haben Wir aus den anliegenden Verhandlungen mit Wohlgefallen ersehen, wie der Landrath, insbesondere durch die reichliche Gewährung der Mittel zur Herstellung einer Irrenanstalt sowie durch die Erleichterung der Gemeinden in der Unterhaltung der Bezirksstraßen das Wohl des Kreises zu fördern nach Kräften bemüht ist.

Indem Wir ihm hierüber Unsere Anerkennung aussprechen, bleiben Wir ihm mit königlicher Huld und Gnade gewogen.

München, den 23. März 1851.

## M a x.

v. d. Pfordten. v. Kleinschrod. Dr. v. Aschenbrenner. Dr. v. Ringelmann. v. Lüder. v. Zwehl.

Nach dem Befehle
Seiner Majestät des Königs:
der General-Secretär des Staatsraths
Seb. v. Kobell.

## Dienstes-Nachrichten.

Seine Majestät der König haben allergnädigst geruht, unter'm 24. März l. Js. den k. Stabsarzt Dr. Max Schleiß von Löwenfeld zum k. Leibchirurgen zu ernennen;

den II. Kreis- und Stadtgerichtsdirector Dr. Heinrich Wirschinger zu Augsburg zum Oberstaatsanwalte bei dem Appellationsgerichte von Schwaben und Neuburg, — und den Kreis- und Stadtgerichtsrath August Friedrich Heberer in Augsburg zum II. Staatsanwalte bei dem gedachten Appellationsgerichte zu ernennen, dann

den bisherigen Stationscontroleur bei dem kurhessischen Hauptzollamte Witzenhausen, Adolph Wiedenmann, in gleicher Eigenschaft an das k. preußische Hauptzollamt Minden zu versetzen und ihm zugleich die Vereinscontrole über das kurhessische Hauptzollamt Rinteln zu übertragen;

unter'm 25. März l. Js. den Assessor am Appellationsgerichte von Schwaben und Neuburg, Carl August Decrignis, zum I. Staatsanwalte am Kreis- und Stadtgerichte Augsburg zu ernennen, und zum II. Staatsanwalte an dem genannten Gerichte den Assessor desselben Gerichts, Carl Schebler in Augsburg, zu befördern, ferner

die Stelle des Staatsanwaltes am Kreis- und Stadtgerichte Kempten dem Rathe dieses Gerichtes, Otto Seel, zu verleihen;

dem Regierungsaffessor und Fiscal-Adjuncten bei der Staatsschuldentilgungscommission, Dr. Eduard Böckl, die nachgesuchte Entlassung aus dem Staatsdienste nach §. 22. lit. A. der IX. Beilage zur Verfassungs-Urkunde, unter Anerkennung seiner entsprechend geleisteten Dienste, zu gewähren;

den Revierförster Alexander Pachmayer zu Dießen, im Forstamte Landsberg, in Hinblick auf §. 20. der IX. Beilage zur Verfassungsurkunde auf das Forstrevier Marxmaier, im Forstamte Haag, und dagegen den Revierförster Moriz v. Heußler daselbst an des Ersteren Stelle nach Dießen, beide in gleicher Diensteseigenschaft zu versetzen,

dem Domaineninspector Matthy zu Kaiserslautern, unter Enthebung von seiner bisherigen Stelle, jedoch unter Vorbehalt seiner bereits erworbenen pragmatischen Rechte für den Pensions- oder Todesfall, auf Ansuchen die erledigte Hypothekenbewahrersstelle in Kaiserslautern zu übertragen, dann

das Landgerichtsphysicat Kirchenlamitz dem praktischen Arzte Dr. Rudolph Wilhelm Seggel zu Wassertrüdingen, — das Landgerichtsphysicat Pegnitz dem praktischen Arzte Dr. Carl Handschuh zu Happurg, — und das Landgerichtsphysicat Pleinfeld dem praktischen Arzte Dr. Chr. Carl Gustav Klingsohr zu Gunzenhausen zu übertragen.

# Regierungs-Blatt

## für das

## Königreich Bayern.

## № 17.

München, Montag den 7. April 1851.

### Inhalt:

## Königlich Allerhöchste Entschließung,

die Verlängerung des gegenwärtigen Landtages betr.

### Maximilian II.

von Gottes Gnaden König von Bayern,
Pfalzgraf bei Rhein,
Herzog von Bayern, Franken und in
Schwaben ꝛc. ꝛc.

Unseren Gruß zuvor, Liebe und Getreue! Wir finden Uns bewogen, die
nach den Bestimmungen des Tit. VII.
§. 22 der Verfassungs-Urkunde zu Ende
gehende Dauer des gegenwärtigen Landtages bis zum 8. Juni l. Js. einschließlich zu verlängern.

Indem Wir euch dieses eröffnen,

23

bleiben Wir euch mit Königlicher Huld
und Gnade gewogen.

München, den 25. März 1851.

### Max.

v. d. Pfordten.    v. Kleinschrod.
Dr. v. Aschenbrenner.    Dr. v. Ringelmann.
v. Lüder.    v. Zwehl.

Auf Königlich Allerhöchsten Befehl:
der Generalsecretär,
Ministerialrath Epplen.

---

### Bekanntmachung,

die Purification der Gerichtsbezirke oberhalb der
Donau und im Ries, Regierungsbezirks von
Schwaben und Neuburg, betr.

**Staatsministerium der Justiz und Staats-
ministerium des Innern.**

Seine Majestät der König ha-
ben allergnädigst zu genehmigen geruht, daß
die dem k. Landgerichte Heidenheim in Mittelfranken bis jetzt zugestandene Gerichtsbarkeit und Polizei zu Worrenfeld und Unter-
appenberg der k. Gerichts- und Polizeibehörde Oettingen übertragen werde.

München, den 29. März 1851.

Auf Seiner Königlichen Majestät
Allerhöchsten Befehl.

v. Kleinschrod.    v. Zwehl.

Durch den Minister
der General-Secretär,
Ministerialrath Epplen.

---

### Bekanntmachung,

die Wahl der Landtags-Commissäre für die Staats-
Schuldentilgungs-Commission betr.

In Gemäßheit der von den Präsidien
der Kammer der Reichsräthe und der Kammer der Abgeordneten erfolgten Mittheilungen an das k. Staatsministerium der Finanzen wird hiemit zur öffentlichen Kenntniß gebracht, daß nach Art. 35 des Gesetzes über den Geschäftsgang des Landtages
vom 25. Juli 1850 als Landtags-Commissäre für das Staatsschuldenwesen bei der
Kammer der Reichsräthe der Herr Reichsrath Graf von Reigersberg, und zum
Stellvertreter desselben der Herr Reichsrath
von Niethammer, dann bei der Kam-
mer der Abgeordneten der Herr Landtags-
Abgeordnete, Bürgermeister von Steins-
dorf. und zu dessen Stellvertreter der Herr
Landtagsabgeordnete Gabriel Sedlmayr
gewählt worden sind.

München, den 28. März 1851.

**Königlich bayer. Staatsschuldentilgungs-
Commission.**

v. Sutner.

Brennemann, Secretär.

---

### Bekanntmachung,

die allgemeine Annahme von Darlehen à 5 pCt.
für den Bedarf des Eisenbahnbaues betr.

Mit Bezugnahme auf den Schlußsatz

der Bekanntmachung vom 17. August v.
Js. (Regierungsblatt S. 679.) wird in
Gemäßheit höchster Entschließung des k.
Staatsministeriums der Finanzen vom 3. ds.
Mts. veröffentlicht, daß nunmehr die k.
Staatsschuldentilgungsspecial-Cassen ermächtigt sind, à Conto des durch das Gesetz vom
30. Juni v. Js. bewilligten Anlehenscredits
für den Bedarf des Eisenbahnbaues pro
1849/51 im Allgemeinen baare Darlehen zu
5 pCt. anzunehmen, jedoch hiefür vorerst
nur Obligationen auf Namen à 100, 500
und 1000 fl. zu emittiren, welche nach Form,
Betrag und Inhalt der in obiger Bekanntmachung enthaltenen Beschreibung entsprechen.

Das dort erwähnte Arrostrungsanlehen
wird neben der 5 pCt. Capitalaufnahme
fortgesetzt.

München, den 4. April 1851.

Königlich bayer. Staatsschuldentilgungs-
Commission.

v. Sutner.

Brennemann, Secretär.

## Dienstes-Nachrichten.

Seine Majestät der König ha-
ben Sich allergnädigst bewogen gefunden,
unter'm 24. März l. Js. den Landrichter

Tobias Heinrich Haas zu Feuchtwangen
auf Grund des §. 22. lit. D. der IX. Verfassungs-Beilage auf die Dauer eines Jahres in den Ruhestand treten zu lassen, und

zum Landrichter von Feuchtwangen den
Verweser der k. Gerichts- und Polizeibehörde Ellingen, Andreas Lang, zu ernennen;

unter'm 26. März l. Js. den bisherigen Betriebs-Inspector der Donau-Dampfschifffahrt Bartholomä Kirchmaier mit
Belassung seines Ranges zum Werft-Inspector zu ernennen, dagegen

den seitherigen Verwalter und Cassier
Max Grafen von Reigersberg zum Betriebs-Inspector der Donau-Dampfschifffahrt
zu befördern;

dem Kreis- und Stadtgerichte Regensburg wegen seiner Geschäftsüberbürdung einen Assessor außer dem Status beizugeben,
und hiezu den Actuar bei der Gerichts-
und Polizeibehörde Sulzheim, Georg Ruß-
wurm, zu ernennen, dann

dem Appellationsgerichte von Niederbayern in Rücksicht auf dessen gegenwärtige Geschäfts- und Personal-Verhältnisse
einen Assessor außer dem Status beizugeben, und zu dieser Stelle den Kreis- und
Stadtgerichtsrath Alois Gmeiner in Landshut, zum Rathe am Kreis- und Stadtgerichte Landshut den Assessor des Kreis- und
Stadtgerichts Augsburg, Balthasar Hil-
ner, und zum Assessor am Kreis- und Stadt-

23*

gerichte Augsburg den Protocollisten des Kreis- und Stadtgerichts Regensburg, Maximilian Krieger, zu befördern, sodann zum Protocollisten am Kreis- und Stadtgerichte Regensburg den Appellationsgerichts-Accessisten Dr. Valentin Hundterisser von Gerolzhofen, dermal in Aschaffenburg, in provisorischer Eigenschaft zu berufen, ferner

als I. Assessor des Landgerichts Hilpolstein den II. Assessor des Landgerichts Roding, Bruno Eberlein, zu berufen, und

die II. Assessorstelle bei dem Landgerichte Roding dem vormaligen Patrimonialrichter von Fahrenbach, Joseph von Morett, zu verleihen, dann

das Gesuch der Landgerichtsärzte Dr. Ludwig Stadelmayr zu Altötting und Dr. Adolph Klein zu Ebersberg um die Bewilligung zum Tausche ihrer Dienstesstellen zu genehmigen und hienach den Landgerichtsarzt Dr. Ludwig Stadelmayr von Altötting auf das Physicat Ebersberg, den Landgerichtsarzt Dr. Adolph Klein von Ebersberg aber auf das Physicat Altötting zu versetzen;

die bei dem Inspectionsamte der k. Porzellain-Manufactur erledigte Cassier- und Rechnungsführerstelle dem Amtsschreiber des Hauptsalzamtes Reichenhall, Vincenz Güggenberger, zu verleihen, und

an dessen Stelle in provisorischer Eigenschaft zum Salzamtsschreiber des Hauptsalzamtes Reichenhall den daselbst als Diurnisten verwendeten Wilhelm Paur zu ernennen;

unter'm 27. März l. Js. den Appellationsgerichtsrath Clemens Freiherrn von Limpöck in Passau wegen nachgewiesener durch physische Gebrechlichkeit herbeigeführter Dienstesunfähigkeit vorläufig auf ein Jahr mit Belassung seines Gesammtgehaltes, seines Titels und seines Functionszeichens in den Ruhestand zu versetzen, und

den Ministerial-Assessor im Staatsministerium der Justiz, Gottfried Walther, zum Rathe bei dem Appellationsgerichte von Niederbayern zu ernennen, sofort den geheimen Secretär Dr. Franz Vogt im Staatsministerium der Justiz zum Ministerial-Assessor im gedachten Ministerium zu befördern;

zu der bei der k. Staatsschuldentilgungscommission erledigte III. Rechnungs-Commissärstelle den Buchhalter II. Classe bei der Specialcasse München, Adolph von Bäumen, zu befördern;

den Finanzrechnungs-Commissär von Schwaben und Neuburg, Sebastian Schmid, seiner Versetzungsbitte willfahrend, auf die bei der Staatsschuldentilgungs-Commission erledigte V. Rechnungscommissärstelle zu berufen, und

zum VI. Rechnungscommissär der

Staatsschuldentilgungs = Commission extra statum den Functionär im Rechnungs=Commissariate dieser Commission, Philipp Spies, in provisorischer Eigenschaft zu ernennen, weiters

der Regierung von Niederbayern einen Civilbau=Conducteur beizugeben und zu dieser Stelle den noch im Provisorium stehenden Bauconducteur der Bauinspection Landshut, Joseph Tannera, zu ernennen; dann die hieburch erledigt werdende Bau=Conducteurstelle bei der Bauinspection Landshut dem geprüften Baupraktikanten und functionirenden Conducteur bei der Bauinspection Ingolstadt, Franz Xaver Mösner aus Peiting, in provisorischer Eigenschaft zu verleihen;

der Regierung der Pfalz einen zweiten Civilbau=Inspector und zugleich Kreisingenieur beizugeben und auf diese neue Stelle den dermaligen Civilbauinspector bei der Regierung von Mittelfranken, Albert Schwarzenberger aus Speyer, zu versetzen;

auf die hieburch erledigte Stelle eines Civilbau=Inspectors bei der Regierung von Mittelfranken den bisherigen Conducteur bei der Bauinspection in Nürnberg, Philipp Heinrich Jacobi, zu befördern;

der eben genannten Regierung von Mittelfranken einen Civilbau = Conducteur beizugeben und diese Stelle dem geprüften

Civilbaupraktikanten und functionirenden Conducteur bei der Bauinspection München I., Eduard Bürklein aus Dinkelsbühl, in provisorischer Eigenschaft zu verleihen, und

auf die Stelle eines Bauconducteurs bei der Inspection in Nürnberg den Conducteur bei der Bauinspection in Weiden, Johann Erhard Hohenner, in seiner gegenwärtigen provisorischen Diensteseigenschaft u versetzen;

die durch diese Versetzung erledigte Conducteurstelle bei der Bauinspection in Weiden dem geprüften Baupraktikanten und Verweser derselben, Lorenz Bachmann aus Heubach, in provisorischer Eigenschaft zu verleihen;

der Regierung von Oberfranken einen zweiten Civilbauinspector beizugeben und diese Stelle dem Civilbauconducteur bei der Regierung von Oberbayern, Friedrich Bürklein, zu verleihen;

auf die hieburch eröffnete Stelle eines Civilbauconducteurs bei der Regierung von Oberbayern den bisherigen Conducteur bei der Bauinspection München II., Carl Leimbach, zu ernennen;

der genannten Regierung von Oberbayern einen weiteren Civilbauconducteur beizugeben und hiezu den bisherigen Conducteur der Baubehörde der Haupt= und

Refidenzfladt München, Robert Wagin-
gen, zu beftimmen;

die Stelle des Conducteurs Leimbach
bei der Bauinspection München II. nicht
wieder zu befetzen, dagegen der Bauinspection
Rofenheim im Anbetrachte ihrer großen
Ausdehnung einen zweiten Bauconducteur
beizugeben und diefe Stelle dem geprüften
Baupraktikanten und functionirenden Conducteur bei der Bauinspection in Bayreuth,
Johann Riggl aus Augsburg, in proviforifcher Eigenfchaft zu verleihen;

auf die durch den Tod des Civilbau-
Conducteurs Carl Schierlinger erledigte
Stelle eines Civilbauconducteurs bei der
Regierung von Oberfranken den geprüften
Baupraktikanten und functionirenden Hilfs-
Conducteur bei der Bauinspection Reichen-
hall, Franz Beyfchlag aus Dillingen, in
proviforifcher Eigenfchaft zu ernennen, dann

der Regierung von Unterfranken und
Afchaffenburg einen Civilbauconducteur beizugeben und diefe Stelle dem geprüften
Baupraktikanten und functionirenden Bauconducteur bei der Bauinspection in Dillingen, Hermann Friedrich Bürger aus
Ansbach, in proviforifcher Eigenfchaft zu
verleihen.

## Pfarreien- und Beneficien-Verleihungen.

Seine Majeftät der König ha-

ben unter'm 23. März l. Js. das Frühmeßbeneficium zu Laugna, Landgerichts Wertingen, dem Priefter Michael Ortlieb,
Pfarrer zu Unterfchönbach, Landgerichts
Aichach, allergnädigft zu übertragen geruht.

Seine Majeftät der König ha-
ben Sich allergnädigft bewogen gefunden,
unter'm 23. März l. Js. die erledigte
protestantifche Pfarrstelle zu Neuhäufel, Decanats Homburg, dem Pfarramtscandidaten
Friedrich Philipp Carl Blum von Tra-
belsdorf in Oberfranken, und

unter'm 27. März l. Js. die erledigte
protestantifche Pfarrstelle zu Riefchweiler,
Decanats Zweibrücken, dem Pfarramtscandidaten Friedrich Gottfried Lang aus Zweibrücken zu verleihen.

## Landwehr des Königreichs.

Seine Majeftät der König ha-
ben unter'm 26. März l. Js. die Stelle
eines Oberstlieutenants im Landwehrregimente
der Stadt Nürnberg dem früheren Oberstlieutenant deffelben Regiments, Johann
Georg Christoph Memmert, und die beiden Majorsstellen in eben demfelben Landwehrregimente den früheren Majoren, Johann Erhard Krämer und Christian Zan-
ker, zu übertragen geruht.

Ordens-Verleihungen.

Seine Majestät der König haben die nachgenannten Ordens-Decorationen allergnädigst zu verleihen geruht, und zwar:

unter'm 8. März l. Js. dem Ministerialrathe im kgl. Staatsministerium der Finanzen, Albert von Schulze, in allergnädigster Anerkennung seiner vieljährigen treuen und erfolgreichen Dienstleistung das Commenthurkreuz des kgl. Verdienstordens vom heiligen Michael;

unter'm 22. März l. Js. dem charakterisirten Generalmajor, Commandanten der Festung Germersheim, Baptist Koppelt, in Rücksicht auf seine fünfzigjährige ehrenvolle Dienstzeit, welche derselbe mit Einrechnung von 5 Feldzugsjahren am 1. April l. Js. zurückgelegt, das Ehrenkreuz des königlich bayerischen Ludwigsordens; dann

unter'm 17. März l. Js. dem Leibgarde-Hartschier Wolfgang Reif in Rücksicht auf seine unter Einrechnung von 6 Feldzugsjahren durch 50 Jahre ehrenvoll und treu geleisteten Dienste die Ehrenmünze des ebengenannten Ordens, und

dem Brigadier zu Pferd der Gendarmerie-Compagnie von Mittelfranken, Conrad Lang, in huldreichster Anerkennung der ausgezeichneten Verdienste, welche sich derselbe für die öffentliche Sicherheit durch Aufgreifung äußerst gefährlicher Verbrecher und durch den dabei mit Nichtachtung persönlicher Gefahr bethätigten Muth, Entschlossenheit und Umsicht erworben hat, das silberne Ehrenzeichen des Verdienstordens der bayerischen Krone.

## Königlich Allerhöchste Zufriedenheits-Bezeigung.

Der im Jahre 1845 verstorbene Dekan und Pfarrer Joseph Fischer zu Solnern hat durch letztwillige Verfügung die Armen und die Schule zu Altmannstein, k. Landgerichts Riedenburg in der Oberpfalz, zu Universalerben seines Nachlasses in der Art ernannt, daß dieser Nachlaß, welcher nach Abzug verschiedener Vermächtnisse die Summe von 2065 fl. 31¾ kr. beträgt, als Capital fruchtbringend angelegt, sodann die Hälfte der Zinsen hievon zur Unterstützung der gänzlich oder zum Theile erwerbsunfähigen Armen in Altmannstein, die andere Hälfte aber zur Unterstützung armer Schulkinder des Marktes und der eingeschulten Ortschaften zum Schulgelde, zur Bekleidung, Beschuhung ꝛc. ꝛc. verwendet werde, damit die Kinder auch die Winterschule besuchen können.

Seine Majestät der König haben von dieser Stiftung allerhöchst Kenntniß zu nehmen, derselben unter dem Namen: „Dekan Fischer'sche Schul- und Armenstiftung in Altmannstein" die landesherrliche Bestätigung zu ertheilen und allergnädigst zu befehlen geruht, daß die bezeichnete Stiftung unter dem Ausdrucke der allerhöchsten wohlgefälligen Anerkennung des von dem Stifter hiebei bewährten wohlthätigen Sinnes durch das Regierungsblatt zur allgemeinen Kenntniß gebracht werde.

## Großjährigkeits-Erklärung.

Seine Majestät der König haben Sich unter'm 25. März l. Js. allergnädigst bewogen gefunden, die Johanna Pauline Hofmann zu Bayreuth auf deren allerunterthänigste Bitte für großjährig zu erklären.

## Gewerbsprivilegien-Verleihungen.

Seine Majestät der König haben unter'm 12. Februar l. Js. dem Fabrikbesitzer Theodor Kramer-Klett in Nürnberg ein Gewerbsprivilegium auf Anwendung des Holzes zu Federn bei Eisenbahnwägen für das der Construction dieser Federn zu Grunde liegende Princip, sowohl bei Holz, als anderm Material, und Anwendung und Anfertigung derselben für den Zeitraum von zehn Jahren, und

unter'm 6. März l. Js. dem Schuhmachergesellen Johann Huber von München ein Gewerbsprivilegium auf eigenthümliche Anfertigung von Schuhen und Stiefeln, welche mittels eingelegter Stahlfedern beständig ihre Form behalten sollen, für den Zeitraum von einem Jahre zu ertheilen geruht.

## Einziehung eines Gewerbsprivilegiums.

Von dem Stadtmagistrate München wurde die Einziehung des dem Bedienten Friedrich Köberer unter'm 19. Juni 1844 verliehenen und unterm 11. November 1844 ausgeschriebenen dreijährigen Gewerbsprivilegiums auf Anwendung des von ihm erfundenen verbesserten Verfahrens bei Anfertigung von Stiefeln, wodurch dieselben beständig ihre Form beibehalten und gegen das Brechen des Oberleders geschützt werden sollen, auf den Grund der Bestimmung in §. 30. Ziffer 8. der allerhöchsten Verordnung vom 10. Februar 1842 beschlossen.

# Regierungs-Blatt

## für das

## Königreich Bayern.

### № 18.

München, Donnerstag den 17. April 1851.

**Inhalt:**

**Abschied**

für den Landrath von Oberbayern über dessen Verhandlungen in den Sitzungen vom 26. November bis 10. December 1850.

**Maximilian II.**

von Gottes Gnaden König von Bayern,
Pfalzgraf bei Rhein,
Herzog von Bayern, Franken und in Schwaben ꝛc. ꝛc.

Wir haben Uns über die von dem Landrathe von Oberbayern in dessen Sitzungen vom 26. November bis 10. Decem-

ber 1850 gepflogenen Verhandlungen Vortrag erstatten lassen und ertheilen hierauf nach Vernehmung Unseres Staatsrathes folgende Entschließungen:

**I.**

Abrechnung über die Fonde der Kreisanstalten und über die Einnahmen und Ausgaben auf Kreisfonds für die Jahre 1847/48 und 1848/49.

A. Rechnungen über die Kreishilfscasse.

Die Rechnungen über die Kreishilfscasse:

24

1) für das Jahr 18$^{47}/_{48}$

| mit einer Einnahme | fl. | kr. | pf. |
|---|---|---|---|
| von | 2,455 | 59 | |

mit einer Ausgabe
von 2,369 32 —

sohin mit einem Ac-
tivreste von 86 27 —
und mit einem Ver-
mögensstande von 17,817 46 3

2) für das Jahr 18$^{48}/_{49}$
mit einer Einnahme
von 2,602 24 1
mit einer Ausgabe
von 2,589 15 2

sohin mit einem Ac-
tivreste von 13 8 3
und mit einem Ver-
mögensstande von 17,788 45 —

haben dem Landrathe zu einer Erinnerung keinen Anlaß gegeben.

Die Rechnungsergebnisse des Jahres 18$^{48}/_{49}$ sind in die Rechnung für das Jahr 18$^{49}/_{50}$ überzutragen.

**B.**

**Rechnungen über die Culturanten-Hilfscasse.**

Ebenso sind diese Rechnungen
1) für das Jahr 18$^{47}/_{48}$
mit einer Einnahme fl. kr. pf.
von 1,205 3 —

mit einer Ausgabe fl. kr. pf.
von 464 24 —

sohin mit einem Ac-
tivreste von 740 39 —
und mit einem Ver-
mögensstande von 9,400 47 —

2) für das Jahr 18$^{48}/_{49}$
mit einer Einnahme
von 760 18 —
mit einer Ausgabe
von 532 24 —

sohin mit einem Ac-
tivreste von 227 54 —
und einem Vermö-
gensstande von 9,565 43 —

von dem Landrathe nicht beanstandet worden.

Die Rechnungsergebnisse des Jahres 18$^{48}/_{49}$ sind gleichfalls in die Rechnung des Jahres 18$^{49}/_{50}$ überzutragen.

**C.**

**Rechnungen über die Kreisfonde.**

Dieselben wurden mit folgenden Ergebnissen als richtig anerkannt:
1) für das Jahr 18$^{47}/_{48}$
a) für nothwendige Zwecke:
mit einer Einnahme fl. kr. pf.
von 913,053 25 —
mit einer Ausgabe
von 923,573 24 —

sohin mit einem Pas-
sivreste von 10,519 59 —

Unter diesem Abschlusse sind jedoch begriffen:

| die Einnahmen aus d. | fl. | kr. | pf. |
|---|---|---|---|
| IV. Finanzperiode und zurück mit | 131 | 24 | 2 |
| die Ausgaben hierauf mit | 190 | 16 | 1 |
| sohin ein Passivrest von | 58 | 51 | 3 |

welcher aus den Fonds für facultative Zwecke zu ersetzen war, wodurch sich der obenangeführte Passivrest auf den Betrag von 10,461 fl. 7 kr. 1 pf. gemindert hat.

b) für facultative Zwecke:

| mit einer Einnahme von | 100,227 | 15 | 1 |
|---|---|---|---|
| mit einer Ausgabe von | 14,625 | 11 | — |
| sohin mit einem Activreste von | 85,602 | 4 | 1 |
| oder nach Abzug des darunter enthaltenen abmassirten Fonds für die Kreis-Irrenanstalt zu | 84,599 | 23 | 1 |
| von | 1,002 | 41 | — |

Hievon waren aber die obenbezeichneten 58 fl. 51 kr. 3 pf. den Fonds für nothwendige Zwecke zu ersetzen, wodurch sich der Activrest auf 943 fl. 49 kr. 1 pf. minderte.

2) für das Jahr 1848/49

a) für nothwendige Zwecke:

| mit einer Einnahme | fl. | kr. | pf. |
|---|---|---|---|
| von | 955,854 | 41 | 3 |
| mit einer Ausgabe von | 966,211 | 26 | 1 |
| sohin mit einem Passivreste von | 10,356 | 44 | 2 |

Unter diesem Abschlusse sind jedoch begriffen:

| die Einnahmen aus der IV. Finanzperiode und zurück mit | 133 | 15 | 1 |
|---|---|---|---|
| die Ausgaben hierauf mit | 23 | 29 | 3 |
| sohin ein Activrest von | 109 | 45 | 2 |

welcher den Fonds für facultative Zwecke zufällt, wodurch sich der bezeichnete Passivrest auf 10,466 fl. 30 kr. erhöht.

b) für facultative Zwecke:

| mit einer Einnahme von | 111,628 | 14 | 1 |
|---|---|---|---|
| mit einer Ausgabe von | 14,826 | 59 | 2 |
| sohin mit einem Activreste von | 96,801 | 14 | 3 |

oder nach Abzug des darunter enthaltenen abmassirten

Fonds für die Kreis-    fl.    kr.    pf.
Irrenanstalt zu   92,490   29   1
von          4,310   45   2

Demselben sind aber die obenbezeichneten aus der Rechnung des Fonds für nothwendige Zwecke anfallenden 109 fl. 45 kr. 2 pf. beizusetzen, wodurch er sich auf den Betrag von 4,420 fl. 31 kr. erhöht.

Diese Rechnungsergebnisse des Jahres $18^{48}/_{49}$ sind in die Rechnung des Jahres $18^{49}/_{50}$ überzutragen.

Bezüglich der von dem Landrathe gestellten Bitten:

1) es möge der Passivrest von 10,466 fl. 30 kr., welcher bei der Kreisfondsrechnung für nothwendige Zwecke des Jahres $18^{48}/_{49}$ besteht, aus Centralfonds gedeckt,

2) es möge der aus Kreisfonds auf das Schullehrer-Seminar-Gebäude in Freysing verwendete Betrag von 16,385 fl. 25 kr. diesem Fonds ersetzt werden, bleibt Entschließung vorbehalten, und wird der nächsten Landrathsversammlung Eröffnung hierüber zugehen.

## II.

### Steuerprincipale für die Jahre $18^{49}/_{50}$ und $18^{50}/_{51}$.

Für jedes der Jahre $18^{49}/_{50}$ und $18^{50}/_{51}$

berechnet sich vorbehaltlich allenfallsiger Ab- und Zugänge das Steuerprincipale der Grund-, Haus-, Dominical-, Gewerb-, Kapitalrenten- und Einkommensteuer des oberbayerischen Kreises auf

1,476,472 fl. 29 kr. 7 hl.

sohin ein Steuerprocent in runder Summe auf    14,764 fl.

## III.

### Bestimmung der Kreisausgaben, für die Jahre $18^{49}/_{50}$ und $18^{50}/_{51}$.

Den von dem Landrathe geprüften Voranschlägen der Kreisausgaben für die Jahre $18^{49}/_{50}$ und $18^{50}/_{51}$ ertheilen Wir in folgenden Sätzen Unsere Genehmigung.

### A.

Voranschlag für das Jahr $18^{49}/_{50}$.

#### Cap. I.

##### Bedarf des Landrathes.

§. 1. Taggebühren und Reisekosten der Landräthe     1,216   —   —

§. 2. Regiekosten der Landrathsversammlung     500   —   —

Summe des Cap. I. 1,716   —   —

### Cap. II.
#### Erziehung und Bildung.

| | fl. | kr. | pf. |
|---|---|---|---|
| §. 1. Deutsche Schulen | 99,516 | 52 | — |
| §. 2. Isolirte Lateinschulen | 1,502 | 51 | — |
| §. 3. Sonstige Anstalten für Erziehung und Bildung: | | | |
| a) Zeichnungsschule in Oberammergau | 50 | — | — |
| b) Taubstummenschule in München | 800 | — | — |
| c) Besondere Anstalten für Erziehung und den Unterricht der weiblichen Jugend: | | | |
| aa) fundations- und dotationsmäßige Reichnisse | 1,554 | — | — |
| bb) sonstige Unterstützungen | 1,085 | — | — |
| §. 4. Freipläße | | | |
| a) für Zöglinge in dem Erziehungs-Institute für Studierende in München | 1200 | — | — |
| b) für Zöglinge in dem Centraltaubstummen-Institute in München | 250 | — | — |
| c) für Zöglinge in dem Blinden-Institute in München | 250 | — | — |
| §. 5. Reserve für Erziehung und Bildung | 4142 | 56 | 3 |
| Summa des Cap. II. | 110,351 | 40 | 1 |

### Cap. III.
#### Industrie und Cultur.

| | fl. | kr. | pf. |
|---|---|---|---|
| §. 1. Landwirthschafts- und Gewerbsschulen | | | |
| a) Beiträge zur Bestreitung der Personal- und Realerigen | | | |
| aa) in München | 6,785 | — | — |
| bb) in Freysing | 3,770 | — | — |
| b) Diäten und Reisekosten der Prüfungscommissäre | 200 | — | — |
| §. 2. Ackerbauschulen | 1,000 | — | — |
| §. 3. Baugewerksschule in München | 1,500 | — | — |
| §. 4. Stipendien für |

| | fl. | kr. | pf. |
|---|---|---|---|

**Zöglinge an technischen Schulen:**

a) an der polytechnischen Schule in München — 600 — —

b) an der Landwirthschafts-Schule in Schleißheim — 630 — —

§. 5. Freiplätze an der Anstalt für krüppelhafte Kinder in München — 520 — —

§. 6. Sonstige Ausgaben für Industrie und Cultur:

a) zur Beförderung der Seidenzucht — 100 — —

b) zur Beförderung des Flachsbaues und der Leinwandfabrikation — 200 — —

c) für Saamenvertheilung — 200 — —

d) für Beförderung der Rindviehzucht — 300 — —

Summa des Cap. III. 15,805 — —

## Cap. IV.

### Gesundheit.

| | fl. | kr. | pf. |
|---|---|---|---|

§. 1. Kreis-Irren-Anstalt — 6,000 — —

§. 2. Gebär-Anstalt in München — 10,000 — —

Summa des Cap. IV. 16,000 — —

## Cap. V.

### Wohlthätigkeit.

§. 1. Armen- und Beschäftigungs-Anstalten — 500 — —

§. 2. Unterstützung entlassener Sträflinge und Correctionäre — 300 — —

Summa des Cap. V. 800 — —

## Cap. VI.

### Straßen- und Wasserbau.

§. 1. Beiträge zur Herstellung und Unterhaltung der Districtsstraßen — 15,000 — —

§. 2. Beiträge zur Bestreitung der Kosten von Wasserbau-

|  | fl. | kr. | pf. |
|---|---|---|---|
| ten, welche den Ge-meinden obliegen | 10,000 | — | — |
| Summa des Cap. VI. | 25,000 | — | — |

### VII.

|  | fl. | kr. | pf. |
|---|---|---|---|
| Allgemeiner Reserve-fond | 2,073 | 46 | 2 |
| Summa des Cap. VII. | 2,073 | 46 | 2 |

### Zusammenstellung.

|  | fl. | kr. | pf. |
|---|---|---|---|
| Summe des Cap. VII. | 2,073 | 46 | 2 |
| „    „    „  VI. | 25,000 | — | — |
| „    „    „  V. | 800 | — | — |
| „    „    „  IV. | 16,000 | — | — |
| „    „    „  III. | 15,805 | — | — |
| „    „    „  II. | 110,351 | 40 | 1 |
| „    „    „  I. | 1,716 | — | — |
| Gesammt-Summe der Kreisausgaben für das Jahr 18$^{49}/_{50}$ | 171,746 | 26 | 3 |

### B.

Voranschlag für das Jahr 18$^{50}/_{51}$.

### Cap. I.

Bedarf des Landraths.

§. 1. Taggebühren und.

|  | fl. | kr. | pf. |
|---|---|---|---|
| Reisekosten der Land-räthe | 1,216 | — | — |
| §. 2. Regiekosten der Landrathsversamm-lung | 500 | — | — |
| Summa des Cap. I. | 1,716 | — | — |

### Cap. II.

Erziehung und Bildung.

|  | fl. | kr. | pf. |
|---|---|---|---|
| §. 1. Deutsche Schulen | 99,516 | 52 | 2 |
| §. 2. Isolirte Latein-schulen | 1,502 | 51 |  |
| §. 3. Sonstige Anstal-ten für Erziehung u. Bildung: |  |  |  |
| a) Zeichnungsschule in Oberammergau | 50 | — | — |
| b) Taubstummenschu-le in München | 800 | — | — |
| c) Besondere Anstal-ten für Erziehung und den Unter-richt der weibli-chen Jugend: |  |  |  |
| aa) fundations- und dotationsmäßi-ge Reichnisse | 1,554 | — | — |

| | fl. | kr. | pf. |
|---|---|---|---|
| bb) sonstige Unterstützungen | 1,235 | — | — |

§. 4. Freiplätze

| | fl. | kr. | pf. |
|---|---|---|---|
| a) für Zöglinge in dem Erziehungs-Institute für Studierende in München | 1,200 | — | — |
| b) für Zöglinge in dem Centraltaubstummen-Institute in München | 250 | — | — |
| c) für Zöglinge in dem Blinden-Institute in München | 250 | — | — |
| §. 5. Reserve für Erziehung und Bildung | 3,992 | 56 | 3 |
| Summa des Cap. II. | 110,351 | 40 | 1 |

### Cap. III.

#### Industrie und Cultur.

§. 1. Landwirthschafts- und Gewerbsschulen

a) Beiträge zur Bestreitung der Personal- und Real-Exigenz:

| | fl. | kr. | pf. |
|---|---|---|---|
| aa) in München | 6,785 | — | — |
| bb) in Freysing | 3,770 | — | — |
| b) Diäten und Reisekosten der Prüfungs-Commissäre | 200 | — | — |
| §. 2. Ackerbauschulen | 1,000 | — | — |
| §. 3. Baugewerksschule in München | 1,500 | — | — |

§. 4. Stipendien für Zöglinge an technischen Schulen:

| | fl. | kr. | pf. |
|---|---|---|---|
| a) an der polytechnischen Schule in München | 600 | — | — |
| b) an der Landwirthschafts- und Gewerbs-Schule in Schleißheim | 630 | — | — |
| §. 5. Freiplätze an der Anstalt für krüppelhafte Kinder in München | 520 | — | — |

§. 6. Sonstige Ausgaben für Industrie und Cultur:

| | fl. | kr. | pf. |
|---|---|---|---|
| a) zur Beförderung der Seidenzucht | 100 | — | — |
| b) zur Beförderung des Flachsbaues | | | |

|  | fl. | fr. | pf. |
|---|---|---|---|
| und der Leinwand= fabrikation | 200 | — | — |
| c) für Saamenver= theilung | 200 | — | — |
| d) für Beförderung der Rindviehzucht | 300 | — | — |
| Summe des Cap. III. | 15,805 | — | — |

### Cap. IV.
#### Gesundheit.

|  | fl. | fr. | pf. |
|---|---|---|---|
| §. 1. Kreis=Irren=An= stalt | 6,000 | — | — |
| §. 2. Gebäranstalt in München | 10,000 | — | — |
| Summe des Cap. IV. | 16,000 | — | — |

### Cap. V.
#### Wohlthätigkeit.

|  | fl. | fr. | pf. |
|---|---|---|---|
| §. 1. Armen= und Be= schäftigungs=Anstal= ten | 500 | — | — |
| §. 2. Unterstützung ent= laffener Sträflinge und Correctionäre | 300 | — | — |
| Summe des Cap. V. | 800 | — | — |

### Cap. VI.
#### Straßen= und Wasserbau.

|  | fl. | fr. | pf. |
|---|---|---|---|
| §. 1. Beiträge zur Her= stellung und Unter= haltung der Districts= straßen | 15,000 | — | — |
| §. 2. Beiträge zur Be= streitung der Kosten von Wasserbauten, welche den Gemein= den obliegen | 10,000 | — | — |
| Summe des Cap. VI. | 25,000 | — | — |

### Cap. VII.

|  | fl. | fr. | pf. |
|---|---|---|---|
| Allgemeiner Reserve= fond | 2,073 | 46 | 2 |
| Summe des Cap. VII. | 2,073 | 46 | 2 |
| Hiezu „ „ „ VI. | 25,000 | — | — |
| „ „ „ „ V. | 800 | — | — |
| „ „ „ „ IV. | 16,000 | — | — |
| „ „ „ „ III. | 15,805 | — | — |
| „ „ „ „ II. | 110,351 | 40 | 1 |
| „ „ „ „ I. | 1,716 | — | — |
| Gesammt=Summe der Kreis=Ausgaben für das Jahr 18⁵⁰/₅₁ | 171,746 | 26 | 3 |

### IV.
#### Deckungsmittel.

Zur Deckung des voranstehenden Be=

.25

| | fl. | kr. | pf. |
|---|---|---|---|

darfes sind für jedes der Jahre 18⁴⁹/₅₀ und 18⁵⁰/₅₁ folgende Mittel gegeben:

§. 1. Die auf speciellen Rechtstiteln beruhenden Fundations- u. Dotations-Beiträge des Staates mit ......... 6,552 47 3

§. 2. Der durchlaufende Anschlag ärarialischer Dienstwohnungen u. Dienstgründe mit ......... 136 — —

§. 3. Die Leistungen der Staatscasse für ständige Bauausgaben ......... 101 — —

§. 4. Die aus der Staatscasse nach dem Budget zu entrichtende Kreis-Schul-Dotation für die deutschen Schulen und für die isolirten lateinischen Schulen mit ......... 43,091 56 —

§. 5. Ein weiterer Zuschuß aus der Staatscasse für Erziehung und Bildung nach Maßgabe des ordentlichen und außerordentlichen Budgets mit ......... 11,453 39 3

§. 6. Ein Zuschuß aus der Staatscasse für Industrie und Cultur nach Maßgabe des außerordentlichen Budgets mit ......... 1500 — —

§. 7. Besondere Einnahmsquellen, nämlich die Renten des allgemeinen deutschen Schulfondes von Oberbayern nach Abzug der Verwaltungskosten mit ......... 27,519 13 1

§. 8. Eine Kreisumlage von 5½ pCt. der oben unter Abschnitt II. bezeichneten Steuerprincipalsumme nach Abzug der Verwaltungskosten, Rückstände und Nachlässe mit ......... 79,391 50 —

deren Erhebung Wir hieburch genehmigen.

Gesammt-Summe der Deckungsmittel ......... 171,746 26 3

## V.

Auf die bei der Prüfung der Voranschläge der Kreisausgaben für die Jahre 18⁴⁹/₅₀ und 18⁵⁰/₅₁ erfolgten und außerdem im allgemeinen Protokolle niedergelegten Aeußerungen und Anträge des Landrathes ertheilen Wir folgende Entschließungen:

1) Wir genehmigen die von dem Landrathe für das Jahr 18⁵⁰/₅₁ beantragte Unterstützung der Institute der englischen Fräulein zu Schäftlarn mit 100 fl. und zu Berg am Laim mit 50 fl. und haben deßhalb den Betrag mit 150 fl. für das Jahr 18⁵⁰/₅₁ unter die Beiträge an die besonderen Anstalten für Erziehung und Unterricht der weiblichen Jugend aufnehmen lassen, wogegen die von dem Landrathe beanstandete Unterstützung des Instituts der Salesianerinnen zu Dietramszell für die Jahre 18⁴⁹/₅₀ und 18⁵⁰/₅₁ in Reserve gestellt worden ist.

2) Die in dem Erziehungsinstitute für Studierende in München mit 1200 fl. aus Kreismitteln dotirten vier ganzen oder acht halben Freiplätze sollen künftighin von Unserer Regierung von Oberbayern ausschließend an Angehörige des oberbayerischen Kreises verliehen und die desfallsigen Nachweisungen dem Landrathe mitgetheilt werden.

3) Bei der Beanstandung des Ansatzes von 200 fl. für Diäten und Reisekosten der Prüfungscommissäre an den Landwirthschafts- und Gewerbsschulen und der Begutachtung eines Betrages von 100 fl. für diesen Zweck hat der Landrath lediglich im Auge gehabt, daß der Aufwand für jene Diäten und Reisekosten im Jahre 18⁴⁸/₄₉ blos 96 fl. 30 kr. betrug, dabei aber unbeachtet gelassen, daß im Jahre 18⁴⁷/₄₈ eine Ausgabe hierauf von 216 fl. 48 kr. erwuchs, und daß seit einer Reihe von Jahren die Kreisbudgets einen Ansatz von 200 fl. für den bezeichneten Zweck enthalten.

Da anzunehmen ist, daß der Landrath bei Beachtung dieser beiden Umstände dem Ansatze von 200 fl. seine Zustimmung nicht versagt hätte, so haben Wir vorerst noch den bisherigen Ansatz von 200 fl. in die Voranschläge der Kreisausgaben für die Jahre 18⁴⁹/₅₀ und 18⁵⁰/₅₁ aufnehmen lassen.

4) Wir beauftragen Unsere Regierung von Oberbayern, Kammer des Innern, die Bedenken, welche gegen die Modalitäten der beabsichteten Errichtung von Ackerbauschulen, vielmehr eines landwirthschaftlichen Unterrichtes an musterhaft bewirthschafteten Privat-Oekonomiegütern des Kreises von dem Landrathe angeregt worden sind, benehmlich mit dem Kreiscomité des

landwirthschaftlichen Vereins einer sorgfältigen Prüfung zu unterstellen und das
Ergebniß mit gutachtlichem Berichte vorzulegen. Die deßhalb aufgenommene durch
den Zuschuß aus Centralfonds für Cultur
vollständig gedeckte Position von 1000 fl.
für jedes der beiden Jahre $18^{49}/_{50}$ und
$18^{50}/_{51}$ wollen Wir hiebei dem erwähnten
Zwecke ausdrücklich vorbehalten wissen.

5) Die Anordnung allgemeiner die
Verbesserung der vorzugsweise wichtigen
Rindviehzucht bezielenden Maßregeln unter-
liegt gegenwärtig der Berathung, wobei
der Vorschlag des Landrathes, daß der in
Unserer allerhöchsten Entschließung vom
21. November 1850 für Ankauf von Zucht-
stieren enthaltene Ansatz von 300 fl. zur
Vertheilung von Ermunterungsprämien für
Viehzucht verwendet werde, die entsprechende
Würdigung finden wird.

Die wirkliche Verwendung der für die
Jahre $18^{49}/_{50}$ und $18^{50}/_{51}$ eingestellten vorerwähnten Etatssumme hat hienach bis zur
weiteren Verfügung hierüber, welche dem-
nächst erfolgen wird, vorläufig ausgesetzt zu
bleiben.

6) Durch die von dem Landrathe gemachten Erinnerungen gegen die Errichtung
einer Kreis-Irrenanstalt in Indersdorf ist
zu Unserem Bedauern die Errichtung

einer solchen höchst dringenden Anstalt abermals in die Ferne gerückt worden.

Mit Rücksicht auf die Anträge des
Landrathes ertheilen Wir nun Unserer
Regierung von Oberbayern, Kammer des
Innern, die Weisung, die Verhandlungen
wegen Einrichtung des Irrenhauses in Giesing für eine Kreis-Irrenanstalt wieder aufzunehmen, gleichzeitig die Ermittlung eines
anderen, für diesen Zweck geeigneten Be-
sitzthumes einzuleiten, in beiden Beziehungen
eventuelle Vereinbarungen mit den Eigen-
thümern unter Vorbehalt der erforderlichen
Genehmigung zu versuchen, sofort Pläne
und Kostenvoranschläge für die zu errichtende Anstalt anfertigen zu lassen und überhaupt alle nöthigen Vorarbeiten in der Art
zu beschleunigen, daß der nächsten Landraths-Versammlung umfassende Vorlagen
gemacht, und dieselbe mit ihrem Gutachten
vernommen werden könne.

Sollte endlich die Erwerbung des Irrenhauses in Giesing oder eines anderen
Gebäudes sich nicht als thunlich oder räthlich zeigen, so sind Pläne und Kostenvoranschläge für einen Neubau auf einer geeigneten Oertlichkeit mit Rücksicht auf das
Bedürfniß des Kreises herzustellen.

Nachdem übrigens der Landrath seine
Zustimmung ertheilt hat, daß der auf Anfertigung der Pläne und Kostenanschläge
für Entsumpfung des Glonthales erwachsene

Aufwand von 191 fl. 46 kr. aus den für
Errichtung einer Kreis-Irrenanstalt auge-
sammelten Fonds berichtiget werde, so hat
die Verrechnung jenes Aufwandes auf die
bezeichneten Fonds zu geschehen.

### VI.
### Besondere Wünsche und Anträge.

Auf die in dem besonderen Protokolle
niedergelegten Wünsche und Anträge erwiedern Wir, insoweit dieselben auf Gegenstände des landräthlichen Wirkungskreises
sich beziehen, was folgt:

1) Unsere Regierung von Oberbayern, Kammer des Innern, hat bereits
am 18. Mai 1849 Fürsorge getroffen, daß
die Grundetats der Stiftungen nach Maßgabe der durch die Grundrenten-Ablösung
herbeigeführten Aenderungen des Stiftungsvermögens berichtigt werden.

2) Der Verkehr über die Karolinen-
brücke zu Landsberg ist durch zweckmäßige
bauliche Vorkehrungen gefahrlos erhalten.
Uebrigens soll zu dem Neubaue dieser Brücke,
sobald die erforderlichen Mittel budgetmäßig
gegeben seyn werden, ungesäumt geschritten
werden.

3) Bei dem Vorbringen des Landrathes, daß die bestehenden Verordnungen
über Unterlassung körperlicher Arbeiten an
Sonn- und Feiertagen in mehreren Fabri-
ken und Werkstätten übertreten, dann daß
namentlich auf dem Lande die Polizeistunde
an Sonn- und Feiertagen nicht eingehalten,
und die verordnungsmäßige Dauer der Tanz-
musiken an vielen Orten weit überschritten
werde, haben Wir die Anführung specieller
Thatsachen, sowie die nähere Bezeichnung
von Ortschaften und Amtsbezirken vermißt,
ohne welche Anführung und Bezeichnung
die erforderliche Abhilfe durch angemessene
Einschreitung nicht gewährt werden kann.

Wir tragen übrigens Unserer Kreisregierung, Kammer des Innern, auf, die
einschlägigen Verordnungen, soweit solches
nicht bereits geschehen, wiederholt einschär-
fen zu lassen, die Vorstände der Districts-
Polizeibehörden zu deren genauem Vollzuge
ernstlich anzuweisen, und die Unterbehörden
in ihrer desfallsigen Thätigkeit sorgfältig
zu überwachen.

4) Den von dem Landrathe ausge-
sprochenen Wunsch bezüglich der Hebung
des Vorbereitungs-Unterrichtes für das
Schullehrer-Seminar werden Wir einer
sorgfältigen Erwägung unterstellen, und
darnach sachgemäße Anordnungen treffen.

5) Wir tragen Unserer Kreisregierung, Kammer des Innern, auf, die Bau-

pflicht bezüglich der an der Mangfall zwischen Aibling und der Schwaigerbrücke erforderlichen Uferschutzbauten zu ermitteln,
beziehungsweise die deßfalls bereits getroffenen Einleitungen fortzusetzen, und sodann
zum Zwecke der Herstellung jener Bauten
wohlbemessene Anträge zu stellen.

    Riva, ben 11. April 1851.

Indem Wir gegenwärtigen Abschied
ertheilen, verbinden Wir gerne die Anerkennung der wohlgeordneten Geschäftsbe-
handlung des Landrathes und seiner bewährten guten Gesinnung mit der wiederholten Versicherung Unserer Königlichen
Huld und Gnade.

## Mag.

v. d. Pfordten. v. Kleinschrod. Dr. v. Aschenbrenner. Dr. v. Ringelmann. v. Lüder. v. Zwehl.

Nach dem Befehle
**Seiner Majestät des Königs:**
der General-Secretär des Staatsraths
Geh. v. Kobell.

---

### Bekanntmachung,

den Schuldenstand sämmtlicher Gemeinden des
Königreichs am Schlusse des Verwaltungsjahres
18⁴⁸/₄₉ betreffend.

### Staatsministerium des Innern.

In der nachstehenden Uebersicht werden
die Ergebnisse der Schuldentilgung in den
sämmtlichen Stadt-, Markt- und Landgemeinden des Königreichs nach den Rech-

nungs-Abschlüssen des Jahres 18⁴⁸/₄₉ zur
öffentlichen Kenntniß gebracht.

    München, den 19. März 1851.

**Auf Seiner Königlichen Majestät
allerhöchsten Befehl.**

v. Zwehl.

Durch den Minister
der General-Secretär,
Ministerialrath Epplen.

# Zusammenstellung

des

## Schulden-Standes

sämmtlicher

## Stadt-, Markt- und Land-Gemeinden

des

## Königreiches

nach dem

Rechnungs-Abschlusse

von

**18 $\frac{48}{49}$.**

<hr/>

| des Regierungsbezirks. | Benennung der Gemeinden. | Schuldenlast des Jahres 1847/48 | | | | | | | | | Eingewiesener Schulden-Tilgungs-Fond | | | | | |
|---|---|---|---|---|---|---|---|---|---|---|---|---|---|---|---|---|
| | | nach dem Rechnungs-Abschlusse für 1847/48. | | | Zugang durch neuerliche Liquidation und Recherchen. | | | Summa. | | | a. nach dem Tilgungsplan. | | | b. nach dem wirklichen Anfalle. | | |
| | | fl. | kr. | hl. | fl. | kr. | hl. | fl. | kr. | hl. | fl. | kr. | hl. | fl. | kr. | hl. |
| Oberbayern. | Unmittelbare Städte | 2,444,616 | 15 | 6 | — | | | 2,444,616 | 15 | 6 | 165,000 | | | 178,696 | 42 | — |
| | Uebrige Städte und Märkte mit magistratischer Verfassung. | 429,218 | 11 | 7 | 27,109 | 20 | 6 | 456,327 | 32 | 5 | 47,411 | 14 | — | 53,389 | 10 | 7 |
| | Landgemeinden | 160,429 | 49 | 3 | 1,300 | — | | 161,729 | 49 | 3 | 13,820 | 12 | — | 14,579 | 18 | 1 |
| | Summa | 3,034,264 | 17 | — | 28,409 | 20 | 6 | 3,062,673 | 37 | 6 | 226,231 | 26 | — | 246,665 | 11 | — |
| Niederbayern. | Unmittelbare Städte | 297,158 | 52 | 6 | — | | | 297,158 | 52 | 6 | 19,050 | — | — | 29,641 | 39 | 4 |
| | Uebrige Städte und Märkte mit magistratischer Verfassung. | 171,025 | 6 | 2 | 3 | 43 | — | 171,028 | 49 | 2 | 19,626 | 49 | — | 20,108 | 14 | — |
| | Landgemeinden | 28,979 | 6 | — | | | | 28,979 | 6 | — | 2,867 | 33 | — | 2,817 | 24 | — |
| | Summa | 497,163 | 5 | — | 3 | 43 | — | 497,166 | 48 | — | 41,543 | 22 | — | 52,567 | 17 | 4 |
| Pfalz. | Städte mit 500 Familien und darüber | 14,464 | 8 | — | | | | 14,464 | 8 | — | 2,305 | | | 605 | | |
| | Uebrige Gemeinden | 17,779 | 2 | — | 356 | 24 | — | 18,135 | 26 | — | 2,858 | 25 | — | 1,264 | 49 | — |
| | Summa | 32,243 | 10 | — | 356 | 24 | — | 32,599 | 34 | — | 5,163 | 25 | — | 1,869 | 49 | — |
| Oberpfalz und Regensburg. | Unmittelbare Städte | 70,588 | 30 | — | — | | | 70,588 | 30 | — | 8,747 | 48 | — | 3,427 | 48 | — |
| | Uebrige Städte und Märkte mit magistratischer Verfassung. | 77,271 | 16 | 6 | 450 | — | | 77,721 | 16 | 6 | 9,194 | 16 | 5 | 7,494 | — | 6 |
| | Landgemeinden | 7,805 | 31 | 3 | — | | | 7,805 | 31 | 3 | 1,163 | 59 | 4 | 1,162 | 25 | 4 |
| | Summa | 155,665 | 18 | 1 | 450 | — | | 156,115 | 18 | 1 | 19,106 | 4 | 1 | 12,064 | 14 | 3 |

| Im Jahre 18⁴⁸/₄₉ wurden verwendet | | | Betrag der hierauf noch verbleibenden Schulden. | | | Schulden-Zugang im Jahre 18⁴⁸/₄₉. | | | Summa des Gesammt-Schuldenstandes bei dem Rechnungs-schlusse des Jahres 18⁴⁷/₄₉. | | |
|---|---|---|---|---|---|---|---|---|---|---|---|
| a. auf Zinsenzahlung. | b. auf Abtragung von Capitalien. | c. Summa. | | | | | | | | | |
| fl. \| fr. \| bl. | fl. \| fr. \| bl. | fl. \| fr. \| bl. | fl. | fr. | bl. | fl. | r. | bl. | fl. | fr. | bl. |
| 83,114 42 — | 90,582 — — | 178,696 42 — | 2,354,034 | 15 | 6 | 675 | — | — | 2,354,709 | 15 | 6 |
| 13,436 19 6 | 39,137 12 — | 52,573 31 6 | 417,190 | 20 | 5 | 11,169 | 30 | 4 | 428,359 | 51 | 1 |
| 5,890 21 5 | 8,688 56 4 | 14,579 18 1 | 153,040 | 52 | 7 | 1,709 | — | — | 154,749 | 52 | 7 |
| 107,441 23 3 | 138,408 8 4 | 245,849 31 — | 2,924,265 | 29 | 2 | 13,553 | 30 | 4 | 2,937,818 | 59 | 6 |
| 8,695 21 — | 19,708 45 4 | 28,404 6 4 | 277,450 | 7 | 2 | — | — | — | 277,450 | 7 | 2 |
| 5,720 31 2 | 14,139 20 4 | 19,859 51 6 | 156,889 | 28 | 6 | — | — | — | 156,889 | 28 | 6 |
| 920 17 4 | 1,897 6 4 | 2,817 24 — | 27,081 | 59 | 4 | — | — | — | 27,081 | 59 | 4 |
| 15,336 9 6 | 35,745 12 4 | 51,081 22 2 | 461,421 | 35 | 4 | — | — | — | 461,421 | 35 | 4 |
| 605 — — | — — — | 605 — — | 14,464 | 8 | — | — | — | — | 14,464 | 8 | — |
| 326 3 — | 938 46 — | 1,264 49 — | 17,196 | 40 | — | — | — | — | 17,196 | 40 | — |
| 931 3 — | 938 46 — | 1,869 49 — | 31,660 | 48 | — | — | — | — | 31,660 | 48 | — |
| 3,235 42 6 | 1,218 — — | 4,453 42 6 | 69,370 | 30 | — | 20,550 | — | — | 89,920 | 30 | — |
| 2,259 58 6 | 5,085 2 4 | 7,345 1 2 | 72,636 | 14 | 2 | — | — | — | 72,636 | 14 | 2 |
| 257 52 4 | 904 33 — | 1,162 25 4 | 6,900 | 58 | 3 | — | — | — | 6,900 | 58 | 3 |
| 5,753 34 — | 7,207 35 4 | 12,961 9 4 | 148,907 | 42 | 5 | 20,550 | — | — | 169,457 | 42 | 5 |

| des Regierungs-bezirkes. | Benennung der Gemeinden. | Schuldeulast des Jahres 1847/48 nach dem Rechnungs-Abschlusse für 1847/48. | | | Zugang durch neuerliche Liquidation und Recherchen. | | | Summa. | | | Eingewiesener Schulden-Tilgungs-Fond a. nach dem Tilgungsplan | | | b. nach dem wirklichen Anfalle. | | |
|---|---|---|---|---|---|---|---|---|---|---|---|---|---|---|---|---|
| | | fl. | kr. | hl. | fl. | kr. | hl. | fl. | kr. | hl. | fl. | kr. | hl. | fl. | kr. | hl. |
| Oberfranken. | Unmittelbare Städte | 207,655 | 38 | 4 | — | | | 207,655 | 38 | 4 | 28,627 | 36 | | 36,824 | 55 | 7 |
| | Uebrige Städte und Märkte mit magistratischer Verfassung | 242,111 | 20 | | — | | | 242,111 | 20 | | 24,283 | 45 | 6 | 19,153 | 47 | 3 |
| | Landgemeinden | 178,944 | 33 | 1 | 5,084 | 59 | 4 | 184,029 | 32 | 5 | 20,845 | 48 | | 16,157 | 2 | 2 |
| | Summa | 628,711 | 31 | 5 | 5,084 | 59 | 4 | 633,796 | 31 | 1 | 73,757 | 9 | 6 | 72,135 | 45 | 4 |
| Mittelfranken. | Unmittelbare Städte | 771,180 | 14 | 6 | — | | | 171,180 | 14 | 6 | 80,571 | 33 | | 83,674 | 4 | 2 |
| | Uebrige Städte und Märkte mit magistratischer Verfassung | 86,248 | 42 | 6 | — | | | 86,248 | 42 | 6 | 11,948 | 44 | | 11,602 | 21 | 2 |
| | Landgemeinden | 200,425 | 59 | 7 | — | | | 200,425 | 59 | 7 | 38,300 | 48 | 4 | 36,809 | 39 | — |
| | Summa | 1,057,854 | 57 | 3 | — | | | 1,057,854 | 57 | 3 | 130,821 | 5 | 4 | 132,086 | 4 | 4 |
| Unterfranken und Aschaffenburg. | Unmittelbare Städte | 1,354,645 | 33 | | — | | | 1,354,645 | 33 | | 78,667 | 10 | | 89,304 | 44 | 6 |
| | Uebrige Städte und Märkte mit magistratischer Verfassung | 391,395 | 52 | 4 | — | | | 391,395 | 52 | 4 | 35,588 | 41 | 6 | 45,191 | 28 | 4 |
| | Landgemeinden | 1,751,053 | 3 | | 814 | 12 | | 1,751,867 | 15 | 4 | 169,006 | 31 | 4 | 180,482 | 51 | 3 |
| | Summa | 3,497,094 | 28 | 4 | 814 | 12 | | 3,497,908 | 41 | | 282,261 | 23 | 2 | 314,979 | 4 | 5 |
| Schwaben und Neuburg. | Unmittelbare Städte | 252,963 | 32 | 6 | 20,340 | 50 | | 273,304 | 22 | 6 | 17,956 | 16 | 6 | 31,829 | 51 | 4 |
| | Uebrige Städte und Märkte mit magistratischer Verfassung | 312,163 | 35 | 2 | 1,486 | 40 | | 313,650 | 15 | 2 | 33,489 | 46 | 2 | 32,377 | 38 | 4 |
| | Landgemeinden | 812,395 | 35 | 5 | 15,418 | 48 | | 827,814 | 23 | 5 | 87,971 | 6 | 2 | 89,799 | 35 | 1 |
| | Summa | 1,377,522 | 43 | 5 | 37,246 | 18 | | 1,414,769 | 1 | 5 | 139,367 | 9 | 2 | 154,007 | 5 | 1 |

| Im Jahre 18⁴⁸/₄₉ wurden verwendet | | | | | | | | | Betrag der hierauf noch verbleibenden Schulden. | | | Schulden-Zugang im Jahre 184⁷/₄₉. | | | Summa des Gesammt-Schuldenstandes bei dem Rechnungs-schlusse des Jahres 184⁷/₄₉. | | |
|---|---|---|---|---|---|---|---|---|---|---|---|---|---|---|---|---|---|
| a. auf Zinszahlung | | | b. auf Abtragung von Capitalien. | | | c. Summa. | | | | | | | | | | | |
| fl. | fr. | hl. | fl. | fr. | hl. | fl. | fr. | hl. | fl. | fr. | hl. | fl. | fr. | hl. | fl. | fr. | hl. |
| 11,697 | 37 | — | 16,881 | 59 | 4 | 28,579 | 36 | 4 | 190,773 | 39 | — | 77,892 | 37 | — | 268,066 | 16 | — |
| 9,696 | 56 | 5 | 7,906 | 12 | 6 | 17,603 | 9 | 3 | 234,205 | 7 | 2 | — | | | 234,205 | 7 | 2 |
| 8,070 | 23 | 3 | 8,086 | 38 | 7 | 16,157 | 2 | 2 | 175,942 | 53 | 6 | 800 | | | 176,742 | 53 | 6 |
| 29,464 | 57 | — | 32,874 | 51 | 1 | 62,339 | 48 | 1 | 600,921 | 40 | — | 78,692 | 37 | — | 679,614 | 17 | — |
| 27,661 | 8 | 6 | 31,678 | 44 | 6 | 59,339 | 53 | 4 | 739,501 | 30 | — | 61,422 | 52 | 4 | 800,924 | 22 | 4 |
| 2,624 | 33 | 6 | 8,738 | 44 | 4 | 11,363 | 18 | 2 | 77,509 | 38 | 2 | 4,984 | 12 | | 82,494 | 10 | 2 |
| 6,600 | 23 | 2 | 31,220 | 31 | 2 | 37,820 | 54 | 4 | 169,205 | 28 | 5 | 16,802 | 21 | 2 | 186,007 | 49 | 7 |
| 36,886 | 5 | 6 | 71,638 | — | 4 | 108,524 | 6 | 2 | 986,216 | 56 | 4 | 83,209 | 25 | 6 | 1,069,426 | 22 | 5 |
| 42,082 | 52 | 4 | 28,803 | — | — | 70,885 | 52 | 4 | 1,325,842 | 33 | — | — | | | 1,325,842 | 33 | — |
| 13,615 | 23 | 2 | 11,898 | 55 | 2 | 25,514 | 18 | 4 | 379,496 | 57 | 2 | 19,000 | — | | 398,496 | 57 | 2 |
| 67,040 | 53 | — | 97,883 | 24 | 7 | 164,924 | 17 | 7 | 1,653,983 | 50 | 5 | 8,240 | 30 | | 1,662,224 | 20 | 5 |
| 122,739 | 8 | 6 | 138,585 | 20 | 1 | 261,324 | 28 | 7 | 3,359,323 | 20 | 7 | 27,240 | 30 | | 3,386,563 | 50 | 7 |
| 8,613 | 3 | 4 | 24,325 | 59 | 4 | 32,939 | 3 | — | 248,978 | 23 | 2 | — | | | 248,978 | 23 | 2 |
| 11,890 | 33 | 4 | 17,027 | 4 | 4 | 28,917 | 38 | — | 296,623 | 10 | 6 | 11,950 | — | — | 308,573 | 10 | 6 |
| 32,034 | 58 | 1 | 57,158 | 48 | 5 | 89,193 | 46 | 6 | 770,655 | 35 | — | 250 | — | — | 770,905 | 35 | — |
| 52,538 | 35 | 1 | 98,511 | 52 | 5 | 154,050 | 27 | 3 | 1,316,257 | 9 | — | 42,200 | — | — | 1,328,457 | 9 | — |

26*

| Benennung der Regierungsbezirke | Schuldenlast des Jahres 1847/48 | | | | | | | | | Eingewiesener Schulden-Tilgungs-Fond | | | | | |
| --- | --- | --- | --- | --- | --- | --- | --- | --- | --- | --- | --- | --- | --- | --- | --- |
| | nach dem Rechnungs-Abschluße für 1847/48 | | | Zugang durch neuerliche Liquidation und Recherchen | | | Summa. | | | a. nach dem Tilgungsplan. | | | b. nach dem wirklichen Anfalle. | | |
| | fl. | kr. | hl. | fl. | kr. | hl. | fl. | kr. | hl. | fl. | kr. | hl. | fl. | kr. | hl. |
| | | | | | | | | | | Zusammen | | | | | |
| Oberbayern . . . . | 3,034,264 | 17 | — | 28,409 | 20 | 6 | 3,062,673 | 37 | 6 | 226,231 | 26 | — | 246,665 | 11 | — |
| Niederbayern . . . | 497,163 | 5 | — | 3 | 43 | — | 497,166 | 48 | — | 41,543 | 22 | — | 52,567 | 17 | 4 |
| Pfalz . . . . . . | 32,243 | 10 | — | 356 | 24 | — | 32,599 | 34 | — | 5,163 | 25 | — | 1,869 | 49 | — |
| Oberpfalz u. Regensburg | 155,665 | 18 | 1 | 450 | — | — | 156,115 | 18 | 1 | 19,106 | 4 | 1 | 12,084 | 14 | 2 |
| Oberfranken . . . | 628,711 | 31 | 5 | 5,084 | 59 | 4 | 633,796 | 31 | 1 | 73,757 | 9 | 6 | 72,135 | 45 | 4 |
| Mittelfranken . . . | 1,057,854 | 57 | 3 | — | | | 1,057,854 | 57 | 3 | 130,821 | 5 | 4 | 132,086 | 4 | 4 |
| Unterfranken u. Aschaffenb. | 3,497,094 | 28 | 4 | 814 | 12 | 4 | 3,497,908 | 41 | — | 282,261 | 23 | 2 | 314,979 | 4 | 5 |
| Schwaben und Neuburg | 1,377,522 | 43 | 4 | 37,246 | 18 | — | 1,414,769 | 1 | 5 | 139,367 | 9 | 2 | 154,007 | 5 | 7 |
| Summa | 10280519 | 31 | 2 | 72,364 | 57 | 6 | 10352884 | 29 | — | 918,251 | 4 | 7 | 986,394 | 32 | 2 |

| Im Jahre 1848/49 wurden verwendet | | | | | | | | | Betrag der hierauf noch verbleibenden Schulden. | | | Schulden-Zugang im Jahre 1848/49. | | | Summa des Gesammt-Schuldenstandes bei dem Rechnungs-schlusse des Jahres 1848/49. | | |
|---|---|---|---|---|---|---|---|---|---|---|---|---|---|---|---|---|---|
| a. auf Zinszahlung. | | | b. auf Abtragung von Capitalien. | | | c. Summa. | | | | | | | | | | | |
| fl. | fr. | hl. | fl. | fr. | hl. | fl. | fr. | hl. | fl. | fr. | hl. | fl. | fr. | hl. | fl. | fr. | hl. |
| Stellung. | | | | | | | | | | | | | | | | | |
| 107,441 | 28 | 3 | 138,408 | 8 | 4 | 245,849 | 31 | 7 | 2,924,265 | 29 | 2 | 13,553 | 30 | 4 | 2,937,818 | 59 | 6 |
| 15,336 | 9 | 6 | 35,745 | 12 | 4 | 51,081 | 22 | 2 | 461,421 | 35 | 4 | — | | | 461,421 | 35 | 4 |
| 931 | 3 | — | 938 | 46 | — | 1,869 | 49 | — | 31,660 | 48 | — | — | | | 31,660 | 48 | — |
| 5,753 | 34 | — | 7,207 | 35 | 4 | 12,961 | 9 | 4 | 148,907 | 42 | 5 | 20,550 | | | 169,457 | 42 | 5 |
| 29,464 | 57 | — | 32,874 | 51 | 1 | 62,339 | 48 | 1 | 600,921 | 40 | — | 78,692 | 37 | — | 679,614 | 17 | — |
| 36,886 | 5 | 6 | 71,638 | | 4 | 108,524 | 6 | 2 | 986,216 | 56 | 7 | 83,209 | 25 | 6 | 1,069,426 | 22 | 5 |
| 122,739 | 8 | 6 | 138,585 | 20 | 1 | 261,324 | 28 | 7 | 3,359,323 | 20 | 7 | 27,240 | 30 | — | 3,386,563 | 50 | 7 |
| 52,538 | 35 | 1 | 98,511 | 52 | 5 | 151,050 | 27 | 6 | 1,316,257 | 9 | — | 12,200 | | | 1,328,457 | 9 | — |
| 371,090 | 56 | 6 | 523,909 | 46 | 7 | 895,000 | 43 | 5 | 9,828,974 | 42 | 1 | 235,446 | 3 | 2 | 10,064,420 | 45 | 2 |

### Dienstes-Nachrichten.

Seine Majestät der König haben Sich allergnädigst bewogen gefunden, den bisherigen Feldwebel der k. Gendarmerie-Compagnie der Haupt- und Residenzstadt, Michael Schwarz, vom 1. April l. Js. anfangend zum k. Residenz-Polizei-Officianten zu ernennen, dann

unter'm 11. April l. Js. den Postofficialen Johann Schaub zu Würzburg auf den Grund des §. 19 der IX. Beilage zur Verfassungsurkunde in den temporären Ruhestand zu versetzen, und

den Functionär Christoph Ziegler in Regensburg zum Officialen bei dem Betriebsamte der Donaudampfschifffahrt zu Regensburg in provisorischer Eigenschaft zu ernennen.

### Pfarreien- und Beneficien-Verleihungen; Präsentations-Bestätigungen.

Seine Majestät der König haben unter'm 11. April l. Js. die nachgenannten katholischen Pfarreien- und Beneficien zu verleihen geruht, und zwar:

die Pfarrei Altendorf, Landgerichts Nabburg, dem Priester Joseph Grabinger, Pfarrer zu Saltendorf, Landgerichts Burglengenfeld;

das Frühmeß-Beneficium zu Wertingen, Landgerichts gleichen Namens, dem Priester Johann Evangelist Haller, Hilfspriester zu Unsers-Herrn-Ruhe, Landgerichts Friedberg;

die Pfarrei Missen, Landgerichts Immenstadt, dem Priester Joseph Höß, Pfarrer zu Balderschwang, des genannten Landgerichts;

die Pfarrei Uebersee, Landgerichts Traunstein, dem Priester Johann Baptist Krimer, Pfarrer zu Berbling, Landgerichts Aibling;

die Pfarrei Unteralting, Landgerichts Starnberg, dem Priester Sebastian Daubenmerkl, Beneficiat zu Eberspaint, Landgerichts Vilsbiburg, und

die Pfarrei Huttenwang, Landgerichts Obergünzburg, dem Priester Cölestin Hofer, Beneficiat zu Langenerringen, Landgerichts Schwabmünchen.

Seine Majestät der König haben unter'm 11. April l. Js. allergnädigst zu genehmigen geruht, daß behufs der Realisirung des von dem Priester Franz Autsch, Pfarrer zu Darstadt, Landgerichts Ochsenfurt und dem Priester Aemilian Schönig, Beneficiaten zu Bieberehren, Landgerichts Aub, eingeleiteten Pfründetausches das Beneficium ad Stam. Crucem zu Bieberehren von dem hochwürdigen Herrn Bischofe von Würzburg dem erstgenannten Priester Franz Autsch,

die katholische Pfarrcuratie in Lengen-
wang, Landgerichts Füßen, von dem hochwürdigen Herrn Bischofe von Augsburg
dem Priester Lorenz Rehm, Pfarrvicar
zu Diemantstein, Gerichts- und Postzeibe-
hörde Bissingen,

die Pfarrcuratie Gambach, Landgerichts Karlstadt, von dem hochwürdigen
Herrn Bischofe von Würzburg dem seitherigen Vicar derselben, Priester Friedrich
Sauer,

das Frühmeß-Beneficium zu Jengen,
Landgerichts Buchloe, von dem hochwürdigen Herrn Bischofe von Augsburg dem dermaligen Vicar desselben, Priester Lorenz
Riedmiller, und

die Pfarrei Wald, Landgerichts Oberdorf, von demselben hochwürdigen Herrn
Bischofe dem Priester Maximilian Heller, ernannten Pfarrer von Huttenwang,
Landgerichts Obergünzburg, verliehen werde.

· ·· — ·· ·

Seine Majestät der König ha-
ben Sich vermöge allerhöchster Entschließung
vom 11. April l. Js. allergnädigst bewogen gefunden, die protestantische II. Pfarrstelle in Altdorf, Dekanats gleichen Namens, dem bisherigen Pfarrer zu Gleißenberg, Dekanats Burghaslach, Christian
Friedrich Wilhelm Frobenius,

die protestantische II. Pfarrstelle zu

Arzberg, Dekanats Wunsiedel, dem bisherigen Pfarrer zu Brand, in demselben Dekanat, Ludwig Pöhlmann,

die protestantische Pfarrei Unternessel-
bach, Dekanats Neustadt an der Aisch, dem
bisherigen Pfarrer zu Lauenstein, Dekanats
Ludwigsstadt, Gottlieb Friedrich Carl
Flessa, und

die erledigte protestantische Pfarrstelle
zu Eisenberg, Dekanats Kirchheimbolanden,
dem bisherigen Pfarrer zu Mauchenheim,
Dekanats Kirchheimbolanden, Georg Julius Carl Heinrich Fleischmann, zu verleihen.

——————————

## Gewerbe- und Handelskammern.

Vom k. Staatsministerium des Handels und der öffentlichen Arbeiten wurde
unter'm 10. April l. Js. die Errichtung

1) eines Gewerbe- und Handelsrathes in
der Stadt Amberg;

2) eines Handels- und Fabrikrathes für
die Landgerichtsbezirke

  Waldsassen,
  Kemnath,
  Erbendorf,
  Eschenbach,
  Auerbach,
  Tirschenreuth,
  Wilseck,

   

Weiden,
Neustadt a/W. N. und
Vohenstrauß,

mit dem Sitze in Weiden, und

3) eines Handelsrathes für die Stadt
Würzburg,

nach der allerhöchsten Verordnung vom 27.
Januar 1850, den beßfalls gestellten Anträgen entsprechend, genehmiget.

---

### Magistrat der Stadt Passau.

An die Stelle des verstorbenen bürgerlichen Magistratsrathes Morocutti zu
Passau ist der Ersatzmann, Kaufmann Mathias Rosenberger, als Magistratsrath
in Passau eingetreten.

---

### Ordens-Verleihung.

Seine Majestät der König ha-
ben Sich vermöge allerhöchster Entschließung vom 25. März l. Js. allergnädigst bewogen gefunden, dem Landwehrhauptmann
und Lottocolecteur Johann Eismann zu Al-
tenmarkt für die unter Einrechnung von 6
Feldzugsjahren theils im Militär, theils im
Civildienste durch 50 Jahre ehrenvoll und
treu geleisteten Dienste die Ehrenmünze des
königlich bayerischen Ludwigsordens zu verleihen.

---

### Indigenats-Verleihung.

Seine Majestät der König haben Sich unter dem 5. December v. Js.
bewogen gefunden, dem Carl Ludwig Theresius Friedrich von Marschall-Greiff
aus Erlebach im herzoglich sachsen-mei-
ningenschen Verwaltungsamte Hildburghau-
sen das Indigenat des Königreiches allergnädigst zu ertheilen.

---

### Einziehung eines Gewerbsprivilegiums.

Vom Stadtmagistrate München wurde
die Einziehung des dem vormaligen Buch-
bindermeister Nicolaus Schwaighart
von München unter'm 7. December 1847
verliehenen und unter'm 11. Februar 1848
ausgeschriebenen dreijährigen, in der Zwischenzeit auf Christian Freystätter eigenthümlich übergegangenen Gewerbsprivilegiums auf Anwendung des von ihm erfundenen Verfahrens, Bücher mittelst einer
Schneid-, einer Schneidsägmaschine und
einer excentrischen Hobelpresse zu binden —
wegen Mangels der Neuheit und Eigenthümlichkeit beschlossen, und dieser Beschluß im Recurswege von der k. Regierung von Oberbayern, Kammer des Innern,
bestätiget.

---

# Regierungs-Blatt

## für das

## Königreich Bayern.

## № 19.

München, Samstag den 19. April 1851.

**Inhalt:**

**Abschied**

für den Landrath von Niederbayern über seine Verhandlungen in den Sitzungen vom 26. November bis 7. December 1850.

### Maximilian II.

von Gottes Gnaden König von Bayern,
Pfalzgraf bei Rhein,
Herzog von Bayern, Franken und in
Schwaben ꝛc. ꝛc.

Wir haben Uns über die von dem Landrathe von Niederbayern in den Sitzungen vom 26. November bis 7. December 1850 gepflogenen Verhandlungen Vortrag erstatten lassen, und ertheilen hierauf nach Vernehmung Unseres Staatsrathes nachfolgende Entschließung:

### I.

Abrechnung über die Kreisfonds für 1847/48 und 1848/49.

1. Rechnung über die Kreishilfscasse.

Die Rechnung über die Kreishilfscasse entziffert:

27

| a) pro 18⁴⁷/₄₈ | fl. | fr. | pf. |
|---|---|---|---|
| an Einnahmen | 4,114 | 45 | 3 |
| an Ausgaben | 3,402 | — | — |
| sohin einen Activrest von | 712 | 45 | 3 |
| b) pro 18⁴⁸/₄₉ | | | |
| an Einnahmen | 3,077 | 53 | 3 |
| an Ausgaben | 1,812 | — | — |
| mithin einen Activ- rest von | 1,265 | 53 | 3 |

2. Rechnung über die Kreis-Irrenfonds.

Die Rechnung über die Kreisirren-fonds schließt ab:

a) pro 18⁴⁷/₄₈ mit

| einer Einnahme von | 6,011 | 57 | 1 |
|---|---|---|---|
| einer Ausgabe von | 4,681 | 21 | — |
| sohin mit einem Ac- tivrest von . | 1,330 | 36 | 1 |
| b) pro 18⁴⁸/₄₉ mit | | | |
| einer Einnahme von | 9,156 | 19 | 1 |
| einer Ausgabe von | 4,360 | 37 | 2 |
| demnach mit einem Activrest von | 4,795 | 41 | 3 |

3. Rechnung über den Fond für Unterstützung der Tuchmacher in Arnstorf.

Die Rechnung über den besonderen Fond zur Unterstützung der Tuchmacher in Arnstorf weist nach:

a) für 18⁴⁷/₄₈

---

380

| | fl. | fr. | pf. |
|---|---|---|---|
| eine Einnahme von | 69 | 8 | 1 |
| eine Ausgabe von | 60 | 21 | — |
| sohin einen Activ- rest von | | 8 | 47 |
| b) für 18⁴⁸/₄₉ | | | |
| eine Einnahme von | 72 | 1 | 1 |
| eine Ausgabe von | 20 | — | — |
| demnach einen Ac- tivrest von | 52 | 1 | 1 |

Der Landrath hat diese Rechnungen als richtig anerkannt und ihre Ergebnisse kommen daher in der folgenden Jahresrech-nung in Vortrag.

4. Rechnungen über die Kreisfonds.

Ebenso wurden die Rechnungen über die Kreisfonds vom Landrathe als richtig anerkannt und zwar:

A. Jene über die Ausgaben für noth-wendige, gesetzlich auf die Kreise hin-gewiesene Zwecke,

a) für 18⁴⁷/₄₈

| mit einer Einnahme von | 541,337 | 41 | — |
|---|---|---|---|
| mit einer Ausgabe von | 549,561 | 50 | 2 |
| sohin mit einem Pas- sivreste von | 8,224 | 9 | 2 |

welch letzterer, da die Nachholungen aus der IV. Finanzperiode und zurück, und zwar:

|  | fl. | kr. | pf. |
|---|---|---|---|
| die Einnahmen mit | — | 48 | 3 |
| die Ausgaben mit | — | — | 3 |
| fohin die Mehrein- |  |  |  |
| nahme mit | — | 48 | — |
| im nächstkünftigen |  |  |  |
| Jahre zu die Rech- |  |  |  |
| nung für fakultative |  |  |  |
| Zwecke überzugehen |  |  |  |
| hatte, sich auf die |  |  |  |
| Summe von | 8,224 | 57 | 2 |
| erhöhte; |  |  |  |
| b) für 1848/49 |  |  |  |
| mit einer Einnahme |  |  |  |
| von | 557,635 | 55 | 3 |
| mit einer Ausgabe |  |  |  |
| von | 573,837 | 3 | 2 |
| fohin mit einem Paf- |  |  |  |
| sivreste von | 16,201 | 7 | 3 |

B. Jene über die Ausgaben für fakul-
tative Zwecke:

| a) für 1847/48 |  |  |  |
|---|---|---|---|
| mit einer Einnahme |  |  |  |
| von | 31,479 | 41 | 2 |
| mit einer Ausgabe |  |  |  |
| von | 13,817 | — |  |
| fohin mit einem Ac- |  |  |  |
| tivreste von | 17,662 | 41 | 2 |
| b) für 1848/49 |  |  |  |
| mit einer Einnahme |  |  |  |
| von | 36,010 | 6 | 3 |

| mit einer Ausgabe | fl. | kr. | pf. |
|---|---|---|---|
| von | 17,392 | — | — |
| fohin mit einem Ac- |  |  |  |
| tivreste von | 18,618 | 6 | 3 |

Diese Ergebnisse sind vom Jahre 1847/48 in die Kreisfondsrechnungen pro 1848/49 übergetragen worden, und jene von letzterem Jahre gehen in die Rechnung pro 1849/50 über.

Auf die von dem Landrathe bei der Prüfung dieser Rechnungen vorgetragenen Erinnerungen und Wünsche erwiedern Wir was folgt:

1) Unsere Regierung von Nieder-bayern, Kammer des Innern, hat bei Verleihung von Darlehen aus der Kreishilfs-caffe, wie bisher, auch fernerhin auf die Würdigkeit der Gesuchsteller die satzungs- und instructionsgemäße Rücksicht jederzeit zu nehmen.

2) Der Landrath hat bei Erneuerung seines Antrages auf Vereinigung des besonderen Fonds zur Unterstützung der Tuchmacher in Arnstorf mit der Kreishilfscaffa sich bereit erklärt, die Ausfälle an dem erstgenannten Fond, welche sich im Falle der Uneinbringlichkeit der Annuitäten-Ausstände in Ansehung des ursprünglichen Fondsbetrages ergeben sollten, durch einen entsprechenden Zuschuß aus Kreisfonds-Erübrigungen zu decken.

Wir vermögen indeß die gegen die

fragliche Vereinigung insbesondere wegen der Verschiedenheit des Unterstützungszwecks bestehenden und bereits in dem Landraths: Abschiede vom 2. April 1848 unter Ziffer I. No. 2. dann Ziffer V. No. 1. angedeute: ten Bedenken als beseitigt und diese An: gelegenheit zur definitiven Entscheidung be: reift zur Zeit nicht zu erachten.

Vielmehr beauftragen Wir Unsere Regierung von Niederbayern, Kammer des Innern, unter Hinweisung auf Unsere vorerwähnte Entschließung vom 2. April 1848 Ziffer V. No. 1. mit Rücksicht auf die inzwischen theilweise veränderten Ver: hältnisse alsbald gesonderten, diesen Gegen: stand nach allen Beziehungen vollkommen erschöpfenden Antrag an Un: ser Staatsministerium des Handels und der öffentlichen Arbeiten zu erstatten, bis wo: hin die weitere Verfügung vorbehalten bleibt.

## II.

Steuer-Principale für die Jahre 18⁴⁹/₅₀ und 18⁵⁰/₅₁.

Die Steuer-Principal-Summe des nie: derbayerischen Kreises für jedes der Jahre 18⁴⁹/₅₀ und 18⁵⁰/₅₁ beträgt, vorbehaltlich der während dieser Periode vorkommenden Ab: und Zugänge,

1,108,014 fl. 49 kr. 3 pf.

folglich ein Steuerprocent

11,080 fl.

## III.

Bestimmung der Kreisausgaben.

A. für 18⁴⁹/₅₀.

— Dem von dem Landrathe geprüften Vor: anschlage der Ausgaben aus den Kreis: fonds für das Jahr 18⁴⁹/₅₀ ertheilen Wir Unsere Genehmigung nach folgenden An: sätzen:

### Cap. I.

Bedarf des Landrathes.

| | fl. | kr. | pf. |
|---|---|---|---|
| §. 1. Diäten und Reise: kosten | 1,300 | — | — |
| §. 2. Regie | 300 | — | — |
| Summe des Cap. I. | 1,600 | — | — |

### Cap. II.

Erziehung und Bildung.

| | fl. | kr. | pf. |
|---|---|---|---|
| eutsche Schu: len | 49,519 | 25 | — |
| §. 2. Sonstige An: stalten für Erziehung und Bildung, und zwar: | | | |
| a) für den Taubstum: men Unterricht | 1,000 | — | — |
| b) für Freipläße im Blinden: Institut zu München | 375 | — | — |
| c) für Freipläße für krüppelhafte Kin: der | 300 | — | — |

§. 3. Reserve für Erziehung und Bildung

| | fl. | kr. | pf. |
|---|---|---|---|
| | 1,795 | — | — |

Summe des Cap. II. 52,989 25 —

### Cap. III.
#### Industrie und Cultur.

§. 1. Landwirthschafts- und Gewerbeschulen
a) in Passau — 4,800 — —
b) in Landshut — 2,868 — —
c) für die Prüfungs-Commissäre — 200 — —
§. 2. Ackerbauschulen — 1,500 — —
§. 3. Stipendien für Zöglinge an den technischen Schulen und zwar:
a) in der polytechnischen Schule zu München — 450 — —
b) in den Landwirthschafts-Schulen zu Schleißheim und Lichtenhof — 360 — —
§. 4. Sonstige Anstalten für Industrie und Cultur . 1,000 — —

Summe des Cap. III. 11,178 — —

### Cap. IV.
#### Gesundheit.
§. 1. Für Errichtung

einer Kreis-Irren-Anstalt

| | fl. | kr. | pf. |
|---|---|---|---|
| | 5,000 | — | — |

§. 2. Für die Gebär-Anstalt in München — 500 — —

Summe des Cap. IV. 5500 — —

### Cap. V.
#### Wohlthätigkeit.
§. 1. Unterstützung entlassener Sträflinge und Correctionäre — 200 — —

Summe des Cap. V. per se.

### Cap. VI.
#### Straßen- und Wasserbau.
§. 1. Districtsstraßen
a) Beiträge zur Herstellung und Unterhaltung derselben — 13,620 — —
b) Unterhaltung der Freysinger-Mainburg-Abensberger Straße — 1,000 — —
c) Erbauung einer Regenbrücke zwischen Kötzting u. Viechtach — 600 — —
§. 2. Beiträge zur Bestreitung der Kosten für Wasserbauten,

| welche den Gemein= den obliegen | fl. | fr. | pf. |
|---|---|---|---|
| | 3,000 | — | — |
| Summe des Cap. VI. | 18,220 | — | — |

### Cap. VII.

| Allgemeiner Reserve= fond | | | |
|---|---|---|---|
| | 11,265 | 12 | 2 |

**Wiederholung der Kreisausgaben pro 18⁴⁹/₅₀.**

| Summe des Cap. | I. | 1,600 | — | — |
|---|---|---|---|---|
| " " " | II. | 52,989 | 25 | — |
| " " " | III. | 11,178 | — | — |
| " " " | IV. | 5,500 | — | — |
| " " " | V. | 200 | — | — |
| " " " | VI. | 18,220 | — | — |
| " " " | VII. | 11,265 | 12 | 2 |
| Gesammtsumme der Ausgaben | | 100,952 | 37 | 2 |

**B. Kreisausgaben für 18⁵⁰/₅₁.**

Ebenso genehmigen Wir den von dem Landrathe geprüften Voranschlag der Kreis= ausgaben pro 18⁵⁰/₅₁ in folgenden Ansätzen.

### Cap. I.

Bedarf des Landrathes.

| §. 1. Diäten und Reise= kosten | 1,300 | — | — |
|---|---|---|---|
| §. 2. Regie | 300 | — | — |
| Summe des Cap. I. | 1,600 | — | — |

### Cap. II.

Erziehung und Bildung.

| §. 1. Deutsche Schu= len | fl. | fr. | pf. |
|---|---|---|---|
| | 49,519 | 25 | — |

§. 2. Sonstige Er= ziehungs= und Bil= dungsanstalten und zwar:

| a) für den Taubstum= men=Unterricht | 1,000 | — | — |
|---|---|---|---|
| b) Freiplätze im Blin= den = Institut in München | 375 | — | — |
| c) Freiplätze für krüp= pelhafte Kinder | 300 | — | — |
| §. 3. Reserve für Er= ziehung u. Bildung | 1,795 | — | — |
| Summa des Cap. II. | 52,989 | 25 | — |

### Cap. III.

Industrie und Cultur.

§. 1. Landwirthschafts= und Gewerbschulen

| a) in Passau | 4,800 | — | — |
|---|---|---|---|
| b) in Landshut | 3,068 | — | — |
| c) in Straubing | 500 | — | — |
| d) für die Prüfungs= Commissäre | 200 | — | — |
| §. 2. Ackerbauschulen | 1,500 | — | — |

§. 3. für Stipendien und zwar:

an Zöglinge

| | fl. | kr. | pf. |
|---|---|---|---|
| a) der polytechnischen Schule in München | 450 | — | — |
| b) der Landwirthschaftsschulen in Schleißheim und Lichtenhof | 360 | — | — |
| §. 4. Sonstige Anstalten für Industrie u. Cultur | 1,000 | — | — |
| **Summa des Cap. III.** | 11,878 | — | — |

### Cap. IV.
#### Gesundheit.

| | | | |
|---|---|---|---|
| §. 1. Errichtung einer Kreis-Irren-Anstalt · | 5,000 | — | — |
| §. 2. Für die Gebär-Anstalt in München | 500 | — | — |
| **Summa des Cap. IV.** | 5,500 | — | — |

### Cap. V.
#### Wohlthätigkeit.

| | | | |
|---|---|---|---|
| §. 1. Unterstützung entlassener Sträflinge und Correctionäre | 200 | — | — |
| **Summa des Cap. V. per se.** | | | |

### Cap. VI.
#### Straßen- und Wasserbau.

| | fl. | kr. | pf. |
|---|---|---|---|
| §. 1. Districtsstraßen und zwar: | | | |
| a) Beiträge zur Herstellung und Unterhaltung | 13,620 | — | — |
| b) Unterhaltung der Freysinger-Mainburger-Abensberger-Straße | 500 | — | — |
| c) Erbauung einer Regenbrücke zwischen Kötzting u. Viechtach | 600 | — | — |
| §. 2. Beiträge zu Wasserbauten welche die Gemeinden vollziehen | 6,000 | — | — |
| **Summa des Cap. VI.** | 20,720 | — | — |

### Cap. VII.

| | | | |
|---|---|---|---|
| Allgemeiner Reservefond für das Jahr 1850/51 | 8,065 | 12 | 2 |

#### Wiederholung der Kreisausgaben für 1850/51.

| | | | |
|---|---|---|---|
| Summe des Cap. I. | 1,600 | — | — |
| „ „ „ II. | 52,989 | 25 | — |
| „ „ „ III. | 11,878 | — | — |
| „ „ „ IV. | 5,500 | — | — |

| | fl. | fr. | pf. |
|---|---|---|---|
| Summe des Cap. V. | 200 | — | — |
| „  „  „  VI. | 20,720 | — | — |
| „  „  „  VII. | 8,085 | 12 | 2 |
| Gesammt-Summe der Ausgaben | 100,952 | 37 | 2 |

### IV.

Bestimmung der Deckungsmittel der Kreisausgaben für jedes der Jahre 18⁴⁹/₅₀ und 18⁵⁰/₅₁.

Zur Deckung des hienach sich entziffernden Bedarfes sind für jedes der Jahre 18⁴⁹/₅₀ und 18⁵⁰/₅₁ folgende Mittel gegeben:

| | fl. | fr. | pf. |
|---|---|---|---|
| 1) Die auf speciellen Rechtstiteln u. Bewilligungen beruhenden Fundations- und Dotationsbeiträge d. Staates mit | 4,516 | 15 | — |
| 2) Der durchlaufende Anschlag der Dienst-Wohnungen und Gründe | 258 | 36 | — |
| 3) Beitrag für beständige Bauausgaben | 34 | — | — |
| 4) Die budgetmäßige Kreis-Schuldotation | 32,889 | 3 | — |

5) Weitere budgetmäßige Zuschüsse für die deutschen Schulen und zwar:

| | fl. | fr. | pf. |
|---|---|---|---|
| a) zur Deckung der Congrua | 1,300 | — | — |
| b) zur Erhöhung der Congrua auf 250 resp. 200 fl. | 3,919 | 47 | — |
| c) für außerordentliche Schulvisitationen | 1,000 | — | — |
| d) zur Unterstützung dienstunfähiger Schullehrer | 1,000 | — | — |
| 6) Zuschuß d. Staats-casse für Industrie und Cultur | 1,500 | — | — |
| 7) Besondere Einnahmsquellen, zu rückfließende Vorschüsse | 242 | 15 | — |
| 8) Eine Kreisumlage zu 5 pCt. d. Steuerprincipalsumme mit | 54,292 | 41 | 2 |

deren Erhebung Wir hiemit genehmigen.

| | fl. | fr. | pf. |
|---|---|---|---|
| Summa der Deckungsmittel | 100,952 | 37 | 2 |

### V.

Aeußerungen und Wünsche bei Prüfung der Voranschläge.

Auf die bei Prüfung der Ausgabs- u. Einnahms-Voranschläge erfolgten Aeußerungen ertheilen Wir dem Landrathe nachstehende Entschließungen:

1) Wir genehmigen die von dem Landrathe begutachtete Erhöhung der Position für Unterstützung weiblicher Arbeitsschulen von 255 fl. auf 460 fl. und deren Verwendung im Sinne der Anträge des Landraths. Der Mehrbetrag von 205 fl. ist an der Specialreserve für Erziehung und Bildung abgesetzt worden.

2) Deßgleichen genehmigen Wir, daß von dem pro 18⁴⁸/₄₉ bewilligten außerordentlichen Zuschusse für Erziehung und Bildung zu 9000 fl. die disponibel verbliebene Summe von 4525 fl. 14 kr. 1 pf. zur Unterstützung von Gemeinden bei Schulhausbauten verwendet werde.

3) Die Wünsche des Landrathes wegen Aufbesserung einiger Schulgehilfenstellen in den Städten und wegen Einführung eines Vereines zur Unterstützung dienstunfähiger Schullehrer werden in reifliche Erwägung gezogen werden.

4) Was die von dem Landrathe beantragten Ausgaben aus dem Activreste der Kreisfonds für facultative Zwecke des Jahres 18⁴⁸/₄₉ betrifft, so bleibt Unsere Entschließung vorbehalten.

5) Indem Wir der beantragten Erhöhung der Bedarfspositionen und zwar

a) bei der Landwirthschafts- und Gewerbsschule zu Landshut für 18⁴⁹/₅₀ mit 300 fl. und für 18⁵⁰/₅₁ mit 500 fl., dann

b) bei jener zu Straubing für 18⁵⁰/₅₁ mit 500 fl.

hiemit Unsere Genehmigung ertheilen, vermögen Wir dagegen die für die Verbesserung der Dienstesverhältnisse der Lehrer an den Landwirthschafts- und Gewerbsschulen des Kreises gemachten Ansätze vorerst in das Kreisbudget nicht einstellen zu lassen.

Wir behalten Uns vielmehr unter Verweisung auf Abschnitt III. §. 40. des Landtagsabschiedes vom 25. Juli 1850 Unsere Entschließung deßfalls ausdrücklich bevor, und bemerken, daß der Reservefond für den Fall des Erfordernisses die benöthigten Mittel darbietet.

6) Nachdem für die Errichtung von Ackerbauschulen, vielmehr für die Ertheilung eines praktischen landwirthschaftlichen Unterrichts an musterhaft bewirthschafteten Privat-Oekonomiegütern, sowie für die praktische Erlernung der Wiesenbaukunde die erforderlichen Mittel nunmehr gegeben sind, so wird Unsere Regierung von Niederbayern, Kammer des Innern, nicht verfehlen, zum Zwecke der alsbaldigen Verwirklichung der deßfalls bestehenden Projecte mit dem Kreiscomité des landwirthschaftlichen Vereines sich in geeignetes Benehmen zu setzen und die weiteren Verfügungen hiernach zu treffen.

7) Wir ertheilen den von dem Land-

28

rathe beantragten Summen für Unterstützung der Districte und Gemeinden bei
Herstellung und Unterhaltung von Weg-
und Wasserbauten Unsere Genehmigung
und haben dieselben in den Etat einsetzen lassen.

8) Nachdem der Landrath von Niederbayern sich erklärt hat, wegen Unterbringung der Irren in einer gemeinschaftlichen
Heil- und Verpflegsanstalt sich an den Regierungsbezirk der Oberpfalz und von Regensburg anschließen zu wollen, so beauftragen Wir Unsere Regierung von Niederbayern, unverzüglich im Benehmen mit
der Regierung der Oberpfalz und von Regensburg, Kammer des Innern, genau festzustellen, welche Räumlichkeiten für die Unterbringung der Irren beider Kreise je nach
deren Verhältnissen nothwendig sind, sofort
zu ermitteln, in wie weit die Baulichkeiten zu Karthaus Prüll diesem Bedürfnisse
entsprechen oder einer Abänderung und Erweiterung zu unterliegen haben.

In beiden Beziehungen sind sodann
die erforderlichen Pläne und Kostenvoranschläge anfertigen zu lassen, und mit Rücksicht auf die Aeußerungen der Landräthe
beider Kreise die Grundsätze zu entwerfen,
nach welchen die Gründung einer gemeinsamen Irrenanstalt in Karthaus Prüll ausgeführt werden soll, um hierüber die Beschlußfassung der Landräthe bei ihrem nächsten Zusammentreten zu veranlassen.

Sollten gegen die Benützung der Baulichkeiten in Karthaus Prüll für fraglichen
Zweck erhebliche Bedenken obwalten, und
etwa ein anderes Gebäude in Niederbayern
oder in der Oberpfalz hiefür als zweckmäßiger erkannt werden, so sind die erwähnten
Erhebungen und Vorarbeiten auch hierauf
auszudehnen; und jedenfalls so zu beschleunigen, daß dieselben der nächsten Landraths-
versammlung ebenfalls vollständig in Vorlage gebracht werden können. Damit aber,
wenn die Vereinigung beider Kreise für
diesen Zweck etwa nicht zu erzielen wäre,
die dringend nothwendige Fürsorge für die
Irren Niederbayerns dennoch nicht weiter
verzögert werde, hat Unsere Regierung
von Niederbayern, Kammer des Innern,
auch die nöthigen Vorerhebungen und Vorarbeiten für die an einem entsprechenden
Orte auszuführende Errichtung einer zunächst auf das Bedürfniß des niederbayeri-
schen Kreises berechneten Irrenanstalt zu
pflegen und soweit bereit zu stellen, um
auch hierüber das Gutachten der nächsten
Landrathsversammlung zu erholen.

## VI.

### Wünsche und Anträge.

Auf die in dem besonderen Protokolle
geäußerten Wünsche und Anträge erwiedern
Wir, insoweit dieselben auf Gegenstände

des landrächlichen Wirkungskreises sich beziehen, was folgt:

1) Wegen thunlichster Verbesserung
der Postverbindungen für den innern bayerischen Wald haben Wir die betreffende
Verwaltungsstelle mit entsprechender Anweisung versehen lassen.

2) Die von dem Landrathe beantragte
Abänderung des Art. VI. Ziff. 5. des Aus-
scheidungsgesetzes vom 23. Mai 1846 unterliegt bereits näherer Erwägung.

3) Ueber die in Niederbayern bezüglich des Feiertagsschulgeldes bestehenden
Verhältnisse wird Unsere Kreisregierung
dem Landrathe bei seiner nächsten Versammlung die gewünschten Aufschlüsse ertheilen.

4) Der Antrag des Landrathes wegen
Herstellung einer Eisenbahnlinie von Regensburg zum Anschlusse an die projectirte
österreichische Eisenbahn über Linz, dann
einer zweiten Eisenbahnlinie von Straubing über Landshut nach München wird
seiner Zeit, wenn die Fortsetzung einer Nürn-
berg-Amberg-Regensburger Eisenbahn zur
Sprache kommt, die gebührende Würdigung
finden.

5) Dem Antrage des Landrathes, daß
bei Veräußerungen und Verpachtungen von
ärarialischen Getreidspeichern auf die Gemeinden und auf Vereine für gemeindliche
Getreidmagazinirung möchte Rücksicht genom-

men werden, ist bereits durch eine Verfügung Unseres Staatsministeriums der
Finanzen zuvorgekommen, und hiernach die
Ueberlassung ärarialischer Speicher an nie-
derbayerische Gemeinden auch bereits bewirkt worden. Ebenso ist

6) dem Antrage auf Revision der Bestimmungen über Vergütung für Schub-
fuhren durch Unsere Verordnung vom
5. Jänner 1851 bereits die thunlichste Berücksichtigung zugewendet worden.

7) Den versammelten Landräthen ist
unbenommen, bei Unsern Kreisregierungen
von den Landrathsprotokollen anderer Regierungsbezirke Einsicht zu nehmen, und
hiedurch den Absichten des Landrathes bei
Stellung des Antrages auf Mittheilung
der Verhandlungen der Landräthe aller Kreise
an sämmtliche Landraths-Mitglieder wohl mit
Fernhaltung einer nicht unbedeutenden Ko-
stenvermehrung bereits entsprochen.

8) Es ist bereits die Weisung er-
gangen, denjenigen Pflichtigen, welche es
wünschen, zur Zahlung ihrer Ablösungs-
Bodenzinse Fristen bis zum Monate Januar
zuzugestehen.

9) Dem sittlichen Zustande des nie-
derbayerischen Regierungsbezirkes haben Wir
stets Unsere besondere Aufmerksamkeit zugewendet, und es ist Unsere unablässige
landesväterliche Fürsorge, den deßfalls be-

stehenden Gebrechen die möglichste Abhilfe zu gewähren.

Unsere Staatsministerien des Innern beider Abtheilungen haben wegen der Erneuerung der Verordnungen über die abgewürdigten Feiertage, sowie wegen Abänderung der über die Feier der Kirchweihfeste dermalen bestehenden Bestimmungen bereits umfassende Einleitungen getroffen, welche Wir zu einem baldigen gedeihlichen Endergebnisse geführt wissen wollen.

Uebrigens wird Unsere Regierung von Niederbayern in den Bemerkungen des Landraths über den allgemeinen Zustand des Kreises die dringende Aufforderung erkennen, auch fortan eine ernste und nachdrückliche Polizeiverwaltung zu handhaben, die Unterbehörden in ihrer Thätigkeit genau zu überwachen und überhaupt den zur Beseitigung vorhandener Mißstände erlassenen Anordnungen jederzeit allseitigen und kräftigen Vollzug zu sichern.

Wenn Wir Uns hiebei gerne der beruhigenden Ueberzeugung hingeben, daß alle zur Mitwirkung bei Lösung dieser Aufgabe berufenen Stellen und Behörden von der hohen Wichtigkeit derselben durchdrungen und für die Erreichung dieses Zieles mit allen ihren Kräften unausgesetzt thätig seyn werden, so müssen Wir doch zugleich die bestimmte Erwartung aussprechen, daß denselben hiebei niemals die eifrige Unterstützung der Localpolizeibehörden und Gemeinden fehlen werde, da ohne diese Unsere landesväterlichen Bemühungen für das Wohl der Bevölkerung Niederbayerns nur von unvollkommenem Erfolge begleitet seyn könnten.

Dem Antrage des Landraths, Roheits-Excedenten und Gewohnheitsraufer in zu errichtende Strafcompagnien einzureihen, stehen übrigens erhebliche in der Heeresformation und dem Conscriptionsgesetze begründete Bedenken entgegen.

Indem Wir dem Landrathe von Niederbayern diese Entschließungen eröffnen, finden Wir in dessen Verhandlungen gerne Veranlassung, den wiederholten Beweisen regen Berufseifers, treuer Gesinnungen und bewährter Anhänglichkeit Unsere volle Anerkennung mit der Versicherung Unserer Königlichen Huld und Gnade auszudrücken.

Riva, den 11. April 1851.

**Max.**

v. d. Pfordten. v. Kleinschrod. Dr. v. Aschenbrenner. Dr. v. Ringelmann. v. Lüder. v. Zwehl.

Nach dem Befehle
Seiner Majestät des Königs:
der General-Secretär des Staatsraths
Seb. v. Kobell.

# Regierungs-Blatt

### für das
## Königreich Bayern.

## № 20.

München, Mittwoch den 23. April 1851.

Inhalt:

**Königlich Allerhöchste Verordnung,** die Aufstellung von functionirenden Substituten der Staatsanwälte betr.

## Maximilian II.

von Gottes Gnaden König von Bayern,
Pfalzgraf bei Rhein,
Herzog von Bayern, Franken und in
Schwaben ꝛc. ꝛc.

Wir haben Uns bewogen gefunden, in Ausführung der Art. 55 und 58 des Gesetzes vom 25. Juli 1850 (die Gerichtsverfassung betr.) die Aufstellung von functionirenden Substituten der Staatsanwälte und deren Verwendung als Aushilfsbeamte an den mit Geschäften überbürdeten Bezirks- (gegenwärtig Kreis- und Stadt-) Gerichten zu beschließen, und demnach zu verordnen, was folgt:

**I.**

Bei den Bezirks- (gegenwärtig Kreis- und Stadt-) Gerichten werden nach Bedürfniß functionirende Substituten der Staats-Anwälte aufgestellt.

29

## II.

Die functionirenden Substituten sind Hilfsarbeiter der Staatsanwälte.

Sie haben, wenn sie in den ihnen übertragenen staatsanwaltschaftlichen Geschäften vor Gericht auftreten, dieselben Befugnisse, wie die wirklichen Stellvertreter der Staatsanwälte.

## III.

Zu functionirenden Substituten werden geprüfte Rechtscandidaten, welche zu dem staatsanwaltschaftlichen Berufe vorzügliche Befähigung haben, nach genügender Ausbildung in der gerichtlichen Praxis berufen.

## IV.

Die Ernennung zum functionirenden Substituten überträgt nicht die pragmatischen Rechte der Staatsdiener, und ist zu jeder Zeit widerruflich.

Wir behalten Uns vor, in einzelnen Fällen den Substituten einen Functionsgehalt zu verleihen.

München, den 20. April 1851.

### Max.

v. Kleinschrod.

Auf Königlich Allerhöchsten Befehl:
der Generalsecretär.
Statt dessen
der geheime Secretär Neumeyer.

### Bekanntmachung,

die Hauptrechnung der allgemeinen Brandversicherungs-Anstalt für das Jahr 18⁴⁹/₅₀ betr.

### Staatsministerium des Handels und der öffentlichen Arbeiten.

Nach Vorschrift des Artikel 32 der Brandversicherungs-Ordnung vom 23. Januar 1811 und mit Zugrundlegung der durch das Gesetz vom 1. Juli 1834 in vier Classen abgestuften Beitragspflichtigkeit wird hiemit die Hauptrechnung der für die sieben Regierungsbezirke diesseits des Rheins bestehenden allgemeinen Immobiliar-Brandversicherungs-Anstalt sammt den Nachweisungen zur öffentlichen Kenntniß gebracht.

Aus derselben gehen folgende summarische Resultate hervor:

#### I.

Das am Schlusse des Jahres 18⁴⁸/₄₉ bestandene Assekuranz-Capital hat sich im Laufe des Jahres 18⁴⁹/₅₀ um 6,863,420 fl. vermehrt, und betrug am letzten September 1850 die Summe von 639,775,160 fl. wovon in die

|   | | |
|---|---|---|
| I. Classe | 199,446,260 fl. |
| II. „ | 199,054,600 fl. |
| III. „ | 57,284,900 fl. |
| und in die | | |
| IV. „ | 183,989,400 fl. |

sich reihen.

**II.**

Die Brand-Entschädigungen stellen sich im Jahre 18⁴⁹/₅₀ auf die Summe von 1,079,313 fl. 15 kr. 2 hl. somit im Vergleiche zum Vorjahre um 895,048 fl. 37 kr. 2 hl. niederer.

**III.**

Die Zahl der Brandfälle hat sich im Jahre 18⁴⁹/₅₀ auf 837 und die Zahl der hiebei beschädigten Gebäude-Inhaber auf 1,861 entziffert. Es bietet sohin das Jahr 18⁴⁹/₅₀ gegen das Vorjahr bezüglich der Brandfälle eine Minderung von 132, und hinsichtlich der beschädigten Gebäude-Inhaber eine Minderung von 395 dar.

Die specielle Veranlassung ist bei 607 Bränden unentdeckt geblieben; 30 Brandfälle sind durch Blitz, 47 durch fehlerhafte Bauart und Schadhaftigkeit der Kamine, 41 durch Fahrlässigkeit herbeigeführt worden. In 112 Fällen ist die Brandstiftung theils erwiesen, theils wahrscheinlich gemacht.

Das Detail der Hauptrechnung und sämmtlicher Nachweisungen, dessen unverzüglicher Abdruck gleichzeitig angeordnet worden ist, wird in einer besondern Beilage des Regierungsblattes baldmöglichst nachfolgen.

**IV.**

Zur Deckung aller rechnungsmäßig

nachgewiesenen Ausgaben, dann zur vorschriftsmäßigen Ergänzung des Vorschußfondes sind von jedem Hundert des Versicherungscapitals für das Jahr 18⁴⁹/₅₀ folgende Beitragsgrößen erforderlich, nämlich

in der **I.** Classe 9 kr.

„ **II.** „ 10 kr.

„ **III.** „ 11 kr. und

„ **IV.** „ 12 kr.

welches Concurrenz-Soll mit dem unter'm 28. September 1850 (Regierungsblatt 1850 pag. 777 ff.) angeordneten Zwischen-Ausschlage auf gleicher Höhe steht, so daß ein weiterer Versicherungsbeitrag pro 18⁴⁹/₅₀ nicht mehr zu erheben ist.

München, den 17. April 1851.

Auf Seiner Königlichen Majestät Allerhöchsten Befehl.

von der Pfordten.

Durch den Minister
der General-Secretär,
Ministerialrath Wolfanger.

---

### Dienstes-Nachrichten.

Seine Majestät der König haben allergnädigst geruht, unter'm 11. April l. Js. den Präsidenten des Appellationsgerichts von Oberfranken, Georg Edlen von Silberhorn, auf seine gestellte allerunterthänigste Bitte um Enthebung von sei-

29*

ner Stelle, unter Belassung seines Gesammtgehaltes, seines Titels und Functionszeichens in den Ruhestand zu versetzen, und
denselben in Anerkennung seiner 47jährigen
ausgezeichneten Dienstleistung zum Staatsrathe im außerordentlichen Dienste tax- und
stempelfrei zu ernennen.

Seine Majestät der König ha-
ben Sich allergnädigst bewogen gefunden,
unter'm 27. März l. Js. den Garten-Eleven
Ernst Mayr zum königlichen Hofgärtner
in Dachau zu ernennen;

unter'm 11. April l. J. den geheimen
Secretär im Staatsministerium der Justiz,
Franz Xaver Rosner, zum Ministerial-
Assessor zu befördern, und den Appellations-
gerichts-Accessisten Lorenz Beselmiller in
München zum Ministerial-Secretär im ge-
dachten Ministerium in provisorischer Ei-
genschaft zu ernennen;

unter'm 18. April l. Js. die in dem
Ober-Medicinal-Ausschusse erledigte Stelle
eines Beisitzers dem Medicinalrathe Dr.
Med. Carl Graf in München zu verleihen;

die Landrichterstelle zu Ebern dem Landrichter Wilhelm Heinrich Körbitz zu Weidenberg, seiner Bitte gemäß zu übertragen,
und

auf die Landrichterstelle zu Weidenberg den Civiladjuncten des Landgerichts
Bayreuth, Heinrich Christian Carl Hägel
zu ernennen;

den Landgerichtsactuar zu Culmbach,
Johann Friedrich Frisch, auf Grund nachgewiesener Functionsunfähigkeit gemäß §. 22.
der IX. Verfassungs-Beilage für die Dauer
eines Jahres in den Ruhestand treten zu
lassen, und

zum zweiten Actuar des Landgerichts
Culmbach den im Staatsministerium des
Innern für Kirchen- und Schulangelegenheiten verwendeten Accessisten Felix Schamberger zu ernennen;

auf die erledigte Civiladjunctenstelle
am Landgerichte Münchberg den Civiladj-
juncten des Landgerichts Naila, Conrad
Killinger, seiner Bitte gemäß zu versetzen;

zum Civiladjuncten des Landgerichts
Naila den Actuar des Landgerichts Kronach, Johann David Gustav Lintl, vorrücken zu lassen, und

zum zweiten Actuar des Landgerichts
Kronach den geprüften Rechtspraktikanten
Peter Carl Küffner aus Bayreuth zu er-
nennen, ferner

zur Wiederbesetzung der erledigten Leh-
rerstelle der IV. Classe der Lateinschule zu
Eichstädt, den Studienlehrern der III., II.
und I. Classe, Dr. Zauner, Rott und
Zehetmaier, die Vorrückung in das
Lehramt der nächst höheren Classe zu gestatten, und die hiedurch in Erledigung kommende Lehrstelle der I. Classe dem derma-

ligen Lehrer an der Lateinschule zu Münnerstadt, Priester Possidius Nickel, in provisorischer Eigenschaft zu übertragen.

## Pfarreien-Verleihungen; Präsentations-Bestätigungen.

Seine Majestät der König ha-
ben die nachgenannten katholischen Pfarreien
allergnädigst zu übertragen geruht, und zwar:

unter'm 17. April l. Js. behufs der
Realisirung des von dem Priester Michael
Hamberger, Pfarrer zu Siegsdorf, Landgerichts Traunstein, und dem Priester Anton Nobel, Pfarrer zu Hochstädt, Landgerichts Rosenheim, eingeleiteten Pfründetausches die Pfarrei Siegsdorf dem letztgenannten Priester Anton Nobel und die
Pfarrei Hochstädt dem erstgenannten Priester Michael Hamberger;

die Pfarrei Dießen, Landgerichts Landsberg, dem Priester Johann Baptist Atterer,
Pfarrer und Districtsschulinspector zu Fahlenbach, Landgerichts Pfaffenhofen;

die Pfarrei Minfeld, Landcommissariats
Germersheim, dem Priester Philipp Bergmann, Pfarrer zu Roxheim, Landcommissariats Frankenthal;

die Pfarrei Oberglaim, Landgerichts
Landshut, dem Priester Quirin Zollitsch,
Professor des Kirchenrechts und der Kirchen-
geschichte an dem Lyceum in Regensburg;

die Pfarrei Seebarn, Landgerichts Neum-
burg v.JW., dem Priester Georg Stadler, Cooperator-Exposatus zu Niedermotzing,
Landgerichts Straubing;

die Pfarrei Griesbach, Landgerichts
Tirschenreuth, dem Priester Joseph Men-
ter, Pfarrer zu Rothenstadt, Landgerichts
Weiden, und

die Pfarrei Kirchenthumbach, Landgerichts Eschenbach, dem Priester Christoph
Pürner, Cooperator-Exposatus zu Ehenfeld, Landgerichts Wilseck.

Seine Majestät der König ha-
ben unter'm 17. April l. Js. allergnädigst
zu genehmigen geruht, daß die neuerrichtete
selbstständige Pfarrcuratie zu Steinsfeld,
Landgerichts Haßfurt, von dem hochwürdigen
Herrn Bischofe von Würzburg dem Priester
Carl Joseph Reuß, Pfarrverweser zu Elsenfeld, Landgerichts Obernburg, verliehen werde.

Seine Majestät der König haben
unter'm 17. April l. Js. die erledigte protestan-
tische Pfarrstelle zu Lentersheim, Dekanats
Wassertrüdingen, dem bisherigen Pfarrer zu
Equarhofen, Dekanats Uffenheim, Johann
Conrad Theodor Spáth, zu verleihen geruht.

Seine Majestät der König ha-
ben Sich vermöge allerhöchster Entschließung
vom 17. April l. Js. allergnädigst bewogen

gefunden; der von dem quiescirten Stadt-
und Ehegerichts-Assessor Jacob Christian
Wilhelm von Scheurl zu Nürnberg
als Kirchenpatron für den protestantischen
Pfarramtscandidaten Gustav Adolph Eben-
auer aus Langenzenn ausgestellten Präsentation auf die protestantische Pfarrei
Worra, Dekanats Hersbruck, die landesherrliche Bestätigung zu ertheilen.

### Landwehr des Königreichs.

Seine Majestät der König haben Sich unter'm 19. April l. Js. bewogen gefunden, den Professor Adolph
Pfaff zu Aschaffenburg von dem Antritte
der ihm übertragenen Stelle eines Majors
und Commandanten des Landwehrbataillons
Aschaffenburg zu entbinden, und

den quiescirten Forstmeister Nepomuk
Widder zu Immenstadt, seinem Ansuchen
entsprechend, von der bisher bekleideten
Stelle eines Inspectors des VIII. Landwehr-
Districts von Schwaben und Neuburg zu
entheben.

### Gewerbe- und Handelskammern.

Vom k. Staatsministerium des Handels und der öffentlichen Arbeiten wurde

unter'm 11. April l. Js. die Errichtung
eines Handelsrathes für die Stadt München
und den Landgerichtsbezirk Au nach Maßgabe der allerhöchsten Verordnung vom 27.
Januar 1850, den deßfalls gestellten Anträgen entsprechend, genehmiget.

### Ordens-Verleihung.

Seine Majestät der König ha-
ben Sich vermöge allerhöchster Entschließung vom 11. April l. Js. allergnädigst bewogen gefunden, dem k. Stadtgerichtsarzte
Dr. Winder in Augsburg das Ritterkreuz
des königlichen Verdienstordens vom heiligen Michael zu verleihen.

### Titel-Verleihungen.

Seine Majestät der König haben unter'm 27. März l. Js. dem b.
Bortenmacher Franz Oestreicher dahier
den Titel eines k. Hofbortenmachers, dann
unter'm 11. April l. Js. dem Schneidermeister Jacob Blößner dahier den Titel
als Hofschneidermeister, und
dem Gürtlermeister Christian Block
den Titel als Hofgürtler allergnädigst zu verleihen geruht.

## Königlich Allerhöchste Zufriedenheits-Bezeigung.

Der Adjunct Michael Zahm, dann die Oekonomiegutsbesitzer Mathias, Jacob, Adam und Nicolaus Mayer, sowie Johann Zahm von Neu-Altheim, Landcommissariats Zweibrücken, haben aus ihren eigenen Mitteln und einigen Beiträgen ihrer Freunde im Jahre 1849 eine katholische Kirche in Neu-Altheim neu erbaut und im Innern so eingerichtet, daß sie ohne weiteren Kostenaufwand zum gottesdienstlichen Gebrauche benützt werden kann.

Diese Kirche nebst einigen Grundstücken, welche zum Unterhalte der Fabrica zu dienen haben, machten sie der Gemeinde zu Neu-Altheim zum Geschenke.

Seine Majestät der König haben von dieser bedeutenden Schenkung allerhöchst Kenntniß zu nehmen, derselben die landesherrliche Bestätigung zu ertheilen und allergnädigst zu befehlen geruht, daß diese von dem frommen und wohlthätigen Sinne der Stifter Zeugniß gebende Schenkung unter dem Ausdrucke der allerhöchsten wohlgefälligen Anerkennung durch das Regierungsblatt zur allgemeinen Kenntniß gebracht werde.

## Großjährigkeits-Erklärungen.

Seine Majestät der König haben Sich unter'm 18. April l. Js. allergnädigst bewogen gefunden, die Babette Würzburger und den Isaak Würzburger, beide von Thüngen, dann die Kunigunde Pfaff, verehelichte Daig zu Kronach, die Vögele Hirsch, nun verehelichte Schönwalter zu Heidenheim, und den Georg Daxl von Harting, sämmtliche auf allerunterthänigstes Ansuchen, für großjährig zu erklären.

## Gewerbsprivilegien-Verleihungen.

Seine Majestät der König haben den Nachgenannten Gewerbsprivilegien allergnädigst zu ertheilen geruht, und zwar:

unter'm 10. Februar l. Js. dem Julien François Belleville von Nancy, auf Ausführung des von ihm erfundenen eigenthümlichen Apparates zur augenblicklichen Dampferzeugung für den Zeitraum von fünf Jahren;

unter'm 24. Februar l. Js. dem k. Leib- und Hofapotheker, Universitätsprofessor Dr. Max Pettenkofer, dann dem Eisenbahnbaucommissions-Ingenieur Carl Rusland, auf Ausführung des von ihnen erfundenen Verfahrens, Leuchtgas aus der Pflanzenfaser überhaupt, insbesondere aber aus Holz und Torf darzustellen, für den Zeitraum von fünf Jahren, und

dem Mechanikus Isaak Löbl Pulvermacher aus Breslau, auf Ausführung

der von ihm erfundenen verbesserten Con=
struction galvanischer Batterien für phyfi=
kalische und technische Zwecke, elektromag=
netischer Motions= und magnetoelektrischer
Rotationsmaschinen, dann elektromagnetischer
Telegraphen bis zum 23. September 1851,
dann

unter'm 6. März l. Js. dem Schlosser=
gesellen Christian Forster von München,
auf Ausführung des von ihm erfundenen
Verfahrens, alle Gattungen Schlösser und
Thürbänder auf kaltem Wege, ohne An=
wendung von Feuer zu verfertigen, für den
Zeitraum von drei Jahren;

dem Hafnergesellen Xaver Holzinger
von München, auf Ausführung der von ihm
erfundenen Construction von Koch= und
Sparöfen zum Brennen von Steinkohlen,
Pechkohlen und Holzabfällen für den Zeit=
raum von drei Jahren, und

dem Hugo de Monières von Paris
auf Einführung des von Jean Baptiste
und Jules Martin Duffeau erfundenen
flüssigen Düngers — Engrais Dusseau ge=
nannt — für den Zeitraum von drei Jahren;

unter'm 8. März l. Js. dem Tischler=
meister Carl Murland, auf Ausführung
des von ihm erfundenen Verfahrens zur
Herstellung aller Arten von Verzierungen
an Kistler= und Drechslerarbeiten aus Gutta=
Percha für den Zeitraum von zwei Jahren,
endlich

unter'm 18. März l. Js. dem Maler
und Lackirer Caspar Joseph Michel von
München, auf Anfertigung der von ihm er=
fundenen, mit eigenthümlicher Schiefermasse
belegten Blech= und großen Holzschreibtafeln
für den Zeitraum von drei Jahren.

## Erlöschung eines Gewerbsprivilegiums.

Das den Besitzern einer mechanischen
Spinnerei und Weberei in Laucherthal in
Hohenzollern=Sigmaringen, Lorenz Stöl=
ker und Carl Deliste unter'm 9. Januar
1848 verliehene und unter'm 11. März
1848 ausgeschriebene fünfjährige Gewerbs=
Privilegium auf Einführung der von ihnen
erfundenen Schlichtmaschine wurde wegen
nicht gelieferten Nachweises der Ausführung
dieser Erfindung in Bayern auf Grund des
§. 30. Ziffer 4. der allerhöchsten Verord=
nung vom 10. Februar 1842, die Gewerbs=
Privilegien betreffend, als erloschen erklärt.

# Regierungs-Blatt

## für das Königreich Bayern.

## № 21.

München, Donnerstag den 24. April 1851.

**Inhalt:**

**Abschied**

für den Landräth der Oberpfalz und von Regensburg über dessen Verhandlungen in den Sitzungen vom 26. Nov. bis 11. Decbr. 1850.

### Maximilian II.

von Gottes Gnaden König von Bayern,

**Pfalzgraf bei Rhein,**

Herzog von Bayern, Franken und in Schwaben ꝛc. ꝛc.

Wir haben Uns über die von dem Landrathe der Oberpfalz und von Regensburg in den Sitzungen vom 26. Novem-

ber bis 11. December v. Js. gepflogenen Verhandlungen Vortrag erstatten lassen und ertheilen hierauf nach Vernehmung Unseres Staatsrathes folgende Entschließungen:

### I.

Abrechnung über die Fonde der Kreisanstalten und über die Einnahmen und Ausgaben auf Kreisfonds.

A. Kreishilfscassa-Rechnung für 1847/48 und 1848/49.

Der Landrath, welchem die revidirten

30

Rechnungen der Kreishilfscasse sowohl für das Jahr $18^{47}/_{48}$ als für $18^{48}/_{49}$ zur Einsicht und Prüfung mitgetheilt worden sind, hat lediglich die Hauptergebnisse der letzteren

| mit einer Einnahme | fl. | kr. | pf. |
|---|---|---|---|
| von | 2,063 | 18 | 3½ |
| mit einer Ausgabe | | | |
| von | 1,112 | 30 | — |
| und einem Cassa-Bestande von | 950 | 48 | 3½ |

mit dem Beifügen in das allgemeine Protocoll aufgenommen, daß die Rechnung zu keiner Erinnerung Anlaß gegeben habe.

Hienach und da die Rechnungsergebnisse von $18^{47}/_{48}$ in die Kreishilfscassa-Rechnung des Jahres $18^{48}/_{49}$ vollständig aufgenommen und mit dieser nicht beanstandet worden sind, ist die Richtigkeit beider Jahres-Rechnungen als anerkannt zu erachten, und es sind demgemäß die bezüglichen Gesammt-Resultate in die Rechnung des Jahres $18^{19}/_{50}$ überzutragen.

### B.

### Kreisfonds-Rechnungen für $18^{47}/_{48}$.

Die Rechnungen über die Kreisfonds sind für das Jahr $18^{47}/_{48}$ in folgenden Ergebnissen von dem Landrathe als richtig anerkannt worden:

1) jene über die nothwendigen auf die Kreise gesetzlich hingewiesenen Zwecke

| mit einer reinen Ein- | fl. | kr. | pf. |
|---|---|---|---|
| nahme von | 526,578 | 23 | 1 |
| mit einer Ausgabe | | | |
| von | 514,889 | 29 | 2 |
| einem Activreste von | 11,688 | 53 | 2 |

2) jene für die facultativen Zwecke

| mit einer Einnahme | | | |
|---|---|---|---|
| von | 12,192 | 3 | 2 |
| mit einer Ausgabe | | | |
| von | 11,685 | 48 | 1 |
| einem Activreste von | 306 | 15 | 2 |

wovon jedoch der in der Hauptrechnung für nothwendige Zwecke nachgewiesene Passivrest aus der IV. Finanzperiode zurück zu ersetzen war mit

|  | 45 | 33 | — |
|---|---|---|---|
| so daß als reiner Activrest verbleibt | 460 | 42 | 2 |

### C.

### Kreisfonds-Rechnungen für $18^{48}/_{49}$.

In gleicher Weise wurden die Rechnungen des Jahres $18^{48}/_{49}$ für richtig anerkannt:

1) bezüglich der nothwendigen auf die Kreise gesetzlich hingewiesenen Zwecke mit einer reinen Ein-

| nahme von | 543,630 | 12 | — |
|---|---|---|---|
| mit einer Ausgabe | | | |
| von | 537,763 | 10 | 2 |
| einem Activreste von | 5,867 | 1 | 2 |

1) bezüglich der facultativen Zwecke

| | fl. | kr. | pf. |
|---|---|---|---|
| mit einer Einnahme von | 12,678 | 8 | — |
| mit einer Ausgabe von | 11,865 | 11 | 1 |
| einem Activreste von | 812 | 56 | 3 |

wovon aber der in der Hauptrechnung für nothwendige Zwecke nachgewiesene Passivrest aus der IV. Finanzperiode zurück zu ersetzen ist mit

| | | | |
|---|---|---|---|
| | 17 | 19 | 3 |
| so daß als wirklicher Activrest sich ergiebt | 795 | 37 | — |

Diese Ergebnisse sind in die Rechnung des Jahres 1848/49 gehörig überzutragen.

## II.

### Steuerprincipale für die Jahre 1849/50 und 1850/51.

Das Steuerprincipale für den oberpfälzisch-regensburg'schen Regierungsbezirk berechnet sich für jedes der Jahre 1849/50 und 1850/51 vorbehaltlich der im Laufe dieses Zeitraumes sich ergebenden Zu- und Abgänge auf

725,394 fl. —

demnach das Steuerprocent in runder Summe auf

7,254 fl. —

## III.

### Bestimmung der Kreisausgaben für jedes der Jahre 1849/50 und 1850/51.

#### Cap. I.

##### Bedarf des Landrathes.

| | fl. | kr. | pf. |
|---|---|---|---|
| §. 1. Taggebühren und Reisekosten | 981 | — | — |
| §. 2. Regie | 250 | — | — |
| Summe des Cap. I. | 1,231 | | |

#### Cap. II.

##### Erziehung und Bildung.

| | fl. | kr. | pf. |
|---|---|---|---|
| §. 1. Deutsche Schulen | 68,840 | 57 | 1 |
| §. 2. Kreisanstalt für den Unterricht der Taubstummen in Regensburg | 1,200 | — | — |
| §. 3. Dem Institute der armen Schulschwestern in Amberg | 150 | — | — |
| §. 4. Dem Pensionate im Kloster der Salesianerinen in Pielenhofen | 200 | — | — |
| §. 5. Für Freiplätze in der Ludwigsanstalt für verwahrloste Kinder in Regensburg | 700 | — | — |

30*

§. 6. Für das zoologisch-mineralogische Institut in Regensburg ... 100 — —

§. 7. Für das botanische Institut daselbst ... 100 — —

§. 8. Für den historischen Verein der Oberpfalz und von Regensburg ... 100 — —

§. 9. Reservefond ... 1,832 24 1

Summa des Cap. II. 73,223 21 2

## Cap. III.

### Industrie und Cultur.

§. 1. Landwirthschafts- und Gewerbsschulen
1) zu Regensburg ... 5,183 — —
2) zu Amberg ... 2,359 — —
3) Taggebühren u. Reisekosten der Prüfungs-Commissäre ... 230 — —

§. 2. Ackerbauschulen ... 1,500 — —

§. 3. Stipendien
1) an den polytechnischen Schulen ... 150 — —
2) an Landwirthschafts- und Gewerbsschulen ... 150 — —

§. 4. Freiplätze in der Anstalt für krüppelhafte Kinder in München ... 130 — —

§. 5. Für Förderung des Flachsbaues ... 300 — —

§. 6. Für Förderung der Leinwandfabrikation ... 300 — —

§. 7. Für landwirthschaftliche Zwecke überhaupt, insbesondere für Wiesencultur und Viehzucht ... 1,200 — —

§. 8. Für Arbeitslehrerinnen auf dem Lande ... 500 — —

Summa des Cap. III. 12,002 — —

## Cap. IV.

### Gesundheit.

§. 1. Kreis-Irren-Anstalt ... 6,500 — —

§. 2. Gebär-Anstalt zu München ... 500 — —

§. 3. Gebäranstalt zu Regensburg ... 300 — —

§. 4. Unterstützung von Augenkranken-Heilanstalten ... 125 — —

Summa des Cap. IV. 7,425 — —

**Cap. V.**

Wohlthätigkeit.

| | fl. | kr. | pf. |
|---|---|---|---|
| §. 1. Kreis-Beschäftigungsanstalt zu Karthaus-Prüll | 1,700 | — | — |
| §. 2. Institut d. Frauen-Vereins in Regensburg zur Ertheilung von Strick- und Nähunterricht an arme Mädchen | 100 | — | — |
| §. 3. Unterstützung entlassener Sträflinge | 500 | — | — |
| Summa des Cap. V. | 2,300 | — | — |

**Cap. VI.**

Straßen- und Wasserbau.

| | | | |
|---|---|---|---|
| §. 1. Beiträge zur Herstellung und Unterhaltung der Districtsstraßen | 4,250 | — | — |
| §. 2. Beiträge zur Bestreitung der Kosten von Wasserbauten, welche Gemeinden obliegen | 3,000 | — | — |
| Summa des Cap. VI. | 7,250 | — | — |

**VII.**

| | fl. | kr. | pf. |
|---|---|---|---|
| Allgemeiner Reserve-fond | 2,256 | 36 | — |
| Hiezu | | | |
| Summe des Cap. VI. | 7,250 | — | — |
| „ „ „ V. | 2,300 | — | — |
| „ „ „ IV. | 7,425 | — | — |
| „ „ „ III. | 12,002 | — | — |
| „ „ „ II. | 73,223 | 21 | 2 |
| „ „ „ I. | 1,231 | — | — |
| Gesammt-Summe der Kreisausgaben | 105,687 | 57 | 2 |

Für 18$^{48}$/$_{50}$ sind dem Cap. VI. §. 1 für die Districtsstraßen noch weitere 14,508 fl. beizuschlagen, zu deren Deckung Wir auf Grund des Abschnitt I. §. 36 Ziff. 1 des Landtagsabschiedes vom. 25. Juli 1850 die Erhebung von zwei Steuerprocenten genehmigen.

**IV.**

Bestimmung der Deckungsmittel.

Zur Deckung des entzifferten Bedarfes sind folgende Mittel gegeben:

| | | | |
|---|---|---|---|
| Cap. I. Die auf speciellen Rechtstiteln und Bewilligungen beruhenden Fundations- u. Dotationsbeiträge des Staatsärars für die deutschen Schulen | 8,968 | 29 | 3 |

| | fl. | kr. | pf. |
|---|---|---|---|
| Cap. II. Durchlaufender Anschlag der Dienstwohnungen u. Dienstgründe | 358 | 36 | — |
| Cap. III. Leistungen des Staatsärars für ständige Bauausgaben | 91 | — | — |
| Cap. IV. Die aus Staats-Cassen nach dem Budget zu entrichtende Kreisschul-Dotation für die deutschen Schulen | 34,956 | 21 | 2 |
| Cap. V. Weitere budgetmäßige Zuschüsse der Staatscasse für Erziehung und Bildung | 23,698 | 54 | 1 |
| Cap. VI. Zuschüsse aus der Staatscasse für Industrie und Cultur | 1,500 | — | — |
| Cap. VII. Zuschuß aus der von der Staatscasse zu entrichtenden Kreis-Schuldotation zur Kreisland-wirthschafts- und Gewerbsschule zu Regensburg | 570 | — | — |
| Cap. VIII. Eine Kreisumlage zu 5 pCt. | | | |

| | fl. | kr. | pf. |
|---|---|---|---|
| des Steuerprincipals im Nettobetrage von | 35,544 | 36 | — |

deren Erhebung Wir hiemit genehmigen.

| Summe der Deckungs-Mittel | 105,687 | 57 | 2 |

Hiezu kommen für das Jahr 18⁴⁹/₅₀ noch zwei weitere Steuerprocente für Districtsstraßen, zu deren Erhebung Wir Unsere Genehmigung unter Ziffer III. ausgesprochen haben.

V.

Auf die bei der Prüfung des Voranschlages der Kreisausgaben erfolgten Aeußerungen und Anträge des Landrathes ertheilen Wir nachstehende Entschließungen:

1) den von dem Landrathe für das Institut des Frauenvereins in Regensburg zur Ertheilung von Strick- und Näh-Unterricht an arme Mädchen begutachteten Zuschuß von 100 fl. haben Wir unter gleichmäßiger Kürzung des allgemeinen Reservefonds unter Cap. V. der Ausgaben einstellen lassen, da diese Unterstützung dem Kreisschulfonde nicht obliegt.

Im Uebrigen genehmigen Wir die Anträge, welche der Landrath bezüglich auf die Verwendung und Vertheilung der Mittel für Erziehung und Bildung gestellt hat.

2) Die Festsetzung gewisser Normen

bezüglich der Quiescenz-Bezüge dienstunfähig gewordenen Schullehrer und angemessener Bestimmungen bezüglich der Dauer der Werk- und Feiertagsschulpflicht wird Unserer Bedachtnahme nicht entgehen.

3) Das zur Zeit noch bestehende Bedürfniß, abtretenden emeritirten Schullehrern Absente von dem Diensteinkommen zu bewilligen, wird nach Regelung der Quiescenz-Verhältnisse derselben von selbst hinwegfallen.

4) Wir haben Unsere Kreisregierung angewiesen, den Schullehrers-Wittwen den Nachsitz, auch wo die dringendsten Motive dafür zu sprechen scheinen, nicht über den Anfang eines neuen Schuljahres hinaus zu bewilligen.

5) Bezüglich des erneuerten Wunsches des Landrathes wegen Einführung eines allgemeinen katholischen Katechismus wird derselbe auf den in dem Landrathsabschiede vom 5. Juli 1819 Ziff. V. 10. ertheilten Bescheid hingewiesen.

6) Die Fürsorge, daß bei dem Schulunterrichte über dem Nützlichen das Wesentliche nicht verabsäumt und jenes den besondern Verhältnissen der Gemeinde und der Bevölkerung angemessen behandelt werde, ist Aufgabe der Vollzugsbehörden, welche, wenn sie ihre Obliegenheit gehörig auffassen, einer neuerlichen Hinweisung auf bestehende Vorschriften kaum bedürfen werden.

Uebrigens wird Unsere Kreisregierung, wenn sie deßfalls Ungehörigkeiten sowie den Gebrauch ungeeigneter Lehr- und Lesebücher wahrnimmt, solche Mißstände abstellen.

Die Einführung passender, den Zeitbedürfnissen entsprechender Lehr- und Lesebücher ist Gegenstand Unserer fortwährenden Aufmerksamkeit.

7) Da die unentgeltliche Ertheilung des Elementar-Unterrichtes im Zeichnen den Schullehrern gemäß der Schulordnung obliegt, und Rücksicht darauf genommen wird, in Städten und Märkten, wo dieser Unterricht eine besondere Wichtigkeit behauptet, zu dessen Ertheilung entsprechend befähigte Lehr-Individuen anzustellen, so haben Wir Unsere Kreisregierung angewiesen, die Förderung dieses Unterrichtsgegenstandes besonders im gewerblichen Interesse angelegentlichst zu verfolgen.

Die zuweilen vorkommende Vernachlässigung des Gesangunterrichtes wird von Unserer Kreisstelle stets gerügt.

8) Wir genehmigen die von dem Landrathe beantragte einstweilige Abmassirung der für 18⁴⁹/₅₀ und 18⁵⁰/₅₁ eingestellten Positionen für Ackerbauschulen von je 1500 fl und beauftragen Unsere Regierung der Oberpfalz und von Regensburg, Kammer des Innern, über die dem Regierungsbezirke entsprechendste Verwendungsweise be-

nehmlich mit dem Kreiscomité des land=
wirthschaftlichen Vereines alsbald wohlbe=
messenes Gutachten zu erstatten.

Indem Wir beabsichtigen, die bezüg=
lichen Ergebnisse dem Landrathe bei seiner nächs=
sten Versammlung mittheilen zu lassen, wollen
Wir Uns übrigens die endliche Verfügung,
soweit die fraglichen Geldmittel aus dem
für landwirthschaftliche Zwecke gewährten
Zuschusse aus Centralfonds geschöpft wer=
den sollen, ausdrücklich vorbehalten haben.

9) Der aus Mitteln des oberpfälzisch=
regensburgischen Kreisfonds begründete Frei=
platz in dem Institute für krüppelhafte Kin=
der in München ist übereinstimmend mit
dem Antrage des Landrathes für 18⁴⁹/₅₀ dem
Georg Rohrbeck von Regensburg verlie=
hen, und soll nach dessen Austritt für 18⁵⁰/₅₁
einem andern Kreisangehörigen zugewendet
werden.

10) Wir genehmigen den Antrag des
Landrathes, wonach die über Abzug der An=
sätze von je 300 fl. für Förderung des Flachs=
baues und der Leinwandsfabrikation verfüg=
bar bleibende Restsumme von 1,200 fl. dem
Kreis=Comité des landwirthschaftlichen Ver=
eins zur zweckgemäßen Verwendung für land=
wirthschaftliche Zwecke überhaupt, insbeson=
dere aber für Viehzucht und Wiesenkultur
überlassen werden solle.

Unsere Kreisregierung, Kammer des
Innern, welcher hiebei die Prüfung der von
dem Kreis=Comité des landwirthschaftlichen
Vereins vorzuschlagenden Verwendungs=
Modalitäten, sowie die hienach zu bemessende
Zahlungsanweisung vorbehalten bleibt, hat
demgemäß die weiteren Einleitungen zu
treffen.

Mit besonderem Vergnügen haben Wir
übrigens bei diesem Anlaße den Eifer und
die Bereitwilligkeit ersehen, womit der Land=
rath unter Anerkennung der verdienstvollen
Leistungen des Kreis=Comités des landwirth=
schaftlichen Vereines bestrebt ist, in gemein=
samem Zusammenwirken mit dem genann=
ten Comité die hochwichtigen landwirthschaft=
lichen Zwecke kräftig zu fördern.

11) Bezüglich des erneuerten Wun=
sches, es möge bei den Streuabgaben das
agrikole Bedürfniß der Kreisbewohner in
Würdigung gezogen werden, verweisen Wir
auf Unsere Verordnung vom 19. August
1849 über Abgabe und Verwerthung der
Forstproducte aus Staatswaldungen, durch
welche den landwirthschaftlichen Interessen
bereits jede mit der Erhaltung der Staats=
waldungen vereinbarliche Berücksichtigung
zugewendet ist.

12) Der Landrath erneuert den An=
trag wegen Auflösung der in Karthaus
Prüll bestehenden Kreisbeschäftigungs=An=
stalt damit die dortigen Baulichkeiten für
den noch dringenderen Zweck der Errichtung

17) Auf die erneute Bitte des Landrathes, daß mindestens jene bedeutenden
Straßen, welche von Eilwagen befahren
werden, und schon darum sich über ein
bloßes districtives Bedürfniß erheben, als
Staatsstraßen erklärt werden sollen, erwiedern Wir, daß die zumeist von den Bezirken in ihrem eigenen Interesse nachgesuchte Benützung der Bezirksstraßen zum
Eilwagen- und Cariol-Postenlaufe hier nicht
ausschließlich maßgebend seyn könne, daß
vielmehr die nothwendigen Rücksichten auf
die allgemeinen Verkehrsverhältnisse, sowie
auf die durch die budgetmäßige Dotation
der Straßenbau-Etats gesetzten Grenzen als
entscheidend betrachtet werden müssen.

## VI.

Auf die in dem besonderen Protokolle
niedergelegten Wünsche und Anträge erwiedern Wir, was folgt:

1) Wenn der Landrath darauf hin-
weist, daß bei öffentlichen Bauten über
dem Schönen das Nützliche nicht vergessen
werden dürfe, daß bei Entwürfen zu Neubauten die speciellen Bedürfnisse sorgsam erhoben, die Anforderungen der Bequemlich-
keit sowohl, als die besonderen klimatischen
Verhältnisse genau berücksichtiget, endlich
die vorhandenen Mittel und die Leistungs-
fähigkeit der Baupflichtigen gehörig in Betracht gezogen werden müssen, so sind hier-

in nur Grundsätze ausgesprochen, deren
Beachtung Unseren Baubehörden zur
Pflicht gemacht ist.

In gleicher Weise besteht bereits die
Vorschrift, daß bei Gemeinde- und Stiftungsbauten Pläne, welche von Unseren
Behörden entworfen oder wesentlich umge-
ändert worden sind, vor der endlichen Feststellung den Betheiligten zur Erinnerung
vorzulegen sind.

Unsere Kreisregierung wird auch ferner den Vollzug dieser Bestimmungen sorgfältig überwachen.

2) Hinsichtlich der Aufrechnung von
Kosten und Diäten in Gemeinde- und Stif-
tungsbausachen hat Unsere Kreisregierung
genau nach den bestehenden Verordnungen
zu verfahren, und gegen jede Abweichung
mit allem Nachdrucke einzuschreiten.

3) Die Ablieferung von Sträflingen
in die Zwangsarbeitshäuser, welche sich jedoch niemals auf Kettensträflinge erstreckt
hat, war durch die in neuerer Zeit einge-
tretene Ueberfüllung der Strafanstalten nothwendig geworden.

Die bereits eingeleitete Eröffnung einer
neuen Strafanstalt wird jedoch die Möglichkeit gewähren, die Arbeitshaussträflinge
aus den Zwangsarbeitsanstalten wieder zu
entfernen.

4) Die neuerdings angeregte Frage
wegen Einrichtung einer ärarialischen Brenn-

Damit aber, wenn die Vereinigung beider Kreise für den gedachten Zweck etwa nicht zu erzielen wäre, die dringend nothwendige Fürsorge für die Irren des oberpfälzisch-regensburgischen Kreises ohne längeren Verzug bewirkt werden könne, hat Unsere Regierung der Oberpfalz und von Regensburg, Kammer des Innern, auch die nöthigen Vorerhebungen, Pläne und Kostenvoranschläge für die Errichtung einer zunächst auf das Bedürfniß dieses Regierungsbezirkes berechneten Irren-Bewahr-Anstalt anfertigen zu lassen und hierüber Unsere weitere Entschließung zu erholen.

Zugleich gestatten Wir, daß zur etwa nothwendigen Leistung von Beiträgen an einzelne Gemeinden für die Unterbringung von Irren alljährlich die Summe von höchstens 3000 fl. der in den Ausgaben-Etat pro $18^{49}/_{50}$ und $18^{50}/_{51}$ eingestellten 6500 fl. verwendet werde.

Der verbleibende Rest ist zur Aufbesserung des Kreis-Irren-Fondes einstweilen zu abmassiren.

14) Nachdem der Landrath nunmehr seine Zustimmung zur nachträglichen Auszahlung des in die Reserve gestellten Beitrags zur Gebäranstalt in München für das Jahr $18^{48}/_{49}$ gegeben hat, so ermächtigen Wir Unsere Regierung der Oberpfalz und von Regensburg, diese Zahlung im Betrage von 500 fl. auf Rechnung des aus der V. Finanzperiode übergegangenen Kreisfondsactivrestes alsbald leisten zu lassen.

Zugleich weisen Wir diese Kreisstelle an, so viel den Zuschuß zu der Gebäranstalt in Regensburg betrifft, dem Landrathe jederzeit den Jahresbericht über den Zustand und die Verwaltungsverhältnisse der Gebäranstalt zu Regensburg mitzutheilen.

15) Es ist Uns genehm, daß bei Verwendung der für Augenkranken-Heilanstalten bewilligten Mittel darauf Bedacht genommen werde, die unentgeltliche Heilung armer Augenkranker des Regierungsbezirkes in der Maximiliansheilanstalt zu Nürnberg zu erwirken.

16) Wir haben die Position für Bezirkswege nach dem Antrage des Landrathes erhöhen lassen.

Bezüglich ihrer Verwendung hat Unsere Kreisregierung nach Maßgabe Unserer Weisung in dem Landrathsabschiede vom 5. Juli 1849 Ziff. V. 22. zu verfahren, und nach ihrer Zuständigkeit das Weitere einzuleiten.

Hinsichtlich der beantragten theilweisen Verwendung des allgemeinen Reservefonds zu gleichem Zwecke behalten Wir Uns vor, im Falle eintretenden Bedürfnisses geeignete Entschließung mit Beachtung der sonstigen auf den Reservefond hingewiesenen Zwecke zu erlassen.

# Regierungs-Blatt

für      das

## Königreich    Bayern.

### № 22.

München, Montag den 28. April 1851.

**Inhalt:**

Abschied für den Landrath von Oberfranken über dessen Verhandlungen in den Sitzungen vom 26. November bis 8 December 1850. — Bekanntmachung, die Einführung der Paßkarten betr. — Dienstes-Nachrichten.

**Abschied**

für den Landrath von Oberfranken über dessen Verhandlungen in den Sitzungen vom 26. November bis 8. December 1850.

### Maximilian II.

von Gottes Gnaden König von Bayern,
Pfalzgraf bei Rhein,
Herzog von Bayern, Franken und in
Schwaben ꝛc. ꝛc.

Wir haben Uns über die von dem Landrathe von Oberfranken in seinen Si-
zungen vom 26. November bis 8. Decem-
ber 1850 gepflogenen Verhandlungen Vortrag erstatten lassen, und ertheilen hierauf
nach Vernehmung Unseres Staatsraths
folgende Entschließungen:

### I.

Abrechnung über die Kreisfonds
pro 1847/48 und 1848/49.

A. Die Rechnungen der Kreishilfscasse

a) für 1847/48

32

| | fl. | kr. | pf. |
|---|---|---|---|
| mit einer Einnahme von | 3,392 | 46 | ½ |
| mit einer Ausgabe von | 2,203 | 50 | 3 |
| sohin mit einem Activrest von | 1,188 | 55 | 1½ |
| dann mit einem Vermögensstande von | 28,983 | 37 | 2 |

b) für 18⁴⁸/₄₉

| | fl. | kr. | pf. |
|---|---|---|---|
| mit einer Einnahme von | 3,550 | 52 | 2 |
| mit einer Ausgabe von | 2,240 | 18 | 2 |
| sohin mit einem Activreste von | 1,310 | 34 | — |
| dann mit einem Vermögensstande von | 31,880 | 23 | 1½ |

sind von dem Landrathe als richtig anerkannt worden. Es sind demnach diese Ergebnisse in die Rechnung für das Jahr 18⁴⁹/₅₀ zu übertragen.

Wegen thunlichst baldiger Beitreibung der Zahlungsrückstände sind die entsprechenden Einleitungen von Unserer Kreisregierung bereits getroffen worden.

B. Die Rechnungen über die Kreisfonds

a) für nothwendige Zwecke

1. für 18⁴⁷/₄₈

| | fl. | kr. | pf. |
|---|---|---|---|
| mit einer Einnahme von | 501,185 | 2 | — |
| mit einer Ausgabe von | 486,891 | 39 | — |
| demnach mit einem Activrest von | 14,293 | 23 | — |
| welcher jedoch nach Abzug eines aus der IV. Finanzperiode u. zurück herrührenden, an die Fonds für facultative Zwecke zu überweisenden Activrestes von | 8 | 30 | 3 |
| sich auf | 14,284 | 52 | 1 |

mindert;

2. für 18⁴⁸/₄₉

| | fl. | kr. | pf. |
|---|---|---|---|
| mit einer Einnahme von | 537,119 | 20 | 2 |
| mit einer Ausgabe von | 517,954 | 48 | 3 |
| demnach mit einem Activrest von | 19,164 | 31 | 3 |

welcher durch Hinzufügung eines aus der IV. Finanzperiode herrührenden, in der Rechnung für facultative Fonds in Ab-

|  | fl. | kr. | pf. |
|---|---|---|---|
| zug zu bringenden Paffirestes von | 1 | 13 | 2 |
| sich auf erhöht; | 19,165 | 45 | 1 |

b) für facultative Zwecke

1. für 18⁴⁷/₄₈

| mit einer Einnahme von | 12,478 | 55 | — |
| mit einer Ausgabe von | 10,858 | 16 | 3 |
| sohin mit einem Activbestande von | 1,620 | 38 | 1 |

welcher durch Hinzufügung des unter a. 1. oben erwähnten Activrestes von

| | 8 | 30 | 3 |
| auf . sich erhöht; | 1,629 | 9 | — |

2. für 18⁴⁸/₄₉

| mit einer Einnahme von | 13,468 | 9 | 2 |
| mit einer Ausgabe von | 12,502 | 12 | 3 |
| sohin mit einem Activbestande von | 965 | 56 | 3 |

welcher durch Abzug des oben unter

|  | fl. | kr. | pf. |
|---|---|---|---|
| a. 2. erwähnten Paffivrestes von | 1 | 13 | 2 |
| auf | 964 | 43 | 1 |

herabgesetzt wird, wurden von dem Landrathe ebenfalls als richtig anerkannt. Die Ergebnisse des Jahres 18⁴⁸/₄₉ sind in die Rechnungen des nächsten Jahres gehörig zu übertragen.

## II.

Steuer-Principale für die Jahre 18⁴⁹/₅₀ und 18⁵⁰/₅₁.

Das Steuerprincipale von Oberfranken für die Jahre 18⁴⁹/₅₀ und 18⁵⁰/₅₁ berechnet sich, vorbehaltlich der im Laufe dieser Jahre sich ergebenden Ab- und Zugänge auf 693,092 fl. — sohin ein Steuerprocent in runder Summe auf 6,931 fl. —

## III.

Bestimmung der Kreisausgaben für die Jahre 18⁴⁹/₅₀ und 18⁵⁰/₅₁.

Dem von dem Landrathe geprüften Voranschlage der in jedem der Jahre 18⁴⁹/₅₀ und 18⁵⁰/₅₁ aus Kreisfonds zu bestreitenden Verwaltungs-Ausgaben ertheilen Wir Unsere Genehmigung nach folgenden Ansätzen:

### Cap. I.

Bedarf des Landrathes.

| | fl. | kr. | pf. |
|---|---|---|---|
| §. 1. Taggebühren und Reisekosten der Landräthe | 1,357 | — | — |
| §. 2. Regiekosten der Landrathsversammlung | 300 | — | — |
| Summe des Cap. I. | 1,657 | — | — |

### Cap. II.

Erziehung und Bildung.

| | fl. | kr. | pf. |
|---|---|---|---|
| §. 1. Deutsche Schulen | 65,026 | 55 | — |
| §. 2. Isolirte lateinische Schulen | 613 | 52 | 3 |
| §. 3. Sonstige Anstalten für Erziehung und Bildung: | | | |
| a) Taubstummen-Unterricht | 682 | — | — |
| b) Besondere Anstalten für die Erziehung und den Unterricht d. weiblichen Jugend | 250 | — | — |
| §. 4. Stipendien, und zwar für Studierende an Universitäten u. Studienanstalten | 1,861 | 15 | — |
| §. 5. Uebrige Ausgaben für Erziehung u. Bildung: | | | |
| a) für die Kreisbibliotheken | 1000 | — | — |
| b) für die Naturalien-Cabinete zu Bayreuth und Bamberg | 200 | — | — |
| c) für Erhaltung alter Denkwürdigkeiten | 75 | - | |
| d) für die Pfarrwaisen-Anstalt zu Windsbach | 100 | — | — |
| e) Beiträge zu besonderen Anstalten und zwar: | | | |
| aa) an den Bayreuther Provincial-Schulfond | 2000 | — | — |
| bb) an die Administration der unmittelbaren Stiftungen zu Bamberg für das Lyceum | 150 | — | — |
| §. 6. Reservefond | 319 | 31 | 2 |
| Summe des Cap. II. | 72,278 | 34 | 2 |

**Cap. III.**

*Industrie und Cultur.*

| | fl. | kr. | pf. |
|---|---|---|---|
| §. 1. Landwirthschafts- u. Gewerbsschulen: | | | |
| a) Beiträge zur Bestreitung der Personal- und Real-Erigenz | 12,093 | 16 | 1 |
| b) Taggebühren und Reisekosten der Prüfungs-Commissäre | 200 | — | — |
| §. 2. Stipendien und zwar | | | |
| a) für Zöglinge an den polytechnischen Schulen | 300 | — | — |
| b) für Zöglinge an den landwirthschaftlichen Schulen | 300 | — | — |
| §. 3. Beiträge für Zöglinge des Institutes der krüppelhaften Kinder in München | 100 | — | — |
| §. 4. Für den Unterhalt eines Knaben in der landwirthschaftlichen Unterrichtsanstalt des Dr. Weidenkeller in | | | |

| | fl. | kr. | pf. |
|---|---|---|---|
| Lichtenhof bei Nürnberg | 60 | — | — |
| §. 5. Unterstützungen | | | |
| a) der landwirthschaftlichen Gewerbe (hier des technischen Vereins in Wunsiedel) | 119 | 46 | 1 |
| b) für Beförderung der Landwirthschaft im Allgemeinen | 1,600 | — | — |
| **Summa des Cap. III.** | **14,773** | **2** | **2** |

**Cap. IV.**

*Gesundheit.*

| | fl. | kr. | pf. |
|---|---|---|---|
| §. 1. Beitrag an die Maximilians-Heilanstalt für Augenkranke in Nürnberg | 100 | — | — |
| §. 2. Beitrag für das chirurgische Klinikum in Erlangen | 100 | — | — |
| §. 3. Sustentation der Thierärzte | 500 | — | — |
| **Summe des Cap. IV.** | **700** | **—** | **—** |

**Cap. V.**

Wohlthätigkeit.

§. 1. Beiträge an Ret-
tungs-Anstalten für
verwahrloste Kin-
der        5000 — —

§. 2. Unterstützungen
für entlassene Sträf-
linge und Correctio-
näre       300 — —

Summe des Cap. V. 5,300 — —

**Cap. VI.**

Straßen- und Wasserbau.

Beiträge zur Her-
stellung und Unter-
haltung der District-
straßen oder Bezirks-
wege     9,240 26 —

Summe des Cap. VI. 9,240 26 —

**Cap. VII.**

Allgemeiner Reserve-
fond      3,639 53 3

Summe des Cap. VII. 3,639 53 3

Hiezu  „  „  „  VI. 9,240 26 —

  „  „  „  „  V. 5,300 — —

  „  „  „  „  IV. 700 — —

| | fl. | kr. | pf. |
|---|---|---|---|
| Summe des Cap. III. | 14,773 | 2 | 2 |
| Hiezu „ „ „ II. | 72,278 | 34 | 2 |
| „ „ „ „ I. | 1,657 | — | — |
| Summe aller Kreis-lasten | 107,588 | 56 | 3 |

**IV.**

Bestimmung der Deckungsmittel.

Zur Deckung des vorstehenden Ge-
sammt-Bedarfs sind folgende Mittel gegeben:

Cap. I. Die auf beson-
deren Rechtstiteln u.
Bewilligungen beru-
henden Fundations-
und Dotationsbei-
träge des Staates
mit       8,906 26 3

Cap. II. Die Leistun-
gen aus der Staats-
Casse für ständige
Bauausgaben mit    16 25 1

Cap. III. Die aus der
Staatscasse nach dem
Budget zu entrich-
tende Kreis-Schul-
Dotation für die
deutschen Schulen u.
für die isolirten La-
teinschulen mit    32,169 58 3

| | fl. | kr. | pf. |
|---|---|---|---|
| Cap. IV. Die weiteren Zuschüsse der Staats-Casse für die deutschen Schulen und zwar: | | | |
| a) zur Deckung der Congrua in ihrem bisherigen Maßstabe mit | 7,900 | — | — |
| b) zur Erhöhung derselben auf 250 fl. und 200 fl. mit | 15,253 | 43 | 3 |
| c) zur Anordnung außerordentlicher Schulvisitationen mit | 1,000 | — | — |
| d) zur Unterstützung dienstunfähig gewordener deutscher Schullehrer mit | 1000 | — | — |
| Cap. V. Der Zuschuß aus der Staatscasse für Industrie und Cultur nach Maßgabe des außerordentlichen Budgets mit | 1,500 | — | — |
| Cap. VI. Die besonderen Einnahmsquellen mit | 119 | 46 | 1 |

| | fl. | kr. | pf. |
|---|---|---|---|
| Cap. VII. Eine Kreisumlage von 5⅝ pCt. der oben unter Abschnitt II. bezeichneten Steuerprincipal-Summe nach Abzug der Verwaltungskosten mit | 39,622 | 36 | — |

deren Erhebung Wir genehmigen.

| | fl. | kr. | pf. |
|---|---|---|---|
| Summe der Kreisfonds | 107,588 | 56 | 3 |

## V.

Auf die bei Prüfung des Voranschlages der Kreisausgaben erfolgten Aeußerungen und Anträge des Landrathes ertheilen Wir nachstehende Entschließungen:

1) Wir genehmigen den Antrag des Landrathes auf Bestimmung einer Position von 150 fl. zur Unterstützung solcher Schullehrers-Wittwen und Waisen, welche einen Anspruch auf einen Bezug aus der Schullehrer-Wittwen- und Waisencasse des Kreises nicht zu machen haben, sowie dessen weiteren Antrag auf Erhöhung des bisherigen Jahreszuschusses von 1000 fl. an die genannte Casse um den Betrag von 1500 fl. und haben hienach diese Beträge unter den

Aufwand für die deutschen Schulen aufnehmen lassen.

Auf die Verminderung der Rückstände in dem Rechnungswesen der Schullehrer-Wittwen- und Waisencasse von Oberfranken wird Unsere Regierung geeignet einwirken.

2) Der Verwendung der aus Kreis-fonds zu Dienstalterszulagen der Professoren pro 18⁴⁹/₃₀ vorgeschossenen, inzwischen aber zurückerstatteten Summe von 4,529 fl. 51½ kr. zur Unterstützung von Gemeinden bei Schulhausbauten, steht kein Hinderniß im Wege.

Wir beauftragen Unsere Kreisregierung bei der Vertheilung dieser Unterstützungen besonders Gemeinden in solchen Amtsbezirken zu berücksichtigen, welchen bei diesen Vertheilungen bisher weniger zugeflossen ist.

3) Dem Wunsche des Landrathes, die Schulhäuser einfach und mit möglichst geringem Aufwande zu erbauen, damit die pecuniären Kräfte der Gemeinden dadurch nicht mehr in Anspruch genommen werden, als nöthig ist, wurde von Unserer Kreis-Regierung bereits dadurch entsprochen, daß jede mögliche Kostenersparung bei Gemeinde- und Stiftungsbauten, insbesondere bei Schulhausbauten durch Einfachheit und strenges Bemessen des Bauplanes nach dem wirklichen Bedürfnisse erstrebt worden ist.

Eben so wurde, wenn eine Gemeinde unter Aufstellung eines tüchtigen Werkführers die Herstellung eines Gemeinde- oder Stiftungs-Gebäudes übernehmen wollte, einem solchen Antrage bisher immer entsprochen.

Wir beauftragen hiemit Unsere Kreis-Regierung dieses Verfahren auch in künftigen Fällen zu beobachten, jedoch in der Voraussetzung, daß sich die betreffende Gemeinde den die entsprechende Ausführung der Bauten sichernden Bedingungen unterzieht, und daß die Aufsicht, sowie die förmliche Uebernahme des Baues durch Unsere Baubehörde erfolgt.

4) Wir genehmigen die von dem Landrathe beantragte besondere Remuneration der Lehrer Ruckdeschel und Heß an der Lateinschule zu Wunsiedel mit je 50 fl. für jedes der Jahre 18⁴⁹/₅₀ und 18⁵⁰/₅₁ und haben hienach diese Beträge unter den Aufwand für die isolirten Lateinschulen aufnehmen lassen.

5) Zum Behufe einer zweckgemäßen, dem landwirthschaftlichen Bedürfnisse des Kreises thunlichst entsprechenden Verwendung des für Beförderung der Landwirthschaft im Allgemeinen bestehenden Ansatzes von jährlich 1600 fl. beauftragen Wir Unsere Regierung von Oberfranken, mit dem Kreis-Comité des landwirthschaftlichen

Vereines in das erforderliche Benehmen zu
treten und die bezüglichen Vorschläge mit
gutachtlichem Berichte Unserem Staats-
Ministerium des Handels und der öffentlichen Arbeiten förderlichst vorzulegen, bis
wohin die weitere Verfügung insbesondere
hinsichtlich des für landwirthschaftliche
Zwecke gewährten Zuschusses von 1,500 fl.
aus Centralfonds vorbehalten bleibt.

6) Wir genehmigen, daß dem Lehrer
an der Landwirthschafts- und Gewerbs-
Schule zu Hof, Dietsch, in Berücksichtigung seiner vermehrten Dienstleistungen
an genannter Schule eine Functions-Remu-
neration von 50 fl. des Jahres, vorläufig
für die Jahre 18⁴⁹/₅₀ und 18⁵⁰/₅₁ aus
dem allgemeinen Reservefonde des Kreises
gewährt werde.

7) Nachdem der Landrath sich dafür
ausgesprochen hat, daß die für Errichtung
eines Kreisfindelhauses veranschlagte Summe
von 5000 fl. zur Unterstützung der bereits im
Kreise vorhandenen oder etwa noch entstehenden Rettungsanstalten für verwahrloste Kinder verwendet werde, so ertheilen Wir dieser Verwendung Unsere Genehmigung.

8) Den Anträgen des Landrathes entsprechend, genehmigen Wir ferner, daß aus
den auf 20,130 fl. 28½ kr. sich belaufen-
den Kreisfonds-Erübrigungen der V. Finanzperiode die Summe von 18,000 fl.

unbeschadet jedoch der Bestimmungen des
Artikel XIII. des Gesetzes über die Ausscheidung der Kreislasten von den Staatslasten vom 23. Mai 1846 in folgender
Weise zur Verwendung gelange:

a) als Beitrag zum Dotations-Capital
der Schullehrer-Wittwen- und Waisencasse des Kreises 2,000 fl.

b) zur Vertheilung an die vier Land-
wirthschafts- und Gewerbs-Schulen
des Kreises behufs der Vervollständigung der Lehrattribute, Sammlungen u. dgl. 4,000 fl.

c) zur Unterstützung der im Kreise be-
stehenden oder noch zu errichtenden
Rettungsanstalten für verwahrloste
Kinder 3,000 fl.

d) für Beiträge zur Herstellung und Unterhaltung von Districtsstraßen, Be-
zirks- und, wo es erforderlich, Ge-
meindewegen 5,000 fl.

e) als Beiträge zur Bestreitung der Kosten von Uferbauten, welche den Gemeinden obliegen 4,000 fl.

und daß der nicht verwendete Rest bis auf
Weiteres bei der Bank zu Bamberg verzinslich angelegt werde.

Zugleich beauftragen Wir die Kreis-
Regierung, dem von dem Landrathe bezüg-

32

lich des Zustandes der Districtsstraßen, Be-
zirks- und Gemeindewege Angeführten die
sorgfältigste Würdigung zuzuwenden.

## VI.

### Wünsche und Anträge.

Auf die in der Sitzung vom 6. December 1850 gestellten besonderen Anträge
und Wünsche ertheilen Wir folgende Entschließungen:

1) In Folge der Organisation der
Staatsanwaltschaft wird den Gerichten ein
Theil des bisher als Staatsanwälte verwendeten Richter-Personales zurückgegeben
und hiemit eine Vermehrung dieses Perso-
nales bewirkt, wodurch dem dießfälligen Antrage des Landrathes entsprochen wird.

Eine Vermehrung der Anwälte dagegen erscheint mit Rücksicht auf die bei der
bevorstehenden Gerichtsorganisation eintretenden Aenderungen vorerst um so weniger
angemessen, als das Bedürfniß einer solchen Maßregel nicht außer Zweifel ist.

2) Die schleunige Rückvergütung der
Einquartierungskosten ist vielfach durch die
Mangelhaftigkeit der Liquidationen erschwert
worden. Es ist übrigens Unser ernster
Wille, daß der Ersatz der noch rückständi-
gen Entschädigungen mit der möglichsten
Beschleunigung stattfinde.

3) Den Antrag auf Bewilligung der
Postportofreiheit für die Kreishilfscasse vermögen Wir nicht zu genehmigen, indem
allgemeine Verwaltungsgrundsätze solcher
ausnahmsweisen Begünstigung entgegenstehen.

4) Dem Wunsche, daß die Armen-
pflegen auf die ihnen obliegende Thätigkeit
zur Verhütung des Vermögensverfalles ver-
schwenderischer Hausväter aufmerksam gemacht werden möchten, ist durch eine im
Sinne der Art. 55 und 56 der Verordnung über das Armenwesen vom 17. November 1816 von Unserem Staatsministerium des Innern an die Kreisregierungen
ergangenen Weisung entsprochen worden.

5) Das von dem Landrathe angeregte
Bedürfniß wegen eines Bankerott-Gesetzes
wird bei der Revision des Strafgesetzbuches
die geeignete Berücksichtigung finden.

6) Ingleichen ist dem bezüglich der
Schubfuhrkosten gestellten Antrage durch
Unsere allerhöchste Verordnung vom 5.
Januar d. Js., die Vergütung für die Vor-
spannleistung beim Schubfuhrwerke betref-
fend, die entsprechende Berücksichtigung zu
Theil geworden.

7) Ueber die Frage, ob und welche
Maßnahmen bezüglich der Anlegung von
Getreidmagazinen zu treffen wären, sind
umfassende Erhebungen eingeleitet, nach be-

ren Vollendung Wir Entschließung ertheilen werden.

Die von dem Landrathe ausgesprochene Anerkennung des geregelten Verwaltungszustandes des oberfränkischen Regierungsbezirkes haben Wir mit Wohlgefallen aufgenommen und erwiedern den Uns dargebrachten Ausdruck der Anhänglichkeit und Treue mit der Versicherung Unserer Königlichen Huld und Gnade.

Riva, den 11. April 1851.

## M a x.

v. d. Pfordten.    v. Kleinschrod.  Dr. v. Aschenbrenner.  Dr. v. Ringelmann.   v. Lüder.   v. Zwehl.

Nach dem Befehle
Seiner Majestät des Königs:
der General-Secretär des Staatsraths
Seb. v. Kobell.

**Bekanntmachung,**
die Einführung der Paßkarten betr.

Staatsministerium des Königlichen Hauses und des Aeußern, dann des Innern.

Unter wiederholter Bezugnahme auf die allerhöchste Verordnung vom 14. Januar l. Js., die Einführung von Paßkarten betreffend, (Regierungsblatt 1851 No. 3. Seite 25 u. ff.) wird hiemit auch der unterm 25. März erfolgte Beitritt der freien Stadt Frankfurt a./M., dann der unter'm 4. April l. Js. erfolgte Beitritt der königlich württembergischen Regierung zum Paßkartenvertrage vom 21. October v. Js. zur Kenntniß gebracht.

München, den 25. April 1851.

**Auf Seiner Königlichen Majestät
Allerhöchsten Befehl.**

v. d. Pfordten.          v. Zwehl.

Durch die Minister
der General-Secretär,
Ministerialrath Rappel.

## Dienstes-Nachrichten.

Seine Majestät der König haben allergnädigst geruht, unter'm 11. April l. Js. den functionirenden Finanzkammer-Rechnungsrevisor Max Diem in Augsburg zum Finanz-Rechnungs-Commissär bei dortiger Regierung provisorisch zu ernennen;

unter'm 18. April l. Js. dem Revierförster Philipp Freiherrn von Truchseß zu Rohrbrunn, im Forstamte Sallauf, die erbetene Entlassung aus dem Staatsdienste auf den Grund des §. 22 lit. A. der IX. Beilage zur Verfassungs-Urkunde zu gewähren und demselben in Anerkennung seiner langjährigen treu geleisteten Dienste den Titel und Rang eines k. Forstmeisters tax- und siegelfrei zu verleihen, dann

auf das hiedurch sich erledigende Revier Rohrbrunn den Forstamts-Actuar und Verweser des Communalreviers Marktsteft, Heinrich Heymülser, provisorisch zu ernennen, weiter

den Diensteetausch der beiden Forstmeister Franz Thoma zu Biburg in Augsburg und Peter Meyer zu Kaufbeuern zu genehmigen, wonach der Forstmeister Franz Thoma auf das Forstamt Kaufbeuern und dagegen der Forstmeister Peter Meyer an des erstern Stelle auf das Forstamt Biburg, beide in gleicher Eigenschaft versetzt werden, endlich

den Forstmeister zu Annweiler in der Pfalz, Mathias Schollwöck, auf Ansuchen in gleicher Dienstseeigenschaft auf das erledigte Forstamt Kelheim zu versetzen.

# Regierungs-Blatt

## für das
## Königreich Bayern.

### № 23.

München, Freitag den 2. Mai 1851.

**Abschied**

für den Landrath von Mittelfranken über dessen Verhandlungen in den Sitzungen vom 26. November bis 11. December 1850.

### Maximilian II.

von Gottes Gnaden König von Bayern, Pfalzgraf bei Rhein, Herzog von Bayern, Franken und in Schwaben ꝛc. ꝛc.

Wir haben Uns über die von dem Landrathe von Mittelfranken in dessen Sitzungen vom 26. November bis 11. December 1850 gepflogenen Verhandlungen Vortrag erstatten lassen, und ertheilen hierauf nach Vernehmung Unseres Staatsrathes folgende Entschließungen:

#### I.

Abrechnung über die Fonds der Kreisanstalten und über die Einnahmen und Ausgaben auf Kreisfonds für die Jahre 18⁴⁷/₄₈ und 18⁴⁸/₄₉.

**A.** Rechnung der Kreishilfscasse.

Die Rechnungen der Kreishilfscasse von Mittelfranken und zwar:

1) für das Jahr 18⁴⁷/₄₈

| | fl. | kr. | pf. |
|---|---|---|---|
| mit einer Einnahme von | 4,408 | 6 | — |
| mit einer Ausgabe von | 2,944 | 37 | 1 |
| sohin mit einem Cassenbestande von | 1,455 | 28 | 3 |
| und einem Vermögensstande von | 18,162 | 5 | 1 |

2) für das Jahr 18⁴⁸/₄₉

| | | | |
|---|---|---|---|
| mit einer Einnahme von | 4,280 | 28 | 1 |
| mit einer Ausgabe von | 2,850 | — | — |
| sohin mit einem Cassenbestande von | 1,430 | 28 | 1 |
| und einem Vermögensstande von | 18,464 | 59 | 3 |

sind von dem Landrathe als richtig anerkannt worden. Die Rechnungsergebnisse des Jahres 18⁴⁵/₄₉ sind in die Rechnung für das Jahr 18⁴⁹/₅₀ überzutragen.

### B.

Rechnung der Maximilians-Stiftung oder Kreishilfscasse für Wittwen und Waisen der Schullehrer.

Diese Rechnung weiset nach:

1) für das Jahr 18⁴⁷/₄₈

| | fl. | kr. | pf. |
|---|---|---|---|
| eine Einnahme von | 399 | 31 | — |
| eine Ausgabe von | 400 | 41 | — |
| sohin eine Mehrausgabe von | 1 | 10 | |
| und einen Vermögensgenstand von | 5000 | — | — |

2) für das Jahr 18⁴⁸/₄₉

| | | | |
|---|---|---|---|
| eine Einnahme von | 396 | 16 | — |
| eine Ausgabe von | 391 | 51 | — |
| sohin eine Mehreinnahme von | 4 | 25 | |
| und einen Vermögensgenstand von | 5,004 | 25 | — |

### C.

Rechnung der Kreis-Irrenanstalt zu Erlangen.

Diese Rechnung ergiebt:

1) für das Jahr 18⁴⁷/₄₈

| | | | |
|---|---|---|---|
| eine Einnahme von | 39,009 | 2 | 2 |
| eine Ausgabe von | 43,687 | 28 | 2 |
| sohin eine Mehrausgabe von | 4678 | 26 | |

2) für das Jahr 18⁴⁸/₄₉

| | | | |
|---|---|---|---|
| eine Einnahme von | 36,500 | 23 | 1 |
| eine Ausgabe von | 46,677 | 13 | 1 |
| sohin eine Mehrausgabe von | 10,176 | 50 | — |
| dann einen Passiv-Vermögensstand von | 3,918 | 36 | 2 |

Auch diese unter B. und C. aufgeführten Rechnungen sind von dem Landrathe als richtig anerkannt worden.

Die Rechnungsergebnisse des Jahres 18⁴⁸/₄₉ sind in die Rechnungen für das Jahr 18⁴⁹/₅₀ überzutragen.

### D.

Rechnungen über die Kreisfonds.

Dieselben weisen folgende Ergebnisse nach:

1) für das Jahr 18⁴⁷/₄₈

a) für nothwendige Zwecke:

|  | fl. | kr. | pf. |
|---|---|---|---|
| an Einnahmen | 717,755 | 33 | 3 |
| an Ausgaben | 705,715 | 3 | — |

sohin eine Mehrein-

| nahme von | 12,040 | 30 | 3 |

Unter diesem Rechnungs-Abschlusse sind Einnahmen und Ausgaben aus der IV. Finanzperiode und zurück enthalten, welche gemäß Art. VI. des Gesetzes vom 17. November 1837 auf den Fond für facultative Zwecke übergehen. Da nun aus jener Zeit nach der Hauptrechnung für nothwendige Zwecke ein Activrest von 8,920 fl. 6½ kr. besteht, welcher dem Fond für facultative Zwecke zufällt, so muß dieser Betrag von dem obigen Activreste abgezogen werden, wonach derselbe auf die Summe von 3,120 fl. 24 kr. 1 pf. sich mindert.

b) für facultative Zwecke:

|  | fl. | kr. | pf. |
|---|---|---|---|
| an Einnahmen | 13,996 | 54 | 1 |
| an Ausgaben | 15,874 | 8 | 3 |

sohin eine Mehraus-

| gabe von | 1,877 | 14 | 2 |

Diese Mehrausgabe erscheint aber durch den eben erwähnten an die Fonds für facultative Zwecke übergehenden Activrest für nothwendige Zwecke von 8,920 fl. 6 kr. 2 pf. nicht nur als gedeckt, sondern es ergibt sich nunmehr auch bei den Fonds für facultative Zwecke noch ein Activrest von 7,042 fl. 52 kr.

2) für das Jahr 18⁴⁸/₄₉

a) für nothwendige Zwecke:

|  | fl. | kr. | pf. |
|---|---|---|---|
| an Einnahmen | 742,583 | 7 | — |
| an Ausgaben | 735,379 | 11 | — |

sohin eine Mehrein-

| nahme von | 7,203 | 56 | — |

Unter diesem Rechnungs-Abschlusse befinden sich wieder Einnahmen und Ausgaben auf die IV. Finanzperiode und zurück, welche gesetzlich den Fonds für facultative Zwecke, beziehungsweise denselben zur Last fallen. Da nun aus der bezeichneten Periode bei den Fonds für nothwendige Zwecke eine Mehrausgabe von 1,691 fl. 30 kr. 1 pf. ausweislich der Kreisfonds-Hauptrechnung vorhanden ist, so muß dieselbe aus den Fonds für facultative Zwecke

ersetzt werden, wodurch die angeführte Mehreinnahme der Fonds für nothwendige Zwecke
von 7,203 fl. 56 kr. auf die Summe von
8,895 fl. 26 kr. 1 pf. sich erhöht;

b) für facultative Zwecke:

|  | fl. | kr. | pf. |
|---|---|---|---|
| an Einnahmen | 24,327 | 45 | 1 |
| an Ausgaben | 18,972 | 53 | 2 |

sohin eine Mehrein-
nahme von 5,354 51 8

Von dieser Mehreinnahme ist, wie oben
erwähnt wurde, den Fonds für nothwendige
Zwecke der Passivrest aus der IV. Finanz-
Periode und zurück mit 1,691 fl. 30 kr. 1 pf.
zu vergüten; es bleibt sohin den Fonds für
facultative Zwecke eine hiedurch geminderte
Mehreinnahme von 3663 fl. 21 kr. 2 pf.

Nachdem die unter Ziff. 1 und 2
aufgeführten Kreisfonds-Rechnungen der
Einsicht und Prüfung des Landrathes unterstellt worden sind, so ist hiedurch der
Vorschrift des §. 2 No. 3 des Gesetzes
vom 15. August 1828, die Einführung der
Landräthe betreffend, Genüge geschehen.

Die entzifferten Ergebnisse dieser Rechnungen sind von dem Landrathe nicht beanstandet worden.

Die Rechnungs-Ergebnisse des Jahres
18⁴⁸/₄₉ sind in die Rechnung des Jahres
18⁴⁹/₅₀ überzutragen.

Bei Gelegenheit der Prüfung der Kreis-

fondsrechnungen für die Jahre 18⁴⁷/₄₈ und
18⁴⁸/₄₉ ist der Landrath wieder auf die
schon in früheren Versammlungen bean-
spruchten Rückersätze aus den Centralfonds
an die Kreisfonds zurückgekommen und hat
den Antrag gestellt, daß die Kreisfonds für
nothwendige Zwecke durch besondere Zuschüsse:

a) für die eingetretenen Rückvergütungen
an Kreisumlagen,

b) für den Mehrbetrag der Erhebungs-
Kosten über die im Voranschlage eingestellten 2 Procente der Bruttoein-
nahme und

c) für den Mehraufwand auf landgerichtliche Geschäftsaushilfe, beziehungsweise für Functionäre,

aus Staatsfonds entschädigt werden möchten.

Wir vermögen diesem Antrage aus
dem in dem Landraths-Abschiede vom 5.
Juli 1849 Ziffer 5 No. 1 angeführten
Grunde um so weniger zu entsprechen, als
die Kreisfonds-Rechnung für das Jahr
18⁴⁸/₄₉ mit einem beträchtlichen Activreste
abschließt und in diesem Ergebnisse die genügende Bestätigung liegt, daß die bereits
geleisteten Zuschüsse aus Centralfonds das
wirkliche Bedürfniß ohnehin schon übersteigen.

## II.
### Steuer-Principale für die Jahre
### 18⁴⁹/₅₀ und 18⁵⁰/₅₁.

Die Steuerprincipal-Summe für Mitrelfranken berechnet sich für jedes der Jahre 18⁴⁹/₅₀ und 18⁵⁰/₅₁ vorbehaltlich allenfallsiger Ab- und Zugänge auf

951,303 fl. —

ein Steuerprocent somit auf

9,513 fl. —

### III.

**Bestimmung der Kreisausgaben für die Jahre 18⁴⁹/₅₀ und 18⁵⁰/₅₁.**

Den von dem Landrathe geprüften Voranschlägen der Kreisausgaben für die Jahre 18⁴⁹/₅₀ und 18⁵⁰/₅₁ ertheilen Wir in folgenden Sätzen Unsere Genehmigung:

**A. Voranschlag für das Jahr 18⁴⁹/₅₀.**

**Cap. I.**

| | fl. | kr. | pf. |
|---|---|---|---|
| Bedarf des Landrathes | — | — | — |

**Cap. II.**

**Erziehung und Bildung.**

§. 1. Deutsche Schulen:

| | fl. | kr. | pf. |
|---|---|---|---|
| a) Bisherige ständige fundationsmäßige Reichnisse des Staats-Aerars für das Lehrer-Personal | 10,852 | 23 | 3 |
| b) Anschlag der ärarialischen Dienst- | | | |

| | fl. | kr. | pf. |
|---|---|---|---|
| Wohnungen und Dienstgründe | 874 | 24 | — |
| c) Ständige Bau-Ausgaben | 200 | — | — |
| d) Bisherige ständige Reichnisse aus der Kreis-Schuldotation für das Lehrer-Personal | 9,664 | 38 | 3 |
| e) Zur Ergänzung der Congrua in ihrem bisherigen Maßstabe | 16,525 | 25 | — |
| f) Wohnungs-Vergütungen an Schullehrer auf d. Lande mit 200 fl. Einkommen | 1,680 | 1 | — |
| g) Bedarf zur Ergänzung der Congrua auf 250 u. resp. 200 fl. | 7,610 | 37 | — |
| h) Pensionen u. Alimentationen für Schullehrer, deren Wittwen und Waisen | 1,846 | 12 | — |
| i) Außerordentliche Unterstützungen für das Lehrpersonal | 1,600 | — | — |

| | fl. | kr. | pf. |
|---|---|---|---|
| k) Schulgehilfenbeiträge | 6,500 | — | — |
| l) Ständige Beiträge zur Unterstützung unbemittelter Schulcassen | 100 | — | — |
| m) Kosten der Schul-Aufsicht und Anstellungs-Prüfung | 3,700 | — | — |
| n) Beitrag zu Schulhaus-Bauten | 3,300 | — | — |
| o) Ständiger Beitrag an die ältere Ansbacher Schulfonds-Casse | 2000 | — | — |
| p) Ständiger Beitrag an die Schullehrer-Wittwen- und Waisencasse | 2,200 | — | — |
| q) Ständiger Beitrag zur Remuneration d. Vorbereitungs-Lehrlinge | 1,200 | — | — |
| r) Ständiger Beitrag zur Unterstützung der Schul-Lehrlinge | 1,400 | — | — |

§. 2. Isolirte lateinische Schulen:

a) fundations- und dotationsmäßige

| | fl. | kr. | pf. |
|---|---|---|---|
| Reichnisse des Staatsärars | 1,714 | 18 | 2 |
| b) Zuschüsse aus der Kreisschuldotation | 4,766 | 47 | 3 |

§. 3. Sonstige Anstalten für Erziehung und Bildung:

| | fl. | kr. | pf. |
|---|---|---|---|
| a) für den Unterricht der Taubstummen | 600 | — | — |
| b) Beitrag für die höhere Töchterschule beziehungsweise das Theresien-Institut zu Ansbach | 500 | — | — |
| c) Beitrag für die höhere Bürger-Schule, dann für die Landwirthschafts- und Gewerbschule in Ansbach | 300 | — | — |
| d) Beitrag an die höhere Töchterschule in Erlangen | 100 | — | — |
| e) Unterstützung der Pfarr-Waisenanstalt zu Windsbach | 200 | — | — |

§. 4. Uebrige Ausgaben für Erziehung und Bildung:

| | fl. | kr. | pf. |
|---|---|---|---|
| Fundations- und dotationsmäßige Reichnüsse des Staats Aerars an Stiftungen für Schulzwecke | 12,582 | 20 | — |
| §. 5. Reservefond | 1,528 | 9 | — |
| **Summa des Cap. II.** | 93,545 | 16 | 3 |

### Cap. III.

#### Industrie und Cultur.

| | fl. | kr. | pf. |
|---|---|---|---|
| §. 1. Landwirthschafts- und Gewerbschulen: | | | |
| a) Beiträge zur Bestreitung der Personal- und Real-Exigenz dieser Schulen | | | |
| aa) in Ansbach zu | 1,549 | — | — |
| bb) in Erlangen zu | 2,602 | 42 | — |
| cc) in Fürth zu | 5,092 | 30 | — |
| dd) in Nürnberg zu | 6,230 | — | — |
| b) Taggebühren und Reisekosten der Prüfungs-Commissäre | 250 | — | — |
| §. 2. Stipendien für Zöglinge | | | |
| a) an technischen Schulen überhaupt | 500 | — | — |
| b) an der polytech- | | | |

| | fl. | kr. | pf. |
|---|---|---|---|
| nischen Schule zu Nürnberg insbesondere | 100 | — | — |
| §. 3. Sonstige Ausgaben für Industrie und Cultur: | | | |
| Zur Verbesserung d. Viehzucht in Triesdorf | 1,000 | — | — |
| **Summa des Cap. III.** | 17,324 | 12 | — |

### Cap. IV.

#### Gesundheit.

| | fl. | kr. | pf. |
|---|---|---|---|
| §. 1. Kreis-Irren-Anstalt in Erlangen: | | | |
| a) für Berichtigung von Zinsen und Annuitäten-Zahlungen an die Sparcasse zu Erlangen | 3000 | — | — |
| b) Zuschuß zur Exigenz der Anstalt | 2,000 | — | — |
| c) Heimzahlung von Vorschüssen an mehrere Gemeinden | 4,229 | 7 | 2 |
| §. 2. Kranken-Anstalten: | | | |
| a) Beitrag für das chirurgische Klinikum in Erlangen | 300 | — | — |

b) Beitrag für das medicinische Clinikum daselbst ... 300 — —

c) Beitrag zur Maximilians-Heilanstalt für arme Augenkranke in Nürnberg ... 100 — —

§. 3. Blutegelzucht ... 100 — —

Summa des Cap. IV. 10,029 7 2

### Cap. V.
#### Wohlthätigkeit.

§. 1. Für Unterstützung entlassener Sträflinge und Correctionäre ... 500 — —

§. 2. Beitrag zur Unterstützung verwahrloster Kinder ... 2,000 — —

Summe des Cap. V. 2,500 — —

### Cap. VI.
#### Straßen- und Wasserbau.

Beiträge zur Herstellung und Unterhaltung von Districts-Straßen ... 15,289 50 —

### Cap. VII.

Allgemeiner Reservefond ... 11,295 50 2

---

### Zusammenstellung.

|  |  |  | fl. | kr. | pf. |
|---|---|---|---|---|---|
| Summe des Cap. | I. | — | — | — |
| „ „ | II. | 93,545 | 16 | 3 |
| „ „ | III. | 17,324 | 12 | — |
| „ „ | IV. | 10,029 | 7 | 2 |
| „ „ | V. | 2,500 | — | — |
| „ „ | VI. | 15,289 | 50 | — |
| „ „ | VII. | 11,295 | 50 | 2 |

Gesammtsumme der Kreis-Ausgaben für 18⁴⁹/₅₀ ... 149,984 16 3

**B.** Voranschlag für das Jahr 18⁵⁰/₅₁.

### Cap. I.
#### Bedarf des Landraths.

§. 1. Taggebühren und Reisekosten der Landraths-Mitglieder ... 1,370 — —

§. 2. Regiekosten der Landraths-Versammlung ... 560 — —

Summe des Cap. I. 1,930 — —

### Cap. II.
#### Erziehung und Bildung.

§. 1. Deutsche Schulen:

a) bisherige ständige fundationsmäßige Reichnisse des Staats-Aerars für das Lehrer-Personal ... 10,852 23 2

b) Anschlag der ära-
rialischen Dienst-
Wohnungen und
Dienstgründe ... 874 | 24 | —

c) ständige Bauaus-
gaben ... 200 | — | —

d) bisherige ständige
Reichnisse aus der
Kreisschuldotation
für das Lehrer-
Personal ... 9,664 | 38 | 3

e) zur Ergänzung der
Congrua in ih-
rem bisherigen
Maßstabe ... 16,520 | 10 | —

f) Wohnungsvergü-
tungen an Schul-
lehrer auf dem
Lande mit 200 fl.
Einkommen ... 1,000 | 1 | —

g) Bedarf zur Er-
gänzung der Con-
grua auf 250 u.
resp. 200 fl. ... 7,610 | 37 | —

h) Pensionen u. Ali-
mentationen für
Schullehrer, de-
ren Wittwen u.
Waisen ... 2,277 | 27 | —

i) außerordentliche
Unterstützungen

für das Lehr-
Personal ... 1,600 | — | —

k) Schulgehilfenbei-
träge ... 6500 | — | —

l) ständige Beiträge
zur Unterstützung
unbemittelter
Schulcassen ... 100 | — | —

m) Kosten der Schul-
Aufsicht und An-
stellungs-Prüfung ... 3,700 | — | —

n) Beitrag zu Schul-
hausbauten ... 3,300 | — | —

o) ständiger Beitrag
an die ältere Ans-
bacher Schul-
fondscasse ... 2,000 | — | —

p) ständiger Beitrag
an die Schulleh-
rer-Wittwen- und
Waisencasse ... 2,200 | — | —

q) ständiger Beitrag
zur Remuneration
der Vorbereitungs-
Lehrlinge ... 1,200 | — | —

r) ständiger Beitrag
zur Unterstützung
der Schullehr-
linge ... 1,400 | — | —

§. 2. Isolirte lateini-
sche Schulen:

a) Fundations- und

| | fl. | kr. | pf. | | fl. | kr. | pf. |
|---|---|---|---|---|---|---|---|
| dotationsmäßige Reichnisse des Staats-Aerars | 1,714 | 16 | 3 | §. 4. Uebrige Ausgaben für Erziehung und Bildung: Fundations- und dotationsmäßige Reichnisse des Staats-Aerars an Stiftungen für Schulzwecke | 12,582 | 20 | — |
| b) Zuschüsse aus der Kreis-Schuldotation | 4,766 | 47 | 3 | §. 5. Reservefond | 1,102 | 9 | — |
| §. 3. Sonstige Anstalten für Erziehung und Bildung: | | | | Summa des Cap. II. | 93,545 | 16 | 3 |
| a) für den Unterricht der Taubstummen | 500 | — | — | | | | |

## Cap. III.

### Industrie und Cultur.

| | fl. | kr. | pf. |
|---|---|---|---|
| b) Beitrag für die höhere Töchterschule beziehungsweise das Theresien-Institut zu Ansbach | 500 | — | — |
| §. 1. Landwirthschafts- und Gewerbs-Schulen: | | | |
| e) Desgleichen für die höhere Bürger- dann Landwirthschafts- und Gewerbsschule in Ansbach | 300 | — | — |
| a) Beiträge zur Bestreitung der Personal- und Real-Erigern der Landwirthschafts- und Gewerbsschulen: | | | |
| d) Beitrag an die höhere Töchter-Schule in Erlangen | 100 | — | — |
| aa) in Ansbach | 1,549 | 27 | — |
| bb) in Erlangen | 3,118 | — | — |
| cc) in Fürth | 5,092 | 30 | — |
| dd) in Nürnberg | 6,230 | — | — |
| e) Unterstützung der Pfarr-Waisenanstalt zu Windsbach | 200 | — | — |
| b) Taggebühren und Reisekosten der Prüfungs-Commissäre | 250 | — | — |

| §. 2. Ackerbau-Schu-len und zwar an Stipendien: | fl. | kr. | pf. |
|---|---|---|---|
| a) für Freiplätze an der Ackerbauschule in Triesdorf | 720 | — | — |
| b) für Freiplätze am landwirthschaftli-chen Erziehungs-Institute in Lich-tenhof | 560 | — | — |
| §. 3. Stipendien für Zöglinge: | | | |
| a) an technischen Schulen über-haupt | 500 | — | — |
| b) an der polytech-nischen Schule zu Nürnberg ins-besondere | 100 | — | — |
| §. 4. Sonstige Ausga-ben für Industrie und Cultur: | | | |
| Zur Verbesserung d. Viehzucht in Tries-dorf | 1,000 | — | — |
| **Summa des Cap. III.** | **19,119** | **57** | **—** |

Cap. IV.

Gesundheit.

§. 1. Kreis-Irren-An-stalt in Erlangen:

| a) für Berichtigung von Zinsen und Annuitäten-Zah-lungen an die Sparcasse zu Er-langen | fl. | kr. | pf. |
|---|---|---|---|
| a) für Berichtigung von Zinsen und Annuitäten-Zah-lungen an die Sparcasse zu Er-langen | 3,000 | — | — |
| b) Zuschuß zur Exi-genz der Anstalt | 2,000 | — | — |
| c) zur Heimzahlung von Vorschüssen an mehrere Ge-meinden | 4,229 | 7 | 2 |
| §. 2. Kranken-An-stalten: | | | |
| a) Beitrag für das chirurgische Cli-nikum in Erlan-gen | 300 | — | — |
| b) Beitrag für das medicinische Cli-nikum daselbst | 300 | — | — |
| c). Beitrag zur Ma-ximilians-Heilan-stalt für arme Au-genkranke in Nürn-berg | 100 | — | — |
| §. 3. Blutegelzucht | 100 | — | — |
| **Summa des Cap. IV.** | **10,029** | **7** | **2** |

Cap. V.

Wohlthätigkeit.

§. 1. Für Unterstützung

| | fl. | kr. | pf. |
|---|---|---|---|
| entlassener Sträf-<br>linge und Correctio-<br>näre | 500 | — | — |
| §. 2. Beitrag zur Un-<br>terstützung verwahr-<br>löster Kinder | 2,000 | — | — |
| **Summa des Cap. V.** | **2,500** | **—** | **—** |

### Cap. VI.

#### Straßen- und Wasserbau.

| | | | |
|---|---|---|---|
| Beiträge zur Herstel-<br>lung und Unterhal-<br>tung von Distrikts-<br>Straßen | 15,289 | 50 | — |

### Cap. VII.

| | | | |
|---|---|---|---|
| Allgemeiner Reserve-<br>fond | 7,570 | 5 | 2 |

### Zusammenstellung.

| | | | | |
|---|---|---|---|---|
| Summe des Cap. | I. | 1,930 | — | — |
| „ „ „ | II. | 93,545 | 16 | 3 |
| „ „ „ | III. | 19,119 | 57 | |
| „ „ „ | IV. | 10,029 | 7 | 2 |
| „ „ „ | V. | 2,500 | — | — |
| „ „ „ | VI. | 15,289 | 50 | — |
| „ „ „ | VII. | 7,570 | 5 | 2 |
| Gesammt-Summe der<br>Kreisausgaben für<br>$18^{50}/_{51}$ | | 149,984 | 16 | 3 |

## IV.
### Deckungsmittel.

Zur Deckung des voranstehenden Be-
darfes sind für jedes der Jahre $18^{49}/_{50}$ und
$18^{50}/_{51}$ folgende Mittel gegeben:

§. 1. Die auf bestehenden speciellen Rechtstiteln und Bewilligungen beruhenden Funda-
tions- und Dotationsbeiträge des Staatsärars für die deutschen und isolirten lateinischen Schulen zu 25,149 fl. 2 kr. 1 pf.

§. 2. Der Anschlag der ärarialischen
Dienstwohnungen und Dienstgründe mit
840 fl. —

§. 3. Die Leistungen der Staatscasse
für ständige Bauausgaben mit 200 fl. —

§. 4. Die aus der Staatscasse nach
dem Budget zu entrichtende Kreis-Schul-
Dotation für die deutschen und isolirten
lateinischen Schulen zu 54,539 fl. 2 kr. 2 pf.

§. 5. Ein Zuschuß auf Rechnung der
bei dem Etat der Ausgaben auf Erziehung
und Bildung à Conto der Centralfonds
bestehenden Special-Reserve pro $18^{49}/_{51}$
als Ergänzung der Kreis-Schul-Dotation
mit 2,700 fl.

§. 6. Ein Zuschuß aus der Schul-
Dotation des Regierungsbezirkes von Schwaben und Neuburg mit 90 fl. —

§. 7. Weitere budgetmäßige Zuschüsse
der Staatscasse für die deutschen Schulen,
und zwar:

a) zur Ergänzung der Congrua der deutschen

Schullehrer in ihrem bisherigen Maßstabe                    1,600 fl. —

b) zur vollständigen Erhöhung der Congrua auf 250 resp. 200 fl.

                    5,627 fl. 12 kr. —

c) zur Anordnung außerordentlicher Schulvisitationen          1,000 fl. —

d) Zur Unterstützung dienstunfähig gewordener deutscher Schullehrer 1,000 fl.

§. 8. Ein Zuschuß aus der Staatscasse für Ackerbauschulen, Verbesserung der
Viehzucht, des Weins und Flachsbaues 2c.
zu                    1,500 fl. —

§. 9. Eine Kreisumlage nach 6 Pro-
centen der oben unter Abschnitt II. bezeichneten Steuer-Principal-Summe und zwar
zu 5 pCt. in Gemäßheit des Gesetzes vom
25. Juli v. Js., die Maxima der Kreis-
Umlagen für die VI. Finanzperiode betr.,
Artikel 1 No. 6 dann zu einem weitern.
6ten Procente behufs der Unterhaltung der
Districtsstraßen auf Grund Unseres Ab-
schiedes für den Landtag des Königreiches
vom nämlichen Tage und Jahre, I. Abschnitt, §. 36 No. 1 — nach Abzug der
Verwaltungskosten, Rückstände und Nachlässe im Gesammt-Netto-Betrage von

                    55,739 fl. —

deren Erhebung Wir hiedurch genehmigen.

Gesammt-Summe der Deckungsmittel
für jedes der Jahre 18⁴⁹/₅₀ und 18⁵⁰/₅₁

        149,984 fl. 16 kr. 3 pf.

**V.**

Auf die bei der Prüfung der Voranschläge der Kreisausgaben für die Jahre
18⁴⁹/₅₀ und 18⁵⁰/₅₁ erfolgten Aeußerungen
und Anträge des Landrathes ertheilen Wir
folgende Entschließungen:

1) Aus Anlaß der Bemerkungen des
Landrathes über unrichtige Ausscheidung der
Kreis-Schul-Dotation von Mittelfranken
für die Jahre 18⁴⁹/₅₁ haben Wir über
den Gegenstand genaue Ermittlung angeordnet.

Das in Gemäßheit des Artikels VIII.
des Gesetzes vom 23. Mai 1846, die Ausscheidung der Kreislasten von den Staatslasten und die Bildung der Kreisfonds betreffend, sich ergebende Resultat hat zur
Einstellung der oben im IV. Abschnitte
§. 5 vorgetragenen Ergänzungssumme geführt, und beauftragen Wir Unsere Kreis-
Regierung von Mittelfranken, dem Landrathe bei seiner nächsten Versammlung über
das Sachverhältniß ausführliche Aufklärung zu geben.

2) Der Landrath hat mit Rücksicht
auf die beantragte Erhöhung der Kreis-
schuldotation Bedenken getragen, der Verwendung von Kreisumlagen für Ausgaben
auf Erziehung und Bildung (mit Ausnahme
eines Betrages von 800 fl. für Taubstummen-Unterricht und für die Pfarrwaisenan-

stalt in Windsbach) feine Zustimmung zu ertheilen.

Nachdem nun die Zuschüsse aus der Staatscasse einschließlich der von Uns nach voranstehender Erklärung bewilligten Erhöhung der Kreisschuldotation, dann der mit Zustimmung des Landrathes für obige Zwecke zu verwendende Kreisumlagenbetrag von 800 fl. nicht zureichen, die dem Landrathe vorgeschlagene Ausgabe für Erziehung und Bildung vollständig zu decken, so haben Wir Uns veranlaßt gefunden, die Ansätze für Schulhausbauten und die Specialreserve für Erziehung und Bildung auf die unter Abschnitt III. vorgetragenen Beträge herabzuführen.

3). Da unter den vorbemerkten Umständen der Reservefond für Erziehung und Bildung pro 18⁴⁹/₅₁ zur Deckung ordentlicher Ausgaben zu dienen hat, so vermögen Wir dem Antrag des Landrathes auf Erhöhung der Position für außerordentliche Unterstützung des Schullehrer-Personals zur Zeit nicht zu willfahren.

4) Eben so wenig kann dem Antrage des Landrathes, den israelitischen Religions-Lehrern Unterstützungen aus dem Kreis-Schulfond zu gewähren, stattgegeben werden, weil dieser Unterricht einen privativen Charakter behauptet und Privat-Unterricht überhaupt nicht aus öffentlichen Fonds zu honoriren kömmt.

5) Dagegen genehmigen Wir, daß bei Vertheilung der für den Taubstummen-Unterricht verfügbar gestellten Summe auch auf jene Lehrer Bedacht genommen werde, welche den Taubstummen-Unterricht auf dem Lande mit Erfolg ertheilen.

6) Die von dem Landrathe beantragte Trennung der Irrenpflege-Anstalt von der Irrenheil-Anstalt, welche beide zur Zeit in der Kreis-Irren-Anstalt zu Erlangen vereinigt sind, erfordert die sorgfältigsten Erwägungen nicht nur vom ökonomischen, sondern auch vom psychiatrischen Standpunkte aus. Wir tragen Unserer Kreisregierung von Mittelfranken auf, die dießfalls bereits eingeleiteten Erhebungen und Verhandlungen mit aller Umsicht und Aufmerksamkeit fortzusetzen und behalten Uns je nach deren Ergebniß besondere Entschließung bevor.

Die Rechenschaftsberichte der Kreis-Irrenanstalt zu Erlangen sind seither auszugsweise in dem Kreis-Intelligenz-Blatte von Mittelfranken veröffentlicht worden und hiedurch auch zur Kenntniß der Pfarrämter gelangt. Unsere Kreisregierung hat die möglichst ausführliche Bekanntmachung auch des Rechenschaftsberichtes für das Jahr 18⁴⁹/₅₀ im Kreis-Intelligenz-Blatte zu verfügen und Sorge zu tragen, daß derselbe durch die Ortsarmenpflegen, namentlich durch

deren Vorstände zur allgemeinen Kunde gelange.

7) Wir genehmigen, entsprechend den
dießfallsigen Anträgen des Landrathes, daß

a) von der zur Unterstützung entlassener
Sträflinge und Correctionäre für jedes
der Jahre 18⁴⁹/₅₀ und 18⁵⁰/₅₁ verfügbar gestellten Summe von 500 fl.
aus Kreisfonds den zu diesem Zwecke
im Regierungsbezirke bestehenden Vereinen auf deren Ansuchen angemessene
Unterstützungen zugewendet werden.

Die Belebung und Aneiferung der
Thätigkeit dieser in jeder Weise zu
fördernden Vereine hat Unsere Kreis-
Regierung sich zur besonderen Aufgabe zu machen.

b) Ebenso genehmigen Wir, daß von
der zur Unterstützung verwahrloster
Kinder für 18⁴⁹/₅₀ und 18⁵⁰/₅₁ aus-
gesetzten Summe von je 2,000 fl. den
in Nürnberg und Erlangen errichteten
Rettungshäusern, jedem jährlich 200 fl.
als Vergütung für die Aufnahme solcher
Pfleglinge verabfolgt und daß hieraus

c) auch den im Kreise bestehenden oder
sich noch bildenden Vereinen für frei-
willige Armenpflege auf ihr Bitten
Zuschüsse zur Unterstützung verwahrloster Kinder gewährt werden.

Unsere Kreisregierung hat der ebenso wohlthätigen als zeitgemäßen Wirksam-

keit der Vereine für Errichtung von Rettungshäusern zur Aufnahme verwahrloster
und verlassener armer Kinder und zur freiwilligen Armenpflege stets helfend und er-
leichternd beizustehen, dabei aber nicht außer
Acht zu lassen, daß die Thätigkeit der freiwilligen mit jener der ordentlichen Orts-
Armenpflege Hand in Hand gehe und im
wechselseitigen Benehmen geübt werde, damit die von beiden zum Besten der Armen
getroffenen Maßnahmen sich unterstützend
und ergänzend in einander greifen und eine
erfolglose Zersplitterung der Gaben, sowie
die etwaige Anhäufung derselben auf einzelne Arme zum Nachtheile anderer Be-
drängten vermieden werde.

8) Dem Antrage des Landrathes entsprechend haben Wir im §. 9. des IV.
Abschnittes behufs der Unterhaltung der
Districtsstraßen die Erhebung eines sechsten
Steuerprocentes bereits genehmigt. Dasselbe
berechnet sich nach Abzug der Verwaltungskosten, Rückstände und Nachlässe auf 9,289 fl.
50 kr., wonach mit Hinzurechnung der weitern für Districtsstraßen- und Wasserbauten
bestimmten Summe von je 6,000 fl. ein
verwendbarer Fond von 15,289 fl. 50 kr.
für jedes der Jahre 18⁴⁹/₅₀ und 18⁵⁰/₅₁
sich ergibt.

Wir genehmigen, daß von den letzterwähnten 6,000 fl. jährlich 3,500 fl. zur
Aufstellung von Vorarbeitern und die übri-

gen Summen für Unterstützungen belasteter Districte verausgabt werden.

Unsere Kreisregierung von Mittelfranken wird Sorge tragen, daß die erforderlichen Straßenbauten unter entsprechender technischer Leitung ausgeführt und daß die hiefür gegebenen Mittel auf die zweckmäßigste Weise verwendet werden.

Die Aufnahme von Districtsstraßen in die Classe der Staatsstraßen ist durch die Zulänglichkeit der gegebenen budgetmäßigen Straßenbaufonds bedingt, und wird mit Rücksicht hierauf auch fernerhin auf die in commerzieller Hinsicht wichtigsten Districtsstraßen des Kreises vorerst beschränkt bleiben müssen.

Wegen Verbesserung der Weißenburger Steige an der Ingolstadt-Ellinger Staatsstraße ist in dem Straßenneubau-Etat für 18⁵⁰/₅₁ Vorsorge getroffen und hiedurch dem Antrage des Landrathes entsprochen worden.

9. Wie oben unter Abschnitt III. Lit. A. Cap. VII. angeführt ist, beläuft sich für das Jahr 18⁴⁹/₅₀ der allgemeine Kreisservefond auf die Summe von 11,295 fl. 50 kr. 2 pf.

Wir genehmigen die beantragte Verwendung desselben in folgenden Sätzen:

a) zur Erwerbung der 16,44 Tagwerke, welche bisher dem landwirthschaftlichen

Erziehungsinstitute zu Lichtenhof zur Benützung überlassen waren 414 fl.

b) zur allmähligen Rückzahlung der diesem Institute aus Centralfonds im Gesammtbetrage von 10,200 fl. geleisteten Vorschüsse 1000 fl.

c) zur Rückvergütung des der Stadtgemeinde Fürth im Jahre 18⁴⁸/₄₉ behufs der Errichtung der Handels-Gewerbschule daselbst aus dem für die Unterstützung der Gewerbe und Industrie bestimmten Antheile an dem freiwilligen fünfprocentigen Staatsanlehen bewilligten Vorschusses von 3500 fl. 1750 fl.

Hinsichtlich der von dem Landrathe hiebei beantragten Verwendungsweise in Ansehung des nach nicht verausgabten Vorschußrestes hat Unsere Kreisregierung alsbald gesonderten gutachtlichen Antrag an Unser Staatsministerium des Handels und der öffentlichen Arbeiten zu erstatten.

d) Hinsichtlich der beantragten Verbesserung der Dienstes- und Gehaltsverhältnisse der Lehrer an den Landwirthschafts- und Gewerbschulen haben Wir Uns im Landtagsabschiede vom 25. Juli v. Js. Abschnitt III. §. 40 Entschließung ausdrücklich vorbehalten, weßhalb es bei der Verfügbarhaltung der hiefür allenfalls erforderlichen

Summe von 2,583 fl. 30 kr. vorläufig bis Unsere Entschließung erfolgt,
sein Bewenden hat.

e) Zur Deckung des Passivrestes bei der
Kreis-Irrenanstalt in Erlangen 4,000 fl.

f) Verfügbarer Rest 1,548 fl. 20 kr. 2 pf.,

woburch die Summe des allgemeinen
Reservefondes für das Jahr 18⁴⁹/₅₀ zu
11,295 fl. 50 kr. 2 pf.
erschöpft erscheint.

10) Nach Abschnitt III. Lit. B. Cap. VII.
beträgt der allgemeine Kreis-Reservefond für
das Jahr 18⁵⁰/₅₁ die Summe von 7,570 fl.
5 kr. 2 pf.

Wir genehmigen die beantragte Verwendung desselben in folgenden Sätzen:

a) zur Rückzahlung der dem landwirth-
schaftlichen Kreis-Erziehungs-Institute
Lichtenhof aus Centralfonds geleisteten
Vorschüsse       1,000 fl.

b) zur Rückvergütung des der Stadtgemeinde Fürth aus Staatsfonds gewährten Vorschusses       1,750 fl.

c) für etwaige Gehaltsverbesserung der
Lehrer an den Landwirthschafts- und
Gewerbschulen sind verfügbar zu halten
2,583 fl. 30 kr.

d) zur Vervollständigung der Gewerbschule in Ansbach und Aufstellung
eines Lehrers der Technologie 800 fl.

e) zur Vervollständigung des Lehr-Appa-

rates nnd der Sammlungen bei der
Gewerbschule in Erlangen 200 fl.

f) zur Deckung des bei dieser Schule
bestehenden Passivrestes       188 fl.

g) Verfügbarer Rest 1,048 fl. 35 kr. 2 pf.

woburch die Summe des allgemeinen
Reservefonds für 18⁵⁰/₅₁ zu
7,570 fl. 5 kr. 2 pf.
erschöpft erscheint.

11) Wir genehmigen hiemit, den
dießfallsigen Anträgen des Landrathes entsprechend,

1) daß der Fond für Auffindung von
Torf und Steinkohlen im Betrage von
472 fl. aufgelöst und daß diese Summe
für Kreiszwecke verwendet, dann

2) im Hinblicke auf Artikel XIII. des
Gesetzes vom 23. Mai 1846 über die
Ausscheidung der Kreislasten von den
Staatslasten und die Bildung der
Kreisfonds, daß, nachdem die Rechnungen über die Kreisfonds der V.
Finanzperiode bereits revisorisch festgestellt worden sind, über die im Betrage
vor 10,000 fl. angenommene Summe
der verbliebenen Mehreinnahme aus
dieser Periode und zurück ebenfalls
für Kreiszwecke, unbeschadet übrigens
der Bestimmungen des Artikels XIII.
jenes Gesetzes, verfügt werde.

Demgemäß genehmigen Wir die Ver-

36

wendung der hiernach aus Ziffer 1 und 2
sich ergebenden Gesammtsumme von

10,472 fl.

in folgenden Sätzen:

a) zur Vervollständigung der Gewerbe-
schule in Fürth                300 fl.

b) zur Verbesserung der Zeichnungsvor-
lagen und Mobilien bei der Gewerbe-
schule in Nürnberg            200 fl.

c) Beitrag für die Gebäranstalt an der
Universität Erlangen          300 fl.

d) Beitrag zur Maximilians-Heilanstalt
für arme Augenkranke in Nürnberg
                              272 fl.

e) für die Schullehrer-Wittwen- und Waisencasse zur Verwendung in der von
dem Landrathe beantragten Weise
                            5,000 fl.

f) weiterer Zuschuß für Districts-Straßen-
und Brückenbauten          4,000 fl.

Riva, den 11. April 1851,

g) für den Unterricht der Taubstummen
                              200 fl.

h) zur Unterstützung der Pfarrwaisen-An-
stalt in Windsbach            200 fl.

woburch die oben bezeichnete Gesammt-
summe von                  10,472 fl.
erschöpft erscheint.

Indem Wir dem Landrathe von Mittelfranken über dessen für die Verwaltungs-
Jahre 18⁴⁹/₅₀ und 18⁵⁰/₅₁ gepflogenen
Verhandlungen gegenwärtigen Abschied ertheilen, sprechen Wir Unsere wohlgefällige Anerkennung des von demselben hiebei
bewährten Berufseifers und warmen Auf-
greifens der Bedürfnisse des Kreises aus,
und erwiedern die von dem Landrathe dargebrachten Ausdrücke treuer Anhänglichkeit
und festen Vertrauens mit der Versicherung
Unserer Königlichen Huld und Gnade.

## M a x.

v. d. Pfordten. v. Kleinschrod. Dr. v. Aschenbrenner. Dr. v. Ringelmann. v. Lüder. v. Zwehl.

Nach dem Befehle
Seiner Majestät des Königs:
der General-Secretär des Staatsraths
Seb. v. Kobell.

### Bekanntmachung,

das Gesuch der Gemeinden Hohen- und Nieder-Altheim, Appetshofen, Balgheim und Möttingen um Zuthellung zu dem k. Landgerichte Nördlingen betreffend.

---

### Staatsministerium der Justiz und Staatsministerium des Innern.

Seine Majestät der König haben allergnädigst zu genehmigen geruht, daß die Gemeinden: Hohen- und Niederaltheim, bisher zu dem Bezirke der Gerichts- und Polizeibehörde Wiffingen gehörig, sodann Balgheim, Appetshofen und Möttingen, bisher zu dem Bezirke der Gerichts- und Polizeibehörde Harburg gehörig, bezüglich der gesammten Gerichtsbarkeit und Polizei-Verwaltung mit dem k. Landgerichte Nördlingen vereinigt werden.

München, den 25. April 1851.

Auf Seiner Königlichen Majestät allerhöchsten Befehl.

v. Kleinschrod.          v. Zwehl.

Durch den Minister
der General-Secretär,
Ministerialrath Epplen.

---

### Bekanntmachung,

die Taxen bei Verleihung des St. Anna-Ordens betreffend.

Seine Majestät der König haben Sich bewogen gefunden zu bestimmen,

Bei Verleihung des Ehrenkreuzes des St. Anna-Ordens an Ausländerinnen soll in Zukunft und zwar vom 1. Mai l. J. angefangen die Taxe Achthundert achtzig Gulden betragen, vorbehaltlich deren Ermäßigung auf die bisherige Taxe von 440 fl. aus besonders bewegenden Gründen. Bei Inländerinnen hat es bis auf Weiteres bei der dermaligen Taxe sein Verbleiben.

Dieses wird vermöge allerhöchsten Auftrages hierdurch bekannt gemacht.

---

### Dienstes-Nachrichten.

Seine Majestät der König haben Sich allergnädigst bewogen gefunden, unter'm 19. April l. Js. den in provisorio befindlichen Postofficialen Friedrich v. Tausch auf den Grund des §. 2 der IX. Beilage zur Verfassungsurkunde aus dem Staatsdienste zu entlassen;

unter'm 20. April l. Js. den Appellationsgerichts- und Militärfiscalats-Accessi-

36*

sten Joseph Erras aus Egelsee zum Mi-
litärfiscalatsadjunkten bei der Militärfonds-
Commission in München in provisorischer
Eigenschaft zu ernennen;

unter'm 21. April l. Js. auf die erledigte Zollrechnungscommissärstelle II. Classe
den bisherigen Zollrechnungscommissär III.
Classe Anton Rezer vorrücken zu lassen,
und die hiedurch eröffnete Stelle eines Zoll-
rechnungscommissärs III. Classe dem Rechnungsassistenten Wilhelm Kreglinger in
provisorischer Eigenschaft zu verleihen;

unter'm 24. April l. Js. den Oberappellationsgerichtsrath Max von Dall-
Armi, entsprechend seiner allerunterthänigsten Bitte, zum Oberstaatsanwalte am Appellationsgerichte von Oberfranken zu ernennen;

zu der in Erledigung gekommenen
Staatsprocurator-Substitutenstelle bei dem
Bezirksgerichte in Landau den Friedensrichter Ludwig Munzinger von Pirmasenz in provisorischer Eigenschaft zu befördern;

die erste Landgerichtsassessorstelle zu
Parsberg dem rechtskundigen Magistrats-
rathe Joseph Stritzl in Freising, seiner
Bitte entsprechend, zu verleihen;

auf die eröffnete erste Landgerichtsassessorstelle zu Hemau den ersten Assessor des
Landgerichts Burglengenfeld, Ignaz Seipel, zu versetzen;

zum ersten Assessor des Landgericht-
Burglengenfeld den zweiten Assessor des
Landgerichts Kastl, Eduard Forster, vor-
rücken zu lassen;

zum zweiten Assessor des Landgerichts
Kastl den Kreis- und Stadtgerichtsacces-
sisten Carl Freundorfer in München zu
ernennen, und

die zweite Landgerichtsassessorstelle zu
Stadtsteinach dem vormaligen Patrimonial-
richter von Haidhof, Johann Christian
Bracker, zu verleihen;

auf die erledigte Hauptzollamtsverwal-
terstelle in Bamberg den bisherigen Hauptzollamtsverwalter zu Hof, Bartholomä
Stuhler, zu versetzen;

auf die erledigte I. Revisionsbeamtenstelle beim Hauptzollamte Lindau den bor-
tigen II. Revisionsbeamten Eberhard Diez
und auf die hienach sich erledigende II. Revisionsbeamtenstelle den III. Revisionsbeamten in Lindau, Joseph Schuegraf vorrücken zu lassen, dann auf die III. Revisionsbeamtenstelle daselbst den Nebenzollamtscontroleur zu Schärding a/Th., Joseph
Bacherl, zu befördern;

unter'm 25. April l. Js. zum Oberstaatsanwalte am Appellationsgerichte von
Unterfranken und Aschaffenburg den Oberappellationsgerichtsrath August Petersen,
zum zweiten Staatsanwalte mit dem Range
eines Appellationsgerichtsrathes den Appel-

lationsgerichtsassessor Friederich Eschrich in Aschaffenburg;

bei dem Kreis- und Stadtgerichte Aschaffenburg zum Staatsanwalte den Appelationsgerichtsassor Friedrich Helfreich in Aschaffenburg,

bei dem Kreis- und Stadtgerichte Würzburg zum ersten Staatsanwalte den Kreis- und Stadtgerichtsrath Ludwig Löwenheim, zum zweiten Staatsanwalte den Kreis- und Stadtgerichtsassessor Friedrich Zinn daselbst,

bei dem Kreis- und Stadtgerichte Schweinfurt zum ersten Staatsanwalte den Kreis- und Stadtgerichtsrath Julius Schumann in Bamberg, und zum zweiten Staatsanwalt mit dem Range eines Kreis- und Stadtgerichtsrathes den Kreis- und Stadtgerichtsassessor Ernst Franz Christoph Jergius von Augsburg zu ernennen.

die eröffnete Landrichterstelle zu Rehau in Oberfranken dem Civiladjuncten Ernst Abraham Barsch von Hof zu verleihen;

als Civiladjuncten des Landgerichts Bayreuth den Civiladjuncten des Landgerichts Wunsiedel, Friedrich Lazi, seiner Bitte gemäß, zu berufen;

zum Civiladjuncten des Landgerichts Wunsiedel den Actuar des Landgerichts Berneck, Hermann Bäumer, vorrücken zu lassen;

den zweiten Assessor des Landgerichts

Kronach, Franz Nicolaus Schreiner, als zweiten Nebenbeamten an das Landgericht Berneck zu versetzen;

als zweiten Assessor des Landgerichts Kronach den dortigen Actuar Friedrich Kirschner vorrücken zu lassen;

zum zweiten Actuar des Landgerichts Kronach unter Vorrückung des Actuars Peter Carl Küffner zum ersten Actuar den Kreis- und Stadtgerichts-Accessisten Ludwig Haus zu Würzburg zu ernennen;

das Landgerichtsphysicat Weihers dem praktischen Arzte Dr. Leonhard Zahner zu Sommerhausen zu verleihen, und

die Quiescenz des Postofficials Hönike auf den Grund des §. 22. lit. D. der IX. Beilage zur Verfassungsurkunde auf ein weiteres Jahr zu verlängern;

unter'm 28. April l. Js. den Cantonsarzt Dr. Heinrich Geiger zu Landstuhl in der Pfalz auf Grund des §. 19 der IX. Verfassungs-Beilage in den Ruhestand zu versetzen;

das sich hiedurch eröffnende Cantonsphysicat Landstuhl dem praktischen Arzte Dr. Julius Werner zu Deidesheim,

das Cantonsphysicat Lauterecken dem Unterarzte I. Classe im k. 7. Infanterie-Regimente Carl Pappenheim, Dr. August Höger, seiner Bitte entsprechend zu verleihen;

den Landgerichtsarzt Dr. Georg Chriftoph Heinrichmaier in Nürnberg, seiner Bitte entsprechend, auf Grund des §. 22 lit. B. und C. der IX. Verfassungs-Beilage unter Anerkennung seiner langjährigen treuen Dienstleistung in den Ruhestand treten zu lassen;

auf das Landgerichtsphysicat Nürnberg, seiner Bitte entsprechend den bisherigen Landgerichtsarzt zu Gunzenhausen, Dr. Johann Heinrich Wolfgang Eichhorn, dann

auf letzteres Physicat den Landgerichtsarzt Dr. Joseph Wilhelm Reuß von Greding zu berufen, und

das Landgerichtsphysicat Greding dem dermaligen praktischen Arzte Dr. Adolph Mair in Eichstädt zu verleihen.

---

### Pfarreien- und Beneficien-Verleihungen; Präsentations-Bestätigungen.

---

Seine Majestät der König haben unter'm 23. April l. Js. das Curat-Beneficium Ergertshausen, Landgerichts Wolfratshausen, dem Priester Adam Förstl, Cooperator zu Salzburghofen, Landgerichts Laufen, und

unter'm 24. April l. Js. die katholische Pfarrei Gunzendorf, Landgerichts Auerbach, dem Priester Friedrich Schleicher, Pfarrer zu Birnbaum, Landgerichts Nordhalben, allergnädigst zu übertragen geruht.

Seine Majestät der König haben Sich allergnädigst bewogen gefunden, unter'm 24. April l. Js. den Priester Andreas Altmann von der Pfarrei Stamham, Landgerichts Ingolstadt, zu entheben, und die hieburch auf's Neue sich eröffnende Pfarrei Stamham dem Priester Johann Baptist Mühlbauer, Cooperator-Expositus zu Reibersdorf, Landgerichts Mittelfels, zu übertragen, dann

unter'm 25. April l. Js. den seitherigen Cooperator-Expositus zu Gainborf, Landgerichts Vilsbiburg, Priester Joseph Möhr, von dem Antritte der ihm zugedachten katholischen Pfarrei Waldeck, Landgerichts Kemnath, zu entheben, und diese hieburch sich wieder erledigende Pfarrei dem Priester Gottlieb Miller, Cooperator-Expositus zu Soffau, Landgerichts Straubing, zu übertragen.

Seine Majestät der König haben unter'm 21. April l. Js. die Verleihung nachstehender Pfarreien durch den hochwürdigsten Herrn Erzbischof von Bamberg allergnädigst zu genehmigen geruht, und zwar:

der katholischen Pfarrei Steinberg, Landgerichts Kronach, an den Priester Joseph Fischer, Localcaplan zu Stappenbach, Landgerichts Burgebrach;

der katholischen Pfarrei Oberailsfeld, Landgerichts Pottenstein, an den Priester

Georg Merkl, Pfarrer u. Stadelhofen,
Landgerichts Scheßlitz;

der katholischen Pfarrei Kupferberg,
Landgerichts Stadtsteinach, an den Priester
Georg Adam Thiem, Curatus in dem
Bürgerspitale und an der Irren-Anstalt zu
Bamberg, und

der katholischen Pfarrei Ludwigschorgast, Landgerichts Stadtsteinach, an den
Priester Joseph Kormann, Caplan zu
Münklichen a./B., Landgerichts Gräfenberg.

Seine Majestät der König haben Sich vermöge allerhöchster Entschließung
vom 23. April l. Js. allergnädigst bewogen gefunden, die erledigte protestantische
Pfarrstelle zu Bosenbach, Dekanats Lauterecken, dem Pfarramtscandidaten Ludwig
Adolph Simon von St. Julian zu verleihen.

### Landwehr des Königreichs.

Seine Majestät der König haben unter'm 26. April l. Js. dem Major
und Commandanten des Landwehr-Bataillons Marktheidenfeld, Carl Müller, die
wegen Wohnsitz-Veränderung nachgesuchte
Entlassung von seiner Landwehr-Charge allergnädigst zu ertheilen geruht.

### Ordens-Verleihungen.

Seine Majestät der König haben Sich vermöge allerhöchster Entschließung
vom 25. April l. Js. allergnädigst bewogen gefunden, dem Leibarzt Seiner Majestät des Königs Otto von Griechenland, Dr.
Röser, das Ritterkreuz des k. Verdienst-Ordens der bayerischen Krone, sodann

dem k. griechischen Marine-Capit änund
Ordonnanz-Officier Seiner Majestät des Königs von Griechenland, Miaulis, und

dem k. griechischen Uhlanen-Lieutenant
und Ordonnanz-Officier Seiner Majestät des
Königs von Griechenland, Drakos, das Ritterkreuz des k. Verdienstordens vom heiligen Michael zu verleihen.

Seine Majestät der König haben dem Brigadier zu Pferd der Gendarmerie-Compagnie von Schwaben und Neuburg, Conrad Herrmann, in huldvollster
Anerkennung der ausgezeichneten Verdienste,
welche sich derselbe um die Rettung des
Lebens dreier Menschen und um die öffentliche Sicherheit durch Aufgreifung gefährlicher Verbrecher und durch die im Dienste
bewiesene besondere Tapferkeit, Treue und
Umsicht erworben hat, das silberne Ehrenzeichen des Verdienstordens der bayerischen
Krone allergnädigst zu verleihen geruht.

### Königlich Allerhöchste Genehmigung zur Annahme fremder Decorationen.

Seine Majestät der König haben Sich unter'm 18. April l. Js. bewogen gefunden, dem k. Kämmerer und Reichsrathe Freiherrn von Loßbeck auf Weyhern die allerhöchste Erlaubniß zur Annahme und Tragung des demselben von Seiner des Königs von Preußen Majestät verliehenen St. Johanniter-Ordens huldvollst zu ertheilen.

Seine Majestät der König haben allergnädigst geruht, dem Professor Dr. Jacob Heinrich von Hefner zu Aschaffenburg die allerhöchste Bewilligung zur Annahme und Tragung des demselben verliehenen k. preußischen Adlerordens IV. Classe zu ertheilen.

### Großjährigkeits-Erklärungen.

Seine Majestät der König haben Sich unter'm 25. April l. Js. allergnädigst bewogen gefunden, die zu Ansbach geborne Fürstin Emma Sophia von Wrede, und den Julius Hanauer zu Bamberg, beide auf alleruntertänigste Bitte, für großjährig zu erklären.

### Gewerbsprivilegiums-Verleihung.

Seine Majestät der König haben unter'm 24. März l. Js. dem Dekonomen Jacob Stalter vom Neubreitenfelderhofe, Gemeinde Jägersburg in der Pfalz, ein Gewerbsprivilegium auf Anwendung der von ihm erfundenen Bereitungsart sogenannter Preßhefe für den Zeitraum von zehn Jahren zu ertheilen geruht.

### Einziehung eines Gewerbsprivilegiums.

Von dem Stadtmagistrate München wurde die Einziehung des dem Jacob Mandelbaum von Schopfloch, dermalen in München, unter'm 23. December 1847 verliehenen und unter'm 11. März 1848 ausgeschriebenen fünfjährigen Gewerbs-Privilegiums auf Ausführung und Anwendung der von ihm erfundenen Maschine zur Herrichtung von Roßhaaren und allen andern Gattungen von Haaren, Wolle und Seegras für die Fabrikation von Matrazen, wegen Mangels der Neuheit und Eigenthümlichkeit beschlossen und dieser Beschluß im Recurswege durch die k. Regierung von Oberbayern, Kammer des Innern, bestätigt.

# Regierungs-Blatt

## für                                    das

## Königreich                     Bayern.

## № 24.

München, Mittwoch den 7. Mai 1851.

## Abschied

für den Landrath von Unterfranken und Aschaffenburg über dessen Verhandlungen vom 26. Nov. bis 11. Decbr. 1850.

### Maximilian II.

von Gottes Gnaden König von Bayern,
Pfalzgraf bei Rhein,
Herzog von Bayern, Franken und in Schwaben ꝛc. ꝛc.

Wir haben Uns über die von dem Landrathe von Unterfranken und Aschaffen-

burg in den Sitzungen vom 26. November bis 11. December 1850 gepflogenen Verhandlungen Vortrag erstatten lassen und ertheilen hiermit nach Vernehmung Unseres Staatsrathes folgende Entschließungen:

### I.

Abrechnung über die Fonds der Kreisanstalten und über die Einnahmen und Ausgaben der Kreisfonds.

**A. Kreishilfscassa-Rechnungen.**

Die Rechnungen über die Kreishilfscassa

37

a) für das Jahr 18⁴⁷/₄₈

| | fl. | kr. | pf. |
|---|---|---|---|
| mit einer Einnahme von | 9,642 | 4 | 1½ |
| mit einer Ausgabe von | 4,065 | 46 | 1 |
| sohin mit einem Activrest von | 5,576 | 18 | ½ |
| und mit einem Vermögensstande von | 34,346 | 27 | ½ |

b) für das Jahr 18⁴⁸/₄₉

| | | | |
|---|---|---|---|
| mit einer Einnahme von | 10,949 | 1 | 2 |
| mit einer Ausgabe von | 4,964 | 27 | — |
| sohin mit einem Activreste von | 5,984 | 34 | 2 |
| und mit einem Vermögensstande von | 34,093 | 4 | 2 |

sind von dem Landrathe anerkannt, daher die Rechnungs-Ergebnisse des Jahres 18⁴⁸/₄₉ in die Rechnung des Jahres 18⁴⁹/₅₀ überzutragen.

[B. Rechnungen über die Kreis-Irrenfonds.

Ebenso sind diese Rechnungen

a) für das Jahr 18⁴⁷/₄₈

| | | | |
|---|---|---|---|
| mit einer Einnahme von | 13,830 | 35 | 2 |

| | fl. | kr. | pf. |
|---|---|---|---|
| mit einer Ausgabe von | 11,180 | 7 | 3 |
| folglich mit einem Activreste von | 2,650 | 27 | 3 |
| und mit einem Vermögensstande von | 194,208 | 29 | 1 |

b) für das Jahr 18⁴⁸/₄₉

| | | | |
|---|---|---|---|
| mit einer Einnahme von | 14,699 | 30 | 2 |
| mit einer Ausgabe von | 3,909 | 49 | 3 |
| sohin mit einem Activbestande von | 10,789 | 40 | 3 |
| und mit einem Vermögensstande von | 201,348 | 57 | 3 |

von dem Landrathe nicht beanstandet worden, daher die Rechnungs-Ergebnisse des Jahres 18⁴⁸/₄₉ gleichfalls in die Rechnung des Jahres 18⁴⁹/₅₀ überzutragen.

C.

Rechnungen über die Kreisfonds.

Dieselben sind von dem Landrathe in folgenden Ergebnissen als richtig anerkannt worden:

a) für das Jahr 18⁴⁷/₄₈

α. für nothwendige Zwecke:

| | | | |
|---|---|---|---|
| mit einer Einnahme von | 616,102 | 29 | 1 |

|                          | fl.     | kr. | pf. |
|--------------------------|---------|-----|-----|
| mit einer Ausgabe von    | 607,658 | 24  | 3   |

sohin mit einem Ac-
tivreste von 8,444 4 2

β. für facultative Zwecke:

mit einer Einnahme
von 18,314 42 —

mit einer Ausgabe
von 17,431 45 1

daher mit einem Ac-
tivreste von 882 56 3
und nach Abzug von
4 fl. 6½ kr., welche
an die Fonds für
nothwendige Zwecke
zu ersetzen sind, von 878 50 1

b) für das Jahr 1849/50

α. für nothwendige Zwecke:

mit einer Einnahme
von 682,902 17 —

mit einer Ausgabe
von 682,380 20 3

sonach mit einem Ac-
tivreste von 521 56 1

β. für facultative Zwecke:
mit einer Einnahme
von 19,416 56 1

|                          | fl.    | kr. | pf. |
|--------------------------|--------|-----|-----|
| mit einer Ausgabe von    | 18,011 | 6   | —   |

daher mit einem Ac-
tivreste von 1,405 50 1
Durch Anrechnung des Passivrestes des Rech-
nungsbestandes der IV. Finanz-Periode und
zurück mit 151 fl. 21 kr. 1 pf. erhöht sich
der Activrest lit. α. auf 673 fl. 17 kr. 1 pf.,
wogegen jener lit. β auf 1254 fl. 29 kr.
sich mindert.

Diese Rechnungsergebnisse des Jahres
1848/49 sind in die Rechnung des Jahres
1849/50 überzutragen.

## II.

### Steuerprincipale für die Jahre 1849/50 und 1850/51.

Für jedes der Jahre 1849/50 und 1850/51
berechnet sich vorbehaltlich allenfallsiger Zu-
und Abgänge das Steuer-Principale der
Grund-, Haus-, Dominical-, Gewerbs-, Ca-
pitalrenten- und Einkommensteuer des unterfränkisch-aschaffenburgischen Kreises auf
1,103,114 fl. 40 kr. 2 pf.
sohin ein Steuerprocent in runder Summe
auf 11,031 fl.

## III.

### Bestimmung der Kreisausgaben für die Jahre 1849/50 und 1850/51.

Den von dem Landrathe geprüften Voranschlägen der Kreisausgaben für jedes der Jahre 18⁴⁹/₅₀ und 18⁵⁰/₅₁ ertheilen Wir in folgenden Sätzen Unsere Genehmigung:

### Cap. I.
#### Bedarf des Landrathes.

| | fl. | kr. | pf. |
|---|---|---|---|
| §. 1. Taggebühren und Reisekosten der Landraths-Mitglieder | 1,300 | — | — |
| §. 2. Regiekosten der Landrathsversammlung | 500 | — | — |
| Summe des Cap. I. | 1,800 | — | — |

### Cap. II.
#### Erziehung und Bildung.

| | | | |
|---|---|---|---|
| §. 1. Deutsche Schulen | 76,527 | 42 | 2 |
| §. 2. Isolirte lateinische Schulen | 805 | 48 | — |
| §. 3. Sonstige Anstalten für Erziehung und Bildung: | | | |
| a) Historischer Verein für Unterfranken u. Aschaffenburg | 300 | — | — |
| b) Protestantisches Pfarr-Waisenhaus zu Windsbach | 200 | — | — |

| | fl. | kr. | pf. |
|---|---|---|---|
| §. 4. Freiplätze | | | |
| a) für Zöglinge im Taubstummen-Institut zu Würzburg | 1,200 | — | — |
| b) für Zöglinge im Central-Blinden-Institut zu München | 250 | — | — |
| §. 5. Reserve für Erziehung und Bildung | 800 | — | — |
| Summe des Cap. II. | 80,083 | 30 | 2 |

### Cap. III.
#### Industrie und Cultur.

| | | | |
|---|---|---|---|
| §. 1. Landwirthschafts- u. Gewerbschulen: | | | |
| a) Beiträge zur Bestreitung der Personal- und Real-Erigenz: | | | |
| aa) der Landwirthschafts- u. Gewerbschule zu Würzburg | 6,022 | — | — |
| bb) der Landwirthschafts- u. Gewerbschule zu Aschaffenburg | 3,772 | — | — |
| cc) der Landwirth- | | | |

| | fl. | kr. | pf. |
|---|---|---|---|
| schafts u. Gewerbeschule zu Schweinfurt | 2,835 | — | — |
| b) Taggebühren und Reisekosten der Prüfungs-Commissäre | 324 | — | — |
| §. 2. Ackerbau-Schulen | 1,000 | — | — |
| §. 3. Stipendien für Zöglinge an technischen Schulen und zwar an Landwirthschafts-Schulen | 150 | — | — |
| §. 4. Freiplätze in der Anstalt für krüppelhafte Kinder in München | 130 | — | — |
| §. 5. Sonstige Ausgaben für Industrie und Cultur: | | | |
| a) zur Beförderung des Flachsbaues resp. für landwirthschaftliche Zwecke überhaupt | 500 | — | — |
| b) für polytechnische Vereine | 1200 | — | — |
| Summa des Cap. III. | 15,938 | — | — |

## Cap. IV.
### Gesundheit.

| | fl. | kr. | pf. |
|---|---|---|---|
| §. 1. Kreis-Irrenanstalt | 10,000 | — | — |
| §. 2. Gebäranstalt zu Würzburg | 10,000 | — | — |
| §. 3. Krankenanstalten und zwar Kreisverpflegungs-Anstalt für Unheilbare | 1,500 | — | — |
| Summe des Cap. IV. | 21,500 | — | — |

## Cap. V.
### Wohlthätigkeit.

| | | | |
|---|---|---|---|
| §. 1. Für Unterstützung entlassener Sträflinge und Correctionäre | 1,000 | — | — |
| Summe des Cap. V. | 1,000 | | |

## Cap. VI.
### Straßen- und Wasserbau.

| | | | |
|---|---|---|---|
| §. 1. Beiträge zur Herstellung und Unterhaltung der Districts-Straßen | 9,000 | — | — |
| Summe des Cap. VI. per se. | | | |

## Cap. VII.

| Allgemeiner Reserve- | fl. | kr. | pf. |
|---|---|---|---|
| fonb | 845 | 5 | — |
| Summe des Cap. VII. | 845 | 5 | — |
| Hiezu „ „ „ VI. | 9,000 | — | — |
| „ „ „ „ V. | 1,000 | — | — |
| „ „ „ „ IV. | 21,500 | — | — |
| „ „ „ „ III. | 15,933 | — | — |
| „ „ „ „ II. | 80,083 | 30 | 2 |
| „ „ „ „ I. | 1,800 | — | — |
| Gesammtsumme der Kreisausgaben | 130,161 | 35 | 2 |

### IV.

Bestimmung der Deckungsmittel
für die Jahre 1849/50 und 1850/51.

Zur Deckung des hiernach sich ergebenden Bedarfes sind für jedes der Jahre
1849/50 und 1850/51 folgende Mittel bestimmt:

§. 1. Die auf speciellen
Rechtstiteln u. Be-
willigungen beruhen-
den Fundations- und
Dotations-Beiträge
des Staats für die
deutschen und isolir-
ten lateinischen Schu-
len mit   15,516  9  2

§. 2. Durchlaufender

Anschlag, ararial-
scher Dienstwohnun-
gen u. Dienstgründe
mit   551  49  2

§. 3. Leistungen der
Staatscasse für stän-
dige Bauausgaben
mit   72  -

§. 4. Die aus der
Staatscasse nach dem
Budget zu entrich-
tende Kreis-Schul-
Dotation für die deut-
schen und isolirten la-
teinischen Schulen
mit   28,651  46  2

§. 5. Weitere budget-
mäßige Zuschüsse der
Staats-Casse, und
zwar:

a) Für Anordnung
außerordentlicher
Schul-Visitatio-
nen   1,000  —  —

b) Für Unterstützung
dienstunfähig ge-
wordener Schul-
lehrer   1,000  —  —

c) Für Erhöhung
der Congrua auf
250 fl. resp. 190 fl.   22,507  44

§. 6. Ein Zuschuß aus
der Staatscasse für
Industrie und Cul-
tur nach Maßgabe
des außerordentli-
chen Budgets mit          1,500 — —
§. 7. Eine Kreisum-
lage von 5½ pCt.
nach Abzug der Ver-
waltungs - Kosten,
Rückstände u. Nach-
lässe mit          59,362   6 —
deren Erhebung Wir andurch genehmigen.

Gesammt - Summe
der Deckungsmittel 130,161  35   2

## V.

Auf die bei der Prüfung der Voranschläge
der Kreisausgaben für die Jahre 18⁴⁹/₅₀
und 18⁵⁰/₅₁ erfolgten Aeußerungen und Au-
träge des Landrathes ertheilen Wir nachstehende Entschließungen:

1. Dem Wunsche des Landrathes entsprechend wird Unsere Kreisregierung für
die Anschaffung eines vollständigen Exemplars des Gesetz- und Kreis-Intelligenzblat-
tes und für die Zukunft eines Exemplars
der Landtags-Verhandlungen zum Gebrauche
des Landrathes, soweit der Regiefond desselben es gestattet, Sorge tragen.

2. Es ist Unser Wille, daß bei Ver-

---

theilung der erhöhten Congrua-Zuschüsse an
das Schullehrer-Personal demselben im
Sinne der dießfallsigen Wünsche des Landrathes die Erwartung treuer Anhänglichkeit
an den Thron und gewissenhafter Pflicht-
erfüllung ausgesprochen werde.

3) Dem Wunsche des Landrathes, daß
den Schulen von großer Schülerzahl Gehilfen beigegeben werden, und da, wo Schul-
Abtheilungen bereits bestehen, statt eines
selbstständigen Schulverweses oder sogenannten zweiten Lehrers in der Regel ein von
dem Hauptlehrer mehr abhängiger und in
dessen Hause zu verpflegender Schulgehilfe
aufgestellt werde, hat Unsere Kreisregierung nach Thunlichkeit zu entsprechen.

4) Die bestehenden Vorschriften über
die Bildung der Schullehrer beabsichtigen
Wir, ebenso wie die Schulordnung für
die Gymnasien und Lateinschulen, einer Revision unterziehen zu lassen, wobei die von
dem Landrathe geäußerten Wünsche werden
in Betracht gezogen werden.

5) Ueber das bei der protestantischen
Lateinschule zu Kitzingen obwaltende Verhältniß und über den Grund, weßhalb von
Unserer Kreisregierung dem Antrage des
Landrathes nicht entsprochen werden kann,
ist demselben bei seiner nächsten Versammlung besondere Aufklärung zu geben.

6. Unsere Kreisregierung wird den
Landrath über die theilweise irrigen Vor-

aussetzungen, von welchen derselbe bei Beurtheilung des Taubstummen-Instituts ausgegangen ist, aufklären, übrigens aber dessen Wunsch auf Zahlung des Lehrgeldes für arme, aus der Anstalt entlassene Zöglinge nach Thunlichkeit zu erfüllen suchen.

7) Bezüglich der Rechnungs-Ueberschüsse bei der Landwirthschafts- und Gewerbsschule zu Schweinfurt hat Unsere Kreisregierung bereits nähere Erhebungen angeordnet und wird dem Landrathe bei seiner nächsten Versammlung die gewünschten Aufschlüsse ertheilen.

8) Die von dem Landrathe bezüglich der landwirthschaftlichen Stipendien beantragte Verwendungsweise unterliegt keinem Anstande, und ist pro $18^{47}/_{48}$ und $18^{48}/_{49}$ bereits eingetreten.

9) Wir genehmigen, daß die zur Beförderung des Flachsbaues resp. für landwirthschaftliche Zwecke überhaupt eingestellten 500 fl. vorzugsweise zum Ankaufe von Rigaer-Leinsamen und zur Erleichterung des Bezuges dieses Samens für den Landmann verwendet werden. Unsere Kreisregierung wird zu diesem Behufe insbesondere die Mitwirkung und Vermittelung des Kreis-Comités des landwirthschaftlichen Vereins in Anspruch nehmen.

10) Der von dem Landrathe beantragten Erhöhung des Beitrages an den polytechnischen Verein zu Würzburg von 1000 fl.

auf 1200 fl. ertheilen Wir die Genehmigung. Hiebei erwarten Wir, daß der Verein vorzugsweise bedacht seyn werde, eine den Industriellen und Gewerbetreibenden des Kreises zugängliche Sammlung von Werkzeugen, Mustern und Modellen anzulegen und zu vervollständigen, zu welchem Zwecke Wir die von dem Landrathe noch weiter beantragte Verwendung einer Sendung von 800 fl. bis 1000 fl. aus den Erübrigungen der Kreisfonds-Rechnung für $18^{48}/_{49}$ in der Voraussetzung nicht beanstanden, daß der Activrest nach Erfüllung der daraus etwa noch gesetzlich zu leistenden Ausgaben verfügbare Mittel darbieten werde.

11) Ueber die Verwendung der für Ackerbauschulen bestimmten 1000 fl. hat Unsere Kreisregierung mit dem Kreis-Comité des landwirthschaftlichen Vereins alsbald in geeignetes Benehmen zu treten und die Ergebnisse Unserem Staatsministerium des Handels und der öffentlichen Arbeiten mit gutachtlichem Antrage förderlichst vorzulegen.

12) Unsere Kreisregierung wird sich angelegen seyn lassen, die bereits angeordneten Einleitungen wegen Ermittelung eines zu einer Kreis-Irren-Anstalt geeigneten Gebäudes mit solcher Beschleunigung durchzuführen, daß der nächsten Landraths-Versammlung hierüber erschöpfender Aufschluß ertheilt werden kann.

13) Wir beauftragen Unsere Kreisregierung über die Verhältnisse der Gebäranstalt zu Würzburg mit Rücksicht auf die aus Kreisfonds geleisteten Zuschüsse alsbald die nöthigen Erhebungen zu pflegen und Uns gutachtlichen Antrag zu erstatten.

14) Ueber die Verwendung der für Unterstützung entlassener Sträflinge und Correctionäre von Uns genehmigten Ansätze ist dem Landrathe bei seiner nächsten Versammlung der gewünschte Aufschluß zu ertheilen.

15) Der von dem Landrathe beantragten Verwendung der Beiträge zur Herstellung und Unterhaltung von Districts-Straßen ertheilen Wir Unsere Genehmigung. Ueber die irrthümliche Voraussetzung, als sei die Uebernahme der Districtsstraße von Aschaffenburg über Hain nach Lohr auf Staatsfonds jemals zugesichert worden, hätte der Landrath von Unserer Kreisregierung den erforderlichen Aufschluß erhalten können. Diese Uebernahme ist bei der budgetmäßigen Dotation der Staatsbaufonds zur Zeit unthunlich, und daher zur Erleichterung der beitragspflichtigen Gemeinden die Gewährung eines Zuschusses aus Kreisfonds auch fernerhin angemessen.

16) Unsere Kreisregierung wird dem Landrathe die gewünschten übersichtlichen Aufschlüsse über die Districtsstraßen bei seiner nächsten Versammlung mittheilen.

17) Der nunmehr auf 845 fl. 5 kr. sich berechnende allgemeine Reservefond soll für den Fall verfügbar erhalten werden, daß die im Landtagsabschiede vom 25. Juli v. Js. berührte Verbesserung der Dienstverhältnisse der Lehrer an den Landwirthschafts- und Gewerbsschulen ins Leben treten würde.

18) Um dem Antrage des Landrathes, daß für Unterstützung der Schullehrers-Wittwen eine weitere Summe von 200 fl. bestimmt werden möge, entgegen zu kommen, genehmigen Wir, daß dieser Betrag aus dem Reservefonde für Erziehung und Bildung pro 18⁴⁹/₅₀ entnommen werde.

19) Wir genehmigen ferner, daß die für Förderung der Seidenzucht aus Kreisfonds bewilligte, bisher jedoch unverwendet gebliebene und in dem Betrage von 2105 fl. 19¼ kr. abmassirte Summe dem Kreis-Vereine für Seidenzucht zur Erfüllung seiner gemeinnützigen Zwecke unter den von dem Landrathe beantragten Voraussetzungen und Bedingungen überlassen werde.

## VI.

Besondere Wünsche und Anträge.

Auf die in dem besondern Protocolle niedergelegten Wünsche und Anträge des Landrathes ertheilen Wir nachstehende Entschließungen:

1) In Betreff der bei dem letzten Landtage von beiden Kammern beantragten

38

Reorganisation der allgemeinen Immobiliar-Brandversicherungs-Anstalt verweisen. Wir auf Unsere Erklärung in dem Landtags-Abschiede vom 25. Juli v. Js. Abschnitt III. §. 43 mit dem Beifügen, daß den von dem Landrathe hinsichtlich der Benachtheiligung des unterfränkisch-aschaffenburgischen Kreises durch die gegenwärtige Einrichtung neuerdings vorgebrachten Beschwerden bei der Revision der Brandversicherungs-Ordnung die sorgfältigste Würdigung und die mit den allgemeinen Landes-Interessen vereinbare Berücksichtigung werde zugewendet werden.

2) Die Beendigung der wegen der Theilnahme bayerischer Staatsangehöriger an der Fuldaer Wittwen- und Waisencasse schwebenden Verhandlungen ist bisher schon Unserer Bedachtnahme nicht entgangen und wird fortwährend betrieben werden.

3) Das ehemalige Zuchthausgebäude zu Würzburg ist für seine dermalige Bestimmung unentbehrlich. Unsere Kreis-Regierung hat jedoch die Ermittelungen für die Unterbringung und Beschäftigung von Hilfsbedürftigen und der Sicherheit gefährlichen Individuen in der Stadt Würzburg fortzusetzen.

4) Unsere Kreisregierung wird dem Landrathe durch Mittheilung der bezüglich des Museum Julianum im Julius-Hospital zu Würzburg unter'm 25. Mai 1850 erlassenen Entschließung die Ueberzeugung verschaffen, daß seine desfallsige in das besondere Protocoll aufgenommene Erinnerung unbegründet gewesen ist.

5) Der in Vorlage gekommene Entwurf einer Weinlese- und Zehent-Ordnung für Unterfranken und Aschaffenburg hat die wiederholte Berathung dieses wichtigen Gegenstandes veranlaßt.

Wir beauftragen Unsere Kreisregierung die von ihr getroffenen Einleitungen in jeder mit der unerläßlichen Gründlichkeit der Behandlung vereinbarten Weise zu beschleunigen.

6) Bezüglich des erneuerten Antrages wegen Verwendung der Renten des adeligen Seminarfonds zu Würzburg verweisen Wir auf den Landrathsabschied vom 5. Juli 1849 und beauftragen Unsere Kreisregierung, die erforderliche Instruction zur Erledigung des Gegenstandes förderlichst zu beschäftigen.

7) Wir beauftragen ferner Unsere Kreisregierung der bereits begonnenen Revision einzelner Leichen-Ordnungen die sorgfältigste Aufmerksamkeit zuzuwenden, und hiebei möglichst gleiche Grundsätze zur Geltung zu bringen.

8) Im Herzogthum Sachsen-Meiningen ist das Gesetz vom 11. April 1838, wonach Inländer von der Bezahlung des

Chausseegeldes befreit waren, unter'm 25. Juni vorigen Jahres aufgehoben worden.

Hiedurch ist die von dem Landrathe im Jahr 1848 angeregte ungleiche Behandlung der betheiligten Staatsangehörigen beseitigt worden.

9) Die in dem besondern Protokolle des Landrathes vom Jahre 1848 enthaltene und neuerdings in Bezug genommene Angabe, wonach das städtische Pflastergeld zu Kißingen nur einen Kreuzer per Pferd betragen soll, ist ungenau, indem daselbst für Pferde an Last und Güterwägen ein höheres Pflastergeld von 2 bis 4 kr. eingeführt ist.

Das Gesuch der Gemeinde Kißingen um Erhöhung des bisherigen Pflasterzolles hat übrigens unter'm 26. Juni 1849 bereits seine Erledigung gefunden.

10) Der Correction des Maines wurden schon seit einer Reihe von Jahren bedeutende Summen aus Staatsfonds zugewendet, und wird derselben auch fernerhin eine sorgfältige Beachtung und die möglichste Berücksichtigung zu Theil werden.

Unser Staatsministerium des Handels und der öffentlichen Arbeiten ist außerdem mit der Vorbereitung eines Gesetzentwurfes über den Uferschutz beschäftigt, wodurch der Wunsch des Landrathes seine Erfüllung erhalten wird.

11) Die von dem Landrathe wieder-

holt angeregte Revision des Gewerbesteuer-Gesetzes, sodann die zu erlassenden Bestimmungen über Fixirung, Umwandlung und Ablösung von Forst-Servituten unterliegen gegenwärtig der Prüfung und Vorbereitung für die Gesetzgebung.

12) Dem Wunsche des Landrathes wegen Aufnahme mehrerer Districtsstraßen in die Reihe der Staatsstraßen ist durch die Uebernahme der Straßen von Karlstadt nach Hammelburg und von Marktbreit nach Stadt-Schwarzach theilweise bereits entsprochen.

Hiedurch, sowie durch die bereits erfolgte Uebernahme mehrerer anderer Straßenstrecken auf Staatsfonds ist dem Regierungsbezirke eine namhafte Erleichterung zu Theil geworden; die Möglichkeit einer weiteren Berücksichtigung ist von der Zulänglichkeit der Straßenbaufonds abhängig, welche das Budget für die letzten vier Jahre der VI. Finanzperiode gewähren wird.

13) Bezüglich des erneuten Antrags wegen Errichtung einer Gewerbschule zu Miltenberg sehen Wir vorerst der Erstattung des von Unserer Kreisregierung hierüber zugesicherten gutachtlichen Berichtes entgegen.

Obgleich Wir übrigens das dem Antrage zu Grunde liegende löbliche Streben der Stadtgemeinde Miltenberg keineswegs verkennen, so finden Wir Uns dennoch

veranlaßt, sch:n jetzt auf die Bedenken aufmerksam zu machen, welche theils wegen Un-
zulänglichkeit der beantragten Etatsposition
von 500 fl., theils wegen der hiemit ver-
knüpften Zersplitterung der Kreisfonds dem
Unternehmen entgegenstehen.

14) Ueber von dem Landrathe beantragte Wiedererrichtung der vormals zu
Würzburg bestandenen Veterinär-Schule sehen Wir vorerst der Erstattung des gut-
achtlichen- Antrages Unserer Kreisregierung entgegen.

15) Wir genehmigen die beantragte
Zuweisung einer jährlichen Unterstützung von
200 fl. an das protestantische Pfarrwaisen-
haus zu Windsbach und haben das Erforderliche in den Etat einstellen lassen.

16) Was die vermeintliche zu hohe
Classificirung und Besteuerung der Wein-
berge gegen das Ackerland betrifft, so haben Wir darüber Unsere Steuerkataster-
Comission vernehmen lassen und tragen Unserer Kreisregierung auf, aus deren über
diesen Gegenstand erstatteten Bericht dem
Landrathe bei seiner nächsten Versammlung
nähere Aufklärung mitzutheilen.

17) Die Wünsche des Landrathes bezüglich der Uebergangsabgabe auf Wein
sind schon seit einer Reihe von Jahren Gegenstand von Verhandlungen mit den übrigen Zollvereinsregierungen.

Wir werden dafür Sorge tragen lassen, daß den hier in Frage stehenden wichtigen Interessen Unserer Wein erzeugen-
den Gebietstheile auch fernerhin und insbesondere bei dem gegenwärtigen Zollvereins-
Congresse gehörige Vertretung zu Theil
werde.

Unsere Kreisregierung ist bereits angewiesen, über die Höhe des Pflasterzolles
und den Zustand des Straßenpflasters zu
Laufach, Hösbach und Goldbach auf der
Straße von Lohr nach Aschaffenburg unverweilt nähere Erhebung zu pflegen, und
das Ergebniß Unserem Staatsministerium
des Handels und der öffentlichen Arbeiten
mit gutachtlichem Berichte vorzulegen, worauf weitere sachgemäße Verfügung erfolgen wird.

19) Bezüglich des Ausbaues der Straße
von Arnstein nach Kissingen im Landgerichtsbezirke Euerdorf wird sich Unsere
Kreisregierung angelegen seyn lassen, die
bereits aufgenommenen Verhandlungen möglichst zu betreiben und nach Maßgabe der
bestehenden Gesetze zum baldigen Abschluß
zu führen.

20) Um der Stadt Kitzingen die durch
häufige Truppenmärsche erwachsende Quar-
tierlast durch Erweiterung des Etappenbe-
zirkes möglichst zu erleichtern, hat Unsere
Kreisregierung bereits die erforderlichen Erhebungen angeordnet. Die Beziehung der Ge-

meinde Iphofen, wird jedoch hiebei nicht in
Frage kommen können, nachdem dieselbe einem andern Regierungsbezirke angehört.

Indem Wir dem Landrathe von Unterfranken und Aschaffenburg den gegenwärtigen Abschied ertheilen, war es Uns er-
freulich, in dessen Verhandlungen das Zeugniß pflichtmäßigen Wirkens und lebhaften

unverdrossenen Berufseifers Unserer Behörden wieder zu finden, und Wir erwiedern die von demselben ausgedrückte Anerkennung Unserer landesväterlichen Fürsorge und die erneute Versicherung unver-
brüchlicher Anhänglichkeit, Liebe und Ergebenheit mit dem Ausdrucke Unserer besondern Huld- und Gnade.

Riva, den 11. April 1851.

## Max.

v. d. Pfordten. v. Kleinschrod. Dr. v. Aschenbrenner. Dr. v. Ringelmann. v. Lüder. v. Zwehl.

Nach dem Befehle
Seiner Majestät des Königs:
der General-Secretär des Staatsraths
Seb. v. Kobell.

Königlich Allerhöchste Verordnung, die Verlegung des Schwurgerichtshofes für Oberpfalz und Regensburg betr.

## Maximilian II.

von Gottes Gnaden König von Bayern, Pfalzgraf bei Rhein, Herzog von Bayern, Franken und in Schwaben ꝛc. ꝛc.

Wir finden Uns bewogen, zu verordnen, was folgt:

Der Schwurgerichtshof für Oberpfalz und Regensburg wird von der Stadt Regensburg nach der Stadt Amberg verlegt.

Unser Staatsminister der Justiz ist mit dem Vollzuge gegenwärtiger Verordnung beauftragt.

München, den 5. Mai 1851.

### Max.

v. Kleinschrod.

Auf Königlich Allerhöchsten Befehl: der Generalsecretär, Ministerialrath von Haud.

### Bekanntmachung,

die wesentlichen Ergebnisse der Gemeinde- und Wohlthätigkeits-Stiftungs-Rechnungen der den k. Kreisregierungen unmittelbar untergeordneten Städte diesseits des Rheins pro 18⁴⁶/₄₉ betr.

### Staatsministerium des Innern

Die wesentlichen Ergebnisse der Gemeinde- und Wohlthätigkeits-Stiftungs-Rechnungen

(Siehe die Beilagen.)

lungen der den k. Kreisregierungen diesseits des Rheins unmittelbar untergeordneten Städte für das Verwaltungsjahr 18⁴⁸/₄₉ werden in den nachfolgenden Uebersichten zur öffentlichen Kenntniß gebracht.

München, den 26. März 1851.

Auf Seiner Königlichen Majestät Allerhöchsten Befehl.

v. Zwehl.

Durch den Minister der General-Secretär, Ministerialrath Epplen.

### Bekanntmachung,

die Einführung der Paßkarten betr.

Staatsministerium des Königlichen Hauses und des Aeußern, dann des Innern.

Der unter'm 29. März l. Js. erfolgte Beitritt der großherzoglich hessischen Regierung zum Paßkartenvertrage vom 21. October v. Js. wird unter Bezugnahme auf die allerhöchste Verordnung vom 14. Januar l. Js., die Einführung von Paßkarten betreffend (Regierungsblatt 1851 Nr. 3. Seite 25 u. ff.), hiemit zur allgemeinen Kenntnißnahme gebracht.

München, den 27. April 1851.

Auf Seiner Königlichen Majestät Allerhöchsten Befehl.

v. d. Pfordten.　　v. Zwehl.

Durch die Minister der Generalsecretär: Ministerialrath Kappel.

## Dienstes-Nachrichten.

Seine Majestät der König haben allergnädigst geruht, unter'm 2. Mai l. Js. den k. Kammerjunker Friedrich Freiherrn von Moreau auf allerunterthänigstes Ansuchen zu Allerhöchstihren Kämmerer zu befördern, dann

unter'm 29. April l. Js. den Sections-Ingenieur Robert von Kern-Kernried und

unter'm 2. Mai l. Js. den Unterlieutenant im k. b. 6. Jägerbataillon, Bernhard Freiherrn von Münster, und zwar beide auf allerunterthänigstes Ansuchen, in die Zahl Allerhöchstihrer Kammerjunker aufzunehmen.

Seine Majestät der König haben allergnädigst geruht, unter'm 23. April l. Js. den Forstmeister zu Neustadt an der Donau in Erisenfeld, Carl Georg Heinrich Sauerbrunn nach §. 22. lit. B. und C. der IX. Beilage zur Verfassungsurkunde auf Ansuchen, unter Anerkennung seiner vieljährigen treuen Dienstleistung, in den Ruhestand treten zu lassen und an dessen Stelle ebenfalls auf Ansuchen den Forstmeister Rudolph Freyherrn von Berchem zu Wolfstein auf das Forstamt Neustadt zu versetzen, dann

auf das hienach sich eröffnende Forstamt Wolfstein den derzeitigen Revierförster von Stgußacker, im Forstamte Kelheim, Carl Eder, zum Forstmeister zu befördern;

den Officianten der Kreiscasse der Pfalz, Peter Stähly, zum Stempelverwalter in Speyer zu befördern, und an dessen Stelle, zum Officianten der Kreiscasse der Pfalz den Kreiscassafunctionär von Unterfranken und Aschaffenburg, Ferdinand Bürger, provisorisch zu ernennen, ferner

den Regierungs-Assessor extra statum bei der Staatsschuldentilgungs-Commission, Dr. Moritz Jungermann, an die Stelle des auf sein Ansuchen aus dem Staatsdienste entlassenen Dr. Göckl zum statusmäßigen Regierungs-Assessor und Fiscal-Adjuncten bei vorgenannter Commission zu ernennen und die Regierungsassessor-Stelle extra statum zur Zeit nicht wieder zu besetzen, weiter

- den Revierförster zu Sophienthal, im Forstamte Goldkronach, Anton Ernst Mengert, auf den Grund des §. 19 der IX. Beilage zur Verfassungsurkunde in den Ruhestand zu versetzen, und

an dessen Stelle zum provisorischen Revierförster in Sophienthal den bisherigen Forstamtsactuar zu Goldkronach, Friedrich Herzer, zu ernennen;

dem Steuercontroleur, August Roos in Homburg, die erledigte Stelle eines Domainen-Inspectors in Kaiserslautern, auf Ansuchen zu verleihen, das Steuercontrol-

amt Homburg aufzulösen und die Geschäfte dieses Amtes den Rentämtern Homburg und Landstuhl zu übertragen;

den Officianten I. Classe der Staats-
Schuldentilgungs-Specialcasse in Würzburg,
Carl Ballenberger, zum Buchhalter
III. Classe bei der Staatsschuldentilgungs-
Specialcasse in München zu befördern, dann

nach erfolgten Vorrückungen der Officianten der Staatsschuldentilgungs-Anstalt
den Rechnungscommissariats-Functionär der
Staatsschuldentilgungs-Commission, Carl
Schellkopf, zum Officianten III. Classe
bei der Pensions-Amortisationscasse,

den Functionär der Staatsschuldentilgungs-Specialcasse in Würzburg, Georg
Friedrich John, bei dieser Casse zum Officianten III. Classe, und

den Functionär der Staatsschuldentilgungs-Specialcasse in Regensburg, Johann Adam Loos, bei dieser Casse ebenfalls
zum Officianten III. Classe in provisorischer
Eigenschaft zu ernennen;

unter'm 29. April l. Js. die bei dem
Appellationsgerichte der Oberpfalz und von
Regensburg erledigte Rathsstelle dem Director des Kreis- und Stadtgerichtes Amberg, Moritz Freiherrn von Junker, zu
verleihen, auf die hiedurch in Erledigung
kommende Kreis- und Stadtgerichts-Direc-
torstelle zu Amberg den Director des Kreis-
und Stadtgerichts Schweinfurt, Ludwig Julius Traugott Freiherrn von Thüngen,
zu versetzen, zum Director des Kreis- und
Stadtgerichts Schweinfurt den Rath des
Kreis- und Stadtgerichts Regensburg, Joseph Haller, zum Rathe am Kreis- und
Stadtgerichte Regensburg den Rath des
Kreis- und Stadtgerichts Passau, Carl
Körner, und zum Rathe am Kreis- und
Stadtgerichte Passau den Kreis- und Stadtgerichtsassessor Joseph v. Germersheim
in Kempten zu befördern;

auf die zu Bliescastel in Erledigung
gekommene Friedensrichterstelle den Friedensrichter Peter Hofmann von Homburg auf sein allerunterthänigstes Ansuchen
zu versetzen, und

das Cantonsphysicat Edenkoben in der
Pfalz dem praktischen Arzte Dr. Valentin
Krehbiel zu Dirmstein in provisorischer
Eigenschaft zu verleihen.

# Regierungs-Blatt

## für das

## Königreich Bayern.

## № 25.

### München, Montag den 12. Mai 1851.

## Abschied

für den Landrath von Schwaben und Neuburg über dessen Verhandlungen in den Sitzungen vom 26. November bis 9. December 1850.

### Maximilian II.

von Gottes Gnaden König von Bayern, Pfalzgraf bei Rhein, Herzog von Bayern, Franken und in Schwaben ꝛc. ꝛc.

Wir haben Uns über die von dem Landrathe von Schwaben und Neuburg in den Sitzungen vom 26. November bis 9. December v. Js. gepflogenen Verhandlun-

gen Vortrag erstatten lassen, und ertheilen hieraufnach Vornehmung Unseres Staatsrathes folgende Entschließungen:

### I.

Abrechnung über die Fonds der Kreisanstalten und über die Einnahmen und Ausgaben auf Kreisfonds für die Jahre 1847/48 und 1848/49.

#### A. Rechnung über die Kreishilfskasse.

Die Rechnung über die Kreishilfskasse

39

1) für das Jahr, 18⁴⁷/₄₈

| | fl. | kr. | pf. |
|---|---|---|---|
| mit einer Einnahme von | 7,378 | 31 | 2½ |
| mit einer Ausgabe von | 6,427 | 40 | — |
| fohin mit einem Activreſte von | 950 | 51 | 2½ |
| dann mit einem Vermögensſtande von | 47,128 | 39 | 3 |

2) für das Jahr 18⁴⁸/₄₉

| | | | |
|---|---|---|---|
| mit einer Einnahme von | 8,595 | 40 | 2½ |
| mit einer Ausgabe von | 6,719 | 21 | 3½ |
| fohin mit einem Activreſte von | 1,876 | 18 | 3 |
| und mit einem Vermögensſtande von | 47,891 | 10 | — |

wurde von dem Landrathe als richtig anerkannt und es ſind hiernach dieſe Ergebniſſe der Rechnung von 18⁴⁸/₄₉ in jene des Jahres 18⁴⁹/₅₀ überzutragen.

### B.

#### Rechnungen über die Kreisfonds.

Die Rechnungen über die Kreisfonds
1) für das Jahr 18⁴⁷/₄₈ und zwar:
a) für nothwendige Zwecke

| | fl. | kr. | pf. |
|---|---|---|---|
| entziffern eine Einnahme von | 633,921 | 18 | — |
| eine Ausgabe von | 645,077 | 54 | 3 |
| fohin einen Activreſt von | 8,843 | 23 | 4 |

welcher ſich nach Abgleichung der Einnahmen und Ausgaben aus der IV. Finanzperiode und zurück auf 9,586 fl. 38³/₄ kr. erhöht;

b) für facultative Zwecke:

| | | | |
|---|---|---|---|
| eine Einnahme von | 16,829 | 6 | 2 |
| eine Ausgabe von | 21,270 | 54 | 3 |
| fohin einen Paſſivreſt von | 4,441 | 48 | 1 |

welcher ſich mit Hinzurechnung des aus der IV. Finanzperiode und zurück hervorgegangenen Paſſivreſtes auf 5185 fl. 3¹/₄ kr. ſtellt.

Die Rechnungen
2) für das Jahr 18⁴⁸/₄₉ und zwar:
a) für nothwendige Zwecke weiſen

| | | | |
|---|---|---|---|
| eine Einnahme von | 723,683 | 20 | 3 |
| eine Ausgabe von | 709,840 | 27 | 1 |
| fohin einen Activreſt von | 13,842 | 53 | 2 |

welcher nach Abgleichung der Einnahmen und Ausgaben aus der IV. Finanzperiode und zurück auf 14,084 fl. 56¹/₄ kr. ſich erhöht,

b) für facultative Zwecke

|  | fl. | kr. | pf. |
|---|---|---|---|
| eine Einnahme von | 19,751 | 8 | 3 |
| eine Ausgabe von | 19,254 | 32 | 1 |
| sohin einen Activ- |  |  |  |
| rest von | 496 | 31 | 2 |

nach, welcher sich nach Abgleichung der Einnahmen und Ausgaben aus der IV. Finanzperiode und zurück auf 364 fl. 28 3/4 kr. mindert.

Der Landrath hat diese Rechnungen als vollkommen richtig anerkannt, und es sind hiernach diese Ergebnisse der Rechnungen vom Jahre 1848/49 in jene des Jahres 1849/50 überzutragen.

Auf die von dem Landrathe bei Prüfung dieser Rechnungen gemachten Aeußerungen erwiedern Wir Folgendes:

1) Bei Beitreibung der Ausstände zur Kreishilfscasse hat Unsere Regierung von Schwaben und Neuburg auf die von dem Landrathe deßfalls gemachte Bemerkung den geeigneten, jedoch mit dem Wesen und dem gesicherten Bestande dieser Kreisanstalt selbst vereinbaren Bedacht zu nehmen.

2) Bezüglich der Beitreibung der bei dem Schullehrer-Seminare in Lauingen laut der Rechnungen pro 1847/48 bestehenden Activ-

Ausstände hat Unsere Regierung von Schwaben und Neuburg bereits geeignete Anordnung getroffen.

## II.

### Steuer-Principale für die Jahre 1849/50 und 1850/51.

Die Steuerprincipal-Summe des schwäbisch-neuburgischen Regierungs-Bezirkes berechnet sich für jedes der Jahre 1849/50 und 1850/51 vorbehaltlich der im Laufe dieser Jahre etwa eintretenden Ab- und Zugänge auf 1,123,285 fl. — sohin ein Steuerprocent in runder Summe auf 11,232 fl. —

## III.

### Bestimmung der Kreisausgaben für die Jahre 1849/50 und 1850/51.

Dem von dem Landrathe geprüften Voranschlage der in jedem der Jahre 1849/50 und 1850/51 aus Kreisfonds zu bestreitenden Verwaltungs-Ausgaben ertheilen Wir Unsere Genehmigung nach folgenden Ansätzen:

### Cap. I.

#### Bedarf des Landrathes.

§. 1. Taggebühren und

| | fl. | kr. | pf. |
|---|---|---|---|
| Reisekosten der Landräthe | 1,634 | — | — |
| §. 2. Regiekosten der Landrathsversammlung | 470 | — | — |
| Summe des Cap. I. | 2,104 | — | — |

### Cap. II.

#### Erziehung und Bildung.

| | | | |
|---|---|---|---|
| §.1. Deutsche Schulen | 68,198 | 36 | 1 |
| §. 2. Isolirte lateinische Schulen | 1,246 | — | — |
| §. 3. Sonstige Anstalten für Erziehung und Bildung: | | | |
| a) für die Zöglinge der Taubstummen-Schulen in Lauingen und Dillingen | 1,000 | — | — |
| b) auf Errichtung u. Unterhaltung eines eigenen Taubstummen-Erziehungs-Instituts | 1,200 | — | — |
| c) auf Unterstützung der Pfarr-Waisen | | | |

| | fl. | kr. | pf. |
|---|---|---|---|
| Anstalt zu Windsbach | 100 | — | — |
| §. 4. Freiplätze und zwar: | | | |
| a) für Zöglinge im Central-Taubstummen-Institute in München | 375 | — | — |
| b) für Zöglinge im Central-Blinden-Institute in München | 125 | — | — |
| §. 5. Uebrige Ausgaben auf Erziehung und Bildung und zwar zur Erhaltung der Kreisbibliothek | 300 | — | — |
| §. 6. Reserve für Erziehung und Bildung | 2,015 | 30 | — |
| Summa des Cap. II. | 74,860 | 26 | 1 |

### Cap. III.

#### Industrie und Cultur.

| | | | |
|---|---|---|---|
| §. 1. Landwirthschafts- u. Gewerbsschulen: | | | |
| a) Beiträge zur Bestreitung der Personal- und Real-Erigenz | | | |

| | fl. | kr. | pf. |
|---|---|---|---|
| aa) der Kreis-Land-wirthschafts- u. Gewerbs-Schule zu Augsburg | 7,619 | — | — |
| bb) der Landwirth-schafts- u. Gewerbs-Schule zu Kaufbeuern | 784 | — | — |
| cc) der Landwirth-schafts- u. Gewerbs-Schule zu Kempten | 2,490 | — | — |
| dd) der Landwirth-schafts- und Gewerbs-Schule zu Nördlingen | 1,245 | — | — |
| h) Taggebühren und Reisekosten der Prüfungs-Commissäre | 200 | — | — |
| §. 2. Ackerbauschulen | 6,000 | — | — |
| §. 3. Stipendien für Zöglinge an technischen Schulen: | | | |
| a) an der polytechnischen Schule zu Augsburg | 250 | — | — |
| b) an der Central-Landwirthschafts- | | | |

| | fl. | kr. | pf. |
|---|---|---|---|
| schule in Schleißheim | 150 | — | — |
| §. 4. Freiplätze an der Anstalt für krüppel-hafte Kinder zu München | 100 | — | — |
| §. 5. Beitrag zu den Regiekosten der Handelskammer zu Augsburg | 300 | — | — |
| §. 6. Reservefond | 1,500 | — | — |
| Summa des Cap. III. | 20,818 | — | — |

### Cap. IV.

### Gesundheit.

| | fl. | kr. | pf. |
|---|---|---|---|
| §. 1. Kreis-Irren-Anstalt zu Irsee | 12,081 | 34 | — |
| §. 2. Zuschuß zur Gebäranstalt in München wegen Benützung derselben bei dem Unterrichte der Hebammenschülerinnen des schwäbisch-neuburgischen Regierungsbezirks | 500 | — | — |
| §. 3. Beiträge zu den | | | |

u. Hofrath Dr. Rei.

| ...finger gegründeten Heilanstalten | fl. | kr. | pf. |
|---|---|---|---|
| | 300 | — | — |
| §. 4. Blutegelanstalt des Chirurgen Ortlieb zu Seeg | 100 | — | — |
| Summa des Cap. IV. | 12,981 | 34 | — |

### Cap. V.
### Wohlthätigkeit.

§. 1. Anstalten für Erziehung armer verlassener Kinder:

| | fl. | kr. | pf. |
|---|---|---|---|
| a) Lehrgeldbeiträge für arme Knaben | | | |
| aa) im Donaumoose | 400 | — | — |
| bb) in der Gemeinde Altenberg | 100 | — | — |
| cc) in der Gemeinde Königsbrunn | 200 | — | — |
| b) Unterstützung des Institutes für verwahrloste Mädchen zu Wörishofen | 528 | — | — |
| §. 2. Zuschuß zur besseren Dotirung der Kreishilfscasse | 1,000 | — | — |
| Summe des Cap. V. | 2,228 | — | — |

### Cap. VI.
### Straßen- und Wasserbau.

| | fl. | kr. | pf. |
|---|---|---|---|
| §. 1. Beiträge zur Herstellung u. Unterhaltung von Districtsstraßen | 5,000 | — | — |
| §. 2. Beiträge zur Bestreitung der Kosten von Wasserbauten, welche den Gemeinden obliegen | 5000 | — | — |
| Summa des Cap. VI. | 10,000 | — | — |

### Cap. VII.

| | fl. | kr. | pf. |
|---|---|---|---|
| Allgemeiner Reservefond | 3,868 | — | — |
| Summa des Cap. VII. | 3,868 | — | — |

### Zusammenstellung.

| | | fl. | kr. | pf. |
|---|---|---|---|---|
| Summe des Cap. | I. | 2,104 | — | — |
| „ „ „ | II. | 74,860 | 26 | 1 |
| „ „ „ | III. | 20,618 | — | — |
| „ „ „ | IV. | 12,981 | 34 | — |
| „ „ „ | V. | 2,228 | — | — |
| „ „ „ | VI. | 10,000 | — | — |
| „ „ „ | VII. | 3,868 | — | — |
| Gesammtsumme der Kreis-Ausgaben | | 126,660 | — | 1 |

## IV.
### Bestimmung der Deckungsmittel.

Zur Deckung des hienach für jedes der Jahre 1849/50 und 1850/51 sich ergebenden Gesammtbedarfes sind folgende Mittel gegeben:

| | fl. | kr. | pf. |
|---|---|---|---|
| Cap. I. Die auf speciellen Rechtstiteln u. Bewilligungen beruhenden Fundations- und Dotationsbeiträge des Staats-Aerars für die deutschen und isolirten Lateinschulen mit | 5,479 | 10 | 4 |
| Cap. II. Durchlaufender Anschlag der Dienstwohnungen u. Dienstgründe mit | 46 | 30 | — |
| Cap. III. Leistungen der Staatscasse für ständige Bauausgaben mit | 18 | — | — |
| Cap. IV. Die aus der Staatscasse nach dem Budget zu entrichtende Kreisschuldotation für die deutschen und isolirten Latein-Schulen mit | 38,818 | 36 | — |
| Cap. V. Weitere budgetmäßige Zuschüsse der Staatscasse für die deutschen Schulen und zwar: | | | |
| a) zur Erhöhung der Congrua auf 250 fl. und resp. 200 fl. mit | 18,261 | 44 | — |
| b) für außerordentliche Schulvisitationen mit | 1,000 | — | — |
| c) für Alimentation dienstunfähiger Schullehrer mit | 1,000 | — | — |
| Cap. VI. Zuschuß der Staatscasse für Industrie und Cultur nach Maaßgabe des Budgets mit | 1,500 | — | — |
| Cap. VII. Kreisumlage zu 5½ pCt. vom Steuerprincipale im Nettobetrage von | 60,541 | — | — |
| deren Erhebung Wir hiemit genehmigen. | | | |
| Gesammtsumme der Deckungsmittel | 126,660 | — | 4 |

V.

Auf die bei der Prüfung des Voranschlages der Kreisausgaben erfolgten Aeußerungen und Anträge des Landrathes ertheilen Wir folgende Entschließungen:

1) Wir genehmigen, daß aus den in
den Jahren 18⁴³/₄₆ gemachten Erübrigungen des Kreisschulfonds von Schwaben und
Neuburg dem Antrage des Landrathes gemäß die Summe von 12,000 fl., ferner
à Conto der Kreisfonds pro 18⁴⁹/₅₀ die
Summe von 3,600 fl. und zwar letztere
durch Ersparung bei der Position für Schulvisitationen mit 1000 fl. und durch Ueberweisung eines Antheils des Reservefonds
für Erziehung und Bildung von 2000 fl.
zur besseren Dotation der Schullehrer-Witt-
wen- und Waisen-Unterstützungscasse des
Kreises verwendet werde.

Hiebei behalten Wir eine entsprechen-
dere Einrichtung der genannten Anstalt bevor und wollen, daß der bemerkte Dota-
tions-Zuschuß von 15,000 fl. zur Sicherung
und Aufbesserung der geringeren Bethei-
ligungsclasse verwendet werde.

— 2) Der von dem Landrathe beantragten Erhöhung des Exigenz-Beitrages für
die Kreislandwirthschafts- und Gewerbs-
Schule zu Augsburg um die Summe von
200 fl. zum Zwecke der als nothwendig anerkannten Abhaltung eines eigenen Gottes-

dienstes für die Schüler der genannten Anstalt ertheilen Wir Unsere Genehmigung,
können hiebei jedoch nicht umhin zu bemerken, daß die bei dem bisherigen Kirchenbe-
suche der Schüler vorgekommenen Uebelstände, nach dem Ergebnisse einer vorläufigen amtlichen Erhebung, in dem dargestellten Maße nicht stattgefunden haben.

3) Dem Antrage des Landrathes auf
einstweiligen Fortbestand der Landwirthschafts-
und Gewerbschule zu Kaufbeuern, unter
Umgangnahme von der Errichtung eines
III. Lehrkurses daselbst, wollen Wir, nachdem die erforderlichen Etats-Mittel für die
Jahre 18⁴⁹/₅₀ und 18⁵⁰/₅₁ verfügbar
gestellt sind, in der Voraussetzung eines entsprechenden Erfolges Unsere Genehmigung
ertheilt haben.

4) Da der Landrath die für die beantragte Errichtung eines III. Lehrkurses
an der Landwirthschafts- und Gewerbschule
zu Kempten erforderlichen Etatsmittel mit
jährlich 400 fl. ausdrücklich in Ansatz gebracht hat und hienach anzunehmen ist,
daß derselbe von seinem anfänglich hiegegen erhobenen Bedenken zurückgekommen
sei, so ertheilen Wir dem erwähnten Antrage und beziehungsweise der Gesammtpo-
sition für die fragliche Anstalt per 2490 fl.
Unsere Genehmigung.

5) Die beantragte Gehaltserhöhung

für den Lehrer **Haid** an der Landwirth-
schafts- und Gewerbschule zu Nördlingen
von 550 fl. auf 600 fl. vermögen Wir,
nachdem es sich gegenwärtig um die Regelung der Dienstes- und Gehaltsverhältnisse
der Lehrer an den technischen Unterrichts-
Anstalten im Allgemeinen handelt, zur Zeit
nicht zu genehmigen.

6) Wir genehmigen die von dem Landrathe beantragte Abmassirung von je 6000 fl.
für die Jahre 18⁴⁹/₅₀ und 18⁵⁰/₅₁ zum
Zwecke der Errichtung einer Ackerbauschule
für den Regierungsbezirk von Schwaben
und Neuburg und beauftragen Unsere
Kreisregierung, das bezügliche Projekt dessen Mittheilung an den Landrath vorbehalten bleibt, im geeigneten Benehmen mit
dem Kreiscomité des landwirthschaftlichen
Vereins förderlichst vorzubereiten und in
Vorlage zu bringen.

7) Unserer Regierung von Schwaben
und Neuburg ertheilen Wir den Auftrag,
der baulichen Vollendung und hiernach der
erforderlichen Ergänzung der innern Einrichtung der Irrenanstalt zu Irsee ihre besondere Vorsorge zuzuwenden, und die für
die Jahre 18⁴⁰/₅₁ für Erweiterung und
Einrichtung der Anstalt mit 4000 fl. des
Jahres gegebenen Mittel zur raschen Ausführung der erforderlichen Arbeiten zu benützen.

Dabei wird Unsere Kreisregierung

auf die Veräußerung der dieser Anstalt gehörigen, jedoch für sie entbehrlichen Wald-
parzelle zu einem angemessenen Preise, auf
die Verbesserung des für die Tobsüchtigen
eingerichteten Lokals und insbesondere der
Beheizung in demselben, sowie auf die Entfernung der Heizung der Corridors mit
warmem Wasser geeignet Bedacht nehmen.

Der von dem Landrathe beantragten
Ermäßigung der Werpflegungsbeiträge für
die in Irsee aufgenommenen Geisteskran-
ken steht zur Zeit noch der Mangel genügender Fonds zur Deckung der Bedürfnisse
der Anstalt entgegen.

Es wird jedoch dieser Gegenstand, so
wie die Frage wegen Erhöhung des Ge-
halts des Oberwärters und der Oberwär-
terin die nähere Würdigung alsdann finden, wenn in Rücksicht auf die eintretende
Erweiterung der Anstalt ein neuer Verwal-
tungsetat hergestellt wird.

8) Dem Antrage des Landrathes, dem
Chirurgen **Ortlieb** zu Seeg wegen seiner
errichteten Blutegel-Anstalt ein für allemal
eine Unterstützung von 200 fl. zu bewilligen, haben Wir Unsere Genehmigung
ertheilt und für diesen Zweck eine Summe
von 100 fl. für jedes der Jahre 18⁴⁹/₅₀
und 18⁵⁰/₅₁ in das Kreisbudget einstellen
lassen.

9) Eben so haben Wir, die weitern
40

Anträge des Landraths auf Erhöhung des Unterstützungsbeitrages für das Institut für verwahrloste Mädchen zu Wörishofen von 264 fl. auf 528 fl. sowie der Beiträge zu Straßen- und Wasserbau-Concurrenzen der Gemeinden von je 3000 fl. auf je 5000 fl. genehmigend, hiernach die betreffenden Einstellungen in das Kreisbudget vollziehen lassen.

## VI.
### Wünsche und Anträge.

Auf die in dem besondern Protocolle niedergelegten Wünsche und Anträge des Landraths ertheilen Wir, insoweit dieselben auf Gegenstände des landräthlichen Wirkungskreises sich beziehen, nachstehende Entschließungen:

1) Bereits zu wiederholten Malen haben Wir Unsern Willen zu erkennen gegeben, daß der Ausbau der gesetzlich genehmigten Eisenbahnlinien möglichst zu beschleunigen sey.

Wir erwarten, daß die Eisenbahnbau-Behörden diesem Unseren Willen nachkommen und namentlich auch auf der Linie zwischen Kaufbeuern und Lindau den Bahnbau so rasch wie möglich fördern werden.

2) Für die Vornahme der als sehr wünschenswerth anerkannten Correction der Straßenstrecke zwischen der Lindauer See-brücke und der Aachbrücke werden Wir

Sorge tragen lassen, wenn, was für die Jahre 18⁴⁹/₅₁ nicht der Fall war, das Budget für die Jahre 18⁵¹/₅₅ die für diese Correctionsarbeiten erforderlichen Geldmittel darbieten wird.

3) Die Entscheidung der Frage über die Nothwendigkeit und Zweckmäßigkeit der von dem Landrathe beantragten Correction der Straßenstrecke zwischen Weiler und Scheidegg, welche übrigens zur Zeit in einem wohlfahrbaren und gut unterhaltenen Zustande sich befindet, erscheint durch die ohnehin in naher Aussicht stehende Vollendung der Eisenbahnverbindung zwischen Immenstadt und Lindau und die hievon zu gewärtigende Gestaltung der bezüglichen Verkehrsverhältnisse vorerst bedingt.

4) Zur Erfüllung des von dem Landrathe geäußerten Wunsches wegen Ordnung der religiösen und kirchlichen Verhältnisse der katholischen Bewohner der Colonie Königsbrunn im Lechfelde sind von Unserer Regierung von Schwaben und Neuburg die erforderlichen Einleitungen bereits getroffen, deren Ergebniß Wir zu Unserer Beschlußnahme in thunlichster Bälde in Vorlage gebracht wissen wollen.

5) Der Verbesserung der Augsburg-Krumbacher Districtsstraße und der Erleichterung der hiezu concurrenzpflichtigen Gemeinden hat Unsere Regierung von Schwa-

ben und Neuburg bisher möglichste Sorgfalt zugewendet.

Nachdem Wir übrigens die von dem
Landrathe beantragte Erhöhung des Unter-
stützungs-Beitrages für Districtsstraßen-
Unterhaltung aus Kreisfonds für die Jahre
$18^{49}/_{50}$ und $18^{50}/_{51}$ genehmigt haben, so
ist es Unser Wille, daß zur Unterhaltung
der Augsburg-Krumbacher Districtsstraße
eine den Verhältnissen angemessene und mit
den bestehenden Bedürfnissen anderer Gemeinden vereinbare Unterstützung aus diesen
Mitteln angewiesen werde.

6) Ueber die im besondern Protocolle
des Landraths angeführten Verhältnisse hinsichtlich der Districtsstraße von Neuburg
über Monheim nach Oettingen, über die
Nothwendigkeit einer vorzunehmenden Stra-
ßen-Rectification und die Erweiterung des
bisherigen Concurrenz-Districts zur Unterhaltung dieser Straße hat Unsere Regierung von Schwaben und Neuburg bereits
die erforderlichen Erhebungen angeordnet.

Wir tragen derselben auf, diese Erhebungen so bald als möglich zum Ziele zu
führen und sodann die geeigneten Verfügungen zur Beseitigung der vorhandenen
Gebrechen und zur Befriedigung des etwa
bestehenden Bedürfnisses zu treffen, wobei
Wir zugleich bezüglich der hiezu erforderlichen Geldmittel auf Unsere über die

Augsburg-Krumbacher Districtsstraße ausgesprochene Willensmeinung hinweisen.

7) Der Gemeinde Ostendorf wurden
bis zum Jahr 1848 wegen Lechabrisses
Nachlässe an ihren Grundabgaben bis zur
Hälfte derselben stets nur mit dem Vor-
behalte zugestanden, daß die definitive Abgaben-Moderation dann einzutreten habe,
wenn sichere Anhaltspuncte hiefür durch
Vermessung und andere Vorarbeiten vorliegen würden.

Nachdem auf Grund der vorliegenden
Kataster-Operationen die verhältnißmäßige
ständige Abgaben-Moderation nunmehr stattgefunden hat und hiegegen keine gegründeten Einwendungen bestehen, so vermögen
Wir auch nicht der Bitte des Landrathes,
dieser Gemeinde den frühern Nachlaß an
Grundabgaben wieder zu gewähren, eine
Folge zu geben.

8) Der Anerkennung einer Unterhal-
tungsverbindlichkeit der Staatsbaufonds hinsichtlich der von der Stadtgemeinde Augsburg in ihrem eigenen Interesse hergestellten
Verbindungsstraße zwischen der Stadt und
dem dortigen Eisenbahnhofe standen seither
überwiegende Bedenken entgegen.

Wir wollen indeß die zur Unterstützung der gestellten Bitte um Uebernahme
der Unterhaltungskosten dieser Verbindungsstraße auf Staatsfonds neuerlich vorgebrach-

40*

ten Gründe einer sorgfältigen Würdigung unterstellen lassen.

Indem Wir dem Landrathe unter Anerkennung seines bethätigten warmen Berufseifers diesen Abschied ertheilen, erwiedem Wir die von demselben Uns dargebrachten Versicherungen unwandelbarer Treue und Ergebenheit gerne mit dem Ausdrucke Unserer besondern königlichen Huld und Gnade.

Riva, den 11. April 1851.

## M a x.

v. d. Pfordten. v. Kleinschrod. Dr. v. Aschenbrenner. Dr. v. Ringelmann. v. Lüder. v. Zwehl.

Nach dem Befehle
Seiner Majestät des Königs:
der General-Secretär des Staatsraths
Seb. v. Kobell.

### Dienstes-Nachrichten.

Seine Majestät der König haben Sich allergnädigst bewogen gefunden, unter'm 29. April l. Js. den Forstamts-Actuar und Functionär im Ministerial-Forsteinrichtungsbureau, Georg Rosenberger, zum Revierförster in Stausacker, Forstamts Kelheim, provisorisch zu ernennen;

unter'm 30. April. l. Js. die Staatsanwaltsstellen bei den Kreis- und Stadtgerichten in Ober- und Niederbayern definitiv zu besetzen, und demnach

am Kreis- und Stadtgerichte München zum ersten Staatsanwalte den Appellationsgerichts-Assessor Adolph Wolf zu Freising, zum zweiten Staatsanwalte den Kreis- und Stadtgerichts-Assessor Dr. Johann Georg Heinzelmann in München, zum dritten Staatsanwalte den Kreis- und Stadtgerichts-Assessor Stephan Freiherrn v. Stengel in München,

am Kreis- und Stadtgerichte Wasserburg zum ersten Staatsanwalte den Kreis- und Stadtgerichtsrath Dr. Adolph Krätzer in Passau, zum zweiten Staatsanwalte den Kreis- und Stadtgerichts-Assessor Adolph Oberst in Wasserburg,

am Kreis- und Stadtgerichte Aichach, zum Staatsanwalte den Kreis- und Stadtgerichtsrath Alois Mähler in Memmingen, sodann

am Kreis- und Stadtgerichte Passau zum ersten Staatsanwalte den geheimen Secretär im Staats-Ministerium der Justiz, Ferdinand Haubenschmied,

am Kreis- und Stadtgerichte Landshut zum ersten Staatsanwalte den Kreis- und Stadtgerichtsrath Benno Fleißner in München,

am Kreis- und Stadtgerichte Straubing zum ersten Staatsanwalte den Kreis- und Stadtgerichtsrath Joh. Georg Mayer in Bayreuth, zum zweiten Staatsanwalte den Kreis- und Stadtgerichtsrath Friedrich August Abt zu Wasserburg zu ernennen;

unter'm 2. Mai l. Js. den ordentlichen Professor des Kirchenrechts und der Kirchengeschichte an der theologischen Fakultät der k. Hochschule Würzburg, Dr. Johann Baptist Schwab, in Anwendung des §. 19. Absatz 2 der IX. Beilage zur Verfassungs-Urkunde in den zeitlichen Ruhestand zu versetzen;

unter'm 3. Mai l. Js. den Revierförster zu Schönau, im Forstamte Dahn, Georg Helfrich, unter Bezeigung der allerhöchsten Zufriedenheit mit seinen während 55 Jahren treu geleisteten Diensten, in den wohlverdienten Ruhestand treten zu lassen, und an dessen Stelle auf das Revier Schönau den Revierförster zu Elmstein, Forstamts gleichen Namens, Alexander Kreuter, in gleicher Diensteseigenschaft zu versetzen, dann zum provisorischen Revierförster in Elmstein den Forstamts-Actuar und Functionär im Regierungs-Forstbureau zu Speyer, Ernst Martin, zu ernennen;

dem Secretär I. Classe der Regierung von Niederbayern, Franz Gabriel Sartorius, den nachgesuchten Ruhestand auf Grund lit. B. und C. der IX. Verfassungs-Beilage unter allerhuldreichster Anerkennung der während mehr denn 46 Jahren mit erprobter Treue und ausdauernder Hingebung geleisteten Dienste zu bewilligen;

zum Secretär I. Classe der Regierung von Niederbayern den Registrator der Kammer des Innern dieser Kreisstelle, Johann Georg Zunner, seiner Bitte gemäß zu ernennen, und

als Registrator der Regierung von Niederbayern, Kammer des Innern, den quiescirten Patrimonialrichter von Thürntenning und Schermau, Registratur-Functionär Carl Mann zu Landshut, zu berufen;

unter'm 4. Mai l. Js. den Landgerichtsarzt Dr. Georg Scharff zu Bamberg in Oberfranken auf Grund des §. 22 lit. B. und C. der IX. Verfassungs-Beilage in den Ruhestand treten zu lassen;

auf das hiedurch sich eröffnende Physikat bei dem Landgerichte Bamberg I., den dermaligen Gerichtsarzt zu Sulzbach, Dr.

Theodor Gustav Steigerwald, seiner Bitte entsprechend zu versehen;

das Landgerichtsphysikat Sulzbach im Regierungsbezirke der Oberpfalz und von Regensburg dem praktischen Arzte Dr. Max Blöst zu Traunstein provisorisch zu übertragen, und

das Landgerichtsphysikat zu Kastl dem praktischen Arzte zu Sulzbach, Dr. Lorenz Zimmermann, zu verleihen;

unter'm 6. Mai l. Js. zum Vorstande der Gerichts- und Polizeibehörde Ellingen den ersten Assessor des Landgerichts Leuters hausen, Heinrich Erdmann Flessa zu ernennen;

den zweiten Assessor des Landgerichts Zusmarshausen, Franz Xaver Emmer, in Anwendung des §. 19 der IX. Verfassungs-Beilage bis auf weitere allerhöchste Verfügung in den Ruhestand zu versetzen, und

zum zweiten Assessor des Landgerichts Zusmarshausen den Kreis- und Stadtgerichts-Accessisten zu München, Joseph Binder, zu ernennen, ferner

den Professor der Mathematik an der Studienanstalt zu Bayreuth, Dr. Andreas Neubig, unter Anerkennung seiner langjährigen und pflichtgetreuen Dienstleistung auf Grund des §. 22 lit. C. der IX. Beilage zur Verfassungs-Urkunde in den wohlverdienten Ruhestand zu versetzen, und

die hiedurch sich erledigende Stelle ei-

nes Professors der Mathematik an gedachter Studienanstalt dem bisherigen Recto-
ratsverweser und Lehrer bei der Landwirth-
schafts- und Gewerbsschule zu Landau, Friedrich Hofmann, in provisorischer Eigenschaft zu verleihen, dann

den zeitlich quiescirten Assessor des
Landgerichts Weißenburg, Ernst Weiß-
mann, auf die erledigte I. Landgerichts-
Assessorstelle zu Leutershausen zu berufen;

unter'm 7. Mai l. J. auf das erledigte
Physicat bei dem Landgerichte Würzburg
r./M., seiner Bitte entsprechend, den bisherigen Gerichtsarzt zu Amorbach Dr. Friedrich Erhard zu versetzen und denselben zugleich zum Professor honorarius an der
medicinischen Facultät der Universität Würzburg mit der Verpflichtung zu ernennen,
daß derselbe Vorlesungen über Staatsarzneikunde zu halten habe, endlich

unter'm 8. Mai l. J. den dermaligen Landgerichtsarzt zu Berchtesgaden, Dr.
August Max Einöle, seiner Bitte entsprechend, auf das erledigte Landgerichts-Phy-
sicat Tegernsee zu versetzen.

## Pfarreien- und Beneficien-Verleihungen; Präsentations-Bestätigungen.

Seine Majestät der König ha-
ben die nachgenannten katholischen Pfarreien
und Beneficien allergnädigst zu übertragen
geruht, und zwar:

unter'm 26. April l. Js. die Pfarrei
Obermarchenbach, Landgerichts Moosburg,
dem Priester Johann Baptist Sinzinger,
Cooperator zu Obing, Landgerichts Trostberg;

unter'm 3. Mai l. Js. die Pfarrei
Kirchheimbolanden, Landcommissariats glei-
chen Namens, dem Priester Ludw. Schmitt,
Pfarrer zu Weilerbach, Landcommissariats
Kaiserslautern;

die Pfarrei Immenstadt, Landgerichts
gleichen Namens, dem Priester Johann
Köpf, Religionslehrer an der Studienanstalt zu Kempten;

unter'm 4. Mai l. Js. das Frühmeß-
Beneficium in Wollnzach, Landgerichts Pfaffenhofen, dem resignirten Stadtpfarrer von
Amberg, Priester Joseph Aigner, zur Zeit
in München, und

die Pfarrei Vogtareuth, Landgerichts
Rosenheim, dem Priester Johann Evangelist Wirthensohn, Pfarrer zu Oberweikertshofen, Landgerichts Bruck, dann

unter'm 6. Mai l. Js. die Pfarrei
Hömbach, Landgerichts Rottenburg, dem
Priester Johann Georg Schuster, Pfarrer zu Pfaffenberg, Landgerichts Mallersdorf, und

die Pfarrei Pirmasens, Landcommissariats gleichen Namens, dem derzeitigen

Verweser derselben, Priester Dr. Joseph
Nardini.

Seine Majestät der König ha-
ben unter'm 6. Mai l. Js. zu genehmigen
geruht, daß die katholische Pfarrei Binabi-
burg, Landgerichts Vilsbiburg, von dem
hochwürdigen Herrn Bischofe von Regensburg dem Priester Anton Lipf, Beichtvater in dem Kloster der Franziskanerinnen
auf dem Reutberge, Landgerichts Tölz, verliehen werde.

Seine Majestät der König ha-
ben unter'm 26. April l. Js. die erledigte
protestantische Pfarrstelle zu Altheim, Dekanats Neustadt an der Aisch, dem bisherigen Pfarrer zu Kitzingen, Dekanats Kleinlangheim, Dr. Friedrich Carl Fürst,

unter'm 29. April l. Js. die erledigte
protestantische Pfarrstelle zu Oberhöchstadt,
Dekanats Uehlfeld, dem bisherigen Pfarrer
zu Möhrendorf, Dekanats Erlangen, Joh.
Melchior Günther, und

die erledigte protestantische I. Pfarrstelle zu Roth, Dekanats gleichen Namens,
dem bisherigen II. Pfarrer zu Kempten,
Dekanats Kempten, Benedict Adam Geyer,
unter gleichzeitiger Uebertragung des damit

verbundenen Amtes eines Dekans für den
Dekanatsbezirk Roth, dann

unter'm 30. April l. Js. die erledigte
protestantische Pfarrstelle zu Bellheim, Dekanats Germersheim, dem bisherigen Pfarrer zu Rothselberg, Dekanats Lauterecken,
Erhard Michael Cantzler, zu verleihen
geruht.

## Königlich bayerisches Consulat zu Har-
burg im Königreiche Hannover.

Seine Majestät der König ha-
ben Sich allergnädigst bewogen gefunden,
zu Harburg im Königreiche Hannover ein
königlich bayerisches Consulat zu errichten,
und diese Stelle dem dortigen Kaufmann
Eduard Heins zu übertragen.

## Ordens-Verleihung.

Seine Majestät der König ha-
ben allergnädigst geruht, unter'm 21. April
l. Js. dem Forstmeister Jacob Lavale zu
Kaiserslautern in Rücksicht auf seine fünfzigjährigen mit Treue, Eifer und Auszeichnung geleisteten Dienste die Ehrenmünze
des k. bayerischen Ludwigsordens zu verleihen.

# Regierungs-Blatt

## für das

## Königreich Bayern.

## № 26.

München, Donnerstag den 22. Mai 1851.

**Inhalt:**

**Bekanntmachung,**

die Abänderung des §. 41 der Satzungen der bayerischen Hypotheken- und Wechselbank und des §. 31 der reglementären Grundbestimmungen für die Feuerversicherungsanstalt derselben betreffend.

**Staatsministerium der Finanzen, dann Staatsministerium des Handels und der öffentlichen Arbeiten.**

Seine Majestät der König ha-

ben auf den in der Sitzung des Bankausschusses vom 10. März d. Js. beschlossenen Antrag und nach Vernehmung des Bankdirectoriums allergnädigst zu genehmigen geruht, daß der §. 41 der Satzungen der bayerischen Hypotheken- und Wechselbank vom 17. Juni 1835 (Regierungsblatt v. J. 1835 S. 585 ff.) und der §. 31 der reglementären Grundbestimmungen für die Feuerversicherungsanstalt der

41

gedachten Bank vom 20. April 1836 (Regierungsblatt v. J. 1836 S. 668 ff.) für die Zukunft eine theilweise veränderte Fassung erhalten, welche nachstehend unter Bezugnahme auf die Bekanntmachungen vom 3. Februar 1839 (Regierungsblatt v. J. 1839 S. 148 ff.), 4. Februar 1841 (Regierungsblatt v. J. 1841 S. 129 f.), dann 6. Jänner und 10. September v. Js. (Regierungsblatt v. J. 1850 S. 33 und 721 u. f.) zur öffentlichen Kenntniß gebracht wird.

München, den 14. Mai 1851.

**Auf Seiner Königlichen Majestät allerhöchsten Befehl.**

Dr. v. Aschenbrenner. Dr. v. Ringelmann.

Durch den Minister
der General - Secretär,
Ministerialrath Wolfanger.

**Allerhöchst genehmigte veränderte Fassung**

1) des §. 41 der Bankstatuten:

„Durch den nach Vertheilung von „drei Viertheilen des Gewinnstes noch ver- „bleibenden vierten Viertheil wird ein Re- „servefond bis zu der Höhe von 7½ „Procent des Kapitalstockes der Bank „gebildet. Derselben muß stets u. s. w." (wie bisher);

2) des §. 31 der reglementären Grund- bestimmungen für die Feuerversicherungs- Anstalt der Bank:

„Von dem Gewinne dieses Geschäfts- „zweiges soll vorerst die Hälfte zu einem „Reservefond verwendet werden. Hat die- „ser Reservefond die Summe von einer „Million Gulden erreicht, so werden „fernere Zuschüsse zu demselben eingestellt. „Müßte der Reservefond u. s. w." (wie bisher).

---

**Bekanntmachung,**
eine Abänderung des §. 8 der unter dem 18. März 1850 erlassenen provisorischen Floß- Ordnung für die zu Bayern gehörende Strecke des Mains betreffend.

Seine Königliche Majestät haben in Ansehung des Vollzuges des §. 8 Absatz 1 der provisorischen Floßordnung für die bayeri- sche Mainstrecke vom 18. März 1850 (Regie- rungsblatt 1850 No. 18 Seite 273) eine Abänderung dahin allerhöchst zu genehmigen geruht, daß, unter Aufrechthaltung des Ver- botes des Fahrens für sogenannte Hollän- derflöße bei einem Wasserstande von weni- ger als 22 Zollen als Regel, die obrig- keitliche Bewilligung der Fahrt für solche Flöße dann ertheilt werde, wenn vor der Abfahrt der Nachweis geliefert wird, daß der Tiefgang des betreffenden Floßes ver- möge seiner Beschaffenheit (durch Mehr- verwendung von Tragholz oder wie immer) wenigstens um zwei Zolle geringer ist als der jeweilige Stand des Fahrwassers. Diese ausnahmsweise Bewilligung ist von der ein-

schlägigen Districtspolizeibehörde unter vorgängiger genauer Besichtigung des Tief-
ganges des fraglichen Flosses durch Sach-
verständige, insbesondere mit Zuziehung des
nächsten Flußwartes, schriftlich nach einem
bestimmten Formulare tax- und stempelfrei
zu ertheilen. Die betreffenden Floßführer
haben diese Bewilligung während der Fahrt
dem Aufsichtspersonale auf Anfordern jedesmal vorzuzeigen und als äußeres sichtbares
Zeichen der ausnahmsweise erlangten Fahrt-
bewilligung ein bestimmtes Signal aus einer
kleinen weißen Fahne bestehend zu führen.

Vorstehendes wird demnach zur allgemeinen Kenntniß und Darnachachtung hiemit veröffentlicht.

München, den 17. Mai 1851.

**Königlich bayerisches Staatsministerium
des Innern, dann Staatsministerium des
Handels und der öffentlichen Arbeiten.**

Dr. v. Ringelmann.　v. Zwehl.

Durch den Minister
der General-Secretär,
Ministerialrath Wolfanger.

─────────

### Bekanntmachung,

die Beigabe neuer Coupons zu den Stiftungs-
und Gemeinde-Obligationen à 4 pCt. betr.

Bis zum Ablauf des gegenwärtigen
Etatsjahrs 1850/51 wird die seit einigen
Jahren begonnene Emission der neuen Cou-
pons zu den Stiftungs- und Gemeinde-

Obligationen à 4 pCt. gänzlich vollzogen seyn.

Es werden demnach sowohl die kgl.
Staatsschuldentilgungscassen, wie die kgl.
Rent- und Oberaufschlagämter, welche die
fraglichen Coupons für sich und à Conto
einzulösen haben, in Kenntniß gesetzt; daß
alle Stiftungs-Coupons à 4 pCt., welche
vom 1. October 1851 an zur Zahlung verfallen, nur dann baar eingelöst und von
den schuldenden k. Specialcassen honoriret
werden dürfen, wenn diese Coupons von
der Gattung der neuemittirten sind, welche
schon an dem Ring unten in der linken
Ecke kenntlich sind, der den Ort des beizu-
drückenden Siegels anzeigt.

Diejenigen Stiftungen und Gemeinden, welche bis zum 30. September dieses
Jahres die noch in Händen habenden alten
Coupons gegen neue nicht umgetauscht haben, können demnach die vom 1. October
an verfallenden Zinsen so lange nicht bezahlt
erhalten, bis dieselben den fraglichen Aus-
tausch vollzogen haben werden, welchen die
k. Landgerichte als Curatelbehörden zu ver-
mitteln von den k. Regierungen, Kammern
des Innern, angewiesen sind.

München, den 18. Mai 1851.

**Königlich bayer. Staatsschuldentilgungs-
Commission.**

v. Sutner.

Brennemann, Secretär.

41*

## Sitzung
### des königlichen Staatsraths-Ausschusses.

In der Sitzung des k. Staatsraths-Ausschusses vom 8. Mai l. Js. wurden entschieden:

**die Recurse**

1) des Joseph Maurer und Genossen von Weibing und Edenstetten, Landgerichts Deggendorf in Niederbayern, in ihrer Streitsache gegen den Staats- und Reichsrath Grafen von Armansperg als Gutsbesitzer zu Egg, wegen Entschädigung für Weideentziehung im s. g. Pirket;

2) des Johann Wurm und Consorten zu Möttingen, in ihrer Streitsache mit der Gemeinde Fessenheim, Landgerichts Wallerstein im Regierungsbezirke von Schwaben und Neuburg, wegen Ablösung eines Ohmatrechtes;

3) der Schäfereibesitzer Conrad Fuchsbauer und Wittwe König gegen die übrigen Grundbesitzer Georg Müller und Consorten zu Diebach, Landgerichts Neustadt a. d./A. in Mittelfranken, wegen Schafweide auf Kleeäckern in der Brachflur;

4) des Magistrats der Haupt- und Residenzstadt München, wegen des Weiderechtes in den Isarauen;

5) der Gemeinde Diesenbach und Consorten, Landgerichts Regenstauf im Regierungsbezirke der Oberpfalz und von Regensburg, wegen Unterhaltung der Distriktsstraße von Steinweg durch den Schweighauserforst gegen Kallmünz;

6) der Gemeinde Oberahorn, Landgerichts Feuchtwangen in Mittelfranken, in ihrer Streitsache wider den Hofgutsbesitzer Christian Liebing daselbst, wegen Einzelnhütens und übermäßigen Schafhaltens.

An das k. Staatsministerium des Innern wurden abgegeben:

**die Recurse**

7) des Johann Rützel und Consorten zu Lahm, in der Streitsache zwischen den s. g. Berechtigten und den s. g. Hintersassen zu Lahm, Landgerichts Seßlach in Oberfranken, wegen Mitgenusses an den unvertheilten Gemeindegründen;

8) der Gemeinde Wötting, Landgerichts Freising in Oberbayern, wegen versagter Genehmigung eines Beschlusses zur Vertheilung oder Gemeindegründe-

---

### Dienstes-Nachrichten.

Seine Majestät der König haben Sich allergnädigst bewogen gefunden, unter'm 7. Mai l. Js. zu der erledigten

Stelle eines Directors des Kreisgestütes der Pfalz in Zweibrücken den Regiments-Veterinärarzt im 1. Chevaulegersregimente Prinz Eduard von Sachsen-Altenburg, Johann Nepomuk Gräff in Speyer, in provisorischer Eigenschaft zu ernennen, und

die am Kreis- und Stadtgerichte Amberg erledigte Schreiberstelle dem Diurnisten am genannten Gerichte Wilhelm Lohseyer, seiner allerunterthänigsten Bitte entsprechend, in provisorischer Eigenschaft zu verleihen;

unter'm 8. Mai l. Js. den Revierförster zu Rusel im Forstamte Deggendorf, Georg Schuhmann, auf Ansuchen nach §. 22. lit. D. der IX. Beilage zur Verfassungsurkunde auf die Dauer eines Jahres in den Ruhestand treten zu lassen, und den Forstamtsactuar zu Deggendorf, Franz Schuster, zum provisorischen Revierförster in Rusel zu ernennen;

unter'm 10. Mai l. Js. auf das erledigte Landgerichtsphysicat zu Neustadt an der Saale den bisherigen Gerichtsarzt zu Seßlach, Dr. Michael Alois Mayer, seiner Bitte entsprechend, zu versetzen, und

das Landgerichtsphysicat Seßlach dem dermaligen Physicatsverweser zu Thurnau, Dr. Georg Friedrich Christenn, provisorisch zu verleihen;

unter'm 12. Mai l. Js. den zum zweiten Staatsanwalte am Appellationsge-

richte von Schwaben und Neuburg ernannten Kreis- und Stadtgerichtsrath, August Friedrich Hederer zu Augsburg, auf sein allerunterthänigstes Ansuchen von dem Antritte dieser Stelle wieder zu entheben, und auf seiner bisherigen Stelle zu belassen, dagegen

den Appellationsgerichtsassessor Johann Nepomuk von Inama-Sternegg in Neuburg zum zweiten Staatsanwalt bei dem Appellationsgerichte von Schwaben und Neuburg,

zum Staatsanwalt am Kreis- und Stadtgerichte Memmingen den Kreis- und Stadtgerichtsrath August Nero in Augsburg, und

zum zweiten Staatsanwalt am Kreis- und Stadtgerichte Aichach den Landgerichts-Actuar Peter Aschenauer zu Kempten zu ernennen, dann

zum Rathe am Kreis- und Stadtgerichte Passau den Assessor dieses Gerichts, Friedrich Schlag, und

zum Assessor des Kreis- und Stadtgerichts Kempten den dortigen Protocollisten Gustav Hartmann zu befördern, ferner

den Finanzrechnungscommissär der Regierung von Unterfranken und Aschaffenburg, Hermann Wetter, zum Rentbeamten in Kitzingen zu befördern, dann

auf die hiedurch sich erledigende Finanzrechnungscommissärstelle in Würzburg

den temporär quiescirten Rechnungscommissär der Regierungs-Finanzkammer von
Mittelfranken, Jakob Beyler, zu berufen,
und

das Landgerichtsphysikat Alzenau dem
praktischen Arzte Dr. Friedrich Kollmann
zu Sulzberg, Landgerichts Kempten, in
provisorischer Eigenschaft zu übertragen;

unter'm 13. Mai l. Js. die Stelle
des Kanzleidieners und Boten bei dem
protestantischen Consistorium zu Ansbach dem
bisherigen Wachtmeister im 2. k. Chevaulegersregimente Thurn und Taris daselbst,
Leonhard Brechersbauer, zu verleihen,

unter'm 15. Mai l. Js. zum ersten
Staatsanwalte am Kreis- und Stadtgerichte Amberg den Kreis- und Stadtgerichtsrath Jacob Halenke zu Regensburg,
und zum zweiten Staatsanwalte an dem
genannten Gerichte den Kreis- und Stadtgerichts-Assessor Carl Philipp August
Eisenbeiß zu Bayreuth zu ernennen;

den Postverwalter Heinrich Prinzing
zu Neustadt a|A., seiner allerunterthänigsten
Bitte entsprechend, auf den Grund der
IX. Verfassungsbeilage §. 22 lit. D. wegen nachgewiesener physischer Funktions-
unfähigkeit vorläufig für den Zeitraum von
zwei Jahren in den temporären Ruhestand
treten zu lassen, ferner

den Regierungssecretär I. Classe, Dr.
Michael Geffert zu Würzburg, zur Re-

gierung der Oberpfalz und von Regensburg zu versetzen, und

den Regierungssecretär I. Classe zu
Regensburg, Rath Johann Peter Herrmann, zur Regierung von Unterfranken
und Aschaffenburg zu berufen, endlich

unter'm 16. Mai l. Js. die am Wechsel-
Appellationsgerichte zu Aschaffenburg erledigte Rathsstelle dem Appellationsgerichts-
Assessor Carl Freiherrn von Cunihert zu
übertragen.

## Pfarreien- und Beneficien-Verleihungen; Präsentations-Bestätigungen.

Seine Majestät der König ha-
ben unter'm 8. Mai l. Js. die katholische
Pfarrei Untermeitingen, Landgerichts Schwabmünchen, dem Priester Georg Endres,
Frühmeß-Caplaneibeneficiat zu Bobingen,
genannten Landgerichts, und

unter'm 9. Mai l. Js. das Burk-
maier'sche Beneficium in Heideck, Landgerichts Hilpoltstein, dem Priester Stephan
Wiedenhofer, Pfarrprovisor zu Griesbach, Landgerichts Weiden, zu übertragen
geruht.

Seine Majestät der König ha-
ben unter'm 9. Mai l. Js. allergnädigst zu
genehmigen geruht, daß die katholische

Pfarrcuratie Buttenwiesen, Landgerichts Wertingen, von dem hochwürdigen Herrn Bischofe von Augsburg dem Priester Conrad Hocheisen, Beneficiumsvicar zu Waldstetten, Landgerichts Günzburg,

unter'm 12. Mai l. Is., daß die katholische Pfarrei Oberbechingen, Landgerichts Lauingen, von demselben hochwürdigen Herrn Bischofe dem settherigen Verweser derselben, Priester Johann Nepomuk Schaller, und

unter'm 14. Mai l. Is., daß die katholische Pfarrei Steinweiler, Landcommissariats Germersheim, von dem hochwürdigen Herrn Bischofe von Speyer dem Priester Michael Keiler, Pfarrer zu Ranschbach, Landcommissariats Landau, verliehen werde.

Seine Majestät der König haben Sich vermöge allerhöchster Entschließung vom 9. Mai l. Is. allergnädigst bewogen gefunden, die erledigte protestantische I. Pfarrstelle zu Kasendorf, Dekanats Kulmbach, dem bisherigen IV. Pfarrer zu Kulmbach, Dekanats gleichen Namens, Achatius Christoph Hoffmann, zu verleihen.

## Landwehr des Königreichs.

Seine Majestät der König haben unter'm 9. Mai l. Is. den Landwehr-Major Peter Mayer von dem Commando

des Landwehr-Bataillons Kaufbeuern allergnädigst zu entheben geruht.

## Protestantische Kirchenverwaltung zu Erlangen.

Unter'm 15. Mai l. Is. ist der Bierbrauer Heinrich Christian Henninger von Erlangen als Ersatzmann für den verstorbenen Melbermeister Conrad Türk von da in die protestantische Kirchenverwaltung von Erlangen einberufen und als Mitglied dieser Verwaltung höchsten Ortes bestätiget worden.

## Königlich bayerisches Consulat zu Amsterdam.

Seine Majestät der König haben Sich allergnädigst bewogen gefunden, die in Erledigung gekommene Stelle eines königlich bayerischen Consuls in Amsterdam dem Kaufmann Carl Adolph Schätzler daselbst zu verleihen.

## Ordens-Verleihungen.

Seine Majestät der König haben dem Hauptmann der Landwehr-Artillerie zu Nördlingen, Johann Georg Burger, in allerhöchster Anerkennung seiner mit pecuniären

Opfern verbundenen ersprießlichen Dienste, welche er während einer Reihe von 54 Jahren in der Landwehr geleistet hat, gegen die ihm bereits ertheilte silberene die goldene Ehrenmünze des Verdienstordens der bayer. Krone allergnädigst zu verleihen geruht.

Seine Majestät der König haben Sich allergnädigst bewogen gefunden, unter'm 24. April l. Js. dem Corporal Vitus Steininger der Garnisonscompagnie Königshofen in Rücksicht auf seine unter Einrechnung von 6 Feldzugsjahren durch 50 Jahre ehrenvoll geleisteten Dienste, sowie

unter'm 29. April l. Js. dem Priester Joseph Oelbrunner, Beneficiaten in Lunzenberg, in Rücksicht auf seine während eines Zeitraumes von fünfzig Jahren geleisteten ersprießlichen Dienste in der Seelsorge die Ehrenmünze des königlich bayerischen Ludwigsordens zu verleihen.

### Großjährigkeits-Erklärung.

Seine Majestät der König haben allergnädigst geruht, unter'm 17. Mai l. Js. den Adolph Nabel zu München auf dessen allerunterthänigste Bitte für großjährig zu erklären.

### Königlich Allerhöchste Genehmigung zu Namensveränderungen.

Seine Majestät der König haben allergnädigst zu genehmigen geruht, daß der von dem Lohnbedienten Adam Ortner zu Aschaffenburg an Kindesstatt angenommene Carl Caspar Klauer den Geschlechtsnamen „Ortner", dann

der von Carl Friedrich Mutschler aus Holzschwang an Kindesstatt angenommene Johann Ströhle den Familiennamen „Mutschler" annehmen und führen dürfe.

### Gewerbsprivilegien-Verleihungen.

Seine Majestät der König haben den Nachgenannten Gewerbsprivilegien allergnädigst zu verleihen geruht, und zwar:

unter'm 6. März l. Js. dem Kaufmann J. H. Prillwitz in Berlin, auf Einführung einer in Frankreich erfundenen und daselbst vom 19. April 1850 an auf 15 Jahre patentirten Vorrichtung behufs des erleichterten Transportes von Reisenden, für den Zeitraum von fünf Jahren, und

unter'm 8. März l. Js. dem Thomas Sommer von München, auf Ausführung seiner Erfindung eines Bohrers zum Schneiden hölzerner Schrauben, für den Zeitraum von zwei Jahren.

# Regierungs-Blatt

## für das Königreich Bayern.

## № 27.

München, Freitag den 30. Mai 1851.

**Bekanntmachung,**
die theoretische Prüfung der zum Staatsdienste abspirirenden Rechtscandidaten betreffend.

**Staatsministerien der Justiz, des Innern, des Innern für Kirchen- und Schulangelegenheiten, dann der Finanzen.**

Seine Majestät der König ha- ben geruht, den Anfang der theoretischen Prüfung der zum Staatsdienste abspiriren- den Rechtscandidaten an den drei Landes- Universitäten fortan auf den 8. October, oder wenn ein Sonn- oder Feiertag einfällt, auf den 9. October jeden Jahres festzusetzen.

42.

Dieß wird hiemit zur Nachachtung bekannt gegeben.

München, den 23. Mai 1851.

Auf Seiner Königlichen Majestät
Allerhöchsten Befehl.

v. Kleinschrod. Dr. v. Aschenbrenner.
Dr. v. Ringelmann. v. Zwehl.

Durch den Minister
der General - Secretär,
Ministerialrath Epplen.

---

### Bekanntmachung,

die Verlegung der Herbstferien bei der k. Akademie der bildenden Künste betreffend.

Staatsministerium des Innern für Kirchen- und Schulangelegenheiten.

Seine Majestät der König haben unter Abänderung des §. 17 der allerhöchsten Verordnung vom 14. August 1846, „die k. Akademie der bildenden Künste betreffend", und des §. 3 der Satzungen für die Schüler der k. Akademie der bildenden Künste unter'm 15. Mai l. Js. allergnädigst zu beschließen geruht, daß das akademische Studienjahr künftighin mit dem Anfang des Monats October zu beginnen und mit dem Ende des Monats Juli des nächsten Jahres zu schließen habe.

Demgemäß haben die Herbstferien bei der gedachten Anstalt in Zukunft die Monate August und September zu umfassen.

Dieß wird hiemit zur Nachachtung bekannt gegeben.

München, den 21. Mai 1851.

Auf Seiner Königlichen Majestät
Allerhöchsten Befehl.

Dr. v. Ringelmann.

Durch den Minister
der Generalsecretär:
Ministerialrath Hänlein.

---

### Bekanntmachung,

den Zwischenausschlag von Brandversicherungs-Beiträgen für das Jahr 18$^{50}$/$_{51}$ betreffend.

Staatsministerium des Handels und der öffentlichen Arbeiten.

Die seit dem Beginne des laufenden Verwaltungsjahres zur Anmeldung gekommenen Entschädigungsforderungen steigern sich in Folge des verheerenden Brandes, wovon unlängst die Stadt Traunstein heimgesucht worden ist, in einem Maße, daß der durch die Brandassekuranz-Hauptrechnung pro 18$^{49}$/$_{50}$ ausgezeigte Activbestand von 960,653 fl. nicht mehr ausreicht, den Obliegenheiten der Immobiliar-Brandversicherungsanstalt zumal bis zu dem noch entfernten Zeitpuncte zu genügen, wo die Hauptrechnung pro 18⁵⁰/₅₁ hergestellt und damit der Gesammtausschlag für dieses Jahr veröffentlicht werden kann. Hiedurch sieht sich das unterfertigte k. Staatsministerium veranlaßt, behufs einer angemessenen Dotirung der Brandassekuranzcassen auf Grund des Art. 32 der revidirten Brandversicherungsordnung für das Jahr 18⁵⁰/₅₁ zu einem vorläufigen Zwischenausschlage zu schreiten, welcher hiemit zur Erleichterung der Detailberechnung, dann mit Rücksicht auf den wahrscheinlichen Bedarf, sowie auf die gesetzlich in 4 Classen abgestufte Beitragspflichtigkeit in der Art festgesetzt wird, daß von jedem Hundert des Versicherungscapitals

in der ersten Classe 9 kr.,

in der zweiten Classe 10 kr.,

in der dritten Classe 11 kr. und

in der vierten Classe 12 kr.

zur Erhebung gelangen.

Die k. Regierungen der 7 Kreise diesseits des Rheins und die untergeordneten mit Führung der Brandversicherungscassen betrauten Polizeibehörden erhalten sofort den Auftrag, die entsprechenden Einleitungen zur Erhebung der Beiträge ungesäumt zu treffen und die Perception in einer Weise zu betreiben, daß neben möglichster Schonung der Beitragspflichtigen die Brandassekuranz-Cassen auch ihre Verbindlichkeiten gegenüber den Entschädigungsberechtigten ohne

Verzögerung zu erfüllen in den Stand gesetzt werden.

München, den 24. Mai 1851.

**Auf Seiner Königlichen Majestät Allerhöchsten Befehl.**

v. d. Pfordten.

Durch den Minister
der Generalsecretär.

An dessen Statt:
Ministerialrath Pfeufer.

---

### Bekanntmachung,

die Abtretung des gräflich Giech'schen protestantischen Mediatconsistoriums in Thurnau und des fürstlich Löwenstein-Wertheim'schen protestantischen Mediatconsistoriums zu Kreuzwertheim an den Staat betreffend.

---

**Staatsministerium des Innern für Kirchen- und Schulangelegenheiten.**

Nachdem Seine Majestät der König den von dem erblichen Reichsrathe Carl Grafen v. Giech erklärten Verzicht auf die zu der Standesherrschaft Thurnau gehörenden Consistorialrechte, beziehungsweise die Auflösung des protestantischen Mediatconsistoriums in Thurnau bereits unter'm 14. Juli 1847, — dann den Verzicht der Standesherrn Fürsten v. Löwenstein-Wertheim der Freudenberg'schen und der Rosen-

42*

berg'schen Linie auf die von ihnen bisher verfassungsmäßig geübten Consistorialrechte, beziehungsweise die Auflösung des protestantischen Mediatconsistoriums zu Kreuzwertheim unter'm 20. Mai 1851 allergnädigst zu genehmigen und allerhöchst anzuordnen geruht haben, daß der gesammte Bezirk, sowohl des protestantischen Mediat-Consistoriums zu Thurnau, als jener des protestantischen Mediatconsistoriums zu Kreuzwertheim dem Bezirke des k. protestantischen Consistoriums zu Bayreuth einverleibt, und unter dessen unmittelbare Leitung gestellt werde, so wird dieß mit dem Bemerken zur öffentlichen Kenntniß gebracht, daß hiemit sämmtliche früher in Bayern bestandenen protestantischen Mediatconsistorien aufgehört haben.

München, den 24. Mai 1851.

**Auf Seiner Königlichen Majestät Allerhöchsten Befehl.**

Dr. v. Ringelmann.

Durch den Minister
der General-Secretär,
Ministerialrath Hänlein.

## Dienstes-Nachrichten.

Seine Majestät der König haben Sich allergnädigst bewogen gefunden,

unter'm 16. Mai l. Js. den Revierförster zu Burgebrach, im Forstamte Ebrach, Rudolph Brückner, auf Ansuchen auf den Grund der Bestimmungen im §. 22 lit. B. und C. der IX. Beilage zur Verfassungs-Urkunde unter Bezeigung der allerhöchsten Zufriedenheit mit seinen nahezu 30jährigen treuen und ersprießlichen Dienstesleistungen in den Ruhestand treten zu lassen;

an dessen Stelle auf das Revier Burgebrach den Revierförster Conrad Ludwig Forster zu Gerlas, im Forstamte Geroldsgrün, seiner Bitte gemäß, in gleicher Dienstes-Eigenschaft zu versetzen, und zum provisorischen Revierförster in Gerlas den Forstamts-Actuar zu Selb, Christian Häffner, zu ernennen, weiter

unter'm 19. Mai l. Js. den Rentbeamten Hipelius in Werneck, seiner Bitte gemäß, auf den Grund des §. 22 lit. D. der IX. Beilage zur Verfassungsurkunde unter Bezeigung der allerhöchsten Zufriedenheit mit seiner langjährigen, treuen und ausgezeichneten Dienstesleistung in den definitiven Ruhestand zu versetzen, ferner

den I. Assessor des Landgerichts Rosenheim, Franz Xaver Fischer, an das Landgericht Rain, dann den I. Assessor des Landgerichts Rain, Dr. August Leopold v. Rüdt, an das Landgericht Rosenheim zu versetzen, und

den Landgerichtsactuar Sebastian Sar-

torius zu Hof auf Grund des §. 19 der
IX. Verfassungsbeilage in den Ruhestand
treten zu lassen;

unter'm 20. Mai l. Js. zum Ober-
staatsanwalte am Appellationsgerichte von
Mittelfranken den II. Appellationsgerichts-
Director Dr. Joseph Barth zu Eichstädt,

zum II. Staatsanwalte am genannten
Gerichtshofe den Appellationsgerichtsassessor
Dr. Julius Knappe zu Eichstädt mit dem
Range eines Appellationsgerichtsrathes,

zum I. Staatsanwalte am Kreis- und
Stadtgerichte Nürnberg den Kreis- und
Stadtgerichtsrath Dr. Johann Georg Kalb
zu Nürnberg,

zum II. Staatsanwalte am genannten
Gerichte den Kreis- und Stadtgerichtsrath
Dr. Max Theodor Mayer zu Aichach mit
dem Range eines Kreis- und Stadtgerichts-
Rathes,

zum I. Staatsanwalte am Kreis- und
Stadtgerichte Ansbach den Kreis- und Stadtgerichtsrath Friedrich Ritter zu Bayreuth, und

zum II. Staatsanwalte am gedachten
Gerichte den Kreis- und Stadtgerichtsassessor
Otto v. Reichert zu Nürnberg mit dem
Range eines Kreis- und Stadtgerichtsrathes
zu ernennen, ferner

zu der bei dem Staatsministerium der
Justiz in Erledigung gekommenen Stelle
eines geheimen Secretärs den Kreis- und

Stadtgerichtsrath Wilhelm Gottlob Laub-
mann in Fürth, und

zu der in Kirchheimbolanden erledigten
Friedensrichterstelle den Bezirksgerichtsasses-
sor August Karsch in Kaiserslautern zu
befördern;

den Accessisten Carl v. Burchtorff,
dermalen zu München, zum Secretär I. Classe
der k. Regierung der Oberpfalz und von
Regensburg provisorisch zu ernennen,

das erledigte Forstrevier Burgwind-
heim, im Forstamte Ebrach, dem Actuar
des Forstamtes Vorchheim, Andreas Endres,
provisorisch zu übertragen,

dem Forstmeister Adolph Freiherrn von
Sternbach zu Ebersberg nach §. 22
lit. D. der IX. Beilage zur Verfassungs-
Urkunde die nachgesuchte Ruhestandsverse-
tzung, mit Anerkennung seiner vieljährigen
treuen Dienstleistung, zu gewähren, und

an dessen Stelle zum Forstmeister in
Ebersberg den Revierförster Max Heinrich
maier zu Burggriesbach, Forstamts Beilngries, zu befördern;

unter'm 21. Mai l. Js. zum Actuar
des Landcommissariats Pirmasenz den Accessisten der Regierung der Pfalz, Kammer
des Innern, Friedrich Carl Gustav Gummi
aus Culmbach, und

zum Actuar des Landcommissariats Speyer
den Accessisten der k. Regierung der Pfalz,
Kammer des Innern, Sigmund Pfeufer

aus Bamberg in provisorischer Eigenschaft zu ernennen;

unter'm 23. Mai l. Js. zu der bei dem Kreis- und Stadtgerichte Bayreuth erledigten Rathsstelle den Kreis- und Stadtgerichtsassessor August Fritscher in Würzburg zu befördern, und

zum Assessor am Kreis- und Stadtgerichte Würzburg den Appellationsgerichts-Accessisten Carl Hofmann in Aschaffenburg zu ernennen, dann

die am Kreis- und Stadtgerichte Kempten erledigte Protokollistenstelle dem Appellationsgerichtsaccessisten Julius Lotzbeck, zur Zeit in Nürnberg, in provisorischer Eigenschaft zu verleihen;

unter'm 24. Mai l. Js. zum zweiten Staatsanwalte am Appellationsgerichte von Oberfranken den Appellationsgerichtsassessor Johann Lamprecht zu Bamberg,

am Kreis- und Stadtgerichte Bamberg zum ersten Staatsanwalt den Kreis- und Stadtgerichtsrath Casimir Pfriem zu München, zum zweiten Staatsanwalt am genannten Gerichte den Kreis- und Stadtgerichtsassessor Friedrich Geißmann zu Nürnberg mit dem Range eines Kreis- und Stadtgerichtsrathes,

am Kreis- und Stadtgerichte Bayreuth zum ersten Staatsanwalt den Appellationsgerichtsassessor Heinrich Sigmund Christian Schumann zu Eichstädt, zum zweiten

Staatsanwalt an dem eben genannten Kreis- und Stadtgerichte den Kreis- und Stadtgerichtsassessor Johann Röckelein zu Bamberg zu ernennen, ferner

zum ersten Staatsanwalte am Kreis- und Stadtgerichte Regensburg den Kreis- und Stadtgerichtsrath Candidus Geiger zu Ansbach, zum zweiten Staatsanwalte am gedachten Gerichte den Kreis- und Stadtgerichtsassessor zu Regensburg Fedor Lutz zu berufen, und

den Appellationsgerichtsrath und bisherigen functionirenden ersten Staatsanwalt bei dem Appellationsgerichte von Niederbayern, Johann Nepomuk Leeb, zum zweiten Staatsanwalt am Oberappellationsgerichte zu befördern.

## Pfarreien- und Beneficien-Verleihungen; Präsentations-Bestätigungen.

Seine Majestät der König haben Sich allergnädigst bewogen gefunden, unter'm 16. Mai l. Js. das Beneficium zum heiligen Johann von Nepomuk in Ingolstadt, Landgerichts gleichen Namens, dem Priester Johann Baptist Mayer, Caplan an der Stadtpfarrkirche zum heiligen Geist in Neuburg a/D., dann

unter'm 21. Mai l. Js. die katholische Pfarrei Weiding, Landgerichts Oberviechtach, dem Priester Joseph Bierl, Cooperator zu Waldmünchen, Landgerichts gleichen Namens, und

die katholische Pfarrei Kirchberg, Landgerichts Regen, dem Priester Andreas Hahn, Pfarrer zu Aunkirchen, Landgerichts Vilshofen, zu übertragen.

Seine Majestät der König haben unter'm 20. Mai l. Js. allergnädigst zu genehmigen geruht, daß die katholische Pfarrei Oppau, Landcommissariats Frankenthal, von dem hochwürdigen Herrn Bischofe von Speyer dem Priester Jacob Köhler, Pfarrer zu Großfischlingen, Landcommissariats Landau, verliehen werde.

Seine Majestät der König haben Sich unter'm 20. Mai l. Js. allergnädigst bewogen gefunden, die erledigte protestantische II. Pfarrstelle zu Bergzabern, Dekanats Bergzabern, dem bisherigen Pfarrer zu Dörrenbach, Dekanats Bergzabern, Gottfried Rosenbauer, und

die erledigte protestantische Pfarrstelle zu St. Lambrecht, Dekanats Neustadt, dem Pfarramtscandidaten Emil Medicus von Landshut, dann

unter'm 22. Mai l. Js. die erledigte protestantische Pfarrstelle zu Hiltpolstein, Dekanats Gräfenberg, dem bisherigen Pfar-

rer zu Ermreuth, in demselben Dekanat, Christian Sebald Crammer, zu verleihen.

Seine Majestät der König haben Sich vermöge allerhöchster Entschließung vom 22. Mai l. Js. allergnädigst bewogen gefunden, aus den von dem Magistrate der Stadt Rothenburg an der Tauber unter Mitwirkung der Gemeindebevollmächtigten dieser Stadt für die erledigte protestantische Pfarrstelle an der Kirche zum heiligen Geist daselbst, Dekanats Rothenburg, in Vorschlag gebrachten drei Geistlichen, dem bisherigen II. Pfarrer und Subrector an der Lateinschule zu Marktbreit, Dekanats Kleinlangheim, Jacob Friedrich Bruglocher, die landesherrliche Bestätigung zu ertheilen.

### Ordens-Verleihungen.

Seine Majestät der König haben Sich vermöge allerhöchster Entschließung vom 22. Mai l. Js. allergnädigst bewogen gefunden, dem Reichsrathe Grafen von Castell den Hausorden vom heiligen Hubertus zu verleihen.

Seine Majestät der König haben unter'm 15. Mai l. Js. dem t. pensionirten charakterisirten Major Franz Xaver Grafen von Joner in Rücksicht auf seine unter Einrechnung von 6 Feldzugsjahren durch 50 Jahre theils im Militär-, theils im Hofdienste ehrenvoll geleisteten Dienste das Ehrenkreuz, und

unter'm 20. Mai l. Js. dem königl. Schulreitknecht Dominik Backe in Rücksicht auf seine mit Eifer und Treue durch fünfzig Jahre geleisteten Dienste die Ehrenmünze des königlichen Ludwigsordens zu verleihen geruht.

Seine Majestät der König haben unter'm 16. Mai l. Js. dem Quartiermeister des vormaligen Landwehrfreicorps zu München, Heinrich Wimmer, Inhaber der Hermann'schen Kunsthandlung, in allergnädigster Anerkennung der Verdienste, welche er sich um die Wiedereinbringung der im Jahre 1848 an das Freicorps abgegebenen ärarialischen Waffen erworben hat, die goldene Ehrenmünze des Verdienstordens der bayerischen Krone zu verleihen geruht.

### Königlich Allerhöchste Genehmigung zur Annahme einer fremden Decoration.

Seine Majestät der König haben vermöge allerhöchster Entschließung vom 23. Mai l. Js. allergnädigst zu genehmigen geruht, daß der Ministerialrath im Staatsministerium des k. Hauses und des Aeußern, von Bezold, das ihm von Seiner Majestät dem Kaiser von Oesterreich verliehene Ritterkreuz des k. k. österreichischen Leopolds-Ordens annehmen und tragen dürfe.

### Titel = Verleihung.

Seine Majestät der König haben durch allerhöchste Entschließung vom 20. Mai l. Js. dem bürgerlichen Vergolder Friedrich Lorenz junior dahier den Titel als Hofvergolder allergnädigst zu verleihen geruht.

### Indigenats-Ertheilung.

Seine Majestät der König haben Sich unter'm 12. Mai l. Js. allergnädigst bewogen gefunden, dem Isaak Löwenberg aus Michelbach an der Lücke, Oberamts Gerabronn im Königreiche Würtemberg, das Indigenat des Königreiches zu ertheilen.

### Großjährigkeits-Erklärung.

Seine Majestät der König haben Sich unter'm 21. Mai l. Js. allergnädigst bewogen gefunden, die Maria Margaretha Spiegel, verehelichte Mayer zu Schweinfurt, auf deren allerunterthänigste Bitte für großjährig zu erklären.

# Regierungs-Blatt

## für das

## Königreich Bayern.

## № 28.

München, Samstag den 7. Juni 1851.

**Inhalt:**

### Armee-Befehl.

München den 4. Juni 1851.

Das 13. Infanterieregiment vacant Hertling führt von nun an den Namen seines derm:aligen Inhabers, Seiner Majestät des Kaisers Franz Joseph von Oesterreich.

**Maximilian.**

Lüder.

43

**Königlich Allerhöchste Verordnung,**

die Bildung eines Fiscalats bei der General-Direction der k. Verkehrsanstalten betr.

## Maximilian II.

### von Gottes Gnaden König von Bayern, Pfalzgraf bei Rhein, Herzog von Bayern, Franken und in Schwaben ꝛc. ꝛc.

Wir finden Uns bewogen, wegen der Führung der Rechtsgeschäfte Unserer Generaldirection der Verkehrsanstalten zu verordnen, was folgt:

§. 1.

Für die Generaldirection der Verkehrs-anstalten wird ein besonderes Fiscalat unter der Benennung:

„Fiscalat der Generaldirection der k. Ver-kehrsanstalten"

gebildet.

München, am 2. Juni 1851.

§. 2.

Von diesem sind sämmtliche Rechts-angelegenheiten zu besorgen und Prozesse zu führen, welche auf die der genannten Generaldirection zugewiesenen Geschäfte und auf die Verwaltung der bezfallsigen Fonds Bezug haben.

Dem Fiscale wird auch die Bearbei-tung der Postreclamationssachen übertragen.

§. 3.

Bezüglich der Führung der Prozesse findet Unsere Verordnung vom 27. No-vember 1825, „die Auflösung des General-fiscalats betreffend", analoge Anwendung.

§. 4.

Gegenwärtige Verordnung tritt mit dem 1. künftigen Monats in Wirksamkeit.

Unser Staatsministerium des Handels und der öffentlichen Arbeiten, beziehungs-weise mit dem der Finanzen, ist mit dem Vollzuge beauftragt.

**Max.**

Dr. v. Aschenbrenner.    v. d. Pfordten.

Auf Königlich Allerhöchsten Befehl der General-Secretär,

Ministerialrath Wolfanger.

## Erkenntniß

des obersten Gerichtshofes des Königreichs vom 22. März 1851, betreffend den Competenzconflict zwischen der k. Regierung und dem k. Appellationsgericht von Oberfranken, in Sachen der Bürger Ernst Müller und Consorten zu Culmbach gegen die Gebrüder Christenn wegen Zehentfixation.

### Im Namen Seiner Majestät des Königs von Bayern

erkennt der oberste Gerichtshof des Königreichs, betreffend den Competenzconflict zwischen der k. Regierung und dem k. Appellationsgerichte von Oberfranken, in Sachen der Bürger Ernst Müller und Consorten zu Culmbach gegen die Gebrüder Christenn wegen Zehentfixation:

„daß die k. Regierung von Oberfranken competent sei, die Beschwerde der Zehentpflichtigen gegen die Entschließung des k. Landgerichts Culmbach vom 1. September 1849 zu entscheiden."

### Gründe.

Zum Behufe der Fixation eines den Christenn'schen Rellicten zu Culmbach auf der Markung daselbst zustehenden Zehents waren die Interessenten im Laufe des bei dem Landgerichte Culmbach eingeleiteten Verfahrens am 27. Juli 1849 übereingekommen, den Zehentbetrag vorschriftmäßig durch Schätzung erheben zu lassen.

Die Ernennung der Sachverständigen war bereits erfolgt, als die Zehentberechtigten am 6. August anzeigten, daß sie vorerst das Flächenmaß der zehentbaren Grundstücke durch eine geometrische Vermessung auf ihre Kosten feststellen wollten. Die Zehentholden protestirten hiegegen und wollen ihre Lehensbriefe und Behenbeschreibungen zum Grund gelegt wissen.

Durch Beschluß vom 1. September 1849 gab jedoch das k. Landgericht der Vermessung statt, und auf die gegen denselben von den Zehentholden ergriffene Berufung an die k. Regierung von Oberfranken übergab diese dem eventuellen Antrage der Recurrenten gemäß die Acten mit Communikat vom 16. Jänner 1850 an das k. Appellationsgericht von Oberfranken mit dem Bemerken, daß mit Hinsicht auf Art. 11 des Gesetzes vom 4. Juni 1848, und weil das k. Landgericht zufolge Berichts vom 4. Jänner den Beschluß vom 1. September als Justizbehörde erlassen habe, ihre Competenz nicht begründet erscheine.

Aber auch vom k. Appellationsgerichte von Oberfranken wurde durch Erkenntniß vom 12. Juni 1850 die Berufung wegen mangelnder Competenz abgewiesen.

Der Entscheidungsgrund besteht darin, daß, wie auch in einem Ministerialrescripte vom 5. Mai 1850 erläutert werde, die

43*

Zuständigkeit der Gerichte in Fixations-sachen nur exceptionell und auf die Fälle in Art. 11. Nro. 3, 4, 5, dann Art. 20 des Ablösungsgesetzes vom 4. Juni 1848 beschränkt, die vorliegende Frage aber darunter nicht begriffen sei.

Mit Eingabe vom 26. Juni / 2. Juli 1850 wurde hierauf von den Zehentholden der Compe-tenzconflict angeregt.

Sie halten gemäß Art. 19 des Ab-lösungsgesetzes von 1848 die Competenz der k. Regierung für begründet.

Die k. Regierung von Oberfranken hat laut Erklärung vom 15. Dezember 1850 auf die Uebergabe einer Denkschrift verzichtet, mit dem Bemerken, daß das Mi-nisterialrescript vom 5. Mai 1850 bei ihrer Beschlußfassung am 16. Jänner 1850 noch nicht vorgelegen sei, und sie sich auch nicht befugt erachtet habe, die vom Landgerichte als Justizbehörde ausgegangene Entschließung abzuändern oder aufzuheben.

Die Zehentberechtigten dagegen reichten inner der 30tägigen Frist am 20. De-cember 1850 eine Denkschrift ein.

Sie führen für die Competenz des k. Appellationsgerichts im Wesentlichen an:
a) Gemäß Nro. 3 Art. 11 des Ablö-sungsgesetzes seien Einwendungen gegen die Richtigkeit der Rechnungen der richterlichen Beurtheilung überwiesen,

und gemäß Nro. 4 Absatz 3 gehe die Berufung gegen die Entscheidung der Schätzer an das Appellationsgericht.

Daraus aber folge, daß den Ge-richten auch zustehen müsse, die Vor-frage zu entscheiden, ob Vermessung der Grundstücke einzutreten habe, oder ob auch ohne solche der Flächeninhalt, dessen Kenntniß zur Beurtheilung der Richtigkeit entweder der Rechnungen oder der Schätzung doch immer er-fordert wird, außer Zweifel gesetzt werden könne;
b) der Art. 20 des Ablösungsgesetzes ver-weise den Streit über den Umfang der zu fixirenden Reichnisse sogar aus-drücklich auf den Rechtsweg;
c) durch das angebliche Ministerialrescript vom 5. Mai 1850 habe eine authen-tische Interpretation der fraglichen Be-stimmungen des Ablösungsgesetzes nicht aufgestellt werden können.

Nachdem die Sache, für welche die Verhandlung auf den 18. dieß angesetzt war, an diesem Tage aber nicht mehr statt-haben konnte, in heutiger Sitzung aufge-rufen war, erstattete der zum Referenten ernannte Oberappellationsgerichtsrath, Dr. Cucumus, Vortrag, worauf, da von den geladenen Parteien keine erschienen war, der functionirende Staatsanwalt das Wort nahm und nach näherer Beleuchtung

der Sache den Antrag stellte, auszusprechen:

„daß die k. Regierung von Oberfranken, Kammer des Innern, zuständig sei, über die Berufung resp.
Richtigkeitsbeschwerde des Müller,
Summi, Pertsch und Consorten
vom 20. September 1849 zu erkennen.“

Bei der Prüfung der vorgebrachten
Gründe ergab sich Folgendes:

1) Der Art. 19 des Ablösungsgesetzes
bestimmt, daß die Fixirung der Grundlasten von den Distriktspolizeibehörden
in Gemeinschaft mit den k. Rentämtern in summarischem Verfahren
vollzogen wird, und daß die Berufung
gegen deren Beschlüsse an die k. Regierungen, Kammern des Innern, stattfindet.

Diesem gemäß bildet die Zuständigkeit der Verwaltungsbehörden die Regel, wenn bei der Instruction in Sachen der Fixirung Anordnungen zur
Beseitigung von Differenzpunkten nöthig
werden.

2) Die richterliche Thätigkeit hat sohin
nur in den Fällen einzutreten, für
welche sie ausdrücklich vorbehalten
werden, sol dies ist im Art. 11 Nro. 3.
Diese Ausnahme tritt ein in Betreff
der Apekulation gegen .................
und auf Entscheidung der von den D-...

gen gegen die Richtigkeit der Rechnungen erhobenen Einwendungen;

b). auf die Ernennung der fünften Sachverständigen bei der Bestellung der
Sachverständigen wenn zur Schätzung
geschritten werden muß;

c). auf die Entscheidung der gegen den Ausspruch der Schätzer gestatteten Berufung.

3) Dieses zwischen dem Art. 19 und 11
Nro. 3 und 4 bestehende Verhältniß
von Regel und Ausnahme würde ge-
radezu umgekehrt, wenn den Schluß-
folgerungen stattgegeben würde, mittelst
welcher in der Denkschrift der Zehentberechtigten vorliegend die Competenz
des Gerichtes begründet werden soll.

Allerdings kann in Folge der Berufung gegen den Ausspruch der
Schätzer richterlich unter anderm
auch zu würdigen seyn, ob dieselben
den Umfang der zehentbaren Grundstücke gekannt haben.

Allein die Herstellung der Prä-
missen, auf welchen die Schätzung zu
beruhen hat, ist den Gerichten nicht
übertragen; sie haben daher auch nicht
festzustellen, auf welchem Wege den
Schätzern die Kenntniß der Thatum-
stände verschafft werden soll, durch
welche der richtige innere Zusammen-
hang ihrer Entscheidung bedingt wird.
Anordnungen in dieser Beziehung fallen

lich lediglich unter den Art. 19
des Ablösungsgesetzes.

4) Der Art. 20 endlich spricht bloß von krei-
und zeitigen Rechtsverhältnissen, und in dieser Beziehung vom Umfange der zu
fixirenden Reichnisse.

Die Frage, ob eine Grundlast, und
in welchem rechtlichen Umfange besteht,
kann im Falle des Widerspruchs nur (auf
dem Rechtsweg) ihre Erledigung finden.
Sie ist präjudiziell für das Fixationsver-
fahren, indem dieses nicht eintreten kann,
wenn das Bestehen des Rechts nicht zugestanden, oder nicht durch richterliches Urtheil begründet ist. Die Folgerungen sind
daher ganz unstatthaft, welche die Zehentberechtigten in ihrer Denkschrift aus dem
Art. 20 für das Fixirungsverfahren selbst
ableiten wollen.

Wenn übrigens auch das k. Landgericht Culmbach zufolge seines Berichts an
die k. Regierung von Oberfranken dd. 4.
Jänner 1850 die Entschließung vom 1. September 1849 in seiner Eigenschaft als Justizbehörde erlassen hat, so ist dieß irrelevant,
weil von Rechtskraft hier nicht die Rede
seyn kann.

Es war daher nach dem Antrage der
Zehenthalden und der Staatsbehörde zu erkennen.

Also geurtheilt und verkündet in der
öffentlichen Sitzung des obersten Gerichtes-

hofes am 22. März 1851, wobei zugegen
waren: der I. Präsident, Freiherr von
Gumppenberg, Ministerialrath von Be-
feld; Oberappellationsgerichtsrath Eisenhart; Ministerialrath von Schubert,
Oberappellationsgerichtsrath Schwertfelner, Ministerialrath Burkart, Oberappellationsgerichtsrath Cucumus, der funk-
tionirende Staatsanwalt, Oberappellationsgerichtsrath Doll Arm, und Oberappellationsgerichtssecretär Paulus.

Unterzeichnet sind:

Freiherr von Gumppenberg, I. Präsident.

Paulus, Secretär.

## Erkenntniß

des obersten Gerichtshofes des Königreichs, vom
22. März 1851, in Sachen des Magistrates
der Stadt Dinkelsbühl gegen den vormaligen
Bürgermeister der Stadt Dinkelsbühl, August
Raab in München, wegen Pensionsansprüchen,
hier den Competenzconflict zwischen der königl.
Regierung von Mittelfranken und den königl.
Kreis- und Stadtgerichte München betreffend.

Im Namen Seiner Majestät des
Königs von Bayern

erkennt der oberste Gerichtshof des Königs-
reichs in Sachen des Magistrates der Stadt
Dinkelsbühl gegen den vormaligen Bürgermeister der Stadt Dinkelsbühl, August

Raab in München, wegen Pensionsansprüchen, hier den Competenzconflict zwischen der königl. Regierung von Mittelfranken und dem königl. Kreis- und Stadtgerichte München betreffend, zu Recht:

„daß die königl. Regierung von Mittelfranken zuständig sei, den vom königl. Staatsministerium des Innern unter m 10. December 1844 und 22. Juli 1845 ergangenen Entschließungen, wodurch dem vormaligen Bürgermeister der Stadt Dinkelsbühl, August Raab, eine Pension zu jährlichen achthundert Gulden auf die Kämmereicasse der Stadt Dinkelsbühl ausgesetzt und angewiesen worden ist, insolange den Vollzug zu sichern, als nicht in der vom Stadtmagistrate Dinkelsbühl gegen genannten Raab wegen der Pensionsansprüche des letzteren, unterm 7. März 1846 beim k. Kreis- und Stadtgerichte München anhängig gemachten Klagsache ersterer von der Verbindlichkeit fraglicher Pensionszeichniß rechtskräftig freigesprochen ist."

**Gründe.**

Das k. Staatsministerium des Innern hat durch Entschließungen vom 10. December 1844 und 22. Juli 1845 zufolge der von dem damaligen Bürgermeister der Stadt Dinkelsbühl, August Raab, gestellten Gesuche um Pensionsanweisung, ausgesprochen, daß dem genannten Raab, welcher die Bürgermeisterstelle der Stadt Dinkelsbühl, mit der ein jährlicher Geldgehalt von 1000 fl. verbunden war, seit dem Jahre 1828 bekleidet hatte, eine lebenslängliche Pension mit jährlichen 800 fl. von der Stadtgemeinde Dinkelsbühl vom Tage seines Dienstaustrittes an zu verreichen sei, und in letzterwähnter Entschließung unter Anführung der diesem Ausspruche zu Grunde liegenden Motive zugleich der k. Regierung von Mittelfranken den Auftrag ertheilt, dafür Sorge zu tragen, daß dem Raab, vom Augenblicke des Dienstaustrittes an, die ihm gebührende Pension von 800 fl. des Jahres unverkürzt verabfolgt werde, was genannte Regierung dem Magistrate der Stadt Dinkelsbühl laut Entschließung vom 31. Juli 1845 mit dem Beisatze eröffnete, daß besagte Pension in der Kämmereicasserechnung geeignet in Ausgabe zu stellen sei.

Die Stadtgemeinde Dinkelsbühl ist jedoch der Ansicht, daß ihr keine rechtliche Verbindlichkeit zur Pensionszahlung an Raab obliege, und da ihre Gesuche um Zurücknahme der oben erwähnten Verfügungen fruchtlos waren, so hat sie zwar vom 1. October 1845 an, wo Bürgermeister Raab außer Activität trat, die Pensionszahlungen an Raab unter Protesta-

... hen gegen die Rechtmäßigkeit seiner Ansprüche bis 10. April 1848 geleistet, jedoch späterhin die Zahlung sistirt.

Die Stadtgemeinde Dinkelsbühl hatte nämlich beschlossen, den Rechtsweg gegen Raab zu betreten, und stellte durch ihren Magistrat, nachdem sie hiezu von der k. Regierung von Mittelfranken unterm 8. Februar 1846 den Streitsconsens erhalten hatte, gegen August Raab, welcher inzwischen seinen Aufenthalt in München genommen hatte, unterm 7. März 1846 beim k. Kreis- und Stadtgerichte München Klage, worin sie auszuführen suchte, daß Raab, da ihm die Eigenschaft eines rechtskundigen Bürgermeisters gemangelt habe, nach beendigter Funktion eine Besoldung und resp. Pension zu fordern, nicht berechtiget sei und den Antrag stellte, richterlich auszusprechen, daß August Raab ein Recht, Pensionsansprüche an die Kämmereicasse der Stadt Dinkelsbühl zu erheben, nicht habe.

Ueber diese Klage wurde verhandelt, und ist in diesem Rechtsstreite auch bereits die Zuständigkeit der Civilgerichte rechtskräftig ausgesprochen; ein rechtskräftiges Enderkenntniß aber noch nicht erlassen.

Mit Bezugnahme auf vorerwähnte Klagsache hat inzwischen die Stadtgemeinde Dinkelsbühl bei den vorgesetzten Administrativstellen wiederholte Gesuche dahin ge-

stellt, die Sistirung der Pensionszahlungen an Raab insolange gestatten zu wollen, bis nicht ein gegen sie sprechendes Erkenntniß erfolgt sei, und da diese Gesuche abschlägig verbeschieden worden sind, beschlossen der Magistrat und die Gemeindebevollmächtigten unterm 10. April 1848, sich mit neuerlichen Gesuchen an die allerhöchste Stelle zu wenden, insolange aber, bis hierauf Entschließung erfolgt sei, die Auszahlung der Pension an Raab zu sistiren, und es ist auch von diesem Zeitpunkte an dem Raab die Auszahlung der treffenden Pensionsraten verweigert worden. Das k. Staatsministerium hat zwar auch dieses erneuerte Gesuch laut Restript vom 12. Juli 1848 abschlägig verbeschieden, und durch Entschließung der k. Regierung von Mittelfranken vom 7. August 1848 ist sonach der Magistrat der Stadt Dinkelsbühl unter Mittheilung einer Abschrift des vorerwähnten Ministerialrescriptes beauftragt worden, die seit April 1848 verfallenen Pensionsraten ohne Verzug an Raab zu bezahlen, außerdessen mit Zwangsmaßregeln eingeschritten werden müßte. Die Vertreter der Stadtgemeinde Dinkelsbühl verharrten aber darauf, daß keine Auszahlung vor sich gehen soll, bis auf jene Vorstellung, welche sie neuerdings bei der allerhöchsten Stelle einzureichen beschlossen haben, weitere Entschließung erfolgt sei. Auf ihre dießfalls an die k. Regierung von Mittelfranken erstattete Anzeige erwiederte diese dem Magistrate der Stadt Dinkelsbühl mittelst Entschließung vom 24. August 1848, daß es bei der früheren Verfügung sein Bewenden habe, und Raab nunmehr innerhalb 8 Tagen bei Vermeidung einer Ordnungsstrafe von 5 Thalern befriedigt werden müsse, und sie erklärte sofort, da keine Folge geleistet wurde, durch weitere Entschließung vom 4. November 1848 die Strafe von 5 Thalern für verfallen, mit dem Beifügen, daß, wenn binnen 8 Tagen dem Auftrage vom 5. October keine Folge geleistet, und der Nachweis der geleisteten Zahlung nicht zur Vorlage gebracht werden sollte, eine Ordnungsstrafe von 10 Thalern eintrete, welche dem Magistrate der Stadt Dinkelsbühl mit dem Bemerken angedroht werde, daß die Bestreitung dieser Ordnungsstrafen aus Gemeindemitteln nicht zulässig sei, dieselben vielmehr von den Magistratsmitgliedern zu bezahlen seien. Es verblieb aber auch hierauf noch bei der Zahlungsweigerung, und die k. Regierung erließ sonach unterm 16. December 1848 an den Magistrat der Stadt Dinkelsbühl eine weitere Entschließung, worin sie nun auch die angedrohte Strafe von 10 Thalern für verfallen erklärte, und eine weitere Strafe von 15 Thalern androhte.

Hierauf stellte der Magistrat der Stadt Dinkelsbühl an das k. Staatsministerium des Innern das Gesuch, an die k. Regierung von Mittelfranken den Auftrag zu erlassen, dem Vollzuge der Zwangsmaßregeln bis auf Weiteres Instand zu geben; es wurde aber demselben durch Entschließung der k. Regierung von Mittelfranken vom 21. März 1849 eröffnet, daß unterm 14. März höchste Entschließung des Staatsministeriums des Innern dahin erfolgt sei, daß dieses Ministerium keine ausreichenden Gründe gefunden habe, um die früher erlassenen Ministerial-Entschließungen abzuändern, und daß, da die Regierung vom k. Staatsministerium zugleich beauftragt worden sei, den Vollzug der ergangenen Ministerialentschließungen mit allem Nachdrucke zu bewirken, und hiedurch den quiescirten Bürgermeister Raab klaglos zu stellen, es bei der Regierungsentschließung vom 16. December 1848 ihrem ganzen Inhalte nach sein Verbleiben habe.

Nunmehr brachte der Magistrat der Stadt Dinkelsbühl die erwähnten Zahlungsbefehle und Strafverfügungen der k. Regierung von Mittelfranken mittelst Eingabe vom 21. April 1849 zur Kenntniß des k. Kreis- und Stadtgerichtes München, und stellte an dieses Gericht den Antrag, den Magistrat gegen die in den erwähnten Thatsachen enthaltenen offenbaren Eingriffe der

Administrativstellen in die anhängige Rechtssache, in Schutz zu nehmen, und die Beseitigung dieser und fernerer Eingriffe zur
Wahrung der Unabhängigkeit der Rechts-
pflege, sowie auch der klägerischen Rechte
zu erwirken.

Dieser Imploration zufolge faßte das
k. Kreis- und Stadtgericht München am
1. Juni 1849 einen Beschluß, in welchem
dasselbe jedes weitere Einschreiten und Einmischung der Administrativstellen in die
gegenwärtig daselbst anhängige Civilrechts-
sache als unzulässig erklärte, und diesen
Beschluß durch das k. Appellationsgericht
von Oberbayern der k. Regierung von Mittelfranken wegen Hebung des Competenzconflictes mittheilen ließ, auch den Magistrat der Stadt Dinkelsbühl und den vormaligen Bürgermeister Raab von dessen
Inhalte in Kenntniß setzte.

Die k. Regierung von Mittelfranken
erklärte hierauf mittelst Schreibens vom
26. September 1849, daß sie zum Vollzuge der wegen Pensionszahlung ergangenen
Ministerialentschließungen nicht bloß befugt,
sondern auch verpflichtet sei, und darauf
verharre, und hierauf wurden dann die
Acten wegen des vorwaltenden Competenzconflictes an die betreffenden Ministerien
eingesendet, von wo sie aber, da inzwischen
das Gesetz über Competenzconflikte vom 28.
Mai 1850 in Wirksamkeit trat, an den k.

Staatsanwalt am obersten Gerichtshofe gelangten, der sonach noch die nach Art. 7
des vorerwähnten Gesetzes erforderliche weitere Instruktion anordnete, und worauf
dann, nachdem die Acten sammt den von
den Betheiligten eingekommenen Denkschriften an den obersten Gerichtshof gelangt
waren, zur öffentlichen Verhandlung auf
den 18. d. M. Sitzung anberaumt, und
den Betheiligten hievon Nachricht ertheilt
wurde.

Nachdem diese Sache in der am 18.
d. M. stattgehabten öffentlichen Sitzung
aufgerufen worden war, erstattete der zum
Berichterstatter ernannte Oberappellationsgerichtsrath Schwertfelner Vor-
trag, wobei die erheblichen Actenstücke verlesen wurden. Hierauf erhielt der derzei-
tige rechtskundige Bürgermeister Oskar
Raab von Dinkelsbühl, welcher für den
dortigen Magistrat erschienen war, das
Wort, der, nachdem die vom Magistrate
eingereichte Denkschrift vom 20. August
1850 verlesen worden war, den dort gestellten Antrag, die betreffenden Erlasse und
Strafcommunicationen der k. Regierung
von Mittelfranken außer Kraft zu setzen,
weiter erörterte und zu begründen suchte.
Ihm entgegnete der Anwalt des vormaligen Bürgermeisters August Raab, der k.
Advocat Märklstetter, und stellte den
Antrag, die betreffenden Verfügungen, als

von der k. Regierung von Mittelfranken competenzmäßig erlassen zu erklären und aufrecht zu erhalten.

Darauf nahm dann der Staatsanwalt am obersten Gerichtshofe das Wort, und stellte nach näherer Beleuchtung der Sache den Antrag, auszusprechen, die k. Regierung von Mittelfranken, Kammer des Innern, sei zuständig, der höchsten Entschließung vom 10. Dezember 1844 und 22. Juli 1845, wodurch von der k. Staatsregierung dem vormaligen Bürgermeister August Raab von Dinkelsbühl eine lebenslängliche Pension von 800 fl. festgesetzt, und bei der Gemeindecasse von Dinkelsbühl angewiesen wurde, insolange den Vollzug zu sichern, als diese höchste Entschließung nicht zurückgenommen wird, oder in dem zwischen dem Magistrate von Dinkelsbühl und August Raab bestehenden Civilrechtsstreite ein rechtskräftiges richterliches Erkenntniß ergeht, durch welches dem Raab gegenüber der Bezug dieser Pension für unberechtigt erklärt wird.

Bei sofort erfolgter Prüfung des hier vorwaltenden Competenzconflikts hat sich dann auch ergeben, daß derselbe dem vom Staatsanwalte gestellten Antrage gemäß entschieden werden müsse; denn

1) daß die Gemeindewahlen, deren Prüfung und deren Genehmigung zu Competenz der k. Kreisregierungen und des

Staatsministeriums des Innern gehören, ist nicht in Abrede gestellt, und kann im Hinblick auf die dießfalls bestehenden Gesetze und Verordnungen einem Anstande nicht unterliegen.

Confr. Gemeinde-Edict und Gemeinde-Wahlordnung vom Jahre 1818;

dann revid. Gemeinde-Edict vom Jahre 1834 und Verordnung vom 17. December 1825, §. 69 et seq, die Formation und den Wirkungskreis der obersten Verwaltungsstellen betreffend.

2) Ebenso gehört aber auch die Regulirung und Genehmigung der Gehalte und beziehungsweise der Pensionen der Gemeindebeamten zur Competenz der vorgenannten Administrativstellen, und dieß in doppelter Rücksicht, indem gedachte Stellen bezüglich solcher Beamten, insoweit sie auch als öffentliche Beamte erscheinen, und gleich den unmittelbaren Staatsdienern zur Erreichung der Staatszwecke verwendet werden, zu überwachen haben, daß ihnen ihr Nahrungsstand in der erforderlichen Weise gesichert werde und gesichert bleibe, und indem ferner genannten Stellen in ihrer Eigenschaft als Curatel- und Obercuratel-Behörden auch das Recht der Cognition und Ueberwachung alles

44 *

deffen, was bei den Gemeinden vor-
kömmt, zusteht und obliegt.

3) Daß sonach genannte Stellen darin,
daß sie den dem Bürgermeister August
Raab gebührenden Standes- und
resp. Quiescenzgehalt feststellten, solchen
auf die Kämmereicasse der Stadt
Dinkelsbühl anwiesen, und den Magistrat der Stadt Dinkelsbühl beauftragten, diesen Gehalt an Raab un-
verkümmert verabfolgen zu lassen, im
Bereiche ihrer Competenz handelten,
ist zweifellos.

4) Es ist aber auch eben so zweifellos,
daß, wenn ihre Aussprüche und Anordnungen nicht Gefahr laufen sollen,
wirkungslos zu werden, ihnen die Befugniß nicht entzogen seyn und entzogen werden kann, den Vollzug derselben zu überwachen, und erforderlichen Falles diesen Vollzug sogar
mittelst Zwangsmaßregeln zu erwirken, und kann also auch in der Anordnung solcher Zwangsmaßregeln
eine Ueberschreitung ihrer Competenz
nicht gefunden werden.

5) Im vorliegenden Falle will die Competenz der k. Regierung von Mittelfranken zum Erlasse von Zwangsmaßregeln gegen den Magistrat der
Stadt Dinkelsbühl aus dem Grunde
beanstandet werden, weil dieser mit

Consens derselben den Rechtsweg gegen Raab wegen fraglicher Pensions-
verabreichung betreten hat, und über
die von ihm eingereichte und verhandelte Klage ein rechtskräftiges End-
urtheil noch nicht vorhanden ist.

Allein aus diesem Umstande läßt
sich eine derlei Folgerung nicht ableiten. Der Streitconsens ist von der
k. Regierung dem Magistrate der
Stadt Dinkelsbühl ertheilt worden,
weil dieser ein richterliches Erkenntniß,
welches ihn von der Verbindlichkeit,
an Raab einen Standes- und resp.
Quiescenzgehalt zu entrichten, befreien
sollte, erwirken zu können glaubt.
Daß dem Raab, ehe noch ein solches Erkenntniß erfolgt ist, dessen
Standesgehalt, welcher bekanntlich
ohne legitimen Aufhörungsgrund niemals entzogen werden darf, verweigert,
und dessen Auszahlung vom Magistrate ohne Zustimmung der vorgesetzten Curatelbehörde sistirt werden
dürfe, wurde damit nirgends ange-
deutet, vielmehr dem Magistrate wiederholt, und insbesondere auch durch
das Ministerialrescript vom 12. Juli
1848 eröffnet, daß es bei den ergangenen Zahlungsbefehlen insolange sein
Verbleiben habe, bis ein rechtskräftiges richterliches Erkenntniß die Stadt-

gemeinde Dinkelsbühl von fraglicher Verbindlichkeit befreie. Die vom Magistrate an ihre vorgesetzten Curatelbehörden gestellten Gesuche, zu bewilligen, daß die Zahlung an Raab sistirt werde, sind abschlägig verbeschieden worden, und es kann hiernach die Befugniß, in Folge dieser abschlägigen Verbescheidungen den Vollzug der angeordneten Gehaltsauszahlung zu erwirken, nicht beanstandet werden.

6) Was von Attentaten, von Einmischung der k. Regierung von Mittelfranken in die beim k. Kreis- und Stadtgerichte München anhängige Rechtssache u. s. w. vorgebracht wurde, stellt sich als unrichtig und unhaltbar dar, indem ganz augenfällig ist, daß die Administrativstellen bei den fraglichen Erlassen lediglich als Curatelbehörden handelten, und den Vollzug ihrer Anordnungen und die Fortbezahlung des Raab'schen Quiescenzgehaltes dem Magistrate der Stadt Dinkelsbühl nur vermöge des ihnen zustehenden Oberaufsichtsrechts, und damit nicht neue Verwickelungen herbeigeführt werden, und hiedurch Raab veranlaßt werden möge, etwa auch seinerseits klagend bei Gericht gegen die Stadtgemeinde Dinkelsbühl aufzutreten, anbefohlen haben. Das Rescript

des Ministeriums des Innern vom 12. Juli 1848 und die Entschließung der k. Regierung von Mittelfranken vom 21. März 1849 drücken dieß mit klaren Worten aus, und was dort vom Besitze gesagt ist, zeigt sich nur zu dem Ende angeführt, um darauf aufmerksam zu machen, welche Folgen die fragliche Zahlungssistirung nach sich ziehen dürfte, und daß dieselbe sich nicht rechtfertigen lasse.

Demnach mußte, wie oben geschehen, erkannt werden.

Also geurtheilt und verkündet in öffentlicher Sitzung des obersten Gerichtshofes am zweiundzwanzigsten März achtzehnhundert einundfünfzig, wobei zugegen waren: Freiherr von Gumppenberg, I. Präsident, v. Bezold, Ministerialrath, Eisenhart, Oberappellationsgerichtsrath, v. Schubert, Ministerialrath, Schwertfelner, Oberappellationsgerichtsrath, Burkhart, Ministerialrath, Cucumus, Oberappellationsgerichtsrath, dann Oberappellationsgerichtsrath Dall' Armi als functionirender Staatsanwalt, und Oberappellationsgerichts-Secretär Paulus als Protocollführer.

Unterschrieben sind:
Freiherr v. Gumppenberg, I. Präsident.
Paulus, Secretär.

### Dienstes-Nachrichten.

Seine Majestät der König haben Sich allergnädigst bewogen gefunden, unter'm 19. Mai l. Js. die durch die Beförderung des Oberingenieurs Hummel zum Oberbaurath extra statum erledigte Lehrstelle für Straßen-, Brücken- und Wasserbaukunde an der hiesigen polytechnischen Schule dem zweiten Professor der Ingenieurwissenschaften an derselben, Max Bauernfeind, unter Enthebung von seiner bisherigen Function eines Ingenieurs der Generaldirection der Verkehrsanstalten, in provisorischer Weise zu verleihen;

unter'm 21. Mai l. Js. die erledigte zweite Advokatenstelle zu Schwabach wieder zu besetzen, und solche dem übernommenen zur Zeit quiescirten vormaligen gräflich Rechteren-Limpurg'schen Herrschaftsrichter, Wilhelm Ullmann zu Markt Einersheim, dermal zu Creußen, auf sein gestelltes allerunterthänigstes Ansuchen zu verleihen;

unter'm 24. Mai l. Js. den Forstmeister zu Elmstein, Carl Christian Rebmann, auf Ansuchen in gleicher Diensteseigenschaft auf das erledigte Forstamt Anweiler zu versetzen, und

an dessen Stelle zum Forstmeister nach Elmstein den Communalrevierförster Michael Becker zu Kaiserslautern zu befördern;

den Landrichter Moritz Ferdinand von Cammerloher von Hilpoltstein auf Grund des §. 19 der IX. Verfassungsbeilage in den Ruhestand treten zu lassen und zum Landrichter von Hilpoltstein den I. Assessor des Landgerichts Burgau, Carl Napoleon Kaiser, zu befördern, dann

den Assessor des Landgerichts Rothenbuch, Dr. Lorenz Gottschalk, auf die erledigte Nebenbeamtenstelle an der Gerichts- und Polizeibehörde Sulzheim zu berufen und zum II. Assessor des Landgerichts Rothenbuch den Accessisten der Regierung von Unterfranken und Aschaffenburg, Kammer des Innern, Heinrich Adolph Bucher aus Erlangen, zu ernennen;

unter'm 26. Mai l. Js. den II. Assor des Landgerichts Krumbach, Gustav Müller, zur Gerichts- und Polizeibehörde Babenhausen, und den Assessor der letztgenannten Behörde, Caspar Mayer, an dessen Stelle zum Landgerichte Krumbach zu versetzen;

den Landgerichtsassessor Franz Seraph Stocker zu Weiler als II. Assessor an das Landgericht Füssen, und den II. Assessor des Landgerichts Füssen, Johann Reth, in gleicher Eigenschaft zum Landgerichte Weiler, ferner

auf das erledigte Landgerichtsphysicat zu Göggingen den Landgerichtsarzt Dr. Carl Immel von Neuulm zu versetzen, und

das hieburch sich eröffnende Landgerichtsphysicat zu Neunln dem praktischen Arzte
Dr. Julius Schmitt zu Weilheim in provisorischer Eigenschaft zu verleihen, dann

den functionirenden Officianten bei der
Eisenbahnbaucasse in München, Walter
Kleinschrod, zum wirklichen Officianten
bei dieser Casse in provisorischer Eigenschaft
zu ernennen;

unter'm 27. Mai l. Js. die bei dem
Appellationsgerichte von Schwaben und
Neuburg erledigte Registratorstelle dem in
Neuburg domicilirenden temporär quiescirten
Protocollisten des Kreis- und Stadtgerichtes
Bayreuth, Alois Seelus, zu übertragen,
und

zu der bei dem Appellationsgerichte
von Oberfranken in Erledigung gekommenen
Präsidentenstelle den General-Staatsanwalt
am Oberappellationsgerichte, Johann Baptist von Wolf, zu befördern, dann

auf die bei der Regierung von Unterfranken und Aschaffenburg eröffnete statusmäßige Secretärstelle I. Classe den Ministerialsecretär im Staatsministerium des
k. Hauses und des Aeußern, Christian
Knorr, in seiner dermaligen provisorischen
Eigenschaft zu berufen;

unter'm 28. Mai l. Js. den vorma-
ligen herzoglich bayerischen Herrschaftsrichter,
Carl Glaser von Banz, zum Rathe am
Kreis- und Stadtgerichte Fürth zu ernennen;

unter'm 29. Mai l. Js. den Professor
der II. Classe des Gymnasiums zu Freising,
Priester Jacob Goldner, des Lehramtes
zu entheben, und die hieburch sich eröffnende Lehrstelle genannter Classe dem dermaligen Studienlehrer der Lateinschule zu
Eichstädt, Priester Sebastian Zehetmayer,
zu übertragen;

unter'm 30. Mai l. Js. den Appellationsgerichtsaccessisten Anton Winter
von Freising zum II. Assessor des Landgerichts Laufen zu ernennen;

unter'm 31. Mai l. Js. die erledigte
Friedensrichterstelle zu Lauterecken dem functionirenden Staatsprocurator-Substituten
Friedrich Ludwig Fink in Kaiserslautern
zu verleihen, endlich

unter'm 2. Juni l. Js. den I. Assessor
des Landgerichts Lauf, Friedrich Christoph
Döderlein, zum Civiladjuncten des Landgerichts Hof zu berufen;

den praktischen Arzt und Privatdocenten an hiesiger Hochschule, Med. Dr. Roth,
aus Gesundheitsrücksichten der Function eines
unbesoldeten Mitgliedes des Kreismedizinal-
Ausschusses in München zu entheben und
an dessen Stelle in den bezeichneten Aus-
schuß den praktischen Arzt dahier, Med. Dr.
Mathias Daxenberger, zu berufen.

Pfarreien-Verleihungen; Präsentations-
Bestätigungen.

Seine Majestät der König ha-
ben die nachgenannten katholischen Pfarreien
allergnädigst zu übertragen geruht, und zwar:

unter'm 24. Mai l. Js. die Pfarrei
Unterschönbach, Landgerichts Aichach, dem
Priester Bonifaz Niedermayer, gewe-
senen Pfarrvicar zu Belzheim, Landgerichts
Nördlingen, und

die Pfarrei Rothenstadt, Landgerichts
Weiden, dem Priester Joseph Falter-
mayr, Cooperator-Expositus in Huldsessen,
Landgerichts Eggenfelden,

unter'm 27. Mai l. Js. die Pfarrei
Ronsberg, Landgerichts Obergünzburg, dem
Priester Joseph Peter Weishaupt, Cu-
rat- und Schulbeneficiat zu Niederdorf,
Landgerichts Ottobeuern, und

unter'm 28. Mai l. Js. die Pfarrei
Langenpettenbach, Landgerichts Dachau, dem
vormaligen Prediger an der Stadtpfarrkirche zu St. Jodok in Landshut, Priester
Anton Dengler, zur Zeit in München.

Seine Majestät der König ha-
ben unter'm 30. Mai l. Js. allergnädigst
zu genehmigen geruht, daß die katholische
Pfarrei Röbelsee, Landgerichts Marktsteft,
von dem hochwürdigen Herrn Bischofe von
Würzburg dem Priester Johann Georg
Gunz, Verweser der Pfarrei Arnstein,
Landgerichts gleichen Namens, verliehen
werde.

Seine Majestät der König ha-
ben Sich bewogen gefunden, unter'm 24.
Mai l. Js. aus administrativen Erwägungen den bisherigen Pfarrer zu Schweins-
dorf, Dekanats Rothenburg, Johann Heinrich Gottlieb Walther, auf die combinirte protestantische Pfarrei Buch am Wald
und Frommetsfelden, Dekanats Leutershausen, zu versetzen, dann

unter'm 28. Mai l. Js. die erledigte
protestantische Pfarrstelle zu Vach, Dekanats Zirndorf, dem bisherigen Pfarrer zu
Riedheim, Dekanats Leipheim, Johann
Leonhard Tobias Roth, und

unter'm 30. Mai l. Js. die erledigte
protestantische Pfarrstelle zu Diespeck, Dekanats Neustadt a/A., dem bisherigen Pfarrer zu Lauben, Dekanats Memmingen,
Christoph Friedrich Hanemann, zu verleihen.

# Regierungs-Blatt

## für das

## Königreich Bayern.

## № 29.

München, Dinstag den 10. Juni 1851.

**Inhalt:**

**Königlich Allerhöchste Entschließung,**
die Vertagung des gegenwärtigen Landtages betr.

## Maximilian II.

**von Gottes Gnaden König von Bayern,**
**Pfalzgraf bei Rhein,**
**Herzog von Bayern, Franken und in**
**Schwaben x. x.**

Unsern Gruß zuvor, Liebe und Getreue! Wir finden Uns bewogen, den Landtag unter Bezugnahme auf die Bestimmung des Titel VII §. 23 der Verfassungsurkunde bis zum 1. October d. Js. zu vertagen.

Indem Wir euch dieses eröffnen, verbleiben Wir euch mit Königlicher Huld und Gnade gewogen.

München, den 7. Juni 1851.

**Max.**

v. d. Pfordten. v. Kleinschrod. Dr. v. Aschenbrenner. Dr. v. Ringelmann. v. Lüder. v. Zwehl.

Auf Königlich Allerhöchsten Befehl:
der General-Secretär,
Ministerialrath Epplen.

45

## Bekanntmachung,

die Prüfungen für die Zulassung zur Gemälderestauration betr.

---

Staatsministerium des Innern für Kirchen-
und Schulangelegenheiten.

Seine Majestät der König ha-
ben unter theilweiser Abänderung des §. 22
Abf. 8 und §. 24 Abf; 6 der allerhöchsten
Verordnung vom 14. August 1846, die
Akademie der bildenden Künste betreffend,
die Vornahme der Prüfungen für die Zulassung zur Gemälderestauration fortan der
Königlichen Central-Gemäldega-
lerie-Direction dahier allergnädigst zu
übertragen geruht.

Demgemäß hat die k. Central-Gemälde-
gallerie-Direction künftighin auch die deß-
fallsigen Prüfungszeugnisse auszufertigen,
was hiemit bekannt gegeben wird.

München, den 5. Juni 1851.

Auf Seiner Königlichen Majestät
Allerhöchsten Befehl.

Dr. v. Ringelmann.

Durch den Minister
der Generalsecretär:
Ministerialrath Hänlein.

---

## Erkenntniß

des obersten Gerichtshofes des Königreichs vom 22.
März 1851, betreffend den von der k. Regierung von
Mittelfranken, Kammer des Innern, gegen das k.
Kreis- und Stadtgericht Nürnberg angeregten
Competenzconflict in Sachen der Curatel über die
Jobst Friedrich v. Tetzel'sche Stiftung in Nürnberg.

Im Namen Seiner Majestät des
Königs von Bayern

erkennt der oberste Gerichtshof des Königreichs, betreffend den von der k. Regierung
von Mittelfranken, Kammer des Innern,
gegen das k. Kreis- und Stadtgericht
Nürnberg angeregten Competenzconflict in
Sachen der Curatel über die Jobst Friedrich
von Tetzel'sche Stiftung in Nürnberg:

„daß zur Aufnahme der Anzeige
von der geschehenen Rechnungslegung,
welche gemäß des Testaments des
Jobst Friedrich Tetzel vom 10. März
1612 und des Vergleichs vom 28.
August 1822 von der Administration
des Jobst Friedrich von Tetzel'schen
Stiftungsfonds jährlich zu machen ist,
die k. Regierung von Mittelfranken
als Staatscuratelbehörde competent sei.“

Gründe:

Der Nürnberger Patrizier Jobst Friedrich
Tetzel auf Kirchensittenbach bestimmte in
seinem Testament vom 10. März 1612
diesen Herrensitz nebst andern Gütern und
Renten zu einer sogenannten „Vorschickung“
oder „legatum perpetuum“ zu Gunsten

der rathsfähigen Geschlechter der damaligen
Reichsstadt Nürnberg. Den Genuß dieser
Stiftung sollten jederzeit die verehelichten
männlichen Mitglieder vorl. zwei der berechtigten, nach dem Aussterben im Genusse
gestandener, immer durch das Loos zu be-
stimmenden Familien haben in der Art,
daß von dem Ertrage des Vermögens jährlich unter sie ¹/₃ nach Köpfen vertheilt,
¹/₃ zum Hauptstock geschlagen und ¹/₃ nach
Vermögen der Stiftung und „des Stifts-
verwalters und der vier ältesten Stiftsgenossen Discretion" zu Stipendien für solche
Abkömmlinge der rathsfähigen Geschlechter
überhaupt verwendet werde, welche sich dem
Studieren, oder dem Kriegsdienste, oder
an Fürstenhöfen dem Herrendienste widmen.
Die Verwaltung betreffend verordnete der
Testator, daß der Stiftungsverwalter jedes
Jahr den vier ältesten Stiftsgenossen der
beiden Familien Rechnung lege, damit dieß
um so gewisser geschehe, jedes Jahr an die
oberste Vormundstube 6 Goldgulden zu
zahlen seien, und daselbst, daß die Rechnung gelegt wurde, angezeigt, diese Anzeige
protocollirt und das Testament verlesen
werden soll.

Nach dem Erscheinen des Edicts vom
28. Juli 1808, die Aufhebung der Fidei-
commisse betreffend, nahmen die damals im
Genusse dieser Vorschickung befindlichen
Mitglieder der Familien von Volkamer

und von Behaim das gesammte Vermögen als aufgelöstes Fideicommiß und ihr
nun freies Eigenthum in Anspruch. Der
hierdurch mit den übrigen substituirten Familien herbeigeführte Rechtsstreit erledigte
sich aber durch einen am 28. August 1822
zu Stand gekommenen und zufolge Ministerialrescripts vom 28. November 1833 genehmigten
Vergleich, welchem gemäß die eine Hälfte des
Vorschickungsvermögens ihren Fortbestand als
Jobst Friedrich von Tetzel'scher Stiftungsfond unter Aufrechthaltung der Successions-
rechte der am 15. September 1806, nämlich bei dem Uebergange Nürnbergs an
die Krone Bayern, rathsfähig gewesenen
Patrizierfamilien behielt, und Genuß und
Verwaltung sich ganz nach der Vorschrift
des Testaments vom 10. März 1612 zu
richten haben soll. Von der zweiten Hälfte
dagegen wurden 40,000 fl., mit Zinsenzu-
schlag 49,000 fl., unter Vorbehalt des eventuellen
Rückfalls an die bleibende Tetzel'sche Hauptstiftung den substituirten Familien zu einer
eigenen patriziatischen Stipendienstiftung ab-
getreten, wogegen dieselben auf ihre besondere Theilnahme an den Stipendien
aus der bleibenden Tetzel'schen Stiftung
zu Gunsten der im Genusse dieser befindlichen Familien verzichteten, sich jedoch die
Controle der Verwaltung vorbehielten, und
insbesondere auch die Theilnahme mittelst
Bevollmächtigter an der dem Testament

45 *

gemäß bei der vormundamtlichen Behörde zu protocollirenden Anzeige der geschehenen Rechnungslegung.

Der Ueberrest dieser zweiten Hälfte des Vorschickungsvermögens wurde den im Jahre 1808 im Genusse gestandenen Stiftungsgenossen oder ihren Erben überlassen.

Jene ausgeschiedene patrizische Stipendienstiftung wurde im Einklange mit der Erklärung des Verwaltungsausschusses vom 10. November 1832 unter die Aufsicht der k. Kreisregierung, Kammer des Innern, als Staatscuratelbehörde gestellt. Die Administration der Tetel'schen Hauptstiftung dagegen suchte diese wegen der Stipendienstiftung schon durch Regierungsentschließung vom 26. Juli 1830 angesonnene Stellung abzulehnen. Sie betrat zu diesem Behufe selbst den Rechtsweg. Ihre Klage vom 19. Mai 1833 wurde jedoch „als keine Justizsache zum Gegenstande habend" a limine, und die „wegen Eigenthumsbeeinträchtigung" abermals erhobene Klage wegen bereits in jenem Erkenntnisse vorliegender Rechtskraft ohne Verhandlung abgewiesen.

Laut der seit dem 26. Juli 1830 und 5. Juni 1839 an die Administration der Tetel'schen Hauptstiftung ergangenen Entschließungen hatte die k. Kreisregierung, als Stiftungscuratelbehörde nur die Einsendung der Rechnungen zur Superrevision verlangt, welchem Ansinnen von der Ad-

ministration, nachdem auch auf ihren Recurs an den Staatsrath ein abweisendes Rescript do dato 15. Mai 1842 erfolgt war, und nach Androhung von Zwangsmaßregeln, unter Protestation Folge gegeben wurde.

In einem Anschreiben vom 29. Juni 1849 an das k. Appellationsgericht suchte nun aber die k. Regierung von Mittelfranken, Kammer des Innern, auch geltend zu machen, daß sie als Staatscuratelbehörde an die Stelle des im Testament vom 10. März 1612 genannten obersten Vormundamtes getreten sei, weßwegen auch die in demselben angeordnete Anzeige der geschehenen Rechnungslegung bei ihr zu geschehen habe. Das k. Kreis- und Stadtgericht Nürnberg erachtete jedoch hierdurch seine Competenz als an die Stelle des ehemaligen obersten Vormundamtes getretene Testamentsvollzugs- und Verlassenschaftsbehörde beeinträchtigt. Da nun das k. Appellationsgericht von Mittelfranken dieser Ansicht beitrat, wurde von der k. Regierung von Mittelfranken, Kammer des Innern, der Competenzconflict angeregt, solcher nach Maßgabe des Gesetzes vom 28. Mai 1850 instruirt, von der Administration des Tetel'schen Stiftungsfonds, am 15. August 1850 auch eine Denkschrift eingereicht, von der k. Regierung aber dafür sich lediglich auf das Anschreiben an das k. Appellationsgericht de dato 29. Juni 1849 bezogen.

Die Stiftungsadministration will es bei der Verfügung des Testaments vom 10. März 1612 belassen wissen. Die k. Regierung dagegen bezieht sich auf die nun geltenden gesetzlichen Bestimmungen über die Stiftungscuratel, wornach das k. Kreis- und Stadtgericht als Nachfolger des obersten Vormundamtes keine Stiftungscuratel mehr, sondern nur die privatrechtliche cura minorum auszuüben habe.

Nachdem die Sache in der dafür anberaumten Sitzung am 17. d. Mts. aufgerufen war, erstattete der zum Referenten ernannte Oberappellationsgerichtsrath Dr. Cucumus Vortrag, worauf der für die Administration des von Tetzel'schen Stiftungsfonds erschienene k. Advocat Dr. Kreitmaier das Wort nahm, und nach Erörterung des Sach- und Rechtsverhältnisses den Antrag auf ein Erkenntniß für die Competenz des k. Kreis- und Stadtgerichts Nürnberg stellte. Von Seite des functionirenden Staatsanwaltes wurde nach Beleuchtung der Sache der Antrag gestellt, auszusprechen: die im Testament vom 10. März 1612 angeordnete Ueberwachung des von Tetzel'schen Stiftungsvermögens stehe nunmehr der k. Regierung von Mittelfranken, Kammer des Innern, zu, und diese sei daher auch berechtigt, zu verlangen, daß die vorgeschriebene Anzeige über Rechnungslegung ihr erstattet werde.

Nach Prüfung der vorgebrachten Gründe wurde dem letzteren Antrag stattgegeben. Denn es hatte zwar

1) weder das Testament vom 10. März 1612 dem obersten Vormundamte Pflegamts-befugnisse in Ansehung der Tetzel'schen Stiftung übertragen, noch liegt vor, daß dasselbe gemäß verfassungs-mäßiger Einrichtungen der Reichsstadt Nürnberg eine Curatelbehörde für Stiftungen der fraglichen Art gewesen sei. Die Zuständigkeit des obersten Vormundsamts über die Tetzel'sche Stiftung beschränkte sich vielmehr nur auf den Vollzug jener Bestimmung des Testaments, welchen gemäß der Stiftsverwalter jährlich den vier ältesten Stiftsgenossen die Rechnung zu legen, und davon Anzeige zu erstatten hatte. Auch geht aus dem Berichte des k. Kreis- und Stadtgerichts an das k. Appellationsgericht vom 22. August 1849 hervor, daß dasselbe als Nachfolger des obersten Vormundamtes curatelamtliche Handlungen bezüglich der Tetzel'schen Stiftung nie vorgenommen hat.

Allein

2) der Umstand, daß zur Zeit der reichsstädtischen Verfassung Nürnbergs Stiftungen dieser Art der Staatscuratel nicht unterstellt waren, steht dem Eintritte dieser nicht entgegen, wenn die

Tetzel'sche Stiftung, wie solche nunmehr in Gemäßheit des Vergleichs vom 28. August 1822 ihren Fortbestand hat, in jene Kategorie milder Stiftungen gehört, für welche zufolge IV. 10. der Verfassungsurkunde der Staatsschutz angeordnet, und laut der Verordnung vom 17. December 1825 §. 69 flg. den obersten Kreisverwaltungsstellen zu handhaben übertragen ist. Die Frage aber, ob dieses der Fall sei, ressortirt lediglich zur Entscheidung der Verwaltungsbehörden selbst, und ist vorliegend auch bereits entschieden, indem der von der Administration der Tetzel'schen Stiftung gegen die Entschließung des Staatsministeriums des Innern vom 13. Mai 1841 noch an den Staatsrath ergriffene Recurs durch allerhöchstes Rescript vom 15. Mai 1842 abgewiesen und durch das oberstrichterlich bestätigte Erkenntniß des Appellationsgerichts vom 11. Juni 1833 ausgesprochen wurde, daß für die Entscheidung der Frage über die Stellung der Tetzel'schen Stiftung unter die Staatscuratel die Civilgerichte nicht competent sind. Zudem befinden sich das k. Kreis- und Stadtgericht Nürnberg und die k. Regierung von Mittelfranken wegen der über die Tetzel'sche

Stiftung auszuübenden Curatel auch nicht in einem Conflicte, da das erstere diese nie in Anspruch genommen hat. Der Conflict besteht vielmehr

3.) nur über die Zuständigkeit zur Aufnahme der Anzeige von der geschehenen Rechnungslegung, wie dieselbe sowohl zufolge des Testaments von 1612, als des Vergleiches von 1822 §. 11 zu machen ist. In dieser Beziehung aber wird der Wille des Stifters durch die Anzeige bei der Stiftungscuratelbehörde ebenfalls erfüllt, indem seine Verfügung immer nichts Anderes bezweckte, als eine Oberaufsicht zur Conservation der Stiftung. Die nach den jetzt geltenden Gesetzen von der Staatscuratelbehörde zu führende Oberaufsicht über die dem Willen des Stifters entsprechende Verwaltung des Stiftungsvermögens umfaßt daher vorliegend auch die Aufsicht auf die Einhaltung jener Vorschriften, welche der Testator für die Art und Weise der Rechnungslegung gegeben hat, und welche bezüglich des bleibenden Tetzel'schen Stiftungsfonds durch den Vergleich von 1822 aufrecht erhalten und nur insoferne erweitert wurden, als auch den Theilhabern an der ausgeschiedenen patriziatischen Stipendienstiftung die Controle über Rechnungen

legung und die Theilnahme, an der
zu machenden Anzeige von der letzteren eingeräumt ist.  Die Absicht des
Testators findet sich durch die Aufsicht der Staatscuratelbehörde vollkommen gewahrt, und er würde sich
zu den fraglichen Vorschriften über die
Constatirung der geschehenen Rechnungslegung mittels des obersten Vormundamtes gar nicht veranlaßt gesehen
haben, wenn seine Stiftung nach den
Gesetzen der Reichsstadt Nürnberg der
Staatscuratel von selbst schon unterstellt gewesen wäre.

Also geurtheilt und verkündet in der
öffentlichen Sitzung des obersten Gerichtshofes am zwei und zwanzigsten März achtzehnhundert ein und fünfzig, wobei zugegen
waren: der erste Präsident Freiherr von
Gumppenberg, Ministerialrath von Bezold, Oberappellationsgerichtsrath Eisenhart, Ministerialrath von Schubert,
Oberappellationsgerichtsrath Schwertfelner, Ministerialrath Burkart, Oberappellationsgerichtsrath Cucumus, der fun-
girende Staatsanwalt, Oberappellationsgerichtsrath Dall'Armi, und Secretär
Paulus.

Unterschrieben sind:

Freiherr v. Gumppenberg, I. Präsident.

Paulus, Secretär.

### Dienstes-Nachrichten.

Seine Majestät der König ha-
ben Sich allergnädigst bewogen gefunden,
unter'm 28. Mai l. Js. dem Lehrer der
Mathematik an der Handels- und Gewerbsschule zu Fürth, Dr. Paul Valentin Schüler, unter Anerkennung seiner langjährigen,
mit Treue und Hingebung geleisteten ersprießlichen Dienste die erbetene Versetzung
in den wohlverdienten Ruhestand zu bewilligen;

unter'm 2. Juni l. Js. auf die bei
dem Wechsel- und Merkantilgericht I. Instanz zu Regensburg erledigte erste Rathsstelle den zweiten Rath, Carl Heinrich
Rumpler, vorrücken zu lassen, und zum
zweiten Rath den Kreis- und Stadtgerichtsrath Maximilian Stich zu ernennen;

den Landrichter Johann Michael
Christl zu Vilseck auf Grund des §. 19
der IX. Verfassungsbeilage bis auf weitere
allerhöchste Verfügung in den Ruhestand
treten zu lassen;

zum Landrichter von Vilseck den Vorstand der Gerichts- und Polizeibehörde
Prien, Anton Gigl, zu berufen, und

die Stelle eines Vorstandes der Ge-
richts- und Polizeibehörde Prien in Oberbayern dem ersten Assessor des Landgerichts
Nabburg, Adolph von Peter, zu verleihen;

den bisherigen Controleur des Nebenzollamtes I. Kieferöfelden, Heinrich Krämer, in gleicher Eigenschaft an das Nebenzollamt I. Schärding am Thurm, Hauptzollamts Paſſau, zu verſetzen, ſodann an
deſſen Stelle zum Nebenzollamtscontroleur
in Kieferöfelden den dermaligen Zolleinnehmer
am Anſageposten Salzachthor zu Burghau-
ſen, Joseph Lex, in proviſoriſcher Eigenſchaft zu ernennen;

unter'm 3. Juni l. Js. den Landrichter
Franz Adam Samhaber zu Würzburg r/M.
auf Grund des §. 22 lit. D. der IX. Verfaſſungsbeilage, ſeinem allerunterthänigſten
Anſuchen entſprechend, unter Bezeigung
allerhöchſter Zufriedenheit mit ſeiner vieljährigen treuen und eifrigen Dienſtleiſtung
in den definitiven Ruheſtand treten zu laſſen;

zum Landrichter von Würzburg r/M.
den Landrichter von Aſchaffenburg, Kilian
Hauck, und

zum Landrichter von Aſchaffenburg den
Landrichter von Alzenau, Franz Schmitt,
zu ernennen, und dem Letztern zugleich die
Function eines Stadtcommiſſärs von Aſchaffenburg zu übertragen;

zum Landrichter von Alzenau den I.
Aſſeſſor des Landgerichts Dachau, Guſtav
von Herrlein, zu befördern, und

als I. Aſſeſſor des Landgerichts Dachau den I. Aſſeſſor des Landgerichts Bruck,
Johann Joseph Schießl, zu berufen;

die erledigte Landgerichtsactuarſtelle zu
Kempten dem Acceſſiſten des Kreis- und
Stadtgerichts München, Georg von Unold
aus Memmingen, zu verleihen;

auf die erledigte Hauptzollamtsverwal-
terſtelle in Hof den dortigen Hauptzollamts-
Controleur, Adalbert Schmidt, zu befördern, ſodann den Hauptzollamtscontroleur-
Joseph Widmann von Waldſaſſen in
gleicher Eigenſchaft an das Hauptzollamt
Hof, ſeinem allerunterthänigſten Anſuchen
entſprechend, zu verſetzen, und

dem Regiſtrator am Kreis- und Stadtgerichte Würzburg, Joseph Anton Rien-
ecker, wegen nachgewieſener phyſiſcher
Functionsunfähigkeit in Gemäßheit des §. 22
lit. D. der IX. Verfaſſungsbeilage, ſeiner
allerunterthänigſten Bitte entſprechend, auf
die Dauer eines Jahres in den Ruheſtand
treten zu laſſen;

unter'm 5. Juni l. Js. den geheimen
Finanzminiſterialſecretär Adolph Pfretſch-
ner zum Finanzminiſterialaſſeſſor zu ernennen;

an deſſen Stelle zum geheimen Finanz-
Miniſterialſecretär den Rechnungscommiſ-
ſär des oberſten Rechnungshofes, Conrad
Schmidt, zu berufen, und

den functionirenden geheimen Secretär
und Regierungsaſſeſſor Dr. Carl Andreas
Biſchoff zum geheimen Secretär im
Staatsminiſterium der Finanzen zu ernennen.

# Regierungs-Blatt

## für das

## Königreich Bayern.

## № 30.

München, Freitag den 13. Juni 1851.

### Inhalt:

### Plenarbeschluß

### des

### Oberappellationsgerichts des Königreichs,

das Notherbrecht der Geschwister im Verhältnisse zu unehelichen Kindern nach bayerischem Landrechte betreffend.

„Unter der Herrschaft des bayerischen „Landrechtes sind außereheliche Kinder nicht „für bemackelte Personen mit der Wirkung „zu halten, daß nach Th. III Cap. 3 §. 14 „No. 3 den Brüdern und Schwestern des„jenigen, der sie zu Erben eingesetzt hat, „die Rechte der Notherben zustehen."

### Gründe.

Das bayerische Landrecht hat im Th. III.

46

Cap. 3 §. 14 No. 3 verordnet: „Collateral-
„Befreundte sind niemals Notherben, aus-
„genommen Brüder und Schwestern auf den
„Fall, wenn eine ehrlose oder bemackelte
„Person instituirt ist, und sie nicht selbst von
„dergleichen Gattung sind."

Wer eine bemackelte Person sei, ist im
Texte des Landrechtes nirgends entschieden;
die Anmerkungen zu jener Stelle No. 5
lit. e fügen zu ihrer Erläuterung nur bei:
„Unter die personas turpes aber wer-
„den nicht nur infame und ehrlose Leute,
„sondern auch alle jene gerechnet, welche
„levi macula notirt sind, womit unser Land-
„recht tit. 36 Art. 8 ebenfalls überein-
„stimmt, und insonderheit die Schalknarren,
„Gauckler, Lotterbuben, uneheliche Kin-
„der, item die in offener Unzucht und Con-
„cubinat Lebenden, nebst allen Andern, welche
„insgemein einen bösen Nahmen, Leumuth
„und Beruf haben, specificirt."

In der Stelle des Landrechtes von
1616, worauf hier hingewiesen ist, hatte es
geheißen: „dahero unter dieselbigen, (welche
„sonst einen Mackel oder bösen Ruf haben)
„nit allein die . . . . sondern auch andere
„leichtfertige Personen, als Schalknarren,
„Gauckler, aussereheliche Kinder . . . .
„sollen gezählt werden."

Es ergab sich nun eine Verschiedenheit
der Ansichten und Aussprüche darüber, ob
nach Vorschrift des neuen Landrechtes und
im Hinblicke auf die später erschienenen Gesetze und Verordnungen die unehelichen Kinder für bemackelte Personen zu halten und
zu erklären seien, mit der Wirkung, daß,
im Falle Jemand eine außerehelich geborne
Person zum Erben einsetzt, seinen Geschwi-
stern in Kraft der zuerst bemerkten Stelle
des Landrechtes die Rechte der Notherben
zustehen.

Diese Frage war aber zu verneinen.
Denn

1) ein Text des Gesetzes, wodurch dergleichen Personen für befleckt erklärt
wären, besteht nicht, vielmehr ist die
Vorschrift des älteren Landrechtes aus
dem Texte weggelassen, und in die Anmerkungen zu neuen verwiesen, überdieß mit der Abweichung, daß, während es dort geheißen hatte, „sie sollen zu den bemackelten Personen gezählt werden", die Anmerkungen zu
dem neuen Landrechte nur sagen: „sie
werden dahin gerechnet, womit auch
das ältere Landrecht übereinstimmt".

2) Diese Abweichung von dem fest ausgeprägten Zustande des älteren Rechtes
erklärt sich am natürlichsten in folgender Weise. Die Gesetzgebung von
1756 wollte im Festhalten an das gemeine Recht und eingewurzelte Rechts-
begriffe zwar den Ausschluß bemackelter
Personen oder die Beschränkung ihrer

Einſetzbarkeit durch das bedingte Noth‑
Erbrecht der Geſchwiſter aufrecht er‑
halten, — allein ſie wollte den Punkt,
wer für bemackelt in dieſem Sinne zu
gelten habe, nicht durchſchneiden und
geſetzlich auf bindende Weiſe feſtſetzen,
ſondern daraus eine offene, nach dem
Wechſel der Zeitläufte und allgemeinen
Weltanſichten wandelbare Frage ma‑
chen, ſie als quaestio facti et non
juris hinſtellen, auf welche der fort‑
ſchreitenden Umbildung üblicher Be‑
trachtungsweiſen der gebührende Ein‑
fluß nicht verſagt, nicht unmöglich ge‑
macht werden ſollte.

3) Da nun in der Zwiſchenzeit in eben
dieſem Puncte eine weit mildere Beur‑
theilung allgemein vorherrſchend wurde,
da die gemeine Meinung aus vernünf‑
tigen Gründen ſich änderte, an die Er‑
zeugung außer der Ehe nicht mehr,
wie früher, oder wenigſtens in weit
gelinderem entfernterem Maße einen
Geburtsflecken heftet, da dieſer ver‑
änderte Stand der Auffaſſungen un‑
ſeres Zeitalters ſogar durch öffentliche
Erlaſſe, die Beſtimmungen über Mi‑
litärpflicht, Soldatenſtand, Gewerbs‑
weſen, Staats‑ und Ehrendmter viel‑
fach bekräftiget und geſetzlich conſtatirt,
auch in die neueren Geſetzgebungen
übergegangen iſt, ſo läßt ſich auf dem

Grunde jener hieher bezüglichen Stelle
der Anmerkungen zum neueren Landrechte
keineswegs die Behauptung durchfüh‑
ren, außereheliche Kinder müßten zu
dem hier in Frage ſtehenden Endzwecke
noch immer und fortan für bemackelte
Perſonen gelten.

4) An einer vorhergehenden Stelle hat
zwar das Landrecht ſelbſt im Th. I
Cap. 5 §. 9 No. 2 verordnet, die
Wirkung der legitimatio per rescrip‑
tum principis ſei, daß der Geburts‑
flecken dadurch getilgt werde. Allein
aus dieſer Stelle läßt ſich nicht die
Folgerung ziehen, in Kraft einer ge‑
ſetzlichen Vorſchrift ſei jener Geburts‑
flecken feſtgeſtellt. Wenn er vielmehr,
wie nicht zu bezweifeln, und auch die
Anmerkungen zum Landrechte Th. V
Cap. 29 §. 2 lit. c aufs neue ent‑
nehmen laſſen, zu jener Zeit nur that‑
ſächlich beſtund und in der gemeinen
Meinung vorherrſchend war, ſo konnten
und mußten die Geſetze hierin Anlaß
finden, ein Mittel der Abhilfe und Rei‑
nigung darzubieten, ohne jedoch um‑
gekehrt den Schluß zu rechtfertigen,
ſo lange dieſes fortbeſtehe, ſei dadurch
von ſelbſt auch jener als Vorausſetzung
angenommene Geburtsflecken feſtgeſtellt
und zu einer Rechtsregel erhoben.

5) In anderen Beziehungen ſind hieburch

46*

die Ausnahmsgesetze für außereheliche
geborne Personen noch keineswegs für
beseitiget oder erloschen erklärt. Nur
insoweit eine gesetzliche Vorschrift sich
um den alten Begriff von Anrüchig-
keit drehte, und ein früheres dem Wechsel
unterworfenes Vorurtheil auch die außereheliche Geburt in diesen Bereich zog,
insoferne es daher im Sinne und Geiste
der Gesetze selbst lag, die Beurtheilung
der Gerichte in der Anwendung eines
thatsächlichen Begriffes auf dasjenige
hinzuweisen, was zeitgemäß sei, mußte
hier eine Veränderung der Rechtszu-
stände und Folgen seit dem Erscheinen
des bayerischen Landrechtes von 1756
mit Sicherheit angenommen und daher
die streitig gewordene Frage in der oben
gegebenen Weise entschieden werden.

Vorstehender Plenarbeschluß wird nach
Art. I. und IV. des Gesetzes vom 17. November 1837, die Verhütung ungleichförmiger Entscheidungen bei dem obersten Gerichtshofe betreffend, hiemit öffentlich bekannt
gemacht.

München, den 30. Mai 1851.

Oberappellationsgericht des Königreichs
Bayern.

Frhr. v. Gumppenberg, Präsident.

Accessist Schwertfelner,
functionirender Secretär.

## Erkenntniß

des obersten Gerichtshofs des Königreichs vom
22. März 1851 bezüglich des zwischen der k.
Regierung von Unterfranken und dem k. Landgerichte Ebern wegen Beitreibung des Vermögens
des Deserteurs Georg Leipold von Gereuth
obwaltenden Competenzconflictes.

## Im Namen Seiner Majestät des Königs von Bayern

erkennt der oberste Gerichtshof des Königs-
reichs bezüglich des zwischen der k. Regierung von Unterfranken und dem k. Landgerichte Ebern wegen Beitreibung des Vermögens des Deserteurs Georg Leipold
von Gereuth obwaltenden Competenzconflictes zu Recht:

„daß über den Anspruch auf noch-
malige Zahlung des von dem Amts-
actuar und nunmehrigen Revisor
Kühnreich an den Deserteur Georg
Leipold verabfolgten Kaufschillings in
Anwendung der Verordnung vom 21.
August 1807 die Gerichte zu entschei-
den haben."

### Gründe.

Georg Leipold, lediger Maurer aus
Gereuth, Landgerichts Ebern, und vorma-
liger Soldat bei der Fuhrwesensabtheilung
des II. Artillerieregiments „Zoller" ist
durch Kriegscommissionsspruch vom 27.
October 1848 des Vergehens der Deser-

tion im Urlaube mit dem Beifügen als
schuldig erklärt worden, daß dessen Vermögen der Confiskation unterliege.

Bei den hiernach über dessen Vermö-
gensverhältnisse gepflogenen Recherchen hat
sich ergeben, daß am 17. März 1847 bei
dem von Hirsch'schen Patrimonialgerichte
Gereuth ein Vertrag protocollirt worden
ist, laut welchem Georg Leipold die ihm
angehörig gewesenen Realitäten zu Gereuth
an den dortigen Amtsactuar Kühnreich
um 550 fl. verkauft habe.

Diesen Kaufschilling behauptet Kühnreich zwar an Leipold bereits bezahlt
zu haben; die k. Regierung von Unterfranken hat jedoch unter Hinweisung auf
die Verordnung vom 21. August 1807
(Reg.-Bl. 1807, pag. 1394), das Verbot
der Auszahlung des Vermögens eines
Soldaten während der Dienstzeit betreffend,
die weitere Verordnung vom 21. October
1813 (Döllingers Ver.-Sammlung Bd. X.
pag. 170) und das Gesetz vom 15. April
1840 (Gesetzblatt 1840, Nr. 6, pag. 57)
das k. Landgericht Ebern mittelst Entschließungen vom 12. December 1848 und 23.
Februar 1849 beauftragt, den Ersatz dieses
Kaufschillings von dem Käufer behufs der
Confiscation zum Besten der Gemeinde
Gereuth und Ersatzmannstellung auf die
Dauer der noch restigen Dienstzeit des Leipold zu verfügen und zu realisiren.

Kühnreich wurde sofort durchs k.
Landgericht Ebern am 15. März 1849 beauftragt, den fraglichen Kaufschilling zu 550 fl.
binnen 3 Monaten zu erlegen, und da diese
Frist fruchtlos verstrichen war, erthielte ihm
dasselbe mittelst Decrets vom 26. Juli,
insinuirt 13. August 1849 den weitern
Auftrag, nunmehr die Erlage bei Vermeidung
weiterer geeigneter Zwangsmaßregeln binnen 6 Wochen zu bewerkstelligen.

Hierauf reichte Kühnreich am 21.
August 1849 beim k. Landgerichte Ebern
eine an diese Behörde gerichtete Remonstration ein, worin er darzulegen suchte, daß
die Frage, ob er verbindlich sei, den an
Leipold bezahlten Kaufschilling nochmal zu
entrichten, civilrechtlicher Natur sei, und am
Schlusse die Bitte stellte, die Auflage vom
26. Juli 1849, und beziehungsweise auch
die frühere Auflage zur sofortigen Zahlung
zurückzunehmen.

Das Landgericht Ebern legte diese
Remonstration sammt Acten mit Bericht
vom 25. August 1849 der k. Regierung
von Unterfranken zur weitern Entschließung
vor, diese aber schickte solche laut Verfügung vom 25. October 1849 dem k. Landgerichte Ebern zur Werbescheidung dieser
Remonstration in eigener Competenz in
seiner Eigenschaft als Justizbehörde, in welcher Eigenschaft das-

selbe auch die Zahlungsbefehle erlassen habe, zurück.

Hierauf faßte das k. Landgericht Ebern
am 8. December 1849 Beschluß dahin, daß
die Remonstration des Kühnreich für begründet zu erachten, sofort dem Zahlungsbefehle vom 26. Juli keine weitere Folge
zu geben sei, und Kühnreich förmliche
Klage zu gewärtigen habe.

Von diesem Beschlusse gab es dem
Kühnreich Nachricht und erließ zugleich
an die Gemeinde Gereuth ein Decret, worin es diese von dem Bestande des Leipold'schen Vermögens in Kenntniß setzte
— auf die Bestimmungen des §. 83 des
Heerergänzungsgesetzes vom 15. August
1828 hinwies, und ihr eröffnete, daß ihr
zur Klagestellung gegen Kühnreich der
Streitconsens ertheilt, und der für den
Landgerichtsbezirk aufgestellte Gemeinde-
anwalt beigegeben werde, und die Gemeinde
Gereuth hiernach das Weitere veranlassen
möge, sobald von der k. Regierung, welcher diese Curatelverfügung und Streit-
consensertheilung zur Kenntniß gebracht
werden wird, die Genehmigung ertheilt seyn
wird.

Die k. Regierung sprach aber hierauf
durch Entschließung vom 23. März 1850
aus, daß dem Untercuratelbeschlusse vom
8. December 1849 die obercuratelamtliche
Bestätigung nicht ertheilt werden könne,

und beauftragte das Landgericht Ebern,
die Regierungsentschließung vom 23. Februar 1849 binnen 4 Wochen zum Vollzuge zu bringen, mit dem Beifügen, daß
dieser Vollzug lediglich Sache des Landgerichts als Administrativbehörde
sei.

Darauf verfügte das Landgericht Ebern,
jedoch nur in der Art, daß es die Gemeinde Gereuth mittels Decretes vom
12. April 1850 beauftragte, nunmehr den
Ersatzmann für Leipold zu stellen, die
Kosten hiefür aus dem von Leipold bei
seiner Desertion der Gemeinde angefallenem
Vermögen zu bestreiten, und binnen 6 Wochen über die erfolgte Ersatzmannstellung
sich auszuweisen.

Die Gemeinde erhob gegen diese Verfügung Beschwerde, und die k. Regierung
von Unterfranken sprach hiernach mittels
Entschließung vom 6. Juli 1850 aus, daß
die landgerichtliche Verfügung vom 12.
April als jeder Begründung entbehrend
außer Wirksamkeit gesetzt werde, und beauftragte das Landgericht Ebern neuerlich,
nach Maßgabe der schon oben angeführten
Regierungs-Entschließungen vorzuschreiten,
und deren Vollzug binnen 4 Wochen anzuzeigen, mit dem Beifügen, daß der fragliche Vollzug lediglich in seiner (des Landgerichts) Competenz als Administrativbehörde
gelegen sei, und zur Zeit von einem Pri-

vatrechtsverhältnisse in vorliegender Sache keine Rede seyn könne.

Das Landgericht Ebern berichtete nun darauf hin unterm 26. Juli 1850 an die k. Regierung, daß es in der Eigenschaft als Administrativbehörde keine Schritte gegen Kühnreich mehr thun könne, weil es in seiner Eigenschaft als Justizbehörde auf dessen Remonstration die an denselben erlassenen Zahlungsaufträge zurückgenommen, und ihm nur die Gewärtigung der Klage in Aussicht gestellt habe, und das Landgericht der Ansicht sei, daß bei dieser Sachlage die Administrativbehörde eine Competenz nicht mehr ansprechen könne.

Darauf hin hat dann die k. Regierung von Unterfranken sich zur Anregung eines Competenzconflictes veranlaßt gefunden, und ihre dießfallsige Erklärung dem k. Landgerichte Ebern mittels Entschließung vom 31. October 1850 mitgetheilt.

Das k. Landgericht Ebern hat Abschriften dieser Erklärung, sowohl dem Kühnreich als auch der Gemeinde Gereuth zugeschlossen, und Kühnreich und die Gemeinde Gereuth haben hierauf Denkschriften eingereicht.

Der Erstere sucht darin darzuthun, daß in Beziehung auf ihn bezüglich der Frage, ob er noch etwas schulde und einzubezahlen habe, der Ausspruch nur dem Civilrichter zustehen könne, und die Competenz der Administrativbehörden ausgeschlossen sei.

Die Gemeinde Gereuth sucht dagegen in ihrer Denkschrift darzuthun, daß die vorwürfige Sache eine Administrativsache sei, jedenfalls aber der Gemeinde nicht zugemuthet werden könnte, im Rechtswege die Beitreibung des Leipold'schen Vermögens zu erwirken.

Nachdem nun die Acten an den Staatsanwalt am obersten Gerichtshofe eingesendet und von diesem vorgelegt worden waren, ist zur öffentlichen Verhandlung auf den 17. d. M. Tagsfahrt anberaumt und dieß den Betheiligten mit der Eröffnung bekannt gegeben worden, daß ihnen freistehe, sich hiebei durch Anwälte vertreten zu lassen.

Es konnte jedoch die Verhandlung am vorbesagten Tage nicht vor sich gehen, weil die öffentliche Verhandlung einer andern auf diesen Tag fixirt gewesenen Sache die volle Sitzungszeit in Anspruch nahm, daher solche auf heute vertagt worden ist.

In heutiger öffentlicher Sitzung erstattete der zum Berichterstatter ernannte Oberappellationsgerichtsrath Schwertfelner Vortrag, wobei die erheblichen Actenstücke abgelesen wurden, und, da von Seite der Betheiligten Niemand erschienen war, nahm hierauf der Staatsanwalt am

obersten Gerichtshof das Wort, und stellte
nach näherer Beleuchtung der Sache den
Antrag, auszusprechen:

„das betreffende Civilgericht habe
zu erkennen, ob der vormalige Patrimonialgerichts-Actuar **Kühnreich** als
Käufer der Realitäten des Soldaten
und spätern Deserteurs Georg Leipold von Gereuth den Kaufpreis,
weil er ihn verbotswidrig an Leipold hinausbezahlt habe, nochmals
zu entrichten habe."

Bei sofort erfolgter Prüfung hat
sich ergeben, daß über den hier in Frage
stehenden Anspruch an Revisor **Kühnreich**
die Gerichte zu entscheiden haben.

Es kann nämlich nicht dem geringsten
Zweifel unterliegen, daß das zwischen Leipold und **Kühnreich** abgeschlossene Rechts-
geschäft, aus welchem Letzterer nun eine
Zahlung von 550 fl. leisten soll, ein Vertrag, sohin civilrechtlicher Natur ist. Ansprüche aus einem solchen Rechtsgeschäfte
können aber, wenn sie nicht auf gütlichem
Wege Anerkennung finden, nur vor dem
ordentlichen Civilrichter geltend gemacht
werden.

Im vorliegenden Falle wird sich zur
Begründung der Behauptung, daß die Administrativstellen gegen **Kühnreich** wegen
Einzahlung des fraglichen Kaufschillings
einzuschreiten haben, auf die schon oben er-

wähnten Verordnungen vom 21. August
1807 und 21. October 1813 und das Gesetz vom 15. April 1840 berufen.

Allein aus den dort enthaltenen Vorschriften läßt sich eine Competenz der Administrativbehörden, an **Kühnreich** Zahlungsbefehle zu erlassen, und diese in Vollzug zu setzen, nicht ableiten, da hierin nichts
darüber bestimmt ist, vor welcher Behörde
Ansprüche an den Schuldner eines Deserteurs geltend zu machen sind, hiernach aber
nur die über die Zuständigkeit der Gerichte
bestehenden Gesetze zur Anwendung kommen können, und diesen zufolge aber um
so weniger sich beanstanden läßt, daß nicht
vor den Administrativbehörden, sondern
vor den Gerichtsbehörden derlei Ansprüche
zur Geltung zu bringen sind, als auch die
Vollzugsvorschriften zum Heerergänzungs-
Gesetze vom 15. Mai 1828 im §. 109
diese als diejenigen Behörden bezeichnet,
von welchen die Selbsthaftung der betreffenden Individuen für verbotwidrig gelei-
stete Zahlungen oder Vermögensaushändi-
gungen auf Instanz der betheiligten Gemeinde ausgesprochen und realisirt werden
soll.

Demnach mußte, wie oben geschehen,
erkannt werden.

Also geurtheilt und verkündet in der
öffentlichen Sitzung des obersten Gerichtshofes am 22. März 1851, wobei zugegen

waren: der erste Präsident Freiherr von Gumppenberg, Ministerialrath von Bezold, Oberappellationsgerichtsrath Elsenhart, Mininisterialrath von Schubert, Oberappellationsgerichtsrath Schwertfelner, Ministerialrath Burkart, Oberappellationsgerichtsrath Cucumus, der functionirende Staatsanwalt, Oberappellationsgerichtsrath Dall'Armi, und Secretär Paulus.

Unterschrieben sind:
Freiherr von Gumppenberg, Präsident.
Paulus, Secretär.

### Erkenntniß

des obersten Gerichtshofs des Königreichs vom 9. Mai 1851 bezüglich des zwischen der kgl. Regierung von Mittelfranken, Kammer des Innern und dem kgl. Appellationsgerichte von Mittelfranken in Sachen des Johann Sperber und Genossen zu Leinburg gegen den Gemeinde-Ausschuß daselbst wegen Kostenersatzes obwaltenden Competenzconflicts.

## Im Namen Seiner Majestät des Königs von Bayern

erkennt der oberste Gerichtshof des Königreichs bezüglich des zwischen der k. Regierung von Mittelfranken, Kammer des Innern, und dem k. Appellationsgerichte von Mittelfranken in Sachen des Joh. Sperber und Genossen zu Leinburg gegen den Gemeinde-Ausschuß daselbst wegen Kostenersatzes obwaltenden Competenzconflicts zu Recht:

daß die k. Regierung von Mittelfranken, Kammer des Innern, zur Entscheidung über die von Johann Sperber und Genossen von Leinburg in ihrer Eingabe vom 26. Juni 1849 gestellten Anträge auf Entschädigung für gemachte Gänge zuständig sei. —

### Gründe.

Im Monate December 1846 sendete die Gemeinde Leinburg, k. Landgerichts Altdorf, ohne die hiezu erforderliche Ermächtigung erlangt zu haben, einen Abgeordneten nach München, um die Angelegenheit eines Distrikts-Straßenbaues zu betreiben.

Hierdurch entstanden 43 fl. 45½ kr. Kosten, welche die Gemeinde Leinburg mittelst Gemeinde-Umlage aufzubringen beschloß.

Die Gemeindeglieder Johann Sperber und Christ. Hofmann, nebst fünf weiteren Genossen, verweigerten ihre Beiträge, was ein administratives Verfahren gemäß Artikel 14 des Gemeinde-Umlagengesetzes vom 22. Juli 1819 veranlaßte, in dessen Folge das k. Landgericht Altdorf unterm 30. Juli 1847 die Obengenannten für schuldig erklärte, zu den fraglichen Kosten beizutragen.

Auf eingelegte Berufung entschied jedoch die königliche Regierung von Mittelfranken, Kammer des Innern, unterm 8.

Januar 1848, daß die unbefugt geschehene Abordnung nicht als durch die Gemeinde, sondern durch die einzelnen Gemeindeglieder geschehen, zu betrachten sei; daß daher eine Gemeindeumlage zur Deckung der entstandenen Kosten nicht stattfinde und die Ausgleichung lediglich den betheiligten Gemeindegliedern überlassen bleibe.

Hiermit war ein Ausspruch über die in beiden Instanzen erwachsenen Kosten nicht verbunden.

Johann Sperber und Genossen traten nun unterm 4. April 1848 bei dem k. Landgerichte Altdorf im Civilrechtswege mit einer Klage gegen die Gemeindeverwaltung Leinburg auf, wegen Bezahlung der ihnen im administrativen Verfahren veranlaßten Kosten im Betrage von 24 fl. 22 kr., nämlich 11 fl. 15 kr. Ganggebühren, 11 fl. 58 kr. Kosten der Berufung und 1 fl. 9 kr. Ladungsgebühren und Sporteln.

Nach Verhandlung dieser Klage erkannte das erwähnte Gericht unterm 14. Juni 1849:

daß dieselbe wegen mangelnder Competenz des k. Landgerichts als Justizbehörde ab= und die Sache zur einschlägigen Administrativstelle zu verweisen, die Kläger aber in sämmtliche erwachsene Proceßkosten zu verurtheilen seien.

Letztere wendeten sich hierauf mit einer Vorstellung vom 26. Juni 1849 an die k. Regierung von Mittelfranken, Kammer des Innern, mit dem Antrage: die Gemeindeverwaltung Leinburg resp. die dortige Gemeinde zum Ersatze obiger, sowie der Kosten dieser jüngsten Eingabe und aller weiteren Verhandlungen und Entscheidungen zu verurtheilen.

Die genannte Kreisstelle sprach jedoch mit Entschließung vom 3. November 1849 aus, daß sie sich hiezu nicht für competent erachte, und es Sache der Antragsteller gewesen sei, gegen das landgerichtliche Erkenntniß vom 14. Juni 1849 rechtzeitig die Berufung einzulegen, und eine zweitinstanzliche Entscheidung zu erwirken.

Nun wendeten sich Johann Sperber und Genossen mit einer Beschwerde vom 24. Juni 1850 gegen den landgerichtlichen Bescheid vom 14. Juni 1849 an das k. Appellationsgericht von Mittelfranken mit der Bitte, auszusprechen: daß das k. Landgericht Altdorf als Justizbehörde der zuständige Richter für die vorliegende Sache sei und als solcher rechtlicher Ordnung nach weiter zu erkennen habe, eventuell: im Benehmen mit der k. Regierung von Mittelfranken, Kammer des Innern, die Competenzfrage zur Entscheidung zu bringen.

Das k. Appellationsgericht trat mit der letztgenannten Kreisregierung in's Be=

nehmen, in deſſen Folge dieſe unterm 22.
April 1850 die Entſchließung erließ, daß

a) die Gerichtskoſten bei der erſtinſtan-
ziellen Behandlung der Sache als
einer Communalſache, ſowie die Koſten der II. Inſtanz außer Anſatz zu
belaſſen,

b) die durch die Berufung gegen den landgerichtlichen Beſchluß vom 30. Juli
1847 erwachſenen Koſten von den
Recurrenten zu tragen,

c) die erhobenen Anſprüche für Ganggebühren zur Austragung in den Ci-
vilrechtsweg zu verweiſen ſeien.

Das k. Appellationsgericht hielt in-
deſſen auch in letzterer Beziehung die Zu-
ſtändigkeit der Kreisregierung begründet,
und legte daher mit Bericht vom 4. Mai
1850 die Sache dem k. Staatsminiſterium
der Juſtiz zur Hebung des noch vorhandenen verneinenden Competenzconflicts vor,
welches unterm 7. Juni v. J. die Acten
mit der Entſchließung zurückgab, daß nach
Maßgabe der Artikel 10, 11 und 12 des
inzwiſchen erſchienenen Geſetzes über Competenzconflicte zu verfahren, und Johann
Sperber mit Genoſſen auf die deßfall-
ſigen geſetzlichen Beſtimmungen hinzuwei-
ſen ſei.

Auf die Eröffnung dieſer Entſchließung
übergaben die Letztgenannten unterm 20.
Juli v. J. ihr Geſuch um Entſcheidung

über die Zuſtändigkeitsfrage bei dem k.
Landgericht Altdorf, welches der früheren
Gemeindeverwaltung Leinburg und der k.
Regierung von Mittelfranken, Kammer des
Innern, mitgetheilt, und worauf von Seite
der erwähnten Gemeindeverwaltung eine
Denkſchrift vom 10. September v. J. über-
geben wurde.

In jenem ſtellen Johann Sperber
und Genoſſen den Antrag:

den obwaltenden Competenzconflict zu
entſcheiden, bezüglich der auf denſelben
ſeit der landgerichtlichen Verhandlung
vom 25. Auguſt 1848 erwachſenen
Koſten aber auszuſprechen, daß die
Gerichtskoſten außer Anſatz zu bleiben
haben, ihre Auslagen aber und An-
waltskoſten von dem unterliegenden
Theile in der Hauptſache zu tragen
ſeien.

Die Mitglieder der früheren Gemeindeverwaltung von Leinburg ſuchen in ihrer
Denkſchrift auszuführen, daß entweder die
fraglichen Koſten als compenſirt zu erachten
ſeien, da in dem Definitivbeſcheide vom 8.
Januar 1848 kein Ausſpruch bezüglich der
Koſten erfolgt ſei, oder daß, wenn die Koſten nicht als Nebenſache betrachtet, und
ſelbſtſtändig verfolgt werden wollten, nur
die Gerichte über einen ſolchen Anſpruch
entſcheiden könnten.

Nachdem die Acten an den Staats-

47*

anwalt am obersten Gerichtshofe eingesendet, und von diesem vorgelegt worden waren, ist, die öffentliche Verhandlung auf den 9. d. Mts. angesetzt und dieß den Betheiligten mit der Eröffnung bekannt gemacht worden, daß ihnen freistehe, sich hiebei durch Anwälte vertreten zu lassen.

In heutiger öffentlicher Sitzung erstattete der zum Berichterstatter ernannte k. Ministerialrath von Schubert Vortrag, wobei die erheblichen Actenstücke verlesen wurden. Hierauf stellte, da von Seite der Betheiligten Niemand erschienen war, der k. Generalstaatsanwalt nach näherer Entwicklung der Sache den Antrag, zu erkennen: daß die Entscheidung über die von Joh. Sperber und Consorten von Leinburg erhobenen Entschädigungsansprüche für mehrere zum Landgerichte Altdorf gemachte Gänge in Betreff ihrer Beitragspflicht zu den Kosten der im Jahre 1846 abgeordneten Deputation der k. Regierung von Mittelfranken zustehe.

Aus der erfolgten Prüfung hat sich ergeben, daß

a) nur bezüglich der erhobenen Ansprüche auf Ersatz der Ganggebühren ein Competenzconflict obwalte;

b) zur Entscheidung dieser Ansprüche die k. Regierung von Mittelfranken, Kammer des Innern, als zuständig zu erkennen sei.

Bezüglich der übrigen Kosten hat nämlich diese Verwaltungsstelle ihre Zuständigkeit anerkannt, und hierüber unter'm 22. April v. Js. Entschließung erlassen, gegen welche den Betheiligten die Beschwerde an das k. Staatsministerium des Innern offen stand.

Diese Zuständigkeit ist aber auch bezüglich der in Anspruch genommenen Entschädigung für die zu Amte gemachten Gänge anzuerkennen; denn die Gänge, wofür der Ersatz angesprochen wird, geschahen bei dem administrativen Verfahren, und die Kosten hiefür bilden somit einen Theil der außergerichtlichen Proceßkosten dieses Verfahrens, daher ein Accessorium der Hauptsache, über welche im administrativen Wege zu entscheiden war.

Bezüglich des Kostenpunktes in administrativen Streitigkeiten finden aber die Vorschriften der bayerischen Gerichtsordnung analoge Anwendung, wornach zugleich mit der Hauptsache auch über die Kosten, und insbesondere über die Verbindlichkeit zum Ersatze der außergerichtlichen Kosten zu entscheiden ist. Gerichtsordnung Cap. 18 §. 4 Ziffer 7.

Bezüglich der Ganggebühren erfordert dieß schon die Natur der Sache, da eine andere, als die in der Hauptsache zuständige Behörde darüber, ob die Gänge nach dem Verfahren nothwendig waren, nicht zu urtheilen vermag.

Da nun in dem vorliegenden Falle eine nachträgliche Entscheidung über die Verpflichtung zum Ersatze der durch die im administrativen Verfahren stattgefundenen Gänge veranlaßten Kosten beantragt wird, so kann eine Entscheidung über diesen Antrag nur von jener Behörde erfolgen, von welcher die Entscheidung in der Hauptsache ausgegangen ist.

Was dagegen die bei Gericht entstandenen Kosten, so weit hierüber noch nicht erkannt ist, betrifft, so ist für dieselben Art. 9 des Gesetzes vom 28. Mai 1850, die Competenzconflicte betreffend, maßgebend.

Also geurtheilt und verkündet in der öffentlichen Sitzung des obersten Gerichtshofes am neunten Mai achtzehnhundert einundfünfzig, wobei zugegen waren: Freiherr von Gumppenberg, I. Präsident, v. Bezold, Ministerialrath, Eisenhart; Oberappellationsgerichtsrath, von Friedrich, Ministerialrath, Schwertfelner, Oberappellationsgerichtsrath, v. Schubert, Ministerialrath, Dr. Cucumus, Oberappellationsgerichtsrath, sodann von Volk, Generalstaatsanwalt und Paulus, Oberappellationsgerichts-Secretär.

Unterschrieben sind:

Freiherr v. Gumppenberg, I. Präsident.

Paulus, Secretär.

## Dienstes-Nachrichten.

Seine Majestät der König haben Sich allergnädigst bewogen gefunden, unter'm 5. Juni l. Js. zum zweiten Staatsanwalte am Kreis- und Stadtgerichte Landshut mit dem Range eines Kreis- und Stadtgerichtsrathes den Kreis- und Stadtgerichts-Assessor Gustav Hohenadl zu Amberg zu ernennen, und

den Professor der Mathematik an der Studienanstalt zu Schweinfurt, Carl Friedrich Hennig, wegen seines andauernden Krankheitszustandes und unter Anerkennung seiner bisherigen treuen Dienstleistung auf Grund des §. 22 lit. D. der IX. Beilage zur Verfassungsurkunde vorläufig auf die Dauer eines Jahres in den Ruhestand zu versetzen, dann

unter'm 6. Juni l. Js. den Appellationsgerichtsassessor Carl Freiherrn von Dürniz in Freising zum geheimen Secretär im Staatsministerium der Justiz zu ernennen.

## Landwehr des Königreichs.

Seine Majestät der König haben unter'm 28. Mai l. Js. dem Major und Commandanten des Landwehrbataillons Reichenhall, Joseph Silzer, unter allergnädigster Anerkennung seiner treuen und

ersprießlichen Dienste die nachgesuchte Enthebung von seiner Landwehr-Charge zu ertheilen geruht.

### Königlich Allerhöchste Genehmigung zur Annahme fremder Decorationen.

Seine Majestät der König haben
allergnädigst geruht, dem k. Staatsminister
des k. Hauses und des Aeußern, Dr. von
der Pfordten, die allerhöchste Bewilligung zur Annahme und Tragung des demselben von Seiner Majestät dem Könige
von Neapel verliehenen Großkreuzes des
Januarius-Ordens, und

dem Bischofe Georg von Oettl in
Eichstädt die allerhöchste Bewilligung zur
Annahme und Tragung des demselben von
dem Könige beider Sizilien verliehenen
Großkreuzes des k. Constantinischen Ordens
vom heiligen Georg zu ertheilen.

### Gewerbsprivilegien-Verleihungen.

Seine Majestät der König ha-
ben den Nachgenannten Gewerbsprivilegien
allergnädigst zu verleihen geruht, und zwar:

unter'm 12. März l. Js. dem Ma-
schinenfabrikanten James Edward Earn-
shaw von Nürnberg, auf Ausführung der
von ihm erfundenen veränderlichen Expan-
sion für Dampfmaschinen mit einem Schie-
ber, welcher gleichzeitig den Dienst des
Dampfschiebers und jenen des Expansions-
schiebers versieht, für den Zeitraum von
fünf Jahren, und

dem k. Obermaschinenmeister und Af-
sessor der k. Generaldirection der Verkehrsanstalten E. Exter, auf Ausführung seiner Erfindung, bestehend in Anwendung des
Princips der Wasserdruckwerke auf die Förderung und das Formen des Torfes, sowie
auf das Durchpressen desselben durch Schläuche
oder Röhren, welche nur das im Torf ge-
haltene Wasser entweichen lassen, für den
Zeitraum von drei Jahren, dann

unter'm 24. März l. Js. dem Hof-
banquier Simon Freiherrn von Eichthal,
auf Ausführung seiner Erfindung, bestehend
in Verbesserungen des Merille'schen Brü-
ckensystems durch Anwendung schmied- und
gußeiserner Träger zur Aufstellung von
Viaducten und Brücken größerer und geringerer Spannweite, für den Zeitraum von
zehn Jahren, ferner

unter'm 11. April l. Js. dem Schuh-
macher Johann Georg Zorn von Kempten,
auf Ausführung seiner Erfindung, bestehend

a) in Verbindung des Besetzleders an
Schuhen und Stiefeln, dann der Brands-
sohle, Gelenk- und Ballenstücke mittelst eines weichen wasserdichten Kittes,

b) Einschlagung des Oberleders über die
Brandsohle,

c) Anwendung einer — die Sohle und

das Oberleder unzertrennlich verbindenden sogenannten Kettennaht und
d) eines diese Kettennaht deckenden ela-
stischen Kittes,
für den Zeitraum von drei Jahren und
unter'm 26. April l. Js. dem Draht-
fabrikanten Joseph Reichenberger von
Grötschenreuth, Landgerichts Erbendorf, auf
das von ihm erfundene eigenthümliche Verfahren bei Verzinkung des Eisendrahtes,
für den Zeitraum von zehn Jahren.

### Verlängerung von Gewerbsprivilegien.

Seine Majestät der König ha-
ben unter'm 8. März l. Js. das dem Un-
terkaiblsmüller Simon Westermayr verliehene, nach dessen Ableben auf seine Gat-
tin Magdalena Westermayr eigenthümlich übergegangene Gewerbsprivilegium auf
Anwendung eines eigenthümlichen Verfahrens bei Fabrikation von Rollgerste und
Ründelwaaren, sowie der hiezu erforderlichen Maschinen für den Zeitraum von weitern vier Jahren, vom 24. April 1851
anfangend, dann

unter'm 9. März l. Js. das dem
Zeugschmiedgesellen Oswald Ried von hier
unter'm 22. Februar 1845 verliehene Gewerbsprivilegium auf Anwendung der von
ihm erfundenen neuen Methode zur Verfertigung von Zollmaßstäben nach bayerischem

Muttermaße für den Zeitraum von weitern
zwei Jahren;

unter'm 24. März l. Js. das dem
Lederlackirer Johann Schmid von München unter'm 8. April 1846 verliehene,
im Erbschaftswege auf dessen Tochter Elise
Schmid eigenthümlich übergegangene Gewerbsprivilegium auf Anwendung des von
ihrem Vater erfundenen eigenthümlichen
Verfahrens zum schnellen Lackiren des Le-
ders mittelst Ofentrocknung für den Zeitraum von weitern 4 Jahren, vom 8. April
1852 anfangend, und

unter'm 27. März l. Js. das dem
Pharmazeuten Carl Ferdinand Trott und
dem Spänglermeister Johann Friedrich
Bauer von München unter'm 1. April
1848 verliehene, in der Zwischenzeit auf
Bauer allein eigenthümlich übergegangene
Gewerbsprivilegium auf Verfertigung der
von ihnen erfundenen neuen Kaffee- und
Theemaschinen für den Zeitraum von weitern zwei Jahren, vom 1. April 1851 anfangend, und

unter'm 19. April l. Js. das dem
Bildhauer Joseph Kiellinger unter'm
1. Mai 1848 verliehene, in der Zwischenzeit auf den städtischen Brodhüter, Joseph
Braunmüller dahier, eigenthümlich übergegangene Gewerbsprivilegium auf Anwendung des von rc. Kiellinger erfundenen
Verfahrens bei Bereitung von Meth, Leb-

kuchen, Thee-Essenz, dann auf Erzeugung von Liqueuren aus deren Abfallsatze, für den Zeitraum von weitern drei Jahren, vom 1. Mai 1851 anfangend, zu verlängern geruht.

### Einziehung von Gewerbsprivilegien.

Von dem Stadtmagistrate München ist die Einziehung des dem Egid Bonin unter'm 19. October 1846 verliehenen, unter'm 13. October 1849 verlängerten und unter'm 17. Mai 1847 resp. 31. Jänner 1850 ausgeschriebenen dreijährigen Gewerbsprivilegiums auf Anwendung des von ihm erfundenen eigenthümlichen Verfahrens bei Verfertigung von Filzgaloschen, welche dem Eindringen der Feuchtigkeit widerstehen sollen, und bei Verfertigung von Leder-schuhen und Stiefeln, dann

die Einziehung des dem Nathan Feuchtwanger von Schwabach unter'm 10. December 1849 verliehenen und unter'm 21. Februar 1850 ausgeschriebenen zehnjährigen Gewerbsprivilegiums auf Anwendung des von ihm erfundenen eigenthümlichen Verfahrens bei dem Zubereiten der Bettfedern und bei dem Einfüllen der Bettstücke, und

die Einziehung des dem J. Söldner von Straubing unter'm 1. September 1849 verliehenen und unter'm 12. December 1849 ausgeschriebenen fünfjährigen, in der Zwi-schenzeit auf den Lebküchner Tobias Her-mann von Oettingen eigenthümlich über-gegangenen Gewerbsprivilegiums auf An-wendung eines eigenthümlichen Verfahrens beim Backen seiner Brodgattungen und Lebkuchen, sowie bei Bereitung von Meth, wegen Mangels der Neuheit und Eigen-thümlichkeit beschlossen worden, und diese sämmtlichen Beschlüsse wurden im Recurs-wege von der k. Regierung, Kammer des Innern, von Oberbayern bestätigt.

### Gewerbsprivilegien-Erlöschungen.

Das dem Bierbrauerssohn Anton Leiß von Moosburg unter'm 4. September 1849 verliehene und unter'm 7. November 1849 ausgeschriebene dreijährige Gewerbs-privilegium auf Anfertigung der von ihm erfundenen eigenthümlichen Torfschneidma-schine und Torfpresse, dann

das dem Andreas Eichner von Mün-chen unter'm 7. September 1849 verliehene und unter'm 7. November 1849 ausge-schriebene dreijährige Gewerbsprivilegium auf Anfertigung von Hand- und Schulta-schen, sowie Sommerschirmmützen aus Holz und spanischem Rohr wurde wegen nicht gelieferten Nachweises der Ausführung dieser Erfindungen in Bayern auf Grund des §. 80 Ziffer 4 der allerhöchsten Verordnung vom 10. Februar 1812, die Gewerbspri-vilegien betreffend, als erloschen erklärt.

(Hiezu als Beilagen die speciellen Ausweise der Hauptrechnung der allgemeinen Brandversicherungs-Anstalt für das Etatsjahr 18⁴⁹/₅₀.)

# Regierungs-Blatt

### für     das

### Königreich     Bayern.

## № 31.

München, Sonntag den 15. Juni 1851.

**Inhalt:**

## Bekanntmachung,

**die Tarifirung von Reis und denaturirtem Baumöl betreffend.**

### Staatsministerium des Handels und der öffentlichen Arbeiten.

Nachdem bezüglich einiger Abänderungen in der Tarifirung des Reises und des denaturirten Baumöls (des mit Terpentin versetzten Baumöls für den Fabrikgebrauch), welche die allerhöchste Genehmigung Seiner Majestät des Königs erlangt haben, eine besondere Vereinbarung unter den Regierungen des Zollvereins erfolgt ist, so wird dieselbe nachstehend zur öffentlichen Kenntniß gebracht:

**I.**

Die Bestimmungen der Positionen 25, s.

48

und der Anmerkung 1 zur Position 26 der
zweiten Abtheilung des in-Folge der k.
allerhöchsten Verordnung vom 28. October
1848 (Regierungsblatt No. 58 vom Jahre
1848) vom 1. Januar 1849 an bis auf
Weiters in Kraft gebliebenen Vereinszoll-
tarifes für die Jahre 18⁴⁶/₄₆ werden da-
abgeändert, daß

   Reis, und zwar:

  a) geschälter dem Eingangs-
    zolle von 1 fl. 43 kr. ⎫ für den
    (1 Thlr.) ⎪ Centner
  b) ungeschälter dem Ein- ⎬ Brutto-
    gangszolle von 1 fl. 10 kr. ⎪ Gewicht
    (20 Sgr.) ⎭

unterliegt, und

2) Baumöl in Fässern eingehend, wenn
  bei der Abfertigung auf den Centner
  ein Pfund Terpentinöl zugesetzt worden,
  vom Eingangszoll frei bleibt, bei der
  Ausfuhr dagegen einem Ausgang-zoll
  von 17½ kr. (5 Sgr.) für den
  Centner unterworfen ist.

          II.

  Diese Abänderungen treten mit dem
1. August dieses Jahres in Wirksamkeit.

  München, den 15. Juni 1851.

Auf Seiner Königlichen Majestät
   Allerhöchsten Befehl.

      v. d. Pfordten.

       Durch den Minister
      der Generalsecretär:
    Ministerialrath Wolfanger.

## Erkenntniß

des obersten Gerichtshofs des Königreichs vom
9. Mai 1851 in Sachen des Hofmarksbesitzers
v. Link zu Guttenburg gegen Mathias Heider
und Genossen von Wimpassing, Firation von
Handlohnsgefällen, hier Competenzconflict betr.

Im Namen Seiner Majestät des
   Königs von Bayern

erkennt der oberste Gerichtshof des Königs-
reichs in Sachen des Hofmarksbesitzers
von Link zu Guttenburg gegen Mathias
Heider und Genossen von Wimpassing,
Firation von Handlohnsgefällen, hier Competenzconflict betreffend, daß ein Competenzconflict nicht gegeben, somit die Sache hierorts wegen Unzuständigkeit abzuweisen sei.

      Gründe:

  In Folge des Ablösungsgesetzes vom
4. Juni 1848 hat von Link als Besitzer
der Hofmark Guttenburg bei dem k. Landgerichte Mühldorf unter'm 18. präs. 23.
September 1848 die Firation der unständigen Grundgefälle der erwähnten Hofmark
beantragt.

  Da sich eine gütliche Uebereinkunft
zwischen dem Grundherrn und den Grundholden nicht erzielen ließ, zum Behufe der gerichtlichen Firation aber die erforderlichen
rechnungsmäßigen Nachweise der fraglichen
Grundgefälle fehlten, so wurde eine Schätzung der abgabenpflichtigen Realitäten, und
insbesondere auch der handlohnbaren Güter

des Math. Heider und Consorten zu Wifu paßfäng nothwendig.

Zu diesem Ende wurden von den Betheiligten vier Schätzleute gewählt, und diesen der Obertaxator bei der k. Steuerkatasterkommission zu München, Benedikt Seiler, als gerichtlicher Schätzmann beigegeben.

Als nun nach deren Verpflichtung zur Aufnahme der Schätzungen geschritten wurde, ergaben sich zwischen den von den Grundholden gewählten Schätzern und dem Obertaxator Seiler erhebliche Differenzen, so daß Erstere schon am 29. April 1850 bei dem Schätzungsacte nicht mehr erschienen, weßhalb Math. Heider und Consorten sich veranlaßt fanden, in einer Eingabe vom 3. präs. 4. Mai 1850 um Entfernung des amtlichen Schätzers, Benedikt Seiler, bei dem k. Landgerichte Mühldorf zu bitten.

Für den Fall, daß diesem Antrage nicht stattgegeben werden sollte, überreichten sie zugleich eine Beschwerde an das k. Appellationsgericht von Oberbayern dd. 5. präs. 8. Mai 1850, und unter demselben Datum bei diesem unmittelbar ein Perhorrescenzgesuch gegen das k. Landgericht Mühldorf mit der Bitte:

die Vereinigung der Sache einem anderen Gerichte, oder doch einem anderen Beamten statt des bisherigen Landrichters Wohlwend übertragen zu wollen.

Auf die von dem Untergerichte geschehene Vorlage der Acten hat jedoch das k. Appellationsgericht von Oberbayern durch Entschließung vom 14. Mai 1850 zur Entscheidung dieser Perhorrescenzbeschwerde sich für incompetent erklärt.

Math. Heider und Consorten wendeten sich hierauf mit einer Vorstellung vom 24. Mai 1850 an den k. Staatsrath, welcher jedoch denselben durch das k. Staatsministerium der Justiz gemäß allerhöchsten Rescripts vom 12. Juni 1850 ebenfalls wegen Unzuständigkeit die Abweisung bedeuten ließ.

Advokat Benl zu Mühldorf, Anwalt des Math. Heider und Consorten, stellte nun am 22. September 1850 an den obersten Gerichtshof die Bitte um Entscheidung eines vorliegenden Competenzconflictes, da sowohl das k. Appellationsgericht von Oberbayern, als der k. Staatsrath in dieser Sache sich nicht für zuständig erklärt hätten.

Mit Bericht des k. Appellationsgerichts von Oberbayern vom 8. präs. 13. März 1851 wurde dieses Gesuch nebst Acten anher vorgelegt, worauf, da eine Ergänzung derselben oder eine weitere Instruction in dieser Sache nicht nöthig schien, von dem Präsidium des obersten Gerichtshofes zur öffentlichen Verhandlung auf heute Freitag den 9. Mai 1851 Termin anberaumt, und den Betheiligten davon Kenntniß ertheilt wurde.

46*

Bei der nun heute stattgehabten öffentlichen Sitzung wurde von dem zum Berichterstatter ernannten Oberappellationsgerichtsrath Effenhärt die Sache vorgetragen, und dabei die erheblichen Actenstücke verlesen.

Von Seite der Grundholden ist Niemand erschienen, dagegen fand sich als Vertreter des Gutsbesitzers v. Link der k. Advokat Dr. Buchner von München ein, welcher, nachdem er sich durch Vollmacht des v. Link dd. 7. Mai 1851 legitimirt hatte, nach weiterer Erörterung, den Antrag stellte: das Gesuch des Advocaten Benl wegen Unzuständigkeit des Competenzconflicts-Senates abzuweisen, eventuell die Competenz der Justizbehörde in dieser Sache auszusprechen.

Hierauf nahm der General-Staatsanwalt das Wort, und stellte nach kurzer Darlegung seiner Ansicht ebenfalls den Antrag: die Unzuständigkeit des Competenzconflicts-Senates auszusprechen.

Diesem Antrage mußte auch entsprochen werden; denn es hat zwar das k. Appellationsgericht von Oberbayern unter'm 14. Mai 1850 zur Entscheidung der dahin gebrachten Beschwerden sich für unzuständig erklärt; allein der k. Advokat Benl hat nun, statt eine Abhilfe seiner Beschwerden bei der dem k. Landgerichte Mühldorf zunächst vorgesetzten Administrativbehörde, der

k. Regierung von Oberbayern, Kammer des Innern, zu suchen, sich an den k. Staatsrath mit der Bitte gewendet, aussprechen zu wollen:

    daß das k. Appellationsgericht von Oberbayern zur Entscheidung der an dasselbe gebrachten Beschwerden zuständig sey.

Der k. Staatsrath konnte jedoch nach dem ihm in der k. Verordnung vom 18. November 1825 Tit. II. §. 7. zugewiesenen Wirkungskreise zur Entscheidung der gegen den oben erwähnten Ausspruch des k. Appellationsgerichts von Oberbayern erhobenen Beschwerde sich nicht für competent erachten, und hat daher diese Beschwerde ebenfalls wegen Unzuständigkeit zurückgewiesen.

Diesem gemäß liegt in gegenwärtiger Sache eine Entscheidung, und zwar eine die Zuständigkeit ablehnende Entscheidung der zunächst hiezu berufenen Administrativbehörde, der k. Regierung von Oberbayern, noch gar nicht vor, daher von einem verneinenden Competenzconflicte nach Art. 10 des Gesetzes vom 28. Mai 1850 hier offenbar keine Rede seyn kann, weßwegen die von Advokat Benl hierher gebrachte Beschwerde von dem zur Entscheidung der Competenzconflicte formirten oberstrichterlichen Senate gleichfalls wegen Unzuständigkeit abgewiesen werden mußte.

Also geurtheilt und verkündet in der öffentlichen Sitzung des obersten Gerichtshofes am neunten Mai achtzehnhundert ein und fünfzig, wobei zugegen waren: Freiherr von Gumppenberg, I. Präsident, v.

Oberappellationsgerichtsrath, v. Friederich, Ministerialrath, Schwertfelner, Oberappellationsgerichtsrath, von Schubert, Ministerialrath, Cucumus, Oberappellationsgerichtsrath, dann von Volk, General-Staatsanwalt und Oberappellationsgerichts-Secretär Paulus.

Unterzeichnet sind:

Freiherr von Gumppenberg, I. Präsident.

Paulus, Secretär.

———

### Erkenntniß

des obersten Gerichtshofs des Königreichs vom 9. Mai 1851 bezüglich des zwischen dem k. Appellationsgerichte und der k. Regierung, Kammer des Innern, von Oberfranken wegen des in Sachen der k. Stiftungsverwaltung der von Auffeeß'schen Seminärstiftung Prügel zu Weismain gegen mehrere Grundholden wegen Fixation der Handlöhne obwaltenden Competenzconflictes.

Im Namen Seiner Majestät des Königs von Bayern

erkennt der oberste Gerichtshof des Königreichs bezüglich des zwischen dem k. Appellationsgerichte und der k. Regierung, Kammer des Innern, von Oberfranken wegen des in Sachen der k. Stiftungsverwaltung der v. Auffeeß'schen Seminärstiftung Prügel zu Weismain gegen mehrere Grundholden wegen Fixation der Handlöhne obwaltenden Competenzconflictes zu Recht:

„daß zur Entscheidung der von der
„k. Stiftungsverwaltung erhobenen Be-
„schwerde d. d. 13. Juni 1850 das
„k. Appellationsgericht von Oberfranken
„competent sei".

### Gründe:

In Folge des Ablösungsgesetzes vom 4. Juni 1848 Art. XV. hat die k. Stiftungsverwaltung der v. Auffeeß'schen Seminärstiftung Prügel zu Weismain hinsichtlich der im Landgerichtsbezirke Lichtenfels liegenden zu ihr handlohnbaren Realitäten auf Fixation der Handlöhne angetragen, um solche sodann an die Ablösungscasse überweisen zu können.

Da jedoch bei einigen Grundholden bezüglich der in ihrem Besitze befindlichen 13 handlohnbaren Objecte eine gütliche Uebereinkunft nicht erzielt werden konnte, so beschloß das k. Landgericht und Rentamt Lichtenfels am 5. October 1849, jene handlohnbaren Objecte einer neuerlichen Schätzung zu unterstellen, und aus dem hiedurch ermittelten Werthe derselben das Handlohnß-

Firum mit Zugrunblage bes 7 1/8 procentigen
Maßstabes festzusetzen.'

Die von dem Gerichte und den Betheiligten erwählten 5 Schätzer übergaben
das Schätzungsprotokoll am 6. Mai 1850,
von welchem nun die Interessenten am 10.
ejusd. in Kenntniß gesetzt wurden.

Das Circular hierüber wurde dem
Stiftungsverwalter H o f m a n n am 4. Juni
1850 zugestellt, worauf derselbe bereits unter'm 5. pr. 6. ejusd. die Berufung anmeldete und am 13. d. Mts. zu Protokoll
ausführte, mit der Bitte,

„die Schätzung, zu welcher er gar
nicht geladen worden sei, und welche sich
auch sonst nicht rechtfertigen lasse, aufzuheben und eine neue Abschätzung anzuordnen.''

Das Appellationsgericht von Oberfranken hat sich aber zur Entscheidung dieser
Berufung nicht für competent erachtet und
dieselbe daher durch Erkenntniß vom 6. August 1850 abgewiesen.

Die Stiftungsverwaltung überreichte
nun am 19. pr. 21. August 1850 eine
Berufung an die k. Regierung von Oberfranken, Kammer des Innern, welche jedoch
durch Entschließung vom 20. November 1850
zur Entscheidung der erhobenen Beschwerde
sich ebenfalls für unzuständig erklärte.

In Folge dessen wurde von der k.
Stiftungsverwaltung Prügel unter'm 11.
pr. 13. December 1850 bei dem k. Landgerichte Lichtenfels der Competenzconflict angeregt.

Nachdem die Acten an den Staatsanwalt des obersten Gerichtshofes eingesendet und von diesem vorgelegt worden waren,
ist zur öffentlichen Verhandlung Tagsfahrt
auf den 9. d. Mts. anberaumt, und dieß
den Betheiligten mit der Eröffnung bekannt
gemacht worden, daß es ihnen freistehe, sich
hiebei durch Anwälte vertreten zu lassen.

In heutiger öffentlicher Sitzung wurde
nun von dem zum Berichterstatter ernannten
Oberappellationsgerichtsrathe E i s e n h a r t
die Sache unter Verlesung der erheblichen
Actenstücke zum Vortrage gebracht.

Da von Seite der Betheiligten Niemand erschienen ist, nahm der Generalstaatsanwalt das Wort und stellte nach näherer
Beleuchtung der Sache den Antrag, auszusprechen,

„daß das k. Appellationsgericht von
„Oberfranken über die Beschwerde der
„Stiftungsadministration Prügel zu er-
„kennen competent sei''.

Bei erfolgter Würdigung der vorliegenden Anträge mußte die Zuständigkeit des
k. Appellationsgerichts von Oberfranken ausgesprochen werden, denn:

1) Im §. 19 des Gesetzes vom 4. Juni
1848, die Aufhebung, Firirung und
Ablösung von Grundlasten betreffend,
ist bezüglich des Verfahrens bei Firirung

der Grundlasten auf die hier wegen erlassene besondere Instruction hingewiesen.

2) In dieser Instruction vom 17. Juni 1848 ist im §. 12 Abs. 3 bezüglich der neuerlichen Schätzungen, welche zum Behufe der Fixirung der Handlöhne nothwendig werden, auf die Bestimmung des Art. 11 Ziff. 4 des Gesetzes vom 4. Juni 1848 und zwar nicht bloß auf einen Absatz, sondern seinem ganzen Inhalte nach hingewiesen.

Nun ist aber die daselbst gegebene Bestimmung bezüglich der Art der Vornahme der Schätzungen eine allgemeine, indem es gleich im Eingange des Ziff. 4 heißt:

„diese so wie alle in gegenwärtigem Gesetze vorgeschriebenen Schätzungen 2c.‟

und da im Abs. 3 daselbst bezüglich der Entscheidung der Schätzer überhaupt verordnet ist, daß gegen solche eine Berufung an das Appellationsgericht binnen 14 Tagen stattfinde, so kann es keinem Zweifel unterliegen, daß diese Bestimmung auch bei den Schätzungen zum Behufe der Handlohnsfixirungen Anwendung finden, und daß sohin auch in solchen Fällen die Berufung an das Appellationsgericht gebracht werden müsse.

3) Es wäre auch ganz abnorm und gar kein zureichender Grund dafür aufzu-

finden, warum nach dem Ablösungsgesetze das Verfahren bezüglich der erforderlichen Schätzung zum Behufe der Fixation umständiger Lasten eines und dasselbe, das Rechtsmittel gegen den Ausspruch der Schätzer aber je nach Verschiedenheit des Gegenstandes der umständigen Abgaben an verschiedene Stellen verwiesen seyn sollte.

4) Der §. 19 des Ablösungsgesetzes, in welchem verordnet ist, daß die Fixirung der Grundlasten von den Districtspolizeibehörden in Gemeinschaft mit den k. Rentämtern vollzogen werde und die Berufung gegen deren Beschlüsse an die k. Regierung, Kammer des Innern, geht, steht hierin nicht entgegen, denn diese Bestimmung hat das Geschäft der Fixirung selbst zum Gegenstande, berührt aber das vorbereitende Verfahren bei Schätzungen, bezüglich welcher im §. 11 Ziff. 4 specielle Bestimmungen gegeben sind, durchaus nicht, und kann daher auf die Ausnahmsbestimmung, gemäß welcher Berufungen gegen die Entscheidung der Schätzer der Competenz der Appellationsgerichte zugewiesen sind, von keinem Einflusse seyn.

Diesem gemäß mußte, wie geschehen, erkannt werden.

Also geurtheilt und verkündet in öffentlicher Sitzung des obersten Gerichtshofes am 9. Mai 1851, wobei zugegen waren: Frhr. v. Gumppenberg, I. Präsident, v. Bezold, Ministerialrath, Eisenhart, Oberappellationsgerichtsrath, v. Friederich, Ministerialrath, Schwertfelner, Oberappellationsgerichtsrath, v. Schubert, Ministerialrath, Cucumus, Oberappellrath, dann v. Volk, Generalstaatsanwalt, und Oberappellationsgerichtssecretär Paulus als Protokollführer.

Unterschrieben sind:

Frhr. v. Gumppenberg, I. Präsident.

Paulus, Secretär.

### Erkenntniß

des obersten Gerichtshofs des Königreichs vom 9. Mai 1851 bezüglich des in Sachen der Gutsbesitzer zu Fuchsstadt gegen die freiherrlich v. Groß'sche, v. Redwitz'sche und v. Zu-Rhein'sche Gutsherrschaft zu Rottenbauer wegen Weiderechtsablösung, nun Festsetzung der Entschädigungssumme zwischen den Verwaltungs- und Justizbehörden, vorwaltenden verneinenden Competenzconflictes.

**Im Namen Seiner Majestät des Königs von Bayern**

erkennt der oberste Gerichtshof des Königreichs bezüglich des in Sachen der Gutsbesitzer zu Fuchsstadt gegen die freiherrlich v. Groß'sche, v. Redwitz'sche und v. Zu-Rhein'sche Gutsherrschaft zu Rottenbauer wegen Weiderechtsablösung, nun Festsetzung der Entschädigungssumme zwischen den Verwaltungs- und Justizbehörden vorwaltenden verneinenden Competenzconflicts zu Recht:

„daß über den Antrag der Güterbesitzer von Fuchsstadt vom 4. September 1849 zu verfügen oder zu entscheiden die Administrativbehörden competent seien".

### Gründe:

Die Güterbesitzer von Fuchsstadt haben in Folge des Gesetzes vom 4. Juni 1848, die Aufhebung der standes- und gutsherrlichen Gerichtsbarkeit, dann die Aufhebung, Fixirung und Ablösung von Grundlasten betreffend, beschlossen, das auf Fuchsstadter Markung der freiherrlich v. Groß'schen, v. Redwitz'schen und v. Zu-Rhein'schen Gutsherrschaft zu Rottenbauer zustehende Weiderecht abzulösen, und sofort am 8. Jänner 1849 beim k. Landgerichte Ochsenfurt die Einleitung des dießfallsigen Verfahrens beantragt.

Den beim genannten Landgerichte gepflogenen Verhandlungen zufolge ist der jährliche Reinertrag des abzulösenden Weiderechts auch bereits ermittelt; ob nun aber dieser auf 290 fl. festgestellte jährliche Reinertrag behufs der Ermittlung der Ablösungs-

summe im achtzehnfachen oder im fünfundzwanzigfachen Betrage zu berechnen sei, darüber sind die Betheiligten noch in Differenz, und soll Entscheidung erlassen werden.

Auf einen von den Güterbesitzern zu
Fuchsstadt unter'm 4. September 1849 zu
Protokoll gestellten Antrag, die Entschädigungssumme nach Art. 23 des oben allegirten Gesetzes mit dem achtzehnfachen Betrage, sohin zur Summe von 5,220 fl. festzusetzen, hatte das k. Landgericht Ochsenfurt
als Administrativbehörde mittels Entschließung vom 4. October 1849 ausgesprochen,
daß diesem Antrage entsprechend das Ablösungscapital regulirt und auf 5,220 fl. festgesetzt werde.

Hiegegen hat die Gutsherrschaft zu
Rottenbauer die Berufung an die k. Regierung von Unterfranken und Aschaffenburg
eingewendet, und Erhöhung des Ablösungs-
capitals zum fünfundzwanzigfachen Betrage
des Reinertrages, sohin auf 7250 fl. beantragt. Die genannte Regierung hat aber sonach unter'm 16. März 1850 Entschließung
dahin erlassen, daß der Beschluß des Landgerichts Ochsenfurt wegen mangelnder Zuständigkeit als nichtig aufgehoben, und die
Austragung dieser Streitsache auf den Civil-
rechtsweg verwiesen werde.

In den Motiven zu dieser Entschließung ist angeführt, daß, wenn auch im Art. 5
des oben bezeichneten Gesetzes die Ermittlung und Feststellung der Entschädigung den
Culturbehörden zugewiesen sei, hiefür doch
in den Gebietstheilen des ehemaligen Groß-
herzogthumes Würzburg nur die Civilgerichte als zuständig erachtet werden könnten;
da dort die bayerischen Culturverordnungen
nicht eingeführet wurden, sohin auch keine
Culturbehörden bestehen, die Streitigkeiten
über Ablösung von Hut- und Weiderechten
fortwährend zur Competenz der Justizbehörden gehörten, durch den oben angeführten
Art. 5 hieran nichts geändert sei, und hienach die Zuständigkeit der Civilgerichte für
die Ablösung der Weiderechte, resp. Ermittlung des Entschädigungscapitals, dortselbst
als begründet um so mehr fortbestehe, als
auch gemäß Art. 11 des erwähnten Gesetzes
gegen Entscheidungen der Schätzer die Berufung an das betreffende Appellationsgerichte
gehe.

Als hierauf diese Angelegenheit durch
die Güterbesitzer zu Fuchsstadt beim k. Landgerichte Ochsenfurt in weitere Anregung gebracht wurde, sprach jedoch dieses durch
Beschluß vom 23. April 1850 aus, daß
es sich als Justizbehörde nicht für competent
erachte, die Sache zum Civilrechtswege zu
ziehen, und als solche über die Frage, nach
welchem Maßstabe das Ablösungscapital festgesetzt werden soll, zu verhandeln und zu
entscheiden.

Die Güterbesitzer zu Fuchsstadt haben

sofort mittels eines beim k. Landgerichte Ochsenfurt eingereichten Gesuches de praes. 6. Jänner d. Js. unter Bezugnahme auf das Gesetz über Competenzconflicte vom 28. Mai 1850 den obersten Gerichtshof um Entscheidung des vorwaltenden verneinenden Competenzconflictes angerufen; es ist dieses Anrufen von besagtem Landgerichte den Betheiligten zur Einreichung von Denkschriften mitgetheilt, und sind sofort, da Denkschriften nicht eingekommen sind, die betreffenden Acten an den obersten Gerichtshof eingesendet, und von diesem zur Verhandlung dieser Competenzsache auf heute öffentliche Sitzung anberaumt worden.

Nachdem nun diese Sache in heutiger öffentlicher Sitzung aufgerufen worden war, erstattete der zum Berichterstatter ernannte Oberappellationsgerichtsrath Schwertfel ner Vortrag, wobei die erheblichen Actenstücke verlesen wurden, worauf dann, da von Seite der Betheiligten Niemand erschienen war, der k. Generalstaatsanwalt am obersten Gerichtshofe das Wort nahm, und nach näherer Erörterung der Sache den Antrag stellte, auszusprechen, daß die k. Regierung von Unterfranken und Aschaffenburg, competent sei, über die Festsetzung der Ablösungssumme zu erkennen.

Diesem Antrage war auch insoweit stattzugeben, daß die Administrativbehörden hier als zuständig erklärt werden mußten, über den Antrag der Güterbesitzer von Fuchs stadt vom 4. September 1849 zu verfügen oder zu verbescheiden; denn

1) das schon oben allegirte Gesetz vom 4. Juni 1848 weiset die Ermittlung und Feststellung der Entschädigungssumme für abzulösende Weiderechte im Art. 5 Abs. 3 ausdrücklich den Culturbehörden zu, und setzt dann im Art. 19, wo es vom Verfahren handelt, fest, daß die Fixirung der Grundlasten von den Districtspolizeibehörden in Gemeinschaft mit den k. Rentämtern im summarischen Verfahren vollzogen werden und die Berufung gegen derlei Beschlüsse an die k. Regierung, Kammer des Innern, gehen soll;

2) die Thätigkeit der Civilgerichte beschränkt dieses Gesetz in den vorerwähnten Beziehungen ganz speciell nur auf die im Art. 11 No. 3 und 4 angeführten drei Fälle, nämlich:

a) auf Entscheidung der von den Pflichtigen gegen die Richtigkeit der Rechnungen erhobenen Einwendungen,

b) auf Ernennung eines fünften Sachverständigen bei Bestellung von Sachverständigen, wenn zur Schätzung geschritten werden muß, und

c) auf Entscheidung der gegen den Ausspruch der Schätzer gestatteten Berufung und nur wo das Recht und der

Umfang der zu fixirenden Abichniffe bestritten ist, erklärt es im Art. 20, bleibe der Rechtsweg vorbehalten;

3) in vorliegender Sache handelt es sich, dem von den Güterbesttern zu Fuchsstadt unter'm 4. September 1849 gestellten Antrage zufolge, dermalen lediglich davon, die Ablösungssumme aus dem bereits ermittelten jährlichen Reinertrage des betreffenden Weiderechts zu reguliren und festzustellen, sohin von keinem jener Ausnahmsfälle, in welchen das angeführte Gesetz die Civilgerichte thätig seyn läßt, und, es erscheint hiernach um so minder statthaft, die Verfügung oder Verbescheidung über diesen Antrag den Civilgerichten zuzuweisen, und die Wirksamkeit der Civilgerichte über die dort bestimmten Ausnahmsfälle hinaus auszudehnen, als dieß der Tendenz des besagten Gesetzes, welches seinem Wesen nach ein Culturgesetz und nach nationalökonomischen Grundsätzen gegeben ist, mit dessen Vollzug laut der Schlußbestimmung die Staatsminister des Innern und der Finanzen beauftragt sind, ganz offenbar zuwiderlaufen würde;

4) wenn übrigens auch in den Gebietstheilen des ehemaligen Großherzogthums Würzburg die in den ältern Kreisen des Königreichs geltenden Culturverordnungen nicht zur Publication gelangt sind, auch einige jener Angelegenheiten, von welchen das Gesetz vom 4. Juni 1848 handelt, und welche dieses Gesetz den Administrativbehörden zuweist, dort früher von den Civilgerichten verhandelt und entschieden worden sind, so kann deßhalb noch keineswegs angenommen werden, daß auch jetzt die Civilgerichte hiefür noch zuständig seien, und noch minder, daß in den erwähnten Gebietstheilen die Civilgerichte die Culturbehörden seien; denn, indem erwähntes Gesetz im Art. 5 die hier in Frage stehende Angelegenheit den Culturbehörden ausdrücklich zuweiset, erklärt es damit dieselbe auch für eine Cultursache, und hiemit die Zuständigkeit derjenigen Behörden begründet, welchen nach den Competenznormen für die Verwaltungsstellen in den Kreisen die Erledigung der Cultursstreitigkeiten zugewiesen ist.

Den vorangeführten Verhältnissen gemäß müßte demnach, wie oben geschehen, erkannt werden.

Also geurtheilt und verkündet in der öffentlichen Sitzung des obersten Gerichtshofs am 9. Mai 1851, wobei zugegen waren: der I. Präsident, Freiherr von Gumppenberg, Ministerialrath von Bezold, Oberappellationsgerichtsrath Eisen-

49*

hart, Ministerialrath von Friederich, Oberappellationsgerichtsrath Schwertfelner, Ministerialrath von Schubert, Oberappellationsgerichtsrath Cucumus, der k. Generalstaatsanwalt von Volk und der k. Oberappellationsgerichtssecretär Paulus.

Unterschrieben sind:

Freiherr v. Gumppenberg, I. Präsident.

Paulus, Secretär.

## Sitzung
des königlichen Staatsraths-Ausschusses.

In der Sitzung des k. Staatsraths-Ausschusses vom 5. Juni l. Js. wurden entschieden:

### die Recurse

1) des Bäckermeisters Balthasar Emmerling und Consorten von Rimpar, Landgerichts Würzburg r/M. im Regierungsbezirke von Unterfranken und Aschaffenburg, wegen Verkaufes des unentgeltlich aus dem Gemeindewalde bezogenen Loosholzes;

2) des Michael Schwert und Consorten von Herrmannsberg, Landgerichts Baunach im Regierungsbezirke von Unterfranken und Aschaffenburg, in der Weidedifferenz mit der freiherrlich

von Guttenberg'schen Gutsherrschaft zu Kirchlauter;

3) des Joseph Braunmüller und Consorten von Großhausen und Rodersdorf, Landgerichts Aichach in Oberbayern, in Sachen gegen die gräflich v. Malbeghem'sche Gutsherrschaft von Haslangkreit, wegen Weideablösung betreffend;

4) der Gemeinden Mickhausen und Münster, Landgerichts Schwabmünchen im Regierungsbezirke von Schwaben und Neuburg, wegen Ablösung des Weiderechts in den Gemeinde- und Privat-Waldungen von Schwabmünchen.

An das k. Staatsministerium des Innern wurden abgegeben:

### die Recurse

5) der Gemeinden Ebersberg, Kaundorf und Nißelbuch, Landgerichts Auerbach im Regierungsbezirke der Oberpfalz und von Regensburg, wegen Beiziehung zu einer Wegreparatur im Staatswalde Pommershof;

6) des Forstmeisters Widder in seiner Streitsache mit der Gemeinde Schwaben, Landgerichts Ebersberg in Oberbayern, wegen Umlagen-Concurrenz.

## Dienstes-Nachrichten.

Seine Majestät der König haben allergnädigst geruht, die Führung der Geschäfte bei dem durch allerhöchste Verordnung vom 2. Juni l. Js. gebildeten Fiscalate der Generaldirection der Verkehrsanstalten dem Rathe bei dieser Stelle, Hermann Fischer, zu übertragen.

Seine Majestät der König haben Sich allergnädigst bewogen gefunden, unter'm 8. Juni l. Js. zu der am Appellationsgerichte von Oberbayern erledigten Assessorstelle den Kreis- und Stadtgerichtsrath Johann Julius Eckardt zu Schweinfurt zu befördern, dann

auf die bei dem Kreis- und Stadtgerichte München in Erledigung gekommene Rathsstelle den Rath des Kreis- und Stadtgerichts Augsburg, Friedrich Künsberg, auf sein allerunterthänigstes Ansuchen, zu versetzen;

zum Rathe am Kreis- und Stadtgerichte Augsburg den Assessor dieses Gerichts, Friedrich von Flembach,

zum Assessor am genannten Kreis- und Stadtgerichte den Protocollisten des Kreis- und Stadtgerichts München, Ludwig Fuchs, zu befördern, und

zum Protocollisten am zuletzt genannten Gerichte den Appellationsgerichtsaccessisten Otto Freiherrn von Hermann, zur Zeit in München, in provisorischer Eigenschaft zu ernennen, ferner

zu der am Oberappellationsgerichte erledigten Secretärsstelle den Secretär des Appellationsgerichts von Mittelfranken, Caspar Schweller,

zum Secretär bei dem genannten Appellationsgerichte den Protocollisten des Kreis- und Stadtgerichts Nürnberg, August Friedrich Hunger, zu befördern, sodann

zum Protocollisten bei dem Kreis- und Stadtgerichte Nürnberg den Appellationsgerichtsaccessisten Friedrich von Böck zu München in provisorischer Eigenschaft zu ernennen;

unter'm 9. Juni l. Js. den II. Assessor des Landgerichts Dillingen, Friedrich Bernhuber, zum I. Assessor des Landgerichts Burgau vorrücken zu lassen, und

zum II. Assessor des Landgerichts Dillingen den Appellationsgerichtsaccessisten Joseph Wurzer zu München zu ernennen.

## Pfarreien-Verleihungen; Präsentations-Bestätigung.

Seine Majestät der König haben die nachgenannten katholischen Pfarreien allergnädigst zu übertragen geruht, und zwar:

unter'm 4. Juni l. Js. die Pfarrei Wachenheim, Landcommissariats Neustadt, dem Priester Anton Krug, Pfarrer und Districtsschulinspector zu Omersheim, Landcommissariats Zweibrücken,

die Pfarrei Aindling, Landgerichts Aichach, dem Priester Joseph Seybold, Pfarrer zu Hasenhofen, Landgerichts Dillingen, und

die Pfarrei Oberndorf, Landgerichts Orb, dem Priester Michael Ziegler, Dekan, Pfarrer und Districtsschulinspector zu Wüstensachsen, Landgerichts Hilders, dann

unter'm 7. Juni l. Js. die Pfarrei Aunkirchen, Landgerichts Vilshofen, dem Priester Franz Xaver Bierl, Schulcurat zu St. Salvator, Landgerichts Griesbach.

Seine Majestät der König haben Sich vermöge allerhöchster Entschließung vom 8. Juni l. Js. allergnädigst bewogen gefunden, die erledigte protestantische Pfarrstelle zu Lehrberg, Dekanats Ansbach, dem bisherigen Pfarrer zu Stübach, Dekanats Neustadt an der Aisch, Georg Wilhelm Nehr, zu verleihen.

Seine Majestät der König haben unter'm 5. Juni l. Js. den bisherigen protestantischen Pfarrer in Willmars, Dekanats Rothausen, Johann Adam Schmidt, auf seine Bitte vom Antritt der ihm ver-

liehenen Pfarrei Gleußen, Dekanats Michelau, zu dispensiren, und der für ihn von dem Dr. Freiherrn Ernst von Bibra in Nürnberg als Kirchenpatron ausgestellten Präsentation auf die protestantische Pfarrei Schwebheim, Dekanats Schweinfurt, die landesherrliche Bestätigung zu ertheilen geruht.

### Ordens-Verleihungen.

Seine Majestät der König haben Sich allergnädigst bewogen gefunden, unter'm 31. Mai l. Js. dem geistlichen Rathe und Inspector des Waisenhauses zu München, Priester Dominik Sax, das Ritterkreuz des k. Verdienstordens vom heiligen Michael, und

unter'm 4. Juni l. Js. dem Domdechant Freiherrn Adalbert von Pechmann zu Passau in huldvollster Würdigung seiner 50jährigen verdienstlichen Leistungen das Ehrenkreuz, dann

unter'm 4. Mai l. Js. dem Schullehrer Georg Stephan Adam in Kandel in Rücksicht auf seine mit Eifer und Treue durch fünfzig Jahre geleisteten Dienste, sowie

unter'm 5. Juni l. Js. dem Schullehrer und Cantor Stephan Alexander Maier zu Zirndorf, Landgerichts Nürnberg, in Rücksicht auf seine durch 50 Jahre

mit Treue und Eifer geleisteten Dienste die
Ehrenmünze des königlich bayerischen Ludwigsordens zu verleihen.

### Königlich Allerhöchste Genehmigung zur Annahme fremder Decorationen.

Seine Majestät der König ha-
ben allergnädigst zu bewilligen geruht,
und zwar durch allerhöchstes Signat vom
28. Mai l. Js., daß der k. Forstmeister
Anton Reisenegger zu Tölz das ihm
von Seiner Majestät dem Kaiser von Oesterreich verliehene goldene Verdienstkreuz mit
der Krone, dann

durch allerhöchstes Signat vom 29.
Mai l. Js., daß der k. Landrichter und
Stadtcommissär Eckart zu Lindau das ihm
von Seiner Majestät dem König von Nea-
pel verliehene Ritterkreuz des vom Könige
Franz I. gestifteten Ordens, und

durch allerhöchstes Signat vom 4. Juni
l. Js., daß der Trigonometer Sylvan Wild
das ihm von Sr. Majestät dem Kaiser
von Oesterreich verliehene goldene Verdienstkreuz annehmen und tragen dürfe.

### Königlich Allerhöchste Bestätigung von Stiftungen.

Seine Majestät der König ha-
ben den Wohlthätigkeitsstiftungen, nämlich

der katholischen Waisenhausstiftung in der
Neustadt und der Leichtle'schen Stiftung zum katholischen Waisenhause der Neustadt Kempten, die allerhöchste landesherrliche Bestätigung allergnädigst zu ertheilen
geruht.

### Königlich Allerhöchste Zufriedenheits- Bezeigung.

Der Gutsbesitzer Wilhelm Retzer in
Freinsheim und seine Ehefrau Laura Schle-
cher haben seit geraumer Zeit ihren frommen und wohlthätigen Sinn durch namhafte Schenkungen bethätigt. Insbesondere
haben sie dem evangelischen Rettungshause
zu Hasloch zur Förderung seines edlen
Zweckes die ansehnliche Summe von 2000 fl.
übergeben und vor Kurzem dem protestantischen Presbyterium zu Freinsheim 1050 fl.
zur Anschaffung einer dritten Glocke zur
Verfügung gestellt.

Seine Majestät der König ha-
ben von diesen bedeutenden Schenkungen
Kenntniß zu nehmen und allergnädigst zu
befehlen geruht, daß dieselben unter dem
Ausdrucke der allerhöchsten wohlgefälligen
Anerkennung durch das Regierungs- resp.
durch das Amts-Intelligenzblatt für die
Pfalz zur allgemeinen Kenntniß gebracht
werden.

### Indigenats-Ertheilung.

Seine Majestät der König haben Sich unter'm 12. Mai l. Js. allergnädigst bewogen gefunden, dem Bärmann Berneis aus Haltenbergstetten (auch Niederstetten genannt) im Königreiche Württemberg das Indigenat des Königreichs zu ertheilen.

### Großjährigkeits-Erklärungen.

Seine Majestät der König haben unter'm 2. Juni l. Js. den Johann Nicolaus Ludwig Hammerschmid von Neustadt a. d. Aisch,

unter'm 3. Juni l. Js. die Victoria Gaßner von Krumbach, und Aloisia Schaffleck, verehelichte Hohmann von Simmershausen, dann

unter'm 5. Juni l. Js. den Joseph Ibelher zu München, endlich

unter'm 8. Juni l. Js. die Katharina Kraus, verehelichte Hart zu Püßensheim, und zwar sämmtlich auf deren allerunterthänigste Bitte, für großjährig zu erklären geruht.

### Gewerbsprivilegiums-Verlängerung.

Seine Majestät der König haben unterm 26. April l. Js. das dem Essigfabrikanten Leonhard Mühling unter'm 11. Januar 1847 verliehene, in der Zwischenzeit auf den vormaligen Weinhändler Joseph Friedmann von Rehweiler, j. Z. in Nürnberg, eigenthümlich übergegangene Gewerbsprivilegium auf Anwendung des von ꝛc. Mühling erfundenen eigenthümlichen Verfahrens bei der Essigfabrikation für den Zeitraum von fünf Jahren, vom 11. Januar 1852 anfangend, zu verlängern geruht.

### Einziehung eines Gewerbsprivilegiums.

Von dem Stadtmagistrate München wurde die Einziehung des dem Schreinergesellen Alois Schmid aus Oettingen unter'm 27. August 1850 verliehenen und unter'm 21. October 1850 ausgeschriebenen dreijährigen Gewerbsprivilegiums auf Anwendung des von ihm erfundenen Mechanismus behufs leichterer Bewegung aller Arten von Schubladen, Herstellung eines die Meubeln vor Feuchtigkeit bewahrenden Stoffes, und eines die Fourniere wasserdicht verbindenden Kittes, wegen Mangels der Neuheit und Eigenthümlichkeit beschlossen, und dieser Beschluß im Recurswege durch die k. Regierung von Oberbayern, Kammer des Innern, bestätiget.

für das

# Königreich Bayern.

## № 32.

München, Montag den 23. Juni 1851.

**Inhalt:**

### Erkenntniß

des obersten Gerichtshofes des Königreichs vom 27. Mai 1851, betreffend den Competenzconflict zwischen dem k. Appellationsgerichte und der k. Regierung von Oberfranken in Sachen der Handlohnsfixation zwischen der k. Pfarrei Mistelbach und dem Bauern Johann Roß zu Eckersdorf.

## Im Namen Seiner Majestät des Königs von Bayern

erkennt der oberste Gerichtshof betreffend den Competenzconflict zwischen der k. Appellationsgerichte und der k. Regierung von Oberfranken in Sachen der Handlohnsfixation zwischen der k. Pfarrei Mistelbach und dem Bauern Johann Roß zu Eckersdorf:

„daß das k. Appellationsgericht von Oberfranken competent sei, die Berufung des k. Pfarrers Herrmann zu Mistelbach gegen den Ausspruch der Schätzer vom 19. Juni 1850 zu entscheiden."

### Gründe.

J. G. Roß, minderjähriger Sohn des Bauern Johann Roß zu Eckersdorf, besitzt 1⅝ Tagwerk Wiese, die untere Au, welche zur Pfarrei Mistelbach mit 10 pCt. handlohnbar ist. Zum Behufe der Firation dieses Handlohns vereinigten sich die Parteien über die Abschätzung des Grundstücks, weil ein rechnungsmäßiger Nachweis nicht hergestellt werden konnte. Jede der Parteien brachte zwei Schätzer in Vorschlag, und das k. Landgericht Bayreuth ernannte den fünften. Diese fünf Schätzer übergaben das Resultat der von ihnen vorgenommenen Abschätzung dem k. Landgerichte, welches dasselbe den Betheiligten am 30. August 1850 eröffnete, worauf Pfarrer Herrmann von Mistelbach am 12. präs. 13. September die Berufung an das k. Appellationsgericht von Oberfranken ergriff mit der Bitte: die vorliegende Schätzung als gesetzwidrig vorgenommen zu verwerfen, oder dieselbe wenigstens wegen Mangelhaftigkeit aufzuheben und eine andere anzuordnen. Es erfolgte jedoch unter dem 12. November 1850 das appellationsgerichtliche Erkenntniß: daß die gegen die Entscheidung der Schätzer eingeführte Berufung wegen Mangels der Competenz abgewiesen werde. Die Entscheidungsgründe bestanden im Wesentlichen darin, daß das Gesetz vom 4. Juni 1848, die

Aufhebung, Firirung und Ablösung der Grundlasten betreffend, bei Firirung des Handlohns eine Schätzung in der im Art. 11 Abs. 4 bezeichneten Art und Weise nicht vorschreibe, die Competenz des Appellationsgerichts als Berufungs-Instanz gegen die Entscheidung der Schätzer aber nur auf die nach Art. 11 Abs. 4 vorzunehmenden Schätzungen beschränkt sei, in andern Fällen sohin die Vorschrift des Art. 19. eintrete. Aber auch von der k. Regierung von Oberfranken, Kammer des Innern, wurde durch Entschließung vom 21. Januar 1851 die Competenz zur Entscheidung der Beschwerde gegen den Ausspruch der Schätzer abgelehnt, und zwar unter Beziehung auf Art. 11 Nro. 4 des Gesetzes vom 4. Juni 1848. Mit Eingabe des Advokaten Käfferlein vom 4. präs. 8. Februar 1851 wurde hierauf Namens des k. Pfarrers Herrmann der Competenzconflict angeregt, hierauf nach Maßgabe des Art. 12 des Gesetzes vom 28. Mai 1850, betreffend die Competenzconflicte, verfahren, Denkschriften jedoch wurden nicht eingereicht.

Nachdem die Sache in heutiger Sitzung aufgerufen war, erstattete der zum Referenten ernannte Oberappellationsgerichts Rath Dr. Cucumus Vortrag, worauf, da von den geladenen Parteien keine erschienen war, der k. General-Staatsanwalt den Antrag auf ein die Competenz des k. Appella-

tionsgerichts von Oberfranken aussprechen,
des Erkenntniß stellte.

Bei Prüfung der vorgebrachten Gründe
ergab sich:

1) Die Art der Festsetzung der Besitzver-
änderungsreichniße hat sich gemäß Art.
15. Abf. 2 des Gesetzes vom 4. Juni
1848 zwar nach den Bestimmungen der
Verordnung vom 19. Juni 1832, die
Fixirung und Ablösung der unständigen
Besitzveränderungsgefälle des Staats
betreffend, zu richten. Aber auch diese
Verordnung schreibt vor, daß subsidiär,
wenn die angeordnete Ermittlungsweise
nicht eintreten kann, eine neue Schätzung zum Behufe der Handlohnsfixirung zu veranstalten ist. Da nun

2) das Gesetz vom 4. Juni 1848 die in
der Verordnung vom 19. Juni 1832
enthaltenen Bestimmungen über die
Art der Festsetzung der fraglichen Reich-
niße adoptirt hat, so sind nunmehr
diese Bestimmungen, obgleich ursprünglich nur für Reichnisse an den Staat
gegeben, ein Bestandtheil des Gesetzes
vom 4. Juni 1848 selbst, und die gemäß jener Verordnung subsidiär zu
veranstaltende Schätzung stellt sich sohin auch als eine durch dieses Gesetz
jetzt vorgeschriebene Schätzung dar.
Nun aber

3) heißt es in Nro. 4 des Art. 11 des Gesetzes

vom 4. Juni 1848 ausdrücklich, daß diese
(nämlich die Zehentschätzungen); wie
alle übrigen im gegenwärtigen Gesetze vorgeschriebenen Schätzungen nach
Maßgabe der in Nro. 4 enthaltenen
Bestimmungen vorgenommen werden
sollen. Hieraus folgt unzweifelhaft, daß,
wenn bei der Handlohnsfixirung der
Fall eintritt, für welchen die Verordnung von 1832 die Schätzung anordnete, diese jetzt, wie es auch vorliegend
geschah, lediglich nach den Vorschriften des Gesetzes von 1848 Art. 11
Nro. 4 zu vollziehen ist, daß sohin
gegen die Entscheidung der Schätzer
auch die Berufung an das k. Appellationsgericht stattfindet. Damit

4) stimmt endlich auch die Instruction vom
17. Juni 1848 zu dem Gesetze vom
4. Juni 1848 überein. Der §. 12
Abf. 3 derselben sagt ausdrücklich, daß
bei der gemäß der Verordnung vom
19. Juni 1832 (subsidiär) stattfindenden Schätzung nach Art. 11 Nro. 4
des Gesetzes vom 4. Juni 1848 zu
verfahren ist, und es wird dabei noch
insbesondere auch auf den §. 9 der
Instruction hingewiesen, woselbst es
heißt: glaubt ein Betheiligter nachweisen zu können, daß es dem Ergebniß
der Schätzung an richtigem inneren
Zusammenhange fehle: so steht es ihm

frei, auf gerichtliche Verwerfung derselben anzutragen, in welchem Falle
sodann das Weitere den Gerichten zusteht.

Also geurtheilt und verkündet in der öffentlichen Sitzung am sieben und zwanzigsten Mai
achtzehnhundert ein und fünfzig, wobei zugegen
waren: der erste Präsident Freiherr von
Gumppenberg, Ministerialrath von Bezold, Oberappellationsgerichtsrath Eisenhart, Ministerialrath von Friedrich,
Oberappellationsgerichtsrath Schwertfelner, Ministerialrath v. Schubert, Oberappellationsgerichtsrath Dr. Cucumus,
General-Staatsanwalt v. Wolf und Oberappellationsgerichts-Secretär Paulus.

Unterschrieben sind:

Frhr. v. Gumppenberg, I. Präsident.

Paulus, Secretär.

---

## Erkenntniß

des obersten Gerichtshofes des Königreichs vom
27. Mai 1851, betreffend den Competenzconflict
zwischen dem k. Appellationsgerichte und der k.
Regierung von Oberfranken in Sachen der Handlohnsfixation zwischen der k. Pfarrei Mistelbach
und den J. A. Zimmermann'schen Relicten
daselbst.

Im Namen Seiner Majestät des Königs von Bayern

erkennt der oberste Gerichtshof, betreffend

den Competenzconflict zwischen dem k. Appellationsgerichte und der k. Regierung von
Oberfranken in Sachen der Handlohnsfixation zwischen der k. Pfarrei Mistelbach und
den J. A. Zimmermann'schen Relicten
daselbst:

daß das k. Appellationsgericht von
Oberfranken competent sei, die Beru-
fung des k. Pfarrers Herrmann zu
Mistelbach gegen den Ausspruch der
Schätzer vom 19. Juni 1850 zu ent-
scheiden.

### Gründe.

Die J. A. Zimmermann'schen Relicten zu Mistelbach besitzen sechs Grundstücke, welche der Pfarrei daselbst mit 10%
handlohnbar sind. Zum Behufe der Fixation
dieses Handlohns stellten die Betheiligten
den Antrag auf Abschätzung der Grundstücke,
weil ein rechnungsmäßiger Nachweis nicht
zu Gebot stand.

Die Abschätzung wurde am 19. Juni
1850 durch fünf Schätzer bewirkt, von welchen jede der Parteien zwei, und das Landgericht Bayreuth den fünften ernannt hatte.
Gegen das am 30. August 1850 den Betheiligten eröffnete Resultat der Schätzung
legte jedoch Pfarrer Herrmann von Mistelbach am 12. praes. 13. September die
Berufung an das k. Appellationsgericht von
Oberfranken ein mit der Bitte, diese Schätzung als gesetzwidrig vorgenommen zu ver-

werfen, oder dieselbe doch wegen Mangelhaftigkeit aufzuheben und eine andere anzuordnen. Diese Berufung wurde aber durch
Erkenntniß vom 12. November 1850 wegen
Mangels der Competenz abgewiesen, weil
die Competenz der Appellationsgerichte als
Berufungsinstanz gegen die Entscheidung der
Schätzer gemäß Art. 11 Abs. 4 des Grund-
lasten-Ablösungsgesetzes vom 4. Juni 1848
nur auf die nach diesem Artikel vorzunehmenden Schätzungen beschränkt sei; in anderen Fällen aber die Vorschrift des Art. 19
eintrete. Allein durch die Entschließung vom
21. Januar 1851 sprach auch die k. Regierung von Oberfranken ihre Incompetenz
aus, worauf von Seite des k. Pfarrers
Herrmann der Competenzconflict angeregt,
nach Maßgabe des Art. 12 des Gesetzes
vom 28. Mai 1850, die Competenzconflicte
betreffend, instruirt, Denkschriften jedoch
nicht eingereicht wurden.

Nachdem die Sache in heutiger Sitzung aufgerufen war, erstattete der zum
Referenten ernannte Oberappellationsgerichtsrath Dr. Cucumus Vortrag, worauf, da
von den geladenen Parteien keine erschienen
war, vom Generalstaatsanwalt der Antrag
auf ein, die Competenz des k. Appellationsgerichts von Oberfranken aussprechendes Erkenntniß gestellt wurde.

Die Competenz des k. Appellationsgerichts erscheint begründet; denn das Ge-

setz vom 4. Juni 1848 verweiset im Art. 15
Abs. 2 auf die Verordnung vom 19. Juni
1832, die Fixirung und Ablösung der unständigen Besitzveränderungsgefälle des Staates betreffend. Die Bestimmungen dieser
Verordnung über die Art der Festsetzung
der fraglichen Reichnisse machen sonach einen
Bestandtheil des Gesetzes vom 4. Juni 1848
selbst aus, und die gemäß jener Verordnung
subsidiär zu veranstaltende Schätzung stellt
sich sonach auch als eine durch dieses Gesetz
nunmehr vorgeschriebene Schätzung dar.

Nun aber heißt es in Art. 11 No. 4
desselben ausdrücklich, daß diese (nämlich
die Zehentschätzungen) wie alle übrigen
im gegenwärtigen Gesetze vorgeschriebenen
Schätzungen nach den in No. 4 enthaltenen
Vorschriften sich richten sollen. Hieraus folgt,
daß, wenn bei der Handlohnsfixirung der
Fall eintritt, für welchen die Verordnung
von 1832 die Schätzung anordnete, diese
jetzt, wie es vorliegend auch geschah, nur
nach Maßgabe des Art. 11 No. 4 des Gesetzes von 1848 zu vollziehen ist; daß sohin
gegen die Entscheidung der Schätzer auch
die Berufung an das Appellationsgericht
stattfindet. Damit stimmt endlich auch die
Instruction vom 17. Juni 1848 zu dem
Gesetze vom 4. Juni 1848 in §. 12 Abs. 3
vollkommen überein.

Also geurtheilt und verkündet in der
öffentlichen Sitzung am 27. Mai 1851.

wobei zugegen waren: der erste Präsident Freiherr von Gumppenberg, Ministerialrath von Bezold, Oberappellations- gerichtsrath Eisenhart, Ministerialrath v. Friederich, Oberappellationsgerichtsrath Schwertfelner, Ministerialrath v. Schubert, Oberappellationsgerichtsrath Dr. Cucumus, General-Staatsanwalt v. Volk, Oberappellationsgerichts-Secretär Paulus.

Unterzeichnet sind:

Freiherr von Gumppenberg, I. Präsident.

Paulus, Secretär.

___

### Erkenntniß

des obersten Gerichtshofes des Königreichs vom 27. Mai 1851, betreffend den Competenzcon- flict zwischen der k. Regierung von Oberfranken und dem k. Landgerichte Hof in Sachen des Christian Reinhardt von Hof gegen die Wittwe Margaretha Meinel daselbst, nun deren Rechtsnachfolger, Baustreit betreffend.

### Im Namen Seiner Majestät des Königs von Bayern

erkennt der oberste Gerichtshof, betreffend den Competenzconflict zwischen der könig- lichen Regierung von Oberfranken und dem königlichen Landgerichte Hof in Sachen des Christian Reinhardt von Hof gegen die Wittwe Margaretha Meinel daselbst, nun deren Rechtsnachfolger, Baustreit be- treffend:

„daß ein Competenzconflict nicht ge- geben sei, die Sache daher wegen In- competenz hierorts abgewiesen werde."

### Gründe:

Der Schieferdeckermeister Christian Reinhardt in Hof erhielt die polizei- liche Erlaubniß, auf den von dem Gast- wirthe Wächter und von der Wittwe Meinel daselbst erkauften Brandstätten eine Scheune mit einem Einfahrtthor auf der Nord- und einem zweiten auf der Süd- seite zu erbauen. In Folge einer durch die k. Bauinspection veranlaßten Abände- rung des ersten Bauplans war aber auch ein bisher von der Wittwe Meinel für ihre Scheune benützter Fahrweg zu dem Scheunenbau des Reinhardt gezogen worden, weßwegen dieselbe ihre Einwilli- gung in die Ueberbauung der Brandstätte wieder zurücknahm, und die Untersagung des Baues beantragte. Die hiedurch ver- anlaßten Verhandlungen erledigten sich je- doch durch einen am 29. Juni 1849 zwi- schen Reinhardt und der Wittwe Mei- nel vor dem Stadtmagistrate Hof ge- schlossenen Vergleich, welchem zufolge Rein- hardt zwar nach dem von der Bauin- spection gemachten Plan bauen, an der Scheune aber kein Einfahrtthor auf der Nordseite, wo die Meinel'sche Scheune anstoße, sondern nur ein Thor auf der

Südseite anbringen sollte. Allein schon am 30. Juni erklärte Reinhardt, daß es bei dieser Uebereinkunft nicht bewenden könne, weil er sich überzeugt habe, daß die Scheune ohne das Thor an der Nordseite nicht zu benützen wäre.

Nach vorgenommenem Augenscheine mit Zuziehung von Sachverständigen, wobei sich jene Behauptung nicht als gegründet erwies, erfolgte dann am 26. Juli 1849 der magistratische Beschluß, daß Reinhardt dem Vergleiche vom 29. Juni gemäß das Thor auf der Nordseite der Scheune zu vermauern habe.

Durch Regierungsentschließung vom 15. Mai 1850 wurde dieser Beschluß bestätigt.

Reinhardt betrat nun den Rechtsweg mit einer am 22. Juli 1850 bei dem Landgerichte Hof gegen die Meinel eingereichten Klage wegen Eigenthumsbeschränkung.

Der Magistrat bestand zwar auf dem Vollzuge des Beschlusses vom 26. Juli 1849; in Folge des von Reinhardt gegen die dießfällige Verfügung vom 4. September 1850 ergriffenen Recurses erging jedoch die Regierungsentschließung vom 18. September 1850 dahin, daß von der Vermauerung des Thores vorerst Umgang genommen, und der Vollzug des Beschlusses vom 26. Juli 1849 bis zum Ausgange

des Rechtsstreites dadurch effectuirt werden könne, daß durch polizeilichen Verschluß die Benützung des Thores verhindert würde. Motiv war, daß des anhängig gewordenen Civilprocesses ungeachtet auf dem Beschlusse vom 26. Juli 1849 in so lange beharrt werden müsse, bis Reinhardt durch rechtskräftiges richterliches Erkenntniß oder durch eine richterliche Provisionalverfügung die Befugniß zur Anbringung des Thores erhalten habe, und hiermit das durch den Widerspruch des Adjacenten hervorgerufene privatrechtliche Hinderniß beseitigt sei.

In der Klage des Reinhardt aber wurde unter Bestreitung der Rechtsgiltigkeit des Vergleiches vom 29. Juni 1849 unter andern vorgebracht, daß der Platz vor der Scheune auf der Nordseite Eigenthum der Stadtgemeinde Hof sei, daß der von der Meinel an den Kläger verkaufte Bauplatz ein Recht der Fahrt über dieses Gemeindeeigenthum habe, und daß die abgebrannte Scheune auf derselben nördlichen Seite die Einfahrt ebenfalls gehabt habe. Zudem schließe die Eigenschaft des Platzes als Gemeineeigenthums ein alleiniges Benützungsrecht von Seite der Beklagten aus, und lasse vielmehr eine allgemeine Benützung, insbesondere der Angrenzenden zu. Das Petitum wurde auf das Erkenntniß gerichtet, daß Kläger nicht schuldig sei, sein Eigenthum zum Besten der Beklagten einzuschränken, ihm vielmehr ein Fahrtrecht von mitternächtiger Seite zu der Scheune über den anliegenden Gemeindeplatz zustehe.

Nach verhandelter Sache erkannte aber das Landgericht Hof am 2. November 1850: Die Verklagte werde von der Klage entbunden. Den Entscheidungsgründen zufolge beruhte dieses Erkenntniß im Wesentlichen auf der Annahme, daß es sich von der Benützung eines öffentlichen Platzes handle, daß die Befugniß dazu aber nicht aus einem Privatrechtsverhältnisse entspringe, daß sohin auch die Behauptung, Kläger erleide durch ein polizeiliches Verbot eine Einschränkung seines Eigenthums, zur Begründung einer Klage gegen Angrenzer nicht dienen könne, diese Frage vielmehr außer der Competenz des Richters liege, und derartige Beschwerden nicht in das Gebiet der Civilprozeßsachen gehören.

Dieses Erkenntniß wurde dem Anwalte des Klägers am 11. November zugestellt, und am 11. December 1850 reichte derselbe bei dem k. Landgerichte Hof das Gesuch, betreffend die Anregung des Competenzconflictes dd. 29. November 1850 ein mit dem Antrage, unter Aufhebung des Erkenntnisses vom 2. November 1850 das k. Landgericht Hof als zuständig zu erklären.

Derselbe Antrag wurde in der am 20. Jänner 1851 eingebrachten Denkschrift

wiederholt, während in der Denkschrift des k. Advokaten Freiherrn von Feilitzsch, Namens der Wittwe Meinel, nun deren Erbin, der Ehefrau des C. F. Gipser, das Erkenntniß verlangt wird, daß die Administrativbehörde zur Entscheidung der Sache competent sei.

Die k. Regierung von Oberfranken nimmt die Competenz der Justizbehörde als begründet an.

Nachdem die Sache in der öffentlichen Sitzung am 26. Mai 1851 aufgerufen war, erstattete der zum Referenten ernannte Oberappellationsgerichtsrath Dr. Cucümus Vortrag, worauf der in Vertretung des Reinhardt erschienene k. Advocat Dr. Buchner den Antrag stellte auf ein die Competenz des k. Landgerichts Hof aussprechendes Erkenntniß.

Von Seite des k. General-Staatsanwaltes wurde primär die Abweisung des Gesuches beantragt, weil ein Competenz-Conflict nicht vorliege; eventuell aber der Ausspruch der Competenz des k. Landgerichts Hof.

Aus dem dargestellten Sachverhältnisse ergibt sich, daß das k. Landgericht Hof seine Zuständigkeit als Justizbehörde in dieser Sache nicht abgelehnt hat. Das Erkenntniß vom 2. November 1850 beruht vielmehr auf der Voraussetzung der gerichtlichen Competenz; denn außerdem hätte dasselbe nicht die Entbindung von der Klage ausgesprochen, sondern es hätte diese wegen Incompetenz abgewiesen. Den Entscheidungsgründen zufolge war das Gericht der Ansicht, daß es der Klage an der rechtlichen Begründung gebreche, weil die Eigenschaft des Platzes vor der nördlichen Seite der Scheune als eines zugestandenermaßen öffentlichen Platzes die Benützung von Seite des Klägers aus einem privatrechtlichen Titel ausschließe.

Diesem zufolge kommt es auf die Frage an, ob die Behauptungen des Klägers geeignet sind, die Klage zu begründen und ob in dieser Beziehung das klägerische Vorbringen vom Untergerichte richtig beurtheilt wurde.

Diese Frage aber war mittels Berufung an den durch den Instanzenzug bestimmten höhern Richter zu bringen, und nicht an den obersten Gerichtshof durch Anregung eines Competenzconflicts.

Es kann vorliegend weder von einem verneinenden, noch von einem bejahenden Competenzconflicte die Rede seyn, da das Untergericht die Sache nicht wegen Incompetenz abgewiesen, die k. Regierung aber zufolge der Entschließung vom 18. September 1850 den baupolizeilichen Beschluß vom 26. Juli 1849 nur aufrecht zu erhalten erklärt hat, bis Reinhardt ein richterliches Erkenntniß oder eine richter-

liche Provisionalverfügung für sich erhalten haben wird.

Also geurtheilt und verkündet in der öffentlichen Sitzung am sieben und zwanzigsten Mai achtzehnhundert ein und fünfzig, wobei zugegen waren: Der I. Präsident Freiherr von Gumppenberg, Ministerialrath v. Bezold, Oberappellationsgerichtsrath Eisenhart, Ministerialrath v. Friederich, Oberappellationsgerichtsrath Schwertfelner, Ministerialrath v. Schubert, Oberappellationsgerichtsrath Dr. Cucumus, Generalstaatsanwalt v. Wolk, und Oberappellationsgerichtssecretär Paulus.

Unterschrieben sind:

Freiherr v. Gumppenberg, I. Präsident.

Paulus, Secretär.

---

### Erkenntniß

des obersten Gerichtshofs des Königreichs vom 27. Mai 1851 in Sachen der Kirchengemeindeglieder zu Buttenheim gegen die Verwaltung der Kapellenstiftung Seußenberg wegen Unterstützung, hier den Competenzconflict zwischen der k. Regierung von Oberfranken, Kammer des Innern, und dem k. Landgerichte Bamberg I. betreffend.

Im Namen Seiner Majestät des Königs von Bayern

erkennt der oberste Gerichtshof des Königreichs in Sachen der Kirchengemeindeglieder zu Buttenheim gegen die Verwaltung der Kapellenstiftung Senftenberg wegen Unterstützung, hier den Competenzconflict zwischen der k. Regierung von Oberfranken, Kammer des Innern, und dem k. Landgerichte Bamberg I. betreffend, zu Recht:

„daß die Justizbehörden zur Verhandlung und Entscheidung der Klage vom 3. präs. 7. Februar 1850 zuständig seien."

Gründe.

Zur Ordnung des Schuldenwesens der Kirche Buttenheim hatte die k. Regierung von Oberfranken die Untercuratel zur Vorlage eines Schuldentilgungsplanes angewiesen, und, nachdem ein solcher vorgelegt worden war, diesen durch Entschließung vom 22. August 1833 dahin genehmiget, daß vom Jahre 18³³/₃₄ an zur Abzahlung der in 8000 fl. bestehenden Passiven jährlich 400 fl. durch Gemeindeumlagen aufgebracht, und somit die Schulden der Pfarrkirche Buttenheim binnen 20 Jahren abgeführt werden sollten.

Zur Uebernahme der Deckung des jährlichen Deficits besagter Kirche zu 178 fl. 39 kr. 2 pf. hatten sich in der Folge die dahin eingepfarrten Gemeinden selbst bereit erklärt.

Demungeachtet erfolgte zur Erfüllung des Schuldenplanes keine Umlage, vielmehr suchte die Pfarrgemeinde Buttenheim, wie schon früher, durch wiederholte Vorstellungen und Beschwerden die Last der Concurrenz neuerdings von sich abzuwälzen, und stellte daher unter'm 6. November 1845 bei der k. Regierung den Antrag:

„daß die Summe von 1762 fl. 58 kr. 2 pf., welche sie gemäß Schuldentilgungsplan für die Jahre 18⁴³/₄₄ bis 18⁴⁵/₄₆ (mit Hinzurechnung des jährlichen Deficits zu 178 fl. 39 kr. 2 pf.) zu zahlen hätte, von der Kapelle Senftenberg übernommen, oder aus den Rentenüberschüssen katholischer Cultusstiftungen gedeckt werden möge."

Dieser Antrag wurde jedoch sowohl von der k. Regierung, als von dem k. Staatsministerium des Innern unter Beziehung auf frühere abweisende Entschließungen als unbegründet zurückgewiesen.

Nun betraten die Pfarrgemeindeglieder zu Buttenheim den Rechtsweg, indem sie unter'm 3. präs. 7. Februar 1850 bei dem k. Landgerichte Bamberg I. gegen die Verwaltung der Kapellenstiftung Senftenberg eine Klage einreichten, in welcher sie auf den Grund eines vieljährigen und selbst von der geistlichen Oberbehörde anerkannten Filialverbandes der Kapelle Senftenberg mit der Mutterkirche Buttenheim die Bitte stellten, auszusprechen:

„daß die Kapelle Senftenberg als Tochterkirche der Kirche Buttenheim schuldig sei, diese mit ihren Ren-

tenüberschüssen zu unterstützen, und dem
zu Folge die Passivkapitalien zu 3000 fl.,
sowie das jährliche Deficit zu 178 fl.
39 kr. 2 pf. zu bezahlen."

Durch untergerichtliches Decret vom
13. Februar 1850 wurde das Duplicat dieser Klage der Verwaltung der Kapellenstiftung zur Abgabe der Exception mitgetheilt,
und dieselbe zugleich beauftragt, mit der Exception auch den Streitconsens einzureichen.

Die k. Regierung, welche nun Kenntniß von der Sache erhielt, nahm gemäß
Entschließung vom 27. April 1850 die
Zuständigkeit in dieser Sache in Anspruch,
wobei sie von der Ansicht ausging, daß die
Frage, ob die Kapelle Senftenberg zur Unterstützung der Kirche Buttenheim verpflichtet sei, zur Erörterung und Entscheidung vor die Administrativbehörde gehöre,
weil es sich hiebei um die Verwendung der
Rentenüberschüsse einer Cultusstiftung handle,
über welche verordnungsmäßig nur die Obercuratel zu verfügen habe.

Das k. Landgericht Bamberg I. bemerkte jedoch hierauf in seinem Berichte
vom 8. Mai 1850:

„es müsse als Justizbehörde die Ansicht festhalten, daß die Klage nicht
a limine judicii abzuweisen, sondern
zu gewärtigen sei, ob aus den beiderseitigen Vorbringen die Eigenschaft der
Sache als administrative hervorgehe,

oder ob im Justizwege weiter zu verfügen sei."

Hierdurch fand sich die k. Regierung
von Oberfranken nach §. 5 des Gesetzes
vom 28. Mai 1850, die Competenzconflicte
betreffend, veranlaßt, durch Entschließung
vom 17. Juli 1850 das k. Landgericht
Bamberg I. zu beauftragen, wegen des nun
vorliegenden Competenzconflictes das Geeignete zu verfügen. In Folge dessen gelangten die Akten an den obersten Gerichtshof,
welcher sofort die erforderliche Ergänzung
derselben und die weitere Instruction anordnete, worauf sodann — nachdem die Acten
mit den von den Betheiligten eingekommenen Denkschriften wieder an den General-
staatsanwalt, und, da weitere Ersetzungen
nicht nöthig schienen, von diesem an das
Präsidium des obersten Gerichtshofes vorgelegt worden waren, — zur öffentlichen Verhandlung der Sache Tagsfahrt auf den 26.
Mai 1851 anberaumt, und den Parteien
hievon Kenntniß ertheilt wurde.

Nach nun in öffentlicher Sitzung er-
folgtem Aufrufe dieser Sache wurde von
dem zum Berichterstatter ernannten Oberappellationsgerichtsrathe Eisenhart Vortrag erstattet, wobei die erheblichen Aktenstücke verlesen wurden.

Von Seite der Pfarrgemeindeglieder
Buttenheim war bei dieser Verhandlung
ein Anwalt nicht erschienen, wohl aber hatte

51*

sich der k. Advokat **Schlesing** von Bamberg als Vertreter der Verwaltung der Kapellenstiftung Senftenberg eingefunden, welcher nach weiterer Erörterung der schon in seiner Denkschrift niedergelegten Ansicht den Antrag stellte, auszusprechen:

„daß zur Entscheidung in dieser Sache die Administrativstellen zuständig seien."

Hierauf nahm der k. Generalstaatsanwalt das Wort, welcher nach umständlich motivirter Darlegung der Sache den schriftlichen Antrag übergab, zu erkennen:

„daß das k. Landgericht Bamberg I. zur Verhandlung und Entscheidung der Klage der Pfarrkirche Buttenheim gegen die Kapellenstiftung Senftenberg competent sei."

Diesem Antrage mußte auch stattgegeben werden, denn die Pfarrgemeindeglieder zu Buttenheim behaupten in ihrer Klage:

„daß die Kapelle Senftenberg wegen des bereits vieljährig bestehenden und selbst von der geistlichen Oberbehörde anerkannten Filialverbandes zur Pfarrkirche Buttenheim rechtlich verpflichtet sei, aus ihren Rentenüberschüssen die Passiven der letzteren zu 8000 fl. zu bezahlen, und das jährliche Deficit zu 178 fl. 29 kr. 2 pf. zu decken."

Abgesehen hier davon, ob durch diese Behauptung die Klage hinlänglich begründet ist, oder ob sie sogleich a limine judicii

hätte abgewiesen werden können und sollen, auf welche Frage hier, wo bloß über die Zuständigkeit des angegangenen Richters zu entscheiden ist, nicht eingegangen werden kann, — bildet dieselbe für die erhobene Klage allerdings eine civilrechtliche Basis.

Die Kirchengemeinde Buttenheim hat hiebei selbst die Bestimmung der Verfassungsurkunde Tit. IV. §. 9 Abs. 4 für sich, nach welcher allen Religionstheilen das Eigenthum der Stiftungen und der Genuß ihrer Renten nach den ursprünglichen Stiftungsurkunden und dem rechtmäßigen Besitze für vollständig gesichert erklärt ist, dann Absatz 8 ibid. nach welchem die Kirchen und Stiftungen in ihren bürgerlichen Handlungen und Beziehungen, wie auch in Ansehung des ihnen zustehenden Vermögens den Gesetzen des Staates und den weltlichen Gerichten untergeben sind.

Da nun in vorliegender Klage die Pfarrkirche Buttenheim die Rentenüberschüsse der Kapellenstiftung Senftenberg, insoweit diese zur Zahlung ihrer Passiven, und zur Deckung des jährlichen Deficits nöthig sind, auf den Grund des obwaltenden Filialverbandes und des vieljährigen Besitzstandes bezüglich des Genusses jener Rentenüberschüsse in Anspruch nimmt, so stützt sich ihre Klage unzweifelhaft auf einen privatrechtlichen Titel, und die Verfolgung dieses Anspruches eignet sich nach der zu

letzt angezogenen Verfassungsbestimmung vor
die weltlichen Gerichte, somit vor die Justizbehörden, da unter dem Ausdrucke „Gericht" nur das ordentliche Richteramt ver-
standen werden kann.

Allerdings steht nach §. 61 der allerhöchsten Verordnung vom 9. December 1825
der k. Regierung als Administrativ- und
Obercuratelbehörde die Aufsicht und Verfügung über das Kirchenvermögen, und nach
der daselbst in Bezug genommenen II. Verfassungsbeilage §. 48 und 49 insbesondere
die Befugniß zu, über die Rentenüberschüsse
der Stiftung im Einverständnisse mit der
geistlichen Behörde zu verfügen. — Allein
diese Befugniß kann nur insoweit Platz
greifen, als nicht der rechtliche Anspruch
einer bestimmten Stiftung auf die fraglichen Rentenüberschüsse vorhanden ist, wie
dieses in vorliegender Sache von der Pfarrgemeinde Buttenheim hinsichtlich der Rentenüberschüsse der Kapellenstiftung Senftenberg behauptet wird. In einem solchen Falle
müssen nach der Natur des behaupteten
Rechtsverhältnisses und selbst nach der Bestimmung des erwähnten §. 48 vor allem
die Bedürfnisse der Localstiftung gedeckt werden, so daß dann erst über den Mehrbetrag
der Rentenüberschüsse zu Gunsten anderer
Stiftungen von der Obercuratel verfügt werden kann.

Sind demnach — vorausgesetzt, daß die

Kirche Buttenheim ihren Anspruch durchzu-
sehen vermag, — bei der Kapelle Senftenberg mehr Ueberschüsse vorhanden, als zur
Zahlung der Passiven und zur Deckung des
Deficits der Kirche Buttenheim erforderlich sind, so bleibt es der Obercuratel unbenommen, über dieselben competenzmäßig
zu verfügen, daher dadurch, daß in gegenwärtiger Sache darüber entschieden werden
soll, ob die Kirchengemeinde Buttenheim
einen rechtlichen Anspruch auf die fraglichen
Rentenüberschüsse habe, in die competenz-
mäßige Befugniß der k. Regierung keineswegs eingegriffen wird.

Die Klage der Pfarrgemeinde Buttenheim, so ferne sie sich auf ein vormals
bestandenes Filialitätsverhältniß der Kapelle Senftenberg stützet, hat offenbar eine quaestio
status zum Gegenstand, wobei die Pfarrgemeinde Buttenheim behauptet, daß das
Vermögen resp. die Rentenüberschüsse der
Kapelle Senftenberg wegen dieses Filial-
verhältnisses zur Mutterkirche Buttenheim
und auf den Grund vieljährigen Besitzstandes im Genusse des zur Deckung der Passiven und des jährlichen Deficits der Mutterkirche Buttenheim benöthigten Zuschusses
der letzteren haftbar sei.

Der hiedurch der Klage unterbreitete
Titel d. i. der Anspruch einer Stiftung auf
das Vermögen oder die Renten einer anderen Stiftung auf den Grund der Filiali-

tät und des Besitzstandes ist unzweifelhaft
privatrechtlicher Natur, daher die Frage über
die Haftbarkeit des Vermögens resp. der
Renten der mehr erwähnten Kapelle Sens-
tenberg für die Passiven der Kirche But-
zenheim nicht nach den Principien des öffentlichen Staatsrechtes, sondern lediglich
nach civilrechtlichen Bestimmungen zu be-
urtheilen und zu entscheiden ist.

Hiernach mußte, wie geschehen, erkannt
werden.

Also geurtheilt und verkündet in öffentlicher Sitzung am sieben und zwanzigsten Mai achtzehnhundert ein und fünfzig,
wobei zugegen waren: Freiherr von Gumppenberg, I. Präsident, von Bezold,
Ministerialrath, Eisenhart, Oberappellationsgerichtsrath, von Friederich, Ministerialrath, Schwertfelner, Oberappellationsgerichtsrath, von Schubert, Ministerialrath, Dr. Cucumus, Oberappellationsgerichtsrath, dann der k. Generalstaatsanwalt von Volk und Oberappellationsgerichtssecretär Paulus.

Unterschrieben sind:

Freiherr v. Gumppenberg, I. Präsident.
Paulus, Secretär.

## Dienstes-Nachrichten.

Seine Majestät der König ha-

ben Sich allergnädigst bewogen gefunden,
unter'm 11. Juni l. Js. den Forstamtsac-
tuär und Funetionär im Kreisforstbüreau
zu Speyer, Carl Gayer, zum Commu-
nal-Revierförster zu Weisenheim am Berg,
im Forstamte Dürkheim, provisorisch zu ernennen;

unter'm 14. Juni l. Js. die an dem
Lyceum zu Regensburg erledigte Lehrstelle
des Kirchenrechts und der Kirchengeschichte
dem Professor der Dogmatik und Exegese an
dem Lyceum zu Amberg, Dr. Wilhelm
Reischl, zu übertragen, dann

den Rentbeamten Carl Stang zu
Klingenberg auf Ansuchen auf das erledigte
Rentamt Werneck zu versetzen.

## Pfarreien-Verleihungen.

Seine Majestät der König ha-
ben Sich vermöge Allerhöchster Entschließung vom 9. Juni l. Js. allergnädigst bewogen gefunden, die katholische Pfarrei
Saltendorf, Landgerichts Burglengenfeld,
dem Priester Joseph Dobmayer, Beneficiat in Train, Landgerichts Abensberg, zu
übertragen, dann

unter'm 14. Juni l. Js. den seitherigen Pfarrer zu Inkofen, Landgerichts Moosburg, Priester Joseph Strohmair, sei-

ner Bitte gemäß, von dem Antritte der ihm
zugedachten katholischen Pfarrei Aufkirchen
an der Maisach, Landgerichts Bruck, zu entheben, und die hiedurch auf's Neue sich eröffnende Pfarrei Aufkirchen dem bisherigen
Pfarrer zu Finsing, Landgerichts Ebersberg,
Priester Joseph Stepperger zu übertragen.

Seine Majestät der König ha-
ben unter'm 9. Juni l. Js. die erledigte
protestantische Pfarrstelle zu Odenbach, Dekanats Lauterecken, dem bisherigen Pfarrer
und Distriktsschul-Inspector zu Breitenbach,
Dekanats Homburg, Friedrich Carl Ludwig
Jacob Reutlinger zu verleihen geruht.

#### Landwehr des Königreichs.

Seine Majestät der König ha-
ben Sich unter'm 14. Juni l. Js. allerhöchst
bewogen gefunden, den Rentbeamten zu Aibling, Benno Steyrer, zum Major und
Commandanten des Landwehr-Bataillons
Aibling allergnädigst zu ernennen.

#### Ordens-Verleihungen.

Seine Majestät der König haben
Sich vermöge allerhöchster Entschließung
vom 30. Mai d. Js. allergnädigst bewogen
gefunden, dem Messungsrevisor und Classi-
ficationsgeometer der k. Steuerkataster-Com-
mission, Mathias Grün, in Rücksicht auf

seine durch 50 Jahre theils im Civile und
theils im Militärdienste mit Eifer und Treue
geleisteten Dienste die Ehrenmünze des k.
Ludwigsordens, dann

unter'm 17. Juni l. Js. dem Rent-
amtsboten Johann Kiederle in Schwabmünchen in huldvollster Anerkennung der
von demselben bei dem im Jahre 1844 in
Schwabmünchen stattgehabten Brande mit
Lebensgefahr getroffenen Anordnungen und
der hiedurch bewirkten Rettung des Rent-
amtsgebäudes die silberne Medaille des Ci-
vilverdienst-Ordens der bayerischen Krone
zu verleihen.

#### Königlich Allerhöchste Genehmigung zur Annahme fremder Decorationen.

Seine Majestät der König ha-
ben Sich allergnädigst bewogen gefunden,
unter'm 7. Juni l. Js. dem k. Director
Heinrich von Heß die allerhöchste Genehmigung zur Annahme und Tragung des
demselben von Seiner des Königs der Bel-
gier Majestät verliehenen Offizierkreuzes des
k. belgischen Leopoldordens, zu ertheilen.

Seine Majestät der König ha-
ben mittelst allerhöchsten Signates vom 15.
Juni l. Js. allerhuldvollst die Bewilligung
zu ertheilen geruht, daß der k. Legationsrath Dr. Dönniges das ihm von Sei-

ner Majeſtät dem Könige von Griechenland verliehene goldene Ritterkreuz des griechiſchen Erlöſerordens annehmen und tragen dürfe.

## Katholiſche Kirchenverwaltung der heil. Geiſt-Pfarrei zu München.

Unter dem 12. Juni l. Js. iſt der Lebzelter Ignaz Sallinger von München in die Kirchenverwaltung der katholiſchen heiligen Geiſtpfarrei daſelbſt als Erſatzmann für den vormaligen Melbermeiſter, nunmehrigen Privatier Alois Doll, welcher aus dem Bezirke dieſer Pfarrei weggezogen iſt, einberufen, und als Mitglied dieſer Verwaltung höchſten Orts beſtätiget worden.

## Gewerbsprivilegien-Verleihungen.

Seine Majeſtät der König haben unter'm 24. April l. Js. dem Mechanikus Friedrich Ungerer von hier ein Gewerbsprivilegium auf Anfertigung der von ihm erfundenen, verbeſſerten Geſchütze für Kriegsraketen für den Zeitraum von drei Jahren, und

unter'm 17. Mai l. Js. dem Hüttendirector Eugène Alexandre Goguel van Onderſelier in der Schweiz, ein Gewerbs-

privilegium auf Einführung des von ihm erfundenen, zu Gebläſen, hydrauliſchen Pumpen und verſchiedenen anderen induſtriellen Zwecken verwendbaren mechaniſchen Apparats für den Zeitraum von fünf Jahren zu ertheilen geruht.

## Gewerbsprivilegien-Erlöſchungen.

Das dem Tuchmacher Heinrich Abe in Kempten unterm 1. October 1842 verliehene, und unter'm 7. November 1842 ausgeſchriebene dreijährige Gewerbsprivilegium auf Anwendung des von ihm erfundenen eigenthümlichen Verfahrens, Wollentücher und ähnliche Stoffe glänzender, weicher, haltbarer und faltenloſer zu dekatiren und zu appretiren, dann

das dem Kaufmann Jacob Webl in Amberg unter'm 23. September 1848 verliehene und unter'm 14. December 1848 ausgeſchriebene fünfjährige Gewerbsprivilegium auf Verfertigung künſtlicher Wetzſteine wurden wegen nicht gelieferten Nachweiſes der Ausführung dieſer Erfindungen in Bayern auf Grund des §. 30. Ziffer 4. der allerhöchſten Verordnung vom 10. Februar 1842 die Gewerbsprivilegien betreffend, als erloſchen erklärt.

# Regierungs-Blatt

### für           das

## Königreich        Bayern.

## № 33.

### München, Montag den 7. Juli 1851.

### Bekanntmachung.

#### Weiterer Nachtrag

zu dem Jurisdictions-Vertrage zwischen den Kronen Bayern und Württemberg vom 7. Mai 1821, die Bevormundung der in Bayern und Württemberg zugleich begüterten Minderjährigen betreffend.

Unter Beziehung auf den am 7. Mai 1821 zwischen den k. Regierungen von Bayern und Württemberg geschlossenen Jurisdictionsvertrag und auf den Nachtrag vom 8. März 1825 zu demselben, in Betreff der Bevormundung derjenigen Minderjährigen, welche zugleich in Bayern und Württemberg Vermögen besitzen, sind die beiderseitigen Regierungen weiter dahin übereingekommen:

daß künftig bei Veräußerung, Verpfändung oder Belastung von im Fideicommiß-Verband befindlichen Gütern der erforderliche Consens für minderjährige Agnaten nicht bei der Güter-

Curatelbehörde, sondern bei der Vormundschaftsbehörde des Wohnorts dieser Agnaten einzuholen sei.

Gegenwärtige doppelt ausgefertigte, von beiderseitigen Bevollmächtigten unterzeichnete nachträgliche Uebereinkunft soll den beiden allerhöchsten Höfen unverzüglich zur Ratification vorgelegt, und die Ratifications-Urkunden sollen längstens innerhalb zwei Monaten in München gegen einander ausgewechselt werden.

So geschehen München, den 7. Juni 1851.

v. d. Pfordten,    Graf v. Degenfeld-
k. b. Staatsminister des      Schomberg.
königl. Hauses und des    k. württemberg. Gesandter.

Aeußern.)            (L. S.)
(L. S.)

Vorstehendem weiteren Nachtrag zu dem Jurisdictionsvertrage zwischen den Kronen Bayern und Württemberg vom 7. Mai 1821 ist von Seiner Majestät dem Könige von Bayern die allerhöchste Genehmigung ertheilt worden, und es werden die betreffenden k. Behörden zu pünktlicher Befolgung und Vollziehung desselben angewiesen werden.

München, den 17. Juni 1851.

Königl. bayer. Staatsministerium des kgl. Hauses und des Aeußern.

L. v. d. Pfordten.

**Bekanntmachung,**
die Competenzbestimmung der Metropolitan-
gerichte betreffend.

Staatsministerium des Innern für Kirchen-
und Schulangelegenheiten.

Seine päpstliche Heiligkeit Pius IX. haben, um den canonischen Instanzenzug für die beiden Erzdiöcesen München-Freysing und Bamberg zweckmäßiger einzurichten, dem Herrn Bischofe von Augsburg bezüglich der Erzdiöcese München-Freysing, und dem Herrn Bischofe von Würzburg bezüglich der Erzdiöcese Bamberg die Vollmacht ertheilt, über alle jene Ehe- und kirchlichen Streitsachen, welche in I. Instanz von den Herrn Erzbischöfen von München-Freysing und von Bamberg, und beziehungsweise von deren General-Vicariaten und Officialaten abgeurtheilt werden, in II. Instanz zu entscheiden.

Seine Majestät der König haben dieser Anordnung des heiligen Stuhles die allerhöchste Genehmigung ertheilt, und es werden demnach künftighin alle Appellationen gegen richterliche Entscheidungen des erzbischöflichen General-Vicariates und Officialates München-Freysing nicht mehr von dem Metropoliticum München-Freysing, sondern von dem Herrn Bischofe von Augsburg, und alle Appellationen gegen richterliche Entscheidungen des General-Vicariates

resp. Ordinariates und Officialates Bamberg nicht mehr von dem Metropoliticum in
Bamberg, sondern von dem Herrn Bischofe
von Würzburg in II. Instanz beschieden
werden.

Dieß wird hiemit unter Bezugnahme
auf die Verordnung vom 7. Mai 1826
(Regierungsblatt S. 489 f.) allen Betheiligten zur Kenntniß gebracht.

München, den 27. Juni 1851.

**Auf Seiner Königlichen Majestät
Allerhöchsten Befehl.**

Dr. v. Ringelmann.

Durch den Minister
der General-Secretär,
Ministerialrath Hänlein.

---

### Dienstes-Nachrichten.

Seine Majestät der König ha-
ben Sich allergnädigst bewogen gefunden,
unter'm 14. Juni l. Js. den Expeditor am
Kreis- und Stadtgerichte München, Georg
Jost, seiner allerunterthänigsten Bitte entsprechend, auf den Grund nachgewiesener
physischer Functionsunfähigkeit in Gemäßheit des §. 22 lit. D. der IX. Verfassungs-
Beilage vorläufig auf die Dauer von zwei
Jahren in den Ruhestand zu versetzen, auf
die hiedurch erledigte Expeditorstelle am genannten Gerichte auf allerunterthänigstes

Ansuchen den bisherigen Controleur bei dem
Tar- und Expeditionsamte, Johann Christoph
Brenkmann, zu befördern, die sich so eröffnende Controleurstelle daselbst, die desfalls allerunterthänigst gestellte Bitte gewäh-
rend, dem bisherigen Kreis- und Stadtgerichtsschreiber Leonhard Jaspis zu München zu übertragen, und die Schreiberstelle
am Kreis- und Stadtgerichte München in
provisorischer Eigenschaft dem zum Expedi-
tionsamtsgehilfen verwendeten Diurnisten des
genannten Gerichtes, Joh. Nikolaus Trost,
zu verleihen;

unter'm 16. Juni l. Js. die bei dem
Oberstrechnungshofe erledigte Rechnungscom-
missärstelle dem Rechnungscommissär der
Regierungs-Finanzkammer von Oberbayern,
Gotthard Mauermayer, zu übertragen;

den Secretär I. Classe bei der Regierung von Oberbayern, Anton Heldenberg,
nach §. 19 der IX. Beilage zur Verfassungsurkunde auf die Dauer eines Jahres
in den temporären Ruhestand zu versetzen, und

an dessen Stelle zum Regierungssecretär I. Classe in provisorischer Eigenschaft
den vormaligen Patrimonialrichter zu Wies-
bach und Grunnertshofen, dermaligen Rechnungscommissariats-Functionär bei der Regierung von Oberbayern, Kammer der Finanzen, Jos. Alois Bergler, zu ernennen;

unter'm 20. Juni l. Js. den Kreis-
und Stadtgerichtsrath Johann Heinrich

Städler zu Erlangen, nach §. 19 der Beilage IX. zur Verfassungsurkunde in den definitiven Ruhestand zu versetzen, den Kreis- und Stadtgerichtsassessor Matthäus Christoph Otto zu Nürnberg zum Rathe am Kreis- und Stadtgerichte Erlangen, sofort den Kreis- und Stadtgerichtsassessor Conrad Hofmann in Landshut zum Assessor am Kreis- und Stadtgerichte Nürnberg zu befördern;

unter'm 21. Juni l. Js. auf die erledigte Schreiberstelle am Kreis- und Stadtgerichte Augsburg den dermaligen Kreis- und Stadtgerichtsschreiber Seb. Städnle zu Straubing, seinem allerunterthänigsten Ansuchen entsprechend, in seiner bisherigen Eigenschaft zu versetzen, die hiedurch am Kreis- und Stadtgerichte Straubing sich erledigende Schreiberstelle dem Diurnisten bei dem Kreis- und Stadtgerichte Augsburg, Georg Joseph von Langenmantel, in provisorischer Eigenschaft zu verleihen, und

unter'm 22. Juni l. Js. den Hauptzollamtsverwalter Georg Lodter in Marktbreit auf den Grund des §. 22 lit. D. der IX. Verfassungsbeilage für die Dauer eines Jahres in den erbetenen Ruhestand treten zu lassen;

unter'm 24. Juni l. Js. den Revierförster zu Falkenberg im Forstamte Tirschenreuth, Georg Wolfgang Flechsel, auf Ansuchen in gleicher Diensteseigenschaft auf das Forstrevier Eichenau, im Forstamte Ansbach, zu versetzen;

den Forstamtsactuar in Ansbach, Georg Friedrich Engelhardt, zum Revierförster in Burggriesbach, Forstamts Beilngries, provisorisch zu ernennen;

dem Rentbeamten Alois Fleißner in Aichach auf den Grund des §. 22 lit. C. der IX. Beilage zur Verfassungsurkunde den nachgesuchten definitiven Ruhestand unter Anerkennung seiner langjährigen treuen und eifrigen Dienstesleistung zu gewähren, und

auf das hiedurch sich erledigende Rentamt Aichach den Rentbeamten Ludwig Strelin von Werdenfels auf Ansuchen zu versetzen;

unter'm 27. Juni l. Js. den temporär quiescirten Oberconsistorialrath Dr. Isaak Rust vom 1. Juli l. Js. anfangend zum IV. statusmäßigen Ministerialrath im k. Staatsministerium des Innern für Kirchen- und Schulangelegenheiten zu ernennen;

den Regierungssecretär I. Classe, Rath Johann Peter Herrmann, von dem Antritte der Stelle eines Regierungssecretärs I. Classe zu Würzburg zu entbinden und bei der Regierung der Oberpfalz und von Regensburg zu belassen, dagegen zum Secretär I. Classe der Regierung von Unterfranken und Aschaffenburg, den vormaligen Patrimonialgerichtshalter Franz Müller zu Dachau zu ernennen, ferner

den Landgerichtsarzt Dr. Friedrich
Caspar Kopf zu Lauingen auf das Landgerichtsphysicat Füßen, dann den Landgerichtsarzt Dr. Benedict Geis von Füßen
auf das Landgerichtsphysicat Lauingen zu
berufen, endlich

unter'm 1. Juli l. Js. zum I. Assessor
des Landgerichts Lauf den dortigen II.
Assessor, Mathias Friedrich Alexander
Schütz, vorrücken zu lassen,

als II. Assessor des Landgerichts Lauf
den II. Assessor des Landgerichts Wertingen, Edmund Grabl, zu berufen,

zum II. Assessor des Landgerichts Wertingen den dortigen Actuar, Friedrich Bauer,
zu ernennen, und

die Actuarstelle am Landgerichte Wer-
tingen dem geprüften Rechtspraktikanten
Friedrich Späth aus Kempten, dermal zu
Gerolzhofen, zu verleihen.

### Pfarreien-Verleihungen; Präsentations-Bestätigungen.

Seine Majestät der König ha-
ben die nachgenannten katholischen Pfarreien
allergnädigst zu übertragen geruht und zwar:

unter'm 15. Juni l. Js. die Pfarrei
Stopfenheim, Gerichts- und Polizeibehörde
Ellingen, dem Priester Joh. Bapt. Müller, Pfarrer und Districts-Schulinspector
zu Emstig, Landgerichts Greding;

die Pfarrei Mariaposching, Landge-

richts Bogen, dem Priester Joh. Baptist
Ott, Präfect und I. Lehrer an dem Schullehrer-Seminar in Straubing, und

die Pfarrei Höder, Landgerichts Haus-
marshausen, dem Priester Joseph Räber,
Pfarrer zu Aislingen, Landgerichts Dillingen;

unter'm 18. Juni l. Js. die Pfarrei
Griesstädt, Landgerichts Wasserburg, dem
Priester Joh. Evang. Gebhard, Dekan
und Pfarrer in Prien, Gerichts- und Polizeibehörde gleichen Namens, und

die Pfarrei Pfaffenberg, Landgerichts
Mallersdorf, dem freiresignirten Pfarrer von
Offenstetten, Landgerichts Kelheim, Priester
Mathias Eggl, dann

unter'm 21. Juni l. Js. die Pfarrei
Zankenhausen, Landgerichts Bruck, dem Prie-
ster Franz Xaver Röger, Pfarrer zu Weil,
Landgerichts Landsberg, und

die Pfarrei Lalling, Landgerichts Hengersberg, dem Priester Joseph Schauber-
ger, Pfarrer zu Möham, Landgerichts
Pfarrkirchen;

unter'm 24. Juni l. Js. die Pfarrei
Hörzhausen, Landgerichts Schrobenhausen,
dem Priester Joh. Baptist Hafeneder,
Pfarrer zu Altisheim, Landgerichts Donauwörth, und

die Pfarrei Weißensberg, Landgerichts
Lindau, dem Priester Anton Fink, Pfarrer
zu Unterreichen, Landgerichts Illertissen, endlich

unter'm 27. Juni l. Js. die Pfarrei

Reichelkofen, Landgerichts Wilsbiburg, dem Priester Joseph Faltermayr, unter Enthebung desselben von dem Antritte der ihm zugedachten Pfarrei Rothenstadt, Landgerichts Ebersberg.

Seine Majestät der König haben unter'm 15. Juni l. Js. allergnädigst zu genehmigen geruht, daß die katholische Curatie Reichau, Gerichts-, und Polizeibehörde Babenhausen, von dem hochwürdigen Herrn Bischofe von Augsburg, dem Priester Franz Görz, Pfarrvicar zu Grießbeckerzell, Landgerichts Aichach, dann

unter'm 27. Juni l. Js., daß die katholische Pfarrei Holzhausen, Landgerichts Wilsbiburg, von dem hochwürdigsten Herrn Erzbischofe von München-Freysing, dem Priester Willibald Ott, Pfarrer zu Egmating, Landgerichts Ebersberg, und

daß die katholische Pfarrei Hutthurm, Landgerichts Passau I., von dem hochwürdigen Herrn Bischofe von Passau dem Priester Joseph Donaubauer, Pfarrer und Districtsschulinspector zu Grainet, Landgerichts Wolfstein, verliehen werde.

Seine Majestät der König haben Sich vermöge allerhöchster Entschließung vom 21. Juni l. Js. allergnädigst bewogen gefunden, die erledigte protestantische II. Pfarrstelle zu Kirchheimbolanden, Dekanats gleichen Namens dem bisherigen Pfarrer und Districtsschulinspector zu Rhode, Dekanats Landau, Georg Christian Stähler, zu verleihen.

## Landwehr des Königreichs.

Seine Majestät der König haben unter'm 29. Juni l. Js. Allerhöchst Sich bewogen gefunden, den Gutsbesitzer zu Adelsdorf, Carl Freiherrn von Bibra von der Stelle eines Landwehr-Districts-Inspectors zu entheben und die hiedurch erledigte Stelle eines Inspectors des V. oberfränkischen Landwehrdistricts mit dem Range eines Oberstlieutenants dem Kämmerer Freiherrn von Guttenberg zu Weißendorf zu verleihen, dann

den Landgerichtsassessor Franz Pfaffenzeller zu Landshut von der bisher bekleideten Stelle eines Majors und Commandanten des Landwehrbataillons Wilsbiburg zu entheben.

## Bischöfliches Domcapitel zu Speyer.

Seine Majestät der König haben unter'm 21. Juni l. Js. allergnädigst zu genehmigen geruht, daß die sechste Domvicarstelle zu Speyer von dem hochwürdi-

gen Herrn Bischofe von Speyer dem Priester Wilhelm. Molitor, Caplan zu Schif-
ferstadt, Landcommissariats Speyer, verliehen werde.

### Königliches Hof- und Collegiatstift zum heiligen Cajetan in München.

Seine Majestät der König ha-
ben unter'm 14. Juni l. Js. dem Custos
der Universitätsbibliothek, Vorstand der St.
Michaels-Hofkirche und Ehrencanonicus Dr.
Joh. Nep. Ströhl, das durch den Tod
des Canonikers Wilibald Schrettinger
und durch das Vorrücken der älteren Canoniker erledigte sechste Canonicat an der
St. Cajetanshofkirche vom 1. Juni l. Js.
an zu verleihen geruht.

### Ordens-Verleihung.

Seine Majestät der König haben
Sich vermöge allerhöchster Entschließung
vom 7. Juni l. Js. allergnädigst bewogen
gefunden, dem Steuer- und Gemeinde-Ein-
nehmer Johann Christoph Stempel in
Walsheim in Rücksicht auf seine mit Treue,
Eifer und Gewissenhaftigkeit durch 50 Jahre
geleisteten Dienste die Ehrenmünze des k.
bayerischen Ludwigsordens zu verleihen.

### Königlich Allerhöchste Genehmigung zur Annahme fremder Decorationen.

Seine Majestät der König ha-
ben allergnädigst geruht, dem k. bayerischen
außerordentlichen Gesandten und bevollmächtigten Minister von Wendland die
allerhöchste Erlaubniß zur Annahme und
Tragung des demselben von Seiner des
Königs von Griechenland Majestät verliehenen Großkreuzes des k. griechischen Erlöserordens zu ertheilen.

Seine Majestät der König ha-
ben allergnädigst zu genehmigen geruht und
zwar mittelst allerhöchsten Signats vom
15. Juni l. J., daß der k. Vice-Oberststallmeister Freiherr von Freyberg-Eisenberg das ihm von Seiner Majestät dem
Könige Otto von Griechenland verliehene
Großkreuz des k. griechischen Erlöserordens,
dann

unterm 22. Juni l. Js., daß der k.
Hofkapellmeister Aiblinger das ihm von
Seiner Majestät dem Könige von Griechenland verliehene silberne Ritterkreuz des
eben gedachten Ordens,

unter'm 23. Juni l. Js., daß der k.
Oberhofmeister Graf von Dürkheim-
Montmartin das ihm von Seiner Ma-
jestät dem Könige von Hannover verliehene
Großkreuz des hannover'schen Guelphen-
ordens, und

unter'm 27. Juli l. Is., daß der eben genannte k. Oberfthofmeister Graft: von Dürkheim-Montmartin das demselben von Seiner Hoheit dem Herzoge von Sachsen-Altenburg verliehene Großkreuz des Sachsen-Ernestinischen Hausordens annehmen und tragen dürfe.

### Titel-Verleihung.

Seine Majestät der König haben dem Kunsthändler Heinrich Wimmer dahier durch allerhöchstes Signat vom 14. Juni l. J. das Prädikat eines k. Hofkunsthändlers allergnädigst zu verleihen geruht.

### Großjährigkeits-Erklärungen.

Seine Majestät der König haben unterm 20. Juni l.J. den Adolph von Wening zu Passau, und

unter'm 21. Juni l. J. die Ursula Margaretha Haffelt von Markt Bergel,

unter'm 26. Juni l. Is. den Unterlieutenant Amand Joseph Carl Maria, Freiherrn von Schrottenberg, zu Speyer und

den Johann Martin Rädler von Lindenberg, dann

unter'm 27. Juni l. Is. die Eva Katharina Wölfling von Neustadt an der Aisch auf allerunterthänigste Bitte für großjährig zu erklären geruht.

### K. Allerhöchste Genehmigung zu einer Namensveränderung.

Seine Majestät der König haben unter'm 15. Juni l. J. allergnädigst zu gestatten geruht, daß der Soldat im k. 1. Linien-Infanterieregiment König, Peter Kopp aus München, den Familiennamen „Kalb" unbeschadet der Rechte Dritter annehme und fortan führe.

### Berichtigung.

Die durch ein Versehen der Unterbehörden verfügte und im Regierungsblatte Nr. 23 vom 2. Mai l. Is. Seite 512 ausgeschriebene Einziehung des dem 2c. Mandelbaum ertheilten Privilegiums vom 23. December 1847 wird hiemit widerrufen und berichtigend bemerkt, daß dieses Privilegium noch in Wirksamkeit besteht.

# Regierungs-Blatt

für      das

### Königreich     Bayern.

## № 34.

München, Mittwoch den 16. Juli 1851.

**Inhalt:**

Bekanntmachung, die theoretische Prüfung für den Staatsbaudienst im Jahre 1851 betr. — Plenarbeschluß des Oberappellationsgerichts des Königreichs Bayern, den Gerichtsstand bei Einklagung der durch die Staatsschuldentilgungsgesetze vom 11. September 1825 und 28. December 1831 auf die Pensionsamortisationscasse überwiesenen
Pensionsforderungen betr. — Dienstes-Nachrichten.

**Bekanntmachung,**
die theoretische Prüfung für den Staatsbaudienst im Jahre 1851 betreffend.

**Staatsministerium des Handels und der
öffentlichen Arbeiten.**

Die nächste theoretische Prüfung für
den Staatsbaudienst wird am 13. Oktober
l. Js. ihren Anfang nehmen. Diejenigen
Candidaten, welche sich an derselben bethei-
ligen wollen, haben ihre beßfallsigen Gesuche
bei Vermeidung der Zurückweisung spä-
stens am 15. September l. Js. bei der k.
obersten Baubehörde im k. Staatsministerium des Handels und der öffentlichen Arbeiten zu übergeben.

Diesen Gesuchen sind die in §. 4 der allerhöchsten Verordnung vom 29. April 1841 vorgeschriebenen Nachweise, sowie versiegelte Zeugnisse der zuständigen Polizeibehörden über sittliches Betragen und über Nichttheilnahme an geheimen Verbindungen während des Verweilens an den polytechnischen Schulen und der Akademie der bildenden Künste, und endlich Zeichnungsproben, die mit der Beglaubigung der einschlägigen Anstalten versehen, beizufügen; dagegen werden die vermöge Entschließung des unterfertigten k. Staatsministeriums vom 4. December 1849 angeordneten Probe-Arbeiten aus dem Steinschnitte erst bei der persönlichen Anmeldung von der Prüfungs-Commission entgegengenommen.

Ueber sämmtliche Beilagen zu dem Gesuche ist ein Verzeichniß beizufügen und der Ort zu benennen, wohin dem Bittsteller die erfolgende Entschließung zugefertigt werden kann.

München, den 9. Juli 1851.

Auf Seiner Königlichen Majestät Allerhöchsten Befehl.

v. d. Pfordten.

Durch den Minister
der Generalsecretär:
Ministerialrath Wolfanger.

## Plenarbeschluß
### des
### Oberappellationsgerichts des Königreichs Bayern,

den Gerichtsstand bei Einklagung der durch die Staatsschuldentilgungsgesetze vom 11. September 1825 und 28. December 1831 auf die Pensionsamortisationscasse überwiesenen Pensionsforderungen betr.

„Pensionsforderungen, welche die Staatsschuldentilgungsgesetze vom 11. September 1825 und 28. December 1831 im Falle ihres Richtigbefindens auf die Pensionsamortisationscasse überwiesen haben, sind aus dem Grunde dieser Ueberweisung allein nicht bei dem Gerichtsstande der k. Staatsschuldentilgungsanstalt einzuklagen."

### Motive:

Das Gesetz vom 1. Juni 1822, die Staatsschuld betreffend, verordnet im §. IV., daß der Gerichtsstand der Staatsschuldentilgungsanstalt für die sechs älteren Kreise bei dem Appellationsgerichte des Isarkreises sei, welche Bestimmung in Folge des Gesetzes über das Staatsschuldenwesen vom 28. December 1831 §. 2 nunmehr auch für den vormaligen Untermainkreis von Wirksamkeit ist.

Da nun durch §. 6 des Gesetzes vom 11. September 1825, das Staatsschulden-

wesen betreffend, bei der Schuldentilgungs-
Commission nebst der Hauptschuldentilgungs-
Casse und abgesondert von derselben eine
eigene Pensionsamortisationscasse errichtet
wurde, und sowohl dieses Gesetz, als das
Schuldentilgungsgesetz vom 28. December
1831 bestimmte Kategorien von Pensionen
auf diese Casse zur Zahlung verwiesen haben, so entsteht die Frage, ob solche Pensionsansprüche deßhalb, weil sie aus der bei
der Schuldentilgunscommission errichteten
Amortisationscasse im Falle ihrer Begründung nach Maßgabe jener Gesetze ihre Befriedigung erhalten, bei dem Gerichtsstande
der Staatsschuldentilgungsanstalt klagbar
geltend gemacht werden müssen, wenn ihnen
im Administrativwege ganz oder zum Theile
die Anerkennung versagt wird.

Diese Frage mußte aus folgenden Erwägungen verneinend entschieden werden.

1) Es ist bereits in den Motiven zum
oberstrichterlichen Plenarbeschlusse vom
19. December 1839 (Regierungsblatt
vom Jahre 1840 Seite 5 und folgende) erörtert, daß für die gegen den
k. Fiscus zu erhebenden Personalklagen
der generelle Gerichtsstand des Wohnsitzes wie in allen anderen Privatrechts-
verhältnissen angenommen werden müsse,
und daß sich die Anwendung dieser
allgemein gesetzlichen Regel auf Klagen gegen den k. Fiscus darnach zu richten

habe, welche Behörde hinsichtlich des
betreffenden Anspruchs von der Staats-
gewalt als Vertreter des Staatsinte-
resse aufgestellt ist.

2) Dieses in der Gerichtsordnung Cap. I.
§§. 2 und 3, sowie den Anmerkungen zu §. 2 lit. a, namentlich aber
in Beziehung auf fiscalische Klagen
in den Verordnungen vom 16. April
1817, die Errichtung eines General-
fiscalats betreffend, und vom 27. März
1817, die Formation der obersten Verwaltungsstellen in den Kreisen betreffend §. 88 gegründete Princip ist es,
welches bei der Vorschrift des §. IV.
des Schuldentilgungsgesetzes vom 1.
Juni 1822 in Anwendung gebracht
wurde, indem das Gesammtschulden-
wesen des Königreichs nach den Verordnungen vom 20. August 1811, die
Errichtung einer Schuldentilgungs-
Commission betreffend, vom 17. November 1811, die Errichtung einer
Schuldenliquidations-Commission betreffend, vom 15. April 1817, den
Wirkungskreis der Staatsministerien
betreffend §. 77, und vom 11. December 1819, die Aufhebung der Staats-
schuldenliquidations-Commissionen betreffend, in Verbindung mit dem Gesetze vom 22. Juli 1819 über das
Staatsschuldenwesen des Reichs Art. I.

und **XVI.** einer centralisirten Behandlung unterworfen und sohin der k.
Fiscus in Beziehung auf die Staatsschulden von solchen Stellen vertreten
wurde, und noch repräsentirt wird,
welche im Bezirke des Appellationsgerichts des ehemaligen Isarkreises ihren
Sitz haben.

3) Dieser Grund für die Competenz des
für die Staatsschuldentilgungsanstalt
bestimmten Gerichtsstandes ist nun
aber bei jenen Pensionsansprüchen,
welche durch die oben allegirten Gesetze auf die Pensionsamortisations-
Casse zur Zahlung verwiesen sind, nicht
durchgreifend und allgemein anwendbar;
denn. es sind auf diese Casse auch solche
Pensionen hingewiesen, deren Prüfung
und Feststellung nicht durch die Staatsschuldentilgungs-Commission unter der
Leitung des k. Staatsministeriums der
Finanzen, sondern durch andere, und
namentlich auch durch Kreisfinanzstel-
len geschieht.

Schon in der Verordnung vom 27.
März 1817, die Formation der obersten Verwaltungsstellen in den Kreisen betreffend §. 70, war den Finanzkammern der Kreisregierungen die Regulirung und Anweisung der Pensionen mit Ausnahme einzelner im §. 72
bezeichneter Kategorien übertragen,

und durch §. 104 der späteren Formationsverordnung vom 17. December 1825 wurde die Regulirung und
Anweisung aller den einzelnen Kreisen
angehörigen Pensionen den Regierungsfinanzkammern überwiesen.

Für solche Pensionen ist also die
Staatsschuldentilgungsanstalt nicht die-
jenige Administrativstelle, welche die
geltend gemachten Ansprüche prüft,
und ihnen die Anerkennung ertheilt
oder versagt, sofort im Falle der Anerkennung auf die Amortisationscasse
selbst anweiset, sondern sie ist in Beziehung auf diese Pensionen nur eine
Cassabehörde, welche die ihr zum Behufe der Befriedigung derselben gesetzlich angewiesenen Fonds verwaltet, und
hieraus Zahlung leistet.

Die Staatsschuldentilgungsanstalt
ist hiernach bei solchen Pensionsansprüchen nicht die Trägerin des hiedurch
berührten Staatsinteresses und die Ver-
treterin der moralischen Person des
als beklagter Theil erscheinenden Fiscus, da sie bei der administrativen Behandlung in Beziehung auf die Richtigstellung und Anerkennung der fraglichen Pensionen weder thätig, noch
betheiliget ist, und erst dann mit den
Pensionsberechtigten in Berührung tritt,

wenn sie die Anweisung zur Zahlung
erhalten hat.

Ihr Wirkungskreis ist hinsichtlich
der ihr anvertrauten Pensionsamortisationscasse ganz verschieden von jenen
Functionen, welche ihr hinsichtlich der
Staatsschuldentilgungscasse nach den
Verordnungen vom 20. August 1811,
sowie vom 11. December 1819 und
dem Schuldentilgungsgesetze vom 22.
Juli 1819 zukommen; es kann also
schon im Allgemeinen aus der Vorschrift des §. IV. des Schuldentilgungsgesetzes vom 1. Juni 1822 kein Schluß
auf die richterliche Competenz bei solchen Forderungen gezogen werden,
welche auf die von ihr ebenfalls ver-
waltete Pensionsamortisationscasse verwiesen sind.

4) Der Umstand, daß für diese Pensionen
durch das Gesetz vom 11. September
1825· §. 6 eine eigene Amortisationscasse mit besonders hiefür ausgeschiedenen Fonds errichtet, und diese der
Staatsschuldentilgungsanstalt zugeord-
net, auch unter die verfassungsmäßige
Gewährleistung der Stände des Reichs
und unter die verfassungsmäßige Mit-
aufsicht der ständischen Commissarien
gestellt wurde, kann die Anwendung
des §. IV. des Gesetzes vom 1. Juni
1822 auf die in Frage stehenden Pen-

sionsforderungen nicht rechtfertigen, weil
jene Anordnungen des Gesetzes vom
11. September 1825 nur auf die
Verwaltung und Verwendung der für
die Befriedigung dieser Forderungen
nach ihrer Ueberweisung an die Pensionsamortisationscasse bestimmten Fonds
Bezug hat, während es sich bei Streitigkeiten über die Liquidität der Pensionen nicht von dieser Verwaltung und
Verwendung der fraglichen Fonds,
sondern davon handelt, ob die erhobenen Ansprüche, welche noch gar nicht
an diese Casse verwiesen sind, gegründet seien oder nicht. Die administrative Untersuchung und Bescheidung
dieser Vorfrage steht also mit dem
Institute der Amortisationscasse, sowie
mit den ihr übertragenen Geschäfts-
attributen in gar keinem Zusammenhange, weil die diese Casse verwaltende
Schuldentilgungsanstalt sich mit der
Prüfung und Richtigstellung der in
Frage stehenden Pensionen nicht be-
faßt, sondern ihre Aufgabe ausschließend in der Eincassirung und Verwendung ihrer Einnahmen zur Zahlung der bereits von anderen Staats-
organen geprüften und anerkannten
Pensionen besteht.

5) Für Staatsverpflichtungen des laufenden Dienstes sind nach der Verord-

nung vom 17. December 1825 §§. 87
und 120 in Verbindung mit der Verordnung vom 27. November 1825
§§. 4 und 6 lediglich die betreffenden
Finanzstellen als Vertreter des Staates
bei den einschlägigen Gerichtsstellen
aufgestellt; diese sind es also, welche
für diese Verpflichtungen das fiscalische Rechtssubject repräsentiren, und
daher in ihrer Eigenschaft als Beklagte bei jenen Gerichten belangt
werden müssen, wo sie ihren Sitz haben, indem sie diejenigen Entschließungen erlassen, welche als Rechts-
verletzungen angefochten werden, und
daher nach jenen Verordnungen den
Staat zu vertreten haben.

Als Staatsverpflichtungen des laufenden Dienstes müssen aber unbe-
zweifelt jene Pensionen angesehen werden, welche nicht in früheren Gesetzen als eigentliche Staatsschulden
erklärt wurden, sondern sich im ganzen
Umkreise des Staatsdiener-Organis-
mus fortlaufend erneuern, und daher
zu den Lasten jenes Dienstes gehören.
Wenn nun auch die Staatsschuldentilgungsgesetze von 1825 und 1831
zur Befriedigung gewisser Pensions-
classen einen Centralfond gebildet, sohin die wirkliche Zahlung den für die
Bedürfnisse des laufenden Dienstes

bestimmten einzelnen Finanzcassen ab-
genommen haben, so liegt hierin nur
eine Finanzoperation zur Erleichterung
und Vereinfachung des Finanzdienstes
und zur Entfernung unverhältnißmäßi-
ger Belastung der einzelnen Cassen
durch Hinweisung der Zahlung auf
einen Centralfond; allein der Grund
jenes Gesetzes reichte nicht so weit, das
Wesen der Sache, nämlich die Eigenschaft dieser Pensionen als Lasten der
verschiedenen Finanzzweige, wohin sie
ihrer Entstehung nach gehören, hiedurch zu ändern, und eine Ausnahme
von der Vorschrift des §. 104 der
Formationsverordnung vom 17. December 1825 zu begründen, wornach den
Regierungsfinanzkammern die Prüfung
und Regulirung aller dahin einschlägigen Pensionen ohne Unterschied übertragen wurde.

Aus allen diesen Rücksichten kann
der Umstand allein, daß sich eine Pen-
sionsforderung im Falle ihrer Liqui-
didät zur Anweisung auf die Pensionsamortisationscasse eignet, die bei Klagen
gegen den Staatsschuldentilgungs-Fiscus
gesetzlich ausgesprochene Competenz des
Appellationsgerichts des ehemaligen
Isar-, nun oberbayerischen Kreises für
eine solche streitig gewordene Pensions-
forderung nicht begründen, sondern es

ist hier die Klage bei jenem Gerichtsstande des k. Fiscus anzubringen, vor den die Sache, abgesehen von jener besonderen Ueberweisung gehören würde, nämlich in der Regel gegen die k. Kreisfiscalate und nur ausnahmsweise gegen das k. Staatsschuldentilgungsfiscalat, wenn eine solche Pension in Frage steht, die schon früher für eine wahre Staatsschuld erklärt worden ist, oder gegen dasjenige Finanzfiscalat, welches nach besonderen Vorschriften und aus speciellen Gründen sein Forum bei dem k. Appellationsgerichte von Oberbayern hat.

Vorstehender in Gemäßheit des Art. I. des Gesetzes vom 17. November 1837, die Verhütung ungleichförmiger Erkenntnisse bei dem obersten Gerichtshofe in bürgerlichen Rechtsstreitigkeiten betreffend, gefaßte Plenarbeschluß wird nach Art. IV. dieses Gesetzes hiemit öffentlich bekannt gemacht.

München, den 23. Juni 1851.

Oberappellationsgericht des Königreichs Bayern.

Fhr. v. Gumppenberg, I. Präsident.

Accessist Schwertfelner,
functionirender Secretär.

## Dienstes - Nachrichten.

Seine Majestät der König haben allergnädigst geruht durch allerhöchste Entschließung vom 7. Mai l. J. den bisherigen Cabinetscassier, Carl Möhl, als Stabscassier zum k. Obersthofmeister - Stab und den seitherigen Cassier des Obersthofmeister-Stabes, Ferdinand Seyberth, als Cassier an die Cabinetscassa zu versetzen, ferner

durch allerhöchste Entschließung vom 8. Juli l. J. dem Stabscassier Carl Möhl die Function eines k. Schloßverwalters zu Würzburg mit dem Titel k. Schloßinspector vom 1. October l. J. an zu übertragen und vom gleichen Zeitpunkte an den bisherigen controlirenden Buchhalter des k. Oberthofmeister - Stabes, Max Lang, zum Stabscassier, den bisherigen Registrator und Expeditor Friedrich Werner zum controlirenden Stabsbuchhalter und den bisherigen Officianten des k. Oberstkämmerer-Stabes, Jacob Kammerknecht, zum Registrator und Expeditor bei dem k. Oberst-hofmeister-Stab zu befördern.

Seine Majestät der König haben Sich allergnädigst bewogen gefunden, unter'm 29. Juni l. J. den Forstmeister Jacob Koch zu Gerolzhofen auf Ansuchen nach §. 22 lit. D. der IX. Beilage zur Verfassungs-Urkunde unter Bezeigung der aller-

höchsten Zufriedenheit mit seinen vieljährigen treu geleisteten Diensten in den Ruhestand zu versetzen; auf das hienach sich eröffnende Forstamt Gerolzhofen den Forst-
Commissär I. Classe in Würzburg, Adam
Keller, zum Forstmeister zu befördern;

an dessen Stelle zum Forstcommissär
I. Classe in Würzburg den dermaligen
Forstcommissär II. Classe zu Augsburg,
Franz Schultze, vorrücken zu lassen, und
zum Forstcommissär II. Classe zu Augs-
burg den Revierförster Philipp Förster zu
Rothenbuch zu befördern;

unter'm 30. Juni l. Js. die bei dem
k. Appellationsgerichte von Oberfranken erledigte Kanzlistenstelle dem dermaligen Kreis-
und Stadtgerichtsschreiber Carl Ehrens-
berger zu München, dessen allerunterthänigster Beförderungsbitte entsprechend, zu
verleihen, und zum Schreiber am Kreis-
und Stadtgerichte München den als Kanzlei-
Repartitor verwendeten Diurnisten des genannten Gerichts, Alois Sengel, in provisorischer Eigenschaft zu ernennen;

unter'm 2. Juli l. J. den Revierför-
ster zu Mackertsgrün im Forstamt Ettmann,
Johann Kaufmann, auf Ansuchen nach
§. 22 lit. C. der IX. Beil. zur Verfassungs-
Urkunde, unter Bezeigung der allerhöchsten
Zufriedenheit mit seiner vieljährigen treuen
und ersprießlichen Dienstleistung in den
Ruhestand treten zu lassen;

den Revierförster Johann Botthof
zu Flabungen auf das Forstrevier Mackertsgrün zu versetzen; und

zum provisorischen Revierförster für
Flabungen, im Forstamte Neustadt an der
Saale, den Forstamtsactuar zu Heidings-
feld, Joachim Molter, zu ernennen;

unter'm 5. Juli l. Js. dem außerordentlichen Professor Dr. Wilhelm Stahl
zu Erlangen mit dem 1. September l. Js.
die erbetene Entlassung aus dem bayerischen
Staatsdienst zu bewilligen und zugleich
demselben unter Vorbehalt des bayerischen
Indigenates nach Maßgabe des §. 11 der
Beilage I. zur Verfassungs-Urkunde die
Erlaubniß zur Uebernahme eines Lehrstuhles an der Universität Gießen zu ertheilen,
dann

zum I. Assessor des Landgerichts Bruck
den dortigen II. Assessor, Joseph Stabel-
bauer, und zum II. Assessor des Landgerichts Bruck den Landgerichtsactuar Paul
Tettenhammer zu Eggenfelden vorrücken
zu lassen; den II. Assessor des Landgerichts
Traunstein, Mathias Gschaider, als Assessor extra statum an das Landgericht
Eggenfelden zu berufen und die Stelle eines
II. Assessors des Landgerichts Traunstein
dem Stadtgerichts-Accessisten Franz Bad-
hauser zu München zu verleihen.

# Regierungs-Blatt

## für                                das

## Königreich              Bayern.

## № 35.

München, Samstag den 19. Juli 1851.

## Inhalt:

### Armee-Befehl.

Eremitage, den 30. Juni 1851.

#### §. 1.

Aus den bisher bestandenen 4 Jäger-Bataillonen jedes zu 8 Compagnien wurden 6 Jäger-Bataillone jedes zu 5 Compagnien gebildet und den beiden neuformirten Bataillonen die Benennung 5tes und 6tes Jäger-Bataillon gegeben.

Es wurden 2 Sanitäts-Compagnien errichtet, welche die Benennung 1ste und 2te Sanitäts-Compagnie führen.

#### §. 2.

Das Ritterkreuz des Militär-Max-Joseph-Ordens erhielt:

der kaiserlich königlich österreichische Major Emerich Fürst von Thurn und Taxis;

54

das Ritterkreuz des Verdienst-Ordens
der bayerischen Krone:

die Generalmajore Heinrich Graf von
Guiot du Ponteil, Brigadier der 4. Infanterie-Division, — Carl von Hailbronner, Brigadier der 2. Cavalerie-Division,
— und Adam Freiherr von Harold,
Commandant der Haupt- und Residenzstadt
München, — dann die charakterisirten Generalmajore Friedrich Freiherr von Magerl, Commandant der Stadt Passau und
der Veste Oberhaus, — Xaver Freiherr
von Magerl, Premier-Lieutenant der Leibgarde der Hartschiere, — und Ludwig von
Madroux, Commandant der Veste Rosenberg;

das Commenthurkreuz des Verdienst-
Ordens vom heiligen Michael:

der Generalmajor Friedrich von Flotow, Brigadier der 1. Cavalerie-Division,
— der charakterisirte Generalmajor Joseph
Ritter von Xylander vom Ingenieur-
Corps — und der Oberst extra statum
August Freiherr von Fraÿs vom 2. Infanterie-Regiment Kronprinz;

das Ritterkreuz dieses Ordens:

der charakterisirte Generalmajor Franz
Bedall, Vorstand des Armee-Montur-
Depots, — die Obersten Friedrich Wilhelm
Freiherr von Wölderndorff und Wa-
radein des 4. Chevaulegers-Regiments
König, — Joseph Raus vom General-

quartiermeister-Stab, — Carl Krazeisen
des 2. Infanterie-Regiments Kronprinz, —
Bernhard von Heÿ des 1. Infanterie-Regiments König, — und Leopold Freiherr
von Reichlin-Meldegg des Genie-Re-
giments, — die Oberstlieutenants Friedrich
Passavant, — und Caspar von Hagens, beide vom Generalquartiermeister-
Stab, — dann Georg Hertel des 3. Jäger-Bataillons, — der charakterisirte Oberstlieutenant Andreas Ell von der Commandantschaft München (Verpflegs-Commission),
— die Majore Carl Böhe vom 15. Infanterie-Regiment Prinz Johann von Sachsen, — und Carl Kriebel vom 3. Artillerie-Regiment Königin, — die charakterisirten Majore Ludwig von Besserer-Thal-
fingen von der Gendarmerie-Compagnie
von Oberfranken, — und Franz Graf von
Joner vom Pensionsstande, — der General-Secretär Michael von Gönner vom
Kriegs-Ministerium, — der Haupt-Kriegs-
Cassier Ludwig Schwalb von der Haupt-
Kriegs-Cassa, — der Oberauditor Franz von
Schultes vom General-Auditoriat, — der
Stabs-Arzt Dr. Anton Vogl vom 1. Armee-Corps-Commando, — und der Regiments-Arzt Dr. Franz von Sicherer vom
4. Infanterie-Regiment Gumppenberg;

das Ehrenkreuz des Ludwig-Ordens:
der Generallieutenant Carl Freiherr
von Heideck genannt Heidegger vom

Generalquartiermeister-Stab, — der Generalmajor à la suite, Joseph Graf von Deym, — der characterisirte Generalmajor Baptist Roppelt, Commandant der Festung Germersheim, — die Obersten Wolfgang von Ott des 8. Infanterie-Regiments Seckendorff, — und Paul Becker des 9. Infanterie-Regiments Wrede, — dann die characterisirten Majore Friedrich Fronmüller von der Gendarmerie-Compagnie von Mittelfranken, — und Franz Graf von Joner vom Pensionsstande;

das silberne Militär-Sanitäts-Ehrenzeichen:

die Bataillons-Aerzte Dr. Alexander Pracher vom 2. Jäger-Bataillon, — und Dr. Baptist Bergbauer vom 4. Infanterie-Regiment Gumppenberg,

Wegen besonderer Tapferkeit und Muth im Reichskriege gegen Dänemark bei Erstürmung der Düppeler-Höhen am 13. April 1849 wurden belohnt und erhielten:

die goldene Militär-Verdienst-Medaille:

der Soldat des 2. Jäger-Bataillons Johann Regler von Mundenheim, — und der Soldat des 4. Infanterie-Regiments Gumppenberg Michael Feucht aus Amberg;

(Bei dem inzwischen eingetretenen Tode des Soldaten Feucht ist das durch seine Tapferkeit erworbene goldene Ehrenzeichen seinen Eltern zum Andenken zugesendet worden.)

die silberne Militär-Verdienst-Medaille:

die Oberjäger des 2. Jägerbataillons Johann Schiml aus Amberg, — und Jacob Wagner aus Zweybrücken, — der Secondjäger des 6. Jägerbataillons Daniel Haag aus Fischbach, — dann die bei dem 2. Jägerbataillon gestandenen inzwischen beabschiedeten Soldaten Johann Harnischseger von Oberndorf, — Philipp Kleemann von Minsenbach, — und Johann Becker von Grünstadt.

Das goldene Ehrenzeichen des Verdienstordens der bayerischen Krone erhielt:

der Brigadier Joseph Helfrich von der Gendarmerie-Compagnie der Pfalz;

das silberne Ehrenzeichen des Verdienst-Ordens der bayerischen Krone:

die Brigadiere Franz Wallbrunn, — Joh. Gläsel, — und Adam Dorsch der Gendarmerie-Compagnie von Oberbayern, — Conrad Lang der Gendarmerie-Compagnie von Mittelfranken, — Florian Weber, — und Conrad Herrmann der Gendarmerie-Compagnie von Schwaben und Neuburg, — dann Franz Mayer der Gendarmerie-Compagnie der Pfalz, — und der Stations-Commandant Jacob Zierl der Gendarmerie-Compagnie von Niederbayern;

die Ehrenmünze des Ludwig-Ordens:

die Hartschiere Paul Reichart, — Johann Kraus, — und Wolfgang Reif von der Leibgarde der Hartschiere, — der

54*

ärztliche Praktikant Joseph Eberl von der Commandantschaft Paſſau, — der Stabs profos Johann Hartmann von der Commandantſchaft Landau, — der Feldwebel Heinrich Sohn, — die Sergeanten Johann Kümmerl, — und Jacob Leykauf, — dann der Corporal Vitus Stelninger von der Garniſons-Compagnie Königshofen, — der Gendarme Anton Schalber von der Gendarmerie-Compagnie von Mittelfranken, — und der Bombardier Joseph Kühn vom 1. Artillerie-Regiment Prinz Luitpold.

### §. 3.

Fremde Orden erhielten und zwar:

den königlich griechiſchen Erlöſer-Orden:

das Großkreuz:

der characteriſirte Generallieutenant und Generaladjutant Franz Graf von Paumgarten;

das Großcomthurkreuz:

der Oberſtlieutenant Friedrich du Jarrys Freiherr von La Roche vom Generalquartiermeiſter-Stab;

das Commandeurkreuz:

der Oberſtlieutenant Maximilian Feder vom 4. Jäger-Bataillon;

das goldene Ritterkreuz:

der Generalmajor Carl Winther, Brigadier der 2. Infanterie-Diviſion;

das ſilberne Ritterkreuz:

der Oberſtlieutenant Xaver Hamel vom 3. Artillerie-Regiment Königin, — der Hauptmann Auguſt Wolf vom Genie-Regiment, — die Oberlieutenants Maximilian Aſchenbrier der Gendarmerie-Compagnie von Oberbayern, — Franz Ehlinger vom 8. Infanterie-Regiment Seckendorff, — Alfred Leeb vom 2. Infanterie-Regiment Kronprinz, — und Traugott von Heydenaber, Bataillons-Adjutant, vom 5. Infanterie-Regiment Großherzog von Heſſen, — der Unterlieutenant und Sousbrigadier Simon Münzing von der Leibgarde der Hartſchiere, — der Oberapotheker Joseph Forſter von der Commandantſchaft Würzburg, — und der Unterapotheker 1. Claſſe Wilhelm von Sprunner vom 2. Chevaulegers-Regiment Taxis;

das Großkreuz des königlich hannöverſchen Guelphen-Ordens:

der General-Adjutant, Generallieutenant Leonhard Freiherr von Hohenhauſen, Commandant der 1. Infanterie-Diviſion;

den churfürſtlich heſſiſchen Haus-Orden vom goldenen Löwen:

das Großkreuz:

der Kriegsminiſter, Generalmajor Ludwig von Lüder, — der General der Cavalerie Theodor Fürſt von Thurn und Taxis, Commandant des 1. Armee-Corps,

— dann die Generallieutenants Wilhelm von Lesuire, Commandant der 3., — und Johann Damboer, Commandant der 4. Infanterie-Division;

das Commandeurkreuz 1. Classe:

die Generalmajore Heinrich Graf von Guiot du Ponteil, Brigadier der 4., und Georg Freiherr Haller von Hallerstein, Brigadier der 3. Infanterie-Division, — Carl von Hailbronner, Brigadier der 2. Cavalerie-Division, — der characterisirte Generalmajor Joseph Ritter von Xylander vom Ingenieur-Corps, Bevollmächtigter bei der deutschen Bundesversammlung, — dann der Oberst Bernhard von Heß des 1. Infanterie-Regiments König;

das Commandeurkreuz 2. Classe:

die Obersten Franz Hörmann von Hörbach vom Ingenieur-Corps, — Friedrich Ritter von Reck des 6. Infanterie-Regiments vacant Herzog Wilhelm, — Philipp Schönhammer des 11. Infanterie-Regiments Ysenburg — Friedrich Schnizlein des 1. Artillerie-Regiments Prinz Luitpold, — Heinrich Dobmayer des 1. Chevaulegers-Regiments Prinz Eduard von Sachsen-Altenburg, — und Wilhelm Caries des 4. Infanterie-Regiments Gumppenberg — der characterisirte Oberst Alexander von Hagens vom Generalquartiermeister-Stab, — und der Oberstlieutenant

Otto Freiherr Vogt von Hunoltstein genannt Stein-Kallenfels vom 1. Chevaulegers-Regiment Prinz Eduard von Sachsen-Altenburg;

das Ritterkreuz:

der Oberstlieutenant Caspar von Hagens vom Generalquartiermeister-Stab, — die Majore Wilhelm Schnizlein vom 11. Infanterie-Regiment Ysenburg, — Carl Böhe vom 13. Infanterie-Regiment Prinz Johann von Sachsen, — Joseph Hüz vom 1. Artillerie-Regiment Prinz Luitpold, — Friedrich Binder vom 14. Infanterie-Regiment Zandt, — Eduard Freiherr von Rotberg vom 5. Chevaulegers-Regiment Leiningen, — Clemens Schedel vom General-Quartiermeister-Stab, — und Georg Freiherr von Lamotte, Adjutant des Generals der Cavalerie und Armee-Corps-Commandanten Fürsten von Thurn und Taxis, vom 2. Chevaulegers-Regiment Taxis, — die Hauptleute Gustav Freiherr von Reibeld vom 3. Artillerie-Regiment Königin, — Maximilian Schäffner vom 11. Infanterie-Regiment Ysenburg, — Franz Bijot vom 3. Jäger-Bataillon, — Carl Halder vom 2. Artillerie-Regiment vacant Zoller, — Heinrich Lüz vom 3. Artillerie-Regiment Königin, — Clemens Graf von Joner vom 6. Infanterie-Regiment vacant Herzog Wilhelm, — Clemens Sartor, Adjutant des Generallieutenants und

Divisions-Commandanten Damboer vom 3. Infanterie-Regiment Prinz Carl, — und Lorenz Mayer, Adjutant des Generals der Cavalerie und Armee-Corps-Commandanten Fürsten von Thurn und Taxis, vom 12. Infanterie-Regiment König Otto von Griechenland, — der Rittmeister Victor Grund vom 5. Chevaulegers-Regiment Leiningen, — die Oberlieutenants Wilhelm Freiherr von Horn vom 5. Chevaulegers-Regiment Leiningen, — Maximilian Freiherr von Berchem, Adjutant des Generallieutenants und Divisions-Commandanten von Lesuire, — und Maximilian Stöckel, Adjutant des Generalmajors und Brigadiers Grafen von Guiot du Ponteil, beide vom 12. Infanterie-Regiment König Otto von Griechenland, — Carl von Wallade, Adjutant des Generalmajors und Brigadiers Freiherrn Haller von Hallerstein, vom 6. Infanterie-Regiment vacant Herzog Wilhelm, — Friedrich Faber, Adjutant des Generalmajors und Brigadiers von Hailbronner, vom 1. Chevaulegers-Regiment Prinz Eduard von Sachsen-Altenburg, — und Maximilian Fürst von Thurn und Taxis, vom 4. Chevaulegers-Regiment König, dann der Unterlieutenant Clemens Schenk Freiherr von Stauffenberg vom 6. Chevaulegers-Regiment Herzog von Leuchtenberg;

den großherzoglich hessischen Ludwigs-Orden:

das Commandeurkreuz 2. Classe:

der Oberstlieutenant Friedrich du Jarrys Freiherr von La Roche vom Generalquatiermeister-Stab;

das Ritterkreuz 1. Classe:

der Hauptmann Franz von Gmainer, Flügel-Adjutant Seiner Majestät des Königs Ludwig;

den großherzoglich hessischen Verdienst-Orden Philipps des Großmüthigen:

das Comthurkreuz 2. Classe:

der Oberst Joseph Weniger, Commandant von Augsburg, — und der Major Theodor Freiherr von Jeetze, Flügel-Adjutant Seiner Majestät des Königs Ludwig;

das Ritterkreuz:

die Hauptleute Alois Westner, Adjutant des Generallieutenants und Artillerie-Corps-Commandanten Prinzen Luitpold, Königliche Hoheit, — und Edmund Freiherr von Speidl, Adjutant Seiner Königlichen Hoheit des Prinzen Luitpold, beide vom 1. Artillerie-Regiment Prinz Luitpold;

den kaiserlich königlich österreichischen Leopold-Orden:

das Großkreuz:

der General der Cavalerie Theodor Fürst von Thurn und Taxis, Commandant des 1. Armee-Corps;

das Commandeurkreuz:

der Generalmajor Carl von Hailbronner, Brigadier der 2. Cavalerie-Division;

das Ritterkreuz:

die Majore Moriz Spies vom .Generalquartiermeister-Stab, — und Jakob Fuchs von der Zeughaus-Haupt-Direction;

den kaiserlich königlich österreichischen Orden der eisernen Krone:

1. Classe:

der Generalmajor und Generalquartiermeister Anton von der Mark vom Generalquartiermeister-Stab;

2. Classe:

der characterisirte Oberst Alexander von Hagens vom Generalquartiermeister-Stab;

3. Classe:

der Hauptmann und Flügel-Adjutant Emil Strunz;

das Ritterkreuz des kaiserlich königlich österreichischen Franz-Joseph-Ordens:

der Ober-Kriegs-Commissär 2. Classe Friedrich Schultheiß vom Kriegs-Ministerium;

das Comthurkreuz 1. Classe des k. sächsischen Civil-Verdienst-Ordens:

der Oberst à la suite Maximilian Freiherr von Freyberg-Eisenberg;

das Commandeurkreuz des großherzoglich toskanischen St. Joseph-Ordens:

der Oberstlieutenant Carl Graf von Butler-Clonebough vom Generalquartiermeister-Stab;

das Comthurkreuz des königlich würtembergischen Ordens der Krone:

der Generalmajor Hugo von Bosch, Commandant der Bundesfestung Ulm;

das churfürstlich hessische silberne Verdienstkreuz:

der Kanonier Friedrich Rosa vom 2. Artillerie-Regiment vacant Zoller.

Sämmtlichen ist erlaubt worden, diese Auszeichnungen anzunehmen und zu tragen.

§. 4.

Dem Feldmarschall und General-Inspector der Armee, Prinzen Carl von Bayern, Königliche Hoheit, ist bewilligt worden, die von Seiner Majestät dem Kaiser von Oesterreich ihm zu Theil gewordene Ernennung zum Inhaber des kaiserlich königlich österreichischen 3. Husaren-Regiments (vacant Erzherzog Ferdinand d'Este) anzunehmen.

§. 5.

Ernannt wurden:

zum Commandanten des 2. Armee-Corps:

der Generallieutenant Anton Freiherr von Gumppenberg, Commandant der 2. Infanterie-Division;

zu Stadt- und Festungs-Commadanten:

die Obersten Jacob Ermarth des Infanterie-Leib-Regiments zum Commandanten der Bundesfestung Ulm mit Beförderung zum Generalmajor, — Carl Purkart, bisher in Disponibilität, zum Commandanten der Veste Würzburg, — und Joseph Weniger des 5. Infanterie-Regiments Großherzog von Hessen zum Commandanten der Stadt Augsburg;

zum Vorstand der Administrations-Commission der Militär-Fohlenhöfe:

der Oberstlieutenant Friedrich Passavant vom Generalquartiermeister-Stab, bisher Referent im Kriegs-Ministerium;

zu Regiments-Commandanten:

der Oberst extra statum August Freiherr von Frays vom 2. Infanterie-Regiment Kronprinz im Infanterie-Leib-Regiment, — und der Oberstlieutenant Carl Brodeßer im 3. Artillerie-Regiment Königin;

zu Bataillons-Commandanten:

der Major Carl Horn vom 2. Infanterie-Regiment Kronprinz im 1. Jäger-Bataillon;

zu Referenten im Kriegs-Ministerium:

der Oberstlieutenant Friedrich Graf von Spreti vom 1. Cuirassier-Regiment Prinz Carl, — und der Major Alexander Freiherr von Köniz vom Pensionsstande;

zu Bevollmächtigten bei der Militär-Commission des deutschen Bundes:

der Oberstlieutenant Carl von Liel vom Generalquartiermeister-Stab;

zum Artillerie-Director der Festung Landau:

Der Major Stephan von Saint-

Germain vom 2. Artillerie-Regiment vacant Zoller;

zum functionirenden Platzmajor:

der Hauptmann und Platz-Adjutant Ludwig von Tettenborn bei der Commandantschaft Würzburg;

zu funktionirenden Majoren:

die Hauptleute und functionirenden Richtungs-Majore Georg Lindhamer vom 1. Infanterie-Regiment König im 3. Infanterie-Regiment Prinz Carl, — Carl Kaiser vom 7. Infanterie-Regiment Carl Pappenheim im 4. Jäger-Bataillon, — und Cölestin Müller im 10. Infanterie-Regiment Albert Pappenheim; — die Rittmeister Ernst Höcht im 3. Chevaulegers-Regiment Herzog Maximilian, — und Wilhelm Freiherr von Waldenfels vom 3. Chevaulegers-Regiment Herzog Maximilian im 2. Chevaulegers-Regiment Taxis, — dann die Hauptleute Alois Westner vom 1. Artillerie-Regiment Prinz Luitpold, bisher Adjutant des Generallieutenants und Artillerie-Corps-Commandanten Prinz Luitpold, Königliche Hoheit, mit Ernennung zum Referenten beim Artillerie-Corps-Commando, — und Maximilian Herdegen vom 1. Artillerie-Regiment Prinz Luitpold im 2. Artillerie-Regiment vacant Zoller;

zu functionirenden Richtungs-Majoren:

die Hauptleute Carl Brucker vom 14. Infanterie-Regiment Zandt im 1. In-

fanterie-Regiment König. — Johann Eckart
vom 3. Jäger-Bataillon im 10. Infanterie-
Regiment Albert Pappenheim, — Conrad
Happel vom 9. Infanterie-Regiment Wrede
im 7. Infanterie-Regiment Carl Pappenheim, — und Ernst Keim vom 6. Infanterie-Regiment vacant Herzog Wilhelm
im 2. Infanterie-Regiment Kronprinz;

zum Flügel-Adjutanten:

der Oberlieutenant und Regiments-Adjutant August Freiherr von Leonrod vom
3. Artillerie-Regiment Königin;

zu Adjutanten der Generale:

der Rittmeister Anton von Mayer
vom 1. Cuirassier-Regiment Prinz Carl bei
dem Generallieutenant und Divisions-Commandanten, Prinzen Eduard von Sachsen-
Altenburg, Hoheit, — die Hauptleute Maximilian Wepfer vom 3. Artillerie-Regiment
Königin bei dem Generallieutenant und Artillerie-Corps-Commandanten Prinzen Luitpold, Königliche Hoheit, — dann Wilhelm
Kohlermann vom 2. Infanterie-Regiment
Kronprinz, — und der Oberlieutenant Carl
von Weinrich vom 4. Chevaulegers-Regiment König, beide bei dem Generallieutenant und Armee-Corps-Commandanten
Freiherrn von Gumppenberg, — ferner die
Oberlieutenants Adolph Baumüller vom
1. Cuirassier-Regiment Prinz Carl bei dem
Generalmajor und Brigadier Bienenthal,
— Joseph Maillinger, Regiments-

Adjutant, vom 8. Infanterie-Regiment
Seckendorff bei dem Generallieutenant und
Divisions-Commandanten Freiherrn von
Hohenhausen, — Adolph von Heinleth
vom Infanterie-Leib-Regiment bei dem Generalmajor und Brigadier Grafen von Verri
della Bosta, — und Otto Freyherr von
Truchseß-Wetzhausen bei dem Generalmajor und Brigadier Weishaupt;

zu Platz-Adjutanten:

der Hauptmann Johann Schödin-
ger vom 9. Infanterie-Regiment Wrede
bei der Commandantschaft Germersheim,
— der Oberlieutenant und Bataillons-Adjutant Anton Schmitz vom 8. Infanterie-
Regiment Prinz Carl bei der Commandantschaft in der Bundesfestung Ulm, — die
Unterlieutenants Maximilian Rietzschel
vom 12. Infanterie-Regiment König Otto
von Griechenland bei der Commandantschaft
Würzburg, — Augustin Reinhard vom
9. Infanterie-Regiment Wrede bei der
Commandantschaft Marienberg, — und
Maximilian Schmitt vom 12. Infanterie-
Regiment König Otto von Griechenland
bei der Commandantschaft Würzburg;

zu Regiments-Adjutanten:

die Oberlieutenants und Bataillons-Adjutanten Joseph Maillinger, — und nach
diesem Ludwig Köllnberger im 8. Infanterie-Regiment Seckendorf, — Joseph Graf
von Hirschberg im 10. Infanterie-Re-

giment Albert Pappenheim, — Wilhelm Damboer im 3. Infanterie-Regiment Prinz Carl, — und Xaver König im 6. Infanterie-Regiment vacant Herzog Wilhelm, — die Oberlieutenants Emil Vetterlein im 1. Chevaulegers-Regiment Prinz Eduard von Sachsen-Altenburg, — Hugo Freiherr von Truchseß-Wetzhausen im 2. Chevaulegers-Regiment Taxis, — und Friedrich Muck im 3. Artillerie-Regiment Königin, dann die Unterlieutenants Adolph Cronnenbold, — und nach dessen Rücktritt Friedrich Killiani im 3. Chevaulegers-Regiment Herzog Maximilian;

zu Bataillons-Adjutanten:

die Oberlieutenants Anton Trapp im 4. Jäger-Bataillon, — und Eduard Baur im 3. Jäger-Bataillon, — dann die Unterlieutenants Adolph Bredaur im 10. Infanterie-Regiment Albert Pappenheim, — Johann von Volckammer im 8. Infanterie-Regiment Seckendorff, — Jacob Saalmüller im 6. Jäger-Bataillon, — Georg Schleicher im 3. Infanterie-Regiment Prinz Carl, — Johann Brenneisen im 1. Jäger-Bataillon, — Friedrich Wagner im 6. Infanterie-Regiment vacant Herzog Wilhelm, — und Ludwig Maillinger im 8. Infanterie-Regiment Seckendorff;

zu Unterlieutenants definitiv:

die in widerruflicher Eigenschaft angestellten Unterlieutenants Emil Fuchs, — Eugen Mayr, — und Hermann Rottmann vom Infanterie-Leib-Regiment, — Alfred Saint-Symon, — Ludwig Wintter, Bataillons-Adjutant, — Bernhard Allweyer, — Ignaz von Freyschlag, — und Florentin Kleinschrod vom 1. Infanterie-Regiment König, — Gustav Ruepprecht, Friedrich Berger, — Johann Binder, — Carl Lindhamer, — und Cajetan Beuthauser vom 2. Infanterie-Regiment Kronprinz, — Joseph von Rebay, Alexander Horn, — Theodor Angstwurm, — Emil Holl, Friedrich Schmieg, — und Ignaz Freiherr von Künsberg vom 3. Infanterie-Regiment Prinz Carl, — Maximilian Ney, — Friedrich Bonn, — Paul Hirschmann, und Christian Knöllinger, vom 4. Infanterie-Regiment Gumppenberg, — Eduard Kummer, — Franz Gros, — Ludwig Vetterlein, — Eduard Schneider, — und Georg Mößner vom 5. Infanterie-Regiment Großherzog von Hessen, — Rudolph Heiß, — Joseph Michell, — Joseph Köglmayer, — Carl Heimberger, — und Ludwig Faber vom 6. Infanterie-Regiment vacant Herzog Wilhelm, — Joseph Wagner, — und Ludwig Graf von Boltolini vom 7. Infanterie-Regiment Carl Pappenheim, — Johann Putz, — Maximilian von Stubenrauch, — August Savoye, — Heinrich von Sigriz, — und Ludwig Maillinger vom 8. Infanterie-Regiment Seckendorff, — Christian Steitmann, — Maximilian Dazio, — Emil Schelhorn, — und August Wölfel vom 9. Infanterie-Regiment Wrede, — Carl Martin, — Franz Breyer,—und Wilhelm Körber vom 10. Infanterie-Regiment Albert Pappenheim, — Carl Gries, — Ludwig Rugendas, — Friedrich Schilling, — Ludwig Neumeyer, — und Ferdinand von Schelling vom 11. Infanterie-Regiment Pfenburg, — Johann Schmidtner, — Maximilian Groß, — Otto Kimmerle, — und Emil Kühlmann vom 12. Infanterie-Regiment König Otto von Griechenland, — Gotthard Handschuch, — Joseph Ritter von Reichert, — Carl Gaßner, — Ferdinand Grunthal, — und Heinrich Ritter von Vollmar vom 13. Infanterie-Regiment vacant Hertling, Johann Reitmeyer, — Albrecht Hablitschek, — Daniel Weltz — Wilhelm Breul, — und Heinrich Cramer,— vom 14. Infanterie-Regiment Zandt, — Ignaz von Clarmann, — und Maximilian Mühlmich! vom 15. Infanterie-Regiment Prinz Johann von Sachsen, — Maximilian Nadler, — und Ludwig Freiherr von Schönhueb vom 1. Jäger-

Bataillon, — Wilhelm von Moro vom 2. Jäger-Bataillon, — August Grünwald, — und Friedrich Kreuzer vom 3. Jäger-Bataillon, — Bernhard Martini vom 4. Jäger-Bataillon, — und Philipp von Braunmühl von der 1. Sanitäts-Compagnie;

zu Junkern:

die Fahnen-Cadeten des Cadeten-Corps Hermann von Bezold, — und Friedrich Schubert im 1. Artillerie-Regiment Prinz Luitpold, — Constantin Freiherr von Beulwitz im 3. Artillerie-Regiment Königin, Friedrich Blume im 1. Artillerie-Regiment Prinz Luitpold, — Carl Freiherr von Reitzenstein, im 9. Infanterie-Regiment Wrede, — Moriz Orff im 3. Infanterie-Regiment Prinz Carl, — Clemens Eberhard im 13. Infanterie-Regiment vacant Hertling, — Emil Pauli im 1. Jäger-Bataillon, — Hubert Bernhold, — und Leon von der Mark im Infanterie-Leib-Regiment, — Georg Faulhaber im 5. Chevaulegers-Regiment, — Ernst von Mayrhofer im 2. Infanterie-Regiment Kronprinz, — Maximilian Freiherr von Malsen im 5. Chevaulegers-Regiment Leiningen, — Albert Freiherr de Lasalle von Louisenthal im 2. Chevaulegers-Regiment Taxis, — August Freiherr von Bibra im 6. Infanterie-Regiment vacant Herzog Wilhelm, —

Michael Dillmann im 7. Infanterie-Regiment Carl Pappenheim, — Hugo Freiherr von Sainte-Marie-Eglise im 1. Infanterie-Regiment König, — und Gustav Krauß im 2. Infanterie-Regiment Kronprinz, — dann die Edelknaben August du Jarrys Freiherr von La Roche im 1. Artillerie-Regiment Prinz Luitpold, — und Ludwig Freiherr von Poißl im Infanterie-Leib-Regiment:

zum Haupt-Kriegs-Cassa-Controleur:

der Ober-Kriegs-Commissär 2. Classe Anton Blaimberger vom Kriegs-Ministerium (Revisions-Abtheilung) bei der Haupt-Kriegs-Cassa;

zum Kriegs-Rechnungs-Commissär:

der Regiments-Quartiermeister 1. Classe Wilhelm Pfeiffer bei der Gewehrfabrik-Direktion;

zum Gendarmerie-Corps-Auditor:

der Regiments-Auditor 1. Classe Ferdinand Gramm von der Leibgarde der Hartschiere beim Gendarmerie-Corps-Commando;

zum Militär-Fiscal-Adjuncten in provisorischer Eigenschaft:

der Fiscalats-Accessist Joseph Erras bei der Militär-Fonds-Commission mit dem Range eines Bataillons-Auditors;

zu Unter-Aerzten 2. Classe in provisorischer Eigenschaft:

die Doctoren der Medizin Ludwig Steichele aus Ursberg bei der Commandantschaft Germersheim, — Robert Schwerdtfeger aus Memmingen bei der Commandantschaft Landau, — Joseph Payr aus Titting bei der Commandantschaft Ingolstadt, — Elias Mayer aus Würzburg bei der Commandantschaft Nürnberg, — Eduard Bratsch aus Nymphenburg bei der Commandantschaft München, — Wilhelm Merkel aus Zeitlizheim, Soldat vom 9. Infanterie-Regiment Wrede, bei der Commandantschaft Würzburg, — Friedrich Nolde aus Regensburg bei der Commandantschaft Landau, — und Wilhelm Ebersberger aus Lichtenau bei der Commandantschaft München;

zum Unter-Quartiermeister 2. Classe in provisorischer Eigenschaft:

der Verwaltungs-Practicant Moriz Werthmüller im Kriegs-Ministerium (Revisions-Abtheilung);

zum Unter-Verwalter 2. Classe in provisorischer Eigenschaft:

der Functionär Georg Rist beim Fohlenhof Steingaden;

zu Unter-Auditoren:

die Auditoriats-Practicanten Carl Pellin aus München beim 1. Armee-Corps-Commando, — August Schamberger aus München beim 2. Armee-Corps-Commando, — und Thomas Straubinger

aus Rainhausen beim Artillerie-Corps-Commando;

zu veterinärärztlichen Practicanten definitiv:

die provisorischen veterinärärztlichen
Practicanten Nicolaus Sch äffer vom 1.
Cuirassier-Regiment Prinz Carl, — Nepo-
muk Müller vom 3. Artillerie-Regiment
Königin, — Friedrich Steinhäuser vom
2. Chevaulegers-Regiment Taris, — und
Richard Greger vom 6. Chevaulegers-
Regiment Herzog von Leuchtenberg;

zu veterinärärztlichen Practicanten in
provisorischer Eigenschaft:

die Soldaten Johann Paither vom
1. Artillerie-Regiment Prinz Luitpold im
1. Chevaulegers-Regiment Prinz Eduard
von Sachsen-Altenburg, — Erwin Saam
vom 6. Chevaulegers-Regiment Herzog
von Leuchtenberg, im 5. Chevaulegers-
Regiment Leiningen, — und Stephan
Schneider vom 3. Chevaulegers-Regiment Herzog Maximilian im 2. Artillerie-Regiment vacant Zoller;

### §. 6.

Wieder angestellt wurden:

die auf Nachsuchen entlassenen Oberstlieutenant Ludwig Freyherr von der Tann
als solcher unter gleichzeitiger Wiederer-
nennung zum Flügel-Adjutanten, — und

Hauptmann Maximilian Aldofer, als solcher im General-Quartiermeister-Stab, beide
mit ihrem früheren Range, — der wegen
provisorischer Anstellung im Civildienste vorbehaltlich des Rücktrittes vor erlangtem
Definitivum entlassen gewesene Unterlieutenant Franz Daffenreither als Oberlieutenant im 6. Jäger-Bataillon mit dem
Range vor dem Oberlieutenant Adolph
Kinkelin, — dann die auf Nachsuchen entlassenen Unterlieutenants Friedrich Liffig-
nolo als solcher im 5. Jäger-Bataillon,
— und Ludwig Ritter von Hoffnaaß, als
solcher im 2. Artillerie-Regiment vacant
Zoller, beide mit ihrem früher innegehabten
Range.

### §. 7.

Reactivirt wurden:

der temporär pensionirte Major Wilhelm Goes als Platz-Stabs-Offizier bei
der Commandantschaft Ingolstadt, — der
temporär pensionirte Oberlieutenant Leopold
Bechtold bei der Garnisons-Compagnie
Königshofen, — und der temporär pensionirte Bataillons-Quartiermeister Xaver
Mayer beim 2. Armee-Corps-Commando.

### §. 8.

Befördert wurden:
zum General der Infanterie:
der Generallieutenant Wilhelm Graf

von Ysenburg, Commandant des 1. Armee-Corps, unter Versetzung in Disponibilität;

u Generalen der Cavalerie:

die Generallieutenants Christian Freiherr von Zweybrücken, General-Capitän der Leibgarde der Hartschiere, — und Theodor Fürst von Thurn und Taxis, Commandant des 2. Armee-Corps;

zu Generallieutenanten:

der charactisirte Generallieutenant Leonhard Freiherr von Hohenhausen, General-Adjutant und Commandant der 1. Infanterie-Division, — dann der Generalmajor Johann Damboer, Commandant der 4. Infanterie-Division;

zum Generalmajor:

der charactisirte Generalmajor Vincenz Achner, Vorstand der Zeughaus-Haupt-Direction;

zu Obersten:

die Oberstlieutenants Carl von Lindpaintner, Adjutant des Kriegsministers, im Infanterie-Leib-Regiment extra statum, — Eduard Ritter von Teng im 10. Infanterie-Regiment Albert Pappenheim, — Wilhelm Caries im 4. Infanterie-Regiment Gumppenberg, — Wilhelm Manz vom 1. Jäger-Bataillon im 13. Infanterie-Regiment vacant Hertling, — und Carl Brodeßer im 2. Artillerie-Regiment Königin;

zu Oberstlieutenants:

die Majore Franz Auer vom 3. Infanterie-Regiment Prinz Carl im 7. Infanterie-Regiment Carl Pappenheim, — Baptist Klein vom 10. Infanterie-Regiment Albert Pappenheim im 12. Infanterie-Regiment König Otto von Griechenland, — August Friedel im 2. Cuirassier-Regiment Prinz Adalbert, — und Stephan von Saint-Germain im 2. Artillerie-Regiment vacant Zoller, mit Belassung als Artillerie-Director in der Festung Landau;

zu Majoren:

die Hauptleute und functionirenden Majore Carl Löhr bei der Commandantschaft Würzburg, — Xaver von Ziegler im Infanterie-Leib-Regiment, — Maximilian Friedmann im 12. Infanterie-Regiment König Otto von Griechenland, — Joseph Mändl, im 14. Infanterie-Regiment Zandt, — Joseph Burgarz im 4. Infanterie-Regiment Gumppenberg, — Philipp Mayer im 15. Infanterie-Regiment Prinz Johann von Sachsen, — Carl Rauner im 1. Jäger-Bataillon, — Franz Pierling im 12. Infanterie-Regiment König Otto von Griechenland, — Georg Lindhamer im 3. Infanterie-Regiment Prinz Carl, — Carl Kaiser im 4. Jäger-Bataillon, — und Cölestin Müller im 10. Infanterie-Regiment Albert Pappenheim, — die Hauptleute und functio-

nirenden Richtungs-Majore Elias Freiherr
von Godin im 2. Infanterie-Regiment
Kronprinz, — und Friedrich Freiherr von
Tautphöus vom 8. Infanterie-Regiment
Seckendorff im 11. Infanterie-Regiment
Ysenburg, — die Rittmeister und functio-
nirenden Majore Ludwig Ritter von Je-
nisch im 6. Chevaulegers-Regiment Her-
zog von Leuchtenberg, — Maximilian Freiherr
von Meßelrode-Hugenpoet im 1.
Chevaulegers-Regiment Prinz Eduard von
Sachsen Altenburg, — Carl Freyherr von
Reichlin-Meldegg im 5. Chevaulegers-
Regiment Leiningen, — Wilhelm Zöller im
2. Cuirassier-Regiment Prinz Adalbert, —
Conrad Rittmann im 6. Chevaulegers-
Regiment Herzog von Leuchtenberg, — Ernst
Höcht im 3. Chevaulegers-Regiment Herzog Maximilian, — und Wilhelm Freiherr
von Waldenfels im 2. Chevaulegers-
Regiment Taxis, — die Rittmeister Fried-
rich Freiherr von Steinling, bisher Ad-
jutant des Generallieutenants und Divisions-
Commandanten Prinzen Eduard von Sachsen Altenburg, Hoheit, im 1. Cuirassier-
Regiment Prinz Carl, — Georg Freiherr
von Lamotte, Adjutant des Generals der
Cavalerie und Armee-Corps-Commandanten
Fürsten von Thurn und Taxis, im 2. Chevaulegers-Regiment Taxis, — und Ludwig Graf von Rechberg und Rothen-
löwen, Flügel-Adjutant, — dann die Haupt-

leute und functionirenden Majore Leonhard
Zeller bei der Zeughaus-Haupt-Direction;
— Carl von Reck im 1. Artillerie-Regi-
ment Prinz Luitpold, — Alois Westner,
Referent beim Artillerie-Corps-Commando,
— und Maximilian Herdegen im 2.
Artillerie-Regiment vacant Zoller;

   zu Hauptleuten 1. Classe:

   die Hauptleute 2. Classe Friedrich
Van Douwe im 7. Infanterie-Regiment
Carl Pappenheim, — Carl Graf von Both-
mer im 1. Infanterie-Regiment König, —
Nicolaus Hohenberger im 6. Infanterie-Regiment vacant Herzog Wilhelm, —
Heinrich Ritter von Thiereck im 4. Infanterie-Regiment Gumppenberg, — Michael Schaller im 7. Infanterie-Regiment
Carl Pappenheim, — Joseph Schrauden-
bach im 9. Infanterie-Regiment Wrede, —
Adalbert Höggenstaller im 15. Infanterie-
Regiment Prinz Johann von Sachsen, —
Johann Winterstein im 9. Infanterie-
Regiment Wrede, — Adam Happel im
14. Infanterie-Regiment Zandt, — Nepo-
muf Freiherr von Pfetten im 7. Infanterie-Regiment Carl Pappenheim, — Ludwig Ritter von Brentano-Moretto
im 12. Infanterie-Regiment. König Otto
von Griechenland, — Joseph Reuß im
11. Infanterie-Regiment Ysenburg, — Anton von Dietz im 4. Infanterie-Regiment
Gumppenberg, — Georg Pflaum im 9.

Infanterie-Regiment Wrede, — und Philipp von Harttung im 10. Infanterie-
Regiment Albert Pappenheim, — dann die
Oberlieutenants Maximilian Graf von Tauff-
kirchen im 3. Artillerie-Regiment Königin, — Hugo Freiherr von der Tann
im 1. Artillerie-Regiment Prinz Luitpold,
— Albert Zehler im 2. Artillerie-Regiment vacant Zoller, — Wilhelm Aign
vom 2. Artillerie-Regiment vacant Zoller
im 1. Artillerie-Regiment Prinz Luitpold,
— und Ludwig Ebert vom topographischen
Bureau des Generalquartiermeister-Stabs
im Generalquartiermeister-Stab; .

zu Rittmeistern:

die Oberlieutenants Friedrich Freiherr
von Falkenhausen vom 2. Chevau-
legers-Regiment Taxis, — Joseph von
Heyder vom 4. Chevaulegers-Regiment
König, — und Ludwig Graf von Tatten-
bach vom 2. Cuirassier-Regiment Prinz
Adalbert, sämmtliche im 3. Chevaulegers-
Regiment Herzog Maximilian, — dann
Georg Grandaur vom 4. Chevaulegers-
Regiment König im 1. Chevaulegers-Re-
giment Prinz Eduard von Sachsen-Alten-
burg;

zu Hauptleuten 2. Classe:

die Oberlieutenants Hermann Greger
im 3. Infanterie-Regiment Prinz Carl,
— Xaver Bram im 15. Infanterie-Regiment
Prinz Johann von Sachsen, — Maximi-

lian Graf von Spreti im 12. Infanterie-
Regiment König Otto von Griechenland, —
Friedrich Freiherr von Treuberg, bisher
Bataillons-Adjutant, vom 4. Jäger-Bataillon
im 8. Infanterie-Regiment Seckendorff, —
Maximilian Graf von Rambaldi vom
2. Infanterie-Regiment Kronprinz im 1. In-
fanterie-Regiment König, — Carl von Orff,
bisher Adjutant des Generalmajors und
Brigadiers Grafen von Verri della Bosia, im
Infanterie-Leib-Regiment, — Adolph von
Moor, bisher Adjutant des Generallieutenants und Divisions-Commandanten Freiherrn von Hohenhausen, vom Infanterie-
Leib-Regiment im 15. Infanterie-Regiment
Prinz Johann von Sachsen, — Franz
Murmann, bisher Regiments-Adjutant,
im 6. Infanterie-Regiment vacant Herzog
Wilhelm, — Carl Freiherr von Krauß
vom 2. Infanterie-Regiment Kronprinz im
3. Infanterie-Regiment Prinz Carl, —
Adolph Rudolf vom 5. Infanterie-Regiment Großherzog von Hessen im 9. Infanterie-Regiment Wrede, — Friedrich Pöllath,
bisher Regiments-Adjutant, vom 10. Infanterie-Regiment Albert Pappenheim im
9. Infanterie-Regiment Wrede, — Johann
Weininger im 11. Infanterie-Regiment
Ysenburg, — Ferdinand Freiherr von Lindenfels vom 7. Infanterie-Regiment Carl
Pappenheim im 12. Infanterie-Regiment
König Otto von Griechenland, — Adal-

bert Bechtold vom 10. Infanterie-Regiment Albert Pappenheim im 14. Infanterie-Regiment Zandt, — Franz von Tausch vom 2. Infanterie-Regiment Kronprinz im 3. Jäger-Bataillon, — Hugo Graf von Deym im 4. Infanterie-Regiment Gumppenberg, — Maximilian Aschenbrier von der Gendarmerie-Compagnie von Oberbayern im 14. Infanterie-Regiment Zandt, — August von Scheidlin im 3. Jäger-Bataillon, — Alexander von Gilardi vom 7. Infanterie-Regiment Carl Pappenheim im 8. Infanterie-Regiment Seckendorff, — Johann von Herder im 6. Infanterie-Regiment vacant Herzog Wilhelm, — und Lorenz Mayer, Adjutant des Generals der Cavalerie und Armee-Corps-Commandanten Fürsten von Thurn und Taxis, im 12. Infanterie-Regiment König Otto von Griechenland;

zu Oberlieutenants:

die Unterlieutenants August von Bäumen von der Gendarmerie-Compagnie von Unterfranken und Aschaffenburg in jener von Schwaben und Neuburg, — Ferdinand Freiherr von Frays vom 10. Infanterie-Regiment Albert Pappenheim im Infanterie-Leib-Regiment, mit dem Range vor dem Oberlieutenant Joseph Graf von Hirschberg, — Ernst Werndla im 15. Infanterie-Regiment Prinz Johann von Sachsen, — Johann Mühlhölzl vom

2. Jäger-Bataillon im 2. Infanterie-Regiment Kronprinz, — Christian Freiherr von Waldenfels im 10. Infanterie-Regiment Albert Pappenheim, — Gustav von Lacher vom 1. Jäger-Bataillon im 3. Infanterie-Regiment Prinz Carl, — Ludwig Rock vom 15. Infanterie-Regiment Prinz Johann von Sachsen im 7. Infanterie-Regiment Carl Pappenheim, — Friedrich Freiherr von Lindenfels, — Franz Martin, — und Adolph Mayerhofer im 2. Infanterie-Regiment Kronprinz, — Ludwig Zech von Deubach Freiherr zu Sulz im 1. Infanterie-Regiment König, — Carl von Grundherr vom 13. Infanterie-Regiment vacant Hertling im 4. Infanterie-Regiment Gumppenberg, — Otto Graf Berghe von Trips vom 5. Infanterie-Regiment Großherzog von Hessen im 11. Infanterie-Regiment Ysenburg, — Friedrich Goes im 3. Jäger-Bataillon, — Friedrich Tünnermann, Bataillons-Adjutant, im 14. Infanterie-Regiment Zandt, — Ludwig Graf von Lösch vom 9. Infanterie-Regiment Wrede im 10. Infanterie-Regiment Albert Pappenheim, — Guido von der Tann im 12. Infanterie-Regiment König Otto von Griechenland, — Heinrich Freiherr von Gumppenberg im 4. Jäger-Bataillon, — Friedrich von Winckhler vom 15. Infanterie-Regiment Prinz Johann von Sachsen im 7. Infanterie-Regi-

ment Carl Pappenheim, — Rudolph von
Efenwein vom 9. Infanterie-Regiment
Wrede im 8. Infanterie-Regiment Seckendorff, — Alexander Graf von Leublfing
im 6. Infanterie-Regiment vacant Herzog
Wilhelm, — Severin Freiherr von Mef-
fina im 2. Chevaulegers-Regiment Taxis, —
Alexander Graf von Guiot du Ponteil
vom Chevaulegers-Regiment König, —
und Theobald Freiherr von Podewils
vom 1. Chevaulegers-Regiment Prinz Eduard
von Sachsen-Altenburg im 2. Chevaulegers-
Regiment Taxis, — Friedrich Faber,
Adjutant des Generalmajors und Briga-
diers von Hailbronner, im 1. Chevaulegers-
Regiment Prinz Eduard von Sachsen-
Altenburg, — Georg Ritter von Raufcher
vom 2. Chevaulegers-Regiment Taxis im
4. Chevaulegers-Regiment König, — Ma-
ximilian Freiherr von Weveld vom 3.
Chevaulegers-Regiment Herzog Maximilian
im 1. Chevaulegers-Regiment Prinz Eduard
von Sachsen-Altenburg, — Maximilian
Fürst von Thurn und Taxis im 4.
Chevaulegers-Regiment König, — Friedrich
Windisch, Bataillons-Adjutant, im 1.
Artillerie-Regiment Prinz Luitpold, —
Maximilian Königer von der 1. Ouvriers-
Compagnie im 2. Artillerie-Regiment vacant
Zoller, — Georg Hang, Bataillons-
Adjutant, im 2. Artillerie-Regiment vacant
Zoller, — Ludwig Hofreiter im 1. Ar-

tillerie-Regiment Prinz Luitpold, — Carl
Freiherr von Lottersberg im 3. Artillerie-
Regiment Königin, — Peter Minges vom 3.
Artillerie-Regiment Königin im 2. Artillerie-
Regiment vacant Zoller, — und Anton Orff
im 1. Artillerie-Regiment Prinz Luitpold;

zu Unterlieutenants:

die Junker Heinrich von Wallabe
im 12. Infanterie-Regiment König Otto
von Griechenland, — Joseph von Belli
de Pino im Infanterie-Leib-Regiment,
Wilhelm Horn im 3. Infanterie-Regiment
Prinz Carl, — Christian Freiherr Haller von
Hallerstein im 4. Infanterie-Regiment
Gumppenberg, — Carl Lindhamer im
1. Infanterie-Regiment König, — Leopold
De Ahna im 11. Infanterie-Regiment
Pfenburg, — Ferdinand Kurz im 8. Infanterie-Regiment Seckendorff, — Ludwig von
Schallern vom 8. Infanterie-Regiment
Seckendorff im 2. Infanterie-Regiment
Kronprinz, — Franz Lang im 13. In-
fanterie-Regiment vacant Hertling, —
Otto Schön im 5. Infanterie-Regiment
Großherzog von Hessen, — Wilhelm Weith
vom 12. Infanterie-Regiment König Otto
von Griechenland im 2. Infanterie-Regiment Kronprinz, — Sigmund Zehrer
im 15. Infanterie-Regiment Prinz Johann
von Sachsen, — Maximilian von Puch-
pöch im 7. Infanterie-Regiment Carl
Pappenheim, — Ludwig Freiherr von Lot-

retzberg vom 12. Infanterie-Regiment König Otto von Griechenland im 9. Infanterie-Regiment Wrede, — Carl Orthmayer im 2. Jäger-Bataillon, — Johann Riehl im 10. Infanterie-Regiment Albert Pappenheim, — Friedrich Blondino im 3. Infanterie-Regiment Prinz Carl, — Oscar Ritter von Xylander im 3. Jäger-Bataillon, — Carl Freiherr von Reitzenstein im 9. Infanterie-Regiment Wrede, — Moritz Orff im 3. Infanterie-Regiment Prinz Carl, — Clemens Eberhard im 13. Infanterie-Regiment vacant Hertling, — Emil Pauli vom 1. Jäger-Bataillon im 12. Infanterie-Regiment König Otto von Griechenland, — Hubert Bernhold im Infanterie-Leib-Regiment, — Leon von der Mark vom Infanterie-Leib-Regiment im 2. Infanterie-Regiment Kronprinz, — August Freiherr von Bibra im 6. Infanterie-Regiment vacant Herzog Wilhelm, — Eduard Freiherr von Sazenhofen im 2 Chevaulegers-Regiment Taxis, — Eduard Schlagintweit vom 1. Chevaulegers-Regiment Prinz Eduard von Sachsen-Altenburg im 3. Chevaulegers-Regiment Herzog Maximilian, — Franz Graf Fugger von Kirchberg und Weißenhorn im 4. Chevaulegers-Regiment König, — Friedrich Graf von Zech-Lobning vom 6. Chevaulegers-Regiment Herzog von Leuchtenberg im 3. Chevaulegers-Regiment Her-

zog Maximilian, — Ferdinand Freiherr von Schrottenberg vom 6. Chevaulegers-Regiment Herzog von Leuchtenberg im 5. Chevaulegers-Regiment Leiningen, — Franz Freiherr von Mandl im 2. Chevaulegers-Regiment Taxis, — Joseph Himbsel im 2. Cuirassier-Regiment Prinz Adalbert, — Joseph Sewalder, — Gustav Ehrlich- und Matthäus Schmauß im 1. Artillerie-Regiment Prinz Luitpold, — Oscar Neu im 3. Artillerie-Regiment Königin, — Maximilian Speck im 2. Artillerie-Regiment vacant Zoller, — Ludwig Periger vom 2. Artillerie-Regiment vacant Zoller im 1. Artillerie-Regiment Prinz Luitpold, — Franz Freiherr von Karg-Bebenburg, — und Carl Freiherr Gemmingen von Maßenbach im 2. Artillerie-Regiment vacant Zoller, — Baptist Burkart im Genie-Regiment, — und Friedrich Nagel vom Ingenieur-Corps im Genie-Regiment;

der Regiments-Actuar Mathias Leißner von der Gewehrfabrik-Direction im 6. Infanterie-Regiment vacant Herzog Wilhelm;

die Unteroffiziere und Cadeten Wilhelm Rößling im 5. Infanterie-Regiment Großherzog von Hessen, — Heinrich Faulhaber im 6. Infanterie-Regiment vacant Herzog Wilhelm, — Ferdinand Reithmaier im 7. Infanterie-Regiment Carl Pappenheim, — Andreas Prechtl im 4.

Infanterie-Regiment Gumppenberg, — Simon Wahler im 12. Infanterie-Regiment König Otto von Griechenland, — Wilhelm von Staudt im 7. Infanterie-Regiment Carl Pappenheim, — Ludwig Pausch im 13. Infanterie-Regiment vacant Hertling, — Maximilian Schopf im 2. Infanterie-Regiment Kronprinz, — Joseph Jäger vom 4. Infanterie-Regiment Gumppenberg im 15. Infanterie-Regiment Prinz Johann von Sachsen, — Johann Haas, — und Wilhelm Clericus im 12. Infanterie-Regiment König Otto von Griechenland, — Johann Meyer vom 1. Artillerie-Regiment Prinz Luitpold im 4. Infanterie-Regiment Gumppenberg, — Johann Kröller im 7. Infanterie-Regiment Carl Pappenheim, — Jakob Planett im 6. Infanterie-Regiment vacant Herzog Wilhelm, — Franz Fleischmann im 4. Jäger-Bataillon, — Friedrich Stark vom 1. Artillerie-Regiment Prinz Luitpold im 9. Infanterie-Regiment Wrede, — August Körbling vom Genie-Regiment im 7. Infanterie-Regiment Carl Pappenheim, — Ferdinand Reitter vom 1. Infanterie-Regiment König, — Theodor Breyer, — und Oscar Ritter von Traitteur vom 6. Infanterie-Regiment vacant Herzog Wilhelm, — dann Peter Hünn vom Infanterie-Leib-Regiment, sämmtliche im 10. Infanterie-Regiment Albert Pappenheim, —

Ludwig Hacker im 9. Infanterie-Regiment Wrede, — Caspar Strizl vom 2. Infanterie-Regiment Kronprinz im 4. Jäger-Bataillon, — Friedrich Slevogt im 13. Infanterie-Regiment vacant Hertling, — Eugen Bernreither, — und Maximilian Rudolph vom 1. Infanterie-Regiment König im 10. Infanterie-Regiment Albert Pappenheim, — Carl Preu vom 1. Infanterie-Regiment König im 15. Infanterie-Regiment Prinz Johann von Sachsen, — Julius Halder im 3. Infanterie-Regiment Prinz Carl, — Adolph Herrgott vom 5. Infanterie-Regiment Großherzog von Hessen im 3. Jäger-Bataillon, — Eduard Gries vom 3. Infanterie-Regiment Prinz Carl im 15. Infanterie-Regiment Prinz Johann von Sachsen, — Friedrich Rötter vom 3. Infanterie-Regiment Prinz Carl im 3. Jäger-Bataillon, — Adolph Bühler vom 2. Infanterie-Regiment Kronprinz im 2. Jäger-Bataillon, — Theodor Kollmann vom 3. Infanterie-Regiment Prinz Carl im 4. Jäger-Bataillon, — dann Franz Klein, — und Albert Cramer im 1. Artillerie-Regiment Prinz Luitpold;

zum Zeugwart:

der Unterzeugwart Gottlieb Peters von der Zeughaus-Verwaltung Landau bei der Zeughaus-Verwaltung Wülzburg mit dem Character als Unterlieutenant;

zu Junkern;

die Unteroffiziere und Cadeten Otto Schropp im 6. Chevaulegers-Regiment Herzog von Leuchtenberg, — Wilhelm Freiherr de Lasalle von Louisenthal im 2. Chevaulegers-Regiment Taxis, — Ferdinand von Spies im 2. Cuirassier-Regiment Prinz Adalbert, — Gustav Freiherr von Horn vom 5. Chevaulegers - Regiment Leiningen im 4. Chevaulegers - Regiment König, — Wilhelm Eitzenberger im 1. Chevaulegers - Regiment Prinz Eduard von Sachsen - Altenburg, — Maximilian Pollezka im 3. Chevaulegers-Regiment Herzog Maximilian, — Johann Fallot von Gmeiner vom 2. Chevaulegers-Regiment Taxis im 2. Cuirassier - Regiment Prinz Adalbert, — Hermann Greiner vom 2. Chevaulegers-Regiment Taxis im 1. Cuirassier-Regiment Prinz Carl, — Georg Lobenhoffer vom 2. Chevaulegers-Regiment Taxis im 2. Cuirassier - Regiment Prinz Adalbert, — Carl Schulze vom 2. Chevaulegers - Regiment Taxis im 1. Cuirassier-Regiment Prinz Carl, — Franz Geiger im 6. Chevaulegers - Regiment Herzog von Leuchtenberg, — August Prückner vom 2. Chevaulegers-Regiment Taxis im 1. Chevaulegers-Regiment Prinz Eduard von Sachsen-Altenburg, — Heinrich Sixt vom 2. Chevaulegers-Regiment Taxis im 3. Chevaulegers-Regiment Herzog Maximilian,

— Alfred Passavant vom 2. Chevaulegers-Regiment Taxis im 4. Chevaulegers-Regiment König, — Anselm Bauer vom 1. Artillerie-Regiment Prinz Luitpold im 2. Artillerie-Regiment vacant Zoller, — Adolph Freiherr Stromer von Reichenbach vom 1. Artillerie-Regiment Prinz Luitpold im 3. Artillerie-Regiment Königin, — Wilhelm Weigand vom 1. Artillerie-Regiment Prinz Luitpold im 2. Artillerie-Regiment vacant Zoller, — Leonhard Binder im 2. Artillerie-Regiment vacant Zoller, — Ferdinand Gaab vom Genie-Regiment im Ingenieur-Corps, — Nepomuk Eger, — und Bruno Wolfrum im Genie-Regiment, — dann Carl Horst vom Genie-Regiment im Ingenieur-Corps;

zum Unterzeugwart:

der Oberfeuerwerker und Magazins-Aufseher Johann Kistler von der Zeughaus-Verwaltung München bei der Zeughaus-Verwaltung Landau;

zu Oberaubitoren:

der Stabs-Auditor Carl Gehm vom 1. Armee - Corps - Commando, und der Regiments-Auditor 1. Classe Baptist Sensburg vom Infanterie-Leib-Regiment, im General-Auditoriat;

zum Ober-Kriegs-Commissär 2. Classe:

der geheime Secretär Ludwig von Stropper im Kriegs-Ministerium;

zu Stabs-Aerzten:

der Regiments-Arzt 1. Classe Dr. An-

ton Vogl vom 7. Infanterie-Regiment
Carl Pappenheim beim 1. Armee-Corps-
Commando, — dann die Regiments-Aerzte
2. Classe Dr. Friedrich Sommer vom 6.
Chevaulegers-Regiment Herzog von Leuch-
tenberg beim 2. Armee-Corps-Commando,
— Dr. Alois Wurm vom Infanterie-
Leib-Regiment beim 1. Armee-Corps-Com-
mando, — und Dr. Joseph Mahlmei-
ster vom 12. Infanterie-Regiment König
Otto von Griechenland beim 2. Armee-
Corps-Commando;

   zu Kriegs-Commissären:

die Kriegs-Rechnungs-Commissäre Jo-
hann Nagelschmidt vom Kriegs-Ministe-
rium (Revisions-Abtheilung) beim 2. Armee-
Corps-Commando, — Hermann Keller im
Kriegsministerium (Buchführung), — u. Jos.
Frank bei der Zeughaus-Haupt-Direction;

   zu Stabs-Auditoren:

die Regiments-Auditore 1. Classe Carl
Gehm vom Gendarmerie-Corps-Commando
beym 1. Armee-Corps-Commando, —
und Magnus Kühner vom 6. Chevaulegers-Regiment Herzog von Leuchtenberg beym
2. Armee-Corps-Commando;

   zu Kriegs-Rechnungs-Commissären:

die Regiments-Quartiermeister 2. Classe
Vincenz Meller im Kriegs-Ministerium
(Revisions-Abtheilung), — und Ludwig
Born vom 1. Jäger-Bataillon beym 2.
Armee-Corps-Commando;

   zu Regiments-Aerzten 1. Classe:

die Regiments-Aerzte 2. Classe Dr.
Maximilian Ellersdorfer im 2. Infanterie-Regiment Kronprinz, — Dr. Matthäus
Hauer im 3. Infanterie-Regiment Prinz
Carl, — Dr. Theodor Dompierre im
9. Infanterie-Regiment Wrede, — Dr. Friedrich Gehm im 1. Cuirassier-Regiment Prinz
Carl, — und Dr. Carl Golch im 1. Artillerie-Regiment Prinz Luitpold;

   zu Regiments-Aerzten 2. Classe:

die Bataillons-Aerzte Dr. Ferdinand
Bachmann vom 1. Chevaulegers-Regiment Prinz Eduard von Sachsen-Altenburg
im 2. Chevaulegers-Regiment Taxis, —
Dr. Franz Wolf im 2. Cuirassier-Regiment Prinz Adalbert, — Dr. Leopold Bau-
ribl im 1. Infanterie-Regiment König, —
Dr. Moriz Feldheim vom 3. Jäger-Bataillon im 12. Infanterie-Regiment König
Otto von Griechenland, — Dr. Alexander
Pracher vom 2. Jäger-Bataillon im Infanterie-Leib-Regiment, — Dr. Nepomuk
Zech vom 4. Chevaulegers-Regiment König im 6. Chevaulegers-Regiment Herzog
von Leuchtenberg, — Dr. Friedrich Schall-
hammer vom 10. Infanterie-Regiment
Albert Pappenheim im 7. Infanterie-Regiment Carl Pappenheim, — und Dr. Moriz
Dobelbauer vom 3. Infanterie-Regiment
Prinz Carl im 2. Artillerie-Regiment vacant Zoller;

zu Regiments-Quartiermeistern 1. Classe:

die Regiments-Quartiermeister 2. Classe Georg Reuß bey der Commandantschaft München, — und Nepomuk Bram bey der Commandantschaft Würzburg;

zu Regiments-Quartiermeistern 2. Classe:

die Bataillons-Quartiermeister Ignaz Hock bey der Militär-Fonds-Commission, — Friedrich Recknagel im 13. Infanterie-Regiment vacant Hertling, — Friedrich Lang im 6. Chevaulegers-Regiment Herzog von Leuchtenberg, — Urban Sieben im Infanterie-Leib-Regiment, — Philipp Säuberlich im 2. Chevaulegers-Regiment Taxis, — Maximilian Unnertl vom 1. Armee-Corps-Commando bey der Commandantschaft Germersheim, — Johann Harrer im 4. Chevaulegers-Regiment König, — Adam Bergmann bei der Commandantschaft Germersheim, — Ulrich Sittler im 5. Chevaulegers-Regiment Leiningen, — Georg Schedl beym Armee-Montur-Depot, — Jacob Gölz vom 10. Infanterie-Regiment Albert Pappenheim im 2. Artillerie-Regiment vacant Zoller, — und Philipp Arneth im 7. Infanterie-Regiment Carl Pappenheim;

zu Regiments-Auditoren 1. Classe:

die Regiments-Auditore 2. Classe Joseph Würthmann bey der Commandantschaft Germersheim, — und Leo Haut-

mann vom 2. Infanterie-Regiment Kronprinz bei der Leibgarde der Hartschiere;

zu Regiments-Auditoren 2. Classe:

die Bataillons-Auditore Albert Martin vom 2. Jäger-Bataillon bey der Commandantschaft Landau, — und Friedrich Wimmer bey der Commandantschaft Nürnberg;

zum Militär-Fiscal in provisorischer Eigenschaft:

der Fiscal-Adjunct Alois Eberl bey der Militär-Fonds-Commission mit dem Range eines Regiments-Auditors 2. Classe:

zum Regiments-Veterinär-Arzt:

der Divisions-Veterinär-Arzt Andreas Schmid vom 2. Artillerie-Regiment vacant Zoller im 3. Artillerie-Regiment Königin;

zu Bataillons-Aerzten:

die Unter-Aerzte 1. Classe Dr. Carl Steyrer vom 6. Chevaulegers-Regiment Herzog von Leuchtenberg im 1. Chevaulegers-Regiment Prinz Eduard von Sachsen, Altenburg, — Dr. Gustav Kropff im 3. Jäger-Bataillon, — Dr. Carl Ritter von Grundner vom 2. Infanterie-Regiment Kronprinz im 4. Chevaulegers-Regiment König, — Dr. Carl Stägmeyr, — und Dr. Bernhard Kißinger im 1. Infanterie-Regiment König, — Dr. Mathias Altmann bey der Commandantschaft des Invalidenhauses, — Dr. Johann Hirsch in ger im 3. Artillerie-Regiment Königin, — Dr. Anton Bauer im 6. Infanterie-Regiment vacant Herzog Wilhelm, — Dr. Nepomuk Weber im 14. Infanterie-Regiment Zandt, — Dr. Heinrich Seitz im 3. Infanterie - Regiment Prinz Carl, — Dr. Stephan Guttenhöfer im 2. Jäger-Bataillon, — Dr. Otto Deppisch vom 14. Infanterie-Regiment Zandt im 10. Infanterie-Regiment Albert Pappenheim, — Dr. Emil Friedrich im 8. Infanterie-Regiment Seckendorff, — Dr. Emil Baumüller vom 5. Chevaulegers-Regiment Leiningen im 2. Cuirassier-Regiment Prinz Adalbert, — Dr. Adolph Löhr im 3. Artillerie-Regiment Königin, — Dr. August Handwerker im 15. Infanterie-Regiment Prinz Johann von Sachsen, — Dr. Eduard Hildenbrand im 9. Infanterie-Regiment Wrede, — Dr. Raimund Würth im 13. Infanterie-Regiment vacant Hertling, — Dr. Franz Schneider im 7. Infanterie-Regiment Carl Pappenheim, — Dr. Anton Komp vom 9. Infanterie-Regiment Wrede im 2. Artillerie - Regiment vacant Zoller, — Dr. Maximilian Bohlinger im Genie-Regiment, — Dr. Emil Glocker im 3. Infanterie-Regiment Prinz Carl, — Dr. Baptist Pfeiffer vom 2. Artillerie-Regiment vacant Zoller im 6. Infanterie-Regiment vacant Herzog Wilhelm, — Dr. Carl Schiller im 5. In-

fanterie-Regiment Großherzog von Hessen, — Dr. Joseph Rogg im 4. Jäger-Bataillon, — Dr. Benedikt Schipper vom Genie-Regiment im 15. Infanterie - Regiment Prinz Johann von Sachsen, — und Dr. Johann Fahrnholz vom 2. Jäger-Bataillon im 1. Chevaulegers - Regiment Prinz Eduard von Sachsen-Altenburg;

zu Bataillons-Quartiermeistern:

die Unter - Quartiermeister 1. Classe Johann Lailig bey der Zeughaus-Haupt-Direction (Gieß- und Bohrhaus), — Jacob Dreer im 2. Jäger-Bataillon, — Adam Schaller im 5. Infanterie - Regiment Großherzog von Hessen, — Nikolaus Graßer von der Gendarmerie-Compagnie der Pfalz im Genie-Regiment, — Ignaz Biehler von der Gendarmerie-Compagnie der Haupt- und Residenzstadt München beym 2. Armee-Corps-Commando, — Georg Raab von der Gendarmerie-Compagnie von Mittelfranken im 10. Infanterie - Regiment Albert Pappenheim, — Baptist Hilter von der Zeughaus-Hauptdirection bei der Gewehrfabrik-Direction, — Peter Bauer im 4. Jäger-Bataillon, — Joseph Bastelberger im 9. Infanterie - Regiment Wrede, — Jacob Nobel im 3. Artillerie - Regiment Königin, — Ludwig Wotschack im 1. Infanterie - Regiment König, — Jacob Körber vom 2. Armee-Corps-Commando im 1. Jäger-Bataillon,

— Caspar Reiß im 1. Chevaulegers-Regiment Prinz Eduard von Sachsen-Altenburg, — Heinrich Oertel beym Armee-Montur-Depot, — und Johann Backert im Kriegs-Ministerium (Revisions-Abtheilung);

zu Bataillons-Auditoren:
die Unter-Auditore Philipp Steindel im Genie-Regiment, — und Joseph Höltl im 13. Infanterie-Regiment vacant Hertling;

zum Divisions-Veterinär-Arzt:
der Unter-Veterinär-Arzt 1. Classe Conrad Weber vom 2. Chevaulegers-Regiment Taxis im 2. Artillerie-Regiment vacant Zoller;

zu Unter-Aerzten 1. Classe:
die Unter-Aerzte 2. Classe Dr. Maximilian Schloßer von der Commandantschaft München im Cadeten-Corps, — Dr. Julius Stein von der Commandantschaft Nürnberg im 9. Infanterie-Regiment Wrede, — Dr. Joseph Rubenbauer von der Commandantschaft München im 1. Infanterie-Regiment König, — Dr. August Ekl, von der Commandantschaft Ingolstadt im 2. Jäger-Bataillon, — Dr. Ludwig Lautenbacher von der Commandantschaft Landau im Genie-Regiment, — Dr. Gustav Döderlein von der Commandantschaft Landau im 3. Infanterie-Regiment Prinz Carl, — Dr. August Eckart von der Commandantschaft Augsburg im 14. Infanterie-Regiment Zandt, — Dr. August Deisch von der Comman-

dantschaft München im 2. Infanterie-Regiment Kronprinz, — Dr. Franz Martin von der Commandantschaft Nürnberg im 5. Chevaulegers-Regiment Leiningen, — und Dr. Franz Roth von der Commandantschaft Würzburg im 6. Chevaulegers-Regiment Herzog von Leuchtenberg;

zu Unter-Quartiermeistern 1. Classe:
die Unter-Quartiermeister 2. Classe Gottlob Ziegler vom 3. Infanterie-Regiment Prinz Carl beym 1. Armee Corps-Commando, — Thomas Heubeck vom 9. Infanterie-Regiment Wrede beym 2. Armee-Corps-Commando, — Eduard Karl vom Infanterie-Leib-Regiment bei der Gendarmerie-Compagnie der Haupt- und Residenzstadt München, — Ludwig Porzer vom 1. Cuirassier-Regiment Prinz Carl beim 1. Armee-Corps-Commando, — Jacob Kraus vom 1. Armee-Corps-Commando bei der Zeughaus-Haupt-Direction, — Franz Lehner vom 4. Infanterie-Regiment Gumppenberg bey der Gendarmerie-Compagnie von Mittelfranken, — Friedrich Wüstendörfer vom 1. Artillerie-Regiment Prinz Luitpold beym Artillerie-Corps-Commando, — Johann Metz von der Commandantschaft Landau bey der Gendarmerie-Compagnie der Pfalz, — Xaver Brückner im 2. Artillerie-Regiment vacant Zoller, — Samuel Seiler vom 11. Infanterie-Regiment Ysenburg bey der Zeughaus-Haupt-

Direction, — Matthäus Stritzl vom 5. Chevaulegers-Regiment Leiningen im Kriegs-Ministerium (Revisions-Abtheilung), — Friedrich Meier im 2. Infanterie-Regiment Kronprinz, — Adam Bitz vom 6. Infanterie-Regiment vacant Herzog Wilhelm bei der Commandantschaft Rosenberg, — Peter Interwies vom 15. Infanterie-Regiment Prinz Johann von Sachsen im 1. Artillerie-Regiment Prinz Luitpold, — Nikolaus Ott vom 2. Armee-Corps-Commando bei der Commandantschaft Würzburg, — und Benedikt Millauer vom 8. Infanterie-Regiment Seckendorff beim 2. Armee-Corps-Commando;

zu Unter-Quartiermeistern 2. Classe in provisorischer Eigenschaft:

die Regiments-Actuare Ferd. Pausch im 9. Infanterie-Regiment Wrede, — Eduard Gradl im Genie-Regiment, — Theobald Jordan im 12. Infanterie-Regiment König Otto von Griechenland, — Otto Du Bois vom Armee-Montur-Depot im 6. Infanterie-Regiment vacant Herzog Wilhelm, — Lorenz Würth bei der Commandantschaft Germersheim, — Conrad Raps im 10. Infanterie-Regiment Albert Pappenheim, — Johann Buchmann von der Commandantschaft Germersheim bei der Commandantschaft Landau, — Franz Eichelsbacher im 2. Artillerie-Regiment vacant Zoller, — Wolf-

gang Bulling vom 1. Artillerie-Regiment Prinz Luitpold bei der 2. Sanitäts-Compagnie, — Wilhelm Speiser im 1. Infanterie-Regiment König, — Joseph Dürwanger im 4. Infanterie-Regiment Gumppenberg, — Franz Wettring im 2. Artillerie-Regiment vacant Zoller, — Anton Hahn im 13. Infanterie-Regiment vacant Hertling, — Anton Höchner im 11. Infanterie-Regiment Pfenburg, — Georg Ruß im 2. Infanterie-Regiment Kronprinz, — Johann Lang bei den Ouvriers-Compagnien, — und Adam Lauck im 3. Infanterie-Regiment Prinz Carl;

zu Unter-Veterinär-Aerzten 1. Classe:

die Unter-Veterinär-Aerzte 2. Classe Joseph Franzen im 1. Cuirassier-Regiment Prinz Carl, — und Ludwig Hoppe im 2. Cuirassier-Regiment Prinz Adalbert;

zu Unter-Veterinär-Aerzten 2. Classe:

die veterinärärztlichen Praktikanten Wilhelm Probstmayer vom 5. Chevaulegers-Regiment Leiningen im 3. Chevaulegers-Regiment Herzog Maximilian, — August Merz beim Fohlenhof Schwaiganger, — Carl Seitz beim Fohlenhof Achselschwang, — und Philipp Werner beim Fohlenhof Benediktbeuern;

zu Regiments-Actuaren in provisorischer Eigenschaft:

die Unteroffiziere Ludwig Marberger vom Genie-Regiment beim Gendarmerie-

Corps-Commando (Canzlei-Actuar), — Peter Wüst vom 6. Infanterie-Regiment vacant Herzog Wilhelm im 2. Infanterie-Regiment Kronprinz, — Alois Stadler vom 3. Artillerie-Regiment Königin im 1. Artillerie-Regiment Prinz Luitpold, — Michael Angerer vom 1. Cuirassier-Regiment Prinz Carl bei der Haupt-Kriegs-Cassa, — Martin Schmidt vom 1. Infanterie-Regiment König im Infanterie-Leib-Regiment, — Joseph Feicht vom 1. Infanterie-Regiment König bei der Commandantschaft Ingolstadt, — Philipp Weiß vom 3. Chevaulegers-Regiment Herzog Maximilian im 1. Cuirassier-Regiment Prinz Carl, — Melchior Schüle vom 2. Jäger-Bataillon im 6. Infanterie-Regiment vacant Herzog Wilhelm, — Georg Brutscher im 11. Infanterie-Regiment Pfenburg, — Andreas Pauli im 2. Artillerie-Regiment vacant Zoller, — Baptist Throll von der Gendarmerie-Compagnie von Oberfranken im 9. Infanterie-Regiment Wrede, — Ferdinand Dertsch im 3. Infanterie-Regiment Prinz Carl, — Carl Vogel vom 5. Infanterie-Regiment Großherzog von Hessen bei der Gewehrfabrik-Direction, — Georg Rabenstein vom 7. Infanterie-Regiment Carl Pappenheim im 4. Infanterie-Regiment Gumppenberg, — Joseph Alzberger im 8. Infanterie-Regiment Seckendorff, — Franz Frisch im 4. Jä-

ger-Bataillon, — Georg Bäumann im 15. Infanterie-Regiment Prinz Johann von Sachsen, — Heinrich Störzenbach vom 2. Artillerie-Regiment vacant Zoller im 1. Artillerie-Regiment Prinz Luitpold, — Johann Schleier vom 2. Chevaulegers Regiment Taxis im 5. Chevaulegers Regiment Leiningen, — Gustav Gehrhäuser im 1. Artillerie-Regiment Prinz Luitpold, — Philipp Fix im Genie-Regiment, — Friedrich Friedbichler vom 6. Chevaulegers-Regiment Herzog von Leuchtenberg beim 2. Armee-Corps-Commando, — und Carl Huber vom 3. Infanterie-Regiment Prinz Carl im Kriegsministerium (Buchführung).

§. 9.

Characterisirt wurden:

als Generalmajore:

die Obersten Vincenz Achner, Vorstand der Zeughaus-Haupt-Direction, — Baptist Roppelt, Commandant der Festung Germersheim, — Philipp Freiherr von Brandt, Commandant der Festung Landau, — und der characterisirte Oberst Anton Ritter von Halder vom Pensions-stande;

als Oberst:

der pensionirte Oberstlieutenant Wilhelm Freiherr von Guttenberg;

als Oberstlieutenant à la suite:

der Major à la suite Carl Fürst von
57*

Wrede, mit der Erlaubniß die Uniform
der Flügel-Adjutanten zu tragen;

als Majore:

die pensionirten Hauptleute Baptist
Deißenberger, — und Franz Baumeister, Aufsichts-Offizier zu Oberhaus,
— der pensionirte Rittmeister Georg von
Berg genannt Schrimpf, — der Rittmeister à la suite Theodor Graf von La
Roséé, — und der vormalige Oberlieutenant Wilhelm Freiherr von Künsberg
à la suite;

als Oberlieutenants à la suite:

der vormalige Oberlieutenant Gustav
Mebius, — und der Unterlieutenant
à la suite Joseph Ritter von Mann,

als Stabs-Arzt:

der pensionirte Regiments-Arzt Dr. Anton Fröhlich;

als Regiments-Arzt:

der pensionirte Bataillons-Arzt Dr. Baptist
Männer.

Der Ober-Auditor Carl Bedall vom
General-Auditoriat erhielt den Titel und
Rang eines General-Auditors.

### §. 10.

Der Major à la suite Carl Graf zu
Orttenburg-Tambach erhielt die Erlaubniß die Uniform der Flügel-Adjutanten
zu tragen.

### §. 11.

Versetzt wurden:

der General der Cavalerie Theodor
Fürst von Thurn und Taxis, Commandant des 2., als solcher zum 1. Armee-
Corps; — die Generalmajore Hugo von
Bosch, Commandant der Bundesfestung
Ulm, als Brigadier zur 4. Infanterie-Division, — und Carl Bienenthal, Brigadier der 4. Infanterie-Division, als solcher zur 1. Cavalerie-Division; — der
Oberstlieutenant und Referent Xaver Hamel vom Artillerie-Corps-Commando zum
3. Artillerie-Regiment Königin; — die
Majore Carl Gemming, Platz-Stabsoffi-
zier, von der Commandantschaft Ingolstadt
zur Commandantschaft Nürnberg, — Maximilian Rosner vom 2. — als Commandant zum 6. Jäger-Bataillon, — und Mathias Jörgens vom 3. — als Commandant zum 5. Jäger-Bataillon; — die Hauptleute Heinrich Schramm vom 8. Infanterie-Regiment Seckendorff zur Garnisons-
Compagnie Nymphenburg, — Theodor
Freiherr von Corseinge vom 4. zum 6.
Jäger-Bataillon, — Anton Hanser vom
15. Infanterie-Regiment Prinz Johann von
Sachsen zur 1. Sanitäts-Compagnie, —
Peter Fiserius, und Joseph Pelletier
vom 4. zum 6. Jäger-Bataillon, — Maximilian Osterhuber vom 1. zum 5. Jäger-Bataillon, — Peter Ball vom 2. zum

6. Jäger-Bataillon, — Hermann Herter vom 3. zum 5. Jäger-Bataillon, — Carl Bechtold vom 3. Infanterie-Regiment Prinz Carl zum 1. Infanterie-Regiment König, — Otto Freiherr von Zoller vom 4. Infanterie-Regiment Gumppenberg zur 2. Sanitäts-Compagnie, — Carl Steinwarz vom 2. zum 6. Jäger-Bataillon, — Baptist von Heeg vom 1. — und August von Scheiblin vom 3. — beide zum 5. Jäger-Bataillon; — die Oberlieutenants Maximilian Bruckbräu von der Gendarmerie-Compagnie von Unterfranken und Aschaffenburg zu jener von der Pfalz, — Gustav Dillmann vom Ingenieur-Corps zum 13. Infanterie-Regiment vacant Hertling, — Ernst Cramer vom 3. zum 5. Jäger-Bataillon, — Ferdinand Kohlermann vom 2. zum 6. Jäger-Bataillon, — Paul Friedel vom 2. Infanterie-Regiment Kronprinz zur 1. Sanitäts-Compagnie, — Albrecht Reck vom 2. zum 6. Jäger-Bataillon, — Otto von Remich vom 9. Infanterie-Regiment Wrede zur 2. Sanitäts-Compagnie, — Ferdinand Graf von Taufkirchen vom 1. zum 5. Jäger-Bataillon, — Joseph Fleischmann vom 4. zum 3. Jäger-Bataillon, — Joseph Diem von der Gendarmerie-Compagnie von Oberbayern zum 1. Artillerie-Regiment Prinz Luitpold (Fuhrwesens-Abtheilung), — Leonhard Zipperer vom 7. Infanterie-Regiment Carl

Pappenheim zur Gendarmerie-Compagnie von Oberbayern, — Friedrich Pfeufer vom Infanterie-Leib-Regiment zur 1. Sanitäts-Compagnie, — Ernst Ritter vom 13. Infanterie-Regiment vacant Hertling zur 2. Sanitäts-Compagnie, — Wilhelm Caries vom 3. zum 5. Jäger-Bataillon, — Xaver Stangler vom 2. zum 6. Jäger-Bataillon, — Carl Ziegler vom 3. zum 5. Jäger-Bataillon, — Alois von Spitzel von der Gendarmerie-Compagnie von Mittelfranken zu jener von Oberfranken, — Gottfried Deyrer vom 3. zum 4. Jäger-Bataillon, — Carl Graf von Hirschberg vom 1. zum 5. Jäger-Bataillon, — und Heinrich Freiherr von Gumppenberg vom 4. zum 6. Jäger-Bataillon; die Unterlieutenants Ferdinand Kreutzer von der Gendarmerie-Compagnie von Schwaben und Neuburg zu jener von Oberbayern, — Maximilian Ritter von Schellerer vom 5. Infanterie-Regiment Großherzog von Hessen zum 3. Infanterie-Regiment Prinz Carl, — Joseph Würdinger vom 4. Jäger-Bataillon zur 1. Sanitäts-Compagnie, — August Ritter von Vollmar vom 3. Artillerie-Regiment Königin zur 1. Ouvriers-Compagnie, — Maximilian Rietzschel, bisher Platz-Adjutant, von der Commandantschaft Würzburg zum 12. Infanterie-Regiment König Otto von Griechenland, — Wilhelm Seyfried vom 1. zum 5.

und von diesem zum 2. Jäger-Bataillon, Jacob Saalmüller, — und Bernhard Freiherr von Münster vom 2. zum 6. Jäger-Bataillon, — Friedrich von Flotow vom 4. zum 6. Jäger-Bataillon, — Adam Sartorius von der Gendarmerie-Compagnie der Pfalz zu jener von Mittelfranken, — Friedrich Murmann vom 3. zum 5. Jäger-Bataillon, — Anton Schampermeir von der Gendarmerie-Compagnie von Oberfranken zu jener von Unterfranken und Aschaffenburg, — Georg Nennhuber vom 4. zum 6. Jäger-Bataillon, — Michael Steuer vom 3., — und Gottfried Pauschmann vom 1., beide zum 5. Jäger-Bataillon, — Leonhard Michel vom 5. Infanterie-Regiment Großherzog von Hessen zur 2. Sanitäts-Compagnie, — Michael Gutmann vom 2. zum 6. Jäger-Bataillon, — Carl Primus vom 10. Infanterie-Regiment Albert Pappenheim zur Garnisons-Compagnie Nymphenburg, — Georg Preßl vom 10. Infanterie-Regiment Albert Pappenheim zur Gendarmerie-Compagnie von Unterfranken und Aschaffenburg, — Ferdinand Emonts vom 2. zum 6. Jäger-Bataillon, — Georg Betzel vom 1. Artillerie-Regiment Prinz Luitpold zur 2. Ouvriers-Compagnie, — Bernhard Freiherr von Eichthal vom 5. Infanterie-Regiment Großherzog von Hessen zum 5. Chevaulegers-

Regiment Leiningen, — Emil Freiherr von Lepel, — und Gustav Graf zu Castell vom 2. Artillerie-Regiment vacant Zoller zum 3. Artillerie-Regiment Königin, — Wolfgang Graf zu Castell vom 2. Artillerie-Regiment vacant Zoller zum 6. Chevaulegers-Regiment Herzog von Leuchtenberg, — Bernhard Martini vom 4. zum 6. Jäger-Bataillon, — Ludwig Wintter, Bataillons-Adjutant, vom 1. Infanterie-Regiment König zur Gendarmerie-Compagnie der Haupt- und Residenzstadt München, — Wilhelm von Moro vom 2. zum 5. Jäger-Bataillon, — Philipp von Braunmühl vom Infanterie-Leib-Regiment zur 1. Sanitäts-Compagnie, — Maximilian Nadler vom 1. zum 5. Jäger-Bataillon, — August Graf von Spreti vom 4. zum 6. Jäger-Bataillon, — Maximilian Straßer vom 6. Infanterie-Regiment vacant Herzog Wilhelm zur 2. Sanitäts-Compagnie, — Eduard Reder, — und Ignaz Thoma vom 3. zum 5. Jäger-Bataillon, — Eduard Falkner vom 4. zum 6. Jäger-Bataillon, — Alexius Bürger vom 5. Chevaulegers-Regiment Leiningen zum 5. Infanterie-Regiment Großherzog von Hessen, — Ludwig Möllinger vom 2. zum 6. Jäger-Bataillon, — Ludwig Riehmann vom 3. zum 5. Jäger-Bataillon, — Emerich Keim, — und Eduard Löhr vom 1. zum 5. Jäger-Bataillon,

— dann Caspar Stritzl vom 4. zum 6.
Jäger-Bataillon; — der Junker August
Prückner vom 1. Chevaulegers-Regiment
Prinz Eduard von Sachsen-Altenburg zum
3. Infanterie-Regiment Prinz Carl; — der
Oberauditor Joseph Schmitt vom Gene-
ral-Auditoriat als Referent zum Kriegs-
Ministerium; — die Regiments-Quartier-
meister Reinhard Weidner vom Genie-
Regiment zur Commandantschaft Ingolstadt,
— und Stephan Schäffer vom 1. Ar-
tillerie-Regiment Prinz Luitpold zum Kriegs-
Ministerium (Revisions-Abtheilung); —
die Regiments-Auditore Maximilian von
Schmid vom 7. Infanterie-Regiment Carl
Pappenheim zum 2. Infanterie-Regiment
Kronprinz, — Leonhard Bürger vom 5.
Chevaulegers-Regiment Leiningen zum 6.
Chevaulegers-Regiment Herzog von Leuch-
tenberg, — und Joseph Wastl von der
Commandantschaft Landau zum 7. Infan-
terie-Regiment Carl Pappenheim; — die
Bataillons-Aerzte Dr. Friedrich Henle
vom 4. zum 5. Jäger-Bataillon, — Dr.
Albert Schuster vom 2. Chevaulegers-
Regiment Taxis zum 9. Infanterie-Regi-
ment Wrede, — Dr. Xaver Leuk vom 6.
Infanterie-Regiment vacant Herzog Wil-
helm zur 1. Sanitäts-Compagnie, — Dr.
Ludwig Rabus vom 1. Chevaulegers-Re-
giment Prinz Eduard von Sachsen-Altenburg zur 2. Sanitäts-Compagnie, — und

Dr. Stephan Guttenhöfer vom 2. zum
6. Jäger-Bataillon; — der Bataillonsquar-
tiermeister Alois Wisner von der Commandantschaft Würzburg zum 6. Jäger-
Bataillon; — der Bataillons-Auditor Xaver Brunnhuber vom 1. zum 2. Jäger-
Bataillon; die Unter-Aerzte Dr. Lorenz
Tutschek vom Cadeten-Corps zum Infanterie-Leib-Regiment, — Dr. August
Müllbauer vom 1. zum 5. Jäger-Bataillon, — Dr. Friedrich König vom 9.
Infanterie-Regiment Wrede zum 2. Chevaulegers-Regiment Taxis, — und Dr. Gustav Rösch vom 4. zum 6. Jäger-Bataillon; — die Unter-Quartiermeister Friedrich
Häring von der Zeughaus-Haupt-Direction zum Artillerie-Corps-Commando, —
Ludwig Porzer vom 1. Armee-Corps-
Commando zum 5. Jäger-Bataillon, —
Heinrich Petzl vom Artillerie-Corps Commando zur 1. Sanitäts-Compagnie, — Johann Utz vom 4. Infanterie-Regiment Gumppenberg zum 10. Infanterie-Regiment Albert Pappenheim, — und Georg Umtham-
mer vom 6. Infanterie-Regiment vacant
Herzog Wilhelm zum Cadeten-Corps; —
die Unter-Verwalter Johann Enzensber-
ger vom Fohlenhof Schwaiganger zum
Fohlenhof Benediktbeuern, — Carl Ebert
vom Fohlenhof Achselschwang zum Fohlenhof Schwaiganger, — Carl Cornet vom
Fohlenhof Benediktbeuern zum Fohlenhof

Steingaden, — und Tobias Willer vom Fohlenhof Fürstenfeld zum Fohlenhof Achselschwang; — die Unter-Auditore Otto Strübe vom 2. Armee-Corps-Commando zum 12. Infanterie-Regiment König Otto von Griechenland, — Albert Grimm vom 2. Armee-Corps-Commando zum 1. Jäger-Bataillon, — Andreas May vom 12. Infanterie Regiment König Otto von Griechenland zum 2. Armee-Corps-Commando, — und Anton Krapp vom 1. Armee-Corps-Commando zum 5. Chevaulegers-Regiment Leiningen; — der Unter-Veterinär-Arzt Carl Seitz vom Fohlenhof Achselschwang zum 2. Chevaulegers-Regiment Taxis; — die Regiments-Actuare Heinrich Seefried vom Gendarmerie-Corps-Commando zum 2. Armee-Corps-Commando, — Philipp Bauer vom 10. Infanterie-Regiment Albert Pappenheim zum 4. Infanterie-Regiment Gumppenberg, — Joseph Altmann vom Cadeten-Corps zum Kriegs-Ministerium (Revisions-Abtheilung), — Conrad Grau vom 2. Artillerie-Regiment vacant Zoller zum 5. Jäger-Bataillon, — und Heinrich Störzenbach vom 1. Artillerie-Regiment Prinz Luitpold zum 6. Jäger-Bataillon, — dann der veterinärztliche Praktikant Wolfgang Flink vom 2. Artillerie-Regiment vacant Zoller zum Fohlenhof Achselschwang.

§. 12.

Pensionirt wurden:

die Generalmajore Valentin Hartmann, Brigadier der 1. Infanterie-Division, — und Ferdinand von Parseval, Brigadier der 1. Cavalerie-Division, dieser auf 1 Jahr, — dann der characterisirte Generalmajor Ferdinand Zech von Deubach Freiherr zu Sulz, Commandant der Veste Würzburg, — die temporär pensionirten Generalmajore Jacob von Fritsch, — und Wilhelm Freiherr von Jeetze nunmehr definitiv, letzterer mit Obersten-Pension; die Obersten Paul Becker des 9. Infanterie-Regiments Wrede, — Friedrich Hoffmann des 13. Infanterie-Regiments vacant Hertling, dieser auf 1 Jahr, — Franz Saalmüller des 7. Infanterie-Regiments Carl Pappenheim, — und Alois Margreiter des 2. Chevaulegers-Regiments Taxis; — die Oberstlieutenants Alexander Freiherr von Schacht, Platzstabsoffizier von der Commandantschaft München, mit dem Character als Oberst, — Carl Bouhler vom 11. Infanterie-Regiment Ysenburg, dieser mit Majors-Pension, — Philipp Fries vom 12. Infanterie-Regiment König Otto von Griechenland, — Clemens Freiherr von Sayenhofen vom 4. Chevaulegers-Regiment König, dieser auf ein 1 Jahr, — und Franz Silverio vom 5. Chevaulegers-Regiment

Leiningen, — dann der characterisirte Oberst-lieutenant Carl Bechtold, Platz-Stabs-Offizier von der Commandantschaft Nürnberg, mit dem Character als Oberst; — die Majore Carl Wiethaus-Fischer vom 3. Chevaulegers-Regiment Herzog Maximilian auf 1 Jahr, — Christian Reichardt vom 2. Chevaulegers-Regiment Taxis, — August Königer vom 2. Artillerie-Regiment vacant Zoller, dieser vorbehaltlich anderweitiger Verwendung, — Johann Lohmüller vom 4. Jäger-Bataillon, — Gustav Herzog vom 2. Infanterie-Regiment Kronprinz, — und Gottlob Baudenbach vom 7. Infanterie-Regiment Carl Pappenheim, — dann der characterisirte Major und Oberzeugwart Caspar Michaeli von der Zeughaus-Verwaltung Würzburg (Marienberg), dieser auf 1 Jahr; — die temporär pensionirten Majore Ferdinand von Dufresne nunmehr definitiv, — Anton von Wetzstein auf ein weiteres Jahr, — Heinrich Vorbrugg auf weitere 2 Jahre, — Friedrich Bernhold auf 1 weiteres Jahr, — und Carl Brück bis auf weiters, — dann der temporär pensionirte characterisirte Major Wilhelm Pattberg nunmehr definitiv; — der Hauptmann und functionirende Richtungs-Major Gustav Freiherr von Crailsheim vom 12. Infanterie-Regiment König Otto von Griechenland auf 2 Jahre; — die Hauptleute Johann Zünner, —

und Heinrich Schramm von der Garnisons-Compagnie Nymphenburg, — Friedrich Straßer vom 12. Infanterie-Regiment König Otto von Griechenland, dieser auf 1 Jahr, — Alois Weigele vom 3. Infanterie-Regiment Prinz Carl, — Georg Henkelmann vom 6. Infanterie-Regiment vacant Herzog Wilhelm, — Carl Elgershausen vom 1. Artillerie-Regiment Prinz Luitpold, — Franz Orff vom 1. Infanterie-Regiment König, — Anton Ziegler vom 4. Infanterie-Regiment Gumppenberg, — Gustav Meier vom 1. Artillerie-Regiment Prinz Luitpold, — Philipp Köhler vom 12. Infanterie-Regiment König Otto von Griechenland, letztere fünf auf 1 Jahr, — Wilhelm Freiherr von Feilitzsch vom 6. Infanterie-Regiment vacant Herzog Wilhelm, — Joseph Düppel vom 14. Infanterie-Regiment Zandt, — Joseph Graf Barinetti vom Infanterie-Leib-Regiment, — Ludwig Neureuther vom 3. Jäger-Bataillon, — Cajetan Freiherr von Gumppenberg vom 4. Infanterie-Regiment Gumppenberg, letztere vier auf 1 Jahr, — Heinrich von Schönfeld vom 13. Infanterie-Regiment vacant Hertling, — Ludwig Bächle vom 2. Infanterie-Regiment Kronprinz, dieser auf 2 Jahre, — Hippolyt Graf von Bothmer vom 1. Infanterie-Regiment König auf 1 Jahr, — Friedrich van Douwe vom 7. In-

fanterie-Regiment Carl Pappenheim auf 2
Jahre, — Johann Winterstein vom 9.
Infanterie-Regiment Wrede auf 1 Jahr,
— Carl Jacobi vom 2. Artillerie-Regiment vacant Zoller auf 2 Jahre, — Seraphin Geiß von der Garnisons-Compagnie Königshofen, — Clemens von Harttung vom 15. Infanterie-Regiment Prinz
Johann von Sachsen, dieser auf 1 Jahr,
— Friedrich Burger vom 8. Infanterie-
Regiment Seckendorff auf 2 Jahre, —
Adolph von Hoffstetter vom 11. Infanterie-Regiment Ysenburg, dieser mit einem Drittheil der Normalpension und unter dem Verbote des ferneren Tragens der
Uniform, — dann Stephan von Mayrhofer vom 3. Jäger-Bataillon, dieser auf
1 Jahr; — die temporär pensionirten Hauptleute Xaver Pracher, — Michael Angerer, — Valentin Meißner, — Friedrich Hake, — Carl Haas, — Johann
Haas, — Wilhelm Grünwald, — Thomas Ehrlich, — Joseph Westermayr,
— und Friedrich Brunn nunmehr definitiv,
— Friedrich Freiherr von Zoller auf 1
weiteres Jahr, — Christoph von Oelhasen, — und Franz von Heinrichen nunmehr definitiv, — Anselm von Tannstein
auf 1 weiteres Jahr, — Christoph Ziegl-
walner nunmehr definitiv, — Baptist
Endert auf 1 weiteres Jahr, — Maximilian von Waydtmann nunmehr defi-

nitiv, — Johann Geret auf weitere 2
Jahre, — Heinrich Freiherr von Drechsel auf Deuffstetten, — Xaver von
Pusch, — und Carl Saurer nunmehr
definitiv, — Carl von Oelhasen auf 1
weiteres Jahr, — Cajetan Freiherr von Feuri
nunmehr definitiv, — Georg Schmitt, —
Anton Graf von Preysing-Lichtenegg,
— und Reinhard Rotthafft Freiherr von
Weißenstein auf 1 weiteres Jahr, —
dann Wilhelm Freiherr von Guttenberg
nunmehr definitiv; — die Rittmeister Carl
Freiherr Stromer von Reichenbach vom
1. Chevaulegers-Regiment Prinz Eduard
von Sachsen-Altenburg, — Maximilian
von Heusler vom Fuhrwesen des 2. Artillerie-Regiments vacant Zoller, dieser auf
1 Jahr, — Carl von Zurwesten vom
6. Chevaulegers-Regiment Herzog von Leuchtenberg auf 2 Jahre, — und Friedrich von
Gähler vom 3. Chevaulegers-Regiment
Herzog Maximilian auf 1 Jahr; — der
temporär pensionirte Rittmeister Friedrich
Freiherr von Märken auf 1 weiteres Jahr;
— die Oberlieutenants Carl Knoblauch
vom 4. Chevaulegers-Regiment König auf
2 Jahre, — Friedrich Freiherr von Berchem vom 2. Chevaulegers-Regiment Taxis
auf 1 Jahr, — Carl Spraul vom 9.
Infanterie-Regiment, Wrede, dieser mit einem Drittheil der Normalpension und unter dem Verbote des ferneren Tragens der

Uniform, — Carl Zacherl, — und Wilhelm Horn vom 11. Infanterie-Regiment Psenburg, ersterer mit zwei Dritttheilen, letzterer mit drei Viertheilen der Normalpension und beide unter dem Verbote des fernern Tragens der Uniform, — Otto Besnard vom 2. Infanterie-Regiment Kronprinz mit einem Dritttheil der Normalpension und unter dem Verbote des ferneren Tragens der Uniform, — dann Anton Obermayer vom 9. Infanterie-Regiment Wrede, dieser auf ein Jahr, — die temporär pensionirten Oberlieutenants Jacob Naßall nunmehr definitiv, — Christoph Freiherr von Seckendorff, — und Xaver Wagner auf weitere 2 Jahre, — Heinrich Schleichert von Wiesenthal auf 1 weiteres Jahr, — Heinrich Freiherr von Beulwiz nunmehr definitiv, — und Carl von Lilier auf 1 weiteres Jahr; — die Unterlieutenants Albrecht Ritter Merz von Quirnheim vom Genie-Regiment mit einem Dritttheil der Normalpension und dem Verbot des fernern Tragens der Uniform, — Adolph Pappit vom Genie-Regiment auf 1 Jahr, — Julius Schmelzing vom 3. Infanterie-Regiment Prinz Carl mit der Hälfte der Normalpension, — Bernhard Rapp vom 1. Chevaulegers-Regiment Prinz Eduard von Sachsen-Altenburg, — Jacob Schmelz vom 11. Infanterie-Regiment Psenburg, — und Andreas Conrad vom 12. Infanterie-Regiment König Otto von Griechenland auf 1 Jahr, — Joseph Günther vom 5. Infanterie-Regiment Großherzog von Hessen, — dann der charaeterisirte Unterlieutenant und Zeugwart Andreas Kuppelmeyer von der Zeughaus-Verwaltung Wälzburg; — die temporär pensionirten Unterlieutenants Johann Auer von Herrnkirchen nunmehr definitiv, — Eduard Leypold, — und Joseph von Grauvogl auf 1 weiteres Jahr, — Franz Brugger auf weitere 6 Monate, — Carl Meitinger, — Alois Möritz, — Carl Schopf, — und Wilhelm Riemer auf 1 weiteres Jahr; — der Unterzeugwart Johann Knöbler vom Genie-Regiment, — der temporär pensionirte Unterzeugwart Anton Schmitt nunmehr definitiv; — der Ober-Kriegs-Commissär 2. Classe Adam Bergmann, Controleur von der Haupt-Kriegs-Cassa; — der Ober-Auditor Martin Kurz vom General-Auditoriat mit dem Character als General-Auditor; — der temporär pensionirte Ober-Auditor Heinrich Danauer nunmehr definitiv; — der geheime Registrator Heinrich Kunstmann vom Kriegs-Ministerium mit drey Viertheilen der Normalpension; — die Stabs-Aerzte Dr. Joseph Pfeiffer, und Dr. Georg Gronen vom 2., — dann Dr. Ludwig Curtius, — und Dr. Jacob Heyser vom 1. Armee-Corps-

Commando; — die Kriegs-Commissäre Michael Leichtenstern von der Commandantschaft Ingolstadt, — Nepomuk Gaugenrieder von der Militär-Fonds-Commission — dann Andreas Baumann, — und Heinrich Schmidt vom 2. Armee-Corps-Commando, diese beide auf 1 Jahr; — die Stabs-Auditore Georg von Wachter vom 2., — und Joseph Segin vom 1. Armee-Corps-Commando; — die Regimentsärzte Dr. David Hölderlin vom 2. Cuirassier-Regiment Prinz Adalbert mit dem Character als Stabs-Arzt, — und Dr. Anton Fröhlich vom 1. Infanterie-Regiment König, — dann der temporär pensionirte characterisirte Regimentsarzt Dr. Anton Hegenauer auf 1 weiteres Jahr; — die Regiments-Quartiermeister Ferdinand Stangier vom Ingenieur-Corps-Commando, (Festungsbau Germersheim), — Felix Mehler vom 2. Artillerie-Regiment vacant Zoller, dieser auf 6 Monate, — Leonhard Merkl von der Commandantschaft Germersheim (Festungsbau) — Ulrich Bruch von der Gewehrfabrik-Direction, dieser auf 1 Jahr, — und Johann Zollnhofer vom Artillerie-Corps-Commando, dieser mit der Hälfte der Normalpension, — der temporär pensionirte Regiments-Quartiermeister Ernst Sacks nunmehr definitiv; — der Regiments-Auditor Bernhard Ritter von Reichert vom 11. Infanterie-Regiment Pfen-

burg auf 1 Jahr, — die temporär pensionirten Regiments-Auditore Ignaz Pfretzschner auf 1 weiteres Jahr, — und Franz von Gropper auf weitere 2 Jahre; — der Regiments-Veterinär-Arzt Jacob Schmitt vom 3. Artillerie-Regiment König, — der temporär pensionirte Regiments-Veterinär-Arzt Anton Thöni nunmehr definitiv; — der Divisions-Commando-Secretär Xaver Sälzl vom Artillerie-Corps-Commando; — der temporär pensionirte Bataillons-Arzt Dr. Anton Baader nunmehr definitiv; — der temporär pensionirte Bataillons-Quartiermeister Friedrich Lauterbach nunmehr definitiv; — der temporär pensionirte Divisions-Veterinär-Arzt Joseph Bentele auf ein weiteres Jahr; — der Canzley-Secretär Leonhard Winkler vom 2. Armee-Corps-Commando auf 1 Jahr; — die temporär pensionirten Unter-Aerzte Dr. Maximilian Weißbrod, — und Dr. Hermann Lingg auf 1 weiteres Jahr; — die Unter-Quartiermeister Johann Lauer von der Commandantschaft Würzburg, — Joseph Kachelmeyer vom Gendarmerie-Corps-Commando, — und Michael Herrmann von der Commandantschaft Augsburg, dieser auf 2 Jahre, — die temporär pensionirten Unter-Quartiermeister Friedrich von Ammon auf 1 weiteres Jahr, — und Ludwig Dorn auf weitere 2 Jahre, — dann der Unter-Veterinär-Arzt Michael

Stark vom 8. Chevaulegers - Regiment
Herzog Maximilian auf 1 Jahr.

### §. 13.

Die nachgesuchte Entlassung erhielten:
der Obristlieutenant und Flügel-Adjutant Ludwig Freiherr von der Tann;
— der pensionirte Major Gottlob Baudenbach, — und der pensionirte charakterisirte Major Clemens Freiherr von Du Prel,
beide mit der Erlaubniß die Uniform der
Offiziere à la suite zu tragen; — die
Hauptleute Maximilian Aldoßer vom
Generalquartiermeister-Stab, — und Clemens von Wallmenich vom 2. Artillerie-
Regiment vacant Zoller, — die pensionirten Hauptleute Joseph von Langenmantel, — und Joseph Berks, beide mit
der Erlaubniß die Uniform der Offiziere
à la suite zu tragen; — der Rittmeister
à la suite Adolph Fürst zu Löwenstein-
Wertheim, Durchlaucht, — die Oberlieutenants Gustav Medicus vom Ingenieur-Corps, — und Michael Thum-
ser vom 4. Jäger-Bataillon, — die pensionirten Oberlieutenants Thaddäus Doll-
mann, — und Heinrich Freiherr von
Beulwitz, dieser mit der Erlaubniß die
Uniform der Offiziere à la suite zu tragen,
— dann der Oberlieutenant à la suite
Friedrich Freiherr von Münch, — die
Unterlieutenants Sigmund Freiherr von

Boutteville vom 1. Cuirassier-Regiment
Prinz Carl, — Philipp Schenk Freiherr
von Stauffenberg vom 4. Chevaulegers-
Regiment König, — Friedrich Lissignolo
vom 2. Jäger-Bataillon, — Carl Freiherr
von Gumppenberg vom 15. Infanterie-
Regiment Prinz Johann von Sachsen, —
Heinrich Wibber vom 3. Chevaulegers-
Regiment Herzog Maximilian, — Philipp
Schanzenbach, — und Carl Leydel
vom Genie-Regiment, — Ludwig Ritter
von Hoffnaaß vom 1. Artillerie-Regiment
Prinz Luitpold, — Moriz, Prinz von
Sachsen-Altenburg, Hoheit, vom 4.
Chevaulegers-Regiment König, — Maximilian Freiherr von Truchseß-Wetzhausen vom 3. Artillerie-Regiment Königin,
— Ernst Freiherr von Maltzan auf War-
tenberg und Penzlin vom Infanterie-
Leib-Regiment, — und Heinrich von Sigriz vom 8. Infanterie-Regiment Seckendorff,
letztere beide mit dem Character als Unterlieutenant à la suite, — Georg Freiherr
von Thon-Dittmer vom 5. Chevaulegers-
Regiment Leiningen, — Ludwig Ott vom
2. Cuirassier-Regiment Prinz Adalbert,
dieser mit dem Character als Unterlieutenant à la suite, — die pensionirten Unterlieutenants Maximilian Graf von Tauff-
kirchen, — und Theodor Fabricius;
— der Junker Julius Lechner vom 13.
Infanterie-Regiment vacant Hertling, —

der penſionirte Bataillons-Arzt Dr. Conrad Remlein, — und der Unter-Arzt Dr. Adolph Kimmerle vom 15. Infanterie-Regiment Prinz Johann von Sachſen.

### §. 14.

Wegen Anſtellung im Civil wurden entlaſſen:

die Unterlieutenants Bernhard von Gropper vom 2. Jäger-Bataillon, — und Aloys Graf von Benzel-Sternau vom 4. Infanterie-Regiment Gumppenberg; — dann der Regiments-Veterinär-Arzt Nepomuk Gräff vom 1. Chevaulegers-Regiment Prinz Eduard von Sachſen-Altenburg, — und der Unter-Arzt Dr. Auguſt Höger vom 7. Infanterie-Regiment Carl Pappenheim.

### §. 15.

Der proviſoriſchen Anſtellung wurde wieder enthoben:

der Regiments-Actuar Carl Klauß vom 4. Jäger-Bataillon.

### §. 16.

Entlaſſen wurden:

die Oberlieutenants Maximilian Eiſenhauer vom 10. Infanterie-Regiment Albert Pappenheim, — und Heinrich Danner vom Genie-Regiment; — die Unterlieutenants Ludwig Ritter von Dall'Armi vom 2. Infanterie-Regiment Kronprinz, — Matthäus von Münſter, vom 7. Infanterie-Regiment Carl Pappenheim, — Cuno Lautner vom 2. Artillerie-Regiment vacant Zoller, — Sigmund Göbel vom 1. Artillerie-Regiment Prinz Luitpold, — und Martin Löſl vom 7. Infanterie-Regiment Carl Pappenheim.

### §. 17.

Des Dienſtes entſetzt wurde:

der penſionirte Regiments-Quartiermeiſter Georg Schreiber.

### §. 18.

Geſtorben ſind:

1850:

der penſionirte Rechnungsführer Kilian Keller am 1. Jänner zu Amorbach, — der penſionirte Hauptmann Michael Uhl am 16. Juni zu Rothenburg, — der penſionirte Rittmeiſter Auguſt Freiherr von Reizenſtein am 18. Juni zu Bad Heilbrunn, — der penſionirte Oberlieutenant Ludwig Straßkircher am 18. Juni zu Bamberg, — der Hauptmann Friedrich Voigt vom 1. Infanterie-Regiment König am 26. Juni bei München, — der penſionirte characteriſirte Oberſtlieutenant Ludwig von Gernler, Ritter des königlich franzöſiſchen Militär-St.-Ludwig-Ordens am 1. Juli zu Bayreuth, — der Oberſtlieutenant Carl von Eiſenhofen vom 2. Artillerie-Regiment vacant Zoller, Artillerie-

Director der Festung Landau am 6. Juli
zu Landau, — der pensionirte Hauptmann
Joachim von Imhoff am 10. Juli bei
Feucht, — der pensionirte characterisirte
Major Carl. Oehninger am 20. Juli
zu Würzburg, — der pensionirte. characterisirte Generalmajor Philipp Freiherr von
Zobel am 22. Juli zu Würzburg, — der
veterinärärztliche Practicant Carl Graß
vom 1. Chevaulegers-Regiment Prinz Eduard von Sachsen-Altenburg am 24. Juli
zu Landau in der Pfalz, — der Bataillons-
Arzt Dr. Carl Oblagger vom Infanterie-
Leib-Regiment, Inhaber des silbernen Ver-
dienstkreuzes des herzoglich Sachsen-Erne-
stinischen Haus-Ordens, am 29. Juli zu
München, — der pensionirte Regiments-
Auditor Joseph Venino am 2. August zu
Passau, — der Generallieutenant Friedrich
Freiherr von Hertling, Vorstand des
Gestüts und Remontirungswesens des Heeres, dann der Landgestüts-Verwaltung, functionirender Chef der 2. Section des Kriegs-
Ministeriums, Inhaber des Infanterie-
Regiments No. 13, Ritter des Verdienst-
Ordens der bayerischen Krone, Ehrenkreuz
des Ludwig-Ordens, Großkreuz des königlich
griechischen Erlöser-Ordens, Ritter der
königlich französischen Ehrenlegion und des
kaiserlich russischen St. Stanislaus-Ordens
1. Classe, am 4. August zu München, —
der Oberstlieutenant Philipp Kohlermann
vom 7. Infanterie-Regiment Carl Pappenheim am 4. August bei Ingolstadt, — der
pensionirte geheime Rath Jacob Freiherr
von Harold. Ritter des Verdienst-Ordens
der bayerischen Krone und Ehrenkreuz des
Ludwig-Ordens am 9. August zu München,
— der pensionirte Oberlieutenant Anton
Obermayer am 15. August zu Würzburg, — der Hauptmann Mathias Heine-
mann vom 14. Infanterie-Regiment Zandt
am 20. August zu Pirmasens in der Pfalz,
— der Oberlieutenant Hermann Stern
vom 8. Infanterie-Regiment Seckendorff
am 23. August zu Passau, — der pensionirte Regiments-Arzt Dr. Nepomuk
Baur am 28. August zu Landau in der
Pfalz, — der pensionirte Hauptmann Philipp Van der Monden am 1. September zu Augsburg, — der pensionirte Generallieutenant Carl Rittmann, Ehrenkreuz des Ludwig-Ordens und Ritter der
königlich französischen Ehrenlegion am 3.
September zu Bamberg, — der pensionirte
Stabs-Auditor Ignaz Schönn am 8.
September zu Augsburg, — der pensionirte characterisirte Generallieutenant Carl
Ritter von Vincenti, Ritter des Verdienstordens der bayerischen Krone, Ehrenkreuz des Ludwig-Ordens, Ritter der königlich französischen Ehrenlegion und des
kaiserlich königlich österreichischen Leopold-
Ordens, am 9. September zu München,

— der pensionirte characterisirte Major
Joseph Freiherr von Scherer am 10.
September zu Miesbach, — der Hauptmann Friedrich Schweizer vom 11. Infanterie-Regiment Ysenburg am 10. September zu Aschaffenburg, — der pensionirte
Regiments-Quartiermeister Christoph Geißler am 16. September zu Nürnberg, —
der pensionirte Hauptmann Engelbert Pötz
am 11. September zu Passau, — der
pensionirte characterisirte Major Peter Ritter von Reichert am 23. September zu
Nürnberg, — der pensionirte Unterlieutenant
Heinrich von Schlägel am 23. September zu Amberg, — der pensionirte characterisirte Oberst Georg Dobel, Ehrenkreuz
des Ludwig-Ordens, am 4. October zu
München, — der pensionirte characterisirte
Generalmajor Carl Kirchhoffer, Ehrenkreuz des Ludwig-Ordens, Ritter der
königlich französischen Ehrenlegion und des
kaiserlich russischen St. Anna-Ordens 2.
Classe mit Krone, am 15. October zu
München, — der pensionirte characterisirte
Major Xaver Freiherr von Hasenbrädl,
Ritter der königlich französischen Ehrenlegion, am 19. October zu Untersendling,—
der Regimentsarzt Dr. Stephan Rutz vom
2. Chevaulegers-Regiment Taxis am 27.
October zu Aschaffenburg, — der Unterlieutenant Johann Wolf vom 9. Infanterie-Regiment Wrede am 1. November in-

Würzburg, — der Major Constantin Freiherr von Redwitz vom 1. Cuirassier Regiment Prinz Carl, Ritter des kaiserlich
königlich österreichischen Ordens der eisernen
Krone, am 12. November zu München, —
der Platzmajor Carl Löhr von der Commandantschaft Würzburg am 17. November zu Würzburg, — der pensionirte Oberlieutenant Ludwig Gemminger am 21.
November zu München, — der Unterlieutenant Friedrich Rötter vom 3. Jäger-
Bataillon am 21. November zu Marienberg, — der pensionirte Unter-Veterinärarzt
Michael Stark am 25. November zu
Ingolstadt, — der pensionirte characterisirte
General der Cavalerie Carl Freiherr von
Diez, Commandeur des Militär-Max-Josephs-
Ordens, Großkreuz des Verdienst-Ordens
vom heiligen Michael, Ehrenkreuz des Ludwig-Ordens, Ritter der königlich französischen Ehrenlegion, des kaiserlich königlich
österreichischen Maria-Theresien-Ordens, dann
des kaiserlich russischen St. Anna-Ordens
2. Classe mit Brillanten und der kaiserlichen Krone, am 8. December zu München,
— der Oberst Carl Goßmann des 3.
Infanterie-Regiments Prinz Carl, Ritter
des königlich griechischen Erlöser-Ordens
(goldenes Kreuz), am 13. December zu
Kissingen, — der pensionirte characterisirte
Hauptmann Anton Bijot am 19. December zu Lindau, — der Ober-Kriegs-

Commissär 2. Classe Friedrich Rummel vom 1. Armee-Corps-Commando am 25. December zu München, — und der pensionirte Unter-Arzt Dr. Anton Langenmantel am 27. December zu Lechhausen.

1851:

der pensionirte Rittmeister Joseph Liersch am 15. Januar zu Amberg, — der pensionirte Oberstlieutenant Leonhard Kneip, Ehrenkreuz des Ludwig-Ordens, am 17. Januar zu Kempten, — der pensionirte characterisirte Unterlieutenant Philipp Weitzel, Ehrenkreuz des Ludwig-Ordens und Inhaber der silbernen Militär-Verdienst-Medaille, am 19. Januar zu Eichstädt, — der pensionirte Rittmeister Johann von Zahner, Inhaber des kaiserlich russischen St. Wladimir-Ordens 4. Classe, am 20. Januar zu Ansbach, — der characterisirte Generalmajor Joseph von Spengel, Vorstand der Administrations-Commission der Militär-Fohlenhöfe, Ritter des Militär-Max-Joseph-Ordens, Ehrenkreuz des Ludwig-Ordens und Ritter der königlich französischen Ehrenlegion, am 26. Januar zu München, — der pensionirte characterisirte Major Georg Graf von Ysenburg am 27. Januar zu München, — der Unterlieutenant Ludwig Freiherr von Washington vom 3. Infanterie-Regiment Prinz Carl am 30. Januar zu Augsburg, — der pensionirte Regiments-Arzt Dr. Johann Pfeif-

fer, Ehrenkreuz des Ludwig-Ordens, am 31. Januar zu Würzburg, — der pensionirte Hauptmann Ernst Gotter am 2. Februar zu Bayreuth, — der Oberst Wilhelm Strunz, Commandant von Augsburg, Ritter des königlich griechischen Erlöser-Ordens (goldenes Kreuz), am 4. Februar zu Augsburg, — der pensionirte Rittmeister Joseph Sponsel, Inhaber der silbernen Militär-Verdienst-Medaille, am 8. Februar zu Bamberg, — der pensionirte characterisirte Oberstlieutenant Carl von Lemmingen am 11. Februar zu Schwabing, — der pensionirte Secretär Anton Hausner, Ehrenkreuz des Ludwig-Ordens, am 14. Februar zu München, — der pensionirte Sprachlehrer vom Cadeten-Corps Joseph Valette am 20. Februar zu München, — der pensionirte characterisirte Rittmeister Maximilian Freiherr von Gumppenberg am 21. Februar zu Ansbach, — der pensionirte Feldzeugmeister Heinrich LII. Graf von Reuß und Plauen, Ritter des Haus-Ordens vom heiligen Hubert, Commandeur des Militär-Max-Joseph-Ordens, Großkreuz des Verdienst-Ordens der bayerischen Krone und Inhaber des königlich sächsischen Ordens der Rautenkrone, am 23. Februar zu München, — der Unterquartiermeister Maximilian Felber vom 5. Infanterie-Regiment Großherzog von Hessen, am 24. Februar zu Germersheim, — der pensionirte characterisirte Oberst Hubert von Rogéville, Ritter des königlich französischen Militär-St-Ludwig-Ordens und der Ehrenlegion, am 9. März zu Pont-a-Mousson in Frankreich, — der pensionirte Generallieutenant Baptist Freiherr von Berger, Großkreuz des Verdienst-Ordens der bayerischen Krone, Ritter des königlich-französischen Militär-St.-Ludwig-Ordens und Officier der Ehrenlegion, Inhaber des königlich preußischen rothen Adler-Ordens 1. Classe, dann des kaiserlich russischen St. Anna-Ordens 1. Classe, am 10. März zu München, — der pensionirte characterisirte Oberst Carl Bechtold, Ehrenkreuz des Ludwig-Ordens und Inhaber des kaiserlich russischen St. Stanislaus-Ordens 2. Classe, am 19. März zu Nürnberg, — der pensionirte characterisirte Major Joseph Stöhr am 23. März zu Bamberg, — der pensionirte Kriegs-Rechnungs-Commissär Simpert Pflieger am 25. März zu München, — der pensionirte Unterlieutenant Andreas Conrad am 28. März zu Kitzingen, — der General-Auditor und Referent Joseph Policzka vom Kriegs-Ministerium, Ritter des Verdienst-Ordens vom heiligen Michael, am 29. März zu München, — der pensionirte characterisirte Regiments-Arzt Dr. Anton Hegenauer am 31. März zu Augsburg, — der Bataillons-Arzt Dr. Joseph Waltenberg vom 1. Artillerie-Regiment Prinz Luitpold am 10. April zu München, — der pensionirte Hauptmann Wilhelm Heres am 11. April zu München, — der Dessinateur 1. Classe Joseph Schleich vom topographischen Bureau des Generalquartiermeister-Stabes am 12. April zu München, — der characterisirte Unter-Quartiermeister Franz Negle von der Commandantschaft München am 20. April zu München, — der Hauptmann Carl Eckart vom 3. Jäger-Bataillon am 23. April zu Aschaffenburg, — der Oberlieutenant à la suite Julius von Sundahl am 25. April zu München, — der pensionirte Unterlieutenant Johann Dandonelli, Inhaber der goldenen Militär-Verdienst-Medaille, am 1. Mai zu München, — der Regiments-Quartiermeister Leonhard Reichensperger von der Commandantschaft Augsburg am 4. Mai zu Augsburg, — der pensionirte Generalmajor und General-Adjutant Leopold Freiherr von Zandt, Ritter des Militär-Max-Joseph-Ordens, Ehrenkreuz des Ludwig-Ordens, Ritter der königlich französischen Ehrenlegion, Commandeur des kaiserlich österreichischen Leopold-Ordens, Inhaber des kaiserlich russischen St. Anna-Ordens 2. Classe mit Brillanten und Ritter des königlich sächsischen Militär St. Heinrich-Ordens, am 5. Mai zu München, — der pensionirte Unterlieutenant Anton Eich-

heim am 12. Mai zu München, — der
Ministerial-Secretär Joseph Hoßp vom
Kriegs-Ministerium am 12. Mai zu Innsbruck in Tyrol, — der pensionirte Unterlieutenant Bernhard Rapp am 17. Mai
zu München, — der pensionirte Oberlieutenant Bartholomäus Schuster am 21.
Mai zu Eichstädt, — der Junker Ferdinand von Spies vom 2. Cuirassier-Regiment Prinz Adalbert am 26. Mai zu
Aschaffenburg, — der Hauptmann Georg
Harrach vom 6. Infanterie-Regiment
vacant Herzog Wilhelm am 29. Mai zu
Nürnberg, — der pensionirte Hauptmann
Franz Mannhart am 8. Juni zu München, — der pensionirte Secretär Carl Belleville am 10. Juni zu Landshut, — der
pensionirte Hauptmann Lorenz Hajek am
17. Juni zu München, — der characterisirte Unterlieutenant und Zeugwart Vincenz
Gebhart von der Zeughaus-Verwaltung
Nürnberg am 24. Juni zu Nürnberg, —
der pensionirte Bataillons-Arzt Franz Faust
am 27. Juni zu Neuburg a. D., — und der
Bataillons-Quartiermeister Ignaz Biehler vom 2. Armée-Corps-Commando am
29. Juni zu Würzburg.

## §. 19.

Versetzt werden:

der Oberstlieutenant Caspar von Hagens vom Generalquartiermeister-Stab zum
Infanterie-Leib-Regiment, — die Majore
Richard Molitor vom Generalquartiermei-
ster-Stab zum zweiten Infanterie-Regiment
Kronprinz, — Carl Rauner vom 1. Jä-
ger-Bataillon zum 8. Infanterie-Regiment
Seckendorff, — und Karl Kaiser vom
4. Jäger-Bataillon zum 7. Infanterie-
Regiment Carl Pappenheim, — die Haupt-
leute Carl von Spruner vom 12. In-
fanterie-Regiment König Otto von Griechen-
land zum Generalquartiermeister-Stab, —
Carl Fortenbach von der Zeughaus-
Haupt-Direction (Pulvermühlen) zum 1.
Artillerie-Regiment Prinz Luitpold, — und
Maximilian Aschenbrier vom 14. In-
fanterie-Regiment Zandt zum 2. Infanterie-
Regiment Kronprinz, — die Oberlieutenants
Carl Bergmann vom 1. Artillerie-Re-
giment Prinz Luitpold zur Zeughaus-Haupt-
Direction (Pulvermühlen), — und Joseph
Keller Freiherr von Schleitheim vom
1. Artillerie-Regiment Prinz Luitpold zum
3. Artillerie-Regiment Königin, — der
Unterlieutenant Carl Freiherr Ebner von
Eschenbach vom 1. Artillerie-Regiment
Prinz Luitpold zum 3. Artillerie-Regiment
Königin, — der Kriegs-Commissär Johann
Magelschmidt vom 2. Armée-Corps-
Commando zum Artillerie-Corps-Commando,
— der Regiments-Quartiermeister Philipp
Arneth vom 7. Infanterie-Regiment Carl
Pappenheim zur Commandantschaft Augs-

59*

burg (Verpflegs-Commission), — die Regiments-Auditore Carl von Vincenti vom 1. Cuirassier-Regiment Prinz Carl zum 1. Armee-Corps-Commando als functionirender Stabs-Auditor, — und Elias Albert vom 1. Chevaulegers-Regiment Prinz Eduard von Sachsen-Altenburg zum Infanterie-Leib-Regiment, — die Bataillons-Quartiermeister Xaver Mayer vom 2. Armee-Corps-Commando zum Ingenieur-Corps-Commando, — und Heinrich Oertel vom Armee-Montur-Depot zur Militär-Fonds-Commission, — die Canzlei-Secretäre August Dietrich vom General-Auditoriat zum 1. Armee-Corps-Commando, — und Wolfgang Buchta von der Zeughaus-Haupt-Direction zum General-Auditoriat, — dann der Unter-Auditor Georg Ihrl vom 1. Armee-Corps-Commando zur Commandantschaft Wülzburg.

### §. 20.

Ernannt werden:

zu Oberzeugwarten:

die Hauptleute Carl Lindhamer, Conservator, von der Zeughaus-Haupt-Direction bei der Zeughaus-Verwaltung Ingolstadt, — und Ernst von Paschwitz vom 1. Artillerie-Regiment Prinz Luitpold bei der Zeughaus-Verwaltung Würzburg (Marienberg);

zum Junker:

der Regiments-Canzlei-Actuar Eugen Albert vom Ingenieur-Corps-Commando im 5. Jäger-Bataillon;

zu Unter-Auditoren:

die Auditoriats-Practicanten Franz Reulbach aus Würzburg bei der Commandantschaft Rosenberg, — Anton Knözinger aus Erding beim 1. Armee-Corps-Commando, — und August Huber aus Weilheim im 1. Chevaulegers-Regiment Prinz Eduard von Sachsen-Altenburg;

zum veterinärärztlichen Practicanten in provisorischer Eigenschaft:

Adolph Brandel aus München im 1. Artillerie-Regiment Prinz Luitpold.

### §. 21.

Reactivirt wird:

der temporär pensionirte Bataillons-Quartiermeister Friedrich Birkmann bei der Commandantschaft Ingolstadt (Militär-Krankenhaus), mit dem Range vor dem Bataillons-Quartiermeister Georg Raab.

### §. 22.

Befördert werden:

zu Generalmajoren:

die characterisirten Generalmajore Bap-

zist Röppelt, Commandant der Stadt
und Festung Germersheim, — und Philipp Freiherr von Brandt, Commandant
der Stadt und Festung Landau, — dann
der Oberst Wolfgang von Ott vom 8. In-
fanterie-Regiment-Seckendorff als Brigadier bei der 1. Infanterie-Division;

zu Obersten:

der characterisirte Oberst Alexander von
Hagens im Generalquartiermeister-Stab,
— dann die Oberstlieutenants Ludwig Frei-
herr von der Tann, Flügel-Adjutant, —
Oscar Freiherr von Zoller im 3. Infanterie-Regiment Prinz Carl, — Adolph
Suckow vom 15. Infanterie-Regiment
Prinz Johann von Sachsen im 7. Infanterie-Regiment Carl Pappenheim, — Ludwig Graf von Benzel-Sternau im 5.
Infanterie-Regiment Großherzog von Hessen,
— Joseph Freiherr von Asch vom Infanterie-
Leib-Regiment im 8. Infanterie-Regiment
Seckendorff, — Benjamin Herman vom
6. Infanterie-Regiment vacant Herzog
Wilhelm im 9. Infanterie-Regiment Wrede,
— und Otto Freiherr Vogt von Hunolt-
stein genannt Stein-Kallenfels vom
1. Chevaulegers-Regiment Prinz Eduard
von Sachsen-Altenburg im 2. Chevaulegers-
Regiment Taxis:

zu Oberstlieutenants:

die Majore Nepomuk Eichenauer,

Platzstabsoffizier, bei der Commandantschaft
München, —, Wilhelm Schnizlein im
11. Infanterie-Regiment Ysenburg, —
Gottfried Sybert im 6. Infanterie-Regi-
ment vacant Herzog Wilhelm, — Gott-
fried Goes vom 8. Infanterie-Regiment
Seckendorff im 3. Infanterie-Regiment Prinz
Carl, — Maximilian Klein im 5. In-
fanterie-Regiment Großherzog von Hessen,
— Sigmund Ritter von Merkel vom
13. Infanterie-Regiment Kaiser Franz Jo-
seph von Oesterreich im 15. Infanterie-
Regiment Prinz Johann von Sachsen, —
Eduard Freiherr von Rotberg im 5.
Chevaulegers-Regiment Leiningen, — Emil
Freiherr von Stockum vom 1. Cuirassiers-
Regiment Prinz Carl im 1. Chevaulegers-
Regiment Prinz Eduard von Sachsen-
Altenburg, — und Franz Limmer im 4.
Chevaulegers-Regiment König;

zu Majoren:

die characterisirten Majore und Ad-
jutanten des Feldmarschalls und General-
Inspectors der Armee Prinzen Carl von
Bayern, Königliche Hoheit, Friedrich Graf
von Bothmer im 1. Artillerie-Regiment
Prinz Luitpold, — und Baptist Stephan
im Generalquartiermeister-Stab, — der
Hauptmann und functionirende Platzmajor
Ludwig von Tettenborn bei der Com-
mandantschaft Würzburg, — die Haupt-

leute und funktionierenden Richtungs-Majore
Franz Hoffmann vom 14. Infanterie-
Regiment Zandt im 6. Infanterie-Regiment
vacant Herzog Wilhelm, — Johann Kel-
ler im 5. Infanterie-Regiment Großherzog
von Hessen, — und Anton von Mayer im
13. Infanterie-Regiment Kaiser Franz Jo-
seph von Oesterreich, — der Hauptmann
Hermann von Schintling im General-
quartiermeister-Stab, — die Rittmeister
Gustav Freiherr von Rummel vom 2.
Cuirassier-Regiment Prinz Adalbert im 1.
Cuirassier-Regiment Prinz Carl, — Carl
Graf zu Pappenheim vom 1. Chevau-
legers-Regiment Prinz Eduard von Sachsen-
Altenburg im 5. Chevaulegers-Regiment
Leiningen, — und Curt Schweinichen
vom 6. Chevaulegers-Regiment Herzog von
Leuchtenberg im 4. Chevaulegers-Regiment
König, — dann der Hauptmann und
Oberzeugwart Joseph Mager von der
Zeughaus-Verwaltung Ingolstadt im 2.
Artillerie-Regiment vacant Zoller;

### zu Hauptleuten:

die Oberlieutenants Carl Freiherr von
Horn vom 2. Artillerie-Regiment vacant
Zoller im 1. Artillerie-Regiment Prinz Luitpold, — Jacob Michael vom 2. Artillerie-Regiment vacant Zoller bei der Zeughaus-Haupt-Direction als Conservator, —

und Carl Freiherr von Bibra im 2. Artillerie-Regiment vacant Zoller;

### zu Rittmeistern:

die Oberlieutenants Moritz von Höß-
lin im 4. Chevaulegers-Regiment König,
— Carl von Weinrich, bisher Adjutant
des Generallieutenants und Armee-Corps-
Commandanten Freiherrn von Gumppenberg vom 4. Chevaulegers-Regiment König
im 1. Chevaulegers-Regiment Prinz Eduard
von Sachsen-Altenburg, — Ludwig Hertlein vom 2. Chevaulegers-Regiment Taxis im 6. Chevaulegers-Regiment Herzog
von Leuchtenberg, — Theodor Dichtel,
bisher Adjutant des Generalmajors und
Brigadiers von Schmalz, vom 4. Chevaulegers-Regiment König im 6. Chevaulegers-Regiment Herzog von Leuchtenberg,
— Hermann Knott, bisher Adjutant des
Generalmajors und Brigadiers von Flotow, im 2. Cuirassier-Regiment Prinz Adalbert, — und Lorenz Hörath vom Fuhrwesen des 1. Artillerie-Regiments Prinz
Luitpold im Fuhrwesen des 2. Artillerie-
Regiments vacant Zoller;

### zu Oberlieutenants:

die Unterlieutenants Friedrich Freiherr
von der Heydte vom 2. Chevaulegers-Regiment Taxis im 4. Chevaulegers-
Regiment König, — Wilhelm Ritter vom

1. Cuirassier-Regiment Prinz Carl im 2. Cuirassier-Regiment Prinz Adalbert, — August Ritter von Wollmar bei der 4. Ouvriers-Compagnie, — Ludwig Mufflnan im' 1. Artillerie-Regiment Prinz Luitpold, — Adalbert Stark im 2. Artillerie-Regiment vacant Zoller, — Ernst Büller im 1. Artillerie-Regiment Prinz Luitpold, — und Victor Gramich im 2. Artillerie-Regiment vacant Zoller;

zu Unterlieutenants:

die Junker Georg Faulhaber vom 5. Chevaulegers-Regiment Leiningen im 4. Chevaulegers-Regiment König, — Maximilian Freiherr von Malsen vom 5. Chevaulegers-Regiment Leiningen im 1. Cuirassier-Regiment Prinz Carl, — Albert Freiherr de Lasalle von Louisenthal im 2. Chevaulegers-Regiment Taxis, — Otto Schropp im 6. Chevaulegers-Regiment Herzog von Leuchtenberg, — Wilhelm Freiherr de Lasalle von Louisenthal vom 2. Chevaulegers-Regiment Taxis im 2. Cuirassier-Regiment Prinz Adalbert, — Gustav Freiherr von Horn im 4. Chevaulegers-Regiment König, — Wilhelm Eitzenberger im 1. Chevaulegers-Regiment Prinz Eduard von Sachsen-Altenburg, — Maximilian Politzka vom 3. Chevaulegers-Regiment Herzog Maximilian im 4. Chevaulegers-Regiment König, — Wilhelm Reitz im 2. Artillerie-Regiment, vacant Zoller, — Hermann von Bezold, und Friedrich Schubert im 1. Artillerie-Regiment Prinz Luitpold, — Constantin Freiherr von Beulwiz vom 3. Artillerie-Regiment Königin im 2. Artillerie-Regiment vacant Zoller, — Friedrich Blume, — und August du Jarrys Freiherr von La Roche vom 1. Artillerie-Regiment Prinz Luitpold im 2. Artillerie-Regiment vacant Zoller;

zu Junkern:

die Unteroffiziere und Cadeten Alexander Pornschaft vom 4. Infanterie-Regiment Gumppenberg im 6. Infanterie-Regiment vacant Herzog Wilhelm, — Christian Porzelius vom 4. Infanterie-Regiment Gumppenberg im 5. Infanterie-Regiment Großherzog von Hessen, — Carl von Peritzhoff im 4. Infanterie-Regiment Gumppenberg, — Adolph Rosenmerkel vom 4. Infanterie-Regiment Gumppenberg im 12. Infanterie-Regiment König Otto von Griechenland, — Mathias Hildebrandt vom 4. Infanterie-Regiment Gumppenberg im 5. Infanterie-Regiment Großherzog von Hessen, — Franz Melchior vom 1. Infanterie-Regiment König im 14. Infanterie-Regiment Zandt, — Ludwig von Schlögel im 12. Infanterie-Regiment König Otto von Griechenland, — August Schauer im 9. Infanterie-Regiment Wrede, — Eduard Redenbacher vom 1. Infanterie-Regiment König im 10. Infanterie-Regiment Albert Pappenheim, — Emil Arnold im 13. Infanterie-Regiment Kaiser Franz Joseph von Oesterreich, — Christian Sauer vom 2. Artillerie-Regiment vacant Zoller im 9. Infanterie-Regiment Wrede, — Maximilian Rey vom 4. Infanterie-Regiment Gumppenberg im 13. Infanterie-Regiment Kaiser Franz Joseph von Oesterreich, — Maximilian Sand vom 4. Infanterie-Regiment Gumppenberg im 6. Infanterie-Regiment vacant Herzog Wilhelm, — Eduard Prechtl im 4. Infanterie-Regiment Gumppenberg, — Anton Schneider im 15. Infanterie-Regiment Prinz Johann von Sachsen, — Franz Stiglitz vom 3. Infanterie-Regiment Prinz Carl im 4. Jäger-Bataillon, — Joseph Schwarzenberger im 7. Infanterie-Regiment Carl Pappenheim, — Xaver Heigl im 3. Infanterie-Regiment Prinz Carl, — Xaver Bröninger vom 3. Infanterie-Regiment Prinz Carl im 11. Infanterie-Regiment Pfeuburg, — Jacob von Ehrenwelchthal vom 2. Infanterie-Regiment Kronprinz im 8. Infanterie-Regiment Seckendorff, — Adolph Kummer im 15. Infanterie-Regiment Prinz Johann von Sachsen, — Joseph

Schönauer vom 2. Infanterie-Regiment Kronprinz im 11. Infanterie-Regiment Pfenburg, — Friedrich Eber im 1. Jäger-Bataillon, — Franz Foringer vom 4. Infanterie-Regiment Gumppenberg im 3. Jäger-Bataillon, — Adolph von Braunmühl vom 3. Infanterie-Regiment Prinz Carl im 2. Jäger-Bataillon, — Carl Henle im Infanterie-Leib-Regiment, — Hermann Bausewein vom 7. Infanterie-Regiment Carl Pappenheim im 10. Infanterie-Regiment Albert Pappenheim, — Ludwig Friedel vom 2. Infanterie-Regiment Kronprinz im 14. Infanterie-Regiment Zandt, — Wilhelm Pellet vom 1. Infanterie-Regiment König im 8. Infanterie-Regiment Seckendorff, — Ludwig Mühlhölzl vom 1. Infanterie-Regiment König im 6. Jäger-Bataillon, — Robert Ott im 4. Chevaulegers-Regiment König, — Wilhelm Miltenberg vom 4. Chevaulegers-Regiment König im 1. Chevaulegers-Regiment Prinz Eduard von Sachsen-Altenburg, — Albert Zenetti im 3. Chevaulegers-Regiment Herzog Maximilian, — Carl von Rott vom 4. Chevaulegers-Regiment König im 2. Chevaulegers-Regiment Taxis, — Carl Freiherr von Hutten vom 4. Chevaulegers-Regiment König im 5. Chevaulegers-Regiment Leiningen, — Anton Weißenbach, — und Martin Dürr im 1. Artillerie-Regiment Prinz Luitpold, — Johann Fischer vom 3. Artillerie-Regiment Königin im 2. Artillerie-Regiment vacant Zoller, — Erhard Sigmund im 1. Artillerie-Regiment Prinz Luitpold, — Adalbert Freiherr von Lurz im 3. Artillerie-Regiment Königin, — und Ernst Wurm im 1. Artillerie-Regiment Prinz Luitpold;

zum geheimen Registrator:

der geheime Registratur-Gehilfe Martin Knopp im Kriegsministerium;

zum Kriegs-Commissär und Cassier:

der Kriegs-Rechnungs-Commissär und functionirende Controleur Ludwig Dorsch bei der Militär-Fonds-Commission;

zum Stabs-Auditor:

der Regiments-Auditor 1. Classe Heinrich Wolf vom 8. Infanterie-Regiment Seckendorff beim 1. Armee-Corps-Commando;

zum geheimen Registraturgehilfen:

der Rechnungs-Registrator Joseph Schwaiger im Kriegsministerium;

zum Regiments-Quartiermeister 2. Classe:

der Bataillons-Quartiermeister Carl

Weyman vom Ingenieur-Corps-Commando im 7. Infanterie-Regiment Carl Pappenheim;

zu Regiments-Auditoren 1. Classe:

die Regiments-Auditore 2. Classe Friedrich Gerstner im 3. Artillerie-Regiment Königin, — Hannibal Schiber im 1. Infanterie-Regiment König, — und Wilhelm Kellner im 15. Infanterie-Regiment Prinz Johann von Sachsen;

zu Regiments-Auditoren 2. Classe:

die Bataillons-Auditore Ludwig Lesch im 3. Jäger-Bataillon, — Adolph Bedall im 2. Cuirassier-Regiment Prinz Adalbert, — und Ludwig Bolgiano von der Commandantschaft Würzburg im 1. Cuirassier-Regiment Prinz Carl;

zum Regiments-Veterinär-Arzt:

der Divisions-Veterinär-Arzt Anton Diem vom 1. Artillerie-Regiment Prinz Luitpold im 1. Chevaulegers-Regiment Prinz Eduard von Sachsen-Altenburg;

zum Rechnungs-Registrator:

der Divisions-Commando-Secretär Alois Möritz vom 2. Armee-Corps-Commando im Kriegs-Ministerium;

zu Bataillons-Auditoren:

die Unter-Auditore Wilhelm Görtz im 6. Infanterie-Regiment vacant Herzog Wilhelm, — Baptist Weinzierl von der Commandantschaft Rosenberg im 8. Infanterie-Regiment Seckendorff, — und Melchior Bedall im 4. Jäger-Bataillon;

zum Divisions-Veterinär-Arzt:

der Unter-Veterinär-Arzt 1. Classe Michael Haider vom 3. Artillerie-Regiment Königin im 1. Artillerie-Regiment Prinz Luitpold;

zu Canzlei-Secretären 1. Classe:

die Canzlei-Secretäre 2. Classe Julius Döberlein beim 1. Armee-Corps-Commando, — Joseph Wittmann vom Gendarmerie-Corps-Commando beim 2. Armee-Corps-Commando, — und Conrad Beck vom 1. Armee-Corps-Commando beim Artillerie-Corps-Commando;

zu Canzlei-Secretären 2. Classe in provisorischer Eigenschaft:

die Regiments-Canzlei-Actuare Georg Luttenbacher im Generalquartiermeister-Stab, — Heinrich Seefried beim 2. Armee-Corps-Commando, — Alois Königer, — und Andreas May im Kriegs-Ministerium;

zu Unter-Veterinär-Aerzten 1. Classe:

die Unter-Veterinär-Aerzte 2. Classe Constantin Weiß beim Fohlenhof Steingaden, — und Christoph Mußgnug im 4. Chevaulegers-Regiment König;

zum Unter-Veterinär-Arzt 2. Classe:

der veterinärärztliche Practicant Tobias Kolb vom 1. Artillerie-Regiment Prinz Luitpold im 3. Artillerie-Regiment Königin;

zu Regiments-Canzlei-Actuaren in provisorischer Eigenschaft:

die Auditoriats-Actuare Conrad Buß vom 2. Artillerie-Regiment vacant Zoller beim Gendarmerie-Corps-Commando, — und Heinrich Jägern vom 11. Infanterie-Regiment Ysenburg bei der Zeughaus-Haupt-Direction, — dann der Sergeant Andreas Scholl vom 12. Infanterie-Regiment König Otto von Griechenland beim Ingenieur-Corps-Commando.

§. 23.

Characterisirt werden:

als Generalmajor:

der Oberst Carl von Purfart, Commandant der Veste Wülzburg;

als Obersten:

die Oberstlieutenants Joseph Bronzetti, Platzstabsoffizier von der Commandantschaft Landau, — Michael Schuh vom Cadeten-Corps, — und Franz Schenk Freiherr von Stauffenberg à la suite, dieser wie bisher mit der Erlaubniß die Uniform der Flügel-Adjutanten zu tragen;

als Majore:

der pensionirte Hauptmann Johann Zunner, und der pensionirte characterisirte Hauptmann Alexander Freiherr von Saurzapff.

**Maximilian.**

**Lüder.**

# Regierungs-Blatt

## für das

## Königreich Bayern.

## № 36.

München, Dinstag den 22. Juli 1851.

### Erkenntniß

des obersten Gerichtshofs des Königreichs vom 27. Juni 1851 in dem Competenzconflicte zwischen dem k. Oberauffchlagamte München und dem k. Kreis- und Stadtgerichte München bezüglich der Untersuchung gegen Simon Zollner zu München wegen Malzaufschlags-Gefährde.

### Im Namen Seiner Majestät des Königs von Bayern

erkennt der oberste Gerichtshof des Königreiches in dem Competenzconflicte zwischen dem königlichen Oberauffchlagamte München und dem k. Kreis- und Stadtgerichte München bezüglich der Untersuchung gegen Simon Zollner zu München wegen Malzaufschlags-Gefährde zu Recht:

„daß zur Untersuchung und Aburtheilung der gegen den Müller Simon Zollner zu München unter'm 10. September 1849 angezeigten Uebertretung durch Annahme und Brechen von Malz, worüber die Polette nicht auf seine Mühle lautete, die Gerichte zuständig seien."

### Gründe.

Georg Brey, Löwenwirth zu München, löste am 8. und 9. September 1849 zwei Poletten zum Malzbrechen auf der Stadtmühle zu München. Das Malz wurde aber nicht auf diese Mühle, sondern auf jene des Simon Zollner zu München, die sogenannte Kainzmühle, gebracht, und allda gebrochen.

Das k. Oberaufschlagamt leitete daher gegen den letzteren wegen Verletzung der Vorschriften in §. VI. Ziff. 1 des Aufschlags-Mandates vom 28. Juli 1807, resp. wegen Annahme eines auf eine andere Mühle polettirten Malzes Untersuchung ein, übergab aber, nachdem die k. Regierung von Oberbayern, Kammer des Innern, auf die desfallsige Anfrage des Oberaufschlagamtes unter'm 7. October 1849 die Entschließung erlassen hatte, daß in' allen Fällen, in welchen nach den bestehenden Verordnungen über den Malzaufschlag auf eine ordentliche oder außerordentliche Strafe zu erkennen sei, die Gerichte als zuständig erachtet werden müßten, die Sache an das k. Kreis- und Stadtgericht München mit dem Antrage auf Untersuchung und Bestrafung der in Frage befindlichen Uebertretung.

Dieses letzte jedoch ebenfalls die Zuständigkeit ab, weil, abgesehen von der bereits eingetretenen Prävention resp. Prorogation, das Gesetz vom 10. November 1848, die Untersuchung und Aburtheilung der Aufschlagsdefraudationen betreffend, und zwar Art. 1 dieses Gesetzes ausdrücklich zwischen Defraudationen und solchen Handlungen unterscheide, welche nur auf den Vollzug der den Malzaufschlag betreffenden Gesetze und Verordnungen, oder auf eine dieses Staatsgefäll bedrohende Gefährde sich beziehen, und nur erstere der Zuständigkeit der Gerichte überweise, dagegen letztere dem Wirkungskreise derjenigen Behörden überlassen habe, zu deren Zuständigkeit sie bis zur Promulgation des erwähnten Gesetzes gehört hätten. Von dieser Ablehnung machte das k. Kreis- und Stadtgericht München dem vorgesetzten k. Appellationsgerichte behufs der Entscheidung des verneinenden Competenzconflictes, unter'm 29. Mai v. J. Anzeige, und dieses gab hievon der k. Regierung von Oberbayern, Kammer der Finanzen, mit dem Bemerken Nachricht, daß ihr die Anregung der Entscheidung dieses Conflictes nach Maßgabe des inzwischen erschienenen Gesetzes vom 28. Mai 1850 überlassen bleibe.

In dieser Veranlassung wurde durch das zur Vertretung des k. Staatsärars in Malzaufschlagsgegenständen berufene k. Kreisfiscalat von Oberbayern unter'm 22. August v. J. das Gesuch um Entscheidung über die Zuständigkeit eingereicht und hierin gebeten, auszusprechen, daß

zur Untersuchung und Aburtheilung von Gefährden, Formfehlern oder Contraventionen gegen die Aufschlagsgesetze und Vorschriften das k. Oberaufschlagsamt in I. und die k. Regierung, Kammer des Innern, in II. Instanz auch fortan wie vor dem Gesetze vom 10. November 1848, zuständig seien.

Auf die vorschriftsmäßige Mittheilung dieses Gesuches wurden von dem k. Oberaufschlagamte und dem Müller Zollner rechtzeitig Denkschriften eingereicht. In ersterer wird ohne Stellung eines bestimmten Antrages die Zuständigkeit des k. Oberaufschlagamtes zu begründen gesucht, und namentlich weiter angeführt, daß es sich in dem vorliegenden Falle von einer Disciplinar-Einschreitung handle.

In letzterer dagegen wird die Zuständigkeit der Gerichte für alle Fälle, welche in dem Aufschlagsmandate vom 28. Juli 1807 und in den dasselbe ergänzenden oder erläuternden Verordnungen und Ministerial-Entschließungen mit einer ordentlichen oder außerordentlichen Strafe bedroht

sind, sonach auch für den vorliegenden Fall in Anspruch genommen.

Zur öffentlichen Verhandlung wurde Tagsfahrt auf den 27. d. M. anberaumt, und dieses den Betheiligten vorschriftsmäßig eröffnet.

In heutiger öffentlicher Sitzung wurde daher von dem ernannten Berichterstatter, k. Ministerialrath Schubert, die Sache unter Verlesung der wesentlichen Aktenstücke zum Vortrage gebracht, worauf der für Simon Zollner erschienene k. Advocat und herzoglich Leuchtenbergische Cabinetsrath Keller in mündlichem Vortrage den Antrag auf Anerkennung der Zuständigkeit der Gerichte erneuerte.

Von Seite des k. General-Staatsanwaltes erfolgte nach näherer Entwicklung und Begründung der Antrag:

zu erkennen, daß das k. Kreis- und Stadtgericht München zur Untersuchung und Entscheidung der dem Simon Zollner zur Last gelegten Malzaufschlagsgefährde zuständig sei.

Nach erfolgter Prüfung war die Zuständigkeit der Gerichte zur Untersuchung und Aburtheilung des vorliegenden Falles auszusprechen; denn

1) das Gesetz vom 10. November 1848 hat nach seinem Eingange das Strafverfahren bei Malzaufschlags-Defraudationen im Allgemeinen zum Gegen-

61*

stande und verweist dasselbe durch
Art. 2 an die Gerichte. Welche Zuständigkeit dagegen den Administrativ-
Behörden zu verbleiben habe, bestimmt
Art. 1. Ueber diese gesetzlich begränzte
Zuständigkeit vermögen daher die Administrativbehörden nicht hinauszugehen,
und, da denselben in dem erwähnten
Artikel keine Art von Strafgerichts-
barkeit vorbehalten ist, solche auch nicht
in Anspruch zu nehmen.

Die angerufene Gesetzesstelle bestimmt nämlich, daß:

die Vollziehung der den Malzaufschlag
betreffenden Gesetze und Verordnungen, so wie die Abwendung der diesem
Staatsgefälle drohenden Gefährden
auch fernerhin zu dem Wirkungskreise
derjenigen Behörden gehört, welchen
sie dermalen obliegt.

Zu dem Vollzuge dieser Gesetze und
Verordnungen kann aber das Strafverfahren schon deßhalb nicht gerechnet
werden, weil obige Bestimmungen jenen
über das Strafverfahren gegenüberstehen;
und auch von der Befugniß zur Abwendung von Gefährden kann eine Strafge-
richtsbarkeit nicht abgeleitet werden, da
letztere nicht die unmittelbare Abwendung
solcher Gefährden, sondern eben nur deren
Bestrafung zum Gegenstand hat.

Daß jene Befugniß nur die vorbe-

genden Maßregeln, und die beßfalls
zu ertheilenden Vorschriften zu umfassen habe, bestätigen überdieß die
Verhandlungen des Gesetzgebungs-Aus-
schusses vom 27. October 1848 (S.
Prot. Bd. I. S. 408).

2) Zwar bedient sich das Gesetz vom 10.
November 1848 bezüglich des den
Gerichten überwiesenen Strafverfah-
rens nur des Ausdruckes „Defraudationen." Allein das Gesetz giebt
keine Begriffsbestimmung, was unter
Defraudationen zu verstehen sei, noch
weniger stellt es diesem Ausdrucke den
von Contraventionen, Formverletzungen
u. dgl. gegenüber. Es kann daher
der Sinn des von dem Gesetze gewählten Ausdruckes zunächst nur das
durch erläutert werden, wie derselbe
bisher angewendet wurde. Dem Mandate vom 28. Juli 1807 ist aber die
Unterscheidung von eigentlichen Defraudationen d. h. Vorenthaltung oder
Veruntreuung des Aufschlages und
bloßen Gefährdungen fremd, indem es
beide Arten von Uebertretungen als
Defraudationen behandelt, und unter
einander aufführt, wie dieses aus §.
XIX., XX. und XXI. jenes Mandates zur Evidenz hervorgeht. Wollte
daher eine Unterscheidung zwischen
eigentlichen Defraudationen und Ge-

fährdungen (Contraventionen) dem
Gesetze vom 10. November 1848
unterstellt werden: so würde die Mehr=
zahl der in dem Mandate aufgeführten
Straffälle außer die Zuständigkeit der Ge=
richte fallen, was nicht bloß dem Zwecke
des angeführten Gesetzes widerstreitet, son=
dern auch den Gesetzesvollzug verwirrte.

3) Die bisherige Judicatur der k. Oberauf=
schlagämter gründete sich auf §. XXVII.
des mehrerwähnten Mandates, welcher
das Verfahren in Aufschlags=De=
fraudationsfällen an jene überweist.
Obgleich hier das Mandat ebenfalls
nur von Defraudationsfällen spricht, so
unterlag es doch nie einem Anstande,
daß die k. Oberaufschlagsämter in
allen durch das Mandat und die nach=
gefolgten Verordnungen bezeichneten
Straffällen ohne Unterschied, ob die=
selben eigentlich Veruntreuungen des
Aufschlags oder bloße Gefährdungen
betreffen, zuständig seien. Indem da=
her das Gesetz vom 10. November 1848
gleicher Ausdrucksweise sich bedient,
schließt es sich dem Mandate vom 28.
Juli 1807 und dessen Auffassung voll=
kommen an.

4) Da überdieß in dem vorliegenden Falle
eine Uebertretung der Vorschriften des
Mandates selbst in §. VI. Ziff. 1
und §. VII. Ziff. 1 und 3 behauptet

ist, so war die Zuständigkeit der Ge=
richte zu dessen Untersuchung und Ab=
urtheilung um so mehr auszusprechen,
als das Vorhandensein eines Disci=
plinarfalles nicht nachgewiesen ist.
Denn wenn auch die Müller auf die
genaue Erfüllung ihrer gewerblichen
Obliegenheiten bezüglich des Malz=
brechens zu verpflichten sind, so kann
doch hieraus noch keineswegs eine dis=
ciplinäre Unterordnung gefolgert wer=
den, da sie durch jene Verpflichtung
allein weder eine öffentliche Function
übernehmen, noch in dienstliche Be=
ziehung zu den Aufschlagsämtern treten.

Also geurtheilt und verkündet in
öffentlicher Sitzung des obersten Gerichts=
hofes am sieben und zwanzigsten Juni acht=
zehnhundert ein und funfzig, wobei zugegen
waren: Freiherr von Gumppenberg,
I. Präsident; von Bezold, Ministerialrath;
Eisenhart, Oberappellationsgerichtsrath;
von Friederich, Ministerialrath; Schwert=
felner, Oberappellationsgerichtsrath;
Schubert, Ministerialrath; Dr. Cucu=
mus, Oberappellationsgerichtsrath; dann
von Volk, als General=Staatsanwalt
und Oberappellationsgerichts=Secretär Pau=
lus, als Protocollführer.

Unterschrieben sind:
Freiherr von Gumppenberg, I. Präsident.
Paulus, Secretär.

**Erkenntniß**

des obersten Gerichtshofes des Königreichs vom 27. Juni 1851, betreffend den Competenzconflict zwischen dem k. Appellationsgerichte und der k. Regierung von Oberfranken, Kammer des Innern, in Sachen der Handlohnsfixation zwischen dem k. Hauptmann Sigmund Freiherrn von Tucher als Geschlechtsältesten der freiherrlich von Tucher'schen Gesammtfamilie und Johann Schmidt von Großengsee und Consorten.

**Im Namen Seiner Majestät des Königs von Bayern**

erkennt der oberste Gerichtshof des Königreichs, betreffend den Competenzconflict zwischen dem k. Appellationsgerichte und der k. Regierung von Oberfranken, Kammer des Innern, in Sachen der Handlohnsfixation zwischen dem k. Hauptmann Sigmund Freiherrn von Tucher als Geschlechtsältesten der freiherrlich von Tucher'schen Gesammtfamilie und Johann Schmidt von Großengsee und Consorten:

„daß das k. Appellationsgericht von Oberfranken competent sei, die Berufungen gegen die Aussprüche der Schätzer de pr. 10. Juni 1850 zu entscheiden."

**Gründe:**

Zur Fixation des Handlohns von den der freiherrlich von Tucher'schen Familie zu Nürnberg lehenbaren Besitzungen des Johann Schmidt, der Johann und Bar-

bara Bleisteiner'schen Eheleute, der Conrad und Christine Wenzel'schen Eheleute, des Johann Deinlein und Johann Schmidt sämmtlich in Großengsee, dann des Johann Höfmann in Winterstein, wurde auf Antrag des k. Hauptmanns Sigmund Freiherrn von Tucher, als Geschlechtsältesten, zufolge Beschlusses des k. Landgerichts und des k. Rentamts Gräfenberg vom 24. October und resp. 27. September 1849 die Schätzung durch fünf nach Maßgabe des Gesetzes über Ablösung der Grundlasten vom 4. Juni 1848. Art. 11 Nro. 4 aufgestellte Schätzer vorgenommen.

Sigmund Freiherr von Tucher ergriff gegen die am 10. Juni 1850 übergebenen Entscheidungen der Schätzer die Berufung zum k. Appellationsgericht von Oberfranken. Durch die Erkenntnisse vom 7. August 1850 wurden jedoch diese Berufungen wegen Mangels der Competenz von demselben abgewiesen, und auf die bei dem k. Oberappellationsgerichte hiergegen erhobene Beschwerde erfolgte durch dessen Erkenntniß vom 8. November 1850 die Abweisung derselben als unzulässig, weil nach Art. 11 Nro. 4 Abs. 3 des Gesetzes vom 4. Juni 1848 nur eine Berufung an das Appellationsgericht gestattet, und nirgends erwähnt wird, daß gegen dessen Ausspruch noch eine Beschwerde an das Oberappellationsgericht gebracht werden dürfe.

Sigmund Freiherr von Tucher diri-
girte nun seine Berufung gegen die Entscheidungen der Schätzer an die k. Regierung von Oberfranken, Kammer des Innern.
Aber auch von dieser wurde dieselbe durch
Entschließung vom 6. Februar 1851 wegen
Mangels der Competenz zurückgewiesen.
Am 13. März 1851 übergab hierauf S.
Freiherr von Tucher das Gesuch an den
obersten Gerichtshof, betreffend die Entscheidung des Competenzconflicts mit dem
Antrage, das k. Appellationsgericht für zuständig zu erklären.

Denkschriften wurden in der vorgesteckten Frist von den Parteien nicht eingericht,
die k. Regierung aber bezog sich lediglich
auf ihre in einem früheren identischen Falle
übergebene Denkschrift.

Nachdem die Sache in heutiger Sitzung aufgerufen war, erstattete der zum
Referenten ernannte Oberappellationsgerichts-
Rath Dr. Cucumus Vortrag, worauf,
da von den geladenen Parteien keine erschienen war, der k. General-Staatsanwalt
den Antrag auf ein die Competenz des k.
Appellationsgerichts von Oberfranken aussprechendes Erkenntniß stellte.

Diesem Antrage war auch statt zu geben und zwar aus den in Sachen des k.
Pfarrers Herrmann in Mistelbach gegen
den Bauern Johann Roß zu Eckersdorf,
Händlohnsfixation betreffend, dem Erkennt-

niße des obersten Gerichtshofs vom 27.
Mai 1851 (Regierungsblatt von 1851
Nro. 32.) beigesetzten Gründen.

Also geurtheilt und verkündet in der
öffentlichen Sitzung am sieben und zwan-
zigsten Juni achtzehnhundert ein und fünf-
zig, wobei zugegen waren der I. Präsident,
Freiherr von Gumppenberg, Ministe-
rialrath von Bezold, Oberappellationsge-
richtsrath Eisenhart, Ministerialrath von
Friedrich, Oberappellationsgerichtsrath
Schwertfelner, Ministerialrath von
Schubert, Oberappellationsgerichtsrath
Dr. Cucumus, General-Staatsanwalt v.
Volk und Oberappellationsgerichtssecretär
Paulus.

(Unterschrieben sind:)

Frhr. v. Gumppenberg, I. Präsident.

Paulus, Secretär.

---

Bekanntmachung,
die Verloosung des I. Subscriptions-Anlehens
zur Rückzahlung betr.

---

Seine Majestät der König ha-
ben behufs der Fortsetzung der gesetzlich
gebotenen Zurückzahlung des I. Subscriptions-Anlehens à 5 pCt. die wiederholte
Vornahme einer Verloosung nach den mittelst diesseitiger Ausschreibung vom 13. März

dieſes Jahres (Regierungsblatt 1851 pag. 241 bis 247) veröffentlichten Plane anzuordnen geruht.

In Folge dieſer allerhöchſten Anordnung wird daher

Samstag den 26. dieſes Monats

Morgens 9 Uhr

in dem kleinen Rathhausſaale dahier die II. Verloosung für dieſes Anlehen in Gegenwart eines Commiſſärs der k. Polizei-Direction von der unterfertigten Stelle vorgenommen werden.

Bei dieſer II. Verloosung werden nach den Abſch. II. und III. des oben erwähnten Planes 14 Zahlen gezogen, wodurch ein Capitals-Betrag von 980,000 fl. zur Rückzahlung gelangt.

Die zur Rückzahlung treffenden Capitalien treten am 1 October 1851 außer Verzinſung; mit deren Rückzahlung wird aber ſogleich nach der Verloosung begonnen, wobei die Zinſen in vollen Monatsraten, nämlich bis zum Schluſſe des Monats, in welchem die Zahlung erfolgt, jedoch nicht über den 30. September 1851 hinaus, vergütet werden.

Das Ergebniß der Verloosung wird unverzüglich bekannt gemacht werden.

Hiebei wird zugleich eröffnet, daß in Gemäßheit allerhöchſter Genehmigung die Wiederanlage der in Folge dieſer Verloosung zur Rückzahlung beſtimmt werden-

den Beträge à Conto des durch Geſetz vom 30. Juni vorigen Jahres bewilligten Anlehenskredites für den Bedarf des Eiſenbahnbaues pro 1849/51 zu 5 pCt. in Obligationen zu 1000 fl., 500 fl. und 100 fl. auf Namen oder au porteur ſtattfinden könne, jedoch ſogleich bei der Einlöſung erklärt werden müſſe.

Ein gleiches Verfahren darf auch in Anſehung derjenigen Obligationen des I. Subſcriptions-Anlehens à 5 pCt. eintreten, welche bei der am 22. März dieſes Jahres ſtattgehabten I. Verloosung dieſes Subſcriptions-Anlehens zum Zuge gekommen und wovon die Baarbeträge inzwiſchen noch nicht erhoben worden ſind.

München, den 17. Juli 1851.

Königlich bayer. Staatsſchuldentilgungs-Commiſſion.

v. Sutner.

Brennemann, Secretär.

___

### Bekanntmachung,
die Verloosung der 4 und 5procentigen Eiſenbahn-Schuld betreffend.

Seine Majeſtät der König haben allergnädigſt zu befehlen geruht, daß mit der Verloosung der 4procentigen Eiſenbahnſchuld noch im laufenden Etatsjahre 1850/51 geſetzlicher Beſtimmung gemäß

begonnen und von 18⁵¹/₅₂ an unter Ausdehnung auf die 5procentige Eisenbahnschuld
fortgesetzt werden soll. — Es wird demnach
**Samstag den 26. dieses Monats
Vormittags**
sogleich nach Beendigung der an diesem
Tage Morgens 9 Uhr stattfindenden II.
Verloosung des I. Subscriptions-Anlehens
**à 5 pCt. in dem kleinen Rathhaus-
saale dahier die Summe von 100,000 fl.**
zur Heimzahlung an der Eisenbahnschuld
à 4 pCt., auf den Inhaber (au porteur)
und auf Namen lautend, gemäß dem beigefügten, allerhöchst genehmigten Verloosungsplane in Gegenwart einer Abordnung
der königlichen Polizei-Direction, durch einen Commissär der unterfertigten Stelle
öffentlich verloofet und sodann das Ergebniß zur allgemeinen Kenntniß gebracht werden.

Die verloosten Obligationen werden
vom 1. October 1851 beginnend außer
Verzinsung gesetzt; mit deren Rückzahlung
aber wird sogleich nach der Verloosung begonnen, wobei die Zinsen in vollen Monatsraten, nämlich bis zum Schlusse des
Monats, in welchem die Zahlung erfolgt,
jedoch nicht über den 30. September 1851
hinaus vergütet werden.

Es wird hiemit gleichzeitig eröffnet,
daß gemäß allerhöchster Genehmigung der
Wiederanlage der in Folge dieser Verloosung zur Rückzahlung bestimmt werden-

den Beträge à Conto des durch Gesetz vom
30. Juni vorigen Jahres bewilligten Anlehenskredites für den Bedarf des Eisenbahnbaues pro 18⁴⁹/₅₁ zu 5 pCt. in Obligationen à 1000 fl., 500 fl. und 100 fl.
(auf Namen oder au porteur) stattfinden
könne, jedoch sogleich bei der Einlösung erklärt werden müsse.

Die Anlehensannahme im Wege der
Arrostrung wird nach den in der diesseiti-
gen Ausschreibung vom 17. August 1850
(Regierungsblatt 1850, pag. 673 — 76)
enthaltenen Bestimmungen fortgesetzt.

München, den 17. Juli 1851.

**Königlich bayer. Staatsschuldentilgungs-
Commission.**

v. Sutner.

Brennemann, Secretär.

### Verloosungs-Plan

für die 4 und 5procentige Eisenbahn-Schuld.

Gemäß dem Gesetze über das Staats-
Schuldenwesen vom 25. Juli v. Js. §. 5. ist
die aufgenommene Schuld für den Eisenbahnbau, behufs der Heimzahlung nach dem
gesetzlich festgestellten Tilgungs-Maßstab von
²/₃ pCt., der vorgeschriebenen Verloosung
zu unterstellen.

Zum Vollzuge dieser gesetzlichen Bestimmung ist folgender Verloosungsplan
allerhöchst genehmigt worden.

## I.

Sowohl die 4 wie die 5procentigen Eisenbahn-Obligationen bestehen nach den Bekanntmachungen vom 2. Januar 1848 (Regierungsblatt S. 5), vom 17. August 1850 (Regierungsblatt S. 675) und vom 4. April d. Js. (Regierungsblatt S. 316) aus Stücken à 1000, 500 und 100 fl. Dieselben bilden vier selbstständige Schuldgattungen nämlich zu

4 pCt. auf den Inhaber (au porteur)
4 pCt. auf Namen,
5 pCt. auf den Inhaber (au porteur)
5 pCt. auf Namen;

jede derselben ist für sich von Nro. 1 an (roth wie schwarz) numerirt, also auch selbstständig zu verloosen.

Jede Eisenbahnobligation ist mit einer roth geschriebenen, nach Capitalbeträgen zu 1000 fl. fortlaufenden Serien- oder Hauptcataster-Nummer und mit einer schwarz geschriebenen, nach der Stückzahl der von jeder Casse emittirten Obligationen fortlaufenden Casse-Cataster-Nummer versehen.

Hiernach entspricht jede roth geschriebene Haupt-Cataster-Nummer einem Kapitalbetrag von 1000 fl. und umfaßt sohin eine Obligation zu 1000 fl., oder zwei zu 500 fl., oder zehn zu 100 fl.

## II.

Bei den Verloosungen der gedachten Obligationen wird

1) für jede Gattung derselben die mit rother Dinte geschriebene Nummer des Hauptcatasters in der Art zu Grunde gelegt, daß

2) hiernach die ganze zur Zeit jeder Verloosung emittirte Zahl der Obligationen in gleiche Haupt-Serien zu 1000 Nummern im Betrage von einer Million Gulden eingetheilt, sofort die Verloosung nach diesen Hauptserien und in jeder derselben nach den Endnummern von 1 — 100 einschlüssig in Vollzug gesetzt wird.

Diesem zufolge werden

3) bei jeder Verloosung die treffenden Hauptserien, welche hieran Theil nehmen, bekannt gegeben, sodann so viele mit römischen Ziffern geschriebene Nummern, als die Verloosung Hauptserien enthält, in das eine Glücksrad, die mit arabischen Ziffern geschriebenen Nummern von 1 — 100 einschlüssig dagegen in ein zweites Glücksrad eingelegt und auf jeden Zug eine Hauptserie und eine arabische Nummer gehoben.

Sämmtliche Obligationen der gezogenen Hauptserien, deren rothe Nummern sich auf die gehobene arabische Nummer enden, sind hiernach zur Heimzahlung bestimmt; wird daher z. B. auf einen Zug die Hauptserie III.,

welche die Schuldbriefe vom Haupt-
cataster-Nummer 2001 — 3000 einschlüßig umfaßt und die arabische Nummer 75 aus den Glücksrädern gezogen,
so sind die Obligationen der roth geschriebenen Hauptcataster = Nummern
2075. 2175. 2275. 2375. u. s. f.
bis 2975. einschlüßig zur Heimzahlung
bestimmt.

4) Es werden so viele Hauptserien gezogen, als nach dem Maximum der jedesmal
treffenden Heimzahlung (à 10,000 fl.
auf einen Zug) treffen.

5) Bei Vornahme der Verloosungen werden die gezogenen Hauptserien nicht
eher wieder eingelegt, bis dieselben alle
aus dem Rade gehoben sind; beispielsweise muß demnach bei sechs Hauptserien und ebensoviel Zügen auf jede
der erstern 10,000 fl. Capitalzahlung
treffen.

Die gezogenen arabischen Endnummern werden jedesmal wieder in das
Glücksrad gelegt, wenn aber

6) bei einem nachfolgenden Zuge für eine
und dieselbe Hauptserie eine bereits
gezogene arabisch geschriebene End-
Nummer wiederholt heraus gehoben
wird, so hat die nächstfolgende höhere
Nummer an deren Stelle zu treten
(z. B. bei 75 die Nummer 76 bei
100 die Nummer 1 d. i. 101 u. s. w.),

was bei der Ausschreibung der gezogenen Nummern besonders bemerkt
werden wird;

7) das Ergebniß der Verloosung wird
jedesmal mit vollständiger Bezeichnung
der zur Heimzahlung bestimmten Schuldbriefe öffentlich bekannt gemacht werden.
München, den 17. Juli 1851.

Königlich bayer. Staatsschuldentilgungs-
Commission.

v. Sutner.

Brennemann, Secretär.

---

Bekanntmachung,
die Purification der Rentämter Uffenheim und
Iphofen in Mittelfranken betr.

Seine Majestät der König ha-
ben zu genehmigen geruht, daß die Steuer-
gemeinden Weizenheim, Bullenheim, Gnötz-
heim und Herbolzheim zur Gleichstellung
mit den betreffenden Landgerichtsbezirken vom
1. October d. Js. angefangen vom Rentamte in Iphofen getrennt und jenem zu
Uffenheim einverleibt werden.

---

Dienstes - Nachrichten.

Seine Majestät der König ha-
ben allergnädigst geruht, unter'm 11. Juni
l. Js. für sämmtliche Hofstäbe und Hof-

Intendanzen ꝛc. eine eigne Regie-Verwal-
tung, vom 1. October gegenwärtigen Jahres angefangen, aufzustellen, und zum Re-
gieverwalter den königlichen Cabinetscassa-
Officianten, Anton B r a n o n e r, unter gleichzeitiger Belassung seiner gegenwärtigen Stellung zu ernennen.

Seine Majestät der König ha-
ben allergnädigst geruht, unter'm 4. Juli
l. Js. den Forstamtsactuar des Forstamts
Neustadt a. d. Saale, Joseph B ü ß, zum
provisorischen Revierförster in Motten, Forstamts Kothen, zu ernennen;

unter'm 7. Juli l. Js. den Rech-
nungs - Commissär der Staatsschuldentilgungs - Commission, Sebastian S c h m i d,
auf die bei der Regierungs-Finanzkammer
von Oberbayern erledigte Rechnungscommissärstelle zu versetzen;

zum VI. Rechnungscommissär der
Staatsschuldentilgungs - Commission extra
statum den vormaligen fürstlich Wrede'-
schen Rentamtscontroleur und nunmehrigen
functionirenden Rechnungsrevisor im Rech-
nungs-Commissariate der Finanzkammer von
Oberbayern, Johann L ö w, provisorisch zu
ernennen;

auf das erledigte Rentamt Werdenfels in Garmisch den Rechnungscommissär
der Regierungs-Finanzkammer von Niederbayern, Joseph G l e i s n e r, auf Ansuchen
zu befördern, und

an dessen Stelle zum Finanz-Rechnungs-
Commissär der Regierung von Niederbayern,
den Finanzraths-Accessisten der Regierung
der Oberpfalz und von Regensburg, Carl
G e b h a r d, provisorisch zu ernennen, ferner
den Central-Zollcassier, Andreas Eu-
c h e l e, seinem allerunterthänigsten Ansuchen
entsprechend, nach §. 22, lit. C. der IX.
Beilage zur Verfassungs-Urkunde in den
Ruhestand treten zu lassen, sodann

auf die sich hienach eröffnende Cassier-
stelle bei der k. Central-Zollcassa den dortigen Cassacontroleur Anton S t e m p f l e, und

auf die sich hiedurch erledigende Con-
troleurstelle bei der k. Central-Zollcassa den
Zollrechnungscommissär I. Classe Joseph v.
P r ä t o r i u s zu befördern;

unter'm 9. Juli l. Js. den Kreis- und
Stadtgerichtsarzt Dr. Balthasar W i n d e r
zu Augsburg, unter wohlgefälliger Anerkennung seiner treuen, eifrigen und langjährigen Dienstleistung in den Ruhestand treten zu lassen und auf das hiedurch eröffnete
Kreis- und Stadtgerichtsphysicat zu Augsburg den dermaligen Landgerichtsarzt Dr.
Michael K o l l e r in Beilngries zu berufen;

unter'm 14. Juli l. Js. die Function
des Generalsecretärs bei dem Staatsministerium des k. Hauses und des Aeußern
einzuziehen und den mit derselben bisher
neben seinen Referatsgeschäften beauftragten
Ministerialrath, Dr. Joseph R a p p e l, un-

ter allergnädigster Bezeigung Allerhöchst-
Ihrer Zufriedenheit mit den von ihm während besagter Function geleisteten Diensten
davon zu entheben, sowie die Expedition und
Contrasignatur der, nach seitheriger Uebung
dem Generalsecretariate zugewiesenen Ge-
schäftsgegenstände dem gleichzeitig allerhöchst
zum geheimen Secretär ernannten bisherigen Ministerialsecretär, Gottlieb Friedrich
Mayer, zu übertragen, ferner

den geheimen Secretär bei dem Staatsministerium des k. Hauses und des Aeußern, wirklichen Rath Heinrich Fahrm-
bacher, unter allerhöchster Zufriedenheits-
bezeigung für seine langjährigen treuen
Dienste mit Belassung des Titels und der
Uniform in den Ruhestand treten zu lassen,
und die hiedurch erledigte Stelle dem bei
Allerhöchstihrer Person angestellten Secretär, Rath Franz Seraph Pfistermeister, mit dem Beisatz zu verleihen, daß
demselben der Titel und die Eigenschaft als
„Secretär des Königs" auch fortan verbleiben solle, endlich

unter'm 14. Juli l. J. den k. Postverwalter zu Kronach, Georg von Grafen-
stein, auf den Grund des §. 22 lit. D.
der Beilage IX. zur Verfassungs-Urkunde
vorläufig auf ein Jahr in den Ruhestand
zu versetzen, und gleichzeitig die Umwandlung der Postverwaltung zu Kronach in
eine Expedition auszusprechen.

## Pfarreien- und Beneficien-Verleihungen; Präsentations-Bestätigungen.

Seine Majestät der König ha-
ben die nachgenannten katholischen Pfarreien
und Beneficien allergnädigst zu übertragen
geruht, und zwar:

unter'm 4. Juli l. Js. die Pfarrei
Roxheim, Landcommissariats Frankenthal,
dem Priester Philipp Braun, Pfarrer zu
Hauenstein, Landcommissariats Pirmasens;

unter'm 5. Juli l. Js. die Pfarrei Nö-
ham, Landgerichts Pfarrkirchen, dem Priester Maximilian Bogner, Pfarrvikar zu
Tyrlaching, Landgerichts Tittmoning, und
das Frühmeßbeneficium in Thannhau-
sen, Landgerichts Krumbach, dem Priester
Johann Kuhn, Pfarrer zu Steinerskir-
chen, Landgerichts Schrobenhausen.

Seine Majestät der König ha-
ben unter'm 4. Juli l. Js. allergnädigst zu
genehmigen geruht, daß die katholische Pfarrei
Oberweikershofen, Landgerichts Bruck, von
dem hochwürdigsten Herrn Erzbischofe von
München-Freysing dem Priester Simon
Maurer, Schloßcaplan zu Tauskirchen,
Landgerichts Erding und

daß das Jocher'sche Beneficium in
Partenkirchen, Landgerichts Werdenfels, von
demselben Herrn Erzbischofe dem Priester
Ludwig Wirz, Commorant in Erding,
Landgerichts gleichen Namens verliehen werde.

Seine Majestät der König haben Sich unter'm 9. Juli l. Js. allergnädigst bewogen gefunden, die erledigte protestantische II. Pfarrstelle zu Neudroffenfeld, Dekanats Kulmbach, dem bisherigen I. Pfarrer zu Tann, Dekanats Rothhausen, Julius Pflaum, zu verleihen.

Seine Majestät der König haben unter'm 9. Juli l. Js. der von dem Gutsbesitzer Carl Otto Deuster in Kitzingen als Kirchenpatron auf die protestantische Pfarrei Dittersbind, Dekanats Rügeheim, ausgestellten Präsentation für den Pfarramts-Candidaten Adam Christoph Friedrich Mergner aus Regensburg, dann

unter den von der protestantischen Kirchengemeinde zu St. Ulrich in Augsburg in Gemeinschaft mit den protestantischen Mitgliedern des Magistrats und der Gemeindebevollmächtigten dieser Stadt für die I. Pfarrstelle an der protestantischen St. Ulrichskirche daselbst vorgeschlagenen drei Geistlichen dem bisherigen II. Pfarrer an dieser Kirche, Joh. Ludwig Wilhelm Blößt, die landesherrliche Bestätigung zu ertheilen geruht.

## St. Michaels-Hofkirche in München.

Seine Majestät der König haben unter'm 5. Juli l. Js. das herzoglich Ernestinische Beneficium an der St. Michaels-Hofkirche in München und in Verbindung damit die Vorstands- und Officiatorstelle an dieser Hofkirche dem seitherigen Präses der größeren lateinischen Congregation an der Dreifaltigkeitskirche und Religionslehrer an dem Maximilians-Gymnasium dahier, Priester Sebastian Mall, zu übertragen geruht.

## Ordens-Verleihungen.

Seine Majestät der König haben Sich allergnädigst bewogen befunden, unter'm 1. Jul. l. J. dem Secretär Ihrer Majestät der Königin Therese, Rath Joseph Huther, das Ritterkreuz des k. Verdienstordens vom heiligen Michael,

unter'm 27. Juni l. J. dem ordentlichen Professor Dr. Fröhlich in Würzburg in Rücksicht auf seine durch fünfzig Jahre mit ausgezeichnetem Erfolge, mit Treue, Eifer und Anhänglichkeit geleisteten Dienste das Ehrenkreuz des k. bayerischen Ludwigs-Ordens und

unter'm 28. Juni l. Js. dem k. Central-Zollcassier Andreas Euchele in Rücksicht auf seine durch 50 Jahre mit Treue, Eifer und Anhänglichkeit geleisteten Dienste gleichfalls das Ehrenkreuz des k. bayerischen Ludwigsordens, dann

unter'm 25. Juni l. J. dem pensiomitten Forstwart Huber in Trevesen, im Regierungsbezirke der Oberpfalz und von Regensburg, in Rücksicht auf seine durch mehr als fünfzig Jahre mit Fleiß, Treue und Rechtschaffenheit geleisteten Dienste die Ehrenmünze letztgedachten Ordens zu verleihen.

## Königlich Allerhöchste Adelsbestätigung.

Seine Majestät der König haben Sich unter'm 24. Mai l. J. allergnädigst bewogen gefunden, dem Cadeten im 1. Cürassier-Regiment (Prinz Carl) Hermann Scharff von Scharffenstein auf sein allerunterthänigstes Ansuchen ein Adelsbestätigungsdiplom zu ertheilen.

## K. Allerhöchste Genehmigung zu einer Namensveränderung.

Seine Majestät der König haben unter'm 8. Juli l. Js. allergnädigst zu gestatten geruht, daß Georg Krumpaß von Deggendorf fortan, der Rechte Dritter unbeschadet, den Familiennamen „Kapfenberger" führe.

## Gewerbsprivilegien-Verleihungen.

Seine Majestät der König haben die nachgenannten Gewerbsprivilegien allergnädigst zu ertheilen geruht, und zwar:

unter'm 5. Mai l. Js. dem Schuhmachermeister Alois Raila von München, auf Anfertigung der von ihm erfundenen sogenannten Gummisockenstiefel, für den Zeitraum von einem Jahre;

unter'm 19. Mai l. Js. dem Mechanikus Johann Mannhardt von München, auf Ausführung der von ihm erfundenen lithographischen Pressen, wodurch in quantitativer wie qualitativer Beziehung eine erhöhte Leistung erreicht wird, welche wegen ihres geringen Gewichtes in allen Gelassen aufgestellt und leicht transportirt werden können, sowie auf Anbringung der Verbesserungen, durch welche sich diese neuen Pressen auszeichnen, an ältern derlei Pressen, für den Zeitraum von zwei Jahren;

unter'm 2. Juni l. Js. dem Schlossermeister Conrad Sälz von Nürnberg, auf Anfertigung der von ihm erfundenen, eigenthümlich construirten holzersparenden Oefen für den Zeitraum von fünf Jahren, und

dem Wagnergesellen Jos. Amesreiter von Inchenhofen, Landgerichts Aichach, auf Anfertigung der von ihm erfundenen eigenthümlich konstruirten Räderfuhrwerke, bei welchen angeblich die Räder nach Belieben gesperrt und in Fällen von Gefahr die Zugthiere ohne Gefahr losgemacht werden können, für den Zeitraum von vier Jahren;

unter'm 6. Juni l. Js. dem Porte-
feuille-Fabrikanten Georg Fleischmann
von Nürnberg, auf Ausführung seiner Erfindung, alle Arten von Portefeuille-Arbei-
ten mit Seitentheilen von Horn zu ferti-
gen, für den Zeitraum von zwei Jahren,
und

unter'm 20. Juni l. Js. dem Kaufmann Rudolph Herr und dem Mechanikus Eugen Leitherer, beide von
Bamberg, auf Ausführung und Anwendung der von ihnen erfundenen Fallhobel-
maschine, mittelst welcher die zu Zündhölz-
chen zu verwendenden hölzernen Stäbchen
auf die schnellste Weise geschnitten werden
können, sowie auf Verwendung des Holz-
abfalls zu sogenannten Zündspänen, für den
Zeitraum von fünf Jahren.

---

Gewerbsprivilegien-Erlöschungen.

---

Das dem Charles Emil Paris aus
Bercy bei Paris unter'm 1. Juni 1850

verliehene und unter'm 31. Juli 1850 ausgeschriebene ein und einhalbjährige Gewerbsprivilegium auf Anwendung der von ihm erfundenen, das Eisen vor Oxydation bewahrenden Glasur wurde wegen nicht gelieferten Nachweises der Ausführung dieser Erfindung in Bayern auf Grund des §. 30
Ziff. 4 der allerhöchsten Verordnung vom
10. Februar 1842, die Gewerbsprivilegien
betreffend, dann

das dem k. k. Verwaltungs-Director
Jacob Hemberger in Wien unter'm 22.
December 1849 verliehene, und unter'm
31. Januar 1850 ausgeschriebene $4\frac{1}{2}$jäh-
rige Gewerbsprivilegium auf Einführung
der von ihm erfundenen Dampferzeuger,
wodurch sich die Wärme im kleinstmöglichen
Raum entwickeln, durch den kleinstmöglichen Apparat verwendet, und sonach eine
bedeutende Ersparniß an Brennmaterial
erlangt werden soll, gleichfalls wegen nicht
gelieferten Nachweises der Ausführung dieser Erfindung in Bayern auf Grund der
oben allegirten Verordnungsstelle als erloschen erklärt.

# Regierungs-Blatt

## für          das

## Königreich    Bayern.

## № 37.

### München, Freitag den 25. Juli 1851.

### Erkenntniß

des obersten Gerichtshofs des Königreichs vom 27. Juni 1851 in Sachen der Relicten der Theresia Freifrau von Holzschuher zu Nürnberg gegen deren Grundholden zu Hermeredorf und Vestenbergsgereuth, die Fixation von Handlöhnen, nun den Competenzconflict zwischen der k. Regierung von Oberfranken, Kammer des Innern, und dem k. Appellationsgerichte von Oberfranken betreffend.

Im Namen Seiner Majestät des Königs von Bayern

erkennt der oberste Gerichtshof des König-

reichs in Sachen der Relicten der Theresia Freifrau von Holzschuher zu Nürnberg gegen deren Grundholden zu Hermeredorf und Vestenbergsgereuth, die Fixation von Handlöhnen, nun den Competenzconflict zwischen der k. Regierung von Oberfranken, Kammer des Innern, und dem k. Appellationsgerichte von Oberfranken betreffend, zu Recht:

daß zur Entscheidung der von der v. Holzschuher'schen Grundherrschaft erho-

63

benen Beschwerde vom 21. November 1850 das k. Appellationsgericht von Oberfranken zuständig sei.

### Gründe:

Die Relicten der Theresia Freifrau von Holzschuher konnten mit ihren Grundholden zu Hermersdorf und Westenbergsgereuth wegen Firation und Ablösung der Handlöhne eine gütliche Uebereinkunft nicht erzielen, und stellten daher beim Mangel eines rechnungsmäßigen Nachweises der Größe der bisherigen Handlohnsbeträge bei dem k. Landgerichte Höchstadt den Antrag auf gerichtliche Abschätzung der handlohnbaren Objecte zum Behufe der Festsetzung des Handlohnsfirums.

Gegen das Resultat der hierauf vorgenommenen Abschätzung ergriff der Vertreter der von Holzschuher'schen Relicten die Berufung an das k. Appellationsgericht von Oberfranken, welches jedoch dieselbe durch Erkenntniß vom 6. August 1850 wegen Mangels der Competenz abwies.

Die Grundherrschaft, hievon in Kenntniß gesetzt, stellte nun den Antrag, jene 20 Pct., um welche die Schätzleute wegen des gesunkenen Güterwerthes im Allgemeinen zu gering geschätzt hätten, bei Feststellung des Handlohnsfirums mit einrechnen

zu wollen, weil das zeitweise Steigen oder Fallen der Güter nicht berücksichtigt werden könnte, sondern ein nachhaltiger und entsprechender Schätzungswerth ermittelt werden müßte.

In Folge dessen wurden die Schätzleute von dem Gerichte aufgefordert, sich bestimmter und deutlicher über den wahren Werth der abgeschätzten Objecte auszusprechen, worauf sie erklärten, daß sie die in ihrer Schätzung aufgeführten Werthe als nachhaltige erkannt hätten, und daher auf ihrer gewissenhaft abgegebenen Schätzung beharren müßten.

Nun wurde von der Gerichtscommission gemäß Beschluß vom 11. October 1850 auf den Grund der erhobenen Schätzungen das Handlohnsfirum — ohne Einrechnung der erwähnten 20 Pct. — festgesetzt, daher die Grundherrschaft gegen diesen Beschluß bei der k. Regierung von Oberfranken, Kammer des Innern, die Berufung erhob, welche jedoch, als gegen den Ausspruch der Schätzleute gerichtet, im Hinblicke auf die Bestimmungen im Art. 11 Ziff. 4 Abs. 1 und in sine des Gesetzes vom 4. Juni 1848, dann Art. 12 Abs. 2 der Instruction vom 17. Juni 1848 von derselben unter'm 15. Januar 1851 ebenfalls wegen mangelnder Competenz abgewiesen wurde.

Die Grundherrschaft überreichte hierauf unter'm 1. pr. 3. März 1851 ein Gesuch um Entscheidung des vorliegenden Competenzconflictes.

Von den Betheiligten ist von der ihnen kund gegebenen Befugniß, Denkschriften einzureichen, kein Gebrauch gemacht worden, und auch die k. Regierung nahm lediglich auf ihre Denkschrift Bezug, welche sie unlängst in einem ähnlichen Falle (den Competenzconflict in Sachen der v. Auffees'schen Seminarstiftung Prügel gegen mehrere Grundholden wegen Handlohnsfixation betreffend) abgegeben hatte.

Nachdem diese Sache in heutiger öffentlicher Sitzung aufgerufen war, erstattete der zum Referenten ernannte Oberappellationsgerichtsrath Eisenhart Vortrag, wobei die erheblichen Actenstücke verlesen wurden.

Als Vertreter der von Holzschuher'schen Grundherrschaft erschien der k. Advokat Schüttinger aus Bamberg, welche beide nach kurzer Erörterung den Antrag stellten, „das k. Appellationsgericht von Oberfranken in dieser Sache für zuständig zu erklären," was sodann auch von dem k. Generalstaatsanwalte beantragt wurde.

Diesem Antrage mußte auch entsprochen werden, indem die Beschwerde der von Holzschuher'schen Grundherrschaft gegen den Ausspruch der Schätzer gerichtet ist, somit für die Zuständigkeit des k. Appellations-

gerichts von Oberfranken in dieser Sache dieselben Gründe vorliegen, wie solche bereits in den ganz ähnlichen Sachen:

a. der von Auffees'schen Seminarstiftung Prügel gegen mehrere Grundholden wegen Handlohnsfixation durch oberstrichterliches Erkenntniß vom 9. Mai 1851, dann

b. des Pfarrers Herrmann von Mistelbach gegen Joh. Roß von Eckersdorf und J. A. Zimmermann von Mistelbach wegen Handlohnsfixation durch die oberstrichterlichen Erkenntnisse vom 27. Mai 18.1, — ausgesprochen worden sind, auf welche sich demnach hier zur Vermeidung von Wiederholungen lediglich bezogen wird, da diese oberstrichterlichen Entscheidungen bereits durch das k. Regierungsblatt No. 31 und 32 zur öffentlichen Kenntniß gebracht worden sind.

Also geurtheilt und verkündet in der öffentlichen Sitzung des obersten Gerichtshofes am sieben und zwanzigsten Juni achtzehnhundert ein und fünfzig, wobei zugegen waren: der I. Präsident Freiherr von Gumppenberg, Ministerialrath von Bezold, Oberappellationsgerichtsrath Eisenhart, Ministerialrath von Friederich, Oberappellationsgerichtsrath Schwertfelner, Ministerialrath von Schubert, Oberappellationsgerichtsrath Dr. Cucumus;

dann von Wolf, Generalstaatsanwalt, und Paulus, Oberappellationsgerichtssecretär.

(Unterschrieben sind:)

Freiherr von Gumppenberg, I. Präsident.

Paulus, Secretär.

## Erkenntniß

des obersten Gerichtshofs des Königreichs vom 28. Juni 1851 bezüglich des in Sachen des k. Zollärars gegen den Kaufmann I. M. Lehmeier zu Fürth wegen unterlassener Stellung eines Begleitscheingutes zwischen dem k. Kreis- und Stadtgerichte Fürth und der k. General-Zolladministration obwaltenden Competenzconflictes.

### Im Namen Seiner Majestät des Königs von Bayern

erkennt der oberste Gerichtshof des Königreichs bezüglich des in Sachen des k. Zollärars gegen den Kaufmann I. M. Lehmeier zu Fürth wegen unterlassener Stellung eines Begleitscheingutes zwischen dem k. Kreis- und Stadtgerichte Fürth und der k. General-Zolladministration obwaltenden Competenzconflictes zu Recht:

daß die Gerichte über den vom k. Hauptzollamte Fürth mittelst Schreibens vom 27. praes. 30. September 1850

an das k. Kreis- und Stadtgericht Fürth gestellten Antrag zu verhandeln und zu entscheiden, nicht competent seien.

### Gründe:

Für den Kaufmann I. M. Lehmeier kam aus dem Vereinsauslande mit Begleitschein des Hauptzollamtes Kehl beim Hauptzollamte Fürth ein Ballot zu 57 Pfd. Zollgewicht, angeblich Wollen- und Baumwollenwaaren enthaltend, welches I. M. Lehmeier am 13. Mai 1850 zur Niederlage, dann aber am 27. Mai 1850 zur weiteren Versendung auf Begleitschein No. I. nach Basel anmeldete. Das Hauptzollamt Fürth fertigte sofort zur besagten Versendung den verlangten Begleitschein, laut dessen Inhalt erwähntes Waaren-Ballot unverändert und mit unverletztem Verschlusse bis zum 30. Juni 1850 beim großherzoglich badischen Hauptzollamte Randegg zur Revision hätte gestellt werden sollen, und I. M. Lehmeier nahm solchen in Empfang, worauf dann das schon erwähnte Waaren-Ballot an den Boten Gerstendörfer, welchen I. M. Lehmeier dem Hauptzollamte Fürth als seinen Frachtführer benannt hatte, ausgehändiget wurde.

Am 11. Juni 1850 wurde nun zwar beim großherzoglich badischen Hauptzollamte Randegg der oben erwähnte Begleitschein abgegeben, allein das betreffende Waaren-Ballot ist daselbst nicht gestellt und geschehener Aufforderung ungeachtet auch zur erforderlichen Revision nicht vorgelegt, sondern nach Basel verführt worden.

Auf Vorlage der hierüber gepflogenen Verhandlungen hat hiernach die k. General-Zolladministration unter'm 11. September 1850 an das Hauptzollamt Fürth. Entschließung dahin erlassen, daß von dem Extrahenten des fraglichen Begleitscheines, dem Kaufmann J. M. Lehmeier, der höchste tarifmäßige Eingangszoll für das amtlich festgestellte Gewicht jenes Ballots einzuziehen komme, und das Hauptzollamt Fürth hierwegen das Erforderliche zu veranlassen habe. Da aber J. M. Lehmeier auf die vom Hauptzollamte Fürth an ihn ergangene Aufforderung, den treffenden Zollbetrag von 102 fl. 1 kr. zu entrichten, mit einer Remonstration einkam, so stellte genanntes Hauptzollamt mittelst Schreibens vom 27. praes. 30. September 1850 an das k. Kreis- und Stadtgericht Fürth den Antrag, gegen genannten Begleitschein-Extrahenten, da die nach Inhalt des Begleitscheins von ihm übernommenen Verbindlichkeiten unerfüllt geblieben seien, nach §. 42 und 58 der Zollordnung vom Jahre 1837 die Verbindlichkeit zur Einzahlung des treffenden Zollbetrages zu 102 fl. 1 kr. auszusprechen.

Das k. Kreis- und Stadtgericht Fürth vernahm hierauf den beklagten J. M. Lehmeier mit seiner Verantwortung, und sprach dann mittels Erkenntnisses vom 20. December 1850 aus, daß J. M. Lehmeier verbunden sei, für das in Frage stehende Collo den treffenden höchsten Eingangszollbetrag von 102 fl. 1 kr. zu berichtigen, und die für das stattgehabte Verfahren erlaufenen Kosten zu übernehmen.

Gegen dieses Erkenntniß hat J. M. Lehmeier die Nichtigkeitsbeschwerde und die Berufung an das k. Appellationsgericht von Mittelfranken eingewendet; es wurde sofort der Berufungs-Proceß instruirt, und die Acten zur Verbescheidung der J. M. Lehmeier'schen Beschwerde dem genannten Gerichtshofe vorgelegt, allein eine Entscheidung erfolgte dort nicht, weil die k. Generalzolladministration nun einen Competenzconflict anregte.

Am 24. Februar h. Js. kam nämlich ein Schreiben der k. Generalzolladministration ein, worin diese erklärte, daß sie durch berichtliche Vorlage des Hauptzollamtes Fürth erst Kenntniß erhalten habe, daß das Kreis- und Stadtgericht Fürth, anstatt auf bloße executive Beitreibung des bereits liquid festgestellten Zollbetrages sich zu beschränken (freilich auf einen irrthümlichen und unbefugten Antrag des Hauptzollamtes Fürth), nach gepflogener Verhandlung über

die Verbindlichkeit des Begleitschein-Extrahenten J. M. Lehmeier zur Entrichtung
des treffenden Zollbetrages förmlich erkannt
habe, und J. M. Lehmeier nun gegen
dieses Erkenntniß Beschwerde an das k.
Appellationsgericht erhoben habe, daß sie
aber die Competenz der Gerichte zur Verhandlung und Entscheidung der vorwürfi-
gen Angelegenheit nicht anzuerkennen vermöge, und worin denn die genannte General-Zolladministration den Antrag stellte, nunmehr nach Vorschrift des Gesetzes über
Competenzconflicte vom 28. Mai 1850
Art. 6 et seq. zu verfahren.

Es wurde sofort das im vorallegirten
Gesetze vorgeschriebene Verfahren eingeleitet,
und nachdem J. M. Lehmeier eine Denkschrift eingereicht hatte, worin er den Antrag stellt, die Competenz der Gerichte in
vorliegender Angelegenheit als begründet
anzuerkennen, gelangten die Acten an den
obersten Gerichtshof, von welchem sofort
zur Verhandlung über den vorliegenden
Competenzconflict auf den 27. d. M. öffentliche Sitzung anberaumt wurde.

Nachdem nun diese Sache, da sie in
der gestrigen öffentlichen Sitzung nicht mehr
vorgenommen werden konnte, in heutiger
öffentlicher Sitzung aufgerufen worden war,
erstattete der zum Berichterstatter ernannte
Oberappellationsgerichtsrath Schwertfelner Vortrag, wobei die erheblichen Actenstücke verlesen wurden, worauf dann, da
von Seite der Betheiligten Niemand erschienen ist, der k. General-Staatsanwalt
am obersten Gerichtshofe das Wort nahm,
und nach näherer Erörterung der Sache
den Antrag stellte, der oberste Gerichtshof
möge aussprechen, daß das Kreis- und
Stadtgericht Fürth zur Untersuchung und
Entscheidung der Sache nicht competent sei,
dessen Befugnisse sofort lediglich auf die
executive Beitreibung des durch die Admi-
nistrativ-Behörden festgestellten Zollbetrages
zu beschränken seien.

Bei Prüfung der Sache hat sich denn
auch ergeben, daß bezüglich des in Frage
stehenden, vom Hauptzollamte Fürth im
Schreiben vom 27. praes. 30. September
1850 gestellten Antrages den Gerichten eine
Competenz nicht zustehe.

Dem Zollstrafgesetze vom 17. November 1837, dann dem Zollgesetze vom 17.
November 1837 und der unter demselben
Tage publicirten Zollordnung zufolge könnten, wie dieß auch in der Lehmeier'schen
Denkschrift vom 9. April h. Js. ausdrücklich eingeräumt und anerkannt wird, die
Gerichte zu einer Einschreitung, wie solche
auf den im Schreiben des Hauptzollamts
Fürth vom 27. praes. 30. September
1850 enthaltenen Antrag erfolgt ist, nur
dann als zuständig erachtet werden, wenn
es sich von einem Straffalle, von einer

Strafverhängung handeln würde. Hievon
handelt es sich aber hier durchaus nicht,
sondern lediglich um Feststellung des treffenden Zollbetrages, wozu aber die k. Zollbehörden allein als competent erscheinen.

Die Behauptung in vorerwähnter
Denkschrift, daß es sich wirklich um Verhän-
gung einer Strafe handle, weil in Folge
einer bloßen Unterlassung nun der Begleitschein-Extrahent Lehmeier zur Einzahlung
des höchsten Erhebungssatzes des Zolltarifs
angehalten werden soll, sonach gemäß §. 31
et seq. des oben allegirten Zollstrafgesetzes
gerichtliche Untersuchung und Entscheidung
einzutreten habe, stellt sich als unhaltbar
und unbegründet dar.

Der Extrahent eines Begleitscheines
übernimmt laut §. 43, 44 und 52 der
oben angeführten Zollordnung die hier in
Frage stehenden Verbindlichkeiten mittels
des von ihm verlangten und unterschriebenen
Begleitscheines No. I. und kann sich
hiernach insbesondere von der Verbindlichkeit, den höchsten Erhebungssatz des Zolltarifs zu entrichten, nur dadurch befreien,
daß er dasjenige, was wegen Stellung der
Waare behufs der einzutretenden Revision
und wegen Abgabe des Begleitscheins im
letzteren vorgeschrieben ist, genau erfüllt. —
Es frägt sich hiebei weder von einer De-
fraudation, noch auch von einer Contraven-
tion im Sinne der oben allegirten Gesetze

und Zollordnungen, und des Gesetzes vom
1. Juli 1834, die Verletzungen der Zollordnung und die Bestrafung dieser Verletzungen betreffend, sondern lediglich um Feststellung jenes Zollbetrages, welchen der
Begleitschein-Extrahent nach Maßgabe der
ihm obgelegenen und von ihm in Erfüllung
gebrachten Verbindlichkeiten an das Zoll-
ärar zu entrichten hat, und eine deßfallsige
Verbindlichkeit auszusprechen, wie solches
das k. Hauptzollamt Fürth in dem Schreiben an's k. Kreis- und Stadtgericht Fürth
vom 27. praes. 30. September 1850 un-
passend, anstatt dasselbe um executive Beitreibung des ohnehin bereits liquid gestellten
Gefälles anzugehen, beantragt hat, stehe
nach den oben angeführten Gesetzen den k.
Zollbehörden, in keiner Weise aber den
Gerichten zu.

Demnach mußte, wie oben geschehen,
erkannt werden.

Also geurtheilt und verkündet in öffentlicher Sitzung des obersten Gerichtshofes am acht und zwanzigsten Juni
achtzehnhundert ein und fünfzig, wobei
zugegen waren: Freiherr von Gumppenberg, I. Präsident; von Bezold, Ministerialrath; Eisenhart, Oberappellationsgerichtsrath; von Friedrich, Ministerialrath; Schwertfelner, Oberappellationsgerichtsrath; von Schubert,
Ministerialrath; Dr. Cucumus, Ober-

appellationsgerichtsrath; v. Wolf als General-Staatsanwalt; Paulus, Oberappellationsgerichtssecretär.

(Unterschrieben sind:)

Frhr. v. Gumppenberg, I. Präsident.

Paulus, Secretär.

### Dienstes - Nachrichten.

Seine Majestät der König haben allergnädigst geruht, unter'm 8. Juli l. Js. den seither in dem Centralbureau Seiner Kaiserlichen Hoheit des Herzogs von Leuchtenberg zu München verwendeten Secretär, Eugen Brochier, zum Stabsofficianten Allerhöchstihres Oberstkämmererstabes vom 1. October l. Js. an zu ernennen.

Seine Majestät der König haben Sich allergnädigst bewogen befunden, unter'm 14. Juli l. Js. in die am Wechsel-Appellationsgerichte von Schwaben und Neuburg erledigte zweite technische Assessorstelle den bisherigen dritten technischen Assessor daselbst, Ferdinand Freiherrn von Schätzler, vorrücken zu lassen,

die hiedurch sich eröffnende Stelle des dritten technischen Assessors dem dermaligen ersten Suppleanten am genannten Gerichtshofe, Daniel Christian von Hillenbrand, zu verleihen, und

unter Gestattung der Vorrückung des zweiten Suppleanten, Gustav von Fröhlich, in die erste Suppleantenstelle, zum zweiten Suppleanten am nämlichen Wechsel-Appellationsgerichte den bisherigen ersten technischen Assessor am Wechselgerichte erster Instanz zu Augsburg, Paul von Stetten, zu ernennen,

das Landgerichtsphysikat Berchtesgaden dem Bataillonsarzte im k. Infanterie-Leib-Regimente, Dr. Ferdinand Olivier, zu verleihen, und

dem Zollverwalter Leonhard Heiligmann in Kreuth nach §. 22 lit. D. der IX. Verfassungsbeilage den erbetenen Ruhestand auf die Dauer eines Jahres zu bewilligen, dann

unter'm 17. Juli l. Js. den ersten Assessor des Landgerichts Neuburg, Sebastian v. Reisch, bis auf weitere allerhöchste Entschließung in den Ruhestand treten und zum ersten Assessor des Landgerichts Neuburg den zweiten Assessor zu Kaufbeuern, Fedor Freiherrn von Sainte-Marie-Eglise, vorrücken zu lassen;

als zweiten Assessor an das Landgericht Kaufbeuern den Actuar der Gerichts- und Polizeibehörde Rothenfels, Alois Huber, zu berufen, und

zum Actuar der Gerichts- und Polizeibehörde Rothenfels den Appellationsgerichtsaccessisten Frdr. Wilh. Christian Theodor v. Killinger zu Bamberg zu ernennen.

# Regierungs-Blatt

## für das

## Königreich Bayern.

## № 38.

München, Donnerstag den 31. Juli 1851.

### Erkenntniß

des obersten Gerichtshofs des Königreichs vom 28. Juni 1851 in Sachen des k. Landrichters Greb zu Königshofen gegen Georg Büttner, Balthasar Brückner und Maria Gutwill von dort, wegen Wegservitut, dann gegen den Magistrat der Stadt Königshofen wegen Gemeindeweges, hier Competenzconflict betr.

Im Namen Seiner Majestät des Königs von Bayern

erkennt der oberste Gerichtshof des Königreichs in Sachen des k. Landrichters Greb zu Königshofen gegen Georg Büttner, Balthasar Brückner und Maria Gutwill von dort, wegen Wegservitut, dann gegen den Magistrat der Stadt Königshofen wegen Gemeindeweges, hier Competenzconflict betreffend,

daß ein Competenzconflict nicht gegeben, sohin die Sache hierorts wegen Unzuständigkeit abzuweisen sei.

Gründe.

Der k. Landrichter G r e b besißt zu Königshofen ein laut Kaufsurkunde vom 10. Februar 1840 vom k. Staatsärar erkauftes, am Glacis des dortigen ehemaligen Festungsrayons entlegenes Grundstück.

Unter'm 31. Mai 1845 stellte derselbe gegen die dortigen Ortsbewohner Georg Büttner, Balthasar Brückner und Maria Gutwill, welche Gärten in der Nähe dieses Grundstückes haben, und zwar gegen jeden derselben gesonderte Klage, behauptend, daß diese sich einen Ein- und Ausgang in ihre Gärten über sein vorerwähntes, von ihm servitutenfrei erkauftes Grundstück anmaßen, und beantragte, daß ausgesprochen werde, den Beklagten stehe das Recht nicht zu, über sein Glacisstück zu ihren Gärten ein- und auszupassiren, es sei ihnen vielmehr dieses Ein- und Auspassiren bei 10 Reichsthaler Strafe zu untersagen.

Bei der Verhandlung über diese Klagen erklärten die Beklagten, daß sie sich auf die Klage nicht einlassen, sondern die Sache dem Magistrate Königshofen überlassen müssen, da es sich nicht von einer Servitut, sondern von einem am ehemaligen Glacisgraben von jeher bestandenen öffentlichen Wege handle.

Eventuell beantworteten sie diese Klagen dahin, daß sie widersprachen, über das Eigenthum des Klägers Ein- und Ausgang zu ihren Gärten genommen zu haben, und auf

selbem eine Servitut erwerben zu wollen, und beifügten, daß sie nur darauf bestehen müßten, daß der vorerwähnte öffentliche Weg, an dessen Benützung sie Kläger durch Verpflockung desselben hindere, wieder frei gegeben werde, und den Antrag stellten, sie von den gestellten Klagen zu entbinden.

Das zur Verhandlung und Entscheidung dieser Klagsachen delegirte k. Landgericht Münnerstadt sprach hierauf durch Erkenntniß vom 12. August 1845 aus:

1) der k. Landrichter G r e b werde im Besiße der Freiheit seines Grundstückes am Glacis zu Königshofen geschützt, und den Beklagten jeder Ein-, Durch- und Ausgang über und durch dasselbe bei 10 Reichsthaler Strafe untersagt, und zwar für je und allezeit;

2) mit dem behaupteten Wege werden die Beklagten von hier ab- und zur besonderen Austragung gegen wen immer verwiesen;

3) die Kosten des Streites verglichen.

In den Gründen zu diesen Erkenntnissen findet sich angeführt, daß zwar die Beklagten vorgebracht, daß Kläger den bestandenen öffentlichen Weg verpflockt und versperrt habe, und derselbe angehalten werden müsse, solchen wieder freizugeben, allein einestheils (heißt es dort) sei dieß lediglich Polizeisache, und anderntheils gehöre dieß gar nicht zur gegenwärtigen Streitsache, wo es sich bloß von einer Servitut, die sich die Beklagten auf das Grundstück des Klägers zu constituiren beabsichtigen, handle, daher die Beklagten mit ihren dießfallsigen Anträgen zur besonderen Austragung an wen immer verwiesen werden mußten.

Gegen dieses Erkenntniß hat keiner der Streitstheile ein Rechtsmittel eingewendet.

Am 23. October 1845 reichte Balthasar Brückner beim Magistrate der Stadt Königshofen eine Eingabe ein, worin er bat, den Landrichter Greb von Polizeiwegen anzuhalten, den von jeher bestandenen öffentlichen Pfad am ehemaligen Glacisgraben wieder freizugeben und herzustellen.

Der Magistrat theilte diese Eingabe dem Landrichter Greb zur etwaigen Erinnerung mit, beauftragte aber auch zugleich das dortige Feldgericht, an Ort und Stelle Einsicht zu nehmen und Gutachten abzugeben. Landrichter Greb gab hierauf seine Erinnerung unter'm 25. October 1845 dahin ab, daß er unter Anlage einer Abschrift des vom k. Landgerichte Münnerstadt erlassenen oben erwähnten Erkenntnisses gegen jede Einschreitung des Magistrates protestirte, da die fragliche Angelegenheit bereits vom Gerichte rechtskräftig entschieden sei, worauf dann der Magistrat am 30. October 1845 Beschluß dahin faßte, daß, da aus der Erklärung des Landrichters Greb erhelle, daß die von Balthasar Brückner erhobene Beschwerde nicht mehr polizeiliche, sondern streitige Rechtssache sei, — der Magistrat sich incompetent erachte, und es dem Brückner überlasse, seine Beschwerde geeigneten Orts weiter zu verfolgen.

Das hienach am 6. November 1845 vom Feldgericht eingelaufene Schreiben, worin dieses sich dahin aussprach, daß zwischen den der Glacis nächstgelegenen Gärten und dem Glacisgraben seit unfürdenklichen Zeiten ein Pfad bestanden, daß dieser Pfad bei der städtischen Aufnahme im Jahre 1812 in die Feldbücher des Feldgerichtes eingetragen worden sei, und daß dieser Pfad nicht nur von sämmtlichen an denselben anstoßenden Gartenbesitzern, sondern auch von der übrigen Stadtgemeinde seit den ältesten Zeiten als öffentlicher Weg benützt worden sei, wurde von dem Magistrate ohne weitere Berücksichtigung zu den Acten gelegt.

In Folge einer vom Balthasar Brückner erhobenen Beschwerde gelangten späterhin die einschlägigen Acten an die k. Regierung von Unterfranken und Aschaffenburg und diese erließ dann unter'm 8. November 1847 eine Entschließung, worin ausgesprochen ist, daß zwar die Regierung sich nicht veranlaßt finde, als Recursinstanz auf Beschwerde des Brückner einen Bescheid zu erlassen, daß sie aber von Oberaufsichtswegen zur weiteren Verfügung veranlaßt sei, und worin der Stadtmagistrat Königshofen mit

64 *

Hinweisung auf den Inhalt des oben erwähnten Schreibens des Feldgerichts zu Königshofen, und unter der Bemerkung, daß
es Sache der Lokalpolizeibehörde sei, für
die Erhaltung der öffentlichen Wege, Brücken und Stege Sorge zu tragen, angewiesen
wurde, von Amtswegen diesen Gegenstand
wieder aufzunehmen, und nach vollständiger
Sachinstruction von Neuem salvo recursu
Beschluß zu fassen, zu welchem Ende, heißt
es, der magistratische Beschluß vom 30. October 1845 außer Wirksamkeit gesetzt werde.

Der Magistrat pflog sofort weitere Recherchen, und nachdem er auch den k. Landrichter G r e b mit seiner Erinnerung vernommen hatte, worin G r e b sich wiederholt
auf die Erkenntnisse des k. Landgerichts Münnerstadt vom 12. August 1845 berief, und
die Competenz der Administrativbehörden be-
stritt, faßte der Magistrat unter'm 21. Februar 1848 Beschluß dahin, daß, da der
streitige Pfad seit unvordenklichen Zeiten,
die Jahre der Verjährung weit überschrei-
tend, als ein öffentlicher Pfad bestanden,
auch im Jahre 1812 schon in die Feldbücher des Feldgerichts aufgenommen worden
sei u. s. w., Landrichter G r e b schuldig sei,
den streitigen Pfad als einen öffentlichen zu
dulden und denselben in den vorigen Stand
herzustellen.

Hierauf regte Landrichter G r e b mittels Eingabe an das k. Appellationsgericht

von Unterfranken und Aschaffenburg vom
31. März 1848 einen Competenzconflict an
— die Acten wurden sofort, nachdem das
k. Appellationsgericht und die k. Regierung
von Unterfranken und Aschaffenburg nach
der Verordnung vom 22. Juni 1813 sich
mit einander in's Benehmen gesetzt hatten,
zur dießfälligen Verbescheidung der allerhöchsten Stelle vorgelegt, mittels-Rescriptes
vom 6. Februar h. Js. aber dem k. Appellationsgerichte mit Hinweisung auf das
Gesetz über die Competenzconflicte vom 28.
Mai 1850 mit der Auflage zurückgeschlos-
sen, behufs der Entscheidung des angeregten
Competenzconflictes die weiteren Einleitungen
zu treffen.

Es ist dann die vorgeschriebene Instruction gepflogen, eine Denkschrift aber von
Keinem der Betheiligten eingereicht worden.

Nachdem nun diese Sache, da sie in
der gestrigen Sitzung nicht mehr vorgenommen werden konnte, in heutiger öffentlicher
Sitzung aufgerufen worden war, erstattete
der zum Berichterstatter ernannte Oberappellationsgerichtsrath S c h w e r t f e l n e r Vortrag, wobei die erheblichen Actenstücke verlesen wurden, und worauf sodann, da von
Seite der Betheiligten Niemand erschienen
war, der k. General-Staatsanwalt am obersten Gerichtshofe das Wort nahm, und nach
näherer Erörterung der Sache den Antrag
stellte, oberstrichterlich auszusprechen, daß

über die Ansprüche des Georg Büttner, Balthasar Brückner und Maria Gutwill auf Zuständigkeit eines Weges über das Grundstück des Landrichters. Er e,b. bereits Rechtskraft in Mitte liege, sohin ein Competenzconflict nach Art. 2. des Gesetzes vom 28. Mai 1850 nicht mehr angeregt werden könne, daß aber bezüglich eines allenfalls von dem Magistrate Königshofen anzusprechenden öffentlichen Weges ein Competenzconflict nicht gegeben sei.

Bei Prüfung der Sache hat sich auch ergeben, daß ein Competenzconflict im Sinne des Gesetzes vom 28. Mai 1850 hier gar nicht gegeben ist.

Nach Art. 2, 3 und 5 des oben erwähnten Gesetzes kann ein bejahender Competenzconflict (und ein solcher sollte nach der Behauptung des Landrichters Greb hier wegen Einmischung und Uebergriffes der Administrativbehörde in eine vom Gerichte bereits entschiedene Sache gegeben seyn) nur angenommen werden, wenn sich's von Uebergriffen der Gerichte in das Bereich der Administrativbehörden handelt, wenn einem Gerichte gegenüber die Zuständigkeit von Seite der Verwaltung in Anspruch genommen wird.

Er steht überdieß die Anregung eines solchen Conflikts nur den Administrativstellen zu, und sie findet dann nur mehr statt, wenn das in der Hauptsache erlassene Erkenntniß bereits rechtskräftig ist.

Die bei dem k. Landgerichte Münnerstadt zwischen Landrichter Greb als Kläger und Balthasar Brückner, Georg Büttner und Maria Gutwill als Beklagte wegen Anmaßung einer Wegservitut auf dem Grundstücke, welches Greb laut Kaufurkunde vom 10. Februar 1840 erkauft hat, anhängigen Rechtssachen sind längst rechtskräftig entschieden, die Administrativbehörden haben eine Zuständigkeit in denselben nirgends in Anspruch genommen, und waltet somit in dieser Sache ein Conflict gar nicht vor.

Es würden aber auch die Administrativbehörden die Gerichte an den Vollzug der rechtskräftigen Erkenntnisse, wenn Brückner, Büttner oder Gutwill denselben entgegen handeln würden, nicht hindern können, daher es in dieser Beziehung eines Schutzes der Gerichte durch Anregung eines Competenzconflictes in keiner Weise bedürfte.

Conf. Verhandlungen der Kammer der Reichsräthe vom Jahre 1849 Beilagen-Band 3 pag. 98 und Verhandlungen der Kammer der Abgeordneten vom Jahre 1850 Beilagen-Band 3 pag. 242.

Der Beschluß des Stadtmagistrates Königshofen vom 20. Februar 1848 aber, durch den sich Landrichter Greb in seinen Rechten vorzugsweise beeinträchtiget glaubt, hat mit den vorerwähnten Rechtssachen nichts gemein. Es handelt sich hiebei nicht, wie damals, nach Ausweis der oben dargestellten that-sächlichen Verhältnisse, von einem dem Brückner, Büttner und der Maria Gutwill zustehenden Servitutsrechte bezüg-lich des Grebischen Glacisgrundstückes, son-dern von einem öffentlichen, der Gemeinde Königshofen zustehenden, zwischen den un-weit der Glacis entlegenen Gärten und dem besagten Grundstücke befindlichen Pfade, so-hin von einem ganz anderen Gegenstande, wobei dem Landrichter Greb auch andere Gegner gegenüber stehen.

Es läßt sich somit hier auch eine Einmischung der Administrativbehörden in die beim k. Landgerichte Münnerstadt verhandelte Rechts-sache gar nicht wahrnehmen, und hat be-sagtes Gericht in jener Angelegenheit, welche den magistratischen Beschluß vom 30. Fe-bruar 1848 zum Gegenstande hat, nichts verfügt, vielmehr in dem Erkenntnisse vom 12. August 1845 solche zur besonderen Aus-tragung verwiesen, und wenn Landrichter Greb gegen den erwähnten Beschluß des Stadtmagistrats Königshofen Abhilfe zu su-chen sich veranlaßt findet, so kann dieß durch Anregung eines Competenzconflictes in keiner Weise erreicht werden, da die zu einem Com-petenzconflicte gesetzlich gehörigen Erforder-nisse in den oben dargelegten Angelegenheiten durchaus nicht gegeben sind.

Es mußte sonach, wie oben geschehen, erkannt werden.

Also geurtheilt und verkündet in der öffentlichen Sitzung des obersten Gerichts-hofes am acht und zwanzigsten Juni acht-zehnhundert ein und fünfzig, wobei zugegen waren: Freiherr von Gumppenberg, I. Präsident; von Bezold, Ministerial-rath; Eisenhart, Oberappellationsgerichts-rath; von Friederich, Ministerialrath; Schwertfelner, Oberappellationsgerichts-rath; von Schubert, Ministerialrath; Dr. Cucumus, Oberappellationsgerichts-rath; von Wolf als Generalstaatsanwalt, und Paulus, Oberappellationsgerichts-secretär.

(Unterschrieben sind:)

Freiherr von Gumppenberg, I. Präsident.

Paulus, Secretär.

---

### Erkenntniß

des obersten Gerichtshofs des Königreichs vom 28. Juni 1851 in Sachen der Pfarrgemeinde Pullenreuth gegen Pfarrer Eberl, jetzt zu Arn-schwang, Pfarrhofbaulast, nun den Namens der Pfarrgemeinde angeregten Competenzconflict zwi-schen dem k. Landgericht Kemnath als Admini-strativbehörde und demselben als Justizbehörde betreffend.

## Im Namen Seiner Majestät des Königs von Bayern

erkennt der oberste Gerichtshof des Königs-

reichs in Sachen der Pfarrgemeinde Pullenreuth gegen Pfarrer Eberl, jetzt zu
Arnschwang, Pfarrhofbaulast, nun den Namens der Pfarrgemeinde angeregten Competenzconflict zwischen dem k. Landgericht
Kemnath als Administrativbehörde und demselben als Justizbehörde betreffend:

„daß dieser Competenzconflict nicht
gegeben, die Sache daher wegen Incompetenz hierorts abzuweisen sei, und
die Pfarrgemeinde Pullenreuth die
durch diese Anregung eines Competenzconflicts dem Pfarrer Eberl verur-
sachten, auf sieben Gulden 2 kr. festgesetzten Kosten zu erstatten habe. Das
vom k. Advokaten Bunte in Ansatz
gebrachte Expensar von sechs Gulden
5 kr. wird gestrichen.“

G r ü n d e:

Im Jahre 1840 ergab sich die Nothwendigkeit eines Neubaues des Pfarrhofes
zu Pullenreuth. Gemäß des Ministerialrescripts vom 14. November 1840 waren
die Kosten hauptsächlich durch die Concurrenz der Decimatoren und durch ein ad
onus successorum aufzunehmendes Kapital zu decken. Jene wurde durch den Pro-
visionalbeschluß der k. Regierung der Oberpfalz und von Regensburg, Kammer des
Innern, vom 28. April 1845 gezregelt, und
schon zuvor sub 14. März 1844 war die
aus mehreren politischen Gemeinden beste-

hende Pfarrgemeinde Pullenreuth vom k.
Landgerichte Kemnath in Kenntniß gesetzt
worden, daß sie bei diesem Bau zur Leistung der Hand- und Spanndienste verpflichtet sei. Durch Entschließung der k. Regierung vom 4. October 1844 wurde aber
diese Verfügung des Landgerichts als nichtig aufgehoben mit der Weisung, nach ein-
geholter Erinnerung der Pfarrgemeinde
salvo recursu anderweitigen Beschluß zu
fassen. Dabei wurde Pfarrer Eberl ermächtigt, die Dienste aus disponibeln Fonds
vorläufig auf Rechnung der Gemeinde zu
bestreiten, welche, wenn ihre Pflichtigkeit
ausgesprochen würde, die Auslagen in Geld
wieder zu ersetzen habe.

In der am 6. November 1844 nun
abgegebenen Erklärung beharrte die Pfarrgemeinde bei ihrer Weigerung; durch den
landgerichtlichen Beschluß vom 3. April
1845 aber wurde derselben die unentgeltliche
Leistung der Hand- und Spanndienste auf-
erlegt. Dieser Beschluß wurde durch Regierungsentschließung vom 31. December
1845 bestätigt, und der weitere Recurs durch
Rescript des Ministeriums des Innern vom
24. Juni 1846 als ungegründet, eine an
den Staatsrath gebrachte Beschwerde aber
als dahin nicht gehörig ab-, und an das
inzwischen gebildete Ministerium des Innern
für Kirchen- und Schulangelegenheiten gewiesen, dessen Rescript vom 21. Juni 1847

jenem des Ministeriums des Innern vom 24. Juni 1846 inhärirte, jedoch unter ausdrücklichem Vorbehalt des Rechtswegs.

Pfarrer Eberl hatte inzwischen zur Beschleunigung der Sache die ganze Bauführung unter technischer Leitung in Accord übernommen, und die Ausgaben für die im Voranschlage zu 574 fl. angesetzten Hand- und Spaanndienste betrugen nach der revisorischen Feststellung 1202 fl. 39 kr. Wegen dieses Betrags wurde zwar schon durch Decret vom 24. December 1845 das Executionsverfahren eingeleitet, konnte aber wegen der gedachten Recurse gegen den Beschluß vom 3. April 1845 keinen Fortgang gewinnen, und in Folge des schon erwähnten Ministerialrescripts vom 21. Juni 1847 meldete nun Advocat Bunte Namens der Pfarrgemeinde am 12. September 1847 die Betretung des Rechtswegs an mit dem Antrage auf Sistirung der Execution bis zum Ausgang des Rechtsstreits.

Diesem Antrag wurde aber nicht stattgegeben, vielmehr mit Decret vom 19. August 1849 durch Repartition der 1202 fl. 39 kr. auf die zur Pfarrgemeinde Pullenreuth gehörigen politischen Gemeinden die Concurrenzquote einer jeden festgestellt, und da inner der 14tägigen Frist Erinnerungen dagegen nicht einkamen, wurde durch Decret vom 7. November 1849 die Auspfändung der Verwaltungsmitglieder der Gemeinden verfügt.

Aber schon am 13. präs. 19. September 1849 hatte Advocat Bunte Namens der Pfarrgemeinde bei dem k. Landgerichte Kemnath gegen Pfarrer Eberl eine Provocationsklage eingereicht zu dem Zwecke, daß derselbe wegen des Quantums seiner Auslagen ad 1202 fl. 39 kr. klagend hervortrete.

Dem gleichzeitig zu den Administrativacten gestellten Antrage auf Sistirung der Execution wurde jedoch nicht entsprochen, und die Recurse gegen das deßfallsige Decret vom 21. September 1849 wurden ebenfalls durch Regierungsentschließung vom 27. October 1849 und Ministerialrescripte vom 19. Januar 1850 ab, und vom k. Staatsrath als dahin nicht gehörig zurückgewiesen.

Der Provocationsproceß wurde inzwischen instruirt, und mit Imploration vom 8. präs. 13. Februar 1850 stellte Advocat Bunte nun bei dem Landgerichte als Justizbehörde den Antrag, daß in dem Erkenntnisse puncto provocationis zugleich ausgesprochen werde, das Landgericht als Administrativbehörde habe sich vorläufig des weiteren Verfahrens zu enthalten. Dieser Antrag wurde durch Decret vom 17. Februar 1850 abgewiesen, weil bei den in Mitte liegenden rechtskräftigen Beschlüssen der bezüglichen Beschwerden die Sache sich im Stadium den Execution befinde, und der Justizstelle nicht gestattet sei, störend in den Geschäftsgang der Verwaltungsbehörden einzugreifen.

Gegen dieses Decret reichte Advocat Bunte am 9. präs. 14. März 1850 eine an das k. Appellationsgericht der Oberpfalz und von Regensburg gerichtete „Nullitäts- und Extrajudicialbeschwerde" ein, und übergab sodann am 16. Juni 1850 das an den obersten Gerichtshof gerichtete Gesuch, die Anregung des Competenzconflicts betreffend.

Es wird darin behauptet, daß ein negativer Competenzconflict zwischen dem Landgerichte Kemnath als Justizbehörde und als Administrativbehörde obwalte, weil die in gesonderter Eingabe an dasselbe als Justizbehörde gerichteten Anträge auf civilrechtliche Beschlußfassung gegen das executive administrative Einschreiten vergeblich blieben.

Zufolge Entschließung des Appellationsgerichts vom 2. August 1850 wurde nun die Entscheidung der an dasselbe gebrächten Beschwerden ausgesetzt, der Competenzconflict wurde instruirt, und in der vorgesteckten Frist vom Anwalt des Pfarrers Eberl eine Denkschrift eingereicht.

Nachdem die Sache in der öffentlichen Sitzung vom 27. Juni aufgerufen war, erstattete der zum Referenten ernannte Oberappellationsgerichtsrath Dr. Cucumus

Vortrag, worauf, da keine der geladenen Parteien erschienen war, der k. General-Staatsanwalt nach Beleuchtung der Sache den Antrag stellte, daß ausgesprochen werde, es sei ein Competenzconflict nicht gegeben, das Gesuch der Gemeinde Pullenreuth daher abzuweisen, und habe dieselbe die dadurch veranlaßten Kosten zu tragen.

Aus obiger Darstellung ergibt sich, daß von einem Competenzconflicte, wie dessen Anregung versucht wurde, keine Rede seyn kann. Denn

1) die in der Entschließung der k. Regierung vom 4. October 1844 dem Pfarrer Eberl ertheilte Ermächtigung, die Dienste auf Rechnung der Pfarrgemeinde leisten zu lassen, stellte sich eben so, wie die Entschließung der k. Regierung vom 28. April 1845 und der durch Regierungs-Entschließung vom 31. December 1845 bestätigte landgerichtliche Beschluß vom 3. April 1845 als eine lediglich provisorische Verfügung dar, wie daraus hervorgeht, daß das Ministerialrescript vom 21. Juni 1847 der Pfarrgemeinde ausdrücklich den Rechtsweg vorbehielt;

2) provisorische Verfügungen bei dringenden Kirchen- und Pfarrhofbauten aber sind zufolge der bestehenden Gesetze von der Competenz der Gerichte ausgenommen, und als administrative Sa-

65

chen den Verwaltungsstellen zur Verhandlung und Entscheidung zugewiesen
sowohl bezüglich der Bauconcurrenz-
pflicht, als auch der Größe des Beitrags.

Verordnung vom 17. Dec. 1825
§. 73 Reg.-Bl. v. 1825 S. 1097.

Verordnung vom 1. Oct. 1830,
betreffend die Zuständigkeit der Administrativstellen in Streitigkeiten
über die Baupflicht bei Kirchen ꝛc.
sub. Nro. 2 in Döllinger's Sammlung der Verordnungen Bd. XI.
Th. 3 S. 1423

vergl, mit

Mandat vom 4. October 1770
in pcto. concurr. zu Kirchen- und
Pfarrhofbauten sub 2do.

Mayer, Gen.-Sammlung 1771.
Seite 493 No. 3.

Mandat vom 14. August 1794,
betreffend Regulirung der Bauconc-
currenz.

Mayer, Gen.-Sammlung Bd. 5.
No. 142 S. 493.

Daraus

3) ergibt sich, daß der Vorbehalt des
Rechtswegs im Ministerialrescripte vom
21. Juni 1847 keineswegs die Deu-
tung zuläßt, daß im Falle der Betretung desselben der Vollzug des von
der Verwaltungsstelle ausgegangenen

Provisoriums bis zur Entscheidung
der Sache auf dem Civilweg ausgesetzt bleiben müsse. Dieser Sinn des
Rescriptes kann um so weniger unterstellt werden, weil dasselbe in der Bestätigung des Beschlusses vom 3.
April 1845 dem Rescripte vom 24.
Juni 1846 inhärirte, die Suspension
des Vollzugs des Provisoriums bis
zum Erkenntniß im Civilprocesse aber
nichts anders wäre, als desselben gänzliche Beseitigung. Vermöge des, nach
den angeführten Gesetzen sich übrigens
von selbst verstehenden Vorbehalts
wollte sohin das Rescript vom 21.
Juni 1847 nur andeuten, daß die Gemeinde ihre Freiheit von der fraglichen
Concurrenzpflicht auf dem Rechtswege
geltend machen und sofort das in Folge
des Provisional-Beschlusses Gezahlte
als Nichtschuld zurückfordern müßte.
Denn auch die Regierungsentschließung
vom 4. October 1844 hatte die Verbindlichkeit der Pfarrgemeinde zum
Rückersatz der Auslagen für die Hand-
und Spanndienste keineswegs davon abhängig gemacht, daß die Concurrenzpflicht derselben mit diesen Diensten
durch ein Erkenntniß des Civilgerichts
ausgesprochen würde. Diese Entschließung bezieht sich vielmehr lediglich auf
das die Provisional-Verfügung bezwe-

ckende Verfahren. Die der Gemeinde durch dieselbe auferlegte Verbindlichkeit ist sonach auch nur davon abhängig gemacht, daß ihre Concurrenzpflicht mittelst einer provisorischen Verfügung im administrativen Wege würde ausgesprochen werden, und dieser Ausspruch ist durch den bestätigten landgerichtlichen Beschluß vom 3. April 1845 erfolgt.

4) Ein Competenzconflict setzt aber voraus, daß eine und dieselbe Sache von jeder der verschiedenen Behörden als ihr zuständig behauptet, oder von jeder wegen Unzuständigkeit zurückgewiesen wird. Keiner dieser Fälle ist in Bezug auf das Gesuch vom 15. Juni 1850. dem Ausgeführten zufolge gegeben.

Abgesehen davon, daß die Klage vom 15. präs. 19. September 1849 nur bezielt, den Pfarrer Eberl wegen des Quantums der Auslagen zu provociren, das Quantum aber im Laufe des Verfahrens pcto. provisorii revisorisch festgestellt wurde, und zur Cognition derselben Behörde gehört, welche das Provisorium selbst zu treffen zuständig war: so wäre, wenn die Pfarrgemeinde sogar zur Geltendmachung ihrer Freiheit von der Concurrenzpflicht den Rechtsweg betreten hätte, diese Civil-

rechtssache ganz verschieden von der das Provisorium betreffenden administrativen.

Dadurch also, daß das k. Landgericht als äußeres Amt in seiner Zuständigkeit für letztere das zum Vollzug der darin ergangenen rechtskräftigen Beschlüsse eingeleitete Verfahren fortsetzte, nachdem die Namens der Pfarrgemeinde bei demselben als Justizbehörde eingereichte Provocationsklage zur Verhandlung gebracht worden war, ist das Landgericht in seiner Doppeleigenschaft als Verwaltungs- und Justizbehörde nicht in den negativen Competenzconflict getreten, wie solchen der k. Advocat Bunte mittelst seines Gesuchs anzuregen versucht hat, dessen Zweck vielmehr nur darin besteht, den Vollzug der im Provisionalverfahren ergangenen Beschlüsse zu hemmen, wozu aber der oberste Gerichtshof nicht competent ist.

Also geurtheilt und verkündet in der öffentlichen Sitzung am acht und zwanzigsten Juni achtzehnhundert ein und fünfzig, wobei zugegen waren: der I. Präsident Freiherr von Gumppenberg; Ministerialrath von Bezold; Oberappellationsgerichtsrath Eisenhart; Ministerialrath von Friederich; Oberappellationsgerichtsrath Schwertfelner; Ministerialrath von

Schubert; Oberappellationsgerichtsrath
Dr. Cucumus; General-Staatsanwalt
von Volk, und Oberappellationsgerichts-
Secretär Paulus.

Unterschrieben sind:

Freiherr von Gumppenberg, I. Präsident.

Paulus, Secretär.

---

### Bekanntmachung,
die Verloosung der 4procentigen Eisenbahnschuld
betreffend.

Gemäß der Bekanntmachung vom 17.
d. Mts. (Regierungsblatt pag. 904 — 906)
ist heute die erste Verloosung der 4pro-
centigen Eisenbahnschuldbriefe auf den Inhaber (au porteur) und auf Namen lautend behufs der baaren Rückzahlung vorgenommen worden, woran sechs Hauptserien bei den Schuldbriefen auf den Inhaber (au
porteur) mit dem Betrage von 80,000 fl.
und zwei Hauptserien bei den Schuldbriefen auf Namen lautend, mit dem Betrage
von 20,000 fl., Theil zu nehmen hätten
und wobei nachstehende Hauptserien und
Endnummern gezogen worden sind:

I. für die 4procentigen Eisenbahn-
Schuldbriefe auf den Inhaber (au
porteur) lautend:

| Hauptserie. | Endnümmer. |
|---|---|
| II. | 38 = 1038 |

| Hauptserie | Endnummer. |
|---|---|
| III. | 73 = 2073 |
| V. | 44 = 4044 |
| IV. | 16 = 3016 |
| VI. | 62 = 5062 |
| I. | 01 = 1 |
| III. | 94 = 2094 |
| IV. | 91 = 3091 |

II. für die 4procentigen Eisenbahn-
Schuldbriefe auf Namen lautend:

| Hauptserie. | Endnummer. |
|---|---|
| I. | 34 = 34 |
| II. | 81 = 1081 |

Auf den Grund der vorstehenden Ergebnisse sind demnach sämmtliche 4procentige
Eisenbahnschuldbriefe, welche die in dem
beigefügten Verzeichnisse enthaltenen, rothgeschriebenen Serien- oder Commissions-
Cataster-Nummern tragen, zur Heimzahlung
bestimmt, in welcher Hinsicht Folgendes bemerkt wird:

#### I.

Mit der Rückzahlung der verloosten
Schuldbriefe wird sogleich begonnen und es
werden hiebei die Zinsen in vollen Monatsraten, nämlich stets bis zum Schluße desjenigen Monats, in welchem die Zahlung
geschieht, jedoch in keinem Falle über den
30. September 1851 hinaus, vergütet, indem nach der eingangserwähnten Bekanntmachung vom 1. October 1851 an die Verzinsung der gezogenen Schuldbriefe aufhört.

## II.

Die Zahlung der Schuldbriefe auf den Inhaber (au porteur) lautend, kann bei der k. Staatsschuldentilgungs-Hauptcasse in München und bei den k. Specialcassen Augsburg, Nürnberg, Regensburg und Würzburg erfolgen.

## III.

Bezüglich der auf Namen lautenden Schuldbriefe findet die Zahlung in der Regel nur bei denjenigen k. Staatsschuldentilgungs-Specialcassen statt, welche dieselben ausgestellt haben.

Ausnahmsweise kann aber auf den Wunsch der Betheiligten die Anweisung der Zahlung auch bei einer andern Schuldentilgungscasse geschehen; es ist jedoch in diesem Falle zur Sicherheit der Gläubiger, wie der k. Staatsschuldentilgungs-Anstalt unerläßlich, daß die betreffenden Nominal-Schuldbriefe vorher (ohne Abquittirung des Capitals und der Zinsen, dagegen belegt mit dem allenfalls erforderlichen Legitimationsnachweise) den k. Specialcassen, welche dieselben ausgestellt haben, vorgelegt werden, woselbst alsdann, wenn kein Anstand obwaltet, die Zahlungs-Anweisung auf die von den Gläubigern bezeichnete Casse (sowohl für das Capital, als die Zinsen, bis zum Letzten des jedesmal laufenden Monats, jedoch nicht über den

30. September 1851 hinaus,) beigefügt und die Rückgabe vollzogen wird.

## IV.

Die Bezahlung der einer Dispositions-beschränkung unterliegenden Schuldbriefe kann erst nach unbedingter und legaler Beseitigung jener Vinculirungen durch die betheiligten Gläubiger erfolgen, wobei es sich übrigens von selbst versteht, daß die etwa hiedurch herbeigeführten Verzögerungen in der Baarzahlung der verloosten Schuldbriefe die Zinsenstistirung vom 1. October 1851 an nicht zu hindern vermögen.

## V.

Nach der Bekanntmachung vom 17. d. Mts. ist in Folge allerhöchster Genehmigung den Besitzern der durch gegenwärtige Verloosung zur Rückzahlung bestimmten Schuldbriefe, wenn sie es wünschen, die Wiederanlage der heimzahlbaren Capitalsbeträge in den 5procentigen Eisenbahnanlehen gestattet.

Diese Wiederanlage muß sogleich bei der Einlösung der verloosten Schuldbriefe erklärt werden; nach erfolgter wirklicher Rückzahlung findet dieselbe nicht mehr statt.

Die Wiederanlage geschieht in 5procentigen Eisenbahnanlehensobligationen zu 1000 fl., 500 fl. und 100 fl. auf Namen oder auf den Inhaber (au porteur) lautend.

Die bis zur Erhebung fälligen Zinsraten werden baar bezahlt.

(Regierungsblatt 1850 pag. 673 — 676)
enthaltenen Bestimmungen fortgesetzt.

München, den 26. Juli 1851.

### VI.

Die Anlehensannahme im Wege der
Arrosirung wird nach den in der dießseiti-
gen Ausschreibung vom 17. August 1850

Königlich bayer. Staatsschuldentilgungs-
Commission.

*v.* Sutner.

Brennemann, Secretär.

### Verzeichniß

der in Gemäßheit der ersten Verloosung zur Heimzahlung bestimmten 4procentigen Ei-
senbahn-Schuldbriefe, nach der Nummernfolge geordnet:

#### A. Auf den Inhaber (au porteur) lautend:

Roth geschriebene Serien- oder Commissions-Cataster-Nummern:

| | | | | | | | |
|---|---|---|---|---|---|---|---|
| 1 | 1038 | 2073 | 2573 | 3016 | 3516 | 4044 | 5062 |
| 101 | 1138 | 2094 | 2594 | 3091 | 3591 | 4144 | 5162 |
| 201 | 1238 | 2173 | 2673 | 3116 | 3616 | 4244 | 5262 |
| 301 | 1338 | 2194 | 2694 | 3191 | 3691 | 4314 | 5362 |
| 401 | 1438 | 2273 | 2773 | 3216 | 3716 | 4444 | 5462 |
| 501 | 1538 | 2294 | 2794 | 3291 | 3791 | 4544 | 5562 |
| 601 | 1638 | 2373 | 2873 | 3316 | 3816 | 4644 | 5662 |
| 701 | 1738 | 2394 | 2894 | 3391 | 3891 | 4744 | 5762 |
| 801 | 1838 | 2473 | 2973 | 3416 | 3916 | 4844 | 5862 |
| 901 | 1938 | 2494 | 2994 | 3491 | 3991 | 4944 | 5962 |

#### B. Auf den Namen lautend:

Roth geschriebene Serien- oder Commissions-Cataster-Nummern:

34. 134. 234. 334. 434. 534. 634. 734. 834. 934.
1081. 1181. 1281. 1381. 1481. 1581. 1681. 1781. 1881. 1981.

München, den 26. Juli 1851.

Königlich bayer. Staatsschuldentilgungs-Commission.

*v.* Sutner.

Brennemann, Secretär.

## Bekanntmachung,

die Verloosung des I. Subscriptions-Anlehens
à 5 % betr.

In Folge der Bekanntmachung vom 17. b. Mts. (Regierungsblatt pag. 902—904) ist heute die II. Verloosung an dem I. Subscriptions-Anlehen à 5 pCt. vorgenommen worden, wobei folgende Zahlen gezogen worden sind:
Nr. 59. 44. 100 (resp. 00) 87. 47. 69. 80. 86. 40. 06. 54. 14. 52. 19.

Es werden demnach gemäß dem mittelst Ausschreibung vom 13. März d. Js. (Regierungsblatt pag. 241 bis 247) veröffentlichten Verloosungsplane alle Schuldscheine und Obligationen des I. Subscriptions-Anlehens à 5 pCt., deren Serien- oder Hauptcataster-Nummern (roth) mit einer der gezogenen Zahlen enden, baar heimbezahlt, in welcher Hinsicht Folgendes bemerkt wird:

### I.

Die zur Rückzahlung gelangenden Capitalien treten am 1. October 1851 aus der Verzinsung.

### II.

Die Zahlung der verloosten Obligationen, welche in Schuldscheinen au porteur (in Wechselformat) und in Obligationen auf Namen bestehen, beginnt sogleich, wobei die Zinsraten jedesmal bis zum Ende des Erhebungs-Monats, jedoch nicht über den 30. September 1851 hinaus, vergütet werden. Die Gläubiger haben demnach an Capitalien und Zinsen zu empfangen:

| Für die Scheine u. Obligationen. | In den Monaten | | | | | |
|---|---|---|---|---|---|---|
| | Juli. | | August. | | September. | |
| | fl. | kr. | fl. | kr. | fl. | kr. |
| à 20 fl. | 20 | 50 | 20 | 55 | 21 | — |
| à 35 fl. | 36 | 28 | 36 | 37 | 36 | 45 |
| à 50 fl. | 52 | 5 | 52 | 18 | 52 | 30 |
| à 100 fl. | 104 | 10 | 104 | 35 | 105 | — |

### III.

Die Zahlung der verloosten Schuldscheine au porteur (in Wechselformat) erfolgt (ohne Bescheinigung) an die Vorzeiger gegen Abgabe der Obligationen bei allen auswärtigen k. Staatsschuldentilgungs-Specialcassen und bei der k.

|

Staatsschuldentilgungs-Hauptcasse dahier mit den treffenden Zinsraten.

#### IV.

Die verloosten Nominal-Obligationen à 100 fl. können nur bei der k. Staatsschuldentilgungs-Hauptcasse dahier und auf förmliche Bescheinigung über Haupt- und Nebensache bezahlt werden, wobei die Aechtheit der von den Gläubigern beigefügten Unterschrift amtlich bestätigt sein muß.

Sollte jedoch die baare Zahlung von Nominal-Obligationen bei einer von dem Gläubiger zu bezeichnenden königlichen Staatsschuldentilgungs-Specialcasse außer München erhoben werden wollen, so ist die k. Staatsschuldentilgungs-Hauptcasse angewiesen, in solchen Fällen statt der Baarschaft eine auf die ihr benannte Specialcasse lautende Vorschußquittung zu verabfolgen, deren Betrag aber eintretenden Falles von dem Betheiligten immer ohne Verzug zu erheben ist.

#### V.

Die Bezahlung von Nominalobligationen, welche einer Dispositionsbeschränkung unterliegen, kann erst nach unbedingter und legaler Beseitigung solcher Vinculirungen durch die betheiligten Gläubiger erfolgen, und die hiedurch etwa entstehende Verzögerung in der Zahlung das Aufhören der Verzinsung am 1. October 1851 nicht hindern.

#### VI.

Nach der Bekanntmachung vom 17. d. Mts. ist in Folge allerhöchster Genehmigung den Besitzern der durch gegenwärtige Verloosung zur Rückzahlung bestimmten Schuldscheine und Obligationen, wenn sie es wünschen, die Wiederanlage der heimzahlbaren Capitalsbeträge bei dem 5 procentigen Eisenbahnanlehen gestattet.

Diese Wiederanlage muß sogleich bei der Einlösung der verloosten Schuldscheine und Obligationen erklärt werden; nach erfolgter wirklicher Rückzahlung findet dieselbe nicht mehr statt.

Die Wiederanlage geschieht in 5procentigen Eisenbahnanlehens-Obligationen zu 1000 fl., 500 fl. und 100 fl. auf Namen oder auf den Inhaber (au porteur) lautend.

Capitalsbeträge für verloste Schuldscheine, welche zusammen den Betrag von 100 fl. nicht erreichen, ebenso die bis zur Erhebung fälligen Zinsraten werden jedenfalls nur baar bezahlt.

Eine Ergänzung durch baare Daraufzahlung auf 100 fl. ist nicht zulässig.

Ein gleiches Verfahren darf auch in Ansehung derjenigen Schuldscheine und Obligationen des I. Subscriptions-Anlehens à 5 pCt. eintreten, welche bei der am 22.

März d. Is. stattgehabten I. Verloosung
dieses Subscriptions-Anlehens zum Zuge
gekommen, und wovon die Baarbeträge inzwischen noch nicht erhoben worden sind.

München, den 26. Juli 1851.

**Königlich bayer. Staatsschuldentilgungs-
Commission.**

v. Sutner.

Brennemann, Secretär.

## Dienstes-Nachrichten.

Seine Majestät der König ha-
ben Sich allergnädigst bewogen gefunden,
unter'm 24. Juli l. Is. auf die bei dem
k. Appellationsgerichte von Mittelfranken
erledigte Assessorstelle den Assessor des k.
Appellationsgerichts von Oberbayern, Johann Julius Eckardt, seinem allerunterthänigsten Ansuchen entsprechend, zu versetzen;

zu der hiedurch bei dem k. Appellationsgerichte von Oberbayern in Erledigung
kommenden Assessorstelle den Kreis- und
Stadtgerichtsrath Carl Schreck zu Aichach
zu befördern;

den Friedensrichter Carl Jos. Schu-
ler in Otterberg auf sein allerunterthänigstes Ansuchen auf die erledigte Friedensrichterstelle in Frankenthal zu versetzen;

zu der offen gewordenen Friedensrich-
terstelle zu Homburg den Bezirksgerichts-
Assessor Johann Baptist Tillmann zu
Frankenthal, und

zu der gleichfalls eröffneten Friedensrichterstelle in Pirmasens den Bezirksge-
richts-Assessor Philipp Ludwig Weber in
Zweybrücken zu befördern;

die hiedurch in Erledigung kommende
Bezirksgerichts-Assessorstelle in Zweybrücken
dem functionirenden Staatsprocurator-Substituten daselbst, Max Loe, und

die erledigte Bezirksgerichts-Assessor-
Stelle in Kaiserslautern dem Ergänzungsrichter Hermann Dereum in Kirchheimbolanden zu verleihen;

den geprüften Rechtspraktikanten Dr.
Friedrich Stein, zur Zeit in Schweinfurt,
zum Advokaten in Hilders zu ernennen,
und

die bei dem Wechsel- und Merkantilgerichte in Passau erledigte Rathsstelle, unter Vorrückung des II. Rathes Max Freiherrn von Branca zum I. Wechsel- und
Merkantilgerichtsrathe, dem Kreis- und
Stadtgerichtsrathe Joseph von Germersheim als II. Wechsel- und Merkantilge-
richtsrath zu übertragen.

Zu der im Regierungsblatt St. 36
vom 22. Juli 1851 S. 912 enthaltenen
Ausschreibung der Ruhestands-Versetzung

des l. Kreis- und Stadtgerichtsarztes Dr.
Balth. Minder in Augsburg: wird ergänzend bemerkt, daß dieselbe „seiner gestellten Bitte willfahrend," erfolgt sei.

---

Pfarreien-Verleihungen; Präsentations-
Bestätigung.

Seine Majestät der König ha-
ben Sich bewogen gefunden, nachgenannte
katholische Pfarreien allergnädigst zu übertragen, und zwar:

unter'm 14. Juli l. Js. die Pfarrei
Welden, Landgerichts Zusmarshausen, dem
Priester Johann Michael Hartmuth,
Pfarrer zu Schwabhausen, Landgerichts
Landsberg.

die Pfarrei Irsee, Landgerichts Kaufbeuern, dem Priester Michael Kappel-
mayer, Pfarrer zu Mertingen, Landgerichts
Donauwörth, und

die Pfarrei Taufkirchen, Landgerichts
Eggenfelden, dem Priester Johann Baptist
Fischer, Pfarrer zu Gottfrieding, dann

unter'm 19. Juli l. Js. die Pfarrei
Murnau, Landgerichts Weilheim, dem Prie-
ster Gebhard Epple, Pfarrer zu Oberstimm,
Landgerichts Neuburg, und

die Pfarrei Arnbruck, Landgerichts Viechtach, dem Priester Joseph Hofbauer, Wallfahrtspriester zu Niederleierndorf, Landgerichts Rottenburg, endlich

unter'm 22. Juli l. Js. die Pfarrei
Erfweiler, Landcommissariats Zweibrücken,
dem Priester Johann Köhr, Pfarrer zu
Schallodenbach, Landcommissariats Kaiserslautern.

---

Seine Majestät der König ha-
ben allergnädigst geruht, unter'm 14. Juli
l. Js. den seitherigen Frühmeß- und Coo-
peraturbeneficiaten zu Heideck, Landgerichts
Hilpoltstein, Priester Thomas Schober,
von dem Antritte der ihm zugedachten Pfarrei
Hüting, Landgerichts Neuburg a]D., zu entheben, und diese hiedurch auf's Neue sich
eröffnende Pfarrei dem bisherigen Caplan
an der Stadtpfarrkirche zu St. Peter in
Neuburg a]D., Priester Carl August Bö-
haimb, zu übertragen, dann

unter'm 17. Juli l. Js. den seitherigen
Beneficiaten zu Train, Landgerichts Abens-
berg, Priester Joseph Döbmayer, seiner
Bitte willfahrend, von dem Antritte der ihm
zugedachten Pfarrei Saltendorf, Landgerichts
Burglengenfeld, zu entheben, und die hie-
durch auf ein Neues sich eröffnende Pfarrei
Saltendorf dem Priester Johann Evangelist
Petersamer, Cooperator zu Michaelsbuch,
Landgerichts Deggendorf, zu übertragen.

Seine Majestät der König ha-
ben unter'm 22. Juli l. Js. zu genehmigen geruht, daß die katholische Pfarrei

Göggingen, Landgerichts gleichen Namens, von dem hochwürdigen Herrn Bischofe von Augsburg dem Priester Michael Mayer, Curat- und Schulbeneficiat in Ritztörieb, Gerichts- und Polizeibehörde Weißenhorn, verliehen werde.

———

Seine Majestät der König haben Sich allergnädigst bewogen gefunden, unter'm 14. Juli l. Js. die erledigte protestantische Pfarrstelle zu Rehau, Dekanats Hof, dem bisherigen Pfarrer zu Floß, Dekanats Weiden, Johann Simon Keppel, und

unter'm 17. Juli l. Js. die erledigte protestantische Pfarrstelle zu Kalchreuth, Dekanats Erlangen, dem bisherigen Pfarrer zu Bronn, Dekanats Creußen, Georg Christian Friedrich Göß, zu verleihen, dann

den protestantischen Dekan und ersten Pfarrer zu Neustadt an der Aisch, Kirchenrath Christian Ernst Prinzing, seiner Bitte entsprechend und mit Rücksicht auf sein hohes Alter, von der ferneren Führung der Dekanatsgeschäfte zu entheben.

———

Seine Majestät der König haben allergnädigst geruht, unter'm 17. Juli l. Js. der von dem freiherrlich von Ebner'schen Kirchenpatronat für den bisherigen Pfarrer zu Lichtenstein und Bischwind, Dekanats Memmelsdorf, Georg Wilhelm Bolf-

harbt, ausgestellten Präsentation auf die protestantische Pfarrstelle zu Eschenbach, Dekanats Hersbruck, die landesherrliche Bestätigung zu ertheilen.

### Königlich Allerhöchste Genehmigung zur Annahme fremder Decorationen.

Seine Majestät der König haben Sich vermöge allerhöchster Entschließung vom 1. Juli l. Js. allergnädigst bewogen gefunden, dem k. Hofmusikintendanten Grafen von Pocci die Erlaubniß zur Annahme und Tragung des ihm von Seiner Heiligkeit dem Papste verliehenen Commenthurkreuzes des Ordens vom hl. Gregor dem Großen, und

unter'm 22. Juli l. Js. dem k. Lyceal-Professor Dr. Schneidawind zu Aschaffenburg die allerhöchste Genehmigung zur Annahme und Tragung des demselben von Seiner des Königs von Griechenland Majestät verliehenen Ritterkreuzes des k. griechischen Erlöserordens zu ertheilen.

### Königlich Allerhöchste Zufriedenheits-Bezeigung.

Die Kinder und Enkel des zu Augsburg verstorbenen Freiherrn Johann Gottlieb von Süßkind haben ein Capital von

5000 fl. zu dem Zwecke bestimmt, daß die Zinsen desselben zur Unterstützung bedürftiger und würdiger protestantischer Bürger und Wittwen, dann überhaupt protestantischer Armen Augsburger Confession zu Augsburg im Winter mit Holz oder anderen Brennstoffen verwendet werden sollen.

Seine Majestät der König haben dieser wohlthätigen Stiftung, welche die Benennung „Johann Gottlieb Freiherrlich von Süßkind'sche Stiftung zur Unterstützung protestantischer Armen Augsburger Confession zu Augsburg" führen wird, die allerhöchste landesherrliche Bestätigung zu ertheilen, den Stiftern die allerhöchst wohlgefällige Anerkennung eröffnen zu lassen und allergnädigst zu befehlen geruht, daß solches durch das Regierungsblatt bekannt gemacht werde.

---

Gewerbsprivilegien - Verleihungen.

Seine Majestät der König haben den Nachgenannten Gewerbsprivilegien allergnädigst zu ertheilen geruht, und zwar:

unter'm 8. Mai l. Js. dem vormaligen Schmiedmeister und nunmehrigen Hausbesitzer Michael Wagenpfeil in Freising auf eigenthümliche Anfertigung von Ketten aus den Abfällen jener Ketten, für deren Anfertigung er bereits unter'm 4. December

1847 ein fünfjähriges Patent erhalten hat, für den Zeitraum von zwei Jahren;

unter'm 2. Juni l. Js. dem Chorregenten Benedict Zaininger von Wasserburg auf Anfertigung des von ihm erfundenen Apparates zur Erleichterung des Musikunterrichtes, von ihm

a) Notal oder Lenke,
b) Schultafelnotal,
c) Handnotal

genannt, für den Zeitraum von zwei Jahren;

unter'm 8. Juni l. Js. dem k. hannover'schen Maschinenmeister Heinrich Kirchweger auf Einführung einer von ihm erfundenen Vorrichtung an Lokomotiven, wodurch der Dampf, nachdem er in den Cylindern gewirkt, nicht wie bisher durch den Schornstein in die Luft entweicht, sondern je nach Bedarf ein Theil des Dampfes wieder in den Wasserbehälter geleitet werden kann, für den Zeitraum von drei Jahren, und

unter'm 22. Juni l. Js. dem Uhrmacher Michael Sittle und dem Klavierfabrikanten Joseph Baumgartner von München auf Ausführung der von ihnen erfundenen eigenthümlichen Vorrichtung, welche angeblich bei allen jenen Triebwerken, die bisher durch Wasser, Dampf oder Wind in Bewegung gesetzt wurden, als Triebkraft in Anwendung gebracht werden können, für den Zeitraum von fünf Jahren.

# Regierungs-Blatt

für                    das

## Königreich            Bayern.

## № 39.

München, Freitag den 1. August 1851.

**Inhalt:**

Bekanntmachung, die Außerwirkungsetzung der bisher der Schweiz eingeräumten Zollbegünstigungen betreffend. — Dienstes-Nachrichten. — Königlich Allerhöchste Bestätigung, das Personal der Cabinetscassa Seiner Majestät des Königs Ludwig betreffend. — Berichtigung.

**Bekanntmachung,**
die Außerwirkungsetzung der bisher der Schweiz eingeräumten Zollbegünstigungen betreffend.

**Staatsministerium des königlichen Hauses und des Aeußern, dann Staatsministerium des Handels und der öffentlichen Arbeiten.**

Nachdem die Voraussetzungen, unter welchen der Schweiz besondere Zollbegünstigungen bisher gewährt worden sind, nicht

mehr bestehen, so haben Seine Königliche Majestät im Einverständnisse mit Allerhöchstihren Zollverbündeten die Außerwirkungsetzung dieser gedachten Zollbegünstigungen anzuordnen geruht, demzufolge Nachstehendes zur öffentlichen Kunde gebracht wird:

Die bisher nach Maßgabe der k. allerhöchsten Verordnung vom 18. November 1835, die Zollbegünstigungen im Verkehr mit der Schweiz betreffend (Regierungsblatt

vom Jahre 1835 Seite 1213 — 1217)
ferner der k. allerhöchsten Verordnung vom
17. Jänner 1838 — die Erweiterung der
Zollbegünstigungen gegen die Schweiz betreffend (Regierungsblatt von 1838 Seite
110—112) bestandenen Zollbegünstigungen
für die Einfuhr von Getreide, Holz,
rohen Farbenkräutern, Honig,
Wurzeln, gedörrtem Obst, unge-
bleichtem Wachs, weißen schweizerischen Bodensee-Weinen, Schwei-
zerkäse, Uhrenbestandtheilen, (Uh-
renfedern, Uhrenräder 2c.) gemeinen
Töpferwaaren, schweizerischem Obst-
most, schweizerischem Essig, Extrait
d'Absynthe, schweizerischem Kir-
schengeist und schweizerischen Stroh-
geflechten sind bis auf Weiteres aufgehoben und die genannten Artikel schweizerischen Ursprunges vom 1. August d. Js.
an den vollen Sätzen des tarifmäßigen Ein-
gangszolls unterworfen worden.

München, den 31. Juli 1851.

**Auf Seiner Königlichen Majestät
Allerhöchsten Befehl.**

Frhr. v. Pechhoven,          v. Fischer,
    Staatsrath.                Staatsrath.

Durch den Minister
der Generalsecretär:
Ministerialrath Wolfanger.

## Dienstes-Nachrichten.

Seine Majestät der König ha-
ben Sich allergnädigst bewogen gefunden,
unter'm 14. Juli l. Js. den Revierförster
zu Peulendorf im Forstamte Bamberg,
Wilhelm Freiherrn von Gleissenthal,
auf die Dauer eines Jahres in den Ruhestand zu versetzen, und

die hiedurch erledigte Revierförsterstelle
zu Peulendorf dem Actuar des Forstamts
Lichtenfels, Franz Martin, provisorisch
zu verleihen;

den Berg- und Salinen-Praktikanten
Georg Wehrmann zum Officianten bei
dem Bergamte Steben provisorisch zu ernennen;

unter'm 22. Juli l. Js. den Finanz-
Rechnungscommissär in Regensburg, Heinrich Brenner auf Ansuchen zum Rentbeamten in Klingenberg zu befördern;

an dessen Stelle zum Finanzrechnungs-
commissär in Regensburg den functionirenden Finanzrechnungsrevisor in Augsburg,
Joseph Haas, provisorisch zu ernennen;

den Officianten der Salinenhauptbuchhaltung, Paul Graf, zum Rechnungscommissär III. Classe bei der General-Bergs-
werks- und Salinenadministration zu befördern, und

an dessen Stelle zum Officianten der
Salinenhauptbuchhaltung den bisherigen

Functionär dieser Buchhaltung, Ludwig Haiser, provisorisch zu ernennen;

unter'm 26. Juli l. Js. den Landrichter Joseph Michael Oberle von Mallersdorf auf Grund des §. 22 lit. D. der IX. Verf. Beil. unter allerhuldreichster Anerkennung seiner langjährigen treuen Dienstleistung für immer in den Ruhestand treten zu lassen;

als Landrichter von Mallersdorf den Landrichter J. Georg Belzer von Viechtach zu berufen;

zum Landrichter von Viechtach den I. Assessor des Landgerichts Kötzting, Friedr. Adelmannseder, zu befördern;

zum I. Assessor des Landgerichts Kötzting den dortigen II. Assessor, Dr. Ludwig Schmid,

zum II. Assessor desselben Landgerichts den dortigen Actuar, Kilian Oberle, vorrücken zu lassen, und

zum Actuar des Landgerichts Kötzting den vormaligen Patrimonialrichter II. Classe Michael Fischhold aus Malgersdorf zu ernennen, ferner

der Regierung der Oberpfalz und von Regensburg, Kammer des Innern, einen Assessor extra statum beizugeben, und diese Stelle dem I. Assessor des Landgerichts Osterhofen, Carl Desch, zu verleihen;

zum I. Assessor des Landgerichts Nördlingen den dortigen II. Assessor, Theodor Buhmann, vorrücken zu lassen;

zum II. Assessor des Landgerichts Nördlingen den Actuar des Landgerichts Günzburg, Julius Grosch, zu berufen, und

zum Actuar des Landgerichts Günzburg den geprüften Rechtspraktikanten Franz Xaver Kurz aus Zöschingen zu ernennen, weiters

den Salinenmaterialverwalter zu Berchtesgaden, Conrad Krüger, auf den Grund der Bestimmung im §. 22 lit. D. der IX. Beilage zur Verfassungsurkunde unter Anerkennung seiner treuen Dienstleistung in den definitiven Ruhestand treten zu lassen;

zu der hiedurch in Erledigung kommenden Salinenmaterialverwalterstelle nebst der Function eines Salzfertigers den Spedizions- und Materialverwaltungsgehilfen zu Berchtesgaden, Joseph Wagner, zu befördern, dann

den bisherigen Functionär am Hauptsalzamte Reichenhall, Ludwig Reichenbach, zum Spedizions- und Materialverwaltungsgehilfen in Berchtesgaden provisorisch zu ernennen;

dem Aerarialrevierförster zu Scheibenhardt, Johann Chandon, auf Ansuchen auf das Communalrevier Kaiserslautern zu versetzen, dann

den Functionär im Rechnungscommissariate der Staatsschuldentilgungscommission, Michael Loder, zum Officianten III. Classe

bei der Grundrentenablösungscasse provisorisch zu ernennen, und

den Officialen bei dem Oberpostamte
München, Joseph Cetto, auf den Grund
des §. 19 der IX. Beilage zur Verfassungsurkunde in den Ruhestand zu versetzen;

unter'm 28. Juli l. Js. auf die in
Freinsheim erledigte Notarstelle den Notar
Johann Jacob Schönlaub von Winnweiler, seiner allerunterthänigsten Bitte entsprechend, zu versetzen, dann

den zweiten Ergänzungsrichter am Handelsappellationsgerichte in Nürnberg, Heinrich Gottlieb Dietz, zum ersten Ergänzungsrichter vorrücken zu lassen und zum
zweiten Ergänzungsrichter am genannten
Handelsappellationsgerichte den Kreis- und
Stadtgerichtsrath Anton Joseph Ziegler
in Nürnberg zu ernennen, endlich

unter'm 29. Juli l. Js. zur Wiederbesetzung der am Wechsel- und Mercantilgerichte I. Instanz zu Passau erledigten ersten technischen Assessorstelle die Vorrückung
der übrigen technischen Assessoren am genannten Gerichte, Joseph Oberhauser,
Franz Ignaz Harslem und Alois Oppacher, in die erste, zweite und dritte
technische Assessorstelle zu gestatten;

zum IV. technischen Assessor daselbst
den bisherigen I. Suppleanten Georg Eg-
lauer zu ernennen, und

unter Genehmigung der Vorrückung
des bisherigen II. Suppleanten, Carl Herrmann, in die I. Suppleantenstelle, zur
Function des II. Suppleanten den Kaufmann
Joseph Pummerer zu Passau zu berufen.

## Königliche Allerhöchste Bestätigung,
das Personal der Cabinetscassa Seiner Majestät
des Königs Ludwig von Bayern betr.

Seine Majestät der König ha-
ben Sich unter'm 21. Juli l. Js. bewogen
gefunden, die von Seiner Majestät dem
Könige Ludwig geschehene Ernennung des
bisherigen Zahlmeisters Allerhöchst-Ihrer
Cabinetscassa, Kilian Wolf, zum Cassier
und des fürstlich Leiningen'schen Rechnungs-
beamten, Joseph Spengruber, zum Controleur ebenderselben Cabinetscassa allergnädigst zu genehmigen.

## Berichtigung.

In dem im vorletzten Regierungsblatte
Nro. 37. abgedruckten oberstrichterlichen
Competenzconflicts-Erkenntnisse in Sachen der Relicten der Theresia Freifrau v.
Holzschuher zu Nürnberg gegen deren
Grundholden zu Hermersdorf und Westenbergsgereuth wegen Fixation von Handl-
löhnen ist Seite 925 Absatz 3 Zeile 2 nach
dem Worte „erschien" einzuschalten:

„der k. Advocat Dr. Buchner von hier,
„und als Anwalt der Grundholden zu
„Hermersdorf und Westenbergsgereuth".

# Regierungs-Blatt

## für das

## Königreich Bayern.

## № 40.

München, Dinstag den 5. August 1851.

**Inhalt:**

**Königlich Allerhöchste Verordnung,**
den Vereinszolltarif betreffend.

### Maximilian II.

von Gottes Gnaden König von Bayern,
Pfalzgraf bei Rhein,
Herzog von Bayern, Franken und in
Schwaben ꝛc. ꝛc.

Die Regierungen der zum Zollvereine gehörenden Staaten sind übereingekommen, den für die Jahre 1846, 1847 und 1848 erlassenen Zolltarif und die denselben ergänzenden Erlasse, welche in Gemäßheit der k. allerhöchsten Verordnung vom 28. Oktober 1848, die Verlängerung des gegenwärtigen Vereins-Zolltarifes betreffend, (Regierungsblatt von 1848 No. 58) bis auf Weiteres in Kraft bleiben, in einzelnen Bestimmungen abzuändern und weiter zu ergänzen.

68

Demzufolge wird hiedurch bestimmt, daß folgende Abänderungen und Zusätze zu diesem Tarife, welcher mit den seit der Publication desselben ergangenen Erlassen (Verordnungen) im Uebrigen in Kraft bleibt, vom 1. October 1851 an, gleichfalls bis auf Weiteres, in Wirksamkeit treten sollen.

### Erste Abtheilung des Tarifes.

Den Gegenständen, welche keiner Abgabe unterworfen sind, treten folgende bisher in dem Tarife nicht namentlich aufgeführten Artikel hinzu:

Eisenrostwasser, Moos, Erdnüsse (Erdpistazien), Kupferasche, Streulaub und Kleie.

Außerdem werden folgende, dermalen in der zweiten Abtheilung des Tarifes stehende Artikel der ersten Abtheilung zugewiesen, mithin von jeder Abgabe befreit:

aus II. Pos. 5 lit. f. Gelbe, grüne, rothe Farbenerde, Braunroth, rohe Kreide, Ocker, Rothstein, Umbra, roher Flußspath in Stücken;

aus II. Pos. 5. lit. g. 3. Flechten;

" " " 5 " k. Weinstein;

" " " 16 . . Gebrannter Kalk und Gips;

aus II. Pos. 33 lit. a. Bruchsteine und behauene Steine aller Art, Mühlsteine (mit Ausschluß der mit eisernem Reif versehenen), grobe Schleif- und Wetzsteine, Tuffsteine, Traß, Ziegel- und Backsteine aller Art, beim Transporte zu Wasser, auch beim Landtransporte, wenn die Steine nach einer Ablage zum Verschiffen bestimmt sind.

### Zweite Abtheilung des Tarifes.

Bei den Gegenständen, welche bei der Einfuhr oder bei der Ausfuhr einer Abgabe unterworfen sind, treten folgende Aenderungen ein:

#### A. In den Zollsätzen.

I. Vom Ausgangszolle bleiben frei:

Knochen, seewärts von der russischen bis zur mecklenburgischen Grenze ausgehend (Pos. 1. Abfälle rc.).

II. Von folgenden, bisher in dem Tarife nicht namentlich aufgeführten Artikeln sind die beigefügten Ein- und Ausgangszollsätze zu erheben und zwar von:

1) Grünspan, raffinirtem (destillirtem, krystallisirtem) oder gemahlenem, beim Eingange 1 Rthlr. oder 1 fl. 45 kr. vom Zentner (Pos. 5 Droguerie- rc. Waaren);

2) Alcanna, Alkermes, Avignonbeeren, Berberisholz, Berberiswurzeln; Catechu (japanische Erde); Citronensaft in Fässern; Cochenille, Derbyspath,

## 289

Elephanten, und außeren Thierzähnen, Färberginster; Färber- und Gerbe-wurzeln, nicht besonders genannten; Flohsaamen; Fraueneis (Gipsspath); Gummi arabicum; Gummi senegal; Gutta percha, roher ungereinigter; Hornplatten, Indigo, Kino; Knochen-platten, rohen bloß geschnittenen; Ko-kosnüssen, Lac dye; Meerschaum, rohem; Muschelschaalen; Orlean, Perlmutter-schalen; Rohr, spanischem, ostindischem, marseiller; Pfefferrohr, Stuhlrohr; Salep; Schildkrötenschalen, rohen; Tragant; Wallfischbarden (rohes Fisch-bein), nur beim Ausgange 5 Sgr. oder 17½ kr. vom Zentner (Pos. 5. Droguerie ꝛc. Waaren);

3) Gutta percha, mehr oder weniger ge-reinigter, beim Eingange 6 Rthlr. oder 10 fl. 30 kr. vom Zentner (Pos. 21 Leder ꝛc.).

III. Von nachfolgenden Artikeln sind, anstatt der bisherigen Ein- oder Ausgangszoll-sätze oder anstatt beider, die beigefügten Sätze zu erheben, und zwar von:

1) Roher Baumwolle, beim Ausgange 5 Sgr. oder 17½ kr. vom Zentner (Pos. 2. Baumwolle ꝛc.);

2) Mennige, zur Weißglasfabrikation auf Erlaubnißscheine eingehend, ein Vier-theil der tarifmäßigen Eingangsab-gabe (Pos. 5. Droguerie ꝛc. Waaren);

3) Krapp, beim Eingange 2½ Sgr. oder 8¾ kr. vom Zentner (Pos. 5. Dro-guerie ꝛc. Waaren);

4) Pott- (Waid-) Asche, beim Eingange 5 Sgr. oder 17½ kr. vom Zentner (Pos. 5. Droguerie ꝛc. Waaren);

5) Farbehölzern:
1) in Blöcken, beim Ausgange 2½ Sgr. oder 8¾ kr. vom Zentner,
2) gemahlen oder geraspelt, beim Ein-gange 5 Sgr. oder 17½ kr. vom Zentner (Pos. 5. Droguerie ꝛc. Waaren);

6) Aloe, Galläpfeln; Harzen aller Gat-tung, europäischen und außereuropäi-schen, roh oder gereinigt; Kreuzbeeren; Kurkume, Quercitron, Saflor; Sal-peter, gereinigtem und ungereinigtem; salpetersaurem Natron; Sumach, Ter-pentin, Waid, Wau, beim Ausgange 2½ Sgr. oder 8¾ kr. vom Zentner (Pos. 5. Droguerie ꝛc. Waaren);

7) Buchsbaum, Cedernholz, Korkholz, Pockholz; Gummi elasticum in der ursprünglichen Form von Schuhen, Flaschen u. s. w.; Hölzern, außereu-ropäischen, für Drechsler, Tischler ꝛc. in Blöcken und Bohlen, beim Aus-gange 5 Sgr. oder 17½ kr. vom Zentner (Pos. 5. Droguerie ꝛc. Waaren);

8) Getreide- und Hülsenfrüchten auf der

sächsisch-böhmischen Grenze bei dem
Transporte zu Lande eingehend,

a) links der Elbe, diese ausgeschlossen:
1) von Waizen, Spelz oder Dinkel
2 Sgr. vom Dresdener Scheffel;
2) von Roggen, Gerste, Hafer, Bohnen, Erbsen, Hirse, Linsen, Heidekorn und Wicken ½ Sgr. vom
Dresdener Scheffel;

b) rechts der Elbe, diese ausgeschlossen:
1) von Waizen, Spelz oder Dinkel
2 Sgr. vom Dresdener Scheffel;
2) von Roggen, Gerste, Bohnen,
Erbsen, Hirse, Linsen und Wicken 1 Sgr. vom Dresdener
Scheffel;
3) von Hafer und Heidekorn ½ Sgr.
vom Dresdener Scheffel (Pof. 9.
Getreide 2c., Anmerkung 2);

9) Holz in geschnittenen Fournieren, ohne
Unterschied des Ursprunges, sowohl
beim Wasser- als beim Landtransporte, beim Eingange 1 Rthlr. oder
1 fl. 45 kr. vom Zentner (Pof. 12.
Holz 2c.);

10) feiner Korb- und Holzflechterarbeit
ohne Unterschied, und von Fournieren mit eingelegter Arbeit, beim Eingange 10 Rthlr. oder 17 fl. 30 kr.
vom Zentner (Pof. 12. Holz 2c.);

11) Waaren aus Schildpatt; metallenen
Häkelnadeln (ohne Griffe) und ge-

faßten Brillen aller Art beim Eingange 50 Rthlr. oder 87 fl. 30 kr.
vom Zentner (Pof. 20. Kurze
Waaren 2c.);

12) Gummiplatten, beim Eingange 6 Rthlr.
oder 10 fl. 30 kr. vom Zentner (Pof.
21. Leder 2c.);

13) Gummifabrikaten außer Verbindung
mit anderen Materialien:
a) nicht lackirten, beim Eingange 10
Rthlr. oder 17 fl. 30 kr. vom Zentner;
b) lackirten, beim Eingange 22 Rthlr.
oder 38 fl. 30 kr. vom Zentner
(Pof. 21. Leder 2c.);

14) Lichten (Talg-, Wachs-, Wallrath-
und Stearin-) beim Eingange 6 Rthlr.
oder 10 fl. 30 kr. vom Zentner (Pof.
23. Lichte 2c.);

15) Cigarren und Schnupftaback, beim
Eingange 20 Rthlr. oder 35 fl. vom Zentner (Pof. 25. Material-2c. Waaren);

16) Mühlsteinen mit eisernen Reifen ohne
Unterschied des Transportes, beim
Eingange von einem Stück 3 Rthlr.
oder 5 fl. 15 kr. (Pof. 33. Steine);

17) Bast- und Strohhüten, ohne Unterschied, beim Eingange 50 Rthlr. oder
87 fl. 30 kr. vom Zentner (Pof.
35. Stroh- 2c. Waaren);

18) Wachstafft, beim Eingange 11 Rthlr.
oder 19 fl. 15 kr. vom Zentner (Pof.
40. Wachsleinwand).

**B.** In den Tarasätzen:

I. An Tara wird bewilligt für:

1) Bier ꝛc. (Pos. 25. a.) in Uebersäßern, 11 Pfund vom Zentner Bruttogewicht;

2) Cigarren (Pos. 25. v. 2. ß.) außer der Tara für die äußere Umschließung eine Zusatztara von 12 Pfund, wenn solche in Pappkästchen verpackt sind;

3) Zucker, Brod- und Hut-, Kandis-, Bruch- oder Lumpen- und weißen gestoßenen Zucker (Pos. 25. x. 1. a.) in Körben, 7 Pfund vom Centner Bruttogewicht.

II. Die Tara wird herabgesetzt bei: Kaffee, rohem (Pos. 25. m.) in Ballen und Säcken, auf 3 Pfund vom Zentner Bruttogewicht.

**C.** In der Bezeichnung und Beschreibung der ein- oder ausgangszollpflichtigen Gegenstände.

1) Bei Pos. 4. b. „feine Bürstenbinder- ꝛc. Waaren" und 12. f. „feine Holzwaaren" sind die in Parenthese stehenden Worte: „mit Ausnahme von edlen Metallen, feinen Metallgemischen, Bronce, Perlmutter, echten Perlen, Korallen oder Steinen" zu ersetzen durch folgende Worte: „(mit Ausnahme von echten Metallen, feinen Metallgemischen, echt vergoldetem oder verfilbertem Metall, Schildpatt, Perlmutter, echten Perlen, Korallen oder Steinen)."

2) Bei Pos. 6. f. 2. Grobe Eisen- ꝛc. Waaren" ist hinter dem Worte „gefirnißt" zuzusetzen: „verkupfert."

3) Bei Pos. 6. f. 3. „Feine Eisen- ꝛc. Waaren sind die in Parenthese stehenden Worte „mit Ausschluß der Näh- und Stricknadeln" zu ersetzen durch: „(mit Ausschluß der Nähnadeln, metallenen Stricknadeln, metallenen Häckelnadeln ohne Griffe)."

4) Bei Pos. 20. „Kurze Waaren, Quincaillerien ꝛc." ist der Text folgendermaßen abzuändern:

a) im Eingange:

„Waaren, ganz oder theilweise aus edlen Metallen, aus feinen Metallgemischen; aus Metall, echt vergoldet oder verfilbert; aus Schildpatt, Perlmutter, echten Perlen" u. f. w ; sodann

b) nach den Worten „unechten Steinen und dergleichen":

„feine Galanterie- und Quincaillerie-Waaren (Herren- u. Frauenschmuck, Toiletten- und sogenannte Nippestischsachen ꝛc.) aus unedlen Metallen, jedoch fein gearbeitet und entweder mehr oder weniger vergoldet oder verfilbert oder auch verzirt,

oder in Verbindung mit Alabaster"
u. f. w.; endlich

c) nach dem Worte: „Kronleuchter":
„in Verbindung mit echt vergoldetem oder versilbertem Metall; Gold-
und Silberblatt (echt oder unecht)"
u. f. w.

5) Bei Pof. 22. Leinengarn, Leinwand und andere Leinenwaaren
ist unter e. das Wort „(unappretirte)"
unter f. das Wort „(appretirte)" zu
löschen.

6) Bei Pof. 24. Lumpen und andere
Abfälle zur Papierfabrikation
tritt hinzu:
„auch macerirte Lumpen (Halbzeug)"

7) Bei Pof. 25. i. m. Frische Apfel-
finen u. f. w. soll der letzte Satz
künftig lauten:
„Im Falle der Auszählung bleiben
verdorbene unversteuert, wenn sie
in Gegenwart von Beamten weggeworfen werden."

8) Bei Pof. 25. p. Confituren u. f. w.
ist nach den Worten „Büchsen und
dergleichen" der Text abzuändern in:
„eingemachte, eingedämpfte oder
auch eingesalzene Früchte u. f. w."

9) Bei Pof. 33. Steine ꝛc. sind
unter b. Waaren aus Alabaster ꝛc. die Worte:
„unechte Steine in Verbindung mit

unedlen Metallen", sowie die ganze
Anmerkung 2. zu streichen.

10) Bei Pof. 43. a. Grobe Zinnwaa-
ren ist das Wort „Löffel" in Weg-
fall zu bringen.

Dritte Abtheilung des Tarifes.

1) Die allgemeine Durchgangs-Abgabe
(Pof. 2. und 3.) wird herabgesetzt
auf 10 Sgr. oder 35 kr. vom Zentner.

2) Von Heringen sind als Durchgangsabgabe nicht mehr als 3 Sgr. 9 Pf.
oder 13 kr. für die Tonne zu erheben.

3) Die Bestimmungen des I. Abschnittes
unter 10. und 11. gelten auch bei dem
Eingange des Getreides auf der Warthe
und bei dem Ausgange über den Ha-
fen von Stettin.

4) Die im I. und II. Abschnitte für die
Straße über Neu-Berun getroffenen
Bestimmungen werden auf die durch
die Eisenbahn über Myslowitz gebildete Straße ausgedehnt.

5) Die in Abschnitt II. aufgeführten
Durchgangsabgabensätze werden ermäßigt, wie folgt:
unter A auf 5 Sgr. oder 17½ kr.
vom Zentner;
unter B 1. 2. und 4. auf 2½ Sgr.
oder 8¾ kr. vom Zentner;
unter B 3. auf 1¼ Sgr. oder
4⅜ kr. vom Zentner.

Fünfte Abtheilung des Tarifs;

Die allgemeinen Bestimmungen werden vervollständigt:

a) durch den Zusatz:

„Der Ein-, Aus- und Durchgangszoll wird nach denjenigen Tarifsätzen und Vorschriften entrichtet, welche an dem Tage gültig sind, an welchem

1) die zum Eingange bestimmten Waaren bei der competenten Zollstelle zur Verzollung oder zur Abfertigung auf Begleitschein II.,

2) die zum Ausgange bestimmten ausgangszollpflichtigen Waaren bei einer zur Erhebung des Ausgangszolles befugten Abfertigungsstelle,

3) die zum Durchgange bestimmten Waaren:

   a) im Falle der unmittelbaren Durchfuhr, bei dem Grenz-Eingangsamte zur Durchfuhr,

   b) im Falle der mittelbaren Durchfuhr bei dem Niederlageamte zur Versendung nach dem Auslande angemeldet und zur Abfertigung gestellt werden";

b) durch die Abänderung der Bestimmung unter III. d. „Bei Ballen von einem Bruttogewichte" u. s. w. in folgender Weise:

   „Bei Waaren für welche der Tarif eine 4 Pfund übersteigende Tara

für Ballen vorschreibt, ist es, wenn Ballen von einem Bruttogewichte über 8 Zentner zur Verzollung angemeldet werden, der Wahl des Zollpflichtigen überlassen, entweder sich mit der Taravergütung für 8 Zentner zu begnügen, oder auf Ermittelung des Nettogewichtes durch Verwiegung anzutragen.

Bei baumwollenen und wollenen Geweben (Tarif Abth. II. 2. c. und 41. c.) findet diese Bestimmung schon Anwendung, wenn Ballen von einem Bruttogewichte über 6 Zentner angemeldet werden, dergestalt, daß dabei nur von 6 Zentnern eine Tara bewilligt wird."

Zur Erleichterung für den Vollzug vorstehender Bestimmungen wird der in Gemäßheit derselben berichtigte Vereinszolltarif nachfolgend zur öffentlichen Kenntniß gebracht.

Unser Staatsministerium des Handels und der öffentlichen Arbeiten ist mit dem Vollzuge beauftragt.

Hohenschwangau, den 29. Juli 1851.

M a x.

Frhr. v. Pelkhoven.    v. Fischer.

Staatsrath.         Staatsrath.

Auf Königlich Allerhöchsten Befehl:

der General-Secretär,

Ministerialrath Wolfanger.

### Dienstes-Nachrichten.

Seine Majestät der König haben Sich allergnädigst bewogen gefunden, unter'm 28. Juli l. Js. den Landrichter von Vilseck, Anton Gigl, auf Grund der nachgewiesenen Dienstesunfähigkeit zufolge §. 22. lit. D, der IX. Verfassungs-Beilage in den erbetenen Ruhestand für immer treten zu lassen und zum Landrichter von Vilseck den I. Assessor des Landgerichts Pottenstein, Leonhard Platzer, zu befördern.

### Pfarreien-Verleihungen; Präsentations-Bestätigungen.

Seine Majestät der König haben unterm 28. Juli l. Js. die katholische Pfarrei Stadtprozelten, Landgerichts Klingenberg, dem Priester Peter Wirth, Pfarrvicar zu Erlenbach, Landgerichts Marktheidenfeld, zu übertragen geruht.

Seine Majestät der König haben Sich allergnädigst bewogen gefunden, unter'm 28. Juli l. Js. den seitherigen Pfarrer zu Weil, Landgerichts Landsberg, Priester Franz Xaver Röger, dessen allerunterthänigster Bitte willfahrend, von dem Antritte der ihm in Gnaden zugedachten Pfarrei Zankenhausen, Landgerichts Bruck, zu entheben und diese hiedurch auf's Neue sich erledigende Pfarrei dem Priester Franz Xaver Ziegler, Pfarrer zu Winkl, Landgerichts Landsberg, zu übertragen.

Seine Majestät der König haben unter'm 28. Juli l. Js. allergnädigst zu genehmigen geruht, daß die katholische Pfarrei Großhebing, Landgerichts Greding, von dem hochwürdigen Herrn Bischofe von Eichstädt dem bisherigen Verweser dieser Pfarrei, Priester Johann Miltner, verliehen werde.

Seine Majestät der König haben unter'm 22. Juli l. Js. die erledigte protestantische Pfarrstelle zu Mangersreuth, Dekanats Culmbach, dem bisherigen Pfarrer zu Azendorf, Dekanats Thurnau, Jakob Amos, und

unter'm 28. Juli l. Js. die erledigte protestantische Pfarrstelle zu Rothselberg, Dekanats Lauterecken, dem Pfarramtscandidaten Franz Ludwig Berkmann zu Zweybrücken zu verleihen geruht.

---

Hiezu als Beilage: **Vereins-Zolltarif.**

# Regierungs-Blatt

## für das

## Königreich Bayern.

## № 41.

### München, Montag den 11. August 1851.

**Inhalt:**

Bekanntmachung, die Einführung der Paßkarten betr. — Bekanntmachung, die Uebereinkunft der deutschen Rheinufer-staaten bezüglich der Ermäßigung der Rheinzölle betr. — Erkenntniß des obersten Gerichtshofs des Königreichs vom 28. Juni 1851 bezüglich des in Sachen der Güterbesitzer zu Einheim gegen die Güterbesitzer zu Ruppert-zaint wegen Weiderechtsablösung, zur Festsetzung der Entschädigung ꝛc. zwischen den Verwaltungs- und Justizbe-hörden verwaltenen vereinerten Competenzconflicts. — Dienstes-Nachrichten. — Pfarreien-Verleihungen. — Kreisscholarchat von Oberbayern. — Königlich bayer. Consulat in Gibraltar. — Ordens-Verleihungen. — König-lich Allerhöchste Zufriedenheits-Bezeigung. — Gewerbsprivilegien-Verleihungen.

---

### Bekanntmachung,
die Einführung der Paßkarten betreffend.

---

**Staatsministerium des Königlichen Hauses und des Aeußern, dann des Innern.**

Unter Bezugnahme auf die allerhöchste

Verordnung vom 14. Jänner l. Js., die Einführung von Paßkarten betreffend, (Re-gierungsblatt 1851 No. 3 Seite 25 u. ff.) wird hiemit auch der unter'm 28. Juni l. Js. erfolgte Beitritt des Großherzogthums Mecklenburg-Strelitz zum Paßkarten-Ver-

69

trage vom 21. October 1850 zur allgemeinen Kenntnißnahme gebracht.

München, den 1. August 1851.

Auf Seiner Majestät des Königs
Allerhöchsten Befehl.

Frhr. v. Pelkhoven,　　　　Frhr. v. Strauß,
Staatsrath.　　　　　　　　Staatsrath.


Durch die Minister
der geheime Secretär:
Mayer.

---

Bekanntmachung,
die Uebereinkunft der deutschen Rheinuferstaaten
bezüglich der Ermäßigung der Rheinzölle betr.

---

Staatsministerium des Königlichen Hauses
und des Aeußern, Staatsministerium der
Finanzen und Staatsministerium des Handels und der öffentlichen Arbeiten.

Nachdem die am 17. Mai heurigen
Jahres bei der IX. General-Conferenz des
deutschen Zoll- und Handelsvereines von
den Bevollmächtigten der deutschen Rheinuferstaaten verabredeten Bestimmungen in

Betreff der Ermäßigung der Rheinzölle von
jenen Gütern, welche auf der Rheinstrecke
von Emmerich bis zur Lauter unter der
Flagge eines deutschen Rheinuferstaates oder
unter einer andern, den Flaggen der deutschen Rheinuferstaaten gleichgestellten Flagge
verschifft werden, die allerhöchste Genehmigung Seiner Majestät des Kö-
nig's erhalten haben, und denselben in gleicher Art auch die Ratification von Seite
der übrigen deutschen Rheinuferstaaten zu
Theil geworden ist, so wird der desfalls
verabredete besondere Tarif, welcher am 1.
October heurigen Jahres in Kraft tritt
und vorläufig bis zum 31. December 1853
zu gelten hat, andurch zur allgemeinen Kenntnißnahme veröffentlicht.

München, den 6. August 1851.

Auf Seiner Königlichen Majestät
Allerhöchsten Befehl.

Frhr. v. Pelkhoven,　　　　v. Fischer,
Staatsrath.　　　　　　　　Staatsrath.


Durch die Minister
der geheime Secretär:
Mayer.

## Befonderer Tarif

zur Erhebung der Rheinzölle auf der Rheinstrecke von der Lauter bis Emmerich von denjenigen Gütern, welche unter der Flagge eines deutschen Rheinuferstaates oder unter einer anderen, den Flaggen der deutschen Rheinuferstaaten gleichgestellten Flagge verschifft werden.

| Ordnungs-Nr. | Für die Rheinstrecke | | Bei der Fahrt | | | | |
|---|---|---|---|---|---|---|---|
| | von | bis | abwärts an der Zollstelle zu | Erhebungssatz | | aufwärts an der Zollstelle zu | Erhebungssatz |
| | | | | cent. | mill. | | cent. | mill. |

**A. Von allen Gütern, welche der ganzen Gebühr unterliegen.**

| Ordnungs-Nr. | von | bis | abwärts an der Zollstelle zu | cent. | mill. | aufwärts an der Zollstelle zu | cent. | mill. |
|---|---|---|---|---|---|---|---|---|
| 1 | der Lauter | Neuburg | Neuburg | — | 23 | Neuburg | — | 35 |
| 2 | Neuburg | Mannheim | Neuburg | 11 | 76 | Mannheim | 17 | 68 |
| 3 | Mannheim | Mainz | Mannheim | 16 | 67 | Mainz | 17 | 50 |
| 4 | Mainz | Caub | Mainz | 10 | — | Caub | 10 | 02 |
| 5 | Caub | Coblenz | Caub | 6 | 83 | Coblenz | 8 | 12 |
| 6 | Coblenz | Andernach | Coblenz | 2 | 23 | Andernach | 3 | 35 |
| 7 | Andernach | Linz | Andernach | 1 | 76 | Linz | 2 | 63 |
| 8 | Linz | Cöln | Linz | 6 | 02 | Cöln | 9 | 06 |
| 9 | Cöln | Düsseldorf | Cöln | 5 | 82 | Düsseldorf | 8 | 75 |
| 10 | Düsseldorf | Ruhrort | Düsseldorf | 3 | 76 | Ruhrort | 5 | 65 |
| 11 | Ruhrort | Wesel | Ruhrort | 3 | 52 | Wesel | 5 | 30 |
| 12 | Wesel | zur niederländisch-preußischen Grenze bei Schenkenschanz | Wesel | 5 | 37 | Emmerich | 8 | 07 |

**B. Von den Gütern zur ganzen Gebühr, welche den Rhein verlassen und in die Lahn einlaufen.**

| Ordnungs-Nr. | von | bis | abwärts an der Zollstelle zu | cent. | mill. | aufwärts an der Zollstelle zu | cent. | mill. |
|---|---|---|---|---|---|---|---|---|
| 13 | Caub | zur Lahn | Caub | 6 | 08 | | | |
| 14 | der Lahn | Coblenz | — | | | Coblenz | 1 | 03 |

69*

### C. Ausnahmen.

Diejenigen Artikel, welche nach dem conventionsmäßigen Rheinzolltarife mit einer geringeren Gebühr belegt sind, werden auch fernerhin nur von dieser geringeren, jedoch fortwährend nach den conventionsmäßigen Tarifsätzen zu bemessenden Gebühr betroffen. Es treten aber diesen Ausnahme-Classen, wenn die Verschiffung unter der Flagge eines deutschen Rheinuferstaates oder unter einer andern gleichgestellten Flagge statt findet, folgende Artikel hinzu:

a. der Classe zur Viertelgebühr:

Kreuzbeeren, Quercitron, Saflor, Aloe, Galläpfel, Sumach, Farbehölzer in Blöcken, Weinstein, Salpeter;

b. der Classe zur Zwanzigstelgebühr:

Heringe.

### D. Bau- und Nutzholz.

Die unter A. und B. aufgeführten Tarifsätze finden auch Anwendung auf Bau- und Nutzholz, welches unter der Flagge eines deutschen Rheinuferstaates oder unter einer anderen gleichgestellten Flagge verschifft oder verstößt wird.

**Erkenntniß**

des obersten Gerichtshofs des Königreichs vom 28. Juni 1851 bezüglich des in Sachen der Güterbesitzer zu Gänheim gegen die Güterbesitzer zu Ruppertzaint wegen Weiderechtsablösung, nun Festsetzung der Entschädigung 2c. zwischen den Verwaltungs- und Justizbehörden vorwaltenden verneinenden Competenzconflicts.

**Im Namen Seiner Majestät des Königs. von Bayern**

erkennt der oberste Gerichtshof des Königreichs bezüglich des in Sachen der Güterbesitzer zu Gänheim gegen die Güterbesitzer zu Ruppertzaint wegen Weiderechts-Ablösung, nun Festsetzung der Entschädi-

gung 2c. zwischen den Verwaltungs- und Justizbehörden vorwaltenden verneinenden Competenzconflicts zu Recht:

„daß über die von den Güterbesitzern zu Gänheim am 9. Juli 1850, bei dem k. Landgerichte Arnstein gestellten Anträge zu verfügen und zu entscheiden, die Administrativbehörden competent seyen.

**Gründe.**

Die Güterbesitzer zu Gänheim wollen das auf ihrer Markung den Güterbesitzern zu Ruppertzaint zustehende Schafweiderecht ablösen, und haben daher dem Gesetze vom 4. Juni 1848 gemäß bei dem k. Landgerichte Arnstein schon im September 1848 die Einleitung des diesfallsigen Verfahrens beantragt.

„Durch die hierauf gepflogenen Verhandlungen ist auch der Reinertrag des abzulösenden Weiderechts bereits ermittelt, und auf den jährlichen Betrag von 577 fl. 3¾ kr. festgestellt worden; allein rücksichtlich der den Weideberechtigten hiefür zu leistenden Entschädigung walten noch Differenzen ob. Bei der am 21. Juni 1850 abgehaltenen Tagsfahrt erklärten die Gänheimer Güterbesitzer, daß ihrer Ansicht nach der ermittelte Reinertrag im achtzehnfachen Betrage zu Kapital zu erheben sei, wornach sich die Ablösungs- und Entschädigungssumme auf 10387 fl. entziffere, daß sie auch bereit seien, diese Summe baar zu erlegen, oder solche als ein von ihrer Seite kündbares Bodenzinscapital bis zur Abbezahlung nach 4 pCt. zu verzinsen, und daß sie nun hierüber die Äußerung der Weideberechtigten und die sofortige Wertbescheidung von Seite des Landgerichts Arnstein gewärtigen, wobei sie noch eine Provisional-Verfügung zu dem Ende beantragten, um bis Michaelis in das fragliche Weiderecht eintreten zu können. Der Vertreter der Weideberechtigten verweigerte aber die Einlassung auf diese Anträge, wobei er vorbrachte, daß die Sache nicht weiter mehr vor die Administrativbehörde gehöre, und die Gänheimer Güterbe-

sitzer mit ihren vorerwähnten Anträgen an die Civilgerichte zu verweisen seien.

Das k. Landgericht Arnstein sprach hierauf mittels Beschlusses vom 6. Juli 1850 aus, daß es sich als Districtspolizeibehörde für die vorliegende Weideentschädigungssache nicht mehr als competent erachte, und erörterte in den diesem Beschlusse beigefügten Motiven, daß fragliche Anträge sich nur vor die Civilgerichte eignen.

Hiernach gingen unter'm 9. Juli 1850 die Güterbesitzer zu Gänheim das k. Landgericht Arnstein als Civilgericht um weiteres Einschreiten in dieser Sache an, und stellten den Antrag, richterlich auszusprechen:
1) die Ruppertzainer Hofbesitzer seien schuldig:

a). die Festsetzung der Entschädigung für das fragliche Weiderecht durch den jährlichen Bezug von 4 pCt. aus der jährlichen fixen Rente zu 577 fl. 3¾ kr., sohin aus der Summe von 10,387 fl. 7½ kr. sich gefallen zu lassen, und

b). dieselben seien weiter verbunden, die Anwendung der Art. 30 und 23 des Gesetzes vom 4. Juni 1848 auf vorliegendes Verhältniß in der Art also liquid anzuerkennen, daß der Vollzug lediglich noch von dem speciellen Antrage des pflichtigen Theiles bedingt sei;

2) eine Provisional-Verfügung dahin zu erlassen, daß gegen Erlage von 577 fl 3¾ kr. ihnen die Ruppertzainter Hofbesitzer schon zu nächsten Michaelis die Weide zu überlassen, verbunden seien ꝛc.

Das k. Landgericht verfügte als Justizbehörde auf diese Anträge in der Art, daß es bezüglich des ersten Antrages protocollarisch schlüßliche Verhandlung, bezüglich des zweiten Antrages aber Verhandlung im mündlichen Verhöre anordnete. Der Vertreter der Ruppertzainter Hofbesitzer verweigerte aber auch hier in beiden Beziehungen die Einlassung mit dem Vorbringen, daß die Beklagten ihren Gerichtsstand bei verschiedenen Gerichten haben, und die Kläger hiernach mit ihren Anträgen an das k. Appellationsgericht verwiesen werden müßten.

Mittels zweier gesonderter Erkenntnisse sprach hierauf das Untergericht unter'm 27. Juli 1850 aus, — daß die gerichtsablehnende Einrede verworfen werde, und Beklagte schuldig seien, sich einzulassen.

Gegen diesen Ausspruch wendeten die Beklagten die Appellation ein, und das k. Appellationsgericht von Unterfranken und Aschaffenburg sprach sonach durch Urtheil vom 11. Februar h. Js. aus:

die vorliegende Streitsache sei keine Justizsache, und seien daher die in den

beiden Akten, die Festsetzung der Entschädigung und das Provisorium betreffend, vom k. Landgerichte Amorbach unter'm 27. Juli 1850 erlassenen Erkenntnisse als nichtig aufzuheben.

Unter'm 14. März h. Js. stellten sonach die Güterbesitzer zu Gönhölm den Antrag auf Entscheidung des hier vorwaltenden verneinenden Competenzconflicts, wobei sie zugleich auszuführen suchten, daß die Administrativbehörden hier competent seien, während dagegen die Ruppertzainter Hofbesitzer in der unter'm 14. April h. Js. hierauf eingereichten Denkschrift ein die Competenz der Gerichte aussprechendes Erkenntniß beantragen.

Nachdem nun die Akten an den obersten Gerichtshof gelangt waren, ist zur Verhandlung auf den 27. Juni h. Js. öffentliche Sitzung anberaumt, und den Betheiligten hievon Kenntniß gegeben worden.

In heutiger öffentlicher Sitzung, da diese Sache in der gestrigen Sitzung nicht mehr hatte vorgenommen werden können, erstattete der zum Berichterstatter ernannte Oberappellationsgerichtsrath Schwertfelner Vortrag, wobei die erheblicheren Aktenstücke verlesen wurden, und da von Seite der Betheiligten Niemand erschienen war, nahm hierauf der Generalstaatsanwalt am obersten Gerichtshofe das Wort, und stellte

nach näherer Erörterung der Sache den
Antrag, die Competenz der Administrativbehörden auszusprechen, welchem Antrage
auch stattgegeben werden mußte.

Das Gesetz vom 4. Juni 1848 über
Aufhebung der Standes- und gutsherrlichen
Gerichtsbarkeit, dann Aufhebung, Firirung
und Ablösung von Grundlasten weiset im
Art. 5 Abs. 3 die Ermittlung und Feststellung der Entschädigungssumme für abzulösende Weiderechte ausdrücklich den Culturbehörden zu, und dasselbe Gesetz bestimmt ferner im Art. 19 wo es beim Verfahren handelt, daß die Firirung von Grundlasten von den Districtspolizeibehörden mit
den k. Rentämtern im summarischen Verfahren vollzogen werden, und die Berufung
hiegegen an die k. Regierung, Kammer des
Innern, gehen soll.

Die Thätigkeit der Civilgerichte beschränkt das oben erwähnte Gesetz in der
vorerwähnten Beziehungen ganz speciell nur
auf die im Art. 11 Nro. 3 dortselbst angeführten drei Fälle, und nur, wo das Recht
und der Umfang der zu firirenden Reichnisse bestritten ist, erklärt es im Art. 20
den Rechtsweg als zulässig und vorbehalten.

In vorliegender Sache handelt es sich,
da der jährliche Reinertrag abzulösenden Weiderechts bereits ermittelt und fest-
...

gestellt ist, dermalen den von den Güterbesitzern von Gänheim gestellten Anträgen
zufolge nur davon, ob die Ablösungssumme
nach dem achtzehnfachen oder welch' höhe-
rem Maßstabe aus dem ermittelten jährlichen Rentenertrage zu berechnen, und in
welcher Weise hiernach die Entschädigung
der Ruppertzainer Hofbesitzer bezüglich des
von ihnen abzutretenden Weiderechts zu bewerkstelligen sei, sohin ganz unbestreitbar
von keinem jener Ausnahmsfälle, in welchen das Gesetz vom 4. Juni 1848 die
Civilgerichte thätig seyn läßt, und es erscheint hiernach um so minder zulässig, die
Verfügung und Verbescheidung über die in
Frage stehenden Anträge den Civilgerichten zuzuweisen, und die Wirksamkeit derselben über die, im Gesetze genau bezeichneten Gränzen auszudehnen, als dieß der
Tendenz und dem Charakter des besagten
Gesetzes, welches seinem Wesen nach ein
Culturgesetz und nach national-ökonomischen
Grundsätzen gegeben ist, mit dessen Vollzug daher auch laut der Schlußbestimmung
die Staatsminister des Innern und der Finanzen beauftragt sind, zuwiderlaufen würde.

Wenn übrigens auch in den Gebietstheilen des ehemaligen Großherzogthums
Würzburg, die in den älteren Kreisen des
Königreichs geltenden Culturverordnungen
nicht zur Publication gelangt sind, auch ei-
...

nige jener Angelegenheiten, von welchen das
fragliche Geseß vom 4. Juni 1848 handelt, und welche dieses Geseß den Administrativbehörden zuweiset, dort sonst vor den
Civilgerichten verhandelt und entschieden worden sind, so kann deßhalb noch keineswegs
angenommen werden, daß auch jeßt die Civilgerichte noch hiefür zuständig seien, und
noch minder, daß in den erwähnten Gebietstheilen die Civilgerichte auch Culturs-
behörden seien; denn indem das Geseß vom
4. Juni 1848 im Art. 5 die hier in Frage
stehenden Angelegenheiten den Culturobe-
hörden ausdrücklich zuweiset, erklärt es damit dieselben auch für eine Cultursache,
und hiemit die Zuständigkeit derjenigen Behörden begründet, welchen nach den Competenznormen für die Verwaltungsstellen in
den Kreisen die Erledigung der Culturstrei-
tigkeiten zugewiesen ist.

Also geurtheilt und verkündet in öffentlicher Sißung des obersten Gerichtshofes am acht und zwanzigsten Juni achtzehnhundert ein und fünfzig, wobei zugegen
waren: Freiherr von Gumppenberg,
I. Präsident; von Bezold, Ministerialrath; Eisenhart, Oberappellationsgerichtsrath; von Friederich, Ministerialrath;
Schwertfelner, Oberappellationsgerichtsrath; von Schubert, Ministerialrath;
Dr. Cucumus, Oberappellationsgerichtsrath; von Volk Generalstaatsanwalt,

und Paulus, Oberappellationsgerichts-
secretär.

(Unterschrieben sind:)

Freiherr von Gumppenberg, I. Präsident.
                Paulus, Secretär.

## Dienstes = Nachrichten.

Seine Majestät der König ha-
ben allergnädigst geruht, unter'm 28. Juli
l. Js. den Forstmeister zu Ruhpolding,
Anton Eisenrieth, auf das erledigte Forstamt Rosenheim und an dessen Stelle nach
Ruhpolding, den Forstmeister Philipp Friedl
zu Marquardstein, beide in gleicher Diensteseigenschaft, zu verseßen, dann

den Revierförster Peter Sutor zu
Schöngeising, im Forstamte Landsberg, zum
Forstmeister auf das hienach sich eröffnende
Forstamt Marquardstein zu befördern, ferner

den Revisionsbeamten beim Hauptzollamte Kempten, Ernst Klüber, auf den
Grund des §. 22 lit. D. der IX. Verfassungs-Beilage für die Dauer eines Jahres
in den erbetenen Ruhestand treten zu lassen;

auf die hiedurch sich erledigende Revisionsbeamtenstelle des Hauptzollamtes
Kempten den Zollverwalter Franz Xaver
Seel vom Nebenzollamte Oberzell, Hauptzollamts Passau, zu verseßen;

an dessen Stelle zum Zollverwalter des

Nebenzollamts Obernzell den Nebenzollamts-
Controleur von Zwiesel und dermal fungi-
renden Assistenten in Passau, Franz Xaver
Herrmann, zu befördern, und

die Stelle des Nebenzollamts-Contro-
leurs in Zwiesel dem functionsweise auf
diesem Posten befindlichen Hauptzollamts-
Assistenten, Carl Simon Mitterer von
Passau, in provisorischer Eigenschaft zu verleihen;

unter'm 29. Juli l. Js. den Revierförster zu Stauf, im Forstamte Hilpoltstein,
Friedrich von Schirnding, auf Ansuchen
in gleicher Diensteseigenschaft auf das im
Forstamte Sebaldi erledigte Revier Neuhof
zu versetzen, und

an dessen Stelle zum Revierförster in
Stauf, den bisherigen Forsteiförster zu
Reicheneck, Johann Melchior Kublan, zu
ernennen, ferner

den Communal-Forsteiförster zu Mehlbach, August Carl Weinkauf, zum Revierförster auf das Aerarial-Revier Pirmasens zu ernennen, und

zum provisorischen Communal-Forsteiförster für Mehlbach den Forstwart auf
dem Lanzenbuscher Forsthaus, Friedrich Anton Stadtmüller, zu berufen;

unter'm 31. Juli l. Js. auf die erledigte Hauptzollamts-Controleurstelle zu Waldsassen den Zollverwalter des Nebenzollamts

hausen, Franz Seraph Steiner zu befördern, endlich

unter'm 1. August l. Js. auf die Hauptzollamts-Verwalterstelle in Marktbreit den
Hauptzollamts-Controleur Max Ernst Bacher von Schweinfurt, und

auf die Hauptzollamts-Controleurstelle
zu Schweinfurt den 11. Revisionsbeamten
Carl Diehl von Bamberg zu befördern,
sodann

auf die II. Revisionsbeamtenstelle beim
Hauptzollamte Bamberg den III. Revisions-
beamten des Hauptzollamts Passau, Georg
Röder, zu versetzen.

## Pfarreien-Verleihungen.

Seine Majestät der König ha-
ben unter'm 29. Juli l. Js. die katholische
Pfarrei Bernried, Landgerichts Weilheim,
dem Priester Balthasar Gall, Schulbeneficiat in Pullach, Landgerichts München,
und

unter'm 1. August l. Js. die katholische Pfarrei Gottfrieding, Landgerichts Dingolfing, dem Priester Joseph Niedermaier, Pfarrprovisor in Neuhausen, Landgerichts Bogen, zu übertragen geruht.

Seine Majestät der König ha-
ben unter'm 29. Juli l. Js. die erledigte
protestantische Pfarrstelle zu Gleußen, Des-

kanats Michelau, dem Pfarramts-Candidaten Ernst Christian Ludwig Hoffmann
aus Gunzenhausen, zu verleihen geruht.

———————

### Kreisscholarchat von Oberbayern.

Seine Majestät der König ha-
ben Sich vermöge Allerhöchster Entschließung vom 29. Juli l. Js. allergnädigst
bewogen gefunden, dem Professor der Theologie an hiesiger Hochschule, Dr. Hanes-
berg, die nachgesuchte Entlassung von der
Function eines Kreisscholarchen unter Bezeigung der allerhöchsten Zufriedenheit mit
den in dieser Eigenschaft geleisteten sehr ersprießlichen Diensten zu bewilligen, dann

sowohl die hiedurch in Erledigung
kommende, als auch die seit längerer Zeit
unbesetzt gebliebene Stelle eines Kreisscholarchen, erstere dem bisherigen ersten Ersatzmann, Universitäts-Professor Dr. Reithmayer, letztere aber dem bisherigen zweiten Ersatzmanne, geistlichen Rath und Universitäts-Professor Dr. Stadlbaur zu
verleihen, und zugleich zu genehmigen,

daß zu den durch diese Beförderungen
in Erledigung kommenden Stellen eines ersten und zweiten Ersatzmannes und zwar
zur ersteren der Professor am Wilhelms-
Gymnasium dahier, Anton Kneuttinger,

und zur letzteren der Professor im Cadetten-
Corps, Priester Koch, berufen werde.

———————

### Königlich bayer. Consulat in Gibraltar.

Seine Majestät der König ha-
ben allergnädigst geruht, die erledigte Stelle
eines k. bayer. Consuls in Gibraltar dem
dortigen Kaufmann, Georg Wortmann,
zu verleihen.

———————

### Ordens-Verleihungen.

Seine Majestät der König ha-
ben Sich allergnädigst bewogen gefunden,
unter'm 4. Juni l. Js. dem Domcapitular
Martin Härtl zu Passau in huldvollster
Würdigung seiner fünfzigjährigen ersprieß-
lich geleisteten Dienste, sowie

unter'm 31. Juli l. Js. dem Kriegs-
Rechnungs-Commissär Joseph Lorenz in
Rücksicht auf seine mit Einrechnung von 6
Feldzugsjahren durch mehr als 50 Jahre
ehrenvoll und pflichtgetreu geleisteten Dienste
das Ehrenkreuz des königlich bayerischen
Ludwigsordens zu verleihen.

Seine Majestät der König ha-
ben den Nachgenannten die Ehrenmünze des
k. b. Ludwigs-Ordens allergnädigst zu ertheilen geruht und zwar:

unter'm 20. Juli l. Js. dem Forstwart Joseph Pfandl zu Kohlbruck, im
Forstamte Passau, in Rücksicht auf seine
durch fünfzig Jahre mit Fleiß, Treue und
Rechtschaffenheit geleisteten Dienste;

unter'm 22. Juli l. Js. dem Schullehrer Isidor Gloning in Hausen, Ge-
richtsbezirks Oettingen, in Rücksicht auf seine
fünfzigjährige treue Dienstleistung, und

unter'm 24. Juli l. Js. dem Pfarrer
Mathias Mösl zu Halsbach, Landgerichts
Burghausen, in Rücksicht auf seine während
50 Jahren ununterbrochen treu und eifrig
geleisteten Dienste.

Seine Majestät der König ha-
ben unter'm 20. Juli l. Js. dem Gendarmerie-Brigadier zu Fuß, Nikolaus Fuchs zu
Pirmasens, in huldreichster Anerkennung der
ausgezeichneten Verdienste, welche sich derselbe zur Zeit des pfälzischen Aufstandes,
mit Aufopferung seiner Gesundheit und
Verachtung drohender Gefahren, durch seine
persönliche Tapferkeit, Entschlossenheit, bethätigte Pflichttreue und Anhänglichkeit an
seinen rechtmäßigen Landesherrn erworben
hat, das goldene Ehrenzeichen des Verdienstordens der bayerischen Krone, und

unter'm 22. Juli l. J. dem zu Schwindegg
stationirten Gendarmerie-Stations-Com-
mandanten der Compagnie von Oberbayern,
Anton Müller, in allerhöchster Anerkennung der ausgezeichneten Verdienste;

welche sich derselbe um die öffentliche Sicherheit durch Ausforschung, Aufgreifung
und Einlieferung gefährlicher Räuber und
durch den dabei bewiesenen persönlichen Muth
erworben hat, das silberne Ehrenzeichen des
Verdienstordens der bayerischen Krone allergnädigst zu verleihen.

### Königlich Allerhöchste Zufriedenheits-Bezeigung,

die Stiftungen des verstorbenen Apothekers
Sallinger zu Augsburg betreffend.

Der verstorbene Apotheker Jakob Sallinger zu Augsburg hat durch letztwillige
Verfügung die Summe von 10,000 fl. zu
dem Zwecke bestimmt, daß aus dem Zinsen-
Ertrag die Kinder und ehelichen Nachkömm-
linge seiner sechs Brüder je nach ihrer Bedürftigkeit und Würdigkeit eine jährliche Unterstützung erhalten sollen. Für den Fall, daß einst
aus der Nachkommenschaft seiner Brüder un-
terstützungsbedürftige und würdige Kinder
nicht mehr vorhanden wären, soll die Hälfte
des Stiftungs-Capitales dem Armenfonde,
die andere Hälfte dem Krankenhause zu
Donauwörth eigenthümlich zufallen.

Apotheker Sallinger bestimmte
ferner ein Capital von 5000 fl. zu dem
Zwecke, daß alle drei Jahre aus dem Zin-
sen-Erträgnisse einer durch Sittlichkeit sich

auszeichnenden vermögenslosen Bürgers-
oder Beamtenstochter zu Donauwörth ein
Heirathgut verabreicht werden solle.

Außerdem vermachte Apotheker Sallinger dem Armenfond der Stadt Donauwörth 450 fl. und dem Frauenkloster daselbst ein Legat von 300 fl.

Seine Majestät der König ha-
ben den angeführten Stiftungen unter dem
Namen „Apotheker Sallinger'sche Familien-
Stiftung" und „Apotheker Sallinger'sche
Mädchen-Aussteuer-Stiftung" die allerhöchste landesherrliche Bestätigung zu ertheilen und allergnädigst zu genehmigen geruht, daß die allerhöchst wohlgefällige Anerkennung des von dem Stifter hiedurch
bewährten wohlthätigen Sinnes durch das
Regierungsblatt öffentlich kund gegeben
werde.

———

Gewerbsprivilegien-Verleihungen.

Seine Majestät der König ha-
ben den nachgenannten Personen Gewerbsprivilegien allergnädigst zu ertheilen geruht,
und zwar:

unter'm 29. Juni laufenden Jahres
der Corsettenmacherin Anna Pfeifer
von hier, auf Anwendung des von
ihr erfundenen eigenthümlichen Verfahrens

bei Anfertigung von Damenstiefletten,
Schuhen und Gamaschen, bei welchen der Oberstoff und die Brandsohle aus
besonders präparirtem Filz, die Sohle aus
Gutta percha mit Korkunterlage, der Be-
satz aus lackirtem Filz besteht, und welche
anstatt mit gewöhnlichem Schuhmacherdraht
mit Spagat genäht werden, für den Zeitraum von sechs Jahren, dann

dem Kunstmaler Elias Lechner von
Erlangen, z. Z. in Deining, zwei Gewerbsprivilegien, und zwar:

1) auf Anwendung des von ihm erfundenen Verfahrens zur Anfertigung von
Glas- und Schmuckgegenständen, und

2) auf Bereitung eines eigenthümlichen
Polimentes für Gegenstände, welche
vergoldet werden sollen,

ersteres Privilegium für den Zeitraum von
zwei, letzteres für fünf Jahre;

unter'm 7. Juli l. Js. dem Maschi-
nenfabrikanten James Slack von Edinburg, z. Z. in London, auf Einführung der
von ihm erfundenen Maschine zum Falten
von Papier, Tuch und andern Stoffen für
den Zeitraum von drei Jahren, und

dem Kaufmann J. C. Leuchs von
Nürnberg auf Ausführung der von ihm erfundenen verbesserten Einrichtung oberirdi-
scher Eisgebäude für den Zeitraum von drei
Jahren.

# Regierungs-Blatt

## für das

## Königreich Bayern.

## № 42.

München, Donnerstag den 21. August 1851.

### Bekanntmachung,

die Uebereinkunft mit Oesterreich über die Behandlung der Beerdigungskosten betr.

Staatsministerium des Königlichen Hauses und des Aeußern, dann des Innern.

Die königlich bayerische und die kaiserlich königlich österreichische Regierung sind übereingekommen, jene Grundsätze, welche bezüglich der Kur- und Verpflegungskosten, von den in den beiderseitigen Staaten erkrankenden oder verunglückenden, unbemittelten Unterthanen im Jahre 1833 bereits festgestellt worden sind, auch bezüglich der Beerdigungskosten in Anwendung bringen

71

zu laffen, und es ist zu dem Ende Folgendes festgefeßt worden:

1) Die Beerdigungskosten von dergleichen
Angehörigen des einen oder andern
Staates werden im Allgemeinen von
den Stiftungs- oder Gemeindecaffen
desjenigen Ortes, wo der Sterbefall
sich ereignet, bestritten, ohne daß deshalb ein Erfaß in Anspruch genommen werden kann.

2) Da jedoch diese Verbindlichkeit immer
nur subsidiarisch bleibt, so ist der ver-
ursachte Aufwand in dem Falle nach
billiger Berechnung zu erseßen, wenn
die eigenen Mittel des Verstorbenen
die Möglichkeit hiezu darbieten, oder
wenn die nach privatrechtlichen Grund-
säßen zur Bezahlung der Leichenkosten
verpflichteten Personen, nemlich die
Ascendenten und Descendenten oder
der überlebende Ehegatte desselben, dazu vermögend sind, was erforderlichen
Falles durch amtliche Nachfrage bei
der heimathlichen Behörde zu erheben ist.

München, den 8. August 1851.

Auf Seiner Majestät des Königs
Allerhöchsten Befehl.

Frhr. v. Pelkhoven,       Frhr. v. Strauß,
Staatsrath.                   Staatsrath.

Durch die Minister
der geheime Secretär:
Maher.

## Dienstes-Nachrichten.

Seine Majestät der König ha-
ben Sich allergnädigst bewogen gefunden,
unter'm 4. August l. Js. den Appellationsgerichtsrath Ignaz Süßmaier in Neuburg unter Bezeigung allerhöchster Zufriedenheit mit seinen 42 Jahre hindurch treu
und eifrig geleisteten Diensten unter Belassung seines Gesammtgehaltes, seines Titels und Functionszeichens, seiner allerunterthänigsten Bitte entsprechend, in den definitiven Ruhestand zu versehen;

unter'm 7. August l. Js. die bei dem
Kreis- und Stadtgerichte Würzburg erledigte Registratorstelle dem Kanzlisten am
Appellationsgerichte von Unterfranken und
Aschaffenburg Heinrich Schott, seiner allerunterthänigsten Bitte entsprechend, zu
verleihen;

den Revierförster zu Eufersthal, im
Forstamte Annweiler, Ludwig Niederreuther, auf Ansuchen in gleicher Dien-
stoßeigenschaft auf das im Forstamte Lan-
genberg eröffnete Forstrevier Scheibenhardt
zu versehen und an deffen Stelle zum provisorischen Revierförster für Eufersthal den
Actuar beim Forstamte Waldfischbach, Ferdinand Meß, zu ernennen;

unter'm 9. August l. Js. den mit al-
lerhöchstem Rescripte vom 29. Juni d. Js.
zum Forstcommissär I. Classe nach Würz-

burg beförderten Forstcommissär II. Classe,
Franz Schulze, auf Ansuchen von dem
Antritte dieser Stelle zu enthaben und dem
selben in seiner seitherigen Eigenschaft als
Forstcommissär II. Classe bei der Regierung
von Schwaben und Neuburg, Kammer der
Finanzen, zu belassen;

auf die bei der Regierung von Unter
franken und Aschaffenburg, Kammer der
Finanzen, hiernach sich eröffnende Stelle des
Forstcommissärs I. Classe den Forstcom
missär II. Classe daselbst, Georg Schmitt,
vorrücken zu lassen, und

den Forstcommissär II. Classe, Philipp
Förster, welcher nach dem allerhöchsten
Rescript vom 29. Juni d. Js. zur Regie
rung von Schwaben und Neuburg bestimmt
war, in gleicher Diensteseigenschaft nach
Würzburg zu versetzen, ferner

den Landrichter von Buchloe, Dr. Eu
stach Seif, bis auf weitere allerhöchste
Verfügung in den Ruhestand treten zu lassen;

als Landrichter von Buchloe den Land
richter Theodor Carl Hebberling von
Immenstadt zu berufen;

zum Landrichter von Immenstadt den
I. Assessor des Landgerichtes Höchstädt, Max
Joseph Weber, zu befördern;

zum I. Assessor des Landgerichtes Höch
städt den II. Assessor des Landgerichtes Otto
beuern, Johann von Gatt-Premauer,
vorrücken zu lassen;

zum k. Assessor des Landgerichtes Otto
beuern den vormaligen Patrimonialrichter
II. Classe von Drunkelsberg, Wilhelm Mül
ler zu Memmingen, zu ernennen;

auf die eröffnete II. Assessorstelle zu
Vilshofen den II. Assessor des Landgerichtes
Vilsbiburg, Franz Xaver Greil, seiner
Bitte gemäß, zu versetzen; zum II. Assessor
des Landgerichts Vilsbiburg den dortigen
I. Actuar, Martin Müller, und zum I.
Actuar den dortigen II. Actuar, Thaddäus
Schreiner, vorrücken zu lassen, dann zum
II. Actuar des Landgerichtes Vilsbiburg den
vormaligen Patrimonial-Gerichtshalter von
Affing, Jacob Loose zu Aichach, zu er
nennen;

den zum Landgerichtsarzte zu Würz
burg r/M. und zum Ehrenprofessor für
Staatsarzneikunde an der medicinischen Fa
cultät der Universität Würzburg ernannten
k. Gerichtsarzt, Dr. Friedr. Erhard, sei
ner allerunterthänigsten Bitte entsprechend,
von dem Antritte der erwähnten Stellen zu
entheben und auf seinem Posten in Amor
bach zu belassen; zum Landgerichtsarzte in
Würzburg r/M. mit Vorbehalt seines Ti
tels den bisherigen Stadtgerichtsarzt zu
Bamberg, Dr. Ferd. Escherich, zu be
rufen und zugleich denselben zum Professor
honor. an der medicinischen Facultät der
Universität Würzburg mit der Verpflich
tung zu ernennen, daß derselbe Vorlesungen

**71\***

über Staatsarzneikunde zu halten habe,
sodann

auf die bei dem Friedensgericht in Landau erledigte Friedensrichterstelle, den Friedensrichter Anton Schmidt in Rockenhausen auf sein allerunterthänigstes Ansuchen zu versetzen;

7. unter'm 10. August l. Js. den Landrichter Carl Freiherr von Sainte-Marie-
Eglise zu Pfaffenhofen auf Grund der
nachgewiesenen zeitlichen Dienstunfähigkeit
nach §. 22 lit. D. der IX. Verfassungs-
Beilage in den erbetenen Ruhestand auf
die Dauer eines Jahres treten zu lassen,
und zum Landrichter von Pfaffenhofen den
I. Assessor des Landgerichts Altötting, Ludwig von Voithenberg, zu befördern; auf
die hiedurch eröffnete I. Assessorstelle beim
Landgericht Altötting den I. Assessor des
Landgerichts Rosenheim, August Leopold
von Rüdt, zu berufen und zum I. Assessor des Landgerichts Rosenheim den II.
Assessor des Landgerichts Haag, Mich. Joseph Schmidt, vorrücken zu lassen, endlich
zum II. Assessor des Landgerichts Haag den
Appellationsgerichts-Accessisten Jos. Ras-
berger zu Altötting zu ernennen;

unter'm 11. August l. Js. den Landrichter Franz Xaver Müller von Höchstädt, unter wohlgefälliger Anerkennung seiner in langer Reihe von Jahren bethätigten Pflichttreue, auf Grund des §. 22 lit.

B. der IX. Verfassungs-Beilage für immer
in den wohlverdienten Ruhestand treten zu
lassen, als Landrichter von Höchstädt den
Landrichter Joh. Carl Holler von Krumbach,
seiner Bitte gemäß zu berufen; zum Landrichter von Krumbach den Vorstand der Gerichts-
und Polizeibehörde Bissingen, Georg Gie-
risch, zu ernennen; zum Vorstande der Ge-
richts- und Polizeibehörde Bissingen den I.
Assessor des Landgerichts Wertingen, Gustav
Adolph Wasser, zu befördern; zum I.
Assessor des Landgerichts Wertingen den II.
Assessor des Landgerichts Monheim, Maximilian Wiedemann, vorrücken zu lassen
und zum II. Assessor des Landgerichts Monheim den geprüften Rechtspraktikanten, Friedr.
Mittermaier aus Neuburg, dermal zu
Ellingen, zu ernennen;

den Assessor extra statum des Landgerichts Landshut, Ferdinand Fuhrmann,
auf Grund des §. 22 lit. D. der IX. Verfassungs-Beilage wegen nachgewiesener Functionsunfähigkeit auf die Dauer eines Jahres in den Ruhestand zu setzen, und zum
Assessor extra statum des Landgerichts Landshut den Accessisten der Regierung von Niederbayern, Kammer des Innern, Matthäus
Täubler aus Essenbach, zu ernennen;

unter'm 15. August l. Js. den Appellationsgerichtsrath Ludwig Friedrich August Spach zu Zweybrücken unter Belassung seines Gesammtgehaltes, seines Titels

und seines Functionszeichens, dann mit dem
Ausdrucke der allerhöchsten Zufriedenheit
mit seiner ausgezeichneten Dienstleistung,
seinem allerunterthänigsten Ansuchen entsprechend, nach §. 22 lit. D. der IX. Beilage zur Verfassungs-Urkunde auf die Dauer
von zwei Jahren in den Ruhestand zu versetzen;

dem ordentlichen Professor des deutschen Privatrechts an der juristischen Facultät der k. Universität Erlangen, Dr. Carl
Friedrich Gerber in Erlangen, mit dem
1. September l. Js. die nachgesuchte Entlassung aus dem bayerischen Staatsdienste
unter Vorbehalt des bayerischen Indigenates zu bewilligen und die Erlaubniß zur
Uebernahme eines Lehrstuhles an der Universität Gießen zu ertheilen;

den Landrichter Franz Seraph Hofer
von Pfarrkirchen in den zeitlichen Ruhestand
treten zu lassen;

zum Landrichter von Pfarrkirchen den
I. Assessor des Landgerichts Vilshofen, Maximilian Anton Dümler, zu befördern;

zum I. Assessor des Landgerichts Vilshofen den II. Assessor des Landgerichts Deggendorf, Johann Paul Krieger, vorrücken
zu lassen; sofort

zum II. Assessor des Landgerichts Deggendorf den Appellationsgerichts-Accessisten
Gustav Schmid aus Velburg, dermalen
zu Pfarrkirchen, zu ernennen;

den zeitlich quiescirten I. Landgerichts-
Assessor von Straubing, Christoph Wein-
mann, als I. Assessor an das Landgericht
Osterhofen zu berufen, endlich

den II. Landgerichts-Assessor von Neumarkt in der Oberpfalz, Simon Möginger,
auf Grund nachgewiesener Functionsunfähigkeit gemäß §. 22 lit. D. der IX. Verfassungs-Beilage auf die Dauer eines Jahres
in den Ruhestand treten zu lassen und als
II. Landgerichts-Assessor von Neumarkt den
Secretär II. Classe der Regierung der Oberpfalz und von Regensburg, Caspar Frhrn.
v. Riederer, vorbehaltlich des ihm zukommenden Ranges eines I. Landgerichts-
Assessors, zu berufen.

Der unter'm 27. März l. Js. zum
Bauconducteur bei der Bauinspection in
Landshut allerhöchst ernannte Franz Xaver
Mösmer ist in dem Regierungsblatte
Nro 17 Seite 321 irrthümlich unter dem
Namen „Mösner" ausgeschrieben.

### Pfarreien-Verleihungen; Präsentations-Bestätigungen.

Seine Majestät der König ha-
ben die nachgenannten katholischen Pfarreien
allergnädigst zu übertragen geruht, und zwar:
unter'm 9. August l. Js. die Pfarrei
Floß, Landgerichts Neustadt a/WN., dem

Priester Franz Joseph Riedl, Beneficiums-Verweser zu Friedenfels, Landgerichts Erbendorf;

die Pfarrei Finsing, Landgerichts Ebersberg, dem Priester Georg Lindemayr, Pfarrer zu Erdried, Landgerichts Bruck;

die Pfarrei Balderschwang, Landgerichts Immenstadt, dem Priester Joseph Lutzenberger, Caplan zu Roggenburg, Landgerichts gleichen Namens, und

die Pfarrei Andermannsdorf, Landgerichts Rottenburg, dem Priester Andreas Stadler, Pfarrer zu Thalmassing, Landgerichts Stadtamhof, dann

unter'm 12. August l. Js. die Stadtpfarrei ad Beatam Mariam Virginem in Aschaffenburg dem Priester Hermann Joseph Schmitt, Dekan, Pfarrer und Districts-Schulinspector zu Großwallstadt, Landgerichts Obernburg.

Seine Majestät der König haben Sich vermöge allerhöchster Entschließung vom 7. August l. Js. allergnädigst bewogen gefunden, den seitherigen Pfarrer zu Sulzthal, Landgerichts Euerdorf, Priester Georg Michael Schwab, seiner Bitte entsprechend, von dem Antritte der ihm zugedachten Pfarrei Arnstein, Landgerichts gleichen Namens zu entheben, sofort aber die hiedurch auf ein Neues sich eröffnende

Pfarrei Arnstein dem bisherigen Pfarrer, Dekan und Districts-Schulinspector zu Burgsinn, Landgerichts Gemünden, Priester Ludwig Johann Lochner, zu übertragen.

Seine Majestät der König haben unter'm 7. August l. Js. allergnädigst zu genehmigen geruht, daß die katholische Pfarrei Emsing, Landgerichts Greding, von dem hochwürdigen Herrn Bischofe von Eichstädt dem Priester Peter Heuberger, Pfarrcurat in Lichtenau, Landgerichts Hellsbronn, und

unter'm 15. August l. Js., daß die katholische Pfarrei Stadelhofen, Landgerichts Scheßlitz, von dem hochwürdigsten Herrn Erzbischofe von Bamberg dem seitherigen Verweser derselben, Priester Georg Dörfler, verliehen werde.

Seine Majestät der König haben Sich vermöge allerhöchster Entschließung vom 9. August l. Js. allergnädigst bewogen gefunden, der von den Freiherren Georg Friedrich Albert und Carl von Guttenberg, als Kirchenpatronen, für den Pfarramts-Candidaten Friedrich Michael Ludwig Mayer aus Würzburg ausgestellten Präsentation auf die protestantische Pfarrei Weingartsgereuth, Dekanats Bamberg, die landesherrliche Bestätigung zu ertheilen.

### Landwehr des Königreichs.

Seine Majestät der König haben Sich allergnädigst bewogen gefunden, unter'm 1. August l. Js. den Kreisinspector der Landwehr von Schwaben und Neuburg, Ignaz Mayer zu Augsburg, seinem Ansuchen entsprechend, aus dem Landwehrdienste zu entlassen, und ihm in wohlgefälliger Anerkennung seiner während eines Zeitraumes von vierzig Jahren geleisteten, durch Treue und Eifer ausgezeichneten Landwehrdienste, neben der Bewilligung zum Forttragen der Uniform eines Landwehroberſten und Kreisinspectors das Ritterkreuz vom Verdienstorden des heiligen Michael zu verleihen, (S. auch „Ordens-Verleihungen‟) und auf die hierdurch sich erledigende Stelle eines Kreisinspectors der Landwehr von Schwaben und Neuburg den bisherigen Major im Landwehr-Regimente Augsburg, Ernſt Forster zu Augsburg, zu ernennen, ferner

unter'm 9. August l. Js. dem bisherigen Major und Commandanten des Landwehr-Bataillons Beilngries, Dr. Michael Koller, die wegen Veränderung seines Wohnsitzes nachgesuchte Enthebung von seiner Landwehrcharge zu ertheilen.

### Gewerbe- und Handelskammern.

Auf den gutachtlichen Antrag der k.

Regierung von Schwaben und Neuburg, Kammer des Innern, wurde von dem k. Staatsministerium des Handels und der öffentlichen Arbeiten die Errichtung

1) eines Handels- und Fabrikrathes in Kaufbeuern und
2) eines Handelsrathes in Lindau

nach der allerhöchsten Verordnung vom 27. Januar v. Js. genehmigt.

### Magistrat der Stadt Würzburg.

Der nach beendigtem dreijährigen Provisorium als dritter rechtskundiger Magistratsrath der Stadt Würzburg wieder gewählte Dr. Joseph Roßbach wurde in dieser Eigenschaft bestätiget und tritt gemäß §. 50 des revidirten Gemeinde-Edictes analog in die Verhältnisse der unmittelbaren administrativen Staatsdiener.

### Ordens-Verleihungen.

Seine Majestät der König haben vermöge allerhöchster Entschließung vom 20. Juli l. Js. dem Landwehr-Kreisinspector Ignaz Mayer zu Augsburg das Ritterkreuz des k. Verdienstordens vom heiligen Michael zu verleihen geruht.

Seine Majestät der König haben Sich vermöge allerhöchster Entschliefung vom 9. August l. Is. allergnädigst bewogen gefunden, nachstehende Orden zu verleihen:

1. das Ritterkreuz des k. Verdienstordens der bayerischen Krone:

an den k. k. österr. Oberstlieutenant vom Generalstabe, August Ruff;

2. das Großkreuz des k. Verdienstordens vom hl. Michael:

an den k. k. österr. Feldmarschall-Lieutenant Grafen von Leiningen-Westerburg;

3. das Ritterkreuz des Verdienstordens vom hl. Michael:

an den k. k. österr. Hauptmann und Adjutanten Joseph Freiherrn von Uracca,

an den k. k. österr. Oberarzt Dr. Wenzel Jächl,

an den kurhessischen Generaldirector der Eisenbahnen, Eugen Julius Ruhl,

an den kurhessischen geheimen Medizinalrath und Professor Dr. Carl Heusinger in Marburg, und

an den kurhessischen Kreisphysikus Dr. Carl Schreiber in Eschwegen.

## Titel-Verleihung.

Seine Majestät der König haben durch allerhöchste Entschließung vom 1. August l. Is. dem Etuis- und Portefeuilles-Fabrikanten Theodor Escherich dahier den Titel als „Hof-Etuis- und Portefeuilles-Fabrikant" allergnädigst zu verleihen geruht.

## Großjährigkeits-Erklärung.

Seine Majestät der König haben Sich unter'm 11. August l. Is. allergnädigst bewogen gefunden, die Schullehrerstochter Josepha Zeitler von Passau, ihrem alleruntertänigsten Ansuchen entsprechend, für großjährig zu erklären.

## K. Allerhöchste Genehmigung zu einer Namensveränderung.

Seine Majestät der König haben allergnädigst zu gestatten geruht, daß der Gutsbesitzer zu Atzenhof, Georg Andr. Schöner, der Rechte Dritter unbeschadet, den Familiennamen „Lämermann" annehme und fortan führe.

# Regierungs-Blatt

## für                                das

## Königreich              Bayern.

## № 43.

München, Donnerstag den 4. September 1851.

**Bekanntmachung,**

die Reorganisation des königl. Cadeten-Corps betreffend.

### Kriegs-Ministerium.

Seine Majestät der König haben inhaltlich allerhöchster Entschließung d. d. Hohenschwangau den 22. vorigen Monats, nachstehende Bestimmungen in Betreff der Reorganisation Allerhöchstihres Cadeten-Corps allergnädigst zu genehmigen geruht:

**I.**

Die Zahl der Zöglinge bleibt wie bisher auf Zweihundert festgesetzt, und theilt sich in

60 ganze Freistellen,

30 dreiviertel Freistellen zu 102 fl. Kostgeld,

40 halbe Freistellen zu 204 fl. Kostgeld,

20 viertel Freistellen zu 306 fl. Kostgeld,
und

50 das ganze Kostgeld mit 408 fl. jährlich zahlende Stellen mit vollkommen
gleichen Rechten und Ansprüchen wie
die ersteren.

## II.

Durch vorzugsweise Aufnahme ihrer
Söhne in die vier Classen der Freistellen
sollen belohnt werden:

a. die Verdienste vor dem Feinde rühmlich gebliebener oder an den im Dienste
erhaltenen Wunden und Beschädigungen verstorbener oder untauglich gewordener Militärs, ohne Unterschied
der Grade;

b. die Verdienste von Staatsbürgern
aller Classen, welche sich dieselben durch
besondere Einzelhandlungen um König
und Vaterland erworben haben.

Zur Aufnahme in die vier Classen der
Freistellen, nach Maßgabe ihrer Hilfsbe-
bedürftigkeit, sollen berechtigt seyn:

c. die einfachen und Doppelwaisen unbemittelter und gut gedienter Officiere
und Militärbeamten;

d. die Söhne unbemittelter Officiere und
Militärbeamten im activen Dienste

und Pensionsstande, vorausgesetzt, daß
ihre Dienste diese Berücksichtigung
verdienen;

ferner nach Maßgabe der noch weiter in
den vier Classen der Freistellen vorhandenen
Vacanzen und dem Grade der Hilfsbe-
dürftigkeit:

e. die Söhne unbemittelter und durch
ihre Dienstesleistungen ausgezeichneter
Civil-Staatsdiener.

Zur Aufnahme in die das ganze Kostgeld zahlenden Stellen sind die legitimen
Söhne von Staatsbürgern aller Classen berechtiget.

## III.

Das Alter für die Aufnahme wird
dahin bestimmt, daß der Aufzunehmende
mit dem 8. October das 12. Lebensjahr
zurückgelegt und das 15. Lebensjahr noch
nicht angetreten habe.

## IV.

Das Cadeten-Corps wird in acht Classen gebildet, von denen die erste und zweite
Classe parallel mit der dritten und vierten
Classe der lateinischen Schule, und die
dritte und vierte parallel mit der ersten und
zweiten Gymnasial-Classe zu gehen hat, die
fünfte und sechste Classe zu den Militär-
Studien übergeht, endlich in der siebenten
und achten Classe die speciellen Studien
des Artilleristen und Ingenieurs betrieben
werden.

Zur Sicherstellung des Fortganges, dann für die Ausmusterung wird bestimmt:

a. daß bei der Aufnahme der Zöglinge mit Strenge auf die ihrem Alter entsprechenden Vorkenntnisse, wonach von dem 13jährigen Knaben die Reife für die dritte Classe, von dem 14jährigen Knaben die Reife für die vierte Classe der lateinischen Schule zu fordern ist, zu halten sey, und unfähige oder zu mangelhaft vorbereitete Knaben nicht angenommen werden dürfen;

b. daß auch im Fortgange der Erziehung im Cadeten-Corps jene Zöglinge ihren Angehörigen zurückgegeben werden, welche sich durch ihre Aufführung oder beharrlichen Unfleiß für fernere Beibehaltung unwürdig zeigen, oder bei denen sich mit Gewißheit herausstellt, daß sie die Reife in den Schulkenntnissen für den Uebergang zum Fachstudium nicht erlangen können; endlich

c. daß jene Zöglinge, welche bei der Ausmusterung die Note „vorzüglich" in der wissenschaftlichen Befähigung und im Betragen erhalten, als Unterlieutenante, jene mit der Note „sehr gut" und „gut" als Junker, und endlich jene mit geringeren Noten als Corporale-Cadeten in das Heer eintreten.

Die Ausschreibung für die heurige Aufnahme und zwar für dießmal ausnahmsweise in die erste mit fünfte Classe hat hiernach unverzüglich stattzufinden.

Zum Vollzuge dieser allerhöchsten Bestimmungen ist das Cadeten-Corps-Commando angewiesen worden, das weiter Geeignete unverweilt zu veranlassen.

München, den 3. September 1851.

Auf Seiner Königlichen Majestät
Allerhöchsten Befehl.

v. Lüder.

Durch den Minister
der Generalsecretär:

v. Gönner.

Bekanntmachung,

den Vermögensstand der Militär-Wittwen- und Waisen-, dann des Invaliden- und milden Stiftungs-Fonds pro 18⁴⁸/₄₉ betreffend.

Seine Majestät der König haben, nachdem in dem versammelten Staats-

72 *

rathe Vortrag über den Vermögenstand | schwangau den 18. dieses die Ermächtigung
des Militär-Wittwen- und Waisen-, dann | zu ertheilen geruht, daß das Resultat des
des Invaliden- und milden Stiftungs-Fonds | befraglichen Vermögenstands durch das
pro 1849/50 erstattet wurde, vermöge aller- | Regierungsblatt zur öffentlichen Kenntniß
höchster Entschließung de dato Hohen- | gebracht werde.

München, den 27. August 1851.

Auf Seiner Königlichen Majestät Allerhöchsten Befehl.

v. Lüder.

Durch den Minister
der General-Secretär,
v. Gönner.

# Ausweis

über

## den Vermögensstand ꝛc. der Militär-Fonds

für

### das Etats-Jahr 1848/49.

### I. über den Vermögensstand nachstehender Militär-Fonds im Jahre 1848/49.

| Vortrag. | Militär-Wittwen- und Waisen-Fond. | | | Invaliden-Fond. | | | Milder Stiftungs-Fond. | | | Summa des Vermögens dieser drei Fonds. | | |
|---|---|---|---|---|---|---|---|---|---|---|---|---|
| | fl. | kr. | hl. | fl. | kr. | hl. | fl. | kr. | hl. | fl. | kr. | hl. |
| Am Ende des Etatsjahres 18⁴⁷⁄₄₈ bestand das Vermögen nach dem Regierungsblatte Stück 65, Seite 1199—1203 in . . . . . | 3,408,150 | 22 | 2 | 1,675,853 | 39 | 3 | 101,858 | 47 | 4 | 5,185,892 | 49 | 1 |
| Hiezu die wirklichen Einnahmen 18⁴⁸⁄₄₉ mit Zurechnung der bestehenden, und Abzug der Ende 18⁴⁷⁄₄₈ bestandenen Aktiven . . . . | 313,258 | 30 | 1 | 79,734 | 47 | 7 | 5,785 | 4 | | 398,778 | 22 | — |
| Summa . | 3,721,408 | 52 | 3 | 1,755,588 | 27 | 2 | 107,673 | 51 | 4 | 5,584,671 | 11 | 1 |
| Hievon die wirklichen Ausgaben mit Beinahme der bestehenden und Abzug der Ende 18⁴⁷⁄₄₈ bestandenen Passiven . . . | 290,036 | 13 | 4 | 75,579 | 47 | 4 | 4,155 | 35 | 3 | 369,771 | 36 | 3 |
| Verbleibt sohin Ende 18⁴⁸⁄₄₉ reines Vermögen . . . . . . | 3,431,372 | 48 | 7 | 1,680,008 | 39 | 6 | 103,518 | 16 | 1 | 5,214,899 | 34 | 6 |
| Dieses Vermögen besteht in: 1) baarem Gelde nach Abzug der Mehrpassiven von 1290 fl. 48¼ kr. | 13,590 | 34 | 3 | 3,623 | 37 | 6 | 68 | 16 | 1 | 17,282 | 32 | 2 |
| 2) k. b. Staatspapieren . | 2,668,930 | — | | 1,515,400 | — | | 82,300 | — | | 4,266,630 | — | |
| 3) k. k. österr. Staatspapieren . | 141,000 | — | | — | | | — | | | 141,000 | — | |
| 4) Zwiggeltern . | 336,237 | — | | 85,000 | — | | 9,000 | — | | 430,237 | — | |
| 5) Hypothek-Kapitalien . . | 271,615 | | 4 | 75,945 | 2 | | 12,150 | — | | 359,750 | 2 | 4 |
| Summa wie oben . | 3,431,372 | 38 | 7 | 1,680,008 | 39 | 6 | 103,518 | 16 | 1 | 5,214,899 | 34 | 6 |

weis

II. über die Anzahl der Individuen, welche im Etats-Jahre 184 4/5 Pensionen und Unterstützungen erhielten.

| Aus dem Militär-Wittwen- und Waisen-Fonds: | | | | | | | | Aus dem Invaliden-Fonds: | | | | | | | | Aus dem milden Stiftungs-Fonds erhielten Unterstützungen |
| Pensionen | | Unterhalts-Beiträge: | | | Abfertigungen. | | Heiratgeber für Waisen. | werden im Invalidenhause verpflegt | | werden in der Veteranen-Anstalt verpflegt | | erhielten monatliche Zulagen | | erhielten Aversal-Unterstützungen | | |
| Stabs- und Oberoffiziers- | Unteroffiziers- und Soldaten- | Stabs- u. Oberoffiziers: | | Unteroffiziers und Soldaten | Offiziers- | Unteroffiziers- und Soldaten- | | Offiziere. | Unteroffiziere und Soldaten. | Offiziere. | Unteroffiziere und Soldaten. | Offiziere. | Unteroffiziere und Soldaten. | Offiziere. | Unteroffiziere und Soldaten. | |
| | | einfache | doppelte | | | | | | | | | | | | | |
| Wittwen. | | | Waisen. | | | | | | | | | | | | | |
| 552 | 449 | 331 | 310 | 248 | 8 | 34 | 22 | 5 | 190 | 4 | 36 | 13 | 207 | 132 | 442 | 390 |

Der verstorbene Domdechant Dr. Friedrich von Brenner hat dem Invalidenfonde ein Vermächtniß von 100 fl. hinterlassen, die übrigen zwei Fonds hatten sich in diesem Jahre keiner Schankung zu erfreuen.

München, am 30. Juni 1851.

Die Königliche Militärfonds-Commission.

### Dienstes-Nachrichten.

Seine Majestät der König haben Sich allergnädigst bewogen gefunden, unter'm 12. August l. Js. den Actuár des Forstamts Culmain, Franz Wagner, zum provisorischen Revierförster in Falkenberg, Forstamts Tirschenreuth, zu ernennen;

unter'm 17. August l. Js. den Professor der Naturgeschichte und Chemie an dem Lyceum zu Bamberg, Dr. Adam Wies auf den Grund des §. 19. der IX. Verfassungsbeilage in den temporären Ruhestand treten zu lassen;

unter'm 23. August l. Js. auf die erledigte Hauptzollamtscontroleurstelle in Bamberg den Hauptzollamtscontroleur Justus Siebein zu Kitzingen, seinem allerunterthänigsten Ansuchen entsprechend, in gleicher Eigenschaft zu versetzen,

auf die Hauptzollamtscontroleurstelle in Kitzingen den Hauptzollamtscontroleur zu Miltenberg, Heinrich Achilles, aus dienstlichen Rücksichten zu versetzen,

die Hauptzollamtscontroleurstelle in Miltenberg dem quiescirten Hauptzollamts-Controleur von Waldmünchen, Johann Baptist Hußlein unter Wiederberufung zur Dienstesactivität zu verleihen;

auf die erledigte Zollverwalterstelle beim Nebenzollamte I. Laufen, im Hauptzollamtsbezirke Freilassing, den dortigen Nebenzollamtscontroleur Gregor Herrmann zu befördern, und an dessen Stelle zum Nebenzollamtscontroleur in Laufen den Legitimationsschein-Expedienten Georg Binsstadt zu Berchtesgaden in provisorischer Eigenschaft zu ernennen;

die erledigte Zollverwalterstelle beim Nebenzollamte I. in Kreuth dem Hauptzollamtsassistenten Georg Hofmann zu Regensburg in provisorischer Eigenschaft zu verleihen, und

die erledigte III. Revisionsbeamtenstelle beim Hauptzollamte Passau dem Assistenten im Inspections- und Administrationsbureau der Grenzwache, Ignaz Brehm zu München, in provisorischer Eigenschaft zu übertragen, dann

die Verzichtleistung des Advocaten Christian Friedrich Knoll zu Münchberg auf die fernere Ausübung der anwaltschaftlichen Praxis zu genehmigen, und die hiedurch erledigte zweite Advocatenstelle daselbst zur Zeit unbesetzt zu lassen; ferner auf die zu Kelheim erledigte Advocatenstelle den Advocaten Johann Baptist Augustin zu Lindau und auf die in Monheim erledigte Advocatenstelle den Advocaten Franz Joseph Weiß in Wemding — beide auf deren allerunterthänigstes Ansuchen — zu versetzen;

unter'm 24. August l. Js. an die preußischen Hauptämter Breslau, Myslo-

und Ratibor zur Ausübung der Zoll-
vereinscontrole wieder einen bayerischen
Stationscontroleur mit dem Wohnsitze in
Breslau abzuordnen, und diese Stelle dem
Grenzobercontroleur Ferdinand Lederer zu
Schönsee, Hauptzollamts Waidhaus, zu
übertragen;

unter'm 25. August l. Js. den Revierförster zu Burgjoß im Forstamte Orb,
Franz Bohlig, auf Ansuchen auf das
Forstrevier Rothenbuch, Forstamts Sai-
lauf, zu versetzen;

an deffen Stelle zum provisorischen
Revierförster in Burgjoß den Forstamtsactuar und Functionär am Kreisforstbureau
zu Würzburg, Gottfried Münich, zu befördern, ferner

den Revierförster Nicolaus Köhler
zu Todtenweisach, im Forstamte Goßmannsdorf, auf den Grund der Bestimmungen
des §. 22 lit. C. der IX. Verfassungs-
beilage unter Anerkennung seiner bis zu
dem hohen Alter von 82 Jahren treu geleisteten Dienste in den Ruhestand treten
zu lassen;

auf das hiedurch sich erledigende Revier Todtenweisach den Revierförster zu
Vorbach, Forstamts Goßmannsdorf, Eduard
Hirsch, auf Ansuchen in gleicher Diensteseigenschaft zu versetzen, und

zum provisorischen Revierförster in
Vorbach den Forstamtsactuar und Verweser

des Communalrüviers Miltenberg, Ludwig
Rascher, zu ernennen;

den Revierförster zu Altdorf, im Forstamte Hilpolstein, Franz Niederreuther,
nach Ansuchen auf den Grund des §. 22
lit. B. und C. der IX. Beilage zur Ver-
faffungsurkunde unter Bezeigung der allerhöchsten Zufriedenheit mit seinen nahezu
50jährigen treuen und eifrigen Dienstleistungen in den Ruhestand treten zu lassen,
und

an deffen Stelle zum provisorischen
Revierförster in Altdorf den bisherigen
Forstwart zu Roth, Forstamts Schwabach,
Gustav Schaller, zu ernennen, dann

den Landcommissariats-Actuar Carl
Scharpff zu Eusel unter Vorbehalt seiner
Reactivirung in den zeitlichen Ruhestand
zu versetzen;

unter'm 26. August l. Js. auf die am
Appellationsgerichte von Unterfranken und
Aschaffenburg erledigte Kanzlistenstelle den
Kreis- und Stadtgerichtsschreiber Johann
Adam Fick zu Würzburg, seiner allerunterthänigsten Bitte entsprechend, zu befördern,
und die hiedurch am Kreis- und Stadtgerichte Würzburg sich eröffnende Schreiberstelle dem geprüften Rechtspraktikanten Caspar Dichtmüller von Würzburg in provisorischer Eigenschaft zu verleihen, endlich
unter'm 27. August l. Js. die ordentliche Professur des französischen Rechtes

und bayerischen Staatsrechtes an der Ju-
risten-Facultät der Universität Würzburg
dem Advocaten Ludwig Weiß zu Zweibrücken zu übertragen, und

den außerordentlichen Professor Dr.
Carl Hildenbrand zum ordentlichen Pro-
fessor für bayerisches Landrecht, Rechts-
Philosophie, Völkerrecht, Encyklopädie und
Methodologie der Rechtswissenschaft an der
Juristenfacultät obengenannter Universität
zu ernennen.

### Pfarreien- und Beneficien-Verleihungen.

Seine Majestät der König ha-
ben die nachgenannten katholischen Pfarreien
und Beneficien allergnädigst zu übertragen
geruht, und zwar:

unter'm 23. August l. Js. das Beneficium in Langenerringen, Landgerichts
Schwabmünchen, dem Priester Georg Anton Dobler, Beneficiumsvicar zu Hof-
hegnenberg, Landgerichts Bruck,

unter'm 25. August l. Js. die Pfarrei
Gonthofen, Landgerichts gleichen Namens,
dem Priester Joseph Ginger, Pfarrer
zu Schießen, Landgerichts Roggenburg,

unter'm 26. August l. Js. das Cu-
rat- und Schulbeneficium Niederdorf, Landgerichts Ottobeuern, dem Priester Friedrich
Engler, Curat- und Schulbeneficiumsvicar
zu Ellgau, Landgerichts Donauwörth, und

unter'm 29. August l. Js. die Pfarrei
Aura, Landgerichts Euerdorf, dem Priester
Balthasar Düring, Pfarrer zu Lahrbach,
Landgerichts Hildes, dann

die Pfarrei Langenprozelten, Landgerichts Lohr, dem Priester Georg Christ.
Uhrig, Pfarrer zu Marktheidenfeld, Landgerichts gleichen Namens.

Seine Majestät der König ha-
ben unter'm 23. August l. Js. allergnädigst
zu genehmigen geruht, daß die katholische
Pfarrei Grainet, Landgerichts Wolfstein,
von dem hochwürdigen Herrn Bischofe von
Passau dem Priester Joseph Weber, Cooperator zu Kämmern, Landgerichts Landau,
übertragen werde.

Seine Majestät der König ha-
ben unter'm 23. August l. Js. die protestantische Pfarrstelle in Fürnheim, Dekanats
Oettingen, dem Pfarramtscandidaten Philipp Wilhelm Gustav Oppenrieder aus
Baldern zu verleihen geruht.

### Handelskammer von Unterfranken und Aschaffenburg.

Seine Majestät der König ha-
ben Sich unter'm 26. August l. Js. allergnädigst bewogen gefunden, aus den gemäß

Art. VIII. der Verordnung vom 19. September 1842 Allerhöchstdenselben vorgeschlagenen Candidaten für die durch den periodischen Austritt eines Drittheils der Mitglieder erledigten Stellen in der Handelskammer von Unterfranken und Aschaffenburg zu ernennen:

1) den Großhändler Carl Möller von Würzburg,
2) den Kaufmann J. M. Engert von Kitzingen,
3) den Associé von Sattler-Engelhard u. Comp., Adolph von der Tann in Schweinfurt,
4) den Kaufmann Franz A. Reiz in Aschaffenburg.

## Ordens-Verleihungen.

Seine Majestät der König haben unter'm 5. August l. Js. dem Schullehrer Anton Reiter in Mühldorf in Rücksicht auf seine durch 50 Jahre mit Eifer, Anhänglichkeit und Treue geleisteten Dienste, dann

unter'm 8. August l. Js. dem pensionirten Revierförster Johann Georg Hofmann u Uffenheim in Rücksicht auf seine durch 50 Jahre mit Treue, Fleiß und Rechtschaffenheit geleisteten Dienste die Ehrenmünze des königlich bayerischen Ludwigs-Ordens zu verleihen geruht.

Seine Majestät der König haben Sich unter'm 18. August l. Js. allergnädigst bewogen gefunden, dem Johann Georg Mayer, Bader und Oekonomiebesitzer zu Haarbach, Landgerichts Vilshiburg, in huldreichster Anerkennung der ausgezeichneten Verdienste, welche sich derselbe sowohl als ehemaliger Militär durch bewiesene besondere Tapferkeit und Treue, als auch später um die Rettung und Unterstützung seiner bei Feuersbrünsten gefährdeten Mitbürger erworben hat, das silberne Ehrenzeichen des Verdienstordens der bayerischen Krone, dann

dem Feldwebel der Landwehrcompagnie Griesbach, Gregor Knollmüller, in allerhöchster Anerkennung seiner musterhaftem Eifer geleisteten 66jährigen Landwehrdienste gleichfalls das silberne Ehrenzeichen des Verdienstordens der bayerischen Krone zu verleihen.

## Königlich Allerhöchste Genehmigung zur Annahme einer fremden Decoration.

Seine Majestät der König haben Sich unter'm 12. August l. Js. allergnädigst bewogen gefunden, der Gemahlin des königlichen Kämmerers Carl Freiherrn von Würzburg in Würzburg, Clara Freifrau von Würzburg, gebornen Freiin von Thünefeld und Ursensolen, die allerhöchste Erlaubniß zur Annahme und Tragung des ihr von der Kaiserin-Mutter von Oesterreich Majestät verliehenen Stern-kreuz-Ordens zu ertheilen.

## Indigenats-Verleihung.

Seine Majestät der König haben sich vermöge allerhöchster Entschließung vom 21. August l. J. allergnädigst bewogen gefunden, der geschiedenen Frau des Apothekers C. Gottfried Meyer aus Riga in Rußland, der aus Frankenreuth im k. Landgerichte Vohenstrauß gebürtigen Anna Bär, das Indigenat des Königreiches wieder zu verleihen.

## Gewerbsprivilegien-Verleihungen.

Seine Majestät der König haben unter'm 20. Juni l. J. dem Taschner-meister Joseph Kotz von München ein Gewerbs-Privilegium auf Anfertigung der von ihm erfundenen Hutschachteln für Uniforms-, Civil- und Damenhüte, bei welchen die Hüte durch einen einfachen oder doppelten Druck von Federn so festgehalten werden, daß nur der obere runde Theil des Hutes berührt wird, für den Zeitraum von fünf Jahren, und

unter'm 17. Juli l. J. dem Banquier Carl Schebl, dem k. k. österreichischen Landstand Albert Managetta Lerchenau, und dem Particulier August Quidde, sämmtlich in Wien, ein Gewerbsprivile-gium auf Einführung der von ihnen erfundenen eigenthümlichen Construction der Feuerherde und sonstigen Vorrichtungen zur Erzielung eines vollkommenen Verbrennungsprocesses für den Zeitraum von 14¾ Jahren zu ertheilen geruht.

## Gewerbsprivilegien-Verlängerungen.

Seine Majestät der König haben unter'm 19. Mai l. J. das der Katharina Feuchtelbauer unter'm 10. Mai 1850 verliehene, in der Zwischenzeit auf den Stiefelwichser Franz Rott übergegangene Gewerbs-Privilegium auf eigenthümliche Wichsbereitung für den Zeitraum von vier Jahren, und

unter'm 29. Juni l. J. das dem Friseur Bernhard Huber unter'm 23. Juni 1846 verliehene Gewerbs-Privilegium auf Anwendung des von ihm erfundenen verbesserten Verfahrens bei Anfertigung von Perücken und künstlichen Haarscheiteln für den Zeitraum von zehn Jahren zu verlängern geruht.

# Regierungs-Blatt

## für das

## Königreich Bayern.

## № 44.

München, Dinstag den 16. September 1851.

**Inhalt:**

---

### Dienstes-Nachrichten.

---

Seine Majestät der König haben Sich allergnädigst bewogen gefunden, unter'm 30. August l. Js. den Zollverwalter des Nebenzollamtes Erlangen, Friedrich Haffold nach §. 22 lit. D. der IX. Beilage zur Verfassungs-Urkunde für immer in den erbetenen Ruhestand treten zu lassen und auf die Zollverwalterstelle des Nebenzollamtes Erlangen den Zollverwalter Theodor Zöschinger in Lindau zu berufen;

unter'm 31. August l. Js. den Rentbeamten Michael Faller in Speyer und den Rentbeamten Alois von Formberger in Mühldorf auf den Grund des §. 19 der

74

IX. Beilage zur Verfassungs-Urkunde in den temporären Ruhestand treten zu lassen;

den Rentbeamten Joseph Derleth in Aschach auf Ansuchen in gleicher Diensteseigenschaft auf das Rentamt Werneck zu versetzen;

auf das hieburch in Erledigung kommende Rentamt Kissingen in Aschach, den Rechnungscommissär der Regierungs-Finanzkammer der Oberpfalz und von Regensburg, Georg Engelhard, zu befördern, und

an dessen Stelle zum Finanzrechnungs-Commissär in Regensburg den Rathsaccessisten der Regierungs-Finanzkammer von Niederbayern, Eduard Dietl, provisorisch zu ernennen;

unter'm 1. September l. Js. den I. Assessor des Landgerichts Ebersberg, Ludwig Knözinger, seinem allerunterthänigsten Ansuchen willfahrend, auf Grund des §. 22 lit. C. der IX. Verfassungs-Beilage unter wohlgefälliger Anerkennung seiner langjährigen treuen Dienstleistung für immer in den Ruhestand treten zu lassen;

unter'm 3. September l. Js. dem Appellationsgerichte von Unterfranken und Aschaffenburg in Rücksicht auf den bei diesem Gerichtshofe bestehenden Geschäftsdrang zwei weitere Assessoren beizugeben und hiezu die Kreis- und Stadtgerichtsräthe II. Classe, Gustav von Krohne zu Ansbach

und Friedrich Thelemann zu Aschaffenburg, zu ernennen, auf die hieburch bei dem Kreis- und Stadtgerichte Ansbach erledigte Rathsstelle den Kreis- und Stadtgerichtsassessor Rudolph Culemann zu Nürnberg zu befördern, dann die bei dem Kreis- und Stadtgerichte Nürnberg erledigte Schreiberstelle dem dermalen bei dem Kreis- und Stadtgerichte Augsburg beschäftigten quiescirten Patrimonialgerichts-Actuar Joseph Mähler von Kirchheim und die erledigte Wechselsenalstelle zu Augsburg dem dortigen Handlungs-Commis Carl Koch zu verleihen, ferner

den Zollrechnungs-Commissär II. Classe Johann Adam Mayer in die I. Classe und den Zollrechnungs-Commissär III. Classe Joseph Müller in die II. Classe vorrücken zu lassen, dann zum Zollrechnungs-Commissär III. Classe den Rechnungs-Assistenten Ferdinand Schauer in provisorischer Eigenschaft zu ernennen;

unter'm 5. September l. Js. den Studienlehrer der II. Classe an der Lateinschule zu Kempten, Isidor Stegmüller, auf den Grund nachgewiesener Dienstesunfähigkeit unter Anwendung des §. 22 lit. D. der IX. Verfassungs-Beilage in den Ruhestand auf immer eintreten zu lassen, dann zur Wiederbesetzung der hieburch in Erledigung kommenden Lehrstelle, der II. Classe an genannter Anstalt dem Lehrer der

I. Classe Pr. Joh. Mich. Voll die Vorrückung zu gestatten, und

die hiedurch erledigte Lehrstelle der I. Classe dem geprüften Lehramts-Candidaten und Assistenten an der Studien-Anstalt zu Kempten Ludwig Gerhäuser in provisorischer Eigenschaft zu übertragen, endlich

unter'm 6. September l. Js. den Landrichter Georg Autracher zu Haag auf Grund des §. 22 lit. D. der IX. Verfassungs-Beilage wegen nachgewiesener Functions-Unfähigkeit unter wohlgefälliger Anerkennung seiner langjährigen treu und eifrig geleisteten Dienste in den erbetenen Ruhestand treten zu lassen; auf das hiedurch sich eröffnende Landgericht Haag den dermaligen Landrichter zu Schrobenhausen Carl Steiger zu versetzen, die hiedurch in Erledigung kommende Landrichterstelle zu Schrobenhausen dem Assessor der Regierung der Oberpfalz und von Regensburg, Kammer des Innern, Ludwig Freiherrn von Freyberg zu verleihen; dem Landgerichte Eschenbach bis auf weitere allerhöchste Bestimmung einen Assessor extra statum beizugeben und diese Stelle dem Appellationsgerichts-Accessisten Georg Kollet aus Abbach, dermalen in Regensburg, zu verleihen.

## Pfarreien- und Beneficien-Verleihungen; Präsentations-Bestätigungen.

Seine Majestät der König haben die nachgenannten katholischen Pfarreien und Beneficien allergnädigst zu übertragen geruht, und zwar:

unter'm 31. August l. Js. die Pfarrei Ruppertszell, Landgerichts Aichach, dem Priester Johann Georg Friedl, Pfarrer zu Traubing, Landgerichts Starnberg;

unter'm 5. September l. Js. das Beneficium St. Georgii zu Staffelstein, Landgerichts Lichtenfels, dem Priester Ignaz Klarmann, Pfarrer zu Posseck, Landgerichts Ludwigstadt;

unter'm 7. September l. Js. die Pfarrei Schwabhausen, Landgerichts Landsberg, dem Priester Jos. Kienle, Caplan zu Maierhöfen, Landgerichts Weiler, und

das Beneficium zu St. Johann in Neumarkt, Landgerichts gleichen Namens, dem Priester Jos. Ant. Haimerl, Pfarrer zu Staadorf, Landgerichts Riedenburg, dann

unter'm 8. September l. Js. die Pfarrei Bettbrunn, Landgerichts Riedenburg, dem Priester Georg Lehner, Pfarrer und Districts-Schulinspector zu Hemau, Landgerichts gleichen Namens.

Seine Majestät der König haben unter'm 31. August l. Js. die Resignation des Priesters Georg Idl auf die katholische Pfarrei Jllkofen, Landgerichts Stadtamhof zu genehmigen und zu gestatten geruht, daß der Herr Fürst von Thurn und

Taxis zu Regensburg den Priester Georg Silberbauer, Cooperator-Expositus in Bach, Landgerichts Wörth, auf obenbenannte Pfarrei in dem gegenwärtigen Erledigungsfalle präsentirt.

Seine Majestät der König haben unter'm 30. August l. Js. allergnädigst zu genehmigen geruht, daß das Frühmeß-Beneficium zu Bobingen, Landgerichts Schwabmünchen, von dem hochwürdigen Herrn Bischofe von Augsburg dem Priester Ignaß Schuster, Caplan zu Wallenhausen, Landgerichts Roggenburg, und

die katholische Pfarrei Mühlhausen, Landgerichts Ingolstadt, von dem hochwürdigen Bischofe von Eichstädt dem Priester Joseph Herzog, Cooperator zu Monheim, Landgerichts gleichen Namens, dann

unter'm 5. September l. Js. daß die katholische Pfarrei Steinhöring, Landgerichts Ebersberg, von dem hochwürdigsten Herrn Erzbischofe von München-Freising dem Priester Joh. B. Eberl, Cooperator-Expositus in Tacherting, Landgerichts Trostberg, verliehen werde.

Seine Majestät der König haben die nachstehenden erledigten protestantischen Pfarrstellen allergnädigst zu verleihen geruht und zwar:

unter'm 31. August l. Js. die Pfarrstelle zu Dörrenbach, Dekanats Bergzabern, dem Pfarramtscandidaten Philipp Schneider von Neustadt a/H.;

die Pfarrstelle zu Kerzenheim, Dekanats Kirchheimbolanden, dem bisherigen Pfarrer zu Hochspeier, Dekanats Kaiserslautern, Jacob Ludwig Wild; und

die Pfarrstelle zu Bubenheim, Dekanats Weißenburg, dem bisherigen Pfarrer zu Gersfeld, Dekanats Watzenbach, Carl Dimroth; ferner

unter'm 1. September l. Js. die Pfarrstelle zu Böhl, Dekanats Speyer, dem bisherigen Pfarrer zu Alleinkigen, Dekanats Frankenthal, Heinrich Theodor Chelius; und

die Pfarrstelle zu Wolfstein, Dekanats Lauterecken, dem bisherigen Pfarrer zu Speyer, Johann Christ. Lippert unter gleichzeitiger Uebertragung des protestantischen Dekanats Lauterecken, dann

die freiherrlich von Thüngen'sche Patronatspfarrei zu Burgsinn, Dekanats Waizenbach, dem bisherigen Pfarramtscandidaten Max Jos. Pfeiffer aus Lindau vermöge des Allerhöchstdenselben in diesem Erledigungsfalle zukommenden jus devolutionis.

Seine Majestät der König haben Sich vermöge allerhöchster Entschließung

vom. 6. September l. Js. bewogen gefunden, den protestantischen Pfarrer Johann
Conrad Kleinmann zu Godramstein, Dekanats Landau, zu quiesciren.

### Landwehr des Königreichs.

Seine Majestät der König ha-
ben Sich unter'm 2. September l. Js. allergnädigst bewogen gefunden, den Landwehr-
Major Mathias Müller zu Sulzbach, seinem
Ansuchen gemäß, aus dem Landwehrdienste
zu entlassen und an seine Stelle den seitherigen Hauptmann der Landwehr-Schützen-
Compagnie, Franz Wölzl, zum Major
und Commandanten des Landwehr-Bataillons Sulzbach zu ernennen.

### Bischöfliches Domcapitel zu Regensburg.

Seine Majestät der König ha-
ben. Sich vermöge allerhöchster Entschließung
vom 31. August l. Js. allergnädigst bewogen gefunden, der von dem Domcapitel zu
Regensburg geschehenen Ernennung des seitherigen Domvicars und Secretärs des bischöflichen Ordinariates, Priester Heinrich
Bauernfeind in Regensburg, zu der
durch das Ableben des Canonicus, Priester
Caspar Pfundmair und durch das sofort
stattfindende Vorrücken der übrigen jüngeren

Canoniker erledigten achten Canonicatsstelle
in dem bischöflichen Capitel zu Regensburg,
die Genehmigung zu ertheilen.

### Königlich Allerhöchste Genehmigung der Rectors- und Senatoren-Wahlen an den k. Universitäten München und Würzburg dann der Prorectors-Wahl an der k. Universität Erlangen.

Seine Majestät der König ha-
ben Sich allergnädigst bewogen gefunden,
folgende Wahlergebnisse allergnädigst zu
genehmigen, und zwar:
A. An der k. Universität München mittelst allerhöchster Entschließung vom
30. August l. Js.:
I. die Wahl des ordentlichen Professors
der juristischen Facultät: Hofrath Dr.
von Bayer als Rector,
II. die Wahl des ordentlichen Professors
Dr. Permaneder aus der theologischen Facultät,
des ordentlichen Professors Dr.
Arndts aus der juristischen Facultät,
des ordentlichen Professors Dr.
Schafhäutl aus der staatswirthschaftlichen Facultät,
des ordentlichen Professors Dr. von
Ringseis aus der medicinischen Facultät, und

des ordentlichen Professors Dr. Wagner aus der philosophischen Facultät zu Senatoren;

B. an der k. Universität Würzburg mittelst allerhöchster Entschließung vom 3. September l. Js.:

I. die Wahl des ordentlichen Professors der Chemie Dr. Joh. Jos. Scherer in Würzburg zum Rector an der Universität Würzburg für das Studienjahr 18$^{51}/_{52}$, dann

II. die Wahl des ordentlichen Professors Dr. Reißmann von der theologischen Facultät, des ordentlichen Professors Dr. Lang von der juristischen Facultät, des ordentlichen Professors Dr. Edel von der staatswirthschaftlichen Facultät, des ordentlichen Professors Dr. von Textor von der medicinischen Facultät, des ordentlichen Professors Dr. Georg Ludwig von der philosophischen Facultät für die Studienjahre 18$^{51}/_{53}$, und

III. die Wahl des ordentlichen Professors Dr. Kölliker zum Senator aus der medicinischen Facultät für das treffende Jahr 18$^{51}/_{52}$, endlich

C. an der k. Universität Erlangen mittelst allerhöchster Entschließung vom 5. September l. Js.:

die auf den ordentlichen Professor für Criminalrecht und Criminalproceß, dann für Encyklopädie und Methodologie der Rechtswissenschaft Dr. Eduard Joseph Schmidtlein zu Erlangen gefallene Wahl zum Prorector für das Studienjahr 18$^{51}/_{52}$.

## Ordens-Verleihungen.

Seine Majestät der König haben Sich allergnädigst bewogen gefunden, unter'm 27. August l. Js. dem bürgerlichen Magistratsrathe und Landwehr-Oberstlieutenant Ignaz Schneider zu Bamberg das Ritterkreuz des k. Verdienstordens vom heiligen Michael, und

unter'm 28. August l. Js. dem Oberstlieutenant Christoph Engelhard im k. 2. Artillerie-Regimente vacant Zoller in Rücksicht auf seine während 50 Jahren unter doppelter Anrechnung von 5 Feldzugsjahren mit Auszeichnung geleisteten Dienste das Ehrenkreuz des k. bayerischen Ludwigs-Ordens zu verleihen.

Seine Majestät der König haben den Nachgenannten die Ehrenmünze des k. b. Ludwigsordens allergnädigst zu verleihen geruht, und zwar:

unter'm 18. August l. Js. dem Wagmacher Matthäus Engelbrecht aus Kreußen, Landgerichts Pegnitz, in Rücksicht auf seine während fünfzig Jahren treu und eifrig geleisteten Dienste;

unter'm 20. August l. Js. dem Forstmeister Carl Friedrich Wilhelm Fuchs zu Dinkelsbühl in Rücksicht auf seine während mehr als fünfzig Jahren unter doppelter Anrechnung von 4 Feldzugsjahren mit Auszeichnung geleisteten Dienste;

unter'm 24. August l. Js. dem Communalrevierförster Jacob Koch zu Kandel in Rücksicht auf seine während mehr als fünfzig Jahren mit Eifer geleisteten Dienste;

unter'm 26. August l. Js. dem Schullehrer Andreas Schmitter zu Oberschleißheim, Landgerichts München in Rücksicht auf seine während mehr als fünfzig Jahren mit Eifer und Treue geleisteten Dienste, und

unter'm 1. September l. Js. dem Priester Mathias Erhard, Beneficiaten zu Friedberg, Landgerichts gleichen Namens in Rücksicht auf seine während fünfzig Jahren für Seelsorge und Jugenderziehung in erpriesterlicher Weise geleisteten Dienste.

## Titel-Verleihung.

Seine Majestät der König haben Sich vermöge Allerhöchster Entschließung vom 30. August l. Js. allergnädigst bewogen gefunden, dem k. Hofrath und ordentlichen Professor der Rechte an der Universität München, Dr. Hieronymus von Bayer, in wohlgefälliger Anerkennung seiner ausgezeichneten wissenschaftlichen Leistungen, sowie seiner seit einer langen Reihe von Jahren um die Universität München erworbenen Verdienste, den Titel eines k. geheimen Rathes tax- und stempelfrei zu verleihen.

## Königlich Allerhöchste Zufriedenheits-Bezeigung.

Durch letztwillige Verfügung vom 6. Juni 1850 hat der nunmehr verstorbene Bürgermeister der Stadt Ansbach, Johann Bernhard Endres, diese Stadt zur Erbin mit der Bestimmung eingesetzt, daß aus seinem nach Abzug der Legate verbliebenen Vermögen, im gegenwärtigen Werthe von 84,000 fl. — ein gesonderter Stiftungsfond gebildet, von dem Zinsenertrage alljährlich und zwar in den ersten fünfzig Jahren der dritte, in den zweiten fünfzig Jahren der vierte, dann aber stets fort der fünfte Theil zum Stiftungs-Grundvermögen geschlagen, der Rest der Nutzungen und Früchte des Stiftungscapitales aber zur Herbeiziehung, sowie zur Hebung und Emporbringung von solchen Gewerben der Stadt Ansbach verwendet werden soll, welche Handelsgegenstände erzeugen, damit durch gewerblichen Fleiß der Wohlstand der Stadt Ansbach gefördert werde.

Seine Majestät der König haben der bezeichneten Stiftung die allerhöchste landesherrliche Bestätigung zu ertheilen und allergnädigst zu genehmigen geruht, daß Allerhöchstderselben wohlgefällige Anerkennung der von dem Bürgermeister Endres durch diese zeitgemäße Stiftung bewährten Theilnahme an dem Wohle der Stadt Ansbach und des von ihm beihätigten regen Sinnes für die Hebung der gewerblichen Zustände daselbst, durch das Regierungsblatt bekannt gemacht werde.

### Einziehung von Gewerbsprivilegien.

Von der k. Regierung von Oberbayern, Kammer des Innern, wurde die Einziehung der nachbeschriebenen Gewerbs-Privilegien wegen Mangels der Neuheit und Eigenthümlichkeit beschlossen, und zwar: die Einziehung des dem Metzger und Garkoch J. Thurner von München unter'm 8. December 1849 verliehenen und unter'm 31. Januar 1850 ausgeschriebenen fünfjährigen Gewerbsprivilegiums auf Anwendung seiner Erfindung eines eigenthümlichen Verfahrens bei Anfertigung der sogenannten Regensburger Knack-, Brat-, Bock-, Weiß-, Leber- und Blutwürste mittelst einer von ihm erfundenen Maschine, dann

die Einziehung des dem David Marschall unter'm 25. October 1847 verliehenen, und unter'm 30. November 1847 ausgeschriebenen fünfjährigen Gewerbs-Privilegiums auf Anwendung des von ihm erfundenen eigenthümlichen Verfahrens bei Bereitung von Most und moustirenden Weinen aus Früchten, Beeren, Obst — dann Erzeugung eines Schnelleßigs aus Obsttrebern.

Von dem Stadtmagistrate München wurde die Einziehung des dem Schuhmachermeister Jacob Kraus von München unter'm 22. November 1842 verliehenen und unter'm 28. September 1843 ausgeschriebenen dreijährigen, unter'm 2. Mai 1844 auf weitere sechs Jahre verlängerten, in der Zwischenzeit auf den Lederausschneider Joseph Meisinger von München eigenthümlich übergegangenen Gewerbs-Privilegiums auf Anwendung des von Ersterem erfundenen Verfahrens, Leder aller Art, namentlich aber Sohlen und Oberleder in gefertigtem und ungefertigtem Zustande wasserdicht zu bereiten, wegen Mangels der Neuheit und Eigenthümlichkeit beschlossen, und dieser Beschluß im Recurswege von der k. Regierung, Kammer des Innern, von Oberbayern, bestätigt.

# Regierungs-Blatt

## für　　　　　　　　das

## Königreich　　　　Bayern.

## № 45.

München, Dinstag den 23. September 1851.

### Inhalt:

### Bekanntmachung,

die Ausdehnung der zwischen der königlich bayerischen und der großherzoglich hessischen Regierung wegen Verhütung und Bestrafung der Forstfrevel getroffenen Uebereinkunft vom $\frac{4.\ \text{April}}{30.\ \text{Juli}}$ 1822 auf Feld-, Jagd- und Fischereifrevel betreffend.

Königl. bayer. Staatsministerium des kgl. Hauses und des Aeußern.

Die königlich bayerische Staatsregierung ist mit der großherzoglich hessischen Staatsregierung übereingekommen, daß die zwischen den beiderseitigen Gouvernements wegen Verhütung und Bestrafung der Forstfrevel in den gegenseitigen Grenzwaldungen unter dem $\frac{4.\ \text{April}}{30.\ \text{Juli}}$ 1822 abgeschlossene Uebereinkunft nunmehr auch auf Feld-, Jagd- und Fischereifrevel, insoferne dieselbe auf solche anwendbar ist, und mit dem Vorbe-

75

halte ausgedehnt seyn solle, daß Pfandge:
bühren nur, soweit es die jeweilig bestehen:
ben Gesetze gestatten, zuzuerkennen und zu
erheben sind.

Unter Beziehung auf den Inhalt der
bemerkten Uebereinkunft, welche durch das
königliche Regierungsblatt Nr. 30 vom 10.
August 1822 S. 732 ff. zur öffentlichen
Kenntniß gebracht worden ist, wird daher
gegenwärtige nachträgliche Bestimmung an:
durch zur Wissenschaft und Nachachtung be:
kannt gemacht.

München, den 16. September 1851.

**Auf Seiner Königlichen Majestät
Allerhöchsten Befehl.**

v. d. Pfordten.

Durch den Minister
der geheime Secretär
Mayer.

---

Dienstes - Nachrichten.

Seine Majestät der König ha:
ben Sich allergnädigst bewogen gefunden,
unter'm 6. September l. Js. zur Wieder:
besetzung der erledigten I. technischen As:
sessorstelle am Wechselgerichte I. Instanz zu
Augsburg die Vorrückung der übrigen fünf
technischen Assessoren daselbst, Georg Mil:
tenberg, Mathias Kremer, Honorat

Santo:Casella, Johann Bapt. Wigl
und August Frommel, in die I. II. III.
IV. und V. technische Assessorstelle zu ge:
statten, und die sich hiedurch am genannten
Gerichte eröffnende VI. technische Assessor:
stelle dem Banquier Friedrich Schmid in
Augsburg zu übertragen, dann auf die in
Bergzabern erledigte Notarstelle den Notar
Ludwig Martini von St. Ingbert zu ver:
setzen;

unter'm 15. September l. Js. dem
Appellationsgerichtsrathe Adolph. Eduard
Friedrich von Sundahl die am Wech:
selappellationsgerichte von Oberfranken er:
ledigte Rathsstelle zu übertragen, dann
den Kaufmann Adam Muß der ihm am
genannten Gerichtshofe übertragenen Func:
tion eines technischen Assessors, entsprechend
seiner allerunterthänigsten Bitte zu entheben,
sofort die Vorrückung der übrigen techni:
schen Assessoren daselbst, Caspar Leist, Wil:
helm Stengel, Georg Michael Schwa:
ger, in die I. II. und III. Assessorstelle, so:
wie des bisherigen I. Suppleanten Carl
Schruck in die IV. technische Assessorstelle
und des dermaligen II. Suppleanten, Jo:
hann Georg Dotterweich, in die I. Sup:
pleantenstelle zu genehmigen, die sich hienach
eröffnende II. Suppleantenstelle dem I. tech:
nischen Assessor am Wechselgerichte I. In:
stanz zu Bamberg, Anton Bayerlein, un:
ter Vorrückung der übrigen technischen As:

fefforen allda, Joseph Hofmann, Rudolph
Groß und Carl Eduard Riezoldt, in
die nächst höhere, des dermaligen I. Suppleanten, Philipp Edel, in die IV. technische Assessorstelle und des II. Suppleanten,
Friedrich Krackhardt, in die I. Suppleantenstelle, zu übertragen, dann zum II. Suppleanten am letztgenannten Gerichte den dortigen Kaufmann, Christian Dederer, zu
ernennen, ferner

dem quiescirten Appellationsgerichts-
rathe Dr. Ernst von Moy, derzeit zu
Innsbruck, die allerunterthänigst erbetene
Entlassung aus dem bayerischen Staats-
dienste nach Maßgabe des §. 22 lit. A. der
IX. Verfassungsbeilage zu bewilligen, und

den Friedensgerichtschreiber Cäsar August Braun zu Blieskastel, seiner allerunterthänigsten Bitte entsprechend, auf die erledigte Friedensgerichtschreiberstelle zu Dürkheim zu versetzen;

unter'm 16. September l. Js. den
Landrichter Thaddä Liebl zu Ebersberg
bis auf anderweite allerhöchste Bestimmung
in den Ruhestand treten zu lassen; zum Landrichter in Ebersberg den I. Assessor des
Landgerichts Stadtamhof, Carl Zölch, zu
ernennen und auf die in Ebersberg erledigte I. Assessorstelle den I. Assessor des
Landgerichts Parsberg, Jos. Stritzl, seinem allerunterthänigsten Ansuchen gemäß, zu
versetzen, ferner

das Lehrfach der Exegese an dem Lyceum zu Amberg dem Lycealprofessor Dr.
Valentin Loch zuzuweisen, und

die Lehrstelle der Dogmatik vom 1.
October l. Js. angefangen dem Dr. der
Theologie, Priester Bartholomäus Enders,
in provisorischer Eigenschaft zu verleihen;

zur Wiederbesetzung der erledigten Lehrstelle der II. Classe der Lateinschule zu Eichstädt dem Studienlehrer der I. Classe, Priester. Possid. Nickl, die Vorrückung in das
Lehramt der II. Classe zu gestatten, und

die hiedurch erledigte Lehrstelle der I.
Classe dem dermaligen Subrector und Lehrer der IV. Classe an der Lateinschule zu
Burghausen, Priester Franz Hermannsdorfer. in provisorischer Eigenschaft zu
übertragen, dann

den Studienlehrer Christian Friedrich
Carl Förtsch an der Lateinschule bei St.
Anna zu Augsburg auf Grund des §. 22
lit. D. der IX. Beilage zur Verfassungs-
Urkunde und unter Anerkennung seiner bis-
herigen ersprießlichen Dienstleistung vorläu-
fig auf die Dauer eines Jahres in den
Ruhestand zu versetzen.

---

## Pfarreien- und Benefizien-Verleihungen; Präsentations-Bestätigungen.

Seine Majestät der König ha-
ben die nachgenannten katholischen Pfarreien

und Beneficien allergnädigst zu übertragen geruht, und zwar:

unter'm 15. September l. Js. die Pfarrei Karlskron, Landgerichts Neuburg a/D., dem Priester Benedict Klein, Curat- und Schulbenefieiat zu Emmershofen, Landgerichts Illertissen, dann

unter'm 16. September l. Js. die Pfarrei Unterhausen, Landgerichts Neuburg a/D., dem Priester Georg Engelmayr, Pfarrer zu Mindelaltheim, Landgerichts Burgau;

die Schulcuratie St. Salvator, Landgerichts Griesbach, dem Priester Placibus Hamel, Cooperator zu Perlesreut, Landgerichts Wolfstein, und

das Curatbeneficium Maria-Thann, Landgerichts Lindau, dem Priester Jacob Strobel, Beneficiums-Vicar zu Landsberg, Landgerichts gleichen Namens, dann

unter'm 19. September l. Js. die Pfarrei Estenfeld, Landgerichts Würzburg r.J.M., dem Priester Franz Michael Wolf, Pfarrer zu Weyer, Gerichts- und Polizeibehörde Sulzheim.

Seine Majestät der König haben unter'm 16. September l. Js. allergnädigst zu genehmigen geruht, daß die katholische Pfarrei Oberweikertshofen, Landgerichts Bruck, vom hochwürdigsten Herrn Erzbischofe von München-Freysing dem Cooperator-Expositus zu Niederthan, Landgerichts Pfaffenhofen, Priester Joh. Maller, verliehen werde.

Seine Majestät der König haben unter'm 7. September l. Js. den protestantischen Pfarrer, Joh. Friedrich Melsheimer zu Spesbach, Dekanats Homburg, in den Ruhestand zu versetzen geruht.

Seine Majestät der König haben unter'm 16. September l. Js. der vom Ritter Carl von Haubner als Kirchenpatron für den Pfarramtscandidaten Georg Mich. Keyser aus Vorchheim ausgestellten Präsentation auf die protestantische Pfarrei Brand, Dekanats Wunsiedel, die landesfürstliche Bestätigung zu ertheilen geruht.

---

Landwehr des Königreichs.

Seine Majestät der König haben Sich unter'm 6. September l. Js. allergnädigst bewogen gefunden, den bisherigen Hauptmann im Landwehr-Bataillon Memmingen, Carl Dämpfle zum Major und Commandanten dieses Landwehr-Bataillons zu ernennen, und

unter'm 19. September l. Js. den Major und Commandanten des Landwehrbataillons Lindau, Joseph Hyrenbach,

seinem Ansuchen gemäß, von seiner Landwehrstelle zu entheben.

### Magistrat der Stadt Würzburg.

Die von dem ersten rechtskundigen Bürgermeister der Stadt Würzburg, Dr. Johann Math. Bermuth, nachgesuchte, von
dem Magistrate und den Gemeinde-Bevoll-
mächtigten übereinstimmend beantragte Versetzung in bleibenden Ruhestand mit Rücksicht auf besser nachgewiesene Funktions-
fähigkeit wurde genehmigt.

### Protestantische Kirchenverwaltung zu St. Johannis in Ansbach.

Unter dem 14. September l. Js. ist
an die Stelle des in Gemäßheit des §. 78
lit. d. des revidirten Gemeinde-Ediktes vom
1. Juli 1834 aus der Kirchen-Verwaltung
der protestantischen Pfarrei St. Johannis
zu Ansbach ausgeschiedenen Mitgliedes, des
Bierbrauerei-Besitzers Albrecht Störzenbach, der Gutsbesitzer Christian Geret
von Strüth einberufen und als Mitglied
dieser Verwaltung höchsten Orts bestätiget
worden.

### Katholische und protestantische Kirchen-verwaltungen zu Erlangen.

Unter dem 21. September l. Js. sind
als Mitglieder der Verwaltung der katholischen und der zwei protestantischen Pfarreien der Stadt Erlangen nachstehende
Gemeindeglieder höchsten Orts bestätiget
worden:

I. für die Kirchenverwaltung der katholi-
　　schen Pfarrei Erlangen:
　　　1. der Gastwirth Jos. Schlicht und
　　　2. der Apotheker August Eireiner;

II. für die Kirchenverwaltung der protestan-
　　tischen Pfarrei Altstadt-Erlangen:
　　　1. der Bierbrauer Christian Stahlsen,
　　　2. der Kaufmann Peter Schmidt, und
　　　3. der Bierbrauer Friedrich Görl;

III. für die Kirchenverwaltung der protestan-
　　tischen Pfarrei Neustadt-Erlangen:
　　　1. der Bäckermeister Carl Kraft,
　　　2. der Kaufmann Conrad Helm und
　　　3. der Bierbrauer Heinr. Henninger.

### Ordens-Verleihungen.

Seine Majestät der König ha-
ben Sich vermöge allerhöchster Entschließung
vom 4. September l. Js. allergnädigst bewogen gefunden, dem k. Kämmerer und
pens. Obersten Paul von Stetten zu Bamberg in Rücksicht auf seine während 50
Jahren (unter doppelter Einrechnung von
6 Feldzugsjahren) ehrenvoll geleisteten Dienste
das Ehrenkreuz des königlich bayerischen
Ludwigsordens, und

vermöge allerhöchster Entschließung vom 2. September l. Is. dem Landgerichtsdiener Johann Meckel zu Kitzingen in Rücksicht auf seine während mehr als 50 Jahren, unter doppelter Einrechnung von 7 Feldzugsjahren, mit Auszeichnung geleisteten Dienste die Ehrenmünze des oben gedachten Ordens zu verleihen.

### Titel - Verleihung.

Seine Majestät der König haben mittelst allerhöchsten Signats vom 5. September l. Is. dem durch allerhöchstes Rescript vom 8. Juli l. Is. zum Registrator und Expeditor des Obersthofmeister-Stabes ernannten Jacob Kammerknecht nachträglich den Titel eines Stabssecretärs Allerhöchstihres Obersthofmeisterstabes allergnädigst zu verleihen geruht.

### K. Allerhöchste Genehmigung zu einer Namensveränderung.

Seine Majestät der König haben allergnädigst zu genehmigen geruht, daß der von dem Bierwirthe Martin Huber zu München arrogirte Sohn Joseph Bojer von Großeltingen den Familien-Namen „Huber" unbeschadet der Rechte Dritter annehmen und fortan führen dürfe.

### Gewerbsprivilegien-Verleihungen.

Seine Majestät der König haben den nachgenannten Personen Gewerbsprivilegien allergnädigst zu ertheilen geruht, und zwar:

unter'm 20 März l. Is. dem Gemeindevorsteher Georg Frauenberger von Hallbergmoos, auf Ausführung seiner Erfindung, Kalk aus Alßenerde mittelst eines, zu diesem Behuße eigens konstruirten Brennofens zu gewinnen, für den Zeitraum von zehn Jahren;

unter'm 11. Juni l. Is. dem Mechanikus Joseph Steiner von München, auf Ausführung der von ihm erfundenen Vorrichtung an Schriftgießmaschinen, welche Vorrichtung von ihm mit dem Namen „Matrizenhälter" bezeichnet wird, für den Zeitraum von drei Jahren;

unter'm 27. Juni l. Is. dem pensionirten Wegmacher Max Holl von Moosburg, auf Anwendung des von ihm erfundenen eigenthümlichen Verfahrens bei Bereitung des Bresiltabacks für den Zeitraum von einem Jahre;

unter'm 7. Juli l. Is. dem Schlossermeister Johann Widmaier von Burghausen, auf Anfertigung der von ihm erfundenen eigenthümlich construirten Kaffeemühlen für den Zeitraum von sechs Jahren;

unter'm 29. Juli l. Is. dem Narciß

Waltenberger von Augsburg, auf Ausführung seiner Erfindung, bestehend in Bereitung einer sogenannten Schnellwichse und einer Thranwichse für den Zeitraum von fünf Jahren;

unter'm 1. August l. Js. dem Franz Merk, Geschäftsführer der Münchener Gasbeleuchtungs-Gesellschaft, auf Ausführung der von ihm erfundenen eigenthümlichen Construction für Feuerherde aller Art mittelst Längenroste für den Zeitraum von drei Jahren, und

der Advokatentochter Walburga Walta von Steinweg bei Regensburg, auf Anwendung des von ihr erfundenen eigenthümlichen Verfahrens beim Bleichen der Schafwolle für den Zeitraum von einem Jahre; dann

unter'm 15. August l. Js. dem Privatier John Piddington von Brüssel, auf Einführung der von ihm erfundenen verbesserten Construction der Piano-Forte's für den Zeitraum von 4½ Jahren, und

dem Hausbesitzer Joseph Engelhart von München, auf Anwendung des von ihm erfundenen Verfahrens zur Trockenlegung jeder Art von Mauerwerk und Gebälk für den Zeitraum von fünf Jahren;

unter'm 17. August l. Js. dem Techniker g. L. Mylius von Berlin z. Z. in Kriegshaber, auf Ausführung des von ihm erfundenen Spiritus-Brennapparats für den Zeitraum von fünf Jahren;

unter'm 18. August l. Js. dem Caspar Lüthy, Mitinhaber der k. k. privilegirten Spinnfabrik in Innsbruck und dem Georg Alfons Rißler, Spinnfabrikbesitzer zu Cernay, auf Ausführung der von ihnen erfundenen verbesserten Cardiermaschinen für den Zeitraum von 1½ Jahren, und

unter'm 22. August l. Js. dem Mechanikus August Knocke von hier, auf Ausführung der von ihm erfundenen Verbesserung an der Construction seiner unter'm 24. Mai 1850 auf ein Jahr patentirten Zündnadelgewehre für den Zeitraum von einem Jahre.

## Verlängerung eines Gewerbsprivilegiums.

Seine Majestät der König haben unter'm 15. August l. Js. das dem Mechanikus Friedrich Kalbfell von Stuttgart unter'm 24. October 1850 verliehene, vier und ein halbes Jahr laufende Gewerbsprivilegium auf Ausführung des von ihm erfundenen Verfahrens zur beschleunigtern, von den Einflüssen der Witterung unabhängigen Aufbereitung des Torfes für den Zeitraum von weiteren fünf Jahren, vom 24. April 1855 anfangend, zu verlängern geruht.

## Einziehung eines Gewerbsprivilegiums.

Von dem Stadtmagistrate München wurde die Einziehung des dem Anton Sturm von München unter'm 4. December 1845 verliehenen und unter'm 12. März 1846 ausgeschriebenen dreijährigen — in der Zwischenzeit verlängerten und auf den vormaligen Eisenhändler Sigmund Burger eigenthümlich übergegangenen Gewerbs-Privilegiums auf Anwendung des von 2c. Sturm erfundenen Verfahrens, Champagner und verbesserte Liqueure zu bereiten — auf den Grund der Bestimmung in §. 30 Ziffer 8 der allerhöchsten Verordnung vom 10. Februar 1842 verfügt.

---

## Verzichtleistung auf ein Gewerbsprivilegium.

Das dem Steinbruchbesitzer Friedrich Adam Schwarz von Solenhofen unter'm 17. November 1848 verliehene und unter'm 3. Februar 1849 ausgeschriebene fünfjährige Gewerbsprivilegium auf Anwendung der von ihm erfundenen Bedachung aus Solenhofer Schieferplatten und gebrannten

Thatsächlichseinen, ist durch Verzicht desselben erloschen.

---

## Gewerbsprivilegien-Erlöschungen.

Das den Brancefarben-Fabrikanten Birchner und Hartmann in Nürnberg unter'm 17. November 1848 verliehene und unter'm 5. Januar 1849 ausgeschriebene fünfjährige Gewerbsprivilegium auf ihre Erfindung einer die Feinheit und den Glanz des Fabrikats erhöhenden Verbesserung der Brancefarbenbereitung wurde wegen nicht gelieferten Nachweises der Ausführung dieser Erfindung in Bayern auf Grund des §. 30 Ziffer 4 der allerhöchsten Verordnung vom 18. Februar 1842, die Gewerbsprivilegien betreffend, dann

das dem Schreiner Georg Endres von Wolfertshofen, Landgerichts Moosburg, unter'm 23. Februar 1850 verliehene und unter'm 23. März 1850 ausgeschriebene dreijährige Gewerbsprivilegium auf Anfertigung verbesserter Schreinerarbeit gleichfalls wegen nicht gelieferten Nachweises der Ausführung dieser Erfindung in Bayern auf Grund der oben erwähnten Verordnungsstelle als erloschen erklärt.

# Regierungs-Blatt

## für das

## Königreich Bayern.

## № 46.

München, Mittwoch den 8. October 1851.

---

**Inhalt:**

---

**Bekanntmachung,**

die Additional-Convention vom 20. Mai 1851 zu dem Handels- und Schifffahrts-Vertrage vom 23. Juni 1845 zwischen den Staaten des deutschen Zoll- und Handelsvereines einerseits und Sardinien andererseits betr.

---

**Staatsministerium des Königlichen Hauses und des Aeußern.**

Nachdem die am 20. Mai d. Js. zu Turin abgeschlossene Additional-Convention zu dem Handels- und Schifffahrts-Vertrage zwischen den Staaten des deutschen Zoll- und Handels-Vereines einerseits und Sardinien andererseits vom 23. Juni 1845 die allerhöchste Genehmigung Seiner Majestät des Königs erhalten hat, und dar-

76

auf hin die Auswechselung der Ratifications-Urkunden erfolgt ist, so wird in Folge
besonderer allerhöchster Ermächtigung die

vorgedachte Additional-Convention hiemit
zur Kenntniß und Darnachachtung öffentlich bekannt gemacht.

München, den 3. October 1851.

Auf Seiner Majestät des Königs Allerhöchsten Befehl.

v. d. Pfordten.

Durch den Minister
der geheime Secretär:
Mayer.

---

| | |
|---|---|
| Convention additionnelle au Traité de Com-<br>merce et de Navigation conclu à Berlin le<br>23. Juin 1845. | Uebersetzung der Additional-Convention vom 20.<br>Mai 1851 zu dem Handels- und Schifffahrts-<br>Vertrage vom 23. Juni 1845 zwischen den<br>Staaten des deutschen Zoll- und Handelsvereins<br>einerseits und Sardinien andererseits. |

Sa Majesté le Roi de Prusse
agissant tant en Son nom et pour les
autres pays et parties de pays souverains
compris dans Son système de douanes
et d'impôts, savoir: Le Grand-Duché
de Luxembourg, les enclaves du Grand-
Duché de Mecklenbourg—Rossow, Netzeband et Schönberg—, la Principauté de
Birkenfeld du Grand-Duché d'Olden-
bourg, les Duchés d'Anhalt-Coethen,
d'Anhalt-Dessau et d'Anhalt-Bernbourg,
les Principautés de Waldeck et de Pyrmont, la Principauté de Lippe et le Grand-
Baillage de Meisenheim du Landgraviat de Hesse, qu'au nom des autres

Seine Majestät der König von
Preußen, sowohl für Sich und in Vertretung der Ihrem Zoll- und Steuersystem
angeschlossenen souveränen Länder und Landestheile, nämlich des Großherzogthums
Luxemburg, der großherzoglich Mecklenburgischen Enclaven Rosow, Netzeband und
Schönberg, des großherzoglich Oldenburgi-
schen Fürstenthums Birkenfeld, der Herzogthümer Anhalt-Cöthen, Anhalt-Dessau
und Anhalt-Bernburg, der Fürstenthümer
Waldeck und Pyrmont, des Fürstenthums
Lippe und des landgräflich hessischen Ober-
amtes Meisenheim, als auch im Namen
der übrigen Mitglieder des deutschen Zoll-

Membres de l'Association de douanes et de commerce Allemande (Zollverein) savoir: la Couronne de Bavière, la Couronne de Saxe et la Couronne de Wurttemberg, le Grand-Duché de Bade, l'Electorat de Hesse, le Grand-Duché de Hesse, tant pour lui que pour le baillage de Hombourg du Landgraviat de Hesse; les Etats formant l'Association de douanes et de commerce de Thuringe, savoir: le Grand-Duché de Saxe, les Duchés de Saxe-Meiningen, de Saxe-Altenbourg et de Saxe-Cobourg et Gotha, les Principautés de Schwarzbourg-Rudolstadt et de Schwarzbourg-Sondershausen, de Reuss-Greitz, de Reuss-Schleitz et de Reuss-Lobenstein et Ebersdorf, le Duché de Brunswick, le Duché de Nassau et la ville libre de Francfort d'une part, et

Sa Majesté le Roi de Sardaigne d'autre part,

désirant étendre les relations commerciales entre les Etats du Zollverein et les Etats Sardes, sont convenus d'ajouter au traité de commerce et de navigation conclu à Berlin le 23. Juin 1845 les articles suivants:

### Art. 1.
Sa Majesté le Roi de Prusse

und Handelsvereins, nämlich der Krone Bayern, der Krone Sachsen und der Krone Württemberg, des Großherzogthums Baden, des Churfürstenthums Hessen, des Großherzogthums Hessen, zugleich das landgräflich Hessische Amt Homburg vertretend; der den Thüringschen Zoll- und Handelsverein bildenden Staaten, namentlich des Großherzogthums Sachsen, der Herzogthümer Sachsen-Meiningen, Sachsen-Altenburg und Sachsen-Coburg und Gotha, der Fürstenthümer Schwarzburg-Rudolstadt und Schwarzburg-Sondershausen, Reuß-Greitz und Reuß-Schleitz-Lobenstein-Ebersdorf, des Herzogthums Braunschweig, des Herzogthums Nassau und der freien Stadt-Frankfurt einerseits, und

Seine Majestät der König von Sardinien andererseits,

von dem Wunsche beseelt, den Handelsbeziehungen zwischen den deutschen Zollvereins- und den Sardinischen Staaten eine größere Ausdehnung zu geben, sind übereingekommen, dem zu Berlin am 23. Juni 1845 abgeschlossenen Handels- und Schifffahrtsvertrage die nachstehenden Artikel hinzuzufügen:

### Art. 1.
Seine Majestät der König von

tant en Son nom qu'au nom des autres Membres de l'Association de douanes et de commerce Allemande s'engage

1°. A réduire les droits actuellement établis sur les riz Sardes à leur entrée dans les Etats du Zollverein, savoir:

a) pour les riz pelés de 2 écus à 1 écu de Prusse le quintal,

b) pour les riz non pelés de 2 écus à ²/₃ d'écu ou 20 silbergroschen le quintal;

2°. A supprimer les droits qui étaient perçus jusqu'à présent sur l'huile d'olive provenant en tonneaux des États Sardes et destinée à subir à son entrée dans les Etats du Zollverein un mélange d'huile de Térébenthine.

### Art. II.

Sa Majesté le Roi de Sardaigne consent à étendre aux États du Zollverein à partir du 1. Juin 1851 les réductions de douane accordées par la Sardaigne à la France, à la Belgique et à l'Angleterre par les traités conclus avec ces Puissances sous la date du 5. Novembre 1850, du 24. Janvier et du 27. Février 1851.

Preußen, sowohl für Sich als auch im Namen der übrigen Mitglieder des deutschen Zoll- und Handelsvereins verpflichtet Sich:

1) die gegenwärtig für Sardinischen Reis bei seinem Eingange in die Staaten des Zollvereins bestehenden Zölle

a) für geschälten Reis von 2 Rthlr. auf 1 Rthlr. pro Centner,

b) für ungeschälten Reis von 2 Rthlr. auf ²/₃ Rthlr. oder 20 Sgr. pro Centner

zu ermäßigen;

2) die Zölle aufzuheben, welche bisher von dem Baumöl erhoben wurden, das in Fässern aus den Sardinischen Staaten eingeführt wird, und beim Eingange in die Staaten des Zoll-Vereins einen Zusatz von Terpentin-Oel erhält.

### Art. 2.

Seine Majestät der König von Sardinien willigt darein, die Sardinischer Seits Frankreich, Belgien und Großbritannien mittelst der mit diesen Mächten abgeschlossenen Verträge vom 5. November 1850, 24. Januar und 27. Februar 1851 gewährten Zollermäßigungen vom 1. Juni 1851 an auch auf die Staaten des Zoll-vereins auszudehnen.

———

### Art. III.

Les deux Hautes Parties contractantes se réservent de prendre de con-
cert des mesures propres à favoriser
l'établissement d'une ligne de chemins
de fer destinée à relier ceux de l'Union
douanière Allemande avec celui qui est
en voie de construction entre Gênes et
les frontières de la Suisse.

### Art. IV.

La présente convention aura la force
et la valeur du traité du 23. Juin 1845
dont elle formera désormais l'annexe et
l'un et l'autre resteront en vigueur jusqu' au 1. Janvier 1858. A partir de cette
époque ils ne cesseront d'être en vigueur
que douze mois après que l'une des Hautes
Parties contractantes aura déclaré à
l'autre son intention de ne plus vouloir
les maintenir.

### Art. V.

La présente convention sera ratifiée
et les ratifications en seront échangées
à Berlin dans le plus court délai.

En foi de quoi l'Envoyé extraordi-
naire et Ministre plénipotentiaire de Sa
Majesté le Roi de Prusse, et Monsieur
le Ministre de la Marine, de l'Agricul-

### Art. 3.

Die beiden hohen vertragenden Theile
behalten Sich vor, gemeinschaftlich Maß-
regeln zu ergreifen, welche geeignet sind,
die Herstellung einer Eisenbahn-Linie zur
Verbindung der Schienenwege des deutschen
Zollvereins mit der von Genua nach der
Gränze der Schweiz im Bau begriffenen
Bahn zu fördern.

### Art. 4.

Die gegenwärtige Uebereinkunft soll
gleiche Kraft und Gültigkeit mit dem Vertrage vom 23. Juni 1845 haben, dessen
Anhang sie fortan bildet und beide sollen
bis zum 1. Januar 1858 in Wirksamkeit
bleiben. Von diesem Zeitpunkte an wird
ihre Wirksamkeit erst zwölf Monate nach
dem Zeitpunkte aufhören, wo einer der hohen vertragenden Theile dem anderen seine
Absicht, dieselben nicht länger aufrecht halten zu wollen, erklärt haben wird.

### Art. 5.

Die gegenwärtige Uebereinkunft soll
ratificirt und die Ratificationen sollen sobald als möglich in Berlin ausgewechselt
werden.

Zu Urkund dessen haben der außerordentliche Gesandte und bevollmächtigte Minister Seiner Majestät des Königs von
Preußen, und der Königlich Sardinische

ture et du Commerce, chargé du Porte-
feuille des Finances de Sa Majesté
Sarde, munis à cet effet de plein-pou-
voirs trouvés en bonne et due forme,
ont signé la présente convention et y
ont apposé leurs cachets.

Fait à Turin en double original le
20ième jour du mois de Mai de l'an mil
huit cent cinquante et un.

H. Redern.  C. de Cavour.
(L. S.)  (L. S.)

Minister für Marine, Ackerbau und Han-
del, auch betraut mit dem Ministerium der
Finanzen, auf Grund der ihnen zu diesem
Behufe ertheilten, in guter und gehöriger
Form befundenen Vollmachten, die gegenwär-
tige Uebereinkunft unterzeichnet und ihr die
Siegel ihrer Wappen beigedrückt.

Geschehen zu Turin in doppeltem Original, den 20. Mai 1851.

H. Redern.  C. de Cavour.
(L. S.)  (L. S.)

---

**Bekanntmachung,**
das Freiherrlich Voith von Voithenberg'sche
Fidei-Commiß betr.

**Im Namen Seiner Majestät des Kö-
nigs von Bayern.**

Der k. bayer. Kämmerer Johann Nep.
Freiherr Voith von Voithenberg
auf Herzogau und Voithenbergsöd hat in
Bezug auf das von ihm errichtete und am
8. März 1846 zur öffentlichen Kenntniß gebrachte Fideicommiß Herzogau (Regierungs-
Blatt 1846 S. 183—204) in einer nachträglichen Urkunde dd. 1. März 1851 die
Bestimmung des §. 4 Nro. 4 dahin modi-
ficirt:

daß er seinen bereits großjährigen
Sohn Heinrich Freiherrn Voith von
Voithenberg, seiner Bitte entspre-

chend, von der in der Fideicommiß-Bestä-
tigungsurkunde vom 3. März 1846 im
§. 4 Nro. 4 enthaltenen Verpflichtung,
daß jeder Fideicommißbesitzer mit einer adelichen Person verehelicht seyn
müsse, dispensire, und unter Vorbehalt
des vollen Dispositionsrechtes über das
fragliche Fideicommiß in allen seinen
einzelnen Bestandtheilen nach §. 4 Nro. 1
der allegirten Bestätigungs-Urkunde
in Ansehung der Erbfolge bestimme,
daß, in so ferne er sich nicht letztwillig
zu einer andern Ernennung unter seinen Kindern veranlaßt finden werde,
oder das Fideicommiß nicht wieder
aufgehoben habe, nach seinem Tode,
wenn alle seine Kinder großjährig sind,
sein genannter Sohn Heinrich Freiherr
Voith von Voithenberg in die

Succeſſion des Familien=Fideicommiſſes Herzogau, wie daſſelbe an Grund= und andern Vermögen nach dem in der Stiftungs=Urkunde über die Bestand= theile und Zugehörungen deſſelben ſich vorbehaltenen Verfügungsrechte bei seinem Tode beſtehen wird, eintreten ſoll.

Diese nachträglich getroffene und auch von dem genannten Heinrich Freiherrn Voith von Woithenberg acceptirte fideicommiſſa= riſche Verfügung wird hiemit genehmigt, und ist als Ergänzung des von dem Conſtituenten Johann Nepomuk Freiherrn Voith von Woithenberg errichteten Familien=Fidei= commiſſes zu betrachten, was zur öffentlichen Kenntniß gebracht wird.

Amberg, den 19. August 1851.

Königliches Appellationsgericht der Oberpfalz und von Regensburg.

v. Allweyer, Präsident.

Unterberger, Secretär.

---

### Bekanntmachung,

die Errichtung einer k. Filialbank in Bayreuth betreffend.

---

Seine Majeſtät der König ha= ben unter'm 23. September l. Js. zu ge= nehmigen geruht, daß vom 1. Januar 1852 an, in Bayreuth eine Filialbank der k. Bank zu Nürnberg errichtet werde.

### Dienſtes = Nachrichten.

Seine Majeſtät der König ha= ben allergnädigſt geruht, unterm 22. September l. Js. den Unterlieutenant im 13. Infanterie = Regimente Kaiser Franz Joseph von Oeſterreich, Guido Freiherrn v. Guttenberg, ferner Heinrich Freiherrn von Maltzan=Wartenberg=Penzlin und den Kreis= und Stadtgerichts=Protokol= listen und Acceſſiſten Otto Freiherrn von Herman auf allerunterthänigſtes Ansuchen in die Zahl Allerhöchſtihrer Kammer= junker aufzunehmen.

Seine Majeſtät der König ha= ben allergnädigſt geruht, unter'm 6. Sep= tember l. Js. den Revierförster zu War= menſteinach, im Forstamte Goldkronach, Jo= ſeph Fink, auf Ansuchen in den Ruhe= stand treten zu lassen, und

an deſſen Stelle zum proviſoriſchen Re= vierförſter zu Warmenſteinach den Forstamts= Actuar und Functionär im Regierungs= Forſtbureau zu Bayreuth, August Men= zing, zu ernennen;

unter'm 8. September l. Js. den Rent= beamten Simon Schinabeck in Auerbach auf Ansuchen auf das erledigte Rentamt Hilpolſtein zu versetzen;

unter'm 16. September l. Js. den Rentbeamten Carl Kees zu Aschaffenburg auf den Grund des §. 22 lit. B. und C.

der IX. Beilage zur Verfassungs-Urkunde
auf Ansuchen, unter Bezeigung der allerhöchsten Zufriedenheit mit seiner langen und
redlichen Dienstleistung und des an den Tag
gelegten regen Eifers, für immer in den
Ruhestand zu versetzen;

den Finanz-Rechnungs-Commissär der
Regierung von Unterfranken und Aschaffenburg, Jacob Friedrich Beyler, auf den
Grund nachgewiesener Functions-Unfähigkeit nach §. 22 lit. D. der IX. Beilage
zur Verfassungs-Urkunde auf die Dauer eines Jahres in den Ruhestand zu versetzen
und die hiedurch erledigte Rechnungs-Commissärstelle dem functionirenden Rechnungs-
Revisor bei der Regierungs-Finanzkammer
von Unterfranken, Franz Xaver Huber,
provisorisch zu verleihen;

den Rentbeamten Friedrich Wilhelm
Beuschel in Hammelburg wegen nachgewiesener Functions-Unfähigkeit auf den Grund
des §. 22 lit. D. der IX. Beilage zur Verfassungs-Urkunde auf Ansuchen auf die Dauer
eines Jahres in den Ruhestand zu versetzen;

auf dessen Stelle zum Rentbeamten in
Hammelburg den Rechnungs-Commissär der
Regierungs-Finanzkammer von Unterfranken
und Aschaffenburg, Daniel Feldhäuser,
zu befördern, und

auf die hiedurch in Erledigung gekommene Rechnungs-Commissärstelle bei der Regierungs-Finanzkammer von Unterfranken

und Aschaffenburg den Finanz-Rechnungs-
Commissär der Pfalz, Christoph Hechtel,
auf Ansuchen zu versetzen;

unter'm 23. September l. Js. auf die
im Staats-Ministerium der Finanzen erledigte Stelle des Ministerialrathes in Forst-
verwaltungs-Gegenständen den Oberforstrath,
Johann Baptist Waldmann daselbst, zu
befördern;

auf die hienach sich eröffnende Stelle
des Oberforstrathes im Staats-Ministerium
der Finanzen den Regierungs- und Forstrath zu Würzburg, Johann Nicolaus Mantel, im Range eines Centralrathes zu befördern;

den Rentbeamten Franz Xaver Mit-
terhuber zu Trostberg auf Ansuchen auf
das Rentamt Mühldorf, und

den Rentbeamten Franz Xaver Eder
zu Bischofsheim vor der Rhön, ebenfalls
auf Ansuchen, auf das Rentamt Trostberg
zu versetzen;

den Finanz-Rechnungs-Commissär der
Regierung von Mittelfranken, Jac. Düring,
auf Ansuchen zum Rentbeamten in Bischofsheim vor der Rhön zu befördern;

den Finanzraths-Accessisten bei der Regierung von Mittelfranken, Georg Albert
Kleemann, zum Finanz-Rechnungs-Commissär daselbst provisorisch zu ernennen;

die Stelle eines Rentamts-Adjuncten
bei dem Stadtrentamte München vom 1.

October l. Js. an, dem Raths-Accessisten der Regierungs-Finanzkammer der Oberpfalz und von Regensburg, Eduard Kimmerle, in provisorischer Eigenschaft zu übertragen;

die bei dem Kreis- und Stadtgerichte Bamberg erledigte Assessorstelle dem Kreis- und Stadtgerichts-Protocollisten Martin Böhm zu Bayreuth zu verleihen;

den I. Assessor des Landgerichts Wasserburg, Conrad Ruedorfer, seiner aller-unterthänigsten Bitte entsprechend mit dem Ausdrucke allerhöchster Zufriedenheit mit seinen langjährigen und treuen Diensten auf Grund des §. 22 lit. B. der IX. Verfassungs-Beilage für immer in den Ruhestand treten zu lassen, zum I. Assessor des Land-gerichts Wasserburg den II. Assessor da-selbst, Carl Christian Wilhelm Dorner, vorrücken zu lassen und die Stelle eines II. Assessors des Landgerichts Wasserburg dem Accessisten der Regierung von Oberbayern, Kammer des Innern, Franz Xaver von Krafe, zu verleihen;

unter'm 28. September l. Js. das er-ledigte Stadtgerichts-Physicat Bamberg, dem dermaligen Cantons-Arzte Dr. Joseph Heine zu Germersheim, seinem Ansuchen entsprechend, zu verleihen;

dem Secretär II. Classe der Regie-rung von Schwaben und Neuburg, Ulysses Freiherrn von Herman, die erbetene Ent-lassung aus dem Staatsdienste auf Grund

des §. 22 lit. A. der IX. Verfassungs-Beilage, zu bewilligen;

die erledigte Professur der Mathema-tik an der Studienanstalt zu Schweinfurt dem bisherigen Lehramts-Candidaten Fried-rich Hartmann aus Schweinfurt in pro-visorischer Eigenschaft zu verleihen;

die Cameral-Administration Kaulsdorf mit dem 1. October l. Js. aufzulösen und deren Geschäfte dem Rentamte Teuschnitz in Rothenkirchen zu übertragen, dann den Cameral-Administrator Eduard Böhner zu Kaulsdorf vom 1. October l. Js. an zum Rentbeamten in Auerbach zu be-fördern;

das Gesuch des Forstwarts Carl Chri-stian Beneke zu Münchzell, im Forstamte Ansbach, um Entlassung aus dem k. Staats-forstdienste zu genehmigen und demselben in Anerkennung seiner langen und treuen Dien-stleistung den Titel und Rang eines k. Revierförsters tax- und stempelfrei zu ver-leihen; .

die bei dem Appellationsgerichte von Unterfranken und Aschaffenburg erledigte Kanzlistenstelle dem Functionär in der Re-gistratur des Oberappellationsgerichts, Va-lentin Meyer aus Bayreuth, seiner aller-unterthänigsten Bitte entsprechend, in pro-visorischer Eigenschaft zu übertragen, dann den Friedensrichter Wigand Ignaz Godrox in Dürkheim nach §. 19 der Beilage IX.

zur Verfassungsurkunde in den Ruhestand
zu versetzen;

unter'm 29. September l. Js. den Revierförster zu Wilgertshofen, im Forstamte
Landsberg, Michael Gigl, seiner Bitte
willfahrend, unter Bezeigung der allerhöchsten Zufriedenheit mit seinen nahezu 50jäh-
rigen treuen und ersprießlichen Dienstslei-
stungen in den Ruhestand zu versetzen, und

an dessen Stelle zum provisorischen Revierförster in Wilgertshofen den Forstamtsactuar zu Haag, Peter Burgmaier, zu
ernennen, ferner

den Regierungs-Finanzrath von Unterfranken und Aschaffenburg, Gottfried Weingärtner, unter Anerkennung seiner beinahe
40jährigen treuen Dienstsleistung in den
definitiven Ruhestand zu versetzen, sodann

an dessen Stelle zum Regierungs-Finanzrath von Unterfranken und Aschaffenburg
den Regierungs-Assessor und Fiscaladjunkten
in Augsburg, Friedrich August Dorner,
zu befördern;

auf das erledigte Rentamt Ochsenfurt
den Rentbeamten zu Kastl, Hermann Hofmann, auf Ansuchen zu versetzen;

den Finanz-Rechnungs-Commissär von
Schwaben und Neuburg, Jacob Bründl,
auf das Rentamt Kastl zu befördern, und
den technischen Steuer- und Rechnungs-
Revisor bei der Regierung von Schwaben
und Neuburg, Joseph Kögl, zum Finanz-

Rechnungs-Commissär daselbst provisorisch
zu ernennen;

unter'm 30. September l. Js. den
Landrichter Anton von Gimmi in Regen,
auf Grund des §. 22 lit. D. der IX. Verfassungs-Beilage auf die Dauer eines Jahres in den erbetenen Ruhestand treten zu
lassen; zum Landrichter in Regen den dermaligen I. Assessor des Landgerichtes Passau II.,
Mathias Stangl, zu befördern, und auf
die eröffnete I. Assessorstelle bei dem Landgerichte Passau II. den I. Assessor des Landgerichts Wegscheid, Jos. Mayer, seiner
Bitte gemäß, zu versetzen, ferner

den I. Assessor des Landgerichts Miltenberg, Julius Steinwarz, wegen nachgewiesener Dienstunfähigkeit auf Grund des
§. 22 lit. D. der IX. Verfassungs-Beilage
auf die Dauer eines Jahres in den Ruhestand treten zu lassen; zum I. Assessor des
Landgerichts Miltenberg den II. Assessor des
Landgerichts Euerdorf, Franz Bauer, vorrücken zu lassen; zum II. Assessor des Landgerichts Euerdorf den Actuar des Landgerichtes Trostberg, Heinrich Royackers,
seiner Bitte gemäß zu berufen, und zum
Actuar extra statum des Landgerichts Trostberg den geprüften Rechtspraktikanten Franz
Xaver Castenauer aus München, dermal
zu Altötting, zu ernennen, weiter

den Rechnungscommissär Christian Aug.
Steeger zu Ansbach auf Grund der nachge-

wiesenen Functions-Unfähigkeit nach §. 22 lit. D. der IX. Verfassungs-Beilage auf die Dauer eines Jahres in den Ruhestand treten zu lassen; zum Rechnungs-Commissär der Regierung von Mittelfranken, Kammer des Innern, den dortigen Rechnungsgehülfen, Heinrich Mayer, zu befördern, und zum Rechnungsgehülfen bei der Kammer des Innern gedachter Regierung, den Revisor im Staatsministerium des Innern für Kirchen- und Schulangelegenheiten, Rechtspraktikanten Jacob Miedl aus Trostberg, in provisorischer Eigenschaft zu ernennen;

die bei der Regierung von Niederbayern, Kammer des Innern, erledigte Registrators-Stelle dem vormaligen Patrimonialrichter von Obersauterbach, Johann Fritz, zu verleihen;

den Bezirksrichter Daniel Metzner in Zweibrücken auf sein alleruntertänigstes Ansuchen an das Bezirksgericht nach Frankenthal zu versetzen;

den bisherigen Professor der Obergymnasial-Classe zu Speyer, Joseph Fischer, zum Professor der Geschichte am k. Lyceum daselbst zu ernennen und demselben zugleich die philologischen Vorträge an gedachtem Lyceum zu übertragen;

den bisherigen Professor der III. Gymnasial-Classe zu Speyer, Carl Pleitner, in die Oberclasse, und den Professor der I. Gymnasial-Classe, Ferd. Ostfelder, in die

III. Classe des Gymnasiums daselbst vorrücken zu lassen, dann

dem Lehrer der III. Classe an der Lateinschule zu Speyer, Dr. Alois Fischer, die I. Gymnasial-Classe daselbst und dem bisherigen Subrector und I. Lehrer an der Lateinschule zu Bergzabern, Joseph Krieger, die III. Classe an der Lateinschule zu Speyer zu verleihen, endlich

unter'm 1. October l. Js. den II. Assessor des Landgerichts Obernburg, Paul Eberhard Lautenbacher, zum I. Assessor des Landgerichts Pottenstein, dann zum II. Assessor des Landgerichts Obernburg den Actuar dieses Landgerichts, Theodor Wollmuth, vorrücken zu lassen, und zum Actuar des Landgerichts Obernburg den geprüften Rechtspraktikanten Jos. Blum aus Würzburg, dermal zu Gerolzhofen, zu ernennen.

---

## Landwehr des Königreichs.

Seine Majestät der König haben allergnädigst geruht, unter'm 20. September l. J. den dermaligen zweiten Kreis-Inspector der Landwehr von Mittelfranken, Friedrich Grafen von Päckler-Limburg, auf die Stelle des ersten Kreis-Inspectors vorrücken zu lassen, und zum zweiten Kreis-Inspector mit dem Range eines Landwehr-Obersten den pensionirten charakterisirten Obersten Clemens Grafen Berghe von Trips zu ernennen, ferner

dem Landwehrmajor und Commandanten der Landwehr-Artillerie-Division München, Franz Xaver Greiderer, unter allergnädigster Anerkennung seiner eifrigen und
ersprießlichen Dienstleistung die nachgesuchte
Entlassung aus dem activen Landwehrdienste
zu bewilligen;

unter'm 22. September l. Js. den
bisherigen Hauptmann im Landwehr-Regimente Augsburg, Carl Obermayer, zum
zweiten Major in demselben Regimente zu
ernennen, dann

unter'm 28. September l. Js. dem
Inspector des VII. Landwehr-Districts von
Schwaben und Neuburg, Freiherrn von
Freyberg-Eisenberg, auch den VI.
und VIII. Landwehr-District zu übertragen,
und ihm den Rang eines II. Kreis-Inspectors und Landwehr-Obersten zu verleihen.

## Ordens-Verleihungen.

Seine Majestät der König ha-
ben Sich vermöge allerhöchster Entschließung
vom 25. August l. Js. allergnädigst bewogen gefunden, dem ordentlichen Professor
der Philosophie an der k. Universität Mün-
chen:c., geistlichen Rath Dr. Thaddäus Siber, in Rücksicht auf seine während 50
Jahren mit Auszeichnung geleisteten Dienste
das Ehrenkreuz des k. bayerischen Ludwigs-
Ordens zu verleihen.

Seine Majestät der König ha-
ben den Nachgenannten die Ehrenmünze des
k. b. Ludwigs-Ordens zu verleihen geruht,
und zwar:

unter'm 5. Juni l. Js. dem I. Ka-
pellorganisten Max Keller in Altötting, in
Rücksicht auf seine während eines Zeitraums
von 50 Jahren ununterbrochen rühmlich geleisteten Dienste;

unter'm 19. September l. Js. dem
protestantischen Pfarrer J. F. Zucker zu
Wittelshofen, in Rücksicht auf seine treu
zurückgelegte fünfzigjährige Dienstzeit;

unter'm 20. September l. Js. dem
Priester Franz Anton Fischer, Frühmeß-
beneficiaten zu Neuburg a. d. Kammel,
Landgerichts Roggenburg in Rücksicht auf
seine fünfzig Jahre hindurch mit Eifer und
Treue geleisteten Dienste, und

unter'm 22. September l. Js. dem
Priester Joseph Höflinger, Pfarrer zu
Pemfling, Landgerichts Cham, in Rücksicht
auf seine von ihm während fünfzig Jahren
eifrig geleisteten Dienste.

# Regierungs-Blatt

für           das

## Königreich      Bayern.

## № 47.

München, Donnerstag den 16. October 1851.

### Sitzung
#### des königlichen Staatsraths-Ausschusses.

In der Sitzung des k. Staatsraths-Ausschusses vom 29. September l. Js. wurden entschieden,

**die Recurse:**

1) der Gemeinde Niederpöring, Land-gerichts Osterhofen in Niederbayern, in ihrer Streitsache mit J. Stoiber und Consorten von Oberpöring wegen Weide ;

2) der freiherrlich v. Groß'schen Guts-herrschaft zu Trockau in Sachen der Gemeinden Tüchersfeld und Weid-manngesees, im Landgerichte Pottenstein

78

in Oberfranken, wegen Ablösung eines
Weiderechtes;

3) des Veit und Conrad **Keil** zu Dür-
renbuch, Landgerichts Markt Erlbach in
Mittelfranken, gegen die übrigen Gemeindeglieder daselbst, wegen Ablösung
eines Schafweiderechts;

4) der Gutsbesitzer von Fuchsstadt, Landgerichts Ochsenfurt im Regierungsbezirke von Unterfranken und Aschaffenburg, gegen die freiherrlich von Groß,
von **Redwitz** und v. **Zu Rhein**'sche
Gutsverwaltung zu Rottenbauer, wegen
Weiderechts-Ablösung;

5) der Gemeinden Stadtprozelten, Dorf-
prozelten und Consorten, Landgerichts
Klingenberg im Regierungsbezirke von
Unterfranken und Aschaffenburg, wegen
Ablösung des Weiderechtes der Hof-
thiergartenbesitzer auf ihren Markungen.

An das k. Staatsministerium des Innern wurde abgegeben,

**der Recurs:**

6) der Gemeinden Frankfurth, Birkach und
Consorten, im Amtsbezirke der Gerichts-
und Polizeibehörde Markt Scheinfeld in
Mittelfranken, wegen Concurrenz zur
Wiederherstellung von zwei Brücken
auf der Districtsstraße von Markt
Scheinfeld nach Markt Bibart.

## Dienstes-Nachrichten.

Seine Majestät der König ha-
ben Sich allergnädigst bewogen gefunden,
unter'm 4. October l. Js. den I. Assessor
des Landgerichts Monheim, Hugo **Rieberle**,
auf Grund der nachgewiesenen Functions-
Unfähigkeit nach §. 22 lit. D. der IX. Verfassungs-Beilage in den erbetenen Ruhestand
auf die Dauer eines Jahres treten zu lassen, sofort als I. Assessor des Landgerichts
Monheim den zum I. Assessor des Landgerichts Wertingen ernannten Max **Wiedemann** zu berufen, zum I. Assessor des
Landgerichts Wertingen den II. Assessor des
Landgerichts Obergünzburg, Max **Beck**, vorrücken zu lassen, und zum II. Assessor des
Landgerichts Obergünzburg den geprüften
Rechtspraktikanten Jos. **Gerstmeyer** aus
Dillingen zu ernennen;

unter'm 5. October l. Js. den Vorstand des Staatsarchivs, geheimen Legationsrath Carl Freiherrn von **Aretin**, zum k.
geheimen Rath tax- und siegelfrei zu ernennen;

dem bei der Bundestagsgesandtschaft
in Frankfurt a|M. angestellten Legationsrath
Dr. Wilhelm **Dönniges** den von ihm
nachgesuchten Austritt aus dem Staatsdienste
vom 1. d. Mts. an in allerhöchsten Gnaden zu bewilligen und demselben zum Beweise allerhöchsten königlichen Wohlwollens

den Titel und Rang eines geheimen Legationsrathes, mit der Erlaubniß, die entsprechende Uniform zu tragen, tax und siegelfrei zu verleihen;

.. , unter'm 6. October l. J. die bisherige
Stelle eines Stationscontroleurs in Karlsruhe nicht mehr zu besetzen, dagegen an das
preußische Hauptsteueramt Stettin und das
Hauptzollamt Swinemünde zur Ausübung
der Zollvereinscontrole einen bayerischen Stationscontroleur mit dem Wohnsitze in Stettin
abzuordnen und diese Stelle dem Ministerial-Secretär im Staatsministerium des Handels und der öffentlichen Arbeiten, Dr. Johann Michael Diepolder, mit dem Titel und Range eines Oberzollassessors zu
übertragen;

unter'm 9. October l. Js. den Cantonsarzt Dr. Ludw. Hettinger zu Frankenthal auf Grund des §. 19 der IX. Verfassungs-Beilage in den Ruhestand zu versetzen, und die erledigte Stelle eines Cantonsarztes in Landau dem bisherigen Cantonsarzt zu Blieskastel, Dr. Ludw. Bopp,
zu verleihen;

.. unter'm 10. October l. Js. den I. Assessor des Landgerichts Schwabmünchen,
Friedrich Hagen, bis auf weitere allerhöchste Verfügung in den Ruhestand treten zu lassen, zum I. Assessor des Landgerichts Schwabmünchen den II. Landgerichts
Assessor zu Sonthofen, Ferd. Schmid,

und zum II. Assessor des Landgerichts Sonthofen den dortigen Actuar, Max. Bedall,
vorrücken zu lassen, endlich die Actuarstelle
bei dem Landgerichte Sonthofen dem geprüften Rechtspraktikanten Bernh. Meiser
zu München zu verleihen.

---

## Pfarreien- und Beneficien-Verleihungen; Präsentations-Bestätigungen.

Seine Majestät der König haben die nachgenannten katholischen Pfarreien
allergnädigst zu übertragen geruht, und zwar:

unter'm 20. September l. Js. die Pfarrei Weiler, Landgerichts gleichen Namens,
dem Priester Johann Jacob Lau, Dekan,
Pfarrer und DistrictsSchulinspector zu
Opfenbach, des genannten Landgerichts;

unter'm 21. September l. J. die Pfarrei
Dorschhausen, Landgerichts Mindelheim, dem
Priester Johann Wunderle, Pfarrer zu
Kleinerdlingen, Landgerichts Nördlingen;

die Pfarrei Hafenhofen, Landgerichts
Dillingen, dem Priester Joh. Mich. Hörmann, Frühmeßbeneficiaten zu Buchloe,
Landgerichts gleichen Namens, und

die Pfarrei Prien, Gerichts- und Polizeibehörde gleichen Namens, dem Priester
Andreas Hafner, Pfarrer und Districtsschul-Inspector zu Fischbachau, Landgerichts
Miesbach;

78*

unter'm 28. September l. Js. die Pfarrei Schwennenbach, Landgerichts Höchstädt, dem Priester Anton Holzmann, Pfarrer, Dekan und Districts-Schulinspector zu Hausen, Landgerichts Lauingen;

die Pfarrei Gossersweiler, Landcommissariats Bergzabern, dem Priester Ludwig Karbeck, Pfarrer zu Trippstadt, Landcommissariats Kaiserslautern, und

die Pfarrei Bergtheim, Landgerichts Arnstein, dem Priester Georg Klör, Dekan und Pfarrer zu Kürnach, Landgerichts Würzburg r|M.;

unter'm 29. September l. Js. die Pfarrcuratie Kochel, Landgerichts Tölz, dem Priester Alois Bischer, Beneficiat zu St. Anna und II. Stadtcaplan zu Donauwörth, Landgerichts gleichen Namens, und

die Pfarrei Wettenhausen, Landgerichts Burgau, dem Priester Georg Mayr, Pfarrer u Gersthofen, Landgerichts Göggingen, endlich

unter'm 30. September l. Js. die Pfarrei Aletsheim, Landgerichts Donauwörth, dem Priester Franz Karbeter, Beneficiat zu Emersacker, Landgerichts Wertingen;

die Curatie an der Strafanstalt zu Lichtenau, Landgerichts Heilsbronn, dem bisherigen Verweser derselben, Priester Max Simbacher, und

die Pfarrei Staadorf, Landgerichts Riedenburg, dem seitherigen Pfarrer zu Dietmannstein, Landgerichts Parsberg, Priester J. B. Haslbauer.

Seine Majestät der König haben unter'm 1. October l. Js. den von den beiden Priestern Conrad Marzer und Andreas Krazer eingeleiteten Pfründetausch zu genehmigen, und demgemäß die Pfarrei Haselbach, Landgerichts Rain, dem Priester Andreas Krazer, Pfarrer zu Zusamzell, Landgerichts Wertingen, dagegen die Pfarrei Zusamzell dem Priester Conrad Marzer, Pfarrer zu Haselbach, zu übertragen geruht.

Seine Majestät der König haben unter'm 20. September l. J. allergnädigst zu genehmigen geruht, daß die katholische Pfarrei Pleinfeld, Landgerichts gleichen Namens, von dem hochwürdigen Herrn Bischofe von Eichstädt dem Priester Jacob Schwab, Pfarrer zu Theilenberg, des genannten Landgerichts, und

die katholische Pfarrei Großschüßlingen, Landcommissariats Landau, von dem hochwürdigen Herrn Bischofe von Speyer dem Priester Damian Hugo Liebing, Pfarrer zu Mühlbach, Landcommissariats Homburg, ferner

unter'm 21. September l. Js., daß die katholische Pfarrei Thalling, Landgerichts Ingolstadt, von dem hochwürdigen Herrn Bischofe von Regensburg dem Priester Lortung Off, Benefiziat zu Gerzen, Landgerichts Vilsbiburg;

unter'm 24. September l. Js., daß die katholische Pfarrei Kirchschletten, Landgerichts Scheßlitz, von dem hochwürdigen Herrn Erzbischofe von Bamberg dem seitherigen Verweser derselben, Priester Joh. Theinhardt;

unter'm 28. September l. Js., daß die katholische Pfarrei Wallenfels, Landgerichts Kronach, von demselben Herrn Erzbischofe dem Priester Balthasar Eschbach, Pfarrer zu Wattendorf, Landgerichts Scheßlitz, und

unter'm 5. October l. Js., daß die katholische Pfarrei Lengfurt, Landgerichts Marktheidenfeld, von dem hochwürdigen Herrn Bischofe von Würzburg dem Priester Christoph Würth, seither Pfarrvicar zu Stadtprozelten, Landgerichts Klingenberg, verliehen werde.

Seine Majestät der König haben unter'm 5. October l. Js. die protestantische Pfarrstelle zu Döckingen, Dekanats Bittenheim, dem bisherigen Pfarrer zu Mönchsdeggingen, Dekanats Ebermergen, Wilhelm Gottfried Dachauer, zu verleihen geruht.

Seine Majestät der König haben Sich unter'm 28. September l. Js.

bewogen gefunden, den protestantischen Pfarrer Ludw. Augustin zu Billigheim, Dekanats Bergzabern, in den Ruhestand zu versetzen.

Seine Majestät der König haben vermöge allerhöchster Entschließung vom 24. September l. Js. allergnädigst geruht, der von den Freiherren Adalbert, Raimund und Alfred von Gleichen-Rußwurm, als Patronatsherren, für den Pfarramtscandidaten Dr. Gotthard Carl Friedrich Ernst Fabri aus Schweinfurt ausgestellten Präsentation auf die protestantische Pfarrei Bonnland, Dekanats Waizenbach, die landesherrliche Bestätigung zu ertheilen.

### Landwehr des Königreichs.

Seine Majestät der König haben unter'm 6. October l. Js. dem bisherigen Major und Commandanten des Landwehr-Bataillons Haag, Joh. Georg Auracher, unter allergnädigster Anerkennung seiner langjährigen, eifrigen und ersprießlichen Dienstleistung die nachgesuchte Entlassung aus dem activen Landwehrdienste zu bewilligen geruht.

### Gewerbe- und Handelskammern.

Vom k. Staatsministerium des Han-

deß und der öffentlichen Arbeiten wurde
unter'm 23. September l. J. den gestellten Anträgen gemäß die Errichtung eines Fabrikrathes für die Stadt München und den Landgerichtsbezirk Au und sofort im Hinblicke
auf die bereits durch Ministerial-Entschließungen vom 31. Mai v. und 11. April l.
Js. ertheilte Bewilligung zur Errichtung
eines Gewerbe- und Handelsrathes (Regierungsblatt 1850 S. 478 und 1851 S.
411) die Bildung einer Gewerbe- und
Handelskammer für die genannten Districte
im Sinne der allerhöchsten Verordnung vom
27. Januar 1850 Art. 2 genehmigt.

### Katholische und protestantische Kirchen-verwaltungen in den Städten Fürth, Passau und Ansbach.

Unter dem 1. October l. Js. sind nachstehende bei den ordentlichen Ersatzwahlen
für die katholische und protestantische Kirchenverwaltung in Fürth gewählte Gemeindeglieder von dort als Mitglieder dieser Verwaltungen höchsten Orts bestätiget
worden und zwar:

I. für die katholische Kirchenverwaltung:

der Zimmermeister Jacob Riethhei-
mer und

der Färber Johann Paulus Schulter;

II. für die protestantische Kirchenverwaltung:

der Bierbrauer Leonhard Ottmann,

der Kaufmann Christoph Adolph
Winter,

der Lebküchner Heinrich Lotter,

der Broncefabrikant Erhard Segitz.

Unter dem 8. October l. Js. sind bei
den ordentlichen Ersatzwahlen für die Kirchenverwaltungen in der Stadt Passau nachstehende Gemeindemitglieder von dort als
Mitglieder dieser Verwaltungen höchsten
Orts bestätiget worden:

I. für die Kirchenverwaltung der katholischen
Pfarrei St. Paul:

der Nagelschmied Johann Fischer,

der Färber von St. Nikola, Xaver
Harslem,

der Gastwirth Friedrich Schmerold,

der Färber Joh. Nep. Maus;

II. für die Kirchenverwaltung der katholischen Pfarrei St. Severin:

der Melber Joseph Späth,

der Zimmermeister Ludwig Hofstätter,

der Gastwirth Joseph Ziegler,

der Bäcker Ulrich Schroittmüller;

III. für die Kirchenverwaltung der katholischen Pfarrei St. Bartholomäus:

der Hafner Joh. Meisingereder,

der Gastwirth von Nonnengütl, Andr.
Pilsweger,

der Bäcker Joseph Zettl,

der Hafner Ignatz Maier;

IV. für die Verwaltung des Kirchenver-
mögens der protestantischen Filialgemeinde:

der Weingastgeber Lorenz Aberel,
der Drechsler Andreas Schaffner.

Unter dem 9. October l. Js. sind die
nachstehenden bei den ordentlichen Ersatzwahlen für die Kirchenverwaltungen in der
Stadt Ansbach gewählten Gemeindeglieder von dort als Mitglieder dieser Kirchenverwaltungen höchstensOrts bestätiget worden:

I. für die Kirchenverwaltung der katholischen Pfarrei:

der Kaufmann Johann Kolb,
der Kaufmann Anton Graßecker;

II. für die Kirchenverwaltung der protestantischen Pfarrei St. Johannes:

der Baumeister Friedrich Kleinod,
der Glasermeister Christoph Schnürlein,
der Kaufmann Christian Lodter;

III. für die Kirchenverwaltung der protestantischen Pfarrei St. Gumbertus:

der Lederhändler Carl Scheuing,
der Baumeister Leonhard Förch;

IV. für die Verwaltung des den beiden
protestantischen Pfarreien gemeinschaftlichen
Pfarrfonds und der Singcassa:

der Gastwirth Leonhard Bürkste-
mer, und
der Baumeister Leonhard Förch.

## Ordens-Verleihungen.

Seine Majestät der König ha-
ben Sich allergnädigst bewogen gefunden,
unter'm 20. September l. Js. dem Hart-
schier Adam Fischer in Rücksicht auf seine
unter doppelter Einrechnung von fünf Feldzugsjahren tadellos zurückgelegte fünfzigjährige Dienstzeit, und

unter'm 1. October l. Js. dem Festungs-
aufseher Joseph Brandel in Vorchheim,
in Rücksicht auf seine unter doppelter Einrechnung von 4 Feldzugsjahren durch mehr
als fünfzig Jahre mit Eifer und Treue geleisteten Dienste die Ehrenmünze des k. b.
Ludwigs-Ordens zu verleihen.

## Titel-Verleihung.

Seine Majestät der König ha-
ben unter'm 28. September l. Js. dem k.
Administrator der protestantischen Pfarr-
Unterstützungs- und Pfarr-Wittwencassa Caspar Mainberger zu Nürnberg in wohlgefälliger Anerkennung seiner vieljährigen
treuen und eifrigen Dienstleistung den Titel
und Rang eines königlichen Rathes tax-
und stempelfrei zu verleihen geruht.

## Königlich Allerhöchste Zufriedenheitsbe-
zeigungen.

Die zu Augsburg verstorbene Wittwe
Jacobine Schmidt, geborne Loi, hat durch

letztwillige Verfügung vom 7. September 1844 ein Capital von 10,000 fl. zu dem Zwecke bestimmt, daß von den Zinsen desselben jährlich 2 Drittheile an arme protestantische Blinde und 1 Dritttheil an sechs andere Arme protestantischer Confession von gutem Rufe zur Bezahlung ihrer Miethszinse vertheilt werden sollen.

Außerdem hat 'ie Wittwe Schmidt mehrere Vermächtnisse im Gesammtbetrage von 2,900 fl. frommen und wohlthätigen Zwecken zugewendet.

Seine Majestät der König haben der bezeichneten Stiftung unter dem Namen „Schmidt'sche Stiftung" die allerhöchste landesherrliche Bestätigung zu ertheilen und allergnädigst zu genehmigen geruht, daß Allerhöchstderselben wohlgefällige Anerkennung des von der Stifterin hiedurch, sowie durch die übrigen Vermächtnisse zu frommen und wohlthätigen Zwecken bewährten religiösen und menschenfreundlichen Sinnes durch das Regierungsblatt des Königreiches bekannt gemacht werde.

Der Kaufmann Friedrich Grabmann zu Memmingen hat unter dem 18. August l. Js. ein Capital von 500 fl. zu dem Zwecke bestimmt, daß aus dessen Zinsen hilfsbedürftige, verehelichte und gut beleumundete Wöchnerinnen, protestantischer oder katholischer Confession von Memmingen, welche aus öffentlichen Fonds eine Unterstützung nicht genießen, unterstützt werden sollen.

Seine Majestät der König haben dieser Stiftung unter dem Namen „Friedrich Grabmann'sche Stiftung zur Unterstützung armer verehelichter Wöchnerinnen zu Memmingen" die allerhöchste landesherrliche Bestätigung zu ertheilen und allergnädigst zu genehmigen geruht, daß Allerhöchstderselben wohlgefällige Anerkennung des von dem Stifter hiedurch bewährten wohlthätigen Sinnes durch das Regierungsblatt des Königreichs kund gegeben werde.

Die verlebte Legationsraths-Wittwe Justine Edle von Hepp, geborne Heller, zu Nürnberg hat durch Testament vom 8. August 1849 ein Capital von 1500 fl. zu dem Zwecke bestimmt, daß aus dessen Zinsen alljährlich sechs arme, ehelich geborne, römisch-katholische Mädchen, welche zum ersten Male die heilige Communion empfangen, vollständig gekleidet werden sollen.

Seine Majestät der König haben der bezeichneten Stiftung der Legationsraths-Wittwe Justine Edlen von Hepp die allerhöchste landesherrliche Bestätigung zu ertheilen und allergnädigst zu genehmigen geruht, daß Allerhöchstdero wohlgefällige Anerkennung des von der Stifterin hiedurch bewährten wohlthätigen Sinnes im Regierungsblatte des Königreiches bekannt gemacht werde.

# Regierungs-Blatt

für das

Königreich Bayern.

## № 48.

**München, Mittwoch den 29. October 1851.**

**Bekanntmachung,**

die Gegenseitigkeit in Preßstraffachen mit auswärtigen Regierungen betr.

Im Hinblicke auf Artikel 25 des Gesetzes zum Schutze gegen den Mißbrauch der Presse vom 17. März vorigen Jahres ist eine Verständigung über eintretende Ge-

genseitigkeit bezüglich der Artikel 22, 23 und 24 des erwähnten Gesetzes mit nachbenannten Regierungen in der näher bezeichneten Weise erfolgt:

**Deutsche Bundesstaaten.**

1) Die Gesetzgebung der freien und Hansestadt Hamburg bietet vollständige

Gegenseitigkeit bezüglich sämmtlicher
Artikel dar.

2) Mit der Gesetzgebung folgender deutschen Bundesstaaten:

a) des Königreiches Sachsen,

b) des Herzogthums Sachsen-Meiningen,

c) des Herzogthums Sachsen-Coburg-Gotha,

d) des Herzogthums Sachsen-Altenburg,

e) des Herzogthums Anhalt-Dessau-
Köthen,

f) des Fürstenthums Schwarzburg-
Rudolstadt,

g) des Fürstenthums Schwarzburg-
Sondershausen,

besteht die Gegenseitigkeit bezüglich der
Art. 22, 23 und 24 unter der einzi-
gen Abweichung, daß die strafrechtliche
Verfolgung wegen der ersten in Art.
24 enthaltenen Uebertretung, nämlich
der Beschimpfung oder Schmähung
der Regierung oder der Behörden des
auswärtigen Staates, nur auf Antrag
des Beleidigten einzutreten hat.

3) In der Gesetzgebung des Königreichs
Württemberg stellt sich die Gegen-
seitigkeit sämmtlicher Artikel, jedoch in
der Weise dar, daß in den Fällen der
Art. 22 und 23, dann in dem ersten
Falle des Artikel 24 die strafrechtliche

Verfolgung nur auf Antrag des Beleidigten stattfindet.

4) Die Gesetzgebung des Königreiches Hannover bietet die Gegenseitigkeit bezüglich der Art. 22 und 23, dann bezüglich des zweiten Falles des Art. 24,
nämlich der Aufforderung der Einwohner eines auswärtigen Staates zum
Aufruhr oder zur Widersetzlichkeit.

5) Durch die Gesetzgebung des Großherzogthums Hessen ist Gegenseitigkeit
bezüglich sämmtlicher Artikel, jedoch
in der Weise gegeben, daß die strafrechtliche Verfolgung in den Fällen
der Art. 22 und 23 bei den bayerischen Gerichten gegenüber dem Groß-
herzogthume Hessen nur auf deßfallsige Zustimmung der bayerischen Staatsregierung, und im ersten Falle des Artikel 24 nur auf Antrag des Beleidigten einzutreten hat.

6) Die Gesetzgebung des Herzogthums
Braunschweig bietet die Gegenseitigkeit bezüglich der Art. 22 und 23
vollständig, dagegen bezüglich des Art.
24 nur für die erste Uebertretung, und
zwar mit der Bedingung eines Antrages des Beleidigten.

7) Die Gesetzgebung des Herzogthums
Nassau bietet bezüglich sämmtlicher
Artikel Gegenseitigkeit, jedoch hat in
dem Falle des Artikels 23, dann in

" bdhu dosten Halle des Artikels 24 die
strafrechtliche Verfolgung nur auf An-
magi ben Beleidigten zu geschehen.

8) Die Gesetzgebung des Herzogthums
Anhalt-Bernburg bietet Gegenseitigkeit bezüglich des Artikels 22.

9) Durch die Gesetzgebung der freien und
Hansestadt Lübeck ist der Gegen-
tigkeit bezüglich der Art. 22 und 23,
und zwar in der Art entsprochen, daß
die strafrechtliche Verfolgung nur auf
Antrag des Beleidigten stattzufinden hat.

Außerdeutsche Staaten.

1) die Gesetzgebung des Kirchenstaates,

2) dann des Kaiserreichs Rußland,
bietet vollständige Gegenseitigkeit.

3) Die Gesetzgebung der französischen Republik bietet die Gegenseitigkeit bezüglich des Artikel 22 und 23, und zwar
in der Weise, daß die strafrechtliche
Verfolgung erst auf Antrag des Beleidigten zu geschehen hat.

Vorstehendes wird durch das Regierungs-Blatt und das Amtsblatt der Pfalz
zur allgemeinen Kenntniß gebracht, und es
wird hiebei den Gerichten, Staatsanwälten
und sämmtlichen Polizeibehörden die genaueste Darnachachtung aufgetragen.

München, den 24. October 1851.

Staatsministerien des Königlichen Hauses und des Aeußern, der Justiz und des Innern.

v. d. Pfordten.　v. Zwehl.　Freiherr v. Pechmann.

Durch den Minister
der geheime Secretär:
Mayer.

---

### Dienstes-Nachrichten.

Seine Majestät der König ha-
ben Sich allergnädigst bewogen gefunden,
unter'm 4. October l. Js. den Regierungs-
und Forsträth bei der Kammer der Finanzen zu Regensburg, Joseph Mördes, in
gleicher Eigenschaft an die k. Regierung
von Unterfranken und Aschaffenburg, Kammer der Finanzen zu versetzen; an dessen
Stelle den bisherigen Forstmeister zu Paß-

sau, Ludwig Wineberger, zum Regie-
rungs- und Forstrath bei der Regierung der
Oberpfalz und von Regensburg, Kammer
der Finanzen, zu befördern; den Forstmeister zu Schönberg, Anton Norbert Hölber,
auf das Forstamt Passau in gleicher Diensteigenschaft zu versetzen;

zum Forstmeister in Schönberg den
Forstcommissär I. Classe bei der Regierung
von Niederbayern, Arnold Martin, zu
ernennen;

zum Forstcommiſſär I. Claſſe bei der
Regierung von Niederbayern, Kammer der
Finanzen, den Forſtcommiſſär II. Claſſe daſelbſt, Eugen Sauerbrunn, vorrücken
zu laſſen und den Revierförſter von Hohen-
ſchwangau, Max Stiefler, zum Forſtcommiſſär II. Claſſe bei der Regierung von
Niederbayern, Kammer der Finanzen, zu
befördern, ferner

unter'm 5. October l. Js. den Rentbeamten Ludwig Hilger zu Kandel auf
Anſuchen auf das Rentamt Speyer,

den Rentbeamten Franz Falciola zu
Landſtuhl auf Anſuchen auf das Rentamt
Kandel,

den Rentbeamten Philipp Syffert
zu Blieskaſtel, ebenfalls auf Anſuchen, auf
das Rentamt Landſtuhl zu verſetzen;

das Rentamt Blieskaſtel dem geprüften Finanzcandidaten und Polizeicommiſſär
Hermann Schmidborn zu Germersheim
zu verleihen;

den Officianten der Central-Staats-
caſſe, Johann Nepomuk Heldenberg,
auf den Grund des §. 22 lit. C. der IX.
Beilage zur Verfaſſungs-Urkunde unter
Anerkennung ſeiner langjährigen treu und
eifrig geleiſteten Dienſte in den nachgeſuch-
ten definitiven Ruheſtand zu verſetzen;

an deſſen Stelle den Officianten der
Kreiscaſſe von Schwaben und Neuburg,
Friedrich Alt, auf Anſuchen zu berufen, und

den vormaligen Patrimonialrichter II.
Claſſe Joseph Bauer in Neuſtadt an der
Waldnaab, zum Kreiscaſſa-Officianten in
Augsburg proviſoriſch zu ernennen; ferner

unter'm 8. October l. Js. den Revierförſter Wilhelm Schaaf zu Eichenbrunn,
Forſtamts Dillingen, auf Anſuchen nach §.
22 lit. D. der IX. Beilage zur Verfaſſungs-Urkunde unter Bezeigung der allerhöchſten Zufriedenheit mit ſeinen vieljährigen treuen Dienſtesleiſtungen in den Ruheſtand zu verſetzen, und

an deſſen Stelle zum Revierförſter in
Eichenbrunn den temporär quiescirten Revierförſter Michael Holderied auf Anſuchen zu reactiviren, ſodann

unter'm 10. October l. Js. den Revierförſter zu Perlach, Forſtamts München,
Sigismund Hermann, ſeiner Bitte gemäß, nach §. 22 lit. B. der IX. Beilage
zur Verfaſſungs-Urkunde unter Bezeigung
der allerhöchſten Zufriedenheit mit ſeinen
vieljährigen treuen und erſprießlichen Dienſtesleiſtungen in den Ruheſtand, und

an deſſen Stelle nach Perlach den Revierförſter zu Egelharting, Forſtamts Ebersberg, Joseph Schilcher, ebenfalls auf
Anſuchen zu verſetzen;

den II. Forſtcommiſſär bei der Regierung von Mittelfranken, Kammer der Finanzen, Franz Martin, in die daſelbſt er-

ledige Stelle des Forstcommissärs I. Classe
vorrücken zu lassen, und .....................
......in dessen Stelle, zum Forstcommissär
II. Classe den Revierförster zu Pestenfeld,
Forstamts Gunzenhausen, Georg Michael
Heidrich, zu befördern;

den Staatsprocurator Georg Gugel
in Kaiserslautern zum Rathe bei dem Appellationsgerichte der Pfalz zu ernennen;

dem Appellationsgerichte von Schwaben und Neuburg einen Assessor beizugeben
und zu dieser Stelle den Kreis- und Stadtgerichtsrath Friedrich Ludwig Esenbeck zu
Landshut zu befördern, sofort auf die hiedurch am Kreis- und Stadtgerichte Landshut in Erledigung kommende Rathsstelle
den Kreis- und Stadtgerichtsrath Johann
Nepomuk Hohenester in Straubing nach
§. VI. Ziff. 3 der Verordnung vom 16. August 1817. zu versehen, dann

zu der am Kreis- und Stadtgerichte
Nürnberg erledigten Assessorstelle den Kreis-
und Stadtgerichts-Assessor Sigmund Freiherrn von Tröltsch in Bamberg, zu befördern, und zu der sich hienach eröffnenden
Assessorstelle bei dem Kreis- und Stadtgerichte Bamberg den Appellationsgerichts-
Accessisten Ludwig von der Pfordten in
Eichstädt zu ernennen;

den Revierförster zu Walchensee, Forstamts Benedictbeuern, Franz Xav. Schreyer,
auf Ansuchen in gleicher Diensteigenschaft

auf das Forstrevier Schöngeising, Forstamts
Landsberg, zu versehen, und

an dessen Stelle zum Revierförster nach
Walchensee, den Forstrevierförster zu Hohenfeld,
Forstamts Burglengenfeld, Eduard Schenk,
zu befördern;

zum Rechnungscommissär II. Classe
bei der Generaldirection der k. Verkehrsanstalten den bisherigen Eisenbahn-Offizia-
len III. Classe Johann Paukner zu Hof
zu ernennen;

den Professor der Mathematik an der
Studienanstalt zu Hof, Dr. Ludwig Christoph Schnürlein auf sein Ansuchen und
auf den Grund des §. 22 lit. D. der IX.
Verfassungs-Beilage unter Zufriedenheits-
Bezeigung mit seinen vieljährigen treuen und
ersprießlichen Dienstesleistungen vorläufig
auf ein Jahr in den Ruhestand treten zu
lassen, und die hiedurch sich erledigende Professur der Mathematik an der Studienanstalt zu Hof dem bisherigen Studienlehrer
an der Lateinschule zu Rothenburg, Dr. Friedrich Roth zu verleihen;

unter'm 13. October l. Js. den Vorstand der Redaction des Gesetz- und Regierungsblattes, dann des Hof- und Staats-
handbuches, Ministerialrath Franz Häcker,
auf Grund des §. 22 lit. B. und C. der
Beilage IX. zur Verfassungsurkunde, seiner allerunterthänigsten Bitte entsprechend,
in den Ruhestand für immer zu versetzen;

zu den Assistenten des Hauptzollamts Ost-
bau, Dr. Cajetan Scheret, zum Ober-
obercontroleur in Schönsee, Hauptzollamts
Waldhaus, in provisorischer Eigenschaft zu
ernennen, dann

den Landgerichtsarzt Dr. Mathias
Schreiner zu Königshofen auf Grund
des §. 22 lit. D. der IX. Verfassungsbeilage auf die Dauer eines Jahres in den
Ruhestand treten zu lassen;

unter'm 18. October l. Js. den ordentlichen Professor des gemeinen und bayerischen Criminal-Rechts und Processes an der
juristischen Facultät der k. Hochschule München,
Ministerialrath Dr. Franz Hacker, in seiner
ersteren Eigenschaft auf den Grund des §. 22
lit. C. der IX. Beilage zur Verfassungs-
Urkunde mit Belassung des Titels und Functionszeichens in den erbetenen Ruhestand zu
versetzen;

den außerordentlichen Professor Dr.
Heinrich Gottfried Gengler zum ordentlichen Professor des deutschen Rechts an der
juristischen Facultät der Universität Erlangen vom 1. October l. Js. anfangend zu
ernennen;

den Universitäts-Rentbeamten Dr. Franz
Stöhr zu Haßfurt in Anwendung des
§. 19 Absatz 2 der IX. Beilage zur Verfassungs-Urkunde in den Ruhestand zu versetzen;

den Kreis- und Stadtgerichts-Accessi-

sten und vormaligen Rechnungskammer-II.
Classe Gottlieb Sommerwa in Bayreuth zum Protocollisten bei dem Kreis-
und Stadtgerichte daselbst in provisorischer
Eigenschaft zu ernennen,

den Appellationsgerichts-Assessor Gustav von Kröhne zu Aschaffenburg in gleicher Eigenschaft an das Appellationsgericht
von Mittelfranken auf sein allerunterthänigstes Ansuchen zu versetzen;

den temporär quiescirten Postofficianten
Freiherrn von Drechsel zu Nürnberg
seiner allerunterthänigsten Bitte entsprechend
auf den Grund des §. 22 lit. D. der IX.
Beilage zur Verfassungs-Urkunde in den
definitiven Ruhestand;

den II. Assessor des Landgerichts Neunburg v.W. Johann Baptist Brenner,
wegen nachgewiesener Functions-Unfähigkeit
auf den Grund des §. 22 lit. D. der IX.
Verfassungs-Beilage auf die Dauer eines
Jahres in den Ruhestand treten zu lassen;
als II. Assessor des Landgerichts Neunburg
v.W. den Actuar des Landgerichts Cham,
Jos. Wild, seiner Bitte gemäß zu berufen, und zum Actuar des Landgerichts Cham
den Appellationsgerichts-Accessisten Joseph
Schießl aus Burgsengenfeld, berwar zu
München, zu ernennen; dann

dem Landrichter Carl Friedr. Leich-
lein von Rottenburg den nachgesuchten
zeitlichen Ruhestand nach §. 22 lit. D. der

Verfassungs-Vollzug auf die Dauer eines Jahres zu bewilligen, und zum Landvichtel von Rotenburg den L. Assessor des Landgerichts Wolfstein, Max Schäch, zu bestellen ...

---

## Pfarreien- und Beneficien-Verleihungen; Präsentations-Bestätigungen.

Seine Majestät der König haben die nachgenannten katholischen Pfarreien und Beneficien allergnädigst zu übertragen geruht, und zwar:

unter'm 10. October l. Js. die Pfarrei Perastorf, Landgerichts Vogen, dem Priester Joseph Dobmayer, Beneficiat zu Train, Landgerichts Abensberg, und

das Beneficium Train dem vormaligen Pfarrer zu Perastorf, Priester Franz Xaver Sulas, dann

die Pfarrei Mertingen, Landgerichts Donauwörth, dem Priester Engelbert Gäntner, Pfarrer zu Hagnenbach, Landgerichts Wertingen ...

unter'm 16. October l. Js. die Pfarrei Ungerhausen, Landgerichts Illertissen, dem Priester Franz Xaver Müller, Beneficiat zu Friedberg, Landgerichts gleichen Namens, Großpriorats, dann

unter'm 19. October l. Js. die Pfarrei Schallodenbach, Landcommissariats Kaisers-

lautern, dem Priester Johann Kestner, Pfarrer zu Kriegsfeld, Landcommissariats Kirchheimbolanden; unter'm 18. October ...

die Pfarrei Eggstetten, Landgerichts Aibach, dem Priester Franz Seraph Harthagner, Pfarrvikar zu Simbach, Landgerichts Landau ...

unter'm 21. October l. Js. die Pfarrei Erdried, Landgerichts Bruck, dem seitherigen Verweser derselben, Priester Peter Paul Huber ...

Seine Majestät der König haben unter'm 11. October l. Js. den seitherigen Schulbeneficiaten zu Pullach, Landgerichts München, Priester Balthasar Baß, seiner Bitte willfahrend von dem Antritte der ihm zugedachten Pfarrei Bernried, Landgerichts Weilheim, zu entheben, und die hiedurch aufs Neue sich eröffnende Pfarrei Bernried dem Priester Joseph Hamerschmid, Pfarrer in Birkland, Landgerichts Schongau, zu übertragen geruht.

Seiner Majestät der König haben unter'm 10. October l. Js. allergnädigst zu genehmigen geruht, daß die katholische Pfarrei Oberbeuern, Landgerichts Kaufbeuren, von dem hochwürdigen Herrn Bischofe von Augsburg zur Devolution dem Priester Pankraz Sänger, Multischen Beneficiaten

und Studienlehrer zu Kaufbeuern, Landgerichts gleichen Namens,

unter'm 18. October l. Js., daß die
katholische Pfarrei Untermäßing, Landgerichts Beilngries, von dem hochwürdigen
Herrn Bischofe von Eichstädt dem Priester
Johann Baptist Dotzer, Pfarrer zu Eien-
genstall, Landgerichts Hilpoltstein, dann

daß die katholische Pfarrei Theilenberg, Landgerichts Pleinfeld, von demselben
Herrn Bischofe dem Priester Johann Baptist Stöckl, Pfarrer zu Pelchenhofen, Landgerichts Neumarkt, verliehen werde.

Seine Majestät der König ha-
ben unter'm 4. October l. Js. den II. protestantischen Pfarrer zu Edenkoben, Dekanats Landau, Heinrich Wilh. Elisa Mayer,
in den erbetenen Ruhestand zu versetzen
geruht.

Seine Majestät der König ha-
ben Sich vermöge allerhöchster Entschließung
vom 10. October l. Js. allergnädigst bewogen
gefunden, der von dem Herrn Fürsten Adolph
von Wrede als Kirchenpatron auf die
erledigte protestantische Pfarrstelle zu Ret-
chenschwand, Dekanats Hersbruck, für den
Pfarramts-Candidaten Adolph Schiller
aus Rothenburg an der Tauber, dann

des von dem Freiherrn Alfo von Kün-
berg-Thurnau als Kirchenpatron auf die

protestantische Pfarrstelle zu Tauschendorf,
Dekanats Burghaslach, für den Pfarrer
Joh. Fried. Theodor Schlegel zu Ober-
steinbach in demselben Dekanate ausgestellten Präsentation die landesherrliche Bestätigung zu ertheilen.

***

### Landwehr des Königreichs.

Seine Majestät der König ha-
ben unter'm 18. October l. Js. dem Landwehr-Oberstlieutenant und Inspector des II.
Landwehr-Districts von Schwaben und Neuburg, Carl Freiherrn von Schßler, die
nachgesuchte Entlassung aus dem activen
Landwehrdienste zu ertheilen geruht.

***

### Bischöfliches Capitel zu Regensburg.

Seine Majestät der König ha-
ben unter'm 18. October l. Js. allergnädigst zu genehmigen geruht, daß Sie durch
die Beförderung des Domvicars Heinrich
Bauernfeind zum Canonicus und durch
das sofort stattfindende Vorrücken der übrigen, jüngern Vikare erledigte sechste Vi-
cariatsstelle bei dem bischöflichen Capitel zu
Regensburg von dem hochwürdigen Herrn
Bischofe dortselbst dem Priester Dr. Ludwig Samberger, Cooperator an der
Stadtpfarrkirche zu St. Ulrich in Regensburg verliehen werde.

Magistrate in den Städten, Bamberg,
Ansbach, Fürth, Erlangen, Passau, Nürnberg und Regensberg.

Seine Majestät der König ha-
ben vermöge allerhöchster Entschließungen vom
9. October 1851 nachstehende Gemeinde-
Ersatzwahlen allerhöchst zu bestätigen geruht, nämlich:

**1. in der Stadt Bamberg:**

1) als dritten rechtskundiger Magistratsrath den gewählten Kreis- und Stadtgerichts-Accessisten und dermaligen magistratischen Functionär Friedr. Schneider aus Bamberg;

2) als bürgerliche Magistrats-Räthe die
gewählten Gemeindeglieder:

a) Andreas Rudhart, Seifensieder,
b) Adam Burger, Kaufmann,
c) Franz Eichfelder, Gärtner,
d) Friedrich Krackhart, Kaufmann,
e) Adam Schäfer, Bildhauer,
f) Ernst Ferd. Thomas, Kaufmann;

**II. in der Stadt Ansbach:**
als bürgerliche Magistrats-Räthe:

a) Friedrich Kleinöd, Baumeister und
Landwehr-Major,
b) Christoph Schnürlein, Glaser,
c) Mathias Steinberger, Gasthof-
besitzer,

d) Carl Brügel, Buchdruckereibesitzer,
e) Ernst Bub, Kaufmann;

**III. in der Stadt Fürth:**
als bürgerliche Magistrats-Räthe:

a) Peter Bois, Privatmann,
b) Erhard Segitz, Broncefabrikant,
c) Sebastian Engelmann, Kaufmann,
d) Jacob Fleischauer, Apotheker,
e) Leonhard Kißkalt, Privatmann;

**IV. in der Stadt Erlangen:**
als bürgerliche Magistrats-Räthe:

a) David Hartmann, Gastwirth,
b) Johann Jourdan, Kammfabrikant,
c) August Kindler, Kaufmann,
d) Philipp Ebner, Buchbinder,
e) Johann Peter Schwarz, Täschner;

**V. in der Stadt Passau:**
als bürgerliche Magistrats-Räthe:

a) Anton Schmerböck, Gastwirth,
b) Anton Pummerer, Kaufmann,
c) Carl Herrmann, Kaufmann,
d) Wolfgang Maier, Färber,
e) Andreas Jacob, Chirurg.

Seine Majestät der König ha-
ben unter'm 18. October l. Js. die als
bürgerliche Magistrats-Räthe der Stadt
Nürnberg gewählten Gemeindeglieder:
Joh. Christoph Jahn, Kürschnermeister,
Johann Jacob Schnerr, Privatmann,
Ottomar Briegleb, Tapetenfabrikant,

Ernst Schmidmer, Kaufmann,
Christ. Heinrich Reuther, Kartenfabri-
kant, und
Carl Weydelin, Kaufmann,
in dieser Eigenschaft allerhöchst zu bestätigen geruht.

Seine Majestät der König ha-
ben Sich unter'm 19. October l. Js. allergnädigst bewogen gefunden, für die erledigten Stellen bürgerlicher Magistrats-Räthe
in der Stadt Regensburg die gewählten
Gemeindeglieder:

Adolph Schnitzlein, Schönfärber,
Anton Romanino, Kaufmann,
Alois Wagner, Gastwirth,
Hermann Roscher, Großhändler,
Nicolaus Bauhof, Gastwirth,
Carl Lang, Großhändler,
zu bestätigen.

Kirchenverwaltungen der Stadt Nürnberg.

Unter dem 11. October l. Js. sind
nachstehende bei den ordentlichen Ersatzwahlen für die Kirchenverwaltungen in der
Stadt Nürnberg gewählte Gemeindeglieder von dort als Mitglieder dieser Kirchen-
Verwaltungen höchstenOrts bestätigt worden:
I. für die Kirchenverwaltung der katholischen
Pfarrei:
1) der Kaufmann Anton Herrmann,
2) der Gastwirth Martin Kraft;

II. für die vereinigte protestantische Kirchen-
Verwaltung:
1) der Buchhändler August Friedrich
Recknagel,
2) der Privatier Joh. Joachim Strauß,
3) der Bierbrauereibesitzer Georg Friedr.
Schmidt,
4) der Drahtfabrikant Johann Friedrich
Wurster,
5) der Kaufmann Heinr. Memminger;
III. für die protestantische Kirchenverwaltung
St. Johannis:
1) der Wirth Michael Barth,
2) der Oekonom Joachim Hofmann;
IV. für die protestantische Kirchenverwaltung St. Peter:
1) der Gutsbesitzer Johann Albrecht
Wiehbeck zu Glockenhof,
2) der Hammerwerksbesitzer Joh. Götz;
V. für die protestantische Kirchenverwaltung
der Vorstadt Wöhrd:
1) der Großpfragner Joh. Georg Klein
2) der Gärtner Wolfgang Süß;
VI. für die reformirte Kirchenverwaltung:
1) der Kaufmann Johann Jacob Herzogenrath,
2) der Fabrikbesitzer Albert Meger.

Ordens-Verleihungen.

Seine Majestät der König ha-

ben Sich allergnädigst bewogen gefunden,
unter'm 21. October l. Is. dem kurhessischen
Generaldirector der Eisenbahnen, Eugen Ju=
lius Ruhl, das Ritterkreuz des königlichen
Verdienst-Ordens der bayerischen Krone;

unter'm 29. September l. Is. dem könig=
lichen Hauptmann Ritter von Thiereck
im k. 4. Infanterie=Regimente Gumppen=
berg das Ritterkreuz des königlichen Ver=
dienst-Ordens vom heiligen Michael, und

unter'm 11. October l. Is. dem quies=
cirten Porcellan=Manufactur=Materialver=
walter und Betriebsbeamten Johann Bap=
tist Purtscher in Rücksicht auf seine durch
fünfzig Jahre mit Treue, Fleiß und An=
hänglichkeit geleisteten Dienste die Ehren=
münze des königlich bayerischen Ludwigs=
Ordens zu verleihen.

## Königlich Allerhöchste Zufriedenheitsbe= zeigungen.

Die verlebte Bräumeisterswittwe Wal=
burga Netter zu Eichstädt hat durch letztwil=
lige Verfügung vom 18. Juni 1849 ein Capi=
tal von 1000 fl. zu dem Zwecke bestimmt,
daß die Zinsen desselben alljährlich an solche
Bürger vertheilt werden sollen, welche zur
Fortführung ihres Geschäfts einer augen=
blicklichen Unterstützung bedürfen.

Außerdem hat die Wittwe Netter
den Armen in Eichstädt zur sofortigen Ver=
theilung nach ihrem Tode 50 fl.; dem dor=
tigen Schulfonds 100 fl., dann dem Wai=
senhause und dem Krankenhause daselbst je
100 fl. vermacht.

Seine Majestät der König ha=
ben der bezeichneten Stiftung der Wittwe
Walburga Netter zur Unterstützung be=
drängter Bürger von Eichstädt unter dem
Namen „Walburga Netter'sche Stiftung“
die allerhöchste landesherrliche Bestätigung
zu ertheilen und allergnädigst zu genehmi=
gen geruht, daß Allerhöchstderselben
wohlgefällige Anerkennung des von der
Stifterin bewährten wohlthätigen Sinnes
durch das Regierungsblatt des Königreiches
kund gegeben werde.

Seine Majestät der König ha=
ben dem Gemeindevorsteher Georg Feistle
von Blindheim, k. Landgerichts Höchstädt,
die allerhöchst belobende Anerkennung der
während seines 27jährigen ununterbrochenen
Wirkens in besagtem Gemeindeamte gelei=
steten ersprießlichen Dienste und seines ord=
nungsgemäßen Verhaltens während der Tage
der Bewegung aussprechen zu lassen geruht.

Seine Majestät der König ha=
ben unter'm 6. October l. Is. dem ehemaligen
Gemeindevorsteher Joseph Vogler von
Hopferau, k. Landgerichts Füssen, die aller=
höchst belobende Anerkennung wegen der

während seines drei und dreißigjährigen ununterbrochenen Wirkens in besagtem Gemeindeamte geleisteten, sehr ersprießlichen
Dienste, sowie wegen seines musterhaften
Benehmens namentlich in den bewegten
Zeiten der jüngst vergangenen Jahre aussprechen zu lassen geruht.

## Indigenats-Verleihung.

Seine Majestät der König ha-
ben Sich unter'm 10. October l. Js. bewogen gefunden, dem dermaligen Feldpre-
diger Samuel Barth aus Basel unter
Vorbehalt seiner bisherigen Staatsangehö-
rigkeits-Verhältnisse das Indigenat des Königreiches allergnädigst zu ertheilen.

## Großjährigkeits-Erklärungen.

Seine Majestät der König ha-
ben unter'm 18. October l. Js. die Haf-
nerstochter Franziska Leibl von München,
die Maria Theresia Fuchs von Beilngries,
die Eva Kunigunda Söllner von Gun-
delsheim, die Anna Margaretha Lutz, nun
verehelichte Spitzbart zu Mainheim, endlich die Barbara Pfeuser, nun verehelichte
Bonengel zu Zeegendorf, dann
unter'm 21. October l. Js. die Adelgunde Sophie Kunigunde Herrmann zu
München, und zwar sämmtliche auf allerunterthänigstes Ansuchen, für großjährig zu erklären geruht.

## Königlich Allerhöchste Genehmigung zu Namensveränderungen.

Seine Majestät der König ha-
ben unter'm 11. October l. Js. allergnädigst zu gestatten geruht, daß Johann Georg Lang von Enzisweiler, Landgerichts
Lindau, der Rechte Dritter unbeschadet, den
Familiennamen „Bruderhofer", dann
unter'm 18. October l. Js., daß die
Geschwister Carl Marx, Katharina Marx,
Karolina Marx und Elisabetha Marx
von Vogelbach in der Pfalz, gleichfalls unbeschadet der Rechte dritter Personen, den
Geschlechtsnamen „Anger" annehmen und
führen dürfen.

## Gewerbsprivilegiums-Verleihung.

Seine Majestät der König ha-
ben unter'm 29. Juni l. Js. dem Schuhmachergesellen Joseph Zimmermann von
Landsberg, ein Gewerbsprivilegium auf Anwendung des von ihm erfundenen Verfahrens,
um rohes, sowie zu Schuhen und Stiefeln verarbeitetes Leder wasserdicht zu machen, für
den Zeitraum von einem Jahre zu ertheilen
geruht.

# Regierungs-Blatt

## für das
## Königreich Bayern.

## № 49.

München, Mittwoch den 5. November 1851.

**Inhalt:**

**Königlich Allerhöchste Verordnung,**
die Bestellung von Amtsbürgschaften der Beamten
betreffend.

### Maximilian II.

von Gottes Gnaden König von Bayern,
Pfalzgraf bei Rhein,
Herzog von Bayern, Franken und in
Schwaben ꝛc. ꝛc.

Im Nachgange der in Abschnitt I. §. 31

Nro. 1 des Landtags-Abschiedes vom 25.
Juli 1850. gegebenen Zusicherung verordnen Wir unter Abänderung der in §. 14
der Verordnung vom 19. Februar 1819,
„die Wiedereinführung der Amtsbürgschaften betreffend" enthaltenen Bestimmung,
was folgt:

§. 1.

Den nach der angeführten Verordnung

81

Digitiz

vom 19. Februar 1819 cautionspflichtigen Beamten ist es für die Zukunft freigestellt, ob sie die von ihnen zu errichtende Amtsbürgschaft in klingender Münze, oder ob sie dieselbe ganz oder theilweise in bayerischen Staatspapieren, deren Zinsfuß jedoch im Mindesten 3½ Procent betragen muß, erlegen wollen.

Zur Hinterlegung als Amtsbürgschaft sind sowohl die auf den Cautionssteller lautenden oder im Cataster auf denselben umgeschriebenen Nominal-Obligationen mit Coupons, als auch die mit einer Vinculirung nicht behafteten au porteur-Obligationen — mit Ausnahme der Schuldscheine à 20, 35 und 50 fl. des ersten fünfprocentigen Subscriptions-Anlehens — geeignet.

### §. 2.

Die Annahme von Staatsobligationen ist nur bei neu zur Anlage kommenden Cautionen oder Cautionsergänzungen gestattet.

Alle einmal baar erlegten Amtsbürgschaften verbleiben in ihrem bestehenden Verhältnisse. Es kann daher weder für diese, noch in jenen Fällen, in welchen die bloße Transferirung einer bereits baar errichteten Caution von einer Dienststelle auf eine andere stattfindet, eine Umwechslung in bayerische Staatspapiere von Seite des Cautionsstellers beansprucht werden.

### §. 3.

Die als Amtsbürgschaft bestimmten Staatspapiere sind mit allen dazu gehörigen und zur Zeit der Erlage noch nicht verfallenen Coupons bei den einschlägigen Central-, Haupt- oder Kreiscassen, dann für Cautionen des Aufschlagspersonals bei den betreffenden Oberaufschlagsämtern zu hinterlegen, welche solche als Depositum zu behandeln und hiefür einen Depositenschein, in welchem die Obligationen nach Gattung, schuldender Casse, Nummer, Capitalbetrag, Zinsfuß, Zahl der Coupons und ihrer Verfalljahre bezeichnet sein müssen, auszustellen haben.

Bei allen als Caution deponirten Obligationen, sie mögen auf Namen oder auf den Inhaber lauten, hat zur Sicherung des Staatsärars die ausdrückliche Vinculirung als Amtsbürgschafts-Capital stattzufinden; dieselbe ist von Seite des Cautionsstellers vor Einsendung der Obligation auf deren Rückseite nach dem beifolgenden Formulare zu beurkunden.

### §. 4.

Da von Ausstellung ehefraulicher Verzichtsurkunden nur bei Errichtung der Amtsbürgschaften in baarem Gelde Umgang genommen werden kann, so haben die einschlägigen königlichen Central- und Kreisverwaltungsstellen dafür Sorge zu tragen, daß in

zweien Fällen, in welchen der Cautionspflich-
tige seine Amtsbürgschaft ganz oder theilweise in Staatspapieren erlegen will, bezüglich dieser Letztern die Berichtsbriefe der
Ehefrauen jederzeit nach Vorschrift des §. 15
der Verordnung vom 19. Februar 1819
vor den betreffenden Gerichten ausgestellt
und gleichzeitig mit der Obligation zur Aufbewahrung übergeben werden.

§. 5.

Zur Erleichterung der Zinserhebung
wird gestattet, daß diejenigen Cassen und
Aemter, welche die als Amtsbürgschaft erlegten Staatspapiere aufbewahren, den Ca-
venten die Zinscoupons für jeweils die nächsten drei Verfalljahre gegen Quittung voraus behändigen.

§. 6.

Soferne eine als Amtsbürgschaft hin-
terlegte Mobilisirungs-Obligation in die Verloosung fällt, so steht es dem Cautionssteller frei, entweder den zur Heimzahlung kommenden Nominalbetrag nunmehr als baares
Amtsbürgschafts-Capital gegen 3½ procentige Verzinsung und gegen Ausstellung einer diesem neuen Verhältnisse entsprechenden Bürgschaftsurkunde liegen zu lassen,
oder eine andere bayerische Staatsobligation in gleichem Betrage zu hinterlegen
und hiegegen die zur Verloosung gelangte

Obligation nach vorgängiger Devinculirung
zurückzuempfangen.

Die Beachtung der Zahlungstermine
verlooster Obligationen liegt lediglich dem
cavirenden Beamten ob, welcher, falls eine
als Amtsbürgschaft deponirte Staatsobligation in die Verloosung fällt, bei der einschlägigen Central- oder Kreisverwaltungs-
Stelle behufs der hiedurch veranlaßten Cau-
tionsbereinigung um so sicherer rechtzeitige
Anzeige zu erstatten hat, als Saumsal in
dieser Beziehung eine Ausnahme von den
über die Erlöschung der Staatsschuldforde-
rungen durch Verjährung bestehenden Bestimmungen nicht begründen kann, derselbe
sich daher die gesetzlichen Folgen selbst zu-
zumessen haben müßte. Unter gleichem Prä-
judize sind die Zinstermine von dem Ca-
venten zu beachten und die rechtzeitige Verabfolgung der betreffenden Coupons von
demselben geeignet in Anregung zu bringen.

§. 7.

Soferne eine gemäß gegenwärtiger
Verordnung in Staatspapieren aufrecht gemachte Amtsbürgschaft nach erfolgter Lösung
des Cautionsverbandes zur Heimzahlung zu
gelangen hat, so ist vor Rückgabe der betreffenden Obligationen an den Eigenthümer
die Devinculirung derselben vorzunehmen,
und zu diesem Behufe die Aufhebung der
bisherigen Dispositionsbeschränkung von der

einschlägigen königlichen Stelle amtlich auf denselben zu beurkunden.

## §. 8.

Hinsichtlich der formellen Behandlung der als Caution hinterlegten Staatspapiere, dann der Abgabe und Einlösung ihrer Coupons wird Unser Staatsministerium der Finanzen den zuständigen Stellen besondere instructive Anleitung ertheilen.

## §. 9.

Bezüglich aller in baar Geld bereits München, den 22. October 1851.

erlegten oder zur Erlage gelangenden Amtsbürgschaften hat es bei der bisherigen Behandlungsweise auch fernerhin sein Verbleiben. Die deßfalls bestehenden allgemeinen Bestimmungen finden, soweit solche nicht durch gegenwärtige Verordnung eine Abänderung erlitten haben, fortan auch auf die in Staatspapieren aufrecht gemachten Amtsbürgschaften gleichmäßige Anwendung.

Unser Staatsministerium der Finanzen ist mit dem Vollzuge vorstehender Verordnung beauftragt.

Max.

Dr. v. Aschenbrenner.

Auf Königlich Allerhöchsten Befehl:
der General-Secretär,
Ministerialrath Gietl.

## Formular.

Vorstehende Obligation von . . . . . Gulden unterstellt hiemit der Unterzeichnete dem königlichen Staatsärar als Amtsbürgschaft nach den Bestimmungen der allerhöchsten Verordnung vom 19. Februar beziehungsweise 17. September 1819 „die Wiedereinführung der Amtsbürgschaften betreffend" (Reg. Bl. pag. 865) dann der Nachtragsverordnung hiezu vom 22. October 1851 (Reg. Bl. pag. 1161).

Bis zur Auflösung des Amtsbürgschafts-Verbandes bleibt demnach gegenwärtige Obligation gemäß §. 15 der ersterwähnten Verordnung dem Staatsärar jure separationis verhaftet, und kann eine Cession oder Verpfändung derselben oder irgend eine andere Rechtseinräumung auf deren Grund, außer unter Vorbehalt des dem Aerar zustehenden Separationsrechtes, nicht stattfinden.

N . . den . . . . . . . . . .

N. N. k. . . . . . beamte.

## Dienstes - Nachrichten.

Seine Majestät der König haben unter'm 29. October l. Js. beschlossen, an dem Hofe des Königs beider Sicilien, Majestät, einen Gesandten aufzustellen und Sich allergnädigst bewogen gefunden, Allerhöchstihren außerordentlichen Gesandten und bevollmächtigten Minister bei dem heiligen Stuhle und am königlich sardinischen Hofe, Kämmerer Grafen Carl von Spaur, in gleicher Eigenschaft zu gedachter Allerhöchster Mission am königlich neapolitanischen Hofe zu berufen.

Seine Majestät der König haben allergnädigst geruht, unter'm 30. August l. Js. den Forstcommissär I. Classe Ludwig Freiherrn von Godin in Ansbach auf Ansuchen nach §. 22. Lit. A. der IX. Beilage zur Verfassungsurkunde, unter Vorbehalt des bayerischen Indigenats und unter allerhöchster Zufriedenheitsbezeigung mit seiner treuen und ersprießlichen Dienstesleistung aus dem königlichen Staatsdienste zu entlassen;

unter'm 21. October l. Js. den Rechnungscommissariatsaccessisten der Regierung der Pfalz, Kammer der Finanzen, Friedrich August Lorenz, zum Finanzrechnungscommissär daselbst provisorisch zu ernennen;

unter'm 22. October l. Js. dem k. Vice-Oberststallmeister Freiherrn von Frei-

berg die erbetene Enthebung von der Stelle eines Vorstandes der k. Central-Veterinärschule unter dem Ausdrucke der allerhöchsten wohlgefälligen Anerkennung seines uneigennützigen Wirkens und seiner ersprießlichen Leistungen zu bewilligen, und

den k. Rath und ersten Professor an der k. Central-Veterinärschule, Dr. Schwab, unter Anwendung der Bestimmungen des §. 22. Lit. B. und C. der Beilage IX. zur Verfassungsurkunde und mit dem Ausdrucke Allerhöchstdero Zufriedenheit mit seinen langjährigen, treuen und ausgezeichneten Leistungen, seiner Bitte entsprechend, in den wohlverdienten Ruhestand zu versetzen;

unter'm 23. October l. Js. den Institutsdirector P. Placidus Lacense der von ihm bisher bekleideten Stelle eines Vorstandes des Erziehungsinstitutes für Studierende in München, unter Bezeigung der allerhöchsten Zufriedenheit mit seiner mehr als zehnjährigen, ebenso umsichtigen als ersprießlichen Leitung dieses Instituts zu entheben, und gleichzeitig dem Professor der II. Classe des Ludwigs-Gymnasiums dahier, P. Cölestin Feiner, den Rücktritt in sein Stift zu Metten zu gestatten, dann

die hiedurch sich eröffnende Stelle eines Vorstandes des genannten Erziehungsinstituts für Studierende dem Rektor des Ludwigs-Gymnasiums, P. Gregor Höfer, mit

Befassung des Rectorats und der Profeffur der Oberclaffe zu übertragen, und gleichzeitig einen Corrector für dieses Gymnafium in der Person des Lehrers der Mathematik daselbst, Lycealprofessor Caspar Elles, aufzustellen, ferner

zu Eisenbahnofficialen III. Claffe bei dem Bahnamte Hof den Eisenbahnassistenten Ferdinand von Flecklnger, und

bei dem Bahnamte Nürnberg den Revisionsassistenten Michael Büttner in provisorischer Eigenschaft zu ernennen;

die Rechnungscommissäre bei der Generaldirection der k. Verkehrsanstalten, Bernhard Baumgraß, Franz Xaver Rottmanner und Sebastian Mulzer, vom 1. November l. Js. angefangen, in den definitiven Ruhestand zu versetzen;

den Forstamtsactuar zu Lauterecken, Ludwig Grimmeisen, zum Revierförster in Ramstein, Forstamts Kaiserslautern, provisorisch zu ernennen;

den Revierförster Joseph Wagner zu Aibling wegen physischer Gebrechlichkeit auf den Grund des §. 19. der IX. Beilage zur Verfassungsurkunde in den Ruhestand, dann

den Revierförster Thomas Sachenbacher von Schliersee, Forstamts Tegernsee, nach Aibling, und

den Revierförster Leoprecht Lößl von Königsfee, Forstamts Berchtesgaden, nach

Schliersee, beide in gleicher Diensteseigenschaft und auf Ansuchen, zu versetzen;

zum provisorischen Revierförster nach Königssee den Actuar beim Forstamte der Saalforste, Johann Baptist Reindl, zu befördern;

den Vorstand der Filialbank Regensburg, Conrad Winter, seiner Bitte gemäß, in gleicher Eigenschaft zur k. Filialbank Bayreuth zu versetzen, und

zum Buchhalter der Filialbank Bayreuth den Bankcommis Carl Kellermann provisorisch zu ernennen;

unter'm 24. October l. Js. bei dem Appellationsgerichte von Oberbayern einen dritten Staatsanwalt aufzustellen, zu dieser Stelle den seitherigen Staatsanwalt am Kreis- und Stadtgerichte Kempten, Otto Sell, zu ernennen, und zum Staatsanwalte am Kreis- und Stadtgerichte Kempten den zweiten Staatsanwalt am Kreis- und Stadtgerichte Straubing, Friederich August Abt, zu befördern;

auf die in Augsburg erledigte Advokatenstelle den Advokaten Andreas Metz von Wörth, seiner Versetzungsbitte entsprechend, zu versetzen, dann die in Feuchtwangen und Lindau in Erledigung gekommenen Advocatenstellen und zwar erstere dem Landgerichtsactuar Carl Frank in Heilsbronn und letztere dem Kreis- und Stadtgerichtsprotocollisten Joseph Lauerer in

———————

Aichach, ihren allerunterthänigsten Bitten
entsprechend, unter Enthebung von ihren
bisherigen Stellen und Besoldungen zu verleihen, ferner

den Oberappellationsgerichtssecretär Johann Baptist Schiedermaier, seiner
gestellten allerunterthänigsten Bitte gemäß,
von der ihm übertragenen Stelle des functionirenden Gerichtsschreibers am Cassations-
hofe der Pfalz zu entheben, und diese Stelle
dem Oberappellationsgerichts-Secretär und
bisherigen Suppleanten des Gerichtsschreibers, Felix Paulus, sofort die hiedurch
in Erledigung kommende Suppleantenstelle
dem Oberappellationsgerichtssecretär Ludwig.
Wollschläger zu verleihen;

als I. Assessor des Landgerichts Stadtamhof den I. Assessor des Landgerichts Regenstauf, Jacob Eisenhofer, zu berufen,
zum I. Assessor des Landgerichts Regenstauf
den II. Assessor des Landgerichts Rotthalmünster, Max Paul Rast, vorrücken zu
lassen und zum II. Assessor des Landgerichts
Rotthalmünster den Militär-Fiscaladjuncten
Joseph Erras seiner Bitte gemäß zu
ernennen;

dem II. Landgerichtsassessor Martin
Gartner zu Ebersberg die nachgesuchte
Quiescenz auf die Dauer eines Jahres
nach §. 22. lit. D. der IX. Verfassungs-
Beilage zu gewähren;

zur Wiederbesetzung der an der latei-

nischen Schule des Ludwigs-Gymnasiums
erledigten Lehrstelle der IV. Classe den Studienlehrern der III. H. und I. Classe, Priester Johann Brenner, Ludwig Graul
und Lorenz Engelmann die Vorrückung
in das Lehramt der nächst höheren Classe
zu gestatten, und die hiedurch erledigte
werdende Lehrstelle der I. Classe dem
Studienlehrer an der lateinischen Schule
zu Straubing, Albert Gruber, in provisorischer Eigenschaft zu übertragen;

den Professor der Mathematik an dem
Lyceum und Gymnasium zu Passau, Joseph
Winkelmann, auf den Grund des §. 18
der IX. Verfassungsbeilage in den Ruhestand zu versetzen, dann

den Revierförster zu Bischofsreut, im
Forstamte Wolfstein, Wolfgang Mucken-
schnabel, wegen physischer Gebrechlichkeit
gleichfalls auf die Dauer eines Jahres in
den Ruhestand treten zu lassen;

unter'm 25. October l. Js. auf die erledigte II. Revisionsbeamten-Stelle am Hauptzollamte München den Zollverwalter des
Nebenzollamts Nördlingen, Heinrich Theodor Stiller, zu berufen;

unter'm 26. October l. Js. den Secretär I. Classe der Regierung von Oberfranken, Lorenz Lorig, zum Assessor der
Regierung der Oberpfalz und von Regensburg, Kammer des Innern zu befördern,
und den Landgerichts-Actuar, Christoph Pöl-

rath von München zum Secretär I. Classe
der Regierung von Oberfranken zu ernennen, dann

: den II. Assessor des Landgerichts Neu-
stadt a|WN., Joseph Weyh, an das Land-
gericht Oberviechtach und den II. Assessor
dieses Landgerichts, Andreas Sanftl, an
das Landgericht Neustadt a|WN. in glei-
cher Eigenschaft zu versetzen;

die erledigte Stelle an der obersten
Classe der Lateinschule St. Anna zu Augsburg dem bisherigen Lehrer der III. Classe
bei dieser Anstalt, Jacob Carl Eduard
Oppenrieder, zu verleihen, die Vorrückung der beiden Lehrer der ersten und
zweiten Classe benannter Anstalt, Benedict
Greiff und Friedr. August Bauer, in
die III. und II. Classe zu genehmigen und
die hieburch erledigte I. Classe dem bisherigen Studienlehrer Gottfried Heinrich Friedrich Franz Gürsching zu Hersbruck in
provisorischer Eigenschaft zu übertragen;

unter'm 27. October l. Js. auf die
Landcommissariatsactuars-Stelle zu Eusel,
den Actuar des Landcommissariats Pirmasenz, Friedrich Gumi, seiner Bitte gemäß
zu versetzen;

die bei dem Kreis- und Stadtgerichte
Schweinfurt erledigte Schreiberstelle dem
dortigen Diurnisten Nicolaus Seyboth
in provisorischer Eigenschaft zu verleihen;

. dem Kreis- und Stadtgerichte Am-

berg einen vierten Schreiber beizugeben
und hiezu den geprüften Rechtspraktikanten
Anton Rapl zu Passau in provisorischer
Eigenschaft zu ernennen, ferner

dem zweiten technischen Assessor am
Wechsel- und Merkantilgerichte I. Instanz
in Regensburg, Friedrich Porzelius,
mit Belassung seines Titels als Wechsel-
und Merkantilgerichtsassessor die. allerunterthänigst nachgesuchte Enthebung von der
bisher von ihm bekleideten Stelle zu bewilligen, sofort in die hieburch erledigt
werdende zweite Assessorstelle den dritten
Assessor Heinrich Brauser und in die
dritte Assessorstelle den vierten Assessor Georg
Heintke vorrücken zu lassen, dann die
Stelle des vierten Assessors dem ersten
Suppleanten Johann Mathias Wolf zu
verleihen, endlich unter Vorrückung des
zweiten Suppleanten Gottlieb Roscher
in die Stelle des ersten Suppleanten den
Großhändler Carl Lang zum zweiten
Suppleanten zu ernennen;

unter'm 29. October l. Js. dem Landgerichte Ochsenfurt einen Assessor extra statum beizugeben und auf diese Stelle den
II. Assessor des Landgerichts Obernburg,
Theodor Vollmuth, als II. Assessor des
Landgerichts Obernburg aber den II. Assessor des Landgerichts Kitzingen, Georg
Molitor, beide ihrer Versetzungsbitte
entsprechend, zu berufen, und

zum II. Assessor des Landgerichts Kö-
tztingen den geprüften Rechtspraktikanten
Philipp Gerlach aus Kastenberg, dermal
zu Marktheidenfeld, zu ernennen, endlich

unter'm 30. October l. Js. zum I.
Assessor des Landgerichts Parsberg den II.
Assessor des Landgerichts Waldmünchen,
Joseph Sämmer, vorrücken zu lassen, und

die II. Assessorstelle bei dem Landgerichte Waldmünchen dem geprüften Rechtspraktikanten Ludwig Pflüger zu Neumarkt zu verleihen, dann

die durch die Quiescirung des Professors
Winkelmann erledigte Lehrstelle der Mathematik an dem Lyceum und Gymnasium
zu Passau dem geprüften Lehramtscandidaten und dermaligen Pfarradjutor zu Pfarrkirchen, Priester Martin Hollweck, in provisorischer Eigenschaft zu übertragen.

---

Pfarreien- und Beneficien-Verleihungen;
Präsentations-Bestätigungen.

Seine Majestät der König ha-
ben die nachgenannten katholischen Pfarreien
und Beneficien allergnädigst zu übertragen
geruht, und zwar:

unter'm 22. October l. Js. die Pfarrei
Lutzmannstein, Landgerichts Parsberg, dem
Priester Michael Sippl, Cooperator zu
Berngau, Landgerichts Neumarkt;

unter'm 24. October l. Js. die Pfarrei
Traunwalchen, Landgerichts Traunstein, dem

Priester Joseph Gallinger, Cooperator
an der Stadtpfarrkirche zu St. Peter in
München, und

die Pfarrei Fahlenbach, Landgerichts
Pfaffenhofen, dem Priester Augustin Moll,
Caplanei-Beneficiat zu Gundelfingen, Land-
gerichts Lauingen;

unter'm 26. October l. Js. die Pfarrei
Zaisertshofen, Landgerichts Türkheim, dem
Priester Joseph Sirch, Pfarrer zu Wäs-
tenhofen, Landgerichts Schongau;

unter'm 27. October l. Js. das Cu-
rat- und Schulbeneficium Ritzisried, Ge-
richts- und Polizeibehörde Weißenhorn, dem
Priester Georg Maxim. Wittmann, Caplan zu Unterröth, Landgerichts Illertissen, und

die Pfarrei Oberstimm, Landgerichts
Neuburg a/D. dem Priester Ferdinand
Heichlinger, Pfarrer zu Trugenhofen,
Landgerichts Monheim.

Seine Majestät der König ha-
ben unter'm 22. October l. Js. allergnädigst zu genehmigen geruht, daß die zur
Pfarrei erhobene Pfarrcuratie Hohestadt,
Landgerichts Ochsenfurt, von dem hochwürdigen Herrn Bischofe von Würzburg dem
stiftigen Vicar, Priester Johann Eisenhofer, und

unter'm 27. October l. Js. daß die
katholische Pfarrei Bernbeuren, Landgerichts
Füßen, von dem hochwürdigen Herrn Bischofe von Augsburg dem Priester Johann

Bapt. Waldmann, Curatbeneficiat zu
Bühel, Landgerichts Immenstadt verliehen
werde.

Seine Majestät der König ha-
ben Sich vermöge allerhöchster Entschließung
vom 24. October l. Js. allergnädigst bewogen gefunden, die erledigte protestantische
Pfarrstelle zu Gailnau, Dekanats Insingen,
dem bisherigen Pfarrer zu Jochsberg, Dekanats Leutershausen, Samuel Christoph
Carl Schulz, zu verleihen.

### Landwehr des Königreichs.

Seine Majestät der König ha-
ben unter'm 26. October l. Js. den Landwehrmajor Mathias Gschaider in Folge
seiner Versetzung nach Eggenfelden von dem
Commando des Landwehr-Bataillons Traunstein zu entheben geruht.

### Königlich Allerhöchste Bestätigung der Wahl eines Abtes für das Benediktiner-stift St. Stephan zu Augsburg.

Seine Majestät der König ha-
ben Sich vermöge allerhöchster Entschließung
vom 23. October l. Js. allergnädigst bewogen
gefunden, der von den Conventualen des
Benediktinerstiftes St. Stephan zu Augsburg geschehenen Wahl des Conventualen
P. Philipp Kramer zum Abte des genannten Stiftes die landesherrliche Bestätigung zu ertheilen.

### Magistrate in den Städten Bayreuth und Hof, dann in der k. Haupt- und Residenzstadt München.

Seine Majestät der König ha-
ben Sich bewogen gefunden, unter'm 24.
October l. Js. den für die Stelle eines
bürgerlichen Bürgermeisters der Stadt
Bayreuth gewählten Kaufmann Friedrich
Carl Dilchert und dem zum zweiten
rechtskundigen Magistratsrathe derselben
Stadt gewählten geprüften Rechtspraktikanten Theodor Munker von dort in dieser
ihrer Eigenschaft die allerhöchste Bestätigung zu ertheilen, sowie die als bürgerliche
Magistratsräthe der Stadt Bayreuth gewählten Gemeindeglieder:

Burkhard Kretschmann, Kaufmann,
Hanns Ries, Kaufmann,
Friedrich Kästner, Posamentier,
Julius Hänlein, Färber,
gleichfalls allerhöchst zu bestätigen;
unter'm 25. October l. Js. den wieder gewählten rechtskundigen Magistratsrath
der Stadt Hof, Hermann Münch, in dieser
Eigenschaft, und die zu bürgerlichen Ma-
gistratsräthen gewählten Gemeindeglieder
derselben Stadt:

Christian Langheinrich, Seiler,
Wilhelm Horn, Tuchmacher,
Gottlieb Kümmeth, Gastwirth, und
Erhard Weidner, Rothgerber, endlich

unter'm 26. October l. Js. die zu den erledigten Stellen bürgerlicher Magistratsräthe in der Haupt- und Residenzstadt München gewählten Gemeindeglieder:

Franz Dobler, Hausbesitzer,

Michael Seeholzer, Apotheker,

Leo Hänle, Fabrikant,

Carl Schreyer, Apotheker,

Franz Xaver Riezler, Kaufmann,

Carl Riederer, Kaufmann,

in dieser Eigenschaft allerhöchst zu bestätigen.

### Kirchenverwaltungen in den Städten Bamberg, Würzburg und Regensburg.

Unter dem 19. October l. Js. sind nachstehende bei den ordentlichen Ersatzwahlen für die katholischen und protestantischen Kirchenverwaltungen in der Stadt Bamberg gewählte Gemeindeglieder von dort als Mitglieder dieser Verwaltungen höchsten Orts bestätigt worden, und zwar:

I. für die Kirchenverwaltung der katholischen Pfarrei St. Martini:

1) der Kuttlermeister Ignaz Schneider,

2) der Kaufmann Georg Anton Bayerlein,

3) der Kaufmann Ernst Ferd. Thomas,

4) der Wagenfabrikant Heinrich Beck;

II. für die Kirchenverwaltung der katholischen Pfarrei St. Gangolph:

1) der Gärtnermeister Johann Läutenbacher,

2) der Samenhändler Friedrich Stülz,

III. für die Kirchenverwaltung der katholischen Pfarrei zu U. L. Frau:

1) der Seifensiedermeister Andreas Rudhart,

2) der Schmiedmeister Valentin Schwapbach,

3) der Kaufmann Adam Burger;

IV. für die Kirchenverwaltung der Dompfarrei zu St. Peter und Georg:

1) der herzogliche Zahlmeister Joh. Bapt. Huber,

2) der Pfragner Joseph Meßner;

V. für die katholische allgemeine Stadtpfarrfonds-Verwaltung:

1) der Bildhauer Adam Schäfer,

2) der praktische Arzt Dr. Georg Banzer,

3) der Seifensiedermeister Andreas Rudhart,

4) der Pfragner Carl Sachs;

VI. für die Kirchenverwaltung der protestantischen Pfarrei:

1) der Essigfabrikant Wilhelm Seibel,

2) der Kaufmann Anton Wilh. Stengel.

Unter dem 22. October l. Js. sind die bei den ordentlichen Ersatzwahlen für die Kirchenverwaltungen der fünf katholischen Pfarreien und der protestantischen Pfarrei zu Würzburg gewählten Gemeindeglieder von dort als Mitglieder dieser Verwaltungen höchstens Orts bestätigt worden, und zwar:

III. für die Kirchenverwaltung der katholischen

I. für die Kirchenverwaltung der katholischen Pfarrei St. Burkard:

1) der Gastwirth Michael Hofmann,
2) der Sattler Michael Mainhards,
3) der Zimmermeister Conrad Waidel;

II. für die Kirchenverwaltung der Dom...

1) der Hutmacher Michael Wittmann,
2) der Kaufmann Anton Fischer,
3) der Privatmann Joseph Köchel,
4) der Weber Valentin Neufand;

III. für die Kirchenverwaltung der katholischen Pfarrei Haug:

1) der Tünchermeister Peter Steinfelder,
2) der Kaufmann Martin Reichel;

IV. für die Kirchenverwaltung der katholischen Pfarrei St. Peter und Paul:

1) der Kaufmann Ignaz Holzwart,
2) der Privatmann Michael Wirsing;

V. für die Kirchenverwaltung der katholischen Pfarrei St. Gertraud in Pleischach:

1) der Tünchermeister Joseph Konrad,
2) der Tuchscherer Georg Specht;

VI. für die Kirchenverwaltung der protestantischen Pfarrei:

1) der Buchdrucker Stephan Richter,
2) der Wurstler Christian Henninger.

Unter dem 24. October l. Js. sind nachstehende bei den ordentlichen Ersatzzahlen für die katholischen und protestantischen Kirchenverwaltungen in der Stadt Regensburg gewählte Gemeindeglieder als Mitglieder dieser Verwaltungen höchsten Orts bestätigt worden, und zwar:

I. für die katholische Kirchenverwaltung St. Rupert:

1) der Münchner-Bote Joseph Hennevogl,
2) der Bleibrauer Georg Schmied,
3) der Lederermeister Joseph Küchler,

II. für die katholische Kirchenverwaltung St. Ulrich:

1) der Privatmann Alois Heyder,
2) der Brauereibesitzer Franz Seraph Niedermaier;

III. für die protestantische Kirchenverwaltung der obern Stadt:

1) der Kaufmann Joh. Georg Heinke,
2) der Sensal Friedrich Metzger,
3) der Essigfabrikant Georg Fried. Bomhard;

IV. für die protestantische Kirchenverwaltung der untern Stadt:

1) der Posamentier Carl Thanebuhn,
2) der Goldarbeiter Emanuel Ettele,
3) der Kaufmann Friedrich Hartlaub.

**Berichtigung.**

Im Regierungs-Blatte vom 24. October l. Js. ... Zeile 2, von oben soll es statt Dr. Cajetan Scherer heißen: „Dr. Cajetan Scherer."

# Regierungs-Blatt

für das

## Königreich Bayern.

## № 50.

München, Donnerstag den 6. November 1851.

---

**Inhalt:**

Bekanntmachung, die deutschkatholischen und freien Kirchengemeinden betreffend. — Dienstes-Nachrichten. — Pfarreien- und Beneficien-Verleihungen, Präsentations-Bestätigungen. — Ordens-Verleihungen. — Königlich Allerhöchste Genehmigung zur Annahme einer fremden Decoration. — Titel-Verleihung.

---

### Bekanntmachung,
die deutschkatholischen und freien Kirchengemeinden betreffend.

**Staatsministerium des Innern für Kirchen- und Schul-Angelegenheiten.**

Da die auf Grund der allerhöchsten Entschließung vom 8. October 1848 (Bekanntmachung vom 20. October 1848, Regierungsblatt S. 1049), sowie der Ministerial-Entschließungen vom 10. November desselben Jahres und 14. September 1849 unter den Namen „deutschkatholische" und „freie Kirchengemeinden" gebildeten Religionsgenossenschaften nicht nur von ihren zur Vorlage gebrachten Grundbestimmungen abgewichen sind, sondern auch nach den gemachten Erhebungen und offenkundigen

83

Thatsachen eine Richtung genommen haben, welche dem Christenthume und selbst dem Begriffe und Wesen von Religion und Religions-Gesellschaft überhaupt widerstreitet, und deßhalb nothwendig zu dem Verfalle alles Glaubens und der hierauf gegründeten sittlichen und bürgerlichen Verhältnisse führen muß, so haben Seine Majestät der König auf Antrag des unterfertigten Staats-Ministeriums auszusprechen geruht:

daß bei dem gänzlichen Mangel derjenigen Voraussetzungen, unter welchen die allerhöchste Entschließung vom 8. October 1848, dann die Ministerial-Entschließungen vom 10. November

München, den 2. November 1851.

Auf Seiner Königlichen Majestät Allerhöchsten Befehl.

Dr. v. Ringelmann.

Durch den Minister
der General-Secretär,
Ministerialrath Hänlein.

---

1848 und 14. September 1849 erlassen wurden, nunmehr diese Entschließungen anmit außer Wirksamkeit gesetzt werden, besagte Vereinigungen daher in der Eigenschaft als Religionsgesellschaften im Sinne der §§. 3, 32 bis 37 der II. Verfassungs-Beilage ferner nicht anzuerkennen seien.

Dieß wird mit dem Anhange zur öffentlichen Kenntniß gebracht, daß demgemäß die bemerkten Vereine zur Ausübung jener Rechte und Vornahme jener Handlungen, welche gesetzlich nur den Religions-Gesellschaften zustehen, nicht mehr befugt seien.

---

### Dienstes-Nachrichten.

Seine Majestät der König haben Sich allergnädigst bewogen gefunden, unter'm 1. November l. Is. den geheimen Secretär im Staatsministerium des königlichen Hauses und des Aeußern, Secretär des Königs, Rath Franz Pfistermeister vom 1. d. M. an, zum Vorstande Allerhöchstihrer Cabinetscasse zu ernennen;

unter'm 2. November l. Is. den I. Landgerichts-Assessor zu Weilheim, David Bauer, in den zeitlichen Ruhestand bis zu weiterer allerhöchster Verfügung treten zu lassen;

als I. Affessor des Landgerichts Weilheim den I. Assessor des Landgerichts Rotthal= münster, Christoph Denk, seiner Versetz= ungsbitte gemäß, zu berufen, und

die am Kreis= und Stadtgerichte Wasser= burg erledigte Protokollistenstelle dem Appella= tionsgerichts=Accessisten Franz Streicher, zur Zeit in München, in provisorischer Eigen= schaft zu verleihen.

Seine Majestät der König ha= ben Sich unter'm 31. Oktober l. Js. be= wogen gefunden, dem bisherigen Rendanten der Kreishilfskasse von Oberbayern, Haus= besitzer Christian Strauß in München, die nachgesuchte Enthebung von der Func= tion eines Kreishilfskasse=Rendanten in Gna= den zu gewähren und dieselbe dem functio= nirenden Rechnungs=Revisor bei der Regie= rung von Oberbayern, Adolph Illing in München, unter beifälliger Anerkennung sei= nes Erbietens zur unentgeltlichen Führung der Rendantur = Geschäfte allergnädigst zu übertragen.

### Pfarreien= und Beneficien=Verleihungen; Präsentations = Bestätigungen.

Seine Majestät der König ha= ben unter'm 29. Oktober l. Js. das Bene= ficium ad St. Bartholomaeum zu Volkach, Landgerichts gleichen Namens, dem Priester

Georg Martin Straub, Pfarrer zu Theil= heim, Landgerichts Würzburg r/M., und

unter'm 2. November l. Js. die ka= tholische Pfarrei Thalmassing, Landgerichts Stadtamhof, dem Priester Lorenz Zim= mermann, Dekan, Pfarrer und Distrikts= Schul = Inspector zu Rötz, Landgerichts Waldmünchen, zu übertragen geruht.

Seine Majestät der König ha= ben unter'm 1. November l. Js. den seit= herigen Pfarrer zu Birnbaum, Landgerichts Nordhalben, Priester Friedrich Schleicher, seiner Bitte entsprechend von dem Antritte der ihm zugedachten katholischen Pfarrei Gunzendorf, Landgerichts Auerbach, zu ent= heben, und die hieburch aufs Neue sich er= öffnende Pfarrei Gunzendorf, dem Priester Georg Franz Reichel, Curatieverweser zu Breitenlohe, Gerichts= und Polizeibehörde Burghaslach zu übertragen geruht.

Seine Majestät der König ha= ben unter'm 1. November l. Js. allergnä= digst zu genehmigen geruht, daß die katho= lische Pfarrei Fiegenstall, Landgerichts Hil= polstein, von dem hochwürdigen Herrn Bi= schofe von Eichstädt dem Priester Joh. Bapt. Herzog, Beneficiat zu Lengfeld, Landge= richts Parsberg, verliehen werde.

### Ordens = Verleihungen.

Seine Majestät der König ha=

ben Sich allergnädigst bewogen gefunden, unter'm 19. October l. Js. dem königlichen Kämmerer und pensionirten charakterisirten Obersten Wilhelm Freiherrn von Gutten-berg in Rücksicht auf seine unter doppelter Einrechnung von sechs Feldzugsjahren durch mehr als fünfzig Jahre mit Treue und Anhänglichkeit geleisteten Dienste das Ehren-kreuz des königlich bayerischen Ludwigs-Ordens, und

unter'm 28. Oktober l. Js. dem bi-schöflichen geistlichen Rath, Dekan und Pfarrer zu Beutelsbach, Landgerichts Vils-hofen, Michael Wilsmaier, in Rücksicht auf seine während 50 Jahren bethätigten sehr ersprießlichen Leistungen für Kirche und Schule gleichfalls das Ehrenkreuz des eben gedachten Ordens, dann

dem Architecte des Gouvernements français et de la ville de Paris, Cheva-lier de l'ordre de la legion d'honneur et de l'aigle rouge (2me classe) decoré de l'ordre pour le mérite, Membre de plusieures academies et sociétés savantes étrangères et françaises Jacques Ignace Hittorff das Commenthurkreuz des königli-

chen Verdienstordens vom heiligen Michael zu verleihen.

## Königlich Allerhöchste Genehmigung zur Annahme einer fremden Decoration.

Seine Majestät der König ha-ben Sich unter'm 24. October l. Js. al-lergnädigst bewogen gefunden, dem Post-officialen Philipp Freiherrn von Secken-dorff die allerhöchste Bewilligung zur Annahme und Tragung des demselben von des Kaisers von Oesterreich Majestät ver-liehenen Ritterkreuzes des österreichischen Franz-Joseph-Ordens zu ertheilen.

## Titel-Verleihung.

Seine Majestät der König ha-ben unter'm 2. November l. Js. dem Po-lizeidirector der Haupt- und Residenzstadt München, August Lothar Grafen von Reb-gersberg, in Anerkennung seiner bewähr-ten Treue und Anhänglichkeit, dann seiner geleisteten vorzüglichen Dienste, den Titel und Rang eines k. Regierungsdirectors tax- und siegelfrei zu verleihen geruht.

# Regierungs-Blatt

## für das

## Königreich Bayern.

# № 51.

München, Freitag den 14. November 1851.

**Inhalt:**

## Bekanntmachung,

den nach Art. X. des Handels-Vertrages zwischen den Zollvereins-Staaten und der Ottomanischen Pforte vom ¹⁰/₂₂ October 1840 festgestellten anderweiten Zolltarif betreffend.

Nachdem mit Rücksicht auf die Abrede in dem Artikel X. des Handels-Vertrages zwischen den Zollvereins-Staaten und der Ottomanischen Pforte vom ¹⁰/₂₂ October 1840 (Regierungsblatt vom Jahre 1841 No. 41 S. 797—978) der nachstehende anderweite Tarif festgestellt worden ist, so wird solcher mit königlich allerhöchster Genehmigung hierdurch zur öffentlichen Kenntniß gebracht.

München, den 1. November 1851.

Königlich Bayerisches
Staatsministerium des Königlichen Hauses
und des Aeußern.

v. d. Pfordten.

Durch den Minister
der geheime Secretär:
Mayer.

84

Im Jahre 1256 den 28. Schaban war für die Kaufleute des Königreichs Preußen und der Zollvereins-Staaten auf die Dauer von 7 Jahren ein Tarif nach den damaligen currenten Preisen vereinbart worden, welcher für alle Arten von Waaren, sowohl die von besagten Kaufleuten in die Türkei eingeführten Erzeugnisse des Bodens, des Landbaues und Gewerbfleißes ihrer eigenen und fremder Länder, als auch die von ihnen selbst und ihren Agenten in allen Provinzen der Osmanischen Monarchie zur Ausfuhr in ihr eigenes und andere fremde Länder aufgekauften Erzeugnisse des Bodens, des Landbaues und des Gewerbfleißes der Türkei zu zahlenden Mauthgebühren festsetzte. Da nunmehr die Dauer dieses Tarifs erloschen und die Pforte sich nach dem bestehenden Handelsvertrage für verpflichtet hält, denselben zu erneuern, so sind einerseits von Ihr und andererseits von dem Preußischen außerordentlichen Gesandten und bevollmächtigten Minister Herrn Grafen von Pourtalès Commissäre ernannt worden, welche den hier folgenden Tarif vereinbart haben:

# Einfuhr.

| Benennung der Waaren. | auf Französisch. |
|---|---|
| 1) Alaun . . . . . . . . . . . | alun de roche . . . . . . . . |
| 2) Aleppinen . . . . . . . . . | aleppines . . . . . . . . . . |
| 3) Antimonium . . . . . . . . | antimoine . . . . . . . . . . |
| 4) Bernstein, roher . . . . . . . | ambre jaune brut . . . . . . . |
| 5) Blechspiegelbüchsen . . . . . . | boites en fer blanc à miroirs . . . |
| 6) Bleiweiß, feines, gen. genuesisches | céruse raffinée . . . . . . . |
| 7) — ordinäres aus Deutschland . . | céruse ordinaire . . . . . . . |
| 8) Briefpapier aller Gattungen . . . | papier à lettres de toute espèce . . |
| 9) Cigarren . . . . . . . . . | cigares . . . . . . . . . . |
| 10) Cölnisches Wasser . . . . . . | eau de Cologne . . . . . . . . |
| 11) Fingerhüte von Messing, Eisen und Blech. | dés à coudre en laiton, en fer et en plomb. |
| 12) Flanell . . . . . . . . . | flanelle . . . . . . . . . . |
| 13) Garn, rothes . . . . . . . | fil rouge . . . . . . . . . . |
| 14) Handschuhe, ordinaire, weiß und farbig aus Zwirn und Baumwolle. | gants ordin. blancs et en couleurs, de coton et de fil. |
| 15) Kalbfelle, gewichst und weiß . . . | peaux de veau cirées et blanches . . |
| 16) Lichtputzscheeren, ordinaire . . . | mouchettes ordinaires . . . . . |
| 17) Marokin in allen Farben . . . . | maroquin de toute couleur . . . . |
| 18) Merino's, breit und schmal . . . | mérinos larges et étroites . . . . . |
| 19) Messer und Gabeln, ordinaire, mit Knochen- und Horn-Stielen . . . | couteaux et fourchettes ordinaires à manches en os et en corne. |
| 20) Messing-Blech und Draht . . . | fil de laiton et laiton . . . . . . |
| 21) Nadeln, europäische . . . . . | aiguilles . . . . . . . . . . |

| auf Türkisch. | Bolleinzeit. | Zollsätze in Aspern. 3 pCt. |
|---|---|---|
| schâb-i-frengi . . . . . . . . . | b. Centner . | 201 |
| schalaki-i-prussia. . . . . . . . | b. Elle | 33 |
| demir-bozan . . . . . . . . . . | b. Centner . . | 720 |
| kehrubâr-i-châm . . . . . . . . | b. Offa . . | 3600 |
| ainaly tènèkè kutu . . . . . . . | b. Paquet, 12 Stück | 13 |
| isfidâdsch-i-dschenowa . . . . . | b. Centner . . | 590 |
| isfidâdsch-i-alemania . . . . . . | do. . | 461 |
| bilgunlè kjaghid-i-posta . . . . | b. Offa . . | 31½ |
| ssigara-i-prussia . . . . . . . . | b. Kästchen, 1000 Stück | 360 |
| kokulu kolonia ssti . . . . . . | b. Schachtel, 6 Flaschen | 42 |
| ssary tènèkè we demir we kurschûm dan jüssük . . . . . . . | b. Gros | 34½ |
| franela-i-prussia . . . . . . | b. Stück, 85 Ellen | 576 |
| al rischté-i-prussia . . . . . . | b. Offa | 72 |
| bejaz we elwan tirè we pembèdeu ma'mul bejaghy eldiwan-i-prussia | b. Paquet, 12 Paar | 55 |
| widal sachtiân sijâh we bejaz . . | b. Paquet, 12 Stück | 1080 |
| chardschi mom makassy . . . . | 5 Paquet, 60 Stück | 115 |
| elwan sachtian-i-prussia . . . . | b. Paquet, 12 Stück | 353 |
| enli we ensiz merinos-i-prussia . | ad valorem | |
| kemik we boinûz ssâbly kabâ bejaghy tschatal we bytschak . . . . | b. Paquet, 24 Paar | 36 |
| ssary tènèkè we tel . . . . . . | b. Offa | 49 |
| ijné-i-ewropa . . . . . . . . | b. Paquet, 5000 Stück | 691 |

| Benennung der Waaren. | auf Französisch. |
|---|---|
| 22) Rasermesser . . . . . . | rasoirs . . . . . . . . . . |
| 23) Schachteln von Holz . . . . . . | boites en bois . . . . . . . . . . |
| 24) Schlösser aus Kupfer und Messing | cadenas en cuivre et en laiton . . . |
| 25) Schuhe . . . . . . . . | souliers . . . . . . . . . . |
| 26) Sicheln und Sensen . . . . . | faulx, grandes et petites . . . . |
| 27) Silbergeräth . . . . . . . | argent ouvré . . . . . . . . . |
| 28) Sohlleder . . . . . . . . . | cuirs pour semelles . . . . . . |
| 29) Spielkarten . . . . . . . . | cartes à jouer . . . . . . . |
| 30) Stahl . . . . . . . . . | acier . . . . . . . . . . |
| 31) Stärke . . . . . . . . . | amidon . . . . . . . . . |
| 32) Strümpfe wollene . . . . . . | bas de laine . . . . . . . |
| 33) — leinene . . . . . . . . | bas de lin . . . . . . . . |
| 34) — lange, aus Zwirn und Baum= wolle. | bas de coton et de fil . . . . . |
| 35) — kurze, aus Zwirn und Baum= wolle. | bas courts de coton et de fil . . . |
| 36) — für Kinder, aus Zwirn und Baum= wolle. | bas pour enfans de coton et de fil . . |
| 37) Stiefelschäfte . . . . . . . . | tiges de bottes . . . . . . . |
| 38) Tassen, Kaffee=, ordinaire . . | tasses à café ordinaires . . . . |
| 39) Tassenhalter (Zarfs) von gelbem und weißem Blech. | Zarfs en laiton blanc et jaune . . . |
| 40) Tuche, feine . . . . . . . | draps surfins . . . . . . . . |
| 41) — Kasimir aller Gattungen . . . | casimir de toute espèce . . . . |
| 42) — Elböf, façon, Elböf lipsica, In= glis, façon Saja Rist, Elböf | elbeuf, façon elbeuf, lipsica und in= glese, façon saya et rist elbeuf . . |

| auf Türkisch | Zolleinheit | Zollsätze in Aspern. 3 pCt. |
|---|---|---|
| astura-i-prussia . . . . . . . | 3 Paquet, 12 Stück | 43 |
| tôhi aghadeph kuta . . . . . . | d. Faß | 2304 |
| kilid-i-prussia sihass we prindschden | d. Hundert | 374½ |
| kundura-i-prussia . . . . . . . | d. Paar | 76 — |
| ssaghîr we kebir tyrpan . . . . | d. Stück | 13 |
| ssîm avan-i-ifreudschi . . . . | d. Drachme | 11½ |
| kjässelé-i-prussia . . . . . . . | d. Okka | 35 |
| kjaghid-i-löb . . . . . . . . | d. Paquet, 12 Spiel | 32 |
| tschelik-i-prussia . . . . . . | d. Centner | 461 |
| kola tábir olunur bir new' nischèstè | d. Okka | 10 |
| japaghy tschorab . . . . . . . | d. Paquet, 12 Paar. | 101 |
| kjetan tschorab . . . . . . . | do. | 115 |
| tirè-we pembè kaltschetta-i-prussia | do. | 94 |
| pembè we tirè tschorab . . . . | do. | 53½ |
| pembè we tirè tschodschuk tschoraby | do. | 49 |
| tschizmè kondschu . . . . . . | d. Paar | 47½ |
| âdi toprak findschan-i-prussia . . | d. Hundert | 172 |
| bejaz we ssary tẹnèkèden zarf . . | d. Paquet, 12 Stück | 34½ |
| aala tschoka-i-prussia . . . . . | ad valorem. | |
| bildschümlè tschoka-icazimir . . | ad valorem. | |
| elbôf we taklidi, we lipsica we in- gliz we saja taklidi we rift elbôf | d. Elle | 89 |

| Benennung der Waaren. | auf Französisch. |
|---|---|
| 43) Tuche, Zefir, Kronentuch, ohne Krone, drap de cour, Corpoß Sultani, façon Sacßonia und Mahut, | Zéfir, drap à couronnes et sans couronnes, drap de cour corposi, sultani, façon de Saxe et mahout . . . . |
| 44) — Mahut Serai . . . . . | mahout sérai . . . . . . . . . |
| 45) — breit Rift . . . . . . . | draps dits rift larges . . . . . |
| 46) — schmal Rift . . . . . . | — — étroites . . . . . . . . |
| 47) Vorstiefeln . . . . . . . . | avant-bottes . . . . . . . . |

| auf Türkisch. | Zolleinheit. | Zollsätze in Aspern. 3 pCt. |
|---|---|---|
| Zefir we koronaly we koronatyz we drädekür we corpozi we sultani we sakssonia taklidi we ma'hûd . . . | b. Elle. | 68 |
| tschoka-i-ma'hûd serai . . . . . | bo. | 49 |
| tschoka-i-enli rift . . . . . . . | bo. | 44½ |
| tschoka-i-ensiz rift . . . . . . | bo. | 24½ |
| avanbot tábir olunar tschizmé cönü . | b. Paar | 24½ |

| Benennung der Waaren. | auf Französisch. |
|---|---|
| 1) Alabscha, Tschitari und Kitabi-Stoffe von Damaskus. | aladja, tchitari et kitabi de Damas . |
| 2) Ammoniak-Gummi . . . . . | gomme ammoniaque , . . . . . . |
| 3) Ammoniak-Salz aus Aegypten . . | sel ammoniac d'Egypte . . . . . |
| 4) Angorafelle, weiß und farbig . . . | peaux d'Angora blanches et de toute couleur . . . . . . . . . |
| 5) Anis von Cäsarea . . . . . . | anis de Césarée . . . . . . . . |
| 6) — von Rumelien . . . . . . | — de Roumélie . . . . . . . . |
| 7) Bauholz aller Art . . . . . . | bois de construction de toute espèce. |
| 8) Baumwolle, indische, aus Aegypten. | coton en laine des Indes prodait en Egypte. |
| 9) — ägyptische und syrische . . . . | — — d'Egypte et de Syrie . . . . |
| 10) Baumwolle von Anatolien aller Art. | coton en laine d'Anatolie de toute qualité. |
| 11) Baumwolle aus Rumelien aller Art. | — — de Roumélie de toute qualité. |
| 12) Baumwollenzeuge, gen. Dagh. . . | toile dite Dagh . . . . . . . . |
| 13) — gen. Boucassins von Hamid und Denisly, einfach und farbig, und Alabscha. | boucassins de Hamid et Denizly, blancs et en couleurs, et Aladja. |
| 14) Baumwollenzeuge von Malatia . . | toile de Malatia . . . . . . . . |
| 15) — breites, von Alaja . . . . . | toile d'Alaya large . . . . . . . |
| 16) — schmales, von Alaja . . . . | — d'Alaya étroite . . . . . . . |
| 17) — von Wizeh . . . . . . . | — de Vizé . . . . . . . . . |

# Fuhr.

| auf Türkisch. | Zolleinheit. | Zollsätze in Aspern. | |
|---|---|---|---|
| | | 9 pCt. | 3 pCt. |
| aladscha-i-schám we tschitari we kitabi | b. Stück | 544 | 181 |
| tschadir usthaghy | ad valorem. | | |
| nischadir-y-myssyr | b. Offa | 100 | 33 |
| bejaz we elwan post-i-engüren | ad valorem. | | |
| anisson-i-kaissarié | b. Offa | 25 | 8 |
| anisson-i-romili | do. | 20 | (6 |
| edschnass-i-kerestè | ad valorem. | | |
| myssyrdan gelen pembè-i-chám-i-hind | ad valorem. | | |
| pembè-i-chám-i-myssyr we best-es-schám | ad valorem. | | |
| bildschümlè pembè-i-chám-i-Annadeln | b. Centner | 2145 | 715 |
| bildschümlè pembè-i-chám-i-romili | do. | 1860 | 620 |
| kirpáss-i-dagh | b. Stück | 127 | 42 |
| boghassi-i-hamid we deniali we elwán we aladscha-ssi | b. Offa | 163 | 54 |
| kirpáss-i-ahlatia | b. Stück | 204 | 68 |
| kirpáss-i-alaja enli | do. | 82 | 27 |
| kirpáss-i-alaja ensiz | do. | 63½ | 21 |
| kirpáss-i-wizé | b. Offa | 635 | 211 |

| Benennung der Waaren. | auf Französisch. |
|---|---|
| 18) Baumwollenzeuge von Drama . . . | toile de Drama . . . . . . . . |
| 19) — von Merzifun . . . . . | — de Merzifoun . . . . . . . . |
| 20) — von Kedos, breit und schmal . . | — de Kedos, large et étroite . . . |
| 21) — von Kastamboli, gen. Astar. . . | — de Castambol, dite Astar . . . . |
| 22) Baumwollenstoff, gen. Alabscha, von Magnesia. | aladja de Magnésie . . . . . . . |
| 23) — gen. Astar, von Taschköpru. . . | astar de Tachkeupru . . . . . . |
| 24) — Alabscha von Aleppo . . . . | aladja d'Alep . . . . . . . . |
| 25) — von Menemen . . . . . | toile de Ménémen . . . . . . |
| 26) — von Gholoß, Badban-Gholoß, Kastamboli und Boghaß. . . . . | — de Gholoss, Badban-Gholoss, Castambol et Boghaz. |
| 27) — von Laodicea . . . . . | — de Ladique . . . . . . . . |
| 28) — Alabscha von Tireh und von Bor. | aladja de Tiré et de Bor . . . . |
| 29) — Astar von Giweh . . . . | astar de guivé . . . . . . . |
| 30) — Astar von Hamid . . . . | astar de Hamid . . . . . . . |
| 31) Baumwollene Druckwaare von Kastamboli und Bettüberzüge. . . . | indiennes de Castambol et dessus de couvertures. . . . . . . . |
| 32) — — von Cypern, zu Tisch- und Bettbecken. . . . . | indiennes de Chypre pour couvertures de lits et de tables. . . . . |
| 33) — — von Cypern, zu Matrazen . | — — pour matelas . . . . . |
| 34) — — von Cypern, genannt Faßla, item Böttscha's und Kissen. . . | — — dits fasla avec boktchas et coussins. . . . . . . . |
| 35) — — von Cypern, zu Sophauberzügen. | — — pour ameublement de sofa . . |

| auf Türkisch. | Zolleinheit. | Zollsätze in Aspern. | |
|---|---|---|---|
| | | 9 pCt. | 3 pCt. |
| kirpâss-i-drama | d. Okka | 172½ | 57½ |
| kirpâss-i-merzifûn | der Ballen von | | |
| | 1200 Ellen | 7984 | 2661 |
| kirpâss-i-kedôs enli we ensiz | 50 Stück | 3720 | 1240 |
| astar-i-kastamûni | der Ballen von | | |
| | 60 Stück | 4990 | 1663 |
| aladscha-i-magnissa | der Ballen von | | |
| | 100 Stück | 8165 | 2721½ |
| astar-j-taschkjöprü | d. Stück | 54 | 18 |
| aladscha-i-haleb | do. | 272 | 90 |
| kirpâss-i-menemen | do. | 100 | 33 |
| kirpâss-i-gholoss we bâdbân-gholoss we | | | |
| kastamûni we boghâz | d. Elle | 9 | 3 |
| kirpâss-i-Ladik | d. Stück | 45½ | 15 |
| aladscha-i-tiré we bôr | do. | 72 | 24 |
| astar-i-giweh | do. | 91 | 30 |
| astar-i-hamid | d. Okka | 200 | 66 |
| tschit-i-kastamûni we jorghân jûzû | der Ballen von | | |
| | 60 Stück | 7257 | 2419 |
| kybrys jorghân-jûzû we sofra | d. Stück | 91 | 30 |
| kybrys döschek we schilté | do. | 145 | 48½ |
| kybrys fassla we boghtscha we yasdyk | do. | 145 | 48½ |
| kybrys takym | das Assortiment | 726 | 242 |

| Benennung der Waaren. | auf Französisch. |
|---|---|
| 36) Baumwollene Druckwaaren von Tokat zu Bettüberzügen und farbige Boucassins. | indiennes de Tokat pour ... de couvertures et boucassins de diverses couleurs. |
| 37) Baumwollenstoff, genannt Siledschek von Cypern. | silédjek de Chypre |
| 38) Baumwollene Schürzen von Brussa, gen. Peschtimal. | tabliers de Brousse dits pechtimal |
| 39) — genannt Albasch-Peschtimal. | — dits acbach pechtimal . . . . |
| 40) — von Thessalonich, gen. Peschtimal. | pechtimals de Salonique . . . . |
| 41) Baumwollene Kissen von Merzifun, genannte Beledi. | coussins de Merzifoun dits bélédi . . |
| 42) — von Brussa, gen. Beledi . . | coussins de Brousse dits bélédi |
| 43) Baumwollenes Garn von Bey Bazar. | coton filé de Béy-Bazar . . . . |
| 44) — von Argatsch. . . . . . | — d'Arghatch . . . . . . |
| 45) — von Monastir | — de Monastir . . . . . |
| 46) — von Castambol, Girdeh und Alaja. | — de Castambol, Girdé et Alaya. |
| 47) von Smyrna, weiß und farbig . . | coton filé de Smyrne, blanc et de toute couleur. |
| 48) Blutegel (bis zum Ablauf des gegenwärtigen Pachtkontrakts). | sangsues . . . . . . . . . |
| 49) Bohnen, Erbsen, Linsen, Kicher, Bamia getrocknet u. s. w. | légumes secs de toute espèce . . . |

| auf Türkisch. | Zolleinheit. | Zollsätze in Aspern. | |
|---|---|---|---|
| | | 9 pCt. | 3 pCt. |
| tschit jorghán jaza-i-Tokad we elwán koghassi | b. Stück | 63½ | 21 |
| kybrys sailédschógi | do. | 91 | 30 |
| peschtimal-i-brussa | b. Paar | 127 | 42 |
| akbas peschtimal-i-brussa | do. | 113½ | 38 |
| peschtimal-i-Selanik | do. | 181 | 60 |
| beledi-i-merzifún | do. | 208½ | 69½ |
| beledi-i-brussa | do. | 154½ | 51½ |
| rischté-i-béy-bázár | b. Offa | 113½ | 38 |
| rischté-i-arghatsch | do. | 45 | 15 |
| rischté-i-monastyr | ad valorem. | | |
| rischté-i-kastamúni we giwé we Alaja | b. Offa | 91 | 30 |
| rischté-i-pembé-i-izmir bejas we elwan | do. | 109 | 36 |
| sulak (müddet-i-iltizami mankazitsch olundschaja kadar sulak gämrügrü ber wédschhi meschruh alyna) | do. | 216 | 72 |
| bamia-i-chuschk we böyzaldschè we fasaulia we hakla we nohud we merdschimek we bizelia | ad valorem. | | |

| Benennung der Waaren. | auf Französisch. |
|---|---|
| 50) Branntwein . . . . . . . | eau de vie . . . . . . . |
| 51) Buchsbaum aller Art . . . . . | bois de buis de toute qualité . . . . . |
| 52) Büffel- und Ochsenhäute, getrocknet und gesalzen, groß und klein. | peaux de buffles et boeufs sèches et salées grandes et petites. . . . . |
| 53) Büffelhörner . . . . . . . . | cornes de buffles . . . . . . . |
| 54) Butter, Talg, Unschlitt, gelben, und Honig. | beurre et suif, tchervich et miel, |
| 55) Coloquinten . . . . . . . . | coloquinte . . . . . . . . . |
| 56) Farbe, rothe, genannt Gülbehär . . | couleur rouge dite Gulbehar . . . . |
| 57) Faßdauben . . . . . . . . . | douves . . . . . . . . |
| 58) Feigen, getrocknete, aller Art . . . | figues sèches de toute espèce . . . |
| 59) Felle, von Schaafen und Ziegen, behaart. | peaux de moutons et de chèvres à poil. . . . . . . |
| 60) — von Schaaf- und Ziegenlämmern, behaart. | peaux d'agneaux et de chèvres à poil |
| 61) Feß von Tunis, kleine, aller Qualitäten. | bonnets de Tunis, supérieurs, moyens et inférieurs, petits. |
| 62) — von Tunis, gen. Medschidijeh . | bonnets de Tunis dits médjidiés. |
| 63) — von Tunis, große, aller Qualitäten. | bonnets de Tunis, supérieurs et inférieurs, grands. |
| 64) Filz von Karahissar, weiß und farbig. | feutres de Carahissar, blancs et de toute couleur. |
| 65) — zu Pferdedecken . . . . . | — pour couvertures de cheval . . . |
| 66) Fische, gesalzene, aller Art . . . . | poisson salé de toute espèce . . . . |
| 67) Fischeier, eingemacht . . . . . | boutargue . . . . . . . . . |

| auf Türkisch. | Zolleinheit. | Zollsätze in Aspern. | |
|---|---|---|---|
| | | 9 pCt. | 3 pCt. |
| arak . . . . . . . . . . . | b. Okka | 34 | 11 |
| bildschůmlè cimschir . . . . . . . | b. Centner | 136 | 45 |
| kuru we tuzlu ssagÿr we kebir manda we ssygkyr gjönu . . . . . | ad valorem. | | |
| manda boinuzu . . . . . . . . | 100 Paar | 2359 | 786 |
| assel we rughan-i-sadè we don we tscherwis . . . . . . . . | ad valorem. | | |
| ebu dschebil karpuzu . . . . . . | b. Okka | 91 | 30 |
| gůlbehâr . . . . . . . . . . | bo. | 18 | 6 |
| waril tachtassi . . . . . . . . | ad valorem. | | |
| bildschůmlè kuru indschir . . . . . | ad valorem. | | |
| dschild-i-kojun we ketschi . . . . | b. Stück | 25 | 8 |
| dschild-i-kuzu we ssaghÿr ketschi . . | bo. | 13½ | 4½ |
| ssagÿr fess-i-tunus, aala ewsat we edna . . . . . . . . . . | b. Dutzend | 1542 | 514 |
| medschidijè ta'bir olunur fess-i-tunus | b. Paquet, 4 Stück | 907 | 302 |
| aala we edna kebir fess-i-tunus . . . | bo. | 1542 | 514 |
| ketschè-i-karahissar, bejaz we elwan | b. Stück | 91 | 30 |
| ketschè-i-ghaschijè . . . . . . . | bo. | 182 | 60 |
| bildschůmlè tuzlu balyk. . . . . . | ad valorem. | | |
| balyk jumurtassy . . . . . . . . | ad valorem. | | |

| Benennung der Waaren. | auf Französisch. |
|---|---|
| 68) Galläpfel aller Qualität . . . . | galles inférieures et supérieures . . . |
| 69) Garn von Angora-Ziegenhaar, aller Gattungen. | fil de chèvre d'angora de toute qualité. |
| 70) Gerste . . . . . . . . . . | orge . . . . . . . . . . . . |
| 71) Gummi Arabicum . . . . . . | gomme arabique . . . . . . . . |
| 72) Gummi Traganth, erlesener, beste Qualität . . . . . . . . | gomme adragante de première qualité, choisie. |
| 73) — mittlere Qualität . . . . . | — — qualité moyenne . . . . . . |
| 74) — niedrigste Qualität . . . . | — — qualité inférieure . . . . . . |
| 75) Gürtel, gen. Scherbab . . . . | ceintures dites Cherbab . . . . |
| 76) — seidene, von Tripolis . . . . | ceintures de soie de Tripoli . . . |
| 77) — gen. Bamri . . . . . | ceintures dites Bamri . . . . . |
| 78) — halbseidene, genannt Scherbab . | ceintures avec soie dites cherbab. . . . |
| 79) Gürtel, wöllene, von Karadschalar, weiß und farbig. | ceintures de laine de Caradjalar blanches et de toutes les couleurs. |
| 80) — von Hama . . . . . . | ceintures de Hama . . . . . . |
| 81) — von Tunis . . . . . . | ceintures de Tunis . . . . . . |
| 82) Hafer . . . . . . . . . | avoine . . . . . . . . . |
| 83) Hanffaamen . . . . . . . | graine de chanvre . . . . . . |
| 84) Haarene Säcke und Bindfaden aus Rumelien und Anatolien. | sacs vides de crin, cousus et non cousus, et ficelle de crin de Roumélie et Anatolie. |
| 85) Hasenfelle von Anatolien . . . . | peaux de lièvres d'Anatolie . . . . |
| 86) — von Rumelien . . . . . | — — de Roumélie . . . . . . |
| 87) Hirschgeweihe . . . . . . . | cornes ou bois de cerfs . . . . |
| 88) Ibrahimiehs (Stoffe) . . . . . | Ibrahimiés . . . . . . . . |

| auf Türkisch. | Zolleinheit. | Zollsätze in Aspern. | |
|---|---|---|---|
| | | 9 pCt. | 3 pCt. |
| aala we edna bildschümlè mazy . . | b. Centner | 2722 | 907 |
| bildschümlè rischté-i-engürü . . . . | b. Offa | 272½ | 90 |
| | | | |
| scha'ir . . . . . . . . . | b. Kilo | 56½ | 19 |
| ssamgh-i-arebi . . . . . . . . . | b. Offa | 59 | 19½ |
| ischlenmisch aala bejaz kitré . . . . | bo. | 173 | 57½ |
| | | | |
| ewsat kitré . . . . . . . . . . | bo. | 91 | 30 |
| edna kitré . . . . . . . . | bo. | 32 | 10½ |
| iplik scherbab kuschak . . . . . . | b. Stück | 181 | 60 |
| harirden tarablus kuschaghy . . . | b. Offa | 1814 | 605 |
| bamry kuschak . . . . . . . . | b. Stück | 454 | 151 |
| harirli scherbáb kuschak . . . . . | bo. . | 318 | 106 |
| bejáz we elwan karadschalar kuschaghy | b. Offa | 154 | 51½ |
| | | | |
| hama kuschaghy . . . . . . . . | b. Stück | 81½ | 27 |
| kuschak-i-tunus . . . . . . . . | bo. | 363 | 121 |
| alef . . . . . . . . . . | ad valorem. | | |
| kenewîr tochmu . . . . . . . | b. Kilo | 127 | 42 |
| mütiab ta' bir olunur tchigarar we ka- | | | |
| zýl-i-rumili we anadolu. | b. Offa | 50 | 16½ |
| | | | |
| dschild-i-erneb-i-anadolu . . . . . | b. Hundert | 907 | 302 |
| dschild-i-erneb-i-rumili . . . . . . | bo. . | 544 | 181½ |
| géik boinuzu . . . . . . . . | b. Offa | 45 | 15 |
| ibrahimió ta' bir olunur kumasch . . . | b. Stück | 499 | 166 |

86*

| Benennung der Waaren. | Auf Französisch. |
|---|---|
| 89) Ichrahmé, wollene, weiß und farbig, von Rumelien. | Ihrams en laine, blancs et de toute couleur, de Roumélie. |
| 90) Indigo von Aegypten . . . . . | indigo d'Egypte . . . . . . . . |
| 91) Johannisbrod . . . . . . . . | caroubes . . . . . . . . . . |
| 92) Kaffee, Mocha, aus Aegypten (Jemeni). | café moka d'Egypte (yéméni) . . . |
| 93) Käse aller Art, Pekmes, Halwa und Bulama, Talglichter, verarbeitetes Wachs. | fromage de toute espèce, pétmez, halva et boulama, chandelles et cire travaillée. |
| 94) Kissen von Biledschik, schlicht . . | coussins de Biledjik simples . . . |
| 95) Korinthen . . . . . . . . . | raisin sec petit dit de Corinthe . . |
| 96) Krapp aus Cypern, Syrien und Tripolis in der Barbarey. | alizaris de Chypre, de Syrie et de Tripoli de Barbarie. |
| 97) Krapp aus Anatolien . . . . . | alizaris d'Anatolie . . . . . . . |
| 98) Kreuzbeeren von Iskilip und Cäsarea, beste Qualität. | graine jaune d'Jskilip et de Césarée qualité supérieure. |
| 99) — von Iskilip, niedere Qualität. | graine jaune d'Jskilip qualité inférieure. |
| 100) — von Rumelien, von allen Qualitäten. | graine jaune de Roumélie de toute qualité. |
| 101) Kümmel . . . . . . . . . . | cumin . . . . , . . . . . . |
| 102) Kupfer, altes . . . . . . . | cuivre vieux . . . . . . . . |
| 103) Kupfergeräth . . . . . . . | cuivre ouvré . , . . . . . . |
| 104) Kupfer in Scheiben . . . . . | cuivre en pain . . . . . . . |
| 105) Kutni von Aleppo . . . . . . | coutni d'Alep . . . . . . . . |
| 106) Kutni und Merreh von Brussa . . | coutni et merré de Brousse . . . . |
| 107) Kutni von Damascus . . . . . | coutni de Damas . . . . . . . . |
| 108) Lakritzensaft von Smyrna . . . . | jus de réglisse de Smyrne . . . . . |

| auf Türkisch. | Zolleinheit. | Zollsätze in Aspern. | |
|---|---|---|---|
| | | 9 pCt. | 3 pCt. |
| elwân ichram-i-rumili we bejaz . . . | b. Offa | 245 | 81 ½ |
| tschiwid-i-myssyz . . . . . . . | ad valorem. | | |
| charnûb | ad valorem. | | |
| kahwé-i-jéméni myssyrdan gelen . . | b. Offa | 68 | 22 |
| bildschûmlè penâtr we pekmez we balwa we bulama we schem'-i-rughan we ma' mul schem'-i-assel. | ad valorem. | | |
| sadè balin-i-biledschik . . . . . | b. Paar | 326½ | 109 |
| bildschûmlè kusch ûzûmû . . . . | b. Centner | 1021 | 340 |
| kjök boja-i-kybrys we berr-es-schâm we trabluss-i-gharb. . | bo. | 885 | 295 |
| kjök boja-i-anadolu . . . . . . . | bo. | 1588 | 529 |
| aala aladschehr-i-iskilib we kaissarié . | b. Offa | 163 | 54½ |
| edna aladschehr-i-iskilib . . . . . | bo. | 91 | 30 |
| bildschûmlè aladschehr -i-rumili . . . | bo. | 41 | 13½ |
| kimiôn . . . . . . . . . . . | bo. | 20 | 6½ |
| nihass-i-kjôbnó . . . . . . . . | bo. | 81 | 27 |
| nihass avani . . . . . . . . | bo. | 204 | 68 |
| nihass kôltschè . . . . . . . . | bo. | 113½ | 38 |
| kutni-i-haleb . . . . . . . . . | b. Stück | 408 | 136 |
| kutni-i-brussa we merré . . . . . | bo. | 612 | 204 |
| kutni-i-schâm . . . . . . . . | bo. | 590 | 196 |
| izmirdè hassulâ gelen mijan baly . . | b. Centner | 998 | 333 |

| Benennung der Waaren. | Auf Französisch. |
|---|---|
| 109) Leinsaamen . . . . . . . . . | graine de lin . . . . . . . . |
| 110) Leingarn von Kileb und Sürmeneh. | fil de lin de Kileb et de Surméné . . |
| 111) — von Karabschalar . . . . . | fil de lin de Caradjalar . . . . |
| 112) — von Anatolien . . . . . . | fil de lin d'Anatolie . . . . |
| 113) — in Strängen . . . . . . . | fil de lin en mateaux . . . . . . |
| 114) — weißes, genannt Hamalat, aus Tireh. | fil de lin blanc dit hamalat de Tiré . |
| 115) — von Marcula . . . . . . | fil de Marcoula . . . . . . . . |
| 116) leinene Fischnetze . . . . . . | filets . . . . . . . . . . . |
| 117) Leinwand aus Trapezunt . . . . | toile de Trébizonde . . . . . . |
| 118) Leinwand aus Anatolien . . . | toile de lin d'Anatolie . . . . |
| 119) Mais und Roggen . . . . . . | blé de Turquie et seigle . . . . |
| 120) Marokin von Cäsarea und Egjin . | maroquin de Césarée et d'Eghin . . |
| 121) Marokin, schwarzer, von Nicomedien, Sparta, Conia, Schumla und Uschak. | — noir de Nicomédie, Sparta, Conia, Choumla et Ouchak. |
| 122) — rother von Uschak und Tosia . | — rouge de Tossia et Ouchak . . . |
| 123) — schwarzer, von Islimieh, Tschyrpan, und Carlova, und schwarzer und gelber von andern Orten. | — noir d'Islimié, de Tchirpan et Carlova, et noir et jaune des autres pays. |
| 124) — scharlachrother, von Heraclea und Balikesri. | maroquins écarlates de Balikesser et d'Héraclée. |
| 125) — scharlachrother, von Rumelien | — écarlates de Roumélie . . . . . |

———

| auf Türkisch | Zolleinheit | Zollsätze in Aspern. | |
|---|---|---|---|
| | | 9 pCt. | 3 pCt. |
| kjetan tochma . . . . . . . . | d. Kilo von Constantinopel i. e. 20 Offa | 190½ | 63½ |
| rischté-i-keleb we sarméné . . . . | d. Offa . . | 122½ | 41 |
| rischté-i-karadschalar . . . . . . | do. | 155 | 51 |
| rischté-i-kjeten-i-anadolu . . . . . | do. | 68 | 22½ |
| rischté-i-tura . . . . . . . . | do. | 181 | 60 |
| hamalat-i-tiré ta'bir olunur kjetan ipligi | do. | 136 | 45 |
| rischté-i-marcula . . . . . . . | do. . | 73 | 24 |
| balyk aghy . . . . . . . . | do. . | 181½ | 60 |
| kirpass-i-trabizon . . . . . . | d. Stück | 227 | 76 |
| kirpass-i-kjetan-i-anadolu . . . . | d. Offa | 127 | 42 |
| kokoróz we tschawdár . . . . | d. Kilo | 63½ | 21 |
| ssachtian-i-kaissarié we egjin . . . | 5 Stück | 590 | 196 |
| sijah sachtian-i-isbarta we szmid we konia we choumna we onchak . . | d. Stück | 108 | 36 |
| kyrmyzy sachtian-i-uschak we tossia | 6 Stück | 680 | 227 |
| sijah sachtian-i-islimié wet schirpan we karlowa we mahall-i-satrenin sijah we ssary . . . . . . . . | d. Stück | 77 | 26 |
| al sachtian-i-eregli we balikesri . . . | do. . | 163 | 51 |
| al sachtian-i-rumili . . . . . . | do. . | 113½ | 38 |

| Benennung der Waaren. | Auf Französisch. |
|---|---|
| 126) Mastix in Fässern zu 70 Okken . . | mastic en barils . . . . . . . |
| 127) — in Tropfen . . . . . . . | mastic en larmes . . . . |
| 128) Myrrhen . . . . . . . . | myrrhe . . . . . . . . |
| 129) Nadeln von Muburnu . . . . . | aiguilles de Moudournon . . . . |
| 130) Nüsse, Hasel . . . . . . . | noisettes . . . . . . . . |
| 131) Nüsse, Wall . . . . . . . | noix . . . . . . . . . |
| 132) Ochsenhörner . . . . . . . | cornes de boeufs . . . . . . |
| 133) Oliven-Oel . . . . . . . | huile d'olive . . . . . . . |
| 134) Opium von Aegypten . . . . . | opium d'Egypte . . . . . . |
| 135) Opium . . . . . . . . . | opium . . . . . . . . . |
| 136) Operment . . . . . . . . | orpiment . . . . . . . . |
| 137) Pasturma (gedörrtes Fleisch) aller Art, geräucherte Zungen und Würste. | langues fumées saucissons, et pastourma de toute qualité. |
| 138) Reis von Philippopoli, Aegypten und Trapezunt. | riz de Philippopoli, d'Egypte et de Trébizonde. |
| 139) Rosenöl . . . . . . . . | huile ou essence de rose . . . . |
| 140) Rosinen von Karaburun und solche ohne Kern. | raisin sec de Carabouroun et sans pepins. |
| 141) Resaki von Urla, Tscheschmeh Aidin und Mentescheh. | — rézaki d'Ourla, de Tchechmé, d'Aidin et de Mentéché. |
| 142) — Sultani von Tscheschmeh und Jerli ohne Kern. | — Sultani de Tchechmé, et yerli sans pepins. |
| 143) — von Urla ohne Kern . . . . | — d'Ourla sans pepins . . . . . |
| 144) — Resaki von Paraburun . . . | — rézaki de Carabouroun . . . . |

| auf Türkifch: | Zolläge. | Zollfäße in Afpern. | |
|---|---|---|---|
| | | 9 pCt. | 3 pCt. |
| mastaki . . . . . . . . | b. Faß | 18144 | 6048 |
| dáné mastaki , . . . . . . | b. Offa | 363 | 121 |
| murr-i-ssafi . . . . . . . | do. | 36 | 12 |
| ijué-i-mudurnu . . . . . . | do. | 109 | 36 |
| funduk . . . . . . . . | b. Centner | 499 | 166 |
| dschewiz . . . . . . . | b. Kilo von | | |
| | 100 Offa | 522 | 174 |
| carn-i-bakar . . . . . . | 100 Paar | 1180 | 393 |
| rughan-i-zéit . . . . . . | b. Centner | 1633 | 544 |
| afion-i-myssyr . . . . . . | ad valorem. | | |
| afion . . . . . . . . | b. Offa | 1270 | 423 |
| zernich . . . . . . . . | do. | 32 | 10½ |
| bildschamlè pastyrma we sudschrak we | | | |
| asdschghyr dili . . . . . . | ad valorem. | | |
| uruzz-i-trabizon we felibé we myssyr | ad valorem. | | |
| gül jaghy . . . . . . . . | b. Miskal | 136 | 45 |
| üzüm-i-karaburun we tschekirdeksiz | b. Centner | 1179 | 393 |
| urla we tscheschmé we aidin we men- | | | |
| tescha machssulu üzüm rezaki . . | do. | 635 | 212 |
| tscheschmé machssulu we jerli tschekir- | | | |
| deksiz üzüm . . . . . . . | do. | 907 | 303 |
| urla tschekirdeksiz üzümü . . . . | do. | 1066 | 355 |
| üzüm rézaki-i-karaburun . . . . | do. | 726 | 242 |

87

| Benennung der Waaren. | auf Französisch. |
|---|---|
| 145) Rosinen von Beylerdscheh . . . | raisin sec de Béylerdjé . , . . . |
| 146) — schwarze . . . . . . . , . . | — noir . , . , . . . . . |
| 147) — Resaki von Stanko . . . . | — rézaki de Stanchio . . . . . |
| 148) — von Mandalia und Samos . . | — de Mandalia et de Samos . . . |
| 149) Safran von Anatolien und Rume- | safran d'Anatolie et de Roumélie . . |
| lien. | |
| 150) Safflor von Aegypten . . . . . | safranum d'Egypte . . . . . . . . |
| 151) — von Anatolien . . . , . . | — d'Anatolie , . , . . . . |
| 152) Salep aus Anatolien . . , . . | salep d'Anatolie . , . . . . . . |
| 153) aus Rumelien, . . . . . . , | — de Roumélie . , . . . . |
| 154) Salpeter und Natron aus Aegypten | salpêtre et natron d'Égypte . . . . |
| 155) Sandarach . . . . . . . . | sandaraque . . . . . . . . . |
| 156) Scamonienharz . . . . . . | scamonée . . . . . . . . . |
| 157) Seide, rohe, aus dem Paschalik Brussa und dem Sandschak Kodscha-Ili (Nicomedien) und sonst auf Maschinen abgesponnen. | soies de Brousse, de Nicomédie et des environs, ainsi que toutes les soies à la Piémontaise de l'empire Ottoman. |
| 158) — — von Aidin, Sighala, Men- | — d'Aidin, de Sighala, de Menteché, |

| auf Türkisch. | Zolleinheit | Zollsätze in Aspern. | |
|---|---|---|---|
| | | 9 pCt. | 3 pCt. |
| üzüm-i-beylerdsché . . . . . . . . | b. Centner | 340 | 113 |
| üzüm-i-sijah . . . . . . . . . . | do. | 308 | 103 |
| istankjôi rezakissi . . . . . . . | do. | 386 | 128½ |
| mandaliat we ssyssam üzämü . . . | do. | 290 | 97 |
| za'fran-i-anadolu we rumili . . . . | ad valorem. | | |
| assfûr-i-myssyr . . . . . . . | ad valorem. | | |
| assfûr-i-anádolu . . . . . . | b. Offa | 136½ | 45 |
| ssa'leb-i-anadolu . . . . . . | do. | 136 | 45½ |
| ssa'leb-i-rumili . . . . . . . | ad valorem. | | |
| güherdschilè we natrun-i myssyr . . | ad valorem. | | |
| ssandarraka . . . . . . . . | b. Offa | 46 | 15 |
| machmuzè . . . . . . . . . | ad valorem. | | |
| brussa we myhalytsch we germasti we pantermé we aidindschik we erdek we kapydaghy we demirtasch we pazarkjôi we karamursschal we jalakabad we biledschik we küplü we Pógad we jenischehri brussa we Izmid we baghdschédschik we aslonbey we giwé we adabazari we gunan kazalary machssuli ilè memalik-i mahrussé-i schâhané derunindè kjain bildschamlè fabrika jani maschinlerdè keschidè olunan kjafé-i-harir-i-châm | b. Offa | 1406 | 468 |
| Aidin we ssighala we mentescha we | | | |

| Benennung der Waaren. | auf Französisch. |
|---|---|
| tescha, Damascus, Saida, Aleppo und ganz Syrien. | de Damas, de Saida, Alep et Beirout. |
| 159) Seide von Cypern . . . . . . | soies de Chypre . . . . . . . |
| 159a) — von Janina, Tricala, Amasia, Jenischehr, Jenischehwi gholos, Thessalonich, Bafra, Tscharschamba, Karaferieh. | — de Janina etc. . . . . . . . |
| 160) — rohe, von Adrianopel, Demotica, Turnowa, Philippopel, Bazardschik, Zaara, Atik, Zaara bschebib in Rumelien. | soies d'Andrinople, de Demotica, Tournova etc., de Roumélie et environs. |
| 161) Seidenabfall und Cocons . . . . | cocons, bourre de soie . . . . . . |
| 162) Seife . . . . . . . . . . | savon . . . . . . . . . . |
| 163) Seifenwurzel . . . . . . . | saponaire . . . . . . . . . |
| 164) Schaffelle, rothe, von Rumelien . | peaux de moutons écarlates de Roumélie |
| 165) — — von Anatolien . . . . | — — — d'Anatolie . . . . . . . |
| 166) — gegelbte, von Anatolien und Rumelien. | peaux de moutons tannées d'Anatolie et de Roumélie. |
| 167) Schmirgel . . . . . . . . | éméri . . . . . . . . . . |
| 168) Schusterleim aller Qualität . . . | colle de cordonnier dite Tchirich de toute qualité. . |
| 169) Schwämme . . . . . . . | éponges . . . . . . . . . |
| 170) Schali von Tossia, farbiger und Tallet. | chali de Tossia de toute couleur, et tallet. |
| 171) Schürzen, einfache, von Hama . . | tabliers simples de Hama . . . . |
| 172) — von Brussa, gen. Futa . . . | tabliers de Brousse, dits fouta . . . |

| Benennung der Waaren. | Zolleinheit. | Zollsätze in Aspern. 9 pCt. | 3 pCt. |
|---|---|---|---|
| scham. we haleb we saida we bairut hariri . . . . . . . . . | b. Offa | 835 | 278 |
| harir-i-kybrys . . . . . . . | do. | 635 | 278 |
| harir-i-jania we tirhala we janischehir, we jenisehr-i gholos, we selanik, we karaferié we amassia we tscharschamba we bafra . . . . . | do. | 1025 | 342 |
| harir-i-edirné we dimetoka we ternowa we felibó we bezardschik we zaara-i-atik we dschedid . . . . . | do. | 1107 | 369 |
| kamtschy baschy we koza . . . . | ad valorem. | | |
| ssabûu . . . . . . . . . . | b. Centner | 1596 | 532 |
| tschöjèn . . . . . . . . . . | b. Offa. | 18½ | 6 |
| al meschin-i-rumili . . . . . . . | b. Stück | 50 | 16½ |
| al meschin-i-anadolu . . . . . | do. | 68 | 22½ |
| meschin-i-anadolu we rumili . . . . | do. | 32 | 10½ |
| bildschûmlé zumparé . . . . . | b. Centner | 180 | 60 |
| bildschûmlé tchirich . . . . . | b. Offa | 45½ | 15 |
| ssünger . . . . . . . . . . | ad valorem. | | |
| elwan schali-t-tossia we tallat . . . | ad valorem. | | |
| aadè futa-i-hama . . . . . . . | b. Paar. | 408 | 136 |
| futa-i-brussa . . . . . . . . | do. | 336 | 112 |

| Benennung der Waaren. | Auf Französisch. |
|---|---|
| 173) Schürzen von Hama mit Metallfäden | tabliers de Hama brodés . . . . . |
| 174) Sesam . . . . . . . . . . | graine de sésame . . . . . . . |
| 175) Seneoblätter . . . . . . . . . | séné . . . . . . . . . . |
| 176) Shawls, gen. Karadschalar . . . | schals dits Caradjalar . . . . . . |
| 177) Shawls von Tunis (Halaly) . . | schals de Tunis dits hélali . . . . |
| 178) Shawls von Tunis, weiße . . . | schals de Tunis blancs . . . . . . |
| 179) Shawls von Tunis, Donluks . . | schals de Tunis, donluks . . . . . |
| 180) Shawls von Tunis, farbige . . . | schals de Tunis de toute couleur . . |
| 181) Sohlleder von Jalowa . . . . . | cuirs pour semelles de Yalova . . |
| 182) — von Büffeln und Ochsen . . . | — — — de buffles et boeufs . . . |
| 183) — von Aidin . . . . . . | — — — semelles d'Aydin . . . |
| 184) — von Gérédé . . . . . . | — — — de Gérédé . . . . . . |
| 185) Straußenfedern . . . . . . . | plumes d'autruche . . . . . . . |
| 186) Tabac in Blättern, gen. Göbek, in Boktscha's . . . . . . | tabac en feuilles dit gueubec en boctchas. |
| 187) — — in Boktscha's von Hanf . . | — — — en boctchas de chanvre . . |
| 188) — — von Ermieh, in Boktscha's . | — — — de Ermie en boctchas . . |
| 189) — — von Bafra, Samsun, Kumadi, Purßitschan, Baema u. a. . . . | — — — de Bafra, Samsoun, Koumadi, Poursitchan, Basma et autres . . . |
| 190) — — von Ermieh, in Ballen . . | — — — d'Ermié en balles . . . . |
| 191) Tabac, gen. Dschebeli, und frischer Tabac in Blättern. | djébéli et tabac en feuilles, frais . . |
| 192) Talg und Wachslichter . . . . | |
| 193) Teppiche von Smyrna (Uschak) . . | tapis de Smyrne (Ouschak) . . . . |
| 194) — (Sedschabch's) von Görbös, Kula, u. f. w., und Kalitscha-Teppiche von Görbös. | — dits sédjadés de gueurdès et Coula et autres, et tapis de gueurdès. |

| auf Türkisch. | Zolleinheit. | Zollsätze in Aspern. | |
|---|---|---|---|
| | | 9 pCt. | 3 pCt. |
| tel-li futa-i-hama . . . . . . . . . | b. Paar | 816½ | 272 |
| syssám . . . . . . . . . . . | b. Kilo | 290 | 96½ |
| ssinameki . . . . . . . . . . | b. Offa | 45 | 15 |
| schal-i-karadschalar . . . . . . | b. Stück | 127 | 42 |
| halaly schal-i-tunus . . . . . . . | do. | 454 | 151 |
| bejaz schal-i-tunus . . . . . . . . | do. | 163 | 54 |
| donluk schal-i-tunus . . . . . . . | do. | 544 | 181 |
| elwan schal-i-tunus . . . . . . . . | b. Stück von | | |
| | 12 Ellen | 3175 | 1058 |
| kjösselé-i-jalowa . . . . . . . | b. Stück | 408 | 136 |
| . . . . . . . . . . . . | do. | 1043 | 348 |
| kjösselé-i-Aidin . . . . . . . . | do. | 272½ | 90½ |
| kjösselé-i-Gérédé . . . . . . . | do. | 272½ | 90½ |
| dewè kuschu toja . . . . . . . | ad valorem. | | |
| giöbek boghtscha . . . . . . . . | b. Offa | 94 | 31 |
| kenewir boghtscha . . . . . . | do. | 72½ | 24 |
| ermié boghtscha . . . . . . . . | do. | 59 | 19½ |
| Bafra we ssamssûn we kumadi we | | | |
| purssitschan we basma we salrè . | ad valorem. | | |
| ermié denk . . . . . . . . . . | b. Offa | 54½ | 18 |
| . . . . . . . . . . . . | ad valorem. | | |
| . . . . . . . . . . . . | ad valorem. | | |
| châli-i-uschak . . . . . . . . | b. Offa | 145 | 48 |
| sedschadé-i-gjördös we kula we salrè | | | |
| we kalytscha-i-gjördös . . . . | ad valorem. | | |

| Benennung der Waaren. | Auf Französisch. |
|---|---|
| 195) Teppiche, Turkmannen . . . . . | tapis turcmen . . . . . . . . . |
| 196) Tischtücher und Servietten, einfach und mit Metallfäden von Hama. | nappes et serviettes de table unies et brodées de Hama. |
| 197) Traubenmuß-Paste (kjöster) . . . | pâte de moût de raisin dit kenſter . . |
| 198) Valonea aller Art . . . . . . | vallonée de toute qualité . . . . . |
| 199) Vogelkirsch-Samen (mehleb) . . | graine de mérisier dite mehleb . . . |
| 200) Wachs in Scheiben . . . . . | cire en pain . . . . . . . . . . |
| 201) Weihrauch . . . . . . . . | encens . . . . , . . . . . . |
| 202) — in Staub . . . . . . . | — en poudre . . . . . . . . |
| 203) Wein aus allen Theilen der Türkey | vin de l'empire ottoman . . . . . . |
| 204) — Cyper: (Commanderia) . . . | vin de Chypre dit commandéria . . . |
| 205) Weizen . . . . . . . . . | blé . . . . . . . . . . . . |
| 206) Wolle aus Anatolien, Rumelien und Konstantinopel. | laine venant d'Anatolie, de Roumélie et celle produite à Constantinople. |
| 207) — aus Syrien, Tripolis in der Barbarey, Bagdad und Umgegend. | — de Syrie, Tripoli de Barbarie, Bagdad et des pays voisins. |
| 208) Wollengewebe, gen. Tossia muhajeri. | tissus de laine dits Tossia muhayéri. |
| 209) — gen. Papas muhajeri . . . . | — — — dits papas muhayéri . . . |
| 210) Ziegenhaar aus Angora aller Art (Tistik und Finik). | poil de chévre d'Angora de toute espèce. |

| auf Türkisch. | Zolleinheit. | Zollsätze in Aspern. | |
|---|---|---|---|
| | | 9 pCt. | 3 pCt. |
| kelim-i-turkman . . . . . . . . | d. Stück | 680 | 227 |
| sadè we tel-li sofra ma'a peschkir-i-hama . . . . . . . . . | do. | 1633 | 544 |
| kjöfter . . . . . . . . . . . | d. Centner | 907 | 302 |
| bildschamlè palamud . . . . . . . | do. | 476 | 159 |
| mèhlèb . . . . . . . . . | d. Okka | 45½ | 15 |
| schem'-i-assel kölcè . . . . . . | do. | 173 | 57 |
| gjünlük . . . . . . . . | d. Centner | 1497 | 499 |
| gjünlük tozu . . . . . . | do. | 748½ | 249½ |
| chamr bildschamlè . . . . . . | d. Okka | 14 | 5 |
| kybrys komandaria-ssi chamr . . . . | do. | 45½ | 15 |
| hynta . . . . . . . . | d. Kilo von Konstantinopel | 127 | 42 |
| japaghi-i-anadolu we rumili we der-i-se'adet' dè hussula gelen . . . | d. Centner | 1315 | 438½ |
| barrijet-us-'scham we tarabluss-i-gharb we baghdad we ol hawaljlarda hussula gelen japaghy . . . | do. | 930 | 310 |
| muhajeri tossia . . . . . . | d. Stück | 181½ | 60 |
| muhajeri papas . . . . . . | do. | 272½ | 90½ |
| bildschamlè tiftik we finik-i-engürü . | d. Okka | 129 | 43 |

Die türkischen Kommiffare.    Die Königl. Dolmetscher.    Die preußischen Kommiffare.
(gez.) Muchtar Bey.    J. Bo'sglowich.    G. D. Schneider.
Kiamil Bey.    G. Rosen.    G. Walz.
R. Rittershaus.

Die tractatenmäßig zu zahlenden Mauthgebühren von allen sowohl in die Türkei
eingeführten als auch daher ausgeführten
Waaren sollen von den preußischen und
zollvereinsländischen Kaufleuten, nach Abzug von 16 pCt. für die Ausfuhr und von
20 pCt. für die Einfuhr vom Werthe,
als Douane- und Kostenvergütigung, nach
den hier festgesetzten Beträgen erhoben
werden.

Von den in diesem Tarif nicht mit
aufgeführten Waaren, so wie von denjenigen, deren Werth nicht bestimmt und welche
demnach ad valorem belassen worden sind,
sollen, abermals nach Abzug von 16 pCt.
vom Werthe bei der Ausfuhr und von
20 pCt. vom Werthe bei der Einfuhr für
erstere 9 pCt. Amedizih und 3 pCt. Refi-
tieh, und für diese 3 pCt. Amedizih und
außerdem die tractatenmäßig hinzugefügten
2 pCt. resmi muzarem erhoben werden.

Wenn beim Erscheinen derartiger neuer
Artikel, oder solcher, welche ad valorem
belassen worden sind, so daß die Mauth
nach ihrem currenten Preise zu zahlen ist,
die Kaufleute sich mit den Zollbeamten über
die Werthbestimmung nicht einigen können

den 13. Rebieß 1267.

(gez.) A. Pourtalès.

und deshalb in Streit gerathen, so soll
nach altem Gebrauche die Mauth in natura
gegeben und angenommen werden.

Dieser Tarif soll vom Erlöschen des
oben bezeichneten Frist (des früheren Ta-
riffs) an bis zum 1sten März a. St. (d.
h. zum 13. März n. St.) 1855. christ-
licher Zeitrechnung bei den Mauthämtern
sowohl von Konstantinopel als auch in
allen übrigen Theilen der Monarchie seine
Geltung haben. Da aber die Waaren im
Laufe der Zeit ihren Preis verändern können, so soll, nachdem er die angegebene
Zeit innegehalten worden, ein jeder der
beiden kontrahirenden Theile das Recht
haben, 6 Monate vor dem Erlöschen des
Frist, d. h. in den letzten 6 Monaten, eine
Revision zu verlangen. Wenn nach dem
Erlöschen der Frist 6 Monate verstreichen,
ohne daß eine der beiden Parteien die
Revision verlangt, so wird dadurch die
Frist dieses Tarifs um 7 Jahre verlängert.

In Folge der offiziellen Bestimmun-
gen der H. Pforte mit dem vorgenannten
Gesandten, und des desfallsigen höchsten
Befehles Sr. M. des Sultans, ist dieser
Tarif angefertigt und unterzeichnet worden.

(L. S.) Muhammed Suad.

Für getreue Uebersetzung.
Der königl. Gesandtschafts-Dolmetscher.
(gez.) G. Rosen.

**Bekanntmachung,**

die von der schweizerischen Eidgenossenschaft in Folge des Gesetzes vom 7. Mai 1850 ausgeprägten Münzen betreffend.

**Staatsministerium des Handels und der öffentlichen Arbeiten.**

Die schweizerische Eidgenossenschaft hat in Folge des Gesetzes vom 7. Mai 1850 ihr bisheriges Münzsystem neu regulirt und in Folge dieses Münzen in dreierlei Metall ausgeprägt, nämlich:

I. in Silber

1) Fünf-Frankenstücke,
2) Zwei-Frankenstücke,
3) Ein-Frankenstücke,
4) Einhalb-Frankenstücke;

II. in Billon

1) Zwanzig-Rappenstücke,
2) Zehn-Rappenstücke,
3) Fünf Rappenstücke;

III. in Kupfer

1) Zwei-Rappenstücke,
2) Ein Rappenstücke.

Nachdem sich nun über den Werth und die Annahme der unter Ziffer II. aufgeführten Münzen nicht unerhebliche Bedenken erhoben haben, so wird hiemit bekannt gemacht, daß diese Münzen, gemäß der allerhöchsten Verordnung vom 8. December 1837 über die Scheidemünzen, zu denjenigen gehören, welche in Bayern keinen gesetzlichen Cours haben, daß sie sonach bei öffentlichen Cassen als Zahlungsmittel nicht zulässig sind und Private zu deren Annahme nicht verpflichtet werden können; namentlich werden Letztere darauf aufmerksam gemacht, daß die Zwanzig- und Zehnrappenstücke, so lange sie noch den Glanz des neuen Gepräges an sich tragen, mit den 1 und ½ Frankenstücken, mit welchen sie fast gleiche Größe haben, bei einem Mangel von Aufmerksamkeit leicht verwechselt werden können und hiedurch der absichtlichen und unabsichtlichen Benachtheiligung Spielraum geboten ist.

München, den 8. November 1851.

Auf Seiner Königlichen Majestät Allerhöchsten Befehl.

v. d. Pfordten.

Durch den Minister
der General-Secretär,
Ministerialrath Wolfanger.
88*

Sitzung
des königlichen Staatsraths-Ausschusses.

In der Sitzung des k. Staatsraths-Ausschusses vom 30. October l. Js. wurden erlediget,

die Recurse:

1) der gräflich von Schönborn'schen Domainenkanzlei wegen Ablösung des Schafweiderechts auf der Gemarkung von Wiesentheid, Gerichts- und Polizeibehörde Rüdenhausen im Regierungsbezirke von Unterfranken und Aschaffenburg;

2) des Grafen von Frohberg zu Gersfeld, Landgerichts Bischofsheim v. d. Rh. im Regierungsbezirke von Unterfranken und Aschaffenburg, bezüglich einer Bestrafung wegen zu geringhaltigen Bieres;

3) der Gemeindeglieder von Ottmarshausen, Landgerichts Schwabmünchen im Regierungsbezirke von Schwaben und Neuburg in der Streitsache gegen Georg Kurfer von da, wegen verweigerter Weideausübung.

An das k. Staatsministerium des Innern wurde abgegeben,

der Recurs:

4) des Freiherrn Carl von Aretin auf Haidenburg, Landgerichts Griesbach in Niederbayern, bezüglich einer polizei-

lichen Beahndung wegen Holzfällens ohne vorherige Anzeige.

Dienstes - Nachrichten.

Seine Majestät der König haben Sich allergnädigst bewogen gefunden, unter'm 30. October l. Js. den Rentbeamten Friedrich Göringer in Lengfurt auf Ansuchen auf das erledigte Rentamt Aschaffenburg zu versetzen;

unter'm 31. October l. Js. den Landgerichtsarzt Dr. Joseph Hafner zu Burghausen, seiner allerunterthänigsten Bitte entsprechend, auf Grund des §. 22 lit. D. der IX. Verfassungs-Beilage, auf die Dauer eines Jahres in den Ruhestand treten zu lassen;

unter'm 1. November l. Js. den bisherigen Cabinetskassa-Officianten Ernst Bouché als Stabsofficianten zu Allerhöchstihrem Obersthofmeister-Stab vom 1. November l. Js. an zu versetzen;

unter'm 4. November l. Js. den Ministerialrath und Generalsecretär im Staatsministerium der Finanzen, Heinrich von Stetl, unter Zufriedenheitsbezeigung für seine bisherigen mit Treue und Anhänglichkeit geleisteten Dienste in den wohlverdienten Ruhestand treten zu lassen und demselben tax- und stempelfrei den Rang und Ti-

tel eines königlichen geheimen Rathes zu
verleihen, sofort

zum Generalsecretär im Staatsministerium der Finanzen den bisherigen Hof-
Secretär und Cabinetscassa-Vorstand, Franz
Xaver Schönwerth, in provisorischer Eigenschaft zu ernennen, dann

den Attaché bei der k. Bundestags-
Gesandtschaft in Frankfurt a./M., Dr. Joseph Hugo Sigmund, zum k. Legations-
Secretär bei dieser Gesandtschaft in provisorischer Eigenschaft zu ernennen, ferner

zum II. Assessor des Landgerichts Ebersberg den dortigen Actuar, Franz Xaver
Hausinger, vorrücken zu lassen; als dritten Nebenbeamten des Landgerichts Ebersberg den Assessor extra statum des Landgerichts Erding, Friedr. Desch, zu berufen;

zum Assessor extra statum des Landgerichts Erding den Landgerichts-Actuar,
Joseph Aschenbrenner zu Landsberg,
seiner Versetzungsbitte gemäß, und zum II.
Actuar des Landgerichts Landsberg den Appellationsgerichts Accessisten Sigmund von
Schab von München zu ernennen;

auf die erledigte Forstei Hohenfels,
im Forstamte Burglengenfeld, den Forstamts-Actuar zu Vohenstrauß, Paul Detzel,
zum provisorischen Forsteiförster, und

auf das im Forstamte Gunzenhausen erledigte Revier Lellenfeld den Forstamts-Actuar

zu Hilpoltstein, Joseph Offinger, zum
provisorischen Revierförster zu befördern;

unter'm 5. November l. Js. den Secretär des Prinzen Luitpold von Bayern,
Königliche Hoheit, Franz Grafen von Tat-
tenbach, zum Assessor extra statum der
Regierung von Oberbayern, Kammer des
Innern, in provisorischer Eigenschaft zu ernennen;

unter'm 6. November l. Js. den tem-
pordr quiescirten Postverwalter Georg Matt-
haus dahier, seiner Bitte entsprechend, auf
den Grund des §. 22 lit. D. der IX. Beilage zur Verfassungs-Urkunde wegen nachgewiesener physischer Functionsunfähigkeit
in den definitiven Ruhestand treten zu lassen,
endlich

dem Subrector und Lehrer an der Lateinschule zu Burghausen, Priester Hermannsdorfer, die nachgesuchte Enthebung von der ihm verliehenen Lehrstelle der
I. Classe der Lateinschule zu Eichstädt zu
bewilligen, und die hiedurch abermals in
Erledigung kommende Lehrstelle dem geprüften Lehramts-Candidaten und Claßverweser
an der Lateinschule zu Amberg, Priester
Michael Wiedmann, in provisorischer
Eigenschaft, zu verleihen.

## Pfarreien- und Beneficien-Verleihungen; Präsentations-Bestätigungen.

Seine Majestät der König ha-

ben. Sich allergnädigst bewogen gefunden,
unter'm 4. November l. Js. dem Pfarrer
Christoph Würth von Lengfurt die katholische Pfarrei Stadtprozelten, Landgerichts-
Klingenberg, und

das Frühmeß-Benesicium zu Böttin-
gen, Landgerichts Auß, dem Priester Matthäus Stäblein, freiresignirten Pfarrcu-
raten von Homburg, Landgerichts Markt
Heidenfeld, zu übertragen.

Seine Majestät der König ha-
ben unter'm 4. November l. Js. allergnädigst zu genehmigen geruht, daß dem Pfarrer Peter Wirth von Stadtprozelten von
dem hochwürdigen Herrn Bischofe von
Würzburg die katholische Pfarrei Lengfurt,
Landgerichts Marktheidenfeld, verliehen
werde.

Seine Majestät der König ha-
ben unter'm 30. October l. Js. die erledigte
protestantische combinirte Pfarrstelle zu Eßel-
wang und Kirchenreinbach, Dekanats Sulzbach, dem bisherigen II. Pfarrer zu Mel-
kendorf, Dekanats Culmbach, Georg Caspar Trump, zu verleihen geruht.

Seine Majestät der König ha-
ben unter'm 30. October l. J. zu genehmigen
geruht, daß die erledigte bisher II. protestantische Pfarrstelle in der Stadt Fürth,
Dekanats Zirndorf, künftig als vierte, dagegen die bisherige, dritte, und vierte Pfarr-

stelle daselbst künftig als zweite und beziehungsweise als dritte bezeichnet werde, und
Allerhöchst-Sich. bewogen gefunden, diese
fragliche zweite nunmehr vierte Pfarrstelle
dem bisherigen Pfarrer in Kurzenaltheim,
Dekanats Dittenheim, Dr. Gustav Adolf
Wiener, zu verleihen.

Seine Majestät der König ha-
ben Sich vermöge allerhöchster Entschließung
vom 30. October l. Js. allergnädigst bewogen gefunden, den protestantischen Pfarrer Joh. Melchior Günther von dem Antritt der ihm verliehenen protestantischen
Pfarrei Oberhöchstädt, Dekanats Uehlfeld,
zu entbinden, und demselben die erledigte
protestantische Pfarrei Sachsen, Dekanats
Windsbach, zu übertragen.

Seine Majestät der König ha-
ben Sich unter'm 24. October l. Js. allergnädigst bewogen gefunden, der von den
Herren Grafen Friedrich Ludwig und Wolfgang zu Castell, als Patronatsherrn, für
den protestantischen Pfarramts-Candidaten
Wilhelm Friedrich August Spiegel aus
Kitzingen ausgestellten Präsentation auf die
protestantische Pfarrei Kircheimbach, Dekanats Burghaslach, dann

unter'm 30. October l. Js. der von
der Freiherrlich von Seckendorf'schen Patronatsherrschaft für den Pfarramts-Can-

didaten Wilhelm Christian Friedrich Ottmar
Martius aus Oberkotzau ausgestellten
Präsentation auf die erledigte protestantische
Pfarrei Deutenheim, Dekanats Einersheim,
endlich

unter dem gleichen Tage aus der Zahl
der für die erledigte II. Pfarrstelle an der
protestantischen St. Ulrichskirche in Augsburg von den protestantischen Mitgliedern
des Magistrats und der Gemeindebevollmächtigten dieser Stadt in Vereinigung mit den
Kirchenvorständen der gedachten St. Ulrichs-
Pfarrei in Vorschlag gebrachten drei Geistlichen dem bisherigen II. Pfarrer an der
protestantischen Kirche zu den Barfüßern
in Augsburg, Dr. Wilhelm Julius Göringer, die landesherrliche Bestätigung zu
ertheilen.

### Großjährigkeits-Erklärungen.

Seine Majestät der König ha-
ben Sich unter'm 30. October l. Js. allergnädigst bewogen gefunden, den Bäckers-
sohn Peter Schlecht von Steinbühl, Landgerichts Nürnberg, und

unter'm 6. November l. Js. den Metz-
gergesellen Aloys Kuhn aus Würzburg
für großjährig zu erklären.

### Gewerbsprivilegien-Verleihungen.

Seine Majestät der König ha-

ben den Nachgenannten Gewerbsprivilegien
allergnädigst zu ertheilen geruht, und zwar:

unter'm 17. August l. Js. dem Sil-
berarbeitergehilfen Xaver Kirmayr von
Aitel, z. Z. in München, auf Ausführung
des von ihm erfundenen Verfahrens bei
Anfertigung von Filigranarbeiten aus Sil-
berdraht, wodurch für die Zierrathen eine schö-
nere Zeichnung erlangt, dann wegen Anwendung einer neuen und schnellen Art Lö-
thung wohlfeilere Verkaufspreise erzielt werden sollen, für den Zeitraum von drei Jahren;

unter'm 16. September l. Js. dem
Civilingenieur A. G. Brade von Paris,
auf Einführung seiner Erfindung, Baum-
blätter, Muscheln, Insecten und andere kleine
Gegenstände der Natur abzuformen und in
Metall zu gießen, für den Zeitraum von
drei Jahren, und

dem Ingenieur Carl Metz von Hei-
delberg, auf Einführung des von ihm erfundenen Verfahrens zur Vorbereitung des
Färbens und Bleichens der rohen, gespon-
nenen, gewebten oder anderstwie verarbeite-
ten Wolle auf kaltem Wege, für den Zeitraum von zwei Jahren, dann

unter'm 30. September l. Js. dem
Verwaltungsdirector J. B. Hemberger
in Wien, auf Einführung des von ihm
erfundenen Verfahrens um Dachungen
und Mauerwerk vor den Einflüssen der

Witterung zu bewahren, für den Zeitraum von $4^1/_2$ Jahren, endlich

unter'm 10. October l. Js. den Staatsbuchhalterssohn Xaver Arnold und dem Schäffler Joseph Revier, beide zur Zeit in München, auf Ausführung ihrer Erfindung, bestehend in Herstellung einer eigenthümlich bereiteten Compositionsmassa für plastische Zwecke für den Zeitraum von einem Jahre.

## Verlängerung eines Gewerbsprivilegiums.

Seine Majestät der König haben unter'm 10. October l. Js. das dem Galleriediener Anton Oberweiler von Schleißheim verliehene, in der Zwischenzeit in das Miteigenthum des Kaufmann C. F. Zeller von hier übergegangene Gewerbsprivilegium auf Anwendung des von ꝛc. Oberweiler erfundenen eigenthümlichen Gold- und Silberdruckes auf Sammt, Seide und Leder für den Zeitraum von weitern fünf Jahren, vom 20. Dezember 1851 anfangend, zu verlängern geruht.

## Gewerbsprivilegien-Erlöschungen.

Das der Lebzelterswittwe Elise Schäffer von München, zur Zeit in Landsberg, unter'm 1. September 1849 verliehene, und unter'm 12. December 1849 ausgeschriebene dreijährige Gewerbsprivilegium auf Anwendung eines von ihr erfundenen eigenthümlichen Verfahrens bei der Senf-, Lebkuchen-, Meth- und Chocolade-Bereitung, wurde wegen nicht gelieferten Nachweises der Ausführung dieser Erfindung in Bayern auf Grund des §. 30 Ziffer 4 der allerhöchsten Verordnung vom 10. Februar 1842, die Gewerbsprivilegien betreffend, dann

das dem Chemiker Heinrich Melsens von Brüssel unter'm 4. April 1850 verliehene und unter'm 25. Juni 1850 ausgeschriebene $2^1/_2$jährige Gewerbsprivilegium auf Ausführung des von ihm erfundenen Verfahrens, crystallisirbaren Zucker aus Zuckerrohr, Rüben und Mais zu gewinnen, gleichfalls wegen nicht gelieferten Nachweises der Ausführung dieser Erfindung in Bayern auf Grund der oben allegirten Verordnungsstelle als erloschen erklärt.

# Regierungs-Blatt

## für das

## Königreich Bayern.

## № 52.

München, Montag den 17. November 1851.

## Königlich Allerhöchste Verordnung,

die Ausübung der Militärgerichtsbarkeit in bürgerlichen Rechtssachen betreffend.

### Maximilian II.

von Gottes Gnaden König von Bayern,
Pfalzgraf bei Rhein,
Herzog von Bayern, Franken und in
Schwaben 2c. 2c.

Nachdem Unsere Armee wieder in ihre Garnisonen zurückgekehrt ist, setzen Wir die von Uns am 2. Dezember 1850 erlassene allerhöchste Verordnung, die Ausübung der Militärgerichtsbarkeit in bürgerlichen Rechtssachen betreffend, (Regierungs-Blatt pro 1850 Stück 57 Seite 929 — 931) hiemit außer Wirksamkeit.

München, den 14. November 1851.

### Max.

v. Lüder. Frhr. v. Pelkhoven, Staatsrath.

Auf Königlich Allerhöchsten Befehl
der General-Secretär,
Ministerialrath v. Hauck.

89

## Dienstes-Nachrichten.

Seine Majestät der König haben allergnädigst geruht, unter'm 11. November l. Js. den außerordentlichen Gesandten und bevollmächtigten Minister bei der französischen Republik, August v. Wendland, tax- und siegelfrei in die Zahl Allerhöchstihrer Kämmerer aufzunehmen.

Seine Majestät der König haben Sich allergnädigst bewogen gefunden, unter'm 5. November l. Js. auf die in St. Ingbert erledigte Notärsstelle den Notar Heinrich Horn von Rockenhausen, seiner alleruntertänigsten Bitte entsprechend, zu versetzen;

unter'm 7. November l. Js. den temporär quiescirten Kreisingenieur Anton Müller von Ansbach, seiner gestellten Bitte entsprechend, bei nachgewiesener gänzlicher und bleibender Functionsunfähigkeit unter Anerkennung seiner langjährigen treuen Dienstleistung für immer in den Ruhestand treten zu lassen, dann

die erledigte Lehrstelle der Chemie und der Naturgeschichte an dem Lyceum zu Bamberg dem Religionslehrer an der Latein- und Gewerbsschule, dann Seminar-Präfecten und Docenten an dem Lyceum zu Aschaffenburg, Priester Philipp Hofmann, in provisorischer Eigenschaft zu verleihen;

unter'm 11. November l. Js. den Appellationsgerichts-Assessor Dr. Bruno Reibmeyer zu Bamberg, bei nachgewiesener körperlicher Gebrechlichkeit und dadurch herbeigeführter Dienstunfähigkeit, unter Beibehaltung seines Gesammtgehaltes, seines Titels und Functionszeichens auf sein alleruntertänigstes Ansuchen auf die Dauer eines Jahres in den Ruhestand zu versetzen, zu der hiedurch in Erledigung kommenden Assessorstelle am genannten Appellationsgerichte den Kreis- und Stadtgerichtsrath Friedrich Striegel in Bamberg, sofort zum Rathe am Kreis- und Stadtgerichte Bamberg den Kreis- und Stadtgerichts-Assessor Carl Ernst Johann Georg Meißner in Nürnberg, dann auf die bei dem Kreis- und Stadtgerichte Aschaffenburg erledigte Rathsstelle den Kreis- und Stadtgerichts-Assessor Hyazinth Arnold in Würzburg zu befördern, ferner

den zweiten Staatsanwalt am Kreis- und Stadtgerichte Landshut, Gustav Hohenadl, seinem alleruntertänigsten Ansuchen entsprechend, in gleicher Eigenschaft an das Kreis- und Stadtgericht Straubing zu versetzen, sofort zum zweiten Staatsanwalt am Kreis- und Stadtgerichte Landshut den Landgerichts-Actuar Carl von Wallmenich zu Erding zu ernennen, weiters

den Zollverwalter des Nebenzollamtes I. Klasse im Winkel, Johann Baptist Lehr, im

gleicher Eigenschaft an das Nebenzollamt
Nördlingen zu versetzen, dann
die Postofficialen Ernst Sensburg
und Franz Mülbauer dahier und den
Postofficialen Franz Xaver Klemm zu
Bamberg zu Rechnungscommissären II. Classe
bei der Generaldirection der k. Verkehrsanstalten zu befördern;

unter'm 13. November l. Js. zum Af-
seffor am Appellationsgerichte von Unterfranken und Aschaffenburg den Kreis- und
Stadtgerichtsrath Heinrich Joseph Wagner in Aschaffenburg zu befördern und zum
Rathe am Kreis- und Stadtgerichte Aschaffenburg den Appellationsgerichts-Secretär
Hermann Schäffer in Aschaffenburg, auf
deffen allerunterthänigste Bitte, zu ernennen, ferner

den vormaligen gräflich Schönborn-
schen Patrimonialrichter I. Classe Joseph
Richter als Secretär am Appellationsgerichte von Unterfranken und Aschaffenburg
anzustellen;

die bei der k. Akademie der bildenden
Künste in München erledigte Profeffur für
Historienmalerei dem Maler Philipp Folt-
zähler, vom 1. December l. Js. anfangend,
in provisorischer Eigenschaft zu übertragen,
und

dem Corrector im Antikensaale, Historienmaler Georg Hiltensperger, den Ti-

tel und Rang eines Professors benannter
Akademie zu verleihen.

## Pfarreien-Verleihungen; Präsentations-Bestätigungen.

Seine Majestät der König ha-
ben Sich unter'm 8. November l. Js. allergnädigst bewogen gefunden, die katholische Pfarrei Fischbachau, Landgerichts Miesbach, dem Priester Martin Wurmer,
Wallfahrtspriester zu Birkenstein, des genannten Landgerichts zu übertragen.

Seine Majestät der König ha-
ben unter'm 11. November l. Js. allergnädigst zu genehmigen geruht, daß die katholische Pfarrcuratie Deggingen, Gerichts- und
Polizeibehörde Harburg, von dem hochwürdigen Herrn Bischofe von Augsburg ex
jure devoluto dem seitherigen Vicar derselben, Priester Mathias Mäher, und
daß die katholische Pfarrei Bergrhein-
feld, Landgerichts Werneck, von dem
hochwürdigen Herrn Bischofe von Würzburg, dem Priester Joh. Jos. Kirschner,
Pfarrer zu Falkenstein, Gerichts- und Polizeibehörde Sulzheim, verliehen werde.

## Landwehr des Königreiches.

Seine Majestät der König ha-

sey Sich unter'm 5. November l. Js. bewogen gefunden, den bisherigen Major im
Landwehr-Regimente Augsburg, Carl Burkhard, seinem Ansuchen entsprechend, von
seiner Landwehrstelle zu entheben und die
hiedurch, sowie in Folge des Vorrückens
des Landwehr-Majors Carl Obermayer
in Erledigung kommende II. Majorsstelle
dem bisherigen Oberlieutenant und Regiments-Adjutanten, Franz Mustiere, zu
verleihen.

### Titel-Verleihung.

Seine Majestät der König ha-
ben Sich allergnädigst bewogen gefunden,
dem quiescirten k. Polizeicommissär, dann
Schloßcommissär Michael Sippel zu Bamberg zum Beweise Allerhöchster Zufriedenheit mit seinen Leistungen in letzterer Eigenschaft tax- und siegelfrei den Rang und Titel eines königlichen Rathes zu verleihen.

Seine Majestät der König ha-
ben Sich unter'm 11. November l. Js. allergnädigst bewogen gefunden, den Eigenthümer
des optischen Institutes Georg Merz dahier tax- und stempelfrei zum Hofoptikus zu
ernennen.

### Königlich Allerhöchste Bestätigung
der Wahl eines Hofsecretärs Seiner Königlichen
Hoheit des Prinzen Luitpold von Bayern.

Seine Majestät der König ha-

ben Sich unter'm 12. November l. Js.
bewogen gefunden die von Seiner Königlichen Hoheit dem Prinzen Luitpold von
Bayern geschehene Ernennung des bisherigen Actuars Höchstihres Hofmarschall-
amts Joseph Schels zu Höchstihrem
Hofsecretär allergnädigst zu genehmigen.

### Indigenats-Verleihungen.

Seine Majestät der König ha-
ben Sich allergnädigst bewogen gefunden,
unterm 10. November l. Js. dem Maler
Philipp Foltz aus Bingen im Großher-
zogthum Hessen-Darmstadt, und
unter'm 11. November l. Js. dem Johann Mutschler aus Aufhausen, königlich württembergischen Oberamts Geißlingen
das Indigenat des Königreiches zu ertheilen.

### Gewerbsprivilegiums-Verleihung.

Seine Majestät der König ha-
ben unter'm 4. October l. Js. der Galan-
teriehändlers-Wittwe Babette Rang von
Nürnberg ein Gewerbsprivilegium auf Ausführung ihrer Erfindung, bestehend in einem
eigenthümlichen Verfahren beim Maßneh-
men und Zuschneiden aller Arten von Da-
men- und Kinderkleidern mittels Kleider-
schnittstabellen für den Zeitraum von drei
Jahren zu ertheilen geruht.

# Regierungs-Blatt

für das

## Königreich Bayern.

### № 53.

München, Mittwoch den 19. November 1851.

## Königlich Allerhöchste Verordnung,

die Verwaltung und den Betrieb der k. Verkehrs-Anstalten betreffend.

### Maximilian II.

von Gottes Gnaden König von Bayern, Pfalzgraf bei Rhein, Herzog von Bayern, Franken und in Schwaben ꝛc. ꝛc.

Durch Unsere Verordnung dd. 6. Februar d. Js. haben Wir die Bildung einer General-Direction der k. Verkehrs-

Anstalten als Section des k. Staatsministeriums des Handels und der öffentlichen Arbeiten genehmigt.

Wir finden Uns nunmehr bewogen, wegen der künftigen Formation dieser Stelle und zunächst der ihr untergeordneten Behörden nachstehende nähere Bestimmungen zu erlassen:

### A. Formation.

1.

Bezüglich der Centralstelle selbst wollen Wir es bis auf Weiteres noch bei dem Personalstatus nach der Formation der früheren General-Verwaltung der Posten und Eisenbahnen belassen.

Wir bestätigen hienach das der General-Direction der k. Werkehrs-Anstalten zur vorläufigen Verwendung zugewiesene Personal in seiner dermaligen Stellung und behalten Uns die den Umständen entsprechenden weiteren Verfügungen vor.

**2.**

Als äußere Vollzugsorgane und eigentliche Verwaltungs-Behörden werden der General-Direction untergeordnet:

I. in jedem der acht Kreise des Königreichs ein Oberamt für den Post- und beziehungsweise Eisenbahn-Betrieb, nämlich:

a) für Oberbayern ein Oberpost- und Bahnamt mit dem Sitze in München,

b) für Niederbayern ein Oberpostamt mit dem Sitze in Landshut,

c) für die Pfalz ein Oberpostamt mit dem Sitze in Speyer,

d) für die Oberpfalz und Regensburg ein Oberpostamt mit dem Sitze in Regensburg,

e) für Oberfranken ein Oberpost- und Bahnamt mit dem Sitze in Bamberg,

f) für Mittelfranken ein Oberpost- und

---

Bahnamt mit dem Sitze in Nürnberg,

g) für Unterfranken und Aschaffenburg ein Oberpostamt mit dem Sitze in Würzburg,

h) für Schwaben und Neuburg ein Oberpost- und Bahnamt mit dem Sitze in Augsburg;

II. für den Telegraphen-Betrieb im Königreiche:

ein Telegraphenamt mit dem Sitze in München;

III. das k. Betriebsamt der Donau-Dampfschifffahrt mit dem Sitze in Regensburg;

IV. die k. Verwaltung des Ludwig-Donau-Main-Kanals mit dem Sitze in Nürnberg.

Die bisherige Wagenbau-Anstalt in Nürnberg und die unmittelbare Hauptwerkstätte in Augsburg gehen als Reparatur-Werkstätten an die betreffenden Bezirksämter über.

**3.**

Die bereits durch die Verordnung dd. 27. Mai 1847 ausgesprochene Vereinigung der Post- und Eisenbahn-Betriebsbehörden hat, insoweit solche noch nicht besteht, sobald einzutreten, als das Interesse beider Dienstzweige solches angemessen erscheinen läßt.

Bis dahin kann in einzelnen Fällen ein

...der Bezirks- und Localbehörden noch belassen worden.

Die zeitige Ausscheidung der Etats, bahn der für jeden Rentenzweig erforderlichen Buch- und Rechnungsführung ist übrigens wie bisher zu beobachten, und sind insbesondere die gemeinsamen Kosten der Bezirks-Verwaltungen auf die Post- und Eisenbahnmassa nach dem in jedem Falle speciell festzusetzenden Maßstabe zu überweisen.

### 4.

Die den Bezirks-Oberämtern untergeordneten Post- und Eisenbahnbehörden werden nach der Bedeutung der Verkehrspunkte eingetheilt, wie bisher:

1) Aemter,
2) Verwaltungen,
3) Expeditionen.

Die Zahl der Aemter soll auf acht, nämlich die Post- und Bahnämter zu Hof, Nördlingen und Kempten, dann die Postämter zu Ansbach, Aschaffenburg, Bayreuth, Lindau und Passau beschränkt worden.

Die Zahl der Verwaltungen ist vorläufig auf zwölf festgesetzt.

Die Verwaltungen zweiter und dritter Classe sind nach und nach einzuziehen und in gewöhnliche Expeditionen umzuwandeln. Es bleibt hiebei vorbehalten, einzelne Expeditionen bei besonderer Bedeutung des

Dienstes zeitweise durch einen Officialen verwalten zu lassen.

### 5.

Die Bezirks-Oberämter werden besetzt:

mit einem Vorstande,

mit einem Bezirkscassier, und

in soweit Eisenbahndienst damit verbunden ist

einem Betriebs-Inspector,

einem Betriebs-Ingenieur,

einem Maschinenmeister,

den erforderlichen Specialcassieren, Officialen und dem Unterpersonale.

Die Localämter werden besetzt:

mit einem Vorstande und der erforderlichen Zahl Officialen und Assistenten.

Als technische Aufsichtsorgane sind die Bahn-Ingenieure, Ingenieur-Assistenten und Obermaschinisten zu exponiren.

### 6.

Bezüglich der Formation der centralisirten Behörden, nämlich:

a) des Telegraphenamtes,

b) des Betriebsamtes der Donau-Dampfschifffahrt,

c) der Verwaltung des Ludwig-Donau-Mainkanals,

behalten Wir Uns besondere Entschließung bevor.

90*

7.

Die Ranges- und Gehaltsverhältnisse des Personals reguliren sich, insoweit Wir nicht jetzt schon Anderes bestimmen, nach den für die Post- und Eisenbahn-Verwaltung bisher bestandenen Normen.

Bezüglich der Dienstkleidung, haben die bisher für das Post- und Eisenbahn-Personal bestandenen Vorschriften auf das gesammte Personal der k. Verkehrs-Anstalten gleichmäßige Anwendung zu finden, insoweit nicht für einzelne Dienstes-Kategorien anderweite specielle Dienstesvorschriften ertheilt werden.

## B. Wirkungskreis.

8.

Der Wirkungskreis der General-Direction der k. Verkehrsanstalten als Ministerial-Section ist bereits durch Unsere Verordnung dd. 6. Februar d. Js. festgesetzt; der Wirkungskreis als Centralstelle ist im erweiterten Maße zunächst der frühere der General-Verwaltung der Posten und Eisenbahnen und erstreckt sich über alle, auf die Verwaltung und den eigentlichen Betrieb der Verkehrsanstalten Bezug habenden Geschäfte und Einrichtungen, umfaßt insbesondere

1) die Sorge für bestmögliche Ausbildung der einzelnen Verkehrs-Anstalten,

für ausreichende Anlagen von Stationen und Verbindungs-Linien;

2) die Unterhaltung und, insoweit solche zugewiesen werden, die Führung der Bauten nach den hierüber geltenden allgemeinen Bestimmungen;

3) die Anschaffung und Instandhaltung des gesammten Betriebs-Inventars;

4) die Regulirung und Ueberwachung des gesammten Fahrdienstes der Posten, Eisenbahnen und Dampfboote und die Sorge für ausreichende Verkehrsmittel jeder Art;

5) die Aufsicht über den ganzen Dienst der Verkehrsanstalten nach allen Abtheilungen und über das gesammte hiebei verwendete Personal;

6) die Aufnahme, Entlassung, Versetzung und Verwendung der Individuen auf Ruf und Widerruf, oder kündbaren Dienstvertrag, insoweit dieß nicht den nachgeordneten Behörden übertragen ist;

7) die Aufnahme der Dienstaspiranten nach den desfallsigen allgemeinen Vorschriften;

8) die Behandlung der Reclamationen nach den einschlägigen Verordnungen;

9) die Führung der Processe durch das eigene Fiscalat;

10) die obere Leitung und Beaufsichtigung des gesammten Etats-, Kassa- und Rechnungswesens der Verkehrsanstalten nach

Maßgabe der Verordnung vom 11.
Jänner 1826, das Finanz-Rechnungswe-
sen des Reiches betreffend, und der durch
diese Verordnung für die Centralver-
waltungsstellen festgesetzten Competenz
mit der Sorge für richtige Ablieferung
der Reineinnahmen von jedem der betreffenden einzelnen Anstalten resp. Ver-
waltungs- und Verrechnungszweige nach
den jeweils hierüber bestehenden Anordnungen und gesetzlichen Bestimmungen;

11) die Unterhaltung einer vollständigen
Statistik der Verkehrsanstalten;

12) die Sorge für möglichste Steigerung
der Frequenz und Rentabilität der Verkehrs-Anstalten durch geeignete Commerce, in besonderen Ausnahmsfällen;

13) Urlaubs-Ertheilungen an das Personal
bis zu sechs Wochen;

14) Unterstützungen und Entschädigungen
innerhalb der bewilligten einschlägigen
Etats-Maximal-Summe.

Gegenstände, worüber jederzeit höhere
Entschließung zu erholen ist, sind insbesondere:

1) alle allgemeinen Formationsbestim-
mungen;

2) Verhandlungen mit fremden Staaten;

3) die Feststellung der allgemeinen Tarifs-
Normen;

4) die Führung von — im Etat nicht
vorgesehenen Bauten;

5) die Anstellung, Versetzung oder Quiescirung des Personals mit pragmatischen Rechten;

6) die Ertheilung von Urlaub über sechs
Wochen;

7) die Bewilligung von Remunerationen.

### 9.

Die Oberpost- und Bahnämter der
acht Kreise, sowie die centralisirten Behörden für Telegraphen-, Dampfschiffahrts-
und Kanalbetrieb, sind als die eigentlichen
Verwaltungsorgane zu betrachten, und ist
denselben eine möglichst freie Bewegung innerhalb der ertheilten allgemeinen Vorschriften und genehmigten Etats zugestanden.

Auf den Grund ausgedehnter Competenz sind die Kreis- und Centralbetriebs-
Behörden für den ordnungsmäßigen Gang
des Dienstes zunächst verantwortlich zu machen.

Als Obliegenheiten dieser Mittelbehörden sind insbesondere zu bezeichnen:

1) der umsichtige und energische Vollzug
der höheren Anordnungen;

2) die fortwährende Wahrnehmung der
Interessen des Verkehres und Veranlassung zweckdienlicher Einrichtungen;

3) die fortwährende Beaufsichtigung und
Instandhaltung der Bauten und des
zugemessenen Inventars;

4) die Sorge für möglichst zweckmäßigen
und ökonomischen Betrieb

5) die Ueberwachung der Einhebung und Verrechnung der Gefälle;

6) die zweckmäßigste Verwendung des zugewiesenen Personals, dann die Aufnahme, Versetzung und Entlassung jener niederen Bediensteten, welche nicht den im Artikel II. der Verordnung dd. 11. Oktober 1848 bezeichneten Kategorien angehören und bezüglich welcher sonst höhere Bestimmung nicht erforderlich ist;

7) die unausgesetzte Ueberwachung des gesammten Dienstes und lebendige Controle durch den Vorstand, seine Nebenbeamten und bestimmten Inspeirungsorgane;

8) die Bewilligung von Urlaub bis 14 Tagen;

9) stete selbstthätige Wirksamkeit für die Zwecke der Verkehrsanstalten, wie sie durch specielle Aufträge oder allgemeine Vorschriften bezeichnet werden;

10) entsprechende Erledigung vorkommender Beschwerden auf dem kürzesten Wege.

### C. Geschäftsgang.

### 10.

Bei der Wirksamkeit der General-Direction der Verkehrsanstalten als Central-stelle richten sich der Geschäftsgang und dessen Formen auch nach dem dessfalls im Allgemeinen für Central-Verwaltungs-Stellen geltenden Vorschriften.

Vorzugsweise soll überall auf Vereinfachung des Dienstes gesehen und soweit als möglich stets das kürzeste Verfahren eingehalten werden.

Der Vorstand bleibt für die gesammte Geschäftsführung verantwortlich.

Die Mitglieder haften für actenmäßige und instructionsgemäße Behandlung der Geschäfte.

Eine periodische Ober-Inspection sämmtlicher Verkehrsanstalten ist so oft als möglich von dem Vorstande selbst, außerdem durch die einschlägigen Referenten vorzunehmen.

Bei Abwesenheit oder Verhinderung des Vorstandes tritt Stellvertretung durch den ersten Rath ein, wenn nicht anders verfügt wird.

Bei den Mittelbehörden ist der Geschäftsgang durchaus bureaumäßig und der Vorstand für die Geschäftsführung im Allgemeinen zunächst verantwortlich, wodurch jedoch die freie Bewegung der Nebenbeamten innerhalb der speciellen Dienstabtheilung nicht behindert, vielmehr in allen Abstufungen das richtige Verhältniß zwischen Competenz und Verantwortlichkeit eingehalten werden soll.

Ueber all soll auch hier die möglichst
rasche Geschäftsführung und energische Dienst-
aufsicht gewahrt, unnöthige Schreiberei
aber fern gehalten werden.

Auf die Mittelbehörden hat die bezüglich der Stellvertretung des Vorstandes im
§. 10. gegebene Bestimmung analoge Anwendung zu finden.

München, den 14. November 1851.

Max

v. d. Pfordten.

Auf Königlich Allerhöchsten Befehl:
der General-Secretär,
Ministerialrath Wolfanger.

---

## Dienstes-Nachrichten.

Seine Majestät der König haben
Sich allergnädigst bewogen gefunden, unter'm 15. November l. Js., den bisherigen
Gerichtsarzt zu Ellingen, Dr. Franz Kreit-
ner, seiner allerunterthänigsten Bitte entsprechend, auf das erledigte Landgerichts-
Physicat Beilngries, und auf das hiedurch
sich eröffnende Physicat Ellingen den, dermaligen Landgerichtsarzt Dr. Adolph Mayer
zu Greding zu versetzen, dann

unter'm 17. November l. Js. die erledigte Lehrstelle der II. Klasse des Ludwigs-
Gymnasiums dahier dem Studienlehrer an
der Lateinschule des Maximilians-Gymnasiums daselbst, Michael Dausend, zu übertragen.

---

Im Sinne der vorstehend ertheilten
Normen sind auch die speciellen Instructionen
und Dienstesvorschriften zu erlassen.

§. 12.

Gegenwärtige Verordnung hat mit dem
1. Januar 1852 in Wirksamkeit zu treten.
Unser Staatsministerium des Handels und der öffentlichen Arbeiten ist mit
dem Vollzuge beauftragt.

---

## Pfarreien- und Beneficien-Verleihungen.

Seine Majestät der König haben Sich unter'm 14. November l. Js.
allergnädigst bewogen gefunden, die Früh-
meßbenefizium zu Markt-Bibart, Landgerichts gleichen Namens, dem Priester Joh.
Zink, Pfarrer zu Gerolzhofen, Landgerichts Höchstadt an der Aisch zu übertragen.

Seine Majestät der König ha-
ben Sich allergnädigst bewogen gefunden,
unter'm 15. November l. Js. die erledigte
protestantische Pfarrstelle zu Rhodt, Dekanats Landau, dem bisherigen Pfarrer zu
Erlenbach, Dekanats Germersheim, Georg
Friedrich Heinrich Adolph Petersen zu
verleihen.

Landwehr des Königreichs.

Seine Majeſtät der König haben unterm 13. November l. Is. dem bisherigen Major und Commandanten des Landwehr-Bataillons Bayreuth, Georg Vogel, die nachgeſuchte Entlaſſung aus dem Landwehrdienſte allergnädigſt zu gewähren und an deſſen Stelle den bisherigen Hauptmann Wolfgang Auguſt Burger zum Major und Commandanten des genannten Bataillons zu ernennen geruht.

Magiſtrat der Stadt Fürth.

Seine Majeſtät der König haben unterm 11. November l. J. für die Stelle des verſtorbenen bürgerlichen Magiſtratsrathes Friedrich Krenkel zu Fürth den Erſaßmann Chriſtoph Böheim, Kaufmann daſelbſt, als bürgerlichen Magiſtratsrath allerhöchſt zu beſtätigen geruht.

Kirchenverwaltungen in den Städten Bayreuth und Augsburg.

Unter dem 11. November l. Is. iſt der Hafnermeiſter Bartholomäus Dorſch

von Bayreuth als Erſaßmann für den verſtorbenen Buchbindermeiſter Auguſt Bevern von da in die Kirchenverwaltung der katholiſchen Stadtpfarrei Bayreuth einberufen, und als Mitglied dieſer Verwaltung höchſten Orts beſtätiget worden.

Unter dem 12. November l. Is. ſind die bei den ordentlichen Erſaßwahlen für die katholiſche Kirchenverwaltung in der Stadt Augsburg gewählten Gemeindeglieder:

1) der Kaufmann Johann Nepomuck Glogger,
2) der Privatmann Ignaß Welzhofer,
3) der Privatmann Franz Xaver Mieſach,
4) der Wachszieher Franz Xaver Müller, dann

unter dem 16. November l. Is. nachſtehende bei den ordentlichen Erſaßwahlen für die proteſtantiſche Kirchenverwaltung in der Stadt Augsburg gewählte Gemeindeglieder:

1) der Weinwirth Theodor Pfaff,
2) der Kaufmann Lebrecht Scheler,
3) der Kaufmann Johann Georg Wüſt,
4) der Kaufmann Guſtav von Hagen als Mitglieder dieſer Verwaltungen höchſten Orts beſtätiget worden.

# Regierungs-Blatt

für            das

## Königreich        Bayern.

### № 54.

**München, Montag den 24. November 1851.**

**Inhalt:**

Königlich Allerhöchste Entschließung, die Polizeistunde betr. — Dienstes-Nachrichten. — Ordens-Verleihung. — Gewerbsprivilegien-Verleihungen. — Gewerbsprivilegien-Erlöschungen. — Berichtigung.

**Königlich Allerhöchste Entschließung,
die Polizeistunde betreffend.**

### Maximilian II.

**von Gottes Gnaden König von Bayern,
Pfalzgraf bei Rhein,
Herzog von Bayern, Franken und in
Schwaben ꝛc. ꝛc.**

Um den bestehenden Vorschriften über die Polizeistunde allenthalben einen wirksamen Vollzug zu sichern, finden Wir Uns bewogen, in näherer Erläuterung Unserer allerhöchsten Entschließung vom 20. April 1848 (Regierungsblatt S. 409) und auf solange Wir keine andere Bestimmung treffen, Unseren Regierungen, Kammern des Innern, die Ermächtigung zu ertheilen, für einzelne Orte, an welchen nach vorliegenden besonderen Erfahrungen der verlän-

91

gerte Wirthshausbesuch einen nachtheiligen
Einfluß auf die Erhaltung der öffentlichen
Ruhe und Ordnung, sowie der Sittlichkeit

München, den 21. November 1851.

**M a x.**

**v. Zwehl.**

Auf Königlich Allerhöchsten Befehl:
der General-Secretär
Ministerialrath Epplen.

im Allgemeinen ausüben sollte, die Polizeistunde für eine bestimmte Zeitdauer nach
näherem Ermessen entsprechend herabzusetzen.

---

### Dienstes-Nachrichten.

Seine Majestät der König ha-
ben allergnädigst geruht, unter'm 26. October l. Js. den bisherigen Hoftheater-In-
tendanz-Verweser, Dr. Franz Dingelstedt,
vom 1. October l. Js. an zum Hoftheater-
Intendanten mit dem Range eines Regie-
rungs-Directors in provisorischer Eigenschaft
zu ernennen;

unter'm 16. November l. Js. die von
dem temporär quiescirten Postofficialen Simon Obermair dahier nachgesuchte Verlängerung seiner Quiescenz wegen nachgewiesener Functionsunfähigkeit auf den Grund
des §. 22 lit. D der IX. Beilage zur Verfassungs-Urkunde auf ein weiteres Jahr zu
genehmigen;

unter'm 18. November l. Js. dem
Kreis- und Stadtgerichte Nürnberg wegen
seiner fortdauernden außerordentlichen Ge-
schäftslast einen Assessor beizugeben, und hiezu, so wie zu der daselbst in Erledigung
gekommenen Assessorstelle die beiden Assessoren Joh. Adam Gmeinhardt zu Straubing und August Georg Albert Merz zu
Bayreuth zu berufen, sofort zu der am
Kreis- und Stadtgerichte Straubing erledigten Assessorstelle den dortigen Protokollisten Julius Schwaiger, und

zu der bei genanntem Gerichte offen
gewordenen Rathsstelle den I. Assessor des
Landgerichts München, Johann Nepomuk
Klemm, zu befördern, ferner

den Protokollisten am Kreis- und Stadtgerichte Straubing, Jos. Pappenberger,

zu der am Kreis- und Stadtgerichte Wasserburg erledigten Assessorstelle zu berufen, und zum Protocollisten am Kreis- und Stadtgerichte Straubing den Appellationsgerichts-Accessisten Joseph Ketterl in Amberg in provisorischer Eigenschaft, ferner

zum II. Staatsanwalt am Kreis- und Stadtgerichte Passau den Protocollisten daselbst, Joseph Rohrmüller, zu ernennen,

den Kreis- und Stadtgerichts-Protocollisten Joseph Laurer zu Atzach von dem Antritte der ihm verliehenen Advokatenstelle in Lindau auf sein allerunterthänigstes Ansuchen zu entbinden, und auf seiner bisherigen Stelle zu belassen, sofort die hiedurch wieder in Erledigung kommende Advokatenstelle dem geprüften Rechtspraktikanten und Advokaten-Concipienten Friedrich Christoph von Lutzenberger aus Bayreuth zu verleihen, weiters

zum Rechnungs-Commissär der Kammer des Innern der Regierung von Schwaben und Neuburg den Rechnungsgehilfen bei der Regierung von Oberbayern, Franz Xaver Obel, zu befördern; auf die Stelle eines Rechnungsgehilfen der Kammer des Innern der Regierung von Oberbayern, dem Rechnungsgehilfen Jacob Miedl von Ansbach zu berufen; zum Rechnungsgehilfen der Regierung von Mittelfranken Kammer, des Innern den Revisor, Christian Heinrich Seidel in provisorischer Eigenschaft zu ernennen;

den Polizeibezirks-Commissär zu München, Friedrich Wiellenbacher, seiner Stelle wieder zu entheben; den Polizeifunctionär Anton Lechinger zum Bezirkscommissär der Haupt- und Residenzstadt München und den Polizeifunctionär Max Ditt zum Officianten der Polizeidirection München, beide in provisorischer Eigenschaft, zu ernennen;

unter'm 19. November l. Js. zum Actuar des Landgerichts Sonthofen, den vormaligen Patrimonialrichter Joh. Hoffmeister, dermal zu Herzogenaurach, zu ernennen, sodann

unter Vorrückung des Actuärs Holf in die I. Actuarsstelle am Landgerichte München, zum II. Actuar dieses Landgerichts den Landgerichts-Actuar Eduard Müller zu Ingolstadt seiner Bitte gemäß zu berufen und unter Vorrückung des Actuars Anton Banzer in die I. Actuarstelle am Landgerichte Ingolstadt, zum II. Actuar dieses Landgerichts den geprüften Rechtspraktikanten Mathias Doll aus Passenbach, dermal zu Dachau, zu ernennen, endlich

unter'm 20. November l. Js. in die I. Assessorstelle bei dem Landgerichte Wegscheid den II. Assessor des Landgerichts Landau, Carl Jos. Müller, und in die II. Assessorstelle des Landgerichts Landau den dortigen Actuar, Adolph Oppert, vorrücken zu lassen.

## Ordens - Verleihung.

Seine Majestät der König haben Sich vermöge allerhöchster Entschließung vom 25. October l. Js. allergnädigst bewogen gefunden, dem k. preußischen Hofbuchhändler Alexander Dunker in Berlin das Ritterkreuz des k. Verdienstordens vom heiligen Michael zu verleihen.

## Gewerbsprivilegien - Verleihungen.

Seine Majestät der König haben unter'm 10. October l. Js. dem Schlossergesellen und Arbeiter in der k. Eisenbahnwerkstätte zu Nürnberg, Thomas Hollweg, ein Gewerbsprivilegium auf Ausführung einer von ihm erfundenen eigenthümlichen Construction von Thurm- und Hausuhren für den Zeitraum von zwei Jahren, und

unter'm 19. October l. Js. dem Peter Clausen von London ein Gewerbsprivilegium auf Ausführung seiner Erfindung, bestehend in einer verbesserten Methode des Bleichens dann Zubereitens von Pflanzenfasern, welche sich zum Spinnen und Filzen eignen, sowie des Bleichens und Zubereitens fertiger Gespinnste und Filzzeuge für den Zeitraum von drei Jahren zu ertheilen geruht.

## Gewerbsprivilegien - Erlöschungen.

Das dem Schuhmachergesellen Alois Hiebl von Forstenried unter'm 13. Februar 1850 verliehene und unter'm 9. April 1850 ausgeschriebene dreijährige Gewerbsprivilegium auf Anwendung seines eigenthümlichen Verfahrens, das Leder besonders weich und geschmeidig und hieraus dauerhafte und wasserdichte Schuhe und Stiefel zu machen, wurde wegen nicht gelieferten Nachweises der Ausführung dieser Erfindung in Bayern auf Grund des §. 30 Ziffer 4 der allerhöchsten Verordnung vom 10. Februar 1842, die Gewerbsprivilegien betr., und eben so

das dem Mechanikus Carl Christian Weitershauser aus Reimhartshain, zur Zeit in München, unter'm 4. Februar 1850 verliehene und unter'm 9. April 1850 ausgeschriebene dreijährige Gewerbsprivilegium auf Anwendung des von ihm erfundenen eigenthümlichen Verfahrens, das Leder vermittelst aufgelöster Gutta percha dauerhaft zu machen, gleichfalls wegen nicht gelieferten Nachweises der Ausführung dieser Erfindung in Bayern auf Grund der oben allegirten Verordnungsstelle als erloschen erklärt.

## Berichtigung.

Im Regierungsblatt No. 53. dd. 19. November 1851 Seite 1286 §. 5 Zeile 6 lies: „Bezirks-Ingenieur" statt „Betriebs-Ingenieur."

# Regierungs-Blatt

## für das Königreich Bayern.

## № 55.

München, Freitag den 28. November 1851.

**Inhalt:**

Bekanntmachung, den Schuldenstand sämmtlicher Gemeinden des Königreichs am Schluße des Verwaltungsjahres 18⁴⁹/₅₀ betreffend. — Plenarbeschluß des Oberappellationsgerichts des Königreichs, die Auslegung des §. 63 No. 3 des Proceßgesetzes vom 17. November 1837 betreffend. — Dienstes-Nachrichten. — Pfarreien- und Beneficien-Verleihungen; Präsentations-Bestätigungen. — K. Hofbeneficium zu Blutenburg. — K. Akademie der Wissenschaften. — Magistrat der Stadt Augsburg. — Ordensverleihungen. — K. Allerhöchste Genehmigung zur Annahme einer fremden Decoration. — K. Allerhöchste Zufriedenheitsbezeigung. — Gewerbeprivilegien-Verleihungen. — Verlängerung eines Gewerbeprivilegiums.

## Bekanntmachung,

den Schuldenstand sämmtlicher Gemeinden des Königreichs am Schluße des Verwaltungsjahres 18⁴⁹/₅₀ betreffend.

### Staatsministerium des Innern.

In der nachstehenden Uebersicht werden die Ergebnisse der Schuldentilgung in den

92

sämmtlichen Stadt-, Markt- und Landgemeinden des Königreichs nach den Rechnungs-Abschlüssen des Jahres 18⁴⁹/₅₀ zur öffentlichen Kenntniß gebracht.

München, den 3. November 1851.

Auf Seiner Königlichen Majestät Allerhöchsten Befehl:

v. Zwehl.

Durch den Minister
der General-Secretär
Ministerialrath Eppler

# Zusammenstellung

des

## Schulden-Standes

sämmtlicher

# Stadt-, Markt- und Land-Gemeinden

des

## Königreiches

nach dem

Rechnungs-Abschlusse

von

## 18$\frac{49}{50}$.

————————

| des Regierungsbezirkes | Benennung der Gemeinden. | Schuldenstand des Jahres 1848/49 nach dem Rechnungs-Abschlusse für 1848/49. | | | Zugang durch neuerliche Liquidationen und Recherchen. | | | Summa. | | | Schulden-Tilgungs-Fond a. nach dem Etat (Schuldentilgungsplan.) | | | b. nach dem wirklichen Anfalle. | | |
|---|---|---|---|---|---|---|---|---|---|---|---|---|---|---|---|---|
| | | fl. | kr. | hl. | fl. | kr. | hl. | fl. | kr. | hl. | fl. | kr. | hl. | fl. | kr. | hl. |
| Oberbayern. | Unmittelbare Städte | 2,354,709 | 15 | 6 | — | — | — | 2,354,709 | 15 | 6 | 165,000 | — | — | 195,234 | 51 | 6 |
| | Uebrige Städte und Märkte mit magistratischer Verfassung. | 428,359 | 51 | 1 | 10,280 | 4 | 6 | 438,639 | 55 | 7 | 41,421 | 14 | 5 | 53,775 | 31 | 3 |
| | Landgemeinden | 154,749 | 52 | 7 | 9,491 | 55 | — | 164,241 | 47 | 7 | 21,504 | 32 | 5 | 14,151 | 48 | — |
| | Summa | 2,937,818 | 59 | 6 | 19,771 | 59 | 6 | 2,957,590 | 59 | 4 | 227,925 | 47 | 2 | 263,162 | 11 | 1 |
| Niederbayern. | Unmittelbare Städte | 277,450 | 7 | — | — | — | — | 277,450 | 7 | — | 18,637 | 30 | — | 22,673 | 27 | 2 |
| | Uebrige Städte und Märkte mit magistratischer Verfassung. | 156,889 | 28 | 6 | 4,275 | 30 | — | 161,164 | 58 | 6 | 11,678 | 44 | — | 13,767 | 3 | 2 |
| | Landgemeinden | 27,081 | 59 | 4 | — | — | — | 27,081 | 59 | 4 | 2,752 | 44 | — | 2,225 | 1 | — |
| | Summa | 461,421 | 35 | 2 | 4,275 | 30 | — | 465,697 | 5 | — | 33,028 | 58 | — | 38,665 | 31 | 4 |
| Pfalz. | Städte mit 500 Familien und darüber | 14,464 | 8 | — | — | — | — | 14,464 | 8 | — | 2,305 | — | — | 1,368 | — | — |
| | Uebrige Gemeinden | 17,196 | 40 | — | — | — | — | 17,196 | 40 | — | 2,451 | — | — | 1,468 | 21 | — |
| | Summa | 31,660 | 48 | — | — | — | — | 31,660 | 48 | — | 4,756 | — | — | 2,836 | 21 | — |
| Oberpfalz und Regensburg. | Unmittelbare Städte | 89,920 | 30 | — | — | — | — | 89,920 | 30 | — | 8,670 | — | — | 4,635 | 54 | 6 |
| | Uebrige Städte und Märkte mit magistratischer Verfassung. | 72,636 | 14 | 2 | 3,669 | 31 | — | 76,305 | 45 | 2 | 9,826 | 4 | — | 10,489 | 54 | — |
| | Landgemeinden | 6,900 | 58 | 3 | 155 | — | — | 7,055 | 58 | 3 | 1,275 | 32 | 7 | 1,157 | 44 | 1 |
| | Summa | 169,457 | 42 | 5 | 3,824 | 31 | — | 173,282 | 13 | 5 | 19,771 | 36 | 7 | 16,283 | 32 | 7 |

| Im Jahre 184⁰/₅₀ verwendet | | | Betrag der hienach verbleibenden Schulden. | | | Schulden-Zugang im Jahre 184⁰/₅₀. | | | Summa des Schuldenstandes bei dem Rechnungs-abschluße 184⁰/₅₀. | | |
|---|---|---|---|---|---|---|---|---|---|---|---|
| a. auf Zinsenzahlung. | b. auf Abtragung von Capitalien. | c. in Summa. | | | | | | | | | |
| fl. | kr. | hl. | fl. | kr. | hl. | fl. | kr. | hl. | fl. | kr. | hl. |
| 83,636 51 6 | 111,598 — | 195,234 51 6 | 2,243,111 15 6 | 25,450 — | 2,268,561 15 6 |
| 15,183 19 — | 37,355 19 4 | 52,538 38 4 | 401,284 36 3 | 32,240 — | 433,524 36 3 |
| 5,588 30 3 | 14,709 8 2 | 20,297 38 5 | 149,132 39 5 | 15,770 — | 165,302 39 5 |
| 104,408 41 1 | 163,662 27 6 | 268,071 8 7 | 2,793,928 31 6 | 73,460 — | 2,867,388 31 6 |
| 8,499 31 4 | 14,034 40 4 | 22,534 12 — | 263,415 26 4 | — | 263,415 26 4 |
| 5,012 25 2 | 9,419 57 — | 14,432 22 2 | 151,745 1 6 | 200 — | 151,945 1 6 |
| 871 5 — | 1,378 48 - | 2,249 53 — | 25,703 11 4 | — | 25,703 11 4 |
| 14,383 1 0 | 24,833 25 4 | 39,216 27 2 | 440,863 39 6 | 200 — | 441,063 39 6 |
| 368 — | 1,000 — | 1,368 — | 13,464 8 — | — | 13,464 8 — |
| 269 46 — | 1,222 29 — | 1,492 15 — | 15,974 11 — | 8,300 — | 24,274 11 — |
| 637 46 — | 2,222 29 — | 2,860 15 — | 29,438 19 — | 8,300 — | 37,738 19 — |
| 3,911 36 5 | 207 6 — | 4,118 42 5 | 89,713 24 — | 5,948 — | 95,661 24 — |
| 2,693 55 — | 6,678 35 4 | 9,372 30 4 | 69,627 9 6 | — | 69,627 9 6 |
| 306 12 6 | 851 31 3 | 1,157 44 1 | 6,204 27 — | — | 6,204 27 — |
| 6,911 44 3 | 7,737 12 7 | 14,648 57 2 | 165,545 — 6 | 5,948 — | 171,493 — 6 |

| des Regierungsbezirkes | Benennung der Gemeinden | Schuldenstand des Jahres 18⁴⁵/₄₆ | | | | | | | | | | | | Schulden-Tilgungs-Fond | | | | | |
|---|---|---|---|---|---|---|---|---|---|---|---|---|---|---|---|---|---|---|---|
| | | nach dem Rechnungs-Abschlusse für 18⁴⁴/₄₉ | | | Zugang durch neuerliche Liquidationen und Recherchen | | | Summa | | | a. nach dem Etat (Schuldentilgungsplan.) | | | b. nach dem wirklichen Anfalle | | |
| | | fl. | kr. | hl. | fl. | kr. | hl. | fl. | kr. | hl. | fl. | kr. | hl. | fl. | kr. | hl. |
| Oberfranken. | Unmittelbare Städte | 268,866 | 16 | — | 2,254 | 1 | 4 | 270,920 | 17 | 4 | 28,627 | 36 | — | 31,773 | 20 | 1 |
| | Uebrige Städte und Märkte mit magistratischer Verfassung | 234,205 | 7 | 2 | — | | | 234,205 | 7 | 2 | 25,281 | 45 | 6 | 24,448 | 42 | — |
| | Landgemeinden | 176,742 | 53 | 6 | 5,318 | — | | 182,060 | 53 | 6 | 21,113 | 54 | 7 | 21,587 | 58 | 3 |
| | Summa | 679,614 | 17 | — | 7,572 | 1 | 4 | 687,186 | 18 | 4 | 75,023 | 16 | 5 | 77,810 | — | 4 |
| Mittelfranken. | Unmittelbare Städte | 800,924 | 22 | 4 | — | | | 800,924 | 22 | 4 | 84,145 | 27 | 6 | 93,523 | 1 | 4 |
| | Uebrige Städte und Märkte mit magistratischer Verfassung | 82,494 | 10 | 2 | — | | | 82,494 | 10 | 2 | 14,025 | 56 | 4 | 13,910 | 10 | 4 |
| | Landgemeinden | 186,007 | 49 | 7 | 8,976 | 57 | | 194,984 | 46 | 7 | 27,491 | 46 | 1 | 27,491 | 46 | 1 |
| | Summa | 1,069,426 | 22 | 5 | 8,976 | 57 | | 1,078,403 | 19 | | 125,663 | 10 | 3 | 134,924 | 58 | 1 |
| Unterfranken und Aschaffenburg. | Unmittelbare Städte | 1,325,842 | 33 | | — | | | 1,325,842 | 33 | | 78,532 | 10 | | 109,365 | 43 | 2 |
| | Uebrige Städte und Märkte mit magistratischer Verfassung | 398,496 | 57 | 2 | — | | | 398,496 | 57 | 2 | 34,698 | 2 | — | 44,042 | 47 | 2 |
| | Landgemeinden | 1,662,224 | 20 | 5 | 5,010 | — | | 1,667,234 | 20 | 5 | 159,008 | 34 | 2 | 190,348 | 5 | 6 |
| | Summa | 3,386,563 | 50 | 7 | 5,010 | — | | 3,391,573 | 50 | 7 | 272,238 | 47 | — | 343,756 | 38 | 2 |
| Schwaben und Neuburg. | Unmittelbare Städte | 248,978 | 23 | | 6,887 | 43 | 6 | 255,866 | 7 | — | 17,612 | 30 | | 23,642 | 3 | — |
| | Uebrige Städte und Märkte mit magistratischer Verfassung | 308,573 | 10 | 6 | 621 | 30 | | 309,194 | 40 | 6 | 31,381 | 39 | 2 | 36,261 | 15 | 5 |
| | Landgemeinden | 770,905 | 35 | | 17,414 | 16 | | 788,319 | 51 | | 96,254 | 27 | 7 | 88,677 | 6 | 5 |
| | Summa | 1,328,457 | 9 | — | 24,923 | 29 | 6 | 1,353,380 | 38 | 6 | 145,248 | 37 | 1 | 149,280 | 25 | 2 |

| Im Jahre 18⁴⁹/₅₀ verwendet | | | Betrag der hienach verbleibenden Schulden. | | | Schulden-Zugang im Jahre 18⁴⁹/₅₀. | | | Summa des Schuldenstandes bei dem Rechnungsabschlusse 18⁴⁹/₅₀. | | |
|---|---|---|---|---|---|---|---|---|---|---|---|
| a. auf Zinsenzahlung. | | | b. auf Abtragung von Capitalien. | | | c. in Summa. | | | | | | | | | | | |
| fl. | kr. | hl. | fl. | kr. | hl. | fl. | kr. | hl. | fl. | kr. | hl. | fl. | kr. | hl. | fl. | kr. | hl. |
| 9,750 | 4 | 4 | 18,105 | 40 | — | 27,855 | 44 | 4 | 252,814 | 37 | 4 | — | | | 252,814 | 37 | 4 |
| 9,786 | 7 | 4 | 13,131 | 43 | 2 | 22,917 | 50 | 6 | 221,073 | 24 | — | 13,533 | — | — | 234,606 | 24 | — |
| 7,965 | 7 | 2 | 13,622 | 51 | 1 | 21,587 | 58 | 3 | 168,438 | 2 | 5 | 2,329 | — | — | 170,767 | 2 | 5 |
| 27,501 | 19 | 2 | 44,860 | 14 | 3 | 72,361 | 33 | 5 | 642,326 | 4 | 1 | 15,862 | — | — | 658,188 | 4 | 1 |
| 27,979 | 58 | — | 40,127 | 16 | — | 68,107 | 14 | — | 760,797 | 6 | 4 | 20,711 | 18 | — | 781,508 | 24 | 4 |
| 2,665 | 58 | 6 | 10,061 | 17 | 6 | 12,727 | 16 | 4 | 72,432 | 52 | 4 | 7,771 | 19 | — | 80,204 | 11 | 4 |
| 7,320 | 10 | — | 29,565 | 57 | 3 | 36,886 | 7 | 3 | 165,418 | 49 | 4 | 12,091 | 49 | — | 177,510 | 38 | 4 |
| 37,966 | 6 | 6 | 79,754 | 31 | 1 | 117,720 | 37 | 7 | 998,648 | 48 | 4 | 40,574 | 26 | — | 1,039,223 | 14 | 4 |
| 41,881 | 52 | 6 | 4,355 | — | — | 46,236 | 52 | 6 | 1,321,487 | 33 | — | — | | | 1,321,487 | 33 | — |
| 13,647 | 5 | 4 | 16,840 | 46 | 4 | 30,487 | 52 | — | 381,656 | 10 | 6 | — | | | 381,656 | 10 | 6 |
| 65,079 | 31 | 3 | 107,270 | 13 | 5 | 172,349 | 45 | — | 1,559,964 | 7 | — | 22,671 | 23 | 4 | 1,582,635 | 30 | 4 |
| 120,608 | 29 | 5 | 128,466 | — | 1 | 249,074 | 29 | 6 | 3,263,107 | 50 | 6 | 22,671 | 23 | 4 | 3,285,779 | 14 | 2 |
| 8,770 | 41 | 4 | 14,973 | 51 | 6 | 23,744 | 33 | 2 | 240,892 | 15 | 2 | — | | | 240,892 | 15 | 2 |
| 12,582 | 22 | 1 | 23,526 | 34 | — | 36,108 | 56 | 1 | 285,668 | 6 | 6 | 14,805 | — | — | 300,473 | 6 | 6 |
| 29,505 | 48 | 7 | 62,911 | 3 | 7 | 92,416 | 52 | 6 | 725,408 | 47 | 1 | 7,609 | — | — | 733,017 | 47 | 1 |
| 50,858 | 52 | 4 | 101,411 | 29 | 5 | 152,270 | 22 | 1 | 1,251,969 | 9 | 1 | 22,414 | — | — | 1,274,383 | 9 | 1 |

| Benennung der Regierungsbezirke. | Schuldenstand des Jahres 18⁴⁸/₄₉ | | | | | | | | | Schulden-Tilgungs-Fond | | | | | |
|---|---|---|---|---|---|---|---|---|---|---|---|---|---|---|---|
| | nach dem Rechnungs-Abschlusse für 18¹⁸/₄₉. | | | Zugang durch neuerliche Liquidationen und Recherchen. | | | Summa. | | | a. nach dem Etat (Schulden-tilgungsplan.) | | | b. nach dem wirklichen Anfalle. | | |
| | fl. | fr. | bl. | fl. | fr. | bl. | fl. | fr. | bl. | fl. | fr. | bl. | fl. | fr. | bl. |
| | | | | | | | | | | Zusammen. | | | | | |
| Oberbayern . . . . | 2,937,818 | 59 | 6 | 19,771 | 59 | 6 | 2,957,590 | 59 | 4 | 227,925 | 47 | 2 | 263,162 | 11 | 1 |
| Niederbayern . . . | 461,421 | 35 | 2 | 4,275 | 30 | — | 465,697 | 5 | 2 | 33,028 | 58 | — | 38,665 | 31 | 4 |
| Pfalz . . . . . | 31,660 | 48 | | — | — | | 31,660 | 48 | — | 4,756 | — | — | 2,836 | 21 | — |
| Oberpfalz und Regensburg . . . . | 169,457 | 42 | 5 | 3,824 | 31 | — | 173,282 | 13 | 5 | 19,771 | 36 | 7 | 16,283 | 32 | 7 |
| Oberfranken . . . | 679,614 | 17 | — | 7,572 | 1 | 4 | 687,186 | 18 | 4 | 75,023 | 16 | 5 | 77,810 | — | 4 |
| Mittelfranken . . . | 1,069,426 | 22 | 5 | 8,976 | 57 | — | 1,078,403 | 19 | 5 | 125,663 | 10 | 3 | 134,924 | 58 | 1 |
| Unterfranken und Aschaffenburg . . . . | 3,386,563 | 50 | 7 | 5,010 | — | — | 3,391,573 | 50 | — | 272,238 | 47 | — | 343,756 | 38 | 2 |
| Schwaben und Neuburg | 1,328,457 | 9 | — | 24,923 | 29 | 6 | 1,353,380 | 38 | 6 | 145,248 | 37 | 1 | 149,280 | 25 | 2 |
| Total-Summa | 10,064,420 | 45 | 1 | 74,354 | 29 | — | 10,138,775 | 14 | 1 | 903,656 | 13 | 2 | 1,026,719 | 38 | 5 |

| Im Jahre 18⁴⁹/₅₀ verwendet | | | Betrag der hienach verbleibenden Schulden. | Schulden-Zugang im Jahre 18⁴⁹/₅₀. | Summa des Schuldenstandes bei dem Rechnungsabschluffe 18⁴⁹/₅₀. |
|---|---|---|---|---|---|
| a. auf Zinsenzahlung. | b. auf Abtragung von Capitalien. | c. in Summa. | | | |
| fl. fr. bl. | fl. fr. bl. | fl. fr. bl. | fl. fr. bl. | fl. fr. bl. | fl. fr. bl. |

**Stellung.**

| a. auf Zinsenzahlung | b. auf Abtragung von Capitalien | c. in Summa | Betrag der hienach verbleibenden Schulden | Schulden-Zugang im Jahre 18⁴⁹/₅₀ | Summa des Schuldenstandes bei dem Rechnungsabschluffe 18⁴⁹/₅₀ |
|---|---|---|---|---|---|
| 104,408 41 1 | 163,662 27 6 | 268,071 8 7 | 2,793,928 31 6 | 73,460 — — | 2,867,388 31 6 |
| 14,383 1 6 | 24,833 25 4 | 39,216 27 2 | 440,863 39 6 | 200 — — | 441,063 39 6 |
| 637 46 — | 2,222 29 — | 2,860 15 — | 29,438 19 — | 8,300 — — | 37,738 19 — |
| 6,911 44 3 | 7,737 12 7 | 14,648 57 2 | 165,545 — 6 | 5,948 — — | 171,493 — 6 |
| 27,501 19 2 | 44,860 14 3 | 72,361 33 5 | 642,326 4 1 | 15,862 — — | 658,188 4 1 |
| 37,966 6 6 | 79,754 31 1 | 117,720 37 7 | 998,648 48 4 | 40,574 26 — | 1,039,223 14 4 |
| 120,608 29 5 | 128,466 — 1 | 249,074 29 6 | 3,263,107 50 6 | 22,671 23 4 | 3,285,779 14 2 |
| 50,858 52 4 | 101,411 29 5 | 152,270 22 1 | 1,251,969 9 1 | 22,414 — — | 1,274,383 9 1 |
| 363,276 1 3 | 552,947 50 3 | 916,223 51 6 | 9,585,827 23 6 | 189,429 49 4 | 9,775,257 13 2 |

**Plenarbeschluß**

des

**Oberappellationsgerichts des Königreichs,** die Auslegung des §. 53. No. 7 des Proceß-gesetzes vom 17. November 1837 betreffend.

„Die Bestimmung des §. 53 Nr. 7
„des Proceßgesetzes vom 17. Novem-
„ber 1837 ist auch auf den Fall zu
„beziehen, wenn der Ausspruch, daß
„selbstständige Berufung unzulässig sei,
„von der zweiten Instanz ausgeht.“

**Gründe.**

Das Gesetz vom 22. Juli 1819, einige Verbesserungen der Gerichts-Ordnung
betreffend, hatte sich vorzugsweise zur Aufgabe gestellt, der allzulangen Dauer der
Processe durch Entfernung aller unnöthigen
Zwischenappellationen vorzubeugen, letztere
aber dadurch entbehrlich zu machen, daß
dem verletzten Theile die Rechtsverfolgung
gegen beschwerende Dekrete und Zwischenbescheide bei der Appellation gegen das
Haupturtheil vorbehalten bleibt.

v. Gönner Commentar zum angef.
Ges. S. 258.

Dieser Zweck wäre vereitelt worden,
wenn man die Cognition über die Zulässigkeit oder Unzulässigkeit einer gesonderten
Appellation dem höheren Richter überlassen und bis zu dessen Entscheidung

den Fortgang des Processes unterbrochen
hätte.

v. Gönner a. a. O. S. 365.

Darum hat der §. 24 des gedachten
Gesetzes verordnet, daß in diesem Falle
aber auch nur in diesem Falle dem
Unterrichter (als Ausnahme von der
sonstigen Regel des Devolutiveffectes) eine
Cognition über die Zulässigkeit der Appellation und das Recht sowie die Pflicht zukommen sollte, Appellationen gegen einfache
Dekrete oder Zwischenbescheide selbst abzuweisen.

Diese Bestimmung ging auch in das
neuere Proceß-Gesetz vom 17. November
1837 über, welches in §. 65 bestimmt:

„das Gericht muß bei denjenigen Ap-
„pellationen, welche der Bestimmung
„des §. 51 zuwider“ (wegen einfacher
Dekrete und Zwischenbescheide) „er-
„griffen werden, den Appellanten in
„einer motivirten Entschließung ab-
„weisen und nach Lage des Processes
„weiter verfahren.“

Es lag bereits in dem Geiste des Gesetzes vom 22. Juli 1819, daß der Unterrichter sich auch durch eine weitere Appellation des von ihm abgewiesenen Appellanten nicht irre machen lassen sollte;

v. Gönner a. a. O. S. 370.

um indessen zu verhindern, daß die Ober-
gerichte nicht unmittelbar mit der Prüfung

Zurückweisungen von den Parteien
gesucht werden, erfolgte in dem Landtags-
Abschiede vom 29. December 1831 III. §. e.
(Ges. Blatt S. 87) die ausdrückliche Wer-
ordnung:

„Gegen abweisliche Bescheide der Untergerichte, welche dieselben in Gemäßheit der Proceß-Novelle vom 22.
Juli 1819 §. 24 zu erlassen haben,
findet eine Beschwerde nicht statt;
dem Betheiligten steht es lediglich
frei, sich dagegen nach §. 18 der angeführten Novelle zu verwahren.“

Diese Vorschrift wurde in das Pro-
ceßgesetz vom 17. November 1837 mit den
Worten aufgenommen:

„Gegen den Ausspruch der ersten Instanz, daß selbstständige Berufung
unzulässig sei, findet nur Verwahrung
statt.“

Deutlich ist hiemit ein derartiger Ausspruch selbst wieder ganz der Sache angemessen als ein bloßer Zwischenbescheid im
Sinne des §. 51 des angeführten Gesetzes
erklärt und da es nach §. 53 Nr. 1 und 2
ebendaselbst keinen Unterschied macht, ob
der Zwischenbescheid von einem Untergerichte
oder von einem Obergericht (als erster
oder als zweiter Instanz) ausging, so ist
um so weniger ein Grund gegeben, die An-
wendbarkeit der in Frage stehenden Vorschrift lediglich auf die abweisenden Bescheide

der ersten Instanz zu beschränken, als der
Oberrichter durch die Abweisung einer Berufung gegen ein einfaches Dekret oder einen Zwischenbescheid nur eine gesetzliche
Obliegenheit des Untergerichtes erfüllt und
damit von selbst an dessen Stelle tritt, und
als da, wo eine Sache im gesetzlichen Gange
nicht an die zweite Instanz hätte gebracht
werden sollen, von einer Devolution an die
dritte Instanz die Rede nicht sein kann.

Hiedurch ist also auch jede Prüfung
der höheren Instanz ausgeschlossen, ob die
untere die §§. 51 und 52 jenes Gesetzes
richtig angewendet habe oder nicht.

Vorstehender Plenar-Beschluß wird
nach Vorschrift des Gesetzes vom 17. November 1837, die Verhütung ungleichförmiger Erkenntnisse bei dem obersten Gerichts-
höfe in bürgerlichen Rechtsstreitigkeiten betreffend, Art. I. und IV. hiemit bekannt
gemacht.

München, den 14. November 1851.

Oberappellationsgericht des Königreichs
Bayern.

Freiherr von Gumppenberg,
I. Präsident.

Acc. Schwertfelner, f. Secr.
93*

## Dienstes-Nachrichten.

Seine Majestät der König haben Sich allergnädigst bewogen gefunden, unter'm 21. November l. Js. den in die Ruhe versetzten k. Rath und ersten Professor an der Central-Veterinär-Schule in München, Dr. Conr. Ludw. Schwab, seiner Bitte entsprechend, von der Stelle als veterinärärztliches Mitglied des Obermedicinal-Ausschusses, unter dem Ausdrucke allerhöchster Zufriedenheit mit seinem langjährigen uneigennützigen Wirken und seinen ausgezeichneten Leistungen, zu entheben, und die dadurch in Erledigung kommende unentgeltliche Stelle eines veterinärärztlichen Mitgliedes im Obermedicinal-Ausschusse, dem Professor an der k. Central-Veterinär-Schule dahier, Dr. med. Dominicus Hofer, zu verleihen;

den Landrichter von Kaufbeuren, Heinrich von Sichlern, auf Grund der nachgewiesenen Dienstesunfähigkeit in Gemäßheit des §. 22 lit. D. der IX. Verfassungs-Beilage auf die Dauer eines Jahres in den erbetenen Ruhestand treten zu lassen, sofort

zum Landrichter von Kaufbeuern den bisherigen Vorstand der Gerichts- und Polizeibehörde Babenhausen, Franz Seraph Wolf, zu ernennen und demselben zugleich die Function als Stadtcommissär zu Kaufbeuern zu übertragen, dann

die bei dem Wechsel und Merkantilgerichte I. Instanz in Straubing erledigte erste Rathsstelle dem Kreis- und Stadtgerichtsrathe Sebastian Waltenberger daselbst zu verleihen;

unter'm 22. November l. Js. dem geistlichen Rathe und Professor der Philosophie an dem Lyceum zu Regensburg, Georg Anton Heigl, die erbetene Versetzung in den Ruhestand, unter Anwendung des §. 28 lit. C. der IX. Verfassungs-Beilage und unter Bezeigung der allerhöchsten Zufriedenheit mit seinen mehr als 40jährigen Leistungen im Lehramte zu gewähren,

die hiedurch erledigte Lehrstelle der Philosophie an benanntem Lyceum dem Doctor der Theologie und Philosophie, Priester Georg Hanauer, in provisorischer Eigenschaft zu verleihen, dann

die durch das Ableben des Studienlehrers, Priester Fr. Xav. Bach, erledigte Lehrstelle der IV. Classe an der Lateinschule zu Straubing dem Studienlehrer derselben Classe an der Lateinschule zu Landshut, Dr. Jos. Burger, zu übertragen;

unter'm 23. November l. Js. die erledigte Cantonsarztstelle I. Classe zu Frankenthal dem vormaligen Cantonsarzte zu Eusel und dermaligen Armen- und Irren-Anstaltsarzte zu Frankenthal, Dr. Julius Bettinger, zu verleihen, und unter'm 25. November l. Js. bei dem Kreis- und Stadtgerichte Nürnberg einen dritten Staatsanwalt anzustellen, und hiezu den functionirenden Staatsanwalts-Substituten Franz Schöpf zu Nürnberg zu ernennen.

Seine Majestät der König haben Sich vermöge allerhöchster Entschließung vom 19. November l. Js. bewogen gefunden, den Expeditor bei dem k. Central-Schulbücher-Verlage, Anton Mittel, in Anwendung des §. 2 der IX. Beilage zur Verfassungs-Urkunde aus dem Staatsdienste zu entlassen.

---

### Pfarreien- und Beneficien-Verleihungen; Präsentations-Bestätigungen.

---

Seine Majestät der König haben allergnädigst geruht, unter'm 19. November l. Js. die katholische Pfarrei Wollnzach, Landgerichts Pfaffenhofen, dem seitherigen Vicar derselben, Priester Joseph Fischer, und

unter'm 22. November l. Js. die Salinen-Caplanei Au bei Traunstein, Landgerichts Traunstein, dem Priester Simon Steiner, Cooperator zu Anzing, Landgerichts Ebersberg, zu verleihen.

Seine Majestät der König haben unter'm 19. November l. Js. allergnädigst zu genehmigen geruht, daß die katholische Pfarrei Aislingen, Landgerichts Dillingen, von dem hochwürdigen Herrn Bischofe von Augsburg dem Priester Joseph Schiferle, Pfarrer zu Stadtbergen, Landgerichts Göggingen, übertragen werde.

Seine Majestät der König haben unter'm 17. November l. Js. den protestantischen Pfarrer zu Mauchenheim, Dekanats Kirchheimbolanden, Georg Julius Carl Heinrich Fleischmann, von dem Antritte der ihm verliehenen Pfarrstelle zu Eisenberg, Dekanats gleichen Namens, seiner Bitte willfahrend, zu entheben geruht.

Seine Majestät der König haben Sich allergnädigst bewogen gefunden, unter'm 17. November l. Js. der von der protestantischen Gemeinde Winterhausen für den bisherigen Compastor und Domprediger zu Schleswig, Hans Nicolaus Hansen, ausgestellten Präsentation auf die protestantische Pfarrstelle zu Winterhausen, Dekanats Würzburg, und

unter'm 21. November l. Js. unter den für die protestantische III. Pfarrstelle an der St. Martinskirche in Memmingen, Dekanats gleichen Namens, in Vorschlag gebrachten drei Geistlichen dem bisherigen protestantischen Stadtvicär in München, Joh. Georg Städelen, die landesherrliche Bestätigung zu ertheilen.

Königliches Hofbeneficium zu Blutenburg.

Seine Majestät der König haben unter'm 11. November l. Js. dem Coadjutor zu Schwabing, Priester Engelbert Pfettischer, das erledigte Hofbeneficium zu Blutenburg allergnädigst zu verleihen geruht.

Königliche Akademie der Wissenschaften.

Seine Majestät der König haben die am 2. August l. Js. von der königlichen Akademie der Wissenschaften vorgenommenen Wahlen zu genehmigen, und demnach allerhöchst zu bestätigen geruht:

I. als außerordentliche Mitglieder für die mathematisch-physikalische Classe:

1) Dr. Ludwig Seidel, außerordentlicher Professor an der hiesigen Universität,
2) Dr. Carl Kuhn, Professor der Mathematik und Physik im k. Cadeten-Corps;

II. als auswärtige Mitglieder:

a) für die philosophisch-philologische Classe:

1) Ritter Carl Bunsen, dermalen k. preußischer Gesandter in London,
2) Albrecht Weber, Professor an der Universität in Berlin,

3) Max Müller, Professor in Oxford, und
4) Friedrich Heinrich von der Hagen, Professor an der Universität in Berlin;

b) für die mathematisch-physikalische Classe:
Professor Macedoine-Melloni in Neapel;

c) für die historische Classe:
Thomas Babington Macaulay in Edinburg;

III. als correspondirendes Mitglied:
Sebastian Mutzel, Rector am k. Gymnasium zu Eichstädt.

Magistrat der Stadt Augsburg.

Seine Majestät der König haben unter'm 18. November l. Js. geruht, für die Stellen bürgerlicher Magistratsräthe der Stadt Augsburg die gewählten Gemeindeglieder:
Ignaz Mayer, Privatmann,
Ernst Forster, Fabrikant,
Friedrich Gscheidlen, Fabrikant,
Benno Stahler, Kaufmann,
Joseph Hösp, Maurermeister, und
Peter Himmer, Buchhändler,
allerhöchst zu bestätigen.

Ordens-Verleihungen.

Seine Majestät der König ha-

ben Sich vermöge allerhöchster Entschließung vom 14. November l. Js. allergnädigst bewogen gefunden, dem charakterisirten Obersten und 2. Stadt- und Festungs-Commandanten von Germersheim, Joseph Klier, in Rücksicht auf seine unter doppelter Einrechnung von fünf Feldzugsjahren durch fünfzig Jahre ehrenvoll geleisteten Dienste, das Ehrenkreuz des königlich bayerischen Ludwigs-Ordens, dann

unter'm 28. November l. Js. dem bisherigen Landraths-Mitgliede, Gutsbesitzer Michael Kolb zu Füßen, das goldene Ehrenzeichen des Verdienst-Ordens der bayerischen Krone, und

unter'm 12. November l. Js. dem Pfarrer Abraham Reischl in Großinzemoos, Landgerichts Dachau, in Rücksicht auf seine während fünfzig Jahren ununterbrochen treu und eifrig geleisteten Dienste die Ehrenmünze des königlich bayerischen Ludwigs-Ordens zu verleihen.

---

**Königlich Allerhöchste Genehmigung zur Annahme einer fremden Decoration.**

Seine Majestät der König haben unter'm 21. November l. Js. die allerhöchste Bewilligung zu ertheilen geruht, daß der Ministerialrath im Staatsministerium des Handels und der öffentlichen Arbeiten, Benno Heinrich Pfeufer, das ihm von Seiner Majestät dem Kaiser von Oesterreich verliehene Comthurkreuz des k. k. österreichischen Franz-Joseph-Ordens annehmen und tragen dürfe.

---

**Königlich Allerhöchste Zufriedenheits-Bezeigung.**

---

Die im verflossenen Jahre zu Schweinfurt gestorbene Pfarrerstochter Dorothea Louise Merk von Oberndorf hat durch letztwillige Verfügungen vom 18. November 1849 und 6. Juni 1850 ihr hinterlassenes Vermögen, welches nach Abzug der Vermächtnisse und Kosten auf 1752 fl. 29. kr. sich beläuft, zu dem Zwecke bestimmt, daß die Zinsen desselben alljährlich unter Bedürftige und Würdige der höhern und gebildeteren Classe der protestantischen Einwohner Schweinfurts mit besonderer Berücksichtigung der Kranken vertheilt, in Ermanglung von Hilfsbedürftigen der bezeichneten Kategorie aber andere Hausarme bedacht werden sollen.

Seine Majestät haben dieser Wohlthätigkeitsstiftung die allerhöchste landesherrliche Bestätigung zu ertheilen und allergnädigst zu genehmigen geruht, daß Allerhöchstderselben wohlgefällige Anerkennung des von der Stifterin hiedurch bewährten wohlthätigen Sinnes durch das

Regierungsblatt des Königreichs kund gegeben werde.

### Gewerbsprivilegien-Verleihungen.

Seine Majestät der König ha-
ben den Nachgenannten Gewerbsprivilegien
allergnädigst zu ertheilen geruht, und zwar:

unter'm 28. September l. Js. dem
Sämmlein Reichmann und Gerson Naum-
burger von Fürth, auf Ausführung ihrer
Erfindung, bestehend in eigenthümlicher Fabrication von blauem und grünem Ultrama-
rin, für den Zeitraum von acht Jahren;

unter'm 10. October l. Js. dem Mechanikus August Knocke von München,
auf Ausführung der von ihm erfundenen
Verbesserungen an der Construction seiner
unter'm 8. October 1848 patentirten Feuer-
gewehre, für den Zeitraum von einem Jahre,
und

dem Drechsler Johann Wunderlich
aus Hof, z. Z. in Nürnberg, auf Ausführung seiner Erfindung, bestehend in der
Verfertigung façonnirter Spielmarken aus
Elfenbein und Horn mittelst einer eigenthümlich construirten Maschine, auf den Zeitraum von fünf Jahren;

unter'm 21. October l. Js. dem Mechanikus Joh. Jacob Meyer von Paris,
auf Ausführung der von ihm erfundenen
Verbesserungen an der Construction von Lo-

comotiven im Allgemeinen, sowie auf An-
wendung dieser Verbesserungen an anderen
Dampfmotoren, für den Zeitraum von zwei
Jahren;

unter'm 22. October l. Js. dem Kaufmann und Materialisten Johann Wolfgang
Neumüller von Regensburg, auf Anfertigung der von ihm erfundenen verbesserten Camphinlampen, welche sich vorzüglich zur Straßenbeleuchtung eignen sollen,
für den Zeitraum von fünf Jahren, dann

unter'm 29. October l. Js. dem Hut-
und Filzfabrikanten Heinrich Reiner von
Göggingen, auf Ausführung des von ihm
erfundenen eigenthümlichen Verfahrens bei
der Filzbereitung, sowie bei der farbigen
Bedruckung gefilzter Stoffe für den Zeitraum von fünf Jahren.

### Verlängerung eines Gewerbsprivilegiums.

Seine Majestät der König ha-
ben unter'm 30. September l. Js. das dem
Johann Conrad Schuster in Nürnberg
unter'm 25. September 1846 verliehene
fünfjährige Gewerbsprivilegium auf Anwendung des von ihm erfundenen Verfahrens bei Fabrication von Taback und Cigarren aus deutschen Blättern für den Zeitraum von weitern fünf Jahren, vom 25.
September 1851 anfangend, zu verlängern
geruht.

# Regierungs-Blatt

## für das

## Königreich Bayern.

## № 56.

### München, Montag den 1. December 1851.

**Inhalt:**

Königlich Allerhöchste Entschließung, die Verlängerung des gegenwärtigen Landtages betr. — Bekanntmachung. Auszeichnung mehrerer Bewohner der Pfalz durch allerhöchste Ordens- und Titelverleihung, dann belobende Anerkennung betr. — Dienstes-Nachrichten. — Pfarreien- und Beneficien-Verleihungen. — Gewerbe- und Handelskammern. — Ordens-Verleihungen.

### Königlich Allerhöchste Entschließung,

#### die Verlängerung des gegenwärtigen Landtages betreffend.

## Maximilian II.

### von Gottes Gnaden König von Bayern, Pfalzgraf bei Rhein,

### Herzog von Bayern, Franken und in Schwaben ꝛc. ꝛc.

Unseren Gruß zuvor, Liebe und Getreue!

Wir finden Uns bewogen, die nach den Bestimmungen des Tit. VII. §. 22

94

der Verfassungs-Urkunde zu Ende gehende Dauer des gegenwärtigen Landtages bis zum ersten Februar kommenden Jahres einschließlich zu verlängern.

Indem Wir euch dieses eröffnen, bleiben Wir euch mit Königlicher Huld und Gnade gewogen.

München, den 21. November 1851.

**M a x.**

v. d. Pfordten. v. Kleinschrod. Dr. v. Aschenbrenner. Dr. v. Ringelmann. v. Lüder. v. Zwehl.

Auf Königlich Allerhöchsten Befehl:
der General-Secretär,
Ministerialrath Epplen.

---

### Bekanntmachung,

Auszeichnung mehrerer Bewohner der Pfalz durch allerhöchste Ordens- und Titelverleihung, dann belobende Anerkennung betr.

Seine Majestät der König haben Sich unter'm 28. November l. Js. allergnädigst bewogen gefunden, den nachgenannten Bewohnern der Pfalz, welche durch ihr entschiedenes Festhalten an der Sache des Rechts und der Ordnung, durch ihre unbefleckte Treue und unversehrt bewahrte Anhänglichkeit an Thron und Verfassung, so wie überhaupt durch ersprießliche Leistungen im Dienste des Staates, der Kirche oder der Gemeinde sich in den letzten Jahren rühmlich hervorgethan haben, und zwar:

I. das Ritterkreuz des Verdienst-Ordens vom heiligen Michael:

1) dem k. Notar Jacob Friedrich Sartorius zu Germersheim,

2) dem k. Oberzoll-Inspector Joseph Elblein zu Zweibrücken,

3) dem k. Anwalt Norbert Mahla zu Landau,

4) dem katholischen Pfarrer Johann Baptist Schwarz zu Ramberg,

5) dem Apotheker Carl Hoffmann zu Landau;

II. den Titel eines geistlichen Rathes tax- und stempelfrei:

dem katholischen Pfarrer Conrad Völker zu Dannstadt;

III. das silberne Ehrenzeichen des Verdienst-
Ordens der bayerischen Krone:

1) dem Steuerboten Wilhelm Peter zu
   Homburg,

2) dem Renteiboten Georg Neuer zu
   Homburg,

3) dem Bürgermeister Theobald Platz
   zu Sct. Martin,

4) dem Bürgermeister Peter Minges
   zu Flemlingen,

5) dem Bürgermeister Georg Brauner
   zu Herxheim,

6) dem Gefängniß-Verwalter Alois
   Brandtner zu Speyer,

7) dem Bürgermeister Joh. Müllecker
   zu Birkenhördt,

allerhuldvollst zu verleihen, und

IV. die belobende allerhöchste Anerkennung:

1) dem k. Notar Carl August Duder-
   stadt zu Kirchheim,

2) dem Bürgermeister Jacob Schmitz
   zu Gersheim,

3) dem Bürgermeister Jacob Kullmann
   zu Weißenheim,

4) dem Bürgermeister Cornelius Labbe
   zu Steinfeld,

5) dem k. Landcommissariats-Actuar Augustin Damm zu Zweibrücken,

6) dem Landwirth Neubrecht zu Gers-
   weiler

auszudrücken.

## Dienstes-Nachrichten.

Seine Majestät der König ha-
ben Sich allergnädigst bewogen gefunden, unter'm 15. November l. J. den Registrator der
Regierungs-Finanzkammer von Schwaben und
Neuburg, Christoph Sedlmaier auf die
Dauer eines Jahres auf den Grund des
§. 22 lit. D. der IX. Beilage zur Ver-
fassungs Urkunde in den nachgesuchten Ruhestand zu versetzen, und an dessen Stelle zum
Finanzkammer-Registrator den Registraturgehilfen genannter Finanzkammer, Joh. Ludwig
Cunradi, provisorisch zu ernennen;

unter'm 22. November l. Js. den unter'm 5. October l. Js. nach seinem Ansuchen auf das Rentamt Speyer versetzten
Rentbeamten Ludwig Hilger zu Kandl,
seiner Bitte willfahrend, unter Belassung auf
seiner bisherigen Stelle von dem Antritte
des Rentamtes Speyer zu entbinden und
auf dieses Rentamt den unter obigem Tage
von Landstuhl nach Kandl versetzten Rentbeamten Franz Falciola, unter Gewährung seiner Bitte, zu berufen;

unter'm 25. November l. Js. dem
Landgerichte Burghausen bis auf weitere
allerhöchste Verfügung einen Actuar extra
statum beizugeben und zu dieser Stelle den
geprüften Rechtspraktikanten Max Haus-
mann aus München zu ernennen, sodann

unter'm 26. November l. Js. zum Landrichter von Gunzenhausen den I. Assessor des Landgerichts Altdorf, Ludwig Hermann Richter zu ernennen; zum I. Assessor des Landgerichts Altdorf den II. Assessor des Landgerichts Cadolzburg, Georg Friedr. Herzog, vorrücken zu lassen und die II. Assessorstelle des Landgerichts Cadolzburg dem Kreis- und Stadtgerichts-Accessisten Gotthold Emanuel Friedr. Freiherrn von Löffelholz zu Nürnberg zu verleihen.

### Pfarreien- und Beneficien-Verleihungen.

Seine Majestät der König haben Sich allergnädigst bewogen gefunden, unter'm 25. November l. Js. das Beneficium Eberspoint, Landgerichts Vilsbiburg, dem Priester Joseph Wimmer, Commorant zu München,

die katholische Pfarrei Winkl, Landgerichts Landsberg, dem Priester J. B. Stöbel, Beneficiat zu Sameister, Landgerichts Füßen, dann

unter'm 27. November l. Js. die katholische Pfarrei Hemau, Landgerichts gleichen Namens, dem Priester Andreas Stauber, Pfarrer zu Pfatter, Landgerichts Stadtamhof, zu übertragen.

### Gewerbe- und Handelskammern.

Vom k. Staatsministerium des Handels und der öffentlichen Arbeiten wurde unter'm 24. November l. Js. die Errichtung eines Gewerbe- und Handelsrathes für die Stadt Miltenberg, gemäß der allerhöchsten Verordnung vom 27. Jänner v. Js., den deßfalls gestellten Anträgen entsprechend genehmigt.

### Ordens-Verleihungen.

Seine Majestät der König haben Sich allergnädigst bewogen gefunden, unter'm 28. November l. Js. dem k. Forstmeister Franz Thoma zu Kaufbeuern das Ritterkreuz des königlichen Verdienstordens vom heiligen Michael, und

unter'm 22. November l. Js. dem Forstwart Joseph Bonbrunn zu Lesten, im Forstamte Bamberg, in huldvollster Anerkennung des rühmlichen Verhaltens während seiner 48jährigen Dienstzeit und des Eifers in der Waldpflege und Cultur das silberne Ehrenzeichen des Verdienst-Ordens der bayerischen Krone zu verleihen.

# Regierungs-Blatt

## für                das

## Königreich        Bayern.

## № 57.

München, Donnerstag den 4. December 1851.

**Königlich Allerhöchste Verordnung,** die Einrichtung und Verwaltung des allgemeinen Landgestütes betreffend.

## Maximilian II.

von Gottes Gnaden König von Bayern, Pfalzgraf bei Rhein, Herzog von Bayern, Franken und in Schwaben ꝛc. ꝛc.

Wir haben Uns bewogen gefunden, die allerhöchste Verordnung vom 19. Februar 1844, die Einrichtung und Verwaltung des allgemeinen Landgestütes betreffend, (Regierungsblatt vom Jahre 1844 Seite 129 ff.) einer sorgfältigen Revision unterzogen zu lassen und verordnen hienach was folgt:

## I. Abschnitt.

Bestimmung und allgemeine Einrichtung des Landgestütes.

### §. 1.

Dem allgemeinen Landgestüte ist die Aufgabe gesetzt:

1) die Pferdezucht in den 7 Regierungsbezirken diesseits des Rheins mit vor-
zugsweiser Bedachtnahme auf die hiefür am meisten geeigneten Landestheile
zu verbessern, und

2) veredelte Pferdeschläge in diesen einzelnen Landestheilen, wie solche den
Bedürfnissen derselben entsprechen, dauernd herzustellen.

Demnach ist vor Allem

a) auf die Erzielung des kräftigen Ar-
beitspferdes, und

b) durch Veredlung desselben auf Erzielung des großen Wagenpferdes und
des guten und starken Reitpferdes
beharrlich hinzuwirken und hiebei
jede nachtheilige Schwankung mit
Sorgfalt zu vermeiden.

### §. 2.

Zur Erreichung des im §. 1 bezeichneten Zweckes hat die allgemeine Landge-
stütsanstalt nachfolgende Mittel anzuwenden:

a) Aufstellung einer gewissen Anzahl vollkommen guter Beschälhengste und Vertheilung derselben auf die nach den Anforderungen des Zweckes zu bestim-
menden Beschälstationen;

b) orgfältige Auswahl der Zuchtstuten;

c) genaue Beaufsichtigung und Controle
des Beschälgeschäftes;

d) Musterung des Privatbeschälhengste und
Ertheilung von Beschäl-Licenzen für
die tauglichen;

e) Ertheilung von Aufmunterungspreisen.

### §. 3.

Das zur Zeit auf Unseren Militärfohlenhöfen bestehende Stammgestüt bildet
auch fernerhin einen ergänzenden Bestandtheil der allgemeinen Landgestüts-Anstalt, an
welche es mit seinem gesammten Eigenthume
bereits überwiesen ist.

Ueber dasselbe ist jedoch eine gesonderte
Rechnung fortan zu führen.

### §. 4.

Das Stammgestüt ist bestimmt, einen
angemessenen Theil der nach §. 2. lit. a.
aufzustellenden Anzahl vollkommen guter
Beschälhengste dem Landgestüte aus eigener
Züchtung zu liefern.

Dasselbe hat hiebei die Aufgabe, nach
erfolgter sorgfältiger Musterung seines gegenwärtigen Bestandes einen, dem gegebenen Züchtungszwecke (§. 1) vollständig entsprechenden Schlag von Pferden zu erzielen
und dahin zu wirken, daß seinerzeit im Wege
der Inzucht sowie mit Benützung der übrigen obenbezeichneten Beförderungsmittel eine
constante Pferderasse im Lande dauernd
begründet werde.

#### §. 5.

Zur Erleichterung der Aufsicht und Ueberwachung ist das allgemeine Landgestüt an geeigneten Orten aufzustellen, von wo aus die Beschälhengste an die einzelnen Beschälstationen entsendet werden.

Die bestehenden Beschälstationen sollen übrigens nach Maßgabe des Bedürfnisses und der Mittel allmählig vermehrt und beziehungsweise weiter ausgedehnt werden.

#### §. 6.

Der allgemeinen Landgestüts-Anstalt werden zur Bestreitung ihrer sämmtlichen Bedürfnisse nachstehende Deckungsmittel zugewiesen:

1) der durch das Budget jeder Finanzperiode festzusetzende Zuschuß aus der Staatscassa;

2) die Erträgnisse des einverleibten Stammgestütes,

3) der Ertrag der Sprunggelder,

4) die etwaigen Einnahmen aus der Beschäftigung der Beschäler außer der Sprungzeit,

5) der Erlös aus dem Verkaufe unbrauchbar gewordener Beschälhengste und Geräthschaften des Landgestütes,

6) ein jährlicher in Heu und Stroh, nach dem Anschlage von 48 kr. für den Zentner Heu und von 50 kr. für den Zentner Stroh zu leistender Zuschuß

im Gesammtbetrage von 4500 fl. aus den Erträgnissen der Militärfohlenhöfe.

Außerdem werden dem Stammgestüte auf den Militärfohlenhöfen die benöthigten Gebäude und sonstigen Räume, dann die freie Weide unentgeltlich zur Verfügung gestellt, und ebenso das erforderliche Grünfutter unentgeltlich abgegeben.

Der bei dem Stammgestüte erzielte Dünger wird an die Militär-Fohlenhöfe als Vergütung für die von letzteren zu tragende Unterhaltung der Gebäude überlassen.

#### §. 7.

Der Fourage-Bedarf der Beschälhengste soll von den hiefür anzuweisenden Militär-Verpflegs- und Oekonomie-Commissionen gegen Vergütung des eigenen Kostenpreises abgegeben werden.

#### II. Abschnitt.
##### Beschälhengste und Beschälzeit.

#### §. 8.

Die Zahl der jährlich auf die Beschälstationen zu vertheilenden Beschälhengste wird nach Maßgabe des Bedürfnisses und der gegebenen Mittel festgesetzt.

#### §. 9.

Die Beschälzeit dauert jedes Jahr 2 Monate und fängt in der Regel mit dem Monat März an.

Wo die örtlichen Verhältniſſe ein ſpä-
teres Beginnen der Beſchälzeit erheiſchen,
hört dieſelbe auch um ſo viel ſpäter auf.

### §. 10.

Bei der Beschälung iſt für den erſten
Sprung ein Sprunggeld von 2 fl. zur Landgeſtütscaſſa nebſt einer Gebühr von 24 kr.
als Trinkgeld für die Beschälwärter an den
aufgeſtellten Einnehmer zu entrichten, jeder
weitere Sprung während der nemlichen Beſchälzeit geſchieht unentgeltlich.

Für einzelne Hengſte von beſonders
edler Race wird das Sprunggeld von der
Landgeſtüts-Verwaltung eigens beſtimmt
und ſowohl der betreffende Hengſt als auch
der Betrag des Sprunggeldes zuvor bekannt gemacht.

Im Falle der Erfolgloſigkeit des Sprun-
ges wird das ganze Sprunggeld auf Anſuchen zurückerſetzt, ſofern der Zahler noch
im Beſitze der Stute iſt.

Die Erfolgloſigkeit und der jeweilige
Beſitz iſt durch gemeindeamtliches Zeugniß
nachzuweiſen.

Dem Beschälwärter-Perſonal iſt bei
nachdrücklicher Strafe unterſagt, außer der
gedachten Gebühr ein Trinkgeld oder Ge-
ſchenk unter was immer für einem Namen
oder Vorwande anzunehmen.

### §. 11.

Stuten, welche auswärtigen Unterthanen gehören, dürfen durch die Landgeſtüts-
Beschäler nicht belegt werden.

### III. Abſchnitt.
#### Muſterung und Approbation.

### §. 12.

Vom Monat November jeden Jahres
beginnend hat der Vorſtand der Landgeſtüts-
Verwaltung oder deſſen Stellvertreter unter
Beiziehung des Bezirksthierarztes ſowohl
die Muſterung der Zuchtſtuten, als die der
Privatbeschälhengſte vorzunehmen.

### §. 13.

Die Beſitzer von Stuten, welche deren Bedeckung durch Landgeſtütsbeschäler
wünſchen, haben dieſelben an dem vom Geſtütsbeamten zu beſtimmenden Termine zur
Muſterung vorzuführen.

Von dergleichen Stuten wird gefor-
dert, daß ſie das 3. Jahr zurückgelegt haben und nicht durch Alter gebrechlich ſind,
dabei gut gebaut, vollkommen geſund und
auch ſonſt von Fehlern, welche leicht fort-
erben, frei ſind.

Für die tauglich befundenen Stuten
wird vom Geſtütsbeamten und dem bei der
Muſterung beizuziehenden Bezirksthierarzte

gemeinschaftlich ein auf ein Jahr giltiger Erlaubnißschein unentgeltlich ausgestellt.

Wer bei dem bestimmten Musterungstermine nicht erscheint, kann zwar seine Stute nachträglich durch den betreffenden Bezirksthierarzt allein approbiren lassen, wird aber bei der Bedeckung den übrigen anwesenden Stutenbesitzern nachgesetzt.

Die mit einem Preise (Abschnitt IV.) bedachten Stuten gelten zugleich als approbirt für die nächste Beschälung und bedürfen hiefür keines besonderen Erlaubnißscheines.

### §. 14.

Keine Stute darf zur Bedeckung zugelassen werden, wenn nicht dem Beschälwärter der ausgestellte Erlaubnißschein oder der Nachweis des im vorhergehenden Jahre erhaltenen Preises vorgelegt und die über das bezahlte Sprunggeld zu lösende Quittung ausgehändigt wird.

### §. 15.

Wer einen oder mehrere Hengste als Privatbeschäler zum gewerbsmäßigen Betriebe des Beschälgeschäftes halten will, ist verbunden, dieselben dem Landgestütsbeamten und Bezirksthierarzte an dem zur Stutenmusterung bestimmten Termine (§. 13) vorzuführen, damit diese sich überzeugen können, ob dergleichen Hengste hinsichtlich des Alters, schönen Wuchses, guten Ganges,

der körperlichen Stärke und der Reinheit von wesentlichen Fehlern die für eine gute Zucht erforderlichen Eigenschaften besitzen.

Die tauglich befundenen Privathengste werden mit dem Brandzeichen des Landgestütes auf dem Hinterbacken gezeichnet, dem Eigenthümer aber wird ein auf die Bedeckzeit des laufenden Jahres giltiger Erlaubnißschein unentgeltlich ausgestellt, auf dessen Grund er befugt ist, in dem ihm durch die Landgestütsverwaltung angewiesenen Bezirke das Privatbeschälgeschäft auszuüben.

Die Besitzer von Privatbeschälhengsten haben alljährlich bei Erneuerung der Approbation ein genaues Verzeichniß der von ihren Hengsten im abgelaufenen Jahre bedeckten Stuten zu übergeben.

### §. 16.

Wer ohne Erlaubnißschein das Privatbeschälgeschäft gewerbsmäßig ausübt, oder den ihm angewiesenen Bezirk überschreitet, oder sich nicht jederzeit durch Vorzeigung des Erlaubnißscheines legitimiren kann, unterliegt einer Strafe von 10 bis 50 fl.

Von der wirklich erhobenen Geldstrafe fällt die eine Hälfte an die Local-Armen-Cassa jener Gemeinde, in deren Bezirk die Uebertretung entdeckt worden ist, die andere Hälfte wird zur Belohnung für das zur

polizeilichen Beaufsichtigung des Beschäl-
wesens dienende Unterpersonal verwendet.

Die Fälschung des Erlaubnißscheines
hat, abgesehen von der strafrechtlichen Einschreitung, die Einziehung des Erlaubnißscheines zur Folge.

### IV. Abschnitt.

Preise und deren Vertheilung.

### §. 17.

Für vorzügliche Leistungen in der Pferdezucht und zur Aufmunterung fleißiger Züch-
ter werden Preise vertheilt.

Zu diesem Zwecke wird eine Zahl mehrerer aneinander liegender Beschälstationen
zu einem Bezirke vereinigt.

Zahl und Umfang dieser Bezirke richtet sich nach der Oertlichkeit und dem Bedürfnisse.

Die Landgestüts-Verwaltung bestimmt
jährlich die Bildung der Bezirke und die
Orte, an welchen in jedem Bezirke die
Preisevertheilung stattfinden soll.

Sie hat durch Benehmen mit den
einschlägigen Kreisregierungen die allgemeine Bekanntmachung der dessfalls getroffenen Anordnungen zu veranlassen.

Die Vertheilung der Preise wird alljährlich in den Monaten August und Sep-

tember von dem Vorstande der Landgestüts-
Verwaltung mit angemessener Feierlichkeit
öffentlich vorgenommen.

### §. 18.

Die Gesammtsumme, welche etatsmäßig
auf Preise verwendet werden kann, wird
auf die einzelnen Bezirke mit Rücksicht
auf deren Umfang und auf den Stand
der Zucht in denselben repartirt und von
der Verwaltung für jeden Bezirk eine
Maximalsumme festgestellt, welche in demselben vertheilt werden kann.

Die Preise für ein Pferd dürfen nicht
mehr als 20 und nicht weniger als 10
bayerische Thaler betragen.

Zu jedem Preise wird eine Fahne gegeben. Das preiswürdige Pferd erhält dabei
das Brandzeichen des Landgestüts auf den
Hinterschenkel.

Die Namen der Preisträger werden,
unter Bezeichnung der betreffenden Pferde
durch das Kreis-Intelligenzblatt öffentlich
bekannt gemacht.

### §. 19.

Preise werden nur für Stuten ausgesetzt, welche

1) von einem Landgestütsbeschäler und
einer approbirten Stute abstammen,
was entweder durch Vorzeigung des
Approbationsscheines oder durch einen

besonders amtliches Zeugniß machen,
welchem fatz 1 ...

2) das dritte Lebensjahr vollständig zurückgelegt und das siebente Lebensjahr
noch nicht überschritten haben.

Stuten vom vollendeten 5. bis zum
7. Jahre einschließlich haben nur dann
auf Preise Anspruch, wenn sie Mutterstuten
sind und nicht nur das Fohlen bei sich haben, sondern auch erweislich von einem
Landgestütsbeschäler wieder belegt sind.

Von der Beibringung des Fohlens
wird nur dann Umgang genommen, wenn
durch Zeugniß der Gemeinde triftige Ver-
hinderungsgründe oder der zufällige Verlust
des Fohlens nachgewiesen wird.

§. 20.

In jedem Bezirke können nur solche
Stuten auf Preise Anspruch machen, welche
auf einer der den Bezirk bildenden Stationen belegt worden sind.

Kein Bewerber kann bei einer Preisevertheilung des Landgestüts gleichzeitig für
ein Pferd mehr als einen Preis enthalten;
auch kann jeder Pferdebesitzer mit
mehreren Stuten zugleich auf Preise con-
curriren.

Früher erworbene Preise schließen ein
Pferd von der Concurrenz nicht aus.

§. 21.

Die Musterung der Preisbewer-

dem vorgeführten Stuten und die Auswahl
derer, welchen ein Preis zuerkannt werden
soll, geschieht durch ein Preisgericht von 5
Sachverständigen, welche der betreffende
Distriktspolizeibeamte aus den Anwesenden,
wo möglich aus verschiedenen Orten des
Bezirks, zu wählen und sogleich durch Ab-
nahme des Handgelübdes zu verpflichten hat.

Von der Berufung in das Schiedsgericht sind jedoch alle diejenigen ausgeschlossen, welche als Preisbewerber erscheinen.

Dem Gestütsbeamten bleibt es vorbehalten, auf Bildung eines neuen Schieds-
gerichts anzutragen, wenn er wahrnehmen
sollte, daß bei der Auswahl und Reihung
der Preispferde den bestehenden Vorschriften entgegengehandelt oder ein offenbar un-
rechtes Urtheil gefällt worden ist.

§. 22.

Das Schiedsgericht hat bei Beurtheilung der vorgeführten Pferde außer den in
§. 19. aufgezählten unerläßlichen Vorbedingungen besonders zu prüfen:

1) ob die Stute ihrer Körperbeschaffenheit
nach sich überhaupt vollständig zur
Nachzucht eignet;

2) ob sie von Fohlen frei ist, welche sich
notorisch leicht vererben;

3) ob das Thier gesund, gut genährt und
wohl gepflegt ist.

Wo diese Eigenschaften fehlen, ist das Schiedsgericht nicht berechtigt, überhaupt Preise zu gewähren.

Dagegen ist demselben gestattet, solchen Pferdezüchtern einen Preis zuzuerkennen, welche sich durch besondern Fleiß und durch Ausdauer in der Zucht auszeichnen, insbesondere von einer und derselben approbirten Stute schon mehrere Fohlen gezogen haben, wenn auch die vorgeführte Stute selbst nicht mehr als preiswürdig erscheint.

Ein solcher Preis darf die Summe von 10 bayerischen Thalern nicht übersteigen.

### §. 23.

Bei Ausstellung der Zeugnisse zur Begründung der Ansprüche auf Preise haben die zuständigen Behörden mit pflichtmäßiger Vorsicht und Gewissenhaftigkeit zu verfahren.

Jede Bestätigung einer unrichtigen Thatsache in solchen Zeugnissen hat die Haftung des ausstellenden Beamten für allen Schaden, welcher den Betheiligten hieraus zugeht, zur Folge, vorbehaltlich der etwa sonst noch verwirkten Einschreitungen.

Um formellen Mißgriffen hierin zu begegnen, sind geeignete Formulare bei den Behörden, in deren Bezirk Beschälstationen bestehen, zu hinterlegen.

### §. 24.

Die beigebrachten Zeugnisse werden

einer strengen Prüfung unterstellt, und sind, wenn sie die erhobenen Ansprüche hinreichend begründen und die Ertheilung eines Preises zur Folge haben, dem Protokolle beizufügen, welches über die Preisevertheilung abzuhalten ist und die Resultate derselben bestimmt und genau darzustellen hat.

Dieses Protokoll sammt den Originalzeugnissen übernimmt die Landgestütsverwaltung; ein Duplikat desselben ist in der Registratur der einschlägigen Distriktspolizeibehörde aufzubewahren.

### V. Abschnitt.

#### Verwaltung des Landgestüts.

### §. 25.

Die oberste Leitung des allgemeinen Landgestüts bleibt Unserem Staatsministerium des Handels und der öffentlichen Arbeiten übertragen.

Die Verwaltung der Landgestüts-Anstalt behält die militärische Einrichtung bei, und das gesammte dafür zu verwendende Personal wird aus dem Stande Unseres Heeres entnommen.

Dasselbe bleibt in allen persönlichen, militärdienstlichen und Disciplinarsachen Unserem Kriegsministerium und der militärischen Disciplin untergeordnet.

### §. 26.

Die obere Führung und Verwaltung,

des allgemeinen Landgeſtüts bleibt einer eigenen Behörde unter der Benennung: „Landgeſtüts-Verwaltung“ mit dem Sitze in Unſerer Haupt- und Reſidenzſtadt München übertragen. Dieſe hat zu beſtehen:

1) aus einem Vorſtande und
2) aus einem Verwaltungsbeamten,

welch' Letzterem im Falle des Bedürfniſſes ein Gehilfe beigegeben werden kann.

### §. 27.

Der Vorſtand der Landgeſtüts-Verwaltung erhält aus der Landgeſtütscaſſa für ſeine Dienſtverrichtungen und die damit verbundenen ordentlichen Dienſtreiſen einen von Uns zu beſtimmenden Functionsgehalt ohne pragmatiſche Rechte.

Zu der Function eines Verwaltungsbeamten ſoll ein Quartiermeiſter Unſeres Heeres berufen werden.

### §. 28.

Der Vorſtand und der Verwaltungsbeamte ſowie die zum Dienſte des Landgeſtüts erforderlichen Officiere und Unterofficiere ſind bei den Heeresabtheilungen, denen ſie angehören, commandirt zu führen und zu erſetzen, und es haben ihre ſämmtlichen normamäßigen Bezüge für die Dauer der Verwendung auf den Etat des Landgeſtüts überzugehen.

Die zum Dienſte des Landgeſtüts erforderlichen Gemeinen werden bei den einſchlägigen Heeresabtheilungen beurlaubt und erhalten für die Dauer ihrer Verwendung die normale Verpflegung ſammt der Gage aus der Caſſa des Landgeſtüts.

### §. 29.

Der Vorſtand und der Verwaltungsbeamte des Landgeſtüts werden auf den gemeinſchaftlichen Vorſchlag Unſeres Staatsminiſteriums des Handels und der öffentlichen Arbeiten und Unſeres Kriegsminiſteriums von Uns ernannt.

Die für den Dienſt des Landgeſtüts erforderlichen Officiere, Militärbeamten, Unterofficiere und Gemeinen und das etwa ſonſt benöthigte Perſonal werden von Unſerem Kriegsminiſterium dahin commandirt. Daſſelbe hat hiebei auf die Bedürfniſſe und Anforderungen des Landgeſtütsdienſtes jederzeit den entſprechenden Bedacht zu nehmen und von jeder Veränderung im Perſonalſtande Unſerem Staatsminiſterium des Handels und der öffentlichen Arbeiten alsbald Kenntniß zu geben.

### §. 30.

Dem Vorſtand des Landgeſtüts ſteht die Leitung der Geſammt-Anſtalt zu.

Ihm liegt ob, vor dem Anfange eines jeden Verwaltungsjahres Unſerem Staatsministerium des Handels und der öffentlichen Arbeiten den Etat der Einnahmen und Ausgaben der Anstalt für das betreffende Jahr vorzulegen, der nach erfolgter Genehmigung für die Verwaltung als Norm zu dienen hat.

So oft eine Vermehrung oder Veränderung der Stationen nöthig oder räthlich erscheint, hat derselbe, nach vorgängigem Benehmen mit der Kreisregierung, darüber an Unser Staatsministerium des Handels und der öffentlichen Arbeiten gutachtlichen Bericht zu erstatten.

An dasselbe ist überhaupt in allen Fällen Bericht zu erstatten, wo es sich von allgemeinen Anordnungen zur Förderung des Zweckes der Anstalt handelt.

§. 31.

Der bei dem Landgestüte aufgestellte Verwaltungsbeamte steht unter der Leitung des Vorstandes und hat zunächst die Führung des Cassa- und Rechnungswesens zu besorgen.

Ueber die Führung des Cassa- und Rechnungswesens hat Unser Staatsministerium des Handels und der öffentlichen Arbeiten nähere Bestimmungen, soweit es erforderlich ist, im Benehmen mit Unserm Kriegsministerium zu erlassen.

§. 32.

Die Verwaltung des Landgestüts steht

zu den Kreisregierungen im Verhältnisse der Coordination.

§. 33.]

Aufträge an die den Kreisregierungen untergebenen Behörden unmittelbar zu erlassen, steht der Verwaltung des Landgestüts nur ausnahmsweise bezüglich des Abschlusses der Akkorde über die Verpflegung der Beschäler und Beschälwärter, dann in jenen Fällen zu, in welchen mit dem Aufschube wirklicher Nachtheil oder die Gefahr eines solchen verbunden ist.

Dieselbe hat jedoch in jedem Falle der letzterwähnten Art von dem erlassenen Auftrage gleichzeitig der einschlägigen Kreisregierung Kenntniß zu geben.

§. 34.

Die dem Landgestüte zugetheilten Offiziere haben nach der Anordnung des Vorstandes der Anstalt den Dienst des Landgestüts zu leiten.

Ihnen ist das gesammte, in dem Beschälstall und auf den Beschälstationen verwendete Personal zunächst untergeordnet.

§. 35.

Die unmittelbare Aufsicht und Leitung des Stammgestütes wird einem Inspektions-Offizier der Landgestüts-Verwaltung unter der Oberaufsicht der letzteren übertragen und ist von demselben im Benehmen mit der betreffenden Fohlenhofs-Inspection zu führen.

Dem Inspections-Officier wird ein Militär-Veterinärarzt beigegeben.

Das zur Wart und Pflege der Hengste, Stuten und Fohlen des Stammgestütes erforderliche Personal ist, gleich jenem des Landgestüts, aus dem Stande der Unterofficiere, Gefreiten und Gemeinen Unseres Heeres zu entnehmen.

### §. 36.

Alle Anordnungen, welche lediglich die Zucht und Wart der Pferde und Fohlen des Stammgestütes betreffen, sind von der Verwaltung des allgemeinen Landgestütes unmittelbar an den Inspections-Officier des Stammgestütes zu erlassen.

Verfügungen dagegen, welche zugleich die Verwaltung der Fohlenhöfe berühren, hat die Landgestüts-Verwaltung im geeigneten Benehmen mit oder Administrations-Commission der Militär-Fohlenhöfe zu veranlassen.

### §. 37.

Unsere Kreisregierungen haben die Verwaltung des Landgestüts in ihrem Wirkungskreise unter Beobachtung der bestehenden Vorschriften thätig zu unterstützen.

Sämmtliche Verwaltungs-Unterbehörden, in deren Amtsbezirken Beschälstationen bestehen, sind verpflichtet, mitzuwirken, daß die Beschälwärter ihren Dienstobliegenheiten nach den ertheilten Instructionen pünctlich nachkommen. Sie haben von jeder zu ihrer Kenntniß gelangenden pflichtwidrigen Handlung der Beschälwärter, sowie von jeder bei dem Beschälwesen eintretenden Unordnung der vorgesetzten Kreisregierung alsbald Anzeige zu erstatten, in so weit nicht auf dem kürzesten Wege im Benehmen mit der betreffenden Gestüts-Inspection die erforderliche Abhilfe getroffen werden kann.

Bei der Visitation der Beschälstationen haben die hiemit beauftragten Officiere mit den betreffenden Unterbehörden der inneren Verwaltung hierüber und über sonstige Erfordernisse sich mündlich zu benehmen.

### §. 38.

Wir geben Uns der zuversichtlichen Erwartung hin, daß auch der landwirthschaftliche Verein bestrebt sein werde, Unsere Landgestüts-Verwaltung bei Lösung ihrer Aufgabe insbesondere durch Belehrung und Ermunterung der Pferdezüchter kräftig zu unterstützen, und mit Benützung aller ihm desfalls satzungsgemäß zu Gebote stehenden Mittel auf die Förderung dieses wichtigen landwirthschaftlichen Zweckes unablässig hinzuwirken.

96*

## VI. Abschnitt.
### Berathungs-Comités.

#### §. 39.

Zum Zwecke der fortwährenden Kenntnißnahme von dem Zustande und den Bedürfnissen des Gestütwesens und den desfalls in den einzelnen Regierungsbezirken bestehenden Wünschen und Anträgen, sowie zum Behufe der vorbereitenden Besprechung wichtiger principieller Maßregeln, dann zur Abgabe der vom Staatsministerium des Handels und der öffentlichen Arbeiten allenfalls abverlangten Gutachten ist jährlich nach Beendigung der Preisevertheilung, spätestens im Laufe des Monats October, am Sitze jeder Kreisregierung ein eigenes Berathungs-Comité zu berufen.

Dasselbe hat unter der unmittelbaren Anordnung und Leitung des Regierungspräsidenten oder seines Stellvertreters, sowie unter Zuziehung des betreffenden Regierungsrefenten aus

2 oder 3 Mitgliedern des Kreiscomités des landwirtschaftlichen Vereines,

1 Veterinärärzte,

2 oder 3 mit dem Gestütwesen vorzugsweise vertrauten und von dem Regierungspräsidenten besonders einzuladenden Oekonomen zu bestehen.

Die Ergebnisse der Berathung, zu welcher auch der betreffende Inspections-Officier

beizuziehen ist, sind von der Kreisregierung mit gutachtlichem Berichte dem Staatsministerium des Handels und der öffentlichen Arbeiten längstens bis zum Ende des Monats October vorzulegen.

#### §. 40.

Zum Zwecke der Berathung über diese Vorlagen und zur Besprechung der allgemeinen Interessen des Landgestüts ist jährlich beim Staatsministerium des Handels und der öffentlichen Arbeiten ein Central-Berathungscomité zu berufen, welches unter Anordnung und Leitung des Staatsministers oder seines Stellvertreters und unter Zuziehung der betreffenden Ministerialrefenten, einschließlich des Referenten im Kriegsministerium, des Vorstandes der Landgestüts-Verwaltung und der Inspections-Officiere, aus

2 oder 3 Mitgliedern des General-Comités des landwirthschaftlichen Vereines,

1 Mitgliede des Oberststallmeister-Stabes,

1 Veterinärärzte,

2 oder 3 mit dem Gestütwesen vorzüglich vertrauten und desfalls besonders einzuladenden Oekonomen zu bestehen hat.

§. 41.

Die Mitglieder dieser Berathungs-Comités haben auf Remuneration keinen Anspruch.

### VII. Abschnitt.
#### Schlußbestimmungen.

§. 42.

In jedem Jahre hat die Landgestüts-verwaltung nach Beendigung sämmtlicher Musterungen und Preßevertheilungen und zwar längstens bis Mitte Novembers einen umfassenden Bericht über den Zustand des Landgestütswesens und der Pferdezucht nach allen Beziehungen derselben unter Beilegung statistischer Uebersichten an Unser Staatsministerium des Handels und der öffentlichen Arbeiten und Unser Kriegs-ministerium zu erstatten.

Sie wird mit demselben alle jene An-träge verbinden, welche geeignet scheinen, das Gedeihen der Anstalt zu fördern.

Sie hat dabei auch über die Verwen-dung der dem Landgestüte zugewiesenen Geld-mittel Rechenschaft abzulegen und die zweck-mässige Verwendung derselben nachzuweisen.

Die Ergebnisse werden sodann durch das Central-Berathungs-Comité (§. 40) gewürdigt werden.

§. 43.

Für die Herstellung und Evidenthal-tung einer erschöpfenden Statistik der bayer-schen Pferdezucht hat Unser Staatsmini-sterium des Handels und der öffentlichen Arbeiten entsprechende Fürsorge zu tragen und zu diesem Behufe insbesondere auch die ihm von der Landgestüts-Verwaltung zukommenden statistischen Notizen über den Stand und das Wirken des allgemeinen Landgestütes geeignet zu benützen.

München, den 25. November 1851.

**Max**

v. d. Pfordten.　v. Lüder.

Auf Königlich Allerhöchsten Befehl:
der General-Secretär,
Ministerialrath Wolfanger.

## Dienſtes-Nachrichten.

Seine Majeſtät der König ha-
ben Sich allergnädigſt bewogen gefunden,
unterm 26. November l. Js. die gegenwärtig erledigte Lehrſtelle der I. Klaſſe an
der Lateinſchule zu Straubing, dem geprüften Lehramtscandidaten und dermaligen
Lehrer an der Landwirthſchafts- und Ge-
werbsſchule zu Amberg, Carl Kern, in
proviſoriſcher Eigenſchaft zu übertragen;

unterm 29. November l. Js. den Friedens-
gerichtsſchreiber Wilhelm Daniel Weber
in Neuſtadt wegen höhen Alters und Dienſt-
unfähigkeit nach §. 22 Lit. B. und C. der
Beilage IX zur Verfaſſungsurkunde unter
Bezeigung der allerhöchſten Zufriedenheit
mit ſeiner langjährigen treuen und eifrigen
Dienſtleiſtung in den definitiven Ruheſtand zu verſetzen;

unterm gleichen Tage zum Actuar
des Landgerichts Landau den Appellations-
gerichtsacceſſiſten Martin Quirin Mayr
aus Regensburg, dermal zu Landshut, zu
ernennen, und

unterm 30. November l. Js. den zum
I. Aſſeſſor des Landgerichts Regenſtauf ernannten Max Paul Naſt in gleicher Eigenſchaft, ſeiner Bitte gemäß, am Landgericht Rotthalmünſter zu belaſſen.

Seine Majeſtät der König haben unterm 24. November d. Js. allerhöchſt zu genehmigen geruht, daß die Stelle
eines Hospitalverwalters zu Stadtprozelten
dem dermaligen funktionirenden Verwalter
Eduard Deßlach, jedoch ohne Verleihung
pragmatiſcher Rechte, übertragen werde.

## Pfarreien- und Benefizien-Verleihungen.

Seine Majeſtät der König ha-
ben Sich vermöge allerhöchſter Entſchließung
vom 25. November l. Js. bewogen geſun-
den, die Expoſitur Nainsdau, Landgerichts
Hag, dem Prieſter Joſeph Graſſinger,
Cooperator an der Stadtpfarrkirche zu St.
Peter in München allergnädigſt zu übertragen.

## Handelskammer von Unterfranken und Aſchaffenburg.

Seine Majeſtät der König haben Sich unterm 29. November l. Js.
allergnädigſt bewogen gefunden, den Kaufmann Anton Reitz von Aſchaffenburg, entſprechend ſeiner allerunterthänigſten Bitte,
von der ihm übertragenen Function eines
Mitgliedes der Handelskammer von Unterfranken und Aſchaffenburg zu entheben und
auf ſeine Stelle den Landwehrmajor und
Fabrikanten Franz Deſſauer von Aſchaffenburg zum Mitglied der genannten Handelskammer zu ernennen.

## Kirchenverwaltungen in der Stadt Hof.

Unter dem 27. November l. Js. sind nachstehende bei den ordentlichen Ersatzwahlen für die katholische und protestantische Kirchenverwaltung in der Stadt Hof gewählte Gemeindeglieder als Mitglieder dieser Verwaltungen höchsten Orts bestätiget worden:

I. für die Kirchenverwaltung der protestantischen Stadtpfarrei:

1) der Seilermeister Christian Langheinrich,
2) der Gürtlermeister Gottfried Schwab,
3) der Kürschnermeister Christoph Poland;

II. für die Kirchenverwaltung der katholischen Pfarr-Curatie:

4) der Rothgerbermeister Adam Summer,
2) der Getreidhändler J. Georg Fuchs.

## Ordens-Verleihungen.

Seine Majestät der König haben Sich allergnädigst bewogen gefunden, unter'm 15. November l. Js. dem k. Oberpostmeister Freiherrn von Berchem in Würzburg, in Rücksicht auf seine unter doppelter Einrechnung von 4 Feldzugsjahren im Militärdienste und 2 Feldzugsjahren als Feldpostdirector, sonach durch 50 Jahre, zur vollsten Zufriedenheit geleisteten Dienste das Ehrenkreuz des königlich bayerischen Ludwigs-Ordens, und

unter'm 28. November l. Js. dem k. Domainen-Inspector Georg Rupp zu Zweibrücken wegen seiner während des pfälzischen Aufstandes bewährten treuen Anhänglichkeit an Thron und Verfassung und seines unerschütterlichen Festhaltens an Recht und Ordnung das Ritterkreuz des Verdienstordens vom heiligen Michael allerhuldvollst zu verleihen.

## Titel-Verleihung.

Seine Majestät der König haben unter'm 28. November l. Js. Sich allergnädigst bewogen gefunden, dem Besitzer des Medicinal-Comité's München und praktischen Arzt Dr. Heinrich Fischer dahier den Titel eines königlichen Hofrathes tax- und siegelfrei, zu verleihen.

## Königlich Allerhöchste Genehmigung zur Annahme einer fremden Decoration.

Seine Majestät der König haben Sich allergnädigst bewogen gefunden, dem k. Ministerialrathe Carl Weber die allerhöchste Erlaubniß zur Annahme und

Tragung des demselben von Seiner des Kaisers vonOesterreich Majestät verliehenen Com-
thurkreuzes des k. k. österreichischen Franz-
Joseph-Ordens allerhuldvollst zu ertheilen.

## Gewerbsprivilegien - Verleihungen.

Seine Majestät der König ha-
ben unter'm 29. October l. Js. dem k. k.
österreichischen Bezirksarzt Dr. Spitaler
aus Braunau ein Gewerbsprivilegium auf
Einführung des von ihm erfundenen eigenthümlich construirten Essigständers, welcher
wirksamer als die bisher üblichen sein und
ohne im Innern einer Reparatur zu bedürfen, seine Wirksamkeit immer beibehalten soll, für den Zeitraum von drei Jahren, und

unter'm 2. November l. Js. dem Carl
Lennig aus Philadelphia ein Gewerbsprivilegium auf Einführung seiner Erfindung, bestehend in verbesserter Darstellung
von Aetz-Baryt, Aetz-Natron, Aetz-Stron-
tion, Aetz-Kali und kohlensaurem Kali,
kohlensaurem Baryt, kohlensaurem Stron-
tian und kohlensaurem Natron aus den
entsprechenden schwefelsauren Salzen, nebst
Gewinnung und Benutzung des Schwefels,
für den Zeitraum von fünf Jahren zu ertheilen geruht.

## Verlängerung eines Gewerbsprivilegiums.

Seine Majestät der König ha-
ben unter'm 30. September l. Js. das dem
Schuhmachermeister Alois Raila von
München unterm 3. September 1850 verliehene Gewerbsprivilegium auf Anwendung
des von ihm erfundenen eigenthümlichen
Verfahrens bei Anfertigung von Schuhen
und Stiefeln aus Cautschuck für den Zeitraum von weitern drei Jahren zu verlängern geruht.

## Einziehung eines Gewerbsprivilegiums.

Von dem Stadtmagistrate München
wurde die Einziehung des dem Isaak Löbl
Pulvermacher von Breslau unter'm 24.
Februar 1851 verliehenen, bis zum 23.
September l. Js. laufenden Gewerbsprivilegiums auf Einführung der von ihm erfundenen verbesserten Construction galvanischer Batterien für physikalische und technische Zwecke, elektro magnetischer Motion-
und magneto-elektrischer Rotationsmaschinen,
dann elektro-magnetischer Telegraphen, auf
den Grund der Bestimmungen in §. 30.
Ziffer 4 und 9 der allerhöchsten Verordnung vom 10. Februar 1842 beschlossen.

# Regierungs-Blatt

## für das

## Königreich Bayern.

## № 58.

München, Mittwoch den 17. December 1851.

**Inhalt:**

**Königlich Allerhöchste Verordnung,**
die Suspension der Waaren-Controle im Binnenlande betreffend.

### Maximilian II.

von Gottes Gnaden König von Bayern,
Pfalzgraf bei Rhein,
Herzog von Bayern, Franken und in
Schwaben ꝛc. ꝛc.

In Folge einer unter den Zollvereins-
Regierungen getroffenen und von Uns genehmigten Vereinbarung über einige Mo-
dificationen der Zollordnung vom 17. November 1837 befehlen und verordnen Wir,
wie folgt:

Erstens: Die auf die Waaren-
Controle im Binnenlande bezüglichen Vorschriften (§. 93 — 97 der Zollordnung) haben mit dem ersten Fe-
bruarnächstkünftigen Jahres bis auf
weitere Verfügung außer Kraft zu treten.

97

Zweitens: Die im §. 36 Punct 1 und 4 des Zollgesetzes enthaltenen Vorschriften dagegen, wonach

a) die aus dem Auslande oder aus dem Grenzbezirke in das Innere des Landes übergehenden Waaren mit den im Grenzbezirke empfangenen Abfertigungsscheinen bis zum Bestimmungsorte begleitet sein müssen,

b) Waarenführer und Handeltreibende beim Transporte zollpflichtiger fremder oder gleichnamiger inländischer Waaren, auch

München, den 9. December 1851.

**Max.**

v. d. Pfordten.

Auf Königlich Allerhöchsten Befehl: der General-Secretär, Ministerialrath Wolfanger.

außerhalb des Grenzbezirkes den Zoll-, Steuer- oder Polizeibediensteten über die transportirten Waaren aufrichtige Auskunft zu geben haben, sowie die auf denselben Gegenstand bezügliche Bestimmung des §. 92 der Zollordnung sollen auch über den unter Ziffer 1 benannten Zeitpunct hinaus in Wirksamkeit verbleiben.

Unser Staats-Ministerium des Handels und der öffentlichen Arbeiten ist mit dem Vollzuge beauftragt.

---

## Bekanntmachung,

die wesentlichen Ergebnisse der Gemeinde- und Wohlthätigkeitsstiftungsrechnungen der den k. Kreisregierungen unmittelbar untergeordneten Städte dießseits des Rheins für das Jahr 1849/50 betr.

Die wesentlichen Ergebnisse der Gemeinde- und Wohlthätigkeits-Stiftungs-Rechnungen der den k. Kreisregierung dießseits des Rheines unmittelbar untergeordneten Städte für das Verwaltungsjahr 1849/50 werden in den nachfolgenden Uebersichten zur öffentlichen Kenntniß gebracht.

München, den 11. November 1851.

**Auf Seiner Königlichen Majestät Allerhöchsten Befehl.**

v. Zwehl.

Durch den Minister der General-Secretär, Ministerialrath Epplen.

(Siehe die Beilagen.)

## Dienstes - Nachrichten.

Seine Majestät der König haben allergnädigst geruht, unter'm 6. November l. Js. den königlichen Geschäftsträger Grafen Ludwig von Montgelas im Vertrauen auf seine bisher Allerhöchstdenselben bethätigte anhängliche Gesinnung und eifrige Dienstesleistung zum königlichen Minister-Residenten am königlichen Hofe von Hannover zu ernennen.

Seine Majestät der König haben Sich allergnädigst bewogen gefunden, unter'm 27. November l. Js. den Finanz-Rechnungs-Commissär von Unterfranken und Aschaffenburg, Georg Scheubeck, auf Ansuchen zum Rentbeamten in Lengfurt zu befördern, sodann an dessen Stelle zum Finanz-Rechnungs-Commissär in Würzburg den vormaligen Patrimonialrichter II. Classe zu Kirchlauter, nunmehr functionirenden Finanz-Rechnungs-Revisor in Bayreuth, Carl Wackenreuder, provisorisch zu ernennen;

unter'm 30. November l. Js. den Revierförster Franz Metzger zu Oberschwarzach, im Forstamte Gerolzhofen, nach Ansuchen auf den Grund des §. 22 lit. D. der IX. Beilage zur Verfassungs-Urkunde in den Ruhestand treten zu lassen; an dessen Stelle, ebenfalls auf Ansuchen den Revierförster Caspar Bausewein zu Ruppertshütten, im Forstamte Lohr, in gleicher Diensteseigenschaft zu versetzen; dann zum provisorischen Revierförster in Ruppertshütten den Forstamtsactuar zu Hammelburg, Friedrich Jacobi zu ernennen;

unter'm 3. December l. Js. den dermaligen Cassier des k. Obersthofmarschall-Stabs, Julius Hofmann, und zwar vom 1. December l. Js. an, zum Hofsecretär in provisorischer Eigenschaft zu ernennen;

den Rentbeamten Gallus Einhauser in Mitterfels auf den Grund des §. 19 der IX. Beilage zur Verfassungs-Urkunde in den zeitweisen Ruhestand zu versetzen;

auf das hiedurch sich erledigende Rentamt Mitterfels den Rechnungs-Commissär der Regierungs-Finanzkammer von Niederbayern, Hermann Parst, auf Ansuchen zu befördern, und

an dessen Stelle zum Finanz-Rechnungs-Commissär in Niederbayern, den dortigen Finanz-Rechnungs-Commissariats Accessisten, Nicolaus Schwab, provisorisch zu ernennen;

unter'm 4. December l. Js. dem Bezirksgerichte Zweibrücken wegen fortdauernder Geschäftsüberhäufung einen weiteren Assessor außer dem Status beizugeben, und hiezu den functionirenden Staatsprocurators-Substituten am Bezirksgerichte Landau, Carl Ziegelwalner, zu ernennen;

die Actuarstelle am Landgerichte Erding dem Appellationsgerichts-Accessisten

97*

Joseph Emanuel Ueberreiter zu München zu verleihen;

den II. Assessor des Landgerichts Heilsbronn, Carl August Adolph Heim, an das
Landgericht Uffenheim, und den II. Landgerichts-Assessor von Altdorf, Carl Rehm,
an das Landgericht Heilsbronn, beide in
gleicher Eigenschaft, zu versetzen;

zum II. Assessor des Landgerichts Altdorf den Appellationsgerichts-Accessisten
Friedr. Christian Freiherrn von Harsdorf
zu Nürnberg, und zum Actuar des Landgerichts Heilsbronn den geprüften Rechtspraktikanten Ludwig Recknagel zu Erlangen, zu ernennen, dann

den Professor der I. Gymnasialclasse
zu Kempten, Michael Brogner, aus administrativen Erwägungen unter Anwendung
des §. 19. der IX. Verfassungs-Beilage in
den Ruhestand zu versetzen, und die hiedurch
erledigte Lehrstelle genannter Classe dem
Studienlehrer an der Lateinschule zu Bamberg, Dr. Peter Daumiller, zu übertragen;

unter'm 5. December l. Js. auf das
erledigte Cantons-Physicat Germersheim den
bisherigen Cantonsarzt, Dr. Franz Xaver
Kunst zu Winnweiler, und

auf die erledigte Advocatenstelle zu Eggenfelden den Advocaten Eugen Wint-
rich zu Neumarkt, dann

den Revierförster Peter Höflinger.

von Höhenkirchen nach Egelharting und
den Revierförster Anton Schricker von
Buching-Trauchgau nach Höhenkirchen und
zwar sämmtliche auf allerunterthänigstes Ansuchen zu versetzen;

unter'm 6. December l. Js. den Post-
und Eisenbahnverwalter zweiter Classe zu
Gunzenhausen, Franz Diem, in seiner bisherigen Eigenschaft an die erledigte Post-
und Eisenbahnverwaltung zu Erlangen zu
versetzen;

die am Kreis- und Stadtgerichte Passau erledigte Protocollistenstelle dem Appellationsgerichts-Accessisten Julius Freiherrn
von Lupin in provisorischer Eigenschaft
zu verleihen, dann

den Advocaten Alois Metz in Wörth
von dem Antritte der ihm verliehenen Advocatenstelle in Augsburg auf sein allerunterthänigstes Ansuchen zu entbinden, und
auf die in Augsburg hiedurch wieder in Erledigung kommende Advocatenstelle den Advocaten Meinrad Erbt in Ellingen, seiner
allerunterthänigsten Bitte entsprechend, zu
versetzen;

unter'm 9. December l. Js. die bei
dem Wechselappellationsgerichte von Oberfranken erledigte Rathsstelle dem Appellationsgerichts-Assessor Ludwig Hütter daselbst zu verleihen, und

den Ehrenprofessor Dr. Ludwig Ditterich in provisorischer Eigenschaft zum außer-

ordentlichen Professor an der medicinischen Facultät der k. Universität München zu ernennen, ferner

dem Staatsministerium des Innern einen Kanzlei-Secretär und geheimen Kanzlisten extra statum beizugeben und diese Stelle dem bisherigen Kanzleifunctionär in dem gedachten Staatsministerium, Carl Welsch, zu verleihen, dann

den Revierförster Friedrich Bergho zu Poppenlauer auf Ansuchen auf das Revier Puckenhof zu Erlangen zu versetzen; unter'm 11. December l. Js. den Secretär des Königs, Rath Franz Seraph Pfistermeister, aus Anlaß der allerhöchsten Ernennung zum Vorstande der k. Cabinetscasse von der ihm bisher übertragenen Stelle als geheimer Secretär des Staatsministerium des k. Hauses und des Aeußern, wieder zu entheben;

zu der am Kreis- und Stadtgerichte Wasserburg erledigten Directorstelle den Landrichter Anton von Schmid in Traunstein zu befördern;

den II. Assessor des Landgerichts Osterhofen, Georg Bösl, zum I. Assessor des Landgerichts Wolfstein vorrücken zu lassen, und zum II. Assessor des Landgerichts Osterhofen den geprüften Rechtspraktikanten Joh. Georg Schreyer aus München, dermal zu Vilsbiburg, zu ernennen, endlich

unter'm 12. December l. Js. die am

Kreis- und Stadtgerichte Bayreuth erledigte Assessorstelle dem Landgerichts-Assessor Georg Wilhelm Neubig zu Ebermannstadt, dann die zu Klingenberg in Erledigung gekommene Advocatenstelle dem Actuar der Gerichts- und Polizeibehörde Rothenfels, Wilhelm von Killinger, beiden auf ihr allerunterthänigstes Ansuchen, zu verleihen, dann

den temporär quiescirten Revisionsbeamten Joseph Lobenhofer von Passau, auf den Grund vorschriftsmäßig gelieferten Nachweises über dessen dauernde Functionsunfähigkeit in Gemäßheit der Bestimmung in §. 22 lit. D. der IX. Verfassungs-Beilage für immer in den Ruhestand zu versetzen.

## Pfarreien-Verleihungen; Präsentations-Bestätigungen.

Seine Majestät der König haben Sich vermöge allerhöchster Entschließung vom 30. November l. Js. allergnädigst bewogen gefunden, die katholische Pfarrei Wattendorf, Landgerichts Scheßlitz, dem seitherigen Verweser derselben, Priester Johann Merkel, und

unter'm 1. December l. Js. die katholische Pfarrei Egmating, Landgerichts Ebersberg, dem Priester Sebastian Julien, Beneficiumverweser zu Großdingharting, Landgerichts Wolfratshausen, zu übertragen.

Seine Majestät der König haben unter'm 30. November l. Js. allergnädigst zu genehmigen geruht, daß die katholische Pfarrei Hofstetten, Landgerichts Gemünden, von dem hochwürdigen Herrn Bischofe von Würzburg, dem seitherigen Vicar derselben, Priester Joseph Wickenmayer, verliehen werde.

Seine Majestät der König haben die nachgenannten protestantischen Pfarrstellen allergnädigst zu verleihen geruht, und zwar:

unterm 30. November l. Js. die erledigte Pfarrstelle zu Neuhof, Dekanats Markt Erlbach, dem bisherigen Pfarrer zu Puschendorf, Dekanats Münchaurach, Friedrich Wilhelm von Haas,

die erledigte Pfarrstelle zu Stübach, Dekanats Neustadt an der Aisch, dem bisherigen Pfarrer zu Herbolzheim, Dekanats Windsheim, Ernst Carl Alexander Roscovius, und

die erledigte Pfarrstelle zu Riedheim, Dekanats Leipheim, dem bisherigen Pfarrer zu Ammelbruch, Dekanats Wassertrüdingen, Johann Ludwig Christoph Julius Müller, dann

unter'm 7. December l. Js. die erledigte Pfarrstelle zu Großhaslach, Dekanats Ansbach, dem bisherigen Pfarrer zu Sachsenburg in der k. preußischen Provinz

Sachsen, Christian Wilhelm Adolph Redenbacher.

Seine Majestät der König haben unter'm 27. November l. Js. den bisherigen III. protestantischen Pfarrer zu Tann und zugleich Pfarrer zu Habel, Dekanats Rothhausen, Joh. Phil. Friedr. Sonnenkalb, vom Antritte der ihm durch Präsentation übertragenen protestantischen II. Pfarrstelle zu Tann und der hiemit verbundenen Pfarrei Neuswarts, gleichen Dekanats, zu entbinden, und der für ihn von der freiherrlich v. d. Tann'schen Patronatsherrschaft ausgestellten Präsentation auf die I. protestantische Pfarrstelle zu Tann die landesherrliche Bestätigung zu ertheilen geruht.

Seine Majestät der König haben Sich unter'm 30. November l. Js. allergnädigst bewogen gefunden, der von der gräflich Castell'schen Patronatsherrschaft für den protestantischen Pfarramts-Candidaten Johann Grießbach aus Schauenstein ausgestellten Präsentation auf die erledigte protestantische Pfarrstelle in Gleißenberg, Dekanats Burghaslach, die landesherrliche Bestätigung zu ertheilen.

### Kirchenverwaltung St. Peter in Nürnberg.

Unter dem 9. December l. Js. ist der

Wirthschafts-Besitzer Joh. Wilhelm Bil-
leiter von Nürnberg als Ersatzmann für
den verstorbenen Hammerwerks-Besitzer Johann Götz von da in die protestantische
Kirchenverwaltung St. Peter zu Nürnberg
einberufen, und als Mitglied dieser Verwaltung höchsten Ortes bestätiget worden.

## Ordens - Verleihungen.

Seine Majestät der König ha-
ben Sich allergnädigst bewogen gefunden,
unter'm 24. April l. Js. dem k. k. österreichischen Feldkriegs-Commissär von Se-
genschmid' das Ritterkreuz des k. Verdienstordens vom heiligen Michael, ferner
unter'm 18. November l. Js. dem
Schullehrer Xaver Trieb zu Ottobeuern
in Rücksicht auf seine fünfzigjährigen mit
Eifer und Treue geleisteten Dienste,
unter'm 23. November l. Js. dem Ma-
terialverwalter Gerhard Schramm zu
Kissingen in Rücksicht auf seine unter doppelter Einrechnung von 4 Feldzugsjahren
durch 50 Jahre zur vollen Zufriedenheit
geleisteten Dienste, dann
unter'm 26. November d, Js. dem
Priester Benedict Dreer, Dekan und
Pfarrer zu Zusamaltheim, Landgerichts
Wertingen, in Rücksicht auf seine während 50
Jahren geleisteten sehr ersprießlichen Dienste
in der Seelsorge, endlich

dem Priester Johann Baptist Reden-
beck, Beneficiat in Unterbar, Landgerichts
Rain, in Rücksicht auf seine während 50 Jahren ununterbrochen treu und eifrig geleisteten
Dienste die Ehrenmünze des königlich bayerischen Ludwigsordens zu verleihen.

## Titel-Verleihungen.

Seine Majestät der König ha-
ben unter'm 3. December l. Js. dem Haupt-
cassier der Staats-Schuldentilgungs-Haupt-
casse, Emeran Mäß, in Anerkennung seiner
langen und treuen Dienstesleistung den Titel und Rang eines königlichen Rathes, und
unter'm 9. December l. Js. dem Forstmeister Maximilian Schenk in München,
in Anerkennung seiner langjährigen guten
und nützlichen Dienstleistung im Forst- und
Jagdwesen, sowie seiner erprobten Treue
und Anhänglichkeit, den Titel und Rang
eines königlichen Forstrathes, und zwar Beiden tax- und stempelfrei, zu verleihen geruht.

## Königlich Allerhöchste Zufriedenheits-
Bezeigung.

Der verstorbene Schmiedmeister Mang
Carl Geisenhof von Füßen hat durch
letztwillige Verfügungen vom 10. October

und 18. December 1849 sein hinterlassenes Vermögen, welches nach Abzug der
Vermächtnisse die Summe von 5150 fl. beträgt, zu dem Zwecke bestimmt, daß aus
dessen Zinsen die Hausarmen der Stadt
Füßen Unterstützungen empfangen sollen.

Seine Majestät der König ha-
ben dieser Stiftung unter dem Namen „Mang
Carl Geisenhof'sche Stiftung für Hausarme der Stadt Füßen“ die allerhöchste
landesherrliche Bestätigung zu ertheilen und
allergnädigst zu genehmigen geruht, daß die
allerhöchst wohlgefällige Anerkennung des-
von dem Stifter hiedurch bewährten wohlthätigen Sinnes durch das Regierungsblatt
des Königreiches bekannt gemacht werde.

---

### Indigenats-Verleihungen.

Seine Majestät der König ha-
ben Sich vermöge allerhöchster Entschließung
vom 21. August l. Js. allergnädigst bewogen gefunden, dem Forstpraktikanten J. Carl
Walter aus Ellwangen im Königreiche
Württemberg, und

unter'm 12. December l. Js. dem Dr.
Franz Johann Joseph Makowirzka aus
Hagensdorf, Egererkreises im Königreiche

Böhmen, das Indigenat des Königreiches
zu verleihen.

---

### Großjährigkeits-Erklärung.

Seine Majestät der König ha-
ben unter'm 5. December l. Js. die Bauers-
tochter Margaretha Werner, nun geehe-
lichte Hahn zu Kleinbrach, für großjährig
zu erklären geruht.

---

### Königlich Allerhöchste Genehmigung zu
Namensveränderungen.

Seine Majestät der König ha-
ben unter'm 2. December l. Js. allergnädigst zu gestatten geruht, daß Friedrich
Adolph Schneide von Nördlingen, der
Rechte Dritter unbeschadet, den Familiena-
men „Brackenhofer“ annehme und fortan
führe und daß diese allerhöchste Bewilligung
tax- und stempelfrei ertheilt werde, ferner

unter'm 4. December l. Js. daß Josepha Gotthardt von München, der Rechte
Dritter unbeschadet, den Familiennamen
„Blumenstock“ annehme und fortan
führe.

# Regierungs-Blatt

## für das

## Königreich Bayern.

## № 59.

### München, Montag den 29. December 1851.

**Inhalt:**

Bekanntmachung, die Grenzberichtigung zwischen den Gemeinden Wittislingen und Unterbächingen betreffend. — Bekanntmachung, die Vermehrung der Präbenden für Kinder von Mitgliedern des Militär-Max-Joseph-Ordens betreffend. — Bekanntmachung, die Uebereinkunft wegen Uebernahme von Ausgewiesenen zwischen Bayern, Preußen, Sachsen, Kurhessen, Hessen-Darmstadt, Sachsen-Weimar, Oldenburg, Nassau, Braunschweig, Sachsen-Meiningen, Sachsen-Coburg-Gotha, Sachsen-Altenburg, Anhalt-Dessau, -Cöthen und -Bernburg, Schwarzburg-Rudolstadt und Sondershausen, Reuß-Plauen älterer und jüngerer Linie, Waldeck und Lippe betr. — Bekanntmachung, die Verloosung der 4procentigen Grundrentenablösungs-Schuldbriefe betr. — Sitzung des k. Staatsraths-Ausschusses. — Dienstes-Nachrichten. — Pfarreien- und Beneficien-Verleihungen; Präsentations-Bestätigungen. — Landwehr im Königreiche. — Kriegscholarchat von Oberbayern. — Kirchenverwaltungen in der Stadt Bayreuth. — Ordens-Verleihungen. — K. Allerhöchste Zufriedenheits-Bezeigung. — K. Allerhöchste Genehmigung zu einer Namens-Veränderung. — Gewerbsprivilegien-Verleihungen. — Verlängerung eines Gewerbsprivilegiums. — Gewerbsprivilegien-Erlöschungen. — Berichtigung.

### Bekanntmachung,

die Grenzberichtigung zwischen den Gemeinden Wittislingen und Unterbächingen betr.

### Staatsministerium der Justiz und Staats-Ministerium des Innern, dann der Finanzen.

Seine Majestät der König ha-
ben allergnädigst genehmigt, daß der in der Markung der Gemeinde Unterbächingen und daher in dem Bezirke des k. Landgerichts und Rentamtes Lauingen gelegene Wittislinger Gemeindewald, der sogenannte Grünberg, Pl.-Nro. 1694 aus dem bisherigen Verbande getrennt und der Gemeindemarkung Wittislingen, sohin dem

Landgerichts- und Rentamts-Bezirke Dillingen einverleibt werde.

München, den 17. December 1851.

Auf Seiner Majestät des Königs Allerhöchsten Befehl.

v. Kleinschrod. Dr. v. Aschenbrenner.
v. Zwehl.

Durch den Minister
der General-Secretär,
Ministerialrath Epplen.

### Bekanntmachung,

die Vermehrung der Präbenden für Kinder von Mitgliedern des Militär-Max-Joseph-Ordens betreffend.

Seine Majestät der König haben vermöge allerhöchster Entschließung vom 28. November d. Js. fünf neue Präbenden für Kinder von Mitgliedern des Militär-Max-Joseph-Ordens allergnädigst zu begründen, und sohin ihre Zahl von 35 auf 40 zu vermehren geruht.

### Bekanntmachung,

die Uebereinkunft wegen Uebernahme von Ausgewiesenen zwischen Bayern, Preußen, Sachsen, Kurhessen, Hessen-Darmstadt, Sachsen-Weimar, Oldenburg, Nassau, Braunschweig, Sachsen-Meiningen, Sachsen-Coburg-Gotha, Sachsen-Altenburg, Anhalt-Dessau, -Cöthen und -Bernburg, Schwarzburg-Rudolstadt u.-Sondershausen, Reuß Plauen älterer und jüngerer Linie, Waldeck und Lippe betr.

### Staatsministerium des königlichen Hauses und des Aeußern.

Nachdem die nachstehende Uebereinkunft wegen Uebernahme von Ausgewiesenen dd. Gotha den 15. Juli 1851 nunmehr von sämmtlichen contrahirenden Regierungen genehmigt worden ist, so wird dieselbe, in Folge allerhöchster Ermächtigung, andurch mit dem Bemerken zur öffentlichen Kenntniß und geeigneten Darnachachtung bekannt gemacht, daß dieser Convention, in Gemäßheit der Bestimmungen des §. 15 derselben, mittlerweile bereits die Regierungen von

Nassau, mittelst Erklärung vom 4. October,
Hessen-Darmstadt, mittelst Erklärung vom 25. October,
Kurhessen, mittelst Erklärung vom 17. v. Mts. und

die fürstlichen Regierungen von Schwarzburg-Rudolstadt, Schwarzburg-Sondershausen und Reuß-Plauen älterer
sowie jüngerer Linie
den großherzoglich Sachsen-Weimar'-
schen geh. Regierungsrath Schmith,
die fürstlich Waldeck'sche Regierung
den Staatsrath Schumacher,
die fürstlich Lippe'sche Regierung
den Regierungsrath Heldman,
welche, vorbehaltlich der Genehmigung ihrer
Regierungen, über nachstehende Bestimmungen übereingekommen sind:

### §. 1.

Jede der contrahirenden Regierungen
verpflichtet sich,

a) diejenigen Individuen, welche noch fort-
dauernd ihre Angehörigen (Unterthanen) sind, und

b) ihre vormaligen Angehörigen (Unterthanen), auch wenn sie die Unterthan-
schaft nach der inländischen Gesetzgebung bereits verloren haben, so lange,
als sie nicht dem andern Staate nach
dessen eigener Gesetzgebung angehörig
geworden sind,

auf Verlangen des andern Staates wieder
zu übernehmen.

### §. 2.

Ist die Person, deren sich der eine der

contrahirenden Staaten entledigen will, zu
keiner Zeit einem der contrahirenden Staaten als Unterthan angehörig gewesen (§. 1),
so ist unter ihnen derjenige zur Uebernahme
verpflichtet, in dessen Gebiete der Auszu-
weisende

a) nach zurückgelegtem 21ten Lebensjahre
sich zuletzt 5 Jahre hindurch aufge-
halten, oder

b) sich verheirathet und mit seiner Ehefrau unmittelbar nach der Eheschließung
eine gemeinschaftliche Wohnung mindestens 6 Wochen inne gehabt hat,
oder

c) geboren ist.

Die Geburt (c) begründet eine Verpflichtung zur Uebernahme nur dann, wenn
keiner der beiden ändern Fälle (a und b)
vorliegt. Treffen diese zusammen, so ist das
neuere Verhältniß entscheidend.

### §. 3.

Ehefrauen sind in den Fällen des §. 1
und 2, ihre Uebernahme möge gleichzeitig
mit derjenigen ihres Ehegatten oder ohne
diese in Frage kommen, von demjenigen
Staate zu übernehmen, welchem der Ehe-
mann nach §. 1 oder 2 zugehört.

Bei Wittwen und geschiedenen Ehefrauen ist, jedoch nur bis zu einer in ihrer
Person eintretenden, die Uebernahme-Verbindlichkeit begründenden Veränderung, das

geltendmachung seines Rechts gegen den vermeintlich näher verpflichteten Staat überlassen.

### §. 8.

Ohne Zustimmung der Behörde des zur Uebernahme verpflichteten Staates darf diesem kein aus dem andern Staate ausgewiesenes Individuum zugeführt werden, es sei denn, daß

a) der Rückkehrende sich im Besitze eines von der Behörde seines Wohnortes ausgestellten Passes (Wanderbuches, Paßkarte), seit dessen Ablauf noch nicht ein Jahr verstrichen ist, befindet, oder

b) daß der Ausgewiesene einem in gerader Richtung rückwärts liegenden dritten Staate zugehört, welchem er nicht wohl anders als durch das Gebiet des anderen contrahirenden Staates zugeführt werden kann.

### §. 9.

Sollte ein Individuum, welches von dem einen contrahirenden Staate dem andern zum Weitertransport in einen rückwärts liegenden Staat nach Maßgabe des §. 8 lit. b. überwiesen worden ist, von dem letzteren nicht angenommen werden, so kann dasselbe in denjenigen Staat, aus welchem es ausgewiesen worden war, wieder zurückgeführt werden.

### §. 10.

Die Ueberweisung der Ausgewiesenen geschieht in der Regel mittelst Transportes und Abgabe derselben an die Polizeibehörde desjenigen Ortes, wo der Transport als von Seiten des ausweisenden Staates beendigt anzusehen ist. Mit dem Ausgewiesenen werden zugleich die Beweisstücke, worauf der Transport conventionsmäßig gegründet wird, übergeben. In solchen Fällen, wo keine Gefahr zu besorgen ist, können einzelne Ausgewiesene auch mittelst eines Passes, in welchem ihnen die zu befolgende Route genau vorgeschrieben ist, in ihr Vaterland gewiesen werden.

### §. 11.

Die Kosten der Ausweisung trägt innerhalb seines Gebietes der ausweisende Staat.

Wenn der Ausgewiesene, um seiner Heimath in einem dritten Staate zugeführt zu werden, durch das Gebiet eines anderen contrahirenden Theiles transportirt werden muß, so hat dem Letzteren der ausweisende Staat die Hälfte der bei dem Durchtransporte entstehenden Kosten zu erstatten.

Muß der Ausgewiesene im Falle des §. 9 in den Staat, aus welchem er ausgewiesen worden war, wieder zurückgebracht

werden, so hat dieser Staat sämmtliche Kosten des Rücktransportes zu vergüten.

### §. 12.

Können die betreffenden Behörden über
die Verpflichtung des Staates, welchem die
Uebernahme angesonnen wird, sich bei dem
darüber stattfindenden Schriftwechsel nicht einigen, und ist die Meinungsverschiedenheit auch
im diplomatischen Wege nicht zu beseitigen
gewesen, so wollen die betheiligten Regierungen den Streitfall zur schiedsrichterlichen
Entscheidung einer dritten deutschen Regierung stellen, welche zu den Mitcontrahenten
des gegenwärtigen Vertrages gehört.

Die Wahl der um Abgabe des
Schiedsspruches zu ersuchenden deutschen
Regierung bleibt demjenigen Staate überlassen, der zur Uebernahme des Ausgewiesenen verpflichtet werden soll.

An diese dritte Regierung hat jede
der betheiligten Regierungen jedesmal nur
eine Darlegung der Sachlage, wovon der
andern Regierung eine Abschrift nachricht-
lich mitzutheilen ist, in kürzester Frist ein-
zusenden.

Bis die schiedsrichterliche Entscheidung
erfolgt, gegen welche von keinem Theile
eine weitere Einwendung zulässig ist, hat
derjenige Staat, in dessen Gebiete das aus-
zuweisende Individuum beim Entstehen der

Differenz sich befunden, die Verpflichtung,
dasselbe in seinem Gebiete zu behalten.

### §. 13.

Gegenwärtige Uebereinkunft tritt vom
1. Januar 1852 an, und zwar dergestalt
in Wirksamkeit, daß alle Fälle zweifelhafter
Uebernahme-Verbindlichkeit, welche bis zu
diesem Zeitpunkte zwischen den beiderseitigen
Behörden noch nicht zur Erörterung gelangt, oder, falls dies bereits der Fall gewesen, bis eben dahin durch ein bündiges
Anerkenntniß oder durch schiedsrichterliche
Entscheidung noch nicht definitiv erledigt
worden sind, nach den neu vereinbarten Bestimmungen beurtheilt werden sollen.

Mit dem 1. Januar 1852 treten
sämmtliche Vereinbarungen wegen der Uebernahme von Ausgewiesenen, welche bisher
zwischen den contrahirenden Staaten bestanden, außer Kraft.

### §. 14.

Jedem contrahirenden Theile steht das
Recht zu, ein Jahr nach der von ihm aus-
gesprochenen Kündigung von der gegenwärtigen Uebereinkunft zurückzutreten.

### §. 15.

Allen deutschen Bundesstaaten, welche
die gegenwärtige Uebereinkunft nicht mit ab-
geschlossen haben, steht der Beitritt zu der-

selben offen. Dieser Beitritt wird durch eine, die Uebereinkunft genehmigende und einer der contrahirenden Regierungen Behufs weiterer Benachrichtigung der übrigen Contrahenten zu übergebende Erklärung bewirkt.

Zu Urkund dessen haben die Bevollmächtigten die gegenwärtige Uebereinkunft unterzeichnet und untersiegelt.

Gotha, den 15. Juli 1851.

(L.S.) (gez.) Albert Roesgen.
(L.S.) (gez.) Carl Franz. (L.S.) (gez.) Friedrich Hellwig.
(L.S.) (gez.) Carl Ludwig Kohlschütter.
(L.S.) (gez.) Gustav Adolph Schmith.
(L.S.) (gez.) Carl Heinrich Ernst von Berg.
(L.S.) (gez.) Dr. Friedrich Eduard Oberländer.
(L.S.) (gez.) Carl Christian Rudolph Brückner.
(L.S.) (gez.) Hermann Schuderoff.
(L.S.) (gez.) Franz Walther.
(L.S.) (gez.) Wolrad Schumacher.
(L.S.) (gez.) Theodor Heldmann.

---

### Bekanntmachung,

die Verloosung der 4procentigen Grundrentenablösungs-Schuldbriefe betreffend.

Durch höchstes Rescript des k. Staatsministeriums der Finanzen wurde die Vornahme einer weiteren Verloosung der 4procentigen Grundrentenablösungs-Schuldbriefe nach gesetzlicher Vorschrift angeordnet. In Folge dessen wird am

**Mittwoch den 7. Januar 1852**

Vormittags 9 Uhr

die Summe von „400,000 fl.“ nach dem mittelst diesseitiger Ausschreibung vom 14. Januar d. Js. (Reg.-Bl. 1851 pag. 35 — 39) veröffentlichten Plane in Gegenwart einer Abordnung der königlichen Polizeidirection

im k. Odeonsgebäude Saal No. 1!

über zwei Stiegen links

von der unterfertigten Commission öffentlich verloost, und sonach das Resultat zur allgemeinen Kenntniß gebracht werden.

Die verloosten Schuldbriefe werden vom 1. Mai 1852 beginnend außer Verzinsung gesetzt; mit der Rückzahlung derselben dagegen wird sogleich nach der Verloosung begonnen, und es werden dabei die Zinsen in vollen Monatsraten, nämlich jederzeit bis zum Schlusse des Monats, in welchem die Zahlung erfolgt, jedoch in keinem Falle über den 30. April 1852 hinaus, vergütet.

München, den 24. December 1851.

Königlich bayer. Staatsschuldentilgungs-Commission.

v. Sutner.

v. Appell, Secretär.

## Sitzung
### des königlichen Staatsraths-Ausschusses.

In der Sitzung des k. Staatsraths-Ausschusses vom 18. December l. Js. wurden entschieden,

### die Recurse:

1) der Jacob v. Hirsch'schen Relikten in ihrer Streitsache mit Johann Fischer und Consorten zu Raindorf, Landgerichts Cham, im Regierungsbezirke der Oberpfalz und von Regensburg, wegen forstordnungswidrigen Streubezuges;

2) der Gutsbesitzer zu Holzhausen und Ebertshausen, Landgerichts Wolfratshausen in Oberbayern, in ihrer Streitsache gegen den Martin Mayer zu Holzhausen, wegen Anbaues der Brachfelder;

3) des Bäckermeisters Balthasar Emmerling und Consorten zu Rimpar, Landgerichts Würzburg r/M. im Regierungsbezirke von Unterfranken und Aschaffenburg, wegen Verkaufes ihres aus dem Gemeindewalde bezogenen Loosholzes;

4) des Bierbrauers Xaver Wolf zu Landshut, wegen Beschränkung seines Tafernrechtes, nun Leuteration betr.

An das k. Staatsministerium des Innern wurde abgegeben,

### der Recurs:

5) der Michael Katzenberger'schen Eheleute zu Möhren, Landgerichts Monheim, im Regierungsbezirke von Schwaben und Neuburg, wegen Concurrenz zu einem Wegbaue.

### Dienstes-Nachrichten.

Seine Majestät der König haben Sich unter'm 16. December l. Js. allergnädigst bewogen gefunden, den königl. Kammerjunker dann Kreis- und Stadtgerichts-Direktor Carl Freiherrn v. Mulzer, und

den königl. Kammerjunker und Hauptmann im General-Quartiermeisterstab, Hippolyt von Klenze, und zwar beide auf ihr allerunterthänigstes Ansuchen, zu Allerhöchstihren Kämmerern zu befördern, dann

den fürstlich Hohenzollern-Sigmaring'schen Domainen-Direktor, Ludwig Freiherrn v. Godin, gleichfalls auf sein allerunterthänigstes Ansuchen, zu Allerhöchstihren Kämmerer zu ernennen.

Seine Majestät der König haben in Gemäßheit der allerhöchsten Formationsverordnung vom 14. November l. Js.,

die Verwaltung und den Betrieb der königlichen Verkehrsanstalten betreffend, unter'm 17. d. Mts. allergnädigst geruht,
nachfolgende Personal-Bestimmungen vom
1. Jänner 1852 an, eintreten zu lassen
und beingemäß

1. zu Bezirksvorständen, nämlich
   a) als Oberpostmeister und Vorstand
      des Oberpostamts von Niederbayern,
      den bisherigen Postmeister Wenzes-
      laus Böttinger zu Lindau,
   b) als Oberpostmeister und Ober-Bahn-
      Inspector, dann Vorstand des Ober-
      post- und Bahnamts von Oberfran-
      ken, den Eisenbahnbetriebs-Inspector
      Friedrich Hänlein zu Nürnberg,
   c) als Ober-Bahninspector und Vor-
      stand des Oberbahnamtes von Schwa-
      ben und Neuburg den Eisenbahn-
      Betriebs-Inspector Franz Lauboeck
      zu München
   zu ernennen;
2. den Betriebs-Inspector Dr. Georg
   Löhner zu Hof an das Oberpost-
   und Bahnamt für Mittelfranken und
   den Betriebs-Inspector Carl Euler zu
   Bamberg an das Oberpost- und Bahnamt von Oberbayern — ihrem Ansuchen gemäß — zu versetzen, dann
3. in die I. Classe der Betriebs-Ingenieure
   und als wirklichen Bezirks-Ingenieur

den Bahnamts-Ingenieur zu Augsburg,
Johann Thein einrücken zu lassen, und
zur vorläufigen Functionirung als
Eisenbahn-Bezirks-Ingenieure
   a) für Oberbayern den Bahnamts-In-
      genieur Friedrich Petri zu Mün-
      chen,
   b) für Oberfranken den Bahnamts-
      Ingenieur Friedrich Kühles zu Hof
      zu berufen;
4. als Maschinenmeister in der Stellung
   der bisherigen Betriebs-Ingenieure
   II. Classe in provisorischer Eigenschaft
   a) für München den Obermaschinisten
      bei dem Bahnamte München, Ignaz
      Fritz,
   b) für Bamberg den Obermaschinisten
      bei dem Bahnamte Augsburg, Jo-
      seph Kleinheinz,
   c) für Augsburg den Maschinenmeister
      der dortigen Hauptwerkstätte, Bern-
      hard Zäch,
   d) für Nürnberg den Obermaschinisten
      des Bahnamts Nürnberg, Lorenz
      Wucherer,
   zu ernennen;
5. als Bezirkscassier den Cassier Lorenz
   Ilg von Regensburg nach Nürnberg
   und den Cassier Carl Freiherrn von
   Godin von Nürnberg nach Regensburg zu versetzen, dann

die Bezirkscaffe in Landshut dem dortigen Postmeister, Anton Künsberg, unter Vorbehalt seines Ranges, zu übertragen;

ferner

zu Bezirks-Cassieren

a) bei dem Oberpost- und Bahnamte zu Bamberg den Spezialcassier fahrender Posten Albert Roth zu Würzburg,

b) bei dem Oberbahnamte zu Augsburg den Rechnungscommissär und bisherigen Verwalter der Hauptwerkstätte daselbst, Conrad Vogel, zu ernennen;

6. als Vorstände und Inspectoren der bis auf Weiteres noch gesondert bestehenden Lokal-Bahnämter

a) den Betriebs-Inspector Hermann Köhler in Augsburg für das Bahnamt Kempten,

b) für das Bahnamt Nördlingen den Betriebsinspektor Philipp Wimmer zu Nördlingen zu bestimmen, und

c) zum Bahnamts-Vorstande und Inspektor zu Hof den Bahnamtscassier und Bahnhof-Verwalter Oskar von Schellerer in Augsburg zu ernennen;

7. zum Postmeister in Lindau den bisherigen Assessor der General-Direktion

der kgl. Verkehrsanstalten, Wilhelm Seiler, zu berufen, endlich

8. den Postmeister Joseph Freiherrn von Stengel zu Bamberg in den bestnittenen Ruhestand treten zu lassen.

Seine Majestät der König haben Sich allergnädigst bewogen gefunden, unter'm 15. December l. Js. dem Officianten des Stadt-Commissariats Erlangen, Johann Baptist Stüber, den erbetenen Ruhestand auf Grund der nachgewiesenen Funcionsunfähigkeit nach §. 22 lit. D. der IX. Verfassungs-Beilage vorerst auf die Dauer von zwei Jahren zu bewilligen, und zum Officianten des Stadtcommissariats Erlangen den Functionär der Polizeidirection München, Friedrich Wiellenbacher, in provisorischer Eigenschaft zu ernennen;

unterm 16. December l. Js. den Professor des Architekturzeichnens an der hiesigen polytechnischen Schule, Eduard Metzger, auf den Grund physischer Funcionsunfähigkeit gemäß §. 22. lit. D der IX. Verfassungsbeilage, seinem beßfälligen allerunterthänigsten Ansuchen entsprechend, für immer in den Ruhestand treten zu lassen, dann

die am Kreis- und Stadtgerichte Straubing erledigte Protokollistenstelle dem geprüften Rechtspraktikanten Vincenz Ziegler in Passau, vom 1. Januar 1852 anfangend, in provisorischer Eigenschaft zu verleihen;

99*

unter'm 17. December l. Js. den Privatdocenten zu Prag, Dr. Franz Makowiczka, in provisorischer Eigenschaft zum ordentlichen Professor der Staatswirthschaft, dann der Polizei- und Finanz-Wissenschaft an der philosophischen Fakultät der k. Universität Erlangen zu ernennen, dann

die in Winnweiler in Erledigung gekommene Notarsstelle dem geprüften Rechtspraktikanten Friedrich Cuny von Ungstein und die erledigte Notarsstelle in Rockenhausen dem geprüften Rechtspraktikanten Jacob Klee von Bergzabern zu verleihen;

unter'm 18. December l. Js. die Gerichts- und Polizeibehörde Sulzheim mit dem 1. Januar 1852 aufzulösen, sofort die Gemeinden Weyer, Grettstadt und Dürrfeld dem Bezirke des Landgerichtes Schweinfurt, die Gemeinden Oberschwappach und Unterschwappach dem Landgerichte Haßfurt, den übrigen Bezirk jener Behörde aber dem Landgerichte Gerolzhofen zuzutheilen;

den Assessor der gedachten Behörde, Dr. Lorenz Gottschalk, als Assessor extra statum vom 1. Februar 1852 an dem Landgerichte Gerolzhofen beizugeben, und

den Vorstand der Gerichts- und Polizeibehörde Sulzheim, Joh. Baptist Ley sowie das übrige Amtspersonal, soweit am 1. October 1848 eine Verpflichtung zur Ueberhahme desselben an den Staat bestanden hat, vom 1. Februar 1852 angefangen

vorläufig in den Ruhestand treten zu lassen, endlich

unter'm 21. December l. Js. dem ernannten Landgerichtsarzte von Lauingen, Dr. Benedict Geis zu Füßen, auf sein allerunterthänigstes Ansuchen die Entlassung aus dem Staatsdienste zu ertheilen.

---

## Pfarreien- und Beneficien-Verleihungen; Präsentations-Bestätigungen.

Seine Majestät der König haben die nachgenannten katholischen Pfarreien und Beneficien allergnädigst zu übertragen geruht, und zwar:

unter'm 12. December l. Js. die Pfarrei Eschelbach, Landgerichts Erding, dem Priester Franz Haistracher, Cooperator-Expositus in Maitenbeth, Landgerichts Haag;

unter'm 14. December l. Js. die Pfarrei Diedesfeld, Landcommissariats Landau, dem Priester Hubert Pirrung, Dekan, Pfarrer und Districts-Schulinspector zu Cusel, Landcommissariats gleichen Namens;

unter'm 15. December l. Js. die Pfarr-Curatie Hausen, Landgerichts Mindelheim, dem Priester Caspar Schorer, Frühmeßbeneficiat zu Stephansrettenberg, Landgerichts Sonthofen, und

das Schloßbeneficium zu St. Georgen bei Mindelheim, Landgerichts Mindelheim, dem Priester Ferdinand Boxler, Commorant zu Wilpoldsried, Landgerichts Kempten.

Seine Majestät der König haben unter'm 11. December l. Js. zu genehmigen geruht, daß die katholische Pfarrei Traubing, Landgerichts Starnberg, von dem hochwürdigen Herrn Bischofe von Augsburg, dem Priester Ulrich Lechenmayr, Pfarrer zu Seeg, Landgerichts Füßen,

unter'm 18. December l. Js., daß die katholische Pfarrei Fladungen, Landgerichts Mellrichstadt, von dem hochwürdigen Herrn Bischofe von Würzburg dem Priester Johann Adam Hergenröther, Caplan zu Haßfurt, Landgerichts gleichen Namens, und

unter'm 20. December l. Js., daß das Beneficium in Bichel, Landgerichts Tölz, von dem hochwürdigen Herrn Bischofe von Augsburg ex jure devoluto dem Priester Franz Joseph Notz, Pfarrer in Osterschwang, Landgerichts Immenstadt, verliehen werde.

Seine Majestät der König haben Sich vermöge allerhöchster Entschließung vom 17. December l. Js. allergnädigst bewogen gefunden, der von der freiherrlichen Familie von der Tann, als Kirchenpatronat, für den protestantischen Pfarramts-Candidaten Joh. Georg Kuno Rosen,

merkel aus Bayreuth ausgestellten Präsentation auf die protestantische II. Pfarrstelle in Tann und auf die damit verbundene protestantische Pfarrei Neuswarts, Dekanats Rothhausen, dann

der von dem freiherrlich von Seefried'schen Kirchenpatronat für den bisherigen II. Pfarrer zu Merkendorf und zugleich Pfarrer in Hirschlach, Dekanats Windsbach, Christoph Ferdinand Friedrich Schöntag, ausgestellten Präsentation auf die protestantische Pfarrei Mühlfeld, Dekanats Rothhausen, die landesherrliche Bestätigung zu ertheilen.

## Landwehr des Königreichs.

Seine Majestät der König haben unter'm 15. December l. Js. den II. Landgerichts-Assessor Edmund Gradel zu Lauf, zum Major und Commandanten des Landwehrbataillons Lauf allergnädigst zu ernennen geruht.

## Kreisscholarchat von Oberbayern.

Seine Majestät der König haben Sich vermöge allerhöchster Entschließung vom 20. December l. Js. allergnädigst bewogen gefunden, dem Professor am

Wilhelms-Gymnasium dahier, Anton
Kneuttinger, die nachgesuchte Enthebung
von der ersten Ersatzmannsstelle bei dem
Kreisscholarchate von Oberbayern zu bewilligen und auf diese Stelle den Conrector
und Professor des Maximilians-Gymnasiums,
Dr. Georg Beilhack, zu berufen.

### Kirchenverwaltungen in der Stadt Bayreuth.

Unter dem 20. l. Mts. sind nachstehende
bei den ordentlichen Ersatzwahlen für die
Kirchenverwaltungen in der Stadt Bayreuth
gewählte Gemeindeglieder von dort als Mitglieder dieser Verwaltungen höchsten Orts
bestätiget worden:
I. für die Kirchenverwaltung der protestantischen Hauptkirche:
1. der Traiteur Carl Herold,
2. der Gärtner Georg Freyberger;
II. für die Kirchenverwaltung der protestantischen Kirche zu St. Georgen:
1. der Kaufmann Christian Dietrich,
2. der Seifensieder Friedrich Herrmann;
III. für die katholische Stadt-Kirchenver-
waltung:
1. der Gastwirth Gottfried Arnold,
2. der Schneidermeister Conrad Schäpf.

### Ordens-Verleihungen.

Seine Majestät der König ha-
ben Sich allergnädigst bewogen gefunden,
unterm 19. December l. Js. dem königl.
hannover'schen Generallieutenant, Prinzen
Bernhard zu Solms-Braunfels, das
Großkreuz des königlichen Verdienstordens
vom hl. Michael,

unter'm 17. November l. Js. dem k.
k. österreichischen Sectionschef im Handels-
Ministerium, Ritter von Kalchberg, das
Comthur- und dem k. k. österreichischen
Sectionsrath Pichler das Ritterkreuz des
königl. Verdienst-Ordens der bayerischen
Krone,

unter'm 19. December l. Js. dem
königl. hannover'schen Capitän von Lan-
desberg und dem königl. hannover'schen
Second Lieutenant Grafen von Grote das
Ritterkreuz des Verdienst-Ordens vom heiligen Michael, und

unterm 1. December l. Js. dem Post-
expeditor Franz Weigenthaler zu Dachau
in Rücksicht auf seine durch fünfzig Jahre
mit. Eifer und Treue geleisteten Dienste
die Ehrenmünze des königl. bayerischen
Ludwigs-Ordens zu verleihen.

### Königlich Allerhöchste Zufriedenheits-Bezeigung.

Der freiresignirte katholische Dekan und Pfarrer Jacob Prinz von Grünenbach, Landgerichts Weiler, hat der aus den beiden politischen Gemeinden Grünenbach und Schönau bestehenden Pfarrgemeinde Grünenbach durch Stiftungs-Urkunde vom 20. August l. Js. ein Capital von 2000 fl. mit der Bestimmung geschenkt, daß die Zinsen hieraus alljährlich zu Schul- und Armenzwecken verwendet werden sollen.

Seine Majestät der König haben dieser Stiftung die allerhöchste landesherrliche Bestätigung zu ertheilen und allergnädigst zu genehmigen geruht, daß Allerhöchstdero wohlgefällige Anerkennung des von dem Stifter bewährten wohlthätigen Sinnes durch das Regierungsblatt des Königreiches bekannt gemacht werde.

### Königlich Allerhöchste Genehmigung zu einer Namensveränderung.

Seine Majestät der König haben unter'm 11. December l. Js. allergnädigst zu gestatten geruht, daß Therese Oberle zu München, der Rechte Dritter unbeschadet, den Familiennamen „Lechner"

annehme und fortan führe und daß diese allerhöchste Bewilligung tax- und stempelfrei ertheilt werde.

### Gewerbsprivilegien-Verleihungen.

Seine Majestät der König haben den Nachgenannten Gewerbsprivilegien allergnädigst zu ertheilen geruht, und zwar:

unter'm 11. October l. Js. dem Schäfflergesellen Ignaz Schellhorn von Memmingen auf Ausführung seiner Erfindung, bestehend in Vervollkommnung der bisherigen Schäfflerarbeit

1) durch eine nach innen konische Dauben-Verbindung,

2) durch eine winkelrechte Bodenzarge und winkelrechte Einzapfung des Bodens in die Zarge,

3) durch eine gleichlaufende Dicke des Bodens und einen zur nähern Verbindung der Dauben am Boden anzubringenden Ansatz,

für den Zeitraum von fünf Jahren;

unter'm 4. November l. Js. dem Schuhmachermeister Ignaz Reindl von hier, auf Ausführung und Anwendung einer von ihm erfundenen eigenthümlich construirten Maschine zur Fertigung von Holzstiften für Stiefel und Lederschuhe für den Zeitraum von zwei Jahren, und unter'm 29. December l. Js. dem Wilhelm Rupert Elsner, Ingenieur zu Berlin, auf Einführung des von ihm erfundenen eigenthümlich construirten Gas-Brenn-Apparates, durch welchen die Gase vor dem Entzünden dergestalt mit atmosphärischer Luft gemischt werden sollen, daß der Kohlenstoffgehalt des Gases vollständig neutralisirt und in Kohlenoxydgas verwandelt wird, für den Zeitraum von fünf Jahren.

## Verlängerung eines Gewerbsprivilegiums.

Seine Majestät der König haben unter'm 29. October l. Js. das der Maßstabmachers-Wittwe Anna Kraus verliehene, in der Zwischenzeit auf die Feldwebelsgattin Barbara Horn eigenthümlich übergegangene Gewerbsprivilegium auf Anwendung des von Ersterer erfundenen eigenthümlichen Verfahrens bei Zubereitung und Einmachung von Pflanzengewächsen und Ge-

müsen für den Zeitraum von weitern zwei Jahren, vom 18. November 1851 anfangend, zu verlängern geruht.

## Gewerbsprivilegien-Erlöschungen.

Das dem Mechanikus Ernst Zorn von Schweinfurt unterm 3. April 1849 verliehene und unter'm 4. Juni 1849 ausgeschriebene fünfjährige Gewerbsprivilegium auf Ausführung der von ihm construirten, jede beliebige Auswechslung von Steinen und Metall-Mahlplatten zulassenden Kunstmühlen wurde wegen nicht gelieferten Nachweises der Ausführung dieser Erfindung in Bayern auf Grund des §. 30 Ziff. 4 der allerhöchsten Verordnung vom 10. Februar 1842, die Gewerbsprivilegien betreffend, und eben so

das Privilegium des Verwaltungs-Directors J. Hemberger von Wien auf eine eigenthümliche Schweißmethode gleichfalls wegen nicht erfüllten Nachweises der Ausführung in Bayern als erloschen erklärt.

## Berichtigung.

Der im diesjährigen Regierungsblatte No. 50. Seite 1189 als Rendant der Kreishilfs-Casse von Oberbayern ausgeschriebene functionirende Rechnungsrevisor Illing heißt mit seinen Taufnamen nicht Adolph, sondern: „Rudolph."

# Regierungs-Blatt

für das

## Königreich Bayern.

### № 60.

München, Mittwoch den 31. December 1851.

---

**Inhalt:**

Bekanntmachung, die praktische Prüfung für den Staatsbaudienst im Jahre 1852 betr. — Bekanntmachung, die Fortsetzung der Annahme 5procentiger Anlehen für den Eisenbahnbau betr. — Dienstes-Nachrichten — Pfarreien- und Benefizien-Verleihungen. — Ordens-Verleihungen. — Titel-Verleihung. — Gewerbsprivilegien-Verleihungen.

---

**Bekanntmachung,**
die praktische Prüfung für den Staatsbaudienst
im Jahre 1852 betreffend.

**Staatsministerium des Handels und der öffentlichen Arbeiten.**

In Gemäßheit des §. 21 der aller-

höchsten Verordnung vom 29. April 1841 wird hiemit bekannt gemacht, daß die praktische Prüfung für den Staatsbaudienst am 16. Februar nächsten Jahres ihren Anfang nehmen wird.

Die Gesuche um Zulassung zu dieser Prüfung sind spätestens bis zum 25. künf-

tigen Monats bei der k. obersten Baubehörde einzureichen und mit folgenden Zeugnissen zu belegen:

a) dem Zeugnisse über die erstandene theoretische Prüfung,

b) den Zeugnissen der treffenden Behörden über die mit Fleiß und Fortgang
und mit untadelhaftem sittlichen Betragen vollendete zweijährige Praxis.

München, den 24. December 1851.

Auf Seiner Königlichen Majestät
Allerhöchsten Befehl:

v. d. Pfordten.

Durch den Minister
den General-Secretär:
Ministerialrath Wolfanger.

---

Bekanntmachung,
die Fortsetzung der Annahme 3procentiger Anlehen für den Eisenbahnbau betr.

Gemäß dem Gesetze vom 26. dieses
Monats (Gesetz-Blatt S. 49) und höchster
Entschließung des k. Staats-Ministeriums
der Finanzen vom 29. dieses Monats sind
die sämmtlichen k. Staats-Schuldentilgungs-
Specialcassen angewiesen worden, für den
Eisenbahnbau pro 1851/52 innerhalb einer
festgesetzten Maximalsumme, sowohl die
baaren Anlehen à 5 pCt., als auch die bisherigen Arrosirungs-Anlehen fortzusetzen,
wobei ganz nach den früheren Bekanntma-

1851 (Reg.-Bl. S. 678 und
hren ist.

Es werden bei dieser Anlehensfort-
setzung, je nach dem Verlangen der Dar-
leiher, sowohl Obligationen au porteur, als
auf Namen lautend verabfolgt und die noch
unerhobenen verloosten Obligationen des
5procentigen Subscriptions- und des 4pro-
centigen Eisenbahn-Anlehens in neue 3pro-
centige Eisenbahn-Obligationen umgeschrieben, welche Rücksicht auch den bei der näch-
stens erfolgenden Verloosung gezogen werdenden 3½ procentigen Obligationen der
alten Schuld zugewendet werden wird.

München, am 30. December 1851.

Königlich bayer. Staatsschuldentilgungs-
Commission.

v. Sutner.

v. Appell, Secretär.

---

Dienstes-Nachrichten.

Seine Majestät der König ha-
ben Sich allergnädigst bewogen gefunden,
unter'm 17. December l. Js. den Appellationsgerichts-Director Friedrich Carl Eb-
cking in Zweibrücken nach §. 22 lit. C.
der Beilage IX. zur Verfassungs-Urkunde
unter Anerkennung seiner langjährigen eifrigen Dienstleistung und mit Belassung seines Gesammtgehalts, seines Titels und

seines Functionszeichens in den wohlverdienten Ruhestand zu versetzen;

unter'm 22. December l. Js. den II.
Assessor des Landgerichts Würzburg l.jM.
Stephan Barak auf Grund der nachgewiesenen Dienstunfähigkeit nach §. 22 lit.
D. der IX. Verfassungs-Beilage in den
zeitlichen Ruhestand vorerst auf die Dauer
eines Jahres treten zu lassen;

den II. Assessor des Landgerichts Alzenau, Georg Herlet, zum Landgerichte
Würzburg l.jM., und

den II. Assessor zu Hilders, Jacob
Huler, zum Landgerichte Alzenau, in gleicher Eigenschaft, ihrer Versetzungsbitte entsprechend, zu versetzen, und

zum II. Assessor des Landgerichts Hilders den Accessisten der Regierung von Unterfranken und Aschaffenburg, Kammer des
Innern, Franz Stöckel aus Würzburg,
zu ernennen, dann

unter'm 26. December l. Js. die am
Kreis- und Stadtgerichte Würzburg erledigte Assessorstelle dem rechtskundigen Magistratsrathe Ignaz Reichert in Bamberg zu verleihen.

## Pfarreien- und Benefiicien-Verleihungen.

Seine Majestät der König ha-
ben Sich allergnädigst bewogen gefunden
unter'm 21. December l. Js. das St.
Johanni und Allerseelen-Beneficium in Gei-
zen, Landgerichts Wilsbiburg, dem Priester
Joseph Fehlner, Pfarrer zu Niederviehs-
bach, Landgerichts Dingolfing, und

unter'm 24. December l. Js. die katholische Pfarrei Ursberg, Landgerichts
Krumbach, dem Priester Joseph Boos,
Pfarrer zu Ingenried, Landgerichts Kaufbeuern, zu übertragen.

## Ordens-Verleihungen.

Seine Majestät der König haben
Sich allergnädigst bewogen gefunden, unter'm 12. November l. Js. dem k. k. österreichischen Feldmarschall-Lieutenant Carl
Freiherrn Pergler von Perglas, Di-
visionär in Niederösterreich, das Commenthurkreuz des königlichen Verdienstordens
der bayerischen Krone,

unter'm 28. November l. Js. dem k.
Hauptmann Dominik Stöckel bei der
Commandantschaft des Invalidenhauses Fürstenfeld in Rücksicht auf seine unter doppelter Einrechnung von 5 Feldzugsjahren
durch 50 Jahre ehrenhaft und pflichtgetreu
geleisteten Dienste das Ehrenkreuz des königlich bayerischen Ludwigsordens,

unter'm 14. December l. Js. dem Privatier Matthäus Daxenberger zu München in allerhuldvollster Anerkennung seiner
bewährten biederen Gesinnungen, seiner be-

thätigten Menschenfreundlichkeit und Wohlthätigkeit, und seiner Bestrebungen für Förderung des Gemeinwohles, die goldene
Ehrenmünze des Civil-Verdienstordens der
bayerischen Krone, und

unter'm 18. December l. Js. dem
protestantischen Pfarrer Johann Daniel
Wenz in Hinzweiler, Dekanats Lauterecken,
in Rücksicht auf seine während 54 Jahren
mit Treue und Würdigkeit geleisteten Dienste
die Ehrenmünze des k. b. Ludwigsordens
zu verleihen.

## Titel-Verleihung.

Seine Majestät der König haben Sich unter'm 28. December l. Js.
allergnädigst bewogen gefunden, dem Ministerialrath im Staatsministerium des k.
Hauses und des Aeußern, Daniel Gustav
von Bezold, in allerhöchster Anerkennung
seiner ausgezeichnetsten Dienstleistungen und
bewährten Anhänglichkeit den Titel und
Rang eines königlichen geheimen Rathes
zu verleihen.

## Gewerbsprivilegien-Verleihungen.

Seine Majestät der König ha-
ben den Nachgenannten Gewerbsprivilegien
allergnädigst zu ertheilen geruht, und zwar:

unter'm 30. September l. Js. dem
Mechanikus Firmus Sturz von Eichstädt,
auf Ausführung seiner Erfindung, bestehend
in Fabrication eigenthümlich geformter Bau-
steine und in Herstellung von Bauholzstü-
cken eigenthümlicher Construction, für den
Zeitraum von drei Jahren;

unter'm 29. October l. Js. dem Maler und Lithographen J. Krafft in Pfaffenhofen, auf Ausführung der von ihm erfundenen Methode, Faßmalerarbeiten für
kirchliche Zwecke anzufertigen, wodurch dieselben insbesondere gegen den zerstörenden
Einfluß der Feuchtigkeit geschützt sein sollen, für den Zeitraum von einem Jahre;

unter'm 18. November l. Js. dem
Handlungsbuchhalter A. L. Kohn von
München, auf Ausführung seiner Erfindung,
bestehend in Hervorbringung von erhabener
wie nicht erhabener Metallglanzschrift auf
Platten von edlem und unedlem Metall,
für den Zeitraum von vier Jahren, und

unter'm 22. November l. Js. dem
Hausbesitzer und Wattfabrikanten Sebastian
Oetiker von München, auf Ausführung
seiner Erfindung, bestehend in einer Verbesserung des bisherigen Verfahrens bei der
Baumwollen- und Watt-Karderie und Weberei durch Anbringung einer Schnellauf-
walze an den Karderie- und Webmaschinen,
für den Zeitraum von fünf Jahren.

der

# Rechnungs-Ergebnisse

der

## Cultus- und Unterrichts-Stiftungen

in den

den königl. Kreisregierungen unmittelbar untergeordneten Städten des Königreichs

für das

## Verwaltungsjahr

| Regierungs-Bezirke. | Namen der Gemeinden | Aus dem Bestande der Vorjahre. Aktivkassabestand, Ausstände, Rechnungsdefekte und Ersatzposten. | | Einnahmen des: Aus dem rentirenden Vermögen. Zinsen von Aktiv-Capitalien. | | Ertrag aus Realitäten. | | Ertrag aus Dominikal-Renten und sonstigen Rechten. | | An Sustentations-Beiträgen. | | An außerordentlichen oder zufälligen Einnahmen. | |
|---|---|---|---|---|---|---|---|---|---|---|---|---|---|
| | | fl. | kr. | fl. | kr. | fl. | kr. | fl. | kr. | fl. | kr. | fl. | kr. |
| Oberbayern. | München | 37,349 | 10½ | 39,158 | 54½ | 31,060 | 4 | 132 | 45 | 13,267 | 55⅞ | 5,924 | 22¾ |
| | Ingolstadt | 7,031 | 16¼ | 8,728 | 3½ | 518 | 3 | 726 | 32 | 777 | 49¾ | 301 | 4½ |
| Niederbayern. | Landshut | 6,629 | 20½ | 8,966 | 42½ | 720 | 57 | 2,294 | 50½ | 2,595 | — | 583 | 40¾ |
| | Passau | 1,320 | 10 | 5,696 | 52 | 130 | — | 137 | 3¾ | 414 | 24¾ | 689 | 19½ |
| | Straubing | 3,388 | 59 | 7,740 | 41 | 21 | 33 | 1,242 | 2 | 2,710 | 33¼ | 11 | 28 |
| Oberpfalz und Regensburg. | Regensburg | 1,448 | 12¾ | 1,358 | 12⅞ | 92 | — | — | — | 3,113 | 12½ | 12 | 42 |
| | Amberg | 5,164 | 33¼ | 5,736 | 20⅛ | 696 | 6 | 2,287 | 13¼ | 2,393 | 36⅝ | 120 | 22 |
| Oberfranken | Bayreuth | 376 | 55⅞ | 2,138 | 7½ | 232 | — | 259 | 44⅝ | 1,730 | 23½ | — | — |
| | Bamberg | 3,917 | 13¾ | 18,176 | 31½ | 131 | 36 | 221 | 27¼ | 7,983 | 12⅞ | 839 | 43½ |
| | Hof | 2,739 | 59⅝ | 1,630 | 41½ | 471 | 14 | 1,074 | 57⅛ | 1,086 | 37⅝ | 27 | 29 |
| Mittelfranken. | Ansbach | 2,756 | 25¼ | 3,099 | 27½ | 755 | — | 226 | 12¼ | 3,512 | 26¾ | 73 | — |
| | Dinkelsbühl | 5,800 | 47¼ | 10,245 | 45¼ | 2,292 | 51 | 4,570 | 58 | 117 | 14¼ | 45 | 3¼ |
| | Eichstädt | 5,417 | 33 | 4,413 | 15 | 30 | — | 52 | 18 | 1,041 | 59 | 24 | 17 |
| | Erlangen | 938 | 50¼ | 639 | 58½ | 241 | 12 | 81 | 41 | 2,202 | 24¼ | 52 | 46 |
| | Fürth | 9,809 | 59¾ | 2,701 | 37 | 2,652 | 55¼ | 685 | 3¾ | 5,886 | 16¾ | 190 | 54 |
| | Nürnberg | 2,762 | 39 | 13,485 | 17 | 4,053 | 53 | 13,626 | 31¼ | 9,077 | 30 | 15 | 39 |
| | Rothenburg | 76 | 57 | 550 | 41¾ | 25 | — | 1,556 | 16¼ | 210 | 18 | 7 | 34 |
| | Schwabach | 465 | 32½ | 1,067 | 24 | 48 | — | 67 | 25¼ | — | — | 151 | 59 |
| Unterfranken und Aschaffenburg. | Würzburg | 6,638 | 25½ | 17,291 | 2 | 1,169 | 50 | 1,207 | 13⅞ | 365 | 11 | 3,633 | 42¾ |
| | Aschaffenburg | 2,624 | 26¼ | 4,851 | 37¼ | 96 | 15 | 413 | 54¾ | 566 | 57½ | 633 | 50 |
| | Schweinfurt | 373 | 27¾ | 5,444 | 56½ | 27 | 33 | 237 | 53¾ | 318 | 35 | 799 | 49½ |
| Schwaben und Neuburg. | Augsburg | 15,857 | 40⅝ | 22,702 | 37⅛ | 1,473 | 30 | 1,563 | 24 | 21,501 | 53⅞ | 26 | 40 |
| | Kaufbeuern | 2,963 | 35½ | 4,070 | 43¼ | 671 | 59½ | 2,440 | 35¼ | 3,042 | 25 | 9 | 39½ |
| | Kempten | 275 | 6¼ | 1,109 | 37½ | 542 | 41 | 1,162 | 53¾ | 780 | 41⅝ | 188 | 18½ |
| | Lindau | 1,096 | 3¾ | 2,159 | 45 | — | — | 12 | 9 | 499 | 4 | 22 | 14 |
| | Memmingen | 9,851 | 8½ | 3,877 | 43 | 328 | 51 | 9,330 | 9⅛ | 5,681 | 35⅛ | — | 30 |
| | Neuburg | 1,204 | 51½ | 584 | 2¼ | 24 | 24 | 2 | — | 128 | 6 | 72 | 15½ |
| | Nördlingen | 960 | 57 | 4,279 | 8¼ | 220 | 42 | 3,383 | 55¼ | 672 | 11 | 12 | 20 |

**laufenden Jahres.**

| An Umlagen. | | An aufgenommenen Passiv-Capitalien und Vorschüssen. | | An heimbezahlten Aktiv-Capitalien und Vorschüssen. | | An Erlös aus verkauften Realitäten und Rechten. | | An Legaten und Fundirungs-Zuflüssen. | | Summa der Einnahmen. | | Bemerkungen. |
|---|---|---|---|---|---|---|---|---|---|---|---|---|
| fl. | kr. | fl. | kr. | fl. | kr. | fl. | kr. | fl. | kr. | fl. | kr. | |
| — | — | 6,270 | — | 64,620 | — | 105 | 37½ | 8,696 | 44 | 196,585 | 34⅜ | |
| — | — | — | — | 3,158 | — | 30 | — | 386 | 15 | 21,657 | 3¾ | |
| — | — | — | — | 8,910 | — | 32 | 1 | 7,092 | 39 | 37,225 | 11¼ | |
| — | — | — | — | 4,002 | ¼ | — | — | 845 | — | 13,234 | 50½ | |
| — | — | — | — | 410 | — | 100 | 34½ | 1,740 | — | 17,365 | 50¾ | |
| — | — | 3,235 | — | 1,300 | — | — | — | 1,328 | 32 | 11,887 | 52⅛ | |
| — | — | — | — | 445 | — | 222 | 15⅝ | 832 | — | 17,897 | 46½ | |
| — | — | — | — | 200 | — | 4 | 41 | 850 | — | 5,791 | 52½ | |
| — | — | 390 | 46 | 5,829 | 25¼ | 100 | 36½ | 1,640 | — | 39,230 | 31¾ | |
| — | — | — | — | 1,648 | — | 20 | — | — | — | 8,698 | 58⅝ | |
| — | — | — | — | 2,073 | 53¼ | — | — | — | — | 12,496 | 25 | |
| — | — | — | — | 5,087 | 47½ | 333 | 7½ | 100 | — | 28,593 | 34 | |
| 109 | — | 216 | 50 | 2,172 | — | — | — | 150 | — | 13,627 | 10 | |
| — | — | — | — | 3,811 | 59 | — | — | — | — | 7,959 | 51 | |
| 5,865 | 27 | 3 | 6¾ | 4,377 | 1½ | — | — | 1,604 | 21 | 33,776 | 42½ | |
| — | — | 39,200 | — | 2,206 | — | 6,146 | 21 | — | — | 90,573 | 50¼ | |
| — | — | — | — | — | — | 83 | 9½ | — | — | 2,509 | 57 | |
| — | — | — | — | — | — | 422 | 25 | 200 | 20 | 2,423 | 5¼ | |
| — | — | — | — | 22,280 | — | 88 | — | 39,778 | 23 | 92,451 | 48½ | |
| — | — | — | — | 2,940 | — | 57 | 15⅝ | 143 | 36 | 12,327 | 52½ | |
| — | — | 2,700 | — | — | — | 4 | 33 | — | — | 9,906 | 48¼ | |
| — | — | — | — | 4,545 | 20 | 130 | 1½ | 4,325 | — | 72,126 | 7⅜ | |
| — | — | 650 | — | 2,207 | 50 | 236 | 44¼ | 150 | — | 16,443 | 32½ | |
| — | — | — | — | 814 | 27 | 186 | 6½ | — | — | 5,059 | 52¼ | |
| — | — | 134 | 2¼ | 500 | — | 25 | — | — | — | 4,448 | 18 | |
| — | — | — | — | 4,100 | — | 4,078 | 32 | — | — | 37,248 | 28¾ | |
| — | — | — | — | 300 | — | — | — | — | — | 2,315 | 39½ | |
| — | — | — | — | 1,908 | 56 | 199 | 42 | 600 | — | 12,237 | 51½ | |

## B. Einnahmen der

| Regierungs-Bezirke. | Namen der Gemeinden. | Aus dem Bestande der Vorjahre: Aktivkasse-bestand, Ausstände, Rechnungs-defekte und Ersatzposten | | Einnahmen des — Aus dem rentirenden Vermögen: Zinsen von Activ-Capitalien. | | Ertrag aus Realitäten. | | Ertrag aus Dominikal-Renten und sonstigen Rechten. | | An Sustentations-Beiträgen. | | An außerordentlichen oder zufälligen Einnahmen. | |
|---|---|---|---|---|---|---|---|---|---|---|---|---|---|
| | | fl. | kr. | fl. | kr. | fl. | kr. | fl. | kr. | fl. | kr. | fl. | kr. |
| Oberbayern. | München | 2,023 | 48½ | 4,233 | 32½ | 1,200 | — | — | — | 85,702 | — | 214 | 49 |
| | Ingolstadt | 1,927 | 19⅜ | 1,765 | —½ | 23 | 38 | 12 | 30 | 1,872 | 15 | — | — |
| Niederbayern. | Landshut | 108 | 12 | 491 | 30 | — | — | — | — | 1,462 | — | 23 | 48 |
| | Passau | 1,977 | 54½ | 3,582 | 30 | 2 | — | 19 | 10 | 3,651 | 10 | 43 | 30 |
| | Straubing | 7,825 | 16⅝ | 5,475 | 4⅝ | 2 | 24 | — | — | 9,123 | 29½ | — | — |
| Oberpfalz und Regensburg. | Regensburg | 1,879 | 16⅞ | 3,078 | 14⅜ | 190 | — | 1 | 1⅛ | 11,162 | 38¼ | 2 | 30 |
| | Amberg | 4,091 | 12 | 2,083 | 28⅓ | 50 | 16½ | 1 | 34¾ | 5,347 | 20 | 60 | 28 |
| Oberfranken. | Bayreuth | 438 | 49¾ | 200 | 56 | 577 | 51 | — | — | 14,312 | 15½ | 822 | 10 |
| | Bamberg | 1,576 | 47⅛ | 3,204 | 19⅛ | — | — | 9 | 26 | 9,471 | 45¼ | — | — |
| | Hof | 1,652 | 40⅜ | 873 | 32 | — | — | — | — | 14,130 | 59⅞ | 37 | 43 |
| Mittelfranken. | Ansbach | 96 | — | 202 | 15 | 116 | — | — | — | 11,114 | 27 | 921 | 48 |
| | Dinkelsbühl | 330 | 12½ | 828 | 42¾ | — | — | 46 | 35¼ | — | — | — | — |
| | Eichstädt | 296 | 36 | 612 | 7 | — | — | — | — | 3,644 | 19 | 12 | 12 |
| | Erlangen | 373 | 26¼ | 78 | 59 | — | — | — | — | 10,069 | 17 | 550 | — |
| | Fürth | 523 | 32¼ | 721 | 21 | 161 | 40 | — | — | 18,192 | 49¾ | 68 | 13¾ |
| | Nürnberg | 3,657 | 55½ | 26,344 | 20½ | 122 | — | 979 | 46¾ | 64,444 | 48¼ | 217 | 36 |
| | Rothenburg | 371 | 42½ | 2,384 | 45¾ | — | — | 1 | 38½ | 108 | — | — | |
| | Schwabach | 129 | —¼ | 138 | 2 | — | — | — | — | 7,782 | 29 | — | — |
| Unterfranken und Aschaffenburg. | Würzburg | 269 | 44½ | 1,418 | 11 | — | — | 55 | 13½ | 755 | 50¼ | 136 | 10½ |
| | Aschaffenburg | 288 | 22½ | 365 | 59½ | — | — | — | — | 5,294 | 8⅜ | 37 | 34 |
| | Schweinfurt | 182 | 48¾ | 1,464 | 55 | — | — | — | — | 6,702 | 30¾ | — | — |
| Schwaben und Neuburg. | Augsburg | 9,387 | 18 | 31,692 | 34 | 6,361 | 53½ | 4,970 | 43¼ | 39,018 | 52¼ | 24 | 30 |
| | Kaufbeuern | 1,169 | 21¾ | 2,513 | 28¾ | 24 | — | 13 | 18¼ | 5,829 | 13 | 15 | — |
| | Kempten | 348 | 14¼ | 1,132 | 24 | 350 | — | 24 | 58 | 5,848 | 41½ | 3 | 36 |
| | Lindau | 1,107 | 28½ | 2,155 | 50 | 60 | — | — | — | 3,215 | 44 | 874 | 24 |
| | Memmingen | 1,071 | 25 | 3,315 | 59½ | 8 | — | 1,166 | 12 | 8,469 | 6⅛ | — | — |
| | Neuburg | 1,053 | 26⅛ | 593 | 52 | — | — | — | — | 2,727 | 30 | 6 | — |
| | Nördlingen | 90 | 23¾ | 804 | 25½ | — | — | 13 | 54 | 6,276 | 59¾ | — | — |

## Unterrichts-Stiftungen.

### laufenden Jahres.

| An Umlagen. | | An aufgenommenen Passiv-Capitalien und Vorschüssen. | | An heimbezahlten Activ-Capitalien und Vorschüssen. | | An Erlös aus verkauften Realitäten und Rechten. | | An Legaten und Fundirungs-Zuflüssen. | | Summa der Einnahmen. | | Bemerkungen. |
|---|---|---|---|---|---|---|---|---|---|---|---|---|
| fl. | kr. | fl. | kr. | fl. | kr. | fl. | kr. | fl. | kr. | fl. | kr. | |
| — | — | — | — | 500 | — | — | — | 825 | — | 94,699 | 9½ | |
| — | — | 200 | — | 460 | — | — | — | — | — | 6,260 | 43½ | |
| 465 | 6 | 1,878 | 15 | 350 | — | — | — | 100 | — | 4,878 | 51 | |
| — | — | — | — | 238 | — | — | — | — | — | 9,514 | 14¼ | |
| — | — | 1,300 | — | 317 | 36 | — | — | 200 | — | 24,243 | 51 | |
| — | — | — | — | 3,394 | — | — | — | 75 | — | 19,782 | 41 | |
| — | — | — | — | 3,545 | — | — | — | 380 | 18 | 15,559 | 37¼ | |
| — | — | — | — | — | — | — | — | — | — | 16,352 | 2¼ | |
| — | — | — | — | 1,467 | 15 | — | — | 200 | — | 15,929 | 32½ | |
| — | — | — | — | — | — | — | — | — | — | 16,694 | 55½ | |
| — | — | — | — | — | — | — | — | — | — | 12,450 | 30 | |
| — | — | — | — | 100 | — | 100 | — | — | — | 1,405 | 30¼ | |
| — | — | — | — | 275 | — | — | — | — | — | 4,840 | 14 | |
| — | — | — | — | — | — | — | — | — | — | 11,071 | 42¼ | |
| — | — | 330 | — | 1,021 | 30 | — | — | — | — | 21,019 | 7 | |
| — | — | 2,100 | — | 14,958 | 45½ | — | — | 5,040 | 32½ | 117,865 | 45¼ | |
| — | — | — | — | 616 | 20 | 10 | 48 | 84 | 5½ | 3,577 | 20½ | |
| — | — | — | — | 380 | — | — | — | — | — | 8,429 | 31¼ | |
| 1,867 | 48 | 6 | 11¼ | — | 19 | — | — | — | — | 4,509 | 58¼ | |
| 828 | 1 | 1 | ¼ | 145 | — | — | — | 125 | — | 7,085 | 5½ | |
| — | — | — | — | — | — | — | — | — | — | 8,350 | 14½ | |
| — | — | — | — | 8,583 | 7½ | 1,129 | 50 | 19,516 | — | 120,684 | 48¼ | |
| — | — | — | — | 2,882 | 47½ | — | — | — | — | 12,447 | 9½ | |
| — | — | — | — | 300 | — | — | — | — | — | 8,007 | 53¾ | |
| — | — | — | — | 200 | — | — | — | 100 | — | 7,713 | 26¼ | |
| — | — | 5 | 23½ | 2,030 | 30½ | 331 | 3¾ | — | — | 16,397 | 40¾ | |
| 497 | — | — | — | — | — | — | — | 100 | — | 4,977 | 48½ | |
| — | — | 5,323 | 23½ | 450 | — | — | — | — | — | 12,959 | 6½ | |

# A. Ausgaben der Cultus-Stiftungen.

| Regierungsbezirk. | Namen der Gemeinden. | Aus dem Bestande der Vorjahre. | | Ausgaben: Auf die Verwaltung. Besoldungen und Remunerationen. | | Regie-Bedürfnisse. | | Staats- und Communal-Auflagen. | | Auf den Stiftungszweck. | | Auf Schuldentilgung. | | Auf Verzinsung der Schulden. | | Auf Sustentations-Beiträge. | |
|---|---|---|---|---|---|---|---|---|---|---|---|---|---|---|---|---|---|
| | | fl. | kr. | fl. | kr. | fl. | kr. | fl. | kr. | fl. | kr. | fl. | kr. | fl. | kr. | fl. | kr. |
| Oberbayern | München | 27,700 | 42 | 3,538 | 57 | 2,212 | 55¼ | 1,572 | 33½ | 62,627 | 51¾ | 1830 | 25 | 3,757 | 45¼ | 11,801 | 16¾ |
| | Ingolstadt | 65 | 2⅜ | 434 | 48½ | 76 | 42½ | 253 | 51½ | 10,177 | 33½ | 50 | — | — | — | 1,835 | 56 |
| Niederbayern. | Landshut | 325 | 36¼ | 346 | 4 | 180 | 2 | 553 | 12¼ | 17,676 | 22½ | 50 | — | 7 | — | 1,511 | 8½ |
| | Passau | — | — | 162 | — | 153 | 36½ | 22 | 56 | 5,753 | 53½ | 30 | — | — | — | 2,852 | 12½ |
| | Straubing | 11 | 16½ | 1,172 | 15 | 106 | 19 | 195 | 14 | 7,757 | 41½ | — | — | — | — | 3,296 | 49¾ |
| Oberpfalz und Regensburg. | Regensburg | 3 | 22⅜ | 69 | 33½ | 131 | 41 | 11 | 16⅞ | 5,987 | 45⅞ | — | — | 12 | — | 1,772 | 46½ |
| | Amberg | 545 | 59⅝ | 502 | 10¼ | 269 | 10½ | 39 | 1¼ | 11,831 | 20⅛ | 200 | — | 47 | — | 1,225 | 10½ |
| Oberfranken. | Bayreuth | 440 | 28⅞ | 208 | 24 | 45 | 43 | 97 | 23¾ | 3,589 | 16 | 371 | 51 | 100 | 37 | 316 | 15 |
| | Bamberg | 10 | 59½ | 755 | — | 155 | 52 | 159 | ¼ | 22,902 | 13½ | — | — | 40 | — | 2,274 | 8½ |
| | Hof | — | — | 96 | 39½ | 243 | 18⅞ | 150 | 13¾ | 3,255 | 23¾ | — | — | — | — | 1,355 | 13½ |
| Mittelfranken. | Ansbach | 31 | 19 | 263 | 11½ | 68 | 18 | 66 | 46¼ | 6,615 | 14¼ | 2000 | — | 202 | 23 | 1,073 | 2 |
| | Dinkelsbühl | 65 | 41¾ | 1,294 | 44 | 939 | 34½ | 543 | 53¼ | 11,208 | 38½ | 300 | — | 656 | 25½ | 2,381 | 40½ |
| | Eichstätt | 2 | 40 | 484 | 17 | 102 | 3 | 9 | 55 | 5,902 | 32 | — | — | — | — | 609 | 45 |
| | Erlangen | — | 49¾ | — | — | 33 | 35 | 68 | 30½ | 2,552 | 52¼ | 300 | — | 373 | 50 | 350 | — |
| | Fürth | 389 | 1 | 1,933 | 22½ | 222 | 14 | 94 | 34¼ | 14,390 | 33 | 185 | 15¾ | 2,657 | 14 | 4,216 | 1½ |
| | Nürnberg | 392 | 14¾ | 2,312 | 47½ | 1,492 | 25 | 1,406 | 30½ | 34,985 | 20½ | 50 | — | 2,085 | 30 | 863 | 36 |
| | Rothenburg | 11 | 9¾ | 81 | 54½ | 28 | 47¼ | 78 | 5¼ | 1,592 | 59¼ | — | — | — | — | 554 | 14½ |
| | Schwabach | — | — | 10 | — | 36 | 36½ | 43 | 21 | 639 | 38¼ | 125 | — | 200 | 20 | 507 | 30 |
| Unterfranken und Aschaffenburg. | Würzburg | 605 | 41½ | 930 | 23¼ | 679 | 53⅞ | 487 | 31 | 20,105 | 59 | 300 | — | 24 | 30 | 525 | —½ |
| | Aschaffenb. | 57 | 40½ | 310 | 3 | 120 | 51 | 84 | 57½ | 6,543 | 41¼ | — | — | 15 | — | 247 | 43 |
| | Schweinfrt. | 2712 | 30 | 138 | 43 | 95 | 1½ | 39 | 42¾ | 5,122 | 37¼ | 105 | 30 | 76 | 37 | 1,474 | 5 |
| Schwaben und Neuburg. | Augsburg | 456 | 49¼ | 1,520 | 43¾ | 428 | 4 | 417 | 39½ | 43,052 | 15⅞ | 920 | 58½ | 113 | 28½ | 2,063 | 55 |
| | Kaufbeuern | 22 | 15 | 40 | 38 | 182 | 37½ | 330 | 20½ | 6,048 | 1 | 1,311 | 59 | 319 | 57½ | 2,497 | 2 |
| | Kempten | — | — | 132 | 32 | 279 | 44½ | 53 | 1⅛ | 3,248 | 10⅝ | 82 | 58½ | — | — | 30 | 57 |
| | Lindau | 56 | 20⅞ | 123 | 45½ | 10 | 12⅞ | — | — | 2,913 | 14¼ | — | — | — | — | 51 | 12 |
| | Memming. | 15 | 38⅜ | 716 | 5 | 62 | 21¼ | 1,914 | 36¼ | 19,809 | 32½ | — | — | — | — | 477 | 18 |
| | Neuburg | 91 | 6¼ | 97 | 46⅝ | — | — | 10 | 6⅛ | 1,159 | 14⅞ | — | — | — | — | 7 | 48 |
| | Nordlingen | — | — | 338 | 8 | 109 | 45 | 300 | 34⅞ | 5,181 | 24¾ | 1,328 | 53⅝ | — | — | 3,521 | 51 |

| Summa der Ausgaben. | | Ueberschuß. | | Defizit. | | Vermögen: rentirendes. | | Vermögen: nicht rentirendes. | | Vermögen: Summe. | | verzinsliche. | | unverzinsliche. | | | | Aktivstand. | | Passiv-Stand. | |
|---|---|---|---|---|---|---|---|---|---|---|---|---|---|---|---|---|---|---|---|---|---|
| fl. | kr. | fl. | kr. | fl. | kr. | fl. | kr. | fl. | kr. | fl. | kr. | fl. | kr. | | | fl. | kr. | fl. | kr. | fl. | |
| 76,247 | 27½ | 25723 | 42¾ | 5385 | 35½ | 1,250,620 | 45¼ | 1,000,407 | 18¾ | 2,251,028 | 4½ | 86,802 | 53 | 20,259 | 34 | 107,062 | 27 | 2,143,965 | 37½ | — | |
| 6,948 | 9⅝ | 4,834 | 8 | 125 | 13⅞ | 285,442 | 33 | 97,340 | 5⅜ | 382,782 | 38¾ | — | — | 749 | 3⅞ | 749 | 3⅞ | 382,033 | 34⅞ | — | |
| 2,929 | 25¾ | 4,313 | 42½ | 17 | 57 | 321,917 | 21¼ | 124.863 | 5½ | 446,780 | 26¾ | 300 | — | 1,049 | 12 | 1,349 | 12 | 445,431 | 14¾ | — | — |
| 2,196 | 38 | 1,038 | 12 | — | — | 173,606 | 51½ | 41,606 | 33 | 215.213 | 24½ | — | — | 696 | — | 696 | — | 214,517 | 24½ | — | — |
| 4,569 | 35¾ | 2,796 | 15 | — | — | 249,074 | 47½ | 57,737 | 48 | 306,812 | 35½ | — | — | — | — | — | — | 306,812 | 35½ | — | — |
| 1,488 | 26⅜ | 399 | 25½ | — | — | 43,918 | — | 76,886 | 37½ | 120,804 | 37½ | 300 | — | 3,235 | — | 3,535 | — | 117,269 | 37½ | — | — |
| 6,695 | 45 | 1,232 | 28 | 30 | 24½ | 298,430 | 14 | 65,747 | 38 | 364,177 | 52½ | 1,025 | — | 848 | — | 1,873 | — | 362,304 | 52½ | — | — |
| 5,641 | 26⅜ | 150 | 25⅞ | — | — | 63,936 | 17½ | 232,477 | 53 | 296.414 | 10⅜ | 2,943 | 14 | 950 | 13⅜ | 3,893 | 27⅜ | 292,520 | 42⅜ | — | — |
| 3,147 | 59⅜ | 4,082 | 32⅜ | — | — | 473,386 | 36½ | 176,621 | 58⅜ | 650,008 | 34⅞ | 1,000 | — | — | — | 1,000 | — | 649,008 | 34⅞ | — | — |
| 6,775 | 49 | 1,923 | 9⅝ | — | — | 62,673 | 25½ | 154,232 | 47⅝ | 216,906 | 12⅞ | — | — | — | — | — | — | 216,906 | 12⅞ | — | — |
| 1,570 | 14 | 926 | 11 | — | — | 170,040 | 25½ | 45,766 | 32¾ | 152.806 | 58¼ | 5,059 | 25 | 2,244 | 48 | 7.304 | 13 | 145,502 | 45¼ | — | — |
| 2,078 | 8¼ | 6,515 | 25¾ | — | — | 448,629 | — | 231,074 | 40½ | 679,703 | 40½ | 16,040 | 52 | — | — | 16,040 | 52 | 663,662 | 48½ | — | — |
| 8,758 | 58 | 4,868 | 12 | — | — | 160,882 | 45 | 21,021 | 55 | 181.904 | 40 | 140 | — | 544 | 42 | 684 | 42 | 181,219 | 58 | — | — |
| 7,313 | 34½ | 646 | 16¼ | — | — | 26,274 | 50¾ | 91,420 | 21½ | 117,695 | 12 | 11,650 | — | — | — | 11,650 | — | 106,045 | 12 | — | — |
| 10,600 | 24¾ | 3,176 | 18 | — | — | 149,457 | 44 | 118,931 | 32½ | 268.389 | 16 | 88,228 | 12 | 2,271 | 21¾ | 90 499 | 33¾ | 177,889 | 42¾ | — | — |
| 19,612 | 50 | 961 | — | — | — | 848,428 | 25½ | 172,957 | 35 | 1,021,386 | —½ | 52,350 | — | 328 | 21¼ | 52,678 | 21¼ | 968,707 | 39 | — | — |
| 2,547 | 10¼ | — | — | 37 | 13½ | 66,865 | 10¾ | 16,828 | 22¾ | 83 693 | 33½ | 325 | — | 313 | — | 638 | — | 83,055 | 33½ | — | — |
| 1,562 | 25⅜ | 860 | 40 | — | — | 31,514 | 33½ | 41.182 | 26¼ | 72,696 | 59⅝ | 4,800 | — | 1,650 | — | 6,450 | — | 66,246 | 59⅝ | — | — |
| 3,504 | 5⅛ | 8,917 | 41 | — | — | 543,682 | 28 | 107.480 | 17 | 651 162 | 45 | 500 | — | 700 | — | 1,200 | — | 649,962 | 45 | — | — |
| 0,376 | 56 | 1,950 | 56½ | — | — | 136,272 | 21¾ | 117.179 | 42 | 253,452 | 3½ | — | — | — | — | — | — | 253,452 | 3½ | — | — |
| 9,768 | 46¼ | 138 | 2 | — | — | 151,482 | — | 16,974 | 26¼ | 168,456 | 26½ | 2,594 | 30 | 600 | — | 3,194 | 30 | 165,261 | 56½ | — | — |
| 12,235 | 54⅞ | 10432 | 14½ | 542 | 2⅛ | 664,883 | 3½ | 252 348 | 48½ | 917.231 | 52 | 3.360 | 15 | 11,602 | 3⅜ | 14,962 | 18⅜ | 910,629 | 48⅜ | — | — |
| 14,205 | 17¾ | 2,238 | 14½ | — | — | 181,472 | 41½ | 55,631 | 20½ | 237,104 | 2 | 7.609 | 15 | 3,371 | 10 | 10,980 | 25 | 226,123 | 37 | — | — |
| 4,877 | 23½ | 181 | 28½ | — | — | 39,746 | 45⅝ | 30 801 | 23¼ | 70,548 | 8⅜ | 1,362 | — | — | — | 1,362 | — | 69,186 | 8⅜ | — | — |
| 4,238 | 45½ | 209 | 32½ | — | — | 63,414 | 9 | 30.580 | 13½ | 93.994 | 22½ | — | — | 1,005 | 51½ | 1,005 | 51½ | 92,988 | 31½ | — | — |
| 36,770 | 32¼ | 10477 | 56⅝ | — | -- | 337,745 | 16¼ | 57,698 | 2½ | 395,443 | 18⅜ | — | — | 300 | — | 300 | — | 395,143 | 18⅜ | — | — |
| 2,116 | 1⅞ | 199 | 37½ | — | ½ | 29,598 | 42 | 29.668 | 5⅗ | 59,266 | 47⅜ | 50 | — | 84 | 38 | 134 | 38 | 59,132 | 9⅜ | — | — |
| 13,380 | 37½ | 439 | 50½ | 1582 | 36½ | 197,185 | 50 | 30.863 | 7 | 228,048 | 57 | — | — | 1,964 | 4½ | 1,964 | 4½ | 226,084 | 52½ | — | — |

| fl. | kr. | fl. | kr. |
|---|---|---|---|
| 62,627 | 51½ | 1830 | 25 |
| 10,177 | 33½ | 50 | — |
| 17,676 | 22½ | 50 | — |
| 5,753 | 53½ | 30 | — |
| 7,757 | 41½ | | |
| 5,987 | 45⅞ | — | — |
| 11,831 | 20½ | 200 | — |
| 3,589 | 16 | 371 | 51 |
| 22,902 | 13½ | — | — |
| 3,255 | 23⅜ | — | — |
| 6,645 | 14½ | 2000 | — |
| 11,208 | 38½ | 300 | — |
| 5,902 | 32 | — | — |
| 2,552 | 52½ | 300 | — |
| 14,390 | 33 | 185 | 15 |
| 34,085 | 20½ | 50 | — |
| 1,502 | 59½ | — | — |
| 639 | 38½ | 125 | — |

| fl. | kr. | fl. | kr. |
|---|---|---|---|
| 175,247 | 27½ | 25,723 | 42¾ |
| 16,948 | 9¾ | 4,834 | 8 |
| | | | |
| 32,929 | 25½ | 4,313 | 42½ |
| 13,196 | 34¾ | 1,038 | 12 |
| 14,569 | 35½ | 2,796 | 15 |
| | | | |
| 11,484 | 26¾ | 399 | 25½ |
| 16,695 | 45 | 1,232 | 28 |
| | | | |
| 5,641 | 26½ | 150 | 75¾ |
| 35,147 | 59¾ | 4,892 | 32¾ |
| 6,775 | 49 | 1,923 | 9¾ |
| | | | |
| 11,570 | 14 | 926 | 11 |
| 22,078 | 8½ | 6,515 | 25½ |
| 8,758 | 58 | 4,564 | 12 |
| 7,313 | 34½ | 640 | 16½ |
| 30,600 | 24½ | 3,176 | 18 |
| 89,612 | 50 | 961 | — |
| 2,547 | 104 | — | — |
| 1,562 | 25½ | 860 | 40 |

## B. Ausgaben der

### Ausgaben des

| Regierungs-Bezirke. | Namen der Gemeinden. | Aus dem Bestande der Vorjahre. | | Auf die Verwaltung. Besoldungen u Remunerationen. | | Auf die Verwaltung. Regie-Bedürfnisse. | | Auf die Verwaltung. Staats- und Communal-Auflagen. | | Auf den Stiftungs-Zweck. | | Auf Schulden-Tilgung. | | Auf Verzinsung der Schulden | | Auf Sustentations-Beiträge. | | Auf ausgeliehene Aktivkapitalien u. geleistete Vorschüsse. | |
|---|---|---|---|---|---|---|---|---|---|---|---|---|---|---|---|---|---|---|---|
| | | fl. | kr. | fl. | kr. | fl. | kr. | fl. | kr. | fl. | kr. | fl. | kr. | fl. | kr. | fl. | kr. | fl. | kr. |
| Oberbayern. | München | 3994 | 24¼ | 650 | — | 131 | 31½ | — | — | 88,107 | 40½ | — | — | — | — | 737 | 55½ | 1,335 | — |
| | Ingolstadt | — | — | — | — | 9 | 28 | 22 | 51½ | 2,809 | 21 | — | — | — | — | 1200 | — | 231 | 12 |
| Niederbayern | Landshut | 17 | 52½ | — | — | 1 | 55 | 12 | 37¼ | 4,321 | 26¼ | — | — | — | — | — | — | 525 | — |
| | Passau | 355 | 15 | — | — | 143 | 9 | 1 | 52½ | 8,208 | 58 | — | — | — | — | 450 | — | — | — |
| | Straubing | 73 | 37 | 100 | — | 39 | 51 | 1 | 8½ | 14,174 | 43 | 1,300 | — | 38 | 10 | — | — | 5,250 | — |
| Oberpfalz u. Regensburg. | Regensburg | 170 | 18¼ | — | — | 441 | 26¾ | 42 | 59¼ | 13,688 | 22¼ | — | — | 72 | — | 51 | — | 3,710 | — |
| | Amberg | 204 | 5⅞ | 113 | 54¼ | 43 | 57⅛ | 30 | 13¼ | 8,069 | 56⅜ | — | — | — | — | — | — | 4,307 | — |
| Oberfranken. | Bayreuth | — | — | 121 | 28½ | 81 | —½ | 87 | 26½ | 15,053 | 33½ | — | — | 371 | 8 | — | — | — | 56 |
| | Bamberg | 265 | 28 | 123 | 10½ | 9 | 41 | — | 30¾ | 11,086 | 53⅜ | — | — | — | — | 713 | 29 | 1,250 | — |
| | Hof | — | 3 | 164 | 56 | — | 51 | — | — | 16,203 | 54½ | — | — | — | — | — | — | — | — |
| Mittelfranken. | Ansbach | 749 | 6½ | 147 | 13 | — | 59 | 38 | 12¾ | 11,388 | 18¼ | — | — | — | — | — | — | 750 | — |
| | Dinkelsbühl | — | — | 27 | 56¼ | 2 | 13½ | 9 | 5¾ | 780 | 47½ | — | — | — | — | 150 | — | 208 | — |
| | Eichstädt | 374 | — | 26 | 39 | 61 | 58 | 7 | — | 2,550 | 57 | — | — | — | — | 1237 | 1 | 200 | — |
| | Erlangen | — | — | — | — | 63 | 4½ | — | — | 10,556 | 20½ | 150 | — | 31 | 30 | — | — | 2 | 57 |
| | Fürth | — | 12 | 40 | — | 394 | 30 | — | — | 15,130 | 57½ | 500 | — | 85 | 7 | 1725 | — | 1,046 | 10 |
| | Nürnberg | 377 | 3 | 2799 | 3¾ | 157 | 22 | 142 | 1½ | 86,130 | 37¼ | 2,100 | — | 16 | 13¾ | 4722 | 15½ | 19,418 | — |
| | Rothenburg | 245 | 22¼ | 164 | 51¼ | 6 | 44 | — | 35¼ | 2,161 | — | — | — | — | — | 111 | 16½ | 738 | 45 |
| | Schwabach | — | — | 80 | 10 | 37 | 47½ | — | — | 7,600 | 13 | — | — | — | — | 212 | 42 | 400 | — |
| Unterfranken u. Aschaffenb. | Würzburg | 102 | 34½ | 89 | 40¾ | 86 | 52¼ | 4 | 3¾ | 3,913 | 55½ | — | — | — | — | 86 | 44¼ | 50 | — |
| | Aschaffenb. | 16 | — | — | — | 52 | 42¾ | — | — | 6,342 | 27½ | — | — | — | — | 55 | — | 500 | — |
| | Schweinfurt | 4 | 58¾ | 8 | — | 19 | 40¾ | — | — | 8,093 | 29 | — | — | — | — | 60 | — | — | — |
| Schwaben u. Neuburg. | Augsburg | 2065 | 29⅜ | 2539 | 12 | 1736 | 47¼ | 882 | 35 | 74,016 | 21 | 510 | — | 914 | 54¼ | 1203 | 23½ | 27,648 | 4⅜ |
| | Kaufbeuern | — | — | 53 | — | 9 | 4¼ | 4 | 33 | 7,113 | 10 | — | — | 18 | 57½ | 759 | 5½ | 2,964 | — |
| | Kempten | 126 | 2¾ | 59 | 24 | 18 | 36¼ | 12 | 26¾ | 7,416 | 4 | — | — | — | — | 50 | — | 300 | — |
| | Lindau | — | 19 | 181 | 8 | 39 | 19½ | 12 | 34⅞ | 6,058 | 36½ | — | — | — | — | — | — | 600 | — |
| | Memmingen | — | — | 310 | 55 | 7 | 4½ | 98 | 58⅞ | 12,970 | 36½ | 5 | 30⅛ | — | — | 309 | — | 1,905 | 23⅜ |
| | Neuburg | — | — | 2 | 38½ | 4 | 12 | 33 | 2 | 3,426 | 24½ | — | — | — | — | 238 | 30 | 300 | — |
| | Nördlingen | 5112 | 56¼ | 26 | 56 | 9 | — | 1 | 27¾ | 7,755 | 52⅛ | — | — | — | — | — | — | 250 | — |

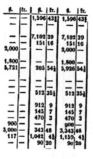

| fl. | fr. | fl. | fr. | fl. | fr. |
|---|---|---|---|---|---|
| — | — | 1,596 | 43½ | 1,596 | 43½ |
| — | — | — | — | — | — |
| — | — | 7,102 | 39 | 7,102 | 39 |
| — | — | 151 | 16 | 151 | 16 |
| 2,000 | — | — | — | 2,000 | — |
| 1,800 | — | — | — | 1,800 | — |
| 5,721 | — | 205 | 54½ | 5,926 | 54½ |
| — | — | — | — | — | — |
| — | — | — | — | — | — |
| — | — | 512 | 35½ | 512 | 35½ |
| — | — | 912 | 9 | 912 | 9 |
| — | — | 145 | 7 | 145 | 7 |
| — | — | 470 | 3 | 470 | 3 |
| 900 | — | — | — | 900 | — |
| 3,000 | — | 343 | 48 | 3,343 | 48 |
| 117 | — | 1,042 | 41½ | 1,159 | 41 |
| — | — | 90 | 20 | 90 | 20 |

der

# Rechnungs-Ergebnisse

der

## Wohlthätigkeits-Stiftungen

der

den Königl. Kreisregierungen unmittelbar untergeordneten Städte des Königreichs

für das

## Verwaltungsjahr

| Regierungs-Bezirke. | Namen der Gemeinden. | Einnahmen aus dem Bestande der Vorjahre. | | I. Einnahmen des | | | | | | | | | |
|---|---|---|---|---|---|---|---|---|---|---|---|---|---|
| | | | | Aus dem rentirenden Vermögen. | | | | | | An Sustentations-Beiträgen. | | An außerordentlichen oder zufälligen Einnahmen. | |
| | | | | An Zinsen von Activ-Capitalien. | | Ertrag aus Realitäten. | | Ertrag aus Dominikal-Renten und sonstigen Rechten. | | | | | |
| | | fl. | kr. | fl. | kr. | fl. | kr. | fl. | kr. | fl. | kr. | fl. | kr. |
| Oberbayern. | München | 18,086 | 59½ | 110,032 | 5½ | 11,798 | 29½ | 9,884 | 7½ | 58,963 | 2¼ | 4,243 | 21 |
| | Ingolstadt | 16,355 | 32½ | 7,706 | 50½ | 435 | 27 | 1,110 | 29¾ | 2,007 | 33¾ | 142 | 17½ |
| Niederbayern. | Landshut | 11,131 | 24 | 19,743 | 3½ | 4,766 | 40½ | 6,293 | 5½ | 3,385 | 40 | 173 | 34 |
| | Passau | 18,230 | 42½ | 40,766 | 19½ | 5,908 | 24½ | 3,777 | 36½ | 5,054 | 58 | 3,627 | 37 |
| | Straubing | 10,763 | 42½ | 13,911 | 29½ | 3,059 | 26 | 5,379 | 33½ | 6,002 | 9¾ | — | — |
| Oberpfalz und Regensburg. | Regensburg | 17,174 | 29 | 12,805 | 1½ | 3,567 | 8½ | 1,380 | 17½ | 2,160 | 57½ | 698 | 36¼ |
| | Amberg | 13,521 | 38¼ | 5,424 | 21½ | 5,506 | 53½ | 5,112 | 21½ | 1,555 | 48½ | 880 | 10¼ |
| Oberfranken | Bayreuth | 4,634 | 1½ | 10,784 | 28½ | 7,808 | 18½ | 2,630 | 26½ | 5,592 | 56½ | 614 | 52½ |
| | Bamberg | 29,354 | 4½ | 73,706 | 34¾ | 14,456 | 7 | 9,521 | 16½ | 29,793 | —½ | 294 | 24¼ |
| | Hof | 9,046 | 53½ | 6,378 | 44 | 11,131 | —½ | 3,490 | 49½ | 775 | 40½ | 120 | 1 |
| Mittelfranken. | Ansbach | 896 | 53½ | 4,684 | 10½ | 661 | 45 | 648 | 14 | 2,687 | 26 | 47 | 46½ |
| | Dinkelsbühl | 15,849 | 20 | 13,674 | 24½ | 18,136 | 54½ | 6,527 | 23 | 36 | — | 171 | 17½ |
| | Eichstädt | 13,756 | 5 | 16,290 | 51 | 2,528 | 51 | 1,919 | 42 | 2,908 | — | 794 | 55 |
| | Erlangen | 120 | 5 | 1,843 | 40½ | 155 | — | — | — | 139 | 41½ | — | — |
| | Fürth | 716 | — | 3,691 | 46½ | 401 | 15½ | — | — | 25,710 | 24¾ | 1,616 | 44¾ |
| | Nürnberg | 21,612 | 28½ | 91,017 | 16½ | 6,991 | 54¾ | 50,809 | 2½ | 36,383 | 26 | 4 | 8¾ |
| | Rothenburg | 4,622 | 46½ | 10,281 | 16½ | 16,995 | 16½ | 14,712 | 56½ | 1,008 | 59¾ | 70 | 24 |
| | Schwabach | 6,065 | 31½ | 4,685 | 16 | 2,591 | 7 | 2,355 | 12½ | 533 | 40 | 14 | — |
| Unterfranken und Aschaffenburg. | Würzburg | 18,472 | 48½ | 47,056 | 37½ | 19,499 | 50¾ | 14,643 | 28¾ | 39,242 | 6¾ | 1,310 | 31¾ |
| | Aschaffenburg | 7,394 | 45 | 6,944 | 22½ | 430 | 56½ | 965 | 40½ | 12,089 | — | — | — |
| | Schweinfurt | 4,003 | 26½ | 6,490 | —½ | 8,117 | 49¾ | 4,186 | 32½ | 2,466 | 35½ | 27 | 17 |
| Schwaben und Neuburg. | Augsburg | 63,340 | 27½ | 116,037 | 35½ | 26,833 | —½ | 26,660 | 12¾ | 56,359 | 5 | 2,205 | 7½ |
| | Kaufbeuern | 8,936 | 13½ | 9,935 | 53½ | 2,975 | 25 | 8,674 | 3 | 299 | — | 2,652 | 29 |
| | Kempten | 4,139 | 5 | 5,360 | 52 | 1,572 | 10 | 715 | 32½ | 2,239 | 21½ | 1,466 | — |
| | Lindau | 25,023 | 35¾ | 12,548 | 59½ | 1,862 | 28½ | 2,445 | 27 | 8,271 | 48⅞ | 4,443 | 3½ |
| | Memmingen | 19,181 | 47¾ | 7,856 | 55½ | 9,314 | 6¾ | 22,036 | 16¾ | 93 | 10 | — | — |
| | Neuburg | 7,254 | 32½ | 5,486 | 3¾ | 1,874 | 6 | 1,353 | 45½ | 100 | — | 147 | 16 |
| | Nördlingen | 28,184 | 46 | 12,387 | 39½ | 14,517 | 33¾ | 11,544 | 53½ | 342 | 5 | — | — |

**laufenden Jahres.**

| An Umlagen. fl. | kr. | An Passiv-Capitalien und Vorschüssen. fl. | kr. | An Aktiv-Capitalien und Vorschüssen. fl. | kr. | An Erlös aus verkauften Stiftungs-Realitäten und Rechten. fl. | kr. | An Legaten und Fundirungs-Zuflüssen. fl. | kr. | Summa der Einnahmen. fl. | kr. | Bemerkungen. |
|---|---|---|---|---|---|---|---|---|---|---|---|---|
| 34,658 | 51 | — | — | 7,370 | —¼ | 34,649 | 21 | 32,982 | 9 | 322,668 | 26 | |
| — | — | 4,635 | — | 2,675 | 7½ | 174 | 37½ | 702 | 5¼ | 35,945 | 1 | |
| — | — | 2,524 | 39 | 23,675 | — | 41,068 | 51 | 6,203 | 8½ | 118,965 | 5¼ | |
| — | — | 2,500 | — | 13,415 | 17 | 2,125 | — | 2,417 | — | 97,822 | 55¼ | |
| — | — | — | — | 3,002 | 42½ | 2,957 | 56½ | 353 | 48 | 45,430 | 48 | |
| — | — | 750 | — | 8,657 | — | — | — | 6,094 | 42 | 53,288 | 12⅔ | |
| — | — | — | — | 18,504 | — | 8,060 | 27⅔ | 7,303 | 24½ | 65,869 | 6⅔ | |
| — | — | 1,200 | — | 4,450 | — | 2,148 | 31¼ | 50 | — | 39,913 | 34⅞ | |
| — | — | — | — | 19,263 | 32½ | 1,030 | 47½ | 34,116 | 13¾ | 211,536 | — | |
| — | — | — | — | 2,240 | 12½ | 160 | — | 53 | 56 | 33,397 | 17½ | |
| — | — | — | — | — | — | — | — | — | — | 9,574 | 15¼ | |
| — | — | — | — | 8,393 | — | 1,957 | 45½ | — | — | 64,746 | 5¼ | |
| — | — | — | — | 7,944 | 20 | 186 | 5 | 163 | — | 46,491 | 49 | |
| — | — | — | — | — | — | — | — | — | — | 2,258 | 27 | |
| — | — | 3,200 | — | 526 | 14 | 895 | 49 | 4,845 | — | 41,603 | 14¼ | |
| — | — | — | — | 76,800 | — | 15,791 | 41½ | 103,414 | 29 | 402,824 | 27½ | |
| — | — | 200 | — | 12,573 | 24½ | 3,582 | 23½ | — | — | 64,047 | 27 | |
| — | — | 300 | — | 4,410 | — | 112 | 49 | 176 | 16½ | 21,243 | 52½ | |
| — | — | 21,710 | 24½ | 7,553 | 44¾ | 11 | 44½ | 35,761 | 40½ | 205,262 | 57⅞ | |
| — | — | 50 | — | 7,922 | 6¼ | 5,667 | 8½ | 250 | — | 41,714 | — | |
| — | — | 1,000 | — | 5,981 | — | — | — | 852 | 42 | 33,057 | 24½ | |
| — | — | 4,938 | 54½ | 65,044 | 16½ | 7,904 | 25 | 17,828 | 42 | 387,151 | 44¼ | |
| — | — | — | — | 9,403 | 26 | 5,663 | 1½ | — | — | 48,539 | 31½ | |
| — | — | — | — | 820 | — | 1,470 | — | 482 | — | 18,266 | —½ | |
| 860 | — | 604 | 51½ | 10,558 | 9½ | 6,101 | 1½ | 1,081 | 44 | 73,801 | 8¼ | |
| — | — | — | — | 12,565 | — | 9,044 | 48½ | 307 | 6 | 80,401 | 10½ | |
| — | — | — | — | 925 | — | — | — | 600 | — | 17,740 | 45 | |
| — | — | 1,900 | — | 5,534 | 7 | 825 | 30 | 50 | — | 75,286 | 34½ | |

1*

# Ausgaben.

---

## II. Ausgaben 

| | Namen der Gemeinden. | Ausgaben auf den Bestand Vorjahre. | | Auf die Verwaltung. Besoldungen und Remunerationen. | | Regie-Bedürfnisse. | | Staats- und Communal-Auflagen. | | Auf den Stiftungszweck. | | Auf Schuldentilgung. | | Auf Verzinsung. | | Auf Sustentations-Beiträge. | | Auf Aktiv-Kapital und Aktiv-Vorschü |
|---|---|---|---|---|---|---|---|---|---|---|---|---|---|---|---|---|---|---|
| | | fl. | kr. | fl. | kr. | fl. | kr. | fl. | kr. | fl. | kr. | fl. | kr. | fl. | kr. | fl. | kr. | fl. |
| ber- | München | 11,800 | 28¼ | 9,685 | 23½ | 4,980 | 15¾ | 1,404 | 50 | 199,656 | 30¼ | 2,000 | — | 3,202 | 36¼ | 9,269 | 57 | 57,18 |
| ern. | Ingolstadt | — | — | 466 | 24¾ | 174 | 47½ | 139 | [illegible] | 14,506 | [illegible] | — | — | 623 | 56¼ | 430 | 54½ | 3,967 |
| | Landshut | 816 | 11 | 500 | — | 630 | 1½ | 1,153 | 34¼ | 28,876 | 32¼ | 300 | — | 259 | — | 4,471 | — | 71,27 |
| der- ern. | Passau | 626 | 26½ | 100 | — | 6,586 | 39½ | 451 | 55¼ | 55,751 | 36½ | 471 | 30 | 303 | 50 | 2,881 | 38 | 11,8 |
| | Straubing | 1 | 43 | 1,385 | — | 707 | 55 | 603 | 54½ | 20,745 | 26½ | — | — | 40 | — | 7,442 | 42⅝ | 7,112 |
| ter- z und gens- irg. | Regensburg | 1,040 | 3⅜ | 500 | — | 1,526 | 47 | 1,059 | 24½ | 26,192 | 1⅞ | 275 | 1 | 92 | 19½ | 76 | 30 | 10,261 |
| | Amberg | 41 | 52 | 719 | 38¼ | 3,061 | 36¾ | 944 | 28⅝ | 25,260 | 1 | 15,710 | — | 370 | 48 | 408 | 51⅛ | 8,55 |
| | Bayreuth | 2,242 | 39 | 1,568 | 12 | 213 | 47½ | 935 | 6¼ | 21,386 | 12 | 50 | — | 332 | 40 | 4,934 | 59½ | 5,814 |
| ber- nken. | Bamberg | 9,718 | 3 | 9,076 | 38⅞ | 5 950 | 34⅝ | 1,718 | 59¾ | 96,204 | 45½ | 2,627 | 27½ | 43 | 44 | 12,837 | 18⅞ | 51,66 |
| | Hof | 1 | 20 | 2,192 | 42¾ | 2,723 | 3½ | 1,081 | 44½ | 13,102 | 36⅜ | — | — | — | — | 3,030 | 14 | 3,05 |
| | Ansbach | 17 | 47¾ | 403 | 40⅞ | 1 | 30 | 123 | 53¼ | 7,047 | 18½ | — | — | 50 | — | 497 | 39 | 100 |
| | Dinkelsbühl | 114 | 15½ | 3,615 | 19¼ | 5,516 | 3⅜ | 1,596 | 23¹ | 26,029 | 10½ | 1,500 | — | 121 | — | 351 | 2 | 19,92 |
| | Eichstädt | 2,158 | 49 | 1,472 | — | 382 | 51 | 1,005 | 45 | 17,250 | 25 | — | — | 10 | — | 5,502 | 56 | 7,57 |
| | Erlangen | — | — | 48 | 32 | 19 | 22 | 8 | 49 | 1,335 | 33½ | — | — | — | — | 746 | — | — |
| ttel- nken. | Fürth | — | 47 | 923 | 36¼ | 428 | 33 | 9 | 26¼ | 26,947 | 17⅝ | — | — | — | — | 6,675 | 53½ | 5,670 |
| | Nürnberg | 896 | 42¼ | 8,880 | 48¾ | 3,312 | 40½ | 4,874 | 22½ | 146,473 | 11¼ | — | — | — | — | 32,464 | 19⅝ | 203,500 |
| | Rothenburg | 2 | 48 | 3,481 | 37 | 3,633 | 40¾ | 2,342 | 8 | 27,639 | 14¼ | — | — | 196 | — | 4,095 | 8¼ | 19,53 |
| | Schwabach | — | 2½ | 134 | — | 1,010 | 32 | 465 | 38⅜ | 8,821 | 39 | — | — | — | — | 315 | — | 7,08 |
| ter- nken | Würzburg | 566 | 10 | 3,730 | 46 | 22,498 | 53½ | 769 | 22½ | 94,210 | 25⅝ | 24,400 | — | 748 | 40 | 2,991 | 37½ | 39,04 |
| nd | Aschaffenb. | 4 | 30½ | 776 | 5 | 346 | 57½ | 92 | 29¾ | 18,494 | 48½ | — | — | 193 | 26 | 182 | 46 | 14,60 |
| haf- burg. | Schweinfrt. | — | 11 | 992 | 6½ | 969 | 16¾ | 1,009 | 31 | 22,643 | 30¾ | 1,007 | 20 | 98 | 4½ | 186 | 45½ | 5,83 |
| | Augsburg | 29,858 | 27¼ | 11004 | 9½ | 8,679 | 39¼ | 4,634 | 44 | 175,913 | 50 | 3,998 | 22 | 2,436 | 27½ | 12,333 | 30½ | 102,646 |
| | Kaufbeuern | — | — | 1,024 | — | 1,203 | 24¼ | 1 077 | 47 | 15,242 | 6 | 2,258 | 13½ | 199 | 12 | 1,367 | 20¾ | 20,384 |
| wa- | Kempten | 11 | 18½ | 426 | 33 | 612 | 13¼ | 158 | 49½ | 8,890 | 49 | 100 | — | 324 | 8 | 1,300 | — | 3,15 |
| und | Lindau | — | — | 1,516 | 11½ | 2,795 | 44⅜ | 440 | 9⅞ | 22,750 | 41⅝ | 55 | 1⅞ | 2 | 30 | 8,578 | 26 | 21,90 |
| burg. | Memming. | 49 | 30 | 2,116 | - | 4,047 | 42¼ | 3,661 | 8⅜ | 24,564 | 26½ | 71 | 27½ | — | — | 19,469 | 10⅞ | 5,60 |
| | Neuburg | — | — | 781 | 34 | — | — | 226 | 15⅜ | 6,527 | 30⅝ | — | — | — | — | 1,444 | 26 | 4,0 |
| | Nördlingen | 129 | 57½ | 4,182 | 37¾ | 5,226 | 15¾ | 2,118 | 45¾ | 41,544 | 19½ | 104 | 2½ | — | — | 3,754 | 36 | 5,9 |

| | | | | | | | | | | | | | | | | | | | | | |
|---|---|---|---|---|---|---|---|---|---|---|---|---|---|---|---|---|---|---|---|---|---|
| 9,183 | 30 | 23,484 | 55½ | 4460 | 36¼ | 3,266,333 | 30½ | 794,371 | 45¾ | 4,060,705 | 16 | 89,560 | — | 14,290 | 57¾ | 103,850 | 57¾ | 3,956,854 | 18½ | - | - |
| 0,349 | 26½ | 15,595 | 34½ | — | — | 379,550 | 26 | 106,358 | 41½ | 485,909 | 7½ | 20,793 | 10 | 6,705 | 20½ | 27,498 | 30½ | 458,410 | 37 | - | - |
| 8,279 | 48¾ | 10,685 | 17 | — | — | 643,629 | 50 | 140,318 | 7 | 783,947 | 57 | 6,300 | — | 5,664 | 41 | 11,964 | 41 | 771,983 | 16 | - | - |
| 9,059 | 22¾ | 18,814 | 38¼ | 46 | 5½ | 1,433,665 | 11 | 116,679 | 40½ | 1,550,344 | 51½ | 6,540 | 56 | 16,240 | 44 | 22,781 | 40 | 1,527,563 | 11½ | - | - |
| 8,034 | 2¾ | 7,391 | 45½ | — | — | 531,428 | 17½ | 42,133 | 44¾ | 573,562 | 2 | 1,000 | — | — | — | 1,000 | — | 572,562 | 2¼ | - | - |
| 1,024 | 3½ | 12,264 | 9½ | — | — | 644,405 | 50¾ | 67,369 | 1¼ | 711,774 | 51¾ | 3,450 | — | 100 | — | 3,550 | — | 708,224 | 51¾ | - | - |
| 5,067 | 51¾ | 10,801 | 14¾ | — | — | 402,345 | 41 | 51,482 | 1 | 453,827 | 42 | — | — | 2,665 | 21½ | 2,665 | 21½ | 451,162 | 20½ | - | - |
| 7,477 | 50½ | 2,435 | 44¾ | — | — | 510,876 | 49¾ | 40,360 | 20½ | 551,237 | 10¾ | 3,400 | — | 2,879 | 16⅞ | 6,279 | 16⅞ | 544,957 | 53½ | - | - |
| 9,838 | 33¾ | 21,697 | 27 | — | — | 2,476,123 | 6¾ | 176,298 | 28¾ | 2,652,421 | 35 | 2,001 | — | 200 | — | 2,201 | — | 2,650,221 | 17½ | - | - |
| 5,185 | 20¾ | 8,211 | 56½ | — | — | 309,311 | 19½ | 20,268 | 15 | 329,579 | 34¼ | — | — | — | — | — | — | 329,579 | 34¼ | - | - |
| 8,241 | 49½ | 1,332 | 26 | — | — | 164,893 | 34½ | 4,125 | 7½ | 169,018 | 42 | 1,000 | — | 225 | — | 1,225 | — | 167,793 | 42 | - | - |
| 8,768 | 20¼ | 5,977 | 45 | — | — | 831,182 | 56½ | 84,723 | 47½ | 915,906 | 43½ | 2,650 | — | 1,937 | 18½ | 4,587 | 18½ | 911,319 | 25 | - | - |
| 5,357 | 46 | 11,134 | 3 | — | — | 644,468 | 11 | 70,693 | 8 | 715,161 | 19 | — | — | 3,111 | 50 | 3,111 | 50 | 712,049 | 29 | - | - |
| 2,158 | 16½ | 100 | 10½ | — | — | 58,140 | 16¾ | — | — | 58,140 | 16¾ | — | — | — | — | — | — | 58,140 | 16¾ | - | - |
| 10,655 | 33½ | 947 | 40¾ | — | — | 74,498 | — | 29,986 | 49½ | 104,484 | 49½ | — | — | 6,052 | 19½ | 6,052 | 19½ | 98,432 | 30 | - | - |
| 0,402 | 5½ | 2,422 | 22 | — | — | 3,595,419 | 10½ | 110,184 | 10½ | 3,705,603 | 21 | — | — | 135 | — | 135 | — | 3,705,468 | 21 | - | - |
| 50,926 | 2 | 3,121 | 25 | — | — | 1,125,676 | 16¼ | 90,792 | 40¾ | 1,216,468 | 57 | 5,100 | — | 6 | 23¾ | 5,106 | 23¾ | 1,211,362 | 33½ | - | - |
| 17,830 | 34½ | 3,413 | 18½ | — | — | 263,060 | 37¼ | 33,565 | 53¼ | 296,626 | 30½ | — | — | 300 | — | 300 | — | 296,326 | 30½ | - | - |
| 38,958 | 15⅞ | 16,504 | 42½ | — | — | 1,714,100 | 16 | 176,579 | 27 | 1,890,679 | 43 | 500 | — | 10,000 | — | 10,500 | — | 1,880,179 | 43 | - | - |
| 34,697 | 1 | 7,016 | 59 | — | — | 197,227 | 42½ | 57,234 | 56½ | 254,462 | 38½ | 4,835 | 57 | — | — | 4,835 | 57 | 249,626 | 41½ | - | - |
| 32,746 | 6¾ | 311 | 17¾ | — | — | 403,929 | 24 | 20,768 | 28 | 424,697 | 52 | 2,000 | — | — | — | 2,000 | — | 422,697 | 52 | - | - |
| 51,505 | 37 | 39,024 | 4½ | 3377 | 57¼ | 3,904,796 | 22½ | 288,994 | 56½ | 4,193,791 | 18¾ | 66,130 | 21½ | 16,492 | 5½ | 82,622 | 27 | 4,111,168 | 51½ | - | - |
| 42,756 | 21½ | 5,783 | 9 | — | — | 545,837 | 42½ | 68,853 | 1½ | 614,690 | 43½ | 13,559 | 32½ | 3,146 | 32 | 16,706 | 4½ | 597,983 | 39½ | - | - |
| 14,975 | 51 | 3,290 | 9¾ | — | — | 186,613 | 30½ | 24,044 | 53¾ | 210,658 | 24 | 7,945 | — | — | — | 7,945 | — | 202,713 | 24 | - | - |
| 58,040 | 58½ | 15,760 | 9¾ | — | — | 446,439 | 55½ | 71,305 | 17⅞ | 517,745 | 13½ | — | — | — | — | — | — | 517,745 | 13½ | - | - |
| 84,696 | 46¾ | 15,704 | 24¾ | — | — | 821,477 | 37½ | 54,471 | 58⅞ | 875,949 | 36 | — | — | — | — | — | — | 875,949 | 36 | - | - |
| 13,029 | 46½ | 4,713 | 56 | 1 | 51⅞ | 209,969 | 4½ | 20,110 | 57½ | 230,080 | 2 | — | — | — | — | — | — | 230,080 | 2 | - | - |
| 52,975 | 10 | 12,311 | 24½ | — | — | 1,033,031 | 55½ | 71,477 | 15½ | 1,104,509 | 11 | 1,900 | — | 21 | — | 1,921 | — | 1,102,588 | 11 | - | - |

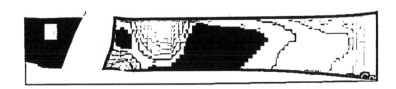

| Namen der Gemeinden. | Einnah aus d An Bestakekten bemeinde Vorjanlagen. | | An Erlö aus veräuße Vermi gnöthe 2c. |
|---|---|---|---|
| | fl. | kr. | fl. |
| München . . . | 26546 — | — | 13069 |
| Ingolstadt . . | 8616 — | — | 188 |
| Landshut . . | 5951 | | 14 |
| Passau . . | 7036 296 | 16 | |
| Straubing . . | 4982 256 | 40 | 398 |
| Regensburg . . | 10780 091 | 29½ | 520ß |
| Amberg . . . | 2351 — | | 2640 |
| Bayreuth . . | 2283 464 | 20½ | 2 |
| Bamberg . . | 9169 — | | 434 |
| Hof . . . . | 2762 — | | 300 |
| Ansbach . . | 440ß 280 | 25½ | 323 |
| Dinkelsbühl . | 9964 436 | 11 | 53 |
| Eichstädt . . | 2625 | | 36 |
| Erlangen . . | 88ß | | 4415 |
| Fürth . . . | 18600 — | | 789 |
| Nürnberg . . | 7629 — | | 911 |
| Rothenburg . . | 12058 — | | 7217 |
| Schwabach . . | 1081 — | | 172 |
| Würzburg . . | 3030ß 421 | 21½ | 590ß |
| Aschaffenburg . | 2455ß 169 | 46½ | 73 |
| Schweinfurt . . | 529ß 675 | | 161 |
| Augsburg . . | 11747 — | | 4463 |
| Kaufbeuern . . | 114 — | | 2668 |
| Kempten . . | 56ß | | 85 |
| Lindau . . | 43ß | | 149ß |
| Memmingen . . | 247 487 | 42 | 110ß |
| Neuburg . . | 18ß 93 | 2 | |
| Nördlingen . . | 784ß | | 341ß |

Beilage zum l. Regierungsblatte Nro. 30. vom Jahre 1851.

# Haupt=Rechnung

## der

## allgemeinen Brandversicherungs=Anstalt

in den

sieben Kreisen dießseits des Rheines

für das Etats=Jahr 18⁴⁹/₅₀.

(Mit Beilage I. bis V. und der resultirenden Nachweisung.)

Zahl der versicherten Gebäude im

| in den Regierungs-Bezirken | Hauptgebäude | | | | | Nebengebäude | | | |
|---|---|---|---|---|---|---|---|---|---|
| | I. Claffe. | II. Claffe. | III. Claffe. | IV. Claffe. | Summa. | I. Claffe. | II. Claffe. | III. Claffe. | IV. Claffe. |
| | Zahl | Zahl | Zahl | Zahl | Zahl | Zahl | Zahl | Zahl | Zahl |
| Oberbayern . . | 19530 | 4134 | 15611 | 65722 | 104997 | 15597 | 7758 | 9445 | 48761 |
| Niederbayern . . | 9451 | 3747 | 8641 | 54250 | 76089 | 9991 | 7469 | 8426 | 74642 |
| Oberpfalz und Regensburg . | 15149 $\frac{2}{3}$ | 8650 $\frac{1}{3}$ | 9586 $\frac{3}{4}$ | 34288 $\frac{2}{3}$ | 67675 $\frac{3}{4}$ | 7550 | 11122 $\frac{2}{3}$ | 4153 | 54803 $\frac{5}{12}$ |
| Oberfranken . . | 9865 $\frac{1}{2}$ | 31099 $\frac{1}{2}$ | 1612 $\frac{1}{4}$ | 23103 $\frac{3}{4}$ | 65680 $\frac{1}{2}$ | 5664 | 31605 $\frac{3}{24}$ | 641½ | 28632 $\frac{1}{4}$ |
| Mittelfranken . | 11447 $\frac{3}{4}$ | 57611 $\frac{1}{4}$ | 271 | 5717 | 75047 | 5948½ | 51075 $\frac{3}{4}$ | 90 | 6866 $\frac{1}{4}$ |
| Unterfranken und Aschaffenburg . | 8288 $\frac{1}{2}$ | 64937 | 210 | 18560 | 92034 $\frac{1}{2}$ | 7713 | 85058 $\frac{1}{4}$ | 540 | 19846 |
| Schwaben und Neuburg . . | 12180 | 25377 | 3871 | 40116 | 91544 | 12038 | 18679 | 1712 | 24800 |
| Gesammt-Summa | 95912 $\frac{1}{2}$ | 195556 $\frac{1}{12}$ | 39833 $\frac{1}{2}$ | 241766 $\frac{1}{12}$ | 573068 $\frac{1}{12}$ | 67501½ | 215767 $\frac{17}{24}$ | 25007½ | 257351 $\frac{2}{4}$ |
| Bestand im Jahre 18⁴⁸/₄₉ . . | 94651 $\frac{2}{3}$ | 195420 $\frac{1}{12}$ | 40110 $\frac{5}{6}$ | 241761 $\frac{5}{12}$ | 571943 $\frac{1}{2}$ | 66656½ | 214174 $\frac{17}{24}$ | 24927½ | 258023 $\frac{5}{14}$ |
| Es zeigt sich sonach gegen 18⁴⁸/₄₉ eine Mehrung . | 1261 | 135 $\frac{3}{5}$ | — | 4 $\frac{2}{3}$ | 1124 $\frac{1}{2}$ | 845 | 1593 | 80 | — |
| eine Minderung . | — | — | 277 | — | — | — | — | — | 672 $\frac{1}{8}$ |

| Jahre 18⁴⁰/₅₀. | | Assekuranz-Capitalien-Bestand im Jahre 18⁴⁰/₅₀. | | | | | |
|---|---|---|---|---|---|---|---|
| | Summe der Haupt- und Neben- gebäude | von vorstehenden Gebäuden der | | | | Summa. | |
| Summa. | | I. Classe | II. Classe | III. Classe | IV. Classe | | |
| Zahl | Zahl | Gulden | Gulden | Gulden | Gulden | Gulden | |
| 84561 | 189558 | 50358520 | 4401420 | 28959400 | 46508450 | 130'227,790 | |
| 100528 | 176617 | 19919350 | 3414560 | 13471390 | 40445950 | 77'251,250 | |
| 77629$\frac{1}{12}$ | 145304$\frac{3}{4}$ | 22267950 | 7711750 | 9446190 | 27210820 | 66'636,710 | |
| 69542$\frac{2}{3}$ | 135223$\frac{7}{12}$ | 18650580 | 28362820 | 1276190 | 18705200 | 66'994,790 | |
| 63980$\frac{3}{4}$ | 139027$\frac{3}{4}$ | 22135850 | 66529850 | 199100 | 4206050 | 93'070,850 | |
| 112157$\frac{1}{4}$ | 204191$\frac{3}{4}$ | 19849700 | 57589680 | 420670 | 11539680 | 89'399,730 | |
| 57229 | 148773 | 46264310 | 31044520 | 3511960 | 35373250 | 116'194,040 | |
| 565627$\frac{3}{4}$ | 1138695$\frac{5}{8}$ | 199446260 | 199054600 | 57284900 | 183989400 | 639'775,160 | |
| 563781$\frac{11}{12}$ | 1135725 | 195649300 | 196784900 | 57225420 | 183252120 | 632'911,740 | |
| 1845$\frac{5}{6}$ | 2970$\frac{1}{5}$ | 3796960 | 2269700 | 59480 | 737280 | 6'863,420 | |
| — | — | — | — | — | — | — | |

Vid. die resultirende Nachweisung unter den Columnen

| Belege | Vortrag | Partial-Summe fl. | kr. | hl | Totals fl. | kr. | hl |
|---|---|---|---|---|---|---|---|
| | **I. Einnahmen.** | | | | | | |
| II. | A. An Aktivresten vom Jahre 18⁴⁹/₄₉ laut der Kassen-bestands-Auszeige in der Columne XXI der resultirenden Nachweisung für das Jahr 18⁴⁹/₄₉ . . . | — | — | | 1'058,870 | 38 | 5 |
| III. | B. An Assekuranz-Beiträgen für das Jahr 18⁴⁹/₅₀ und zwar: | | | | | | |
| | I. Classe von der Versicherungssumme zu 199'446,260 fl. zu 9 kr. vom Hundert . . . | 299,169 | 23 | 2 | | | |
| | II. Classe von der Versicherungssumme zu 199'054,600fl. zu 10 kr. vom Hundert . . . | 331,757 | 40 | — | | | |
| | III. Classe von der Versicherungssumme zu 57'284,900fl. zu 11 kr. vom Hundert . . . | 105,022 | 19 | — | | | |
| | IV. Classe von der Versicherungssumme zu 183'989,400fl. zu 12 kr. vom Hundert . . . | 367,978 | 48 | — | 1'103,928 | 10 | 2 |
| IV. | C. An Supplementar-Beiträgen von anderen Regierungs-Bezirken . . . | — | — | | 160,000 | | |
| V. | D. An Zuschüssen von anderen Regierungs-Bezirken | — | — | | 270,000 | | |
| VI. | E. An Vorschüssen aus Staatskassen . . . | — | — | | 60,000 | | |
| VII. | F. An Extrafonds-Beiträgen von neuen Beitritten und erhöhten Assekuranz-Kapitalien . . . | — | — | | 11,032 | 54 | 3 |
| VIII | G. An besonderen Zuflüssen | | | | | | |
| | 1. in Oberbayern: | | | | | | |
| | a) Rechnungs-Defecte . . . | 6 | 32 | 2 | | | |
| | b) heimgefallene Brand-Entschädigung . . . | 272 | 28 | — | | | |
| | c) Umlage-Ueberschuß . . . | 15 | 38 | 2 | 294 | 38 | 4 |
| | Seitenbetrag | — | — | | 2'664,126 | 21 | 6 |

## Geld-Rechnung.

| Belege | Vortrag. | Geldbetrag. | | | | | |
|---|---|---|---|---|---|---|---|
| | | Partial- Summe. | | | Total- Summe. | | |
| | | fl. | kr. | bl. | fl. | kr. | bl. |
| | **Einnahmen.** | | | | | | |
| | Uebertrag . | — | — | | 2'664,126 | 21 | 6 |
| | **G. An besonderen Zuflüssen:** | | | | | | |
| | **2. in Niederbayern:** | | | | | | |
| | a. zurückersetzte Brand-Entschädigung . . | 166 | 40 | — | | | |
| | b. beimgefallene Brand-Entschädigung . . | 100 | — | — | | | |
| | c. Umlagen-Ueberschuß . . . . | 2 | 8 | — | | | |
| | d. Zinse aus angelegten Assekuranz-Geldern | 7 | 22 | — | | | |
| | e. Postporto-Rückvergütung . . . . . . | 6 | 33 | — | 282 | 43 | — |
| | **3. in der Oberpfalz und Regensburg:** | | | | | | |
| | Rechnungs-Defekte . . . . . . . . | — | — | | 14 | 21 | 1 |
| | **4. in Oberfranken:** | | | | | | |
| | a. zurückersetzte Brand-Entschädigung . . . | 32 | 30 | — | | | |
| | b. Zinse aus angelegten Assekuranz-Geldern . | 606 | 48 | — | | | |
| | c. verhängte Geldbuße . . . . . . | 5 | — | — | | | |
| | d. Einnahmen-Nachholungen . . . . | 49 | 53 | 1 | | | |
| | e. Postporto-Rückersatz . . . . . | 1 | 2 | — | 695 | 13 | 1 |
| | **5. in Mittelfranken:** | | | | | | |
| | a. Einnahmen-Nachholungen . . . . . | 39 | 6 | — | | | |
| | b. ersetzte Schätzungskosten . . . . | 7 | 12 | — | | | |
| | c. Zinse aus angelegten Kasse-Beständen . . | 2013 | 13 | 6 | 2059 | 31 | 6 |
| | **6. in Unterfranken und Aschaffenburg:** | | | | | | |
| | a. Zinse von angelegten Kasse-Beständen . | 841 | 17 | — | | | |
| | b. Einnahmen-Nachholungen . . . . | 30 | 30 | 4 | 871 | 47 | 4 |
| | **7. in Schwaben und Neuburg:** | | | | | | |
| | a. Zinse von angelegten Assekuranz-Geldern . | 66 | 54 | — | | | |
| | b. Einnahmen-Nachholungen . . . . . | 156 | 36 | — | 223 | 30 | — |
| | Summe der Einnahmen . | — | — | | 2'668,973 | 28 | 2 |

## Geld-Rechnung.

| Belege. | Vortrag. | Geldbetrag | | | | |
|---|---|---|---|---|---|---|
| | | Partial- | | | Total- | |
| | | Summe. | | | | |
| | | fl. | kr. | hl. | fl. | kr. hl. |
| | **II. Ausgaben.** | | | | | |
| | A. Passivrest vom Jahre 18⁴⁷/₄₈ laut der Kassebestands-Anzeige in der Columne XXII. der resultirenden Nachweisung für das Jahr 18⁴⁷/₄₈ . . . . | — | — | | 144,575 | 21 1 |
| I. | B. Geleistete Brand = Entschädigungen und zwar: | | | | | |
| | a) auf den Bestand der Vorjahre . . . . . | 98,773 | — | — | | |
| | b) für das Jahr 18⁴⁸/₄₉ . . . . . . . . | 980,540 | 15 | 2 | 1'079,313 | 15 2 |
| | C. Geleistete Supplementar = Beiträge nach der angefügten resultirenden Nachweisung Col. XII. | — | — | | 160,000 | — |
| | D. Geleistete Zuschüsse an andere Regierungsbezirke nach derselben Nachweisung Col. XIII. . . | — | — | | 270,000 | — |
| | E. Auf Rückzahlung der aus der Staatskasse erhaltenen Vorschüsse . . . . . . . . . | — | — | | 60,000 | — |
| II. | F. Auf Besoldungen, Pensionen, dann Functions-Remunerationen, und zwar: | | | | | |
| | a) für das Centralrechnungsbureau in Brandversicherungsgegenständen . . . . . . . . | 1076 | 36 | — | | |
| | b) für das Personal des ehemaligen Central-Rechnungsbureau der allgemeinen Brandversicherungsanstalt — an Pensionen . . . | 144 | — | | | |
| | c) für das Rechnungs- und Kanzleipersonal der k. Kreisregierungen . . . . . . . . | 2818 | — | | 4038 | 36 — |
| III. | G. Perceptionsgebühren von den einzuhebenden Beiträgen und zwar: | | | | | |
| | a) von den ordentlichen Concurrenzbeiträgen zu 1'103,928 fl. 10 kr. 2 hl. . . . . . . | 9,199 | 24 | | | |
| | b) von den Extrafondsbeiträgen zu 11,032 fl. 54 kr. 3 hl. . . . . . . . . . . | 91 | 56 | 4 | 9,291 | 20 4 |
| | Seitenbetrag | — | — | | 1'697,218 | 32 7 |

## Geld-Rechnung.

| Belege. | Vortrag. | Partial-Summe. fl. | kr. | bl. | Total-Summe. fl. | kr. | bl. |
|---------|----------|------|-----|-----|------|-----|-----|
| | **II. Ausgaben.** | | | | | | |
| | Uebertag . | — | — | | 1'697,218 | 32 | 7 |
| IV. | H. Schätzungsgebühren . . . . . . . | — | — | | 2,856 | — | — |
| V. | I. Geldlieferungs-Gebühren, Postporto, und Botenlöhne . . . . . . . . . | — | — | | 1,683 | 55 | — |
| | K. Besondere Ausgaben . . . . . . . | — | — | | 5,861 | 7 | 2 |
| | Summa der Ausgaben | — | — | | 1'707,619 | 35 | 1 |
| | **Abgleichung.** | | | | | | |
| | Einnahmen . . . . . . . . . . | — | — | | 2'668,273 | 28 | 2 |
| | Ausgaben . . . . . . . . . | — | — | | 1'707,619 | 35 | 1 |
| | Aktivrest . | — | — | | 960,653 | 53 | 1 |

**Bemerkung.** Unter der Summe des vorstehenden Aktivrestes ist der das Stockvermögen der Anstalt bildende Vorschußfond zu 923,882 fl. 14 kr. begriffen, und der über Abzug desselben verbleibende Ueberschuß von 36,771 fl. 39 kr. 1 bl. hat sich bei Berechnung des Gesammt-Ausschlages aus den für voll angenommenen Bruchhellern ergeben, geht sohin dem folgenden Jahre 18⁵⁰/₅₁ zu gut.

**Königliches Staatsministerium des Handels und der öffentlichen Arbeiten.**

| Regierungs-Bezirk. | Bezeichnung der | | Namen der betheiligten Individuen | Partial- | | Total- | |
|---|---|---|---|---|---|---|---|
| | Polizei- und Gerichts-Bezirke. | Ortschaften resp. Gemeinden. | | Betrag. | | | |
| | | | | fl. | kr. | fl. | kr. |
| | **A. Auf den Bestand der Vorjahre.** | | | | | | |
| Oberbayern. | Freising | Grumertshausen | Stadler, Math. | — | — | 1458 | 20 |
| | Friedberg | Liedl | Fritz, Simon | — | — | 857 | 9 |
| | Haag | Haag | Rauch, Alois | — | — | 937 | 30 |
| | Landsberg | Landsberg | Fuchs, Otto | 8066 | 40 | | |
| | | | Stechele, Joh. | 37 | 20 | | |
| | | | Schmid, Cblest. | 66 | 40 | | |
| | | | Spiegl, Apollonia | 33 | 20 | | |
| | | | Jägerhuber, Jos | 43 | 34 | | |
| | | | Seemüller, Raffo | 8 | 20 | | |
| | | | Ostermayer, Lor. | 13 | 20 | | |
| | | | Münch, Xav. | 12 | 30 | | |
| | | | Barth, Barth. | 38 | 20 | | |
| | | | Riedmüller, Lor. | 10 | — | | |
| | | | Hieb, Math. | 20 | — | 8350 | 4 |
| | München | Laim | Maier, Thomas | — | — | 300 | |
| | Neumarkt | Stephanskirchen | Kurzmüller, Xav. | — | — | 628 | |
| | Pfaffenhofen | Tegernbach | Ostermaier, Jos. | 1350 | | | |
| | | | Haunz, Martin | 18 | 45 | | |
| | | | Sedelmeier, Lor. | 42 | 37 | | |
| | | | Schober, Martin | 800 | | | |
| | | | Mooser, Blasius | 2150 | | | |
| | | Rottenegg | Bogenrieder, Vinz. | 1000 | | | |
| | | Eschelbach | Rieder, Jos. | 800 | | | |
| | | Rohrbach | Reger, Jos. | 1000 | | | |
| | | | Erl, Joseph | 600 | | | |
| | | | Schalk, Simon | 600 | | | |
| | | Gundersdorf | Haberl, Ulr. | 800 | | | |
| | | Dietersdorf | Eckstein, Jos. | 5415 | | | |
| | | | Rottenkolber, Andrä | 15 | | 14591 | 22 |
| | Rosenheim | Rosenheim | Foßlinger, Nik. | 25 | | | |
| | | | Frank, Ther. | 25 | | | |
| | | Thalham | Hefter, Barth. | 50 | | 100 | — |
| | Starnberg | Gilching | Mertl, Sebast. | — | — | 200 | |
| | München | München | Baumann, Xav. | 1600 | | | |
| | | | Schmid, Xaver | 750 | | 2250 | — |
| | | | **Summa A** | — | — | 29772 | 25 |

| Regierungs-Bezirk | Bezeichnung der Polizei- und Gerichts-Bezirke | Ortschaften resp. Gemeinden | Namen der betheiligten Individuen | Partial-Betrag fl. | kr. | Total-Betrag fl. | kr. |
|---|---|---|---|---|---|---|---|
| | | | **B. Vom Jahre 18.. 50** | | | | |
| Oberbayern. | Aibling | Oberaufham | Weber, Jos. | 1200 | — | | |
| | | | Rumel, Rupert | 12 | — | | |
| | | Westerhaan | Portenlänger, Joh. | 500 | — | | |
| | | Großkarolinenfeld | Schreck, Mich. | 800 | — | 2512 | — |
| | Aichach | Altmoos | Blum, Georg | 1400 | — | | |
| | | | Haunzmaier, Georg | 1000 | — | | |
| | | | Stocker, Maria | 83 | 20 | | |
| | | Grießbäckerzell | Tafler, Johann | 700 | — | | |
| | | Tandern | Mayr, Blasius | 600 | — | | |
| | | Adelzhausen | Röll, Antonie | 400 | — | | |
| | | | Stadler, Ulrich | 50 | — | 4233 | 20 |
| | Alsbetting | Waldberg | Brandl, Joh. | 153 | 20 | | |
| | | | Niederlehner, Peter | 50 | — | 203 | 20 |
| | Au | Neuhofen | Danner, Mart | — | — | 300 | — |
| | Berchtesgaden | Spinnenlohr | Hofreiter, Mich. | 5 | 49 | | |
| | | Königssee | Maderegger, Kath. | 42 | 9 | 47 | 58 |
| | Bruck | Mammendorf | Sanktjohanser's Wittwe | 163 | 50 | | |
| | | | Landinger, Jos. | 450 | — | | |
| | | | Zingrel, Kasp. | 400 | — | | |
| | | | Schallmann, Jos. | 400 | — | | |
| | | | Renner, Mich. | 150 | — | | |
| | | | Rapeller, Joh. | 1500 | — | | |
| | | | Huber, Eugen | 1250 | — | | |
| | | | Ullmann, Michael | 600 | — | | |
| | | | Huber, Xaver | 1000 | — | | |
| | | | Schmir, Joh. | 200 | — | | |
| | | | Pfleger Zachar. | 300 | — | | |
| | | | Fasching, Math. | 300 | — | | |
| | | Hattenhofen | Kobel, Peter | 12 | 30 | | |
| | | Geiselbulach | Danner, Georg | 600 | — | | |
| | | Eßling | Huber, Ignaz | 600 | — | | |
| | | | Duschel, Georg | 25 | — | | |
| | | Nannhofen | Wiedemann, Maria | 300 | — | | |
| | | Ebertshausen | Probst, Mich. | 900 | — | | |
| | | Unterschweinbach | **Rottenfusser, Lor.** | 400 | — | | |
| | | Ebertshausen | Gemeinde | 70 | — | 9621 | 20 |
| | | | Seite 1. | — | — | 16917 | 58 |

2

| Regierungs-Bezirk. | Bezeichnung der | | Namen der betheiligten Individuen. | Partial- Betrag. | | Total- Betrag. | |
|---|---|---|---|---|---|---|---|
| | Polizei- und Gerichts-Bezirke. | Ortschaften resp. Gemeinden. | | fl. | kr. | fl. | kr. |
| Oberbayern. | Dachau . . . . . | Odelzhausen . | Gröninger, Joh. . . | 800 | — | | |
| | | Langenpettenbach | Pfandner, Alois . . | 472 | 13 | | |
| | | Sulzemoos . . | Rupp, Joh. . . . | 400 | — | | |
| | | Fecht . . . . | Markl, Andrä . . | 2500 | — | | |
| | | Hilgertried . . | Loder, Lorenz . . | 2600 | — | | |
| | | Armetshofen . | Kellerer, Georg . . | 6000 | — | 12772 | 13 |
| | Ebersberg . . . . | Froschkern . . | Steffelbauer, Balt. . | 1818 | 10 | | |
| | | Oberneuching . | Krammer, Simon . | 3000 | — | | |
| | | Landsham . . | Balthammer, Mart. . | 1147 | 2 | | |
| | | Otterberg . . | Lang. Mich. . . . | 3000 | — | | |
| | | | Kreitteier Mart. . . | 3000 | — | | |
| | | | Huber, Andrä . . | 2400 | — | | |
| | | | Schrin, Blasius . . | 400 | — | | |
| | | | Maltauer, Joh. . . | 2200 | — | | |
| | | | Scheine, Ant. . . | 1225 | — | | |
| | | Poing . . . . | Schollweck, Joh. . | 2000 | — | | |
| | | Sanjau . . . | Birkmair, Gallus . | 900 | — | | |
| | | | Freiherr v. Eichthal . | 1300 | — | 22390 | 12 |
| | Erding . . . . . | Eitting . . . | Keller, Georg . . | 600 | — | | |
| | | Reisen . . . | Angermaier, Xaver . | 500 | — | | |
| | | Geiersberg . . | Huber, Peter . . | 300 | — | | |
| | | Grub . . . | Gruber, Simon . . | 700 | — | | |
| | | Zustorf . . . | Schmidhammer, Ign. | 600 | — | | |
| | | Sonnendorf . . | Kronseder, Simon . | 1200 | — | | |
| | | Pastetten . . . | Zehntmaier, Mart. . | 700 | — | | |
| | | | Kern. Math. . . . | 1500 | — | | |
| | | | Brunner, Balt. . . | 800 | — | | |
| | | | Maindl. Jos. . . | 1000 | — | | |
| | | | Aschbauer, Bart. . | 900 | — | | |
| | | | Reinthaler, Lor. . . | 400 | — | | |
| | | | Leipfinger, Mart. . | 4150 | — | | |
| | | Wifting . . . | Oberlaubler, Fr. . . | 650 | — | | |
| | | | Kramer, Anton . . | 300 | — | | |
| | | Altenerding . . | Seiwerd, Xaver . . | 3004 | — | | |
| | | Buch . . . . | Obermaier, Kasp. . | 600 | — | | |
| | | | | 17904 | — | | |
| | | | Seite 2 | | | 25162 | 25 |

| Regierungs-Bezirk. | Bezeichnung der | | Namen der betheiligten Individuen. | Partial- | | Total- | |
|---|---|---|---|---|---|---|---|
| | Polizei- und Gerichts-Bezirke. | Ortschaften resp. Gemeinden. | | Betrag. | | | |
| | | | | fl. | fr. | fl. | fr. |
| | | | Uebertrag | 17904 | — | | |
| | Erding . . . . | Erding . . . | Taubenthaler, Thom. | 1400 | — | | |
| | | Felden . . . | Probst, Kaspar . . | 800 | — | 20104 | — |
| | Freising . . . . | Marzling . . | Bauer Joh. . . | 1700 | — | | |
| | | | Herold, Paul . . | 30 | — | | |
| | | | Gals, Johann . . | 66 | 40 | | |
| | | | Desch, Joseph . . | 20 | — | | |
| | | Langenbach . . | Brindl, Mich. . . | 1200 | — | | |
| | | | Kalteis, Adam . . | 65 | — | | |
| | | | Gemeinde . . . | 300 | — | | |
| | | | Schreiber, Ant. . . | 2950 | — | | |
| | | Freising . . . | Beck, Jos. . . . | 600 | — | | |
| | | | Gerbl, Kathar. . . | 5975 | — | | |
| | | | Maader, . . . . | 130 | — | | |
| | | | Thaler, Barb. . . | 225 | — | | |
| | | | Maier, Kath. . . | 175 | — | | |
| | | Unterkienberg . | Käfer, Joh. . . | 400 | — | | |
| | | Lagelshausen . | Pschorr, Andr. . . | 2500 | — | | |
| | | | Werry, Heinr. . . | 750 | — | | |
| | | Hinterbuch . . | Uhl, Jacob . . . | 750 | — | | |
| | | | Uhl, Christoph . . | 800 | — | | |
| | | | Niedermaier, Jos. . | 1800 | — | | |
| | | Hohenbercha . | Maier, Urban . . | 1250 | — | | |
| | | Moos . . . | Schleibinger, Joh. . | 1464 | — | | |
| | | Halbergmoos . | Kirchlechner, Andr. . | 800 | — | | |
| | | Messerhausen . | Hufnagel, Simon . | 550 | — | | |
| | | | Oßler, Andr. . . | 1000 | — | | |
| | | | Roder, Georg . . | 20 | — | | |
| | | | Premel, Joh. . . | 26 | 40 | | |
| | | Eixendorf . . | Meßner, Mich. . . | 1000 | — | | |
| | | Allertshausen . | Boos, Christian . | 1152 | 56 | | |
| | | | Boos, Mich. . . | 17 | 30 | | |
| | | Unterkienbach . | Simpel, Mich. . . | 2133 | 20 | | |
| | | | Kern, Math. . . | 1200 | — | 31051 | 6 |
| | | | Seite 3. | — | — | 51155 | 6 |

Oberbayern.

2*

| Regierungs-Bezirk | Bezeichnung der Polizei- und Gerichts-Bezirke | Ortschaften resp. Gemeinden | Namen der betheiligten Individuen | Partial-Betrag fl. | kr. | Total-Betrag fl. | kr. |
|---|---|---|---|---|---|---|---|
| Oberbayern. | Friedberg . . . . | Kissing . . . | Haider, Bened. . . | 200 | — | | |
| | | Lechhausen . . | Burger, Anton . . | 700 | — | | |
| | | | Weninger, Xav. . . | 800 | — | | |
| | | Friedbergerau . | Geiger, Peter . . . | 150 | — | | |
| | | Malzhausen . . | Schmid, Joh. . . | 3600 | — | | |
| | | | Bihler, Mich. . . . | 3300 | — | | |
| | | Rohrberg . . . | Haindl, Ant. . . . | 330 | — | | |
| | | | Grassl, Joh. . . . | 1600 | — | | |
| | | | Hackl, Jos. . . . | 810 | — | | |
| | | Harthofen . . . | Reunmayr, Jac. . . | 500 | — | | |
| | | Mehring . . . | Resch, Bernh. . . | 200 | — | 12190 | — |
| | Haag . . . . . | Bergholz . . . | Grünhofer, Georg . | 400 | — | | |
| | | Niesberg . . . | Eisenauer, Peter . . | 150 | — | | |
| | | | k. Aerar . . . . | 83 | 20 | | |
| | | Holzland . . . | Kastner, Joh. . . . | 500 | — | 1133 | 20 |
| | Ingolstadt . . . . | Gerolfing . . . | Heckl, Nikol. . . . | 200 | — | | |
| | | | Schichl, Math. . . | 20 | — | | |
| | | Feldkirchen . . | Strahlbergers Wittwe | 250 | — | | |
| | | Schilwitzried . | Randelshofer, Lor. . | 700 | — | | |
| | | Brunneneuth . | Derel, Korn. . . . | 600 | — | | |
| | | | Reell, Mart. . . . | 685 | 43 | | |
| | | Rockelfing . . . | Arthofer, Sirt. . . | 500 | — | | |
| | | | Hainz, Joh. . . . | 750 | — | | |
| | | | Kirzinger, Joh. . . | 400 | — | | |
| | | Westenhausen . | Stark, Joh. . . . | 500 | — | | |
| | | Ilmendorf . . | Schneider, Jos. . . | 750 | — | | |
| | | Dünzing . . . | Zachrl, Georg . . | 300 | — | | |
| | | | Krining, . . . . | 466 | 40 | | |
| | | Katharinenberg . | Kolbinger, Joh. . | 500 | — | | |
| | | Kleinmehring . | Rumpferl, Ant. . . | 200 | — | | |
| | | | Hacker, Jak. . . . | 9 | 22 | | |
| | | Vohburg . . . | Schabenberger, Jos. . | 384 | 37 | | |
| | | Stainham . . | Bacherl, Math. . . | 560 | — | | |
| | | | Resch, Mich. . . . | 10 | — | | |
| | | Friedrichshofen . | Bauer, Chr. . . . | 10 | — | | |
| | | | | 7796 | 22 | | |
| | | | Seite 4 | — | — | 13323 | 20 |

| Regierungs-Bezirk. | Bezeichnung der Polizei- und Gerichts-Bezirke. | Ortschaften resp. Gemeinden. | Namen der betheiligten Individuen. | Partial-Betrag. fl. | kr. | Total-Betrag. fl. | kr. |
|---|---|---|---|---|---|---|---|
| | | | Uebertrag | 7796 | 22 | | |
| | Ingolstadt . . . . | Kasing . . . | Bachhuber, Joh. . . | 400 | — | | |
| | | | Lachermaier, Andr. . | 20 | 24 | | |
| | | Hartacker . . | Leutner, Anton . . | 171 | 25 | | |
| | | Oberhaunstadt . | Donelli, Carl . . . | 600 | — | | |
| | | | Götz, Johann . . . | 1100 | — | | |
| | | | Riedl, Franz . . . | 250 | — | | |
| | | | Huber, Jos. . . . | 350 | — | | |
| | | | Wiedmann, Xav. . . | 3060 | — | | |
| | | | Meixner, Pfarrer . . | 333 | 20 | 14081 | 31 |
| Oberbayern. | Landsberg . . . . | Jodelstetten . . | Holzmüller, Joh. . | 1900 | — | | |
| | | | Oswald, Georg . . | 8 | 45 | | |
| | | Dießen . . . | Kamerlocher, Ant. . | 250 | — | | |
| | | | Schelle, Joh. . . | 200 | — | | |
| | | | Maier, Kasp. . . . | 200 | — | | |
| | | | Reindl, Math. . . | 150 | — | | |
| | | | Kiendl, Seb. . . | 53 | 20 | | |
| | | | Storch, Georg . . | 30 | — | | |
| | | Wallerhausen . | Waller, Jos. . . . | 600 | — | | |
| | | | Scherer, Franz . | 50 | — | | |
| | | Prittraching . | Rehm, Anton . . | 900 | — | | |
| | | Pitzling . . | Pfluger, Jos. . . . | 2000 | — | 6322 | 5 |
| | Laufen . . . . . | Windach . . . | Ernst, Math. . . . | 150 | — | | |
| | | Oberau . . . | Jellmaier, Maria . . | 400 | — | | |
| | | Obereichet . . | Anleithner, Jos. . . | 500 | — | | |
| | | Friedling . . | Weyherer, Peter . . | 35 | 44 | 1085 | 44 |
| | Miesbach . . . . | Harzberg . . . | Hertl, Jos. . . . | 600 | — | | |
| | | Au . . . . | Diemooser, Mart. . | 100 | — | | |
| | | Fellach . . . | Schwinger, Joh. . . | 150 | — | 850 | — |
| | Moosburg . . . . | Moosburg . . | Oberbriebler, Joh. . | 570 | — | | |
| | | Furth . . . | Hofmann, Balt. . . | 2000 | — | | |
| | | Unterzolling . . | Wiesheu, Mart. . . | 25 | — | | |
| | | Günding . . . | Schäffler, Georg . . | 1500 | — | | |
| | | Nötting . . . | Ostermaier, Kresc. . | 1070 | — | | |
| | | Saulohe . . | Forster'sche Relikten | 1150 | — | | |
| | | | | 6315 | — | | |
| | | | Seite 5 | — | — | 22339 | 20 |

| Regierungs-Bezirk | Bezeichnung der | | Namen der betheiligten Individuen. | Partial- | | Total- | |
|---|---|---|---|---|---|---|---|
| | Polizei- und Gerichts-Bezirke. | Ortschaften resp. Gemeinden. | | Betrag. | | | |
| | | | | fl. | fr. | fl. | fr. |
| | | | Uebertrag | 6315 | — | | |
| | Moosburg . . . . | Besenried . . . | Maier, Joh. . . . | 1010 | — | | |
| | | Nandelstadt . . | Reindl, Jos. . . . | 187 | 30 | | |
| | | | Loibl, Vitus . . . | 1100 | — | | |
| | | Au . . . . . | Link, Nikl. . . . . | 1500 | — | | |
| | | | Gantner, Lor. . . | 1000 | — | | |
| | | | Mally, Therese . . | 1000 | — | | |
| | | | Angermaier, Joh. . | 730 | — | | |
| | | | Brandstätter, Mich. . | 850 | — | | |
| | | Haag . . . . | Fainer, Steph. . . | 1100 | — | | |
| Oberbayern. | | | Mittermaier, Mart. . | 350 | — | | |
| | | | Hacker, Joh . . . | 800 | — | | |
| | | | Eisenmann, Gg. . . | 2300 | — | | |
| | | | Lechner, Mart. . . | 150 | — | | |
| | | | Hirster, Xav. . . . | 300 | — | | |
| | | | Brumer, Jos. . . . | 1770 | — | | |
| | | | Bichel, Seb. . . . | 1000 | — | | |
| | | | Greißl, Georg . . | 800 | — | | |
| | | | Heilmayr, Ant. . . | 2187 | 30 | | |
| | | Thann . . . | Würtemberger, Ulr. . | 500 | — | | |
| | Mühldorf . . . . | Lauterbach . . | Bur, Thomas . . | 600 | — | 25550 | — |
| | München . . . . | Jsmaning . . | Breitmayer, Fr. . . | — | — | 550 | — |
| | | Feldkirchen . . | Heilmair, Andr. . . | 570 | — | | |
| | | Untermenzing . | Hermann, Lor. . . | 800 | — | | |
| | | Unterhaching . | Müller, Jos . . . | 6015 | — | | |
| | | Grafelfing . . | Aschenbrier, Max . | 4200 | — | | |
| | | Kirchheim . . | Lobsensky, Franziska . | 600 | — | | |
| | | Aubing . . . | Wenhardt, Jos. . . | 1200 | — | | |
| | | | Schmidt, Georg . . | 700 | — | | |
| | Neumarkt . . . . | Hassenham . . | Unsin, Magnus . . | 450 | — | 14535 | — |
| | | St. Veit . . . | Nickelbauer, Joh. . | 400 | — | | |
| | | Kaps . . . . | Frhr. v. Speck-Sternburg | 3000 | — | | |
| | | Kiening . . . | Bauer Joh. . . . | 350 | — | | |
| | | | Huber, Lor. . . . | 370 | — | 4120 | — |
| | | | Seite 6 | — | — | 44755 | — |

| Regierungs-Bezirk | Bezeichnung der | | Namen der betheiligten Individuen | Partial- | | Total- | |
|---|---|---|---|---|---|---|---|
| | Polizei- und Gerichts-Bezirke. | Ortschaften resp. Gemeinden. | | Betrag. | | | |
| | | | | fl. | kr. | fl. | kr. |
| Oberbayern. | Pfaffenhofen . . . | Ilmmünster . . | Vigthum, Math. . . | 700 | — | | |
| | | Geisenfeld . . | Pohl, Xaver . . . | 800 | — | | |
| | | | Widmann, Mich. . . | 800 | — | | |
| | | | Strobel, Math. . . | 600 | — | | |
| | | | Ruf, Mich. . . . | 17 | 30 | | |
| | | | Schrott, Xaver . . | 40 | — | | |
| | | | Mayer, Eva . . . | 600 | — | | |
| | | Wollnpach . . | Lutz, Georg . . . | 500 | — | | |
| | | Lampertshausen . | Brunner, Anton . . | 3350 | — | | |
| | | | Gemeinde . . . | 300 | — | | |
| | | | Höckmayr, Leonh. . | 57 | 30 | | |
| | | | Hanrieder, Math. . | 600 | — | | |
| | | | Neumaier, Math. . | 2100 | — | | |
| | | Grünstetten . . | Schilling, Jos. . . | 1200 | — | | |
| | | Stelzenhofen . . | Fuchs, Georg . . | 520 | — | | |
| | | Ankofen . . . | Reiter, Johann . . | 64 | — | | |
| | | Langweid . . . | Ilmberger, Mich. . | 800 | — | | |
| | | | Keller, Peter . . | 1100 | — | | |
| | | | Kissler, Mich. . . | 800 | — | | |
| | | Ehrenberg . . | Reiter, Mart. . . | 800 | — | | |
| | | Eck . . . . | Etangelmair, Xav. . | 800 | — | | |
| | | Grundholm . . | Hahn, Jakob . . . | 1000 | — | | |
| | | Unterzell . . . | Kepler, Jakob . . | 100 | — | | |
| | | Winden . . . | Lausacker, Mich. . | 2700 | — | | |
| | | Buchelsried . . | Zehntmair, Joh. . . | 552 | 30 | | |
| | | Unternützenbach . | Hofmann, Joseph . | 2600 | — | 24081 | 30 |
| | Rain . . . . . | Gempfing . . | Pfaffenzeller, Jos. . | 100 | — | | |
| | | Riedham . . . | Braun, Mich. . . | 500 | — | | |
| | | | Pirle, Maria . . . | 75 | — | | |
| | | | Schwittger, Wenz. . | 500 | — | | |
| | | Kuhhausen . . | Augustin, Jos. . . | 900 | — | | |
| | | | Muhlpointner, Cresc. | 400 | — | | |
| | | | Gemeinde . . . | 100 | — | | |
| | | Weiden . . . | Ketterle, Leonh. . . | 4061 | 32 | | |
| | | | Reiter, Jos. . . . | 75 | — | | |
| | | Riedham . . . | Sieber, Anton . . | 50 | — | 6761 | 32 |
| | | | Seite 7 | — | — | 30843 | 2 |

| Regierungs-Bezirk. | Bezeichnung der | | Namen der betheiligten Individuen. | Partial- | | Total | |
|---|---|---|---|---|---|---|---|
| | Polizei- und Gerichts-Bezirke. | Ortschaften resp. Gemeinden. | | Betrag. | | | |
| | | | | fl. | kr. | fl. | kr. |
| Oberbayern. | Rosenheim . . . . | Großholzhausen . | Kellner, Aug . . . | 200 | — | | |
| | | Rosenheim . . | Schneider, Marg. . | 200 | — | | |
| | | Moos . . . | Esterer, Jos. . . | 1440 | — | 1840 | — |
| | Reichenhall . . . | Schwarzbach . . | Buchner, Franz . | — | — | 6000 | — |
| | Schongau . . . . | Filgertshofen . . | Bechler, Erb. . | 121 | — | | |
| | | Peiting . . . | Rieger, Joh. . . | 600 | — | | |
| | | | Berghofer, Leonh. . | 300 | — | | |
| | | | Schelle, Mart. . . | 22 | 30 | | |
| | | Bergniederhofen . | Stöckl, Xav. . . . | 1100 | — | | |
| | | | Schleich, Mich. . | 250 | — | | |
| | | | Tannenberger, Xav. . | 46 | 40 | | |
| | | Buchschern . . | Auborn, Andr. . | 950 | — | 3390 | 10 |
| | Schrobenhausen . . | Sattelberg . . | Maier, Simon . . | 900 | — | | |
| | | Schrobenhausen . | Niggl, Epid . . | 1800 | — | | |
| | | | Schöberl, Anton . | 157 | 30 | | |
| | | | Müller, Jos. . . | 20 | — | | |
| | | | Kopfmüller, Jos. . | 370 | — | | |
| | | | Widmann, Kasp. . | 225 | — | | |
| | | | Hackel, Joh. . . | 115 | — | | |
| | | | Frühbeiß, Gallus . | 28 | — | | |
| | | Rachelsbach . . | Pauli, Jos. . . | 650 | — | | |
| | | Abelshausen . . | Maier, Lorenz . | 500 | — | | |
| | | Waidhofen . . | Moser, Xav. . . | 1033 | 20 | | |
| | | Klosterberg . . | Forster, Jos. . . | 450 | — | | |
| | | Hohenwarth . . | Liebhard, Georg . | 705 | — | | |
| | | Mühlried . . | Wäckerle, Andr. . | 350 | — | | |
| | | Freinhausen . . | Hofner, Mart. . . | 600 | — | | |
| | | Thlerham . . | Heiger, Peter . . | 1400 | — | 9303 | 50 |
| | Starnberg . . . . | Ramsau . . | Schuster, Carl . | 7760 | — | | |
| | | Germering . . | Beck, Florian . . | 200 | — | | |
| | | Oberbrunn . . | Heinrich, Nik. . . | 1200 | — | | |
| | | Tutzing . . . | Graf v. Viergg . | 83 | 20 | | |
| | | Biburg . . . | Streber, Jakob . . | 300 | — | | |
| | | | Schuster, Sim. . . | 2000 | — | | |
| | | | Schammerl, Joh. . | 1200 | — | | |
| | | | Färber, Joh. . . | 300 | — | | |
| | | | | 13043 | 20 | | |
| | | | Seite 8 | — | — | 20534 | — |

| Regierungs-Bezirk. | Bezeichnung der | | Namen der betheiligten Individuen. | Partial- | | Total- | |
|---|---|---|---|---|---|---|---|
| | Polizei- und Gerichts-Bezirke. | Ortschaften resp. Gemeinden. | | Betrag. | | | |
| | | | | fl. | kr. | fl. | kr. |
| | | | Uebertrag | 13043 | 20 | | |
| | Starnberg . . . . | Biburg . . . | Caspar Jos. . . . | 600 | — | | |
| | | | Kandler, Math. . . | 400 | — | | |
| | | | Metzger, Johann . . | 600 | — | | |
| | | | Kloiber, Leonh. . . | 100 | — | | |
| | | | Lechner, Franz . . | 400 | — | | |
| | | | Metzger, Jos. . . . | 250 | — | | |
| | | | Barberich, Adam . | 1000 | — | | |
| | | | Braunmüller, Steph. . | 1000 | — | | |
| | | | Wunschner, Dion. . | 600 | — | | |
| | | | Wagner, Magnus . . | 20 | — | | |
| | | | Abnigl, Johann . . | 300 | — | | |
| | | | Brunböck, Krec. . . | 600 | — | | |
| | | | Wenzl, Jos. . . . | 400 | — | | |
| Oberbayern. | | | Sedelmeier, Joh. . . | 500 | — | | |
| | | Buchhof . . . | Ritter von Maffei . | 3528 | 36 | 23341 | 56 |
| | Tölz . . . . . | Bühl . . . | Pfandler Mar. . . | 150 | — | | |
| | | | Adlwart, Marr. . . | 250 | — | | |
| | | | Fichl, Rupert . . | 200 | — | | |
| | | | Ringer, Franz . . | 50 | — | | |
| | | | Schwaiger, Mich. . | 400 | — | | |
| | | | Maier, Jos. . . . | 400 | — | | |
| | | | Thomwaller, Beno . | 300 | — | | |
| | | | Oswald, Balt. . . | 400 | — | | |
| | | | Gebhard, Kasp. . . | 3 | 38 | | |
| | | | Maier, Jak. . . . | 12 | 30 | | |
| | | Sauersberg . . | Walther, Joh. . . | 250 | — | 2416 | 8 |
| | Traunstein . . . | Unterbichl . . . | Appacher, Anna . . | 50 | — | | |
| | | Riedling . . . | Schwanker, Jak. . . | 300 | — | | |
| | | | Kolber, Franz . . | 300 | — | 650 | — |
| | Trostberg . . . . | Reit . . . . | Strasser, Franz . . | — | — | 8 | 20 |
| | Wasserburg . . . | Moos . . . | Kohlhuber, Andr. . . | 100 | — | | |
| | | Schützed . . . | Bichelmaier, Thom. . | 100 | — | 200 | — |
| | Werdenfels . . . . | Garmisch . . | Glatzl, Anr. . . . | 6 | 40 | | |
| | | Schwaiganger . | Fehlerhof, Jos. . . | 150 | — | 156 | 40 |
| | | | Seite 9 | — | — | 26773 | 4 |

3

| Regierungs-Bezirf. | Bezeichnung der | | Namen der betheiligten Individuen. | Partial- | | Total- | |
|---|---|---|---|---|---|---|---|
| | Polizei- und Gerichts-Bezirke. | Ortschaften resp. Gemeinden. | | Betrag. | | | |
| | | | | fl. | kr. | fl. | kr. |
| | Weilheim . . . . | Aindling . . . | Erzensberger, Joh. . | 1400 | — | | |
| | | Huglfing . . . | Epenesberger, Joh. | 1000 | — | | |
| | | Schledorf . . . | Schmid, Gregor . . | 1200 | — | | |
| | | Messenbrunn . . | Kober, Bernh. . . | 1300 | — | | |
| | | Stadel . . . | Hofmann, Anna . . | 100 | — | | |
| | | Marelried . . | Feistl, Georg . . | 1800 | — | 6800 | |
| | Wolfrathshausen . . | Egling . . . | Springer, Johann . | 300 | — | | |
| | | Bachhausen . . | Egger, Xaver . . . | 400 | — | | |
| | | | Much, Moth. . . | 1200 | — | | |
| | | Rich . . . . | Eimper, Bapt. . . | 2490 | — | | |
| | | Icking . . . | Joachim, Therese . | 3037 | 30 | | |
| | | Wolfrathshausen . | Weis, Franz . . | 30 | — | 7457 | 30 |
| Oberbayern. | Prien . . . . . | Bach . . . . | Deifer, August . . | — | — | 261 | 48 |
| | München . . . . | München . . . | Schimon, Augustin . | — | — | 1100 | — |
| | Ingolstadt . . . . | Ingolstadt . . | Baumann, Paul . . | 484 | 17 | | |
| | | | Heimbihler . . . | 6 | — | | |
| | | | Berner'sche Relikten | 8 | — | | |
| | | | Kauderer, Anton . . | 875 | — | | |
| | | | Frank, Domin. . . | 100 | — | | |
| | | | Schmid, Kathar. . . | 37 | 30 | | |
| | | | Braun, Johanna . . | 32 | — | | |
| | | | Bruner, Jos. . . . | 1 | 40 | | |
| | | | Herzl, Ursula . . | 3 | — | 1547 | 27 |
| | | | Seite 10 | — | — | 17166 | 45 |
| | | | Hiezu  „   9 | — | — | 26773 | 4 |
| | | | „   8 | — | — | 20534 | — |
| | | | „   7 | — | — | 30843 | 2 |
| | | | „   6 | — | — | 44755 | — |
| | | | „   5 | — | — | 22339 | 20 |
| | | | „   4 | — | — | 13323 | 20 |
| | | | „   3 | — | — | 51155 | 6 |
| | | | „   2 | — | — | 35162 | 25 |
| | | | „   1 | — | — | 16917 | 58 |
| | | | Summa B. | — | — | 278970 | — |
| | | | Dazu  „  A. | — | — | 29772 | 25 |
| | | | Gesammt-Summa | — | — | 308742 | 25 |

| Regierungs-Bezirk | Bezeichnung der | | Namen der betheiligten Individuen | Partial-Betrag | | Total-Betrag | |
|---|---|---|---|---|---|---|---|
| | Polizei- und Gerichts-Bezirke. | Ortschaften resp. Gemeinden. | | fl. | kr. | fl. | kr. |
| **Niederbayern.** | **A. Auf den Bestand der Vorjahre.** | | | | | | |
| | Bogen . . . . | Walchenberg . | Brunner, Gg. . . | — | — | 100 | — |
| | Deggendorf . . . | Vielweichs . . | Straßer, Math. . . | 300 | — | | |
| | | Hettenkofen . | Plank, Franz . . | 2200 | — | 2500 | — |
| | Dingolfing . . . . | Teisbach . . . | Scherbl, Jos. . . | 175 | — | | |
| | | | Oeschauer, Jos. . | 18 | — | | |
| | | | Freimuth, Jos. . . | 23 | — | | |
| | | | Zinnagel, Mich. . . | 11 | 26 | 227 | 26 |
| | Griesbach . . . . | Unterschwarzenbach | Kren, Jos. . . . | — | — | 100 | — |
| | Hengersberg . . . | Roding . . | Zacher, Joh. . . | 1 | 30 | | |
| | | Helming . . | Schlederer, Franz . | 800 | — | | |
| | | | Hüttinger, Jos. . . | 750 | — | 1551 | 30 |
| | Kehlheim . . . . | Arnhofen . . | Sandbüchler, Ign. . | — | — | 125 | — |
| | Landau . . . . . | Wallersdorf . | Itlinger, Mich. . . | 5000 | — | | |
| | | | Schönberger, Jak. . | 2600 | — | | |
| | | | Miethammer, Johann | 3 | — | | |
| | | Neuhausen | Fischer, Magdal. . | 3801 | — | | |
| | | | Kriener, Rup. . . | 30 | — | | |
| | | Pilsting . . | Strohmaier, Paul . | 1653 | — | | |
| | | Unterfrauenholz . | Schwimbeck, Ther. . | 100 | — | 13187 | — |
| | Mallersdorf . . . | Pfaffenberg . | Rauter, Georg . . | — | — | 50 | — |
| | Passau H. . . . . | Eglsee . . . | Knodenbauer, Jak. . | — | — | 266 | 40 |
| | Rottenburg . . . | Pfeffenhausen . | Fruhwirth, Gg. . . | — | — | 7 | 30 |
| | Viechtach . . . | Virka . . . . | Meindl, Andr. . . | 200 | — | | |
| | | | Amberger, Joseph . | 450 | — | 650 | — |
| | Vilsbiburg . . . . | Wolferting . | Neuhofer, Joh. . . | — | — | 750 | — |
| | | | **Summa A.** | — | — | 19515 | 6 |
| | **B. Vom Jahre 1849/50.** | | | | | | |
| | Abensberg . . . | Train . . . . | Weinzierl, Heinr. . | 500 | — | | |
| | | | Klarl, Anton . . | 600 | — | | |
| | | Oberulrain . | Gemeinde . . . . | 150 | — | | |
| | | Neustadt . . | Giertl, Michael . . | 1150 | — | | |
| | | Eining . . | Weigl, Mich. . . | 350 | — | | |
| | | Schwaig . . | Amberger, Ad. . . | 1400 | — | | |
| | | | Schinkofer, Jak. . . | 22 | 45 | | |
| | | Jenfing . . | Pirzer, Anton . . | 50 | — | | |
| | | Mainburg . . | Neumaier, Joh. . . | 76 | 40 | 4299 | 25 |
| | | | | — | — | 4299 | 25 |

| Regierungs-Bezirk | Bezeichnung der | | Namen | Partial- | | Total | |
|---|---|---|---|---|---|---|---|
| | Polizei- und Gerichts-Bezirke. | Ortschaften resp. Gemeinden. | der betheiligten Individuen. | Betrag. | | | |
| | | | | fl. | kr. | fl. | kr. |
| Niederbayern. | Bogen . . . . . | Schwarzenbach . | Karpfinger, Jos. . . | 500 | — | | |
| | | Furth . . . . | Bugl, Franz . . . | 1150 | — | | |
| | | | Kastenmaier, Fr. . . | 10 | 25 | | |
| | | Neuhausen . . | Ehrl, Ther. . . . | 50 | — | | |
| | | | Helmbrecht, Jos. . . | 6 | — | | |
| | | Bogenberg . | Eckl, Carl . . . | 872 | 44 | | |
| | | | Spindler, Jos. . . | 36 | — | | |
| | | | Drax, Math. . . . | 6 | — | | |
| | | Ohmühle . . | Ohmüller, Jos. . . | 1822 | 37 | | |
| | | Bogen . . . | Böck, Carl . . . | 30 | — | 4483 | 46 |
| | Deggendorf . . . | Deggendorf . . | Münsterer, Gg. . . | 2828 | 33 | | |
| | | | Kufner, Jos. . . . | 43 | 45 | | |
| | | | Vorsprecher, Mich. . | 617 | 51½ | 3490 | 9¼ |
| | Eggenfelden . . . | Thal . . . . | Ehmüller, Joh. . . | 100 | — | | |
| | | Brandstetten . | Steckermair, Joh. . | 80 | — | | |
| | | Panzing . . | Hutstein, Joh. . . | 400 | — | | |
| | | | Wöcherl, Anton . . | 100 | — | | |
| | | | Irnsberger, Johann . | 100 | — | | |
| | | | Maier, Sebastian . | 100 | — | | |
| | | Jägerdorf . . | Kufner, Michael . | 100 | — | 880 | — |
| | Grafenau . . . . | Schabham . | Kufner, Michael . | 600 | — | | |
| | | | Neudorfer, Sim. . | 600 | — | | |
| | | | Gerlinger, Andr. . | 21 | 26½ | | |
| | | | Leider, Thom. . | 3 | 7½ | | |
| | | Schönanger . | Leidinger, Franz . | 270 | — | 1494 | 34 |
| | Griesbach . . . . | Parzham . . | Frankenberger, Joh. . | 1900 | — | | |
| | | Singham . . | Gollwitz, Barb. . | 130 | — | | |
| | | Höhenham . | Schauhuber, Gg. . | 500 | — | | |
| | | | Stolz, Jos. . . | 300 | — | | |
| | | | Lederer, Mich. . | 300 | — | | |
| | | | Huber, Jos. . . | 800 | — | | |
| | | Griesbach . | Stieglmair, Gg. . | 600 | — | 4530 | — |
| | Wegscheid . . . | Schmierlsberg . | Knollmüller, Xav. . | 2000 | — | | |
| | | Rohrbach . | Geier, Jos. . . | 620 | — | | |
| | | | Kargl, Andr. . . | 296 | 40 | | |
| | | Jarding . . . | Ballinger, Mich. . | 401 | 40 | 3318 | 20 |
| | | | Seite 2 | — | | 18196 | ¼ |

| Regierungs-Bezirk | Bezeichnung der | | Namen | Partial | | Total | |
|---|---|---|---|---|---|---|---|
| | Polizei- und Gerichts-Bezirke. | Ortschaften resp. Gemeinden. | der betheiligten Individuen. | Betrag. | | | |
| | | | | fl. | kr. | fl. | kr. |
| Niederbayern. | Kelheim . . . . . | Trugen . . . . | Jakob Joh. . . . | 550 | — | | |
| | | Kelheim . . . | Schröbel, Kath. . . | 250 | — | | |
| | | | Lindel, Jof. . . . | 9 | 45 | | |
| | | | Graß, Bruno . . . | 15 | — | | |
| | | | Gemeinde . . . . | 137 | 33 | | |
| | | Raffenhofen . . | Schenk, Jof. . . . | 300 | — | | |
| | | Peterfecking . . | Kreppmaier, Jof. . | 5 | — | 1267 | 18 |
| | Röhting . . . . | Warzenried . . | Mühlbauer, Jof. . | 560 | — | | |
| | | Zeltendorf . . | Wenfauer, Andr. . | 300 | — | | |
| | | | Greifinger, Thom. . | 150 | — | | |
| | | | Wenfauer, Jof. . . | 200 | — | | |
| | | | Wanninger, Jof. . | 200 | — | | |
| | | | Pletz, Andr. . . . | 258 | — | | |
| | | hl. Blut . . . | Mühlbauer, Jof. . . | 130 | — | | |
| | | Neukirchen . . | Wanninger, Xaver | 130 | — | | |
| | | Eggenburg . . | Graßl, Andr. . . . | 65 | — | 1993 | — |
| | Landau . . . . . | Erling . . . | Lippl, Bart. . . . | 400 | — | | |
| | | Rohrbach . . | Eckl, Gg. . . . | 4450 | — | | |
| | | Framering . . | Mofer, Carl . . . | 200 | — | | |
| | | Wildthurn . . | v. Polignak, Fürst | 3426 | 40 | 8476 | 40 |
| | Landshut . . . . | Haunwang . . | Niedermaier, Mich. | 400 | — | | |
| | | | Held, Mich. . . . | 400 | — | 800 | — |
| | Mallersdorf . . . | Graßlfing . . | Etlerstorfer, Joh. . | 400 | — | | |
| | | Habersbach . . | Greif, Jof. . . | 874 | 17 | | |
| | | Wallkofen . . | Heiß, Bart. . . . | 1200 | — | | |
| | | Schierling . . | Seidl, Job. . . . | 400 | — | | |
| | | | Rogl, Mich. . . . | 1500 | — | | |
| | | | Liftl, Jof. . . . | 600 | — | | |
| | | | Hofmeister, Mich. | 300 | — | | |
| | | | Kollbeck, Xav. . . | 2300 | — | | |
| | | | Forster, Ant. . . | 1300 | — | | |
| | | | Gerl, Jof. . . . | 10000 | — | | |
| | | | Kaifer, Math. . . | 1200 | — | | |
| | | | Neumaier, Ant. . . | 1000 | — | | |
| | | | Huttenkofer, Med. | 300 | — | | |
| | | | Achhamer, Peter . . | 550 | — | | |
| | | | | 21924 | 17 | | |
| | | | Seite 3 | — | — | 12536 | 55 |

| Regierungs-Bezirk | Bezeichnung der | | Namen der betheiligten Individuen. | Partial- | | Total- | |
|---|---|---|---|---|---|---|---|
| | Polizei- und Gerichts-Bezirke. | Ortschaften resp. Gemeinden. | | Betrag. | | | |
| | | | | fl. | kr. | fl. | kr. |
| | | | Uebertrag | 21924 | 17 | | |
| Niederbayern. | Mallersdorf . . . | Langenhettenbach | Hilz, Franz . . . | 800 | — | | |
| | | | Schönharl, Georg . | 10 | — | 22734 | 17 |
| | Mitterfeld . . . . | Pürgl . . . | Stadler, Mich. . . | — | — | 900 | — |
| | Osterhofen . . . . | Altenmarkt . . | Aschenbrenner, Math. | 300 | — | | |
| | | Holzhausen . . | Heißing, Mich. . . | 350 | — | | |
| | | Neutiefenweg . | Schirmer, Mich. . . | 400 | — | | |
| | | Künzing . . . | Bitzelsberger, Kath. . | 1554 | — | | |
| | | | Bernreiter, Carl . . | 400 | — | | |
| | | | Eder, Christ. . . . | 4340 | — | | |
| | | | Wallner, Pfarrer . . | 1175 | — | | |
| | | | Rauchegger, Joseph . | 2348 | 45 | | |
| | | | Cultus-Stiftung . . | 2000 | — | | |
| | | | Payerl, Joseph . . | 25 | — | | |
| | | Güttersdorf . . | Irber, Joh. . . . | 2000 | — | | |
| | | | Bachhuber, Peter . . | 2507 | 30 | | |
| | | | Gassenhuber, Sebast. . | 6 | — | | |
| | | | Luginger, Gg. . . | 4 | 15 | | |
| | | Buchhofen . | Willinger, Joh. . . | 12 | 25 | | |
| | | | Gierl, Joh. . . . | 14 | 10 | | |
| | | | Leitl, Andr. . . . | 2050 | — | | |
| | | | Aigner, Peter . . . | 2962 | — | | |
| | | | Kiermaier, Joh. . . | 1012 | 13 | | |
| | | | Wiesmair, Joh. . . | 2400 | — | 25861 | 18 |
| | Passau I. . . . . | Untersölden . . | Niederhofer, Thom. . | — | — | 200 | — |
| | Passau II. . . . . | Augenthal . . | Huber, Mart. . . | 50 | — | | |
| | | Rathhof . . | Flieher, Jos. . . | 100 | — | | |
| | | Obereindb . . | Willendorfer, . . | 200 | — | 350 | — |
| | Pfarrkirchen . . . | Sieglstorf . . | Willenecker, Joh. . | — | — | 5904 | 17 |
| | Regen . . . . . | Kandlbach . . | Birnböck, Joh. . . | 110 | — | | |
| | | Seiboldsried . . | Loibl, Jos. . . . | 825 | — | | |
| | | | Dax, Jos. . . . | 400 | — | | |
| | | | Pon, Georg . . . | 400 | — | | |
| | | Obernagelbach . | Marx, Jos. . . . | 650 | — | | |
| | | Burggrafenried . | Schauer, Jos. . . | 1070 | — | | |
| | | | Süß, Georg . . . | 5 | — | 3460 | — |
| | | | Seite 4 | — | — | 59409 | 52 |

| Regierungs-Bezirk | Bezeichnung der | | Namen der betheiligten Individuen | Partial-Betrag | | Total-Betrag | |
|---|---|---|---|---|---|---|---|
| | Polizei- und Gerichts-Bezirke. | Ortschaften resp. Gemeinden. | | fl. | kr. | fl. | kr. |
| Niederbayern | Rottenburg. . . . | Ergolsbach . . | Huber, Jak. . . . | 1100 | — | | |
| | | | Buchmaier, Jof. . . | 700 | — | | |
| | | | Reiter, Xav. . . | 120 | — | | |
| | | | Gemeinde . . . | 150 | — | | |
| | | | Berger, Andr. . . | 5 | 33 | | |
| | | Eschenlohe . | Weidenspanner, Gg. . | 200 | — | | |
| | | Eichstädt . . . | Prieler, Maria . . | 500 | — | 2775 | 33 |
| | Rotthalmünster . . | Heitzing . . . | Bauernschufter, Maria | — | — | 30 | — |
| | Simbach . . . . | Graßschopf . . | Kochseder, Anton . | 150 | — | | |
| | | Oberjulbach . . | Schickl, Joh. . . . | 950 | — | | |
| | | | Reichenlehner, Andr. . | 750 | — | 1850 | — |
| | Straubing . . . . | Straßkirchen . | Baumann, Jof. . . | 50 | — | | |
| | | Schwimmbach . | Ostermaier, Mich. . | 300 | — | | |
| | | Mitterödling . | Hilmer, Sebaft. . . | 500 | — | | |
| | | | Schmid, Joh. Bapt. . | 800 | — | | |
| | | | Meier, Jof. . . | 1300 | — | | |
| | | | Lexmer, Gg. . . | 900 | — | | |
| | | | Stuckmaier, Joh. . | 900 | — | | |
| | | | Kaun, Joh. . . . | 20 | — | | |
| | | Schwimmbach . | Weiß, Ignatz . . | 1200 | — | | |
| | | Wiesendorf . . | Kiesel, Andr. . . | 1150 | — | | |
| | | | Cultus-Stiftung . | 800 | — | | |
| | | | Ott, Michael . . | 1800 | — | | |
| | | | Gschwind, Math. . | 3400 | — | | |
| | | Kühnach . . . | Semmelmann, Sim. . | 500 | — | | |
| | | | Knott, Mich. . . . | 7 | 12 | 13627 | 12 |
| | Viechtach . . . . | Zurkenried . . | Kroner, Jak. . . | — | — | 256 | 50 |
| | Vilsbiburg . . . | Witzelsdorf . . | Erlmaier, Jan. . . | — | — | 107 | 30 |
| | Wegscheid . . . | Gagenbach . . | Weidinger, Raim. . | 30 | — | | |
| | | Jandelsbrunn . | Schmid, Joseph . | 450 | — | | |
| | | | Rosenberger, Gg. . | 1866 | 40 | | |
| | | | Lescheck, Alb. . . | 500 | — | | |
| | | | Kurzmichl, Joh. . . | 300 | — | | |
| | | | Brühmüller, Joh. . | 2312 | 30 | | |
| | | | Schmöller, Joh. . . | 133 | 20 | | |
| | | | Pöschl, Joh. . . . | 150 | — | | |
| | | | | 5742 | 30 | | |
| | | | Seite 5 | — | — | 18647 | 5 |

| Regierungs-Bezirk | Bezeichnung der Polizei- und Gerichts-Bezirke. | Ortschaften resp. Gemeinden. | Namen der betheiligten Individuen. | Partial-Betrag fl. | kr. | Total-Betrag fl. | kr. |
|---|---|---|---|---|---|---|---|
| | | | Uebertrag | 5742 | 30 | | |
| | Wegscheid . . . . | Jandelsbrunn . | Kreß, Gg. . . . . | 16 | 15 | | |
| | | Meßnerschlag . | Viehböck, Ant. . . | 120 | — | 5878 | 45 |
| | Wolfstein . . . . | Perlesreuth . . | Bittner, Ther. . . | 62 | 30 | | |
| | | Freyung . . . | Kienzl, Joh. . . . | 600 | — | | |
| | | | Reichenberger, Fr. . | 6700 | — | | |
| | | | Wiesbauer, Joh. . . | 1700 | — | | |
| | | | Mayer, Jak. . . . | 98 | 20 | | |
| | | | Plöchl, Gg. . . . | 343 | 45 | | |
| | | | Gailinger, Kath. . . | 133 | 20 | | |
| | | | Pauli, Georg . . . | 12 | 48 | 9650 | 43 |
| Niederbayern. | Landshut Mag. . . | Landshut . . . | Lechner, Mart. . . | 900 | — | | |
| | | | Lederer, Sebastian . | 10 | — | 910 | — |
| | Straubing . . . . | Straubing . . . | Everer, Jos. . . . | 600 | — | | |
| | | | Witzelsberger, Jos. . | 100 | — | | |
| | | | Baumgartner, Andr. . | 30 | — | | |
| | | | Engelram, Jak. . . | 6800 | — | | |
| | | | Busel, Gg. . . . | 20 | — | | |
| | | | Mayer, Jos. . . . | 1228 | — | 8778 | — |
| | | | Seite 6 | — | — | 25217 | 28 |
| | | | Hiezu „ 5 | — | — | 18647 | 5 |
| | | | „ „ 4 | — | — | 59409 | 52 |
| | | | „ „ 3 | — | — | 12536 | 58 |
| | | | „ „ 2 | — | — | 18196 | 49¼ |
| | | | „ „ 1 | — | — | 4299 | 25 |
| | | | Summa B. | — | — | 138307 | 37¼ |
| | | | Dazu „ A. | — | — | 19515 | 6 |
| | | | Gesammt-Summa | — | — | 157823 | 43¼ |

| Regierungs-Bezirk | Bezeichnung der | | Namen der betheiligten Individuen. | Partial- | | Total- | |
|---|---|---|---|---|---|---|---|
| | Polizei- und Gerichts-Bezirke. | Ortschaften resp. Gemeinden. | | Betrag. | | | |
| | | | | fl. | kr. | fl. | kr. |
| **A. Auf den Bestand der Vorjahre.** | | | | | | | |
| *Oberpfalz und Regensburg.* | Amberg . . . . | Germersdorf . | Gehr, Jos. . . . | 252 | 40 | | |
| | | | Augsburger, Barb. . | 300 | — | | |
| | | | Peter, Seb. . . | 366 | 40 | | |
| | | | Gemeinde . . . | 250 | — | | |
| | | | Singer, Franz . . | 13 | 20 | 1182 | 40 |
| | Burglengenfeld . . | Kunzdorf . . . | Beck, Josef . . | 100 | — | | |
| | | Saaß . . . . | Hirthaus . . . | 50 | — | 150 | — |
| | Cham . . . . . | Räukam . . . | Eisenreich, Joh. . . | 6 | — | | |
| | | Cham . . . . | Siebenhandel, Paul . | 40 | — | | |
| | | | Schuster, Elisab. . | 13 | 20 | 59 | 20 |
| | Erbendorf . . . . | Burggrub . . . | Witzl, Joh. . . | 700 | — | | |
| | | | Sailer, Bartl . . | 400 | — | | |
| | | | Schieder, Gottlieb . | 50 | — | | |
| | | | Hulzer, Joh. . . | 10 | — | | |
| | | | Burucker, Joh. . . | 20 | — | | |
| | | | Maier, Joh. . . | 30 | — | | |
| | | Siegritz . . | Hofmann, Joh. . . | 500 | — | | |
| | | | Mill, Gottlieb . . | 600 | — | | |
| | | | Müller, Christ. . . | 800 | — | | |
| | | | Pappenberger, Joh. . | 20 | — | | |
| | | Silbermühl . . | Kuchenreuther, Georg | 800 | — | 3930 | — |
| | Eschenbach . . . | Neustadt . . . | Reis, Georg . . . | 3 | 20 | | |
| | | Thomasreuth . . | Reger, Nepomuk . . | 10 | — | | |
| | | Speinshardt . . | Schlich, Joh. . . | 11 | 6 | 24 | 26 |
| | Hilpoltstein . . . | Heubühl . . . | Müller, Konr. . . | — | — | 570 | — |
| | Kastl . . . . | Kastl . . . . | Ehrensberger, Math. | — | — | 36 | — |
| | Nabburg . . . | Nabburg . . . | Hofmann Andr. . . | — | — | 6 | 40 |
| | Neumarkt . . . | Neumarkt . . | Thomas, Gottfr. . . | — | — | 41 | 40 |
| | Neustadt . . . | Maienhof . . | Käs, Andr. . . . | — | — | 595 | — |
| | Rittenau . . . | Bruck . . . | Kulzer, Franz . . | 200 | — | | |
| | | | Wierdl, Xav. . . | 8 | — | | |
| | | Nittenau . . | Janker, Joh. . . | 1500 | — | | |
| | | | Stauber, Franz . . | 36 | — | | |
| | | | Bauer, Jos. . . | 60 | 17 | | |
| | | Vorderangsberg . | Brunner, Xav. . . | 510 | — | 2314 | 17 |
| | | | Seite 1 | — | — | 8910 | 3 |

4

| Regierungs-Bezirk. | Bezeichnung der | | Namen der betheiligten Individuen. | Partial- | | Total- | |
| | Polizei- und Gerichts-Bezirke. | Ortschaften resp. Gemeinden. | | Betrag. | | | |
| | | | | fl. | kr. | fl. | kr. |
|---|---|---|---|---|---|---|---|
| *Oberpfalz und Regensburg.* | Regensburg . . . | Regensburg . . | Adler, Dorothea . . | 7 | 30 | | |
| | | | K. Aerar . . . . | 1323 | 58 | 1331 | 28 |
| | Regenstauf . . . | Schönachhof . . | Weigert, Anna . . | — | — | 106 | — |
| | Sulzbach . . . . | Königstein . . | Horst, Eva . . . | — | — | 15 | — |
| | Stadtamhof . . . | Obertraubling . | Krempl, Franz . . | — | — | 100 | — |
| | Wohenstrauß . . . | Miesbrun . . . | Wagner, Jos. . . | 770 | | | |
| | | | Stahl'sche Relikten . | 500 | | 1270 | — |
| | Waldmünchen . . . | Hechabrun . . | Löffler, Joh. . . | — | — | 85 | — |
| | Weiden . . . . . | Wiesendorf . . | Klein, Lorenz . . . | — | — | 430 | — |
| | Wörth . . . . . | Wörth . . . | Schwarzfischer Peter | — | — | 133 | 20 |
| | | | Seite 2 | — | — | 3470 | 48 |
| | | | Hiezu „ 1 | | | 8910 | 3 |
| | | | Summa A. | — | — | 12380 | 51 |

**B. Vom Jahre 18 49/50.**

| Regierungs-Bezirk. | Polizei- und Gerichts-Bezirke. | Ortschaften resp. Gemeinden. | Namen der betheiligten Individuen. | fl. | kr. | fl. | kr. |
|---|---|---|---|---|---|---|---|
| | Auerbach . . . . | Grünhof . . . | Schremmers Relikten | — | — | 41 | 40 |
| | Burglengenfeld . . | Schmidmühlen . | Wohlfachtel, Phil. . | 800 | — | | |
| | | | Jäger, Franz . . . | 21 | 25 | 821 | 25 |
| | Eschenbach . . . . | Grafenwöhr . . | Maier, Mich. . . | 10 | — | | |
| | | | Höfel, Franz . . | 10 | — | | |
| | | Preffath . . . | Staufer, Georg . . | 500 | — | | |
| | | | Gradl, Jos. . . | 800 | — | | |
| | | | Fenzl, Adam . . | 13 | 45 | | |
| | | | Haunstein, Joh. . | 13 | 20 | 1347 | 5 |
| | Hilpoltstein . . . | Ebenried . . . | Beiz, Kath. . . . | — | — | 270 | — |
| | Rasil . . . . . | Pilsach . . . | Lang, Joh. . . . | — | — | 400 | — |
| | Kemnath . . . | Kötzersdorf . . | Sendlbeck, Anna . . | 200 | — | | |
| | | Wirbenz . . . | Porsch, Georg . . | 907 | 30 | | |
| | | | Kreuzer, Martin . . | 1920 | — | | |
| | | | Haberstroh, Joh. . | 880 | — | | |
| | | | Meßner, Math. . . | 5 | — | | |
| | | | Merkl, Joh. . . | 14 | — | | |
| | | | Braun, Konr. . . | 3 | 20 | | |
| | | | Bauer, Wolfg. . . | 76 | — | | |
| | | | Schmid, Joh. . . | 60 | — | | |
| | | | Merkl, Barb. . . | 30 | — | | |
| | | | | 4095 | 50 | | |
| | | | Seite 4 | — | — | 2880 | 10 |

| Regierungs-Bezirk. | Bezeichnung der | | Namen der betheiligten Individuen. | Partial- | | Total- | |
|---|---|---|---|---|---|---|---|
| | Polizei- und Gerichts-Bezirke. | Ortschaften resp. Gemeinden. | | Betrag. | | | |
| | | | | fl. | kr. | fl. | kr. |
| | | | Uebertrag | 4095 | 50 | | |
| | Kemnath . . . . | Wirbenz . . . | Merkl, Joh. . . . | 46 | 40 | | |
| | | | Kreutzer, Konr. . . | 36 | — | | |
| | | | Bart, Joh. . . . | 33 | 20 | | |
| | | | Meßner, Joh. . . | 66 | 40 | | |
| | | | Fink, Georg . . | 33 | 20 | | |
| | | | Dörfler, Mich. . . | 120 | — | | |
| | | | Fink, Joh. . . . | 425 | — | | |
| | | | Graf, Kasp. . . | 80 | — | | |
| | | | Dreß, Mich. . . . | 83 | 20 | | |
| | | | Wunderlich, Wilh. . | 40 | — | | |
| | | | Fischer, Joh. . . | 48 | 7 | | |
| | | | Merkl, Joh. . . . | 60 | — | | |
| | | | Porsch, Joh. . . . | 80 | — | | |
| | | | Fick, Joh. . . . | 10 | — | | |
| | | | Meßner, Math. . . | 5 | — | | |
| | | | Bauer, Peter . . | 3 | 40 | | |
| | | Kulmain . . . | Mathes, Mart. . . | 900 | — | | |
| | | Ebnath . . . | Hofmann und Burger | 800 | — | | |
| | | | König, Peter . . . | 850 | — | | |
| | | | Fischer und Deuerling | 800 | — | | |
| | | | Pöllmann, Joh. . . | 450 | — | | |
| | | | Bauer, Jos. . . . | 150 | — | | |
| | | | Eckart, Joh. . . . | 25 | — | | |
| | | Berndorf . . . | Bächer, Reinh. . . | 3000 | — | | |
| | | | Späckner, Wolfg. . | 175 | — | | |
| | | | Popp, Joh. . . . | 43 | 45 | | |
| | | | Graml, Jac. . . . | 22 | 30 | | |
| | | | Hautmann, Joh. . . | 25 | — | | |
| | | | Schultes, Jac. . . | 116 | 40 | | |
| | | | Schultes, Joh. . . | 40 | — | | |
| | | Brand . . . | Pöllmann, Wolfg. jun. | 1000 | — | | |
| | | | Pöllmann, Wolfg. sen. | 750 | — | | |
| | | | König, Joh. . . . | 700 | — | | |
| | | | Reger, Joh. . . . | 950 | — | | |
| | | | Melzner, Jos . . . | 800 | — | | |
| | | | | 16565 | 52 | | |
| | | | Seite 2 | — | — | — | — |

Oberpfalz und Regensburg.

4*

| Regierungs-Bezirk. | Bezeichnung der | | Namen der betheiligten Individuen. | Partial- | | Total- | |
|---|---|---|---|---|---|---|---|
| | Polizei- und Gerichts-Bezirke. | Ortschaften resp. Gemeinden. | | Betrag. | | | |
| | | | | fl. | kr. | fl. | kr. |
| | | | Uebertrag | 16865 | 52 | | |
| | Kemnath . . . . | Brand . . . | Ziegler, Kasp . . . | 400 | — | | |
| | | | Sticht, Theres . . | 500 | — | | |
| | | | Nickl, Johann . . | 562 | 30 | | |
| | | | Purner, Stephan . | 5 | — | | |
| | | | König, Joseph . | 53 | 20 | | |
| | | | König, Thomas . | 49 | 20 | | |
| | | | König, Konrad . . | 103 | 45 | | |
| | | | Popp, Georg . . . | 38 | 20 | | |
| | | | Söllners Relikten . | 10 | — | | |
| | | | Taubner, Joh. . | 15 | 20 | | |
| | | | Pöllath, Joh. . . | 14 | 15 | | |
| | | | Köppel, Jos. . . | 7 | 34 | | |
| | | | Ritter, Joh. . . | 6 | 45 | | |
| | | | König, Joh. . . . | 2 | — | | |
| | | | König, Joh. . . | 3 | — | | |
| | | | Brunner, Joh. . . | 10 | 46 | | |
| | | | Gemeinde . . . . | 4 | — | | |
| | | Kastl . . . | Gröbner, Kathar. . | 22 | 38 | | |
| | | Treffau . . | Bodenschatz, Andr. . | 553 | 20 | | |
| | | Witzelsreuth . . | Wolf, Mich. . . | 3 | — | 10230 | 45 |
| | Neumarkt . . . . | St. Helena . . | Pruy, Elis. . . . | — | — | 100 | — |
| | Oberviechtach . . . | Altenschneeberg . | Pömerl, Joh. . . | 500 | — | | |
| | | Obermurnach | Krämer, Math. . . | 1200 | — | | |
| | | | Baumer, Joh. . . | 2400 | — | | |
| | | | Wild, Christ. . . | 2500 | — | | |
| | | | Albang. Peter . . | 4100 | — | | |
| | | | Zerschl, Barb. . . | 450 | — | | |
| | | | Hofbauer, Joh. . . | 600 | — | | |
| | | | Ringelstädter, Joh. . | 1000 | — | | |
| | | | Ekl, Joh. . . . | 2700 | — | | |
| | | | Galli, Andr. . . | 500 | — | | |
| | | | Härtl, Englb. . . | 65 | 45 | | |
| | | | Lindl, Sebast. . . | 37 | 30 | | |
| | | | Thanner, Barb. . | 27 | 30 | | |
| | | | | 16080 | 45 | | |
| | | | Seite 3 | — | — | 19530 | 45 |

Oberpfalz und Regensburg

| Regierungs-Bezirk | Bezeichnung der Polizei- und Gerichts-Bezirke. | Ortschaften resp. Gemeinden. | Namen der betheiligten Individuen. | Partial-Betrag fl. | kr. | Total-Betrag fl. | kr. |
|---|---|---|---|---|---|---|---|
| | | | Uebertrag | 16080 | 45 | | |
| | Oberviechtach . . . | Obermurach . | Fröhler, Mich. . . | 30 | 51 | | |
| | | | Gemeinde . . . | 15 | 51 | | |
| | | | Brunner, Bapt. . . | 46 | 40 | | |
| | | | Hartinger, Christ. . | 24 | 42 | | |
| | | | Krieger, Jos. . . . | 9 | 8 | | |
| | | | Böck, Johann . . . | 39 | 12 | | |
| | | | Krämer, Math. sen. . | 61 | 24 | | |
| | | | Bauer, Franz . . | 112 | 59½ | | |
| | | Wildstein. . . . | Heindl, Mich. . . . | 915 | — | 17336 | 32½ |
| | Parsberg . . . . | Hohenburg . . | Schmidt, Mich. . . | 1783 | 20 | | |
| | | | Hubmaier, Jos. . . | 52 | 30 | | |
| | | Hohenfels . . | Bauer, Andr. . . . | 50 | — | 1885 | 50 |
| | Regenstauf . . . . | Regenstauf . . | Prem, Xav. . . | 845 | — | | |
| | | | Schmid, Franz . . | 240 | — | | |
| | | | Schätz, Franz . . | 1850 | — | | |
| | | | Demmel, Andr. . . | 570 | — | | |
| | | | Münster, Vinz. . . | 2200 | — | | |
| | | | Gemeinde . . . | 100 | — | | |
| | | | Hopfner, Joh. . . | 20 | — | | |
| | | | Hettenkofer Jos. . . | 2150 | — | | |
| | | | Kuchler, Mich. . . | 1500 | — | | |
| | | | Straubinger, Jos. . | 500 | — | | |
| | | | Deml, Jos. . . | 300 | — | | |
| | | | Würdinger, Sim. . . | 150 | — | | |
| | | | Haas, Stephan . . | 1200 | — | | |
| | | | Gemeinde . . . | 3500 | — | | |
| | | | Schwarz, Jos. . . | 700 | — | | |
| | | | Hettenkofer, Jos. . | 600 | — | | |
| | | | Graßmann, Mich. . | 960 | — | | |
| | | | Kuchler, Mich. . . | 1643 | 20 | | |
| | | | Mang, Jos. . . | 1200 | — | | |
| | | | Bauer, Kasp. . . | 290 | — | | |
| | | | Hinterberger, Gg. . | 10 | — | | |
| | | | Melzl, Franz . . | — | 20 | | |
| | | | | 21668 | 40 | | |
| | | | Seite 4. | — | — | 19222 | 22½ |

(Regierungs-Bezirk, vertical: Oberpfalz und Regensburg.)

| Regierungs-Bezirk | Bezeichnung der Polizei- und Gerichts-Bezirke. | Ortschaften resp. Gemeinden. | Namen der betheiligten Individuen. | Partial Betrag fl. | kr. | Total Betrag fl. | kr. |
|---|---|---|---|---|---|---|---|
| | | | Uebertrag | 21668 | 40 | | |
| | Regenstauf . . . | Regenstauf . . | Schmid, Apotheker . | 6 | — | | |
| | | | Demel, Jos. . . . | 9 | — | | |
| | | | Hettenkofer, Xav. . | 2 | — | | |
| | | | Eams, Joh. . . . | 4 | — | 21689 | 40 |
| | Riedenburg . . . | Leinerstadt . . | Gemeinde . . . . | 200 | — | | |
| | | Mallersletten . | Kienast, Mich. . . | 600 | — | | |
| | | Thaunhausen . | Reng, Mich. . . . | 300 | — | 1100 | — |
| | Roding . . . . . | Kalberhäusel . | Scheuchengruber, Mich. | 128 | 34 | | |
| | | Schwaig . . | Solleder, Gg. . . | 200 | — | 328 | 34 |
| Oberpfalz und Regensburg. | Stadtamhof . . . | Haglstadt . . | Wild, Johann . . | 700 | — | | |
| | | | Huber, Bartl . . | 800 | — | | |
| | | Hinkofen . . | Hofstetter Andr. . | 600 | — | | |
| | | Oberhardt . . | Kreitmeier, Jos. . | 500 | — | | |
| | | Pfakofen . . | Gabriel, Georg . . | 600 | — | | |
| | | Taimering . . | Rhörl, Georg . . | 300 | — | 3500 | — |
| | Sulzbach . . . . | Obereinbach . . | Ertl, Joh. . . . | 300 | — | | |
| | | | Deperl, Heinr. . . | 1015 | — | | |
| | | | Spieß, Andr. . . . | 33 | 20 | 1348 | 20 |
| | Tirschenreuth . . . | Mähring . . | Ott, Joseph . . . | 1005 | — | | |
| | | | Hartl, Hilarius . . | 1149 | 56 | | |
| | | | Kohl, Peter . . . | 150 | — | | |
| | | | Reisenecker, Mich. . . | 60 | — | 2364 | 56 |
| | Vilseck . . . . . | Greffenwöhr . . | Spieß, Barb. . . . | 450 | — | | |
| | | | Burger, Anton . | 450 | — | | |
| | | | Schönberger, Joh. . | 46 | 52½ | | |
| | | Eigras . . . | Pirner, Gg. . . . | 300 | — | | |
| | | | Renner, Gg. . . . | 30 | — | 1276 | 52½ |
| | Vohenstrauß . . . | Döllnitz . . | Bäumler, Carl . . | 945 | — | | |
| | | Lickenried . . | Götz, Joh. . . . | 1480 | — | | |
| | | | Reil, Mich. . . . | 1766 | — | | |
| | | | Galligendorfer, Joh. . | 700 | — | | |
| | | | Hirmer, Joh. . . . | 600 | — | | |
| | | | Götz, Thom. . . | 285 | — | | |
| | | | Gradl, Jos. . . . | 1000 | — | | |
| | | | | 6776 | — | | |
| | | | Seite 5 | — | — | 31608 | 13½ |

| Regierungs-Bezirk. | Bezeichnung der Polizei- und Gerichts-Bezirke. | Ortschaften resp. Gemeinden. | Namen der betheiligten Individuen. | Partial-Betrag fl. | kr. | Total-Betrag fl. | kr. |
|---|---|---|---|---|---|---|---|
| Oberpfalz und Regensburg. | Vohenstrauß | Lickenried | Uebertrag | 6776 | — | | |
| | | | Herdegen, Mich. | 35 | — | | |
| | | | Götz, Kasp. | 150 | — | | |
| | | | Braun, Mich. | 22 | 30 | | |
| | | | Zirlbauer, Mich. | 100 | — | | |
| | | | Rail's Wittwe | 18 | 20 | | |
| | | Raimling | Gieler, Joh. | 1720 | — | | |
| | | | Bader, Bapt. | 13 | — | | |
| | | Kleinschwand | Gemeinde | 400 | — | | |
| | | | Beinder, Gg. | 1260 | — | | |
| | | | Zwack, Mich. | 1270 | — | | |
| | | | Steger, Gg. | 1140 | — | | |
| | | | Hartinger, Mich. | 1210 | — | | |
| | | | Kick, Peter | 930 | — | | |
| | | | Steger, Mich. | 1000 | — | | |
| | | | Steger, Bartl | 650 | — | | |
| | | | Bartl, Joh. | 1040 | — | | |
| | | | Burger, Kath. | 1100 | — | | |
| | | | Steger, Steph. | 1040 | — | | |
| | | | Seibert, Jos. | 930 | — | | |
| | | | Zwack, Gg. | 1120 | — | | |
| | | | Meckl, Ad. | 1040 | — | | |
| | | | Rösner, Math. | 740 | — | | |
| | | | Burger Barb. u. Mich. | 980 | — | | |
| | | | Baierl, Andr. | 2580 | — | | |
| | | | Bodensteiner, Mich. | 53 | 7 | | |
| | | | Gollwitzer, Adam | 91 | 20 | | |
| | | | Schmaus, Mich. | 68 | — | | |
| | | | Steger, Mich. | 50 | — | | |
| | | | Balk, Georg | 12 | 30 | | |
| | | | Weimler, Sebl | 100 | — | 27639 | 47 |
| | Waldmünchen | Voithenberg | Freih. v. Voithenberg | — | — | 25 | — |
| | Waldsassen | Waldsassen | Schmid, Joh. | 45 | — | | |
| | | Wiesau | Pfarr-Stiftung | 23 | 36 | 68 | 36 |
| | | | Seite 6 | — | — | 27733 | 23 |

| Regierungs-Bezirk | Bezeichnung der | | Namen der betheiligten Individuen | Partial- | | Total- | |
| | Polizei- und Gerichts-Bezirke. | Ortschaften resp. Gemeinden. | | Betrag. | | | |
| | | | | fl. | kr. | fl. | kr. |
|---|---|---|---|---|---|---|---|
| Oberpfalz und Regensburg. | Weiden . . . . | Kaltenbrun . . | Rösch, Joh. . . . | 433 | 20 | | |
| | | | Kummer, Joh. . . | 900 | — | | |
| | | | Reger, Konr. . . | 1930 | — | | |
| | | | Schnabl, Liebh. . . | 850 | — | | |
| | | | Gemeinde . . . | 600 | — | | |
| | | | Uschold, Friedr. . . | 1435 | — | | |
| | | | Ritter, Joh. . . | 990 | — | | |
| | | | Götz, Gg. . . . . | 800 | — | | |
| | | | Helmreich, Joh. . . | 800 | — | | |
| | | | Leutner, Jac. . . | 350 | — | | |
| | | | Stark, Mich. . . | 400 | — | | |
| | | | Leutner, Joh. . . | 250 | — | | |
| | | | Hofmann, Maria . | 170 | — | | |
| | | | Kraus, Anna . . | 810 | — | | |
| | | | Harrer, Andr. . . | 50 | — | | |
| | | | Harrer, Heinr. . | 270 | — | | |
| | | | Wiesgickl, Kasp. . | 15 | — | | |
| | | | Kraus, Andr. . . | 225 | — | | |
| | | | Hofmann, Math. . | 10 | — | | |
| | | | Schmidbauer, Jos. . | 40 | — | | |
| | | | protest. Schulhaus . | 15 | — | | |
| | | | Pürzer, Joh. . . | 15 | — | | |
| | | | Poß, Paul. . . | 15 | — | | |
| | | | Ermer, Wolfg. . . | 10 | — | | |
| | | Tanzfleck . . . | Hirsch, Stephan . . | 3430 | — | | |
| | | | Ritter, Andr. . . | 1050 | — | | |
| | | | Ertl, Joh. . . . | 380 | — | | |
| | | | Schmidt, Georg . | 440 | — | | |
| | | | Triebeck, Joh. . . | 1330 | — | | |
| | | | Heldmann. Joh. . . | 130 | — | | |
| | | Jachenried . . | Schwägerl, Gg. . . | 10 | — | | |
| | | | Hartwig, Lor. . . | 1400 | — | | |
| | | | Warzer, Andr. . . | 1650 | — | | |
| | | | Warzer, Michael . | 1450 | — | | |
| | | | Graf, Mich. . . | 1400 | — | | |
| | | | Ries, Franz . . . | 1050 | — | | |
| | | | | 25103 | 20 | | |
| | | | Seite 7 | — | — | — | — |

| Regierungs-Bezirk. | Bezeichnung der | | Namen der betheiligten Individuen. | Partial- | | Total- | |
|---|---|---|---|---|---|---|---|
| | Polizei- und Gerichts-Bezirke. | Ortschaften resp. Gemeinden. | | Betrag. | | | |
| | | | | fl. | kr. | fl. | kr. |
| | | | Uebertrag | 25103 | 20 | | |
| | Weiden . . . . . | Jachenried . . | Forster, Mart. . . | 770 | — | | |
| | | | Kirchenstiftung . . | 25 | — | | |
| | | | Schwab, Joh. . . | 6 | — | | |
| | | | Reil, Mich. . . . | 1450 | — | | |
| | | | Gemeinde . . . . | 6 | — | | |
| | | | Braun, Joh. . . | 930 | — | | |
| | | | Schmucker, G. Mich. | 510 | — | 28800 | 20 |
| | Wörth . . . . . | Donaustauf . . | Rath, Joh. . . | 100 | — | | |
| | | Friesheim . . | Baumann, Joh. . . | 600 | — | | |
| | | | Haberlander, Andr. . | 550 | — | | |
| | | Wiesent . . . | Mühlbauer, Gg. . | 2000 | — | | |
| | | | Stuber, Jos. . . | 40 | — | | |
| | | | Wolkensteiner, Jos. . | 12 | 30 | | |
| | | | Rauscher, Seb. . | 18 | 45 | | |
| | | | Brometsberger, Mich. | 20 | — | | |
| | | | Kirchenstiftung . . | 69 | 12 | | |
| | | | Gold, Math. . . | 6 | — | | |
| | | Wörth . . . | Müller, Gabr. . . | 900 | — | | |
| | | | Kiendl, Seb. . . | 1600 | — | | |
| | | | Meirl, Bapt. . . | 1725 | — | | |
| | | | Pfahler, Herrm. . | 25 | — | | |
| | | | Meinsinger, Nd. . | 35 | — | | |
| | | | Abt, Georg . . | 113 | — | | |
| | | | Heuberger, Seb. . | 36 | 24 | 7850 | 51 |
| | | | Seite 8 | — | — | 36651 | 11 |
| | | | Hiezu „ 7 | — | — | — | |
| | | | „ 6 | — | — | 27733 | 23 |
| | | | „ 5 | — | — | 31608 | 22½ |
| | | | „ 4 | — | — | 19222 | 22½ |
| | | | „ 3 | — | — | 19530 | 45 |
| | | | „ 2 | — | — | — | |
| | | | „ 1 | — | — | 2880 | 10 |
| | | | Summa B. | — | — | 137626 | 14 |
| | | | Dazu „ A | — | — | 12380 | 51 |
| | | | Gesammt-Summa | — | — | 150007 | 5 |

Oberpfalz und Regensburg.

| Regierungs-Bezirk. | Bezeichnung der | | Namen der betheiligten Individuen. | Partial- | | Total- | |
|---|---|---|---|---|---|---|---|
| | Polizei- und Gerichts-Bezirke. | Ortschaften resp. Gemeinden. | | Betrag. | | | |
| | | | | fl. | kr. | fl. | kr. |
| | **A. Auf den Bestand der Vorjahre.** | | | | | | |
| | Bamberg | Bamberg | Schrenker, Karl | 25 | — | | |
| | | | Neu, Bern. | 76 | — | 101 | — |
| | Bamberg I. | Amlingstadt | Wittel, Gg. | — | — | 135 | — |
| | Culmbach | Lehenthal | Räuschlein | — | — | 420 | — |
| | Herzogenaurach | Hemhofen | Braun, Balth. | 900 | — | | |
| | | | Claus, Lorenz | 150 | — | 1050 | — |
| | Höchstadt | Thünfeld | K. Aerar | — | — | 325 | — |
| | Hollfeld | Hollfeld | Garbitz, Fr. | 850 | — | | |
| | | | Gemeinde | 45 | — | 895 | — |
| | Kronach | Unterrodnach | Rupp, Fried. | 6 | — | | |
| | | Kronach | Appel, Joh. | 105 | 15 | | |
| | | | Appel, prakt. Arzt | 50 | — | 161 | 15 |
| Oberfranken. | Naila | Karlsgrün | Dietzel, Georg | 10 | — | | |
| | | Heinersberg | Franz, Phil. | 27 | 16 | | |
| | | Geroldsgrün | Böttel, Fr. | 300 | — | 337 | 16 |
| | Rehau | Rehau | K. Staats-Aerar | — | — | 20 | 16 |
| | Selb | Hohenberg | Hutschenreuther | — | — | 633 | 20 |
| | Wunsiedel | Wunsiedel | Gebhard, Andr. | 50 | — | | |
| | | Redwitz | Conrad, Christian | 800 | — | | |
| | | | Conrad, Joh. | 600 | — | | |
| | | | Pauriedel, Joh. | 700 | — | | |
| | | | Klughard, Christ. | 1200 | — | | |
| | | | Götz, Konr. | 950 | — | | |
| | | | Schultheis, Joh. | 1150 | — | | |
| | | | Beier, Joh. | 1150 | — | | |
| | | | Marth, Joh. | 1150 | — | | |
| | | | Schübel, Joh. | 1150 | — | | |
| | | | Müller, Dav. | 700 | — | | |
| | | | Hagen, Fried. | 700 | — | | |
| | | | Knorr, Joh. | 3850 | — | | |
| | | | Haubner, Joh. | 180 | — | | |
| | | | Gemeinde | 2000 | — | | |
| | | | Preil, Paul | 25 | — | | |
| | | | Rupprecht, Fr. | 100 | — | | |
| | | | | 16455 | — | | |
| | | | Seite 1 | — | — | 4078 | 7 |

| Regierungs-Bezirk | Bezeichnung der Polizei- und Gerichts-Bezirke. | Ortschaften resp. Gemeinden. | Namen der betheiligten Individuen. | Partial-Betrag. fl. | kr. | Total-Betrag. fl. | kr. |
|---|---|---|---|---|---|---|---|
| | | | Uebertrag | 16455 | — | | |
| | Wunsiedel . . . . | Redwitz . . . | Maier, Kath. . . . | 66 | 40 | | |
| | | | Fikenscher, Matth. . | 25 | — | | |
| | | | Fikenscher, Christ. . | 100 | — | | |
| | | | Fabius . . . . | 10 | — | | |
| | | | Thumser, Joh. . . | 5 | — | | |
| | | | Kammerlander . . | 7 | 30 | | |
| | | | Landgraf . . . . | 7 | 30 | | |
| | | | Raumer, Urf. . . | 15 | — | | |
| | | | Feiler, Joh. . . . | 6 | 40 | | |
| | | | Pöhlmann, Math. . | 6 | 40 | | |
| | | | Meier, Juliana . . | 15 | — | | |
| | | | Geiger, Christ. . . | 15 | — | | |
| | | | Lippert, Gg. . . . | 10 | — | 16745 | — |
| | | | Seite 2 | — | — | 16745 | — |
| | | | Hiezu „ 1 | — | — | 4078 | 7 |
| | | | Summa A. | — | — | 20823 | 7 |

**B. Vom Jahre 18⁴⁹/₅₀.**

| Regierungs-Bezirk | Bezeichnung der Polizei- und Gerichts-Bezirke. | Ortschaften resp. Gemeinden. | Namen der betheiligten Individuen. | Partial-Betrag. fl. | kr. | Total-Betrag. fl. | kr. |
|---|---|---|---|---|---|---|---|
| Oberfranken. | Bayreuth, M. . . | Altstadt . . | Heider, Joh. . . . | — | — | 1395 | — |
| | Bamberg, M. . . . | Bamberg . . | Seidlein, Gg. . . . | 524 | 30 | | |
| | | | Herret, Peter . . | 18 | — | | |
| | | | Kluglein, Heinr. . . | 68 | 34 | | |
| | | | Brehm, Ant. . . . | 36 | 48 | 647 | 52 |
| | Hof . . . . . . | Hof . . . | Resource-Gesellschaft . | 500 | — | | |
| | | | Haffauer, Karl . . | 1600 | — | | |
| | | | Weiler, Albr. . . | 10 | — | | |
| | | | Rüßel, Kath. . . | 10 | — | | |
| | | | Langheinrich, Gg. . | 250 | — | | |
| | | | Wächter, Ernst . . | 630 | — | | |
| | | | Bechert, Ernst . . | 30 | — | | |
| | | | Gebhardt, Christ. . | 20 | — | 3050 | — |
| | Bayreuth, Landg. | Truppach . . | Möhrlein und Brei | 100 | — | | |
| | | Mistelbach . . | Bär, Joh. . . . | 350 | — | 450 | — |
| | | | Seite 1 | — | — | 5542 | 52 |

| Regierungs-Bezirk. | Bezeichnung der | | Namen der betheiligten Individuen. | Partial- | | Total- | |
|---|---|---|---|---|---|---|---|
| | Polizei- und Gerichts-Bezirke. | Ortschaften resp. Gemeinden. | | Betrag. | | | |
| | | | | fl. | kr. | fl. | kr. |
| Oberfranken. | Bamberg I. . . . | Hallstadt . . . | Hofmann, Andr. . . . | 100 | — | | |
| | | Buttenheim . . | Gotteshaus = Stiftung | 826 | — | | |
| | | | Grebel, Joh. . . . | 15 | — | 941 | — |
| | Bamberg II. . . . | Bischberg . . | Kröner, Marg. . . | 400 | — | | |
| | | | Weiß, Phil. . . . | 17 | — | | |
| | | Herrnsdorf . . | Dippold . . . . | 80 | — | | |
| | | Saßenfarth . . | v. Pflummern, Frhr. | 150 | — | 647 | — |
| | Berneck . . . . | Himmelkron . . | Wagner, Kath. . . . | — | — | 1 | 15 |
| | Culmbach . . . . | Mainleus . . | v Künsberg, Frhr. . | 280 | — | | |
| | | Harsdorf . . | Hereth, Konr. . . | 618 | — | | |
| | | | Schirmer, Konr. . | 57 | 9 | 955 | 9 |
| | Gräfenberg . . . | Kleinsendelbach . | Ruppert, Gg. . . | 500 | — | | |
| | | | Zollner, Kunig. . . | 500 | — | | |
| | | Afterthal . . | Gmählich, Matth. . | 900 | — | | |
| | | | Schuhmann, Friedr. . | 3 | 6 | 1903 | 6 |
| | Herzogenaurach . | Zückern . . . | Steemüller, Ad. . . | 75 | — | | |
| | | Röttenbach . . | Schickert, Joh. . . | 250 | — | | |
| | | Zeckern . . . | Meier, Gg. . . . | 300 | — | | |
| | | Oberembach . . | Körner, Andr. . . | 400 | — | 1025 | — |
| | Höchstadt . . . . | Zentbechhofen . . | Bischof, Joh. . . . | 45 | — | | |
| | | | Schmuck, Mich. . . | 5 | 15 | 50 | 15 |
| | Hof . . . . . | Zedwitz . . . | Spitzbart, Nik. . . | 515 | 37 | | |
| | | | Spitzbart, Heinr. . | 262 | 34 | | |
| | | | Gemeinhard, Nik. . | 12 | — | 790 | 11 |
| | Hollfeld . . . . | Meuschlitz . . | Kritzenthaler, Joh. . | 500 | — | | |
| | | | Maisel, Joh. . . | 2 | — | | |
| | | Auffees . . | Nüßlein, Erh. . . | 565 | — | 1067 | — |
| | Kronach . . . . | Roys . . . | v. Redwitz . . . | 354 | 10 | | |
| | | | Büttner, Jak. . . | 21 | 52 | | |
| | | Heßelbach . . | Naim, Maria . . | 400 | — | | |
| | | Großviechtach . | Kirchner, Bart. . . | 850 | — | | |
| | | | Backer, Marg. . . | 21 | 25 | | |
| | | Unterrodach . | Baier, Kath. . . . | 15 | — | | |
| | | Reuth . . . . | Graf, Kunig. . . . | 200 | — | 1862 | 27 |
| | | | Seite 2 | — | — | 9242 | 23 |

| Regierungs-Bezirk. | Bezeichnung der | | Namen der betheiligten Individuen. | Partial- | | Total- | |
|---|---|---|---|---|---|---|---|
| | Polizei- und Gerichts-Bezirke. | Ortschaften resp. Gemeinden. | | Betrag. | | | |
| | | | | fl. | kr. | fl. | kr. |
| **Oberfranken.** | Münchberg . . . . | Münchberg . . | Meister, Goetl. . . | 700 | — | | |
| | | | Braun, Adam . . | 700 | — | | |
| | | | Walter, Leonh. . . | 200 | — | | |
| | | | Oberländer . . . . | 300 | — | | |
| | | | Weiß, Konr. . . | 400 | — | | |
| | | | Müller, Wilh. . . | 500 | — | | |
| | | | Kleyla, Math. . . | 250 | — | | |
| | | | Stöckel, Joh. . . | 250 | — | | |
| | | | Bischof, Heinr. . . | 250 | — | | |
| | | | Kaufmann, Ad. . . | 230 | — | | |
| | | | Kaufmann Thom. . | 200 | — | | |
| | | | Käppel, Gg. . . . | 500 | — | | |
| | | | Schubert, Gg. . . | 200 | — | | |
| | | | Lauterbach Nik. . . | 150 | — | | |
| | | | Dietel, Erh. . . | 150 | — | | |
| | | | Holzer, Andr. . . | 100 | — | | |
| | | | Gebhard, Joh. . . | 550 | — | | |
| | | | Pöhlmann, Heinr. . | 800 | — | | |
| | | | Schödel, Joh. . . | 10 | — | | |
| | | | Schödel, Wolfg. . | 10 | — | | |
| | | | Königsheim, Jakob . | 70 | — | | |
| | | | Zehender, Joh. . | 50 | — | | |
| | | | Eckardt Lorenz . | 80 | — | | |
| | | Sparneck . . . | Schneider, Conr. . . | 40 | 50 | 6690 | 50 |
| | Nordhalben . . . | Tschirn . . . | Punzelt Joh. . . . | — | — | 1940 | — |
| | Pottenstein . . . . | Obertrubach . | Kern, Val. . . | 100 | — | | |
| | | | Höllerer, Konr. . . | 275 | — | | |
| | | Geschwand . . | Wölfl, Peter . . | 375 | — | 750 | — |
| | Rehau . . . . . | Schwarzenbach . | Raithel, Erh. . . | 4290 | — | | |
| | | | Kraus, Joh. . . | 3400 | — | | |
| | | | Zahn, Gottfr. . . | 1550 | — | | |
| | | | Kießling, Joh. . . | 2150 | — | | |
| | | | Bauer, Lor. . . | 3400 | — | | |
| | | | Raithel, Heinr. . . | 1810 | — | | |
| | | | Eckstein, Gottl. . | 700 | — | | |
| | | | | 17300 | — | | |
| | | | Seite 3 | — | — | 9380 | 50 |

| Regierungs-Bezirk | Bezeichnung der Polizei- und Gerichts-Bezirke. | Ortschaften resp. Gemeinden. | Namen der betheiligten Individuen. | Partial-Betrag fl. | Partial-Betrag kr. | Total-Betrag fl. | Total-Betrag kr. |
|---|---|---|---|---|---|---|---|
| | | | Uebertrag | 17300 | — | | |
| | Rehau . . . . . | Schwarzenbach . | Kaithel, Heinr. . . | 300 | — | | |
| | | | Fraas, Ernst . . . | 6 | 40 | | |
| | | | Schaller, Theod. . . | 147 | — | | |
| | | | Bayer, Christ. . . | 11 | — | | |
| | | | Tröger, Adam . . | 8 | — | | |
| | | | Bauer, Nik. . . . | 4 | — | | |
| | | | Schöbel, Gg. . . . | 6 | 40 | | |
| | | | Bayreuther, Joh. . | 9 | 20 | | |
| | | | Gebhard, Joh. . . | 80 | — | | |
| | | | Schreiner, Mich. . . | 18 | — | | |
| | | Fattigau . . . | Meier, Lor. . . . | 400 | — | | |
| | | | Eiler, Erh. . . . | 400 | — | 18690 | 40 |
| | Selb . . . . . | Schönwald . . | Kaithel, Joh. . . . | — | | 1000 | — |
| | Eßlach . . . . | Rattelsdorf . . | Sorg, Andr. . . . | — | | 560 | — |
| | Stadtsteinach . . | Guttenberg . . | Seifert, Joh. . . . | — | | 746 | 40 |
| | Vorchheim . . . | Willersdorf . . | Kalb, Seb. . . . | — | | 88 | — |
| | Weidenberg . . . | Warmensteinach . | Grell, Gg. . . . . | — | | 750 | — |
| | Weißmain . . . . | Weißmain . . . | Trautner, Kasp. . . | 20 | — | | |
| | | | Agath, Georg . . | 20 | — | | |
| | | Altkundstadt . . | Will, Joh. . . . . | 125 | — | 165 | — |
| | Wunsiedel . . . . | Arzberg . . . | Buckla, Lor. . . . | 350 | — | | |
| | | Hildenbach . . | Neuper, Christ. . . | 1300 | — | | |
| | | Lorenzreuth . . | Lippert, Mart. . . | 145 | — | 1795 | — |
| | Bayz . . . . . | Schönreuth . . | Müller, Andr. . . | — | | 21 | 26 |
| | Thurnau . . . . | Azendorf . . . | Münch, Andr. . . | — | | 175 | — |
| | | | Seite 4 | — | | 23999 | 45 |
| | | | Hiezu „ 3 | — | | 9380 | 50 |
| | | | „ „ 2 | — | | 9242 | 23 |
| | | | „ „ 1 | — | | 5542 | 52 |
| | | | Summa B. | — | | 48157 | 51 |
| | | | Dazu „ A. | — | | 20823 | 7 |
| | | | Gesammt-Summa | — | | 68980 | 58 |

Oberfranken.

| Regierungs-Bezirk | Bezeichnung der | | Namen der betheiligten Individuen | Partial-Betrag | | Total-Betrag | |
|---|---|---|---|---|---|---|---|
| | Polizei- und Gerichts-Bezirke. | Ortschaften resp. Gemeinden. | | fl. | kr. | fl. | kr. |
| | A. Auf den Bestand der Vorjahre. | | | | | | |
| | Greding . . . | Stauf . . . | Danösbauer . . . | — | — | 100 | — |
| | Heilsbronn . . . | Brunn . . . | Gemeinde . . . | 100 | — | | |
| | | Dürnmungenau . | Ußes, Anton . . | 32 | — | | |
| | | Wollersdorf . . | Bauer, Conr. . . | 600 | — | 732 | — |
| | | | Summa A. | — | — | 832 | — |
| | B. Vom Jahre 18⁴⁹/₅₀. | | | | | | |
| Mittelfranken. | Eichstädt Mag. . . | Eichstädt . . | Steidel, Gg. . . | 882 | 21 | | |
| | | | Margraf, Jos. . | 500 | — | | |
| | | | Wieland, Jos. . | 50 | — | | |
| | | | Wurm, Anton . . | 189 | 10 | | |
| | | | Bellhorn, Ferd. . | 18 | — | 1639 | 31 |
| | Fürth . . . . | Fürth . . . | Kümmel, Kasp. . | — | — | 15 | 33 |
| | Nürnberg . . . . | Nürnberg . . | Stern, Nikol. . . | 16 | — | | |
| | | | Dietrich, Wilh. . | 148 | 24 | | |
| | | | Hofmann, Thom. . | 46 | 30 | | |
| | | | Grillenberger, Mich. . | 14 | 7 | | |
| | | | Ritter, Paul . . | 11 | — | | |
| | | | Lederer, Joh. . . | 1298 | 16 | | |
| | | | Mayer, Lorenz . . | 17 | 8 | | |
| | | | Kopp, Christ. . . | 193 | — | | |
| | | | Künell, Jac. . . | 134 | 46 | | |
| | | | Wagner, Steph. . . | 205 | — | | |
| | | | Stein, Ferd. . . | 67 | 20 | | |
| | | | Heller, Jak. . . | 20 | — | | |
| | | | Seybold, Adam . . | 579 | — | | |
| | | Gostenhof . . | Förtsch, Bernh. . . | 149 | — | | |
| | | | Dollfuß u. Cons. . | 608 | 48 | | |
| | | Johannis . . | Wohlthätigkeitsstiftung | 823 | 20 | 4331 | 39 |
| | Schwabach . . . | Schwabach . . | Wenig, Gg. . . | 1060 | — | | |
| | | | Kiskalt, Gg. . . | 160 | — | | |
| | | | Herr, Peter . . | 10 | 30 | | |
| | | | Stadtgemeinde . . | 17 | 42 | 1248 | 12 |
| | Altdorf L. G. . . . | Ungelstetten . | Staats-Aerar . . | — | — | 193 | 53 |
| | | | Seite 1 | — | — | 7428 | 48 |

| Regierungs-Bezirk | Bezeichnung der Polizei- und Gerichts-Bezirke. | Ortschaften resp. Gemeinden. | Namen der betheiligten Individuen. | Partial-Betrag fl. | kr. | Total-Betrag fl. | kr. |
|---|---|---|---|---|---|---|---|
| Mittelfranken. | Bibart | Iphofen | Finanz-Aerar | 50 | — | | |
| | | | Brobst, Joh. | 370 | — | | |
| | | | Gehr, Georg | 6 | 42 | 426 | 42 |
| | Bodolzburg | Großweißmannsdrf. | Schwab, Georg | 400 | — | | |
| | | Claisbach | Roth, Georg | 13 | 20 | 413 | 20 |
| | Dinkelsbühl | Hanenberg | Dollnger, Frd. | 50 | — | | |
| | | Mönchsroth | Lang, Jos. | 8 | 20 | | |
| | | Schopfloch | Bernheimer, Jos. | 50 | — | 108 | 20 |
| | Eichstädt | Wachenzell | Bittl, Joh. | 500 | — | | |
| | | | Sedelmeier, Math. | 30 | — | | |
| | | | Knörrler, Franz | 15 | — | | |
| | | Wörnesdorf | Peter, Joh. | 266 | 40 | | |
| | | Egweil | Weinhard, Aut. | 60 | — | | |
| | | Mariastein | Weckmann, Jos. | 200 | — | | |
| | | | Merkel, Ant. | 200 | — | | |
| | | | Schneidmadl, Jos. | 25 | — | 1296 | 40 |
| | Erlangen | Oberschöllenbach | Hordamus, Wolfg. | 407 | 20 | | |
| | | Bruck | Gugler, Conr. | 281 | 12 | | |
| | | Steinach | Oerterer, Erh. | 800 | — | | |
| | | Frauenaurach | Romes, Andr. | 100 | — | 1588 | 32 |
| | Erlbach | Oberschlauersbach | Schuh, Johann | 200 | — | | |
| | | Dippeldsberg | Böhm, Wolfg. | 450 | — | 650 | — |
| | Feuchtwangen | Großmühla | Schmid, Gg. | 50 | — | | |
| | | Mittelschönbronn | Herboldsheimer, Reinh. | 400 | — | | |
| | | Großmühla | Schmid, Gg. | 4 | 30 | | |
| | | Volkartsweiler | Heermann Leonh. | 78 | 59 | 533 | 29 |
| | Greding | Hausen | Wieneth, Mart. | 1500 | — | | |
| | | | Hohmeyer, Gg. | 31 | — | 1531 | — |
| | Gunzenhausen | Unterwurmbach | Edel und Guthmann | — | — | 550 | — |
| | Heidenheim | Wolfsbronn | Gruber, Ratr. | — | — | 350 | — |
| | Heilsbronn | Dürrnmungenau | Dörfler, Kasp. | 420 | — | | |
| | | | Lav, Antr. | 270 | — | 690 | — |
| | Hersbruk | Götzenberg | Pickel, Joh. | — | — | 1400 | — |
| | Lauf | Ottenhof | Gemeinde | — | — | 200 | — |
| | Leutershausen | Dittenbronn | Engelhard, Mich. | 200 | — | | |
| | | Mittelaachschleten | Reichert, Leonh. | 377 | — | | |
| | | Obernzenn | v. Seckendorf, Frhr. | 150 | — | 727 | — |
| | | | Seite 2 | — | — | 10465 | 3 |

| Regierungs-Bezirk | Polizei- und Gerichts-Bezirke. | Ortschaften resp. Gemeinden. | Namen der betheiligten Individuen. | Partial-Betrag fl. | kr. | Total-Betrag fl. | kr. |
|---|---|---|---|---|---|---|---|
| Mittelfranken. | Neustadt . . . | Neustadt . . | Höpfner, Gottl. | 450 | — | | |
| | | | Beer, Nik. | 1000 | — | | |
| | | | Pflaumer, Vit. | 858 | 20 | | |
| | | Dachsbach . | Weichlein, Paul | 800 | — | | |
| | | | Kreß, Mich. | 50 | — | | |
| | | Bergthan | Leigeber, Lor. | 150 | — | | |
| | | Sintmannsbach . | Hartner, Gg. | 450 | — | | |
| | | Schornweisach . | Teufel, Thom. | 429 | 10 | | |
| | | | Schlelein | 100 | — | 4287 | 30 |
| | Nürnberg . . . | Höfen . . . | Schweigert, Conr. | 1989 | 23 | | |
| | | | Meyer, Gg. | 10 | — | | |
| | | | Höfler, Peter | 45 | 20 | | |
| | | Zirndorf . . | Nar und Lümp | 22697 | 30 | | |
| | | Brezengarten . | Schnell, C. Friedr. | 4645 | — | 29387 | 13 |
| | Pleinfeld . . . | Wernsfels . . | Zauner, Ant. | — | — | 19 | 47 |
| | Schillingsfürst . | Frankenheim . | Schenk, Barb. | — | — | 100 | — |
| | Schwabach . . | Raubershof . | Hartmann, Anna | 800 | — | | |
| | | Rothenbuch . | Eckstein, Andr. | 700 | — | | |
| | | Unterreichenbach | Schwab, Gg. | 31 | — | 1531 | — |
| | Uffenheim . . . | Gollhofen . . | Thorwart, Gg. M. | — | — | 900 | — |
| | Wassertrüdingen | Stöckau . . | Lechner, Wilhelm | 200 | — | | |
| | | Unterkönigshofen | Schnabel, Leonhard | 150 | — | | |
| | | Ehingen . . | Wittmann, Gg. | 100 | — | 450 | — |
| | Burghaslach . . | Hag . . . | Weber, Gg. | — | — | 133 | 20 |
| | Ellingen . . . | Emmezheim . | Bräuner, Mich. | — | — | 68 | 58 |
| | Pappenheim . . | Neudorf . . | Hinterholzer, Math. | — | — | 33 | 20 |
| | Seehaus . . . | Weigenheim . | Langheinrich, Mich. | — | — | 5 | — |
| | Schweinfeld . . | Thierberg . . | Holzleitner, Gg. | — | — | 500 | — |
| | | | Seite 3 | — | — | 37416 | 8 |
| | | | Hiezu „ 2 | — | — | 10465 | 3 |
| | | | „ „ 1 | — | — | 7428 | 48 |
| | | | Summa B. | — | — | 55309 | 59 |
| | | | Dazu „ A. | — | — | 832 | — |
| | | | Gesammt-Summe | — | — | 56141 | 59 |

**B. Vom Jahre 18⁴⁹/₅₀.**

| Regierungs-Bezirk | Polizei- und Gerichts-Bezirke. | Ortschaften resp. Gemeinden. | Namen der betheiligten Individuen. | Partial-Betrag fl. | kr. | Total-Betrag fl. | kr. |
|---|---|---|---|---|---|---|---|
| Unterfranken und Aschaffenburg. | Aschaffenburg . . . | Aschaffenburg . | St. Elisabethen-Hospital | 20 | 34 | | |
| | | | Vergang, Jos. . . | 2166 | 40 | 2187 | 14 |
| | Aschaffenburg . . . | Damm . . . | Desch, Jakob . . . | — | — | 500 | — |
| | Alzenau . . . . | Hukelheim . . | Kirchner, Joh. . . | 700 | — | | |
| | | Hörstein . . | Civil-Wittw.- u. Waisen-Institut in Aschaffenburg | 525 | — | | |
| | | Krombach . . | Reußing, Joh. . . | 275 | — | | |
| | | | Reußing, Jos. . . | 250 | — | | |
| | | | Fleckenstein, Joh. . | 15 | — | | |
| | | Geiselbach . | Mamm, Balth. . . | 190 | — | | |
| | | Kleinkahl . . . | Staab, Joh. . . . | 187 | 30 | | |
| | | | Schwind, Joh. . . | 40 | — | | |
| | | Michelbach . | Müller, Heinr. . . | 810 | — | | |
| | | Schöllkrippen . | Stenger, Joh. . . | 200 | — | | |
| | | Schneppenbach . | Bebel, Joh. . . . | 150 | — | 3342 | 30 |
| | Arnstein . . . . | Heugrumbach . | Papst, Peter . . . | — | — | 620 | — |
| | Aub . . . . . | Aub . . . . | Stadtgemeinde . . | 120 | — | | |
| | | | Ostermeier, Ant. . | 10 | — | 130 | — |
| | Baunach . . . . | Reckenneusig . | Wolz, Martin . . | 372 | 55 | | |
| | | | Schmitt, Sigm. . . | 240 | — | | |
| | | | Feulner, Andr. . . | 20 | — | | |
| | | Daschendorf . | Gundelsheimer, Joh. | 80 | — | | |
| | | | Schur, Mich. . . | 37 | 30 | | |
| | | | Jensel, Joh. . . . | 10 | — | | |
| | | Gedeldorf . | Deinhard, Joh. . . | 42 | — | 802 | 25 |
| | Bischofsheim . . | Burgwallbach . | Kirchner, Joh. . . | 400 | — | | |
| | | Reisendorf . | Heckenlauer, Marg. . | 200 | — | | |
| | | | Weigand, Heinr. . . | 27 | — | | |
| | | | Pott, Therese . . . | 11 | 49 | | |
| | | Waldberg . | Hillebrand, Kasp. . | 6 | 28 | | |
| | | Bischofsheim . | Weisler, Gg. . . . | 629 | 9 | | |
| | | | Dillas, Joh. . . . | 14 | 28 | | |
| | | | Vogel, Joh. . . . | 60 | — | | |
| | | | Dettsch, Bonif. . . | 214 | 40 | | |
| | | | Kerb, Gg. . . . | 229 | 10 | | |
| | | | Hüttner, Adam . . | 71 | 15 | | |
| | | | | 1862 | 59 | | |
| | | | Seite 1 | — | — | 7582 | 9 |

| Regierungs-Bezirk. | Bezeichnung der | | Namen der betheiligten Individuen. | Partial- | | Total- | |
|---|---|---|---|---|---|---|---|
| | Polizei- und Gerichts-Bezirke. | Ortschaften resp. Gemeinden. | | Betrag. | | | |
| | | | | fl. | kr. | fl. | kr. |
| | | | Uebertrag | 1863 | 59 | | |
| | Bischofsheim . . . | Bischofsheim | Breuder, Gg. . . . | 70 | 21 | | |
| | | | Korb, J. Andr. . . | 81 | — | | |
| | | | Hergenröder, Fr. . . | 620 | — | | |
| | | | Schuhmann, Jos. . | 2170 | — | | |
| | | | Lomm, Adam . . | 800 | — | | |
| | | | Wurmuth, Ad. . . | 1815 | 13 | | |
| | | | Stadtgemeinde . . | 2670 | — | | |
| | | | Hauk, Gg. . . . | 700 | — | | |
| | | | Kircher, Ad. . . | 1500 | — | | |
| | | | Weigler, Kasp. . . | 709 | 14 | | |
| | | | Gott, Lor. . . . | 650 | — | | |
| | | | Schöppner, Gg. . . | 650 | — | | |
| | | | Zösch Mart. . . | 107 | 16 | | |
| | | | Eck, Georg . . | 166 | — | | |
| | | | Erb, Bernh. . . | 1010 | — | | |
| | | | Dreisch, Lorenz . . | 7 | — | | |
| | | | Dreisch, Ludwig . . | 11 | 24 | | |
| | | | Eckert, Joh. . . | 8 | 45 | | |
| | | | Deppert, Lor. . . . | 200 | — | | |
| | | | Werthmüller, Joh. . | 150 | — | | |
| | | | Hartung, Ant. . . | 775 | 45 | | |
| | | | Werner, Elias . . | 810 | — | | |
| | | | Walter und Weigand | 1450 | — | | |
| | | | Seuffert, Mich. . . | 1600 | — | | |
| | | | Zeisner, Thom. . . | 144 | 15 | | |
| | | | Dr. Vogel . . . | 866 | 40 | | |
| | | | Fischer, Adam . . | 500 | — | | |
| | | | Reiß, Valentin . . | 1180 | 46 | | |
| | | | Hartung, Gg. . . | 1800 | — | | |
| | | | Jann, Joh. . . . | 1000 | — | | |
| | | | Hauk, Lor. . . . | 950 | — | | |
| | | | Schöppner, Adam . | 3850 | — | | |
| | | | Korb, J. Andr. . . | 443 | 45 | | |
| | | | Auerbach, Mich. . . | 321 | — | | |
| | | | | 31652 | 23 | | |
| | | | Seite 2 | — | — | — | — |

Unterfranken und Aschaffenburg.

| Regierungs-Bezirk | Bezeichnung der | | Namen der betheiligten Individuen. | Partial- | | Total- | |
|---|---|---|---|---|---|---|---|
| | Polizei- und Gerichts-Bezirke. | Ortschaften resp. Gemeinden. | | Betrag. | | | |
| | | | | fl. | kr. | fl. | kr. |
| | | | Uebertrag | 31652 | 23 | | |
| | Bischofsheim | Bischofsheim | Steinfelder, Seb. | 70 | 6 | | |
| | | | Heim und Ziegler | 326 | 24 | | |
| | | | Grief, Franz | 466 | 7 | | |
| | | | Vogel, Andr. | 146 | 25 | | |
| | | | Schmitt, Gg. | 141 | 32 | | |
| | | | Kirchner, Joh. | 33 | 20 | | |
| | | | Zandt, Christ. | 41 | 44 | | |
| | | | Heim, Ad. | 2 | — | | |
| | | | Reiz, Joh. | 2 | — | | |
| | | | Schmaler, Franz | 2 | — | | |
| | | | Schneider, Joh. | 4 | — | | |
| | | | Schmitt, Mich. | 40 | — | | |
| | | | Fischer, Mich. | 8 | — | | |
| | | | Katzenberger, Peter | 15 | — | | |
| | | | Hilpert, Mich. | 20 | — | | |
| | | | Katzenberger, Joh. | 20 | — | | |
| | | | Zimmermann, Val. | 225 | — | | |
| | | | Korb, Adam | 152 | — | | |
| | | | Heyerich, Adam | 131 | 15 | | |
| | | | Langenbrunner, Mart. | 199 | 34 | | |
| | | | Fischer, Gg. | 561 | 10 | | |
| | | | Hartung, Mich. | 40 | — | | |
| | | | Straub und Maurer | 441 | 47 | | |
| | | | Korb, Andr. | 109 | 5 | | |
| | | | Brucker, Heinrich | 50 | — | | |
| | | | Dreisch, Jos. | 4 | — | | |
| | | | Dikkas, Jos. | 25 | — | | |
| | | | Eckert, Gg. | 288 | — | | |
| | | | Endres, Adam | 3 | — | | |
| | | | Jann, Adam | 85 | — | | |
| | | | K. Aerar | 13 | 20 | | |
| | | | Stadtgemeinde | 33 | 26 | 35352 | 38 |
| | Brückenau | Speicher | Statt, Fried. | | 30 | | |
| | | Steinglashütten | Fischer'sche Kinder | 600 | — | | |
| | | | Raab, Lorenz | — | 15 | 600 | 45 |
| | | | Seite 3. | — | — | 35953 | 23 |

Unterfranken und Aschaffenburg

| Regierungs-Bezirk | Bezeichnung der Polizei- und Gerichts-Bezirke | Ortschaften resp. Gemeinden | Namen der betheiligten Individuen | Partial-Betrag fl. | kr. | Total-Betrag fl. | kr. |
|---|---|---|---|---|---|---|---|
| | Dettelbach . . . . | Biebergau . . | Eder, Georg . . . | 546 | 40 | | |
| | | | Eder, Joh. . . . . | 74 | — | | |
| | | Dettelbach . . | Kramm, Gg. . . . | 15 | 27 | | |
| | | | Lorenz, Gg. . . . | — | 24 | | |
| | | | Baumann, Wal. . . | 125 | — | | |
| | | | Eyersheim, Mich. . | 100 | — | | |
| | | | Kapp, Erh. . . . | 10 | 55 | | |
| | | | Sorg, Jos. . . . | 27 | 46 | 900 | 12 |
| | Ebern . . . . . | Memelsdorf . . | Rädlein, Peter . . | — | — | 257 | 49 |
| | Eltmann . . . . | Dankenfeld . . | Aumüller, Seb. . . | 227 | 8 | | |
| | | Eltmann . . | Haus, Joh. . . . | 531 | 40 | | |
| | | | Salomon, Bal. . . | 50 | — | | |
| | | Trosenfurt . . | Börtlein, Gg. . . | 220 | — | 1078 | 48 |
| | Euerdorf . . . . | Garitz . . | Seuffert, Mich. . . | 133 | 20 | | |
| | | | Kirchner, Jos. . . | 88 | 32 | | |
| | | Fuchsstadt . . | Weisenberger, Gg. . | 528 | — | | |
| | | | Mützel, Adam . . . | 10 | — | | |
| | | | Hart, Rippes u. Schmitt | 721 | 40 | | |
| | | | Wiesner, Joh. . . | 590 | — | | |
| | | | Baier, Ant. . . . | 5 | — | | |
| | | | Müller, Andr. . . | 50 | — | | |
| | | | Zwiefel, Erh. . . | 300 | — | | |
| | | | Friedrich Joh. . . | 311 | 8 | | |
| | | | Lell, Peter . . . | 175 | 6 | | |
| | | | Heid, Andreas u. Erhard | 261 | 15 | | |
| | | | Rippes, Johann . . | 291 | — | 3465 | 1 |
| | Gemünden . . . . | Rieneck . . . | Cassimir, Alois . . | 260 | — | | |
| | | Burgsinn . . | Kistner, Joh. Gg. . | 458 | — | 718 | — |
| | Gerolzhofen . . . | Gerolzhofen . | Döll, Adam . . . | 76 | — | | |
| | | Oberschwarzach . | Gemeinde . . . | 800 | — | 876 | — |
| | Hammelburg . . . | Heckmühle . . | Schreiner, Kasp. . . | | | 50 | — |
| | Haßfurt . . . . | Haßfurt . . | Universität Würzburg | 1650 | — | | |
| | | | Bräunig, Fr. . . . | 52 | 10 | 1702 | 10 |
| | | | Seite 4. | — | — | 9048 | — |

*Unterfranken und Aschaffenburg* (Regierungs-Bezirk)

| Regierungs-Bezirk. | Bezeichnung der Polizei- und Gerichts-Bezirke. | Ortschaften resp. Gemeinden. | Namen der betheiligten Individuen. | Partial-Betrag. | | Total-Betrag. | |
|---|---|---|---|---|---|---|---|
| | | | | fl. | fr. | fl. | fr. |
| Unterfranken und Aschaffenburg. | Hilders . . . . . | Wüstensachsen . | Bay, Joh. Pet. . . . | 309 | 43 | | |
| | | | Röder, Mart. . . . | 5 | 24 | | |
| | | | Ebert, Val. . . . | 5 | 51 | | |
| | | | Lbbenstern, Sim. . | 1 | 45 | | |
| | | Knottenhof . . | Bachmann, Gg. . . | 350 | — | | |
| | | Schlitzenhausen . | Grob, Joh. . . . | 1550 | — | | |
| | | Lahrbach . . . | Müller, Jos. . . | 253 | 30 | | |
| | | | Ewald, Vinc. . . . | 4 | 17 | | |
| | | | Stühling, Mart. . . | 12 | 43 | | |
| | | | Etzel, Joh. . . . | 125 | — | | |
| | | | Rehm'sche Kinder . | 350 | — | | |
| | | | Schlereth Wilh. . . | 1000 | — | | |
| | | | Zentgraf, Nik. . . | 15 | 24 | | |
| | | | Dänner, J. Ad. . . | 5 | 20 | | |
| | | Günters . . . | Dänner, Joh. . . | 354 | — | 4343 | 57 |
| | Hofheim . . . . | Stadtlauringen . | Hofmann, Mart. . | 467 | 30 | | |
| | | Altenmünster . | Endres, Heinrich . | 130 | — | | |
| | | Hofheim . . . | Albert, Ad. . . . | 10 | — | | |
| | | Unfinden . . . | Beck, Gg. . . . | 30 | — | 637 | 30 |
| | Karlstadt . . . . | Karlstadt . . . | Scherer, Ad. . . . | 100 | — | | |
| | | Heßlar . . . | Völker, Gg. . . . | 50 | — | 150 | — |
| | Kissingen . . . . | Premich . . . | Krebs, Wilh. . . . | 725 | — | | |
| | | | Arnold, Adam . . | 2 | — | | |
| | | | Reulbach, Gg. . . | 8 | 50 | | |
| | | | Schmitt, Joh. . . | 8 | 20 | | |
| | | | Müller, Kasp. . . | 4 | 35 | | |
| | | | Hanft, Kasp. . . . | 12 | 32 | | |
| | | | Schäfer und Kirchner | 20 | — | | |
| | | | Kirchner, Joh. . . | 143 | 53 | | |
| | | Kissingen . . . | Heila, Evmel. . . | 1747 | 30 | | |
| | | Lauter . . . | Hartmann, Joh. . . | 190 | — | | |
| | | | Katrein, Jos. . . . | 190 | — | 3053 | 40 |
| | Kitzingen . . . . | Kitzingen . . . | Julius-Spital in Würzb. | 12 | 15 | | |
| | | | Pfeuffer, Andr. . . | 220 | — | | |
| | | | Müller, Phil. . . | 291 | 6 | | |
| | | | Sander, Gg. . . . | 72 | — | | |
| | | | Römlein, Joh. . . | 4 | — | 599 | 21 |
| | | | Seite 5 | — | — | 8784 | 28 |

| Regierungs-Bezirk | Bezeichnung der | | Namen der betheiligten Individuen. | Partial-Betrag. | | Total-Betrag. | |
|---|---|---|---|---|---|---|---|
| | Polizei- und Gerichts-Bezirke. | Ortschaften resp. Gemeinden. | | fl. | kr. | fl. | kr. |
| Unterfranken und Aschaffenburg. | Klingenberg . . . | Reißenhausen | Decker, Leonh. . . | 2558 | 20 | | |
| | | Großheubach | König, Joh. Ad. . . | 276 | 15 | | |
| | | | Zöller, J. Ant. . . | 154 | — | | |
| | | | Zöller, J. Jof. . . | 10 | 54 | | |
| | | | Ripberger, Fr. Jof. . | 600 | — | | |
| | | | Brand, Lorenz . . | 270 | 54 | | |
| | | Oberaltenbuch . | Trieß, Joh. . . . | 319 | | 4189 | 23 |
| | Lohr . . . . . | Lohr . . . | Imhof, Joh. Jof. . | 133 | 20 | | |
| | | | Derselbe u. Martin Jof. | 400 | — | | |
| | | | Gräber, Magd. . . | 70 | — | | |
| | | Rechtenbach . . | Durchholz, W. Heinr. | 380 | — | | |
| | | | Edel, Georg . . . | 500 | — | | |
| | | | Weigand, J. Jof. . | 400 | — | 1883 | 20 |
| | Miltenberg . . . | Heppdiel . . | Erbacher, Fr. Jak. . | 125 | — | | |
| | | Miltenberg . . | Schwaab, Jak. . . | 373 | 45 | | |
| | | | Bauer, Matt. Jof. . | 25 | — | | |
| | | | Kiß, Mich. u. Conf. | 300 | — | | |
| | | | Späth, Fr. Ant. . . | 5 | — | | |
| | | Burgstadt . . | Reichert u. Stier . | 100 | — | 928 | 45 |
| | Münnerstadt . . . | Völkershausen . | Gemeinde . . . | — | — | 16 | 40 |
| | Obernburg . . . . | Kleinwallstadt . | Burkhard, Nik. . . | 180 | — | | |
| | | | Jung, Andr. . . . | — | 30 | | |
| | | Wenigumstadt . | Mühlon, J. Heinr. . | 1540 | — | | |
| | | | Stifts-Präbendfond zu Aschaffenburg . . | 400 | — | | |
| | | | Gemeinde . . . | 300 | — | | |
| | | Großwallstadt . | Fischer, Jak. . . . | 400 | — | | |
| | | | Finn, Gg. . . . | 22 | — | | |
| | | | Seuffert, Jak. . . | 9 | 45 | | |
| | | Obernburg . . | Kneißel, Andr. . . | 820 | — | | |
| | | | Helm, Gg. . . . | 33 | — | | |
| | | | Saul, Leonh. . . . | 30 | — | | |
| | | | Köhner, Jof. . . . | 700 | — | | |
| | | | Kolter, Gertr. . . | 200 | — | | |
| | | | Kunig, Phil. . . . | 200 | — | | |
| | | | Schüßler, J. Ant. . | 83 | 20 | | |
| | | | Ludwig, Kath. . . | 10 | — | | |
| | | | | 5028 | 35 | | |
| | | | Seite 6. | — | — | 7018 | 8 |

| Regierungs-Bezirk. | Bezeichnung der | | Namen der betheiligten Individuen. | Partial- | | Total- | |
| | Polizei- und Gerichts-Bezirke. | Ortschaften resp. Gemeinden. | | Betrag. | | | |
| | | | | fl. | kr. | fl. | kr. |
|---|---|---|---|---|---|---|---|
| | | | Uebertrag | 5028 | 35 | | |
| | Obernburg . . . . | Mömlingen . . | Hammerbach Phil. . | 488 | 53 | | |
| | | | Raismann, Gg. . . | 11 | 40 | | |
| | | | Klotz, Andr. . . . | 17 | 51 | 5546 | 59 |
| | Ochsenfurt . . . | Ochsenfurt . . | Borst, Nik. . . . | 500 | — | | |
| | | | Emmert, Nik. . . | 620 | — | | |
| | | | Röhnert, Gg. . . | 5 | 38 | | |
| | | | Zehe, Joh. . . . | 112 | 30 | | |
| | | | Graf, Gg. . . . | 357 | 57 | | |
| | | | Meyer, Andr. . . | 555 | 47 | | |
| | | | Endres, Gg. Ad. . | 1015 | 23 | | |
| | | | Müller, Joh. . . | 750 | — | | |
| | | | Breunig, Ad. . . | 750 | — | | |
| | | | Ruckert, Gg. . . | 150 | — | | |
| | | | Reus, Val. . . . | 50 | — | | |
| | | | Fröblich, Phil. . | 135 | — | | |
| | | | Wolz, Franz . . | 140 | — | | |
| | | | Friedrich, Gg. . | 20 | — | | |
| | | | Hörl, Georg . . | 100 | — | | |
| | | Frikenhausen . . | Krines, Kasp. . | 1000 | — | | |
| | | | Freudinger, Kasp. | 900 | — | | |
| | | | Schneider, Jos. . | 820 | — | | |
| | | | Popp, Mich. . . | 200 | — | | |
| | | | Betz, Joh. . . . | 625 | — | | |
| | | | Dürr, Georg . . | 300 | — | | |
| | | | Reinwald, Gg. . | 20 | — | | |
| | | Segnitz . . | Heinemann, Gebrüder | 35 | — | 9162 | 15 |
| | Oib . . . . . | Caffel . . . | Eichhorn, Joh. . | 148 | 41 | | |
| | | | Eichhorn, Ad. . | 52 | — | | |
| | | Kura . . . | Schneider, Gg. . | 200 | — | | |
| | | Oib . . . | Pfeufer, Joh. . . | 354 | 23 | | |
| | | | Edel, Eva . . . | 15 | 45 | | |
| | | | Mack, Peter . . | 24 | — | | |
| | | | Metzler, Qualb. . | 35 | — | | |
| | | | Doppenschmidt, Ad. | 17 | 9 | | |
| | | | Heßberger, Joh. . | 12 | 48 | | |
| | | | | 859 | 46 | | |
| | | | Seite 7 | — | — | 14709 | 14 |

Unterfranken und Aschaffenburg.

| Regierungs-Bezirk | Bezeichnung der Polizei- und Gerichts-Bezirke. | Ortschaften resp. Gemeinden. | Namen der betheiligten Individuen. | Partial-Betrag fl. | kr. | Total-Betrag fl. | kr. |
|---|---|---|---|---|---|---|---|
| | | | Uebertrag | 943 | 37 | | |
| Unterfranken und Aschaffenburg. | Rothenbuch . . . | Heinrichsthal . | Wegmann, Ant. . . | 400 | — | | |
| | | | Stenger, Ang. . . | 150 | — | | |
| | | | Schiffer und Häcker | 300 | — | | |
| | | | Englert, Mich. . . | 250 | — | | |
| | | | Fleckenstein, Joh. . | 300 | — | | |
| | | | Fleckenstein, Gg. . | 200 | — | | |
| | | | Hartmann, Nik. . . | 15 | — | | |
| | | | Diener, Seb. . . | 28 | — | | |
| | | | Schramm, Andr. . . | 200 | — | | |
| | | | Schramm, Kil. . . | 300 | — | | |
| | | | Gobig, Andr. . . | 600 | — | | |
| | | | Schramm Casr. . . | 150 | — | | |
| | | | Mann, Jos. . . | 35 | 25 | | |
| | | | Fir, Georg . . | 10 | 43 | | |
| | | | Schramm, Jos. . . | 11 | — | | |
| | | | Weisenseel, Andr | 22 | 30 | | |
| | | Rothenbach . . | Schwarz, Ant. . | 278 | — | 4194 | 15 |
| | Rothenfels . . . . | Hafenlohr . . | Fischer Mathias . | 200 | — | | |
| | | | Michel, Ad. . . . | 21 | — | 221 | — |
| | Schweinfurt . . . | Schweinfurt . | Zanker, Ernst . . | 10 | — | | |
| | | | Schmitt, J. Nik. . | 11 | — | 21 | — |
| | Volkach . . . . | Untereisenheim . | Frankenthaler, Sal. . | 192 | 18 | | |
| | | Reipelsdorf . | Eidel Gg. . . . | 500 | — | | |
| | | | Stöcklein, Gg. . . | 425 | — | | |
| | | | Weis, Christ. . . | 15 | — | | |
| | | Volkach . . . | Dumsto, Penkr. . . | 370 | — | | |
| | | | Kreis, Kasp. . . . | 1000 | — | | |
| | | | Elstein, Jos. . . . | 400 | — | | |
| | | | Jacklin, Phil. . . | 37 | 30 | 2939 | 48 |
| | Weyhers . . . . | Lütter . . . | Erdaung. Cir. . . | 200 | — | | |
| | | Poppenhausen | Hartung, M. Maria . | 100 | — | | |
| | | | Rehn, Ad. . . . | 150 | — | | |
| | | Mauf.Gelbach . | Bernhard, Ant. . | 83 | 45 | 533 | 45 |
| | | | Seite 9 | — | — | 7909 | 48 |

| Regierungs-Bezirk | Bezeichnung der | | Namen der betheiligten Individuen | Partial-Betrag | | Total-Betrag | |
|---|---|---|---|---|---|---|---|
| | Polizei- und Gerichts-Bezirke | Ortschaften resp. Gemeinden | | fl | kr | fl | kr |
| Unterfranken und Aschaffenburg. | Würzburg r/M. . . | Thüngersheim . | Götz, Georg . . | 140 | — | | |
| | | | Dechner, Gg. . . . | 3 | 30 | | |
| | | | Stürzel, Steph. . | 1 | 36 | | |
| | | | Herrlein, Jak. . | 50 | — | | |
| | | | Beck, Joh. . . | 86 | 31 | | |
| | | | Walter, Phil. . . | 445 | — | 726 | 37 |
| | Würzburg l/M. . . | Heidingsfeld . | Baumann, Mich. . | 380 | — | | |
| | | | Weikert, Dan . | 380 | — | | |
| | | | Katzenberger, Mich. . | 630 | — | | |
| | | | Silberstein, Charl. . | 83 | 20 | | |
| | | Erlabrunn . | Schneider, Anna . | 80 | — | 1553 | 20 |
| | Würzburg Mag. . . | Würzburg . | Juliusspital . . . | — | — | 69 | 53 |
| | | | Seite 10 | — | — | 2349 | 50 |
| | | | Hiezu „ 9 | — | — | 7909 | 48 |
| | | | „ 8 | — | — | 4059 | 15 |
| | | | „ 7 | — | — | 14709 | 14 |
| | | | „ 6 | — | — | 7018 | 8 |
| | | | „ 5 | — | — | 8784 | 28 |
| | | | „ 4 | — | — | 9048 | — |
| | | | „ 3 | — | — | 35953 | 23 |
| | | | „ 2 | — | — | — | — |
| | | | „ 1 | — | — | 7582 | 9 |
| | | | Gesammt-Summa | — | — | 97414 | 15 |

**Auf den Bestand der Vorjahre.**

| Regierungs-Bezirk | Bezeichnung der | | Namen der betheiligten Individuen | Partial-Betrag | | Total-Betrag | |
|---|---|---|---|---|---|---|---|
| Schwaben und Neuburg. | Buchloe . . . . | Denklingen . . | Schelkle, Ignaz . . | 3550 | — | | |
| | | | Mengele, Jos. . | 600 | — | | |
| | | | Schlauch, Andr. . | 33 | 20 | | |
| | | | Gutmann'sche Relikten | 68 | 45 | | |
| | | | Geiger, Gg. . | 44 | 7 | | |
| | | Lindenberg . . | Völk, Xaver . . . | 840 | — | | |
| | | | Gemeinde . . . | 300 | — | | |
| | | | Feneberg, Jos. . | 29 | 20 | | |
| | | Ummenhofen . | Martin, Xav. . . | 20 | 24 | | |
| | | | Frank, Valent. . . | 7 | 30 | 5493 | 26 |
| | | | Seite 1 | — | — | 5493 | 26 |

7*

| Regierungs-Bezirk | Bezeichnung der Polizei- und Gerichts-Bezirke. | Ortschaften resp. Gemeinden. | Namen der betheiligten Individuen. | Partial Betrag. fl. | kr. | Total Betrag. fl. | kr. |
|---|---|---|---|---|---|---|---|
| Schwaben und Neuburg. | Grönenbach . . . | Volkratshofen . | Bach, Martin . . | — | — | 3000 | — |
| | Höchstädt . . . . | Höchstädt . . | Ruf, Anton . . . | 800 | — | | |
| | | | Einning, Seraph . | 83 | 20 | | |
| | | | Werkmeister, Johann | 38 | 15 | 921 | 35 |
| | Illertissen . . . . | Illereichen . . | Rosenheim, Karl . . | — | — | 600 | — |
| | Krumbach . . . . | Mindelzell . . | Hofer, Ign. . . . | 420 | — | | |
| | | | Lautenbacher, Ant. . | 3 | — | | |
| | | Walkertshofen . | Schmidt, Alois . . | 400 | — | 823 | — |
| | Ottobeuren . . . | Ottobeuren . . | Denzel, Franz . . | — | — | 800 | — |
| | Schwabmünchen . . | Langenrinzen . | Blum, J. Gg. . . . | — | — | 1313 | 15 |
| | Weiler . . . . . | Grimenbach . . | f. Netar . . . . | — | — | 98 | 15 |
| | Wemding . . . | Otting . . . | Graf Max von Otting | 1200 | — | | |
| | | Wolferstadt . . | Schmid, Jos. . . . | 250 | — | 1450 | — |
| | Weißenhorn . . . | Grafertshofen . | Rader, Andr. . . . | 350 | — | | |
| | | | Hornstein, Franziska | 600 | — | 950 | — |
| | | | Seite 2 | — | — | 9956 | 5 |
| | | | Hiezu „ 1 | — | — | 5493 | 26 |
| | | | Summa A. | — | — | 15449 | 31 |

A. Vom Jahre 18⁴⁹/₅₀.

| Regierungs-Bezirk | Bezeichnung der Polizei- und Gerichts-Bezirke. | Ortschaften resp. Gemeinden. | Namen der betheiligten Individuen. | Partial Betrag. fl. | kr. | Total Betrag. fl. | kr. |
|---|---|---|---|---|---|---|---|
| | Buchloe . . . . | Waalhaupten . | Rauch, Jos. . . . | — | — | 1500 | — |
| | Burgau . . . . | Burgau . . . | Zimmermann, Jak. . | 10 | — | | |
| | | Denbach . . . | Sailer, Jos. . . . | 500 | — | | |
| | | | Zabler, Joh. . . . | 15 | — | | |
| | | Ettenbeuren . . | Fritz, Ottmar . . | 640 | — | | |
| | | Herzmanhausen . | Hofer, Georg . . . | 700 | — | | |
| | | | Vogler, Lorenz . . | 1500 | — | | |
| | | Halzenwang . . | Seif, Ign. . . . . | 200 | — | | |
| | | Jettingen . . . | Seiz, Alois . . . | 300 | — | | |
| | | | Auersberger, Jos. . | 900 | — | | |
| | | Oberwaldbach . | Braun, Joach. . . | 800 | — | 5565 | — |
| | Dillingen . . . . | Kislingen . . . | Reitenauer, Jos. . . | 1300 | — | | |
| | | Finninnigen . . | Gröner, Andr. . . | 800 | — | | |
| | | | Fehle, Georg . . . | 1160 | — | | |
| | | | Schlosser, Rosal. . | 150 | — | | |
| | | | | 3410 | — | | |
| | | | Seite 1. | — | — | 7065 | — |

| Regierungs-Bezirk | Bezeichnung der | | Namen der betheiligten Individuen | Partial | | Total | |
|---|---|---|---|---|---|---|---|
| | Polizei- und Gerichts-Bezirke. | Ortschaften resp. Gemeinden. | | Betrag. | | | |
| | | | | fl. | kr. | fl. | kr. |
| | | | Uebertrag | 3410 | — | | |
| | Dillingen . . . . | Dillingen . . | Lindemann, Jos. | 100 | — | | |
| | | | Oberfrank, Mich. | 100 | — | | |
| | | | Schmid, Jos. . . . | 16 | 40 | | |
| | | | Aulinger, Seraph | 388 | 54 | | |
| | | | Hugo, Sebast. | 325 | — | | |
| | | | Militär-Aerar . . | 612 | 34 | | |
| | | Hennhofen . . | Müller, Joh. . | 600 | — | | |
| | | Holzheim . . | Bbck, Joh. . . | 375 | — | | |
| | | Schabringen . . | Leiner, Joh. . . | 1500 | — | 7428 | 8 |
| Schwaben und Neuburg. | Donauwörth . . . | Buchdorf . . | Förg, Adam . . | 2450 | — | | |
| | | Wertingen . . | Kraus, Jos. . . | 1250 | — | | |
| | | | Bissinger, Jos. . | 500 | — | | |
| | | | Bschorer, Jos. . | 800 | — | | |
| | | | Haas, Anton . . | 500 | — | | |
| | | | Stuhlmüller, Leonh. . | 3 | 20 | | |
| | | | Mengele, Lor. . . | 6 | 7 | | |
| | | | Stettberger, Ulr. . | 5 | 30 | | |
| | | | Ramer, Job. . . | 3 | — | | |
| | | | Riegel, Sebast. . | 5 | — | | |
| | | Riedlingen . . | Dumberger, Jos. . | 1000 | — | 6522 | 57 |
| | Füssen . . . . . | Burggen . . | Deutschle, Joh. . | 2432 | 26 | | |
| | | Füssen . . | Zeiler, Will. . . | 40 | — | | |
| | | Rieden . . | Hiller, A. Mar. . | 13 | 20 | 2485 | 46 |
| | Göggingen . . . . | Gersthofen . . | Eymüller, Seb. . | 350 | — | | |
| | | | Strasser, Jos. . | 333 | 20 | | |
| | | Kriegshaber . . | Hafner, Joh. . . | 800 | — | | |
| | | Leitershofen . . | Müller, Ga. . . | 33 | 20 | | |
| | | Oberhausen . . | Rehklau, Karl . | 3168 | — | | |
| | | | Schmid, Alois . | 1500 | — | | |
| | | Reinhartshausen . | Berchtold, Jos. . | 400 | — | | |
| | | Schlipsheim . . | Schuster, Alban . | 17 | 30 | | |
| | | Steppach . . | Bellak, Mor. . . | 800 | — | | |
| | | | Renz, Jos. . . . | 300 | — | | |
| | | | Meyer, Jak. . . | 700 | — | | |
| | | | Veit, Isak . . . | 500 | — | | |
| | | | Brentano, Charlotte . | 666 | 40 | | |
| | | | Gerstle, Lehmann | 6 | 24 | 9575 | 14 |
| | | | Seite 2. | — | — | 26012 | 5 |

| Regierungs-Bezirk. | Bezeichnung der | | Namen der betheiligten Individuen. | Partial-Betrag | | Total-Betrag | |
| --- | --- | --- | --- | --- | --- | --- | --- |
| | Polizei- und Gerichts-Bezirke. | Ortschaften resp. Gemeinden. | | fl. | kr. | fl. | kr. |
| *Schwaben und Neuburg.* | Grönenbach . . . | Grönenbach . . | Hohenegger, A. Mar. | — | — | 400 | — |
| | Günzburg . . . . | Bühl . . . . | Schrank, Fidel . . | 300 | — | | |
| | | | Ilg, Ottmar . . . | 400 | — | | |
| | | | Haupt, Jos. . . . | 450 | — | | |
| | | | Schmid, Anton . . | 93 | — | | |
| | | | Schreiber, Jos. . . | 3 | — | | |
| | | | Müller, Jos. . . | 14 | — | | |
| | | Günzburg . . | Lauter, A. Maria | 95 | 48 | | |
| | | | Groß, Jos. . . | 100 | — | | |
| | | | Lauber, Gg. . . . | 427 | 52 | | |
| | | | Meyer, Leonh. | 16 | 52 | | |
| | | | Viola, Stephan . . | 8 | 20 | | |
| | | Ichenhausen . . | Stempfle Jos. . . | 800 | — | | |
| | | | Schweimeier, Mark. | 1400 | — | | |
| | | | Sailer, Alb. . . . | 12 | 40 | | |
| | | Offingen . . . | Josran, Joh. . . | 4 | — | | |
| | | Remshard . . | Bübler, Joh. . . . | 250 | — | | |
| | | Rieden . . | Bissinger, Math. . . | 516 | 40 | | |
| | | Riedhausen . . | Graf Waldegbrm | 2000 | — | | |
| | | Unterelchingen . | Denzel. Bened. . . | 45 | — | | |
| | | Wasserburg . . | Ruf, Jos. . . . . | 607 | 30 | | |
| | | | Schmid, Mich. . . | 300 | — | | |
| | | | Maier, Joh. . . | 500 | — | | |
| | | | Maier, Jos. . . . | 500 | — | | |
| | | | Stuhlmüller, Andr. . | 550 | — | | |
| | | | Spengler, Gg. . . | 95 | — | 9488 | 50 |
| | Höchstädt . . . . | Greinheim . . | Förg, Alois . . | 10 6 | 40 | | |
| | | | Gerstmeier, Xav. . . | 25 | — | | |
| | | | Eisenhofer, Mar. . . | 10 | — | | |
| | | | Schipfel, Jos. . . | 32 | — | | |
| | | Höchstädt . . | Thalhofer, Joseph | 433 | 20 | | |
| | | | Haber, Kand. . . | 1400 | — | | |
| | | | Krumm, Joh. . . | 383 | — | | |
| | | | Walter, Joh. . . | 100 | — | | |
| | | Lutzingen . . . | Herner, Anton . . | 73 | 20 | | |
| | | | | 3173 | 20 | | |
| | | | Seite 3. | — | — | 9888 | 50 |

| Regierungs-Bezirk. | Bezeichnung der | | Namen der betheiligten Individuen. | Partial- | | Total- | |
|---|---|---|---|---|---|---|---|
| | Polizei- und Gerichts-Bezirke. | Ortschaften resp. Gemeinden. | | Betrag. | | | |
| | | | | fl. | kr. | fl. | kr. |
| | | | Uebertrag | 3473 | 20 | | |
| | Höchstädt . . . . | Mörslingen . . | Gutekunst, Gg. . . | 1200 | — | | |
| | | | Binder, Jak. . . . | 2000 | — | | |
| | | | Kobinger, Jak. . . | 900 | — | | |
| | | | Beh, Jos. . . . | 4806 | 40 | | |
| | | | Kobinger, Xaver . . | 4 | — | | |
| | | | Wunderle, Kresc. . | 4 | — | | |
| | | | Baumeister, Gg. . . | 5 | — | | |
| | | | Heinle, Xav. . . . | 20 | — | | |
| | | | Eber, Thr. . . . | 3 | — | | |
| | | | Eberle, Jos. . . . | 2 | — | | |
| | | Oberfinningen . | Mattler, Math. . . | 1500 | — | | |
| | | | Haid, Viktoria . . | 2 | 20 | | |
| | | Steinheim . | Pfeifer, Anton . . | 1200 | — | | |
| | | | Kleinle, Gg. . . | 1000 | — | | |
| | | | Dollinger, Joh. . . | 1200 | — | | |
| | | | Lang, Xaver . . . | 300 | — | | |
| | | | Strahl'sche Kinder . | 500 | — | | |
| | | Lopfheim . . | Behringer u. Zwiebel | 2000 | — | | |
| | | | Behringer, Daniel . | 1525 | — | | |
| | | | Zwiebel, Joh. . . | 400 | — | | |
| | | | Schuster, Joh. . . | 12 | — | | |
| | | Unterfinningen . | Leitner, Franziska . | 200 | — | | |
| | | | Schwenk, Mich. . . | 6 | — | | |
| | | | Gemeinde . . . | 4 | 17 | | |
| | | | Schuster, Joh. . . | 3 | 45 | | |
| | | | Schilling, Mark. . | 7 | — | | |
| | | Unterfinzheim . | Gerstmeier, Jos. . | 800 | — | | |
| | | | Hohenstetter, Leonh. | 8 | — | | |
| | | | Meier, Leonh. . . | 5 | — | | |
| | | | Rett, Eustach . . | 4 | — | 23095 | 22 |
| | Illertissen . . . | Illertissen . . | Floschhut, Xav. . . | 13 | 20 | | |
| | | Osterberg . . | Abler, Joh. . . . | 500 | — | | |
| | | | Wambach, Jos. . . | 400 | — | | |
| | | Oberroth . . . | Schalk, Heinrich . . | 10 | 3 | 923 | 23 |
| | | | Seite 4. | — | — | 24018 | 45 |

| Regierungs-Bezirk. | Bezeichnung der Polizei- und Gerichts-Bezirke. | Ortschaften resp. Gemeinden. | Namen der betheiligten Individuen. | Partial-Betrag. | | Total-Betrag. | |
|---|---|---|---|---|---|---|---|
| | | | | fl. | kr. | fl. | kr. |
| Schwaben und Neuburg. | Immenstadt . . . | Blaichach . . . | Fritz, Joh. . . . | 600 | — | | |
| | | Immenstadt . . | Glötzle Xav. . . . | 1900 | — | | |
| | | Osterschwang | Schmideler, Joh. . . | 1000 | — | | |
| | | | Seltmann, Joh. . . | 31 | — | 3531 | — |
| | Kaufbeuern . . . | Pforzen . . . | Gastl, Jof. . . . | — | — | 1400 | — |
| | Kempten . . . . | Buchenberg . . | Moser, Jof. . . . | 900 | — | | |
| | | Durach . . . | Liebenstein Ant. . . | 1200 | — | | |
| | | | Lingg, Geo.g . . . | 1000 | — | | |
| | | | Martin, Jof. . . . | 1500 | — | | |
| | | St. Mang . . | Beßler, Jof. . . . | 4905 | 15 | | |
| | | Waltenhofen . | Klaus, Wilh. . . . | 900 | — | | |
| | | | Gmeinder, Gg. . . | 1700 | — | 12105 | 15 |
| | Krumbach . . . . | Burk . . . | Gleich, Anton . . | 300 | — | | |
| | | | Wagner, Andr. . . | 1000 | — | | |
| | | | Gail, Mark. . . . | 1500 | — | | |
| | | | Kultus-Stiftung . . | 1050 | — | | |
| | | | Stüble, Georg . . | 600 | — | | |
| | | | Spann, Sebastian . | 11 | 15 | | |
| | | | Hieber, Anton . . | 12 | 48 | | |
| | | | Zöpf, Wendel. . . | 3 | 24 | | |
| | | | Bachmaier, Jak. . . | 2 | 8 | | |
| | | | Ritter, Georg . . | 15 | 21 | | |
| | | | Fendt, Pius . . . | 17 | 36 | | |
| | | | Rottmaier, Thad. . | 10 | — | | |
| | | | Schuster, Jof. . . | 2 | 30 | | |
| | | | Högel, Anton . . | 16 | 48 | | |
| | | | Bachmaier, Thom. . | 9 | 6 | | |
| | | Hürben . . . | Stein, Simon . . | 350 | — | | |
| | | Krumbach . . | Maier, Jof . . . | 1166 | 40 | | |
| | | Münsterhausen . | Kappeler, Anton . | 1808 | — | | |
| | | Thanhausen . | Prestl, Gottfr. . . | 1000 | — | | |
| | | Walkershofen . | Holzhaufer, Ant. . | 700 | — | | |
| | | | Linder, Michael . . | 56 | 15 | 9631 | 51 |
| | | | Seite 5. | — | — | 26668 | 6 |

| Regierungs-Bezirk. | Bezeichnung der | | Namen der betheiligten Individuen. | Partial- | | Total- | |
|---|---|---|---|---|---|---|---|
| | Polizei- und Gerichts-Bezirke. | Ortschaften resp. Gemeinden. | | Betrag. | | | |
| | | | | fl. | kr. | fl. | kr. |
| Schwaben und Neuburg. | Lauingen . . . . | Bachhagel . . | Wiedemann, Gg. . . | 1000 | — | | |
| | | | Gayer, Georg . . | 1000 | — | | |
| | | Burghagel . . | Bierle, Anton . . | 900 | — | | |
| | | | Hartmann, Gg. . . | 700 | — | | |
| | | | Lacher, Remig. . . | 800 | — | | |
| | | | Schuster, Georg . . | 1000 | — | | |
| | | | Schuster, Stephan . | 15 | — | | |
| | | | Funk, Peter . . . | 7 | 30 | | |
| | | Echenbrunn . . | Wölfle, Therese . . | 927 | 20 | | |
| | | | Stempfle, M. Anna . | 1100 | — | | |
| | | Gundelfingen . | Feiertag, Nik. . . | 862 | 30 | | |
| | | | Blatter, Baldh. . . | 1800 | — | | |
| | | | Blank, Jos. . . . | 302 | 45 | | |
| | | | Schmalzger, Jos. . . | 342 | 50 | | |
| | | | Burghard, Marg. . . | 120 | — | | |
| | | Lauingen . . . | Kohler, Ant. . . . | 1905 | 28 | | |
| | | | Pröller, Mich. . . | 854 | 32 | | |
| | | | Pröller, Georg . . | 112 | 30 | | |
| | | | Krämer, Sebast. . . | 16 | — | | |
| | | | Baumgartner, Leonh. | 24 | — | | |
| | | | Groß, Jos. . . . | 135 | — | | |
| | | | Fritsch, Xav. . . | 50 | — | | |
| | | | Tischer, Agatha . . | 29 | 4 | | |
| | | | Pröller, Andr. . . | 30 | 46 | | |
| | | | Georg, Gg. . . . | 9 | — | | |
| | | | Gutbrod, Sebast. . . | 4554 | 52 | | |
| | | Oberbechingen . | Spener, Mich. . . | 1000 | — | | |
| | | | Kohler, Ant. . . | 1800 | — | | |
| | | | Schmid, Andr. . . | 1200 | — | 22599 | 7 |
| | Lindau . . . . | Sigmarszell . . | Einbritz, Mart. . . | — | — | 1000 | — |
| | Mindelheim . . . | Dirlewang . . | Sontheimer, Jos. . . | 750 | — | | |
| | | Mindelheim . . | Stark, Jos. . . | 48 | — | | |
| | | Oberauerbach . . | Schlecht, Joh. . . | 25 | — | | |
| | | Oberkammbach . | Engstle, Joh. . . . | 500 | — | 1323 | |
| | | | Seite 6 | — | — | 24922 | 7 |

| Regierungs-Bezirk | Bezeichnung der Polizei- und Gerichts-Bezirke | Ortschaften resp. Gemeinden | Namen der betheiligten Individuen | Partial-Betrag | | Total-Betrag | |
|---|---|---|---|---|---|---|---|
| | | | | fl. | kr. | fl. | kr. |
| Schwaben und Neuburg. | Neuburg . . . . | Bergheim . . | Etterreich, Joh. . . | 250 | — | | |
| | | Burgheim . . | Schloderer, Mar . . | 1307 | 42 | | |
| | | Graßheim . . | Harlander, Joh. . . | 550 | — | | |
| | | | Kleber, Adam . . | 600 | — | | |
| | | Karlshuld . . | Kreitmeier, Georg . | 400 | — | | |
| | | | Plank, Mich . . | 200 | — | | |
| | | | Wittmann, Peter . . | 300 | — | | |
| | | | Beitner, Mich. . . | 100 | — | | |
| | | Karlskron . . | Lex, Georg . . . | 350 | — | | |
| | | Manching . . | Münzhuber, Jof. . . | 400 | — | | |
| | | Obermaxfeld . . | Vogl, Joh. . . . | 660 | — | | |
| | | | Leidl, Andr. . . | 600 | — | | |
| | | Ried . . . . | Meier, Gg. . . . | 925 | — | 6642 | 42 |
| | Neuulm . . . . | Neuhausen . . | Raup, Jof. . . . | 900 | — | | |
| | | | Forster, Joh. . . . | 62 | 30 | 962 | 30 |
| | Nördlingen . . . . | Großelfingen . . | Wehstein, Gg. . . . | — | — | 12 | 30 |
| | Oberdorf . . . . | Ebenhofen . . | Martin, Xav. . . . | 2200 | — | | |
| | | Bidingen . . . | Heiland, Pangraz . . | 25 | 48 | 2225 | 48 |
| | Ottobeuern . . . . | Amendingen . . | Wiedmann, Jof. . . | 600 | — | | |
| | | | Betscher, Ant. . . | 600 | — | | |
| | | | Häring, Afra . . . | 700 | — | | |
| | | | Prinz, Ferd . . . | 600 | — | | |
| | | | Unsinn, Xav. . . . | 250 | — | | |
| | | | Prestel, Joh . . . | 600 | — | | |
| | | | Meierhofer, Jof. . . | 600 | — | | |
| | | | Koch, Anton . . . | 600 | — | | |
| | | | Wagner, Jof . . . | 600 | — | | |
| | | | Heim, Jof. . . . | 400 | — | | |
| | | | Denzel, Anton . . . | 1100 | — | | |
| | | Buxheim . . . | Müller, Jak. . . . | 4000 | — | | |
| | | Frechenrieden . . | Lautenschlager, Meur. . | 14 | — | | |
| | | Haitzen . . . | Reisch, Maria . . | 4000 | — | | |
| | | | Bischof, Lorenz . . | 900 | — | | |
| | | Holzgünz . . . | Müller, Alois . . . | 1500 | — | | |
| | | Markt d . . . | Schmieringer, Jof . . | 700 | — | | |
| | | Rettenbach . . | Kirchenstiftung . . | 6 | 15 | 17770 | 15 |
| | | | Seite 7 | — | — | 27613 | 45 |

| Regierungs-Bezirk | Bezeichnung der Polizei- und Gerichts-Bezirke | Ortschaften resp. Gemeinden | Namen der betheiligten Individuen | Partial Betrag fl. | kr. | Total Betrag fl. | kr. |
|---|---|---|---|---|---|---|---|
| Schwaben und Neuburg | Reggenburg | Beuren | Jehle, Xaver | 755 | — | | |
| | | Biberach | Jehle, Martin | 1200 | — | | |
| | | Biberachzell | Graf, Kosunic | 600 | — | | |
| | | Edelstetten | Außmann, Stephan | 333 | 20 | | |
| | | Ellzen | Waschbauſer, Ant. | 30 | — | | |
| | | Unterwieſenbach | Reißner, Kath. u. Agn. | 1000 | — | | |
| | | Wallenhauſen | Maier, Joh. | 650 | — | | |
| | | Weiſenhorn | Heiß, Joh. | 4800 | — | | |
| | | | Heß, Walburga | 1312 | 30 | | |
| | | | Pader, Valentin | 125 | — | 10805 | 50 |
| | Schwabmünchen | Königsbrunn | Rasler, Sebaſtian | 1200 | — | | |
| | | | Humler, Euſtach | 1100 | — | | |
| | | | Weichenberger, Lor. | 500 | — | | |
| | | | Gruber, Jak. | 600 | — | | |
| | | Reinhartshofen | Gemeinde | 400 | — | | |
| | | Schwabmünchen | Erber, Ulr. | 1000 | — | | |
| | | | Müller, Chriſt. | 3518 | 45 | | |
| | | | Brenner, Joſ. | 5 | — | | |
| | | | Haug, Gabr. | 75 | — | | |
| | | | Schneewetter, Barth. | 8 | — | | |
| | | | Stempfle, Joſ. | 35 | — | | |
| | | | Nägele, Joſ. | 40 | — | | |
| | | | Weibel, Pius | 4 | — | | |
| | | | Waibel, Thaddä | 54 | 44 | | |
| | | | Sulzenbacher, Math. | 5 | — | | |
| | | | Schrott, Egid | 600 | — | 9145 | 29 |
| | Sonthofen | Rettenberg | Heiß, Joſ. | 1400 | — | | |
| | | Sonthofen | Schmitter, Mart. | 1200 | — | 2600 | — |
| | Türkheim | Amberg | Fröhlich, Georg | 500 | — | | |
| | | | Schorner, Joſ. | 600 | — | | |
| | | | Krieger, Ant. | 1100 | — | | |
| | | | Port, Seb. | 500 | — | | |
| | | | Fiſcher, Martin | 500 | — | | |
| | | | Schweier, Mart. | 300 | — | | |
| | | | Holzhauſer, Joſ. | 750 | — | | |
| | | | | 4250 | — | | |
| | | | Seite 8 | — | — | 22551 | 19 |

| Regierungs-Bezirk. | Bezeichnung der Polizei- und Gerichts-Bezirke. | Ortschaften resp. Gemeinden. | Namen der betheiligten Individuen. | Partial-Betrag fl. | kr. | Total-Betrag fl. | kr. |
|---|---|---|---|---|---|---|---|
| | | | Uebertrag | 4250 | — | | |
| | Türkheim . . . . | Amberg . . . | Nieberle, Anselm . | 800 | — | | |
| | | | Krieger, Alois . . | 1000 | — | | |
| | | | Klänzler, Hyg. . . | 500 | — | | |
| | | Wiedergeltingen . | Butzer, Jof. . . . | 1440 | — | 7990 | — |
| | Weiler . . . . | Gestraß . . . | Prinz, Christ. . . | 400 | — | | |
| | | Heimenkirch . . | Mauch, Christ. . . | 280 | — | | |
| | | Weitnau . . . | Weiß, Franz . . . | 400 | — | 1080 | — |
| | Wemding . . . . | Otting . . . | Herrmann, Joh. . | — | — | 200 | — |
| | Wertingen . . . . | Afaltern . . . | Häusle, Urban . . | 100 | — | | |
| | | Allmannshofen . | Uz, Leonh. . . . | 800 | — | | |
| | | Buttenwiesen . . | Wielmeier, Xav. . | 800 | — | | |
| | | Frauenstetten . | Hattler, Jof. . . | 600 | — | | |
| | | Gottmannshofen | Rothmeier, Alois . | 820 | — | | |
| | | Laugna . . . | Kratzer, Joh . . | 700 | — | | |
| | | Lauterbronn . . | Pfarr-Stiftung . . | 8 | 20 | | |
| | | Oberthürheim . | Rupp, Anton . . | 1432 | 23 | | |
| | | Roggden . . . | Adler, Kaip. . . | 4300 | — | | |
| | | Zusammenzell . | Zähnle, Joh. . . | 1300 | — | | |
| | | | Deiser, Mich. . . | 150 | — | | |
| | | | Roßner, Stephan . | 350 | — | 11360 | 43 |
| | Zusmarshausen . | Adelsried . . . | Wolf, Mart. . . | 255 | — | | |
| | | Auerbach . . . | Steiner, Mich. . . | 600 | — | | |
| | | | Koch, Jof. . . . | 2000 | — | | |
| | | | Koppmeier, Andr. . | 527 | — | | |
| | | | Weihmeier, Joh. . | 6 | — | | |
| | | Wollbach . . . | Bunk, Ant. . . . | 600 | — | | |
| | | Wollishausen . | Ablinger, Alban . | 500 | — | | |
| | | | Baintner, Jof. . | 9 | 37 | | |
| | | | Wagner, Math. . | 11 | 54 | | |
| | | Zusmarshausen . | Feistel, Ant. . . | 500 | — | 5009 | 31 |
| | Augsburg M. . . . | Augsburg . . . | Professor Fröhlich | 425 | — | | |
| | | | Kraft, Fried. . . | 500 | — | | |
| | | | Regele, Jof. . . | 63 | 45 | | |
| | | | k. Waisenhaus-Stiftung | 25 | — | | |
| | | | Schiembeck, Max . | 71 | 6 | 1084 | 51 |
| | | | Seite 9 | — | — | 26725 | 5 |

Regierungs-Bezirk (vertical): Schwaben und Neuburg

| Regierungs-Bezirk. | Bezeichnung der | | Namen der betheiligten Individuen. | Partial- | | Total- | |
|---|---|---|---|---|---|---|---|
| | Polizei- und Gerichts-Bezirke. | Ortschaften resp. Gemeinden. | | Betrag. | | | |
| | | | | fl. | kr. | fl. | kr. |
| Schwaben und Neuburg. | Kaufbeuren . . . | Kaufbeuren . . | Weiß, Math. . . . | 48 | — | | |
| | | | Wiedemann, Jak. . | 800 | — | 848 | — |
| | Kempten . . . . | Kempten . . . | k. Militär-Aerar . . | — | — | 8 | — |
| | Memmingen . . . . | Memmingen . . | Bromler, Gust. . . | 125 | — | | |
| | | | Kiechle, Bartlmä . | 31 | 15 | 156 | 15 |
| | Neuburg . . . . | Neuburg . . . | Wimmer, Leonh. . . | 30 | — | | |
| | | | Luibl, Jos. . . . | 800 | — | 830 | — |
| | Nördlingen . . . | Nördlingen . . | Rauther, Gg. . . . | — | — | 1066 | 40 |
| | Babenhausen . . . | Babenhausen . . | Zickler, Magd. . . | 350 | — | | |
| | | | Scheckel, Lor. . . | 84 | 42 | | |
| | | | Lehner, Joh. . . . | 12 | 30 | 447 | 12 |
| | Bissingen . . . . | Brachstadt . . | Sorg, Johann . . . | 6125 | — | | |
| | | Gaishard . . | Reimertshofer, Jos. . | 700 | — | 6825 | — |
| | Oettingen . . . | Dornstadt . . | Regele, Sebast. . . | 10 | — | | |
| | | Hainsfahrt . . | Hopfenzitz . . . . | 203 | 12 | | |
| | | | Regenschmid, Friedr. . | 33 | 20 | | |
| | | | Fischer, Jos. . . . | 24 | — | | |
| | | | Maier, Mich. . . . | 7 | — | | |
| | | Utzwingen . . | Hasenmüller, Leonh. . | 16 | — | 293 | 32 |
| | Wallerstein . . . | Birkhausen . . | Stelzle, Veit. . . | 400 | — | | |
| | | | Deubler, Joh. . . | 400 | — | | |
| | | | Karg, Jos. . . . | 600 | — | | |
| | | | Thum'sche Kinder . | 600 | — | | |
| | | | Faußner, Xav. . . | 200 | — | | |
| | | | Thum, Veit. . . . | 300 | — | | |
| | | | Wunsch, Jos. . . . | 1200 | — | | |
| | | | Wolf, Jak. . . . | 600 | — | | |
| | | | Deubler, Alois . . | 800 | — | | |
| | | | Gentner, Wend. . . | 900 | — | | |
| | | | Offinger, Mart. . . | 1200 | — | | |
| | | | Neufischer, Gg. . . | 1000 | — | | |
| | | | Faußner, Ambr. . . | 600 | — | | |
| | | | Thum, Veit sen. . . | 500 | — | | |
| | | | Stelzle, Veit . . . | 7 | 30 | | |
| | | | Däubler, Joh. . . | 12 | 51 | | |
| | | | | 9320 | 21 | | |
| | | | Seite 10 | — | — | 10474 | 39 |

| Regierungs-Bezirk | Bezeichnung der Polizei- und Gerichts-Bezirke. | Ortschaften resp. Gemeinden. | Namen der betheiligten Individuen. | Partial-Betrag fl. | kr. | Total-Betrag fl. | kr. |
|---|---|---|---|---|---|---|---|
| Schwaben und Neuburg. | | | Uebertrag | 9320 | 21 | | |
| | Wallerstein . . . . | Birkhausen . . | Hemle, Leonh. . . . | 26 | 40 | | |
| | | Wallerstein | Thum, Kath. . . . | 214 | 17 | | |
| | | | Gertner, Leonh . . | 70 | — | 9631 | 18 |
| | Weissenhorn . . | Gerlenhofen . | Schweier, Jak. . . | 600 | — | | |
| | | Grafertshofen | Braun, Marthä . | 2060 | — | | |
| | | | Berger, Hein. . . | 1343 | 20 | | |
| | | | Hofer, Xav. . . . | 1200 | — | | |
| | | Hegelhofen . . | Eisenlohr, Gg . . | 540 | — | | |
| | | | Mooger, Jak. . . | 640 | — | | |
| | | | Rothärmel, Joi. . | 600 | — | | |
| | | Kadeltshofen | Rast, Anton . . . | 700 | — | | |
| | | Pfaffenhofen | Sellmann, Job. . . | 600 | — | | |
| | | | Maisch, Raimund . | 900 | — | 9183 | 20 |
| | | | Seite 11 | — | — | 18814 | 35 |
| | | | Hiezu „ 10 | — | — | 10474 | 39 |
| | | | „ „ 9 | — | — | 26725 | 5 |
| | | | „ „ 8 | — | — | 22351 | 19 |
| | | | „ „ 7 | — | — | 27613 | 45 |
| | | | „ „ 6 | — | — | 24921 | 7 |
| | | | „ „ 5 | — | — | 26668 | 6 |
| | | | „ „ 4 | — | — | 2401 | 45 |
| | | | „ „ 3 | — | — | 9888 | 50 |
| | | | „ „ 2 | — | — | 26012 | 5 |
| | | | „ „ 1 | — | — | 7065 | — |
| | | | Summa B. | — | — | 224754 | 19 |
| | | | Dazu „ A. | — | — | 15449 | 31 |
| | | | Gesammt-Summa | — | — | 240203 | 50 |

| Regierungs-Bezirk. | Bezeichnung der | | Namen der betheiligten Individuen. | Partial- | | Total- | |
|---|---|---|---|---|---|---|---|
| | Polizei- und Gerichts-Bezirke. | Ortschaften resp. Gemeinden. | | Betrag. | | | |
| | | | | fl. | kr. | fl. | kr. |
| | | Zusammenstellung. | | | | | |
| | | | Oberbayern . . . . | — | — | 308747·23 | |
| | | | Niederbayern . . . | — | — | 157822 | 43 |
| | | | Oberpfalz und Regensburg . | — | — | 150007 | 5 |
| | | | Oberfranken . . . . | — | — | 68980 | 58 |
| | | | Mittelfranken . . . | — | — | 56141 | 59 |
| | | | Unterfranken und Aschaffenburg | — | — | 97414 | 15 |
| | | | Schwaben und Neuburg . . . | — | — | 140203 | 50 |
| | | | Total-Summe . | — | — | 1079313 | 15¼ |

**Königliches Staatsministerium des Handels und der öffentlichen Arbeiten.**

Beilage Ziffer 11.

# Nachweisung

der

## Ausgaben auf Besoldungen, Pensionen und Remunerationen des Central- und Regierungs - Personals.

| Regierungs-Bezirke. | Pensionen | | | Besoldungen u. Funktions-remunerationen des | | | | | | Summe. | | |
| | | | | Central-Personals | | | Regierungs-Personals | | | | | |
| | fl. | kr. | hl. | fl. | kr. | hl. | fl. | kr. | hl. | fl. | kr. | hl. |
|---|---|---|---|---|---|---|---|---|---|---|---|---|
| Oberbayern . . . . | 96 | 15 | — | 1076 | 36 | — | 576 | — | — | 1748 | 36 | — |
| Niederbayern . . . . | — | — | — | — | — | — | 342 | — | — | 342 | — | — |
| Oberpfalz und Regensburg . . . | 48 | — | — | — | — | — | 280 | — | — | 328 | — | — |
| Oberfranken . . . . | — | — | — | — | — | — | 297 | — | — | 297 | — | — |
| Mittelfranken . . . . | — | — | — | — | — | — | 414 | — | — | 414 | — | — |
| Unterfranken und Aschaffenburg . | — | — | — | — | — | — | 396 | — | — | 396 | — | — |
| Schwaben und Neuburg . . | — | — | — | — | — | — | 513 | — | — | 513 | — | — |
| Summa | 144 | — | — | 1076 | 36 | — | 2818 | — | — | 4083 | 36 | — |

# Nachweisung

### der

Einhebungsgebühren für die äußeren Beamten und Gemeindevorsteher von den ordentlichen Concurrenz- und Vorschußfonds-Beiträgen.

| Regierungs-Bezirke. | Ordentliche Konkurrenz-Beiträge. | | | Vorschuß-Fonds-Beiträge. | | | Einheb-Gebühren zu 4 Heller vom Gulden der | | | | | | Gesammt-Betrag der Einhebungs-Gebühren. | | |
|---|---|---|---|---|---|---|---|---|---|---|---|---|---|---|---|
| | | | | | | | ordentlichen Konkurrenz-Beiträge. | | | Vorschuß-Fonds-Beiträge. | | | | | |
| | fl. | kr. | hl. | fl. | kr. | hl. | fl. | kr. | hl. | fl. | kr. | hl. | fl. | kr. | hl. |
| Oberbayern . . . | 228982 | 36 | 6 | 276134 | 4 | — | 1908 | 11 | 2 | 23 | — | 6 | 1931 | 12 | — |
| Niederbayern . . | 141159 | 74 | 4 | 1595 | 32 | 3 | 1176 | 19 | 5 | 13 | 17 | 6 | 1189 | 37 | 3 |
| Oberpfalz und Regensburg | 117994 | 29 | 7 | 949 | 4 | — | 983 | 17 | 2 | 7 | 54 | 4 | 991 | 11 | 6 |
| Oberfranken . . | 114997 | 19 | 1 | 587 | 55 | 6 | 958 | 18 | 5 | 4 | 54 | — | 963 | 12 | 5 |
| Mittelfranken . . | 152863 | 58 | 4 | 1035 | 3 | 6 | 1273 | 52 | — | 8 | 37 | 4 | 1282 | 29 | 4 |
| Unterfranken u. Aschaffenburg | 149607 | 56 | 1 | 1597 | 6 | 6 | 1246 | 44 | — | 13 | 18 | 5 | 1260 | 2 | 5 |
| Schwaben und Neuburg | 198322 | 25 | 3 | 2506 | 37 | 2 | 1652 | 41 | 2 | 20 | 53 | 3 | 1673 | 34 | 5 |
| Summa | 1103928 | 10 | 2 | 11032 | 54 | 3 | 9199 | 24 | — | 91 | 56 | 4 | 9291 | 20 | 4 |

Beilage Ziffer IV.

# Nachweisung

der

Ausgaben auf Abschätzung der Brandschäden, dann Geldlieferungen, Postporto und Botenlöhne.

| Regierungs-Bezirke. | Schätzungs-Gebühren. | | | Geldlieferungs-Gebühren, Postporto und Botenlöhne. | | |
|---|---|---|---|---|---|---|
| | fl. | kr. | hl. | fl. | kr. | hl. |
| Oberbayern . . . . . . . | 1065 | 31 | — | 240 | 49 | 4 |
| Niederbayern . . . . . . | 325 | 15 | — | 224 | 33 | — |
| Oberpfalz und Regensburg . . . | 240 | 20 | — | 226 | 58 | — |
| Oberfranken . . . . . . | 128 | 30 | — | 252 | 39 | |
| Mittelfranken . . . . . . | 215 | 4 | — | 109 | 57 | 4 |
| Unterfranken und Aschaffenburg . . . | 341 | 27 | — | 461 | 16 | — |
| Schwaben und Neuburg . . . . | 539 | 53 | — | 167 | 42 | — |
| Summa | 2856 | — | — | 1683 | 55 | — |

# Nachweisung

### der

## besonderen Ausgaben.

| Regierungs-Bezirke. | Vortrag. | Partial-Betrag. | | | Total-Betrag. | | |
|---|---|---|---|---|---|---|---|
| | | fl. | kr. | hl. | fl. | kr. | hl. |
| Oberbayern. | Rechnungs-Vergütungen | 58 | 15 | — | | | |
| | Schreibmaterialien | 386 | 41 | — | | | |
| | Kosten von Offizial-Schätzungen | 490 | 5 | — | | | |
| | Advokaten-Deserviten | 46 | 17 | — | | | |
| | Sonstige Regie-Ausgaben | 28 | 19 | — | 1009 | 37 | 2 |
| Niederbayern. | Schreibmaterialien, Lithographirtes Papier und sonstige Regie-Ausgaben | 181 | 40 | — | | | |
| | Auf Offizial-Schätzungen | 45 | 55 | — | | | |
| | Rechnungs-Vergütungen | 26 | 38 | 3 | 254 | 13 | 3 |
| Oberpfalz und Regensburg. | Für Offizial-Schätzungen | 346 | 30 | — | | | |
| | Auf Schreibmaterialien und Lithographieen | 132 | 43 | — | | | |
| | Vervollständigung des Inventars | 65 | 45 | — | | | |
| | Buchbinderlöhne, Verpackungskosten und sonstige Regiebedürfnisse | 39 | 14 | — | 584 | 12 | |
| Oberfranken. | Rechnungsvergütungen | 9 | 59 | 3 | | | |
| | Buchdruckers und Buchbinderlöhne | 149 | 23 | — | | | |
| | Auf Unterhaltung des Inventars | — | 30 | — | | | |
| | Kosten für Revision der Brand-Versicherungs-Anschläge | 733 | 25 | — | 893 | 17 | 3 |
| Mittelfranken. | Kosten für Regulirung der Brand-Entschädigungen | 31 | — | — | | | |
| | Schreibmaterialien, Drucker- und Buchbinder-Löhne | 120 | 31 | — | | | |
| | Auf Unterhaltung des Inventars | 2 | 33 | — | | | |
| | Kosten offizieller Schätzungen | 99 | 19 | — | | | |
| | Rechnungsvergütungen und Rückersätze | 13 | 15 | 2 | | | |
| | Mittelst Einbruches im Rathhause zu Neustadt sind entwendet worden und kommen in Abgang | 176 | 30 | — | 443 | 8 | 2 |
| | Seitenbetrag | — | — | — | 3184 | 28 | — |

| Regierungs-Bezirke. | Vortrag. | Partial-Betrag. | | | Total-Betrag. | | |
|---|---|---|---|---|---|---|---|
| | | fl. | kr. | bl. | fl. | kr. | bl. |
| | Uebertrag • | — | 25 | — | 3184 | 28 | — |
| Unterfranken und Aschaffenburg. | Rechnungs-Vergütungen . . . . . . . | 35 | 25 | — | | | |
| | Schreibmaterialien und Buchbinderlöhne . . | 65 | 43 | — | | | |
| | Für lithographirtes Papier . . . . . . | 90 | — | — | | | |
| | Auf offizielle Schätzungen . . . . . . | 23 | — | — | | | |
| | Einhebungs-Gebühren von Einnahms-Nach-holungen . . . . . . . . . . | — | 15 | 2 | | | |
| | Entschädigungen an Kassen-Mitsperrer . . | 31 | — | — | | | |
| | Erneuerung und Revision von Brandversicher-ungs-Kataster . . . . . . . . | 137 | 45 | — | | | |
| | Bei dem Landgerichte Rothenbuch wurden mittelst Einbruches entwendet . . . . . . | 1771 | 50 | — | 2154 | 58 | 2 |
| Schwaben und Neuburg. | Rechnungs-Vergütungen . . . . . . . | 7 | 40 | — | | | |
| | Schreibmaterialien und Lithographieen . . . | 229 | 37 | — | | | |
| | Auf Offizial-Schätzungen . . . . . | 284 | 24 | — | 521 | 41 | — |
| | Summa | — | — | | 5861 | 7 | 2 |

| II. | XIII. | XIV. | der | XXVI. | | XXVII. | | |
|---|---|---|---|---|---|---|---|---|
| | | | | Geld=A on der Aktivreste (Col. XXI.) | | | | |
| | Zuschüsse an andere Regierungs-Bezirke. | Rückzahlung von Vorschüssen der Staatskasse. | | Zur Deckung des Bedarfes werden von andern Regierungsbezirken überwiesen und zwar von | | wornach zur Dispositen verblieben einschließlich des Vorschuß Fonden. | | |
| | | fl. | kr. | hl. | hl. | | fl. | kr. | hl. | fl. | kr. | hl. |
| Oberba | — | 20000 | — | | Oberbayern | 20000 | — | — | 118840 | 52 | 1 |
| | | 40000 | — | | Oberfranken | 65000 | — | | | | |
| Niederb | — | | | | Mittelfrank. | 45000 | — | | 247310 | 58 | 3 |
| | | | | | Unterfrank. u. | | | | | | |
| Oberpf | — | — | | | Aschaffenb. | 30000 | — | | 52004 | 47 | 2 |
| Oberfr | 000000 | — | | | | — | — | | 73586 | 53 | 3 |
| Mittelf | 000000 | — | | | | — | — | | 174576 | 15 | 6 |
| Unterfr | 000000 | — | | | | — | — | | 157677 | 40 | — |
| Schwab | — | — | | | | — | — | | 136656 | 26 | 4 |
| | 60000 | 00 | — | | | | | 160000 | — | — | 960653 | 53 | 1 |

d löffen

# Vereins-Zolltarif.

## Erste Abtheilung.

### Gegenstände, welche gar keiner Abgabe unterworfen sind.

1) Bäume, Sträuche und Reben zum Verpflanzen, ingleichen lebende Gewächse in Töpfen oder Kübeln;

2) Bienenstöcke mit lebenden Bienen;

3) Branntweinspülig, Eisenrostwasser;

4) Dünger, thierischer; desgleichen andere Düngungsmittel, als: ausgelaugte Asche, Kalk-Äscher, Knochenschaum oder Zuckererde, Düngesalz, letzteres nur auf besondere Erlaubniß-scheine und unter Controle der Verwendung;

5) Eier;

6) Erden und Erze, die nicht mit einem Zollsatze namentlich betroffen sind, als: Bolus, Bimstein, Blutstein, Braunroth, Braunstein; gelbe, grüne, rothe Farbenerde; roher Flußspath in Stücken, roher Gips, gebrannter Gips und Kalk, rohe Kreide, Lehm, Mergel, Oker, Rothstein, Sand, Schmirgel, Schwerspath (in krystallisirten Stücken), gewöhnlicher Tö-pferthon und Pfeifenerde, Tripel, Umbra, Walkererde u. a.;

7) Erzeugnisse des Ackerbaues und der Viehzucht eines einzelnen von der Zollgränze durch-schnittenen Landgutes, dessen Wohn- oder Wirthschaftsgebäude innerhalb dieser Grenze be-legen sind;

8) Fische, frische, und Krebse (Flußkrebse); desgleichen frische, unausgeschälte Muscheln;

9) Feldfrüchte und Getreide in Garben, wie dergleichen unmittelbar vom Felde eingeführt werden; Flachs und Hanf, geröstet oder ungeröstet, in Stengeln und Bünden; ferner Gras, Futterkräuter und Heu, auch Heusaamen;

1

10) Gartengewächse, frische, als: Blumen, Gemüse und Krautarten, Kartoffeln und Rüben, eßbare Wurzeln ꝛc.; auch frische Krappwurzeln, ingleichen Feuerschwamm, roher; ungetrocknete Cichorien; Flechten, Moos und Erdnüsse (Erdpistazien);

11) Geflügel und kleines Wildpret aller Art;

12) Glasur und Hafnererz (Alquifoax);

13) Gold und Silber, gemünzt, in Barren und Bruch, mit Ausschluß der fremden silberhaltigen Scheidemünze; auch Kupferasche;

14) Hausgeräthe und Effekten, gebrauchte, getragene Kleider und Wäsche, gebrauchte Fabrikgeräthschaften und gebrauchtes Handwerkszeug, von Anlehnenden zur eigenen Benützung; auch auf besondere Erlaubniß neue Kleider, Wäsche und Effekten, insofern sie Ausstattungsgegenstände von Ausländern sind, welche sich aus Veranlassung ihrer Verheirathung im Lande niederlassen;

15) Holz: Brennholz beim Landtransporte, auch Reisig und Besen daraus, ferner Bau- und Nutzholz (einschließlich Flechtweiden), welches zu Lande verfahren wird und nicht nach einer Holzablage zum Verschiffen bestimmt ist;

    Anmerk. Dem Landtransporte wird das Verflößen in losen Stücken auf Floßkanälen und Floßbächen gleichgeachtet.

16) Kleidungsstücke und Wäsche, welche Reisende, Fuhrleute und Schiffer zu ihrem Gebrauche, auch Handwerkszeug, welches reisende Handwerker, so wie Geräthe und Instrumente, welche reisende Künstler zur Ausübung ihres Berufs mit sich führen; zugleichen Musterkarten und Muster in Abschnitten oder Proben, die nur zum Gebrauch als solche geeignet sind; dann die Wagen der Reisenden; ferner die beim Eingange über die Gränze zum Personen- oder Waarentransporte dienenden und nur deßhalb eingehenden Wagen und Wasserfahrzeuge, letztere mit Einschluß der darauf befindlichen gebrauchten Inventarstücke, insofern die Schiffe Ausländern gehören, oder insofern inländische Schiffe die nämlichen oder gleichartige Inventarstücke einführen, als sie beim Ausgange an Bord hatten; Reisegeräthe, auch Verzehrungsgegenstände zum Reiseverbrauch;

17) Kunstsachen, welche zu Kunstausstellungen oder für landesherrliche Kunstinstitute und Sammlungen, auch andere Gegenstände, welche für Bibliotheken und andere wissenschaftliche, besonders naturhistorische Sammlungen öffentlicher Anstalten eingehen;

18) Lohkuchen (ausgelaugte Lohe als Brennmaterial);

19) Milch;

20) Obst, frisches;

21) Papier, beschriebenes (Akten und Manuscripte);

22) Saamen von Waldhölzern;

23) Schachtelhalm, Schilf und Dachrohr;

24) Scheerwolle (Abfälle beim Tuchscheeren); Flockwolle (Abfälle von der Spinnerei); Tuch=
trümmer (Abfälle von der Weberei), und die aus Lumpen gewonnene Zupfwolle (Shubby=
wolle);

25) Seidencocons;

26) Steine, alle behauene und unbehauene, Bruch=, Kalk=, Schiefer=, Ziegel= und Mauer=
steine; Mühlsteine ohne eiserne Reifen; grobe Schleif= und Wetzsteine; Tuffsteine und Traß;

27) Stroh, Spreu, Häckerling, Streulaub, Kleie;

28) Thiere, alle lebenden, für welche kein Tarifsatz ausgeworfen ist;

29) Torf und Braunkohlen, auch Steinkohlenasche;

30) Treber und Trester;

31) Weinstein.

---

# Zweite Abtheilung.

## Gegenstände, welche bei der Einfuhr oder bei der Ausfuhr einer Abgabe unterworfen sind.

Fünfzehn Silbergroschen oder ein halber Thaler Preußisch, oder zwei und fünfzig und ein halber Kreuzer im 24½=Guldenfuß vom Zentner Brutto=Gewicht wird in der Regel bei dem Ein=
gange, und weiter keine Abgabe bei dem Verbrauch im Lande, noch auch dann erhoben, wenn
Waaren ausgeführt werden.

Ausnahmen hievon treten bei allen Gegenständen ein, welche entweder nach dem Vorher=
gehenden (Erste Abtheilung) ganz frei, oder nach dem Folgenden namentlich:

a) einer geringeren oder höheren Eingangsabgabe, als einem halben Thaler oder zwei und
fünfzig und einem halben Kreuzer vom Zentner, unterworfen,

oder

b) bei der Ausfuhr mit einer Abgabe belegt sind.

Es sind dieses folgende Gegenstände, von welchen die beigesetzten Gefälle erhoben werden:

1*

# Benennung der Gegenstände.

**1 Abfälle**

von Glashütten, desgleichen Scherben und Bruch von Glas und Porzellan; von der Blei-
gewinnung (Bleigekrätz, Blei-Abzug oder Abstrich und Bleiasche); von der Gold- und
Silberbearbeitung (Münzgrätze); von Seifensiedereien die Unterlauge; von Gerbereien das
Leimleder; ferner Blut von geschlachtetem Vieh, sowohl flüssiges als eingetrocknetes; Thier-
flechsen, Abfälle und Theile von rohen Häuten und Fellen, abgenutzte alte Lederstücke, Hörner,
Hornspitzen, Hornspäne, Klauen und Knochen, letztere mögen ganz oder zerkleinert seyn.

Anmerk. Knochen, seewärts von der Russischen bis zur Mecklenburgischen Grenze ausgehend, zollfrei.

**2 Baumwolle und Baumwollenwaaren:**

a) Rohe Baumwolle . . . . . . . . . .

b) Baumwollengarn, ungemischt oder gemischt mit Wolle oder Leinen:

1. ungebleichtes ein- und zweidrähtiges, und Watten . . . . . . . . .

2. ungebleichtes drei- und mehrdrähtiges, ingleichen alles gezwirnte, gebleichte oder gefärbte Garn . . . . . . . . .

c) Baumwollene, desgleichen aus Baumwolle und Leinen, ohne Beimischung von Seide,
Wolle und anderen Thierhaaren gefertigte Zeuge und Strumpfwaaren, Spitzen (Tüll),
Posamentier-, Knopfmacher-, Sticker- und Putzwaaren; auch dergleichen Zeug und
Strumpfwaaren mit Wolle gestickt oder brochirt; ferner Gespinnste und Tressenwaaren
aus Metallfäden (Lahn) und Baumwolle oder Baumwolle und Leinen, außer Ver-
bindung mit Seide, Wolle, Eisen, Glas, Holz, Leder, Messing, Stahl und anderen
Materialien . . . . . . . . .

**3 Blei:**

a) Rohes, in Blöcken, Mulden rc., auch altes, desgleichen Blei-, Silber- und Goldglätte

*) Die unter den Silbergroschen stehenden Ziffern bezeichnen 24stel des Thalers.

| Maßstab der Verzollung. | Abgabensätze | | | | für Zara wird vergütet vom Zentner Brutto-Gewicht: |
| | nach dem 14-Thaler-Fuß (mit der Eintheilung des Thalers in 30stel und 24stel), | | | 24½-Gulden-Fuß beim | |
| | Eingang. | | Ausgang. | | |
| | Rthlr. | Sgr. (a.Gr.) | Rthlr. | Sgr. (g.Gr.) | Ausgang. | Pfund. |

| | | | | | | |
|---|---|---|---|---|---|---|
| 1 Zentner. | | | | frei. | 52½ | |
| 1 Zentner. | ei | | | ei. | 17½ | |
| 1 Zentner. | 3 | | | 5 | | { 18 in Fässern und Kisten. 13 in Körben. 7 in Ballen. |
| 1 Zentner. | 8 | | | 4 | | |
| 1 Zentner. | | | | | | { 18 in Fässern und Kisten. 7 in Ballen. |
| 1 Zentner. | | | | | | |

# Benennung der Gegenstände.

b) Grobe Bleiwaaren, als: Kessel, Röhren, Schrot, Platten u. s. w., auch gerolltes Blei

c) Feine Bleiwaaren, als: Spielzeug ꝛc. ganz oder theilweise aus Blei, auch dergleichen lackirte Waaren . . . . . . . . . . . . . . .

**4. Bürstenbinder- und Siebmacherwaaren:**

a) Grobe, in Verbindung mit Holz oder Eisen, ohne Politur und Lack . . . . .

b) Feine, in Verbindung mit anderen Materialien (mit Ausnahme von edlen Metallen, feinen Metallgemischen, echt vergoldetem oder versilbertem Metall, Schildpatt, Perlmutter, echten Perlen, Korallen oder Steinen), auch Siebböden aus Pferdehaar

**5. Droguerie- und Apotheker-, auch Farbewaaren:**

a) Chemische Fabrikate für den Medizinal- und Gewerbsgebrauch, auch Präparate, ätherische und andere Oele, Säuren, Salze, eingedickte Säfte; desgleichen Maler-, Wasser-, Pastellfarben und Tusche, Farben- und Tuschkasten, feine Pinsel, Mundlack (Oblaten) Englisch-Pflaster, Siegellack u. s. w.; überhaupt die unter Droguerie-, Apotheker- und Farbewaaren gemeiniglich begriffenen Gegenstände, sofern sie nicht besonders ausgenommen sind . . . . . . . . . . . . . . .

Ausnahmen treten jedoch folgende ein, und zahlen weniger:

b) Alaun . . . . . . . . . . . .

c) Bleiweiß (Kremserweiß), rein oder versetzt, Chlorkalk . . . . . . . .

d) Eisenvitriol (grüner) . . . . . . . . . . . . . . .

e) Erzeugnisse, folgende rohe, des Mineral-, Thier- und Pflanzenreichs:

1. Krapp . . . . . . . . . . .

2. Aloe, Galläpfel; Harze aller Gattung, europäische und außereuropäische, roh und

| Maßstab der Verzollung. | Abgabensätze | | | | | | Für Tara wird vergütet vom Zentner Brutto-Gewicht: |
|---|---|---|---|---|---|---|---|
| | nach dem 14-Thaler-Fuß (mit der Eintheilung des Thalers in 30stel und 24stel), beim | | | nach dem 24½-Gulden-Fuß beim | | | |
| | Eingang. | | Ausgang. | | Ein ang. | | Ausgang. | |
| | Rthlr. | Sgr. (24Gr.) | Rthlr. | Sgr. (24Gr.) | fl. | kr. | fl. | kr. | Pfund. |
| 1 Zentner. | 2 | . | . | 3 | 30 | | 6 in Fässern und Kisten. |
| 1 Zentner. | 10 | . | . | 17 | 30 | | 20 in Fässern und Kisten. 13 in Körben. |
| 1 Zentner. | 3 | . | . | 5 | 15 | | 16 in Fässern und Kisten. 6 in Ballen. |
| 1 Zentner. | 0 | . | . | 17 | 30 | | 20 in Fässern und Kisten. |
| 1 Zentner. | | | | | | | 16 in Fässern und Kisten. 9 in Körben. 6 in Ballen. |
| 1 Zentner. | | | | | | | 11 in Fässern. |
| 1 Zentner. | | | | | | | 6 in Fässern. |
| 1 Zentner. | | | | | | | |
| 1 Zentner. | | | | | | | |

## Benennung der Gegenstände.

gereinigt; Kreuzbeeren, Kurkume, Quercitron, Saflor; Salpeter, gereinigter und ungereinigter; salpetersaures Natron; Sumach, Schwefel, Terpentin, Waid und Wau . . . . . . . . . . . . . . .

3. Alcanna, Alkermes, Avignonbeeren, Berberisholz, Berberiswurzeln, Buchsbaum, Cedernholz, Korkholz, Pockholz; Catechu (japanische Erde); Citronensaft in Fässern; Cochenille, Derbyspath, Ederdoppern (Knoppern), Elephanten- und andere Thierzähne, Färberginster; Färbe- und Gerbewurzeln, nicht besonders genannte; Flohsaamen, Fraueneis (Gipsspath); Gummi arabicum; Gummi elasticum in der ursprünglichen Form von Schuhen, Flaschen ꝛc.; Gummi senegal; Gutta percha, rohe ungereinigte; Hölzer, außereuropäische für Drechsler, Tischler u. s. w., in Blöcken und Bohlen; Hornplatten, Indigo, Kino; Knochenplatten, rohe blos geschnittene; Kokosnüsse, Lac dye; Meerschaum, roher; Muschelschalen, Orlean, Perlmutterschalen; Rohr, spanisches, ostindisches, marseiller; Pfefferrohr, Stuhlrohr; Salep; Schildkrötenschalen, rohe; Tragant, Wallfischbarden (rohes Fischbein) . . . . . . . . .

Anmerk. zu e. Die allgemeine Eingangs-Abgabe tragen:
1) rohe Erzeugnisse des Mineral-, Thier- und Pflanzenreichs zum Gewerbe- und Medicinalgebrauche, die nicht besonders höher oder niedriger besteuert sind;
2) ungereinigtes schwefelsaures Natron.

f) Farbehölzer:

1. in Blöcken . . . . . . . . . . . . . . .

2. gemahlen oder geraspelt . . . . . . . . . .

g. Mennige, Schmalte, ungereinigte und gereinigte Soda (Mineral-Alkali), Kupfervitriol, gemischter Kupfer- und Eisenvitriol, weißer Vitriol, Wasserglas; Grünspan, raffinirter (destillirter, krystallisirter) oder gemahlener . . . . . . . .

Anmerk. zu g. Mennige kann zur Weißglasfabrikation auf Erlaubnißscheine zu einem Viertheile der tarifmäßigen Eingangs-Abgabe eingeführt werden.

| Maßstab der Verzollung. | Abgabensätze | | | | | | | Für Tara wird vergütet vom Zentner Brutto-Gewicht: |
| --- | --- | --- | --- | --- | --- | --- | --- | --- |
| | nach dem 14-Thaler-Fuß (mit der Eintheilung des Thalers in 30stel und 24stel), beim | | | | nach dem 24½-Gulden-Fuß beim | | | |
| | Eingang. | | Ausgang. | | Eingang. | | Ausgang. | |
| | Rthlr. | Sgr. (sGr.) | Rthlr. | Sgr. (sGr.) | fl. | kr. | fl. | kr. | Pfund. |
| 1 Zentner. | . | . | . | 2½ (2) | . | . | . | 8¾ | |
| 1 Zentner. | . | . | . | 5 (4) | . | . | . | 17½ | |
| 1 Zentner. | . | . | . | 2½ (2) | . | . | . | 8¾ | |
| 1 Zentner. | . | 5 (4) | . | . | . | 17½ | . | . | |
| 1 Zentner. | 1 | . | . | . | 1 | 45 | . | . | |

## Benennung der Gegenstände.

h. Mineralwasser, natürliches in Flaschen und Krügen . . . . . . . . . . .

i. Pott- (Waid-) Asche; gemahlene Kreide . . . . . . . . . .

k. Salzsäure und Schwefelsäure . . . . . .

l. Schwefelsaures und salzsaures Kali; alle Abfälle von der Fabrikation der Salpeter-säure . . . . . . . . . .

m. Terpentinöl (Kienöl) . . . . . . . . . .

**6 Eisen und Stahl:**

a. Roheisen aller Art; altes Brucheisen, Eisenfeile, Hammerschlag . . . . . . .

b. Geschmiedetes und gewalztes Eisen (mit Ausnahme des façonnirten) in Stäben von ½ Quadratzoll Preußisch im Querschnitt und darüber; desgleichen Luppeneisen, Eisen-bahnschienen, auch Roh- und Cementstahl, Guß- und raffinirter Stahl . . . . .

c. Geschmiedetes und gewalztes Eisen (mit Ausnahme des façonnirten) in Stäben von weniger als ½ Quadratzoll Preußisch im Querschnitt . . . . . . . . .

d. Façonnirtes Eisen in Stäben; desgl. Eisen, welches zu groben Bestandtheilen von Maschinen und Wagen (Kurbeln, Achsen u. dergl.) roh vorgeschmiedet ist, insofern dergleichen Bestandtheile einzeln einen Zentner und darüber wiegen, auch Pflug-schaareneisen; schwarzes Eisenblech, rohes Stahlblech, rohe (unpolirte) Eisen- und Stahlplatten; Anker, sowie Anker- und Schiffsketten

e) Weißblech, gefirnißtes Eisenblech, polirtes Stahlblech, polirte Eisen- und Stahlplatten, Eisen- und Stahldraht . . . . . . . . .

Anmerk. 1. An den Zollgrenzen der Preußischen westlichen Provinzen, desgleichen von Bayern, Würtemberg, Baden, Kurhessen und Luxemburg sind die unter Pos. a. genannten Gegenstände beim Ausgange zollfrei.

2. Von Rohstahl, seewärts von der Russischen Grenze bis zur Weichselmündung einschließ-lich eingehend, wird nur die allgemeine Eingangsabgabe erhoben.

| Maßstab der Verzollung. | Abgabensätze nach dem 14-Thaler-Fuß (mit der Eintheilung des Thalers in 30stel und 24stel), beim | | | | nach dem 24½-Gulden-Fuß beim | | | Für Tara wird vergütet vom Zentner Brutto-Gewicht: |
|---|---|---|---|---|---|---|---|---|
| | Eingang. | | Ausgang. | | Eingang. | | Aus | |
| | Rthlr. | Sgr. (q. Gr.) | Rthlr. | Sgr. (q. Gr.) | fl. | kr. | fl. | Pfund. |
| 1 Zentner. | . | 7½ (6) | | . | . | 26¼ | . | |
| 1 Zentner. | . | 5 (4) | | . | . | 17½ | . | |
| 1 Zentner. | | 10 (8) | | | 2 | 20 | . | 23 in Kisten. 9 in Körben. |
| 1 Zentner. | | 5 (4) | | | . | 17½ | . | . |
| 1 Zentner. | | 10 (8) | | | . | 35 | . | |
| 1 Zentner. | | 10 (8) | | 7½ (6) | | 35 | . | 26¼ |
| 1 Zentner. | 1 | 15 (12) | | | 2 | 37½ | . | 10 in Fässern und Kisten. 6 in Körben. 4 in Ballen. |
| 1 Zentner. | 2 | 15 (12) | | | 4 | 22½ | . | . |
| 1 Zentner. | 3 | | | | | 15 | . | 10 in Fässern und Kisten. 6 in Körben. 4 in Ballen. |
| 1 Zentner. | 4 | | | | | . | . | |

## Benennung der Gegenstände.

3. Geknoppertes Zaineisen kann in Bayern auf der Grenze von Hindelang bis zur Donau einschließlich zu dem Zollsatze von 1 ½ Rthlr. (2fl. 37 ½ kr) vom Zentner eingehen.

4. Radkranzeisen zu Eisenbahnwagen wird nach Pos. d. verzollt.

) Eisen- und Stahlwaaren:

1. Ganz grobe Gußwaaren in Oefen, Platten, Gittern ꝛc. . . . . . . . . .

2. Grobe, die aus geschmiedetem Eisen oder Eisenguß, aus Eisen und Stahl, Eisenblech, Stahl- und Eisendraht, auch in Verbindung mit Holz gefertigt; ingleichen Waaren dieser Art, die gefirnißt, verkupfert oder verzinnt, jedoch nicht polirt sind, als: Aexte, Degenklingen, Feilen, Hämmer, Hecheln, Haspeln, Holzschrauben, Kaffeetrommeln und -Mühlen, Ketten (mit Ausschluß der Anker- und Schiffsketten), Maschinen von Eisen, Nägel, Pfannen, Plätteisen, Schaufeln, Schlösser, grobe Ringe (ohne Politur), Schraubstöcke, Sensen, Sicheln, Stemmeisen, Striegeln, Thurmuhren, Tuchmacher- und Schneiderscheeren, grobe Waagebalken, Zangen u. s. w.

3. Feine, sie mögen ganz aus feinem Eisenguß, polirtem Eisen oder Stahl, oder aus diesen Urstoffen in Verbindung mit Holz, Horn, Knochen, lohgarem Leder, Kupfer, Messing, Zinn (letzteres polirt) und anderen unedlen Metallen gefertigt seyn, als: Gußwaaren (feine), Messer, Scheeren, Streichen, Schwertfegerarbeit u. s. w. (mit Ausschluß der Nähnadeln, metallenen Stricknadeln, metallenen Häkelnadeln ohne Griffe); lackirte Eisenwaaren; auch Gewehre aller Art . . . . . . . .

7 Erze, nämlich: Eisen- und Stahlstein, Stufen, Wasserblei (Reißblei), Galmei, Kobalt Anmerk. An den Bayerischen, Sächsischen, Württembergischen, Badischen und Luxemburgisch-Belgischen Grenzen, Eisenerz . . . . . . . . . .

8 Flachs, Werg, Hanf, Heede . . . . . . . . . . . . .

9 Getreide, Hülsenfrüchte, Sämereien, auch Beeren:

a) Getreide und Hülsenfrüchte, als: Weizen, Spelz oder Dinkel, Gerste (auch gemälzte), Hafer, Heidekorn oder Buchweizen, -Roggen, Bohnen, Erbsen, Hirse, Linsen und Wicken

| Maßstab der Verzollung. | Abgabensätze | | | | Für Tara wird vergütet vom Zentner Brutto-Gewicht: |
| | nach dem 14-Thaler-Fuß (mit der Eintheilung des Thalers in 30stel und 24stel), beim | | nach dem 24½-Gulden-Fuß beim | | |
| | Eingang. | Ausgang. | Eingang. | Ausgang. | Pfund. |
| | Rthlr. Sgr. (a.Gr.) | Rthlr. | | fr. | |
| 1 Zentner. | | | 1 45 | | |
| 1 Zentner. | | | | | { 10 in Fässern und Kisten. 6 in Körben. 4 in Ballen. |
| 1 Zentner. | | | | | 13 in Fässern und Kisten. 6 in Körben. 4 in Ballen. |
| 1 Zentner. | | | | 17 | |
| 1 Zentner. | | | | | |
| 1 Scheffel. | | | | | |

# Benennung der Gegenstände.

Anmerk. 1. In Bayern an der Grenze von Berchtesgaden . . . . . . . .

2. Auf der Sächsisch-Böhmischen Grenze gehen die unter a genannten Getreidearten und Hülsenfrüchte beim Landtransporte zu folgenden ermäßigten Sätzen ein:

a) links der Elbe, diese ausgeschlossen:

1. Weizen, Spelz oder Dinkel . . . . . . . . .

2. Roggen, Gerste, Hafer, Bohnen, Erbsen, Hirsen, Linsen, Heidekorn und Wicken

b) rechts der Elbe, diese ausgeschlossen:

1. Weizen, Spelz oder Dinkel . . . . . . . . .

2. Roggen, Gerste, Bohnen, Erbsen, Hirse, Linsen und Wicken . . . . . . .

3) Hafer und Heidekorn . . . . . . . . . . .

Anmerk. 3. Hafer in Quantitäten unter einem Preußischen Scheffel oder beziehungsweise unter 2 Bayerischen Metzen und andere Getreidearten, so wie Hülsenfrüchte unter einem halben Preußischen Scheffel oder unter einem Bayerischen Metzen frei.

b) Sämereien und Beeren:

1. Anis und Kümmel . . . . . . . . . .

2. Oelsaat, als: Hanfsaat, Leinsaat und Leindotter oder Dober, Mohnsamen, Raps, Rübesaat

3. Kleesaat und alle nicht namentlich im Tarif genannten Sämereien; ingleichen Wachholderbeeren . . . . . . . . . . .

Anmerk. Ein Preußischer Scheffel Kleesaat wird mit Einschluß des Sackes zu 89 Pfund, ein Bayerischer Scheffel desgleichen zu 350 Pfund, gerechnet.

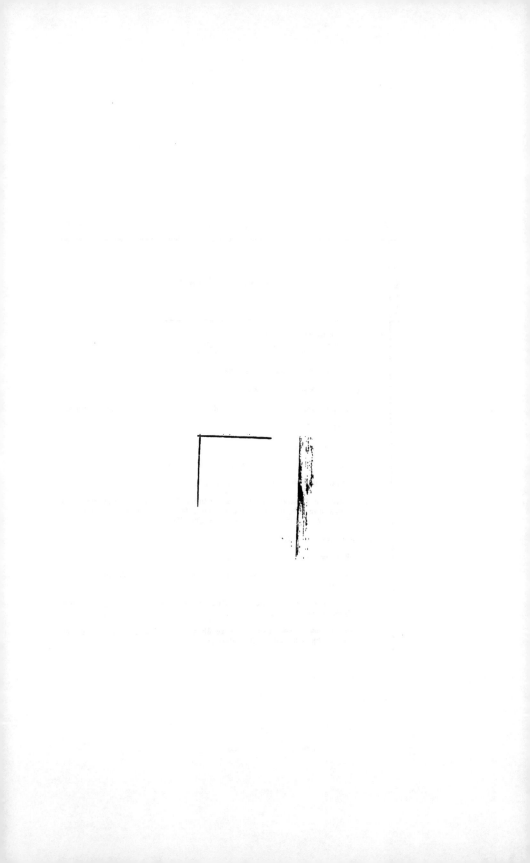

| Ordnungs-Nummer. | Benennung der Gegenstände. |
|---|---|

**10** **Glas- und Glaswaaren:**

   a. Grünes Hohlglas (Glasgeschirr) . . . . . . . . . . . . .

Anmerk. Bei loser Verpackung werden zu 1 Zentner veranschlagt

      $5\frac{1}{3}$ Preußische

      $6\frac{2}{3}$ Altbayerische oder   } Kubikfuß.

      $4\frac{1}{2}$ Rheinbayerische

   b) Weißes Hohlglas, ungemustertes, ungeschliffenes; ingleichen Fenster- und Tafelglas in seiner natürlichen Farbe (grün, halb- und ganz weiß) . . . . . . . . .

Anmerk. Vorgedachtes Hohlglas nur mit abgeschliffenen Stöpfeln, Böden oder Rändern . .

   c) Gepreßtes, geschliffenes, abgeriebenes, geschnittenes, gemustertes weißes Glas; auch Behänge zu Kronleuchtern von Glas, Glasknöpfe, Glasperlen und Glasschmelz .

   d) Spiegelglas:

     1. wenn das Stück nicht über 288 Preußische oder 333 Altbayerische oder 255 Rheinbayerische ☐ Zoll mißt:

       α) gegossenes, belegtes oder unbelegtes,

         aa) wenn das Stück nicht über 144 Preußische ☐ Zoll mißt . . . . . .

         bb) wenn das Stück über 144 und bis 288 Preußische ☐Zoll mißt . . .

       β) geblasenes, belegtes oder unbelegtes . . . . . . . . . . . . .

     2. belegtes und unbelegtes, gegossenes und geblasenes, wenn das Stück mißt:

       über 288 ☐Zoll bis 576 ☐Zoll Preuß. oder bis 666 Altbayer. oder 511 Rheinbayer. ☐Zoll . . . . . . . . . . . . . . . .

| Maßstab der Verzollung. | Abgabensätze | | | | | | | | Für Tara wird vergütet vom Zentner Brutto-Gewicht: |
| --- | --- | --- | --- | --- | --- | --- | --- | --- | --- |
| | nach dem 14-Thaler-Fuß (mit der Eintheilung des Thalers in 30stel und 24stel), beim | | | | nach dem 24½-Gulden-Fuß beim | | | | |
| | Eingang. | | Ausgang. | | Eingang. | | Ausgang. | | |
| | Rthr. | Sgr. (24r.) | Rthr. | Sgr. (24r.) | fl. | kr. | fl. | kr. | Pfund. |
| 1 Zentner. | 1 | . | . | . | 1 | 45 | . | . | |
| 1 Zentner. | 3 | . | . | . | 5 | 15 | . | . | 23 in Fässern und Kisten. / 13 in Körben und Gestellen. |
| 1 Zentner. | 4 | 15 (12) | . | . | 7 | 52½ | . | . | |
| 1 Zentner. | 6 | . | . | . | 10 | 30 | . | . | 23 in Fässern und Kisten. / 13 in Körben. |
| 1 Zentner. | 6 | . | . | . | 10 | 30 | . | . | |
| 1 Zentner. | 8 | . | . | . | 14 | . | . | . | 17 in Kisten. |
| 1 Zentner. | 3 | . | . | . | 5 | 15 | . | . | |
| 1 Stück. | 1 | . | . | . | 1 | 45 | . | . | |

Ordnungs - Nummer.

## Benennung der Gegenstände.

über 576 ☐Zoll bis 1000 ☐Zoll Preußisch oder bis 1156 Altbayerische oder
886 Rheinbayerische ☐Zoll . . . . . . . . , . . . .
über 1000 ☐Zoll bis 1400 ☐Zoll Preußisch oder bis 1618 Altbayerische oder
1241 Rheinbayerische ☐Zoll . . . . . . . . . . . . .
über 1400 ☐Zoll bis 1900 ☐Zoll Preußisch oder bis 2196 Altbayerische oder
1684 Rheinbayerische ☐Zoll . . . . . . . . . . . . .
über 1900 ☐Zoll Preußisch . . . . . . . . . . . . .

Anmerk. Rohes ungeschliffenes Spiegelglas wird gegen die allgemeine Eingangs-Abgabe eingelassen.

e. Farbiges, bemaltes oder vergoldetes Glas' ohne Unterschied der Form, auch Glaswaaren in Verbindung mit unedlen Metallen und anderen nicht zu den Gespinnsten
gehörigen Urstoffen; desgleichen Spiegel, deren Glastafeln nicht über 288 Preußische
☐Zoll das Stück messen . . . . . . . . . . .

Anmerk. Spiegel von größeren Dimensionen des Glases zahlen, ohne Rücksicht auf die Rahmen,
den Eingangszoll nach obigen Stücksätzen für Spiegelglas, den Dimensionen des Glases
gemäß; falls sich der Eingangszoll danach aber geringer als 10 Rthlr. oder 17 fl. 30 kr.
vom Zentner berechnet, diesen Satz

11 Häute, Felle und Haare:

a) Rohe (grüne, gesalzene, trockene) Häute und Felle zur Lederbereitung; rohe behaarte
Schaf-, Lamm- und Ziegenfelle; rohe Pferdehaare . . . . . . . . . . .

b) Felle zur Pelzwerk- (Rauchwaaren-) Bereitung . . . . . . . . . .

c) Hasen- und Kaninchenfelle, rohe, und -Haare . . . . . . . . . .

d) Haare von Rindvieh . . . . . . . . . . . . .

12 Holz, Holzwaaren ꝛc.

a) Brennholz beim Wassertransport . . . . . . . . . . . .

| Maßstab der Verzollung. | Abgabensätze | | | | | | | | Für Tara wird vergütet vom Zentner Brutto-Gewicht: |
|---|---|---|---|---|---|---|---|---|---|
| | nach dem 14-Thaler-Fuß (mit der Eintheilung des Thalers in 30stel und 24stel), beim | | | | nach dem 24½-Gulden-Fuß beim | | | | |
| | Eingang. | | Ausgang. | | Eingang. | | Ausgang. | | |
| | Rthlr. | Sgr. (aGr.) | Rthlr. | Sgr. (aGr.) | fl. | kr. | fl. | kr. | Pfund. |
| 1 Stück. | 3 | | | | 5 | 15 | | | |
| 1 Stück. | 8 | | | | 14 | | | | |
| 1 Stück. | 20 | | | | 35 | | | | |
| 1 Stück. | 30 | | | | 52 | 30 | | | |
| 1 Zentner. | 10 | | | | 17 | 30 | | | }20 in Fässern und Kisten. }13 in Körben |
| 1 Zentner. | frei. | | 1 | 20 (16) | frei. | | 2 | 55 | }13 in Fässern und Kisten. }6 in Ballen. |
| 1 Zentner. | | 20 (16) | | | 1 | 10 | | | |
| 1 Zentner. | frei. | | | 15 (12) | frei. | | | 52½ | |
| 1 Zentner. | frei. | | | 5 (4) | frei. | | | 17½ | |
| { 1 Preußisches Klafter. | | 2½ (2) | | | | | | | |
| { 1 Bayerisches Klafter. | | | | | | 8 | | | |

3 *     Digitized by

## Benennung der Gegenstände.

!

b) Bau- und Nutzholz beim Wassertransport, oder beim Landtransport zur Verschiffungs-ablage:

1. Eichen-, Ulmen-, Eschen-, Ahorn-, Kirsch-, Birn-, Apfel-, Pflaumen-, Kornel- und Nußbaumholz . . . . . . . . . . .

2. Buchen-; auch Fichten-, Tannen-, Lerchen-, Pappeln-, Erlen- und anderes weiche Holz; ferner Bandstöcke, Stangen, Faschinen, Pfahlholz, Flechtweiden 2c. . . .

3. Sägwaaren, Faßholz (Dauben) und alles andere vorgearbeitete Nutzholz:

    α) aus den unter 1. genannten Holzarten . . . . . . . . . . .

    β) aus den unter 2. genannten Holzarten . . . . . . . . . . .

Anmerk. 1. Holz in geschnittenen Fournieren ohne Unterschied des Ursprungs, sowohl beim Wasser- als beim Landtransporte . . . . . . . . . . .

2. In den östlichen Provinzen des Preußischen Staates wird erhoben für

    aa) Blöcke oder Balken von hartem Holze . . . . . . . . .
    bb) Blöcke oder Balken von weichem Holze . . . . . . . . .
    cc) Bohlen, Bretter, Latten, Faßholz (Dauben), Bandstöcke, Stangen, Faschinen, Pfahl-holz, Flechtweiden 2c. . . . . . . . .

c) Holzborke oder Gerberlohe, desgleichen Holzkohlen . . . . . . . . . .

d) Holzasche . . . . . . . . . . .

e) Hölzerne Hausgeräthe (Meubels) und andere Tischler-, Drechsler- und Böttcher-waaren, welche gefärbt, gebeizt, lackirt, polirt, oder auch in einzelnen Theilen in Ver-bindung mit Eisen, Messing oder lohgarem Leder verarbeitet sind; auch gerissenes Fischbein . . . . . . . . . .

| Maßstab der Verzollung. | nach dem 14-Thaler-Fuß (mit der Eintheilung des Thalers in 30stel und 24stel), beim | | 24½-Gulden-Fuß beim | | Für **Tara** wird vergütet vom Zentner Brutto-Gewicht: |
|---|---|---|---|---|---|
| | Ein | Ausgang. | | Ausgang. | |
| | Rthlr. | | g. | kr. | Pfund. |
| 1 Schifflast (37½ Zentner) ob. beim Flößen 78 Preußische Kubikfuß. | · | · | 1 | | |
| 1 Schiffslast oder beim Flößen 90 Kubikfuß. | · | · | | | |
| 1 Schifföslast. | · | · | 2 | | |
| 1 dito. | · | · | 1 | | |
| 1 Zentner. | · | · | 1 | | |
| 5 Stück. | · | · | · | | |
| 25 dito. | · | · | · | | |
| 1 Schifföslast. | · | · | · | | |
| 1 Zentner. | | 2½ (2) | frei. | | |
| 1 Zentner. | | | frei. | | |
| 1 Zentner. | | | | | 16 in Fässern und |

**Ordnungs-Nummer.**

## Benennung der Gegenstände.

f) Feine Holzwaaren (ausgelegte Arbeit), sogenannte Nürnberger Waaren aller Art, Spielzeug, feine Drechsler-, Schnitz- und Kammacherwaaren, auch Meerschaumarbeit, ferner dergleichen Waaren, in Verbindung mit anderen Materialien (mit Ausschluß von edlen Metallen, feinen Metallgemischen, echt vergoldetem oder versilbertem Metall, Schildpatt, Perlmutter, echten Perlen, Korallen oder Steinen), ingleichen Holzbronce, hölzerne Hängeuhren, feine Korb- und Holzflechterarbeit ohne Unterschied, Fournier mit eingelegter Arbeit und geschnittenes Fischbein, auch Blei- und Röthstifte . .

g) Gepolsterte Meubels, wie grobe Sattlerwaaren.

h) Grobe Böttcherwaaren, gebrauchte

Anmerk. zu e) und h) Grobe, rohe, ungefärbte Böttcher-, Drechsler-, Tischler- und blos gehobelte Holzwaaren und Wagnerarbeiten, grobe Maschinen von Holz und grobe Korbflechterwaaren tragen die allgemeine Eingangsabgabe.

**13** Hopfen . . . . .

**14** Instrumente, astronomische, chirurgische, mathematische, mechanische, musikalische, optische, physikalische, ohne Rücksicht auf die Materialien, aus denen sie gefertigt sind . . . .

**15** Kalender,

a) die für's Inland bestimmt sind, werden nach den, der Stempelabgabe halber gegebenen besonderen Vorschriften behandelt;

b) die durchgeführt werden, tragen die Durchgangsabgabe. Der Wiederausgang muß nachgewiesen werden.

**16** Kalk und Gips, gebrannter
(ist in die erste Abtheilung aufgenommen worden.)

**17** Karden oder Weberdisteln . . . . .

**18** Kleider, fertige neue; desgleichen getragene Kleider und getragene Leibwäsche, beide letztere, wenn sie zum Verkauf eingehen . . . . . . . . . .

| Maßstab der Verzollung. | Abgabensätze | | | | | | | Für **Tara** wird vergütet vom Zentner Brutto-Gewicht Pfund. |
| | nach dem 14-Thaler-Fuß (mit der Eintheilung des Thalers in 30stel und 24stel), beim | | | | nach dem 24½-Gulden-Fuß beim | | | |
| | Eingang. | | Ausgang. | | Eingang. | | Ausgang. | |
| | Rthlr | Sgr. (24Gr.) | Rthlr | Sgr. (24G.) | fl. | kr. | fl. | kr. | Pfund. |
| 1 Zentner. | | . | | | | 30 | | | {20 in Fässern und Kisten. 13 in Körben. 9 in Ballen. |
| 1 Zentner. | | 5 (4) | | | | 17½ | . | . | |
| 1 Zentner. | 2 | 15 (12) | | | 4 | 22½ | . | . | |
| 1 Zentner. | 6 | . | | | 10 | 30 | . | . | {23 in Fässern und Kisten. 9 in Ballen. |
| 1 Zentner. | | | | | | . | | 17½ | |
| 1 Zentner. | | | | | | . | . | | 11 in Körben. |

## Benennung der Gegenstände.

**Kupfer und Messing:**

a) Geschmiedetes, gewalztes, gegossenes zu Geschirren; auch Kupferschalen, wie sie vom Hammer kommen, ferner Blech, Dachplatten, gewöhnlicher und plattirter Draht, desgleichen polirte, gewalzte, auch plattirte Tafeln und Bleche . . . . . . .

b) Waaren: Kessel, Pfannen und dergleichen; auch alle sonstigen Waaren aus Kupfer und Messing; Gelb- und Glockengießer-, Gürtler- und Nadlerwaaren, außer Verbindung mit edlen Metallen; ingleichen lackirte Kupfer- und Messingwaaren . . . . .

**Anmerk.** Von Roh- (Stück-) Messing, Roh- oder Schwarzkupfer, Gar- oder Rosettenkupfer, von altem Bruchkupfer oder Bruchmessing, desgleichen von Kupfer- und Messingfeile, Glockengut, Kupfer- und anderen Scheidemünzen zum Einschmelzen (die Münzen auf besondere Erlaubnißschein eingehend) wird die allgemeine Eingangsabgabe erhoben.

**20 Kurze Waaren, Quincaillerien 2c.:**

Waaren, ganz oder theilweise aus edlen Metallen, aus feinen Metallgemischen; aus Metall, echt vergoldet oder versilbert; aus Schildpatt, Perlmutter, echten Perlen, Korallen oder Steinen gefertigt, oder mit edlen Metallen belegt; ferner Waaren aus vorgenannten Stoffen in Verbindung mit Alabaster, Bernstein, Elfenbein, Fischbein, Gips, Glas, Holz, Horn, Knochen, Kork, Lack, Leder, Marmor, Meerschaum, unedlen Metallen, Perlmutter, Schildpatt, unechten Steinen u. dgl.; feine Galanterie- und Quincailleriewaaren (Herren- und Frauenschmuck, Toiletten- und sogenannte Nippestischsachen u. s. w.) aus unedlen Metallen, jedoch fein gearbeitet, und entweder mehr oder weniger vergoldet oder versilbert oder auch vernirt, oder in Verbindung mit Alabaster, Email, Korallen, Lava, Perlmutter, Schildpatt, feinen Steinarten, unechten Steinen oder auch mit Schnitzarbeiten, Pasten, Kameen, Ornamenten in Metallguß u. dgl.; feine Parfümerien, wie solche in kleinen Gläsern, Kruken 2c. im Galanteriehandel und als Galanteriewaaren geführt werden; Taschenuhren, Stutz- und Wanduhren, letztere mit Ausnahme der hölzernen Hängeuhren; Kronleuchter in Verbindung mit echt vergoldetem oder versilbertem Metall; Gold- und Silberblatt (echt oder unecht); Nähnadeln, metallene Stricknadeln, metallene Häkelnadeln (ohne Griffe); gefaßte Brillen aller Art; feine lackirte Waaren von Metall oder Pappmasse (papier maché), feine bossirte Wachswaaren, Regen- und Sonnenschirme, Fächer, Blumen, zugerichtete Schmuckfedern, Wachsperlen, Perückenmacherarbeit u. s. w.; überhaupt alle zur Gattung der Kurzen-

| Maßstab der Verzollung. | Abgabensätze | | | | Für Tara wird vergütet vom Zentner Brutto-Gewicht: |
| --- | --- | --- | --- | --- | --- |
| | nach dem 14-Thaler-Fuß (mit der Eintheilung des Thalers in 30stel und 24stel), beim | | nach dem 24½-Gulden-Fuß beim | | |
| | Eingang. | Ausgang. | Eingang. | Ausgang. | |
| | Rthlr. Sgr. (24Gr.) | Rthlr. Sgr. (24Gr.) | fl. kr. | fl. kr. | Pfund. |
| 1 Zentner. | 6 . | . . | 10 30 | . . | 13 in Fässern und Kisten. 6 in Körben. 4 in Ballen. |
| 1 Zentner. | 10 . | . . | 17 30 | . . | 13 in Fässern und Kisten. 6 in Körben. 4 in Ballen. |

## Benennung der Gegenstände.

Quincaillerie- oder Galanteriewaaren gehörigen unter den Nummern 2. 3. 4. 5. 6. 10. 12. 19. 21. 22. 27. 30. 31. 33. 35. 38. 40. 41. 42 und 43. der zweiten Abtheilung dieses Tarifes nicht mit inbegriffenen Gegenstände; ingleichen Waaren aus Gespinnsten von Baumwolle, Leinen, Seide, Wolle, welche mit Eisen, Glas, Holz, Leder, Messing, Papier, Pappe oder Stahl verbunden sind, z. B. Tuch- oder Zeugmützen in Verbindung mit Leder, Knöpfe auf Holzformen, Klingelschnüre u. dgl. mehr . . . . . . . . . . .

**21 Leder, Lederwaaren und ähnliche Fabrikate:**

a) Rohgare oder nur lohroth gearbeitete Häute, Fahlleder, Sohlleder, Kalbleder, Sattlerleder, Stiefelschäfte, auch Juchten; ingleichen sämisch- und weißgares Leder, auch Pergament, Gummiplatten und mehr oder weniger gereinigte Gutta percha . . . .

b) Brüsseler und Dänisches Handschuhleder, auch Korduan, Marokin, Saffian und alles gefärbte und lackirte Leder, desgleichen Gummifäden außer Verbindung mit andern Materialien

Anmerk. Halbgare Ziegen- und Schaffelle für inländische Saffian- und Leder-Fabrikanten werden unter Kontrole gegen die allgemeine Eingangsabgabe einzulassen.

c) Grobe Schuhmacher-, Sattler- und Täschner-Waaren aus Leder oder Gummi; Blasebälge, auch Wagen, woran Leder- oder Polsterarbeiten; desgleichen andere nicht lackirte Gummifabrikate außer Verbindung mit anderen Materialien

d) Feine Lederwaaren von Korduan, Saffian, Marokin, Brüsseler- und Dänischem Leder, von sämisch- und weißgarem Leder, von lackirtem Leder, lackirtem Gummi und Pergament; Sattel- und Reitzeuge und Geschirre mit Schnallen und Ringen ganz oder theilweise von feinen Metallen und Metallgemischen, Handschuhe von Leder und feine Schuhe aller Art . . . . . . . .

| Maßstab der Verzollung. | Abgabensätze | | | | | | | | Für Tara wird vergütet vom Zentner Brutto-Gewicht: |
| | nach dem 14-Thaler-Fuß (mit der Eintheilung des Thalers in 30stel und 24stel), beim | | | | nach dem 24½-Gulden-Fuß beim | | | | |
| | Eingang. | | Ausgang. | | Eingang. | | Ausgang. | | |
| | Rthlr. | Sgr. (aGr.) | Rthlr. | Sgr. (aGr.) | fl. | kr. | fl. | kr. | Pfund. |
| 1 Zentner. | 50 | . | . | . | 87 | 30*) | . | . | 20 in Fässern und Kisten. 13 in Körben. 9 in Ballen. |
| 1 Zentner. | 6 | . | . | . | 10 | 30 | . | . | 16 in Fässern und Kisten. 13 in Körben. 6 in Ballen. |
| 1 Zentner. | 8 | . | . | . | 14 | . | . | . | 16 in Fässern und Kisten. 13 in Körben. 6 in Ballen. |
| 1 Zentner. | 10 | . | . | . | 17 | 30 | . | . | |
| 1 Zentner. | 22 | . | . | . | 38 | 30**) | . | . | 20 in Fässern und Kisten. 13 in Körben. 6 in Ballen. |

*) Nach der Verordnung vom 31. October 1845 unterliegen Waaren aus Gold oder Silber, feinen Metallgemischen, Metallbronce (ächt vergoldet), ächten Perlen, Korallen oder Steinen gefertigt, oder mit Gold oder Silber belegt; ferner Waaren aus vorgenannten Stoffen in Verbindung mit Alabaster, Bernstein, Elfenbein, Perlmutter, Schildpatt und unächten Steinen; feine Parfümerien, wie solche in kleinen Gläsern, Kruken ꝛc. im Galanteriehandel und als Galanteriewaaren geführt werden: Stutzuhren mit Ausnahme derer in hölzernen Gehäusen; Kronleuchter mit Bronce; Gold oder Silberblatt; Fächer; künstliche Blumen und zugerichtete Schmuckfedern bis auf weitere Bestimmung einem Eingangszolle von 100 Rthlr. (175 fl.) pro Zentner.

**) Nach der Verordnung vom 31. October 1845 unterliegen lederne Handschuhe bis auf weitere Bestimmung einem Ein-

**22 Leinengarn, Leinwand und andere Leinenwaaren:**

a) Rohes Garn:

1. Maschinengespinnst . . . . . . . . . . .

2. Handgespinnst . . . . . . . . . . .

b) Gebleichtes, desgleichen blos abgekochtes oder gebüktes (geäscheztes) Garn, ferner gefärbtes Garn . . . . . . . . . . . .

c) Zwirn . . . . . . . . . . . . . . . .

d) Graue Packleinwand und Segeltuch . . . . . .

e) Rohe Leinwand, roher Zwillich und Drillich . . . . .

Ausnahme: Rohe, ungebleichte Leinwand geht frei ein:

aa) in Preußen:
auf den Grenzlinien von Leobschütz bis Seidenberg in der Ober-Lausitz, von Heiligenstadt bis Nordhausen und von Herstelle bis Anholt, nach Bleichereien oder Leinwandmärkten;

bb) in Sachsen:
auf der Grenzlinie von Ostritz bis Schandau, auf Erlaubnißscheine;

cc) in Kurhessen:
auf Erlaubnißscheine nach Bleichereien oder Märkten.

f) Gebleichte, gefärbte, gedruckte oder in anderer Art zugerichtete, auch aus gebleichten Garn gewebte Leinwand; gebleichter oder in anderer Art zugerichteter Zwillich und Drillich; rohes und gebleichtes, auch verarbeitetes Tisch=, Bett= und Handtücherzeug, leinene Kittel, auch neue Leibwäsche . . . . . . . . . . . .

| Maßstab der Verzollung. | Abgabensätze | | | | | | | | Für Tara wird vergütet vom Zentner Brutto-Gewicht: |
| --- | --- | --- | --- | --- | --- | --- | --- | --- | --- |
| | nach dem 14-Thaler-Fuß (mit der Eintheilung des Thalers in 30stel und 24stel), beim | | | | nach dem 24½-Gulden-Fuß beim | | | | |
| | Eingang. | | Ausgang. | | Eingang. | | Ausgang. | | |
| | Rthlr. | Sgr. (oder) | Rthlr. | Sgr. (oder) | fl. | kr. | fl. | kr. | Pfund. |
| 1 Zentner. | 2 | . | . . | . | 3 | 30 | . . | . | { 13 in Kisten. / 6 in Ballen. |
| 1 Zentner. | . | 5 (4) | . . | . | . | 17½ | . . | . | |
| 1 Zentner. | 3 | . | . . | . | 5 | 15 | . . | . | { 13 in Kisten, / 6 in Ballen. |
| 1 Zentner. | 4 | . | . . | . | 7 | . | . . | . | |
| 1 Zentner. | . | 20 (16) | . . | . | 1 | 10 | . . | . | |
| 1 Zentner. | 4 | . | . . | . | 7 | . . | . . | . | { 13 in Kisten. / 6 in Ballen. |
| 1 Zentner. | 20 | . | . . | . | 35 | . | . . | . | { 13 in Kisten. / 9 in Körben. / 6 in Ballen. |

| Ordnungs-Nummer. | Benennung der Gegenstände. |
|---|---|

**Benennung der Gegenstände.**

g) Bänder, Batist, Borten, Fransen, Gaze, Kammertuch, gewebte Kanten, Schnüre, Strumpfwaaren, Gespinnste und Treffenwaaren aus Metallfäden und Leinen, jedoch außer Verbindung mit Eisen, Glas, Holz, Leder, Messing und Stahl . . . .

h) Zwirnspitzen . . . . . . . . . . . . . . . . . . .

**23 Lichte,** (Talg-, Wachs-, Wallrath- und Stearin-) . . . . . . . . . . .

**24 Lumpen** und andere Abfälle zur Papierfabrikation:

leinene, baumwollene und wollene Lumpen, auch macerirte Lumpen (Halbzeug); Papierspäne, Makulatur (beschriebne und bedruckte), desgleichen alte Fischernetze, altes Tauwerk und Stricke . . . . . . . . . . . . . . . . .

Anmerk. Alte Fischernetze, altes Tauwerk und Stricke beim Ausgange über Preußische Seehäfen . .

**25 Material-** und **Specerei-,** auch **Conditor-Waaren** und andere **Consumtibilien:**

a) Bier aller Art in Fässern, auch Meth in Fässern . . . . . . . . .

b) Branntwein aller Art, auch Arrack, Rum, Franzbranntwein und versetzte Branntweine, desgleichen Hefe aller Art mit Ausnahme der Bier- und Weinhefe . . .

c) Essig aller Art in Fässern . . . . . . . . . . . . . . . .

d) Bier und Essig, in Flaschen oder Kruken eingehend . . . . . . . . .

e) Oel, in Flaschen oder Kruken eingehend . . . . . . . . . , . . . .

f) Wein und Most, auch Cider . . . . . . . . . . . . . . . . .

| Maßstab der Verzollung. | Abgabensätze | | | | | | | | Für Tara wird vergütet vom Zentner Brutto-Gewicht. |
| | nach dem 14-Thaler-Fuß (mit der Eintheilung des Thalers in 30stel und 24stel), beim | | | | nach dem 24½-Gulden-Fuß beim | | | | |
| | Eingang. | | Ausgang. | | Eingang. | | Ausgang. | | Pfund. |
| | Rthlr. | Sar. (a24tr) | Rthlr. | Sar. (a24tr) | fl. | kr. | fl. | kr. | |
|---|---|---|---|---|---|---|---|---|---|
| 1 Zentner. | 30 | . | . | . | 52 | 30 | . | . | 18 in Kisten. / 13 in Körben. / 6 in Ballen. |
| 1 Zentner. | 60 | . | . | . | 105 | . | . | . | 23 in Kisten. / 11 in Ballen. |
| 1 Zentner. | 6 | . | . | . | 10 | 30 | . | . | 16 in Kisten. |
| 1 Zentner. | frei. | . | 3 | . | frei. | . | 5 | 15 | |
| 1 Zentner. | frei. | . | . | 10 (8) | . | . | . | . | |
| 1 Zentner. | 2 | 15 (12) | . | . | 4 | 22½ | . | . | 11 in Ueberfässern. / 24 in Kisten für Brannt- / 16 in Körben wein etc. nur |
| 1 Zentner. | 8 | . | . | . | 14 | . *) | . | . | beim Eingange in Flaschen. / 11 in Ueberfässern. |
| 1 Zentner. | 1 | 10 (8) | . | . | 2 | 20 | . | . | |
| 1 Zentner. | 8 | . | . | . | 14 | . | . | . | 24 in Kisten. / 16 in Körben. |
| 1 Zentner. | 8 | . | . | . | 14 | . | . | . | |
| 1 Zentner. | 8 | . | . | . | 14 | . | . | . | 24 in Kisten nur beim / 16 in Körben Eingange in Flaschen. / 11 in Ueberfässern. |

*) Nach der Verordnung vom 31. October 1845 unterliegt Franzbranntwein bis auf weitere Bestimmung einem Eingangszolle von 16 Rthlr. (28 fl.) pro Zentner.

## Benennung der Gegenstände.

g) Butter . . . . . . . . . . . . . . . . . .

Anmerk. 1. Frische, ungesalzene Butter auf der Linie von Lindau bis Hemmenhofen eingehend . .
2. Einzelne Stücke in Mengen von nicht mehr als 3 Pfd. werden zollfrei eingelassen, vorbehaltlich der im Falle eines Mißbrauchs örtlich anzuordnenden Aufhebung oder Beschränkung dieser Begünstigung.

h) Fleisch, ausgeschlachtetes: frisches und zubereitetes; auch ungeschmolzenes Fett, Schinken, Speck, Würste; desgleichen großes Wild . . . . . . . . . . . . .

i) Früchte (Südfrüchte), auch Blätter:

α) Frische Apfelsinen, Citronen, Limonen, Pommeranzen, Granaten und dergl. . .
Verlangt der Steuerpflichtige die Auszählung, so zahlt er für hundert
Stück $\begin{Bmatrix} 20 \text{ Sgr.} \\ 16 \text{ gGr.} \end{Bmatrix}$ oder 1 fl. 10 kr.
Im Falle der Auszählung bleiben verdorbene unversteuert, wenn sie in Gegenwart von Beamten weggeworfen werden.

β) Trockne und getrocknete Datteln, Feigen, Kastanien, Korinthen, Mandeln, Pfirsichkerne, Rosinen, Lorbeerblätter, Pommeranzen, Pommeranzenschalen u. dgl.

k) Gewürze, nämlich: Galgant; Ingber, Cardamomen, Cubeben, Muskatnüsse und -Blumen (Macis), Nelken, Pfeffer, Piement, Saffran, Sternanis, Vanille, Zimmt und Zimmt-Cassia, Zimmtblüthe . . . . . . . . . . . . .

l) Heringe . . . . . . . . . . . . . . . . . .

m) Kaffee, roher, und Kaffee-Surrogate, ingleichen Kakao in Bohnen und Kakaoschalen

n) Gebrannter Kaffee, ingleichen Kakaomasse, gemahlener Kakao, Chokolade und Chokolade-Surrogate . . . . . . . . . . . . .

| Maßstab der Verzollung. | nach dem 14-Thaler-Fuß (mit der Eintheilung des Thalers in 30stel und 24stel), beim | | | | nach dem 24½-Gulden-Fuß beim | | | | Für Tara wird vergütet vom Zentner Brutto-Gewicht: |
|---|---|---|---|---|---|---|---|---|---|
| | Eingang. | | Ausgang. | | Eingang. | | Ausgang. | | |
| | Rthlr. | Sgr. (q.Gr.) | Rthlr. | Sgr. (n.Gr.) | fl. | kr. | fl. | kr. | Pfund. |
| 1 Zentner. | | | . | | 6 | 25 | | | 16 in Fässern u. Töpfen. |
| 1 Zentner. | | | . | | 1 | 45 | | | |
| 1 Zentner. | | | . | | 3 | 30 | | | 16 in Fässern und Kisten. { 9 in Körben. 6 in Ballen. |
| 1 Zentner. | | | . | | 3 | 30 | | | 20 in Fässern und Kisten. } 13 in Körben. 6 in Ballen. |
| 1 Zentner. | | | . | | | ? | | | 13 in Fässern. 16 in Kisten. 13 in Körben. 6 in Ballen. |
| 1 Zentner. | | | . | | 11 | | | | 18 in Kisten. 16 in Fässern. 13 in Körben. 4 in Ballen. |
| 1 Tonne. | | | . | | 1 | | | | 13 in Fässern mit Dauben von Eichen- und anderem harten Holz u. in Kisten. 10 in anderen Fässern. 9 in Körben. 3 in Ballen oder Säcken. |
| 1 Zentner | | | | | | | | | 20 in Fässern und Kisten. |
| 1 Zentner. | | | | | | | | | 13 in Körben. |

## Benennung der Gegenstände.

o) Käse aller Art . . . . . . . . . . .

p) Konfituren, Zuckerwerk, Kuchenwerk aller Art; mit Zucker, Essig, Oel oder sonst namentlich alle in Flaschen, Büchsen und dergl. eingemachte, eingedämpfte oder auch eingesalzene Früchte, Gewürze, Gemüse und andere Consumtibilien (Pilze, Trüffeln, Geflügel, Seethiere und dergl.); ferner Kaviar, Sago und Surrogate dieser Artikel, Sardellen in Oel, Oliven, Kapern, Pasteten, zubereiteter Senf, Tafelbouillon, Saucen und andere ähnliche Gegenstände des feineren Tafelgenusses . . . . .

q) Kraftmehl, worunter Nudeln, Puder, Stärke mitbegriffen, desgleichen Mühlenfabrikate aus Getreide und Hülsenfrüchten, nämlich: geschrotete oder geschälte Körner, Graupe, Gries, Grütze, Mehl . . . . . . . . . . .

Anmerk. 1. Gewöhnliches Roggenmehl (Schwarzmehl) bei dem Eingange zu Lande auf der sächsischen Grenzlinie gegen Böhmen . . . . . . . . . .

2. Gewöhnliches Roggenbrod bei dem Eingange zu Lande auf derselben Grenzlinie . . .

r) Muschel- oder Schalthiere aus der See, als: Austern, Hummern, ausgeschälte Muscheln, Schildkröten und dergleichen . . . . . . . .

s) Reis:

1. geschälter . . . . . . . . . . .

2. ungeschälter . . . . . . . . . . .

t) Salz (Kochsalz, Steinsalz) ist einzuführen verboten; bei gestatteter Durchfuhr wird die Abgabe besonders bestimmt.

| Maßstab der Verzollung. | Abgabensätze | | | | | | Für Tara wird vergütet vom Zentner Brutto-Gewicht: |
| | nach dem 14-Thaler-Fuß (mit der Eintheilung des Thalers in 30stel und 24stel), beim | | | nach dem 24½-Gulden-Fuß beim | | | |
| | Eingang. | | Ausgang. | | Eingang. | Ausgang. | |
| | Rthlr. | Sgr. (¼Gr.) | Rthlr. | Sgr. (¼Gr.) | f. | ß Kr. | f. | kr. | Pfund. |
| 1 Zentner. | | | • | • | | • | • | 20 in Kisten von 1 Zentner und darüber. 16 in Kisten unter 1 Zentner. 11 in Fässern und Kübeln. 8 in Körben. 6 in Ballen. |
| 1 Zentner. | | | • | • | | | | 20 in Fässern und Kisten. 13 in Körben. 6 in Ballen. |
| 1 Zentner. | | | • | • | | | | 13 in Fässern, Kisten und Körben. 6 in Ballen. |
| 1 Zentner. | | | • | • | | | | |
| 1 Zentner. | | | • | • | | | | |
| 1 Zentner. | | | • | • | | | | |
| 1 Zentner. | | | • | • | | | | |
| 1 Zentner. | | | • | • | | | | |

| Ordnungs-Nummer. | Benennung der Gegenstände. |
|---|---|
| | u) Syrop *). |
| | v) Taback: |
| |  1. Tabacksblätter, unbearbeitete, und Stengel . . . . . . . . |
| |  2. Tabacksfabrikate: |
| |   α) Rauchtaback in Rollen, abgerollten oder entrippten Blättern, oder geschnitten; Carotten oder Stangen zu Schnupftaback, auch Tabacksmehl und Abfälle . . |
| |   ß) Cigarren und Schnupftaback . . . . . . . . . . . |
| | w) Thee . . . . . . . . . . . . . . . . . |
| | x) Zucker *). |

*) Die Zollsätze für Zucker und Syrop sind bis zum 1. September 1853 durch die Verordnung vom 30. Juni 1850 bestimmt und betragen bis dahin vom

 1) Zucker:
  a) Brod- und Hut-, Kandis-, Bruch- oder Lumpen- und weißer gestoßener Zucker . . . . . . .
  b) Rohzucker und Farin (Zuckermehl) . . . . . . . . . . . .
  c) Rohzucker für inländische Siedereien zum Raffiniren unter den besonders vorzuschreibenden Bedingungen und Kontrolen . . . . . . . . . . . . .
 2) Syrop . . . . . . . . . . . . . . . . . .

| Maßstab der Verzollung. | Abgabensätze | | | | | | | | Für Tara wird vergütet vom Zentner Brutto-Gewicht: Pfund. |
|---|---|---|---|---|---|---|---|---|---|
| | nach dem 14-Thaler-Fuß (mit der Eintheilung des Thalers in 30stel und 24stel), beim | | | | nach dem 24½-Gulden-Fuß beim | | | | |
| | Eingang. | | Ausgang. | | Eingang. | | Ausgang. | | |
| | Rthlr. | Sgr. (oder) | Rthlr. | Sgr. (oder) | fl. | kr. | fl. | kr. | |
| 1 Zentner. | 5 | 15 (12) | . | . | 9 | 37½ | . | . | {12 in Fässern, Seronen und Kanasterkörben. 9 in Körben. 4 in Ballen aller Art. |
| 1 Zentner. | 11 | . | . | . | 19 | 15 | . | . | 16 in Fässern. 13 in Körben. 6 in Ballen. |
| 1 Zentner. | 20 | . | . | . | 35 | . | . | . | 16 in Fässern. 13 in Körben. 6 in Ballen. Bei Cigarren außer der vorstehenden Tara für die äußere Umschließung noch 24 Pfund, falls die Cigarren in kleinen Kisten, und 12 Pfund, falls sie in Körbchen oder Pappkästchen verpackt sind. |
| 1 Zentner. | 11 | . | . | . | 19 | 15 | . | . | 23 in Kisten. |

| Maßstab der Verzollung. | Eingangsabgabe. | | | | |
|---|---|---|---|---|---|
| | Rthlr. | Sgr. | fl. | kr. | |
| 1 Zentner. | 10 | — | 17 | 30 | 14 in Fässern mit Dauben von Eichen- und anderem harten Holze. 10 in anderen Fässern. 13 in Kisten. 7 in Körben. |
| 1 " | 8 | — | 14 | — | 12 in Fässern mit Dauben von Eichen- und anderem harten Holze. 10 in anderen Fässern. 16 in Kisten von 8 Zentnern und darüber. 13 in Kisten unter 8 Zentner. 10 in außereuropäischen Rohrgeflechten (Canassers, Cranjaus.) 7 in andern Körben. 6 in Ballen. |
| 1 " | 5 | — | 8 | 45 | |
| 1 " | 4 | — | 7 | — | 11 in Fässern. |

# Benennung der Gegenstände.

**26** Oel, in Fässern eingehend . . . . . . . .
Anmerk. 1. Baumöl, in Fässern eingehend, wenn bei der Abfertigung auf den Zentner ein Pfund
Terpentinöl zugesetzt worden . . . . . . . . . . . .
2. Kokosnuß-, Palm-, Wallrath-Oel trägt die allgemeine Eingangsabgabe.
3. Sogenannte Oelkuchen, als Rückstände beim Oelschlagen aus Lein-, Raps-, Rübsaamen
u. s. w., ingleichen Mehl aus solchen Kuchen und Rückständen . . . . . . . .

**27** Papier- und Pappwaaren:

a) ungeleimtes ordinaires (grobes graues und halbweißes) Druckpapier, auch grobes
(weißes und gefärbtes) Packpapier und Pappdeckel . . . . . . . . .

b) geleimtes Papier; ungeleimtes feines; buntes (mit Ausnahme der unter c genannten Papiergattungen); lithographirtes, bedrucktes oder liniirtes, zu Rechnungen, Eti-
ketten, Frachtbriefen, Devisen u. s. w. vorgerichtetes Papier; ordinäre Bilderbogen,
desgleichen Malerpappe . . . . . .

c. Gold- und Silberpapier; Papier mit Gold- oder Silbermuster; durchgeschlagenes
Papier; in gleichen Streifen von diesen Papiergattungen . . . . .
Anmerk. Vom grauen Lösch- und Packpapier wird die allgemeine Eingangsabgabe erhoben.

d. Papiertapeten . . . . . . .

e. Buchbinderarbeiten aus Papier und Pappe; grobe lackirte Waaren aus diesen Urstoffen, auch Formerarbeit aus Steinpappe, Asphalt oder ähnlichen Stoffen . . .

**28** Pelzwerk (fertige Kürschnerarbeiten):

a) Ueberzogene Pelze, Mützen, Handschuhe; gefütterte Decken, Pelzfutter und Besätze;
und dergleichen . . . . .

b) Fertige, nicht überzogene Schafpelze, desgleichen weißgemachte und gefärbte, nicht
gefütterte Angora- und Schaffelle; ungefütterte Decken, Pelzfutter und Besätze

| Maßstab der Verzollung. | Abgabensätze | | | | | | | | Für Tara wird vergütet vom Zentner Brutto-Gewicht: |
| | nach dem 14-Thaler-Fuß (mit der Eintheilung des Thalers in 30stel und 24stel), beim | | | | nach dem 24½-Gulden-Fuß beim | | | | |
| | Eingang. | | Ausgang. | | Eingang. | | Ausgang. | | |
| | Rthlr. | Sgr. (g 24r.) | Rthlr. | Sgr. (g 24r.) | fl. | kr. | fl. | kr. | Pfund. |
|---|---|---|---|---|---|---|---|---|---|
| 1 Zentner. | 1 | 10 (8) | . | . | 2 | 20 | . | . | |
| 1 Zehtner. | frei. | . | . | 5 (4) | frei. | . | . | 17½ | |
| 1 Zentner. | . | 1 (⅞) | . | . | . | 3½ | . | . | |
| 1 Zentner. | 1 | . | . | . | 1 | 45 | . | . | |
| 1 Zentner. | 5 | . | . | . | 8 | 45 | . | . | 16 in Kisten. 6 in Ballen. |
| 1 Zentner. | 10 | . | . | . | 17 | 30 | . | . | |
| 1 Zentner. | 10 | . | . | . | 17 | 30*) | . | . | 16 in Kisten. 13 in Körben. |
| 1 Zentner. | 10 | . | . | . | 17 | 30 | . | . | 6 in Ballen. |
| 1 Zentner. | 22 | . | . | . | 38 | 30 | . | . | 16 in Fässern. 20 in Kisten. |
| 1 Zentner. | 6 | . | . | . | 10 | 30 | . | . | 6 in Ballen. 13 in Fäss. u. Kist. 6 in Ballen. |

*) Nach der Verordnung vom 31. Oktober 1851 unterliegen Papiertapeten bis auf weitere Bestimmung einem Eingangs-Zolle von 20 Rthr. (35 fl.) pro Zentner.

# Benennung der Gegenstände.

**29** Schießpulver . . . . . . . . . . . . .

**30** Seide- und Seidewaaren:

    a) Gefärbte auch weißgemachte Seide und Floretseide:

        1. Ungezwirnt . . . . . . . . . . . .

        2. Gezwirnt; auch Zwirn aus roher Seide, (Nähseide, Knopflochseide u. s. w.) . .

    b) Seidene Zeug- und Strumpfwaaren, Tücher (Shawls), Blonden, Spitzen, Petinet, Flor (Gaze), Posamentier-, Knopfmacher-, Sticker- und Putzwaaren, Gespinnste und Tressenwaaren aus Metallfäden und Seide, außer Verbindung mit Eisen, Glas, Holz, Leder, Messing und Stahl; ferner Gold- und Silberstoffe (echt oder unecht); Bänder, ganz oder theilweise aus Seide; endlich obige Waaren aus Floretseide (bourre de soie), oder Seide und Floretseide

    c) Alle obigen Waaren, in welchen außer Seide und Floretseide auch andere Spinn-materialien: Wolle oder andere Thierhaare, Baumwolle, Leinen, einzeln oder ver-bunden enthalten sind, mit Ausschluß der Gold- und Silberstoffe, so wie der Bänder

**31** Seife:

    a) Grüne, schwarze und andere Schmierseife . . . . . . . . . . .

    b) Gemeine weiße . . . . . . . . . .

    c) Feine in Täfelchen, Kugeln, Büchsen, Krügen, Töpfen u. s. w. . . . . . .

**32** Spielkarten von jeder Gestalt und Größe, in so fern sie in einzelnen Vereinsstaaten zum Gebrauche im Lande eingeführt werden dürfen, und unter Berücksichtigung der besonderen Stempel- und Kontrolvorschriften . . . . . . . . . . .

Anmerk. Werden dergleichen zum Durchgange angemeldet, so wird die Durchgangsabgabe erhoben.

| Maßstab der Verzollung. | Abgabensätze | | | | | | | Für Tara wird vergütet vom Zentner Brutto-Gewicht: |
|---|---|---|---|---|---|---|---|---|
| | nach dem 14-Thaler-Fuß (mit der Eintheilung des Thalers in 30stel und 24stel), beim | | | | nach dem 24½-Gulden-Fuß beim | | | |
| | Eingang. | | Ausgang. | | Eingang. | | Ausgang. | |
| | Rthlr. | Sgr. (30tel.) | Rthlr. | Sgr. (30tel.) | fl. | Kr. | fl. | kr. | Pfund. |
| 1 Zentner. | | | | | 3 | 30 | | | 13 in Fässern. |
| 1 Zentner. | | | | | 14 | | | | { 16 in Fässern und Kisten. |
| 1 Zentner. | 1 | | | | 19 | 15 | | | { 9 in Ballen. |
| | | | | | | | | | |
| 1 Zentner. | 10 | | | | | | | | {22 in Kisten. /13 in Ballen. |
| 1 Zentner. | 55 | | | | | | | | {20 in Kisten. {11 in Ballen. |
| 1 Zentner. | 1 | | | | | | | | |
| 1 Zentner. | 3 | | | | | | | | { 13 in Kisten. { 6 in Ballen. |
| 1 Zentner. | 0 | | | | | | | | 16 in Kisten. |
| 1 Zentner. | 0 | | | | | | | | |

| Ordnungs-Nummer. | Benennung der Gegenstände. |
|---|---|

**33 Steine:**

a) Mühlsteine mit eisernen Reifen . . . . . . . . . . . . . . . . .

b) Waaren aus Alabaster, Marmor und Speckstein; ferner geschliffene echte und unechte Steine, Perlen und Korallen ohne Fassung . . . . . . . . . . . .

Anmerk. Große Marmorarbeiten (Statuen, Büsten u. dgl.), Flintensteine; feine Schleif- und Wetzsteine; auch Waaren aus Serpentinstein zahlen die allgemeine Eingangsabgabe.

**34 Steinkohlen** . . . . . . . . . . . . . . . . . . . . . .

Anmerk. 1. An der preußischen Seegrenze und auf der Elbe, desgleichen auf besondere Erlaubnißscheine auf der Weser oder Werra eingehend

2. An der badischen Grenze oberhalb Kehl, desgleichen an der württembergischen Grenze und an der bayerischen Grenze rechts des Rheins eingehend . . . . . . . . . .

**35 Stroh-, Rohr- und Bastwaaren:**

a) Matten und Fußdecken von Bast, Stroh und Schilf, ordinäre:

1. ungefärbt . . . . . . . . . . . . . . . . . .

2. gefärbt . . . . . . . . . . . . . . . . . .

b) Stroh- und Bastgeflechte, Decken von ungespaltenem Stroh, Span- und Rohrhüte ohne Garnitur . . . . . . . . . . . . . . . . . .

c) Bast- und Strohhüte ohne Unterschied . . . . . . . . . .

**36 Talg** (eingeschmolzenes Thierfett) **und Stearin** . . . . . . . .

**37 Theer** (Mineraltheer und anderer), **Daggert, Pech** . . . . . . . . . . .

Abgabensätze

| Maßstab der Verzollung. | nach dem 14-Thaler-Fuß (mit der Eintheilung des Thalers in 30stel und 24stel), beim | | | nach dem 24½-Gulden-Fuß beim | Für Tara wird vergütet vom Zentner Brutto-Gewicht: |
|---|---|---|---|---|---|
| | ang. Sgr. (o.Gr.) | Ausgang. Rthr. | Ausgang. Sgr. (o.Gr.) | Ausgang. | Pfund. |
| 1 Stück. | | | 5 | 15 | |
| 1 Zentner. | | | 17 | 30 | 16 in Fässern und Kisten. |
| 1 Zentner. | | | . | 4¼ | |
| 1 Zentner. | | | . | . | |
| 1 Zentner. | | | . | . | |
| 1 Zentner. | | | . | 17½ | |
| 1 Zentner. | | | 5 | 15 | 16 in Fässern und Kisten. / 6 in Ballen. |
| 1 Zentner. | | | 17 | 30 | 20 in Kisten. |
| 1 Zentner. | | | 87 | 30 | 9 in Ballen. |
| 1 Zentner. | | | 5 | 15 | 13 in Fässern und Kisten. |
| 1 Zentner. | | | | | |

# Benennung der Gegenstände.

**28** Töpferthon und Töpferwaaren:

a) Töpferthon für Porzellanfabriken (Porzellanerde) . . . . . . . . . . . .

Anmerk. An der bayerischen Grenze bei Passau ist Porzellanerde auch beim Ausgange frei.

b) Gemeine Töpferwaaren, Fliesen, Schmelztiegel . . . . . . . . . . .

c) Einfarbiges oder weißes Fayence oder Steingut, irdene Pfeifen . . . . . . .

d) Bemaltes, bedrucktes, vergoldetes oder versilbertes Fayence oder Steingut . . . .

e) Porzellan, weißes . . . . . . .

f) Porzellan, farbiges, und weißes mit farbigen Streifen, auch dergleichen mit Malerei oder Vergoldung . . . . . . . .

g) Fayence, Steingut und anderes Erdgeschirr, auch weißes Porzellan und Email in Verbindung mit unedlen Metallen . . . . . . . .

h) Dergleichen in Verbindung mit Gold, Silber, Platina, Semilor und anderen feinen Metallgemischen, ingleichen alles übrige Porzellan in Verbindung mit edlen oder unedlen Metallen . . . . . . . . . . . .

**29** Vieh:

a) Pferde, Maulesel, Maulthiere, Esel . . . . . . . . . .

b) Rindvieh:

1. Ochsen und Zuchtstiere . . . . . . . . .

2. Kühe . . . . . . . . . . ,

3. Jungvieh . . . . . . . . . .

| Maßstab der Verzollung. | Abgabensätze | | | | | | Für Tara wird vergütet vom Zentner Brutto-Gewicht: |
| | nach dem 14-Thaler-Fuß (mit der Eintheilung des Thalers in 30stel und 24stel), beim | | | nach dem 24½-Gulden-Fuß beim | | | |
| | Eingang. | | Ausgang. | | Eingang. | Ausgang. | |
| | Rthlr. | Sgr. (24er.) | Rthlr. | Sgr. (24er.) | fl. | kr. fl. kr. | Pfund. |
| 1 Zentner. | frei. | | | 15 (12) | frei. | 52½ | |
| 1 Zentner. | | | | | | | |
| 1 Zentner. | 5 | | | | 8 | | |
| 1 Zentner. | 10 | | | | 17 | | |
| 1 Zentner. | 10 | | | | 17 | | |
| 1 Zentner. | 25 | | | | 43 | | 22 in Kisten. 13 in Körben. |
| 1 Zentner. | 10 | | | | 17 | | |
| 1 Zentner. | 50 | | | | | | |
| 1 Stück. | 1 | | | | | | |
| 1 Stück. | 5 | | | | | | |
| 1 Stück. | | | | | | | |

## Benennung der Gegenstände.

4. Kälber . . . . . . . . . . . . . . . . . .

c) Schweine:

   1. gemästete . . . . . . . . . . . . . . . . .

   2. magere . . . . . . . . . . . . . . . . .

   3. Spanferkel . . . . . . . . . . . . . . . .

d) Hämmel . . . . . . . . . . . . . . . . . .

e) Anderes Schafvieh und Ziegen . . . . . . . . . .

Anmerk. 1. Pferde und andere vorgenannte Thiere sind zollfrei, wenn aus dem Gebrauche, der von ihnen beim Eingange gemacht wird, überzeugend hervorgeht, daß sie als Zug- oder Lastthiere zum Angespann eines Reise- oder Frachtwagens gehören, oder zum Waaren-tragen dienen, oder die Pferde von Reisenden zu ihrem Fortkommen geritten werden müssen. Fohlen, welche der Mutter folgen, gehen frei ein.

2. Auf der Grenzlinie von Oberwiesenthal in Sachsen bis Schusterinsel in Baden werden zu folgenden ermäßigten Sätzen eingelassen:

   a) magere Ochsen . . . . . . . . . . . . . . .

   b) Zuchtstiere und Kühe . . . . . . . . . . . . .

   c) Jungvich . . . . . . . . . . . . . . . .

40. Wachsleinwand, Wachsmousselin, Wachstafft:

a) Grobe unbedruckte Wachsleinwand . . . . . . . . . . . .

| Maßstab der Verzollung. | Abgabensätze | | | | | | | Für **Tara** wird vergütet vom Zentner Brutto-Gewicht: |
|---|---|---|---|---|---|---|---|---|
| | nach dem 14-Thaler-Fuß (mit der Eintheilung des Thalers in 30stel und 24stel), beim | | | | nach dem 24½-Gulden-Fuß beim | | | |
| | Eingang. | | Ausgang. | | Eingang. | | Ausgang. | |
| | Rchlr. | Sgr. (qGr.) | Rchlr. | Sgr. (qGr.) | fl. | kr. | fl. | kr. | Pfund. |
| 1 Stück. | | | • | • | • | 17½ | • | • | |
| 1 Stück. | | | • | • | 1 | 45 | • | • | |
| 1 Stück. | | | • | • | 1 | 10 | • | • | |
| 1 Stück. | | | • | • | • | 17 | • | • | |
| 1 Stück. | | | • | • | • | 52 | • | • | |
| 1 Stück. | | | • | • | • | 17 | • | • | |
| 1 Stück. | | | | | | | • | | |
| 1 Stück. | | | | | | | • | | |
| 1 Stück. | | | | | | | • | | |
| 1 Zentner. | | | | | | | | | 13 in Kisten. 9 in Körben. |

| Ordnungs-Nummer. | Benennung der Gegenstände. |
|---|---|

b) Alle anderen Gattungen, ingleichen Wachsmousselin und Malertuch . . . . .

c) Wachstafft . . . . . . . . . . . . . . . . . . . .

**41** **Wolle und Wollenwaaren:**

a) Schafwolle, rohe und gekämmte . . . . . . . . . . . . .

b) Weißes drei = oder mehrfach gezwirntes wollenes und Kamelgarn, auch Garn aus Wolle und Seide; desgleichen alles gefärbte Garn . . . . . . . . . .

c) Waaren aus Wolle (einschließlich anderer Thierhaare) allein oder in Verbindung mit anderen, nicht seidenen Spinnmaterialien gefertigt:

    1. bedruckte Waaren aller Art; ungewalkte Waaren (ganz oder theilweise aus Kamm= garn), wenn sie gemustert (d. h. façonnirt gewebt, gestickt oder brochirt) sind; Um= schlagetücher mit angenähten gemusterten Kanten; Posamentier=, Knopfmacher= und Stickereiwaaren, außer Verbindung mit Eisen, Glas, Holz Leder, Messing und Stahl . . . . . . . . . . . . . . . . .

    2. gewalkte unbedruckte Tuch=, Zeug= und Filzwaaren; Strumpfwaaren aller Art; so wie alle ungewalkte ungemusterte Waaren . . . . . . . . . .

    3. Fußteppiche . . . . . . . . . . . . . . . .

Anmerk. 1. Gerberwolle kann von Gewerbtreibenden, welche die Felle gebrauchen, auf besondere Erlaubniß und unter Kontrole gegen den Zollsatz von ½ Rthlr. (52½ kr.) ausge= führt werden.

    2. Einfaches und doublirtes ungefärbtes Wollengarn, so wie Decktücher aus Roßhaaren, in= gleichen ganz grobe Gewebe aus Kälberhaaren und Werg zahlen die allgemeine Eingangs= abgabe.

| Maßstab der Verzollung. | Abgabensätze | | | | | | Für Tara wird vergütet vom Zentner Brutto-Gewicht: |
|---|---|---|---|---|---|---|---|
| | nach dem 14-Thaler-Fuß (mit der Eintheilung des Thalers in 30stel und 24stel), beim | | | | nach dem 24½-Gulden-Fuß beim | | |
| | Ein ang. | | Ausgang. | | Eingang. | Ausgang. | |
| | Rthlr. | Sgr. (o.Gr.) | Rthlr. | Sgr. (o.Gr.) | fl. | kr. | fl. | kr. | Pfund. |
| 1 Zentner. | 5 | • | • | • | 45 | • | • | • | { 13 in Kisten. 9 in Körben. 6 in Ballen. |
| 1 Zentner. | 11 | • | • | • | 15 | • | • | • | |
| 1 Zentner. | frei. | • | 2 | • | • | • | 3 | 30 | |
| 1 Zentner. | 8 | • | • | • | • | • | • | • | { 16 in Fässern und Kisten. 6 in Ballen. |
| 1 Zentner. | | | | | | | | | |
| 1 Zentner. | | | | | | | | | { 20 in Kisten. 7 in Ballen. |
| 1 Zentner. | | | | | | | | | |

| Ordnungs-Nummer. | Benennung der Gegenstände. |
|---|---|
| **42** | **Zink und Zinkwaaren:** |
| | a) Roher Zink . . . . . . . . . . . . . . . . . . . . . . . . |
| | Anmerk. An der Grenze gegen Tyrol . . . . . . . . . . . . . . |
| | b) Bleche und grobe Zinkwaaren . . . . . . . . . . . . . |
| | c) Feine, auch lackirte Zinkwaaren . . . . . . . . . . . . . . |
| **43** | **Zinn und Zinnwaaren:** |
| | a) Grobe Zinnwaaren, als: Schüsseln, Teller, Kessel und andere Gefäße, Röhren und Platten |
| | b) Andere feine, auch lackirte Zinnwaaren, Spielzeug und dergleichen . . . . . |
| | Anmerk. Von Zinn in Blöcken, Stangen u. s. w. und altem Zinn wird die allgemeine Eingangs-abgabe erhoben. |

# Dritte Abtheilung.

## Von den Abgaben, welche zu entrichten sind, wenn Gegenstände zur Durchfuhr angemeldet werden.

1) Die in der ersten Abtheilung des Tarifes benannten Gegenstände bleiben auch bei der Durchfuhr in der Regel abgabenfrei.

2) Von Gegenständen, welche nach der zweiten Abtheilung des Tarifes beim Eingange oder Ausgange, oder in beiden Fällen zusammengenommen, mit weniger als 10 Sgr. oder 35 kr. vom Zentner, oder nach Maß oder Stückzahl belegt sind, ist in der Regel als Durchgangsabgabe der Betrag jener Eingangs- und Ausgangsabgaben zu entrichten.

3) Für Gegenstände, bei welchen die Eingangs- oder Ausgangsabgabe, oder beide zusammen, 10 Sgr. oder 35 kr. vom Zentner erreichen oder übersteigen, wird in der Regel nur jener Satz von 10 Sgr. oder 35 kr. vom Zentner, sodann:

|   |   |   | vom Stück: |
|---|---|---|---|
| a) | von Pferden, Mauleseln, Maulthieren, Eseln . . | 1½ Rthlr oder 2 fl. 20 kr. |
| b) | „ Ochsen und Zuchtstieren . . . . . . . | 1 „ „ 1 „ 45 „ |
| c) | „ Kühen und Jungvieh . . . . . . . | ½ „ „ — „ 52½ „ |
| d) | „ Schweinen und Schafvieh . . . . . . | ⅙ „ „ — „ 17½ „ |
| e) | „ Heringen für die Tonne, auch beim Durchgange | |

auf den im II. Abschnitte genannten Straßen   3 Sgr. 9 Pf. „ — „ 13 „ als Durchgangsabgabe entrichtet.

4) Für den Transit auf gewissen Straßen oder für gewisse Gegenstände sind ausnahmsweise höhere oder geringere Sätze festgestellt.
Diese Ausnahmen sind folgende:

## I. Abschnitt.

Bei der Durchfuhr von Waaren, welche

A. rechts der Oder seewärts oder landwärts über die Grenzlinien von Memel bis Myslowitz (die Eisenbahnstraße über Myslowitz ausgeschlossen) ein- und über irgend welchen Theil der Vereinszollgrenze wieder ausgehen; desgleichen welche

B. durch die Odermündungen oder links der Oder eingehen, und rechts der Oder seewärts eingeführt wird, zum Bedarf der Königlich Polnischen Salzadministration unter Kontrole der Königlich Preußischen Salzadministration, von der Preußischen Last  .  .  3 Rthlr.

9) Von Waizen und anderen unter Nr. 10 nicht besonders genannten Getreidearten, desgleichen von Hülsenfrüchten, als: Bohnen, Erbsen, Linsen, Wicken, auf der Weichsel, dem Niemen und der Warthe eingehend und durch die Häfen von Danzig und Memel, auch über Elbing und Königsberg über Pillau, sowie über Stettin ausgehend, vom Preußischen Scheffel  .  .  .  .  .  .  .  .  .  .  .  .  .  .  .  .  .  .  .  .  .  .  .  .  2 Sgr.

10) Von Roggen, Gerste und Hafer, auf denselben Strömen ein, und über die vorgenannten Häfen ausgehend, vom Preußischen Scheffel  .  .  .  .  .  .  .  .  .  .  .  ½ Sgr.

## II. Abschnitt.

Bei der Durchfuhr durch nachgenannte Theile des Vereinsgebietes oder auf nachgenannten Straßen wird von den beim Ein- und Ausgange höher belegten Gegenständen an Durchgangsabgabe nur erhoben:

A. Von Waaren, welche durch die Odermündungen oder links der Oder, oder auf der Straße über Neuberun, oder endlich auf der Eisenbahn über Myslowitz ein- und links der Oder oder auf der Straße über Neu-Berun, oder auf der Eisenbahn über Myslowitz, oder endlich durch die Odermündungen wieder ausgehen (mit Ausschluß der Durchfuhr auf den nachstehend unter B und C bezeichneten Straßenzügen), vom Zentner  5 Sgr. oder 17½ kr.

B. Von Waaren, welche

    1) über die südliche Grenzlinie von Saarbrücken bis zur Donau (beide eingeschlossen) ein- und wieder ausgehen; ingleichen, welche

    2) rheinwärts eingeführt, aus den Häfen zu Mainz und Biebrich oder oberhalb gelegenen Rheinhäfen, aus Mainhäfen oder aus Neckarhäfen über die Grenzlinie von Mittenwald bis zur Donau (diese eingeschlossen) wieder ausgehen, und umgekehrt; ferner, welche

    3) über die Grenzlinie von Schusterinsel in Baden bis Waldhaus in Bayern (beide Orte eingeschlossen) ein- und wieder ausgehen, vom Zentner 2½ Sgr. oder 8¾ kr.

C. Von Waaren, welche rheinwärts eingeführt, aus den Häfen zu Mainz und Biebrich oder aus oberhalb gelegenen Rheinhäfen über die Grenzlinie von Saarbrücken bis Neuburg a. R. (beide Orte eingeschlossen) wieder ausgehen, oder umgekehrt, vom Zentner

                                                  1¼ Sgr. oder 4⅜ kr.

D. Von Vieh, welches auf den vorstehend unter B und C bezeichneten Straßen durchgeführt wird, so wie von demjenigen, welches

b) im Falle der mittelbaren Durchfuhr, bei dem Niederlageamte zur Versendung nach dem Auslande angemeldet und zur Abfertigung gestellt werden.

**II.** Der dem Tarif zu Grund liegende, mit den in den Großherzogthümern Baden und Hessen allgemein eingeführten Gewichten übereinstimmende Zentner, der Zoll-Zentner, ist in hundert Pfunde getheilt, und es sind von diesen

Zoll-Pfunden:

$935^{422}/_{1000}$ = 1000 Preußischen (Kurhessischen) Pfunden,

1120 = 1000 Bayerischen Pfunden,

2000 = 1000 Rheinbayerischen Kilogrammen,

$935^{450}/_{1000}$ = 1000 Württembergischen Pfunden,

$933^{673}/_{1000}$ = 1000 Sächsischen (Dresdener) Pfunden.

Demnach sind gleich zu achten:

Zoll-Pfunde:

14 = 15 Preußischen (Kurhessischen) Pfunden,

28 = 25 Bayerischen Pfunden,

2 = 1 Rheinbayerischen Kilogramm,

14 = 15 Württembergischen Pfunden,

14 = 15 Sächsischen (Dresdener) Pfunden;

und

Zoll-Zentner:

36 = 35 Preußischen (Kurhessischen) Zentnern zu 110 Pfunden,

28 = 25 Bayerischen Zentnern zu 100 Pfunden,

2 = 1 Rheinbayerischen Quintal zu 100 Kilogrammen,

36 = 37 Württembergischen Zentnern zu 104 Pfunden,

36 = 35 Sächsischen (Dresdener) Zentnern zu 110 Pfunden.

**III.** Werden Waaren unter Begleitschein-Kontrole versandt, oder bedarf es zum Waarenverschlusse der Anlegung von Bleien, so wird erhoben:

für einen Begleitschein 2 Sgr. (1½ gGr.) oder 7 kr.

für ein angelegtes Blei 1 Sgr. (¾ gGr.) oder 3½ kr.

Wegen der Meßgebühren (Meßunkosten) ist das Nöthige in den Meßordnungen enthalten. Andere Nebenerhebungen sind unzulässig.

**IV.** a) Die Zölle werden entweder nach dem Brutto-Gewichte, oder nach dem Netto-Gewicht erhoben.

Unter Brutto-Gewicht wird das Gewicht der Waare in völlig verpacktem Zustande

Verzollung angemeldet werden, der Wahl des Zollpflichtigen überlaffen, entweder sich mit der Taravergütung für 8 Zentner zu begnügen, oder auf Ermittelung des Netto-Gewichtes durch Verwiegung anzutragen.

Bei baumwollenen und wollenen Geweben (Tarif, Abth. II. 2. c. und 41. c.) findet diese Bestimmung schon Anwendung, wenn Ballen von einem Brutto-Gewichte über 6 Zentner angemeldet werden, dergestalt, daß dabei nur von 6 Zentnern eine Tara bewilligt wird.

3. Es ist der Wahl des Zollpflichtigen überlaffen, ob er bei Gegenständen, deren Verzollung nach dem Netto-Gewichte Statt findet, den Tara-Tarif gelten, oder das Netto-Gewicht entweder durch Verwiegung der Waaren ohne die Tara, oder der letztern allein ermitteln laffen will.

Bei Flüffigkeiten und anderen Gegenständen, deren Netto-Gewicht nicht ohne Unbequemlichkei ermittelt werden kann, weil ihre Umgebung für den Transport und die Aufbewahrung dieselbe ist, wird die Tara nach dem Tarife berechnet, und der Zollpflichtige hat kein Widerspruchs-Recht gegen Anwendung deffelben.

4. In Fällen, wo eine von der gewöhnlichen abweichende Verpackungsart der Waar und eine erhebliche Entfernung von dem in dem Tarife angenommenen Tarafatze bemerkbar wird, ist auch die Zollbehörde befugt, die Netto-Verwiegung eintreten zu laffen.

e) Wo bei der Waarendurchfuhr auf kurzen Straßenstrecken (Dritte Abtheilung, Abschnitt III.) geringere Zollsätze stattfinden, kann, auch wenn sonst die Abschätzung des Gewichts nachgelaffen wird, mit Vorbehalt der speciellen Verwiegung, im Ganzen berechnet werden:

    die Traglast eines Lastthieres zu drei Zentner,
    die Ladung eines Schubkarrens zu zwei Zentner,
       "      "      " einspännigen Fuhrwerks zu 15 Zentner,
       "      "      " zweispännigen      zu vier und zwanzig Zentner,
und für jedes weiter vorgespannte Stück Zugvieh, zwölf Zentner mehr.

V. Bei den aus gemischten nicht seidenhaltigen Gespinnsten gefertigten Waaren muß bei der Deklaration auf das darin vorhandene Material, in so fern daffelbe zu der eigentlichen Waare gehört, Rücksicht genommen und es müffen aus Baumwolle und Leinen 2c., ohne Beimischung von Wolle, gefertigte Waaren nach ihren Urstoffen oder als baumwollene Waaren declarirt werden. Besteht eine Waare aus Seide oder Floretseide in Verbindung mit andern Gespinnsten aus Baumwolle, Leinen oder Wolle, so genügt die Declaration als halbseidene Waare. Die gewöhnlichen Weberkanten (Anschroten, Säume

c) Waaren dagegen, welche höher belegt, oder nicht unter vorstehender Ausnahme begriffen und nach einem Orte, wo sich ein Hauptzoll- oder Haupt-Steueramt oder eine andere kompetente Hebestelle befindet, adressirt sind, können unter Begleitschein-Kontrole von den Grenzämtern dorthin abgelassen und es können daselbst die Gefälle davon entrichtet werden. An solchen Orten, wo Niederlagen befindlich sind, erfolgt sodann die Gefälle-Entrichtung erst, wenn die Waaren aus der Niederlage entnommen werden sollen.

IX. a) Bei Nebenzollämtern erster Klasse können Gegenstände, von welchen die Gefälle nicht über fünf Thaler oder 8¾ Gulden vom Zentner betragen, in unbeschränkter Menge eingehen.

Höher belegte Gegenstände dürfen nur dann über solche Aemter eingeführt werden, wenn die Gefälle von dergleichen auf einmal eingehenden Waaren den Betrag von fünfzig Thalern oder 87½ Gulden nicht übersteigen.

Den Ausgangszoll können Nebenzollämter erster Klasse ohne Beschränkung hinsichtlich des Betrages erheben.

b) Bei Nebenämtern zweiter Klasse kann Getreide in unbeschränkter Menge eingehen.

Waaren, welche mit geringeren Sätzen als sechs Thaler oder 10½ Gulden vom Zentner belegt sind, und Vieh dürfen über Nebenzollämter zweiter Klasse in Mengen eingeführt werden, von welchen die Gefälle für die ganze Waarenladung oder den ganzen Vieh-Transport den Betrag von zehn Thalern oder 17½ Gulden nicht übersteigen.

Der Eingang von höher belegten Gegenständen ist aber nur in Mengen von höchstens zehn Pfund im Einzelnen über solche Nebenämter zulässig, mit der Maßgabe, daß auch die Gefälle von den in einem Transport eingehenden Waaren solcher Art den Betrag von zehn Thalern oder 17½ Gulden nicht übersteigen dürfen.

Den Ausgangszoll können Nebenzollämter zweiter Klasse bis zum Betrag von zehn Thalern oder 17½ Gulden erheben.

c) In so weit Nebenzollämter von den betreffenden obersten Finanzbehörde erweiterte Abfertigungs-Befugnisse erhalten, werden darüber geeignete Bekanntmachungen ergehen.

Die Gefälle müssen bei den Nebenzollämtern sogleich erlegt werden, insofern dieselben nicht ausnahmsweise zur Ertheilung von Begleitscheinen ermächtigt werden.

X. Es bleiben bei der Abgabenerhebung außer Betracht und werden nicht versteuert: alle Waaren-Quantitäten unter 1/1000 des Zentners. — Gefälle-Beträge von weniger als sechs Silberpfennigen oder einem Kreuzer werden überhaupt nicht erhoben. In beiderlei Beziehungen bleiben im Falle des Mißbrauchs örtliche Beschränkungen vorbehalten.

XI. Hinsichtlich des Verhältnisses, nach welchem die Gold- und Silbermünzen der sämmtlichen Vereinsstaaten — mit Ausnahme der Scheidemünze — bei Entrichtung der Eingangs-, Ausgangs- und Durchgangs-Abgaben anzunehmen sind, wird auf die besonderen Kundmachungen verwiesen.

**I. Einnahmen des**

| Regierungs-Bezirke. | Namen der Gemeinden | Einnahmen aus dem Bestande der Vorjahre. | | Aus dem rentirenden Vermögen. An Zinsen von Activ-Capitalien. | | Aus dem rentirenden Vermögen. Ertrag aus Realitäten. | | Aus dem rentirenden Vermögen. Ertrag aus Dominikal-Renten und sonstigen Rechten. | | An Sustentations-Beiträgen. | | An außerordentlichen oder zufälligen Einnahmen. | |
|---|---|---|---|---|---|---|---|---|---|---|---|---|---|
| | | fl. | kr. | fl. | kr. | fl. | kr. | fl. | kr. | fl. | kr. | fl. | kr. |
| Oberbayern. | München | 35,475 | 33½ | 114,058 | 2¼ | 10,181 | 31⅜ | 6,685 | 44½ | 80,766 | 31⅜ | 2,887 | 34 |
| | Ingolstadt | 21,236 | 13½ | 9,400 | 23¼ | 560 | 4 | 1,051 | 12½ | 1,944 | 39⅜ | 25 | 20 |
| Niederbayern. | Landshut | 11,692 | 12½ | 21,378 | 36¾ | 3,749 | 35 | 4,893 | 55½ | 3,785 | 27⅞ | 246 | — |
| | Passau | 26,524 | 47 | 41,344 | 56 | 6,952 | 32¼ | 2,415 | 41⅜ | 5,377 | 16 | 4,006 | 21 |
| | Straubing | 10,211 | 14⅜ | 23,012 | 16½ | 3,228 | — | 62 | 9⅜ | 5,244 | 34 | — | —⅛ |
| Oberpfalz und Regensburg. | Regensburg | 21,301 | 21 | 13,897 | 40½ | 5,109 | 52⅞ | 2,614 | 14½ | 2,124 | 12 | 644 | 55⅛ |
| | Amberg | 13,643 | 40¾ | 4,929 | 59⅜ | 5,376 | 16¾ | 3,714 | 37⅛ | 1,888 | 54⅛ | 868 | 14⅛ |
| Oberfranken | Bayreuth | 4,444 | 47½ | 11,012 | 54½ | 7,779 | 46½ | 2,597 | 25½ | 5,561 | 55 | 53 | 38 |
| | Bamberg | 35,979 | 41⅛ | 71,245 | 25½ | 16,540 | 49¾ | 7,921 | 24⅛ | 27,160 | 3⅞ | 218 | 5 |
| | Hof | 8,598 | ⅜ | 6,449 | 24 | 12,494 | 52⅜ | 4,870 | 12⅜ | 774 | 36½ | 58 | 12 |
| Mittelfranken. | Ansbach | 1,866 | 27 | 4,693 | 15¾ | 617 | 15 | 550 | 30⅛ | 3,020 | 27⅜ | — | — |
| | Dinkelsbühl | 10,939 | 17½ | 14,333 | 49⅜ | 17,213 | 58¾ | 5,669 | 11⅞ | 36 | — | 84 | 31⅛ |
| | Eichstädt | 15,194 | 19 | 16,689 | 59 | 2,064 | 18 | 1,650 | 17 | 3,139 | 35 | 959 | 49 |
| | Erlangen | 100 | 21¼ | 1,727 | 41⅜ | 155 | — | — | — | 125 | 45 | — | — |
| | Fürth | 1,020 | 22½ | 2,674 | 46 | 412 | 27¼ | — | — | 26,074 | 45⅝ | 8,758 | 50 |
| | Nürnberg | 4,366 | 2½ | 94,425 | 22 | 9,661 | 33¾ | 47,076 | 41½ | 35,041 | 55⅜ | 974 | 37 |
| | Rothenburg | 8,052 | 47½ | 10,436 | 36¼ | 15,740 | 22½ | 12,995 | 41⅛ | 935 | 53½ | 381 | 53⅛ |
| | Schwabach | 3,643 | 40⅞ | 4,518 | 42 | 2,259 | 19¼ | 2,410 | 38⅛ | 396 | 40 | 13 | 15 |
| Unterfranken und Aschaffenburg. | Würzburg | 17,697 | 37½ | 49,840 | 3½ | 18,009 | 7⅞ | 10,099 | 32⅞ | 37,848 | 49⅞ | 1,857 | 3⅛ |
| | Aschaffenburg | 9,792 | 44⅛ | 5,489 | 16⅜ | 500 | 15½ | 366 | 26¼ | 8,102 | 44⅛ | 80 | 40 |
| | Schweinfurt | 3,690 | 55 | 6,411 | 52¼ | 7,355 | 10¼ | 3,609 | 13⅜ | 3,595 | 47½ | — | — |
| Schwaben und Neuburg. | Augsburg | 46,516 | 41½ | 120,039 | 29 | 22,855 | 50½ | 26,955 | 21⅞ | 52,296 | 37½ | 1,914 | 29⅛ |
| | Donauwörth | 5,888 | 16⅞ | 3,359 | 34 | 3,025 | 3 | 1,401 | 13⅜ | — | — | 71 | 37⅛ |
| | Kaufbeuern | 18,007 | 27¼ | 10,103 | 25¼ | 2,705 | 1⅜ | 7,074 | 43½ | 50 | 32 | 106 | 9 |
| | Kempten | 4,398 | 58 | 5,283 | 10 | 2,040 | 2 | 585 | 47¼ | 2,391 | 17½ | 1,940 | 29⅛ |
| | Lindau | 19,026 | 37½ | 13,040 | 9½ | 1,671 | — | 4,208 | 47½ | 7,982 | 32⅛ | 2,932 | 8⅛ |
| | Memmingen | 17,638 | 23⅞ | 7,575 | 25 | 10,003 | 39 | 22,263 | 50⅛ | 95 | 10 | 80 | 12 |
| | Neuburg | 6,454 | 47¾ | 5,663 | 17 | 1,757 | 19 | 1,378 | 51½ | 100 | — | 124 | 5 |
| | Nördlingen | 19,853 | 58⅞ | 20,630 | 58¾ | 13,174 | 8 | 9,991 | 58⅛ | 329 | 43⅛ | — | — |

laufenden Jahres.

| An Umlagen. | | An Passiv-Capitalien und Vorschüssen. | | An Aktiv-Capitalien und Vorschüssen. | | An Erlös aus verkauften Stiftungs-Realitäten und Rechten. | | An Legaten und Fundirungs-Zuflüssen. | | Summa der Einnahmen. | | Bemerkungen. |
|---|---|---|---|---|---|---|---|---|---|---|---|---|
| fl. | kr. | fl. | kr. | fl. | kr. | fl. | kr. | fl. | kr. | fl. | kr. | |
| 37,912 | 43 | — | — | 12,456 | 48 | 75,665 | 34¼ | 65,275 | —½ | 441,365 | 5¼ | |
| — | — | 67 | 46½ | 4,115 | 10½ | 313 | 25½ | 750 | — | 39,464 | 15½ | |
| — | — | 402 | — | 12,255 | — | 75,687 | 42¾ | 393 | 30 | 134,483 | 59¾ | |
| — | — | — | — | 15,572 | 22 | 30,097 | —½ | 3,740 | — | 136,030 | 56¾ | |
| — | — | 500 | — | 9,093 | 15½ | 157559 | 51½ | 3,549 | 18¾ | 212,460 | 40½ | |
| — | — | 2,545 | — | 5,161 | 7 | — | — | 14,548 | 19¾ | 67,946 | 42½ | |
| — | — | 1,000 | — | 11,559 | — | 1,296 | 49½ | 4,359 | 19½ | 48,636 | 52¾ | |
| — | — | 800 | — | 2,280 | — | 2,336 | 16 | — | — | 36,866 | 39¼ | |
| — | — | — | — | 40,612 | 38 | 6,282 | 1¾ | 3,813 | 14¼ | 209,773 | 23½ | |
| — | — | — | — | 4,037 | —½ | — | — | — | — | 37,282 | 18⅞ | |
| — | — | — | — | 1,500 | — | 744 | 42¾ | 600 | — | 13,589 | 38 | |
| — | — | — | — | 16,645 | — | 4,264 | 49½ | — | — | 69,186 | 38½ | |
| — | — | 200 | — | 19,884 | 40 | 699 | 10 | 119 | 9 | 60,601 | 16 | |
| — | — | — | — | 3,858 | 12 | — | — | 271 | 24 | 6,238 | 24½ | |
| — | — | — | — | 4,799 | — | 40 | — | 3,542 | 23 | 47,322 | 34½ | |
| — | — | — | — | 164,136 | 22 | 30,462 | 57 | 8,473 | 45½ | 391,619 | 16¼ | |
| — | — | — | — | 5,625 | — | 2,889 | 37¼ | — | — | 57,057 | 52[illegible] | |
| — | — | — | — | 11,575 | — | 50 | 40 | 229 | 17¼ | 25,097 | 12¾ | |
| — | — | — | — | 23,377 | 33 | 105299 | —¼ | 7,731 | 50 | 271,760 | 37¾ | |
| 996 | 50 | — | — | 7,910 | 56½ | 875 | 49 | 2,827 | 21¼ | 36,943 | 4 | |
| — | — | — | — | 5,184 | 28¼ | — | — | 10 | — | 31,767 | 27½ | |
| — | — | 535 | 48 | 21,253 | 22½ | 75,664 | 1 | 18,775 | 9¾ | 386,806 | 51½ | |
| — | — | — | — | 1,955 | — | — | — | 3,849 | 3 | 18,549 | 48½ | |
| — | — | — | — | 11,185 | 37½ | 3,233 | 37½ | — | — | 52,546 | 33½ | |
| — | — | 500 | — | 3,203 | — | 100 | — | 150 | — | 21,292 | 44 | |
| — | — | 341 | 48¼ | 10,062 | 14½ | 1,033 | 15⅝ | 1,500 | — | 61,798 | 32½ | |
| — | — | — | — | 13,440 | — | 10,925 | 42½ | 129 | 49½ | 82,172 | 12½ | |
| — | — | — | — | 1,590 | — | — | — | 400 | — | 17,468 | 20½ | |
| — | — | — | — | 16,689 | 13 | 172273 | 53¾ | — | — | 252,943 | 54½ | |

Ausgaben.

| Regierungsbezirk. | Namen der Gemeinden. | Ausgaben auf den Bestand der Vorjahre. | | II. Ausgaben: Auf die Verwaltung. Besoldungen und Remunerationen. | | Regie-Bedürfnisse. | | Staats- und Communal-Auflagen. | | Auf den Stiftungszweck. | | Auf Schuldentilgung. | | Auf Verzinsung. | | Auf Sustentations-Beiträge. | | [illegible] |
|---|---|---|---|---|---|---|---|---|---|---|---|---|---|---|---|---|---|---|
| | | fl. | kr. | fl. | kr. | fl. | kr. | fl. | kr. | fl. | kr. | fl. | kr. | fl. | kr. | fl. | kr. | |
| Oberbayern. | München | 6,615 | 10½ | 9,942 | 57 | 4,927 | 4 | 1,190 | 18 | 208032 | 6¾ | 6,970 | 56½ | 3059 | 53½ | 12317 | 59½ | 164,7 |
| | Ingolstadt | 25 | 4½ | 448 | 24¾ | 100 | 53¼ | 243 | 5½ | 14,194 | 22½ | 786 | — | 623 | 56½ | 434 | 16½ | 11,2 |
| Niederbayern. | Landshut | 1,885 | 18¾ | 500 | — | 592 | 31 | 1,168 | 37⅝ | 24,493 | 15½ | — | — | 252 | — | 4,371 | — | 84,1 |
| | Passau | 179 | 13¾ | 100 | — | 3,582 | 51½ | 520 | 39½ | 54,504 | 54¼ | 682 | 22 | 261 | 38 | 1,239 | 58 | 55,0 |
| | Straubing | 2 | 45 | 1,385 | — | 1,069 | 24¼ | 176 | 44 | 23,216 | 33⅛ | 1,580 | — | 75 | 14½ | 8,357 | 34½ | 170, |
| Oberpfalz und Regensburg. | Regensburg | 821 | 17⅝ | 931 | 13½ | 1,738 | 53½ | 1,148 | 59¾ | 30,190 | 32⅛ | 515 | — | 281 | 44¾ | — | — | 19, |
| | Amberg | 53 | 1 | 719 | 38¼ | 2,955 | 19⅞ | 988 | 28½ | 16,248 | 1¼ | 341 | — | — | — | 637 | 13½ | 14,9 |
| Oberfranken. | Bayreuth | 2,191 | 3½ | 1,572 | 42 | 204 | 51 | 918 | 15¾ | 21,139 | 33⅛ | 50 | — | 318 | 25 | 5,048 | 5½ | 3,3 |
| | Bamberg | 3,704 | 5¾ | 8,213 | — | 7,251 | 28¼ | 1,657 | 3½ | 95,992 | 50 | 2 | 30 | 44 | 2 | 9,513 | 25½ | 47,1 |
| | Hof | — | — | 2,143 | 5 | 2,078 | — | 919 | 18½ | 12,472 | 9¾ | — | — | — | — | 3,090 | 14 | 2,6 |
| Mittelfranken. | Ansbach | 227 | 15½ | 403 | 40¾ | 11 | 24½ | 114 | 26¾ | 9,128 | 49 | — | — | 50 | — | 416 | 17½ | 23, |
| | Dinkelsbühl | 168 | 26 | 3,625 | 17¼ | 5,012 | 24 | 1,520 | 23 | 21,801 | 31½ | 1,500 | — | 121 | — | 351 | 2 | 20, |
| | Eichstädt | 2,180 | 47 | 1,150 | 45 | 262 | 21 | 973 | 24 | 18,014 | 2 | — | — | — | — | 5,760 | 35 | 19, |
| | Erlangen | — | 10 | 48 | 11 | 11 | — | 16 | 42¾ | 1,225 | 33¼ | — | — | — | — | 746 | — | 4,1 |
| | Fürth | 6 | 33 | 899 | 10 | 508 | 57½ | 7 | 49 | 30,571 | 2 | — | — | — | — | 5,043 | 4 | 8, |
| | Nürnberg | 2,583 | 10¼ | 9,115 | 28¾ | 2,092 | 28¾ | 4,188 | 32¼ | 139485 | 35¼ | — | — | — | — | 32177 | 26½ | 204, |
| | Rothenburg | 2,879 | 49 | 3,166 | 25¼ | 3,473 | 59½ | 2,170 | 10¾ | 24,034 | 21½ | — | — | 200 | — | 3,368 | 28½ | 17, |
| | Schwabach | 301 | 4¾ | — | - | 606 | 28¾ | 463 | 25¼ | 7,691 | 59½ | — | — | — | — | 315 | — | 13,4 |
| Unterfranken und Aschaffenburg. | Würzburg | 1,736 | 30¾ | 3,719 | 17 | 16236 | 54¾ | 663 | 54 | 80,317 | 53⅞ | 10000 | — | 400 | — | 2,765 | 5½ | 137,7 |
| | Aschaffenb. | 164 | 33½ | 775 | 16 | 274 | 31½ | 98 | 11¼ | 16,192 | 11 | — | — | 193 | 26 | 182 | 46 | 9,4 |
| | Schweinfrt. | 2,286 | 15¾ | 1,152 | 6½ | 731 | 28 | 996 | 9¾ | 17,086 | 8½ | 2,900 | — | 170 | 51 | 187 | 35½ | 5,9 |
| chwaben und Neuburg. | Augsburg | 3,811 | 45½ | 10745 | 2 | 9,641 | 54 | 4,297 | 33½ | 177917 | 19½ | 9,008 | 27½ | 2433 | 4 | 7,569 | 49½ | 109, |
| | Donauwörth | 8 | 28¼ | 159 | 8½ | 406 | 19½ | 384 | 4½ | 8,007 | 10½ | — | — | — | — | 1,193 | 29 | 1, |
| | Kaufbeuern | 2,344 | 25 | 1,642 | — | 1,156 | 59¾ | 455 | 3½ | 14,183 | 28¼ | 4,161 | 28½ | 126 | 36 | 1,955 | 57½ | 22, |
| | Kempten | 1 | 50 | 426 | 21 | 615 | 35½ | 148 | 14 | 9,178 | 4¾ | 800 | — | 349 | 3 | 1,000 | — | 4, |
| | Lindau | 30 | 19 | 1,497 | 17¼ | 2,483 | 51 | 338 | 15⅞ | 20,898 | 55 | 16 | 48 | — | — | 6,635 | — | 9, |
| | Memm.ing. | 109 | 47 | 2,116 | — | 2,949 | 53¾ | 1,662 | 22⅜ | 20,025 | 8 | — | — | — | — | 4,440 | 46½ | 40, |
| | Neuburg | — | — | 743 | 37½ | — | — | 180 | 3¾ | 6,240 | 3 | 1,944 | 25 | — | — | 1,944 | 25 | 4, |
| | Nördlingen | 770 | 52¾ | 4,008 | 59¼ | 5,779 | 31 | 992 | 38 | 32,058 | 38¾ | 1,000 | — | 1409 | 7 | 3,266 | 36 | 185, |

Jahres.

| Abschluß. | | | | Vermögen | | | | | | Schulden | | | | | | Abgleichung. | | | |
|---|---|---|---|---|---|---|---|---|---|---|---|---|---|---|---|---|---|---|---|
| Ueberschuß. | | Defizit. | | rentirendes. | | nicht rentirendes. | | Summe. | | verzinsliche. | | unverzinsliche. | | Summe. | | Aktivstand. | | Passiv-Stand. | |
| fl. | kr. | fl. | kr. | fl. | kr. | fl. | kr. | fl. | kr. | fl. | kr. | fl. | kr. | fl. | kr. | fl. | kr. | fl. | kr. |
| 23,577 | 35¾ | — | — | 3347028 | 37⅝ | 807,274 | 48½ | 4154303 | 26⅛ | 83,060 | — | 31,307 | 34⅞ | 114367 | 34⅞ | 4,039,935 | 51⅝ | - | - |
| 11,315 | 44½ | — | — | 387,962 | 34 | 108,016 | 10½ | 495978 | 44½ | 7 | 10 | 25,488 | 13 | 25,495 | 23 | 470,483 | 21½ | - | - |
| 17,037 | 22 | — | — | 661,779 | 2 | 181,720 | 4½ | 843,499 | 6⅛ | 6,300 | — | 6,050 | 6¾ | 12,350 | 6¾ | 831,184 | 51⅝ | - | - |
| 19,897 | 19 | — | — | 1446308 | 11½ | 114,386 | 29¼ | 1,560694 | 40¼ | 6,258 | 34 | 15,780 | 25 | 22,038 | 59 | 1,538,655 | 41¾ | - | - |
| 6,424 | 54⅞ | — | — | 618,179 | 11 | 75,556 | 3⅜ | 693,735 | 14⅛ | — | — | 61 | 45⅞ | 61 | 45⅞ | 693,673 | 28⅞ | - | - |
| 13,212 | —½ | — | — | 651,177 | 51⅞ | 74,058 | 49½ | 725,236 | 41⅜ | 5,250 | — | 550 | — | 5,800 | — | 719,436 | 41⅜ | - | - |
| 11,753 | 42¾ | — | — | 391,925 | 3⅛ | 71,050 | 36¼ | 462,975 | 39⅞ | 1,000 | — | 4,627 | 20½ | 5,627 | 20½ | 457,348 | 19⅜ | - | - |
| 1,896 | 33⅛ | — | — | 512,151 | 44¼ | 37,367 | 45 | 549,519 | 29¼ | 5,975 | — | 2,763 | 57⅞ | 8,738 | 51⅞ | 540,780 | 37⅜ | - | - |
| 36,249 | 29⅛ | — | — | 2,487216 | 8⅛ | 173,938 | 37⅝ | 2,661148 | 45¾ | 2,201 | — | — | — | 2,201 | — | 2,658,947 | 45¾ | - | - |
| 14,104 | 31⅜ | — | — | 313,517 | 4½ | 18,335 | 50⅛ | 331,852 | 54⅝ | — | — | — | — | — | — | 331,852 | 54⅝ | - | - |
| 937 | 44¼ | — | — | 165.693 | 34½ | 4,974 | 34¼ | 170,668 | 8¾ | 1,000 | — | — | — | 1.000 | — | 169,668 | 8¾ | - | - |
| 14,971 | 26 | — | — | 830,403 | 53¼ | 92,815 | 21 | 923,219 | 14¾ | 2,650 | — | 415 | 10 | 3,065 | 10 | 920,154 | 4¾ | - | - |
| 12,946 | 22 | — | — | 644,659 | 35 | 71,495 | 7 | 716,154 | 42 | — | — | 2,687 | 33 | 2,687 | 33 | 713,467 | 9 | - | - |
| 61 | 11¼ | — | — | 58,351 | 46 | 181 | 11¼ | 58,532 | 57¼ | — | — | 155 | 48 | 155 | 48 | 58,377 | 9¼ | - | - |
| 2,015 | 59 | — | — | 77,969 | — | 31,049 | 14½ | 109,018 | 14½ | — | — | 452 | 19½ | 452 | 19½ | 108,565 | 55 | - | - |
| 943 | 44 | — | — | 3,951406 | 18⅛ | 106,904 | 50¼ | 4 058311 | 8⅜ | — | — | 157 | 30 | 157 | 30 | 4,058,153 | 38⅜ | - | - |
| 608 | 2 | — | — | 1,134793 | 18 | 88,557 | 34½ | 1,223350 | 52½ | 5,100 | — | 124 | 13¾ | 5,224 | 13¾ | 1,218,126 | 38¾ | - | - |
| 2,220 | 31 | — | — | 264,378 | 38½ | 60761 | 49 | 325,140 | 27½ | — | — | — | — | — | — | 325,140 | 27½ | - | - |
| 18.189 | 8½ | — | — | 1,702688 | 58½ | 185.537 | 6¼ | 1,888226 | 4¾ | 500 | | — | — | 500 | — | 1,887,726 | 4¾ | - | - |
| 9,642 | 8¼ | — | — | 198,067 | 3¼ | 61,400 | 43½ | 259,467 | 46¾ | 4.835 | 37 | — | — | 4,835 | 37 | 254,632 | 9¾ | - | - |
| 1,239 | 46 | — | — | 404,629 | 24 | 19,677 | 17 | 424,306 | 41 | 2,000 | — | — | — | 2,000 | — | 422,306 | 41 | - | - |
| 52,864 | 38¾ | — | — | 3.925968 | 54½ | 303,979 | 8½ | 4.229948 | 3¼ | 67,375 | 52½ | 14,140 | 57¾ | 81,516 | 50¼ | 4,148,431 | 13 | - | - |
| 7,314 | 8⅝ | — | — | 75,787 | 32⅛ | 53,397 | 57½ | 229,185 | 29⅝ | — | — | — | — | — | — | 229,185 | 29⅝ | - | - |
| 5,143 | 27 | — | — | 546,045 | 1½ | 57,664 | 53¾ | 603,709 | 55 | 2,575 | — | 9,671 | 30 | 12,246 | 30 | 591,463 | 25 | - | - |
| 4,123 | 35¾ | — | — | 188,162 | 30¼ | 24,771 | 44½ | 212,934 | 14½ | 7,645 | — | — | — | 7,645 | — | 205,289 | 14½ | - | - |
| 20.599 | 59¼ | — | — | 445,347 | 16⅞ | 83,225 | 19¾ | 528,572 | 36⅝ | — | — | — | — | — | — | 528,572 | 36⅝ | - | - |
| 10,222 | 47⅜ | — | — | 850,302 | 5⅛ | 58,231 | 27 | 908,533 | 32⅛ | — | — | — | — | — | — | 908,533 | 32⅛ | - | - |
| 4,310 | 25 | — | — | 215.302 | 55 | 19,546 | 40½ | 234,849 | 35½ | — | — | — | — | — | — | 234,849 | 35½ | - | - |
| 15,279 | 8½ | — | — | 1,027755 | 19½ | 73,863 | 50¼ | 1,101619 | 9¾ | 1,900 | — | 1 | 20 | 1,901 | 20 | 1,099,717 | 49¾ | | |

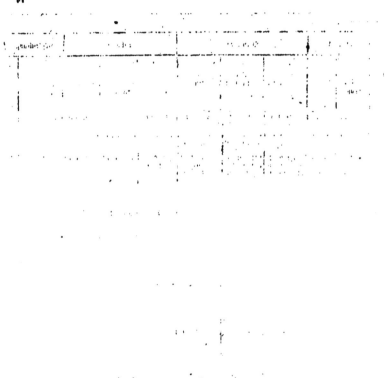

# A.

# Chronologische Uebersicht

der

im Regierungsblatte für das Königreich Bayern vom Jahre 1851 enthaltenen Königlich Allerhöchsten Verordnungen, Rescripte Bekanntmachungen &c.

| Datum der Verordnung &c. | Gegenstand. | Nro. des Regg.-Bl&c. | Seite. |
|---|---|---|---|
| 16. Decbr. 1850. | Bekanntmachung, die wesentlichen Ergebnisse der Cultus- und Unterrichtsstiftungs-Rechnungen der den königlichen Kreisregierungen diesseits des Rheins unmittelbar untergeordneten Städte für das Jahr 1848/49 betr. | III. | 33 — 34 |
| 31. Decbr. — | Bekanntmachung, die Administration der bayerischen Hypotheken- und Wechselbank betreffend. | I. | 5 — 8 |
| 5. Januar 1851. | Königlich Allerhöchste Verordnung, die Vergütung für die Vorspannleistung beim Schubfuhrwerke betreffend. | II. | 17 — 19 |
| 14. Januar — | Königlich Allerhöchste Verordnung, die Einführung von Paßkarten betreffend. | III. | 25 — 34 |

1*

2*

3

| Datum der Verordnung ꝛc. | Gegenstand. | Nro. des Regg.-Blts. | Seite. |
|---|---|---|---|
| 24. Decbr. — | Bekanntmachung, die praktische Prüfung für den Staats-baudienst im Jahr 1852 betreffend | LX. | 1425—1427 |
| 30. Decbr. — | Bekanntmachung, die Fortsetzung der Annahme 5 procentiger Anlehen für den Eisenbahnbau betreffend . . . . . . | LX. | 1427—1428 |

# Register

des

## Regierungs-Blattes

### für das Königreich Bayern

vom Jahre 1851.

---

## B. Sach-Register.

(Die Ziffern am Schlusse jeden Betreffes bezeichnen die Seitenzahl.)

## A.

3*

5*

# Namens-Register.

## A.

Aberer, Lorenz, Kirchenverwaltungs-Mitglied.

Abt, Friedr. August, Staatsanwalt. 570. 1172.

Achilles, Heinrich, Hauptzollamts-Controleur. 1055.

Achner, Vincenz, Generalmajor. 811. 1238.

Adam, Georg Steph., Schullehrer. 716.

Abé, Heinrich, Tuchmacher. 752.

Adelmannseder, Friedr., Landrichter.

Aiblinger, Hofkapellmeister. 766.

Aign, Wilhelm, Hauptmann. 1815.

Aigner, Joseph, Beneficiat.

Ainmüller, Max Em., Inspector.

Albert, Elias, Regiments-Auditor. 871.

— Eugen, Junker. 872.

Albrecht, Adam, Finanzrechnungs-Commissär.

Alean, Michael, Mechniker. 270.

Aldosser, Maximilian, Hauptmann. 857.

Alexander, Dr. Heinrich, Rector. 60.

Allweyer, Christoph von, fürstlich Schwarzenberg'scher Centralverwaltungsvorstand. 96.

Allweyer, Bernhard, Unterlieutenant. 804.

— Joseph von, Appellationsgerichts-Präsident.

Alt, Friedr., Officiant. 1143.

— Andreas, Pfarrer.

— Joseph, Regiments-Actuar.

— Dr. Mathias, Bataillons-Arzt.

Alwens, Carl, Friedensrichter. 42.

Alzberger, Joseph, Regiments-Actuar. 837.

Amesrelter, Joseph, Wagnergeselle. 918.

Ammon, Friedr. von, pens. Unterquartiermeister. 856.

Amos, Jacob, Pfarrer. 1000.

Anger, früher Marr, Carl.

— — — Elisabetha. 1160.

— — — Katharina. 1160.

— — — Karolina. 1160.

Angerer, Georg, Landrichter. 237.

— Michael, Regiments-Actuar. 837.

— — Michael, pens. Hauptmann.

Angermaier, Joseph, Landcadus.

Angstwurm, Theodor, Unterlieutenant. 804.

Appel, Johann, Hauptm., Pfarrer.

Birkner, Fabrikant,

Bischoff, Dr., Carl Andreas, geheimer Finanz-Ministerial-Sekretär. 656.

—— Ludwig, Ingenieur-Eleve. 256. ——

Bittermann, Wilhelm, Webergeselle.

Bitz, Adam, Unterquartiermeister.

Black, James, Maschinenfabrikant. 1023.

Blasmberger, Anton, Haupt-Kriegs-Kasse-Controleur. 807.

Blatt, Carl, Wechselgerichtsrath.

Bleisteiner, Johann,

Blös, Christian, Hofgärtner.

Blöst, Dr., Max, Landgerichts-Arzt. 572.

Blösner, Jacob, Hofschneidermeister.

Blöst, Joh. Ludw. Wilh., Pfarrer. 915.

Blum, Friedrich Philipp Carl, Pfarrer. 324.

Blum, Joseph, Actuar. 1118.

Blume, Friedrich, Junker. 806.

Blumenstod, Gottharde, Josepha. 1392.

Blumröder, Maximilian Franz, Regierungs-Assessor. 43.

Böck, Friedrich von, Kreis- und Stadtgerichts-Protokollist. 714.

Böck, Dr., Christian Friedrich, Oberconsistorialrath.

Böcking, Friedrich Carl, Appellationsgerichts-Director.

Böhm, Carl August, Pfarrer.

Böhe, Carl, Major. 794.

Böhm, Christoph, Bürgermeister, Magistratsrath. 1295.

Böhm, Martin, Kreis- und Stadtgerichts-Assessor. 1419.

Böhmer, Eduard, Rentbeamter.

Böl, Bonaventura, Pfarrer.

Böl, Georg, Landgerichts-Assessor. 1385.

Böttinger, Wenzeslaus, Postmeister. Oberpostmeister. 1411.

Bögner, Lorenz Jacob, Revisionsbeamter. 136.

—— Maximilian, Pfarrer. 914.

Böhlig, Franz, Revierförster. 1057.

Böhlinger, Dr., Maximilian, Bataillons-Arzt. 831.

Bölgiano, Ludwig, Regiments-Auditor.

Böll, Johann Michael, Studienlehrer. 1069.

Bollweg, Carl, Landrichter.

Bolongaro-Crevenna, Joseph Anton, Tabackfabrikant.

Bombard, Georg Friedrich, Kirchenverwaltungs-Mitglied.

Bonin, Egid. 687.

Boan, Friedrich, Unterlieutenant. 804.

—— Hermann, Landrichter. 120.

Bopp, Dr., Ludwig, Cantonsarzt. 1125.

Born, Ludwig, Kriegs-Rechnungs-Commissär.

Bosch, Hugo von, Generalmajor und Festungskommandant. 798. 840.

Bottmer, Carl Graf von, Hauptmann 814.

—— Friedrich Graf von, Major und Adjutant des Feldmarschalls und Generalinspectors der Armee Prinzen Carl von Bayern, Königliche Hoheit. 874.

—— —— Hofrath u. penf. Hauptmann 850.

Botthof, Johann, Revierförster. 784.

Bouché, Ernst, Stabsofficiant. 1264.

Bouhier, Carl, penf. Oberstlieutenant. 848.

Boutteville, Sigmund Freiherr von, ehem. Unterlieutenant. 858.

# E.

Gebhard, Anton, Candidat der Theologie.
254.

— — Carl, Finanz-Rechnungscommiffär.

— — Johann Evangelift, Pfarrer.

Gebhart, Vincenz, ehemal. charaft. Unterlieutenant und Zeugwart. 869.

Gehm, Dr. Friedrich, Regiments-Arzt. 828.

— — Carl, Oberaudltor.　　　Stabsau-
ditor.

Gehrhäufer, Guftav, Regimentsactuar.

Gehring, Guftav, Rechtscandidat.

Geiger, Candidus, Staatsanwalt.

Geiger, Franz, Junfer. 825.

— — Dr. Heinrich, q. Cantonsarzt.

Geis, Dr. Benedict, ehem. Landgerichtsarzt.

Geis, Dr. Benedift, Landgerichtsarzt. 761.

Geifenhof, Mang. Carl, ehem. Schmiedmei-
fter.

Geiß, Seraphin, penf. Hauptmann.

Geißdorfer, Michael, Gutsbefitzer.

Geißler, Chriftoph, ehem. penf. Regiments-
Quartiermeifter. 863.

Geißmann, Friedrich, Staatsanwalt.

Geisweiler, Franz Auguft Freiherr von,
Privatier.

Geming, Carl, Major. 840.

Gemmingen von Maßenbach, Carl
Freiherr, Unterlieutenant. 822.

Gemminger, Ludwig, ehem. penf. Oberlieutenant.

Gengler, Dr. A., Domdechant und Lyceal-
rector.

Gengler, Dr. Heinrich Gottfried, Univerfi-
tätsprofeffor. 1147.

Genißieu Etienne François, Geschäftsführer einer Berg- und Hüttenwerfsgefell-
schaft 252.

Gentil, Auguftin, Wechfelgerichts-Suppleant.
249.

Gerber, Dr. Carl Friedrich, ehem. Univerfi-
tätsprofeffor.

Geret, Chriftian, Kirchenverwaltungsmitglied.

— — Johann, penf. Hauptmann.

Gerhäufer, Ludwig, Studienlehrer. 1069.

Gerlach, Philipp, Landgerichts-Affeffor. 1177.

Germersheim, Joseph von, Kreis- und
Stadtgerichtsrath. 544.

— — Joseph von, Wechfel- und Merfantil-
gerichtsrath. 970.

Gernler, Ludwig von, ehem. penf. charaft.
Oberftlieutenant. 860.

Gerftmeyer, Joseph, Landgerichts-Affeffor.

Gerftner, Friedrich, Regiments-Auditor.

Geßert, Dr. Michael, Regierungs-Secretär.

Geyer, Benedift Adam, Pfarrer.

Gietzrl, Rudolph, Rechtspraftifant. 254.

Gierifch, Georg, Landrichter.

Gietl, Heinrich von, f. geheimer Rath. 1264.

Sigl, Anton, Landrichter.　　q.

— — Michael, q. Revierförfter. 1115.

Gilardi, Alexander von, Hauptmann.

Gimml, Anton von, q. Landrichter. 1116.

— — Otto von, Revierförfter. 126.

Gife, Ludwig Freiherr von, f. Kammerjunfer
und Unterlieutenant.

Glafer, Carl, Kreis- und Stadtgerichtsrath, 637.

Gramich, Biktor, Oberlieutenant.

Gramm, Ferdinand, Gendarmerie-Corps-Auditor.

Granbauer, Georg, Rittmeister 815.

Grasberger, Lorenz, Cand. der Phil. 254.

Graß, Carl, ehem. veterinärärztlicher Praktikant.

Gschädel, Anton, Kirchenverwaltungs-Mitglied.

Grasser, Alvians, Bataillons-Quartiermeister. 832.

Graßinger, Joseph, Expositus.

Grau, Conrad, Regiments-Actuar.

Graul, Ludwig, Studienlehrer. 1174.

Grauvogl, Joseph von, penf. Unterlieutenant.

Grabenstein, Anton von, Oberpostmeister.

Greb, Landrichter. 938.

Greger, Hermann, Hauptmann. 815.

— — Richard, veterinärärztlicher Praktikant.

Greiberer, Franz Xaver, ehem. Landwehr-Major. 1119.

Greiff, Benedikt, Studienlehrer.

Grell, Franz Xaver, Landgerichts-Assessor. 1030.

Greiner, Georg Wilh., Carl Ludwig, Appellationsgerichts-Director und Wechselgerichts-Vorstand. 91.

— — Hermann, Junker. 825.

Grief, Balthein, Revierförster.

Gries, Carl, Unterlieutenant.

— — Eduard, Unterlieutenant. 824.

Grießbach, Johann, Pfarrer.

Grießeneck, Christian Freiherr von, Regierungs-Rath.

Grimm, Albert, Unterauditor.

Grimmeisen, Ludwig, Revierförster.

Gronen, Dr. Georg, penf. Stabsarzt.

Gropper, Bernhard v., Postofficial und ehem. Unterlieutenant. 859.

— — Franz von, penf. Regiments-Auditor. 856.

— — Ludwig von, Oberkriegs-Comissär.

Gros, Franz, Unterlieutenant.

— — Maximilian, Unterlieutenant.

Grosch, Julius, Landgerichts-Assessor.

Groß, Franz, Schrannenmüller.

— — Georg Michael Martin. 111.

— — Rudolph, Wechselgerichts-Assessor. 1085.

— — Wilhelm Beneficiat.

Großhauser, Joh. Bapt., Landgerichts-Assessor.

Gröbe, Graf von, k. hannover'scher Second-Lieutenant.

Gruber, Albert, Studienlehrer. 1174.

Grün, Mathias, Messungs-Revisor und Clasficat.-Geometer. 749.

Grünberger, Joh. Nep., q. Steuerdirector. 126.

— — M., Rentbeamter.

Grünwald, August, Unterlieutenant. 806.

— — Wilh., penf. Hauptmann.

Grund, Victor, Hauptmann. 795.

Grundherr, Carl von, Oberlieutenant. 818.

Herbegen, Maximilian, funkt. Major. 806. Major. 814.

Herder, Johann von, Hauptmann.

Heres, Wilhelm, ehem. penf. Hauptmann. 868.

— — Friedrich, Staatsrath im außerordentlichen Dienste und Steuercataster-Commissions-Vorstand. 126.

Hergenröther, Johann Adam, Pfarrer.

Hergl, Joseph, Landwehrmajor.

Herlet, Georg, Landgerichts-Affeffor. 1429.

Hermann, Andreas, Realienlehrer.

— Benjamin, Oberst. 873.

— — Otto Freiherr von, k. Kammerjunker dann Kreis- und Stadtgerichts-Protokollist. 714. 1110.

— — Tobias, Lebküchner. 688.

— — Ulysses Freiherr von, ehem. Regierungs-Secretär. 1113.

Hermannsdorfer, Subrector und Studienlehrer, 1266.

Herold, Carl, Kirchenverwaltungs-Mitglied. 1419.

Herr, Rudolph, Kaufmann. 919.

Herrgott, Adolph, Unterlieutenant. 824.

Herrlein, Gustav von, Landrichter. 655.

Herrmann, Adelgunde Sophie Kunigunde. 1159.

— — Sigismund, q. Revierförster. 1144.

— — Anton, Kirchenverwaltungs-Mitglied.

— — Carl, Wechsel- und Merkantilgerichts-Suppleant. 984. 1154.

Herrmann, Conrad, Gendarmerie-Brigadier. 510. 790.

— — Friedrich, Kirchenverwaltungs-Mitglied. 1419.

— — Franz Xaver, Zollverwalter. 1017.

— — Gregor, Zollverwalter. 1035.

— — Joh. Peter, Rath und Regierungs-Secretär. 588. 760.

— — Maria Magdalena.

— — Michael, penf. Unter-Quartiermeister. 856.

— — Pfarrer. 728.

Hertel, Georg, Oberstlieutenant. 792.

Herter, Hermann, Hauptmann. 841.

Hertlein, Ludwig, Rittmeister.

Hertling, Friedrich Freiherr von, ehemal. Generallieutenant. 861.

Herzer, Friedrich, Revierförster. 542.

Herzog, Georg Friedrich, Landgerichts-Affeffor. 1343.

— — Gustav, penf. Major. 849.

— — Johann Baptist, Pfarrer. 1190.

— — Joseph, Pfarrer. 1071.

Herzogenrath, Joh. Jacob, Kirchenverwaltungsmitglied.

Heß, Bernhard von, Oberst.

— — Heinrich von, Gemälde-Gallerie-Director. 750.

Hettinger, Dr. Ludwig, q. Cantonsarzt.

eubeck, Thomas, Unterquartiermeister.

Heuberger, Peter, Pfarrer. 1036.

Heunifch, Ignaz, k. geistlicher Rath und Schullehrer-Seminar-Inspektor.

Heufinger, Dr. Carl, kurheffischer geheimer Medizinalrath und Professor.

Heusler, Maximilian von, pens. Rittmeister.

— — Moriz von, Revierförster.

Heydenaber, Traugott von, Oberlieutnant.

Heyder, Alois, Kirchenverwaltungs-Mitglied.

— — Joseph von, Rittmeister. 815.

— — Mathias. 692.

Heydte, Friedrich Freiherr von der, Oberlieutenant.

Heymüller, Heinrich, Revierförster. 464.

Heyser, Dr. Jakob, pens. Stabsarzt.

Hiebl, Alois, Schuhmachergeselle. 1304.

Hilber, Anton Norbert, Forstmeister. 1142.

Hildebrandt, Mathias, Junker.

Hildenbrand, Dr. Carl, Universitäts-Professor. 1059.

— — Dr., Eduard, Bataillons-Arzt. 831.

Hilger, Ludwig, Rentbeamter. 1143. 1342.

Hiltenbrand, Daniel Christian von, techn. Wechsel-Appellationsgerichts-Assessor. 935.

Hiltensberger, Georg, Historienmaler und Professor. 1277.

Hilter, Baptist, Bataillons-Quartiermeister. 832.

Hiltner, Balthasar, Kreis- und Stadtgerichts-Rath. 318.

Himbsel, Joseph, Unterlieutenant. 822.

Himmer, Peter, bürgerl. Magistratsrath.

Hindernacht, Dr., Philipp, Landgerichts-Arzt. 237.

Hipellus, q. Rentbeamter.

Hirsch, Eduard, Revierförster. 1057.

— — Jacob von, Reliften. 1409.

— — Vögele, verehlichte Schönwalter.

Hirschberg, Carl Graf von, Oberlieutenant.

— — Joseph Graf von, Oberlieutenant und Regiments-Adjutant. 802.

Hirschbold, Peter Paul, q. Landgerichts-Actuar.

Hirschinger, Dr., Johann, Bataillons-Arzt. 830.

Hirschmann, Paul, Unterlieutenant. 804.

Hittorff, Jakob Ignaz, Architekt. 1191.

Hocheisen, Conrad, Pfarrkurat. 589.

Hochgesang, Joseph, Melber.

Hochleitner, Engelbert. 143.

— — Gottfried. 143.

Hod, Ignaz, Regiments-Quartiermeister.

Höchner, Anton, Unterquartiermeister. 836.

Höcht, Ernst, funkt. Major. 800. Major.

Höfer, P. Gregor, Instituts-Director. 1170.

Höfler, Johann Caspar, ehem. Magistratsrath.

Höflinger, Joseph, Pfarrer. 1120.

— — Peter, Revierförster.

Höger, Dr., August, ehem. Unterarzt. 859.

— — — Cantonsarzt.

Höggenstaller, Adalbert, Hauptmann. 814.

Hölderlin, Dr., David, pens. Regiments-Arzt.

Höltzl, Joseph, Bataillons-Auditor.

Hönike, q. Postofficial.

Höpfl, Christian Erhard, q. Rentbeamter.

Hörath, Lorenz, Rittmeister.

Kirchhoffer, Carl, ehemal. pens. charakt. Generalmajor. 863.

Kirchmaier, Bartholomä, Werft-Inspector. 318.

Kirchweger, Heinrich, Maschinenmeister. 976.

Kirmayr, Xaver, Silberarbeitergehilfe. 1270.

Kirschner, Friedrich Landgerichts - Assessor.

— — Joh. Jos. Pfarrer.

Kißkalt, Leonhard, bürgerlicher Magistrats-rath. 1154.

Kißler, Johann, Unterzeugwart.

Kittel, Peter, Landgerichts-Actuar. 237.

Klarmann, Ignaz, Beneficiat. 1070.

Klaubinus, Joseph Anton, Beneficiat.

Klauß, Carl ehem. Regiments-Actuar. 859.

Klee, Jacob, Rotar.

Kleeberger, Johann Repomuk, Buchhalter. 262.

Kleemann, Georg Albert, Finanzrechnungs-Commissär. 1112.

— — Philipp, ehemal. Soldat. 790.

Klein, Dr. Adolph, Landgerichts-Arzt. 319.

— — Baptist, Oberstlieutenant. 812.

— — Benedict, Pfarrer.

— — Franz, Unterlieutenant. 824.

— — Johann Georg, Kirchenverwaltungs-Mitglied.

— — Maximilian, Oberstlieutenant. 874.

Kleinheinz, Joseph, Obermaschinist. 1412.

Kleinmann, Johann Conrad, q. Pfarrer. 1072.

Kleinob, Friedrich, Kirchenverwaltungs-Mitglied. 1152.

Kleinschrob, Florentin, Unterlieutenant.

— — Walter, Kassa-Officiant. 637.

Klemm, Franz Xaver, Rechnungscommissär. 1277.

— — Johann Repomuk, Kreis- und Stadt-Gerichts-Rath. 1300.

Klenze, Hippolyt von, Kämmerer und Hauptmann.

Klett, Franz, Rentbeamter.

Klier, Joseph, charakt. Oberst und Stadt- und Festungskommandant.

Klingsohr, Dr. Christian Carl Gustav, Land-Gerichts-Arzt.

Klör, Georg, Pfarrer. 1127.

Klüber, Ernst, q. Revisionsbeamter. 1016.

Knappe, Dr., Julius, Staatsanwalt. 601.

Kneipp, Leonhard, ehem. pens. Oberstlieutenant.

Kneutinger, Anton, Gymnasial-Professor. 1019. 1419.

Knitl, Joseph, Regierungs-Assessor.

Koblauch, Carl, pens. Oberlieutenant.

Knode, August, Mechanikus.

Knöbler, Johann, pens. Unterzeugwart.

Knöllinger, Christian, Unterlieutenant.

Knözinger, Anton, Unterauditor. 872.

Knözinger, Ludwig, q. Landgerichts-Assessor. 1067.

Knoll, Christian Friedrich, ehem. Advokat. 1056.

— — Julius G., Appellationsgerichts-Rath. 50.

Knollmüller, Gregor, Landwehr-Feldwebel. 1062.

Mandl, Franz Freiherr von, Unterlieutenant. 822.

Mann, Carl, Registrator.

— — Joseph Ritter von, charact. Oberlieutenant à la suite.

Mannhardt, Johann, Mechanikus. 918.

Manhart, Fr., ehem. p. Hauptmann. 869.

Mantel, Johann Nikolaus, Oberforstrath. 1112.

Manz, August, königlicher Banquier.

— — Wilhelm, Oberst. 811.

Marberger, Ludwig, Regiments-Actuar. 836.

Margreiter, Alois, pens. Oberst. 848.

von der Mark, Anton, Generalmajor.

— — Leon, Junker. 806. Unterlieutenant.

Marschall, David. 1080.

— — Greiff, Carl Ludwig Theresius Friedrich von. 376.

Martin, Albert, Regiments-Auditor. 830.

— — Arnold, Forstmeister. 1142.

— — Carl, Unterlieutenant. 805.

— — Caspar Michael, Rechnungsgehilfe.

— — Christian, Polizeicommissär.

— — Ernst, Revierförster.

— — Franz, Forstcommissär. 1144.

— — — Oberlieutenant. 818.

— — — Revierförster. 980.

— — — — Dr., Unterarzt.

Martini, Bernhard, Unterlieutenant. 806. 844.

— — Ludwig, Notar.

Martius, Dr., Carl Friedrich Philipp von, königlicher Hofrath und Universitäts-Professor.

Martius, Wilhelm Christian Friedrich Ottmar, Pfarrer. 1269.

Marrer, Conrad, Pfarrer.

Marzer, Peter, Pfarrer.

Matthäus, Georg, q. Postverwalter. 1266.

Matthy, Hypothekenbewahrer.

Mauermayer, Gotthard, Rechnungskommissär.

Maurer, Joseph. 583.

— — Simon, Pfarrer. 914.

Maus, Joh. Rep., Kirchenverwaltungs-Mitglied.

May, Andreas, Kanzley-Secretär. 883.

— — — Unterauditor.

Mayer, Oekonomiegutsbesitzer.

— — Anton von, Major.

— — — — Rittmeister und Adjutant.

— — Caspar, Landgerichts-Assessor. 636.

— — Constantin, Cand. der Philos. 254.

— — Dr., Elias, Unterarzt.

— — Franz, Gendarmerie-Brigadier. 790.

— — Friedrich Michael Ludwig, Pfarrer

— — Georg Lorenz, Rechnungsgehilfe.

— — Gottlieb Friedrich, geheimer Sekretär.

— — Heinrich Wilhelm Elisa, Pfarrer.

— — — Rechnungsgehilfe. Rechnungskommissär. 1117.

— — Ignaz, ehemal. Landwehr-Kreis-Inspektor. 1037. 1038.

— — — bürgerl. Magistratsrath.

— — Johann Adam, Zollrechnungskommissär. 1068.

Mähl, Carl, Stabscassier.
Möller, Carl Handelskammer-Mitglied. 1061.
Möllinger, Ludwig, Unterlieutenant. 844.
Mördes, Joseph, Regierungs- und Forstrath. 1141.
Möritz, Alois, Registrator.
— — pens. Unterlieutenant.
Mösl, Mathias, Pfarrer.
Mösmang, Johann Rep. Landgerichts-Assessor. 135.
Mößmer, Franz Xaver, Bauconducteur.
Mösner, Franz Xaver, Bauconducteur. 321.
Mößner, Georg, Unterlieutenant. 804.
Mohr, Joseph, Pfarrer. 238. 508.
Moinier, B. 16.
Molitor, Franz Xaver von, Ober-Appellations-Director.
— — Georg, Landgerichts-Assessor. 1176.
— — Richard, Major. 870.
— — Wilhelm, Domvicar. 764.
Moll, Augustin, Pfarrer.
Molter, Joachim, Revierförster. 784.
de Monidres, Hugo. 415.
Montgelas, Ludwig Graf von, Minister-Resident. 1381.
Moor, Adolph von, Hauptmann.
Moralt, Theodor, Secretär und Cassier.
Moreau, Friedrich Freiherr von, k. Kämmerer. 541.
Morett, Joseph von, Landgerichts-Assessor. 319.
Moritz, Jacob, Seifensieder.
Moro, Wilhelm von, Unterlieutenant. 806. 844.
Moser, Joseph, Büchsenmacher.

Moosberger, früher Alsbach, Jacob. 23.
Moy, Dr. Ernst von, ehem. q. Appellations-Gerichts-Rath.
Ruß, Friedrich, Oberlieutenant und Regiments-Adjutant.
Rückenschnabel, Wolfgang q. Revierförster. 1174.
Mühlbauer, Johann Bapt., Pfarrer. 508.
Mühlhölzl, Johann, Oberlieutenant. 817.
— — Ludwig, Junker.
Mühling, Leonhard, Essigfabrikant. 720.
Mühlmichl, Maximilian, Unterlieutenant. 805.
Mülbauer, Franz, Rechnungs-Commissär. 1277.
Müllbauer, Dr. August, Unter-Arzt.
Müllecker, Johann, Bürgermeister. 1341.
Müller, Anton, Gendarmerie-Stations-Commandant.
— — Carl Christian, Gerichtsvorstand.
— — — Joseph, Landgerichts-Assessor.
— — — vormal. Landwehr-Major. 509.
— — Cölestin, funkt. Major. 800, Major. 812.
— — Eduard, Landgerichts-Actuar.
— — Ernst.
— — Franz, Regierungs-Secretär. 760.
— — Franz Xaver, q. Landrichter.
— — — — Kirchenverwaltungs-Mitglied. 1296.
— — — Pfarrer. 1149.
— — Dr. Georg Adam, Landgerichts-Arzt. 250.
— — Georg, Grundbesitzer.

## O.

Oberhauſer, Joſeph, techniſcher Wechſel- u. Mercantilgerichts-Aſſeſſor.

Obermair, Simon, q. Poſtoffitiol. 1299.

Obermayer, Anton, penſ. Oberlieutenant. 862.

— Carl, Landwehrmajor. 1119.

Oberſt, Adolph, Staatsanwalt.

Oberweiler, Anton, Galleriediener.

Oechter, Georg, frei reſign. Pfarrer.

Oehninger, Carl, rhem. penſ. charact. Major.

Oelbrunner, Joſeph, Beneficiat. 591.

Oelhafen, Carl von, penſ. Hauptmann.

— Chriſtoph von, penſ. Hauptmann.

Oertel, Heinrich, Bataillons-Quartiermeiſter. 871.

Oeſterreich, Franz Joſeph, Kaiſerliche Majeſtät. 600—610.

Oeſtreich, Franz, Hofbortenmacher.

Oelfer, Sebaſtian, Wattfabrikant. 1432.

Oettl, Georg von, Biſchof.

Off, Lorenz, Pfarrer. 1129.

Offinger, Joſeph, Revierförſter. 1266.

Ogden, Adam. 160.

Ohm, Dr. Georg, Simon, Conſervator.

Olivier, Dr. Ferdinand, Landgerichts-Arzt. 936.

Oppacher, Alois, techniſcher Wechſel- und Mercantilgerichts-Aſſeſſor.

Oppenrieder, Jacob Carl Eduard, Studienlehrer. 11

— Wilhelm Guſtav, Pfarrer. 1060.

Oppert, Adolph, Landgerichts-Aſſeſſor. 1302.

Orff, Anton, Oberlieutenant.

Orff, Carl von, Hauptmann.

— Franz, penſ. Hauptmann.

— Moriz, Junker. 806, Unterlieutenant.

Ottenburg-Tambach, Carl Graf zu, Major la ſuite.

Orthmayer, Carl, Unterlieutenant.

Ortlieb, Chirurg

— Michael, Frühmeßbeneficiat. 324.

Ortner, früher Kistner, Carl Caspar. 592.

Oßerberg, Joſeph Auguſt Freiherr von, q. Landgerichts-Aſſeſſor.

Oſterhuber, Maximilian, Hauptmann. 840.

Oſthelder, Ferdinand, Gymnaſial-Profeſſor. 1117.

Ott, Johann Bapt., Pfarrer. 761.

— Johann Repomud von, q. Landrichter.

— Ludwig, charakt. Unterlieutenant la ſuite. 858.

— Nikolaus, Unterquartiermeiſter.

— Robert, Junker. 880.

— Willibald, Pfarrer. 763.

— Wolfgang von, Oberſt. Generalmajor und Bitgabler. 873.

Ottmann, Leonhard, Kirchenverwaltungsmitglied.

Otto, Franz Xaver, Beneficiat.

— Matthäus Chriſtoph, Kreis- und Stadtgerichts-Rath. 759.

## P.

Pachmayer, Alexander, q. Revierförſter. 12.

11*

Reigersberg, August Lothar. Graf v., Po-
lizei-Direktor. — Regierungs-Direktor. 1192.
— — Graf von, Reichsrath. 16.
— — Max Graf von, Betriebs-Inspektor.
318.
Reindl, Joh. Baptist, Revierförster. 1172.
— — Ignaz, Schuhmachermeister. 1422.
Reiner, Heinrich, Hut- und Filzfabrikant.
1336.
Reinhard, Aug., Oberlieutenant und Platz-
Adjutant. 802.
Reinhardt, Christian.
Reisch, Sebastian von, q. Landgerichts-Asses-
sor. 936.
Reischl, Abraham, Pfarrer.
— — Dr. Wilhelm, Lyceal-Professor.
Reisenegger, Anton, Forstmeister. 717.
Reisinger, Dr., Hofrath und prakt. Arzt.

Reißmann, Margaretha. 141.
— — Dr., Universitätsprofessor und Senator.
1075.
Reiter, Anton, Schullehrer. 1061.
Reithmayer, Ferdinand, Unterlieutenant.
822.
— — Dr. Universitätsprofessor und Kreisscho-
larch. 1019.
Reitmeyer, Johann, Unterlieutenant. 805.
Reitter, Ferdinand, Unterlieutenant.
Reiz, Anton, ehem. Handelskammermitglied.

— — Caspar, Bataillons-Quartiermeister. 832.
— — Franz Anton, Wechsel- Appellationsgerichts-Assessor. 248. Handelskammermitglied.
1061.

Reiß, Wilhelm, Unterlieutenant.
Reitzenstein, Carl Freiherr von, Junker.
805. Unterlieutenant.
— — August Freiherr von, ehem. penf. Ritt-
meister. 860.
Remich, Otto von, Oberlieutenant. 841.
Remlein, Dr. Conr., ehem. Bataill.-Arzt. 859.
Reschreiter, Joseph, Revisionsbeamter.
— — Johann, Landgerichts-Assessor. 636.
Reßer, Wilhelm, Gutsbesitzer. 713.
Reulbach, Franz, Unterauditor. 872.
Reuschel, Franz Joseph, Advokat.
Reuß, Carl Joseph, Pfarrkurat. 410.
— — Georg, Regiments-Quartiermeister.
— — Joseph, Hauptmann. 814.
— — Dr. Jos. Wilh., Landgerichtsarzt.
— — und Plauen, Heinrich Graf v.
ehem. penf. Feldzeugmeister.
— — Johann, Pfarrer. 250.
Reuther, Christoph Heinrich, bürgerl. Ma-
gistrath.
Reutlinger, Friedrich Carl Ludwig Jacob,
Pfarrer. 749.
Revier, Joseph, Schäffler. 1271.
Reyer, Anton, Zollrechnungscommissär.
Richter, Joseph, Appellationsgerichts-Secretär.
1277.
— — Ludwig Hermann, Landrichter. 1343.
— — Stephan, Kirchenverwaltungs-Mitglied.

Ried, Johann Georg, Pfarrer. 224.
— — Oswald, Zeugschmiedgesell.
Rieberer, Caspar Freiherr von, Landgerichts-
Assessor. 1034.

Seggel, Dr. Rudolph Wilhelm, Landgerichts-Arzt.

Segin, Joseph, penf. Stabs-Auditor.

Seglh, Erhard, bürgerlicher Magistratsrath, Kirchenverwaltungs-Mitglied.

Seibel, Christian Heinrich, Rechnungsgehilfe. 1301.

— Dr. Ludw., Universitäts-Professor. 1331.

— — Wilhelm, Kirchenverwaltungs-Mitglied.

Seibenbusch, Joseph, Landrichter.

Seif, Dr., Eustach, q. Landrichter. 1029.

Seiler, Samuel, Unterquartiermeister.

— — Wilhelm, Postmeister.

Seipel, Ignaz, Landgerichts-Assessor.

Seih, Carl, Unterveterinärarzt. 836.

— Dr. Heinrich, Bataillons-Arzt. 531.

Seil, Otto, Staatsanwalt. 1172.

Sellis, Bernhardin, Pfarrer. 224.

Sellmayr, Jakob, Pfarrer. 45.

Semmelmann, Gottlieb, Kreis- und Stadt-Gerichts-Protokollist. 1148.

Sendtner, Theodor, Bankadministrator.

Senestrey, Dr., Ignaz, Pfarrer.

Senggl, Alois, Kreis- und Stadtgerichts-Schreiber.

Sensburg, Baptist, Oberauditor.

— — Ernst, Rechnungs-Commissär. 1277.

Serini, Philipp Jakob, Appellationsgerichts-Rath.

Sewalder, Joseph, Unterlieutenant. 822.

Seyberth, Ferdinand, Cabinetskassier.

Seybold, Joseph, Pfarrer. 715.

Seyboth, Nicolaus, Kreis- und Stadtgerichts-Schreiber. 1175.

Seydel, Joseph, Polizeicommissär.

Seyfert, Joh. Michael v., Oberappellations-Gerichts-Director.

Seyfried, Wilhelm, Unterlieutenant.

Siber, Dr. Thaddäus, Universitäts-Professor und geistlicher Rath. 1120.

Sicherer, Dr., Franz von, Regiments-Arzt.

Sichern, Heinrich v., q. Landrichter. 1327.

Siebein, Justus, Hauptzollamts-Controleur. 1055.

Sieben, Urb., Regiments-Quartiermeister.

Sieß, Joseph Georg, Küchenmann.

Sigmund, Erhard, Junker.

— — Dr. Joseph Hugo, Legations-Secretär. 1265.

Sigriz, Heinrich von, Unterlieutenant. 865. charact. Unterlieutenant à la suite. 858.

Silberbauer, Georg, Pfarrer. 1071.

Silberhorn, Georg Edler von, Staatsrath im außerordentlichen Dienste und geheimer Appellationsgerichts-Präsident. 406.

Silverio, Franz, penf. Oberstlieutenant. 848

Silzer, Jos., vorm. Landwehrmajor.

Simon, Ludwig Adolph, Pfarrer. 500.

— — Bitus, Pfarrer.

Singer, Joseph, Pfarrer. 1059.

— — Pangraz, Pfarrer. 1150.

Sinzinger, Joh. Bapt., Pfarrer.

Sippel, Michael, k. Rath und Schloßcommissär.

Sippl, Michael, Pfarrer. 1177.

Sirch, Joseph, Pfarrer.

Sittle, Michael, Uhrmacher. 976.

Sittler, Ulrich, Regiments-Quartiermeister. 820.

Vollmuth, Theodor, Landgerichts-Assessor. 1118. 1176.

Voltpikat, Ludwig, Graf von, Unterlieutenant. 804.

Vonbrunn, Joseph, Forstwart. 1344.

Vonbrugg, Heinrich, pens. Major. 849.

# W.

Wachter, Georg von, pens. Stabs-Auditor.

Wächter, Gastwirth.

Wackenteuver, Carl, Finanz-Rechnungs-Commissär. 1381.

Wagenzfell, Michael, vorm. Schmiedmeister.

Waginger, Robert, Civil-Bau-Conducteur. 323.

Wagner, Alois, bürgerlicher Magistratsrath.

— Dr. Andreas, Professor.

— Franz, Revierförster.

— — — Landgerichts-Assessor.

— Friedrich, Unterlieutenant und Bataills Adjutant.

— Heinrich Joseph, Appellationsgerichts-Assessor. 1277.

— Jakob, Oberjäger. 790.

— Joseph, Drechslermeister. s.

— — — Pfarrer.

— — — q. Revierförster.

— — — Salinen-Materialverwalter.

— — — Unterlieutenant.

Wagner, Max Joseph, Landgerichts-Assessor. 42.

— — Xaver, pens. Oberlieutenant. 853.

— — Dr., Universitäts-Professor und Stud... 1975.

Wahler, Simon, Unterlieutenant.

Waldenfels, Carl Christian Freiherr von, Appellationsgerichts-Direktor. 49.

— — Christian Freiherr von, Oberlieutenant. 818.

— — Wilhelm Freiherr von, funkt. Major. 800. Major. 813.

Waldherr, Carl, Landgerichts-Assessor. 43.

Waldmann, Joh. Bapt., Ministerialrath. 1142.

— — Pfarrer.

Wallbrunn, Franz, Gendarmerie-Brigadier. 790.

Wallmenich, Carl v., Staatsanwalt. 1176.

— — Clement von, ehemaliger Hauptmann. 857.

Waltenberg, Dr. Joseph, ehem. Bataillons-Arzt. 867.

Waltenberger, Narciß. 1098.

— — Sebastian, Kreis- und Stadtgerichts dann Wechsel- und Merkantilgerichts-Rath. 1328.

Walther, Carl, Forstpraktikant. 1391.

— — Gottfried, Appellationsgerichts-Rath. 320.

— — Johann Heinrich Gottlieb, Pfarrer. 640.

Wasser, Gustav Adolph, Gerichtsvorstand. 1032.

Waßl, Joseph, Regiments-Auditor. 845.

Waydsmann, Maximilian von, pens. Hauptmann.

Rehne, Albrecht, k. preuß. Universitäts-Professor, 1331.

— — Carl, q. Postofficial. 115.

— — — Ministerialrath. 1374.

— — Conrad, Divisions-Veterinär-Arzt.

Weber, Florian, Gendarmerie-Brigadier. 790.

— — Joseph, Pfarrer. 1060.

— — Max Joseph, Landrichter. 1059.

— — Dr. Nepomuk, Bataillons-Arzt. 831.

— — Philipp Ludwig, Friedensrichter. 970.

— — Wilhelm Daniel, q. Friedensgerichts-
Schreiber.

Webl, Jacob, Kaufmann. 752.

Wehner, Anton, Pfarrer.

— — Joseph, Rechtspraktikant. 255.

Wehmann, Georg, Officiant. 980.

Weichsler, Friedrich, Kreis- und Stadtgerichtsrath. 185.

Weidner, Erhard, bürgerl. Magistratsrath.
1180.

— — Reinhard, Regiments-Quartiermeister.
845.

Weig, Wolfgang, q. Revisions-Beamter.

Weigand, Wilh., Junker.

Weigele, Alois, pens. Hauptmann.

Weigenthaler, Franz, Pastexpeditor. 1420.

Wein, Johann, rechtskund. Magistratsrath.

Weingärtner, Gottlieb, q. Regierungs-
Finanzrath. 1115.

Weinhart, Ignaz, Rechts-Candidat. 253.

Weinzierl, Johann, Hauptmann.

Weinlauf, Aug. Carl, Revierförster. 1017.

Weinmann, Christoph, Landgerichts-Assessor.
1034.

Weinrich, Carl von, Oberlieutenant und
Adjutant. 804. Rittmeister.

Weinzierl, Baptist, Bataill.-Medikus.

Weippert, Heinrich, Candidat der Rechte.
254.

Weiß, Constantin, Unterveterinär-Arzt. 884.

— — Joseph, Advokat. 136. 1056.

— — Ludwig, Universitäts-Professor. 1059.

— — Philipp, Regiments-Actuar. 887.

Weißkrod, Dr. Maximilian, pens. Unterarzt.
856.

Weißenbach, Anton, Junker. 890.

Weißmann, Ernst, Landgerichts-Assessor.

Weishaupt, Joseph Peter, Pfarrer.

Weißenhausen, Carl Christian, Mechanikus.

Weisiger, Philipp, ehem. pens. Charact. Unterlieutenant.

Welden, Freiherr von, Regierungs-Präsident.
140.

Welsch, Carl, Kanzley-Secretär u. geh. Kanz-
list. 1385.

— — Friedrich von, Eisenbahn-Official und
Landwehr-Oberst. 60.

— — Johann, Pfarrer.

Welz, Daniel, Unterlieutenant. 805.

Welzhöfer, Ignaz, Kirchenverwaltungs-Mitglied. 139. 1296.

Wendland, außerordentlicher Gesandter und
bevollm. Minister. 766. 1275.

Weniger, Jos., Oberst u. Stadtkommandant.

14*

# D. Ortsregister.

## A.

15

15*

16*

## Z.

Lightning Source UK Ltd.
Milton Keynes UK
UKHW020220091218
333599UK00006B/157/P